JN494628

응용행동분석

홍준표 저

학지사

:: 저자 서문

객관적 관찰과 사실에 근거한 자연과학적 접근을 중시하는 행동주의 심리학은 초반부터 혹독한 비판과 편견에 시달려야 했다. '행동수정', '행동치료', 또는 '행동분석'에 따라붙는 수식어는 차갑고 기계적이며 비인간적이라는 것이다. 그럼에도 불구하고 응용행동분석이 세인의 관심 속에서 놀라운 변혁과 발전을 거듭할 수 있었던 것은 두 가지 분명한 이유 때문이다. 첫째로, 행동 변화에 미치는 탁월한 효과를 들 수 있다. 응용행동분석의 원리와 기법을 체계적으로 적용하면 아주 사소한 관심과 칭찬만으로도 자폐아에게 의사소통 기술과 사회적 행동을 가르칠 수 있었고, 학습 불능으로 포기되었던 중증 장애인에게 생존 기술과 적응행동을 비교적 쉽게 가르칠 수 있었다. 또한 보다 큰 조직과 사회 구성원들의 행동을 변화시키고, 생산 현장의 효율성을 높이는 데도 큰 효과가 있음이 입증되었다. 고난도의 지식과 기술을 요하는 어렵고 복잡한 치료방법에 의한 것이 아니라 기계적이라 할 만큼 단순하고 동일한 절차와 방법으로 수많은 상황에서 그 실용적 가치가 거듭 인정되었다.

둘째로, 부정적 비판에 대한 적극적 수용과 개선의 노력이다. 타인의 행동을 통제할 수 있는 놀라운 힘이 약자를 지배하기 위한 도구로 사용될 때 그것은 냉혹하고 비인간적인 무서운 흉기가 될 수 있다. 그러나 응용행동분석의 애호가들은 인류의 행복 증진을 위한 현명한 선택을 잃지 않았다. 또한 개인의 자유와 권리가 침해되지 않는 상황에서 가장 효과적인 치료적 중재를 받을 내담자의 권리를 보장하기 위한 철저한 제도적 · 법적 · 윤리적 장치를 마련하는 데 소홀하지 않았다. 아무리 탁월하고 확실한 치료방법이라도 그 안에 인권침해의 요소가 내재하면 허용될 수 없다. 또한 예산의 부족 역시 결코 덜 효과적인 치료방법의 선택 사유가 될 수 없을 뿐만 아니라 치료과정에서의 중요한 모든 결정은 내담자의 권익을 위하여 내담자 중심으로 이루어진다. 응용행동분석은 한마디로 내담자의 행복할 권리를 철저히 옹호함으로써 따뜻하고 인도적이며 효과적인 치료교육 방법으로 정착되고 있다.

응용행동분석의 대부인 Skinner는 일찍이 『Walden II』라는 소설을 통하여 인간의 행동이 개인적인 차원에서나 집단적 차원에서 공정하게 평가되고 체계적으로 강화될 수 있는 사회를 이상향으로 그리고 있다. 최근에는 '응용행동분석으로 세상을 구하자!'는 당돌한 구호들이 임상연구자들과 현장 실천가들에 의하여 열정적으로 주장되고 있다. 이는 우리의 삶의 질을 높이고 인간 발달의 높은 이상을 추구함에 있어 응용행동분석의 절대적 필요성과 그 탁월한 효과를 역설하는 주장인 동시에, 많은 사람들이 그 중요성을 납득하지 못하는 것에 대한 안타까움의 절절한 표현이라고 볼 수 있다. 행동의 원리는 엄연한 자연의 원리로서 존재하며 우리의 모든 행동에 영향을 미치고 있다. 만유인력의 발견으로 물리학의 큰 변혁이 이루어졌던 것처럼 행동원리의 발견은 인간사회와 삶의 패러다임을 바꿀 수 있는 위대한 사건이다. 따라서 인간행동에 대한 과학적 이해와 효율적 관리를 위해서는 응용행동분석에 관한 체계적인 연구와 실용화가 무엇보다 중요하다.

저자는 '행동수정'으로 널리 알려진 '응용행동분석'에 대한 짝사랑의 열정으로 반평생을 살아왔다고 자평해 본다. 무엇보다도 간단명료하고 논리 정연한 이론체계가 맘에 들었고, 체계적인 접근방법과 눈에 띄는 행동 변화의 효과에 매료되었다. '짝사랑'으로 표현한 것은 응용행동분석에 관한 교육, 연구의 활성화와 보급을 위한 저자의 모든 노력이 뜻한 만큼 결실을 얻지 못한 데 대한 아쉬움의 표현이라고 자위해 본다. 연구소를 설립하여 제자들을 가르치고, 워크숍 프로그램을 개발하여 현장 전문가를 지도하며, 학회를 설립하여 연구의 활성화를 체계화하려고 시도하였지만 애초에 품었던 열망을 실현하기에는 상황적 여건이 따라주지 않아 안타까웠던 적도 많았다. 이 책을 쓰게 된 동기도 바로 응용행동분석에 대한 열정과 짝사랑의 일환이라고 말하고 싶다. 벌써 10년 전 방배동 한국행동수정연구소에서 학지사의 김진환 사장님과의 인연으로 '책을 쓰자!'고 했던 것이 이제야 결실을 맺는 것 같다. 많이 늦어지기는 하였지만 천만다행인 것은 그간 행동분석전문가자격위원회 BCBA 자격을 취득하느라 더 많은 공부와 연구를 할 수 있었기 때문에 '좀 더 나은 책을 쓸 수 있지 않았을까?'라는 변명의 여지가 생겼다는 것이다. 더욱이 최근에 남서울대학교에 아동행동치료대학원이 설립되어 BCBA 자격시험에 대비한 전문적 교육이 시작되었고, 저자도 일익을 맡아 대학원 학생들을 가르치면서 교재와 교육과정의 개발 및 용어 통일의 필요성을 절감하게 되었다. 또한 대구사이버대학교의 학부과정에 행동치료학과가 설립되어 많은 학생들이 응용행동분석을 전문적으로 공부하기 시작하였고, 많은 대학에 심리치료 관련 학과가 설립되어 응용행동분석 과목을 개설하였다. 이러한 여건의 변화는 정말로 신나는 일이었기에 저자는 지난 2년 동안 두문불출 만사를 뒤로 미루고 이 책의 집필에 전념할 수 있었다. 앞으로 더 훌륭한 학자에 의하여 더 좋은 책이 나오기까지 이 책이 학생들에게 응용행동분석의 이해와 학습 동기 육성에 큰 도움이 되기를 기대한다.

끝으로 저자가 응용행동분석에 매료되어 학자로서 일평생 공부할 수 있도록 길을 인도해 주시고 항상 특별한 애정으로 돌봐 주신 생애의 은사 이성진 박사님께 이 책을 발간하며 다시 한번 뜨거운 감사를 드린다. 그리고 University of North Texas의 Distance Learning 프로그램을 통하여 응용행동분석을 공부하면서 남편의 일에 동참하고 이 책의 출판과정에서 꼼꼼하게 교정을 보며 조언을 아끼지 않았던 사랑하는 아내 김영희 박사에게 진심으로 감사한다. 그리고 이 책이 출간되기까지 특별한 관심과 기대를 보여 주시며 친구로서 끝까지 믿어 주고 기다려 주신 학지사의 김진환 사장님께 감사 드린다. 또한 출판의 전 과정에서 까다롭고 힘든 전문 내용을 이해하기 쉽게 표현하려고 많은 노력을 기울여 주신 학지사의 김선우 선생님께 감사 드린다. 마지막으로 지금 이 시간 멀리 있는 손자 홍시언에게 특별한 애정을 보낸다. 할아버지가 학자요, 교수요, 과학자라는 것을 최근에야 알 만큼 건강하게 성장하였고, 할아버지에 대한 각별한 자부심으로 본인도 교수와 과학자가 되겠다는 약속으로 남다른 응원을 보내 준 사랑하는 손자에게 감사한다. 그리고 멀리서 때맞추어 전화로 격려를 잊지 않았던 두 아들과 두 며느리에게도 항상 감사한다.

2009년 3월

저자 홍준표

:: 이 책의 구성과 사용법

이 책은 일차적으로 학부와 대학원에서 행동수정, 행동치료 또는 응용행동분석을 전공하는 학생들을 위하여 저술되었다. 그리고 이차적으로는 미국 행동분석전문가자격위원회(BACB)에서 실시하는 행동분석전문가(BCBA/BCABA) 자격시험 응시자들을 위하여 저술되었다. 그리고 이 책은 다음과 같이 활용할 수 있다.

1. 학부나 대학원 과정에서 응용행동분석 개론으로 한 과목을 개설할 때

유아교육과, 아동학과, 아동복지학과 및 관련 학과의 학부 또는 대학원 과정에서 아동행동을 이해하고 지도할 수 있는 방법을 개론적으로 가르칠 때 다음의 응용행동분석 기법을 중심으로 강의 내용을 구성한다.

- **제2부 행동을 증가시키는 방법**: 작동행동의 강화(제5장), 강화계획(제6장), 기타 강화방법(제7장)
- **제3부 행동을 감소시키는 방법**: 긍정적 치료전략(제8장), 정적벌과 부적벌(제9장), 벌의 여러 기법(제10장)
- **제4부 선행요인을 조절하는 방법**: 자극통제(제11장), 동기화조작과 선행중재(제12장)

2. 학부나 대학원 과정에서 행동수정, 행동치료 또는 응용행동분석을 전공으로 개설할 때

심리학과, 특수교육학과, 행동치료학과, 심리치료학과 등에서 응용행동분석을 전공 또는 부전공 이상으로 개설할 때는 다음과 같은 내용으로 3학점 3과목 이상 개설한다.

- **기초원리**: 응용행동분석의 기초(제1부), 행동을 증가시키는 방법(제2부), 행동을 감소시키는 방법(제3부) 등으로 한 과목을 구성한다.
- **기능성 평가와 치료적 중재**: 선행요인을 조절하는 방법(제4부)으로 자극통제, 동기화조작 및 선행중재 기법 그리고 기능성 평가와 치료적 중재(제5부) 방법 등으로 한 과목을 구성한다.

- **학습 프로그램 개발**: 발달적 결손행동의 진단과 표적행동의 선정방법, 선정된 결손행동을 가르치기 위한 행동형성 및 행동연쇄(제15장) 기법 그리고 Skinner의 프로그램 교수기법과 치료교육 프로그램 개발(제16장)을 이론 및 실습과목으로 구성한다. 여기서는 워크북과 워크시트를 작성하여 사용한다.
- **연구방법**: 표적행동의 선정과 정의(제17장), 행동의 관찰과 측정(제18장), 측정의 타당도와 신뢰도(제19장), 그래프 작성(제20장), 시각적 분석(제21장) 및 실험설계(제22장)를 내용으로 구성한다.

3. 행동분석전문가자격위원회에서 실시하는 행동분석전문가 자격시험을 대비할 때

미국의 행동분석전문가자격위원회(BACB)에서 실시하는 행동분석전문가(BCBA) 시험에 응시할 자격을 얻기 위해서는 석사학위 이상을 취득한 사람이 BACB에서 인준한 대학원 프로그램에서 응용행동분석 과목을 15학점(225시간) 이상 취득하여야 한다. 그리고 행동분석사(BCABA) 시험에 응시할 자격을 얻기 위해서는 학사학위 이상을 취득한 사람이 BACB에서 인준한 학부 수준 프로그램에서 응용행동분석 과목을 9학점(135시간) 이상 취득하여야 한다. 수강과목은 대학 및 대학원 프로그램에 따라 조금씩 차이는 있지만 대체로 2항에 제시된 것과 유사하다.

시험 응시자격을 얻기 위해서는 응용행동분석 과목의 수강 의무 이외에 실습 경험을 인정받아야 한다. BCBA의 응시자격을 얻기 위해서는 1,500시간의 실습과 75시간(전체 실습시간의 5%)의 지도감독을 행동분석전문가(BCBA)에게 받아야 한다. 반면에 BCABA의 응시자격을 얻기 위해서는 1,000시간의 실습과 50시간의 지도감독을 행동분석전문가(BCBA)에게 받아야 한다. 시험 범위와 내용 및 실습 의무에 관한 자세한 사항은 BACB 홈페이지(http://www.bacb.com)에서 게시하고 있다.

차 례

제1부 응용행동분석의 기초

제3부 행동을 감소시키는 방법

제4부 선행요인을 조절하는 방법

제6부 새로운 행동을 가르치는 방법

제1부

응용행동분석의 기초

Basic Concepts

행동수정 또는 행동치료로 널리 알려진 응용행동분석이라는 비교적 새로운 학문 분야에 대한 올바른 이해를 돕기 위하여, 그 차별화된 특성과 심리학적 기본원리, 전반적 작업모형, 문제 유형별 진단과 치료전략을 개괄한다.

제1장 서론: 특성과 정의에서는 인간의 문제행동을 다루는 여러 이론적 접근모형을 개괄하고, 과학으로서의 응용행동분석의 기본철학과 차별화된 특성을 설명한 다음, 응용행동분석을 정의하고, 그 발전배경을 간략히 살펴본다.

제2장 기본원리에서는 응용행동분석의 기본개념, 행동과 환경 간의 기능적 관련성 그리고 수동행동과 작동행동의 학습원리를 탐구한다. 특히 행동, 반응, 반응군, 환경과 자극 등의 기본개념을 정의하고, 연습을 통하여 명확한 이해를 돕는다.

제3장 따라하기에서는 가상적 사례를 해결하는 방식으로 응용행동분석의 전 과정을 따라하도록 한다. 치료와 교육의 목표 설정, 진단적 평가에 입각한 치료전략의 수립, 기초선 설정, 실험처치와 효과 검증 등 응용행동분석 연구의 전 과정을 따라한다.

제4장 문제 유형과 치료전략에서는 문제행동의 다섯 가지 유형을 설명하고, 각 유형별로 문제행동의 원인을 진단 · 평가하기 위한 분석모형을 제시한다. 그리고 진단 · 평가를 통하여 밝혀진 원인에 근거한 효율적인 치료적 중재전략을 개괄한다.

제1장 서론: 특성과 정의

학습목표

1. 인간행동에 대한 주요 이론모형과 그 기본가정을 설명할 수 있다.
2. 응용행동분석의 철학적 관점을 설명할 수 있다.
3. 다른 모형과 차별화되는 응용행동분석의 일곱 가지 특성을 설명할 수 있다.
4. 응용행동분석을 정의할 수 있다.
5. 응용행동분석의 발전배경을 간략히 기술할 수 있다.

응용행동분석[1)]은, 인간행동의 이해와 개선을 위해 노력하는 응용과학의 한 분야로서, 이제까지 '행동수정' 또는 '행동치료' 라는 용어로 널리 알려져 왔다. 물론 다른 여러 학문 분야에서도 '인간행동의 이해와 개선'이라는 동일한 목적을 가지고 연구와 개발에 힘쓰고 있다. 그렇다면 응용행동분석은 무엇으로 특성화되고 차별화될 수 있는가? 이에 대한 답을 얻기 위하여, 먼저 동일한 목적을 가진 다른 심리학 이론과 접근모형들을 간략히 개괄한다. 그리고 이들과 차별화되는 응용행동분석의 특성을 살펴본 후, 응용행동분석을 정의하고 그 발전배경을 간략히 기술하기로 한다.

1) Applied behavior analysis

제1절 정신병리 이론의 개관

인간의 행동에 영향을 미치는 관련 변수는 무수히 많아 단지 몇 가지 요인으로 행동을 설명하고 예언하기란 불가능하다. 수없이 많은 이론과 접근방법들이 나름대로의 관점에서 인간행동을 설명하고 그 변화를 예측하려 하지만 인간행동의 단편적인 측면에 한정될 뿐 전체를 설명하기는 어렵다. 이 절에서는 인간의 정신병리와 문제행동에 관한 주요 이론모형과 접근방법을 간략히 살펴보기로 한다.

1. 생물물리학 모형

생물물리학 모형[2)]은 인간의 부적응 행동과 정신병리에 대한 일차적 결정요인을 신경학, 유전학, 생화학적 결함에서 찾아 치료하려는 접근방법이다. 이 모형의 특징을 살펴보면, 첫째로, 뇌손상이나 뇌의 역기능 등 신경생리학적 결함에서 문제행동의 원인을 찾고자 한다. 제1차 세계대전 도중 머리에 상처를 입은 병사들이 보였던 주의 산만, 지각 이상, 과잉반응과 같은 행동 특성이 일부 정신지체인에게서 발견되는 것을 보고 뇌손상이 그 원인이라고 생각하기도 하였다(Strauss & Werner, 1942). 그러나 이러한 증상의 원인이 뇌손상이라는 증거는 희박한 것으로 알려지고 있다(Werry, 1986). 둘째로, 유전적 결함에서 문제행동의 원인을 찾고자 한다. 광범위한 행동 영역에서 심각한 결함을 나타내는 정신지체아의 경우, 그 원인의 일부는 염색체 이상이나 열성유전자의 계승과 관련이 있는 것으로 밝혀지고 있다(Patton, Payne, & Beirne-Smith, 1990). 또한 정신분열증의 발병률은 생물학적 관련성이 높을수록 증가하고(Prior & Werry, 1986), 우울증(Klein & Last, 1989), 독서장애(Olson, Wise, Conners, Rack, & Fulker, 1989), 행동장애(Thomas & Chess, 1984) 등도 유전적 요인과 관련이 있다는 사실이 밝혀지고 있다. 셋째로, 인체 내의 생화학적 결함에서 문제행동의 원인을 찾고자 한다. 체내의 특정 화학 성분의 과잉 또는 결핍으로 인하여 문제행동이 발생하는 것으로 보는 학자들도 있다. 자폐증이나 정신병으로 진단된 일부 아동에게서 생화학적 이상이 발견되고 있기 때문이다(Boullin, Coleman, O'Brien, & Rimland, 1971). 또한 과잉행동, 학습장애,

2) Biophysical model

정신지체 등은 저혈당(Wunderlich, 1977), 영양 결핍(Cravioto & Delicardie, 1975), 알레르기 반응(Feingold, 1975)과 같은 생화학적 요인들과 관련성이 높은 것으로 밝혀지고 있다. 그러나 이러한 연구에서 밝혀진 것은 장애 아동에게서 생화학적 이상이 발견되었다는 것일 뿐, 장애의 원인이 밝혀진 것은 아니다.

이상과 같이 인간의 정신병리나 문제행동은 뇌손상이나 중추신경계의 이상, 유전적 요인 및 생화학적 결함과 관련성이 있다는 증거와 지식이 축적되고 있다. 그러나 현재로서는, ① 인간 두뇌와 중추신경계에 관한 완전한 이해에 도달하지 못하였고, ② 유전론과 환경론 간의 논쟁이 해결되지 않았으며, ③ 생화학적 요인과 문제행동 간의 대응적 관련성이 적어 아직 치료적 실용 단계에 이르지 못하고 있다. 그리고 이러한 접근은 의학과 관련된 연구 영역일 뿐 심리학과 교육학 영역, 특히 문제행동의 원인을 환경자극에서 찾아 치료하는 응용행동분석적 접근방법과는 거리가 먼 것으로 간주된다. 다만 최근에 급성장하고 있는 행동약리학[3]에서의 행동분석 연구가 새로운 활로와 기대를 모으고 있다.

2. 정신역동 모형

정신역동 모형[4]은 Freud의 정신분석학에 기초한 이론이다. 의학 분야에서 환자의 증상을 질병에 기인하는 것으로 보듯이, 정신역동 모형은 기능성 행동장애를 일종의 증상으로 보고 그 원인으로 가정되는 무의식적 결정요인을 찾아 제거하는 데 치료의 초점을 둔다. 사회적으로나 도덕적으로 용인될 수 없는 원초아[5]의 욕구를 수용할 수 없을 때, 자아[6]는 그것을 무의식에 억압한다. 억압된 욕구는 자아의 검열을 피하기 위하여 왜곡되고 위장된 모습으로 의식 세계로의 진입을 시도하는데, 이러한 과정에서 이상행동이 출현하는 것으로 본다. 특히 억압은 생애 초기의 충격적 사건이나 경험에 기인하며, 특정 발달단계에 심리성적 에너지[7]가 과도하게 고착되어 성격 형성에 크게 영향을 미치는 것으로 본다.

3) Behavioral pharmacology
4) Psychodynamic model
5) Id (原初我)
6) Ego (自我)
7) Psychosexual energy

치료전략은 환자와 가까운 주요 인물과의 면접, 자유연상, 꿈의 분석, 저항의 해석, 전이, 실언, 유머 등을 단서로 무의식에 억압된 욕구의 실체를 확인하고, 그것을 의식세계로 꺼내어 건설적 형태로 재평가하고, 새로운 통찰을 통하여 현실적으로 해소함으로써 성격의 재구성을 시도한다. 치료적 권한은 정신의학적 훈련을 받은 전문가에게 주어지며, 교육의 역할은 제한된다.

이 접근모형에서 문제행동은 증상의 일부로 간주되며, 근본적인 치료적 대상에서 제외된다. 반면에 인간의 무의식 심층에 억압된 욕구를 문제행동의 원인으로 보고 치료의 대상으로 한다. 따라서 정신역동 모형은 관찰 가능한 구체적 행동을 연구와 치료의 대상으로 하는 응용행동분석적 접근과 정면으로 대치된다. 또한 문제행동의 주원인으로 과거의 경험이나 초기의 발달과정을 중요시하는 것도 현재의 환경자극을 중요시하는 응용행동분석과 크게 다른 점이다.

3. 심리교육 모형

심리교육 모형[8)]은 신프로이트 학파의 자아심리학에 기초하며, 자아기능의 자율성을 강조한다. 즉, 자아는 원초아와는 독립적으로 현실원리에 따라 활동하는 정신 주체로서, 현실적응 기능의 중요성이 강조된다. 따라서 행동장애란 무의식적 결정요인뿐 아니라 자아의 결손[9)], 즉 현실 세계(환경)의 적응에 필수적인 자아기능의 결함에 기인하는 것으로 본다.

치료전략의 초점은, 전통적 Freud의 정신분석적 치료를 강조하는 동시에, 생활적응기술, 친사회적 기술 및 학습 기술 등을 가르쳐 자아의 자율성과 현실적응 능력을 향상시키고, 환경에 잘 적응하도록 돕는 데 있다. 이 접근모형에서는 연구와 치료의 목표를 구체적 행동으로 제시하기 때문에 응용행동분석과 협력할 수 있는 여지가 크다. 정신분석학적 접근은 의학적으로 훈련된 전문인의 고유 영역으로 간주되고 있으나, 자아심리학적 접근은 교육 및 기타 영역과의 다학제적 접근을 가능하게 한다.

---

8) Psycho-educational model

9) Ego deficit

4. 인본주의 모형

인본주의 모형[10]에서는 개인의 자아실현 욕구와 성장의 잠재력에 대한 무조건적인 존중을 강조한다. 인간은 누구나 자신의 능력을 향상시키려는 생득적 경향성을 가지고 있으며, 인간의 행동은 자아실현의 동기에 의해서 유발된다고 주장한다. 따라서 공감적 이해, 존경, 진지성 등과 같은 자아 존중을 위한 조건이 갖추어진 환경에서 인간은 누구나 자아실현을 할 수 있다고 믿는다. 반면 개인이 정서적 곤란을 겪거나 부적응 행동을 하게 되는 것은 이러한 자아존중의 조건이 자신의 생활환경 내에서 거부되기 때문이라고 본다.

치료전략은 개인의 내면세계에 있는 자아실현의 장애 조건을 제거하고 자아존중의 조건을 제공함으로써 스스로 자아실현을 할 수 있도록 돕는 것이다. 상담과정에서 치료자는 내담자의 생각과 감정, 행동 등 모든 것을 공감적으로 이해하고 무조건적인 수용과 진지성을 보여 줌으로써 자아존중의 조건을 마련해 주는 것이 필수적이라고 본다. 특히 가정과 학교, 사회에서 자아존중의 조건을 마련함으로써 모든 인간이 스스로 성장하고 자아실현을 이룰 수 있는 환경을 조성해야 한다는 점을 강조한다. 따라서 일정한 기준을 정해 놓고 인간의 행동을 조건부로 수용(강화)할 것을 강조하는 응용행동분석의 접근방법을 거부한다.

5. 생태학 모형

생태학 모형[11]에서는 그 자체의 성격 이론을 제시하지 않는다. 다만, 개체와 환경 간의 상호작용이라는 맥락 안에서 인간의 문제를 보고, 접근하는 것이라면 어떤 이론이든 수용한다. 문제행동 또는 정신병리란, 한 개체와 그의 고유한 환경 간의 잘못된 상호작용에서 비롯된다고 본다. 따라서 환경과 격리된 곳에서의 진단과 치료는 의미가 없으며, 더욱이 엄격히 통제된 임상 환경에서의 연구를 배격한다. 왜냐하면, 생태학적 관점에서 가장 중요한 변수인 환경을 통제하고 연구를 수행하기 때문이다.

치료의 초점은 내담자 개인뿐 아니라 그의 전체 생태체계를 변화시켜 상호작용이 성

10) Humanistic model

11) Ecological model

공적으로 이루어지도록 돌보는 데 있다. 예를 들면, 학습 부진으로 학교생활에 부적응하는 아동을 지도할 때, 학교에서 기초학력을 보충하는 데만 관심을 가지는 것이 아니라 아동의 가족, 이웃, 지역사회 내의 중요한 인물들과 상호작용을 성공적으로 영위할 수 있는 환경을 조성함으로써 생활 전반의 변화를 시도한다. 이 접근모형은 개체의 행동을 생태적 환경과의 상호작용 속에서 이해하고자 한다는 점에서 응용행동분석과 일맥상통한다. 또한 실제로 응용행동분석에서는 행동에 영향을 미치는 간접적 요인으로 생태적 환경요인을 무엇보다 중요시한다.

6. 응용행동분석 모형

지금까지 인간의 정신병리 및 문제행동을 진단하고 치료하는 여러 접근모형을 살펴보았다. 이제부터는 우리가 공부할 응용행동분석은 다른 이론이나 접근방법과 어떻게 차별화되고 특성화되는지 간략히 살펴보기로 한다.

첫째로, 연구의 초점이 다른 접근모형과 차별화된다. 응용행동분석에서는 관찰과 측정이 가능하고 사회적 중요성을 지닌 구체적 행동만을 연구와 치료의 대상으로 한다. 둘째로, 연구의 목적에 차이가 있다. 응용행동분석 연구의 목적은 일차적으로 연구대상의 행동을 개선하는 것이지만, 사용된 치료방법과 행동 변화 간의 관련성을 탐색하고 검증하는 데 상당한 노력을 기울인다. 셋째로, 연구방법이 크게 다르다. 응용행동분석 연구에서는 철저한 과학적 접근을 시도한다. 즉, 문제의 현상을 관찰 · 기술하고, 그 원인요인을 체계적으로 설명하며, 가설의 형태로 미래를 예측하고, 원인요인의 통제를 통하여 가설을 검증한다. 다음에서는 응용행동분석의 차별화된 특성을 자세히 기술하기로 한다.

제2절 과학의 기본 특성

'과학' 이란 말과 함께 연상되는 것은 실험실, 측정도구, 복잡한 기계, 시험관, 흰 가운을 입은 연구원 등이다. 일상생활에서 우리는 자연과학 내지는 이공계열의 학문을 과학이라고 일컬어 왔다. 그러나 과학이란 그 연구 대상이 자연현상인지, 인문사회 현상인지에 따라 결정되는 것은 아니다. 어떤 대상을 연구하든 그 방법이 과학적인지 아니면 비과학적인지에 따라 결정된다. 예를 들면, 불임 부부가 의학적 이론과 기술의 도움으로 시험관 아기를 얻었다면 그것은 과학이지만, 돌하르방의 콧잔등을 갈아 마시고 아들을 낳았다면 그것은 미신일 뿐이다. 따라서 응용행동분석이 다른 이론이나 접근 방법과 차별화되는 가장 큰 특징은 '철저한 과학적 방법'을 사용한다는 점이다. 이 절에서는 과학으로서의 응용행동분석의 특성을 설명하기로 한다.

1. 결정론

응용행동분석의 기본 철학은 결정론[12]이다. 즉, 우리가 사는 우주는 일정한 법칙에 따라 질서 있게 움직이고, 우주 내에서 발생하는 모든 현상은 다른 사건이나 현상의 결과로 발생한다고 본다. 즉, 인과관계의 고리에서 모든 현상이 발생한다고 가정한다. 만일 모든 현상이 규칙성이나 질서 없이 제멋대로 발생한다면 한치 앞을 예측할 수 없기 때문에 과학이란 성립될 수 없을 것이다. 과학은 관련 변수들 간의 기능적 관련성[13]을 밝히는 것을 목표로 한다. 일정한 규칙과 법칙성에 근거하여 미래를 확실하게 예측하고 관련 변수를 실제로 통제함으로써 예측된 것을 실증해 볼 수 있다는 점이 과학의 유용성인 것이다.

이러한 과학적 방법을 응용행동분석에 적용한다면, 인간의 행동은 일정한 법칙에 따라 결정된다고 가정한다. 어떤 행동이 특정한 조건의 결과로 발생한다는 것이 확인된다면, 동일한 조건이 성립될 때마다 같은 행동이 다시 발생할 것을 쉽게 예측할 수 있고, 어느 한도 내에서 그 행동에 영향을 미칠 수 있을 것이다(Skinner, 1953).

2. 경험주의

과학적 연구에서는 무엇보다도 경험주의[14]를 신봉한다. 현대과학 이전 시대에서는 물론, 오늘날에도 비과학적 접근을 시도하는 학문 분야에서는 사색, 개인적 의견, 상식적인 논리 등에 바탕을 두고 지식을 탐구한다. 그러나 경험주의에 바탕을 둔 과학자들

12) Determinism
13) Functional relations
14) Empiricism

은 관심 영역의 현상에 대한 철저한 기술과 정확한 측정에 기초한 객관적 관찰을 중요시하며, 이러한 과정의 반복을 통하여 현상을 파악하고자 한다.

모든 과학에서와 마찬가지로 인간의 행동을 연구하는 응용행동분석에서도 경험주의적 태도는 모든 연구자와 임상 실천가에게 요구되는 기본 규칙이다. 현상으로 나타난 행동을 체계적으로 관찰하여 정확히 기술하고, 행동의 원리에 따라 행동에 영향을 미치는 관련 변수를 확인하며, 예측되는 행동의 변화를 가설로 설정하고, 관련 변수를 통제하여 실험 검증한다. 이러한 과학적 접근을 반복하여 행동의 원리를 추출하고, 행동 변화를 위한 효과적 치료 기술을 축적한다. 한마디로 반복적 경험은 응용행동분석의 기본적 실천방안이다.

3. 절약의 법칙

절약의 법칙[15)]이란, 관찰된 현상에 대하여 복잡하고 추상적인 설명을 시도하기 전에 가장 단순한 설명이 선행되어야 한다는 것이다. 단순한 설명은 문제해결에 소요되는 자원을 절약할 수 있고, 사실을 왜곡하고 허위에 빠질 위험을 예방하는 데 도움이 되기 때문이다. 예를 들어, 불이 꺼졌을 때 정전으로 판단하고 전력공사에 전화를 거는 것보다 먼저 전구를 확인하여 해결하는 것이 훨씬 경제적이다. 물론 정전의 가능성도 배제할 수 없지만, 먼저 간단하게 전구를 확인하고 이상이 없을 때 전력공사에 전화를 거는 것이 시간과 노력을 절약하는 방법이다. 부모와의 애착 형성에 문제가 있어 아기가 자주 보챈다는 설명보다는 부모의 관심을 받으려고 운다고 보는 것이 보다 단순할 뿐 아니라 치료적 노력과 경비를 절약할 수 있을 것이다.

4. 과학적 조작

어떤 일이나 사건들이 동시에 발생하거나 또는 짧은 시간에 연속하여 발생할 때 이들 간에는 어떤 기능적 관계가 존재할 가능성이 높다. 예를 들어, 아기가 울 때마다 안아 주었더니 아기의 우는 횟수가 평소보다 크게 증가하였다면, 아기의 울음과 안아 주기 간에는 어떤 기능적 관계가 있을 것으로 가정된다. 이러한 가정을 입증하기 위해서

15) Law of parsimony

는 과학적 조작[16], 즉 실험적 통제가 필수적이다. 예를 들면, 먼저 아기가 울 때마다 일정 기간 안아 준다. 다음에는 아기가 울어도 일정 기간 안아 주지 않는다. 이러한 과정을 반복하면서 아기의 우는 행동을 관찰 · 측정한다. 만일 아기가 울 때마다 안아 줄 경우, 우는 횟수가 더 높게 관찰되었다면 안아 주기가 바로 우는 행동을 강화하는 요인이라고 확신할 수 있다. 이와 같은 과학적 실험 조작을 통하여 행동과 환경요인 간의 인과관계 또는 기능적 관계를 명확히 밝힐 수 있다.

5. 철학적 의혹

철학적 의혹[17]이란, 현재에 사실로 인정되고 있는 것에 대하여 과학자는 항상 의혹을 가져야 한다는 뜻이다. 과학적 지식이란 잠정적인 것이며, 새로운 사실의 발견으로 언제든지 대치될 수 있다. 그러므로 과학자라면 현재 기정사실화되고 있는 많은 지식에 대해서 늘 의혹을 갖고 새로운 사실을 발견하려는 끈질긴 노력을 지속하여야 한다. 자기만족으로 변화에 대한 저항을 갖는다면 학문의 발전은 기대할 수 없을 것이다. 이러한 철학적 의혹이 밑바탕이 되어 응용행동분석은 그간 끊임없는 발전을 거듭하여 왔다고 평가된다.

제3절 응용행동분석의 특성

Baer, Wolf와 Risley(1968)는 응용행동분석 연구의 최고 학술지인『Journal of Applied Behavior Analysis』[18]의 창간호를 내면서, 응용행동분석의 특성에 관한 논문을 게재하였다. 이 논문에서 이들은 당시 비교적 새로운 학문 분야인 응용행동분석의 목적을 정의하고, 응용행동분석 연구논문으로 평가받기 위해서 갖추어야 할 특성을 요

16) Scientific manipulation

17) Philosophic doubt

18) 미국의 실험행동분석학회(SEAB)에서는 실험연구를 통하여 검증된 행동의 원리와 방법을 전파하기 위하여 1958년에『Journal of the Experimental Analysis of Behavior』(JEAB)를 창간하였고, 10년 후 1968년에 사회적으로 중요한 실용적 연구를 활성화하기 위하여『Journal of Applied Behavior Analysis』(JABA)를 창간하였다.

약 · 제시하였다. 그리고 20년 후 이들은 학술지 발간 20년을 기념하여 투고한 논문에서도 이러한 특성이 당시까지도 그대로 유지되고 있음을 재천명한 바 있다(Baer, Wolf, & Risley, 1987). 첫 논문의 발표 이후 40년이 지난 현재에도 동일한 내용이 응용행동분석을 정의하고 그 특성을 설명하는 기준으로 사용되고 있다. 응용행동분석 연구의 일곱 가지 특성을 요약하면 다음과 같다.

1. 응용연구

행동분석 연구는 크게 실험행동분석[19]과 응용행동분석[20]의 두 분야로 나뉘어 연구된다. 이 두 연구 분야는 행동의 원리와 기법에 대한 분석적 연구를 수행하는 것은 동일하지만, 목적과 통제 방식에 차이가 있다. 실험행동분석에서는 중요한 행동의 원리를 탐구하기 위하여 인간 또는 동물을 대상으로 엄격히 통제된 실험 상황에서 연구가 수행된다. 반면에, 응용행동분석에서는 사회적으로 중요한 행동, 즉 실생활에서 실용성이 높은 행동을 연구 대상으로 하며, 실험행동분석보다는 덜 통제된 일상생활 환경에서의 연구가 주를 이룬다.

행동의 원리를 추출하는 실험연구에서는 '지렛대 누르기' 나 '버튼 쪼기' 와 같이 관찰과 측정이 용이한 단순한 행동을 연구 대상으로 한다. 실험동물의 행동 자체보다는 모든 행동에 적용될 수 있는 일반원리를 밝히는 것이 더 중요하기 때문이다. 그러나 응용연구에서는 피험자 또는 내담자의 사회생활과 적응에 실제로 도움이 되는 실용적인 행동을 연구 대상으로 한다. 예를 들어, 친구가 없는 아동에게는 사회적 행동, 즉 또래를 사귈 수 있는 방법을 가르치는 것이 무엇보다 중요하고 시급한 일이다.

실제로 현재까지 응용행동분석 연구에서 다루어 온 표적행동을 살펴보면, 대부분이 사회적으로 중요하고 실용성을 지닌 행동들이다. 예를 들면, 효율적 학습행동, 대인관계 행동, 언어 습득과 활용, 생산성 향상, 부부관계 행동, 자녀 양육 기술, 소비자 행동, 에너지 절약, 의상 선택, 자조행동, 안전운전, 체중 조절, 여가 및 운동 기술 등 모두 실제 사회생활과 적응에 반드시 필요하고 중요한 행동들이다. 응용행동분석에서 '응용연구'란 피험자 개인과 사회에 중요할 뿐 아니라 실용성이 높은 행동을 연구 대상으로 한다는 의미를 포함하고 있다.

19) Experimental analysis of behavior

20) Applied behavior analysis

2. 행동연구

응용행동분석은 행동적[21]연구이다. 즉, 관찰과 측정이 가능한 구체적 행동을 연구 대상으로 한다. 관찰이 불가능하거나 행동이 아닌 문제들은 관찰과 측정이 가능한 행동의 문제로 목표를 재설정하여 연구한다. Baer, Wolf와 Risley(1968)는 행동적 연구로 평가되기 위한 기준으로 다음 3가지를 강조한다. 첫째로, 목표 행동은 개선이 요구되는 바로 그 행동이어야 한다. 유사한 다른 행동이나 행동에 대한 언어적 약속을 목표로 선정해서는 안 된다. 예컨대, 실제로 동생을 때리는 행동의 빈도를 줄이는 것이 목표가 되어야 한다. 동생을 때리지 않겠다는 언어적 약속이나 진술이 목표가 되어서는 안 된다. 둘째로, 측정 가능한 행동이어야 한다. 정밀하고 신뢰할 수 있는 행동의 측정은 실험실 연구에서뿐 아니라 응용연구에서도 중요시된다. 특히, 응용연구에서는 사회적으로 의미 있는 중요한 행동을 피험자의 일상생활에서 측정해야 하는 어려움이 있다. 셋째로, 연구과정에서 행동의 변화를 측정할 때 항상 누구의 행동 변화를 측정한 것인지 자문할 필요가 있다. 많은 연구에서 피험자의 행동 자체에는 변화가 없는데, 관찰자의 오류로 측정치상으로만 변화가 나타날 수 있다. 이러한 관찰자 오류를 배제하기 위하여 연구자는 항상 관찰의 신뢰도를 높이는 데 신경을 써야 한다. 또한 실험자가 임의로 계획에 없는 처치를 함으로써 행동의 변화가 발생했다면, 그것은 계획된 실험조건에 의한 변화라고 볼 수 없다. 그러므로 행동분석 연구자는 연구에 참여하는 모든 사람의 행동을 주의 깊게 살펴 실험자 및 관찰자 요인이 실험 결과에 영향을 미치지 않도록 감독할 필요가 있다.

3. 분석연구

응용행동분석에서는 기본적으로 행동과 환경자극 간의 기능적 관계를 분석적[22]으로 연구한다. 다시 말하면, 문제행동의 원인을 찾기 위하여 실제 생활환경에서 그 행동이 어떤 목적을 달성하고 있는지 면밀히 관찰하여 그 기능성을 평가하고 분석한다. 또한 연구자는 밝혀진 원인요인을 조작함으로써 표적행동에 미치는 영향력을 통제한다. 예

21) Behavioral

22) Analytic

를 들면, 교사가 아동의 학습행동에 관심을 보일 때마다 그 행동이 증가하였고 관심을 보이지 않고 무시할 때마다 감소하였다면, 교사의 관심이 바로 학습행동을 증가시키는 원인요인이라고 볼 수 있다. 이와 같이 행동과 환경자극 간의 인과관계 또는 기능적 관계를 분석하는 것이 응용행동분석 연구의 중요한 과제 중의 하나이다.

4. 기술적 진술

기술적 진술[23)]이란 응용행동분석 연구에서 사용된 모든 절차와 방법은 철저히 확인되고 정확하게 기술되어야 한다는 의미이다. 즉, 기술적 진술의 기준은 진술된 절차와 방법을 훈련된 다른 연구자가 읽고 그대로 따라서 반복할 수 있도록 세부적으로 자세히 설명하는 것을 말한다. 만일 필요한 절차가 누락되거나 불필요한 절차가 덧붙여진다면 기술적으로 잘 진술되었다고 볼 수 없다. 또한 진술된 절차와 방법을 읽고도 많은 의문 사항이 생긴다면, 그러한 진술은 기술적으로 충분하다고 평가될 수 없다. 예를 들어, 땅바닥을 구르며 심하게 떼쓰는 행동을 고치기 위하여 소거계획을 세울 경우, '아이가 떼쓸 때마다 그 요구를 무시하라.' 는 설명만으로는 기술적 진술이 될 수 없다. 어떤 장소에서 어떤 방법으로 무시하여야 하는지, 부모에게 공격적 행동을 시도할 때 또는 통제가 불가능할 정도로 심할 때는 어떻게 할 것인지 등 예상되는 모든 상황에 대처할 수 있는 구체적 방안을 세부적으로 자세히 설명하지 않으면, 기술적 진술이 될 수 없다.

5. 개념적으로 체계화된 연구

응용행동분석에서 사용될 수 있는 전략과 중재기법은 무수히 많지만, 대부분 몇 가지 기본원리에서 추출된 것들이다. 따라서 행동수정에 사용되는 방법이 어떤 기본원리로부터 추출된 것인지 또는 몇 가지 원리의 병합으로 구성된 것인지를 설명함으로써 그 기법을 개념적으로 체계화[24)]할 필요가 있다. 예를 들어, 떼쓰는 행동에 대하여 '일시퇴출'이라는 기법을 처방한다면, 그것을 단순한 벌로 규정하지 않고 정적강화와 소

23) Technological description
24) Conceptually systematic

거의 원리에서 추출된 개념으로 체계화할 수 있을 것이다. 왜냐하면, 일시퇴출[25] 이란 문제행동이 정적강화되고 있는 상황에서 정적강화될 수 없는 상황으로 아동을 일시적으로 격리시키는 방법이기 때문이다. 즉, 이제까지 문제행동을 지원해 온 정적강화가 중단되어 문제행동이 소거되는 것으로 설명할 수 있을 것이다. 관련성이 없는 여러 기법을 두서없이 통합시킨 치료계획보다는 기본원리에서 추출된 체계적 개념에 기초하여 치료전략을 통합하는 것이 보다 효과적인 치료방법이 될 것이다.

6. 효과적 적용

특정한 치료기법이 효과적[26]이라고 평가되기 위해서는 표적행동의 변화가 실용적 수준에 도달하여야 한다. 이론연구에서는 통계적 유의성이 검증되면 효과적이라고 말할 수 있지만, 응용연구에서는 임상적 및 사회적 유의성이 입증되지 않으면 안 된다. 일반적으로 응용행동분석 연구에서는 눈으로 확인될 수 있는 큰 변화가 요구된다. 흔히 여러 실험조건에 나타난 행동 변화의 차이를 꺾은선그래프로 그려 시각적으로 비교하고 분석한다. 예를 들어, 기초선 기간과 실험처치 기간의 자료점을 상호 비교하여 서로 중복되지 않고, 변화의 추세가 확연히 다를 때 그 효과를 인정한다(Miller, 2006). 요구되는 행동의 변화 정도는 관련 당사자가 만족할 만한 수준이어야 하고, 그 효과는 일관성이 있어야 한다.

7. 일반화 효과

치료 중에 개선된 행동이 치료적 중재가 종료된 후에도 장기간 지속될 때, 치료 효과가 임상적 상황을 넘어 치료를 받지 않는 상황에서도 나타날 때, 또는 치료의 직접적 대상이 아니었던 다른 유사한 행동에 전이되어 영향을 미칠 때 일반화 효과[27]가 있다고 평가된다. 일반화란, 응용행동분석 연구에서 항상 기대하는 바람직한 결과이지만, 그것은 자동적으로 따라오는 결과는 아니다. 그러므로 단지 기대하는 것만으로는 부족하고, 치료계획에 일반화 효과를 높이기 위한 적극적인 전략이 포함되어야 한다.

25) Time-out (一時退出)

26) Effective

27) Generality or generalization effect

제4절 정의와 발전배경

지금까지 인간의 정신병리와 문제행동을 이해하고 개선하기 위한 여러 이론적 접근 모형을 개괄하고, 과학으로서의 응용행동분석의 철학과 학문적 특성을 살펴보았다. 이제부터는 비교적 새롭게 각광받고 있는 응용행동분석이라는 학문 분야에 대하여 정의하고, 그 발전배경을 간략히 살펴보기로 한다.

1. 응용행동분석의 정의

Cooper, Heron과 Heward(1987, 2007)는 앞서 살펴본 과학의 특성과 과학으로서의 응용행동분석의 특성에 기초하여 다음과 같이 정의하였다.

> 응용행동분석이란, 행동의 원리로부터 도출된 방법을 체계적으로 적용하여 사회적으로 중요한 행동을 유의미한 수준으로 개선하고, 또한 사용된 방법이 이러한 행동 변화에 영향력이 있음을 실험을 통하여 검증하는 과학이다.

이상의 정의에 포함된 핵심요소를 살펴보면 다음과 같다. 첫째로, 응용행동분석의 실천원리는 과학적 탐구의 태도와 방법에 있다. 즉, 자연과학 수준의 엄격한 과학적 접근을 강조한다. 둘째로, 응용행동분석의 모든 절차와 방법은 체계적이며 기술적인 방식으로 진술되고 시행된다. 즉, 진술된 절차와 방법을 제삼자가 읽고 그대로 반복할 수 있도록 세부적으로 자세히 진술된다. 이러한 체계적 진술을 통하여 이미 개발된 기술에 더욱 향상된 새로운 기술이 축적될 수 있다. 셋째로, 행동을 변화시킬 수 있는 방법이라고 해서 모두 응용행동분석으로 인정되는 것은 아니다. 오직 행동의 기본원리로부터 추출된 절차와 방법을 사용할 경우로만 한정된다. 즉, 응용행동분석 연구의 고유한 영역을 명시한 것이다. 넷째로, 응용행동분석의 주요 관심사는 사회적으로 중요한 행동이다. 기초실험 연구에서는 행동 자체의 변화보다는 행동 변화에 영향을 미치는 요인의 탐색과 새로운 행동원리를 탐구하는 데 주력한다. 반면에 응용연구에서는 실용성을 중요시한다. 따라서 실용성이 낮은 행동은 연구 대상에서 제외된다. 다섯째로, 응용행동분석의 일차적 목적은 사회적으로 중요한 행동을 유의한 수준으로 개선하는 것이다. 유의한 수준이란 통계적인 수준을 의미하는 것이 아니라, 생활방식에 변화를 초래할 수 있는 현저한 가시적 성과를 의미한다. 여섯째로, 응용행동분석의 이차적 목적은 행동의 변화를 초래한 요인을 분석하고 확인하는 것이다. 모든 응용행동분석 연구에서는 체계적인 실험 설계와 철저한 통제하에서 치료적 중재요인의 효과를 검증한다.

2. 응용행동분석의 발전배경

인간의 행동에 대한 전통적 가정이나 치료방법과는 달리 응용행동분석은 과학적 실증 자료에 그 근거를 두고 있어, 인간행동의 이해와 치료전략을 체계화하고 과학화할 수 있는 큰 이점을 지니고 있다. 인간의 모든 행동은, 그것이 정상이든 이상이든 개체와 환경 간의 상호작용에 의하여 학습된다는 기본원리에서 출발한다. 응용행동분석의 발전배경을 간략히 소개하면 다음과 같다.

1) 고전적 조건형성 연구

John B. Watson, 1878~1958

Watson(1913)은 「행동주의 입장에서 본 심리학」에서, 심리학은 객관적 실험에 기초한 자연과학의 한 분야이며, 심리학의 목적은 행동을 예측하고 통제하는 것이라고 강조하였다. 그리고 의식의 연구에서 주로 사용되는 내성법[28]은 심리학의 연구방법의 핵심이 될 수 없으며, 내성으로 얻은 자료는 과학적 가치가 없다고 비판하였다. 그는 심리학의 연구 대상은 마음 상태나 정신과정이 아니라 관찰 가능한 행동이며, 인간의 행동을 자연과학 수준에서 객관적으로 연구하기 위해서는 환경자극과 반응 간의 관련성을 직접 관찰해야 한다고 강조하였다.

러시아의 생리학자 Pavlov의 조건반사 실험의 결과에 감명을 받은 Watson과 Rayner(1920)는 전통적 심리치료의 불확실성과 비효율성에 정면으로 도전하여, 공포증과 같은 정서반응이 환경자극에 의하여 조건형성될 수 있다는 것을 실험으로 입증하였다. 그의 실험은 극히 간단한 것으로서, 본래 흰쥐를 두려워하지 않는 11개월 된

28) Introspection

Albert 앞에 흰쥐를 제시하면서 그때마다 예상치 못한 큰 소리를 내어 깜짝 놀라게 하는 것이었다. 이러한 과정을 단지 7, 8회 반복함으로써 Albert에게 흰쥐에 대한 공포반응을 형성하는 데 성공하였다. 또한 Jones(1924)는 Watson의 시사에 따라 고전적 조건 형성의 방법으로 어린아이의 공포증을 치료하는 데 성공함으로써 심리치료에 대한 새로운 대안을 제시하는 데 크게 공헌하였다.

행동주의자로서의 강렬한 신념과 자신의 연구 결과에 고무된 Watson(1924)은 인간 행동과 발달 문제에 관하여 다음과 같이 극단적인 호언장담을 하기에 이른다.

> 나에게 건강하고 잘생긴 10여 명의 아기와 또 이들을 기르기 위하여 내 자신이 설계한 세상을 마련해 준다면, 나는 이들 중 누구라도 한 아이를 무작위로 선택하여 어떤 분야의 전문가든지—나에게 선택하라 한다면, 의사든 변호사든 예술가든 무역회사 사장이든 심지어 거지나 도둑에 이르기까지 아기의 재능, 기호, 성향, 능력, 천성, 인종 등에 상관없이—원하는 대로 훈련시켜 줄 것을 보증하겠다(p. 104).

그러나 이러한 호언장담은 과학적 근거 없이 인간의 행동에 대한 예측과 통제 가능성을 지나치게 과장함으로써 불행한 사태를 자초하였다. 이 글은 Watson을 불신하는 이유로 인용되어 왔을 뿐 아니라, 그의 이론과는 근본적으로 다른 현대의 행동주의 심리학까지 매도하고 비난하는 근거로 계속 인용되고 있다. 그럼에도 불구하고 Watson은 행동주의의 시조라고 불릴 만큼 행동의 연구를 객관화하여 자연과학 수준으로 끌어올린 위대한 학자라고 말할 수 있다(Cooper, Heron, & Heward, 1987). 불행하게도 1929년, Watson은 그의 행동연구에 대한 지나친 열정과 가정 파탄으로 사회적 물의를 일으켜 Johns Hopkins 대학교의 교수직을 떠나야 했고, 결국 학자로서의 종말을 고하게 되었다.

1950년대에 이르러 Wolpe(1952, 1954, 1958)는 Pavlov(1927)의 조건반사 연구, Watson과 Rayner(1920)의 실험 그리고 Jacobson(1938)의 근육 활동 연구 등을 토대로 상호제지법을 제안하였다. 그리고 1958년에는 이에 관한 책[29]을 발간하여 고전적 조건 형성의 전형을 통한 행동치료의 신기원을 이룩하였다. 그는 공포나 불안과 같은 불쾌 반응을 경험하는 한 개체 내에 상반되는 쾌의 반응을 유발하여 서로 상쇄시키는 상호제지법[30]을 개발하였다. 유기체 내에 쾌의 반응을 유발시킬 수 있는 자극으로 근육 이완,

29) *Psychotherapy by Reciprocal Inhibition* (Wolpe, 1958)

30) Reciprocal inhibition (相互制止法)

성적 자극, 자기주장, 산소 흡입 등을 사용하여 성공을 거두었다. 한편, 영국에서는 Eysenck가 정신분석학적 치료의 비효율성을 비난하면서 그 대안으로 학습 이론에 근거한 행동치료 방안을 제시하였다. 1960년대에는 Eysenck가 『행동요법과 신경증』[31]을 출간하여 임상실에서의 상호제지법과 고전적 조건형성을 활용한 치료 사례를 발표하였으며, 1963년부터는 「행동연구와 치료」[32]라는 학술지를 창간하여 고전적 조건형성 연구뿐 아니라 작동조건형성 연구에 관한 글도 함께 게재하였다.

2) 작동조건형성 연구

Burrhus F. Skinner, 1904~1990

Skinner(1938)는 『유기체의 행동』[33]을 통하여 동물의 행동에 관한 실험 결과를 발표하였다. 그는 실험상자(skinner box) 안에서 지렛대를 누르는 흰쥐의 행동은 바로 그 행동에 뒤따르는 음식에 의하여 강화된다는 것을 입증하고, 체계적인 실험조작을 통하여 작동행동의 강화 원리를 정립하였다. 이 실험을 계기로 동물의 행동에 미치는 강화수반성[34]의 효과에 관한 실험연구들이 체계적으로 시작되었다. 그리고 1953년, Skinner는 『과학과 인간의 행동』[35]을 출간하여, 행동의 원리가 인간에게도 적용될 수 있다는 점을 시사하였다. 1950년대에는 정적강화와 소거법을 응용하여 인간의 행동을 예측된 방향으로 변화시킬 수 있음을 예시하는 많은 연구들이 줄을 이었다. 예를 들면, Fuller(1949)는 담당 의사에 의하여 학습 불가능으로 판단된 당시 말로 '바보 식물인간'으로 불리던 18세의 심한 정신지체인에게 우유를 강화자극으로 사용하여 오른손을 수직으로 번쩍 쳐들게 하는 훈련에 성공하였고, Skinner의 제자인 Azrin과 Lindsley(1956)는 젤리를 사용하여 유아들이 놀이에서 서로 협동하는 행동을 강화할 수 있었다.

이상의 연구는 강화의 원리가 인간의 행동을 통제하는 데 효과가 있는지 실험해 본

31) *Behaviour Therapy and The Neuroses*
32) *Behaviour Research and Therapy*
33) *The Behavior of Organisms*
34) Reinforcement contingency
35) *Science and Human Behavior*

것뿐이며, 실용적 목적으로 이루어진 연구는 Ayllon과 Michael(1959)에 의해 시작되었다. 즉, 정신과 병동에서 일하는 모든 종사자들이 강화, 소거, 도피 훈련 등의 기법을 사용하여 환자들의 망상적 대화, 음식 거부, 기타 부적절한 행동을 수정하는 일이었다. 그리고 1958년부터는 『실험행동분석 연구』[36]가 인디애나대학교에서 출간되어 작동행동에 대한 기초 실험연구와 응용연구를 촉진하는 역할을 오늘날까지 수행하여 왔다. 1960년대 연구의 특징은 정신지체아, 자폐아, 심한 퇴행을 보이는 정신병 환자들이 주된 연구 대상이었다는 점과 다른 하나는 통제된 임상실이나 시설에서만 응용연구가 이루어졌다는 점을 들 수 있다. 그리고 Ullmann과 Krasner(1965)는 최초로 『행동수정 사례집』을 발간하였는데, 이 책에서는 작동행동에 관한 연구뿐 아니라 수동행동에 관한 연구도 함께 소개하여 응용행동분석 연구의 활력소 구실을 하여 왔다. 1960년대 후반에 이르러 Skinner의 입장을 취하는 작동행동 연구는 북미 전역에 붐을 일으키기 시작하였다. 많은 대학에서 행동수정 교육과정을 개설하였으며 여러 대학교에 훈련원이 개설되기도 하였다. 연구 분야도 정상 학급, 대학의 교수법, 가정에서의 자녀 지도 등 광범위한 분야로 급속히 확대되었다. 1968년부터는 캔자스대학교에서 『응용행동분석 연구』[37]가 창간되어 인간행동의 발달과 효율성 등에 관련된 응용연구를 개척하고 촉진하는 역할을 수행하여 왔다.

1970년대를 정점으로 응용연구는 계속 급증하였다. 응용행동분석 연구는 오랫동안 해결의 실마리를 찾지 못하였던 발달장애 및 자폐성 장애 아동의 언어 및 사회적 발달을 촉진하기 위한 치료교육에는 물론, 이들이 나타내는 다양한 부적응 문제를 해결하는 데 큰 성과를 거두어 왔다(Baer, Wolf, & Risley, 1968; Bijou, Birnbrauer, Kidder, & Tague, 1966; Lovaas, Berberich, Perloff, & Schaeffer, 1966; Martin, England, Kaprowy, Kilgour, & Pilek, 1968). 그러나 이러한 연구와 치료적 노력에도 불구하고 과잉행동, 자해행동, 상동행동, 자기 자극적 행동 등 많은 문제들이 여전히 효과적으로 해결되지 못하였다. 따라서 이들의 행동 문제를 효과적으로 수정할 수 있는 치료적 방안의 필요성이 고조되어 왔다.

36) *Journal of The Experimental Analysis of Behavior*
37) *Journal of Applied Behavior Analysis*

3) 새로운 전환점

1980년대 초까지만 해도 응용행동분석 연구에서는 행동의 동기나 원인분석에 별반 관심을 보이지 않았고, 부적응 행동의 학습과정이나 원인요인의 탐색에 대한 필요성도 크게 평가절하되어 왔다. 왜냐하면, 강력한 혐오자극을 임의로 선정하여 부적절한 행동을 통제하거나, 아니면 바람직한 대체행동을 강화할 수 있는 강력한 보상체계를 설정한다면, 문제행동은 사라지고 바람직한 대체행동이 그 자리를 대신할 것으로 확신했기 때문이다. 따라서 구태여 문제행동의 원인이나 학습과정을 밝히는 데 시간과 노력을 낭비할 필요가 없다는 태도가 대부분의 응용행동분석 연구에서 역력히 나타나고 있었다.

그럼에도 불구하고 초기의 응용행동분석 연구는 문제행동의 수정과 치료에 획기적인 성과를 거두어 왔다. 그러나 점차로 다음과 같은 몇 가지 실천적 문제에 봉착하게 되었다. 첫째로, 임의로 선정된 정적강화로 상반행동이나 대체행동을 증가시키는 방법은 문제행동에 직접 벌을 주는 것보다 비효과적이라는 것이 보고되었다(U.S. National Institutes of Health, 1989). 둘째로, 일시퇴출과 같은 벌은 특정한 문제행동을 감소시키는 데 역효과를 낼 수 있다는 사실이 밝혀졌다. 예컨대, 공부가 하기 싫어 짜증을 내며 소리치는 아동을 밖으로 내보냈더니 그러한 행동이 감소되기는커녕 오히려 증가하는 현상을 보였다. 셋째로, 문제행동을 감소 혹은 제거하는 데 사용되는 벌은 이제까지 그 문제행동을 유지해 온 어떤 강화체제보다 월등히 강력한 것이어야 한다는 점이다. 그러나 혐오자극과 연관된 벌은 최근 인권과 관련하여 심각한 법적 및 도덕적 문제가 제기되어 그 사용이 극히 제한되고 있다(Repp & Singh, 1990; Underwood, Figueroa, Thyer, & Nzercha, 1989). 따라서 연구자들은 문제행동의 원인 또는 기능성을 밝혀야 할 필요성을 절감하기에 이르렀고, 또 한편으로는 벌의 사용을 지양하고 보다 효과적인 강화체제를 기반으로 하는 긍정적 접근방안을 모색하기 시작하였다.

문제행동의 기능성을 평가하고 여기서 얻은 자료를 근거로 발달장애 아동의 심각한 문제행동을 근본적으로 치료하려는 새로운 연구 경향은 1980년대 초반부터 시작되어 최근까지 급격히 증가하는 추세를 보이고 있다(Hanley, Iwata, & McCord, 2003; Pelios, Morren, Tesch, & Axelrod, 1999). 즉, 문제행동을 강화하거나 유지시키는 환경적 요인을 확인한 다음, 바로 그 요인을 직접 통제할 수 있는 치료적 방안을 마련하는 것이다(Carr, 1977; Iwata, Dorsey, Slifer, Bauman, & Richman, 1982, 1994; Johnson & Baumeister, 1978). 만일 문제행동을 유지시키는 강화요인을 확인할 수 있다면, 그 강화

요인을 바람직한 대체행동에 후속시켜 보다 효과적으로 강화할 수 있을 것이다. 따라서 정적강화만으로 문제행동을 쉽게 수정할 수 있는 가능성이 높아진다(Vollmer, Iwata, Zarcone, Smith, & Mazaleski, 1993). 이와 같이 문제행동의 기능적 특성을 치료에 활용하면, 벌 또는 혐오자극을 사용하지 않고 정적강화만으로 발달장애 및 자폐 아동의 문제행동을 효과적으로 치료할 수도 있다(Neef & Iwata, 1994). 현재 문제행동에 대한 기능성 평가방법과 이에 기초한 치료적 중재모형이 다양하게 개발되어 이제까지 미궁에 빠졌던 많은 문제행동의 해결에 큰 도움을 주고 있다(Durand & Crimmins, 1992; Carr & Wilder, 1998).

4) 국제행동분석학회와 행동분석전문가자격위원회의 역할

오늘날 응용행동분석의 절차와 방법은 이상행동의 치료와 특수교육에뿐 아니라 정상 아동의 생활지도, 학습행동의 교정, 사회적응 행동의 훈련, 소비자 구매행동 분석, 사회의 다양한 조직행동의 효율성 연구, 특수 기능의 훈련 등 인간이 활동하는 모든 분야에서 그 활용의 범위가 계속 확대되고 있다. 이와 같은 행동분석 연구와 실용성의 확대를 위하여 국제행동분석학회와 행동분석전문가자격위원회는 막중한 역할을 수행하고 있다.

국제행동분석학회[38]는 1974년에 창립되어 학술 및 응용연구와 실천적 치료교육 활동을 조직적으로 지원하면서 행동분석의 발전을 가속화하는 데 기여하고 있다. 또한 이 학회는 1975년 시카고대학교에서 열린 제1차 학술대회를 시작으로, 해마다 미국 내에서 4,000명 이상이 참여하는 큰 학술대회를 이끌고 있다. 학회 산하에는 24개의 특수분과학회[39]와 국내외 60여 개의 지역학회가 속해 있으며, 본 학회는 이들과 연대하여 학술연구와 응용 서비스의 지원은 물론, 행동분석 자체의 전파에 중추적 역할을 수행하고 있다. 또한 2001년 이탈리아의 베니스에서 열린 제1차 국제회의를 필두로, 브라질(2004), 중국(2005) 그리고 2007년에는 오스트레일리아의 시드니에서 제4차 국제회의를 개최하면서 전 세계에 행동분석을 전파하기 위한 다양한 노력을 기울이고 있다.

그러나 이상과 같은 긍정적 측면과는 대조적으로 행동분석전문가를 자처하는 일부 임상 실무자들에 의하여 자행된 비인간적 치료 행위와 내담자에 대한 인권침해 및 비

38) Association for Behavior Analysis International (ABA International), http://www.abainternational.org
39) Special Interest Group (SIG)

윤리적 행동이 사회적 지탄의 표적이 되기도 하였다. 따라서 행동분석가의 전문적 능력과 사회적 · 도덕적 판단력을 일정 수준 유지해야 할 필요성이 대두되어 왔다. 그럼에도 불구하고 응용행동분석 연구의 초기부터 섣부른 자격제도의 시행이 새로운 학문 분야의 무한한 발전과 가능성을 저해할 수 있다는 논리가 지배적이어서 그간 자격제도가 유보되어 왔다. 그러나 최근에 이르러 시대적 요구가 강력하여 자격제도의 시행이 불가피하게 되었다. 1998년 미국에서는 행동분석실천가, 주정부, 행동분석 서비스를 받는 고객들의 빗발치는 요구에 따라 행동분석전문가자격위원회[40)]가 설립되었으며, 미국에서뿐 아니라 국제적으로 인정되는 행동분석전문가[41)] 자격을 개발 · 보급하는 임무를 수행하고 있다. 이러한 자격제도는 앞으로 응용행동분석의 학문적 발전과 실용적 서비스의 질을 크게 향상시킬 것으로 기대된다.

한편 가까운 일본에서는 1979년에 행동분석 연구회가 조직되었고, 1983년에 게이오대학에서 열린 제1차 학술대회를 계기로 일본행동분석학회[42)]가 정식 출범하여, 현재 정회원 수는 400명을 넘어 계속 증가하고 있다. 게이오대학의 Masaya Sato 교수는 1998년부터 1999년까지 국제행동분석학회의 회장직을 역임할 정도로 국제적으로 알려진 행동주의 심리학자로서 일본에서는 행동분석학의 대부로 추앙받고 있다. 그는 오랜 기간 게이오대학을 중심으로 많은 후진을 양성하여 일본의 행동분석학을 발전시키는 데 크게 기여하였다. 2002년에는 일본행동분석학회 창립 20주년 기념사업 중의 하나로 한국, 일본, 중국, 대만의 4개국 대표를 초청하여 아시아의 '응용행동분석의 현재와 미래'를 전망하는 국제심포지엄을 개최하였다. 한국행동분석학회에서는 중앙대학교의 홍준표(2003) 교수를 주제 발표자로 참석시켜 우리나라의 행동분석의 발전과정과 응용연구 및 사회 일반에서의 활용 실태를 알린 바 있다. 종합토론에서는 동양 문화권에서의 행동분석에 관한 공동연구와 그 전파를 위한 공동 노력의 필요성이 강조되었다.

---

40) BACB (Behavior Analyst Certification Board), http://www.bacb.com

41) BCABA (Board Certified Assistant Behavior Analyst): 학사 수준의 행동분석사
BCBA (Board Certified Behavior Analyst): 석사 수준의 행동분석전문가
우리나라에서는 2004년도에 홍준표(중앙대)가 최초로 미국 행동분석전문가자격위원회(BACB)에서 부여하는 BCBA 자격을 취득하였다.

42) Japanese Association for Behavior Analysis, http://www.j-aba.jr

3. 우리나라에서의 응용행동분석 연구

이성진 박사(한국행동과학연구소 소장, 서울대 명예교수)

우리나라에서의 행동분석 연구는 상당히 오랜 역사를 지니고 있다. 1972년 한국행동과학연구소[43]에서는 응용행동분석 연구의 본 고장인 미국 캔자스대학교에서 임상심리학과 작동 이론을 연구하고, 캔자스뇌병원에서 10여 년간 Dr. Baer와 함께 임상연구를 수련하고 귀국한 이성진 박사를 중심으로 박성수, 홍준표, 이규성, 오성심 등의 연구진에 의하여 초등학교, 특수시설, 가정 등에서의 행동수정 연구가 시범적으로 수행되었다. 그 후, 학습부진아, 정서장애아, 정신지체아 등에 대한 실험연구(홍준표, 1975, 1976)가 뒤를 이었고, 발달장애아들의 모방행동을 체계적으로 훈련하기 위한 교육 프로그램(홍준표, 이규성, 이성진, 1977)이 재한기독교아동복리회(CCF)의 연구비 지원과 보건사회부 산하 국립각심원의 지원에 의하여 연구 · 개발되었다. 이 프로그램은 특수 시설과 교육 현장에 보급되어 실용화된 최초의 응용행동분석 연구가 되었다. 또한 이성진 박사는 『학교에서의 행동수정』(1972), 『행동수정의 원리』(1975), 『응용행동분석의 의미』(1980) 등을 발간하여 초 · 중 · 고등학교 교사들에게 행동수정을 소개하고, 학교에서의 응용 가능성을 널리 알리는 데 크게 공헌하였다.

1979년에는 한국행동과학연구소 내에 행동수정연구회를 설립하고 뉴스레터를 발간하여 전국적으로 회원을 모집하는 한편, 행동수정의 이론과 실제를 학교, 가정, 청소년 선도 및 특수교육 기관에 체계적으로 보급하기 위하여 『행동수정 시리즈』(이성진, 홍준표, 1981; 박성수, 이성진, 1982; 유효순, 이성진, 1982; 이성진, 유효순, 1982)를 발간하였다. 당시 이러한 노력은 6개월여 만에 가입 회원 수 1,000명을 넘어서는 놀라운 관심과 호응을 불러일으키기도 하였다. 그 후 1991년 홍준표는 한국행동수정연구소[44]를 설립하여 제자들을 양성하는 한편, 발달장애아 조기 치료교육에 관한 응용행동분석 연구(홍준표, 1986; 김진숙, 1988; 홍준표, 김진숙, 1990; 김미영, 1993)를 시작하였다. 그리고

43) KIRBS, http://www.kirbs.re.kr

44) KIABA, http://www.kiaba.co.kr; http://www.childcare.co.kr

자폐 및 발달장애 유아에 대한 행동적 진단과 치료교육 프로그램을 개발 · 보급함으로써 조기 특수교육의 영역에서 응용행동분석 연구의 활성화에 기여하여 왔다.

1996년 10월, 응용행동분석 연구와 현장 서비스를 애호하는 학자들과 전문 연구자들이 한자리에 모여 한국행동분석학회[45]의 설립 필요성을 논의하였다. 그리고 같은 해 12월에 한국행동과학연구소에서 창립 모임을 갖고 이성진 박사를 초대회장으로 추대하여 회칙과 정관을 제정하고 체계적인 이론 및 현장연구의 활성화를 위한 활동계획을 수립하기에 이르렀다. 그러나 연구 활동 인구의 부족과 회원 확보의 어려움으로 인하여 학회 활동은 오랫동안 침체의 늪에 빠져 있었다. 이성진과 홍준표는 심리학, 교육학, 특수교육학, 아동학 등 관련 분야로부터 행동분석 연구의 활성화를 위한 지원 세력을 규합하고, 산재한 행동분석 연구 인력을 결집하는 데 노력하여 마침내 2007년 3월 가장 시급한 과제였던 학회지 『행동분석 연구』의 창간호를 발간함으로써 행동분석 연구를 촉진하고 사회 일반에 알리는 초석을 마련하였다.

그로부터 오늘까지 국내 유수대학의 심리학과, 교육학과, 특수교육학과, 유아교육학과, 아동발달 및 가족복지 관련 학과에 행동수정에 관한 교육과정이 개설되었으며, 행동분석의 이론과 응용연구를 활성화하는 데 크게 기여하여 왔다. 최근 남서울대학교에서는 미국의 행동분석전문가자격위원회(BACB)가 인증하는 아동행동치료대학원을 설립하여 2007학년도부터 석사 수준의 행동분석전문가를 양성하기 시작하였고, 대구사이버대학교에서는 4년 과정 학부 수준의 행동치료학과를 설립하여 2007학년도부터 전공교육을 시작하였다. 앞으로 우수한 전문인력의 저변 확대에 크게 기여할 것으로 기대된다.

응용행동분석의 원리와 기법이 우리 사회에 보다 널리 보급되고 응용될수록 개인의 생활적응과 정신건강, 교육 및 학습의 효율성을 높일 뿐 아니라, 인간의 자원을 절약하고 생산을 효율화함으로써 우리의 생활환경을 보다 행복하게 만드는 데 기여할 것으로 기대된다. 그러나 다음과 같은 몇 가지 문제를 해결하지 못하는 한 이러한 전망이 밝은 것만은 아니다 .

첫째로, 응용행동분석의 기초가 되는 학습 이론과 행동의 원리를 탐구하는 실험행동분석 연구가 활성화되어야 한다. 즉, 기초 실험심리학적 연구의 활성화로 새로운 학문에 대한 지식 기반을 축적해 나아가야 한다.

둘째로, 우리 문화와 전통적 가치관에 걸맞은 응용행동분석 연구가 체계적으로 활

45) Korean Association for Behavior Analysis, http://www.kaba.or.kr

성화되어야 한다. 가족 관계, 자녀 양육, 학교교육, 정신건강, 사회조직 및 생산 활동, 더 나아가 국가의 크고 작은 정책 입안 등 우리 생활과 직결되는 모든 사안은 전통적 가치, 생활문화, 국민 정서와 뗄 수 없는 관계에 있다. 따라서 개인적 적응과 사회적 중요성에 기반하여 행동 변화의 목표를 설정하는 응용행동분석 연구는 우리의 가치, 전통, 문화, 정서에 뿌리를 내릴 수 있어야 한다.

셋째로, '이것이 아니면 안 된다.'는 보수적인 입장보다는 다른 이론이나 전문 영역에 대한 폭넓은 이해와 수용적 태도가 필요하다. 즉, 학제 간의 상호 협조하에 공동연구를 수행할 수 있는 공조체제를 적극적으로 모색하여야 한다. 또한 상대적으로 열세에 있는 행동분석학 연구에 대한 기존의 심리학, 교육학, 사회학, 사회복지학 분야에서의 적극적인 수용 자세와 지원이 절실히 요구된다.

넷째로, 현실적인 면에서 응용행동분석 전문가의 양성이 시급히 요구된다. 응용행동분석 이론이나 방법에 있어 아직도 초보 단계에 머물러 있는 오늘날 우리의 현실에서 보다 도약하기 위해서는 각 분야에서의 현장연구를 활성화하는 한편, 상호 연구 정보의 교환을 원활히 하고 체계적인 훈련과 교육을 실시하기 위한 조직과 프로그램의 개발이 필요하다.

다섯째로, 행동주의 심리학 및 행동분석학에 대한 근거 없는 비판이나 편견을 우리 사회에서 불식시킬 수 있는 방안이 적극적으로 모색되어야 한다. 그간 행동주의 심리학은 전통적 심리학이 다루어 오던 대부분의 영역에서 새로운 접근모형을 제시하여 왔다. 이로 인하여 기존 세력의 견제와 새로운 세력의 도전에 직면하였고, 때로는 지나친 오만으로 질시의 대상이 되기도 하였다. 또한 새로운 학문 분야로서의 시행착오도 있었으나, 자체의 수정과 보완을 거듭하면서 장족의 발전을 거듭하여 왔다. 이제 인간 발달 및 서비스 분야의 많은 학자와 연구자 그리고 실무자들의 이해와 적극적인 도움을 받을 수 있는 방안이 모색되어야 한다.

마지막으로, 기존의 한국행동분석학회를 폭넓게 개방하고 체계적으로 활성화할 수 있는 방안이 적극적으로 모색되어야 한다. 응용행동분석은 우리나라에 비교적 일찍 도입되어 초기의 연구와 보급을 위한 노력이 결실을 맺는 듯했으나 이제까지 만족할 만한 수준에 이르지 못하고 있는 것이 사실이다. 그러나 이제 사정은 국내외적으로 크게 변화되고 있다. 앞서 언급한 바와 같이 세계적으로는 미국을 중심으로 한 국제행동분석학회(ABA International)와 행동분석전문가자격위원회(BACB)의 적극적인 보급전략으로 세계 모든 국가의 문호 개방을 요구하고 있으며, 국내적으로는 응용행동분석 연구 인력이 그간 엄청나게 증가하였다. 따라서 행동분석 전문 인력을 결집하고 학술연구나 실수요자를 위한 서비스 활동을 체계적으로 이끌어 갈 수 있는 조직적인 활동이 전개될 필요가 있다.

요 약

1. 인간의 정신병리와 문제행동의 원인을 설명하는 이론모형은 ① 뇌손상, 뇌의 역기능 또는 유전적 및 생화학적 결함에서 원인을 찾아 치료하려는 생물물리학 모형, ② 무의식에 억압된 욕구의 실체를 확인하고 의식 세계에서의 새로운 통찰을 통하여 해결하려는 정신역동 모형, ③ 생활적응 기술, 친사회적 기술 및 학습 기술 등을 학습시켜 자아의 현실적응 능력을 향상시키고자 하는 심리교육 모형, ④ 생활환경 내에서 자아실현의 장애 조건을 제거하고 자아존중의 조건을 충족시킴으로써 개인을 성장시키려는 인본주의 모형, ⑤ 개체와 고유한 생활환경과의 잘못된 상호작용에서 문제가 비롯되는 것으로 보고, 개인의 전체 생태 체계를 변화시켜 개인과의 상호작용을 개선하려는 생태학 모형, ⑥ 문제행동을 잘못된 학습의 문제로 정의하고, 환경자극의 재배열을 통하여 새로운 행동의 학습을 추구하는 응용행동분석 모형 등으로 요약될 수 있다.

2. 과학으로서의 응용행동분석은 ① 인과관계의 고리에서 모든 현상을 설명하는 결정론, ② 객관적 관찰의 반복을 통하여 현상을 파악하려는 경험주의 철학, ③ 복잡하고 추상적인 설명을 적용하기 전에 먼저 가장 단순한 설명을 시도하는 절약의 법칙, ④ 행동과 환경요인 간의 기능적 관계를 규명하기 위한 과학적 조작, ⑤ 과학적 지식이란 항상 잠정적이며 새로운 사실의 발견으로 언제든지 대치될 수 있다고 보는 철학적 의혹 등을 연구의 기본 태도로 한다.

3. 응용행동분석의 특성은 다음과 같이 일곱 가지로 요약된다. 첫째, 사회적으로 중요하고 실용성 있는 행동을 탐구하는 응용연구이다. 둘째, 관찰과 측정이 가능한 구체적 행동을 연구 대상으로 하는 행동연구이다. 셋째, 행동과 환경자극 간의 기능적 관계를 탐색하는 분석연구이다. 넷째, 모든 절차와 방법을 철저히 확인하고 진술하는 기술적 연구이다. 다섯째, 사용된 기법은 기본원리와 연관하여 설명되고 개념적으로 체계화된다. 여섯째, 응용행동분석은 표적행동을 사회적으로 유의하게 변화시킬 수 있는 효과적 연구이다. 일곱째, 행동의 변화는 일반성을 가진

다. 즉, 시간과 임상장면을 넘어 계속 유지되고, 직접 학습되지 않은 유사한 다른 반응에도 전이될 수 있는 연구이어야 한다.

4. 응용행동분석은 행동의 원리로부터 도출된 방법을 체계적으로 활용하여 사회적으로 중요한 행동을 유의미한 수준으로 개선하고, 행동 개선의 효과를 실험을 통하여 검증하는 과학이다.

5. 응용행동분석의 발전배경은 고전적 조건형성과 작동조건형성 연구로 나뉘어 설명된다. 첫째로, 고전적 조건형성 연구는 Pavlov의 조건반사 실험에 기초하며, Watson과 Rayner의 응용연구로 시작된다. Watson은 행동주의의 시조로 불릴 만큼 행동연구를 객관화하고 자연과학 수준으로 끌어올린 위대한 학자이다. Wolpe는 1950년대에 이르러 Pavlov와 Watson 및 Jacobson의 연구를 토대로 상호제지법과 체계적 감감법을 개발하였다. 영국에서는 Eysenck가 학습 이론에 근거한 행동치료 방안을 제시하였다. 1963년에는 『행동연구와 치료』를 창간하였다. 둘째로, Skinner는 동물실험을 통하여 작동조건형성의 원리를 체계화하였으며, 1950년대에는 정적강화와 소거법을 응용하여 인간의 행동을 예측된 방향으로 변화시킬 수 있음을 예시하는 많은 연구들이 줄을 이었다. 그리고 1958년부터 『실험행동분석 연구』라는 전문지가 인디애나대학교에서 출간되었고, 1968년부터는 캔자스대학교에서 『응용행동분석 연구』가 출간되었다. 1970년대를 정점으로 응용연구가 활성화되면서, 발달장애 및 자폐성 아동의 언어적 · 사회적 발달을 위한 치료교육은 물론, 이들이 나타내는 다양한 부적응 문제를 해결하는 데 큰 성과를 거두어 왔다. 그리고 1980년대 초반부터 문제행동의 기능성을 평가하고 여기서 얻은 자료를 근거로 심각한 문제행동을 근본적으로 치료하려는 새로운 연구 경향이 나타났다. 또한 문제행동에 대한 기능성 평가와 이에 기초한 치료적 중재 모형도 다양하게 개발되어 이제까지 미궁에 빠져 있던 많은 문제를 해결할 수 있게 되었다.

6. 국제행동분석학회는 1974년 창립된 후, 이듬해 시카고대학교에서 열린 제1차 학술대회를 시작으로 학술 및 응용연구와 실천적 치료교육 활동을 조직적으로 지원하면서 행동분석의 발전을 가속화하는 데 기여해 왔다. 1998년에는 행동분석전문가자격위원회가 설립되어 미국정부뿐 아니라 국제적으로 인정되는 행동분석전문가(BCBA) 자격을 개발 · 보급하는 임무를 수행하고 있다. 일본에서는 행동분석

연구회가 1979년에 조직되었고, 1983년에 게이오대학에서 열린 제1차 학술대회를 시작으로 현재 정회원 수 400명을 넘는 대규모 학회로 발전하였다.

7. 우리나라에서는 1972년 한국행동과학연구소의 이성진 박사를 중심으로 초등학교, 특수시설, 가정 등에서 행동수정 연구가 최초로 수행되었다. 1979년에는 행동수정연구회를 설립하고 뉴스레터를 발간하여 전국적으로 회원을 모집하는 한편, 행동수정의 이론과 실제를 학교, 가정, 청소년 선도 및 특수교육 기관에 체계적으로 보급하기 위하여 『행동수정 시리즈』를 발간하였다. 홍준표는 1991년 에 한국행동수정연구소를 설립하여 자폐 및 발달장애 유아에 대한 행동적 진단과 치료교육 프로그램을 개발 · 보급함으로써 조기 특수교육 영역에서 응용행동분석 연구의 활성화에 기여해 왔다.

8. 1996년 10월, 응용행동분석 연구와 현장 서비스를 애호하는 학자들과 전문 연구자들이 한자리에 모여 한국행동분석학회의 설립 필요성을 논의하기에 이르렀다. 같은 해 12월에 한국행동과학연구소에서 창립 모임을 갖고 이성진 박사를 초대회장으로 추대하여 회칙과 정관을 마련하고 체계적인 이론 및 현장연구의 활성화를 위한 활동계획을 수립하기에 이른다. 마침내 2007년 3월, 학회지 『행동분석 연구』를 창간하였다.

9. 우리나라의 행동분석의 전망과 과제는 다음과 같이 요약될 수 있다. 첫째, 응용행동분석의 기초가 되는 학습 이론과 행동의 원리를 탐구하는 실험행동분석 연구가 활성화되어야 한다. 둘째, 우리 문화와 전통적 가치관에 걸맞은 응용행동분석 연구가 체계적으로 이루어져야 한다. 셋째, 다른 이론이나 전문 영역에 대한 폭넓은 이해와 수용적 태도가 요구된다. 넷째, 응용행동분석 전문가의 양성이 시급하다. 다섯째, 행동분석학에 대한 근거 없는 비판이나 편견을 우리사회에서 불식시켜 나가야 한다. 마지막으로, 응용행동분석의 연구 인력을 결집하고 학술연구나 실수요자를 위한 서비스 활동이 조직적으로 전개될 필요가 있다.

연구 문제

➲ 다음에 제시된 다양한 인간 문제를 응용행동분석의 기본원리에 입각하여 논해 보자.

1. 가정, 학교, 직장에서 발생하는 문제행동을 하나 선택하여 두 가지 이상의 이론 모형을 적용하여 원인요인과 치료방안을 논해 보자.
2. 응용행동분석과 정신분석적 접근에서 가장 대립되는 이론적 관점을 비교하여 설명해 보자.
3. 응용행동분석을 정의하고, 차별화되는 특성을 설명해 보자.
4. 우리나라에서 응용행동분석 연구를 활성화할 수 있는 방안을 논해 보자.

제2장 기본원리

학습목표

1. 행동과 반응 및 반응군의 의미와 차이점을 설명할 수 있다.
2. 환경과 자극의 의미와 차이점을 설명할 수 있다.
3. 수동조건형성의 원리와 중요한 개념들을 설명할 수 있다.
4. 작동조건형성의 원리와 중요한 개념들을 설명할 수 있다.

응용행동분석이 다른 이론이나 접근방법과 차별화되고 특성화될 수 있는 중요한 이유 중의 하나는 관찰과 측정이 가능한 행동을 연구 대상으로 한다는 점이다. 또한 환경과 자극은 행동 변화에 영향을 미치는 독립변수로서 치료적 중재의 핵심이 되는 개념이다. 본 장에서는 먼저 응용행동분석의 이론과 실제의 기본개념인 행동과 반응 및 반응군 그리고 환경과 자극을 정의하고, 다음으로 행동분석의 이론적 기초로서 수동조건형성과 작동조건형성, 소거, 변별, 자극일반화 등의 원리를 설명하기로 한다.

제1절 기본개념

이 절에서는 응용행동분석의 기본개념인 행동을 정의하고, 반응과 반응군의 차이점을 비교한다. 그리고 행동과 기능적 관계를 가지고 있는 환경과 자극을 정의하고, 관련 개념과 특성을 살펴보기로 한다.

1. 행 동

응용행동분석의 연구 대상은 두말할 필요 없이 행동[1]이다. 따라서 학술적으로 사용되는 행동의 의미를 명확히 살펴볼 필요가 있다. 〈글상자 2-1〉에 제시된 바와 같이, 먼저 Johnston과 Pennypacker(1980)의 행동에 대한 정의를 살펴보기로 한다. 이들은 '행동은 유기체와 환경 간의 상호작용의 일부로서 유기체의 특정 부분이 시공간 내에서 관찰 가능한 방식으로 이동하는 특성을 가지며, 적어도 환경의 어느 한 측면에 측정 가능한 변화를 남긴다.' 고 정의하였다. 이상의 정의를 부분적으로 분석해 보면, 첫째로, 행동이란 '살아 있는 유기체의 활동'에 국한된다. 그러므로 일기예보에서 말하는 '대기의 활동' 같은 것은 행동에 해당되지 않는다. 둘째로, '유기체와 환경 간의 상호작용의 일부'라는 것은 행동 발생의 필요충분조건을 일컫는 말이다. 다시 말해, 행동이 성립되기 위해서는 유기체와 환경 간의 상호 관련성이 필수적이다. 즉, 환경이 존재하지 않고는 행동이 존재할 수 없고, 유기체가 존재하지 않고는 행동이 존재할 수 없다는

글상자 2-1

행동의 정의

1. 살아 있는 유기체의 활동
2. 유기체와 환경 간의 상호작용의 일부
3. 시공간 내에서 감지될 수 있는 이동
4. 환경의 어떤 측면에 측정 가능한 변화를 남김

1) Behavior (行動)

뜻이다. 예를 들면, '배가 고프다.' 든지 '여행을 가고 싶다.' 든지 하는 것은 유기체의 어떤 심리적 상태일 뿐 상호작용의 대상인 환경이 관여되지 않기 때문에 분명히 행동이 아니다. 마찬가지로, 환경만의 변화나 어떤 조건도 행동이 될 수 없다. 예를 들어, 단순히 비가 내려서 몸이 젖는 것은 행동이 아니다. 이는 환경의 변화만 있을 뿐 이에 대응하는 유기체의 활동이 없기 때문이다. 물론 비를 맞지 않으려고 몸을 움츠리거나 우산을 펴는 것은 분명히 행동이다. 환경과 유기체 간의 상호작용이 있기 때문이다. 셋째로, '시공간 내에서 감지 가능한 방식으로 이동하는' 특성이란 그 크기에 상관없이 행동이란 움직임[2]이라는 뜻이다. 즉, 일정 시간 내에서 일어나는 지속적인 과정으로 행동 발생의 시점, 지속 시간, 빈도 등이 측정될 수 있어야 한다. 그러나 유기체와 관련 없이 단순히 외부의 물리적 힘에 의하여 발생하는 움직임은 행동이 될 수 없다. 거센 바람에 사람이 넘어지는 것은 자전거가 넘어가는 것과 다를 바 없으므로 살아 있는 유기체의 활동으로 볼 수 없다. 물론 강풍에 맞서 넘어지지 않으려고 노력하는 신체 동작은 행동이다. 마지막으로, '적어도 환경의 어느 한 측면에 측정 가능한 변화를 남기는' 것이어야 한다. 유기체는 환경과 분리되어 존재할 수 없고, 행동이란 유기체와 환경 간의 상호작용이라는 관점에서 볼 때 어떤 방식으로든 행동은 환경에 영향을 미치지 않을 수 없다. 따라서 행동은 그것이 환경에 미친 영향에 의하여 관찰되고 측정될 수 있어야 한다.

Miller(2006)는 사람이 하는 것이면 무엇이든 행동으로 전제하고, 인간의 신체적인 활동으로서 어떤 목적을 달성하기 위한 수단으로서의 기능성을 가진 모든 것을 행동으로 정의하였다. 사람들이 흔히 정신적 활동이라고 생각하는 많은 것들도 대부분 신체적 활동이며, 응용행동분석의 연구 대상이 된다. 첫째로, 행동의 가장 명확한 판별기준은 관찰 가능한 신체 활동을 분명히 보여 주는 것이다. '걷기'와 '운전하기' 같은 것은 분명히 확인되는 신체적 활동이다. 둘째로, 어떤 목적을 달성하기 위한 수단으로서의 기능을 가진다. 즉, '걷기'와 '운전하기'는 학교나 회사에 가기 위한 수단으로서의 기능을 한다. '음식을 먹는 것'도 신체적 활동으로서 영양소를 공급하는 기능을 한다. 작은 신체적 동작이 요구되는 행동 역시 좀 덜 분명하지만 틀림없이 행동이다. '말하기', '바라보기', '속으로 읽기' 같은 것은 신체적 활동이 작아 눈에 잘 띄지 않을 뿐, 분명히 구강 기관과 발성기관, 머리, 목, 눈 등 작은 근육의 운동이 존재하며, 의사 전달 또는 지식과 정보의 탐색을 위한 수단으로 사용된다. 셋째로, 눈으로 확인하기 어려운 신

2) Movement

체 내부의 미세한 활동 역시 분명한 행동이다. 위액의 분비, 땀이나 눈물의 흐름 또는 각종 호르몬의 분비 같은 것은 우리 눈으로 확인할 수 없는 아주 작은 땀샘이나 눈물샘의 근육 수축 활동으로 이루어지며, 전자 도구나 정밀한 의료 측정기를 사용하여 관찰할 수 있는 신체 활동이다. 또한 이들은 소화, 체온조절, 눈의 보호 등 생명을 유지하는 데 필요한 중요한 기능을 한다. 따라서 이들 모두는 분명히 행동이며 응용행동분석의 연구 대상에 포함된다. 마지막으로, 많은 사람들이 정신 활동이라고 주장하는 인간의 인지 활동도 본인 자신만이 관찰할 수 있는 사적 사상[3]이기는 하나, 분명히 응용행동분석 연구의 대상이다. 많은 사람들이 행동분석에서는 '생각하기'와 같은 내적 인지 활동을 인정하지 않고 연구 대상에서 제외한다고 오해하고 있는데, 이는 매우 잘못된 편견이다. 다만 사고와 같은 인지 활동은 '정신세계'에서 일어나는 현상이 아니고, 물리적 세계에서 일어나는 극히 사적인 행동으로 규정하고 연구한다. 즉, 정신세계라는 가설적 심리구조를 가정하고, 물리적 세계와는 전혀 다른 원리로 인지 활동이 이루어진다고 설명하는 것을 반대할 뿐이다.

글상자 2-2

Miller의 행동의 판별기준

1. 관찰 가능한 신체적 활동(예: 걷기, 운전하기)
2. 목적을 이루기 위한 수단으로서의 기능(예: 걷기는 학교에 가기 위한 수단)
3. 미세한 신체적 동작으로 구성된 활동(예: 말하기, 바라보기, 속으로 읽기)
4. 신체 내부의 미세한 활동(예: 위액, 타액, 호르몬 분비)
5. 본인만 관찰할 수 있는 사적인 사상(예: 생각하기, 내적 인지 활동)

2. 반응과 반응군

행동과 반응은 거의 동의어로 사용되며 쉽게 서로 바꾸어 사용되기도 한다. 그러나 엄격히 구별하면, 행동[4]이란 용어는 하나의 활동 유형[5]을 총체적으로 일컬을 때 사용

3) Private events (私的事象)
4) Behavior
5) A type of activity

되며, 동일한 형태 또는 동일한 기능성을 소유한 동작이나 반응들의 집합으로 구성된다. 따라서 행동은 구체적 반응들의 집합을 의미하는 반응군으로 정의된다.

반응군[6]이란 하나의 행동에 속하는 반응들의 집합을 말하며, 형태나 물리적 특성이 같은 반응들의 집합을 형태적 반응군[7]이라 하고, 형태는 다르지만 동일한 목적과 기능을 가진 반응들의 집합을 기능적 반응군[8]이라고 한다. 먼저 형태적 반응군의 예를 들어 보자. '머리 받기' 라는 행동을 '머리를 뒤로 젖혔다가 목표물을 향하여 돌진하여 부딪치는 것' 이라고 정의한다면, 삼차원 공간 안에서의 반응의 형태만을 고려한 정의라고 볼 수 있다. 따라서 교실에서 머리로 책상을 받는 것, 운동장에서 머리로 공을 받는 것, 싸움 중에 머리로 상대방의 이마를 받는 것 등은 그 행위의 목적과는 상관없이 동일한 형태의 동작들로 구성되며, 모두 '머리 받기' 라는 하나의 행동에 속하는 반응들이다. 이러한 반응들의 집합을 형태적 반응군이라 한다. 이와 대조적인 기능적 반응군의 예를 들어 보자. 흔히 아동은 자기 요구를 관철하기 위하여 떼를 쓴다. 울고, 소리 지르고, 물건을 걷어차고, 땅바닥을 구르고, 심하면 머리로 벽을 받으며 자해하기도 한다. 이러한 일련의 반응들은 모양은 서로 다르지만 각각의 반응은 모두 원하는 장난감을 얻어 내기

글상자 2-3

행동, 반응군, 반응

행동
- 총체적인 하나의 활동 유형
- 동일한 형태나 기능성을 공유하는 동작이나 활동의 집합
- 행동은 반응군으로 정의된다.

반응군
- 하나의 행동에 속하는 반응의 집합
- 형태적 반응군: 형태가 같은 반응의 집합
- 기능적 반응군: 목적이 같은 반응의 집합

반응
- 한 행동의 하위 동작이나 활동 중의 하나
- 실제로 발생한 행동의 구체적 사례
- 관찰과 측정의 기본단위

6) Response class
7) Topographical response class
8) Functional response class

위한 동일한 목적과 기능을 가진다. '떼쓰기'라는 행동은 하나의 활동 유형을 대표하는 용어이고, 이에 속하는 모든 반응들의 집합을 기능적 반응군이라고 한다.

반응[9]이란 하나의 행동 또는 반응군에 속하는 하위 동작이나 활동 중의 하나로서, 실제로 발생한 행동의 구체적인 사례를 말한다. 행동분석 연구에서는 행동의 구체적 발생 사례인 반응을 관찰한다. 즉, 반응의 빈도, 지속 시간, 강도, 속도, 반응 지연 등 물리적 특성을 측정한다. 따라서 측정의 기본단위인 반응을 명확히 정의하는 것은 대단히 중요한 일이다.

익힘문제 2-1

다음 사례에서 행동인 것(○)과 행동이 아닌 것(×)을 구분하여 표시해 보자.

(1) 땀을 흘리는 것 (　)	(8) 그리운 사람이 보고 싶은 것 (　)
(2) 내리는 비에 옷이 젖는 것 (　)	(9) 심장이 뛰는 것 (　)
(3) 감기 들어 기침하는 것 (　)	(10) 나무 위에서 떨어지는 것 (　)
(4) 배가 아픈 것 (　)	(11) 희로애락의 정서적 반응 (　)
(5) 거센 바람에 사람이 넘어지는 것 (　)	(12) 내일 할 일을 생각하는 것 (　)
(6) 잘 때 코를 고는 것 (　)	(13) 소리 내지 않고 속으로 읽는 것 (　)
(7) 배가 고픈 것 (　)	(14) 잠을 자는 것 (　)

＊정답은 이 장의 마지막, 연구문제 다음에 제시함

3. 환 경

행동분석이란 행동과 환경 간의 기능적 관계를 탐구하는 학문이다. 이제까지 행동분석의 주요개념 중 행동과 반응을 살펴보았으니, 이제는 환경[10]에 대하여 살펴보기로 한다. Johnston과 Pennypacker(1980)는 환경을 '유기체 또는 유기체의 일부분이 존재하는 실제 주변 상황의 총합'이라고 정의하였다. 보다 쉽게 정의하면, 환경이란 한 유기체의 가까운 주변에 실재하는 사람, 물건, 사건 등을 일컫는 말로서, 감각수용기를 자극하고 행동에 영향을 미칠 수 있는 환경적 사건들을 통칭하는 말이다. 예를 들어, 아침에 내리는 비는 환경적 사건으로, 나의 옷 입는 방식이나 오늘 무엇을 할 것인지에 영향을 미친다. 월급 인상도 하나의 환경적 사건으로, 업무 수행에 영향을 미칠 수 있다.

9) Response (反應)

10) Environment

4. 자극과 자극군

자극[11]은 환경의 구체적 특성을 기술할 때 사용되는 용어로서, 물리적 세계에서의 모든 조건, 사건(event), 변화 등을 일컫는 말이다. 그리고 자극군[12]은 특정한 반응군과 기능적 관련성을 공유하는 개별적 자극들의 집합을 뜻한다.

자극은 크기, 색깔, 강도, 중량, 위치 등과 같은 물리적 특성을 지니며, 이러한 특성에 따라 기술되고 측정되며 조작될 수 있다. 자극은 신체의 내부와 외부에서 모두 발생하지만, 응용행동분석에서는 신체 외부에서 발생하는 자극을 주로 연구한다. 왜냐하면, 신뢰성 있는 관찰과 측정을 가능하게 하기 때문이다. 자극은 행동 전에, 행동 중에 또는 행동 후에 주어질 수 있다. 또한 어떤 자극은 행동에 강력한 통제력을 갖는 반면, 어떤 자극은 거의 영향력을 미치지 못하는 것도 있다. 예컨대, 청각장애인에게 감미로운 음악은 자극이 될 수 없다. 청각기관을 자극할 수 없어 행동에 영향을 미치지 못하기 때문이다. 반응과 자극은 행동분석 연구의 가장 기본적인 개념이다.

제2절 행동의 종류

Skinner(1938)는 인간의 행동을 수동행동과 작동행동으로 나누어 그 학습의 원리를 설명하였다. 먼저 수동행동[13]은 어떤 자극에 의하여 반사적으로 유발되는 반응을 의미하는 것으로서, 심장박동, 소화기관의 활동, 각종 선의 분비 활동, 정서적 반응 등과 같이 자율신경계의 통제를 받는 불수의근의 활동을 일컫는다. 예를 들면, 음식이 입안에서 침샘을 자극할 때 반사적으로 유발되는 타액분비 같은 것을 말한다. 〈글상자 2-4〉에서 눈물 분비, 위액 분비, 호르몬 분비, 희로애락의 감정을 나타내는 정서반응 등은 모두 특정한 자극에 의하여 반사적으로 유발되는 수동행동의 대표적인 예이다. 이러한 반사적 반응은 선행자극에 의하여 통제되며, 유기체를 위험으로부터 보호하고, 유기체의 내적 균형을 유지하도록 한다.

11) Stimulus (刺戟)

12) Stimulus class

13) Respondent behavior (受動行動)

반면에 작동행동[14]은 중추신경의 명령에 따라 능동적으로 수행하는 수의근의 활동으로서, 종소리를 듣고 교실로 들어간다든지, 번호를 확인하고 버스에 오르는 것과 같은 의도적인 행동을 일컫는다. 다시 말해, 수동행동처럼 선행자극에 의하여 자동적으로 유발되는 반사적 반응이 아니고, 후속자극에 의하여 형성되고 유지되는 학습된 반응이다. 즉, 주어진 자극(예: 종소리, 노선 번호)에 대한 인지적 평가나 판단과정을 거쳐

글상자 2-4

행동의 종류

수동행동
- 자극에 의한 반사 활동 (reflex)
- 자율신경계에 의하여 조절된다.
- 불수의근과 각종 선의 활동 / 유기체의 보호와 내적 균형 유지
- 선행자극에 의한 통제
- 예: 눈물 분비, 위액 분비, 호르몬 분비, 정서반응

작동행동
- 인지적 평가에 따른 의도적 행동 (voluntary)
- 중추신경계에 의하여 조절된다.
- 수의근의 활동/학습된 반응
- 후속자극에 의한 통제
- 예: 종소리를 듣고 교실로 들어간다, 버스 번호를 보고 올라탄다.

익힘문제 2-2

다음 사례에서 수동행동(수)과 작동행동(작)을 구분하여 보자.

(1) 운전하기 (　)
(2) 코 골기 (　)
(3) 땀 흘리기 (　)
(4) 슬퍼서 눈물이 흐르는 것 (　)
(5) 자다가 이불에 오줌을 싸는 것 (　)
(6) 연기 중에 배우가 눈물을 흘리는 것 (　)
(7) 장기를 둘 때 무심코 담배를 피우는 것 (　)
(8) 자다가 자기도 모르게 팔뚝에 앉은 모기를 때려잡는 것 (　)

* 정답은 이 장의 마지막, 연구문제 다음에 제시함

14) Operant behavior (作動行動)

결정된 중추신경계의 명령을 자발적으로 수행하는 것을 작동행동이라 한다.

제3절 수동행동의 학습원리

Pavlov에 의하여 발견된 조건반사 현상은 체계적인 실험연구를 통하여 많은 행동의 원리를 추출할 수 있는 원동력이 되었다. 이 절에서는 수동행동의 학습과정을 자세히 살펴보기로 한다. 먼저 수동조건형성의 전형을 살펴본 후 이와 관련된 소거, 자극일반화, 자극변별학습, 고차적 조건형성 등 제반 원리에 대하여 설명하기로 한다.

1. 수동조건형성

동물의 소화기관에 관하여 연구 중이던 Pavlov(1927, 1960)는 실험동물인 개가 음식을 씹을 때 분비되는 타액의 양을 측정하였다. 여기서 한 가지 알아 둘 것은 타액의 분비는 음식이 입에 들어가 침샘을 자극할 때 반사적으로 유발되는 수동행동이며 생리적 현상이라는 사실이다. 따라서 생리학적으로 볼 때 침샘이 자극되지 않으면 침은 분비되지 않는다. 그런데 실험과정이 반복되는 동안 참으로 이상한 현상이 발견되었다. 연구자들이 음식을 들고 개에게 다가가고 있을 때 타액분비가 시작된 것이다. 다시 말해, 침샘이 자극되기도 전에 타액이 분비된 것인데, 이러한 현상은 당시의 생리학적인 설명으로는 도무지 이해하기 힘든 놀라운 사실이었다.

Pavlov는 이러한 현상의 원인을 밝히기 위하여 보다 체계적인 연구를 수행하였다. [그림 2-1]에서와 같이, 실험동물인 개에게 먼저 종소리를 들려준 다음 입에 음식을 넣어 준다. 실험 초기에 개는 종소리에 아무 반응도 하지 않았고, 다만 음식이 입에 들어온 다음 그 음식을 씹으면서 타액분비를 시작할 뿐이었다. 그런데 실험이 반복되는 과정에서 큰 이변이 발생하였다. 개는 음식이 입에 들어오기도 전에 종소리에 반응하여 타액분비를 시작한 것이다. 실험 초기에는 타액분비를 유발할 수 없었던 종소리가 이제 타액분비를 유발하는 자극으로 변화된 것이다.

이 실험에서 개에게 주어진 음식을 무조건자극(US)[15]이라고 한다. 음식은 개의 침샘

15) Unconditioned stimulus (無條件刺戟)

을 자극하여 무조건 타액분비를 일으킬 수 있는 선천적 자극이라는 뜻이다. 이와는 대조적으로 종소리는 개의 타액분비와는 아무 상관없는 중립자극(NS)[16]이었다. 그런데 이제 종소리는 음식(US)과 짝지어 제시되는 조건하에서 타액분비를 일으킬 수 있는 자극으로 변화된 것이다. 이와 같이 타액분비를 유발할 수 있도록 변화된 종소리를 조건자극(CS)[17]이라고 하고, 조건자극에 의하여 유발된 타액분비를 조건반응(CR)[18]이라고 한다. 그리고 하나의 중립자극(NS)이 무조건자극(US)과 반복적으로 짝지어 제시됨으로써 조건반응(CR)을 유발할 수 있도록 변화되는 과정을 수동조건형성[19] 또는 고전적 조건형성[20]이라고 한다. 이상과 같이 조건형성의 과정을 통하여 일어난 비교적 영속적인 행동의 변화를 학습이라고 한다.

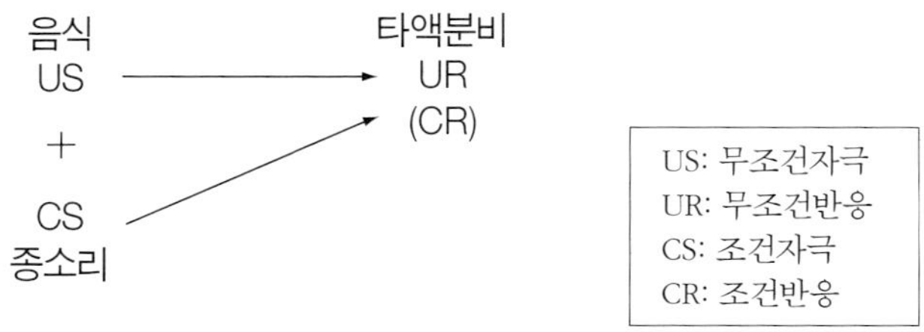

[그림 2-1] 수동조건형성의 전형

실험동물에게 종소리(NS)를 들려주면서 음식(US)을 주는 일을 여러 번 반복하면, 종소리도 타액분비(CR)를 유발할 수 있는 조건자극(CS)으로 변화된다.

2. 자극일반화

수동조건형성의 과정에서 어떤 반응이 특정한 자극 하나에만 조건형성되었다 하더라도, 유기체는 그 자극뿐 아니라 유사한 다른 자극에 대해서도 반응하는 것을 볼 수 있다. 이러한 현상을 자극일반화[21]라고 한다. 예를 들면, [그림 2-2]에서와 같이, 특정

16) Neutral stimulus (中立刺戟)
17) Conditioned stimulus (條件刺戟)
18) Conditioned response (條件反應)
19) Respondent conditioning (受動條件形成)
20) Classical conditioning (古典的條件形成)
21) Stimulus generalization (刺戟一般化)

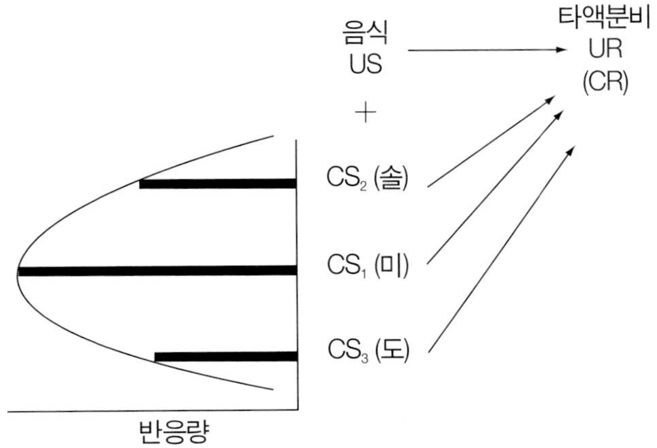

[그림 2-2] 자극일반화

실험동물은 본래의 종소리(CS_1)와 유사한 다른 종소리(CS_2/CS_3)에 대해서도 타액분비를 한다. 본래의 종소리(CS_1)와 유사할수록 반응량은 증가하고, 유사성이 낮으면 반응량은 감소한다.

한 음계의 종소리(CS_1)에 조건형성되어 타액분비(CR)를 일으킬 수 있게 된 실험동물은 유사한 다른 음계의 종소리(CS_2와 CS_3)에 대해서도 타액을 분비한다. 다만 그 유사성의 정도에 따라 반응량은 다르게 나타난다. 즉, 본래의 조건자극(CS_1)과 유사성이 높을수록 반응량은 증가하고, 유사성이 낮을수록 반응량은 감소한다.

3. 소 거

일단 수동조건형성이 이루어지면 음식 없이 종소리만 들려주어도 실험동물은 타액을 분비한다. 그러나 음식 없이 종소리만 반복해서 들려주면 어떻게 될까? [그림 2-3]에서처럼 무조건자극(US)이 제거된 상태에서 조건자극(CS)만을 실험동물에게 반복적으로 제시하면, 조건반응(CR)은 점차 감소되어 결국 사라진다. 즉, 종소리가 음식과 짝지어짐 없이 단독으로 반복하여 제시되면 결국 종소리의 반응 유발력은 점차로 약화되어 사라진다. 이와 같이 조건자극(CS)에 대한 조건반응(CR)이 점차 약화되어 사라지는 현상을 소거[22]라 한다. 그리고 일단 완전히 소거된 것처럼 보이던 반응이 일시적으로 다시 나타나는 경우가 있는데, 이러한 현상을 자발적 회복[23]이라고 한다. 이러한 현상

22) Extinction (消去)

23) Spontaneous recovery

은 소거과정에서 흔히 발생하기 때문에 치료와 훈련과정에서 특히 유념하지 않으면 안 된다. 그러므로 학습된 조건반응을 완전히 소거시킬 계획이라면 무조건자극이 조건자극과 짝지어 제시되는 일이 없도록 조치하여야 한다. 반면에 조건반응이 소거되지 않고 계속 유지되도록 하려면 조건자극(CS)과 무조건자극(US)을 주기적으로 짝지어 제시하여야 한다. 이러한 의미로 수동조건형성에서는 무조건자극(US)을 강화자극이라고 한다. 학습된 조건자극과 조건반응 간의 관계를 강화하는 요인이 바로 무조건자극이기 때문이다.

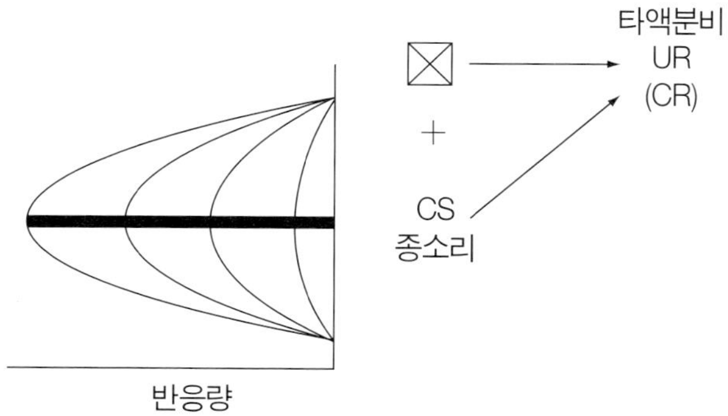

[그림 2-3] 소 거

실험동물에게 음식(US) 없이 종소리(CS)만 반복하여 들려주면 타액의 분비량은 점차 감소되어 결국 사라진다. 그림에서 ⊠는 무조건자극(US)이 없음을 의미하고, 점차 낮아지는 포물선은 조건자극(CS)에 대한 조건반응(CR)의 양이 시간의 흐름에 따라 점차 감소되어 사라지는 것을 의미한다.

4. 자극변별학습

자극변별학습[24]이란, 자극일반화와 소거의 과정을 통하여 유기체가 특정 자극에 민감하게 반응하도록 변화되는 것을 말한다. [그림 2-4]를 통하여 자극변별학습의 과정을 자세히 살펴보자. 처음에 미(CS_1) 음의 종소리에 타액분비를 하도록 학습된 실험동물은, [그림 2-2]에서와 같이, 유사한 도(CS_3)나 솔(CS_2) 음의 종소리에도 타액을 분비한다. 이미 알고 있는 자극일반화 현상이다. 그러나 자극일반화는 점차 분화과정을 거쳐 변화된

24) Stimulus discrimination learning

다. 예를 들면, 도, 미, 솔 세 음의 종소리를 무작위 순으로 들려주면서 오직 '미' 음의 종소리만 음식과 짝지어 준다. 이러한 과정을 반복하면 음식(US)과 짝지어지는 미(CS_1) 음에 대한 타액분비(CR)는 더욱 강화되고, 음식(US)이 짝지어지지 않는 도(CS_3)와 솔(CS_2) 음에 대한 타액분비(CR)는 점차 감소되어 사라진다. 결과적으로 [그림 2-4]에 제시된 바와 같이 미(CS_1) 음에만 민감하게 반응하고, 도(CS_3)와 솔(CS_2) 음에는 거의 반응하지 않는다. 이와 같이 자극변별학습은 자극일반화와 소거의 과정을 거쳐 형성된다.

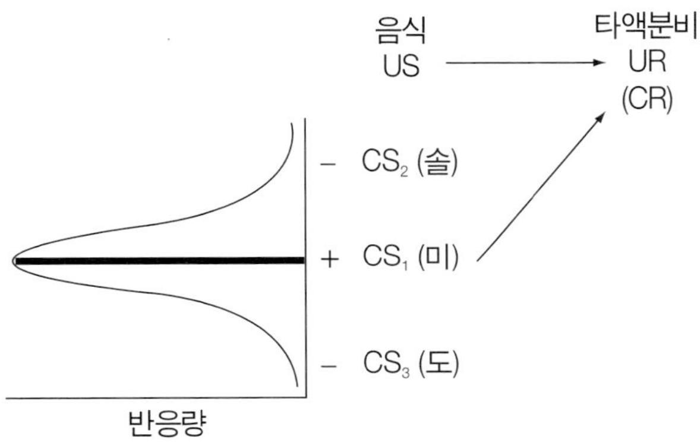

[그림 2-4] 자극변별학습

음식(US)과 짝지어 제시되는 '미' 음의 종소리(CS_1)에 대한 타액분비 반응(CR)은 강화되고 음식과 짝지어지지 않는 다른 종소리(CS_2, CS_3)에 대한 반응은 소거된다. 결과적으로 '미' 음의 종소리(CS_1)에만 민감하게 반응한다.

5. 고차적 조건형성

[그림 2-5]에 제시된 바와 같이, 먼저 실험동물에게 하나의 중립자극(NS_1)을 제1차로 조건형성시킨다. 다음으로는, 새로 학습된 조건자극(CS_1)을 마치 무조건자극(US)처럼 취급하여 두 번째 중립자극(NS_2)과 짝지어 제시한다. 이러한 조건하에서도 제2차적으로 조건형성이 성립된다. 예컨대, 일단 실험동물로 하여금 종소리에 타액분비를 하도록 훈련시킨다. 이제 종소리는 타액분비를 일으킬 수 있는 자극으로 변화되었다. 이번에는 실험동물에게 검은 상자(NS_2)를 보여 주면서 음식은 주지 않고 종소리(CS_1)만 들려준다. 이러한 실험과정이 반복되면 이제 실험동물은 검은 상자(CS_2)에 반응하여 타

액을 분비한다. 즉, 학습된 종소리가 이제는 무조건자극의 역할을 대행하여 제2차적 중립자극이었던 검은 상자를 조건자극(CS₂)으로 변화시킨 것이다. 반응량이 점차 줄어드는 경향은 있지만, 제3차 또는 그 이상의 조건형성도 가능할 수 있다. 이와 같이 여러 단계에 걸쳐 이루어지는 조건형성의 과정을 고차적 조건형성[25]이라고 한다. 인간의 복잡한 정서반응이나 각종 선의 비정상적인 분비 활동, 신경증이나 심인성 질환들은 이와 같은 고차적 조건형성의 과정을 거쳐 복잡하게 형성된 학습의 문제로 볼 수 있다.

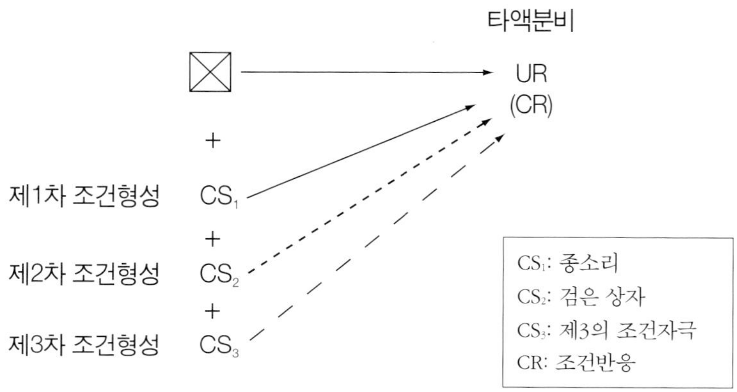

[그림 2-5] 고차적 조건형성

음식(US) 없이도 종소리(CS_1)가 타액분비를 일으킬 수 있게 되면 (제1차 조건형성), 이제는 CS_1과 짝지어 제시되는 검은 상자(NS_2)도 타액분비를 일으킬 수 있는 조건자극(CS_2)으로 변화된다(제2차 조건형성). 다시 CS_2와 짝지어지는 NS_3도 타액분비를 일으킬 수 있는 자극(CS_3)으로 변화될 수 있다(제3차 조건형성).

6. 공포반응의 조건형성

Watson과 Rayner(1920)는 생후 11개월 된 Albert에게 흰쥐에 대한 공포반응을 조건형성시키는 데 성공하였다. 실험 전에 Albert는 흰쥐에 대하여 전혀 어떠한 공포반응도 보이지 않았다. 실험과정은 다음과 같다. 실험자들은 아기에게 흰쥐를 보여 주면서 동시에 예기치 못한 큰 소리(징소리)로 깜짝 놀라게 하였다. [그림 2-6]에서와 같이, 갑작스러운 큰 소리는 공포반응(UR)을 유발하는 무조건자극(US)이고, 흰쥐는 중립자극(NS)이었다. 그러나 이와 같은 간단한 실험과정을 7～8회 반복한 결과 Albert는 이제

25) Higher-order conditioning

흰쥐만 보고도 얼굴을 찡그리고 울며 움츠리는 등 다양한 공포반응을 보였다. 즉, 이 실험에서 중립자극(NS)이었던 흰쥐는 공포반응을 유발할 수 있는 조건자극(CS)으로 변화된 것이다. 또한 이 실험에서는 [그림 2-7]에서와 같이 자극일반화 현상도 나타났다. Albert는 다른 물건들은 잘 가지고 놀았지만, 실험용 흰쥐(CS)와 유사한 털이 있는 토끼, 개, 털 코트 등은 물론이고, 심지어 산타클로스의 수염을 보고도 두려워하는 공포반응을 나타냈다. 물론 실험 전에는 이러한 것들에 대하여 전혀 두려움을 보이지 않았으며, 실험 후부터 흰쥐의 털과 유사한 모든 자극에 대한 공포반응이 일반화된 것이다. Watson의 이러한 실험연구는 Wolpe(1958, 1973)의 상호제지법[26] 및 체계적 감감법[27]과 같은 중요한 행동치료 기법의 기초가 되었다.

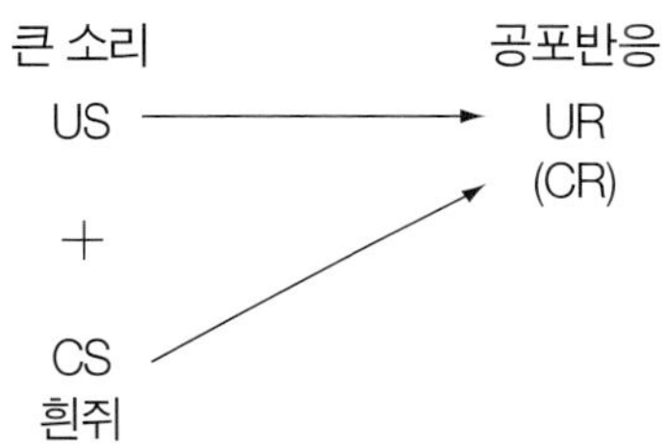

[그림 2-6] 공포반응의 조건형성

공포반응(UR)을 유발할 수 있는 큰 소리(US)를 흰쥐(CS)와 짝지어 반복하여 제시함으로써 흰쥐도 공포반응을 유발할 수 있는 자극으로 변화시킬 수 있었다.

[그림 2-7] 산타클로스의 수염을 두려워하는 Albert

1920년 실험 당시의 사진 기술로 찍은 것으로 선명도가 낮다. 이 자료는 http://www.bdrum.com/p130grp5/albert.html에서 발췌함.

26) Reciprocal inhibition (相互制止法)

27) Systematic desensitization (體系的 減感法)

제4절 작동행동의 학습원리

Thorndike의 '효과의 법칙'은 Skinner의 동물실험을 통하여 체계적인 작동행동의 원리로 정립되었다. 이 절에서는 작동행동의 증가 또는 감소에 영향을 미치는 후속자극으로서의 정적강화와 부적강화, 정적벌과 부적벌 그리고 소거수반에 대하여 설명하기로 한다.

1. 작동행동과 후속자극

Thorndike(1905)의 효과의 법칙[28)]은 작동행동의 원리를 간단명료하게 진술하고 있다. 즉, 효과를 얻을 수 있는 행동은 앞으로 다시 발생할 확률이 증가하고, 아무 효과도 얻을 수 없거나 나쁜 결과를 얻는 행동은 앞으로 다시 발생할 확률이 감소한다는 것이다. 이러한 법칙은 Skinner의 동물실험을 통하여 '행동의 원리'로 체계화되었으며, Lindsley(1966), Baer, Wolf, & Risley(1968), Bijou, Birnbrauer, Kidder, & Tague(1966), Lovaas, Berberich, Perloff, & Schaeffer(1966) 등에 의하여 인간 문제에 대한 응용연구로 활성화되기 시작하였다.

작동행동은 반사적 행동과는 달리 행동자가 스스로 결정하고 의도적으로 행동하는 것을 말한다. 그러므로 작동행동을 유발하는 무조건자극은 존재하지 않는다. 예컨대, 책을 읽는 것은 작동행동이다. 물론 책이라는 자극이 눈앞에 있을 때 책을 읽게 되겠지만, 책이라는 자극이 반사적으로 책 읽는 행동을 유발하지는 않는다. 책을 읽을 것인지 말 것인지에 관한 결정은 전적으로 행동자의 자유의사에 맡겨진다. 그러나 작동행동은 분명히 후속되는 사건(자극)에 영향을 받는다. 예컨대, 아동이 책을 읽었더니 어머니가 칭찬하였고, 이러한 경험이 일관성 있게 반복되면 아동의 책 읽는 행동은 점차 증가된다. [그림 2-8]에서 기호 R과 S는 각각 반응(response)과 자극(stimulus)의 두 변수를 의미하고, 화살표는 시간적 흐름의 방향 및 변수 간의 관련성을 표시하며, 반응(R) 배경에 있는 회색 바탕의 큰 화살표(⇧)는 반응의 증가를 나타낸다. 그리고 실선으로 그려진 원과 화살표는 변수 자체나 변수 간의 관계가 분명함을, 점선은 모호함을 표시한다.

28) Law of effect (效果法則)

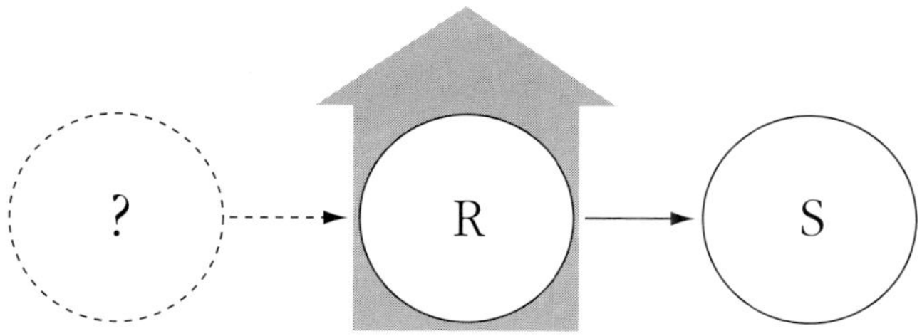

R: Response, 반응/행동(책 읽기)
S: Stimulus, Consequence, 후속자극, 강화자극(어머니의 칭찬)

[그림 2-8] 반응-자극 수반성

영희가 책을 읽었더니(R), 어머니가 칭찬(S)하였다. 이러한 경험이 일관성 있게 반복되면 영희가 앞으로 책을 읽을 확률은 증가한다. 이러한 관계를 반응-자극 수반성 또는 강화수반성이라고 한다.

그림에서 점선으로 표시된 원과 물음표(?)는 시간적으로 반응(R)에 선행하는 미지의 자극을 의미하고, 점선 화살표는 미지의 선행자극이 반응(R)에 미칠 수 있는 영향력이 아직 불확실하거나 잘 형성되지 않았음을 나타낸다. 선행자극의 영향력에 관해서는 다음 절에서 자세히 설명하기로 한다.

[그림 2-8]에서 실선으로 표시된 'R→S' 관계는 시간적으로 하나의 반응(R)이 먼저 발생하고 이에 수반하여 자극(S)이 뒤따르는 분명한 관계를 표시한다. 이와 같이 특정한 반응(R)에 이어 특정한 자극(S)이 뒤따르는 과정이 일관성 있게 반복되면 결과적으로 반응이 증가될 수 있다. 예를 들어, 영희가 책을 읽었고(R), 시간적으로 그다음(→)에 어머니의 칭찬(S)이 뒤따랐다. 이러한 과정이 일관성 있게 반복되면 결국 영희의 책 읽는 행동은 증가된다. 이와 같이 특정한 반응(R)에 특정한 자극(S)이 일관성 있게 수반하여 반응의 발생빈도에 영향을 미치는 수반적 관계[29]를 반응—자극 수반성[30]이라 하고, 특히 반응을 증가시키는 수반적 관계를 강화수반성[31]이라고 한다. 여기서는 행동

29) Contingent relation: 영어의 'contingent'는 '수반적' 또는 '우발적'이란 뜻이며, 전치사 'on(upon)'과 함께 사용되어 '~에 수반하여 우연히 발생하는'의 뜻으로 사용된다. 예를 들어, 'mother's praise contingent on her reading'은, '책 읽기에 수반하여 우연적인 어머니의 칭찬'이 이어졌다는 뜻이다. 시간적 순서로 보면, '책 읽기 다음에 우연히 수반된 칭찬'이라는 뜻이다. 영어 단어 하나를 이렇게 장황하게 설명하는 이유는 'contingency'라는 중요한 개념이 이 단어에서 파생되었기 때문이다.

30) R-S contingency: '반응과 우연히 수반되는 자극 간의 관련성'을 의미하는 것으로서 작동조건형성의 기본원리를 뜻하는 말이다. 즉, 반응과 후속자극 간의 우연적 관련이 일관성 있게 반복되면 양자 간에는 기능적 관계가 형성된다.

31) Reinforcement contingency: '반응-자극 수반성'의 한 가지로, 수반되는 자극이 강화자극일 때 사용되는 말이

〈표 2-1〉 조작방법과 기능에 의한 행동분석 기법의 분류

조작방법 \ 기능	행동 증가	행동 감소
자극 제공(+)	정적강화	정적벌
자극 제거(−)	부적강화	부적벌

에 영향을 미치는 후속자극에 대하여 먼저 살펴보고, 선행자극의 역할에 관한 설명은 뒤로 미루기로 한다.

작동행동(R)은 선행하는 어떤 자극(?)보다 뒤따르는 자극(S)에 일차적으로 더 큰 영향을 받는다. Skinner(1938)에 의하면, 행동은 뒤따르는 후속자극[32]에 의하여 통제되며, 특히 행동을 증가시키는 후속자극을 강화자극[33]이라고 하였다. 〈표 2-1〉은 후속자극의 조작방법과 기능에 따라 행동분석의 기법을 ① 정적강화, ② 부적강화, ③ 정적벌, ④ 부적벌로 나눌 수 있음을 보여 준다.

2. 정적강화

정적강화[34]는 응용행동분석의 핵심개념으로서 모든 원리와 기법의 기반이 된다. 다시 말하면, 응용행동분석은 바로 정적강화에 기초하여 발전되어 왔기 때문에 정적강화를 올바로 이해해야만 여기서 파생된 다른 원리와 방법을 보다 정확히 이해하고 활용할 수 있다.

정적강화를 정의할 때는 항상 다음의 두 가지 기준을 적용한다. 첫째는 자극의 조작방법으로, 시간적으로 행동에 뒤따라 특정 자극이 제공(+)되도록 조작한다. 즉, 시간적으로 행동이 먼저 발생하고 자극은 행동에 후속되어야 한다. 둘째는 후속자극의 기능성으로 행동에 수반된 후속자극은 행동을 증가시킬 수 있어야 한다. 이상 두 가지 기준을 적용하여 정의하면, 정적강화란 표적행동에 수반하여 특정 후속자극을 제공(+)함으로

다. 벌이 수반되어 행동이 감소되는 관계에 있을 때에는 punishment contingency, 강화자극이 차단되어 행동이 소거될 때에는 extinction contingency라고 한다.

32) Consequence (後續刺戟)

33) Reinforcer, reinforcing stimulus (强化刺戟)

34) Positive reinforcement (正的强化)

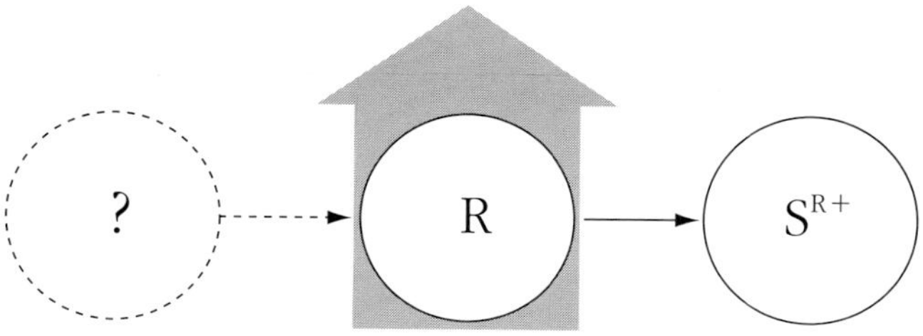

R: Response, 반응(지렛대 누르기)
S^{R+}: Positive reinforcing stimulus, 정적강화자극(음식의 제공(+))

[그림 2-9] 정적강화

실험상자 안에서 흰쥐는 우연히 지렛대를 누르고(R) 음식(S^{R+})을 얻는다. 이 같은 경험이 반복되면 지렛대를 누르는 빈도가 점차 증가한다. 이때 음식은 정적강화자극이다. 후속자극의 제공(+)과 행동의 증가(↑)라는 두 가지 기준이 충족되므로 정적강화이다.

써 그 행동의 발생확률을 증가시키는 방법을 말한다. 그리고 정적강화자극[35]이란 행동에 수반하여 제공(+)되는 후속자극 자체를 일컫는 것으로서 행동의 발생확률을 증가시킬 수 있는 모든 후속자극(사건, 일, 물건, 환경 변화 등)을 말한다.

[그림 2-9]에서 실험동물의 예를 살펴보자. 실험상자 안에서 흰쥐는 우연히 지렛대를 누르고 음식을 받아먹는다. 시간이 흐르면서 같은 경험이 반복되면 결국 지렛대 누르기가 점차 증가한다. 이 실험에서 행동(지렛대 누르기)에 수반하여 음식이 제공(+)되었고, 그 결과 행동은 증가하였다. 즉, 정적강화의 두 가지 기준이 모두 충족된 것이다. 따라서 이 실험에서 행동을 증가시키는 데 사용된 기법을 정적강화라 하고, 행동에 수반하여 제공된 음식 자체를 정적강화자극(S^{R+})이라 한다. 아동의 행동을 예로 들어 보자. 숙제를 완수할 때마다 30분간의 컴퓨터 게임을 허용하였더니 매일 숙제를 잘하게 되었다면, 이것은 정적강화의 좋은 예가 된다. 컴퓨터 게임의 허용(+)으로 숙제하는 행동이 증가되었기 때문이다. 즉, 컴퓨터 게임은 정적강화자극이고, 컴퓨터 게임을 사용하여 숙제를 잘하도록 만든 방법을 정적강화라고 한다.

35) Positive reinforcer, positive reinforcing stimulus: '강화물' 또는 '강화제'라고 번역하는 사람들도 있는데, 물론 사용되는 자극이 물건일 경우 '강화물'이라고 하면 적절할 수 있다. 하지만 칭찬을 강화물이라고 칭하는 것은 부적절하다. 또한 강화제(强化劑)라는 말은 마치 약 이름 같아 적절치 않다. 또 어떤 이는 '정적강화자극'을 '정적강화'와 구별하지 않고 동의어로 사용하는데, 이것은 의사소통상 혼란을 일으킬 위험이 있다. 'reward'의 번역인 보상(報償)이라는 말이 사용되기는 하나 학술용어로는 부적절하다. 학자들 간에 통일된 더 좋은 용어가 제정될 때까지 좀 길고 딱딱하기는 하지만 이 책에서는 'Positive reinforcing stimulus' 또는 'Positive reinforcer'의 번역으로 '정적강화자극'이라는 용어를 사용하기로 한다.

정적강화가 아닌 예를 들어 보자. 방 청소를 잘 안 하는 아들에게, '아들아, 제발 방 청소 좀 해 다오!' 라고 사정했더니 그 이후부터 아들은 방 청소를 잘하였다. 이때 어머니가 사용한 기법은 정적강화일까? 물론 아니다. 두 가지 중 한 가지 기준밖에 만족시키지 못했기 때문이다. 즉, 아들의 방 청소횟수는 증가하였지만, 어머니의 지시는 시간적으로 행동 전에 제공되었기 때문에 정적강화가 아니다. 한 가지 예를 더 들어 보자. 영수가 큰 소리로 책을 읽고 있다. 엄마는 기특하여 크게 칭찬하였다. 영수는 다음 날부터 큰 소리로 책을 읽지 않았다. 어머니의 칭찬은 정적강화자극일까? 물론 아니다. 역시 두 가지 기준 중에서 하나밖에 만족시키지 못하고 있다. 행동 후에 자극이 주어지기는 했으나, 행동이 증가되지 않은 것이다.

3. 부적강화

정적강화에서와 마찬가지로 부적강화를 정의할 때에도 두 가지 기준이 적용된다. 첫째는 자극의 조작방법으로, 표적행동에 수반하여 특정 자극이 제거(−)되도록 조작한다. 부적(否的)이라는 말은 자극을 제거하거나 회수(−)한다는 의미이다. 결코 행동이 부정적이거나, 행동의 증가에 부정적 영향을 미친다는 의미가 아니다. 둘째는 후속자극의 기능성으로, 후속자극은 표적행동을 증가시킬 수 있어야 한다. 이때 행동을 증가

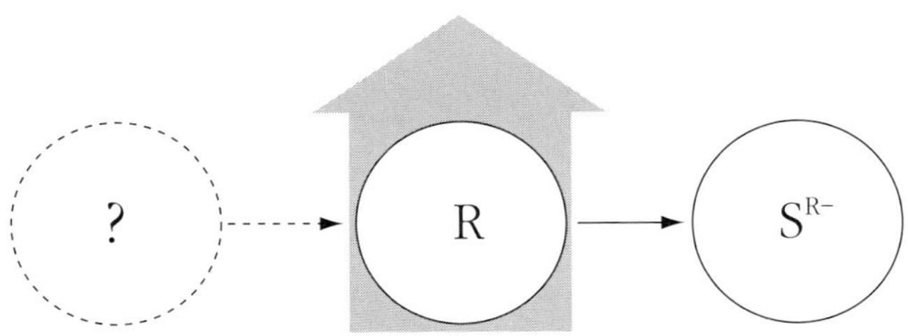

R: Response, 반응(지렛대 누르기)
S^{R-}: Negative reinforcing stimulus, 부적강화자극(전기자극의 중단(−))

[그림 2-10] 부적강화

실험상자 바닥에 혐오스러운 전기자극이 흐르도록 장치해 놓고 실험동물을 집어넣는다. 실험상자 안에서 흰쥐는 우연히 지렛대를 누르고(R) 혐오스러운 전기자극을 멈추게(S^{R-}) 한다. 이러한 경험이 반복되면 흰쥐가 지렛대를 누르는 빈도가 증가한다. 후속자극의 제거(−)와 행동의 증가(↑)라는 두 가지 기준이 충족되므로 부적강화이다.

시키는 기능은 정적강화와 동일하다. 이상 두 가지 기준을 적용하여 정의하면, 부적강화[36]란 표적행동에 수반하여 특정 자극을 제거 또는 회수(－)함으로써 그 행동의 발생 확률을 증가시키는 방법을 말한다. 그리고 부적강화자극[37]이란 표적행동에 수반하여 제거 또는 회수(－)되는 후속자극 자체를 일컫는 것으로 표적행동의 발생확률을 증가시킬 수 있는 모든 자극을 말한다. 앞서 〈표 2-1〉에 제시된 바와 같이 정적강화와 부적강화 모두 행동을 증가시키는 기능을 하지만 후속자극의 조작방법은 서로 다르다. 부적강화는 자극을 회수(－)하고, 정적강화는 자극을 부여(＋)한다.

[그림 2-10]에 제시된 실험상자의 예를 살펴보자. 지렛대를 누르면 바닥으로부터 주어지던 불쾌한 전기자극이 중단되도록 장치된 실험상자 안에 실험동물(흰쥐)을 넣는다. 초기에 흰쥐는 상자 안에서 우연히 지렛대를 밟고 전기자극을 중단시킨다. 시간이 흐르면서 같은 경험이 반복되면, 결국 흰쥐는 지렛대를 누르면 전기자극이 멎는다는 것을 알게 된다. 따라서 전기자극이 주어질 때마다 지렛대를 누르는 행동이 빈번해진다. 이와 같이 이미 경험하고 있는 어떤 후속자극을 제거함으로써 행동을 증가시키는 방법을 부적강화라 하고, 제거되는 자극 자체를 부적강화자극이라고 한다.

학교에서 흔히 사용되는 부적강화의 예를 들어 보자. 교사는 숙제를 해 온 학생들에게는 청소당번을 면제해 주기로 하였다. 이러한 규칙이 정해지면서 숙제를 해 오는 학생의 수가 증가하였다. 이 예에서 부적강화의 두 가지 기준이 모두 충족된다. 즉, 숙제하는 행동에 뒤따라 '청소당번'이라는 불쾌한 자극에서 면제(－)되었고 학생들의 숙제하는 행동은 증가하였다. 이 예에서 부적강화자극은 면제되는 혐오자극, 즉 '청소당번'이다. 또한 지각한 학생들을 교문 앞에 꿇어앉히는 것도 정시에 등교하는 학생들의 수를 증가시키기 위한 부적강화 전략이다. 이와 같이 불쾌한 상황이나 자극을 미리 마련해 놓고, 특정 표적행동을 수단으로 도피 또는 회피할 수 있도록 계획하는 것을 부적강화 전략이라고 한다.

발달장애 아동의 예를 살펴보자. 공부하기가 싫어 머리로 책상을 쿵쿵 받을 때마다 교사는 아동을 교실 밖으로 내보냈다. 이후 아동은 수업 중에 머리로 책상을 받는 일이 빈번해졌다. 이 예에서도 부적강화의 두 가지 기준이 만족된다. 즉, 머리로 책상을 받는 행동에 뒤따라 혐오스러운 자극(공부)이 제거(－)되었고 이에 따라 그 행동은 더욱 증가하였다. 이 예에서 아동을 교실 밖으로 내보냄으로써 교사는 무심코 아동의 부적

36) Negative reinforcement (否的强化)

37) Negative reinforcer, Negative reinforcing stimulus

〈표 2-2〉 행동분석의 기법과 행동에 미치는 영향

기 법	행 동	후속사건	효 과
정적강화	영희가 방을 정리한다.	아빠가 칭찬을 한다.	영희의 방 정리는 계속된다.
부적강화	아름이는 머리가 아프다고 한다.	엄마는 숙제를 그만두고 자라고 한다.	아름이는 숙제하기 싫을 때마다 머리가 아프다고 한다.
정적벌 (제1형 벌)	화영이는 밤늦게 TV를 본다.	엄마는 TV를 끄라고 야단을 친다.	화영이는 밤늦게 TV 보는 것을 중단한다.
부적벌 (제2형 벌)	형제간에 TV 채널을 가지고 다툰다.	어머니는 30분간 TV 시청을 금지한다.	형제간의 TV 채널 다툼이 줄어든다.
소 거	진영이는 아버지의 구두를 닦았다.	아버지는 아무런 말도 않고 무시한다.	진영이는 더 이상 아버지의 구두를 닦지 않는다.

절한 행동을 부적강화한 것이다. 이와 같이 하기 싫은 어떤 일이나 활동을 도피 또는 회피할 목적으로 문제행동이 발생하는 것을 도피 또는 회피강화[38]라고도 한다.

4. 벌

응용행동분석을 공부하는 사람들 중에도 벌과 부적강화를 혼동하는 일이 많은데, 두 방법에 공통적으로 혐오자극이 관여되기 때문인 것 같다. 또 일반적으로 많은 사람들이 혐오자극이 관련되는 것이면 무조건 벌이라고 말하는 언어 습관이 있어 부적강화와 벌의 식별을 더욱 어렵게 한다. 그러나 응용행동분석을 공부하는 학도라면 그 차이쯤은 분명히 식별할 수 있어야 한다. 부적강화는 분명히 어떤 행동을 증가시키기 위한 목적으로 사용되는 방법이다. 예컨대, 시험 점수가 나쁘다고 회초리를 드는 교사의 목적은 학생들이 공부를 더 열심히 해 주기를 바라는 것이다. 만일 회초리를 맞은 학생들이 좋은 성적을 얻으려고 열심히 공부한다면, 교사의 회초리는 분명히 부적강화자극이다. 이와는 대조적으로 벌[39]은 어떤 행동을 감소시키거나 제거하기 위한 목적으로 사용되는 기법이다. 동생에게 욕설을 하였다고 꾸지람하는 어머니의 목적은 욕설의 사용 빈도를 줄이거나 제거하려는 것이다. 어머니의 꾸지람을 듣고 동생에게 욕하는 행동이

38) Escape reinforcement, Avoidance reinforcement

39) Punishment (罰)

적어졌다면, 분명히 꾸지람은 효과적인 벌로 작용한 것이다.

1) 정적벌

강화와 마찬가지로 벌도 정적벌과 부적벌로 구분할 수 있다(Baldwin & Baldwin, 1981; Malott, General, & Snapper, 1973). 정적벌을 정의할 때도 역시 두 가지 기준이 적용된다. 첫째는 자극의 조작방법으로, 시간적으로 표적행동에 뒤따라 어떤 후속자극이 제공(+)되어야 한다. 둘째는 자극의 기능성으로, 후속자극은 표적행동을 감소 또는 중단시킬 수 있어야 한다. 이상 두 가지 기준을 적용하여 정의하면, 정적벌[40]이란 표적행동에 수반하여 어떤 자극을 제공(+)함으로써 그 행동의 발생률을 감소 내지 중단시키는 방법을 말한다. 그리고 정적벌자극[41]이란 행동에 수반하여 제공(+)되는 후속자극으로서 선행하는 표적행동의 발생확률을 감소 내지 중단시킬 수 있는 모든 자극(사건, 대상, 일, 환경 변화 등)을 뜻한다.

[그림 2-11]의 동물실험의 예를 살펴보자. 흰쥐가 지렛대를 누르면 지렛대가 뒤로 넘어갔다가 쥐의 다리를 세게 내리치도록 실험상자를 조작한 다음 흰쥐를 상자 안에 넣고 반응을 관찰한다. 이러한 상황에서 흰쥐의 지렛대 누르기가 감소한다면 이 실험에서 사용된 방법은 정적벌이다. 그리고 흰쥐에게 제공된(+) 혐오자극은 정적벌자극이다.

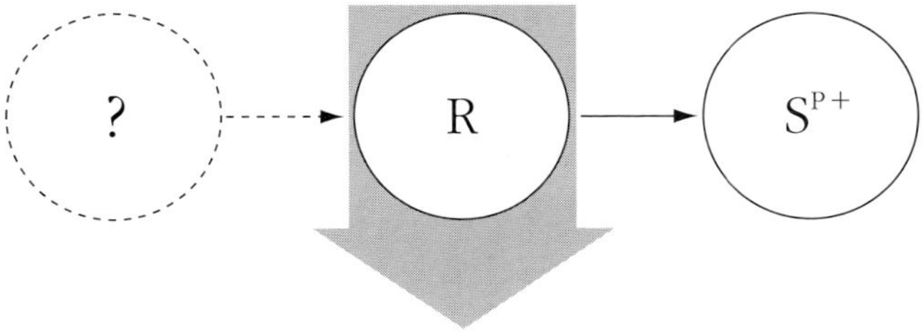

R: Response, 반응(지렛대 누르기)
S^{P+}: Positive punishing stimulus, 정적벌(혐오자극의 제공(+), 얻어맞음)

[그림 2-11] 정적벌

실험상자 안에서 흰쥐가 지렛대를 누른다(R). 지렛대가 넘어오면서 흰쥐의 다리를 세게 내리친다(S^{P+}). 흰쥐의 지렛대 누르기 발생빈도가 감소된다. 후속자극의 제공(+)과 행동의 감소(↓)라는 두 가지 기준이 충족되므로 정적벌이다.

40) Positive punishment
41) Positive punisher, Positive punishing stimulus

이제 가정에서의 사례를 살펴보기로 하자. 자녀가 바람직하지 못한 어떤 행동을 할 때 부모가 꾸지람이나, 회초리 등 불쾌한 자극을 사용하는 것을 일반 사람들은 벌이라고 생각한다. 하지만 행동분석가는 반드시 그 결과를 보고 판단한다. 즉, 바람직하지 못한 행동이 감소되거나 중단되는 것이 확인되어야 한다. 다시 말하면, '후속자극의 제공과 행동의 감소' 라는 두 가지 기준이 충족되어야 한다. 예컨대, 두 형제가 TV 채널을 놓고 서로 다투는 경우를 가정해 보자. 어머니는 두 형제를 20분간 마루에 꿇어앉힌다. 그 결과 형제간의 다툼이 크게 줄었다. 이 예에서, 정적벌의 두 가지 기준이 충족된다. 즉, '형제간의 다툼'에 후속하여 '20분간 꿇어앉힘'이 부여(+)되었고, 그 결과 '형제간의 다툼'이 줄어들었다. 이때 어머니가 사용한 방법은 분명히 정적벌이다. 그러나 만일 형제간의 다툼이 줄어들지 않는다면, '20분간 꿇어앉힘'은 형제간의 다툼에 대한 정적벌자극이 될 수 없으며, 어머니는 형제간의 다툼을 줄이기 위하여 이제까지 사용하던 방법을 포기하고 다른 효과적인 방법을 찾아야 할 것이다.

2) 부적벌

좀 복잡한 것 같지만 이번에는 부적벌에 대하여 살펴보기로 하자. 역시 두 가지 기준을 적용하면 부적벌에 대한 의미가 명확하게 정의될 수 있다. 첫째는 자극의 조작방법으로, 정적벌에서는 특정 자극을 제공하지만 부적벌에서는 반대로 특정 자극을 회수(−)한다. 부적(否的)이라는 말은 어떤 자극을 제거하거나 회수(−)한다는 의미이지, 결코 행동이 부정적이거나 행동의 감소나 제거에 부정적 영향을 미친다는 의미가 아니라는 점을 다시 한번 강조한다. 둘째는 자극의 기능성으로, 후속자극은 표적행동을 감소 내지 중단시킬 수 있어야 한다. 이상 두 가지 기준을 적용하여 정의하면, 부적벌[42]이란 표적행동에 수반하여 어떤 자극을 제거 또는 회수(−)함으로써 그 행동의 발생확률을 감소 내지 중단시키는 방법을 말한다. 그리고 부적벌자극[43]이란 행동에 수반하여 제거 또는 회수(−)되는 후속자극으로서 목표행동의 발생확률을 감소 내지 중단할 수 있는 모든 자극을 일컫는 말이다. 앞서 제시된 〈표 2-1〉에서와 같이, 정적벌이나 부적벌은 모두 행동을 감소 내지 중단시키는 기능을 한다. 다른 점은 후속자극의 조작방법으로, 부적벌은 자극을 회수(−)하고, 정적벌은 자극을 부여(+)한다.

형제간의 다툼을 다시 생각해 보자. [그림 2-12]를 보면, TV 채널을 가지고 형제간

42) Negative punishment

43) Negative punisher, Negative punishing stimulus

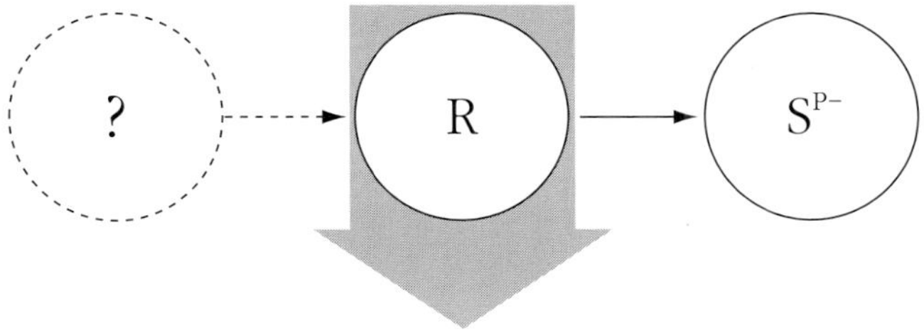

R: Response, 반응(형제간의 다툼)
S^{P-}: Negative punishing stimulus, 부적벌(TV 시청 금지(−))

[그림 2-12] 부적벌

두 형제가 TV 채널을 가지고 서로 다툴 때(R), 어머니는 TV를 끄고 30분간 시청을 금지(S^{P-})하였다. 그 결과 형제간의 다툼이 감소되었다. 후속자극의 제거(−)와 행동의 감소(↓)라는 두 가지 기준이 충족되므로 부적벌이다.

에 서로 다툴 때 어머니는 TV를 끄고, 리모컨을 빼앗아 30분간 TV 시청을 금지하였다. 그 후로 TV를 볼 때 형제간의 다툼이 많이 줄었다고 가정하자. 이 예에서 30분간의 TV 시청 금지(−)를 통하여 형제간의 다툼을 감소시킨 것은 분명히 부적벌이다. '후속자극의 제거(−)와 행동의 감소' 라는 2가지 기준이 충족되기 때문이다. 어머니는 TV 시청이라는 현재 진행 중인 자극을 회수(−)하였고, 결과적으로 형제간의 다툼이 줄었다.

벌에 관한 용어의 사용에 관하여 먼저 논의할 것은, '행동을 감소시키는 방법' 으로서의 벌과 '사용되는 자극' 으로서의 벌에 관한 명칭의 문제이다. 다음으로는, 굳이 정적벌과 부적벌로 나눌 필요가 있는가 하는 문제이다.

첫째로, 우리말에서 행동을 감소시키는 방법으로서의 벌과 행동을 감소시키는 데 사용되는 자극으로서의 벌이 혼용되고 있다. 이는 우리의 언어생활에서 굳이 나눌 필요가 없기 때문이라고 생각된다. 그러나 앞으로 더 논의할 기회가 있겠지만, 응용행동분석에서는 일반적으로 사회에서 사용되는 벌의 의미를 학문 체계에 맞게 전문용어로 재창조하여 사용한다. 즉, 어떤 행동에 수반되는 자극을 조작함으로써 그 행동의 미래 발생률을 감소시키는 방법을 벌이라고 하고, 행동을 감소시키기 위하여 기술적으로 조작하여 행동에 후속시키는 자극을 벌자극이라고 정의한다. 이는 기술적으로 세밀하게 정의된 전문용어이다. 다소 생소한 용어라 어색하겠지만, 저자는 행동을 감소시키는 데 사용되는 자극으로서의 벌을 '벌자극', '정적벌자극' 또는 '부적벌자극' 으로 기술하기로 한다. 조금 어색하지만 전문용어인 만큼 앞으로 관련 학자들의 합의에 의하여 새로운 용어가 만들어질 때까지 이렇게 사용하기로 한다.

둘째로, 벌의 유형을 '정적벌'과 '부적벌'로 나누는 것은, 논리적으로는 정적강화와 부적강화를 나누는 것과 동일하지만 실용적인 측면에서 보면 복잡하고 혼란스러울 수 있다. 많은 학자들(Baron & Galizio, 2005) 사이에 정적강화와 부적강화의 구분 자체를 놓고 찬반 논의가 많은 시점에서 벌까지 정적벌과 부적벌로 나누는 것은 별로 유익할 것이 없어 보인다. 어떤 학자들(Cooper, Heron, & Heward, 2007; Whaley & Malott, 1971)은 논리적 구분보다 실용적으로 명확한 용어를 선호한다. 즉, 정적벌은 '자극의 제공에 의한 벌'[44]로 그리고 부적벌은 '자극의 제거에 의한 벌'[45]로 지칭하고 있다. 비록 용어가 길기는 하지만 벌을 조작하는 방법을 명시하고 있어 일반인의 이해에 큰 도움이 될 것이며, 이미 임상 실무자나 교육자들에게 유용하게 사용되고 있다. 또 어떤 학자(예: Foxx, 1982)는 전자를 제1형 벌, 후자를 제2형 벌로 명명하기도 한다. 그러나 이러한 분류방식이 쉽고 편리할 수는 있으나 때로는 장황한 용어가 분류방식에 혼란을 가중할 수 있어 논리적으로 명확한 정적벌과 부적벌의 사용을 권장하고 싶다. 특히 행동분석전문가자격위원회(Behavior Analyst Certification Board: BACB)에서는 '정적벌'과 '부적벌'이라는 용어를 채택하여 자격시험 내용을 공지함으로써 이러한 용어의 사용을 간접적으로 지지하고 있다.

5. 소거수반

이제까지는 표적행동에 수반하여 어떤 자극을 제공(+)하거나 제거 또는 회수(−)하는 방식으로 행동을 통제하는 방법에 대하여 언급하였다. 그런데 만일 표적행동이 발생한 이후에 아무런 자극이 뒤따르지 않는다면 어떻게 될까? 행동에 수반하여 지금까지 제공되던 정적강화자극이나 부적강화자극이 상당 기간 중단되면, 그 행동의 발생빈도는 점차 낮아져 결국 사라진다. 예를 들면, [그림 2-13]에서와 같이, 지렛대를 눌러도 음식이 나오지 않도록 실험상자를 조작해 놓고 실험동물의 반응을 관찰해 보자. 단, 지렛대를 누르면 음식이 나온다는 것을 이미 학습한 쥐를 넣고 관찰한다. 처음에 흰쥐는 지렛대를 빈번히 누를 것이다. 그러나 계속해도 음식이 나오지 않으면 그 행동은 점점 줄

44) Punishment by stimulus presentation, Type I punishment, Positive punishment

45) Punishment by removal of a stimulus, Type II punishment, Negative punishment

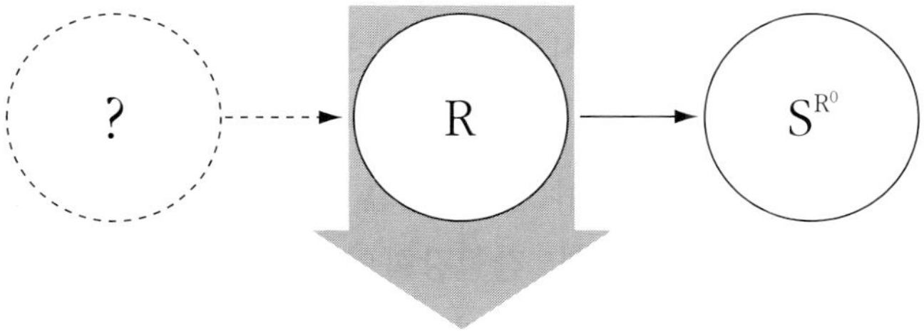

R: Response, 반응(지렛대 누르기)
S^{R^0}: No(zero) reinforcer(강화자극 차단)

[그림 2-13] 소거수반

음식이 나오지 않도록 장치된 실험상자 안에 지렛대를 누르면 음식이 나온다는 것을 이미 학습한 흰쥐를 넣고 관찰한다. 초기에 흰쥐의 지렛대 누르는 행동은 평소보다 더욱 증가하지만, 결국 점차 약화되어 사라진다.

어들고, 결국에는 사라진다. 즉, 이제까지 표적행동을 강화해 온 정적강화자극 또는 부적강화자극이 일관성 있게 장기간 차단되면 표적행동은 점차 감소된다. 이러한 현상을 소거[46]라고 하며, 표적행동을 소거하기 위하여 그 표적행동에 수반되는 모든 정적강화자극 및 부적강화자극을 중단 또는 차단하는 방법을 소거법 또는 소거수반[47]이라고 한다. 일반적으로, 아동이 장난감을 사 달라고 떼쓸 때 아무 대꾸도 하지 않고 무시하는 것은, 이제까지 그 행동으로 얻을 수 있었던 정적강화(요구 수용)를 차단함으로써 그 행동을 소거하려는 전략이다. 소거현상은 정적강화에 의하여 학습된 행동뿐 아니라, 부적강화에 의하여 학습된 행동에서도 나타난다. 예를 들면, 체육시간에 배가 아프다고 꾀병을 부릴 때마다 양호실에 가서 쉬도록 허락할 경우, 이 학생의 꾀병은 계속될 것이다. 그러나 만일 학생의 꾀병을 알아차린 교사가 이제 더 이상 꾀병을 용납하지 않으면, 즉 배가 아프다고 해도 양호실에 가도록 허용하지 않으면, 그러한 꾀병은 점차 소거되어 사라진다.

학습된 행동이 소거될 때에는 몇 가지 독특한 현상이 나타난다. 첫째로, 소거 초기에 문제행동의 발생빈도나 강도가 급증하는 소거폭발[48] 현상이다. 예를 들어, 아무리 떼를 써도 거들떠보지 않으면 더 큰 소리로 더 큰 동작으로 분노를 표현하는 것을 볼 수

46) Extinction (消去)
47) Extinction contingency (消去隨伴)
48) Extinction burst (消去爆發)

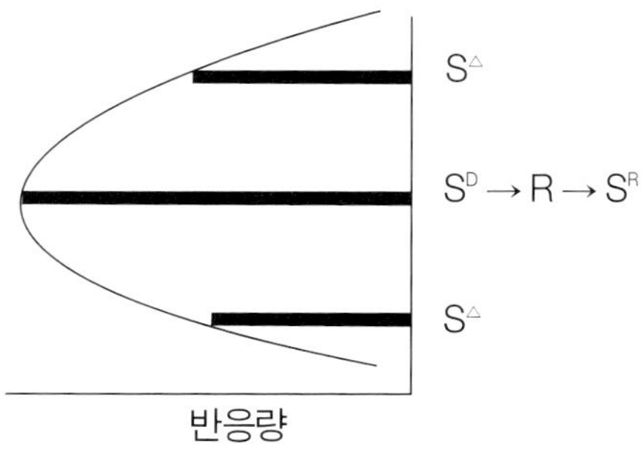

[그림 2-15] 자극일반화

빨간불(S^D) 이외의 다른 유사한 자극(S^{Δ}, 파란불과 초록불)에 대해서도 반응하는 자극일반화 현상이 나타난다. 단, 반응량은 유사성의 정도에 따라 결정된다.

3. 자극변별학습

자극일반화는 학습과정에서 일시적으로 나타나는 현상이다. 즉, 학습 초기에 흰쥐는 본래의 선행자극(S^D, 빨간불)에 대해서뿐 아니라 유사한 다른 자극(S^{Δ}, 파란불과 초록불)에 대해서도 반응한다. 그러나 실험이 장기간 계속되면 [그림 2-16]에서와 같이, 결국 유사한 다른 선행자극(S^{Δ})에 대한 반응은 점차 소거되어 사라지는 반면에 빨간불(S^D)에 대한 반응만 일관성 있게 강화된다. 결과적으로 흰쥐는 다른 유사한 자극(S^{Δ}) 중에 S^D를 변별하여 민감하게 반응한다. 일반적으로 어떤 행동(반응)이 일정한 자극사태에서만 일관성 있게 반복적으로 강화되면, 결국 유기체는 그 자극사태에서만 민감하게 반응하고, 다른 자극사태에서는 반응량이 크게 감소한다. 이와 같이 S^D에 대해서만 민감하게 반응하도록 변화되는 것을 자극변별학습[53]이라고 하며, 행동에 민감하게 영향을 미칠 수 있도록 변화된 선행자극을 변별자극(S^D)[54]이라고 한다. [그림 2-16]은 자극변별학습 과정을 설명하는 작동조건형성[55]의 전형으로서 응용행동분석 연구의 기본이 된다.

일상생활의 예에서, 우리는 파란 사과보다는 빨간 사과를 선택한다. 경험에 의해 파

53) Stimulus discrimination learning (刺戟辨別學習)

54) Discriminative stimulus (辨別刺戟)

55) Operant conditioning (作動條件形成)

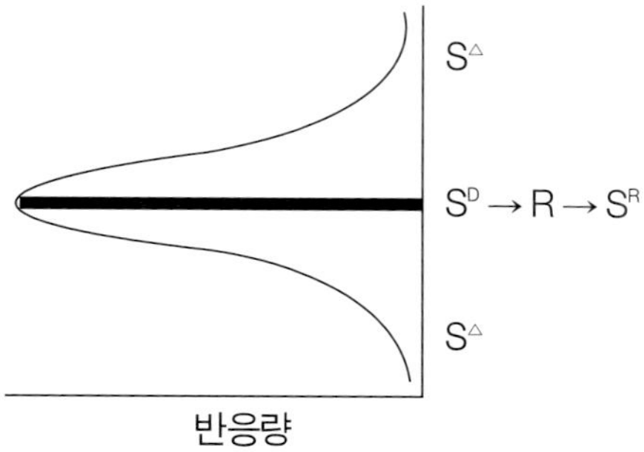

[그림 2-16] 자극변별학습

처음에는 유사한 모든 선행자극($S^{\triangle}$)에 반응하는 일반화 현상을 보이지만 점차로 조건형성된 본래의 변별자극(S^D)에 대해서만 민감하게 반응한다. 즉, 자극변별학습이 이루어진 것이다.

란 사과는 시고 맛이 없지만, 빨간 사과는 달콤하고 맛이 있다는 것을 알기 때문이다. 즉, 사과 고르기에 있어서 빨간색은 변별자극으로 행동에 영향을 미친다. 또한 대부분의 자녀들은 아빠가 미소 짓고 있을 때 접근하고, 찡그리고 있을 때는 접근을 피한다. 보통은 미소 짓고 있을 때 접근하면 좋은 결과를 얻을 수 있지만, 찡그리고 있을 때 접근하면 거절이나 혐오스러운 결과를 얻을 수 있기 때문이다. 즉, 아빠의 얼굴 표정은 자녀의 접근을 통제하는 변별자극(S^D)이다. 우리는 일상생활을 통하여 수없이 많은 변별자극을 학습한다. 결국 많은 변별자극을 습득한 사람이 더 영리하고, 감각이 있으며, 배운 것이 많은 사람으로 인정받는 것이다. 자극변별에 관해서는 '제11장 자극통제'에서 자세히 설명하기로 한다.

요 약

1. 행동은 '살아 있는 유기체의 활동'이며, '유기체와 환경 간의 상호작용의 일부'로서 '시공간 내에서 감지 가능한 방식으로 이동하는 특성'을 지니며, 적어도 '환경의 어떤 측면에 측정 가능한 변화'를 남긴다. 행동과 반응의 의미를 엄격히 구별하면, 행동은 하나의 활동 유형을 총체적으로 일컬을 때 사용되며, 동일한 형태 또는 기능성을 가진 동작이나 반응들의 집합으로 구성된다. 한편 반응은 하나의 행동 또는 반응군에 속하는 하위 동작이나 활동 중의 하나이며, 실제로 발생한 행동의 구체적 사례를 말한다. 그리고 반응군은 하나의 행동에 속하는 반응들의 집

합을 말하며, 형태적 반응군과 기능적 반응군으로 구분된다.

2. 환경은 '유기체 또는 유기체의 일부분이 존재하는 실제 주변 상황의 총합'으로서, 유기체의 가까운 주변에 실재하는 사람, 물건, 사건 등을 일컫는다. 즉, 감각수용기를 자극하고 행동에 영향을 미칠 수 있는 환경적 사건들을 통칭한다. 자극은 환경의 어떤 구체적 특성을 기술할 때 사용되는 용어로서 크기, 색깔, 강도, 중량, 위치 등과 같은 물리적 특성에 따라 기술되고 측정되며 조작될 수 있다. 자극은 행동 전에, 행동 중에 또는 행동 후에 주어질 수 있다. 그리고 어떤 자극은 행동에 강력한 통제력을 갖는 반면, 어떤 자극은 별로 통제력이 없다.

3. 인간의 행동은 수동행동과 작동행동으로 구분된다. 수동행동은 특정 자극에 의하여 반사적으로 유발되며 자율신경계의 통제를 받는 불수의근의 활동을 일컫는다. 반면에 작동행동은 중추신경계의 명령에 따라 의도적으로 수행되는 수의근의 활동을 일컫는다.

4. 수동조건형성은 하나의 중립자극(NS)이 무조건자극(US)과 반복적으로 짝지어짐으로써 조건반응(CR)을 유발할 수 있게 되는 현상으로, 고전적 조건형성이라고도 한다. 예를 들면, 실험동물에게 종소리(NS)를 들려준 다음 입에 음식을 넣어 주면, 초기에는 종소리와 무관하게 음식을 씹으면서 반사적으로 타액을 분비한다. 그런데 이러한 실험과정이 반복되면 음식과 상관없이 종소리(CS)에 반응하여 타액을 분비하게 된다.

5. 수동조건형성의 과정에서 어떤 반응이 특정한 자극 하나에만 조건형성되었다 하더라도 유기체는 그 특정 자극뿐 아니라 유사한 다른 자극에 대해서도 반응하는 현상을 자극일반화라고 한다.

6. 수동조건형성이 이루어진 상태에서 무조건자극(US) 없이 조건자극(CS)만을 실험동물에게 반복적으로 제시하면, 조건반응(CR)의 발생빈도가 점차 감소되어 결국 사라지는 현상을 소거라고 한다. 그리고 완전히 소거된 것처럼 보이던 조건반응이 일시적으로 다시 나타나는 현상을 자발적 회복이라고 한다.

7. 자극일반화가 형성된 상태에서 무조건자극(US)과 짝지어지는 조건자극(CS)의 반응 유발력은 계속 유지되지만, 무조건 자극과 짝지어지지 않는 다른 자극들의 반응 유발력은 점차 소거되어 사라진다. 이와 같이 자극일반화와 소거의 과정을 거

쳐 유기체가 특정 자극에 대해서만 선택적으로 민감하게 반응하는 현상을 자극변별 또는 자극변별학습이라고 한다.

8. 하나의 중립자극은 무조건자극(US)뿐 아니라 학습된 다른 조건자극(CS)과 짝지어 반복하여 제시되어도 조건형성이 성립될 수 있다. 또한 이차적으로 형성된 조건자극과 짝지어지는 또 다른 중립자극 역시 삼차적으로 조건형성될 수 있다. 이와 같이 다단계로 이루어지는 조건형성 과정을 고차적 조건형성이라고 한다.

9. 수동행동과는 달리, 작동행동을 유발하는 무조건자극은 존재하지 않는다. 작동행동(B)은 선행하는 자극(A)보다 뒤따르는 후속자극(C)에 일차적으로 더 큰 영향을 받는다.

10. 정적강화는 표적행동에 수반하여 어떤 자극을 제공(+)함으로써 그 행동의 발생확률을 증가시키는 방법을 말하며, 이 과정에서 표적행동에 수반되는 자극 자체를 정적강화자극이라고 한다. 또한 부적강화는 표적행동에 수반하여 어떤 자극을 제거(−)함으로써 그 행동의 발생확률을 증가시키는 방법을 말하며, 이 과정에서 제거되는 자극 자체를 부적강화자극이라고 한다.

11. 정적벌은 표적행동에 수반하여 어떤 자극을 제공(+)함으로써 그 행동의 발생확률을 감소 또는 중단시키는 방법을 말한다. 그리고 부적벌은 표적행동에 수반하여 어떤 자극을 제거(−)함으로써 그 행동의 발생확률을 감소 또는 중단시키는 방법을 말한다.

12. 어떤 행동이 일정한 자극사태에서 일관성 있게 강화되면, 동일한 자극사태(S^D)에서 같은 행동이 다시 발생할 확률이 높아진다. 그런데 동일한 자극사태에서뿐 아니라 유사한 다른 자극사태(S^Δ)에서도 반응하는 자극일반화 현상이 나타난다. 그러나 특정한 자극사태에서 발생한 행동만을 지속적으로 강화하면 다른 자극사태에서는 반응하지 않고 특정한 자극사태에서만 민감하게 반응하는 현상이 나타난다. 이러한 현상을 자극변별 또는 자극변별학습이라고 한다. 그리고 행동에 선행하여 행동에 영향을 미치는 특정 자극을 변별자극(S^D)이라고 한다.

연구문제

➲ 다음에 제시된 다양한 인간 문제를 응용행동분석의 기본원리에 입각하여 논해 보자.

1. 일상생활에서 경험하는 희로애락과 애증의 정서 문제를 수동조건형성의 원리에 따라 설명해 보자. 예를 들어, 밤을 무서워하는 아이, 대인기피증, 사랑과 미움의 문제 등을 수동조건형성의 원리에 근거하여 설명해 보자.
2. 가정, 학교, 직장에서의 개인 및 집단 문제행동을 작동조건형성의 원리에 비추어 설명해 보자. 예를 들어, 공부를 안 하는 아이, 소극적이고 내성적인 사람, 손톱 물어뜯기 등 이와 같은 문제의 원인은 무엇이며 개선책은 무엇인지 생각해 보자.
3. 사람들이 건강에 해로운 담배를 못 끊는 이유는 무엇인가? 최근의 금연운동은 어떻게 전개되고 있는가?
4. 우리나라의 시위문화는 어떻게 해석될 수 있는가? 시위가 극렬한 양상으로 변모하는 이유는 무엇인가? 시정방법은 없는 것일까?
5. 우리 학교에서 시행되고 있는 강화체계에는 어떤 것들이 있는가?
6. 가정, 학교, 사회 조직에서 사용될 수 있는 정적강화 및 부적강화 자원을 탐색해 보자.

익힘문제 정답

- 익힘문제 2-1: (1) O, (2) X, (3) O, (4) X, (5) X, (6) O, (7) X, (8) X, (9) O, (10) X, (11) O, (12) O, (13) O, (14) O
- 익힘문제 2-2: (1) 작, (2) 작, (3) 수, (4) 수, (5) 작, (6) 수, (7) 작, (8) 작

제3장 따라하기

학습목표

1. 응용행동분석의 작업모형과 진행 순서를 설명할 수 있다.
2. 표적행동을 선정할 때 고려할 사항을 설명할 수 있다.
3. 지수의 문제행동별 치료전략을 설명할 수 있다.
4. 효과 검증의 중요성을 설명할 수 있다.
5. 간단한 응용행동분석 연구를 계획할 수 있다.

응용행동분석 연구의 기본 논리는 그 원리만큼이나 단순 명확하다. 그러나 그 세부적인 절차와 방법은 까다롭고 번거롭게 느껴질 만큼 철저한 과학적 접근이 요구된다. 표적행동의 선정과 조작적 정의, 세밀한 관찰 · 기록과 측정, 행동의 변화에 대한 예측과 가설의 설정, 엄격하고 철저한 실험 통제, 객관적 자료에 입각한 가설의 검증 등 낯설고 딱딱한 용어들이 선의의 입문자들을 위압한다. 결과적으로 응용행동분석의 잠재적 학도들을 겁에 질려 달아나게 하거나, 때로는 절차와 방법을 소홀히 하고 단순한 기법에 매달려 응용행동분석의 진가를 외면하도록 만들기도 한다.

사실 응용행동분석에 관한 저술에서 저자들이 느끼는 어려움은 그 독특한 연구방법에 있다. 엄격한 절차와 방법은 효과적 치료 결과를 얻을 수 있는 큰 장점을 가지고 있지만, 그 번거로움 때문에 선의의 입문자들을 돌아서게 할 수 있다. 많은 저자들이 논리적인 순서나 중요성 때문에 연구 절차와 방법을 서두에서 다루고, 세부적 원리나 기법에 대한 설명을 뒤로한다. 그러나 이 책에서는 입문자들이 호의적 태도를 가지고 재미있게 시작할 수 있도록 모든 연구방법과 절차를 뒤로 미루기로 한다. 단, 응용행동분석의 진가를 초기에 긍정적으로 체험하는 것이 무엇보다도 중요하다고 생각되어 서두에 응용행동분석 '따라하기'를 마련하였다.

제1절 응용행동분석의 순서

우리는 병이 나면 병원에 간다. 병원에서 제일 먼저 하는 일은 각종 검사로, 피검사나, 엑스레이 촬영을 한다. 병의 원인이 무엇인지 진단하고, 증상이 얼마나 심각한지 파악하기 위해서이다. 병의 원인이 밝혀지면 의사는 특효약을 처방한다. 그리고 상당기간 약을 복용하도록 한 다음 재검사를 실시한다. 병의 원인을 진단하기 위해서가 아니라 병이 얼마나 치료되었는지 살펴보기 위해서이다. 의사는 치료 전의 검사 결과와 치료 후의 검사 결과를 면밀히 비교한다. 그리고 병세가 치료 전보다 크게 좋아졌다고 판단되면, 지난번에 처방한 치료약을 다시 처방한다. 환자의 질병을 치료하는 데 효과가 있다는 것이 입증되었기 때문이다.

현명한 의사는 여기서 그치지 않고 주기적으로 검사를 반복한다. 치료 전과 치료과정에서 반복된 검사 결과들을 모아 차례로 비교하면 더 많은 정보를 얻을 수 있기 때문이다. 이 약이 환자에게 어떤 영향을 미치고 있는지, 질병을 치료하는 데 효과가 있는지, 효과가 있다면 그 치유 속도는 어떠한지, 다른 부작용은 없는지 등을 쉽게 파악할 수 있다. 이러한 정보와 자료를 기초로 환자의 질병에 효과적으로 대처할 수 있다. 복잡하고 번거로운 진단과 치료 절차를 고집하는 것은 바로 환자의 질병을 올바로 이해하고, 가장 적절한 시기에 최상의 방법으로 치료하기 위한 것이다.

병원에서의 치료 절차와 방법을 장황하게 기술하는 이유는 응용행동분석에서도 동일한 절차와 방법이 사용된다는 점을 강조하기 위해서이다. 다음 〈글상자 3-1〉에 요약·제시된 응용행동분석 작업모형을 간략히 설명하기로 한다.

1) 표적행동의 선정과 정의

행동분석 연구에서 관심의 초점은 말할 것도 없이 바로 행동이다. 관찰과 측정이 가능한 구체적 행동을 연구 대상으로 하는 것이다. 특히 응용행동분석 연구에서는 내담자 개인에게 필요할 뿐 아니라 사회적으로 중요한 행동을 치료와 교육의 목표로 선정한다. 연구 또는 치료의 목표로 선정된 행동을 표적행동[1]이라고 한다. 표적행동은 관찰과 측정이 가능하도록 조작적으로 정의되어야 한다.

글상자 3-1

응용행동분석의 작업모형

1. 표적행동의 선정
   - 내담자에게 유익하고 사회적으로 중요한 행동
   - 관찰 가능한 구체적 행동을 치료교육의 대상으로 선정
2. 행동 변화를 위한 치료계획 수립
   - 과소행동의 강화: 반응의 촉진과 정적강화
   - 과다행동의 감소 및 제거: 기능성 평가에 입각한 중재전략
   - 결손행동의 훈련: 프로그램 교수법 활용
3. 기초선 설정: 표적행동의 현재 수준, 비교 평가의 준거 마련
4. 실험처치: 표적행동에 대한 치료적 중재
5. 효과의 검증: 실험처치 효과의 분석과 평가, 치료계획의 보완
6. 치료처치: 치료적 처치 지속, 일반화 계획
7. 추후조치: 효과의 지속 여부 확인, 평가와 종료

2) 치료계획 수립

먼저 문제행동(표적행동)의 유형에 따라 치밀한 치료계획을 세운다. 첫째로, 과소행동은 촉진과 정적강화의 기법을 활용하여 개인적 요구와 사회적 기대에 맞는 적정 수준으로 증가시킨다. 둘째로, 과다행동은 개인적 요구와 사회적 기대에 맞는 적정 수준으로 줄이고, 사회적 및 도덕적 기준에 위배되는 반사회적 · 비도덕적 행동은 신속히 제거한다. 먼저 기능성 평가를 통하여 원인을 밝히고, 여기서 얻은 정보에 기초하여 치료계획을 세운다. 동기화조작(MO)[2], 소거법과 대체행동의 차별강화(DRA)[3] 전략이 주로 사용된다. 셋째로, 결손행동을 새로 가르칠 때에는 행동형성과 행동연쇄, 촉진과 용암법을 기반으로 하는 프로그램 교수전략을 체계적으로 활용한다.

1) Target behavior (標的行動)
2) Motivating operation (動機化操作)
3) Differential reinforcement of alternative behavior

3) 기초선 설정

표적행동이 선정되고 치료계획이 수립되면, 치료적 중재를 시작하기 전에 일정 기간 동안 정해진 시간에 표적행동을 관찰 · 측정하여 그 값을 좌표상에 옮겨 꺾은선그래프를 그린다. 이러한 그래프를 기초선[4]이라고 한다. 기초선은 치료 결과를 평가할 때 비교의 준거로 사용된다.

4) 실험처치

치료계획이 수립되면 이제 표적행동에 치료적 중재를 시작한다. 그리고 표적행동이 어떻게 변화되는지 주시하면서 관찰 · 기록한다. 이러한 실험처치는 표적행동의 변화가 눈으로 확인될 만큼 분명히 나타날 때까지 계속된다. 그리고 행동의 변화가 일정한 수준에서 안정되면 일단 실험처치를 중단하고 효과의 검증과정으로 넘어간다. 실험처치 기간 중에도 표적행동을 매일 관찰 · 측정하여 그 결과를 그래프로 그린다.

5) 효과의 검증

실험처치 기간 중에 나타난 행동의 변화가 계획된 치료적 중재에 기인한 것인지, 아니면 잘 알 수 없는 다른 요인에 의하여 발생한 것인지 확인할 필요가 있다. 일단 치료적 중재를 중단하고 기초선 조건(반전기간)으로 돌아가 표적행동을 관찰 · 기록한다. 만일 치료조건이 투입되는 시점(실험처치 기간)에서 표적행동이 개선되기 시작하고, 치료조건이 회수되는 시점(반전기간)에서 다시 악화되기 시작한다면 치료적 중재의 효과는 시간적 일치성에 근거하여 검증될 수 있다. 응용행동분석에서 이러한 검증 절차를 도입한 이유는 치료 효과에 대한 가능한 반대가설을 모두 거부하기 위한 것이다. 치료의 효과에 대한 반대 주장을 모두 물리칠 수 없다면, 우리가 사용한 치료방법이 효과적이라고 확신할 수 없기 때문이다. 만일 실험처치의 효과가 검증되지 못하면 그 치료방법은 더 이상 사용될 수 없다. 불확실한 방법으로 치료를 계속하는 것은 위험성이 높을 뿐 아니라 도덕성에도 어긋나는 일이기 때문이다.

4) Baseline (基礎線)

6) 치료처치

실험처치의 효과가 검증되면, 이제 안심하고 표적행동이 목표 수준에 도달할 때까지 같은 방법으로 치료적 중재를 계속한다. 과소행동과 과다행동이 각각 개인의 요구와 사회적 기대에 맞는 적정 수준으로 증가 또는 감소될 때까지 치료적 중재를 계속한다. 결손행동을 새로 가르칠 때는 사전에 정해진 학습기준[5]에 도달할 때까지 치료처치를 계속한다. 이 과정에서는 개선된 표적행동을 일상생활에 전이시키기 위한 일반화 전략도 함께 수행되어야 한다.

7) 추후조치

표적행동이 치료목표에 도달했다고 평가되면 일단 치료적 처치를 중단한다. 그리고 일정 기간이 지난 다음 추후관찰을 실시한다. 유의할 점은 표적행동이 실생활에 잘 전이되어 유지되고 있는지 확인하는 것이다. 잘 유지되고 있다고 판단되면 치료를 종료한다. 만일 표적행동이 잘 유지되고 있지 않다고 판단되면, 그 원인이 무엇인지 면밀히 검토하여 차후의 치료계획에 반영한다. 특히 일반화를 위한 계획에 허점은 없었는지 세밀히 검토하여 수정한 다음 일반화를 위한 치료적 조치를 계속할 필요가 있다.

제2절 따라하기

응용행동분석의 연구방법과 절차에 관해서는 '제7부 연구방법'에서 상세히 기술하기로 한다. 이 절에서는 다만 응용행동분석이란 실제로 무엇을 어떻게 하는 것인지 맛보기 정도로 전 과정을 간략히 훑어보면서 구체적인 연구 절차와 방법에 대한 이해를 돕고, 쉽게 응용행동분석 연구를 시작할 수 있도록 가상적 사례를 따라하기로 한다.

지수는 만 5세의 남자아이이다. 건강하고 영리하며 잘생긴, 뭐 하나 나무랄 데 없는 사랑스러운 아이이다. 그런데 지수 어머니의 한 가지 근심은 지수에게 친구가 없다는 것이다. '지수는 친구가 없어요! 어린이집이나 동네 놀이터에서 늘 혼자 놀아요. 같이 놀아 주는 친구가

5) Learning criteria

없어요. 지수가 다른 아이들에게 접근하면 모두들 지수를 피해 버리고, 저희들끼리만 노는 것 같아요. 큰 걱정이에요.' 이 말은 지수 어머니가 늘 하는 하소연이다.

지수에게는 왜 친구가 없을까? 소극적인 성격 때문일까? 그렇다면 성격을 고쳐야 할 텐데 어떤 성격으로 어떻게 고쳐야 할까? 혹시 유전은 아닐까? 아버지도, 할아버지도 내성적이고 친한 친구가 별로 없었다고 하던데…… 유전이라면 큰 문제 아닌가? 다시 태어날 수도 없고…… 뇌나 중추신경에 어떤 이상이 있는 것은 아닐까? 그렇다면 병원에 가야 하는데, 혹시 뇌수술? 생각만 해도 끔찍하다. 아니면 어린 시절에 사랑을 받지 못해서 그런 것일까? 맞벌이 때문에 지수를 잘 돌보지 못했는데…… 애정과 관심이 모자라면 애착장애가 생길 수 있고 대인관계에 문제가 있을 수 있다던데…… 아무리 궁리해 봐도 마땅한 해결책이 없고, 생각하면 할수록 걱정스럽고 미궁에 빠져든다.

그러나 생각을 조금만 바꾸어 보자. 지수는 친구 사귀는 방법을 알고 있을까? 어떻게 행동하면 또래들이 자기를 좋아하고, 어떤 행동을 하면 싫어하는지 알고 있을까? 지수의 문제가 성격이나 유전 또는 뇌의 이상이나 발달상의 문제가 아니고, 행동의 문제라면 어떨까? 전문가가 아닌 사람도 어떻게든 지수의 행동을 고치거나, 가르칠 수도 있지 않을까? 우리가 자녀와 다른 사람들을 위하여 매일 하는 일이 잘못된 행동을 수정하고, 바람직한 행동을 하도록 가르치는 것이 아니던가?

1. 표적행동의 선정과 정의

응용행동분석 연구의 대상은 바로 인간의 행동이다. 인간의 문제를 관찰과 측정이 가능한 구체적 행동의 문제로 바꾸어 치료와 교육의 목표로 설정하면, 모든 문제가 분명하고 쉬워진다. 그렇다면 이제부터 지수의 문제를 구체적 행동의 문제로 생각해 보자.

① 지수의 행동 중에서 감소시키거나 제거해야 할 행동을 확인한다. 지수가 어떻게 행동하기에 또래들이 지수를 싫어할까? 지수의 행동 특징을 찾아보자. 지수가 다니는 학교나 어린이집 또는 동네 놀이터에서 지수의 행동을 직접 살펴볼 필요가 있다. 지수의 행동에서는 '또래들을 때린다.', '또래에게 침을 뱉는다.', '또래의 물건을 뺏는다.', '자기 장난감을 못 만지게 한다.' 등이 관찰되었다. 아하, 그래서 아이들이 지수를 싫어했구나!

② 지수의 행동 중에서 증가시켜야 할 행동을 확인한다. 지수가 잘 하지 않는 행동 중에서

어떤 행동을 더 많이 하면 또래들이 지수를 좋아할까? 잘 생각해 보면, '또래의 일을 돕는다.', '먹을 것을 나누어 준다.', '자기 장난감을 가지고 놀게 한다.', '인사를 하견 잘 받아 준다.' 등 또래들이 좋아할 만한 행동은 얼마든지 있을 것이다. 그런데 지수는 이런 행동을 어쩌다 기분이 내키면 한 번씩 할 뿐, 평소에는 거의 하지 않는다.

③ 지수에게 새로 가르쳐야 할 행동을 확인한다. 친구를 사귀는 데 꼭 필요하고 중요한 행동임에도 지수가 아직 배우지 못했고, 한 번도 해 본적이 없으며, 할 줄 모르는 행동이 있다면 지수에게 빨리 가르쳐야 하지 않을까? 그렇다면, '또래에게 먼저 접근하여 인사하기', '친구들에게 물건을 빌려 달라고 정중하게 요청하기' 등 또래 관계를 긍정적으로 변화시킬 수 있는 행동을 새로 가르치는 것은 어떨까?

이제 지수의 치료목표를 관찰과 측정이 가능한 구체적 행동으로 정리해 보자. 또한 이러한 행동이 〈글상자 3-2〉에 제시된 '표적행동을 선정할 때 고려할 사항'과 일치하는지 살펴보자. 첫째로, 줄이거나 없애야 할 행동은 또래 친구 때리기, 또래 친구에게 침 뱉기, 또래 친구의 물건 뺏기 등이다. 둘째로, 증가시켜야 할 행동은 또래 친구의 일 돕기, 장난감, 먹을 것 등 자기 물건을 또래들과 공유하기 등이다. 셋째로, 새로 가르쳐야 할 형동은 또래에게 접근하여 인사하기, 친구에게 물건을 빌릴 때 정중하게 요청하기 등이다. 이상과 같은 표적행동들은 지수의 또래 관계를 개선하는 데 실제로 유익할 뿐 아니라 사회적으로도 중요한 행동들이다. 각 표적행동에 대하여 '표적행동을 선정할 때 고려할 사항'과 대조하면 대체로 모든 항목을 만족시킬 수 있을 것으로 보인다.

글상자 3-2

표적행동을 선정할 때 고려할 사항

1. 치료 후 실생활에서 자연적으로 강화될 수 있는 행동인가?
2. 보다 복잡하고 기능적인 행동을 학습하는 데 필수적인 기초행동인가?
3. 풍부한 학습 환경으로의 접근성을 보장하는 중요한 행동인가?
4. 다른 사람들의 접근과 긍정적 상호작용을 유도할 수 있는 행동인가?
5. 새로운 세계와 기회를 열어 줄 수 있는 첨점 또는 중심축 행동인가?
6. 연령에 상응한 행동인가?
7. 표적행동(문제행동)을 대체할 수 있는 바람직한 행동인가?
8. 치료의 목적을 대표하는 행동인가?
9. 말뿐이 아닌 실제 행동인가?
10. 행동의 문제가 아닐 경우 치료의 목적을 이끌어 낼 수 있는 행동인가?

이상에서 지수의 표적행동은 줄이거나 없애야 할 행동 세 가지, 증가시켜야 할 행동 두 가지, 새로 가르쳐야 할 행동 두 가지 등 모두 일곱 가지로 정리되었다. 이러한 행동들이 모두 개선된다면 '친구가 없어 걱정'이라는 지수의 문제는 서서히 해결되고 많은 친구를 사귀게 될 것이다. 그러나 이번 '따라하기'에서는 시범의 차원에서 수행되는 것이기 때문에 내용을 단순화할 필요가 있다. 따라서 본 장에서는 〈글상자 3-3〉에 제시된 치료목표 중에서 고딕체로 표시된 두 가지만 표적행동으로 선택하여 응용행동분석 연구의 과정을 따라해 보기로 한다. 먼저 줄이거나 제거해야 할 행동 중에서 '또래 친구 때리기'와 증가시켜야 할 행동 중에서 '자기 물건을 또래 친구들과 공유하기'만 표적행동으로 선정한다. 새로 가르칠 행동 중에서 '정중하게 요청하기'는 편의상 관찰과 측정의 대상에서는 생략하기로 하고, 다만 '또래 친구 때리기'에 대한 대체행동으로만 활용하기로 한다. 표적행동이 결정되었으니 이제 이 행동들을 관찰하고 계량화하여 측정할 수 있는 구체적 방안을 구상하기로 한다.

치료목표로 선정된 표적행동은 관찰과 측정이 가능한 방식으로 정의되어야 한다. 즉, 표적행동을 관찰하고 계량화할 수 있는 측정방법을 조작적으로 정의한다. 먼저 관찰 장소와 시간을 정한다. 그리고 정해진 시간 동안에 표적행동이 몇 번 일어났는지 그 발생빈도를 셀 수 있도록 정한다. 때로 어떤 행동은 발생빈도보다 지속시간이 측정의 주요 대상이 될 수 있다. 예를 들어, 주의 집중 행동은 빈도보다는 지속시간을 측정하는 것이 타당하다. 지속시간은 시, 분, 초 등의 단위로 측정될 수 있어야 한다.

지수의 사례에서 먼저 관찰 장소와 시간을 정해 보자. 장소는 지수가 다니는 어린이집으로, 시간은 매일 오후 2시 자유놀이 시간 30분간으로 한다. 관찰자는 〈글상자 3-4〉

글상자 3-3

치료의 목표: 표적행동

감소/제거할 행동(과다행동)	• **또래 친구 때리기** • 또래 친구에게 침 뱉기 • 또래 친구의 물건 뺏기
증가시킬 행동(과소행동)	• 또래 친구의 일 돕기 • **자기 물건을 또래 친구와 공유하기**
새로 가르칠 행동(결손행동)	• 또래 친구에게 인사하기 • 정중하게 요청하기

에 예시된 바와 같이 각 표적행동의 발생이 확인될 때마다 관찰기록표의 해당란에 바를 정(正)자를 한 획씩 그어 기록하기로 한다. 이제 각 표적행동은 그 발생 여부를 눈으로 분명히 확인할 수 있고, 발생횟수를 한 번, 두 번, 세 번 등으로 셀 수 있는가? 대체로 별 문제가 없어 보인다. 처음이니까 우선 치료의 목표로 선정된 표적행동의 빈도 측정이 가능한 것으로 가정하고 따라하기를 계속하기로 한다. 치료의 목표를 설정하고, 표적행동을 선정하여 정의하며, 평가기준을 정하는 것 등 자세한 내용은 '제17장 표적행동의 선정과 정의' 를 참고한다.

글상자 3-4

행동 관찰기록표

표적행동	횟수	소계
또래 친구 때리기	正 T	7
물건 공유하기	下	3

2. 치료계획 수립

치료의 기본전략은 문제행동의 유형에 따라 상당히 다르다. 문제행동은 크게 과다행동, 과소행동, 결손행동으로 나눌 수 있다. 〈글상자 3-5〉에서는 지수의 문제에 대한 치료목표를 과다행동의 감소와 제거, 과소행동의 증가, 결손행동의 훈련 등으로 나누어 제시하고 있다.

① 또래 친구를 때리는 행동에 대한 원인을 밝히고, 그 행동을 감소 또는 제거하기 위한 소거와 대체행동의 차별강화계획을 세운다. 지수가 또래 친구를 때리는 행동은 그 빈도가 높고, 사회적으로나 도덕적으로 용납될 수 없는 행동으로 타인의 안전에 해를 끼칠 위험성이 크다. 따라서 신속히 제거해야 할 치료 대상이다. 먼저 기능성 평가를 통하여 그 원인을 진단한다. 진단의 핵심은 또래 친구를 때리는 행동이 지수의 생활환경 내에서 어떤 목적을 달성하고 있는지 그 기능성(원인)을 밝히는 것이다.

기능성 평가 지수가 '또래 친구를 때리는 행동'을 왜 하는지 자유놀이 시간에 자세히 관찰해 보자. '지수는 다른 아이가 가지고 있는 장난감을 내놓으라고 한다. 장난감을 주지 않으면 그 아이를 때린다. 그 아이는 얼른 장난감을 지수에게 준다.' 이러한 일이 일관성 있게 여러 번 관찰되었다면, 지수의 '때리는 행동'은 장난감을 얻기 위한 수단으로 사용되고 있으며 이 행동은 장난감을 얻음으로써 강화되어 왔다고 가정할 수 있다. 기능성 평가와 치료전략에 관한 보다 자세한 내용은 '제5부 기능성 평가와 치료적 중재'를 참고한다.

치료계획 이제부터 지수의 때리는 행동이 또래사회에서 강화될 수 없도록 조치하여 소거시킨다. 그러나 소거전략만으로 문제행동을 수정하는 것은 효과가 적다고 알려져 있다. 따라서 소거전략과 병행하여 바람직한 대체행동을 차별강화할 수 있는 방안을 모색한다. 즉, 먼저 문제행동을 대체할 수 있는 바람직한 사회적 행동(예: 정중히 요청하기)을 지수에게 가르친다. 그리고 이제부터 절대로 때리는 행동으로는 또래가 가지고 있는 장난감이나 물건을 얻을 수 없도록 조치하는 한편, 새로 배운 바람직한 사회적 행동으로 정중히 요청하면 즉시 원하는 것을 얻을 수 있도록 또래 환경을 바꾸어 준다. 다음과 같이 지수의 또래 환경을 조절해 보자.

첫째로, 교사는 지수에게 '장난감을 좀 빌려 주겠니?' 라는 식으로 다른 사람에게 물건을 빌릴 때 정중히 요청하고 허락받는 방법을 가르친다. 말뿐이 아니라 시범을 보이

글상자 3-5

표적행동의 유형별 치료계획

1. 또래 친구 때리기(과다행동)
   - 발생빈도가 높고, 사회적 · 도덕적으로 용인될 수 없다.
   - 치료목표: 표적행동의 감소와 제거
   - 치료방법: 기능성 평가, 또래소거, 대체행동의 차별강화
2. 자기 물건을 또래와 공유하기(과소행동)
   - 행동빈도가 기대 수준보다 낮아 또래들로부터 따돌림을 받는다.
   - 치료목표: 표적행동의 증가
   - 치료방법: 또래촉진과 또래강화, 교사촉진과 교사강화
3. 친구에게 물건을 빌릴 때 정중하게 요청하기(결손행동)
   - 또래사회에서 요구되는 사회적 행동의 결손이다.
   - 치료목표: 결손된 사회적 행동의 훈련
   - 치료방법: 사회적 행동의 훈련, 모방, 역할놀이, 모의 상황 활용

면서 따라서 모방하도록 한다. 역할놀이를 통하여 연습을 충분히 시키고, 실제와 유사한 모의 상황에서 연습시킨다. 이와 같이 훈련된 행동은 또래 관계에 보다 쉽게 전이될 수 있다.

둘째로, 피해자인 또래 아동들에게 앞으로는 지수가 때리면서 장난감을 빼앗으려고 하면 절대로 장난감을 주지 말고, 교사에게 알려 도움을 청하도록 한다.

셋째로, 교사는 또래 아동들에게 지수가 장난감을 빌려 달라고 정중히 요청하면 지체 없이 양보해 주라고 가르친다. 즉, 때리는 행동은 소거시키는 반면, 바람직한 대체 행동은 강화한다.

② 자기 물건을 또래 친구들과 공유하는 행동을 효과적으로 유도하고 정적강화할 수 있는 방법을 계획한다. [그림 3-2]를 보면, 지수는 어쩌다 한 번씩 자기 물건을 또래들과 공유하기도 한다. 이것은 이미 할 줄 아는 행동이므로 새로 가르칠 필요는 없다. 다만 그 발생빈도가 너무 낮아 친구를 사귀기에는 불충분할 뿐이다. 그러므로 또래들이 지수를 좋아할 만큼 충분히 그러한 행동의 발생빈도를 높여 줄 필요가 있다. 자기 물건을 남들에게 빌려 주도록 지수에게 언어적으로 권유하고, 필요한 경우 물리적으로 수지도 한다. 그리고 자발적이든 권유에 의해서든 자기 것을 남에게 빌려 주거나 공유하는 행동을 할 때마다 크게 칭찬하고 강화해 준다. 구체적 치료계획은 다음과 같다.

첫째로, 또래들이 지수에게 접근하여 지수의 장난감이나 물건을 공유하자고 요청하도록 한다. 교사는 지수에게 자기 물건이나 장난감을 또래들과 공유하도록 언어적으로 권유한다. 필요하면 수지도를 통하여 유도한다.

둘째로, 지수가 자기 장난감이나 물건을 또래에게 양보하거나 공유하면 교사는 즉시 크게 칭찬한다. 정적강화의 효과를 높이려면 행동계약이나 토큰제도를 함께 사용하는 것이 좋다.

셋째로, 교사는 또래 아동들에게 지수가 장난감이나 물건을 양보하거나 공유하면 고맙다고 인사하도록 가르치고 격려한다. 또래사회에서는 교사의 칭찬이나 보상보다 또래강화가 더 효과적이다. 또래들의 인정이나 관심, 칭찬 등은 바로 또래사회에서의 자연강화이다. 치료 성과의 전이와 일반화를 위해서 또래강화를 적극적으로 활용하도록 한다.

3. 기초선 설정

응용행동분석 연구에서는 치료적 중재를 시작하기 전에 먼저 표적행동의 현재 수준을 관찰·측정하여 기초선을 설정한다. 치료적 중재 후의 결과와 비교할 수 있는 준거를 마련하기 위해서이다. 이번 '따라하기'에서는 '또래 친구 때리기'와 '자기 물건을 또래 친구들과 공유하기'의 표적행동에 대해서만 기초선을 설정하기로 한다.

기초선 관찰은 지수가 다니는 어린이집에서 오후 2시부터 30분 동안 자유놀이 시간에 실시한다. 평소와 똑같은 상황에서 지수의 표적행동을 관찰하도록 하며, 평소와 다르게 지수의 행동에 영향을 줄 수 있는 어떤 조치도 취해서는 안 된다. 〈표 3-1〉은 5일 동안 자유놀이 시간에 관찰된 지수의 행동으로 가정한다. 이 자료를 가지고 두 가지 표적행동에 대한 기초선을 작성해 보자. MS 엑셀 프로그램을 사용하면 아주 쉽고 깔끔하게 원하는 그래프를 그릴 수 있다. 자세한 내용은 '제20장 그래프 작성'을 참고한다.

[그림 3-1]과 [그림 3-2]는 〈표 3-1〉에 제시된 기초선 측정자료를 꺾은선그래프로 그린 것이다. 기초선 그리는 방법을 요약하면 다음과 같다.

① x축의 제목과 시간단위를 정한다. x축에는 '실험일시' 또는 '실험회기'라고 명칭을 붙인다. 그리고 계획된 전체 실험기간을 고려하여 x축의 최대값을 정하고, 주단위는 5일(회기) 간격으로 한다. 지수의 사례에서 실험기간은 20일 남짓 계속될 예정이므로 x축의 최대값은 24(일) 정도로 해 두자.

② y축의 제목과 측정단위를 정한다. y축에는 반응빈도를 표기한다. 지수의 표적행동은 모두 발생빈도로 측정되었으므로 '또래 친구 때리기(회)', '물건 공유하기(회)' 등으로 표적행동의 이름과 괄호 안에 측정단위를 표시한다. y축의 최대값은 측정된 반응의 최고치를 참고하여 그보다 약간 높은 값으로 적절히 정한다. 지수가 실험의 전 과정을 통하여 또래들을 가장 많이 때린 횟수는 7회였고, 자기 물건이나 장난감을 다른 아동들과 가장 많이 공유한 횟수는 8회였다. 그러므로 [그림 3-1]과 [그림 3-2]에서 '또래 친구 때리기'와 '물건 공유하기'에 대한 y축의 최대값은 각각 8회와 10회로 정한다.

③ 관찰된 표적행동의 측정치를 좌표상에 그려 넣는다. 기초선 기간 중에 관찰된 측정치를 [그림 3-1]과 [그림 3-2]에서와 같이 좌표상에 검은 점(●)으로 표시하고, 각 점을

〈표 3-1〉 지수의 두 가지 표적행동에 대한 기초선 관찰 · 측정자료

실험조건	기초선 기간																						
관찰일시	1	2	3	4	5	6	7	8	9	10	11	12	13	14	15	16	17	18	19	20			
또래 친구 때리기	5	6	7	5	6																		
물건 공유하기	0	1	0	1	0																		

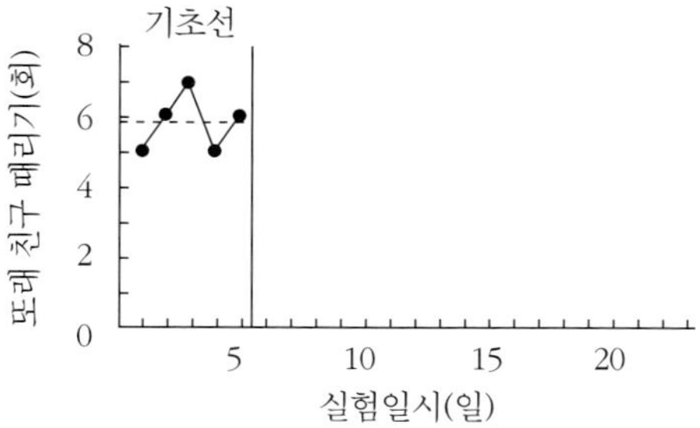

[그림 3-1] 또래 친구 때리기

자유놀이 시간(30분) 중에 지수가 또래 친구들을 때린 횟수는 평균 5.8회로 나타났다.

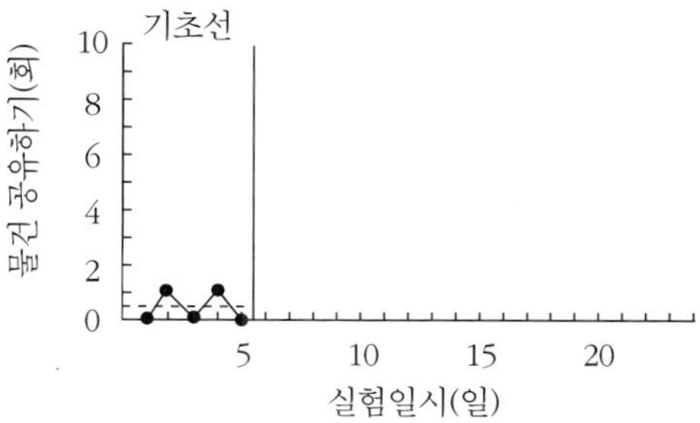

[그림 3-2] 물건 공유하기

자유놀이 시간(30분) 중에 지수가 자기 물건을 또래 친구들과 공유한 횟수는 평균 .4회로 나타났다.

이어 꺾은선그래프를 그린다. 일반 그래프와는 달리 점의 크기를 약간 크게 강조하여 표시하는 것이 응용행동분석 연구에서의 관례이다.

④ **서로 다른 실험조건 사이에는 조건변경선을 긋는다.** 기초선 관찰이 끝난 다음 '실험처치' 기간이 시작된다. 이 기간에는 표적행동을 수정하기 위한 치료조건을 실험적으로 투입한다. [그림 3-1]과 [그림 3-2]에서와 같이 두 실험조건(기초선과 실험처치)을 구분하기 위하여 기초선 관찰이 끝나는 실험 제5일과 실험처치가 시작되는 제6일 사이에 수직으로 조건변경선을 그린다.

⑤ **실험조건의 명칭을 해당 실험기간의 윗부분에 써넣는다.** 기초선 기간이 끝나는 실험 제5일과 실험처치가 시작되는 제6일 사이에 조건변경선을 그어 실험조건이 서로 다름을 표시한다. 이제 [그림 3-1]과 [그림 3-2]에서와 같이 쉽게 알아볼 수 있도록 기초선 기간 윗부분에 '기초선' 또는 '기초선 기간'이라고 명칭을 써넣는다.

⑥ **기초선 측정치의 수준을 표시한다.** 기초선 측정치의 평균치(또는 중앙치나 최빈치)를 계산하여 좌표상에 점선으로 표시한다. 이렇게 표시된 점선을 평균 수준선이라고

한다. 점선으로 표시된 수준선은 서로 다른 여러 실험조건들 간의 평균치의 차이를 비교하고 해석할 때 대단히 편리하게 사용된다. [그림 3-1]과 [그림 3-2]를 보면, 기초선 기간 중 지수가 또래 친구를 때린 횟수는 평균 5.8회로 매우 높았고, 자기 물건을 또래들과 공유하는 행동은 .4회로서 그 발생빈도가 매우 낮다는 것을 알 수 있다. 따라서 또래 친구를 때리는 행동을 신속히 제거하고, 자기 물건을 또래와 공유하는 행동을 증가시키는 일이 시급하다는 것을 가시적으로 보여 준다.

4. 실험처치

기초선이 설정되면 바로 실험처치를 시작한다. 지수의 행동을 개선하기 위한 치료조건을 투입하면서 행동이 어떻게 변화되는지 관찰 · 기록한다. 실험처치란 표적행동이 발생할 때마다 즉시 정해진 치료방법을 실행하는 것을 말한다. 치료방법을 요약하면 다음과 같다.

또래 친구 때리기 자유놀이 시간에 지수의 행동을 관찰한다. 남의 물건이나 장난감을 뺏으려고 또래 친구를 때릴 때마다 또래 아동은 양보하지 않고 큰 소리로 교사의 도움을 청한다. 교사는 즉시 현장으로 달려가 지수가 장난감을 얻지 못하도록 한다. 이미 지수가 강제로 차지했을 경우에는 언어적 지시나 수지도를 통하여 물건을 또래 아동에게 되돌려 주도록 한다. 반면에 지수가 새로 배운 방법에 따라 또래 친구에게 사용권을 정중하게 요청하면, 교사는 지수의 요청 자체를 크게 칭찬한다. 그리고 또래 친구가 장난감을 스스로 양보하면, 교사는 지수의 요청과 또래 친구의 양보를 함께 칭찬한다. 만일 지수의 정중한 요청에도 불구하고 또래 친구가 자기 것을 양보하지 않으면, 교사는 언어적으로 또는 수지도를 통하여 양보하도록 하고 칭찬한다.

물건 공유하기 역시 자유놀이 시간에 지수의 행동을 관찰한다. 또래 아동들로 하여금 지수에게 접근하여 지수가 가지고 있는 장난감이나 물건의 사용권을 요청하도록 한다. 지수가 물건을 양보하면 교사는 즉시 지수의 행동을 크게 칭찬한다. 그리고 또래 아동에게 고맙다는 인사를 하도록 한다. 만일 지수가 자기 물건을 양보하지 않으면, 교사는 언어적으로 또는 수지도를 통하여 양보하도록 하고 칭찬한다.

실험처치 기간에도 기초선을 설정할 때와 같은 방법으로 정해진 시간과 장소에서 표적행동을 계속 관찰하고, 그 측정치를 그래프에 옮겨 꺾은선그래프를 그린다. 그리고 기초선을 그릴 때와 동일한 방법으로 두 실험조건을 구분하기 위하여 [그림 3-3]과 [그림 3-4]에서와 같이 실험처치가 끝나는 실험 제12일과 제13일 사이에 수직으로 조건변경선을 그린다. 또한 실험처치 중에 관찰된 표적행동의 평균 수준을 계산하여 점선으로 표시한다. 그리고 실험처치 기간 윗부분에 각각 '소거와 대체행동의 차별강화(DRA)' 및 '촉진과 정적강화'라고 써넣는다.

〈표 3-2〉는 실험처치 기간 중에 지수의 행동을 7일간 관찰한 결과이다. 이 자료를 가지고 두 가지 표적행동에 대한 실험처치 기간 중의 변화를 그래프로 작성해 보자. 역시 MS 엑셀 프로그램을 사용하면 아주 쉽게 그래프를 그릴 수 있다.

[그림 3-3]과 [그림 3-4]는 실험처치 기간 중에 관찰된 자료를 꺾은선그래프로 그린 것이다. 치료적 중재의 효과를 분석할 때 기초선 기간과 실험처치 기간 간의 평균 수준을 비교할 수 있고, 또 표적행동이 어떤 방향으로 얼마의 속도로 변화되고 있는지 그 추세[6]도 시각적으로 비교하여 평가할 수 있다.

[그림 3-3]을 보면, 기초선 기간 중 지수가 또래 친구들을 때린 횟수는 자유놀이 30분

〈표 3-2〉 지수의 표적행동에 대한 기초선, 실험처치 기간 중의 관찰 · 측정자료

실험조건	기초선 기간					실험처치 기간																			
관찰일시	1	2	3	4	5	6	7	8	9	10	11	12	13	14	15	16	17	18	19	20					
또래 친구 때리기	5	6	7	5	6	4	5	2	4	3	4	3													
물건 공유하기	0	1	0	1	0	5	4	6	5	6	7	6													

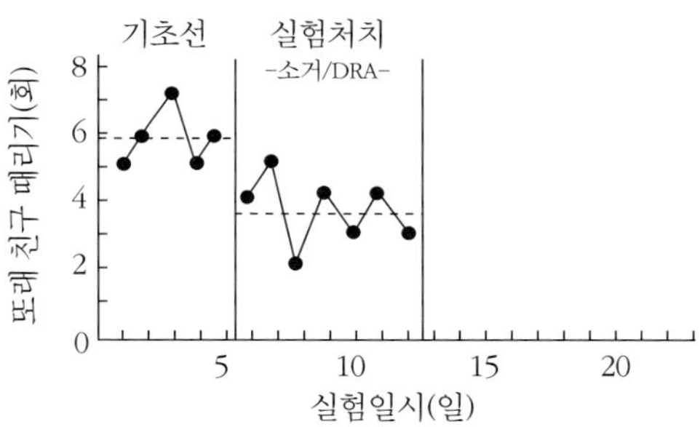

[그림 3-3] 또래 친구 때리기

지수가 또래 친구들을 때린 횟수는 기초선 기간 중 평균 5.8회에서 실험처치 기간 중에는 평균 3.6회로 낮아졌다.

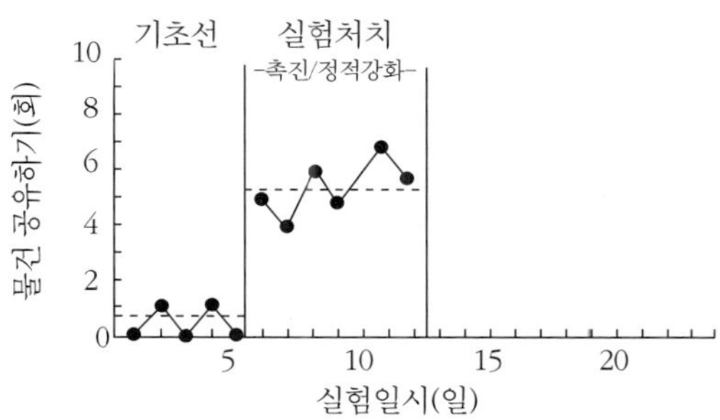

[그림 3-4] 물건 공유하기

지수가 자기 물건을 또래 친구들과 공유한 횟수는 기초선 기간 중 평균 .4회에서 실험처치 기간 중에는 서서히 상승하는 추세를 보이며 평균 5.6회로 증가하였다.

6) Trend (趨勢)

동안 무려 평균 5.8회나 되었으나, 실험처치 기간 중에는 3.6회로 평균 2.2회나 감소하였다. 구태여 수치로 환산하지 않아도 표적행동의 변화를 눈으로 확인할 수 있다. 이러한 행동의 개선을 보고 치료방법이 효과적이라고 자만할지도 모른다. 그러나 과학자라면 냉정하게 판단할 필요가 있다. 누가 구태여 반대하지 않더라도 우리가 적용한 치료방법 이외의 다른 이유 때문에 이러한 변화가 발생할 가능성은 없는지 자문해 보아야 한다. 아마 어떤 사람이 다른 이유를 들어 반대 주장을 할 수도 있고, 현재의 자료만으로는 어떤 반대 주장도 반박할 만한 근거가 없다. 그러므로 우리가 치료방법으로 사용한 소거와 대체행동의 차별강화 외에 다른 원인이 있을 수 없다는 확증을 제시하지 못한다면 반대 주장을 완전히 배제하기 어렵다.

또 [그림 3-4]를 보면, 지수가 장난감이나 자기 물건을 또래 친구들과 공유하는 행동이 크게 개선되었음을 알 수 있다. 기초선 기간 중에 평균 .4회에 지나지 않았던 행동이 실험처치 기간 중에는 무려 평균 5.6회로 크게 증가하였다. 그런데 주의해서 살펴볼 것은 평균 수준만 증가된 것이 아니라 분명히 그래프의 진행 방향이 상승 추세를 보이고 있다는 점이다. 즉, 치료적 중재는 평균 수준을 크게 높여 놓았을 뿐 아니라 변화의 방향까지 바꾸어 놓았다는 것을 알 수 있다. 이러한 추세로 가면 시간이 지날수록 더 큰 효과를 기대할 수 있다. 그렇다 하더라도 현재의 자료만 가지고 이러한 효과가 또래 및 교사의 촉진과 정적강화 때문이라고 주장하기는 역시 어렵다. 제3의 다른 이유 때문에 발생한 효과라고 주장하는 반대 입장을 배제할 수 없기 때문이다. 따라서 이러한 결과가 치료적 중재만의 효과라는 것을 뒷받침할 수 있는 분명한 근거를 마련할 필요가 있다.

5. 효과의 검증

효과의 검증이란, 실험처치 중에 발생한 표적행동의 변화는 오직 계획된 치료적 중재에 의한 것일 뿐, 그 외의 다른 이유는 없다는 것을 입증하는 것이다. 효과의 검증방법으로 여러 가지 실험설계법이 사용될 수 있지만 여기서는 반전설계[7]를 사용하기로 한다. 실험설계에 관한 자세한 내용은 '제22장 실험설계'를 참고한다.

반전설계는 A-B-A-B 설계라고도 하는데, 그 이유는 기초선 조건(A)과 치료적 중재(B)를 반복하면서 실험조건의 변화와 행동 변화의 시간적 일치성을 검증하는 방법이기 때문이다. 반전설계에서 '반전'이란 말은 다시 기초선 상태로 돌아간다는 뜻이

7) Reversal design (反轉設計)

다. 따라서 이 기간을 '반전기간' 또는 '제2차 기초선 기간'이라고도 한다. 만일 반전기간(A)에 지수의 행동이 기초선 수준으로 퇴보하고, 치료적 중재 조건(B)을 재투입하여 행동이 다시 개선된다면, 우리는 골칫거리인 경쟁가설[8]을 단번에 일축할 수 있다. 왜냐하면 지수의 행동이 개선되었다가 초기 상태로 되돌아간 것은 실험조건의 투입(B)과 회수(A)의 교체 시기와 완전히 일치하고, 또 제3의 다른 요인이 같은 시점에 이러한 일치성을 동일하게 보일 확률은 극히 희박하기 때문이다. 기초선 조건(A)과 실험조건(B)을 수없이 반복하면서 행동 변화와의 일치성을 거듭 밝힐 수 있다면 우리 주장의 신빙성을 더 높일 수 있다. 그러나 효과의 검증을 위해서는 한 번의 반복으로 충분하다. 앞으로 계속되는 치료과정을 통하여 그 효과를 더욱 확실하게 보여 줄 수 있기 때문이다. 또 우리의 최종 목적은 잘못된 행동의 치료에 있기 때문에 효과의 검증을 위하여 실험을 무한정 반복할 필요는 없다.

〈표 3-3〉에서 회색 음영으로 처리된 자료는 반전기간 중에 지수의 행동을 관찰하여 얻은 것이다. 이 자료를 가지고 반전기간 중의 변화를 그래프로 작성해 보자. [그림 3-5]와 [그림 3-6]은 반전기간 중에 관찰된 자료를 좌표상에 옮긴 것이다. 이번에는 기초선, 실험처치, 반전 등 세 실험조건 간의 평균 수준과 추세를 시각적으로 비교 · 분석할 수 있다. [그림 3-5]를 보면, 기초선 기간(A) 중에 지수가 또래 친구를 때린 횟수는 평균 5.8회로 아주 높게 나타났고, 실험처치 기간(B) 중에는 평균 3.6회로 크게 줄었다. 이러한 성과는 바로 실험처치의 효과라고 주장하고 싶지만 이미 앞서 설명한 바와 같이 이 자료만으로 경쟁가설을 배제하기 어렵다. 이제 우리의 주장을 뒷받침하면서, 반대 주장을 강력히 배제할 수 있는 근거를 마련할 필요가 있다. 가장 단순한 방법은 다시 기초선 상태(A)로 되돌아가 표적행동을 관찰하는 것이다.

[그림 3-5]에서 반전기간 중에 지수의 '또래 친구 때리기'는 어떻게 변화되었는지 살펴보자. 예상한 대로 3일간의 반전기간(A) 중에 지수가 또래 친구를 때린 횟수는 평균 4.7회로, 실험처치 기간(B) 중의 평균 수준보다 1.1회 더 증가하였다. 증가의 폭은 얼마 되지 않지만 그래프의 진행 방향은 매우 급격히 상승하는 추세를 보이고 있다. 이대로 두면 아주 빠른 속도로 더 악화될 것이 예상된다. 즉, 실험처치를 중단하고 기초선 상태로 반전하는 시기와 일치하여 또래 친구를 때리는 행동이 급격히 상승하였다. 이와 같이 실험조건의 교체 시기와 행동의 변화 시기가 우연히 일치하기는 어려운 일이다. 더욱이 미지의 어떤 조건이 행동의 변화 시기와 일치할 확률은 더욱 희박하다. 따

8) Rival hypothesis (競爭假說)

라서 경쟁가설은 배제되고 소거와 대체행동의 차별강화가 '또래 친구를 때리는 행동'을 개선하는 데 효과가 있다는 가설이 입증된다.

[그림 3-6]은 장난감이나 자기 물건을 또래 친구들과 공유하는 지수의 행동이 어떻게 변하고 있는지를 보여 준다. '물건 공유하기'는 기초선 기간(A) 중에 평균 .4회로 매우 낮았으나 실험처치 기간(B)에는 평균 5.6회로 크게 증가하였다. 그러나 반전기간(A) 중에 지수의 행동은 평균 3.7회 수준으로 크게 낮아졌을 뿐 아니라 급속히 하강하는 추세를 보이고 있다. 따라서 앞에서와 같이 치료조건의 투입(B)과 회수(A) 시기가 행동의 개선과 퇴보 시기와 완전히 일치하기 때문에, 실험처치 기간 중에 개선된 지수의 공유행동은 바로 '또래 및 교사의 촉진과 정적강화'의 효과라고 주장할 수 있다. 이 방법으로 치료를 계속한다면 아주 빠른 시일 내에 좋은 치료 효과를 얻을 수 있을 것으로 예상된다.

〈표 3-3〉 지수의 표적행동에 대한 기초선, 실험처치 및 반전기간 중의 관찰 · 측정 자료

실험조건	기초선 기간					실험처치 기간							반전기간											
관찰일시	1	2	3	4	5	6	7	8	9	10	11	12	13	14	15	16	17	18	19	20				
또래 친구 때리기	5	6	7	5	6	4	5	2	4	3	4	3	4	4	6									
물건 공유하기	0	1	0	1	0	5	4	6	5	6	7	6	4	5	2									

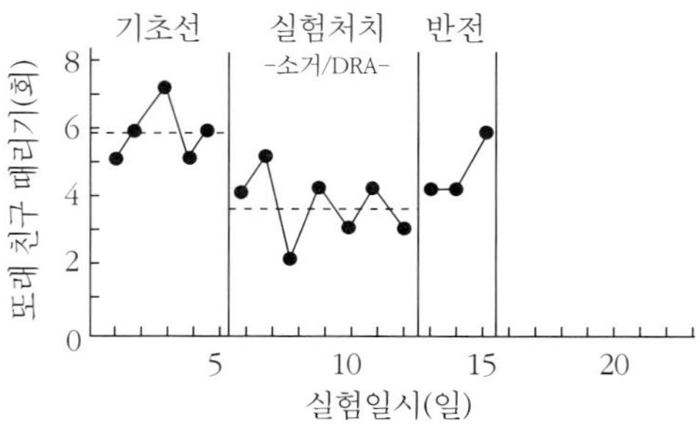

[그림 3-5] 또래 친구 때리기

지수가 또래 친구들을 때린 횟수는 기초선 기간 중 평균 5.8회에서 실험처치 중에는 평균 3.6회로 크게 줄었으나 반전기간 중에 다시 급증하는 추세를 보이고 있다.

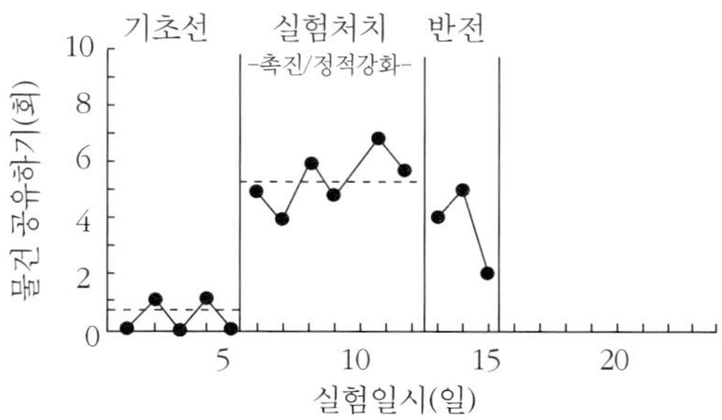

[그림 3-6] 물건 공유하기

지수가 또래 친구들과 자기 물건을 공유한 횟수는 기초선 기간 중 평균 .4회에서 실험처치 중에는 서서히 상승하는 추세를 보이며 평균 5.6회로 증가하였고 반전기간 중에는 다시 크게 감소하는 추세를 보이고 있다.

6. 치료처치

다소 번거롭기는 하였지만, 효과의 검증을 위하여 우리는 순조롭게 진행되던 실험처치를 일시 중단하고 기초선 상태로 반전하는 과정을 거쳐 치료적 중재가 효과적이라는 것을 입증하였다. 이제 남은 일은 치료방법에 대한 신뢰를 가지고 치료를 계속하는 것이다. 치료기법의 개발을 목적으로 하는 실험연구에서는 효과의 검증으로 모든 연구를 끝낼 수 있다. 즉, 효과적 치료방법을 찾는 것이 연구의 목적이기 때문이다. 그러나 문제행동의 치료를 목표로 하는 임상 실제에서는 내담자의 문제가 완전히 해결될 때까지 치료처치가 지속되어야 한다. 마치 특효약을 발견하는 것이 실험연구의 목적이라면, 임상의사의 목표는 질병을 완치하여 환자의 건강을 회복시키는 것과 같다.

다음 〈표 3-4〉에서 회색 음영으로 처리된 부분은 치료처치 기간 중에 관찰 · 측정된

〈표 3-4〉 지수의 표적행동에 대한 기초선, 실험처치, 반전, 치료처치 기간 중의 관찰 · 측정 자료

실험조건	기초선 기간					실험처치 기간							반전기간			치료처치 기간								
관찰일시	1	2	3	4	5	6	7	8	9	10	11	12	13	14	15	16	17	18	19	20				
또래 친구 때리기	5	6	7	5	6	4	5	2	4	3	4	3	4	4	6	1	2	0	0	0				
물건 공유하기	0	1	0	1	0	5	4	6	5	6	7	6	4	5	2	4	6	4	8	8				

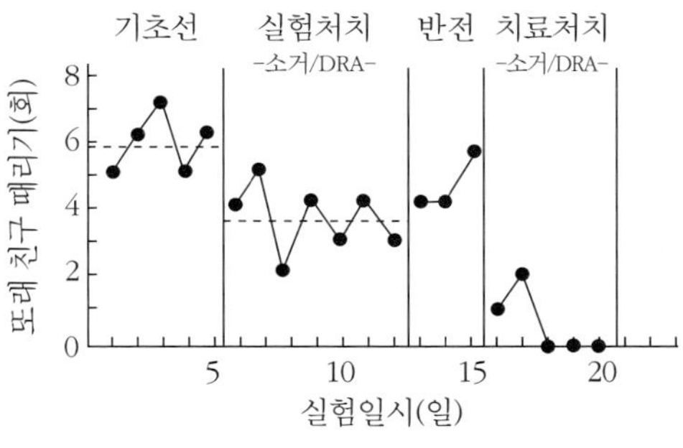

[그림 3-7] 또래 친구 때리기

지수가 또래 친구들을 때린 횟수는 기초선 기간 중 평균 5.8회에서 실험처치 중에는 평균 3.6회로 줄었고, 반전기간 중에 다시 급증하는 추세를 보였다. 치료처치 중에는 처음 2일 동안만 세 번 발생하였고 나머지 3일 동안은 전혀 발생하지 않았다.

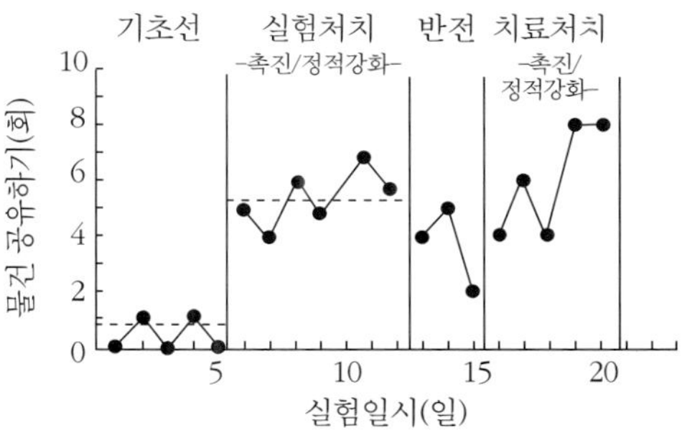

[그림 3-8] 물건 공유하기

지수가 자기 물건을 또래 친구들과 공유한 횟수는 기초선 기간 중 평균 .4회에서 실험처치 중에는 완만한 증가 추세를 보이며 평균 5.6회로 증가하였다. 반전기간에는 급속히 하강하는 추세를 보였으나 치료처치 중에는 다시 크게 상승하는 추세이다.

자료이다. [그림 3-7]과 [그림 3-8]은 치료처치 기간 중에 관찰된 자료를 꺾은선그래프로 그린 것이다. 치료처치 과정에서는 검증된 치료방법을 적용하여 표적행동이 실생활 적응에 충분할 만큼 변화될 때까지 치료적 중재를 계속한다. 치료처치 과정에서 수행해야 할 과제를 간략히 정리하면 다음과 같다. 첫째로, 또래 친구를 때리는 지수의 행동이 완전히 제거되고, 남의 물건을 이용하고 싶을 때 정중하게 허락을 요청하는 바람직한 행동이 유의하게 증가될 때까지 치료적 중재를 계속한다. 둘째로, 장난감이나 자기 물건을 또래들과 공유하는 행동이 충분히 증가될 때까지 치료적 중재를 계속한다. 즉, 지수의 공유행동이 또래들로부터 호의적 반응을 얻고 또래들과의 긍정적 상호작용의 빈도가 유의하게 증가될 때까지 치료적 처치를 지속한다.

앞서 제시된 두 그림에서 치료처치 과정을 살펴보자. 먼저 [그림 3-7]의 치료처치 과정에서 또래 친구를 때리는 지수의 행동은 크게 감소하였고, 마지막 3일 동안에는 한 번도 발생하지 않았다. 따라서 또래 친구를 때리는 행동에 대한 치료처치를 5일 만에 종료하였다. 또한 [그림 3-8]의 치료처치 과정에서는 자기 물건을 또래 친구들과 공유하는 지수의

글상자 3-6

새로 학습된 행동의 일반화 전략

1. 실생활에서 자연강화가 표적행동에 수반되도록 계획한다.
   공유하기, 요청하기와 같은 바람직한 사회적 행동은 또래들의 인정과 호의적 반응으로 자연강화될 수 있다.
2. 예제를 충분히 가르치고 연습시킨다.
   공유하기, 요청하기와 같은 바람직한 사회적 행동을 다양한 상황에서 다양한 형태로 연습시킨다.
3. 실생활에 존재하는 자극들을 치료계획에 많이 포함시킨다.
   또래사회와 유사한 상황에서 표적행동을 가르치면 실제 또래사회에서 실생활의 변별자극에 반응할 가능성을 높일 수 있다.
4. 훈련을 느슨하게 한다.
   표적행동이 특정 자극에 변별학습되지 않도록 치료자, 장소, 시간 등의 부수적 특성을 다변화한다.
5. 변별과 예측이 불가능한 방식으로 강화한다.
   간헐강화와 지연강화를 활용하여 소거저항을 높이고, 강화가 어떻게 제공될 것인지 예측할 수 없게 한다.
6. 자기통제 기법을 가르친다.
   자기통제 기법을 가르쳐 치료실에서 학습된 행동을 실생활에서도 스스로 통제하도록 가르친다.

행동이 매우 빠른 속도로 상승하는 추세를 보이고 있다. 결국 치료처치 제4일과 제5일에는 30분 동안 공유행동이 각각 8회로 나타났다. 또래와의 짧은 자유놀이 시간(30분)에 공유행동이 이 정도의 빈도로 발생하면 충분하다고 평가되어 치료처치를 일단 종료하였다.

치료처치 과정에서 고려할 사항은 다음과 같다. 첫째로, 치료과정에서 행동 변화의 수준과 추세가 예상했던 만큼 잘 나타나지 않거나 소강 상태에 머물러 있을 때는, 그 원인을 분석하여 치료방법을 수정 · 보완함으로써 효율성을 높여야 한다. 즉, 치료방법의 적절성과 강화자극의 효율성에 대한 지속적인 관찰 · 분석, 치료 프로그램의 수정 · 보완과 재검증을 통하여 항상 최적의 치료처치가 이루어질 수 있도록 준비해야 한다. 둘째로, 개선된 행동이 실생활에 일반화되어 계속 유지될 수 있도록 계획하여야 한다. 치료를 종료하기 전에 치료과정에서 학습된 표적행동을 실생활에 전이시키기 위한 체계적인 후속 프로그램이 마련되어야 한다. 여기서는 편의상 일반화를 위한 후속 프로그램의 설계는 생략한다. 다만 치료처치 과정에서 학습된 사회적 행동을 실생활에 전이시키기 위한 일반화 전략을 〈글상자 3-6〉에 제시하는 것으로 대신한다.

7. 추후조치

응용행동분석 연구의 마지막 단계는 치료처치 중에 개선된 표적행동이 치료가 종료된 후에도 실생활에서 잘 유지되고 있는지를 확인하는 것이다. 즉, 치료과정에서 개선된 사회적 행동이 치료 후 또래집단에서 적정 수준으로 유지되면서 또래 관계의 개선에 기여하고 있는지를 확인하는 것이다. 한마디로 행동수정을 시작하기 전에 지수의 어머니가 호소한 '친구가 없어 걱정'이라는 문제가 해결되었는지를 살펴보아야 한다.

〈표 3-5〉에서 회색 음영으로 처리된 자료는 치료처치 종료 후 지수의 행동을 10일 간격으로 2회 관찰한 결과이다. 이 자료 역시 그래프로 작성해 보자. 주의할 것은 추후관찰 기간 중에는 x축의 단위가 다르다는 점이다. 따라서 제20회기 이후의 x축에 척도단절표시(//)를 삽입한다. 그리고 추후관찰이 실시된 실험 제30일과 제40일의 눈금단위를 x축에 각각 '30'과 '40'으로 표기한다. 2회의 추후관찰은 매일 연속하여 측정된 것이 아니므로 두 점은 실선으로 연결하지 않는다.

이제까지 '따라하기'를 쉽게 설명하기 위하여 작업모형의 순서에 따라 기초선 기간, 실험처치 기간, 반전기간, 치료처치 기간, 추후관찰 기간 등으로 구분하여 각각의 자료를 조금씩 추가하며 설명하였다. 그러나 실제 응용행동분석 연구에서는 〈표 3-5〉에 제시된 최종 자료만으로 작성된 [그림 3-9]와 [그림 3-10]과 같은 그래프만을 연구 결과로 보고한다.

〈표 3-5〉 지수의 표적행동에 대한 기초선, 실험처치, 반전, 치료처치 및 추후관찰 결과

실험조건	기초선 기간					실험처치 기간							반전기간			치료처치 기간					추후관찰			
관찰일시	1	2	3	4	5	6	7	8	9	10	11	12	13	14	15	16	17	18	19	20		30	40	
또래 친구 때리기	5	6	7	5	6	4	5	2	4	3	4	3	4	4	6	1	2	0	0	0		1	0	
물건 공유하기	0	1	0	1	0	5	4	6	5	6	7	6	4	5	2	4	6	4	8	8		8	8	

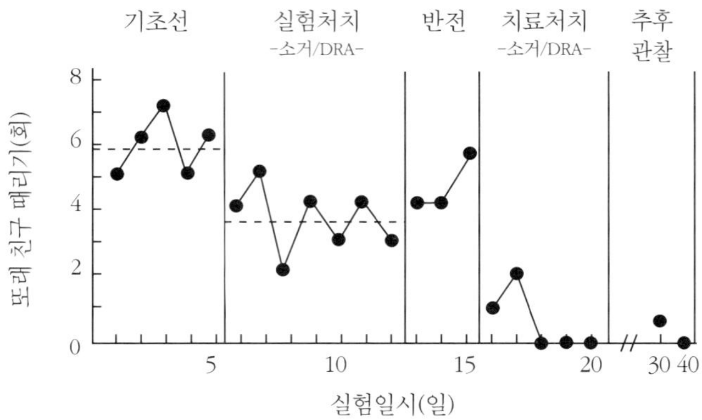

[그림 3-9] 또래 친구 때리기

치료처치 종료 후 실험 제30일과 제40일에 실시된 추후관찰에서 지수가 또래 친구를 때린 것은 한 번밖에 나타나지 않았다.

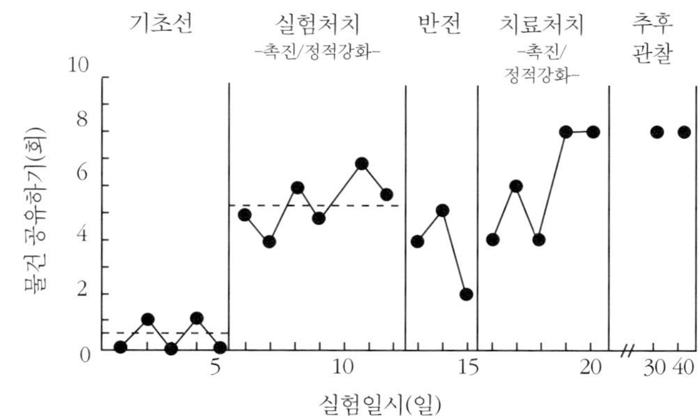

[그림 3-10] 물건 공유하기

치료처치 종료 후 실험 제30일과 제40일에 실시된 추후관찰에서 지수가 자기 물건을 또래 친구들과 공유한 것은 각각 8번으로 높은 발생률을 유지하고 있다.

요 약

1. 응용행동분석은 표적행동의 선정과 정의, 치료계획 수립, 기초선 설정, 실험처치, 효과의 검증, 치료처치, 추후조치의 순서로 진행된다.

2. 표적행동을 선정하기 위해서는 ① 피험자의 행동 중에서 감소 내지 제거해야 할 행동을 확인하고, ② 증가시켜야 할 행동을 확인하며, ③ 새로 가르쳐야 할 행동을 확인한다. 이 장에서는 편의상, 또래 친구 때리기와 자기 물건을 또래 친구와 공유하기를 표적행동으로 선정하였다.

3. 치료계획의 수립과정에서는 ① 기능성 평가를 통하여 또래 친구를 때리는 행동의 원인을 밝히고, 그 행동을 제거하기 위하여 소거와 대체행동의 차별강화계획을 세우며, ② 자기 물건을 또래 친구와 공유하는 행동을 효과적으로 유도하고 정적 강화할 수 있는 방법을 계획한다.

4. 기초선 설정과정에서는 표적행동으로 설정한 '또래 친구 때리기'와 '자기 물건을 또래들과 공유하기'를 관찰 · 기록한다. 매일 오후 2시부터 30분 동안 자유놀이 시간에 평소와 똑같은 상황에서 지수의 행동을 관찰한다. 5일간의 관찰 자료를 가지고 두 가지 표적행동에 대한 기초선을 작성한다. MS 엑셀 프로그램을 사용하여 다음과 같이 그래프를 그린다. ① x축의 제목과 시간단위를 정하고, ② y축의 제목과 측정단위를 정하고, ③ 관찰된 표적행동의 측정치를 좌표상에 그려 넣고, ④ 서로 다른 실험조건 사이에 조건변경선을 긋고, ⑤ 실험조건의 명칭을 해당 실험기간의 윗부분에 써넣고, ⑥ 기초선 측정치의 평균치를 계산하여 수평 점선으로 평균 수준선을 표시한다.

5. 실험처치 과정에서는 행동을 개선하기 위한 치료조건을 투입하면서 아동의 행동을 관찰 · 기록한다. 표적행동이 발생할 때마다 즉시 정해진 치료방법을 적용한다. 실험처치 기간 중에도 정해진 시간과 장소에서 표적행동을 관찰하고, 그 결과를 그래프에 옮겨 그린다.

6. 효과의 검증과정에서는 여러 가지 실험설계법이 사용될 수 있지만 여기서는 반전설계법을 사용하기로 한다. 반전설계에서 '반전'이란 말은 다시 기초선 상태로 돌

아간다는 뜻이다. 만일 반전기간(A)에 지수의 행동이 처음 기초선 수준으로 퇴보하고, 치료조건(B)을 재투입할 때 행동이 따라서 개선된다면, 시간적 일치성에 근거하여 골칫거리인 경쟁가설을 배제할 수 있다.

7. 치료처치 과정에서는 검증된 치료방법을 다시 아동의 행동에 적용한다. 임상 실제에서는 아동의 문제가 완전히 해결될 때까지 치료처치를 계속한다. 첫째로, 또래 친구를 때리는 지수의 행동이 완전히 제거되고, 남의 물건을 이용하고 싶을 때 정중하게 허락을 요청하는 바람직한 대체행동이 유의하게 증가될 때까지 치료처치를 계속한다. 둘째로, 장난감이나 자기 물건을 또래 친구들과 공유하는 행동이 충분히 증가될 때까지 치료처치를 계속한다.

8. 추후조치 과정에서는 치료처치 중에 개선된 표적행동이 치료가 종료된 후에도 실생활환경에서 계속 유지되고 있는지를 확인한다. 한마디로 행동수정을 시작하기 전에 지수의 어머니가 호소한 '친구가 없어 걱정'이라는 문제가 해결되었는지를 살펴본다.

연구 문제

➲ 응용행동분석 연구 사례나 논문을 한 편 읽고 다음과 같은 내용으로 보고서를 작성해 보자.

1. 연구의 진행 순서를 설명해 보자.
2. 표적행동은 무엇이며 어떻게 선정되었는지 설명해 보자.
3. 치료계획은 무엇이며 어떤 원리와 기법에서 추출된 것인지 설명해 보자.
4. 효과의 검증을 어떻게 하였는지 살펴보자.
5. 변화된 표적행동을 실생활에 일반화시키기 위한 전략은 무엇인지 설명해 보자.

:::: 제4장 문제 유형과 치료전략

학습목표

1. 문제행동의 유형을 치료교육의 목표와 관련하여 설명할 수 있다.
2. 작동조건형성에 기초한 A-B-C 수반성을 설명할 수 있다.
3. A-B-C 분석모형에 따라 문제행동의 유형별로 원인을 설명할 수 있다.
4. 문제행동의 유형별로 치료전략을 제안할 수 있다.

문제행동이란 무엇인가? 철학적, 종교적, 사회적, 교육적, 정신병리적, 또는 통계적 관점에서 정의하면 상당히 어렵고 복잡하다. 그러나 치료교육의 목표와 관련하여 조작적으로 정의하면 비교적 간단할 수 있다. 여기서는 문제행동을 치료교육의 목표와 관련하여 증가시켜야 할 과소행동, 감소시켜야 할 과다행동, 제거해야 할 반사회적 및 비도덕적 행동, 상황에 맞게 행동하도록 가르쳐야 할 비변별적 행동, 새로 가르쳐야 할 결손행동 등으로 개념화한다. 그리고 A-B-C 분석모형에 따라 문제행동의 유형별로 원인을 분석 · 평가하고 치료교육의 목표와 함께 구체적 치료전략을 제안하기로 한다.

제1절 문제행동의 유형

'다혜는 공부를 안 해서 문제다.' '민지는 밥을 잘 안 먹어서 문제다.' '영희는 너무 잘 울어서 문제다.' '민수는 남을 자꾸 때려서 문제다.' '정수는 말을 못해서 문제다.' '재호는 수 개념이 없어서 문제다.' 라고 말한다. 이러한 문제들은 모두 응용행동분석의 연구 대상이 된다. 회사나 조직사회에서도 마찬가지로 '매출이 떨어져 문제다.' '생산목표에 미달하여 문제다.' '직원들의 시내 출장이 너무 잦아 문제다.' '신호를 무시하는 운전자가 많아 문제다.' '중견간부들의 리더십이 없어 문제다.' '컴퓨터와 인터넷에 무지한 사원이 많아 문제다.' 라고 말한다. 정말 우리 주변에는 문제가 많다. 이와 같이 문제를 열거하다 보면 아마 끝이 없을 것이다. 어떤 식으로든 문제들을 유목화하여 체계적으로 분류할 필요가 있다.

이 절에서는 〈표 4-1〉에 제시된 바와 같이 문제행동을 ① 발생빈도가 낮아 적응상 문제가 되는 과소행동, ② 발생빈도가 높아 적응상 문제를 야기하는 과다행동, ③ 사회적 및 도덕적으로 용인될 수 없는 반사회적 및 비도덕적 행동, ④ 상황에 맞지 않아 적응상 어려움을 유발하는 비변별적 행동, ⑤ 발달장애나 교육적 결함에 의한 결손행동 등 다섯 가지 유형으로 분류하고, 그 원인과 치료적 중재전략을 제안하기로 한다.

〈표 4-1〉 문제 유형별 치료목표와 치료적 중재전략

<table>
<tr><th>문제 유형</th><th>치료목표</th><th>관련 기법</th></tr>
<tr><td>과소행동</td><td>표적행동의 증가</td><td>제2부 행동을 증가시키는 방법
정적강화와 부적강화(5), 간헐강화(6), 기타 기법(7)</td></tr>
<tr><td>과다행동</td><td>표적행동의 감소</td><td rowspan="2">제3부 행동을 감소시키는 방법
긍정적 치료전략(8), 정적벌과 부적벌(9), 기타 기법(10)
제5부 기능성 평가와 치료적 중재
기능성 평가와 분석(13), 기능적 중재전략(14)</td></tr>
<tr><td>반사회적 및
비도덕적 행동</td><td>표적행동의 제거</td></tr>
<tr><td>비변별적 행동</td><td>선행자극의 변별</td><td>제4부 선행요인을 조절하는 방법
자극변별 훈련(11), 동기화조작과 선행중재(12)</td></tr>
<tr><td>결손행동</td><td>결손행동의 훈련</td><td>제6부 새로운 행동을 가르치는 방법
행동형성과 행동연쇄(15), 치료교육 프로그램 개발(16)</td></tr>
</table>

* 괄호 안의 숫자는 장 번호임

1. 발생빈도가 지나치게 낮은 과소행동

문제행동의 첫째 유형은 행동의 발생빈도가 개인적 및 사회적 요구 수준보다 월등히 낮아 적응상의 문제를 야기하는 과소행동[1]이다. 행동 자체에는 문제성이 없고 또 이미 학습된 행동이지만 발생빈도가 지나치게 낮아 적응상의 어려움이 따르는 행동이다. 밥을 잘 안 먹고, 공부를 잘 안 하고, 이를 잘 안 닦고, 어른의 말을 잘 안 듣는다고 호소하는 문제들은 바로 발생빈도가 낮아 문제가 되는 행동들이다. 즉, 개인적인 필요나 사회적 요구에 상응하게 행동을 충분히 하지 않는 데 문제가 있다. 한 끼에 밥을 세 순가락만 먹는다면 건강에 문제가 생길 것이다. 공부를 하루에 10분밖에 안 하면 학교 수업을 따라갈 수 없을 것이다. 아침에만 이를 닦고 식후나 취침 전에 닦지 않는다면 치아 건강을 해치게 될 것이다. 어른의 말을 귀담아듣지 않는다면 어른들의 사랑을 받기 어려울 것이다. 따라서 과소행동은 개인의 생활적응과 대인관계에 큰 어려움을 초래한다.

매출이 떨어지고, 생산목표에 미달한다는 것은 무엇인가? 행동의 문제가 아닌 것 같은데 이러한 문제도 응용행동분석 연구의 대상이 되는가? 물론이다. 제품을 구매하는 소비자의 행동빈도가 낮고, 근로자들의 작업시간이나 생산 활동이 감소했다는 의미이다. 따라서 당연히 행동의 문제이며, 응용행동분석의 연구 대상이 된다. 소비자들의 구매행동이나 근로자들의 생산 활동이 회사에서 세운 매출목표나 국가에서 설정한 생산목표를 달성할 만큼 충분하지 못하기 때문에 야기된 문제인 것이다. 따라서 행동수정의 목표는 이러한 과소행동을 적절한 요구 수준으로 증가시키는 것이다.

2. 발생빈도가 지나치게 높은 과다행동

문제행동의 둘째 유형은 행동의 발생빈도가 개인적 및 사회적 요구 수준보다 월등히 높아 적응상의 문제를 야기하는 과다행동[2]이다. 행동 자체는 문제성이 없고, 또 이미 잘 학습된 행동이지만 발생빈도가 지나치게 높으면 문제가 된다. TV를 보거나, 책을 읽거나, 외출을 하거나, 소리를 지르거나, 속상하여 울거나, 게임을 하거나, 담배를 피

1) Deficient behavior (過少行動)

2) Excessive behavior (過多行動)

우거나, 술을 마시거나 하는 행동들은 모두 정상적 행동이며 그 자체로 문제가 되지는 않는다. 그러나 하루에 TV를 10시간 이상 본다든지, 종일 책을 들고 다니며 읽는다든지, 항상 징징거리며 어머니 치마꼬리만 잡고 쫓아다닌다든지, 하루 종일 게임만 한다든지, 하루에 담배를 두세 갑씩 피운다든지, 술을 매일 만취하도록 마신다든지, 회사에서 근무 중에 매일 열 번 이상 외출을 한다든지, 매일 소리를 버럭 지르며 부하직원들을 다룬다든지 한다면 문제가 아닐 수 없다. 따라서 치료교육의 목표는 행동의 발생빈도를 적정 수준으로 낮추는 것이다.

3. 사회문화적 가치나 도덕적 기준에 어긋나는 반사회적 및 비도덕적 행동

문제행동의 셋째 유형은 행동 자체가 사회문화적 가치나 도덕적 기준에 어긋나 용인될 수 없는 반사회적 및 비도덕적 행동이다. 또한 자신이나 타인의 생명과 건강을 위태롭게 하는 위해행동도 이에 속한다. 폭행을 한다든지, 과속을 한다든지, 성희롱을 한다든지, 또래와 동료를 따돌린다든지, 공갈 협박을 한다든지, 거짓말을 한다든지, 사기를 친다든지, 남의 물건을 훔친다든지, 자신이나 타인을 공격한다든지 하는 행동들은 발생빈도가 높지 않더라도 완전히 제거해야 할 문제행동이다. 이러한 행동은 이웃에게 신체적 · 물질적 · 정신적 고통과 손상을 입힐 수 있기 때문에 사회적으로나 도덕적으로 용납될 수 없다. 또한 본인 자신의 사회생활이나 적응에 큰 어려움을 초래할 수 있다. 따라서 비록 발생빈도가 낮더라도 이러한 유형에 속하는 문제행동은 신속히 제거되어야 한다.

4. 상황에 맞지 않는 비변별적 행동

문제행동의 넷째 유형은 행동이 적절치 못한 상황에서 발생하여 문제가 되는 비변별적 행동이다. 인간은 특정한 시간과 장소에서 특정한 방식으로 행동하도록 요구된다. 도서관에서는 조용히 책을 읽고, 교회에서는 경건히 기도를 하고, 노래방에서는 신나게 노래를 해야 한다. 도서관에서 노래를 하거나, 교회에서 공부를 하거나, 노래방에서 기도를 한다면, 남들이 이상하게 보거나 제재를 당하기도 한다. 수업시간에는 교사의 설명을 듣고, 문제를 풀고, 교과서나 참고서를 읽는 것이 바람직한 일이다. 수업시간에 돌아다니고, 옆에 아이와 잡담을 하고, 몰래 만화를 보고, 앞에 앉은 아이의 머리끄덩이를 잡아당기며 놀리는 것은 바람직하지 못한 행동이다. 대중식당에서는 소리를 지르며 뛰어다니고 놀이터에서는 얌전하게 앉아 있는다든지, 수업시간에는 몰래 도시락을 먹고 남들이 식사할 때 혼자 책을 본다든지, 영화관에서는 잠을 자고 취침시간에는 TV 영화를 본다든지, 무엇을 하라면 안 하고 하지 말라면 기어이 한다든지, 회사에서는 개인적인 일을 하고 집에서는 회사 잔무를 본다든지 하는 것처럼 전혀 상황에 맞지 않게 행동하여 자신의 생활적응은 물론 다른 사람들에게 불편을 주는 행동이 바로 상황에 맞지 않는 비변별적 행동들이다. 이러한 비변별적 행동에 대한 치료교육의 목표는 때와 장소를 올바로 식별하여 적절하게 행동하도록 가르치는 것이다.

5. 발달적 · 교육적 및 사회적 결손행동

문제행동의 다섯째 유형은 발달적 연령이나 교육 및 사회 문화적 수준으로 보아 이미 습득했어야 할 행동을 아직 학습하지 못하여 적응상의 문제를 야기하는 결손행동[3]이다. 세 살인데 아직 말을 못하고, 주의력이 결핍되어 학습이 불가능하며, 학습 기술이 없어 성적이 떨어진다. 사교술이 없어 친구가 없고, 수 개념이 없어 계산이 틀리며, 외국어를 못하여 해외출장이 어렵다. 대인관계 기술이 없어 집단에 수용되지 못하고, 손익계산서를 맞출 줄 몰라 회사에 손해를 끼친다. 이러한 행동은 생존을 위하여 이미 습득했어야 할 것들이지만 발달적 장애나 성격 문제 또는 사회 문화적 및 교육적 취약성으로 인하여 아직 결손 상태에 있어 일상생활에 큰 불편과 부적응을 초래하는 문제들이다. 따라서 치료교육의 목표는 이러한 결손행동을 조기에 발견하여 치료적 교육과 훈련을 통하여 하루 속히 보완하는 것이다.

3) 缺損行動

다음과 같다.

첫째로, 표적행동의 발생을 유도하는 선행자극(A)과 행동의 발생을 강화하는 후속자극(C)을 실생활환경 내에서 확인하여 밝히는 과정을 A-B-C 분석[9]이라고 한다. [그림 4-2]에서 정적강화의 예를 살펴보자. 영수가 고함을 지르며 얼굴을 할퀸다. 왜 이러한 행동(B)을 할까? 그 원인이나 기능성을 확인하는 방법은 그런 행동 다음에 어떤 후속자극(C)이 수반되는지 관찰하는 것이다. 영수의 예에서는 음식이 신속히 제공된다. 이런 일이 반복적으로 관찰되면 영수는 음식을 얻기 위해 문제행동을 하는 것으로 추정할 수 있다. 바꾸어 말하면, 어머니는 음식을 제공함으로써 영수의 문제행동을 정적강화하고 있다고 가정할 수 있다. [그림 4-2]에서 부적강화의 예를 살펴보자. 머리로 책상을 받는 민주의 행동(B)에 수반되는 사건은 무엇인가? 어려운 과제 수행의 중단이다. 만일 같은 일이 반복하여 관찰된다면 민주는 어려운 과제로부터 벗어나기 위하여 머리로 책상을 받는 것으로 추정할 수 있다. 다시 말하면, 교사는 과제 수행을 중단시킴으로써 민주의 문제행동을 부적강화하고 있다고 가정할 수 있다.

행동의 발생에 영향을 미치는 또 하나의 요인은 선행자극(A)이다. 식탁에 음식이 차

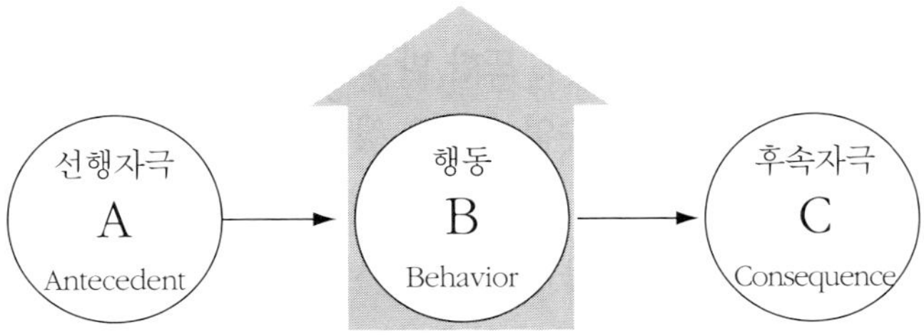

• 정적강화(영수)

식탁에 음식이 없을 때 고함치며 얼굴을 할퀸다. 신속히 음식을 얻는다.

• 부적강화(민주)

수학 문제를 주면 머리로 책상을 받는다. 과제 수행이 면제된다.

[그림 4-2] A-B-C 분석모형

행동(B)은 선행자극(A)에 의하여 유도되고 수반되는 후속자극(C)에 의하여 강화된다. 영수와 민주의 문제행동은 각각 '식탁에 음식이 없을 때' 또는 '수학 문제를 주면' 발생하였고, 발생한 문제행동은 정적강화와 부적강화에 의하여 각각 유지되고 있음을 알 수 있다.

9) A-B-C analysis

려져 있지 않을 때만 문제행동이 일관성 있게 발생한다면, '빈 식탁'은 영수의 행동과 특정 관계가 있을 것으로 추정된다. 민주의 문제행동 역시 '수학 문제'와 어떤 관련성이 있다고 추정된다. 즉, '빈 식탁'과 '수학 문제'는 각각 영수와 민주의 문제행동을 촉발하는 변별자극(S^D)으로 작용할 가능성이 높다. 이와 같이 문제행동을 유도하는 선행요인(A), 즉 변별자극을 확인하는 것은 진단과 치료과정에서 대단히 중요한 일이다.

둘째로, A-B-C 분석모형을 적용하면 문제행동의 원인과 기능성을 비교적 쉽게 밝힐 수 있다. 실제로 문제행동의 원인을 진단 · 평가하는 방법은 다음 세 가지로 요약된다. ① 면접을 통하여 문제행동에 영향을 미치는 선행요인과 후속요인이 무엇인지 확인할 수 있다. 면접 대상은 부모나 가족, 교사, 보호자 등 내담자의 문제행동을 오랫동안 관찰하여 잘 알고 있는 주변 인물이다. ② 문제행동이 발생하는 시간과 장소에서 직접 관찰하여 원인을 밝힐 수 있다. 표적행동의 발생 직전과 직후에 일어나는 모든 일, 사건, 환경의 변화 등을 체계적으로 관찰하여 기록한다. ③ 실험적 방법을 통하여 문제행동에 영향을 미치는 선행요인과 후속요인을 밝힐 수 있다. 문제행동에 영향을 미칠 것으로 가정되는 요인들을 체계적으로 조작하면서 행동 변화와의 관계를 관찰하고 분석한다. 이상과 같이 A-B-C 분석모형은 문제행동의 원인을 진단하고 평가하는 데 기본 틀로 활용된다. 문제행동의 원인을 진단 · 평가하는 구체적 방법은 '제5부 기능성 평가와 치료적 중재'에서 자세히 설명하기로 한다.

셋째로, A-B-C 분석을 통하여 문제행동에 영향을 미치는 선행요인(A)과 후속요인(C)이 밝혀지면, 치료과정에서는 바로 이러한 환경요인을 체계적으로 재배열하고 조절함으로써 행동의 변화를 시도한다. 다음에서는 문제행동의 유형별로 A-B-C 분석모형을 적용하여 그 원인을 확인하고, 문제행동의 개선에 활용될 수 있는 최적의 중재방안을 모색하기로 한다.

제3절 과소행동의 평가와 치료적 중재방안

과소행동의 치료목표는 생활적응에 필요한 만큼 표적행동의 발생빈도를 증가시키는 것이다. 이 절에서는 A-B-C 분석을 통하여 과소행동의 원인을 진단하고 이에 근거한 치료적 중재방안을 모색하기로 한다.

셋째로, 선행자극(A)이 표적행동(B)을 잘 유도하지 못할 때는 촉진자극을 도입하여 표적행동(B)을 유발시킨 다음 강력하게 정적강화한다. [그림 4-5]에서와 같이 선행자극(A)과 표적행동(B) 사이에 일시적으로 촉진자극과 용암법을 활용한 훈련 단계를 설정한다. 예를 들면, 식사 후 민호가 스스로 이를 닦지 않으면, "민호야, 이를 닦아야지?" 라고 언어적으로 지시하면서 민호를 물리적으로 이끌어 이를 닦도록 한다. 그리고 민호가 이를 닦으면 적극적 관심을 보이며 칭찬하고 보상한다. 훈련의 진행과 함께 민호의 행동이 개선되면 점차로 촉진자극의 양을 줄여 '식사 후' 라는 자연적 상황이 스스로 이를 닦는 행동을 유도할 수 있도록 한다. 촉진과 용암법의 활용에 관해서는 '제11장 자극통제' 를 참고한다.

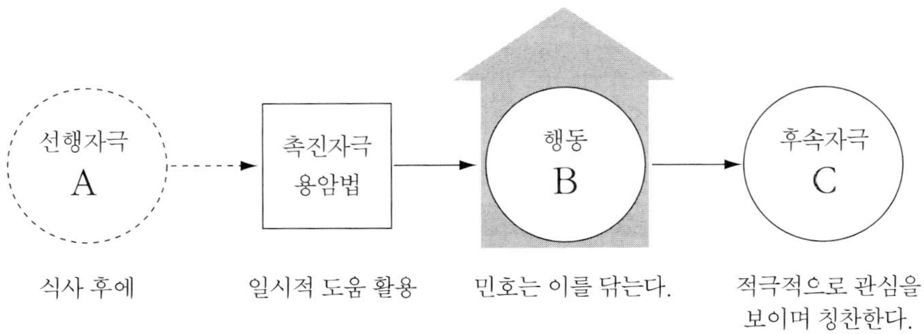

[그림 4-5] 촉진과 용암법을 활용한 변별훈련

자연적 변별자극(S^D)이 표적행동(B)을 유도하지 못할 때는 일시적으로 촉진자극을 사용하여 표적행동의 발생을 유도하면서 적극적으로 강화한다. 그리고 점차로 촉진자극을 줄여 결국 본래의 자연적 변별자극에 반응하도록 한다. 점선으로 그려진 원과 화살표는 '식사 후'라는 상황이 변별자극으로 학습되지 못하여 행동의 발생에 직접 영향을 미칠 수 없는 상태를 나타낸다.

제4절 과다행동의 평가와 치료적 중재방안

문제행동의 둘째 유형에 속하는 과다행동의 치료목표는 생활적응에 알맞은 수준으로 발생빈도를 낮추는 것이다. 그리고 셋째 유형에 속하는 반사회적 및 비도덕적 행동은 발생빈도가 높지 않더라도 신속히 제거해야 할 치료적 대상이다. 두 유형의 문제행동은 치료의 목표에 있어서 적정량으로 줄일 것인지 아니면 완전히 제거할 것인지에 차이가 있을 뿐 원인의 진단이나 치료방법은 기본적으로 동일하다. 이 절에서는 두 유형의 문제행동을 하나로 통합하여 평가모형과 중재방안을 제시하기로 한다.

1. 과다행동의 분석모형

과다행동과 반사회적 및 비도덕적 행동은 이미 학습되어 행동저장고에 존재할 뿐 아니라, 아직도 그 행동을 유발하는 선행자극(A)과 그 행동을 강화하는 후속자극(C)이 생활환경 내에 존재하기 때문에 지속되는 것으로 가정된다. 이러한 문제를 A-B-C 분석모형에 따라 분석하면 다음과 같다.

첫째로, 행동의 발생빈도가 높은 것은 생활환경 내에 그 행동을 강화하는 강력한 후속자극(C)이 존재하며, 계속강화 또는 간헐강화에 의하여 지원되고 있기 때문이다. 또한 발생빈도는 높지 않아도 문제행동이 오랜 기간 지속되는 것 역시 문제행동을 강화하는 후속자극(C)이 지속적으로 수반되기 때문이다. [그림 4-6]에서 정적강화의 예를 보면, 민수가 책상을 두드리며 고함을 지를 때마다 교사는 민수에게 달려와 도와준다. 즉, 교사는 신속히 민수를 도와줌으로써 문제행동을 강화하고 있다. 부적강화의 예에서는 문제행동이 발생할 때마다 교사는 민수에게 과제를 중단하고 쉬라고 한다. 교사는 과제를 면제시켜 줌으로써 민수의 문제행동을 부적강화하고 있다. 그림에서 행동(B)과 후속자극(C)이 모두 실선으로 표시되고 이들을 잇는 화살표 역시 실선으로 그려

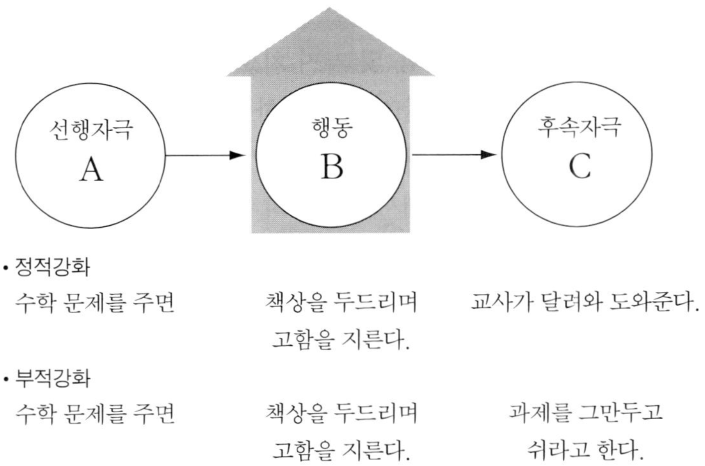

[그림 4-6] 과다행동의 분석

민수는 수학 문제를 주면(A) 책상을 두드리며 고함을 지른다(B). 그럴 때마다 교사가 달려와 도와준다(C). 수학 시간에 부여되는 과제(A)는 문제행동을 유발하고, 교사의 도움(C)은 문제행동을 강화한다.

셋째로, 동기화조작을 활용하여 문제행동의 발생 동기를 약화시킬 수 있는 방안을 마련한다. 예를 들어, 교육과정의 난이도를 조절하고, 참신하고 재미있는 방법으로 학습과제를 구성함으로써 학생들의 관심과 집중력을 높이고 자연스럽게 적절한 학습반응을 유도할 수 있도록 한다. 촉진과 용암법 및 동기화조작에 관해서는 '제4부 선행요인을 조절하는 방법'을 참고한다.

넷째로, 문제행동을 유도할 수 없는 선행 상황을 마련한다. 예를 들면, 수업 중에 몰래 만화책을 볼 수 없는 학습 상황(A)을 조성하는 것이다. 학생의 행동을 잘 살필 수 있는 장소에 학생의 좌석을 배치한다든지, 아니면 수업 중 교사가 학생 주변을 자주 왕래함으로써 몰래 만화책을 볼 수 없는 상황을 만들 수 있다.

제6절 결손행동의 평가와 치료적 중재방안

결손행동이란 행동저장고에 존재하지 않는 행동을 말한다. 따라서 치료교육의 목표는 생존과 발달에 필수적인 행동을 선정하여 가장 효율적인 방법으로 가르치는 것이다. 앞서 설명된 다른 문제들과는 상당히 다르지만, 역시 A-B-C 분석모형을 기본 틀로 하여 결손행동의 문제를 분석하고 치료적 중재방안을 모색하기로 한다.

1. 결손행동의 분석모형

결손행동은 이미 습득했어야 할 행동을 발달적 장애나, 성격적 특성 또는 사회문화적 환경 및 교육적 결함으로 인하여 아예 배운 적이 없거나 아직도 할 줄 모르는 행동 때문에 문제가 된다. [그림 4-10]은 바로 이러한 상태를 나타내는 A-B-C 분석모형이다. 선행자극, 행동, 후속자극이 모두 점선으로 표시되어 있고, 시간적 순서나 방향을 표시하는 화살표도 없다. 즉, 행동(B) 자체가 결손 상태라서 행동을 유도하는 선행자극(A)이나 행동에 수반되는 후속자극(C)도 존재하지 않으며, 서로 아무 관계도 형성되어 있지 않음을 나타낸다.

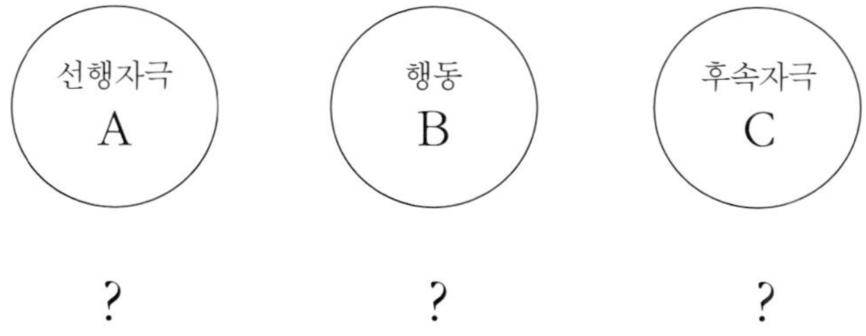

[그림 4-10] 결손행동의 분석

연령, 성별, 교육 및 사회문화적 수준으로 볼 때, 이미 습득했어야 할 행동(B)을 아직도 학습하지 못한 결손 상태에 있다. 행동(B) 자체가 결손되어 있어 선행자극(A)이나 후속자극(C)도 있을 수 없다.

2. 결손행동의 치료적 중재방안

새로운 행동을 가르친다는 것은 전혀 존재하지 않는 A-B-C 수반적 관계를 새로 형성한다는 뜻이다. 새로 가르칠 결손행동(B)을 선정하고, 행동을 유도할 수 있는 선행자극(A)을 마련하고, 행동을 효과적으로 강화할 수 있는 후속자극(C)을 체계적으로 계획하여야 한다. 프로그램 교수방법에 따라 조금씩, 쉽고, 재미있고, 개인의 능력에 맞는 체계적인 훈련계획을 마련하여야 한다.

첫째로, 발달검사와 사회성검사 등을 통하여 결손행동을 확인하고 치료교육 및 훈련목표로 설정한다. 둘째로, 행동형성과 행동연쇄의 기법에 따라 점진적으로 목표에 도달할 수 있는 훈련 단계를 설정한다. 셋째로, 각 단계별 표적행동을 효과적으로 유도할 수 있는 선행조건(A)을 설정한다. 넷째로, 성공적 학습반응을 체계적으로 강화할 수 있는 평가기준을 마련한다. 마지막으로, 계획된 프로그램에 따라 최종 훈련목표에 도달할 때까지 집중적으로 훈련한다. 결손행동을 효과적으로 형성시키기 위한 훈련 프로그램의 제작 절차와 방법은 '제6부 새로운 행동을 가르치는 방법'에서 자세히 설명하기로 한다.

연구문제

➲ A-B-C 분석모형에 따라 다양한 인간 문제의 원인을 분석하고 치료방안을 논해 보자.

1. 문제행동의 다섯 가지 유형을 열거하고, 각 유형에 속하는 문제행동을 두 가지 이상 찾아보자.
2. A-B-C 분석모형을 적용하여 과소행동의 원인과 치료전략을 설명해 보자.
3. A-B-C 분석모형을 적용하여 과다행동의 원인과 치료전략을 설명해 보자.
4. A-B-C 분석모형을 적용하여 상황에 맞지 않게 행동하는 비변별적 행동의 원인과 치료전략을 설명해 보자.
5. A-B-C 분석모형을 적용하여 반사회적 행동 및 비도덕적 행동의 원인과 치료전략을 설명해 보자.
6. A-B-C 분석모형을 적용하여 결손행동을 형성시키기 위한 전략을 설명해 보자.

제2부

행동을 증가시키는 방법

Increasing Behavior

행동의 발생빈도가 개인적 및 사회적 요구 수준보다 월등히 낮을 때 생활적응에 많은 문제가 야기될 수 있다. 따라서 바람직한 행동의 발생빈도를 적정 수준으로 높일 수 있는 효율적인 강화방안이 다련되어야 한다. 강화는 응용행동분석의 핵심개념으로서 행동을 증가시킬 수 있는 중요한 방법이다.

제5장 작동행동의 강화에서는 행동을 증가시킬 수 있는 기본기법으로 정적강화와 부적강화의 원리를 실용적 측면에서 재정리한다. 그리고 강화의 유형, 효과적 강화의 원리, 강화자극의 선정방법 등을 논의한다.

제6장 강화계획에서는 계속강화와 간헐강화, 고정비율계획과 변동비율계획, 고정간격계획과 변동간격계획 등 간헐강화의 기본 유형을 정의하고 그 특성과 적용 사례를 살펴본다.

제7장 기타 강화방법에서는 강력한 유인체제로서의 행동계약과 토큰제도의 효과적 절차와 활용방법, 집단강화의 유형과 활용법 등에 관하여 설명한다.

제5장 작동행동의 강화

학습목표

1. 정적강화를 정의하고 예를 들어 설명할 수 있다.
2. 부적강화를 정의하고 예를 들어 설명할 수 있다.
3. 강화의 유형을 설명할 수 있다.
4. 효과적 강화의 원리를 설명할 수 있다.
5. 강화자극의 선정방법을 활용할 수 있다.

이 장에서는 과소행동을 증가시킬 수 있는 기법으로서의 정적강화와 부적강화에 관하여 자세히 설명하기로 한다. 한 번 학습된 행동은 같은 상태로 영구히 지속되는 것이 아니라, 환경자극이 바뀌면 행동도 따라서 변화된다. 학습된 행동을 잘 관리하지 않고 방치하면 우연적 환경자극의 영향을 받아 예측할 수 없는 방향으로 다시 변화될 수 있다. 그러므로 바람직한 행동을 생활환경 내에서 적정 수준으로 유지할 수 있는 효율적인 강화방안이 마련되어야 한다.

제1절 정적강화와 부적강화

정적강화와 부적강화는 행동의 발생빈도나 지속시간을 증가시킬 때 활용되는 응용행동분석의 가장 핵심적이며 기본적인 기법이다. 이 절에서는 새로 습득된 표적행동을 효율적으로 유지시키거나 그 행동의 재발생률을 높이려 할 때 정적강화와 부적강화가 어떻게 활용될 수 있는지 살펴본다.

1. 정적강화

정적강화자극[1]이란 어떤 행동에 후속되는 자극으로서 그 행동을 증가시킬 수 있는 모든 사건, 일, 물건, 기타 환경의 변화 등을 일컫는다. 그리고 이러한 자극을 행동에 후속시켜 그 행동의 재발생률을 증가시키는 방법을 정적강화[2]라고 한다. 일반적으로 칭찬, 인정, 애정 등과 같은 사회적 관심, 음식, 장난감, 돈 등과 같은 물질적 보상, 밖에 나가 놀기, TV 시청, 게임 등과 같은 활동의 기회 등이 정적강화자극으로 사용될 수 있다. 그러나 이러한 자극들을 행동에 후속시킴으로써 그 행동을 실제로 증가시켰다는 사실이 객관적으로 확인되기 전에는 정적강화자극이라고 말할 수 없다.

정적강화가 성립되기 위해서는, [그림 5-1]에 제시된 바와 같이, 자극의 조작방법과 행동에 미치는 효과라는 측면에서 다음과 같은 두 가지 조건이 충족되어야 한다. 즉, ① 행동에 뒤따라 어떤 자극을 제공(+)해야 하고, ② 이에 따라 행동의 발생빈도나 지속시간이 증가되어야 한다. 다시 말하면, 표적행동에 후속하여 제공되는 자극으로서 그 행동을 증가시킬 수 있는 것이면 무엇이든 정적강화자극이 될 수 있다. 〈표 5-1〉은 가정과 학교, 직장에서 활용될 수 있는 잠재적 정적강화자극을 연령 수준별로 제시한 것이다.

1) Positive reinforcer, Positive reinforcing stimulus (正的强化刺戟)

2) Positive reinforcement (正的强化)

〈표 5-1〉 가정 / 학교 / 직장에서 사용될 수 있는 잠재적 정적강화자극

발달 수준	정적강화자극
취학전 유아	사회적 관심: 칭찬, 미소, 얼러 주기, 포옹, 피부 접촉 등과 같은 관심과 애정 표현 물질적 상품: 좋아하는 음식과 음료(비만과 치아에 해롭지 않은 것), 작은 플라스틱 모형, 장난감, 색칠하기 자료 등 활동의 기회: TV 시청, 녹음기 사용, 밖에 나가 놀기, 박물관 · 동물원 · 백화점 방문, 부모와의 놀이, 부모 일손 돕기 등
초등학생	사회적 관심: 칭찬, 미소, 인정, 물리적 접근, 포옹, 피부 접촉 등과 같은 애정 표현 물질적 상품: 피자, 햄버거 등 음식류, 만화책, 게임기, 장난감, 잡지, 돈 등 활동의 기회: TV 시청, 취침시간 지연, 부모 방에서 취침하기, 친구 초대, 친구 집에 놀러 가기, 음식 만들기, 소풍, 공원 산책, 컴퓨터 게임 등
중 · 고등학생	사회적 관심: 칭찬, 인정, 책임 부여, 긍정적인 언어적 피드백 등 물질적 상품: 돈, 새 옷, 음악 CD, 레코드, 휴대전화, 화장품 등 활동의 기회: 늦은 귀가, 운동, 등산, 컴퓨터 게임, 인터넷 채팅, 스포츠, 사회봉사, 시간제 취업 등
직장 성인	사회적 관심: 칭찬, 인정, 승진, 중요 모임 초대, 감사패, 훈 · 포장 등 물질적 상품: 급여 인상, 특별 상여금, 포상금, 회사 차 배당, 판공비 등 활동의 기회: 주요 사업기획팀 발령, 특수 과제 부여, 국내외 출장, 해외 근무 등

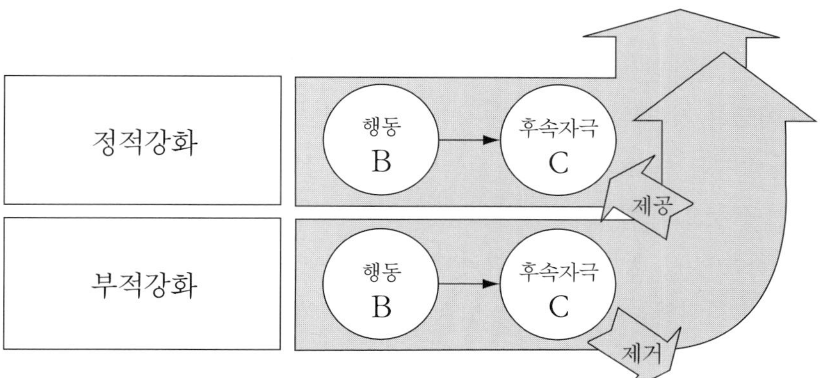

[그림 5-1] 정적강화와 부적강화

정적강화는 행동에 수반하여 특정 자극을 제공(+)함으로써 행동을 증가시키는 방법이고, 부적강화는 행동에 수반하여 특정 자극을 제거(-)함으로써 행동을 증가시키는 방법이다.

2. 부적강화

많은 사람들이 부적강화를 벌과 같은 것으로 생각하거나 또는 혐오자극으로 어떤 행동을 감소시킬 때 사용되는 방법으로 잘못 알고 있다. 그러나 부적강화는 정적강화와 마찬가지로 행동을 증가시키는 방법이다. 여기서 부적(否的)이란 말은 행동을 감소시키거나 혐오자극을 사용한다는 뜻이 아니라, 자극을 회수 또는 제거(-)하는 것을 의미할 뿐이다. 따라서 부적강화[3]란, [그림 5-1]에 제시된 바와 같이, 어떤 행동이 발생할 때마다 행동자에게 부여되던 어떤 자극을 제거 또는 면제시켜 줌으로써 그 행동을 증가시키는 방법을 말한다. 그리고 이때 행동에 수반하여 제거 또는 회수되는 자극을 부적강화자극[4]이라고 한다. 예를 들면, 추운 날 창문을 닫고, TV 음량을 줄이고, 에어컨을 켜는 행동들은 모두 부적강화로 설명될 수 있다. 이러한 행동에 수반하여 찬 공기, 시끄러운 소리, 더운 공기와 같은 자극들이 중단 또는 제거되기 때문에 우리는 그러한 행동을 반복하는 것이다.

부적강화로 판정되기 위해서는 역시 두 가지 조건이 충족되어야 한다. 즉, ① 행동에 수반하여 특정 자극이 제거 또는 회수(-)되어야 하고, ② 이에 따라 행동의 발생빈도나 지속시간이 증가되어야 한다. 학교에서 학생들이 소란스럽게 떠들 때, 교사가, "조용히 해!" 라고 자주 고함을 지르는 것은 이로 인하여 아동들의 소음을 중단시킬 수 있기 때문이다. 다시 말하면, 고함을 지름으로써 교사는 소음으로부터 도피하는 것이다. 때로는 특정 자극을 경험하기 전에 미리 회피할 수 있도록 함으로써 행동을 강화할 수 있다. 예컨대, 숙제를 해 오지 않은 학생들에게 청소당번을 시키는 벌칙을 생각해 보자. 미래에 닥쳐올 것으로 예측되는 '청소당번' 을 '숙제를 함' 으로써 미리 회피할 수 있다. 즉, 숙제를 하는 것은 청소당번을 회피할 수 있는 수단이 된다. 이와 같이 부적강화는 대체로 도피나 회피행동을 강화하는 방식으로 이루어진다. 앞서 제시된 예에서 부적강화자극은 바로 교사의 고함에 의하여 제거되는 '소음' 과 숙제를 함으로써 면제되는 '청소당번' 을 일컫는다.

즉, 부적강화는 정적강화와 같이 행동을 증가시킨다는 공통점이 있다. 그러나 부적

3) Negative reinforcement (否的强化): 어떤 저자는 표적행동에 수반하여 특정 자극을 회수 또는 제거(-)한다는 의미로 negative의 번역을 否(아닐 부) 대신에 負(질 부)를 사용하기도 한다. 이 책에서는 positive의 대립되는 개념으로서의 negative를 否的으로 번역하여 사용하기로 한다.

4) Negative reinforcer (否的强化刺戟)

강화가 이루어지려면, 사전에 어떤 불쾌한 자극사태에 처하게끔 조치해야 하기 때문에 다음과 같은 몇 가지 부작용이 뒤따른다. 첫째, 부적강화가 자주 사용되면, 혐오자극과 관련된 사람이나 상황 모두로부터 도피 또는 회피하는 현상이 나타날 수 있다. 한마디로 매를 든 부모나 교사를 멀리하게 되어 부모와 자녀 관계, 또는 스승과 제자 사이가 멀어질 수 있다. 둘째, 혐오자극으로 유발되는 공격적 행동과 불쾌한 정서반응이 혐오자극을 관리하는 부모나 교사에게 집중될 수 있다. 이러한 부작용을 최소화하려면 부적강화를 사용할 때 다른 긍정적 치료방법(예: DRO, DRA, DRI)을 병행하는 것이 필요하다.

익힘문제

익힘문제 1: 수일이는 순애가 자기를 바라볼 때마다 미소를 지으며 손을 흔들었다. 그 후로 순애는 수일이를 더 자주 바라보았다.

표적행동: ______________ ⇨ 후속사건: ______________
표적행동은 증가되었는가? 예 / 아니요 / ?
수일이가 사용한 기법은 무엇인가? 정적강화 / 부적강화 / ?

익힘문제 2: 영자는 철수가 책을 한 권 읽을 때마다 10,000원씩 주었다. 영자는 철수에게 책을 읽도록 하기 위하여 어떤 기법을 사용하였는가?

표적행동: ______________ ⇨ 후속사건: ______________
표적행동은 증가되었는가? 예 / 아니요 / ?
영자가 사용한 기법은 무엇인가? 정적강화 / 부적강화 / ?

익힘문제 3: 어머니는 영수에게, "속이 불편할 때는 식사 중에 트림을 해도 좋다."고 말했다. 그 후로 영수는 식사 중에 트림을 많이 하였다.

표적행동: ______________ ⇨ 후속사건: ______________
표적행동은 증가되었는가? 예 / 아니요 / ?
어머니가 사용한 기법은 무엇인가? 정적강화 / 부적강화 / ?

익힘문제 4: 아주 짧은 미니스커트를 입은 딸을 본 아빠는 못마땅한 눈초리로 딸을 노려 보았다. 그 후로 딸은 긴 치마를 입었다.

표적행동: ______________ ⇨ 후속사건: ______________

표적행동은 증가되었는가? 예 / 아니요 / ?

아버지가 사용한 기법은 무엇인가? 정적강화 / 부적강화 / ?

긴 치마를 입은 행동은? 도피행동 / 회피행동

익힘문제 5: 치과에서 한 아동이 심하게 울고, 소리 지르고, 입을 벌리지 않아 치료를 계속할 수 없었다. 의사는 아동의 치료를 중단하고 쉬게 하였다. 그 후로 아동은 치과 의자에 앉기만 하면 심하게 반항하였고, 의사는 그때마다 치료를 중단하였다.

표적행동: ______________ ⇨ 후속사건: ______________

표적행동은 증가되었는가? 예 / 아니요 / ?

의사가 사용한 기법은 무엇인가? 정적강화 / 부적강화 / ?

울고, 소리 지르고, 입을 벌리지 않는 행동은? 도피행동 / 회피행동

익힘문제 6: 치과 의사는 묘안을 구상하였다. 치과 의자에 앉아 아동이 울고, 소리 지르고, 입을 벌리지 않아도 치료를 계속 강행하였다. 전처럼 치료를 중단하고 쉬게 하지 않았다. 반면에 5분 동안 조용히 누워 치료에 협조할 때마다 10분씩 쉴 수 있게 하였다. 아동의 협조행동은 크게 증가하였고, 치료 거부행동은 70%에서 10%로 줄어들었다.

표적행동: ______________ ⇨ 후속사건: ______________

표적행동은 증가되었는가? 예 / 아니요 / ?

의사가 사용한 기법은 무엇인가? 정적강화 / 부적강화 / ?

치료에 협조하는 행동은? 도피행동 / 회피행동

＊정답은 이 장의 마지막, 연구문제 다음에 제시함

제2절 강화자극의 유형

강화자극은 다양한 유형으로 분류될 수 있다. 우선 선천적으로 타고난 일차적 강화자극과 경험을 통하여 후천적으로 학습된 이차적 강화자극으로 대별된다. 학습된 강화자극으로는 사회적 강화자극, 가시적 강화자극, 감각적 강화자극, 활동강화자극, 일반화된 강화자극 등이 있다.

1. 일차적 강화자극

개인에게 생리적으로 필요하고 중요한 강화자극을 일차적 강화자극[5]이라고 한다. 이러한 자극은 생명의 유지에 필수적인 것으로서 후천적 경험에 의하여 학습되지 않은 타고난 강화자극으로, 음식, 물, 음료, 공기, 온도, 수면, 휴식, 성 등을 예로 들 수 있다.

과자나 음료와 같은 먹을거리는 유아나 발달장애 아동에게 새로운 행동을 가르칠 때 효과적인 강화자극으로 사용된다. 이러한 것들은 선천적 유인가를 갖기 때문에 행동변화에 신속한 효과를 줄 수 있다. 그러나 청소년에게는 일반적으로 부적절하며 때로는 그들에게 모욕이 될 수도 있다. 그러므로 음식을 강화자극으로 사용할 때는 발달연령을 신중히 고려하여야 한다. 물론 청소년에게도 음식을 적절히 사용하면 효과적일 수 있다. 예를 들어, 학급 일을 맡은 임원들의 봉사 활동을 치하하며 간단한 다과회를 마련한다면 효과적인 강화자극이 될 수 있다.

일차적 강화는 자극의 박탈[6] 상태에서만 효과를 기대할 수 있으며, 박탈 정도에 따라 큰 차이를 보인다. 예를 들면, 사막을 걷고 있는 사람에게는 물이, 사흘을 굶은 사람에게는 밥이 가장 효과적인 강화자극이 될 것이다. 이러한 극한 상황이 아니더라도, 영유아나 심각한 발달장애 아동을 대상으로 학습이 진행될 때 과자나 음료가 강화자극으로 많이 사용되는데, 이런 경우 적어도 두 시간 전에는 음식을 먹이지 않도록 함으로써 강화의 효과를 높일 필요가 있다. 박탈과 대립되는 개념은 포화[7]이다. 박탈 상태에서

5) Primary reinforcer

6) Deprivation

7) Satiation

칭찬, 인정과 같은 언어적 진술 등이다. 예를 들면, 항상 맛있는 음식을 제공하는 엄마의 포옹과 뽀뽀는 아기에게 큰 강화력을 갖는다. 반대로 물질적 보상 없이 말뿐인 공치사로 끝나는 사장의 칭찬은 강화력을 상실한다. 그러므로 이와 같은 사회적 강화자극이 그 효력을 유지하려면 일차적 강화자극과 때때로 짝지어 제공되어야 한다.

Hall, Lund, Jackson(1968)의 고전적 연구에서는 사회적 강화가 초등학생에게 얼마나 큰 영향력이 있는지를 여실히 보여 준다. 이 연구에서는 아동이 학습행동을 할 때마다 교사가 가까이 다가가서(물리적 접근), 등을 두들겨 주며(신체적 접촉), 칭찬(언어적 진술)을 하는 한편, 비학습행동은 단순히 무시하였다. 그 결과 기초선 기간 중 평균 48% 수준에 머물며 큰 변산을 보이던 학습행동이 제1차 강화기간 중 빠른 속도로 상승하는 추세를 보이며 최고 90% 이상 크게 증가하였다. 반전기간 중에는 다시 평균 48%로 크게 감소하였으나, 제2차 강화기간 중 다시 사회적 강화가 시작되면서 평균 70% 수준에서 완만한 상승 추세를 보였다. 즉, 이 연구 결과는 초등학교 학급 내에서 교사의 접근, 신체 접촉, 칭찬과 관심과 같은 사회적 강화자극이 아동의 학습행동을 증가시키는 데 큰 효과가 있음을 입증하였다.

4. 가시적 강화자극

그 자체로는 강화자극으로서의 가치를 가지고 있지 않은 가시적 대상물도 일차적 강화자극 또는 기존의 강력한 이차적 강화자극과 짝지어지면 강화력을 획득할 수 있다. 예를 들어, 스티커, 값싼 장신구, 감사패, 훈 · 포장 등은 그 자체로는 정적강화자극으로서의 효력을 가지고 있지 않지만, 사람들의 칭찬, 관심, 인정 등 기존의 강력한 이차적 강화자극과 짝지어짐으로써 강화력을 획득하게 된다. 이와 같은 대상물이 특정 행동에 수반하여 그 행동의 재발생률을 증가시킬 수 있을 때 이러한 것들을 가시적 강화자극[12)]이라고 한다. 가시적 강화자극의 활용 범위는 상당히 넓다. 수료증, 자격증, 상장부터 액세서리, 엠블럼, 구슬, 작은 모형 장난감, 풍선, 우표에 이르기까지 연령에 따라 폭넓게 활용될 수 있다.

12) Tangible reinforcer

5. 감각적 강화자극

다양한 형태의 감각자극, 예를 들면, 저주파 진동기나 안마기로 피부자극하기, 손가락이나 깃털로 간질이기, 번쩍이는 불빛으로 시각자극 주기, 음악이나 장난감, 전자음으로 청각자극 주기, 그네나 놀이기구로 운동감각적 자극 주기 등은 표적행동을 증가시킬 수 있는 정적강화자극이 될 수 있다.

6. 활동강화자극

표적행동에 수반하여 좋아하는 활동의 기회를 제공함으로써 표적행동을 증가시킬 수 있다면, 제공된 활동 자체는 정적강화자극이 될 수 있다. 예를 들어, 수학 숙제를 마칠 때마다 30분간의 컴퓨터 게임을 허용함으로써 수학 숙제하는 행동을 증가시킬 수 있다면, 컴퓨터 게임 자체는 활동강화자극이 될 수 있다. 이와 같이 일상생활에서의 다양한 활동 중 아동들이 좋아하고 빈번히 하는 행동들은 모두 활동강화자극이 될 수 있다. 밖에 나가 놀기, 학급 일 맡기, 봉사하기, 교사 돕기, 컴퓨터 게임하기, 운동하기, 스포츠 경기 관람하기, 스포츠 센터 이용하기, TV 보기, 영화 관람하기, 부모와 외식하기, 도서관 가기, 박물관 가기, 엑스포 가기, 놀이동산 가기 등과 같은 활동과 특전은 훌륭한 활동강화자극으로 활용될 수 있다.

이러한 활동강화자극은 음식이나 물질적 강화자극의 활용이 부적합하거나 비용의 부담으로 인하여 선택하기 어려울 때 적절히 활용될 수 있다. 한 연구에서는 시립 레크리에이션 시설의 이용시간을 강화자극으로 활용하여 청소년들의 일탈행동을 줄이고, 회원 수를 증가시키는 데 성과를 거두었다(Pierce & Risley, 1974). 예컨대, 새로운 회원을 센터로 인도하는 사람에게는 추가적으로 레크리에이션 시간을 허용함으로써 회원 확보에 성공하였다. 반면에 올바르지 못한 행동을 할 때는 이용시간을 단축하는 방식으로 이미 확보된 정적강화자극을 회수(반응대가)함으로써 회관 어지르기, 시설 파괴하기와 같은 행동을 개선하는 데 효과를 거둘 수 있었다.

Premack(1959)은, 하나의 행동 자체는 다른 행동을 강화할 수 있는 자극으로 활용될 수 있으며, 자유로운 상황에서 발생하는 행동의 상대적 발생빈도는 강화의 효과를 결정하는 중요한 요인으로 보았다. 자유시간에 아동들의 행동을 관찰해 보면, 행동의 선호도나 상황에 따라 각 행동의 발생빈도나 지속시간이 서로 상당히 다르다는 것을 발견할 수 있다. 따라서 각 행동의 상대적 발생 분포를 비교함으로써 효과적인 활동강화자극을 선별할 수 있다. 프리맥 원리[13]는 매우 간단한 이론으로, 상대적으로 더 높은 발생빈도를 갖는 행동은 상대적으로 낮은 발생빈도를 갖는 행동을 강화할 수 있다는 것이다. 예를 들어, 숙제하기보다는 TV를 보는 데 더 많은 시간을 보내는 학생에게 프리맥 원리를 적용한다면, '숙제를 마친 후에 TV를 볼 수 있다.' 는 규칙을 설정하는 것이다. 즉, 발생빈도가 낮은 행동(숙제)을 강화하기 위하여 발생빈도가 높은 행동(TV 보기)을 강화자극으로 후속시키는 것이다.

Timberlake와 Allison(1974)은 프리맥 원리에 동기설정조작(EO)[14]의 원리를 접목하여 반응박탈 가설[15]을 설정하고, 특정 활동(발생빈도가 높은 행동)의 기회를 허용하는 것이 다른 표적행동(발생빈도가 낮은 행동)에 대한 강화로 기능할 수 있는지의 여부를 검증하였다. 연구의 초점은 발생빈도가 높은 행동의 강화 효과를 높이기 위하여 그 행동으로의 접근 기회를 기초선 수준(평소 수준)보다 낮게 제한한 상태(박탈 상태)에서 실험을 실시하여 가설을 성공적으로 검증하였다. 예를 들어, 가정에서 자녀들의 하루 활동을 관찰해 보면 숙제하기보다 컴퓨터 게임에 더 많은 시간을 소비하는 것을 볼 수 있다. 부모들은 흔히 '공부는 하지 않고 게임만 해서 문제' 라고 호소한다. 여기에 프리맥 원리를 적용한다면, 발생빈도가 낮은 숙제를 먼저 하게 한 다음, 발생빈도가 높은 게임하기를 허용하는 것이다. 더 나아가 자녀가 좋아하는 컴퓨터 게임의 강화 효과를 높이기 위해서는 컴퓨터 게임을 무제한 허용하지 말고, 적절히 통제하여 컴퓨터 게임에 대한 박탈 상태를 유지할 필요가 있다. 즉, 평소 게임에 목마르게 하여 게임을 하고 싶은 동기를 높이는 것이 필요하다. 이러한 동기화조작(MO)[16]에 대해서는 '제12장 동기화조작과 선행중재' 에서 자세히 논의하기로 한다.

7. 일반화된 강화자극

일반화된 강화자극[17]은 학습된 강화자극의 일종으로, 토큰이나 돈을 그 예로 들 수 있

13) Premack principle
14) Establishing operation
15) Response-deprivation hypothesis
16) Motivating operation
17) Generalized reinforcer

다. 돈이나 토큰은 각자가 좋아하는 다양한 상품이나 활동의 기회 등 광범한 영역에서 일차적 및 이차적 강화자극과 교환될 수 있어 포화되는 일이 거의 없다. 따라서 다른 강화자극처럼 특정한 박탈 상태를 유지할 필요가 없는 큰 이점을 가지고 있다. 토큰제도[18]에 관해서는 '제7장 기타 강화방법'에서 상세히 다룰 것이므로 여기서는 생략하기로 한다.

제3절 효과적 강화의 원리

Miller(2006)는 강화자극의 효과에 영향을 미치는 네 가지 주요인을 다음과 같이 정리하였다. 첫째, 강화자극은 행동이 발생한 후에 제공되어야 하고, 둘째, 강화자극은 행동이 발생한 후 즉시 제공되어야 하며, 셋째, 행동 후에 주어지는 강화자극의 양은 행동에 상응할 만한 가치가 있어야 하고, 넷째, 강화자극은 박탈 상태에 있어야 한다.

1. 수반성의 원리

수반성의 원리[19]란, 강화자극은 반드시 표적행동에 뒤따라, 즉 표적행동에 수반하여 제공되어야 한다는 것이다. 표적행동이 발생할 때마다 이에 수반하여 강화자극이 일관성 있게 제공될 때 강화의 효과는 더 커진다. 만일 표적행동이 발생하였는데 어떤 때는 강화하고, 어떤 때는 강화하지 않는다면 강화의 효과는 그만큼 떨어진다. 더욱이 표적행동과 대립되는 다른 바람직하지 못한 행동에 수반하여 강화자극이 제공되는 일은 결코 없어야 한다. 예를 들어, 30분 동안 숙제를 해야만 TV만화를 30분간 볼 수 있도록 정한 규칙이 일관성 있게 지켜진다면, 아동은 숙제를 잘할 것이다. 다른 방법으로는 TV를 볼 수 없기 때문이다. 그러나 아동이 떼를 쓰면 할 수 없이 TV 시청을 허용한다든지, 할아버지 방에 가면 아무 때나 TV를 볼 수 있는 환경에서는 숙제를 잘하지 않을 것이다.

18) Token system

19) Principle of contingency

2. 즉각성의 원리

즉각성의 원리[20]는 표적행동이 발생하자마자 시간적으로 더 빨리 강화자극이 제공될수록 더 효과적이라는 것이다. 실제로 행동이 끝나자마자 몇 초 이내 또는 행동이 진행 중일 때 강화하여야 한다. 동물을 대상으로 한 실험실 연구에서는 0.5초 이내에 강화자극이 제공될 때 가장 학습 효과가 높은 것으로 밝혀졌다. 그러나 차후에 강화자극이 제공될 것이라는 사실을 미리 알고 있을 경우, 또는 행동과 지연강화 간의 관계를 잘 이해하고 있는 경우에는 시간이 조금 지연되어도 그 효과는 동일할 수 있다. 예를 들면, 토큰제도나 점수제도에서는 표적행동에 수반하여 토큰이나 점수를 먼저 제공하고 차후에 지원강화와 교환하도록 되어 있다. 이러한 경우에는 강화가 지연되어도 효과는 동일할 수 있다.

3. 크기의 원리

강화의 양 또는 크기는 어느 정도되어야 효과적일 것인가? 크기의 원리[21]란 한마디로 강화의 양은 행동에 상응할 만큼 클수록 효과적이라는 것이다. 집안 대청소를 한 아들에게 사탕 하나를 주는 것은 행동에 상응할 만큼의 가치가 없다. 적어도 사탕 한 봉지나 그 이상이 되어야 할 것이다. 단, 한 번에 주는 강화의 양이 크면 클수록 효과적이지만, 한 번에 너무 많은 양을 주어 포화 상태에 이르면 강화력을 상실하게 된다. 가장 이상적인 강화의 양을 정하기 위해서는 요구되는 행동의 양, 난이도, 같은 보상을 얻을 수 있는 다른 방법과의 경쟁력 등을 고려하여야 한다.

4. 박탈의 원리

박탈의 원리[22]는 강화자극에 대한 포화와 박탈의 정도에 관한 원리이다. 포화와 박탈은 시간적으로 최근에 특정한 강화자극을 받은 빈도 또는 양과 관련된다. 예를 들면,

20) Principle of immediacy
21) Principle of size
22) Principle of deprivation

30분 전에 배불리 밥을 먹어 이미 포화된 상태에서 빵은 효과적인 강화자극이 될 수 없다. 그러나 두 시간 전부터 아무것도 먹지 못해 배가 고픈 사람에게 빵은 강력한 강화자극이 될 수 있다. 운동을 심하게 하여 땀을 많이 흘린 사람에게 시원한 음료는 효과적인 강화자극이 될 수 있다. 그러나 방금 맥주를 두 병이나 마신 사람에게 음료수는 효과적인 강화자극이 될 수 없다. 그러므로 강화의 효과를 높이기 위해서는 포화를 예방하고, 일정 시간 결손 상태를 유지하는 것이 필수적이다. 이와 같이 포화와 박탈 상태를 조작함으로써 강화자극의 효과에 영향을 미칠 수 있다. 이러한 동기화조작(MO)에 관해서는 '제12장 동기화조작과 선행중재'에서 자세히 논의하기로 한다.

익힘문제

다음의 익힘문제를 읽고, 효과적인 강화의 원리에 어긋나는 것이 무엇인지 찾아보자.

익힘문제 7: 어머니는 밥을 잘 먹지 않는 미나 옆에서 밥을 먹여 주고 있다. 어머니는 미나에게 숟가락을 쥐어 주며 혼자 먹어 보라고 한다. 미나는 어머니의 눈치를 살피며 한 숟가락을 떠서 입으로 가져간다. 어머니는 미나에게 '눈치는 왜 보니? 멍청한 것 같으니!' 라고 한다. 미나는 숟가락을 던져 버리고 울기 시작한다.

익힘문제 8: 순영 씨는 20세의 정신지체인으로 주간보호소에서 대부분의 낮 시간을 보낸다. 그녀는 아무도 관심을 보이지 않으면 자기 머리를 사정없이 벽에 받는다. 그러면 시설 직원들이 달려와 그녀의 행동을 중단시키려고 애를 쓴다.

익힘문제 9: 아버지가 현관에서 구두를 신으려는데, 구두가 반질반질하게 잘 닦여 있었다. 아버지는 '민수가 구두를 닦아 놓았구나!' 하고 생각하며 서둘러 집을 나왔다. 퇴근 후 아버지는 민수를 불러 구두를 닦아 주어서 고맙다고 하며 100원을 주었다. 다음 날부터 민수는 아버지의 구두를 닦지 않았다.

익힘문제 10: 영수는 5세 된 자폐아이다. 교사는 영수에게 양말 신기를 훈련 중이다. 영수가 양말을 발목 위로 끌어올렸다. 이때 교사는 옆에 있는 영희에게 잠시 주의를 주고 있었다. 교사는 이야기가 끝난 후 영수가 양말을 다 끌어올린 것을 보고 잘했다고 칭찬하였다. 이때 영수는 장난감으로 방바닥을 탕탕 치고 있었다.

* 정답은 이 장의 마지막, 연구문제 다음에 제시함

1. 질문법

잠재적 강화자극을 효과적으로 탐색할 수 있는 가장 기본적인 방법은 본인에게 직접 물어보는 것이다. 아동의 경우, 자기가 좋아하는 것들을 열거해 보도록 한다. 예컨대, 아동들은 자유놀이, 공차기, 만화 보기, 컴퓨터 게임 등을 나열할 것이다. 질문의 형태는 첫째, 자유반응 형식으로 무엇을 좋아하는지 물어볼 수 있다. 예를 들면, '자유시간에 너는 무엇이 제일 하고 싶니?', '너는 어떤 음식을 제일 좋아하니?' 라는 식으로 질문한다. 둘째, 선택할 수 있는 형태로 질문한다. 예를 들면, '감자튀김, 과자, 팝콘, 떡볶이 중 어느 것을 좋아하니?', 또는 '너는 TV를 보는 것이 좋니, 밖에 나가 노는 것이 좋니?' 라는 식으로 질문할 수 있다. 셋째, 여러 가지 물건이나 음식, 활동의 기회를 나열해 놓고 좋아하는 순서대로 평가하도록 할 수 있다(Cooper, Heron, & Heward, 2007).

잠재적 강화자극에 대한 질문은 아동 본인 외에도 부모, 형제, 교사, 보호자 등 주변의 중요한 인물을 대상으로 실시될 수 있다. 즉, 내담자가 선호하는 활동, 물품, 장난감, 음식, 취미, 활동 등을 확인함으로써 잠재적 강화자극을 탐색할 수 있다. Martin과 Pears(1999)는 먹고 마실 수 있는 음식과 음료, 집에서 할 수 있는 취미 활동이나 일거리, 지역사회에서 할 수 있는 쇼핑, 운동, 드라이브, 멀리 떨어진 곳에서 할 수 있는 캠핑, 여행, 해수욕, 조작할 수 있는 장난감, 게임기, 컴퓨터, 움직이는 장난감, 소장하거나 수집할 수 있는 우표, 향수, 벨트, 빗, 사회적 강화인 언어적 칭찬, 포옹과 뽀뽀, 간질이기와 같은 신체적 접촉 등 다양한 영역에 걸쳐 잠재적 강화자극을 탐색하기 위한 질문지를 소개하였다. 그리고 Cautela(1977)는 아동용강화조사척도(CRSS)[23]를 세 가지 유형으로 나누어 제작하였다. A형과 B형 척도는 유치원에서 초등학교 3학년까지의 아동을 대상으로 하는 척도로서 각각 25개 문항으로 구성되었고, C형은 초등학교 고학년용으로 75개 평정척도와 자유형 질문 5개로 구성되었다. 이 척도는 〈표 5-3〉에서처럼 좋아하는 음식, 음료 등 먹을거리, 애완동물이나 사람, 다양한 활동 등에 대하여 '싫어한다', '좋아한다', '아주 좋아한다' 의 3단계로 평정하도록 구성하였다.

이상과 같이 직접적 질문이나 질문척도 등을 사용하여 선호하는 음식과 음료, 좋아하는 장난감이나 물건, 좋아하는 활동, 사회적 강화 등을 탐색할 수 있지만, 선호하는

23) Childrens reinforcement Survey Schedule

〈표 5-3〉 아동용 강화자극의 조사척도 문항

질문 문항	싫어한다	좋아한다	아주 좋아한다
1. 사탕을 얼마나 좋아하니?			
2. 과일을 얼마나 좋아하니?			
3. 그림 그리기와 색칠하기를 얼마나 좋아하니?			
4. 자전거 타기를 얼마나 좋아하니?			
5. 수영하기를 얼마나 좋아하니?			

자극이나 활동이 반드시 강화자극의 기능을 할 것이라고 확신할 수는 없다. 또한 오늘 좋아한다고 하여 내일도 좋아할 것으로 추정해서도 안 된다. 그러므로 가능성이 높은 잠재적 강화자극을 많이 발굴하여 강화메뉴를 작성한 후, 사용할 때마다 좋아하는 것을 스스로 선택하도록 하는 것이 좋다. 강화자극의 선호도는 연령, 흥미, 또래와의 사회적 상호작용 등에 따라 달라진다. 그러므로 일 년에 적어도 수차례 잠재적 강화자극에 대한 선호도를 조사하고 강화메뉴를 작성하여 활용하는 것이 효과적이다.

2. 관찰법

잠재적 강화자극을 확인할 수 있는 가장 효과적인 방법은 아동을 직접 관찰하는 것이다. 특히 다양한 활동을 자유롭게 선택할 수 있는 상황에서 아동의 행동을 직접 관찰・기록함으로써 유익한 정보를 많이 얻을 수 있다. 아동이 주로 가지고 노는 물건이 무엇이며, 참여하는 활동의 지속시간은 얼마나 되는지를 관찰・기록한다. 특정한 물건을 가지고 노는 시간이 길면 길수록 그 물건이나 활동은 더욱 강력한 잠재적 강화자극으로 추정될 수 있다. 평소에 주기적으로 아동이 좋아하는 물건, 활동, 일, 행사 등이 무엇인지 관찰함으로써 잠재적 강화자극에 관한 정보를 수집할 수 있다. 〈표 5-4〉는 민수가 집에서 자유로운 시간에 주로 무슨 일로 시간을 보내는지를 관찰・기록한 것이다. TV 보기와 친구와 전화하기는 아동이 매일 하는 활동으로 가장 많은 시간이 소요되었다. 따라서 이 두 활동이 잠재적 강화자극으로 선정될 수 있다.

〈표 5-4〉 민수의 활동시간 분석

활 동	요 일				
	월	화	수	목	금
1. TV 보기	4:30~5:00	4:30~6:00	4:30~5:00	4:30~6:00	4:30~5:00
2. 장난감 갖고 놀기			5:30~6:00		
3. 친구와 놀기	5:00~5:30		5:00~5:30		5:00~6:00
4. 친구와 전화하기	8:00~8:30	8:00~8:30	8:00~8:30	8:00~8:30	8:00~8:30
5. 책 읽기	8:30~9:00		8:30~9:00		

3. 강화표집

강화표집[24)]이란 아동이 좋아할 만한 과자나 음료, 장난감과 같은 물건, 기타 다양한 활동의 기회를 제공하여 잠시 경험하도록 한 다음, 좋아하는 것을 선택하도록 하는 방법이다. 내담자에 의하여 가장 여러 번 선택된 것을 잠재적 강화자극으로 선정한다. 예를 들면, 〈표 5-5〉와 같이, 과자류 중에서 무엇을 좋아하는지 탐색하기 위하여 다음과 같은 방법을 사용할 수 있다. ① '사용된 품목' 란에 준비한 과자들의 이름을 적어 넣는다. ② 준비된 품목들을 아동 앞에 무작위 순으로 나열한 후 한 가지씩 시식하게 한다. ③ 시식이 끝난 다음 준비된 품목을 섞어 무작위 순으로 다시 나열한 다음, 좋아하는 것을 하나만 골라서 먹으라고 지시한다. ④ 아동이 선택한 것을 확인하여 품목란에 표시한다. 그리고 매번 품목의 위치를 무작위로 바꾸어 다시 실시한다. ⑤ 10회의 검사가 끝나면 소계를 내고 순위를 정한다. ⑥ 이상과 같은 과정을 거쳐 가장 여러 번 선택된 품목을 강화메뉴로 선정한다. 만일 〈표 5-5〉에서와 같이 10회 중 6회 새우깡을 선택하였다면 새우깡은 잠재적 강화자극으로서의 가치가 높은 것으로 평가될 수 있다. 이와 같은 방법으로 좋아하는 음료, 장난감, 게임, 놀이 등을 대상으로 잠재적 강화자극을 선정할 수 있다.

24) Reinforcer sampling

〈표 5-5〉 잠재적 강화자극의 선정 기록

강화자극의 선정 기록표					
시행횟수	사용된 품목				
	초코볼	맛동산	새우깡	빼빼로	홈런볼
1			○		
2		○			
3			○		
4				○	
5			○		
6			○		
7	○				
8			○		
9		○			
10			○		
소계	1	2	6	1	0
순위		2	1		

4. 강제 선택

강제 선택이란, 몇 가지 잠재적 강화자극을 마련한 다음 아동에게 좋아하는 것 하나만 고르도록 요구하는 것이다. 예를 들면, '민수야, 수학 문제 15개를 다 풀면, TV 만화를 30분 보거나 밖에 나가 30분 동안 놀 수 있어.' 와 같은 것이다. 제한된 잠재적 강화자극 중에서 하나를 선택하도록 하기 때문에 강제 선택이라고 한다. 비록 제한된 영역 내에서의 선택이지만 그중에서도 더 좋아하는 것을 선택하게 함으로써 잠재적 강화자극으로서의 가능성을 높일 수 있다.

5. 사용 후 확인

강화자극을 선정하는 가장 기본적이고 확실한 방법은 선정된 잠재적 강화자극을 실제로 사용해 보고 그 효과를 확인하는 것이다. 먼저 아동의 연령, 활동 수준, 흥미와 취미 등을 고려하여 잠재적 강화자극을 선정한 다음, 실제로 어떤 표적행동에 적용해 보면서 그 결과를 확인한다. 즉, 잠재적 강화자극을 표적행동에 수반하여 제공하였을 때, 행동이 실제로 증가하는지 확인한다. 객관적 자료에 의한 실증을 강조하는 응용행동분석 연구의 접근방법은 강화자극을 선정하는 과정에서도 예외일 수 없다.

요 약

1. 정적강화란, 행동에 수반하여 특정 자극을 제공(+)함으로써 그 행동을 증가시키는 방법이다. 그리고 이때 행동에 수반하여 제공되는 자극을 정적강화자극이라고 한다. 정적강화로 평가되기 위해서는 다음과 같은 두 가지 조건이 충족되어야 한다. 첫째로, 행동에 뒤따라 특정 자극이 제공(+)되어야 하고, 둘째로, 행동의 발생빈도나 지속시간이 증가되어야 한다.

2. 부적강화는 정적강화와 마찬가지로 행동을 증가시키는 방법이지만, 행동에 수반하여 어떤 자극을 회수 또는 제거(−)함으로써 그 행동을 증가시킨다. 그리고 이때 행동에 수반하여 제거 또는 회수되는 자극을 부적강화자극이라고 한다. 부적강화로 평가되기 위해서는 다음과 같은 두 가지 조건이 충족되어야 한다. 첫째로, 행동에 수반하여 특정 자극이 제거 또는 회수(−)되어야 하고, 둘째로, 이에 따라 행동의 발생빈도나 지속시간이 증가하여야 한다.

3. 개인에게 생리적으로 중요한 의미를 가지는 강화자극을 일차적 강화자극이라고 한다. 이러한 자극은 생명의 유지에 필수적인 요인으로서 선천적으로 강화력을 갖는데, 그 예로는 음식, 물, 음료, 공기, 온도, 수면, 휴식, 성 등이 있다. 일차적 강화는 자극의 박탈 상태에서만 효과를 기대할 수 있으며, 박탈 정도에 따라 강화력에 큰 차이를 보인다.

4. 경험을 통하여 후천적으로 학습된 모든 강화자극을 이차적 강화자극이라고 한다. 학습된 이차적 강화자극으로는 사회적 강화자극, 가시적 강화자극, 활동강화자극 등이 있다. 일반화된 강화자극은 이차적 강화자극의 일종으로, 토큰이나 돈을 그 예로 들 수 있다.

5. 강화자극의 효과에 영향을 미치는 요인은 수반성, 즉각성, 크기와 양, 박탈과 포

화 등이다. 수반성의 원리란 표적행동에 뒤따라, 즉 수반하여 강화자극이 제공되어야 한다는 뜻이다. 즉각성이란 표적행동이 발생하자마자 시간적으로 빨리 강화될수록 더 효과적이라는 뜻이다. 강화의 크기와 양은 행동에 상응할 만큼 클수록 효과적이다. 포화와 박탈은 시간적으로 최근에 특정한 강화자극을 받은 빈도 또는 양과 관련된다.

6. 아동의 행동 관리에 실패하는 이유는 교사나 부모가 일방적으로 강화자극을 결정하거나, 동일한 보상을 다른 방법으로 쉽게 얻을 수 있거나, 능력에 비해 매우 어려운 목표를 설정하거나, 개인의 성장 속도에 보조를 맞추지 못하거나, 보상에 대하여 지나치게 강조하기 때문이다.

7. 효과적 강화자극을 선정하여 사용하는 것은 모든 응용행동분석 프로그램에서 필수적이며 기본적인 과정이다. 적절한 강화자극을 찾지 못하면, 행동의 변화는 기대하기 어렵다. 효과적인 강화자극을 선정하는 방법에는 질문법, 관찰법, 강화표집, 강제 선택, 사용 후 확인 등이 있다.

연구문제

➲ 작동행동의 강화원리에 따라 다음의 내용을 논해 보자.

1. 정적강화를 정의하고 예를 들어 보자.
2. 부적강화를 정의하고 예를 들어 보자.
3. 정적강화와 부적강화의 공통점과 차이점을 논해 보자.
4. 포화를 예방할 수 있는 방법을 설명해 보자.
5. 이차적 강화의 학습원리를 논해 보자.
6. 사회적 강화의 여러 가지 유형을 설명해 보자.
7. 일반화된 강화란 무엇인지 논해 보자.
8. 강화의 수반성과 즉각성의 원리를 설명해 보자.
9. 잠재적 강화자극의 선정방법을 설명해 보자.

익힘문제 정답

<table>
<tr><th>번 호</th><th>표적행동</th><th>후속사건</th><th>행동 증가</th><th>사용된 기법</th><th>도피/회피</th></tr>
<tr><td>1</td><td>순애가 수일이를 바라보는 것</td><td>수일이의 미소와 손 흔들기</td><td>예</td><td>정적강화</td><td>해당 없음</td></tr>
<tr><td>2</td><td>철수의 책 읽기 (한 권)</td><td>영자가 주는 10,000원</td><td>?</td><td>?</td><td>해당 없음</td></tr>
<tr><td>3</td><td>영수의 트림</td><td>?</td><td>예</td><td>?</td><td>해당 없음</td></tr>
<tr><td>4</td><td>딸의 긴치마 입기</td><td>아버지의 눈초리 회피</td><td>예</td><td>부적강화</td><td>회피행동</td></tr>
<tr><td>5</td><td>아동의 치료 거부행동</td><td>치과치료 중단</td><td>예</td><td>부적강화</td><td>도피</td></tr>
<tr><td rowspan="2">6</td><td>아동의 치료 거부행동</td><td>치과치료 계속</td><td>아니요</td><td>소거</td><td>해당 없음</td></tr>
<tr><td>아동의 치료 협조행동(5분)</td><td>치료 중단(10분)</td><td>예</td><td>부적강화</td><td>도피</td></tr>
<tr><td>7</td><td colspan="5">수반성의 원리
표적행동에 수반하여 정적강화가 제공되지 않고 오히려 야유를 하였다.</td></tr>
<tr><td>8</td><td colspan="5">수반성의 원리
직원들은 순영 씨의 문제행동에 수반하여 관심(강화자극)을 제공하였다. 오히려 문제행동이 발생하기 전 평소에 많은 관심을 줌으로써 관심에 대한 요구를 약화시키는 것이 좋다.</td></tr>
<tr><td>9</td><td colspan="5">즉각성의 원리, 크기의 원리
구두를 닦아 주어 고맙다는 인사가 너무 늦었다. 또한 100원은 행동에 비해 너무 적은 보상이다.</td></tr>
<tr><td>10</td><td colspan="5">즉각성의 원리, 수반성의 원리
교사의 칭찬은 표적행동에 즉시 수반되지 못하였고, 더욱이 표적행동이 아닌 그릇된 행동에 수반되었다.</td></tr>
</table>

제6장 강화계획

학습목표

1. 계속강화와 간헐강화의 차이점을 설명할 수 있다.
2. 고정비율계획과 그 효과를 설명하고 예를 들 수 있다.
3. 변동비율계획과 그 효과를 설명하고 예를 들 수 있다.
4. 고정간격계획과 그 효과를 설명하고 예를 들 수 있다.
5. 변동간격계획과 그 효과를 설명하고 예를 들 수 있다.

강화계획이란, 강화자극을 언제 어떻게 제공할 것인지에 관한 체계적인 계획을 일컫는다. 강화계획은 크게 계속강화계획과 간헐강화계획으로 나뉜다. 계속강화[1]란 표적반응이 발생할 때마다 놓치지 않고 매번 강화하는 방법으로서 새로운 행동을 학습시킬 때, 또는 소거과정에 있는 과소행동을 증가시키려 할 때 활용된다. 이와는 달리 간헐강화[2]란 모든 반응에 대해 매번 강화하는 것이 아니라 일부 반응만을 선택적으로 강화하는 방법으로서, 일반적으로 학습 후기에 행동의 발생비율과 소거저항을 높이기 위하여 사용되는 강화계획이다.

1) Continuous reinforcement (繼續强化)
2) Intermittent reinforcement (間歇强化)

제1절 계속강화와 간헐강화

모든 치료와 교육의 궁극적인 목적은 새로운 행동을 학습시킨 다음 그 행동이 실생활에서 장기적으로 유지될 수 있도록 하는 데 있다. 연구 결과에 의하면, 학습 초기나 발생빈도가 낮은 행동을 증가시키려 할 때는 계속강화가 효과적이지만, 이미 학습된 행동을 유지시키는 데는 간헐강화가 더 효과적인 것으로 나타났다. 따라서 새로운 행동을 가르칠 경우에는 그 행동이 충분히 학습될 때까지 계속강화를 유지할 필요가 있다. 또한 이미 학습된 행동이지만 실생활에서 체계적으로 강화되지 못하여 소거과정에 있는 과소행동을 치료할 경우에도 계속강화가 유용하다. 그러나 계속강화는 다음과 같은 몇 가지 문제점을 가지고 있다(Alberto & Troutman, 1999).

① **계속강화는 포화 가능성을 높여 준다.** 계속강화는 표적반응이 발생할 때마다 매번 강화자극을 제공하는 것이기 때문에 발생빈도가 높은 표적행동의 학습 상황에서는 학습자가 강화자극에 포화될 가능성이 높다. 특히 음식과 같은 일차적 강화자극이 사용될 경우 이러한 문제는 더욱 심각하다. 예컨대, '훈련자 바라보기' 훈련에서 아동의 눈이 훈련자의 눈과 마주칠 때마다 칭찬과 함께 과자를 보상으로 주는 경우를 생각해 보자. 비교적 짧은 시간에 많은 학습반응이 요구되고, 많은 보상을 얻게 되면서 아동은 과자에 곧 식상해 버린다. 다시 말하면, 과자에 대한 요구(박탈 상태)가 해소되어 표적반응에 대한 동기를 상실한다. 결과적으로 치료교육의 효과는 그만큼 감소될 수 있다.

② **계속강화는 학습자에게 강화에 대한 의존성을 길러 줄 수 있다.** 조기 치료교육 과정에서는 사소한 반응이라도 그것이 바람직한 학습반응이라면 즉시 칭찬하고 보상한다. 따라서 아동은 특정 반응을 할 때마다 보상을 기대하는 습성이 생길 수 있다. 학습 초기에 효과를 높이기 위하여 일시적으로 계속강화가 유용하게 활용될 수 있다. 그러나 모든 교육과 치료의 궁극적 목적은 학습된 새로운 행동이 실생활 중의 자연적 강화에 의하여 유지될 수 있도록 하는 것이다. 자연강화란 그 특성상 계속강화보다는 간헐강화의 성격을 갖는다. 따라서 강화에 대한 의존성에서 벗어나기 위해서나 교육의 궁극적 목적을 달성하기 위해서 계속강화보다는 간헐강화를 효과적으로 활용할 수 있는 방안이 모색되어야 한다.

③ 계속강화는 학습된 반응을 유지시킬 수 있는 적절한 방법이 아니다. 전문가가 아닌 대부분의 일반 부모와 교사들은 계속강화에 의하여 표적행동의 발생빈도가 기대했던 만큼 높아지면 치료적 중재를 중단한다. 왜냐하면 문제가 다 해결된 것으로 착각하기 때문이다. 그러나 이와 같은 상황은 응용행동분석의 원리에서 보면 크게 잘못된 일이다. 계속강화에 의하여 학습된 행동은 강화가 갑자기 중단될 경우, 급속한 소거현상을 보이기 때문이다. 또한 계속강화는 학습 분위기를 저해할 수 있다. 예를 들면, 30명 이상의 아동으로 구성된 학급에서 수많은 학생들이 교사의 질문에 답하려고 손을 들었을 때 이들을 일일이 칭찬하고 보상해야 한다면 얼마나 많은 시간과 노력이 필요하겠는가?

이와 같은 계속강화의 문제점들은 간헐강화에서 그 해결점을 찾을 수 있다. 간헐강화는 올바른 반응 또는 바람직한 행동의 발생을 일일이 다 강화하지 않고 그중 일부만을 선택하여 강화한다. 따라서 앞에서 언급한 포화의 문제라든지, 강화에 대한 의존성, 강화의 중단으로 인한 소거 및 학습 분위기의 와해와 같은 문제는 발생하지 않는다. 오히려 간헐강화는 포화를 예방하고 소거저항을 높일 수 있으며, 만족을 지연시키는 등 부수적인 교육적 효과를 기대할 수 있는 훌륭한 방법이다. 가장 기본적인 간헐강화계획은 [그림 6-1]에 제시된 바와 같이, 한 차원은 반응비율과 시간간격계획으로 나누고 다른 한 차원에서는 반응비율과 시간간격을 고정하거나 변동함으로써 강화 시점을 정한다. 즉, 두 차원의 조합으로 구성된 고정비율계획(FR)과 변동비율계획(VR), 고정간격계획(FI)과 변동간격계획(VI)으로 나누어질 수 있다.

	비율 (Ratio)	간격 (Interval)
고정 (Fixed)	고정비율 (FR)	고정간격 (FI)
변동 (Variable)	변동비율 (VR)	변동간격 (VI)

[그림 6-1] 기본적 간헐강화계획

반응비율과 시간간격을 고정하거나 변동함으로써 네 가지의 기본적 간헐강화계획을 구성할 수 있다.

1. 고정간격계획

고정간격계획(FI)[8]은 일정한 시간이 지난 다음 첫 번째로 발생한 표적반응을 강화하는 방법이다. 예를 들어, FI-2분 계획에서는 2분이 지난 후 첫 번째 발생한 반응을 강화한다. 강화 후 다시 2분이 지난 다음 첫 번째로 발생한 반응을 강화한다. 그리고 다시 2분이 지난 뒤 제일 먼저 발생한 반응을 강화한다. 이와 같은 방식으로 한 회기가 끝날 때까지 반복한다. 주의할 것은 일정 시간이 지나면 그 자체로 강화의 요건이 충족되는 것이 아니라 일정 시간이 경과한 다음 첫 번째로 발생한 표적반응에 대하여 강화한다는 점이다. 구체적인 예를 들어 보자. 교사는 아동에게 수학 문제지를 주고 풀라고 지시한다. 전자 타이머를 이용하여 2분이 되면 신호음이 울리도록 맞춰 놓고 다른 일을 한다. 2분이 지나 신호음이 울리면 즉시 아동에게 접근하여 첫 번째 정답이 나오기를 기다린다. 아동이 정답을 쓰면 즉시 칭찬하고 보상한다. 그리고 다시 타이머를 2분에 맞춰 놓는다. 다시 2분이 되어 신호음이 울리면 즉시 아동에게 다가가 아동의 올바른 학습반응을 기다렸다가 칭찬하고 보상한다. 즉, 신호음이 울린 후 아동이 작성한 첫 번째 정답을 적극적으로 칭찬하고 보상한다. 이와 같은 방식으로 수업이 끝날 때까지 반복한다.

실생활에서 일어나고 있는 고정간격강화의 예를 들어 보자. [그림 6-5]는 종점에서 20분 간격으로 배차되어 각각 정시, 20분, 40분에 버스가 출발할 때 승객들의 승차행동을 관찰하여 누가빈도 그래프로 그린 것이다. 방금 정시에 버스가 출발하였다면 다음 차는 20분 후에 출발한다. 승객들은 시간적 여유가 많기 때문에 아무도 버스를 타려고 애쓰지 않을 것이다. 즉, 고정비율강화에서처럼 강화 직후에 반응을 중단하는 현상이 나타나며, 이러한 현상은 다음 강화가 제공되기 직전까지 계속된다. 그러나 다음 버스가 출발할 20분 정각이 다가올수록 승객들은 조금씩 분주해지며 버스에 오르기 시작한다. 그리고 출발시간이 임박하면 한꺼번에 많은 사람들이 몰려 버스에 올라탄다. 이것이 바로 FI-20분 강화계획의 실생활 예이다. 고정간격강화에서는 강화 후 반응의 중단이 비교적 길게 이어지며, 강화시간이 임박하면 갑자기 반응빈도가 높아지는 특성을 보인다. 이와 같은 행동 특성은 버스가 출발하는 20분마다 반복될 것으로 예상된다. 고정간격강화의 효과는 다음과 같다.

8) Fixed interval schedule

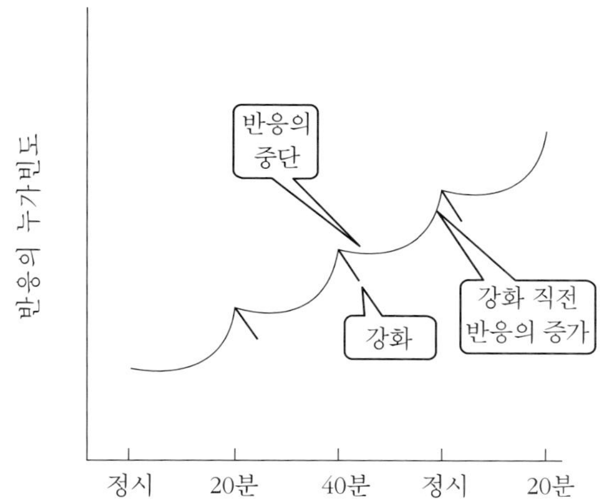

[그림 6-5] FI-20분 계획

20분 간격으로 배차되는 버스 종점에서 승객들의 승차행동은 버스가 출발하는 정시, 20분, 40분 정각이 임박할수록 급격히 증가하고, 일단 버스가 출발하면(강화) 승객들의 승차행동은 일시 중단된다. 그러나 다시 버스의 출발시간(강화)이 임박하면 승차행동은 급격히 증가한다.

① 고정간격강화에서는 강화 후 반응의 중단이 비교적 길게 나타난다. 그리고 간격의 중반에 이르러 서서히 반응이 시작되어 종반부로 가면서 가속화되고, 강화가 제공되기 직전의 반응률은 절정에 이른다. 이와 같은 특성을 누가빈도 그래프로 그리면, [그림 6-5]에 제시된 바와 같이, 마치 가리비 모양 또는 부채꼴의 연속 무늬처럼 나타난다(Ferster & Skinner, 1957; Weiner, 1969). 고정간격강화가 생성하는 이러한 특정한 형태가 가리비 무늬와 같다 하여 '가리비 효과'[9]라고 한다. 한 가지 예를 더 들어 보자. 중간고사가 막 끝난 후 도서관에 가는 학생은 거의 없다. 그러나 학기말이 다가오고 기말고사가 임박하면 도서관을 찾는 학생 수가 급증하고 시험 바로 전날 절정에 이른다. 이것이 바로 고정간격강화가 만들어 내는 강화 후 반응의 중단과 가리비 효과의 일례이다.

② 고정간격강화는 대체로 느리고 완만한 반응률을 산출하며 시간간격의 길이는 반응의 중단과 반응률에 영향을 미친다. 일정 범위 내에서 고정간격의 길이가 길수록 강화 후 반

9) Scallop effects

말고사는 고정간격계획이다. 중간고사가 끝나면 기말고사 기간이 다가올 때까지 학생들은 시험 준비를 거의 하지 않는다. 기말고사 기간이 임박해야 시험 준비를 서두른다. 강화 후 반응의 중단과 가리비 효과가 나타나는 것이다. 그러나 예고 없이 수시로 치르는 쪽지시험은 변동간격계획에 따른 것으로 학생들을 꾸준히 공부하도록 한다. 즉, 변동간격계획에서는 강화 후 반응의 중단과 가리비 효과가 나타나지 않는다.

② 변동간격강화는 비교적 느리고 완만한 반응률을 산출하며, 평균간격의 길이는 반응률에 영향을 미친다. 일정 범위 내에서 평균간격의 길이가 길수록 전반적 반응률은 낮아진다. [그림 6-6]은 이러한 특성을 잘 보여 준다. 누가빈도 그래프의 경사도를 보면 변동비율강화에 비해 비교적 완만하다. 이미 설명한 바와 같이 비율강화계획에서는 반응빈도에 따라 강화 여부가 결정된다. 즉, 반응 수의 증가에 따라 강화의 기회를 앞당길 수 있다. 따라서 비율강화는 고속반응을 산출하도록 되어 있다. 반면에 간격강화계획에서는 반응을 얼마나 많이 하느냐 하는 것은 강화의 획득에 아무 영향을 주지 못한다. 다만 일정한 시간이 지나야 한다는 것이 중요한 변수이다. 따라서 간격강화계획에서는 일반적으로 낮은 반응률이 특징이다.

3. 반응시한 간격계획

간격강화계획은 일정 시간 또는 평균시간이 경과한 다음 첫 번째로 발생하는 표적행동을 강화하는 방법이다. 그런데 이때 첫 번째 반응이 일어나기까지의 경과시간을 제한할 수 있다. 예컨대, FI-5분 계획에 따라 5분이 지난 뒤 발생하는 첫 번째 반응을 강화하려고 기다리고 있는데, 상당한 시간이 지나도 표적반응이 나타나지 않을 경우를 가정할 수 있다. 이런 경우 반응의 지연을 감소시키기 위하여 고안된 방법이 바로 '반응시한 간격계획'[11]이다.

고정간격계획에서 예로 들었던 'FI-2분'을 다시 떠올려 보자. 교사는 아동에게 수학문제지를 주고 풀라고 지시한 다음 2분이 경과할 때마다 즉시 아동에게 접근하여 첫 번째 반응이 나오기를 기다린다. 그런데 상당한 시간이 지나도록 정답을 쓰지 않으면 어떻게 할 것인가? 한없이 기다릴 수만은 없으므로 20초만 기다리기로 한다. 즉, 20초 내에 정답을 쓰면 올바른 반응으로 평가하고, 제한시간(20초)을 넘기면 그릇된 반응으

11) Interval schedules with a limited hold (反應時限 間隔計劃)

로 처리한다. 이러한 강화계획을 'FI-2분 LH-20초'라고 한다. 2분이 지난 후 나타나는 첫 번째 표적반응을 강화하되 반응시간을 20초로 제한한다는 뜻이다. 즉, 20초 내에 반응하지 않으면 그릇된 반응으로 평가하고 다음 시행으로 넘어가는 방법이다. VI-3분 LH-30초, FI-10분 LH-1분 등으로 표기한다.

제4절 간헐강화의 일반적 특성

간헐강화는 계속강화보다 소거저항이 강하고, 포화를 예방할 수 있는 이점도 있지만, 새로운 행동을 형성할 때는 계속강화가 더 효과적이다. 또한 간헐강화에서는 비율긴장이나 가리비 현상과 같은 부정적 효과도 나타난다.

1. 소거저항

간헐강화는 소거저항을 높여 준다. 소거저항이란 강화가 중단되어도 반응이 계속되는 것을 의미한다. 즉, 강화가 중단된 후 완전히 소거되기까지 발생하는 반응의 빈도나 지속시간으로 측정될 수 있다. 발생한 반응빈도가 높을수록, 지속되는 시간이 길수록 소거저항은 더 높은 것으로 평가된다.

소거저항은 강화의 역사와 관련이 깊다. 계속강화의 역사를 가진 반응은 강화가 중단되면 신속히 소거된다. 즉, 소거에 대한 저항력이 없어 몇 번만 강화가 중단되어도 오래 지속되지 못하고 짧은 시간 안에 반응이 중단된다. 그러나 매번 강화되지 않고 간헐적으로 강화된 역사를 가진 반응은 강화가 중단되어도 쉽게 중단되지 않고 끈질기게 지속된다. 과거의 경험으로 보아 강화가 중단되어도 언젠가 다시 제공될 것을 알기 때문이다. 예를 들어, 장난감을 사 달라고 요구할 때마다 장난감을 쉽게 얻을 수 있었던 아이는 부모가 몇 번만 요구를 거절하면 쉽게 포기하고 더 이상 떼를 쓰지 않는다. 간헐강화의 경험이 없어 소거저항이 약하기 때문이다. 그러나 장난감을 사 달라고 몇 번씩이나 조르고 떼를 써야만 어쩌다 한 번씩 장난감을 얻을 수 있었던 아이는 부모가 거절을 해도 쉽게 포기하지 않고 계속 떼를 쓴다. 즉, 간헐강화에 의하여 소거저항이 강하게 형성되었기 때문이다.

변동계획에 의하여 강화된 행동은 고정계획에 의하여 강화된 행동보다 소거저항이 더 강하다. 사람들은 강화자극을 받을 수 있는 행동과 받을 수 없는 행동을 쉽게 알아차리고 더 이상 강화되지 않을 것이 분명한 행동은 곧 중단한다. 그러나 반대로 어떤 행동이 강화될 것인지 아닌지를 분명하게 알 수 없을 경우에는 행동을 쉽게 포기하지 않는다. 고정비율계획이나 고정간격계획에서는 강화의 시점이 쉽게 노출된다. 그러나 변동비율계획이나 변동간격계획에서는 강화의 시점에 대한 정보가 불분명하다. 즉, 강화의 시점을 쉽게 예측하기 어렵다. 따라서 변동비율계획이나 변동간격계획에 의하여 강화된 행동은 고정비율계획이나 고정간격계획에 의하여 강화된 행동보다 소거저항이 더 높다.

2. 포화의 예방

간헐강화는 포화를 예방할 수 있다. 발생한 모든 반응을 강화하지 않고 일부 반응만을 강화하기 때문에 강화자극이 절약된다. 예컨대, 아동이 교사의 지시에 따라 빨간 공을 가리킬 때마다 과자로 보상하는 경우를 생각해 보자. 한 회기의 훈련 시행이 20회라면, 계속강화계획하에서 아동은 20개의 과자를 받아먹을 수 있다. 그런데 과자 하나가 손바닥만한 것이라면 아동은 몇 개만 먹어도 이미 배가 불러 더 이상 과자를 먹고 싶지 않을 것이다. 즉, 계속강화에서는 포화가 쉽게 발생할 수 있다. 그러나 FR-5 계획에 따라 훈련이 진행되었다면 강화의 기회는 4번밖에 안 된다. 즉, 아동은 아직 배가 부르지 않을 것이며, 과자를 얻기 위해 교사가 요구하는 학습반응을 계속할 것이다.

3. 학습 초기의 간헐강화는 비효과적이다

학습자의 행동목록에 없는 새로운 행동을 가르칠 때는 행동형성과 행동연쇄 등의 기법이 활용된다. 복합행동을 새로 가르칠 때는 과제분석을 통하여 학습단위를 세분하고, 학습동기를 육성하기 위하여 강력한 강화자극을 선정하여 계속적으로 강화한다. 또한 행동형성의 기법을 활용할 때도 목표행동에 조금이라도 접근한 행동은 빠짐없이 강화하는 방식으로 결손행동을 조금씩 형성한다. 즉, 성취동기를 높이기 위하여 강력하고 지속적인 유인체제가 필수적이다. 따라서 간헐강화는 새로운 행동을 학습시키거나 소거과정에 있는 과소행동을 치료하는 방법으로는 부적절하다.

제5절 강화량 줄이기

학습 초기에는 표적행동이 발생할 때마다 계속강화계획에 따라 매번 강화함으로써 강력한 학습동기를 형성할 필요가 있다. 그러나 이미 학습된 행동을 유지하는 데는 간헐강화가 더 효과적이다. 일반적으로 간헐강화는 소거저항을 강하게 할 뿐 아니라, 비율계획에 따라 간헐적으로 강화된 행동은 단위시간당 반응빈도가 높고, 변동계획에 따라 강화된 행동은 중단 없이 지속적으로 반응하는 특성을 지닌다. 이와 같이 간헐강화계획은 강화량을 줄임으로써 여러 가지 효과를 얻을 수 있는 유용한 방법이다. 일반적으로 계속강화로부터 점차 강화량을 줄이는 방법은 다음과 같다.

첫째로, 비율강화계획에서 반응의 비율을 점차로 증가시키는 방법이다. 예를 들어, 한 자릿수 더하기를 가르칠 때 처음에는 아동이 정답을 말할 때마다 강화한다. 즉, 계속강화계획에 따라 올바른 학습반응이 나타날 때마다 매번 강화한다. 그러다 아동의 능력이 신장됨에 따라 점차로 요구 반응비율을 늘려 간다. 예컨대, 처음에 계속강화계획(FR-1)에서 시작하여 2번에 한 번(FR-2), 3번에 한 번(FR-3) 강화하는 방식으로 점차로 비율을 높인다. 그리고 고정비율계획에서 변동비율계획으로 바꾼다. 즉, FR-2에서 VR-2로, FR-3에서 VR-3로 변경한다. 한마디로 초기의 밀집된 강화계획에서 점차로 밀도를 줄이고, 고정비율계획에서 변동비율계획으로 옮긴다. 중요한 것은 개선된 행동이 상실되지 않는 범위 내에서 조금씩 체계적으로 강화의 빈도를 줄여 쉽게 적응할 수 있도록 하는 것이다.

둘째로, 갑작스럽게 요구비율을 크게 증가시키면 비율긴장 현상이 나타난다. 즉, 치료적 상황으로부터의 도피와 회피, 공격적 행동, 예측 불가능한 반응의 중단 등이 공통적으로 발생한다. 이러한 비율긴장 현상이 나타나면 즉시 요구비율을 줄여야 한다. 그리고 반응이 안정되면 다시 조금씩 강화량을 감소시킨다.

셋째로, 간격강화계획에서 시간간격을 점차로 증가시키는 방법이다. 예를 들어, 처음에 한 자릿수 더하기를 가르칠 때 교사는 아동 옆에 앉아 정답을 쓸 때마다 강화한다. 즉, 계속강화계획에 따라 올바른 학습반응이 나타날 때마다 매번 강화한다. 그러다 아동의 능력이 신장됨에 따라 점차로 간헐강화의 시간간격을 늘려 간다. 예컨대, FI-1분에서 FI-3분 또는 FI-5분으로 강화 시간간격을 증가시킨다.

넷째로, 강화의 감소에 저항 없이 적응할 수 있도록 학습자에게 강화계획에 대하여 분명하게 설명하도록 한다. 물론 간헐강화의 효과를 얻기 위하여 학습자가 간헐강화계획에 대하여 반드시 알아야 하는 것은 아니지만, 어떤 행동이 어떤 강화를 얻게 되는지에 관한 규정, 방침, 지침 등을 정확히 알고 있으면 더욱 효과적이다.

마지막으로, 표적행동이 일상생활에서 자연적으로 강화될 수 있도록 계획한다. 새로운 행동을 가르칠 때 계속강화를 통하여 학습동기를 촉진하고, 간헐강화를 통하여 학습된 행동의 발생비율과 소거저항을 높이고, 궁극적으로는 실생활에서 자연적으로 강화되어 유지될 수 있도록 한다. 따라서 학습된 표적행동이 계획적인 강화 없이도 실생활에서 자연스럽게 유지될 수 있도록 하려면 일반화 전략의 일환으로 체계적인 간헐강화계획이 수립되어야 한다.

제6절 간헐강화계획의 다양한 변형

간헐강화계획은 연구 목적에 따라 다양한 형태로 변형될 수 있다. 이 절에서는 기본 간헐강화계획의 변형과 다양한 복합형 강화계획을 간략히 살펴보기로 한다.

1. 기본 간헐강화계획의 변형

간헐강화의 네 가지 기본형으로부터 파생된 변형으로서, 행동의 발생비율에 따라 표적행동을 차별적으로 강화하는 방법과 점진적으로 강화를 줄여 나가는 방법을 살펴보기로 한다.

1) 행동의 발생비율에 따른 차별강화계획

행동 자체에는 문제가 없어도 그 발생비율이 너무 높거나 낮아서 문제가 되는 경우는 허다하다. 예컨대, 질문을 너무 많이 하여 수업의 진행을 방해하거나, 반대로 질문을 너무 하지 않아 수업이 활성화되지 못하는 경우도 있다. 그러므로 지나치게 높은 비율로 발생하는 행동은 적정 수준으로 낮추고 지나치게 낮은 비율로 발생하는 행동은 적정 수준으로 그 발생빈도를 높일 필요가 있다. 이러한 목적으로 사용되는 고율행동의 차별강화(DRH)와 저율행동의 차별강화(DRL)는 반응의 지속시간과는 상관없이 미리 정해진 반응의 발생비율에 따라 표적행동을 강화하는 방법이기 때문에 비율계획의 한 변형으로 볼 수 있다. 저율행동의 차별강화에 관해서는 '제8장 긍정적 치료전략'을 참고한다.

2) 점진적 강화계획

점진적 강화계획이란 내담자의 행동과는 상관없이 점차적으로 강화의 비율이나 간격을 증가시켜 강화의 기회를 체계적으로 줄여 가는 방법을 말한다. 점진적 강화계획에는 점진적 비율계획[12]과 점진적 간격계획[13] 두 가지가 있다. 이는 강화비율이나 간격을 점차로 증가시키는 방법으로는 첫째, 현재의 강화비율이나 간격에 일정량의 수치를 더하여 점차적으로 강화 요구 수준을 높여 가는 산술적 점증방법과, 둘째, 현재의 강화비율이나 간격에 일정 비율을 곱하여 점차적으로 강화 요구 수준을 높여 가는 기하학적 점증방법이 있다. 예를 들어, 현재는 FR-1 계획에 따라 반응을 매번 강화한다고 가정하자. 산술적 점증방법은 다음 강화계획에서 일정한 상수(예: 2)를 더하여 점진적으로 강화의 양을 줄여 간다. 즉, FR-1, FR-3, FR-5, FR-7과 같이 전 단계 계획에 상수 2를 더하여 다음 단계 강화계획을 설정한다. 반면에 기하학적 점증방법은 다음 강화계획에서 일정한 비율(예: 2)로 강화의 양을 줄여 간다. 즉, FR-1, FR-2, FR-4, FR-8과 같이 전 단계 계획에 일정 비율 2를 곱하여 다음 단계 강화계획을 설정한다. 이와 같은 방법은 강화자극과 강화계획의 효과를 비교하거나 효과적 치료방법을 모색하는 경우에 많이 사용된다.

2. 복합형 강화계획

복합형 강화계획[14]은 네 가지 기본 간헐강화계획(FR, VR, FI, VI)에 계속강화(CRF)와 반응의 비율에 따른 차별강화 그리고 소거(EXT) 계획까지 포함한 여러 가지 방법 중 둘 이상을 함께 사용하는 방법을 일컫는다. 사용방법이나 목적에 따라 다양한 변형이 계획될 수 있다.

12) Progressive ratio schedules

13) Progressive interval schedules

14) Compound schedules of reinforcement

1) 동시형 계획

동시형 계획[15]이란 두 가지 이상의 강화계획을 둘 이상의 행동에 각각 독립적으로 동시에 적용하는 것을 말한다. 이러한 강화계획은 일상생활에서 자연스럽게 발생한다. 인간은 다양한 상황에서 여러 가지 행동 중 하나를 선택해야 할 기회를 갖게 되며, 선택에 따라 서로 다른 결과를 얻게 된다. 예를 들어, 영수는 하굣길에 많은 선택의 기회가 있다. 바로 귀가하여 숙제를 하고 어머니의 칭찬을 들을 수도 있고, 편의점에서 시간제 근무를 하여 용돈을 벌 수도 있다. 즉, 여러 가능한 행동에 대하여 각각 다른 강화를 경험하고 미래행동의 선택에 영향을 받을 수 있다. 이 계획은 치료자들이 강화자극의 효과를 평가하고 효과적 치료방법을 탐색하는 데 많이 활용된다.

2) 변별형 계획

변별형 계획[16]은 중복형 계획과 연쇄형 계획으로 나뉜다. 중복형 계획[17]에서는 하나의 표적행동(또는 반응군)에 대하여 두 가지 이상의 기본적 강화계획이 무작위 순으로 하나씩 교대로 적용되며, 각 강화계획은 각각의 변별자극과 관련하여 독립적으로 적용된다. 예를 들어, 한 아동이 곱셈을 배울 때 학교에서는 교사에게, 집에서는 과외교사에게 지도받는 경우를 생각해 보자. 학교에서는 집단 상황에서 교사와의 상호작용을 통하여 반응하고, 집에서는 개별적으로 과외교사의 지도에 반응한다. 이러한 상황이 바로 중복형 계획의 좋은 예라고 볼 수 있다. 곱셈 공부라는 하나의 반응군이 학급에서는 교사에 의하여 간헐강화되고, 집에서는 과외교사에 의하여 계속강화된다. 그리고 이러한 강화계획은 교사와 과외교사, 집단교육과 개별교육 상황(변별자극)에서 각각 독립적으로 적용된다. 따라서 학생은 교사와 과외교사 또는 집단 상황과 개별교육 상황을 변별하여 반응하게 된다.

연쇄형 계획[18]은 중복형 계획과 유사하다. 두 계획 모두 두 가지 이상의 기본 강화계획이 적용되며, 각각 독립적 계획에 따라 변별자극과 상관된다. 다만 연쇄형 계획은 다음 세 가지 점에서 중복형 계획과 다르다. 첫째로, 기본적 강화계획은 일정한 순서로 적용된다. 절대로 예측 불가한 무작위 순으로 적용되지 않는다. 둘째로, 동일한 표적행

15) Concurrent schedules (conc)
16) Discriminative schedules
17) Multiple schedules (mult)
18) Chained schedules (chain)

동은 모두 동일한 행동연쇄의 하위 과제요소로 구성되며, 표적행동이 다르면 행동연쇄의 모든 하위 과제요소들도 다르다. 셋째로, 행동연쇄에서 선행반응은 후속과제의 출현(제시)에 의하여 강화되며, 후속과제의 출현은 선행반응을 강화하는 조건강화자극이 된다. 예를 들어, 자동판매기에서 커피를 뽑을 때, 행동연쇄의 첫 반응은 동전을 투입구에 넣는 것이다. 선택 버튼에 불이 켜지면서 버튼을 선택하여 눌러야 하는 상황이 전개된다. 선택 버튼에 불이 켜지는 상황 변화는 바로 동전 투입(R_1)을 강화하는 후속자극(S^{R}_{1})이 되며 동시에 다음 과제(선택 버튼 누르기)를 유도하는 변별자극(S^{D}_{2})이 된다. 이제 밀크커피 버튼을 누르면 컵이 튀어나오고 커피로 채워진다. 밀크커피 버튼을 누르는 반응(R_2)은 튀어나온 컵과 흘러나오는 커피의 모습(S^{R}_{2})에 의하여 강화되며, 커피를 꺼내도록 유도하는 변별자극(S^{D}_{3})으로 역할이 바뀐다. 마지막으로 커피를 꺼내는 행동(R_3)은 맛있는 커피를 마심으로써(S^{R}_{3}) 정적강화된다. 이러한 행동연쇄의 원리와 기법은 '제15장 행동형성과 행동연쇄'에서 자세히 설명하기로 한다.

3) 비변별형 계획

혼합형 계획[19]은 앞서 설명한 중복형 계획과 유사하지만 각 강화계획과 상관되는 변별자극은 개입되지 않는다. 예를 들어, 'mix FR-10 FI-1' 계획은 어떤 때는 열 번째 발생하는 표적행동을 강화하고, 어떤 때는 1분이 지난 뒤 첫 번째로 발생한 표적행동을 강화하는 방법이다. 단지 여러 가지 기본적 강화계획이 수시로 사용될 뿐 변별학습을 목적으로 여러 강화계획을 혼용하는 것은 아니다.

직열형 계획[20]은 연쇄형 계획과 유사하지만 역시 하위 과제요소들을 이어 주는 변별자극은 사용되지 않는다. 예를 들어, 'tand FR-15 FI-2' 계획에서는 15번의 표적행동이 발생한 다음 다시 2분이 지난 뒤 첫 번째 발생한 표적행동을 강화하는 방법이다.

4) 반응의 비율과 시간간격을 병합한 계획

대체형 계획[21]에서는 비율강화계획이든 간격강화계획이든 먼저 요구 수준에 도달하는 계획에 따라 강화한다. 예컨대, 'alt FR-20 FI-5' 계획에서는 두 가지 조건 중 먼저 충족되는 계획에 따라 강화가 제공된다. 5분이 지나지 않았어도 표적행동이 20번째 발

19) Mixed schedules (mix)

20) Tandem schedules (tand)

21) Alternative schedules (alt)

생하면 강화하고, 또 표적행동이 20번까지 발생하지 않았어도 5분이 지난 뒤 첫 번째 표적행동이 나타나면 강화한다. 교사는 아동에게 20개의 수학 문제를 주고 5분마다 정답과 오답을 평가한다. 만일 아동이 5분이 지나기 전에 20개의 문제를 풀면 정답과 오답을 평가하여 강화한다. 그러나 5분이 지나도록 아직 20개의 문제를 풀지 못하였다면 5분이 지난 다음 첫 번째 정답을 맞히면 강화한다. 이와 같이 이중 기준을 사용하는 것은 상당히 노력하는데도 비율계획에 따른 요구 수준을 달성하지 못할 때 제2의 강화 기회를 제공하려는 데 그 목적이 있다. 즉, 고정간격(FI) 기준에 따라 표적행동을 강화함으로써 능력이 부족한 아동에게도 강화의 기회를 제공할 수 있다.

연계형 계획[22]이란 비율계획과 간격계획의 요구 수준 두 가지 모두를 충족할 때 강화하는 방법이다. 예를 들어, 'conj FI-5 FR-10' 계획에 따르면, 적어도 5분이 경과하고 또 표적행동이 10번째 발생할 때 강화한다. 만일 10번의 표적행동이 아직 5분이 경과되지 않았을 때 발생했다면, 5분이 지난 다음 첫 번째 표적행동이 나타날 때까지 기다려 강화한다. 연계형 계획은 강화기준을 높여 반응의 속도와 정확성을 고루 갖추도록 지도하기 위한 것이다. 짧은 시간에 성의 없이 문제를 해치우는 아동에게는 아무리 빨리해도 정해진 시간이 지나야 강화될 수 있다는 것을 보여 주고, 또 너무 시간을 끄는 아동에게는 빨리 풀어야 보상을 받을 수 있다는 것을 보여 줌으로써 반응의 속도와 정확성에 영향을 미치려는 계획이다.

요 약

1. 새로운 행동을 가르칠 때는 표적행동이 충분히 학습될 때까지 계속강화할 필요가 있다. 또한 이미 학습된 행동이지만 체계적인 강화가 수반되지 못하여 소거과정에 있는 과소행동을 치료할 경우에도 그 발생빈도가 생활적응에 필요한 만큼 충분히 증가할 때까지 계속적으로 강화할 필요가 있다. 그러나 계속강화는 포화의 가능성, 강화에 대한 의존성, 강화의 중단으로 인한 소거와 학습 분위기의 와해 등 많은 문제점을 가지고 있다.

2. 간헐강화계획은 표적행동의 발생을 일일이 다 강화하지 않고 일부만을 선택하여 강화하는 것을 말한다. 따라서 간헐강화는 포화를 예방하고 소거저항을 높일 수

22) Conjunctive schedules (conj)

있으며, 만족을 지연시킬 수 있는 유용한 방법이다. 가장 기본적인 간헐강화계획으로 비율강화계획과 간격강화계획이 있다.

3. 고정비율계획(FR)은 일정 수의 반응, 즉 하나의 반응단위가 수행된 다음에 한 번씩 강화하는 방법이다. 고정비율강화에서는 강화 후 반응의 일시 중단현상이 나타나지만 일단 다시 시작된 반응은 일관성과 지속성을 보인다.

4. 변동비율계획(VR)은 일정 수의 반응, 즉 하나의 반응단위가 수행된 다음에 한 번씩 강화하는 방법이지만 요구되는 반응의 수는 동일하지 않고 평균치를 중심으로 매번 다른 크기로 변경된다. 변동비율강화는 반응의 중단 없이 일관성 있고 안정된 반응률을 산출한다.

5. 고정간격계획(FI)은 일정한 시간이 지난 다음 첫 번째로 발생한 표적반응을 강화하는 방법이다. 고정간격강화에서는 강화 후 반응의 중단이 비교적 길고, 강화되기 직전에 반응률이 급증하는 '가리비 효과'가 나타난다. 대체로 느리고 안정된 반응률을 산출한다.

6. 변동간격계획(VI)은 일정한 평균시간이 지난 다음 첫 번째로 발생한 표적반응을 강화하는 방법이다. 강화와 강화 간의 시간간격은 무작위로 배정되어 일정하지 않다. 변동간격강화에서는 강화 후 반응의 중단현상과 가리비 효과가 나타나지 않으며, 대체로 느리고 안정된 반응률을 산출한다.

7. 간헐강화계획은 연구의 목적에 따라 다양하게 변형될 수 있다. 첫째로, 지나치게 높거나 또는 낮은 비율로 발생하는 표적행동을 적정비율로 유지시키는 데 차별강화계획이 활용될 수 있다. 둘째로, 내담자의 행동과는 상관없이 점차적으로 간헐강화의 비율이나 간격을 증가시켜 점진적으로 강화량을 줄이는 데 활용될 수 있다.

8. 복합형 강화계획은 네 가지 기본 간헐강화계획에 계속강화와 차별강화, 소거계획까지 포함한 여러 방법 중 두 가지 이상을 함께 사용하는 방법이다. 그 목적이나 방법에 따라, ① 동시형 계획, ② 변별형 계획, ③ 비변별형 계획, ④ 반응의 비율과 시간간격을 병합한 계획 등으로 나눌 수 있다.

연구문제

➲ 간헐강화의 원리에 따라 다음의 문제를 논해 보자.

1. 계속강화와 간헐강화의 특성과 장단점을 비교해 보자.
2. 간헐강화계획의 네 가지 기본형을 예를 들어 설명해 보자.
3. 고정비율계획을 설명하고 실생활에서의 예를 찾아보자.
4. 변동비율계획을 설명하고 실생활에서의 예를 찾아보자.
5. 고정간격계획을 설명하고 실생활에서의 예를 찾아보자.
6. 변동간격계획을 설명하고 실생활에서의 예를 찾아보자.
7. 간헐강화와 소거저항의 관계를 예를 들어 설명해 보자.
8. 강화량을 줄이기 위한 구체적인 방안을 계획해 보자.

제7장 기타 강화방법

학습목표

1. 행동계약의 절차와 방법을 설명하고 활용할 수 있다.
2. 토큰제도의 절차와 방법을 설명하고 활용할 수 있다.
3. 집단강화의 원리를 설명하고 활용할 수 있다.

이 장에서는 과소행동을 증가시키기 위하여 보다 강력한 동기를 부여할 수 있는 특별한 강화방법들을 살펴보기로 한다. 행동계약, 토큰제도 및 집단강화에 대하여 정의하고, 그 원리와 구성요소를 설명하고, 행동수정을 위한 계획, 시행, 평가 등에 관하여 자세하게 소개한다. 이상의 세 가지 기법은 많은 연구를 통해 강력한 효과가 입증되었으며, 다른 방법들과 병행하여 종합 프로그램으로 활용될 때 더욱 높은 성과를 거둘 수 있다.

제1절 행동계약

행동계약[1]이란 둘 이상의 개인이나 집단 간에 어떤 구체적 행위에 관한 쌍방의 의무를 규정하는 서면 또는 언어적 동의를 말한다. 예를 들면, '네가 ○○을 하면, 나는 너에게 ○○을 하겠다.' 라는 식으로 '네가 5시 30분까지 숙제를 마치면, 엄마는 너에게 30분간 TV 만화 시청을 허락하겠다.' 라고 약속한다. 응용행동분석의 용어로 이를 수반성 계약[2]이라고도 하며, 어떤 구체적 행동의 수행과 구체적 보상의 지급 간의 수반적 관계를 명문화한 것으로 정의될 수 있다(Cooper, Heron, & Heward, 2007). 다시 말하면, 어떤 행동과 후속자극 간의 수반적 관계에 관하여 쌍방 간에 동의하고 약속한다는 뜻이다. 이러한 의미에서 응용행동분석 연구에서는 '언어적 동의'만으로 행동계약이 성립될 수 없다. 행동계약에는 쌍방 간의 의무규정을 계획하고 시행하며 평가하는 방법이 아주 구체적이고 세밀하게 진술되어야 한다. 더욱이 계약서를 작성하고 서명한다든지, 계약 내용을 관련 당사자들이 잘 볼 수 있도록 게시하는 것이 중요시된다. 언어적 약속에 그치는 경우에는 이처럼 중요한 요소가 대부분 누락되고 행동계약으로서의 이점을 살릴 수 없다. 그러므로 언어적 동의만으로 이루어지는 약속은 행동계약으로 간주하지 않는다.

행동계약은 아동에게 강한 동기를 형성시킨다. 행동계약은 학습행동의 개선(Newstrom, McLaughlin, & Sweeney, 1999; Wilkinson, 2003), 체중 조절(Solanto, Jacobson, Heller, Golden, & Hertz, 1994), 운동기술 훈련(Simek, O' Brien, & Figlerski, 1994) 등에 효과적으로 활용되어 왔다. 또한 단일 프로그램으로 행동치료에 사용될 수도 있으나, 다른 치료기법들과 병행하여 패키지 프로그램으로 사용될 때 더 효과적인 것으로 보고되고 있다(De Martini-Scully, Bray, & Kehle, 2000).

1. 행동계약의 구성요소

모든 계약에는 과제(표적행동)에 관한 진술, 보상에 관한 진술, 과제 수행에 관한 기록 등이 주요 구성요소로 포함된다.

1) Behavioral contract (行動契約)

2) Contingency contract (隨伴性 契約)

1) 과 제

계약의 주요 구성요소 중의 하나인 과제(표적행동)에는 다음과 같은 네 가지 내용이 포함되어야 한다. 첫째, 과제를 수행하고 보상받을 당사자를 표시한다. 둘째, 수행 과제, 즉 표적행동에 대한 내용을 진술한다. [그림 7-1]의 예에서는 '동생 때리지 않기', '골내고 소리 지르지 않기'가 바로 영수가 수행해야 할 과제, 즉 표적행동이다. 셋째, 과제가 완수되어야 할 시점을 명시한다. 영수의 예에서는 오늘(16일)부터 다음 주 금요일(23일)까지 8일간 표적행동을 관찰 · 기록한다. 넷째, 과제 수행에 대한 평가기준이 명시되어야 한다. 이것은 계약의 성패를 좌우하는 가장 중요한 사항이다. 영수의 예에서는 동생을 3번 이상 때리지 않고, 3번 이상 골내거나 소리 지르지 않은 경우에만 약속된 보상을 얻을 수 있도록 잘 명시되었다. 만일 제시된 기준이 너무 어려워 실패할 경우 의기소침하여 성취동기를 상실할 수 있다. 그러므로 계약과정에서 쌍방 합의하에 적절한 기준을 설정하도록 노력하여야 한다. 필요한 경우에는 하위과제로 나누어 조금씩 단계적으로 목표과제를 성취할 수 있도록 계획하여야 한다. 성공적 과제 수행과 약속된 보상의 획득을 경험하는 것은 성취동기를 높이고 앞으로 행동계약의 효과를 더욱 증가시킬 수 있는 중요한 요인이다.

나는 좋은 오빠가 될 거예요!
엄마하고 약속해요!

나, 영수는 동생을 때리지 않겠어요.
골내고 소리 지르지 않겠어요.

오늘부터(2008. 6. 16) 다음 주 금요일(6. 23)까지 동생을 3번 이상 때리지 않고, 3번 이상 골내고 소리 지르지 않으면,

나, 엄마는 다음 주말에 온 가족이 다 함께 놀이공원에 갈 것을 약속합니다.

영수 ________ 엄마 ________ 약속 날짜 ________

행동 \ 일시	16	17	18	19	20	21	22	23	계
동생 때리기	0	1	0	0	0	1			
골내고 소리 지르기	0	0	0	1	1	0			

[그림 7-1] 골내고 소리 지르거나 동생을 때리지 않기로 엄마와 약속한 행동계약 (예)

2) 보 상

행동계약에서 보상 부분은 과제만큼 신경을 써서 구체적으로 정확하게 진술하여야 한다. 부모나 교사들은 흔히 아동이 해야 할 과제나 표적행동에 대해서는 구체적으로 명확히 진술할 줄 안다. 아동에게 요구할 것도 많고, 또 무엇을 요구할 것인지도 너무 잘 안다. 그러나 정작 자신들이 해야 할 부분, 즉 보상에 관해서는 구체적으로 진술하지 못하고 애매모호하게 표현하는 경우가 많다. 예를 들면, '큰 선물을 주겠다.', 'TV를 볼 수 있다.', '밖에 나가 놀 수 있다.' 라는 표현은 애매하고 명확하지 않다. 보상에 관한 불명확한 진술로 인하여 보상을 주는 사람과 받는 사람 간에 이견이 발생하고 불만이 생기면 강화의 효과가 상실될 수 있다. '자전거를 사 주겠다.' 고 약속할 경우, 받는 사람은 값비싼 최신 모델을 기대하고 있는데, 정작 사 줄 사람은 값싼 중고품을 생각하고 있다면 아동은 크게 실망할 것이다. 결과적으로 행동계약에 대한 신뢰가 떨어져 효과를 기대하기 어렵다.

보상에 관하여 진술할 때는 다음과 같은 네 가지 내용이 명시되어야 한다. 첫째, 과제(표적행동)의 수행 여부를 평가하고 보상을 제공하는 사람에 관한 진술이다. 영수의 예에서 이 항목에 해당되는 사람은 어머니이다. 둘째, 보상에 관한 진술이다. 과제를 수행한 다음에 받게 될 물건이나 허락되는 활동을 구체적으로 진술한다. 예컨대, '30분간 컴퓨터 게임을 할 수 있다.', '어린이 만화영화 한 편을 시청할 수 있다.', 'A 회사의 제품, 모델명 ○○를 사 준다.' 라는 식으로 구체적으로 진술한다. 영수의 예에서는 가족과 함께 놀이공원에 가는 것이다. 만일 놀이공원이 여러 군데 있다면 구체적으로 어떤 놀이공원인지 그 이름을 명시하는 것이 좋다. 셋째, 과제를 수행한 사람이 보상받을 시간을 명시한다. 영수의 예에서는 다음 주말로 되어 있다. 강화의 원리에서 강조된 바와 같이 중요한 것은 강화자극(보상)은 항상 과제(표적행동)가 수행된 다음에 즉시 제공되어야 한다는 점이다. 그러나 많은 경우 여러 가지 이유로 과제가 수행된 후 즉시 보상을 제공하기 어렵다. 영수의 예에서도 과제는 금요일에 완성되지만 놀이공원에는 다음 날(토요일)이나 그다음 날(일요일)에 갈 수밖에 없다. 가능한 한 과제가 완수된 후 빠른 시간 내에 보상을 받을 수 있도록 사전에 계획하는 것이 필요하다. 마지막으로, 보상의 크기에 관한 진술이다. 영수의 예에서는 놀이공원에 가는 것이다. 일반적으로 수행된 과제(표적행동)의 난이도에 상응하는 보상을 약속하여야 한다. 너무 쉬운 과제에 큰 보상을 제공하는 것은 부당하며, 어려운 과제에 대하여 지나치게 인색한 보상을 제공하는 것도 성취동기를 약화시키는 지름길이다. 계약과정에서 상호

간 합의로 양쪽에 모두 공정하게 정하는 것이 좋다. 일단 합의된 이후에도 불공평하다고 여겨지는 점이 발견되면 재계약의 기회를 마련하는 것이 좋다. 그리고 과제를 수행하는 데 오랜 시간이 걸린다거나 과제 이행 후 보상을 받기까지의 지연시간이 긴 경우에는 중간에 보너스 보상을 제공함으로써 과제 수행과 보상 간의 공백을 줄이는 것도 좋은 방법이다.

3) 과제 수행

행동계약서에 과제의 수행에 관하여 기록할 수 있는 공간을 마련한다. 약속된 보상을 얻기 위하여 일정 양의 과제를 완수해야 할 경우, 또는 영수의 예에서처럼 동생을 때리는 횟수가 일정 기준 이하가 되어야 할 경우에는, 미리 마련한 공간에 표적행동의 발생빈도를 기록할 수 있도록 준비한다. 예를 들면, 한 번의 표적행동이 수행될 때마다 바를 정(正)자를 한 획씩 긋거나 별표 스티커를 하나씩 붙여 표시할 수 있다. 이러한 과제 수행에 관한 기록은 계약 당사자 모두에게 계약조건을 수시로 살펴 자신의 행동을 조절할 수 있는 기회를 제공한다. 즉, 계약기간 내내 과제를 열심히 수행하여 약속된 보상을 얻으려는 강력한 동기를 유지할 수 있다. [그림 7-1]의 예처럼 계약서 아랫부분에 매일 표적행동(과제)의 수행이나 문제행동의 발생에 대한 통계를 기록함으로써 영수에게 경각심을 일으키고 '주말 놀이공원가기'를 성취하기 위하여 자신의 행동을 어떻게 조절해야 할 것인지를 알려 줄 수 있다.

2. 행동계약의 원리

행동계약의 원리는 간단하고 명료한 듯하다. '네가 5시 30분까지 숙제를 마치면, 엄마는 너에게 30분간 TV 만화 시청을 허락하겠다.'라는 약속을 살펴보자. 이러한 계약은 표적행동의 발생에 수반하여 약속된 보상을 제공함으로써 표적행동을 증가시키려는 전략이다. 이는 전형적인 정적강화의 원리를 잘 반영하고 있다. 그러나 자세히 살펴보면 행동계약이란 하나의 단순한 원리에 의한 것이 아니라 여러 원리와 치료기법이 종합적으로 활용되는 패키지 프로그램이라는 것을 알 수 있다. 분명 강화의 원리가 기본이 된다. 그러나 단순하고 직접적인 형태로 강화의 원리가 작용하는 것은 아니다. 대부분의 계약에서 약속된 보상은 표적행동 또는 과제가 모두 완수된 후에 제공된다. 다시 말하면, 하나의 과제가 수행될 때마다 보상이 즉시 제공되는 것이 아니라, 약속된 과제를 모두 마칠 때까지 상당한 시간이 지연된 후에 제공된다. 예컨대, 약속된 '자전거'를 보상으로 얻기 위해서는 적어도 몇 달 전부터 수많은 학습과제를 수행해야 하고, 약속된 기준에 적합하도록 올바른 학습반응이 장기간에 걸쳐 축적되어야 한다. 한마디로 표적행동의 발생 후 상당한 시간이 지연된 다음에 보상을 얻게 된다. 즉, 약속된 보상은 오래전에 수행한 학습행동에 대하여 직접적인 정적강화가 될 수 없다. 때문에 표적행동의 발생과 약속된 보상 간의 시간적 지연을 매개하는 다른 요인이 가정된다.

많은 학자들(Malott, 1989; Malott & Garcia, 1991; Skinner, 1969)은 이에 대하여 규율지배행동[3]의 개념을 도입하여 설명한다. 예를 들어, '수요일 방과 후 태권도 연습에 참가하면, 주말의 명화의 시청을 허락한다.' 라는 약속을 생각해 보자. 이 계약에서는 특정한 행동(태권도 연습)에 수반하여 특정한 후속자극(주말의 명화)이 제공될 것이라는 규율을 명시한다. 계약서에 명시된 이러한 규율은 표적행동의 수행에 영향을 미치는 촉진자극으로서의 역할뿐 아니라, 표적행동의 수행과 약속된 보상의 획득 간에 벌어진 시간적 지연을 매개하는 즉각적인 강화자극으로서의 역할도 수행한다. 즉, 계약서의 규율에 관한 언어적 진술이 표적행동의 수행에 즉시 뒤따름으로써 지연되는 보상과 연계해 주기 때문이다. 예를 들어, '이제 태권도 연습을 했으니까 주말의 명화를 볼 수 있다.' 라고 스스로에게 확인함으로써 즉시 보상을 얻는 것과 동일한 효과를 얻을 수 있다. 이러한 시간적 지연의 매개는 토큰을 사용함으로써 더욱 명확해질 수 있다. 계약서상에 표적행동이 수행되었음을 확인하는 표시를 한다든지 별표를 붙이는 것은 대단히 현명한 방법이다. 요약하면, 행동계약이란 정적강화와 부적강화 및 규율지배행동의 원리와 관련된 종합적인 치료적 중재 프로그램이라고 할 수 있다.

3. 행동계약의 기본규칙

Homme, Csanyi, Gonzales와 Rechs(1970)는 학급에서 활용될 수 있는 행동계약의 10가지 기본규칙을 다음과 같이 제안하였다.

① **계약된 보상은 즉시 제공되어야 한다.** 강화의 즉각성을 강조한 규칙이다. 즉, 계약된 과제(표적행동)가 수행되면 시간적으로 지체 없이 보상이 제공되어야 한다. 과제(표적행동)의 수행과 약속된 보상 간의 시간적 지연이 길어질수록 행동계약의 효과는 감

3) Rule-governed behavior (規律支配行動)

소될 수 있다. 언어, 토큰, 기타 가시적 표식 등을 매개로 지연 효과를 감소시킬 수 있는 방안을 모색한다.

② **초기 계약에서는 목표를 향한 작은 접근에 대해서도 보상한다.** 이는 점진접근의 원리를 강조한 규칙이다. 특히 학습자의 행동저장고에 존재하지 않는 새로운 행동을 가르칠 때는 현재 수준으로부터 목표행동에 이를 수 있는 단계적인 중간 목표를 과제로 설정하여 보상을 약속하는 방식으로 계약을 맺는다. 이때 지나치게 높은 기준을 설정하거나 너무 광범한 행동을 요구하면, 성공적으로 수행하기 어렵고 약속된 보상을 기대할 수 없어 계약의 효과는 감소된다.

③ **작은 양의 보상을 자주 제공한다.** 한 번에 큰 보상을 제공하는 것보다 작은 보상을 여러 번에 걸쳐 나누어 주는 것이 더 효과적이다. 즉, 점진적인 작은 진보를 자주 확인하고 자주 보상하는 것이 행동계약을 성공으로 이끄는 지름길이다.

④ **복종보다는 과제의 성취를 요구하며 보상한다.** 예를 들면, '내가 하라고 한 대로 하면, 네가 원하는 것을 주겠다.' 보다는, '네가 특정 과제를 수행하면 특정 보상을 받게 될 것이다.' 라는 식으로 복종보다는 일의 성취를 강조하는 계약이 되어야 한다.

⑤ **과제(표적행동)가 수행된 후에 보상한다.** 이 규칙은 강화의 핵심 개념인 수반성의 원

글상자 7-1

행동계약의 기본규칙

1. 계약된 보상은 즉시 제공되어야 한다.
2. 초기 계약에서는 목표를 향한 작은 접근에 대해서도 보상한다.
3. 작은 양의 보상을 자주 제공한다.
4. 복종보다는 과제의 성취를 요구하며 보상한다.
5. 과제(표적행동) 수행 후 보상한다.
6. 계약조건은 계약 당사자 모두에게 공정해야 한다.
7. 계약의 용어는 명확해야 한다.
8. 계약은 정직해야 한다.
9. 계약은 긍정적이어야 한다.
10. 계약은 현재 진행 중인 전체 프로그램의 한 부분으로서 체계적으로 통합되어야 한다.

리를 뜻한다. 예를 들면, '네가 원하는 자전거를 사 줬으니까 열심히 공부해야 한다.'는 것은 잘못된 행동계약이다. 행동이 발생하기 전에 보상을 먼저 주는 것을 흔히 뇌물 공여라 한다. 뇌물을 줬으니 행동을 잘해 달라는 부탁은 행동계약이 아니다. 항상 과제의 수행이 먼저이고, 그다음에 보상이 따르는 방식으로 약속하여야 한다.

⑥ 계약조건은 계약 당사자 모두에게 공정해야 한다. 보상의 크기는 요구되는 과제의 양이나 난이도에 상응하게 정해져야 한다. 그리고 과제(표적행동)와 보상의 비율 역시 양쪽 모두에게 공평하여야 한다. 예컨대, 스무 문제 중 두 문제를 올바로 풀면 30분의 자유시간을 주는 경우에는 아동에게는 유리하고 교사에게 불공평한 계약이 될 것이다. 반대로 스무 문제를 모두 올바로 풀면 2분간의 자유시간을 주겠다는 약속은 아동 편에 불리한 계약이 될 것이다.

⑦ 계약의 용어는 명확해야 한다. 애매모호한 용어는 계약 당사자 간에 갈등과 불만의 불씨가 될 수 있다. 왜냐하면 같은 사안을 놓고 이견이 발생하고, 서로 불일치하는 견해를 낳게 되기 때문이다. 예컨대, '평균점수를 5점 이상 올리면 자전거를 사 준다.'는 계약에서 아동은 15단 변속장치가 달린 신형 자전거를, 부모는 값싼 중고품을 생각하였다면 이견이 너무 심각하다. 이런 계약은 득보다 실이 크다. 아동은 다시는 교사나 부모 또는 행동계약 자체를 신뢰하지 않게 될 것이다. 이 경우, 어느 회사의 어떤 제품, 기능, 모델명 등을 분명히 기술해야 한다.

⑧ 계약은 정직해야 한다. 정직한 계약이란, 계약의 조건이 즉시 이행되고, 계약서에 명시된 대로 이행되는 것을 의미한다. 앞서 언급한 성적과 자전거의 예에서 아동은 성적을 평균 5점 올렸는데, 즉시 약속된 자전거를 사 주지 않고, 돈이 없다며 두 달 후 보너스가 나오면 사 주겠다고 한다든지 또는 돈이 모자라니 중고 자전거로 만족하라고 한다면 어떻게 될까? 신뢰감의 상실은 물론이고 도덕성까지 의심을 받을 수 있을 것이다.

⑨ 계약은 긍정적이어야 한다. 계약 당사자들 상호 간에 긍정적인 방향을 지향하는 방식으로 계약이 성립되어야 한다. 긍정적 계약이란, '네가 ○○을 하면, 나는 ○○을 하겠다.' 라고 계약하는 것이다. '네가 ○○을 하면, 나는 ○○을 안 하겠다.' 또는 '네가 ○○을 안 하면, 나는 ○○을 하겠다.' 또는 '네가 ○○을 안 하면, 나도 ○○을 안 하겠다.' 라는 식의 계약은 긍정적이 아니다. 예를 들어, '네가 30분간 공부하면, 나는 너에

게 30분 동안 만화영화를 보도록 허락하겠다.' 라는 계약은 적절하지만, '네가 30분간 공부하지 않으면, 나는 너에게 만화영화를 보지 못하게 하겠다.' 라는 것은 부적절하다.

⑩ 계약은 현재 진행 중인 전체 프로그램의 한 부분으로서 체계적으로 통합되어야 한다. 기존의 학급 운영계획이나 시간표를 무시한 별도의 행동계약은 전반적 교육 프로그램의 통합적 운영에 도움이 될 수 없다.

4. 행동계약의 절차

행동계약을 위한 협상은 체계적이고 정밀해야 한다. 부모, 교사 및 치료자는 전체 프로그램의 관리자로서 행동계약의 과정이 생산적이 되도록 관리할 의무가 있다. Shea, Whiteside, Beetner와 Lindsey(1974)는 학교에서 활용될 수 있는 17단계의 세밀하고 장황한 행동계약의 절차를 추천하고 있다. 이들이 제안한 행동계약의 절차를 요약하여 다음에 제시하기로 한다. 이 절차는 학급에서뿐 아니라 가정이나 아동보육 및 복지시설에서도 똑같이 적용될 수 있다. 행동계약은 부모와 자녀 양자 간에 맺을 수도 있고, 다수의 아동 또는 학급 전체 아동과 교사 간에 이루어질 수도 있다.

① 아동과 친밀한 분위기를 조성한 다음 만남의 목적을 간략히 설명한다. 예를 들면, '요즘 영수가 수업시간에 공부는 안 하고, 좌석을 이탈하여 돌아다니고 짝궁이랑 장난만 치는 것 같아 선생님이 걱정을 많이 했단다. 어떻게 하면 영수가 수업시간에 공부를 열심히 할 수 있을까? 선생님은 영수하고 진지하게 상의해서 좋은 방법을 찾고 싶어서 영수를 만나자고 했어.' 라는 식으로 말한다. 절대로 위협적인 분위기를 조성해서는 안 된다. 교사는 진심으로 아동을 걱정하고 있고, 아동에게 도움이 되고 싶다는 의사를 전달해야 한다. 가능하면 간단한 다과를 마련해 놓고 진행한다면 더욱 좋은 분위기를 만들 수 있을 것이다.

② 계약의 의미를 간단히 설명한다. 계약이란 '두 사람 간에 해야 할 일을 서로 상의하여 합의하고 약속하는 것' 이라고 설명한다. 예를 들면, '진희가 수학숙제를 마치면, 엄마는 진희에게 간식을 주겠다.' 라고 서로 합의하여 약속하는 것을 행동계약이라고 설명한다. 아동에게도 예를 들어 보도록 하고, 아동의 예에서 부족한 점을 보충하여 시

정해 준다. 아동이 계약에 대하여 충분히 이해하였다고 판단되면, '수업시간에 열심히 공부할 수 있도록 오늘 영수와 선생님이 함께 행동계약을 맺어 볼까?' 라고 제안하며 동의를 구한다.

③ 아동이 해야 할 과제(표적행동)를 구체적으로 정한다. 계약과정에서 과제(표적행동)와 보상에 대한 세부 사항은 계약 당사자 모두의 동의하에 쌍방에 모두 유익한 형태로 작성되어야 한다. Dardig과 Heward(1981)는 과제를 정할 때 사용될 수 있는 두 가지 서식을 고안하였다. 하나는 [그림 7-2]에 예시된 '행동계약 서식 1'과 유사한 방식으로 계약 참여자(아동)들이 각각 자신이 할 과제(표적행동)를 스스로 생각하여 열거하도록 하는 것이고, 또 하나는 '행동계약 서식 2'에서와 같이 모든 참여자(아동)들이 각 아동에게 희망하는 과제(표적행동)를 한 가지 이상씩 돌려 가며 써넣도록 하는 것이다. 예컨대, 영수는 자기가 할 일을 '서식 1'에 적어 둔다. 그리고 '서식 2'에 자기 이름을 써넣고 옆 사람에게 돌린다. 영수의 카드를 받은 사람은 영수에게 바라는 행동을 하나 이상 적어 넣고 다시 다음 사람에게 돌린다. 이렇게 한 바퀴를 돌려 본인의 것을 소지한다. 이제 각 아동은 자신이 열거한 행동과 다른 아동들이 제시한 행동을 참고하여 자기가

행동계약 서식 1

내가 해야 할 일들

1. 선생님 허락받고 말하기
2. 내 자리에 앉아 있기
3. 조용히 하기
4. 학급 일 돕기
5.
6.
7.
8.

행동계약 서식 2

(영수)가 해야 할 일들

1. 학교에 일찍 오기
2. 불량식품 안 사 먹기
3. 청소하기
4. 숙제 해 오기
5. 고운 말 쓰기
6.
7.
8.

[그림 7-2] 과제(표적행동)를 정하는 서식

행동계약에 참여하는 모든 아동들은 각자 자기가 열거한 과제(행동계약 서식 1)와 또래 친구들이 제시한 과제(행동계약 서식 2)를 참고하여 자신의 과제(표적행동)를 정한다.

할 과제(표적행동)를 결정한다. 모든 과제는 계약 당사자들(예: 부모와 자녀, 교사와 학생)의 합의를 거쳐 구체적으로 명확히 정의되어야 한다. 과제(표적행동)의 수행조건과 평가기준을 명시함으로써 조작적으로 정의할 수 있다. 예를 들면, '일일공부 문제집 16쪽에 있는 수학 문제 10개를 20분 이내에 풀어야 하고 정답은 18개 이상 되어야 한다.'라는 식으로 진술한다.

④ 아동이 해야 할 과제(표적행동)에 대하여 어떤 보상을 제공할 것인지를 정한다. 보상의 비율은 계약 당사자들의 합의에 의하여 정한다. 즉, 보상을 받을 사람과 보상을 제공할 사람 간에 공평하게 합의되어야 한다. 부모, 교사 또는 힘을 가진 책임자가 일방적으로 정하고 따르도록 강요하는 것은 행동계약을 실패로 이끄는 지름길이다. 앞서 언급한 행동계약의 기본규칙을 참고하여 보상의 비율과 제공 방식을 계약 당사자 간의 합의하에 공평하게 정하도록 한다. 먼저 아동 스스로 자신의 표적행동에 대한 적절한 보상을

행동계약 서식 3

(영수)가 좋아하는 것들

갖고 싶은 것, 먹고 싶은 것, 하고 싶은 활동, 기타 오랫동안 원했던 것을 아래에 적는다.

1. 아이스크림
2. 수영
3. 급식 당번
4. 박물관 견학
5. 가족과 놀이동산 가기
6. ________
7. ________
8. ________

행동계약 서식 4

(영수)가 좋아하는 것들

갖고 싶은 것: 작은 공룡 모형, 스티커, 연예인 사진, 착한 어린이 상장 중에서 2가지만 아래에 적는다.

1. 공룡 모형
2. 착한 어린이 상장

하고 싶은 것: 축구, 게임, 만화영화 보기, 음악 감상, 줄반장, 교사 일 돕기, 박물관 견학 중에서 2가지만 아래에 적는다.

1. 줄 반장
2. 박물관 견학

오래전부터 원하던 것: 갖고 싶은 것, 먹고 싶은 것, 하고 싶은 것 하나씩만 쓰세요.

____

____

[그림 7-3] 보상을 정하는 서식

행동계약에 참여하는 모든 아동들은 각자 자기가 원하는 보상을 위의 서식에 따라 적어 넣는다. 단 서식 4는 한정된 범위 내에서 보상을 선택하게 할 때 사용된다.

제안하도록 한다. 아동의 요구 수준에 큰 무리가 없으면 가능한 한 그대로 수용하고, 지나치게 불공평할 경우 협상의 장을 마련하여 적절한 수준에서 서로 만족한 합의를 이끌어 내도록 노력한다.

계약에 참여하는 모든 아동은 각자 자신이 원하는 물건, 활동 또는 특별히 원하는 일들을 [그림 7-3]의 '행동계약 서식 3'에 적도록 한다. 참여자가 두 명 이상일 경우, 중복되는 사항이 있을 수 있다. 가능한 한 여러 사람이 공통적으로 원하는 보상을 준비하는 것이 편리하다. 그런데 '행동계약 서식 3'과 같은 자유반응 방식에서는 수용하기 어려운 보상을 아동 측에서 요구하기 쉽다. 요구를 거절해야 하는 상황이 발생하면 계약은 처음부터 난항에 처할 수도 있다. 따라서 부담할 수 있는 자원의 한도 내에서 보상이 정해질 수 있도록 지도하여야 한다. 가정, 학교 또는 조직에서 행동계약을 활용할 경우, 시간적 · 재정적 · 행정적 자원이 부족할 수 있다. 학교에서 부담하기 어려운 보상은 가정에서 대행하는 방법을 고려해 볼 수 있다. 즉, 계약 당시부터 부모를 참여시켜 역할을 분담하도록 한다. 교사는 아동의 과제 이행 여부를 판단하여 부모에게 알리고, 부모는 약속된 보상을 제공하는 방식이다. 그러나 실제로 부모를 계약에 참여시키는 것은 몹시 어렵거나 번거로울 수 있다. 이런 경우 '행동계약 서식 4'에 예시된 바와 같이 교사의 재정적 부담 없이 마련할 수 있는 작은 동물 모형 장난감, 예쁜 스티커, 연예인 사진, 교사가 발부하는 각종 상장 등으로 선택의 폭을 제한할 수 있다. 보다 좋은 방법은 학교 시간표나 행정적 제한이 없는 한도 내에서 아동들이 좋아하는 다양한 활동을 보상으로 활용하는 것이다.

⑤ 계약 내용을 글로 작성한다. 이상의 과정을 거쳐 과제(표적행동)와 보상의 비율이 상호 만족할 만한 수준에서 결정되면 이제 서면 계약서를 2부 작성하여 교사와 아동이 각각 한 부씩 보관한다. 그리고 계약서의 내용을 읽어 내려가며 서로 합의한 내용이 틀림없는지 확인한다. 확인이 끝나면 계약 당사자 모두 계약서에 서명 날인한다. 이때 가능한 한 증인을 세워 확인함으로써 더욱 신뢰할 수 있는 계약, 즉 꼭 지켜야 할 계약이라는 점을 다시 한 번 강조할 수 있다.

⑥ 계약이 성사된 것을 축하하고, 잘해 보자고 서로 격려한다. 국가 간에, 사업자 간에 계약을 맺을 때처럼 다과와 음료를 준비하여 축배를 들어도 좋다. 꼭 지키겠다는 약속을 다짐하는 계기가 될 것이다.

5. 행동계약의 활용 시 고려 사항

행동계약의 활용에 대한 적절성을 판단하기 위해서는 수행 과제(표적행동)의 성격, 계약 참여자의 언어 능력, 계약 당사자들 간의 인간관계, 가용자원 등이 신중히 검토되어야 한다. 첫째로, 표적행동은 계약 참여자의 행동저장고에 이미 존재하고, 환경 내에서 적절한 변별자극에 의하여 통제되는 행동이어야 한다. 예를 들어, '숙제하기'를 표적행동으로 행동계약을 할 경우, 아동은 이미 '숙제하라!' 는 지시에 따라 숙제하는 행동을 할 줄 알아야 한다는 뜻이다. 즉, 행동저장고에 없는 행동은 행동계약의 대상이 될 수 없다. 행동저장고에는 있으나 그 발생빈도가 낮아 문제가 될 때 강력한 성취동기를 유발하기 위하여 행동계약을 활용하는 것이다. 한 번도 경험해 보지 못했거나 할 줄 모르는 결손행동은 교육과 훈련의 대상이 될 수 있으나 행동계약의 대상은 될 수 없다.

둘째로, 행동의 결과를 영속적으로 남기는 행동은 행동계약의 좋은 대상이 된다. 예를 들어, 방 청소, 침대 정돈, 설거지 등은 그 결과가 지속적으로 남아 있어 그 행동의 발생여부를 상당한 시간이 지난 후에도 쉽게 확인할 수 있다. 이러한 행동은 행동계약의 적절한 대상이 된다. 행동의 결과가 영속 산물로 남지 않는 일과성 행동일 경우에는 적어도 보상을 제공하는 사람이 직접 그 행동을 관찰할 수 있어야 한다. 예를 들어, 한 자폐 아동의 상동행동은 관찰자가 직접 관찰하지 않으면 확인될 수 없다. 한순간에 발생했다가 사라지는 일과성 행동이기 때문이다. 이러한 일과성 행동은 행동계약의 대상이 되기 어렵다. 행동의 발생률을 평가할 수 없다면, 이에 상응하는 보상을 약속하는 것이 불가능하기 때문이다.

셋째로, 계약 참여자의 읽기 능력은 행동계약의 필수적인 요인은 아니지만, 적어도 계약의 규칙에 관한 시각적 · 언어적 진술에 올바로 반응할 수 있는 의사소통 능력은 있어야 한다. 말을 잘하는 취학 전 아동, 독서 능력이 부족한 초등학생, 글은 모르지만 정상적 언어와 개념을 구사할 수 있는 어른들에게 행동계약은 아무 제한 없이 활용될 수 있다. 그림, 사진, 상징, 녹음기 등을 활용하여 행동계약 내용을 확인할 수 있도록 한다면 읽기 능력은 행동계약을 맺는 데 아무 장애도 되지 않는다.

넷째로, 행동계약을 거부하고 협조하지 않는 사람의 경우에는 다른 대체기법을 찾는 것이 좋다. 대부분의 아동은 행동계약에 호의적 관심을 보이며 적극적이다. 그러나 어떤 아동은 강하게 저항하기도 한다. 이런 경우 저항을 감소시키기 위한 노력을 시도할 수 있겠지만, 아무리 적극적인 접근방법을 도입해도 계약 참여에 동의하지 않을 수 있다. 이때는 무리하게 행동계약을 적용하려 하기보다는 다른 대체기법을 활용하여 행동 변화를 시도하는 것이 좋다.

마지막으로, 행동계약이 아무리 효과적인 행동 변화의 수단이라 하더라도, 보상자원이 부족하면 활용하기 어렵다. 보상자원은 반드시 재정적 · 물질적 자원만을 의미하는 것은 아니다. 물론 값비싼 상품이나 물질적 보상을 하려면 재정적 자원이 필요하다. 더욱이 학급이나 학교 전체를 대상으로 행동계약이 활용될 경우 그 비용은 무시할 수 없다. 그러나 때로는 물질적인 보상뿐만 아니라 시간적 · 행정적 제한 때문에 어려운 경우도 있다. 예컨대, 지역사회 내의 박물관 관람이라든지, 공원에서의 놀이 등은 재정적 문제라기보다는 학사 운영과 관련된 행정적 · 시간적 제한 때문에 사용이 불가능할 수 있다. 재정적 제한점은 앞서 잠시 언급한 바와 같이 가정과 연계하여 부모가 부담하는 방법도 연구되어야 한다. 또한 학교에서 학생들에게 인기가 있는 활동강화자극을 발굴하여 체계적으로 학사 운영에 반영하는 방안도 모색되어야 한다.

제2절 토큰제도

토큰제도[4)]는 행동치료의 한 방법으로 치료와 교육 현장에서 널리 사용되어 왔으며 인간의 행동을 변화시키는 데 매우 효과적이다(Ayllon & Azrin, 1968; Kazdin, 1977; Glynn, 1990). 토큰이란 일반화된 조건강화자극의 한 가지로, 물질적 상품, 좋아하는 활동, 기타 혜택 등과 교환될 수 있는 상징적인 표, 점수, 스티커, 딱지, 별표, 장난감 돈 등을 말한다. 주유소에서 기름을 넣으면 점수(point)가 누적되고, 그 점수로 원하는 상품과 교환해 주는데, 이것은 바로 소비자의 행동을 변화시키기 위한 토큰제도의 한 예이다. 토큰제도는 화폐제도와 동일한 특성을 가지고 있다. 돈이란 그 자체로는 별 가치가 없다. 다만 여러 가지 물건이나 활동과 바꿀 수 있는 교환 가치를 가지고 있기 때문에 사람들이 돈을 귀하게 여긴다. 사람들이 일을 하여 돈을 벌고 그 돈으로 필요한 것을 구매하는 일반 화폐경제에서처럼, 토큰제도에서도 사람들은 표적행동을 함으로써 토큰이나 점수를 벌고, 벌어들인 토큰이나 점수로 원하는 상품과 교환할 수 있다. 가정과 학교, 직장에서 사용되는 토큰은 제한적이기는 하지만 시장에서 화폐가 갖는 동일한

4) Token system

의미와 기능을 갖는다. 이러한 의미에서 토큰경제[5]라고도 한다.

따라서 화폐경제에서 발생하는 모든 현상이 토큰제도에서도 동일하게 나타난다. 토큰을 너무 많이 공급하면 가치가 하락하여 강화의 효과가 떨어지고, 희귀하면 토큰의 가치가 상승하여 강화의 효과가 높아진다. 일반 화폐경제에서 발생하는 인플레이션이나 디플레이션 현상과 같다. 심지어 토큰으로 이자놀이를 하거나 훔치는 일까지 발생할 수 있다. 위조화폐를 통용시키는 사람이 있듯이 토큰도 가짜가 등장할 수도 있다. 돈으로 상품이나 활동의 기회를 구매하는 시장경제에서의 모든 현상이 거의 동일하게 나타난다. 아동에게 가르칠 행동목록을 정하고, 아동이 표적행동을 하면 받을 수 있는 토큰의 양을 정하며, 토큰과 교환될 수 있는 상품을 마련한다. 처음에는 적은 양의 토큰으로 원하는 것과 교환할 수 있도록 하고, 토큰제도에 익숙해질 때까지는 탐나는 상품을 많이 마련하는 것이 좋다.

토큰은 일반화된 조건강화자극의 한 예로서 다양하고 폭넓은 지원강화자극[6]과 교환할 수 있는 가치를 갖는다. 따라서 토큰은 포화나 박탈과 같은 특별한 요인과 관계없이 일관성 있는 강화력을 지닌다. 그러나 토큰의 효과는 지원강화의 다양성에 따라 좌우되는 상대적인 개념이다. 토큰과 교환될 수 있는 상품이 별로 없을 경우 토큰은 아무런 강화력을 갖지 못한다. 유치원이나 어린이집에서 아동의 이름 위에 별표나 스티커를 붙여 주는 것을 많이 볼 수 있는데, 이것 역시 토큰제도라고 볼 수 있다. 그러나 단지 별표나 스티커를 붙여 주는 것으로 그친다면 토큰은 행동을 변화시키는 데 아무 효과도 발휘할 수 없다. 다양하고 폭넓은 지원강화와 교환될 수 있는 토큰제도는 가정, 학교, 임상실, 복지시설, 병원 등에서 유익하게 활용될 수 있다.

1. 토큰제도의 구성요소

토큰제도는 응용행동분석의 한 기법으로서 그 핵심요소는 ① 표적행동의 목록, ② 표적행동의 발생에 수반하여 제공되는 토큰과 점수, ③ 토큰과 교환될 수 있는 지원강화 품목 등으로 구성된다. 토큰제도에는 앞서 설명한 행동계약의 요소가 모두 포함된다. 표적행동의 목록은 행동계약에서의 과제(표적행동)에 관한 진술과 유사하다. 특정 과제를 완수하면 특정 보상을 주겠다고 약속하듯이 토큰제도에서도 정해진 표적행동

5) Token economy

6) Backup reinforcer (支援强化刺戟): 토큰과 교환할 수 있는 강화자극

을 하면 얼마의 토큰을 얻을 수 있으며, 교환될 수 있는 지원강화의 가치는 얼마인지 명시한다. 즉, '네가 ○○을 하면 토큰을 몇 개 받을 수 있고 차후에 원하는 지원강화와 교환할 수 있다.' 고 약속한다. 표적행동과 이에 상응하는 보상의 비율을 정할 때 계약 당사자들 간의 협상을 통하여 합의를 도출하듯이 토큰제도에서도 똑같은 절차와 방법이 적용된다. 마찬가지로 토큰제도에서 사용된 절차와 방법의 중요한 요소는 행동계약에서도 동일하게 적용될 수 있다. 따라서 여기서는 토큰제도에서 고유하게 사용되고 앞서 행동계약에 대한 설명 중 언급되지 않은 내용을 중심으로 설명하기로 한다.

1) 표적행동의 목록 작성

표적행동의 선정 기준은 내담자에게 이득이 될 뿐 아니라 사회적으로 중요성을 지닌 행동이어야 한다. 다른 사람의 편의를 위하여 아동의 행동이 제한되어서는 안 된다. 수업시간에 좌석을 이탈하고 옆에 아이와 장난치거나 떠드는 행동은 수업 분위기를 깨트리고 학습을 저해하는 행동이므로 개인에게는 물론 사회적으로도 중요한 행동이다. 그러나 개인의 정당한 의사를 묵살하고 교사의 지시에 복종하도록 요구하거나 성가시다는 이유로 자녀들의 행동을 제한하고 부모의 의사만을 따르도록 강요하는 것은 옳지 않다. 내담자 자신이 아닌 제삼자의 편의를 위하여 표적행동이 선정되어서는 안 된다.

이상의 기준 외에도 표적행동의 선정에서 일반적으로 고려할 사항은 다음과 같다. 첫째로, 관찰과 측정이 가능한 행동이어야 한다. 둘째로, 과제(표적행동)의 완수 여부를 판정할 수 있는 명확한 기준이 명시되어야 한다. 예를 들어 〈표 7-1〉에서 '일찍 일어나기'는 아침 7시 이전에 잠자리에서 일어나는 것을 평가기준으로 정하였다. 따라서 표적행동의 발생 여부를 분명히 확인하고 측정할 수 있다. 그리고 동일한 행동이라도 적용 대상에 따라 기준을 달리하여야 하는데, 이것은 각 개인마다 능력이 다르기 때문이다. 따라서 한 학급에 토큰제도를 개설할 때 모든 아동에게 동일한 행동을 동일한 기

〈표 7-1〉 가정에서 활용될 수 있는 표적행동 목록

표적행동	평가기준
일찍 일어나기	7시 이전에 잠자리에서 일어나야 한다.
등교 준비하기	7시 45분 이전에 책가방을 챙겨야 한다.
자기 방 청소하기	물건을 정리하고 방바닥을 쓸고 닦아야 한다.
하교 후 일찍 귀가하기	3시 30분 이전에 집에 도착하여야 한다.
공부하기	30분 동안 숙제 또는 예습과 복습을 하여야 한다.
취침 전 이 닦기	잠자리에 들기 전에 이를 닦아야 한다.

준으로 요구해서는 안 된다. 토큰제도는 개별화 프로그램으로 진행되어야 한다. 학급 구성원 모두를 대상으로 하기보다는 특별 지도가 필요한 몇몇 아동을 대상으로 하는 것이 효과적이다. 셋째로, 표적행동의 수는 하나일 수도 있고 여러 행동을 대상으로 할 수도 있다. 초기 단계에서는 소수의 행동목록으로 시작하여 점차 증가시키는 것이 효과적이다. 넷째로, 표적행동은 이미 아동의 행동저장고에 있는 것이어야 한다. 즉, 토큰제도는 성취동기를 육성하여 발생빈도가 낮은 행동을 증가시키는 방법이다. 결손행동을 새로 가르치는 것은 적절치 않다. 이상은 행동계약에서 과제(표적행동)를 선정할 때의 기준과 동일하다.

2) 토큰의 선정

토큰은 가시적 상징물로서 표적행동에 수반하여 즉시 제공되고 차후에 지원강화와 교환할 수 있는 매개체로 사용된다. 토큰으로 흔히 사용되는 것은 다양한 스티커, 별표, 포커칩, 점수카드, 우표, 장난감 돈, 교사의 도장 등이다. 즉, 토큰제도에 참여하는 사람들의 흥미를 끌 수 있는 것이면 무엇이든 토큰으로 사용될 수 있다. 토큰을 선정할 때는 다음과 같은 기준을 참고한다. 첫째로, 토큰으로 사용되는 물건은 안전한 것이어야 한다. 삼킬 수 있는 작은 물건이나 상처를 줄 수 있는 날카로운 물건을 토큰으로 사용해서는 안 된다. 둘째로, 다른 곳에서 쉽게 구할 수 없는 것이어야 한다. 예컨대, 스티커를 토큰으로 사용할 때 문방구에서 값싸게 구입할 수 있는 것을 사용해서는 안 된다. 표적행동을 통하여 토큰을 얻으려는 노력보다는 손쉬운 방법으로 토큰을 구하려고 할 것이다. 오직 토큰을 발부하는 사람만이 제공할 수 있는 것이어야 한다. 셋째로, 토큰으로 사용되는 물건은 튼튼해야 한다. 지원강화와 교환된 후 다시 사용될 수 있기 때문이다. 넷째로, 운반하거나 보관하기 쉬우며 다루기 편리한 것이어야 한다. 아동과 치료자(토큰 제공자)가 늘 지니고 다니며 필요할 때마다 쉽게 사용할 수 있는 것이어야 한다. 다섯째로, 값싼 것이어야 한다. 토큰 자체의 제작이나 구입에 많은 비용을 소비할 필요가 없다. 부모의 도장, 스탬프, 부모가 만든 장난감 돈, 카드에 펀치로 구멍 뚫어주기 같은 것은 비용이 거의 들지 않는다. 마지막으로, 그 자체로 가치가 큰 것을 토큰으로 사용하지 않는 것이 좋다. 토큰의 강화가치는 그 자체에 있는 것이 아니라 교환가치에 있기 때문이다. [그림 7-4]는 토큰을 보관할 수 있는 한 가지 방법을 예시한 것이다. 아동은 보상으로 받은 스티커를 빈칸에 붙여 보관할 수 있고, 또 벌어들인 토큰이 모두 얼마인지 쉽게 알 수 있다.

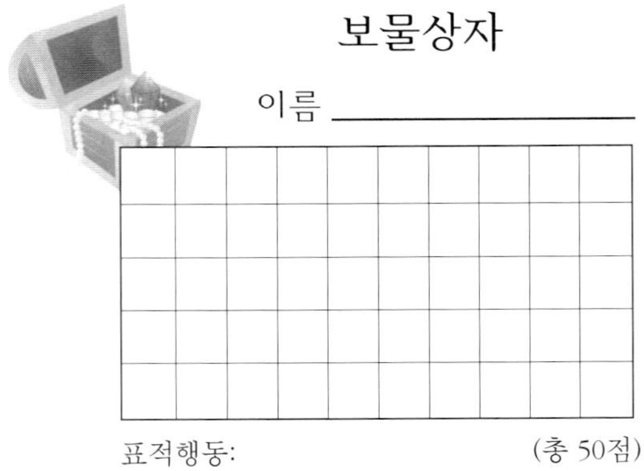

[그림 7-4] 토큰을 보관하는 보물상자

빈칸에 토큰으로 사용된 스티커를 붙이거나 교사 또는 부모의 도장을 찍어 준다. 이 같은 도구를 활용함으로써 아동은 자신이 벌어들인 토큰이 얼마인지 수시로 확인할 수 있고, 원하는 상품과 교환하려면 얼마의 토큰이 더 필요한지도 쉽게 계산할 수 있다. 이러한 정보는 표적행동에 대한 강한 동기를 부여할 수 있다.

3) 지원강화 메뉴의 선정

지원강화 메뉴는 다양하고 폭이 넓을수록 효과적이다. 음식, 음료와 과자, 장난감, 게임기, 자전거와 같은 가시적 상품, TV 시청, 스포츠, 게임과 같은 활동의 기회 제공, 20분 늦게 자기, 친구 초대하기, 놀이동산 가기 같은 특별한 혜택이나 행사 등 참여자들이 선호할 만한 것들로 준비한다. 그러나 이러한 지원강화 중에는 시간적 · 재정적 · 행정적 제한으로 자원을 충분히 활용할 수 없는 경우가 많다. 가정에서 자녀 한두 명을 대상으로 할 경우에는 이러한 제한이 큰 문제가 되지 않을 수 있다. 그러나 학교나 장애아시설같이 다수의 아동을 대상으로 하는 토큰제도에서는 음식이나 가시적 상품은 예산의 부담이 커서 사용이 어려울 수 있다.

이러한 제한점 때문에 규모가 큰 학교나 시설에서는 자연적으로 발생하는 활동의 기회와 행사 등을 지원강화로 주로 사용한다(Higgins, Williams, & McLaughlin, 2001). 예를 들면, 예산이 들지 않는 학교시설이나 게임기 등을 사용할 수 있는 기회를 제공하는 것도 아동들에게 훌륭한 지원강화가 될 수 있다. 또한 주번, 줄반장, 배식 당번, 환경 미화, 교사 도우미, TV나 컴퓨터 등 기기 관리와 같은 학급을 위한 일들은 아동들에게 인기 있는 지원강화로 사용될 수 있다. 아동들은 이러한 일들을 선호하고 영광스럽게 생각하기 때문이다. 이 외에도 학교에서 지원강화로 사용할 수 있는 자원은 얼마든지 있다. 학교 도서관 및 열람실 출입권, 특별 수업의 참여 권한, 선도부 활동과 같은 특별 임무 등은 학생들이 선호하는 훌륭한 지원강화이다. 〈표 7-2〉는 학교와 가정에서 사용될 수 있는 지원강화 목록을 예시한 것이다. 지원강화자극을 선정할 때는 법적 또는 윤리적으로 발생할 수 있는 문제를 충분히 고려해야 한다. 예컨대, 학습자의 생존에 필요한 기본 요구(예: 섭식, 잠자기, 휴식), 통신과 정보 사용의 권리, 종교 예식의 참여나 의료적 혜택을 지원강화로 사용해서는 안 된다.

〈표 7-2〉 학교와 가정에서 사용될 수 있는 지원강화

음식과 음료	장난감	가정자원	학교자원
껌 (1개)	작은 동물 모형	자유시간 (30분)	일직 (1일)
아이스크림 (1개)	레고블록	게임 (30분)	주번 (1주)
새우깡 (1봉)	미니카	색칠하기 (30분)	배식 당번 (1주)
우유 (1잔)	동물 인형	TV 시청 (30분)	줄반장 (1개월)
콜라 (1병)	모형 비행기	늦게 자기 (20분)	수업 단축 (5분)
햄버거 (1개)	미니 게임기	친구 초대하기	청소 당번 면제 (1일)
피자 (1판)	자전거	놀이동산 가기 (주말)	숙제 면제 (1일)

4) 교환비율의 설정

토큰제도를 실시하는 초기과정에서는 소수의 토큰으로 쉽게 교환할 수 있는 값싼 지원 상품으로 시작하는 것이 효과적이다. 참여자들은 벌어들인 토큰으로 원하는 지원 상품을 즉시 구입할 수 있을 때 토큰의 교환 가치를 빨리 깨닫고 흥미를 느낄 수 있게 될 것이다. 토큰과 지원 상품의 교환비율을 정하는 기본 지침은 다음과 같다.

첫째로, 초기의 교환비율을 낮게 정한다. 예를 들면, 한 개의 토큰으로 껌 한 개와 교환할 수 있도록 하는 것이 좋다. 처음부터 50개의 토큰으로 인형 하나와 바꿀 수 있도록 계획한다면 강화시간의 지연으로 그만큼 강화 효과가 떨어져 흥미를 잃게 될 것이다.

둘째로, 표적행동의 발생빈도가 증가하여 발행된 토큰의 양이 많아지면 지원 상품의 값을 올리고 지원 상품의 양을 증가시킨다. 참여자들이 토큰제도에 익숙해지고 또 성취동기가 높아지면 그만큼 표적행동의 발생은 증가되고 많은 양의 토큰이 발행될 것이다. 따라서 다량의 지원 상품을 공급할 필요가 있다. 시장경제의 논리에 따르면 돈이 흔해지고 상품이 부족하면 물가가 오르고 돈의 가치가 떨어진다. 시장경제의 균형을 유지하기 위한 자연발생적 현상이다. 토큰제도에서도 마찬가지이다. 지원 상품의 교

환비율을 높여 토큰의 가치를 떨어뜨리고 지원 상품을 증가시키지 않으면 공급과 수요에 차질이 발생할 수 있다.

셋째로, 참여자들의 토큰 수입이 늘어남에 따라 지원 상품을 고급화하고 다양화한다. 마치 국민소득이 증가하면 상품은 고급화되고 생활은 사치스러워지는 것과 같다. 다시 말하면, 소비자들의 욕구가 그만큼 향상된다는 뜻이다. 토큰제도에서도 토큰 수입이 늘면 더 값진 상품을 살 수 있는 능력이 생기고 그만큼 값비싼 상품을 원하게 된다.

넷째로, 고급 상품의 값을 올리기보다는 필수 지원 상품의 값을 올린다. 고급 상품이란 경제적 여유가 있을 때 누리고 싶은 욕구의 대상이다. 따라서 고급 상품의 가격이 자꾸 상승하면 구매 의욕을 잃게 된다. 그러나 대부분 사람들이 필요로 하는 물건은 값이 올라도 살 수밖에 없다. 따라서 발행된 많은 양의 토큰을 회수함으로써 토큰제도 자체를 활성화하기 위해서는 잘 나가는 지원 상품의 값을 올리는 것이 더 효과적이다.

2. 토큰제도의 설정 절차

토큰제도를 효과적으로 개설하기 위한 절차는 다음과 같다. 이미 언급한 바와 같이 토큰제도 내에는 행동계약의 핵심원리가 포함되어 있다. 따라서 토큰제도를 계획할 때 행동계약의 절차를 참고할 수 있다. 즉, 토큰제도를 시행하기 전에 대상 아동과 친밀한 분위기를 조성하고, 토큰제도에 관하여 설명하고, 흥미와 참여 의사를 적극 유도하여야 한다.

① **표적행동의 목록을 작성한다.** 한 가지 또는 여러 행동을 치료와 교육의 목표로 설정할 수 있다. 초기에는 소수의 표적행동을 대상으로 하고, 점차로 표적행동의 수를 증가시킨다. 새로운 행동의 학습보다는 이미 학습된 행동 중 발생빈도가 낮은 행동을 표적행동으로 정한다. 표적행동의 목록을 작성할 때 부모나 교사가 일방적으로 정하기보다는 참여자들의 의견을 크게 반영하는 것이 효과적이다. 행동계약에서 표적행동을 설정할 때와 동일한 방법을 활용한다(Dardig & Heward, 1981).

② **토큰으로 사용할 적절한 물건을 선정한다.** 참여자들의 흥미와 관심을 끌 수 있는 가시적인 포커칩, 스티커, 별표, 장난감 돈 등을 토큰으로 사용할 수 있다. 안전하고 튼튼하며, 다른 곳에서 구할 수 없고, 운반과 보관이 용이한 것이어야 한다.

③ **표적행동과 토큰의 비율을 정한다.** 즉, 표적행동으로 벌 수 있는 토큰의 수를 정한다. 부모나 교사가 임의로 결정하지 말고 항상 참여자들과 협의하여 상호 간에 만족할 수 있는 선에서 합의점을 찾는다. 가능한 한 참여자(아동)의 의견을 많이 반영하도록 한다. 또한 토큰제도의 실행과정에서 표적행동의 난이도와 참여자들의 선호도에 따라 표적행동과 토큰의 비율을 적절하게 변경할 수 있다. 〈표 7-3〉은 가정에서 토큰제도를 실행할 경우를 가상하여, 각 표적행동을 수행함으로써 벌 수 있는 토큰의 수를 예시한 것이다.

④ **지원강화 메뉴를 선정한다.** 아동들이 좋아하는 다양한 상품과 활동의 기회를 지원강화로 마련한다. 비용이 많이 드는 상품보다는 참여자들이 선호하는 활동의 기회를 지원강화로 개발하여 사용하는 것이 바람직하다. 지원강화 메뉴를 정할 때는 가능한 한 참여자들의 의견을 많이 반영한다. 역시 행동계약에서 활용한 방법을 참고한다.

⑤ **토큰과 지원강화와의 교환비율을 정한다.** 〈표 7-4〉는 지원 상품과 활동을 구매하는 데 필요한 토큰의 수를 예시한 것이다. 표적행동과 토큰의 수를 정할 때와 마찬가지로 토큰과 지원 상품의 교환비율을 정할 때도 참여자들과 협의하여 양측이 모두 만족할 수 있는 선에서 결정한다. 가능한 한 참여자 측의 의견을 많이 반영한다. 토큰제도의 시행 초기에는 교환비율을 낮게 하고, 참여자들이 토큰을 많이 벌어 사용량이 증가하면 점차로 지원 상품의 수량을 늘리고, 교환비율(값)을 높이며, 고가의 상품을 마련하여 발부된 토큰의 회수가 원활히 이루어질 수 있도록 한다.

⑥ **표적행동의 목록과 지원강화 메뉴를 잘 볼 수 있도록 게시한다.** 참여자들로 하여금 특정 행동을 하면 얼마의 토큰을 벌 수 있고, 원하는 상품을 구하려면 몇 개의 토큰이

〈표 7-3〉 표적행동별 제공되는 토큰의 수

표적행동 목록	제공되는 토큰 수
일찍 일어나기 (07:00 이전)	10
등교 준비하기 (07:45 이전)	10
자기 방 청소하기 (취침 전)	15
하교 후 일찍 귀가하기 (15:30 이전)	15
공부하기 (30분당)	20
취침 전 이 닦기	10

필요한지 언제든지 쉽게 알 수 있도록 게시한다. 행동목록과 토큰의 비율, 지원강화 메뉴와 지불해야 할 토큰의 수 등에 관한 내용을 벽에 붙여 두는 것이 효과적이다. 예를 들면, 〈표 7-3〉과 〈표 7-4〉와 같이 표적행동의 목록, 지원강화 메뉴, 토큰의 수 등을 명시한 내용을 누구나 쉽게 볼 수 있는 곳에 게시한다.

⑦ 현장 적용 가능성을 평가하기 위한 시험 운영을 3~5일간 실시한다. 계획된 토큰제도를 실제로 시행하기 전에 최종 점검을 위한 현장 적용 시험을 실행한다. 이 기간 중에는 실제로 토큰을 제공하지는 않고 관찰과 기록만 유지한다. 표적행동은 얼마나 자주 출현하는지, 표적행동의 수행 여부를 평가할 수 있는 기준은 적절한지, 토큰을 너무 많이 받거나 또는 전혀 받지 못하는 사람은 없는지, 표적행동은 각 참여자들에게 적절히 선정된 것인지, 이미 발생빈도가 높아 토큰으로 강화할 필요가 없는 표적행동은 없는지, 표적행동과 토큰의 비율, 지원강화 메뉴와 토큰의 비율은 전체 토큰제도 내에서 수요와 공급이 원활하게 유지될 수 있도록 계획되었는지 등을 평가한다. 그리고 필요한 경우 보완 작업을 수행한다.

⑧ 현장 적용 실험을 통하여 미비점이 보완되면, 이제 계획된 토큰제도를 공식적으로 실행한다. 토큰제도 전반에 관한 취지와 규정에 관한 간략한 설명과 성공을 다짐할 수 있는 조촐한 격려의 자리를 마련하는 것도 좋은 방법이다. 실시 초기에는 계속강화에 따라 토큰을 제공하지만, 표적행동의 발생빈도가 높아지면 점차 간헐강화로 바꾸도록 계획한다.

〈표 7-4〉 지원강화 목록과 교환에 필요한 토큰 수

지원 상품과 활동	지불해야 할 토큰 수
껌 (1개)	1
저녁 반찬 선택하기	5
10분 늦게 자기	10
아이스크림 (1개)	15
TV 시청 (30분)	10
햄버거	20
놀이동산 가기 (주말)	250

3. 효과적 활용법

토큰제도의 효과를 거두기 위해서는 다음과 같은 사항이 고려되어야 한다.

① 참여자들의 요구를 충족시킬 수 있는 다양한 지원 상품과 활동을 준비하여야 한다. 이미 언급한 바와 같이 토큰은 그 자체로는 아무런 강화력이 없고, 그 교환 가치에 강력한 강화력이 있다. 토큰은 제한된 특정 상품만 교환 가능하다든지, 특정 활동에 국한하여 선택의 폭을 좁힐수록 가치가 그만큼 떨어진다. 참여자들의 발달연령과 사회경제적 신분에 따른 독특한 요구를 충족시킬 수 있는 다양한 상품과 활동의 기회를 마련할 필요가 있다.

② 사용될 토큰은 가시적이고 유형의 것이 효과적이다. 어린 유아들에게는 점수제도보다는 실제로 보고 만질 수 있는 가시적인 물건을 토큰으로 활용하는 것이 좋다. [그림 7-5]에 예시된 바와 같이, 산 정상에 원하는 지원 상품이나 활동을 적어 놓고 표적행동의 수행으로 벌어들인 토큰(예: 스티커)을 하나씩 붙여 채워 넣어 가는 것이 효과적이다. 참여자는 스티커를 붙이며 자신이 어디쯤 와 있으며 얼마를 더 가야 하는지를 마음에 새기며 성취동기를 다져 갈 수 있다.

③ 표적행동이 발생한 후 즉시, 또는 표적행동을 수행하고 있을 때 토큰을 제공한다. 토큰은 표적행동의 출현과 정적강화 간의 시간적 지연과 상황적 차이를 메워 주는 중요한 매개요인이다. 따라서 지원강화와의 교환은 차후로 미루더라도 토큰의 제공은 표적행동에 뒤따라 즉시 수반되어야 한다. 즉, 가시적인 지원 상품이나 활동의 기회와의 교환은 상당한 시간 후에 이루어져도 좋지만, 토큰은 표적행동에 수반하여 즉시 제공되어야 한다. 그렇지 않으면 표적행동과 토큰과의 관련성을 학습하기 어렵다. 행동계약에서는 이러한 지연시간을 메우는 매체가 계약서의 규칙과 규정 등이었음을 기억할 것이다. 토큰제도에서는 언어적인 규칙이나 규정보다는 교환 가치를 지닌 가시적인 토큰이 매개체로 활용되기 때문에 더욱 효과적이다. [그림 7-5]와 같이 받은 토큰(스티커)을 빈칸에 붙여 높은 산의 정상으로 올라가는 과정을 가시화함으로써 표적행동의 출현과 정적강화 간의 지연시간을 메워 주는 매체로서의 효과를 높일 수 있다.

④ **큰 보상을 한 번에 제공하는 것보다는 작은 보상을 자주 제공하는 방식으로 토큰제도를 구성한다.** 즉, 큰 행동에 대하여 큰 보상을 약속하는 것보다 작은 보상을 자주 제공하는 방식으로 약속하는 것이 더 효과적임을 이미 행동계약에서 언급한 바 있다. 토큰제도에서도 동일한 원리가 적용된다. 다행히 토큰제도에서는 큰 보상을 작은 단위로 나누어 제공할 수 있는 방법이 있다. '네가 이번 학기에 1등을 하면, 자전거를 사 준다.' 라는 약속보다는 성적을 향상시킬 수 있는 수많은 학습활동을 표적행동으로 설정하고, 각각의 표적행동을 작은 수의 토큰으로 자주 보상할 수 있도록 한다. 결국 수많은 학습행동의 결과로 성적이 향상되는 것이지, 1등을 할 수 있는 행동이 별도로 존재하는 것은 아니기 때문이다.

⑤ **모아 둔 토큰으로 원하는 지원 상품이나 활동을 구매(교환)할 수 있는 시간과 장소를 마련한다.** 참여자들이 원하는 시간에 원하는 곳에서 벌어들인 토큰으로 원하는 지원 상품과 쉽게 교환할 수 있도록 한다. 마치 장사를 잘하기 위하여 고객들이 쉽게 접근할 수 있는 시간과 장소에 쇼핑센터를 마련하는 것과 다르지 않다.

⑥ **표적행동과 지원강화 메뉴를 설정하고, 토큰의 비율을 결정할 때 참여자의 의견을 적극적으로 반영한다.** 표적행동의 설정, 행동과 토큰의 비율 및 교환 가치를 설정할 때 아동을 협상 에 참여시켜 의견을 듣고 가능하면 그들의 요구를 수용하는 것이 효과적이다. 역시 행동계약에서 활용한 방법을 참고한다(Dardig & Heward, 1981).

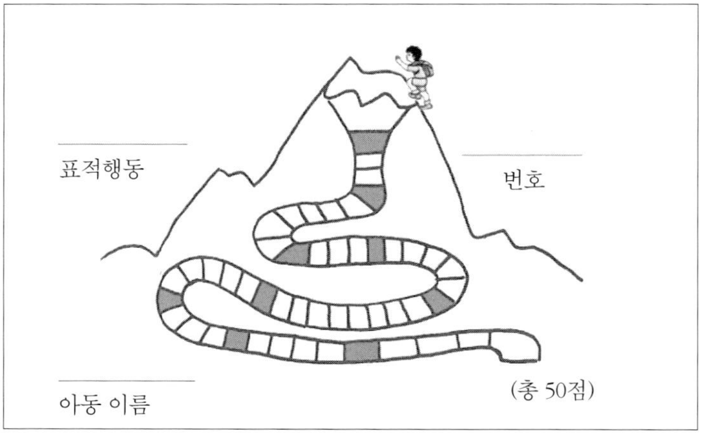

[그림 7-5] 토큰으로 정상에 오르기

벌어들인 스티커(토큰)를 길을 따라 하나씩 붙여 높은 산의 정상까지 올라가도록 함으로써 목표 지점으로 향하는 과정과 남은 거리를 항상 볼 수 있도록 한다.

⑦ 표적행동과 토큰의 비율, 지원강화 상품과 토큰의 비율을 수시로 개정할 필요가 있다. 행동계약의 수행과정에서 계약 내용이 적절치 않을 경우, 재협상과 재계약을 할 수 있는 것처럼 토큰제도에서도 필요할 경우 행동과 토큰의 비율, 지원 상품과 토큰의 비율을 수시로 조절함으로써 토큰과 지원 상품의 유통과정을 원활히 할 수 있다. 참여자들이 선호하지 않는 행동에 대해서는 토큰의 수를 올리고, 잘 팔리지 않는 상품은 값을 내리는 것이 필요하다. 장사를 잘하는 상인의 상술을 토큰제도에 효과적으로 반영할 필요가 있다.

4. 가정에서의 토큰제도 활용연구

토큰제도는 학교에서뿐 아니라 가정에서 자녀의 학습을 지도하는 데도 효율적으로 활용될 수 있다. 홍준표(1975)는 가정에서 학업성적이 부진한 중학교 1학년 남학생의 학습행동을 증가시키는 데 토큰제도를 활용하였다. 학습부진아들은 거듭되는 학습 실패와 불완전 학습의 누적으로 낮은 학업성취도를 보일 뿐 아니라, 학습과 관련하여 혐오자극에 노출될 기회가 많아 불쾌한 정서반응과 도피 및 회피행동이 강하게 형성되어 있을 수 있다. 그러므로 학습부진아의 학습 흥미와 학업성취도를 높이기 위해서는 무엇보다도 성공적 학습반응의 기회를 풍부히 제공하고 이에 수반되는 정적강화를 체계적으로 경험시킬 필요가 있다. 이 연구에서는 프로그램 교수방법과 토큰제도를 활용하여 학습부진아에게 성공적 학습반응과 이에 따르는 정적강화를 체계적으로 경험시킴으로써 학업성취도를 높이려고 하였다.

이 연구에서 활용된 프로그램 학습자료는 한국행동과학연구소[7]에서 개발한 '완전학습자료집 영어 1-상' 이었다. 이 자료에서는 새로운 교육 정보의 제공과 학습반응을 유도하기 위한 질문 그리고 학습자의 반응과 즉각적 피드백으로 한 프레임(frame)이 구성되며, 대략 100개의 프레임으로 한 단위 학습과제가 구성된다. 프로그램 교수원리에 따라 개발된 이 학습자료는 쉬운 내용에서 점차 어려운 내용으로 점진접근하는 방법으로 성공적 학습반응의 기회를 마련하고 정답을 즉시 학습자에게 피드백함으로써 정적강화를 시도한다. 이 연구에서는 토큰제도를 도입하여 성공적 학습반응을 좀 더 강력하게 정적강화함으로써 '완전학습 자료'의 기본적 자기강화전략에 더하여 학

7) 비영리 사단법인으로 1968년에 설립되었으며, 현재까지 아동발달 연구, 행동수정 연구, 학습개발 연구, 조직 및 사회개발 연구, 심리검사개발 연구 등을 수행하여 왔다. http://www.kirbs.re.kr

습부진아의 학습 흥미와 학업성취도를 높이려고 노력하였다.

이 연구에서 토큰은 [그림 7-6]에 마련된 빈칸에 부모가 도장을 하나씩 찍어 주는 것으로 활용되었다. 토큰 한 개는 빈칸 하나에 찍힌 부모의 도장이다. 피험자가 해야 할 학습과제와 받을 수 있는 토큰의 수 그리고 교환될 수 있는 지원강화는 다음과 같다. 첫째, 일일 영어 과제의 정답률이 100%이면, 토큰 3개와 다음 과제에 응시할 수 있는 자격을 얻는다. 둘째, 정답률이 연속 2일 100%가 되는 날은 토큰 5개를 받는다. 셋째, 하루에 2일 분량의 과제를 정답률 100%로 수행하면 토큰 8개를 얻을 수 있다. 넷째, 하루 정답률이 100%가 되지 못해도 기준점인 80%를 넘으면 토큰 한 개를 얻고 다음 과제에 응시할 수 있는 자격을 얻는다. 다섯째, 하루 과제의 정답률이 80%에 미달하면, 토큰을 받을 수 없고 다음 날 같은 과제를 반복해야 한다. 이는 기준에 미달한 것에 대한 벌이 될 수 있다. 여섯째, 20개의 토큰을 모으면, 즉 [그림 7-6]에 마련된 빈칸 20개를 부모 도장으로 모두 채우면 상위에 명시된 상품을 즉시 보상으로 받게 된다.

이 연구의 결과는 [그림 7-7]과 같다. 기초선 기간 중 일일 과제의 평균 정답률은 61.4%에 머물고 있다. 그러나 실험조건이 투입되는 제1차 토큰강화 기간 중 평균 정답률은 139.1%로 크게 증가하였으며, 정답률이 170~200%에 이르는 일이 5번이나 있

[그림 7-6] 토큰 기록과 교환 지원 상품

부모는 매일 피험자의 학습행동을 평가하여 도장을 찍어 줌으로써 빈칸을 메워 올라간다. 빈칸 20개를 채우면 상위에 명시된 상품을 즉시 받을 수 있도록 하였다.

었고, 최소 정답률도 100% 수준에 머물고 있다. 반전기간 중에 과제의 평균 정답률은 다시 83.7%로 크게 낮아졌으며, 실험조건이 다시 투입된 제2차 토큰강화 기간 중에 평균 정답률은 다시 142.5%로 크게 상승하였다. 즉, 토큰강화는 학습부진아의 평균 정답률(%)을 증가시키는 데, 효과가 있음이 입증되었다. 더욱이 피험자는 일일 과제 수행 목표를 크게 상회한 것을 볼 수 있는데, 이러한 현상은 학습 흥미 또는 성취동기가 높아졌음을 보여 준다.

그리고 [그림 7-8]은 같은 기간 중에 관찰된 피험자의 일일 공부시간을 관찰 · 측정하여 도식화한 것이다. 기초선 기간 중 일일 평균 학습시간은 29.6분이었으나, 실험처치가 시작되는 제1차 토큰강화 기간 중에는 일일 평균 93분으로 크게 증가하였을 뿐 아니라 계속 상승하는 추세를 보이고 있다. 반전기간 중의 일일 학습시간은 평균 74분 수준에서 감소하는 추세를 보였고, 제2차 토큰강화 기간 중에는 평균 106.5분으로 크게 상승하였다. 특히 초기에는 계속 급증하는 추세를 보이고 있고, 후반에는 평균 두 시간 정도에서 안정세를 나타냈다. 종합하면, 토큰제도는 학습부진아의 일일 공부시간을 평균 두 시간까지 크게 증가시키는 효과가 있음을 보여 준다.

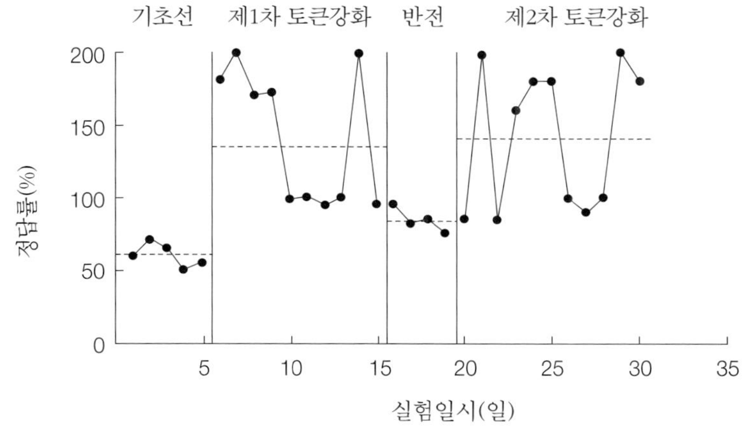

[그림 7-7] 토큰강화에 의한 학습 과제 정답률의 증가

기초선 기간 중 일일 평균 정답률은 61.4%에 지나지 않았으나 제1차 토큰강화 기간 중 평균 139.1%로 증가하였다. 반전기간 중 다시 83.7%로 줄었으나 토큰제도가 다시 시행되는 제2차 토큰강화 기간 중에는 다시 142.5%로 크게 증가하였다.

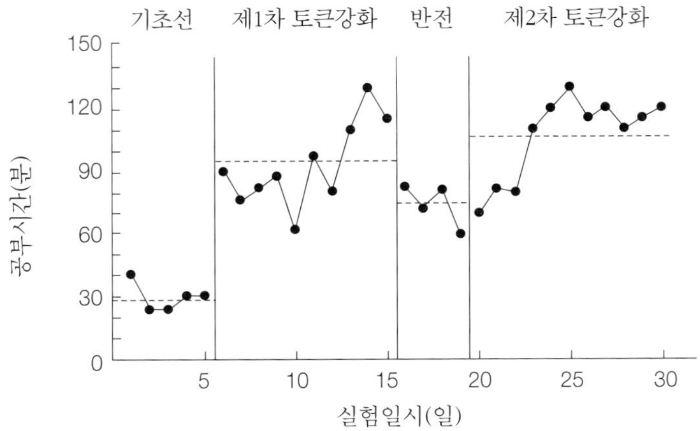

[그림 7-8] 토큰강화에 의한 일일 공부시간의 증가

기초선 기간 중 일일 공부시간은 평균 29.6분이었으며, 토큰제도가 시작되는 제1차 토큰강화 기간 중에는 후반부에 급격히 상승하는 추세를 보이며 평균 93분으로 크게 증가하였다. 반전기간 중에는 평균 74분 수준에서 감소하는 추세를 보였고 토큰제도가 재투입된 제2차 토큰강화 기간 중에는 전반부에 큰 상승 추세를 보이며 평균 106.5분으로 증가하였다.

제3절 집단강화

지금까지는 주로 개인의 행동 변화에 영향을 미치는 수반성의 원리에 대하여 논의하여 왔다. 그러나 일부의 연구자들(Litow & Pumroy, 1975; McGee, Kauffman, & Nussen, 1977; 홍준표, 1983)은 응용행동분석 연구의 초기부터 집단의 행동에 수반성의 원리를 적용할 때 어떤 효과가 있을 것인지에 대하여 관심을 두고 응용연구를 수행하여 왔다. 그리고 비교적 최근에는 뇌손상 성인 장애인들의 여가 활동을 증가시키기 위한 집단 지향적 수반성(Davis & Chittum, 1994), 범학교적인 차원에서 학생 집단에 대한 상호 의존적 집단강화(Skinner, Skinner, Skinner, & Cashwell, 1999; Kelshaw-Levering, Sterling-Turner, Henry, & Skinner, 2000), 일반 학급 상황에서의 독립적 집단 수반성의 관리체제(Brantley & Webster, 1993) 등에 관한 연구가 활발히 전개되었다.

집단강화[8]란 집단 구성원 중 특정인이나 일부 구성원, 또는 전체 구성원의 행동에 수반하여 어떤 공통적 후속자극(일반적으로 강화자극)을 집단 전체에 제공함으로써 집단 구성원 중 한 사람이나 일부, 또는 전체 구성원의 행동을 변화시키는 방법이다. 물론 후속자극으로 강화자극뿐 아니라 벌을 제공할 수도 있다. 우리가 잘 알고 있는 단체 기합이 바로 그것인데, 이는 한 사람의 잘못으로 집단 전체에게 벌을 주는 방법이다. 이와 같이 집단행동에 대한 강화와 벌의 수반을 모두 포함하는 의미로 교과서에서는 집단 수반성[9]으로 많이 소개되고 있다. 그러나 집단 내의 한 개인이나 몇몇 사람의 행동에 따라 전체 구성원이 벌을 받는 제도는 집단의 응집력을 와해하고, 개인을 집단으로부터 고립시키는 등 많은 부작용을 유발하므로 신중하게 사용되어야 한다. 집단 수반성 또는 집단강화는 어떤 후속자극이 다른 구성원의 행동에 의존하여 제공되느냐 아니면 다른 구성원의 행동과 상관없이 제공되느냐에 따라, ① 독립적 집단강화, ② 종속적 집단강화, ③ 상호종속적 집단강화로 나뉘어 설명된다(Litow & Pumroy, 1975).

1. 독립적 집단강화체제

독립적 집단강화체제[10]에서는 동일한 후속(강화)자극이 집단 구성원 모두에게 동등하게 제공되지만 특정한 개인이나 소수 집단 또는 전체 집단의 행동과는 상관없이 구성원 각자의 행동에 따라 개별적으로 강화 여부가 결정된다. 이 방법은 흔히 행동계약 및 토큰제도와 병행하여 사용되는데, 그 이유는 다른 집단 구성원의 행동 수행과는 상관없이 항상 독립적으로 강화계획이 설정되기 때문이다. 다시 말하면, 집단 구성원 전체에게 적용되는 규칙이 정해져 있지만, 강화는 다른 구성원의 행동과는 상관없이 각자 자신의 행동에 따라 개인별로 결정된다. 예를 들면, 매일 수학시간에 실시되는 쪽지시험에서 90점 이상을 맞은 학생에게는 그날의 수학 숙제를 면제해 주기로 한다든지, 수업 중 허락을 받지 않고 제멋대로 정답을 말하는 행동이 3번 이상 넘지 않은 학생에게 10분간의 자유놀이 시간을 허용하는 것 등이다. 이상의 두 예에서 모든 학성들은 다른 구성원의 행동과는 아무 관련 없이 오직 자기 행동에 따라 약속된 강화를 얻을 수 있다. [그림 7-9]는 A-B-C 수반성과 관련하여 독립적 집단강화의 특성을 설명한다.

8) Group reinforcement (集團强化)

9) Group contingency (集團隨伴性)

10) Independent group reinforcement system (獨立的 集團强化體制)

먼저 모든 집단 구성원들에게 적용되는 행동의 기준을 설정한 다음, 이 기준에 맞게 행동을 수행한 각 구성원에게 정해진 보상을 제공한다.

홍준표(1983)는 12명으로 구성된 유아 집단에서 소외되고 고립된 아동의 또래 상호작용을 증가시키기 위하여 독립적 집단강화 방법과 토큰제도를 병행하여 성과를 거두었다. 기초선 측정이 끝난 다음 실험처치가 시작되기 직전에 교사는 아동들을 모아 놓고 마법에 걸려 잠자는 숲속의 공주(또는 왕자)를 구하는 게임을 하자고 제안한다. 잠자는 공주(왕자)는 바로 집단에서 고립된 표적 아동으로 정한다. 공주(왕자)를 구하는 방법은 동화에서 왕자가 잠자는 공주를 '뽀뽀'로 깨운 것처럼, 아동 각자가 표적 아동에게 접근하여 같이 놀아 주는 것이라고 설명한다. 그리고 각 아동이 집단 내의 표적 아동과 사회적 상호작용을 시도할 때마다 교사는 토큰(스티커)을 한 장씩 주고, 아동들에게 벽에 게시된 차트에 토큰을 붙이도록 한다. 아동들은 교사에게 받은 토큰을 자기 이름과 사진 위에 마련된 다섯 개의 빈칸에 붙인다. 다섯 개의 빈칸을 모두 채우면 맨 위에 붙어 있는 포커칩을 따 가지고, 교실 한쪽에 마련된 작은 상점에서 좋아하는 동물모형, 미니카, 레고블록 등과 교환할 수 있도록 하였다. '잠자는 숲속의 공주(왕자) 구하기' 게임에서 병행된 토큰제도는 독립적 집단강화의 좋은 예이다. 아동 각자는 다른 사람의 행동과 상관없이 자신의 사회적 상호작용의 빈도에 따라 스티커를 받고, 개별적으로 지원강화와 교환할 수 있도록 하였다. 게임과 토큰제도 자체는 집단 전체를 대상으로 하지만, 정적강화는 개인 차원에서 개인의 행동에 따라 개별적으로 이루어진 것이다. 이 연구에서 기초선 기간 중에 측정된 표적 아동의 사회적 상호작용의 빈도는 평균 2.06회였으나 치료처치 기간 중에는 평균 3.85회로 크게 증가하였고, 1개월 후에 실시된 추후

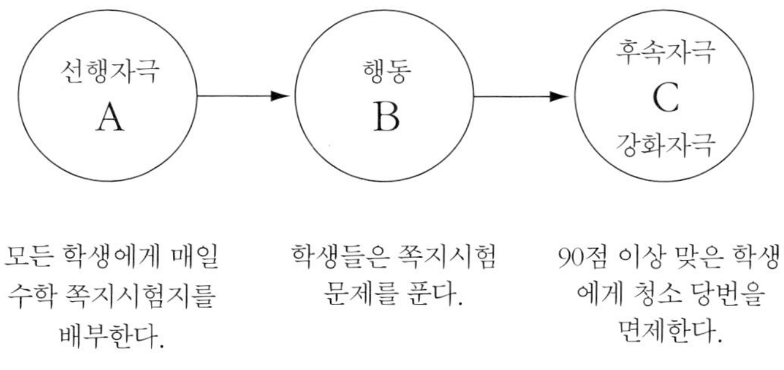

[그림 7-9] 독립적 집단강화

집단의 모든 구성원에게 동일하게 적용되는 표적행동과 평가기준을 정한다. 그리고 개개인의 구성원이 정해진 기준에 맞게 표적행동을 수행하면, 집단 내의 다른 구성원의 행동과는 상관없이 개인별로 정해진 보상을 받는다.

관찰에서는 3.18회를 유지하는 것으로 나타났다. 그리고 Newman-Keul 검증에서 사전·사후·추후관찰측정치 간에는 서로 유의한 차이가 있는 것으로 보고되었다.

2. 종속적 집단강화체제

종속적 집단강화체제[11]에서는 집단 내의 한 개인 또는 정해진 일부 구성원의 행동수행의 결과에 따라 집단 구성원 모두가 동일한 후속(강화)자극을 동시에 공유할 수 있다. 즉, 집단 전체에게 제공되는 보상은 한 개인의 행동 또는 소수 구성원의 행동에 의하여 결정된다. 대부분의 나머지 구성원들은 집단강화를 얻는 데 아무 기여도 할 수 없고, 몇몇 구성원의 행동에 전적으로 의존한다. [그림 7-10]은 종속적 집단강화를 A-B-C 수반성으로 설명한 것이다. 집단 내의 한 개인 또는 일부 구성원에게 적용되는 행동의 기준을 설정한 다음, 이들이 정해진 기준에 맞게 행동하면 집단 구성원 전체가 보상을 공유할 수 있다. 예를 들면, 영수와 진희가 수학시험에서 80점 이상을 맞으면 학급 전체 구성원이 다음 날 박물관에 갈 수 있도록 허용하는 것이다.

홍준표(1983)는 연구에서 '요술상자' 게임을 통하여 종속적 집단강화의 효과를 입증하였다. 실험집단에서는 한 표적 아동(소외·고립된 아동)이 게임에서 모든 퍼즐 조각을 성공적으로 맞추도록 조작하고, 한 아동의 성공적 행동에 대한 보상으로 또래 집단 전체

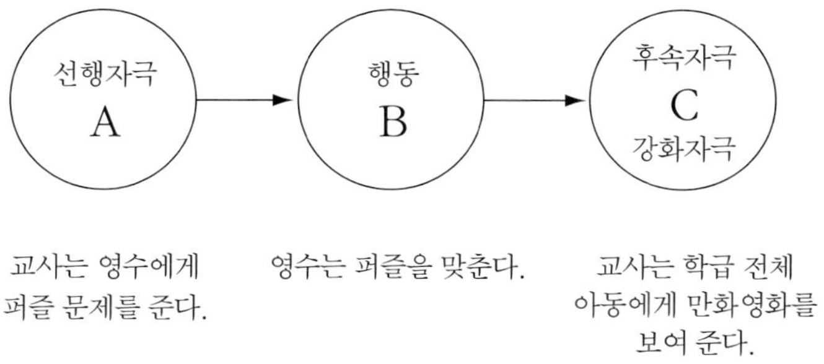

[그림 7-10] 종속적 집단강화

종속적 집단강화는 집단 내의 한 개인 또는 소수 구성원의 행동에 의존하여 집단 구성원 전체가 공유할 수 있는 보상이 결정된다. 예컨대, 영수가 퍼즐을 맞추면 학급 전체 아동이 만화영화를 볼 수 있도록 허용하는 방법이다.

11) Dependent group reinforcement system (從屬的 集團强化體制)

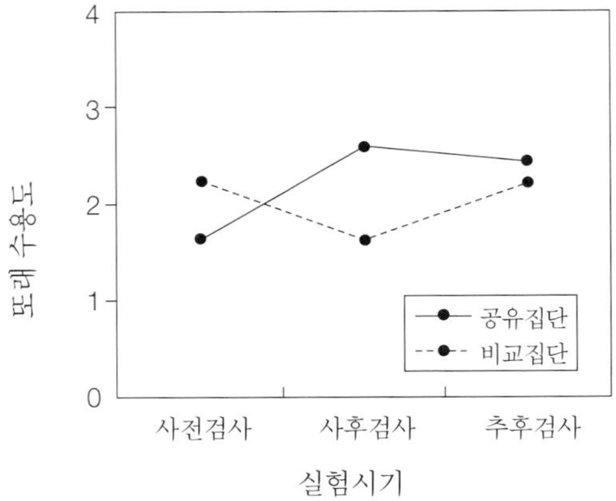

[그림 7-11] 성공의 공유가 또래 수용도에 미치는 효과

'요술상자' 게임을 통하여 소외되고 고립된 한 아동의 성공적 과제 수행의 결과를 집단 구성원 전체와 공유할 수 있도록 함으로써 높은 또래 수용을 얻을 수 있었다.

가 15분간 만화영화를 함께 즐길 수 있도록 함으로써 종속적 집단강화 조건을 마련하였다. 그리고 비교 집단에서도 한 피험 아동이 게임에서 모든 퍼즐 조각을 성공적으로 맞추도록 조작하였지만, 이러한 성공적 행동에 대한 보상을 개인적으로만 소유하도록 조작하였다. 즉, 혼자서 즐길 수 있는 작은 장난감(예: 레고블록, 모형동물 등)을 제공함으로써 개별행동에 대하여 개별적으로 정적강화하는 독립적 집단강화 조건을 마련하였다. 이와 같은 두 조건에서 표적 아동에 대한 또래 수용도를 비교하였다. 결과는 [그림 7-11]에서와 같이 성공을 공유하는 실험집단의 경우 표적 아동에 대한 또래 수용도는 높은 증가율을 보였으며 추후검사에서도 동일한 효과를 유지하는 것으로 나타났다. 그러나 비교 집단의 경우 표적 아동에 대한 또래 수용도는 크게 낮아진 것으로 나타났다. 다시 말하면, 종속적 집단강화는 표적 아동에 대한 또래의 호의적인 태도 변화에 크게 기여하였으며, 이러한 성과는 오랫동안 지속되는 일반화 효과까지 보여 주었다.

3. 상호종속적 집단강화체제

상호종속적 집단강화체제[12]에서는 동일한 후속(강화)자극이 집단 구성원 모두에게 동시에 제공되는 것은 앞에서와 같지만, 이러한 집단강화를 얻기 위해서는 집단 구성

12) Interdependent group reinforcement system (相互從屬的 集團强化體制)

원 모두가 개인적으로 또는 집단 전체로서 일정한 강화 기준에 도달하여야 한다. 즉, 집단강화는 집단 내 모든 구성원의 행동에 의하여 결정되며, 집단강화를 얻기 위해서는 구성원 모두가 공동목표에 기여하여야 한다. 즉, 집단 구성원 한 사람 또는 일부만 잘해서는 소용이 없고 서로 의존적인 관계에서 구성원들 모두 정해진 기준에 맞게 행동을 수행하여야 한다. [그림 7-12]는 상호종속적 집단강화를 A-B-C 수반성으로 설명하고 있다. 먼저 집단 내의 모든 구성원에게 적용되는 행동의 기준을 설정한다. 그리고 집단 구성원 모두가 정해진 기준에 맞게 행동하면 집단 전체가 정해진 보상을 함께 공유할 수 있다.

Litow와 Pumroy(1975)는 상호종속적 집단강화의 기준을 세 가지 유형으로 나누어 설명하였다. 첫째, 집단 구성원 각자가 정해진 특정 수준에 도달하면 집단 구성원 모두가 동일한 보상을 공유한다. 예를 들면, 쪽지시험에서 모든 아동이 80점 이상을 맞으면, 학급 전체 아동에게 수학 숙제를 면제해 준다. 둘째, 집단의 평균치가 정해진 특정 수준에 도달했을 때 집단 구성원 모두가 동일한 보상을 공유한다. 예를 들면, 쪽지시험의 학급 평균이 80점 이상일 때 학급 전체 아동에게 수학 숙제를 면제해 준다. 셋째, 집단 전체로서 행동 수행의 총합이 정해진 최고치 또는 최하치에 도달할 때 집단 구성원 모두가 동일한 보상을 공유한다. 예를 들면, 수학시간에 학급 전체로서 좌석을 이탈한 횟수가 총 10회 이하일 때, 또는 손을 들어 교사의 지명을 받고 질문한 총 횟수가 10회 이상일 때 학급 전체 아동에게 수학 숙제를 면제해 준다.

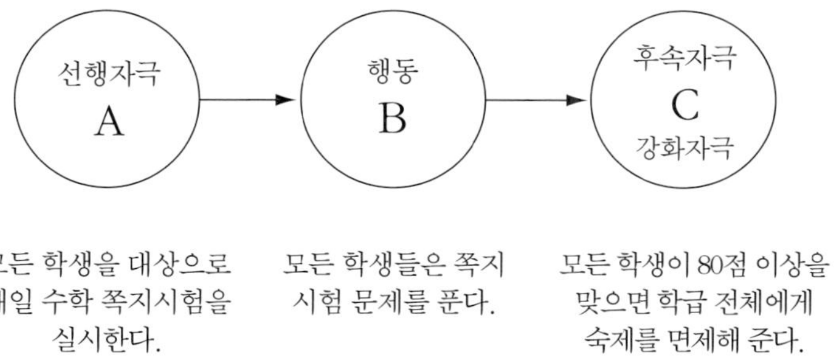

[그림 7-12] 상호종속적 집단강화

집단 내의 모든 구성원에게 적용되는 행동의 기준을 설정한다. 그리고 집단 구성원 모두가 정해진 기준에 맞게 표적행동을 수행할 때만 집단 전체가 정해진 보상을 공유할 수 있다.

4. 집단강화의 이점

집단강화는 여러 가지 이점을 가지고 있다. Cooper, Heron과 Heward(2007)는 응용 분야에서 집단강화를 활용하는 이유를 다음과 같이 요약하고 있다. 첫째로, 집단강화는 시간 절약이라는 큰 이점을 가지고 있다. 각 개인의 행동을 개별적으로 관찰하고, 평가하며, 변화를 위한 치료계획을 세워 관리하는 대신 집단 구성원의 행동을 한 번에 관리할 수 있다면 작업량이 그만큼 줄어드는 것은 당연한 일이다. 따라서 어떤 강화기법보다 작업량이 적어 경제적이며, 많은 시간을 절약할 수 있는 실용적인 방법이다.

둘째로, 개별적 행동관리가 어려운 상황에서 집단강화는 아주 편리하게 활용될 수 있다. 예를 들면, 다수 학급 내에서 수업을 진행하는 것만도 어려운데 몇몇 아동의 문제행동을 개별적으로 지도하기란 얼마나 어렵겠는가? 집단강화는 다양한 아동들의 다양한 문제행동을 다양한 상황에서 비교적 쉽게 관리할 수 있는 좋은 대안이 될 수 있다. 또한 또래 협력과 또래 압력이 긍정적으로 작용할 때 집단 내의 문제행동을 효율적으로 관리할 수 있는 편리한 방법이다.

셋째로, 수업 분위기를 와해하는 것과 같은 심각한 집단의 문제행동을 신속히 해결하는 데 효과적으로 활용될 수 있다. 집단강화는 개인의 행동을 수정할 때와는 달리 또래 협력과 또래 압력이라는 강력한 집단 영향력을 가지고 있어 문제행동의 신속한 제거는 물론 바람직한 새로운 행동을 증진시키는 데도 효과가 크다(Skinner, Cashwell, & Skinner, 2000).

넷째로, 또래들을 행동치료자 및 행동관리자로 활용할 수 있기 때문에 또래 압력과 영향력을 긍정적으로 극대화할 수 있다(Gable, Arllen, & Hendrickson, 1994). 예컨대, 아동과 청소년들은 부모나 교사보다도 또래 집단에 수용되고 인정받기를 더 원하기 때문에 또래의 영향력은 절대적일 수 있다. 이러한 이유로 집단으로부터의 소외나 따돌림 등은 무고한 사람들을 희생시키는 유해하고 심각한 사회적 문제를 야기하기도 한다(Romeo, 1998). 그러나 또래를 행동의 치료 및 관리자로 활용한다든지, 또래 압력이나 또래 수용이라는 강력한 힘을 집단강화의 방법으로 적절히 구성한다면 부정적 영향을 제거하고 긍정적 효과를 극대화할 수 있다(Kelshaw-Levering, Sterling-Turner, Henry, & Skinner, 2000; Poplin & Skinner, 2003).

다섯째로, 집단 내에서 긍정적인 사회적 상호작용과 행동적 지원을 촉진하는 데 효과적으로 활용될 수 있다. 특히 발달장애 아동을 정상학급에 통합시킨다든지(Kohler,

Strain, Maretsky, & Decesare, 1990), 또래들의 도움과 협조가 필요한 고립 아동의 사회적 상호작용을 증진시키는 데 효과적이다(홍준표, 1983). 예를 들면, 정상학급에 통합된 아동이나 집단 내에서 소외되고 고립된 아동의 행동에 따라 집단 전체에게 보상이 돌아갈 수 있도록 하는 종속적 집단강화체제를 계획함으로써 통합교육이나 소외된 아동의 행동치료에 탁월한 효과를 기대해 볼 수 있다.

요 약

1. 행동계약이란, 둘 또는 그 이상의 개인이나 집단 간에 어떤 구체적 행위에 관한 쌍방의 의무를 규정하는 서면 또는 언어적 동의를 말한다. 행동계약은 수반성 계약이라고도 하며, 어떤 구체적 행동의 수행과 구체적 보상 간의 수반적 관계를 명시하는 문서 기록을 뜻한다. 이러한 의미에서 '언어적 동의' 만으로 이루어지는 약속은 행동계약이라고 볼 수 없다. 더욱이 계약서를 작성하고 서명한다든지, 계약 내용을 관련 당사자들이 잘 볼 수 있도록 게시하는 것과 같은 구체적 절차가 중요시된다.

2. 행동계약은 전형적인 강화원리에 기초하지만 규율지배행동의 원리와 관련된 종합적인 치료적 중재 프로그램이다. 계약서에 명시된 규정은 표적행동의 수행에 영향을 미치는 촉진자극으로서의 역할뿐 아니라, 행동의 수행과 약속된 보상의 획득 간에 벌어진 시간적 지연을 매개하는 역할도 수행한다. 이러한 시간적 지연의 매개는 토큰을 사용함으로써 더욱 명확해질 수 있다.

3. 행동계약의 절차에는 ① 친밀한 분위기 조성, ② 계약에 관한 설명, ③ 과제(표적행동)의 설정, ④ 과제와 보상의 비율 설정, ⑤ 계약서 작성, ⑥ 계약의 성립에 대한 축하와 격려 등이 포함된다. 그리고 행동계약에서 고려할 사항은 다음과 같다. 첫째, 표적행동은 행동저장고에 존재하고, 환경 내에서 적절한 변별자극에 의하여 통제되는 행동이어야 한다. 둘째, 영속적 결과를 남기는 행동이 계약의 좋은 대상이다. 셋째, 계약의 규칙에 관한 시각적 · 언어적 진술에 올바로 반응할 수 있는 의사소통 능력이 있어야 한다. 넷째, 행동계약을 거부하고 협조하지 않는 사람의 경우에는 다른 대체기법을 찾는 것이 좋다. 다섯째, 행동계약이 아무리 효과적인 행동 변화의 수단이라 하더라도, 보상 자원이 부족하면 활용하기 어렵다.

4. 토큰이란, 일반화된 조건강화자극의 한 가지로, 추후에 물질적 상품, 좋아하는 활

동, 기타 혜택 등과 교환될 수 있는 상징적인 표, 점수, 스티커, 딱지, 별표, 장난감 돈 등을 말한다. 가정과 학교, 직장에서 사용되는 토큰은 제한적이기는 하지만 시장에서 화폐가 갖는 동일한 의미와 기능을 갖기 때문에 토큰제도를 토큰경제라고도 부른다.

5. 토큰제도를 실행하기 위한 절차는 다음과 같다. ① 표적행동의 목록을 작성하고, ② 토큰으로 사용할 적절한 물건을 선정하고, ③ 표적행동과 토큰의 비율을 정하고, ④ 지원강화 메뉴를 선정하고, ⑤ 토큰과 지원강화와의 교환비율을 정하고, ⑥ 표적행동의 목록과 지원강화 메뉴를 잘 볼 수 있도록 게시하고, ⑦ 현장 적용 가능성을 평가하기 위한 시험 운영을 실시하고, ⑧ 발견된 미비점을 보완한 다음 계획된 토큰제도를 공식적으로 실행한다.

6. 토큰제도를 효과적으로 운영하기 위하여 다음과 같은 사항이 고려되어야 한다. ① 참여자들의 다양한 요구를 충족시킬 수 있는 다양한 지원 상품과 활동을 준비하여야 한다. ② 사용될 토큰은 가시적이고 유형의 것이 효과적이다. ③ 표적행동이 발생한 후 즉시, 또는 표적행동이 수행되고 있을 때 토큰을 제공한다. ④ 큰 보상을 한 번에 제공하는 것보다는 작은 보상을 자주 제공하는 방식으로 토큰제도를 구성한다. ⑤모은 토큰을 원하는 지원 상품이나 활동 기회와 교환할 수 있는 시간과 장소를 마련한다. ⑥ 표적행동과 지원강화 메뉴를 설정하고, 토큰의 비율을 결정할 때 참여자의 의견을 적극적으로 반영한다. ⑦ 표적행동과 토큰의 비율, 지원강화 상품과 교환될 수 있는 토큰의 비율은 수시로 개정할 필요가 있다.

7. 집단강화란, 집단 구성원 중 특정인이나 일부 구성원들 또는 전체 구성원의 행동에 수반하여 동일한 후속자극(흔히 정적강화)을 집단 전체에게 제공함으로써 집단 구성원 중 한 사람이나 일부 또는 전체 구성원의 행동을 변화시키는 방법이다.

8. 독립적 집단강화체제에서는 동일한 후속(강화)자극이 집단 구성원 모두에게 동등하게 제공되지만 특정한 개인이나 소수 집단 또는 전체 집단의 행동과는 상관없이 구성원 각자의 행동에 따라 개별적으로 강화 여부가 결정된다. 이 방법은 흔히 행동계약 및 토큰제도와 병행하여 사용되는데, 그 이유는 다른 집단 구성원의 행동 수행과는 상관없이 항상 독립적으로 강화계획이 설정된다는 점에서 거의 동일하기 때문이다.

9. 종속적 집단강화체제에서는 집단 내의 한 개인 또는 정해진 일부 구성원의 행동 수행의 결과에 따라 집단 구성원 모두가 동일한 후속(강화)자극을 동시에 공유할 수 있다. 즉, 집단 전체에게 제공되는 보상은 한 개인의 행동 또는 소수 구성원의 행동에 의하여 결정된다.

10. 상호종속적 집단강화체제에서는 동일한 후속자극이 집단 구성원 모두에게 동시에 제공되는 것은 앞에서와 같지만, 이러한 집단강화를 얻기 위해서는 집단 구성원 모두가 개인적으로 또는 집단 전체로서 일정한 강화기준에 도달하여야 한다.

연구문제

➲ 인간의 행동에 강력한 동기를 부여할 수 있는 강화체제에 대하여 논해 보자.

1. 행동계약을 정의하고 예를 들어 보자.
2. 행동계약에 포함된 원리를 설명해 보자.
3. 행동계약의 활용 시 고려할 사항을 열거해 보자.
4. 토큰제도를 정의하고 예를 들어 보자.
5. 우리 생활 주변에서 활용되고 있는 토큰제도를 조사해 보자.
6. 토큰제도의 구성요소를 설명해 보자.
7. 독립적 집단강화체제를 예를 들어 설명해 보자.
8. 종속적 집단강화체제를 예를 들어 설명해 보자.
9. 상호종속적 집단강화체제를 예를 들어 설명해 보자.
10. 집단강화의 이점을 논해 보자.

제3부

행동을 감소시키는 방법

Decreasing Behavior

행동 자체에는 문제성이 없지만 발생률이 사회적 요구수준보다 지나치게 높아 적응상의 문제를 일으키는 과다행동은 적정 수준으로 감소시켜야 한다. 또한 행동의 발생빈도는 높지 않아도 사회문화적 및 도덕적 기준에 어긋나는 반사회적 및 비도덕적 행동, 자신이나 타인의 건강과 생명을 위태롭게 할 수 있는 위해행동은 신속히 제거되어야 한다.

제8장 긍정적 치료전략에서는 벌을 사용하지 않고 문제행동의 발생률을 약화시킬 수 있는 방안을 논의한다. 먼저 문제행동을 강화하는 요인을 차단함으로써 행동을 감소시킬 수 있는 소거법을 설명하고, 다음으로 저율행동, 여타행동, 상반행동 및 대체행동을 차별강화함으로써 문제행동의 발생률을 낮출 수 있는 방법을 설명한다. 선행요인의 조절을 통한 문제행동의 예방과 감소방법은 제4부에서 논의하기로 한다.

제9장 정적벌과 부적벌에서는 먼저 표적행동에 수반하여 혐오자극을 제공함으로써 행동을 통제하는 정적벌에 대하여 설명하고, 특별히 혐오통제의 단점과 부작용에 대하여 논의한다. 다음으로는 표적행동에 수반하여 행동자가 이미 누리고 있는 혜택이나 특전을 회수함으로써 행동을 약화시킬 수 있는 부적벌에 대하여 설명한다.

제10장 벌의 여러 기법에서는 먼저 자극의 부여에 의한 벌(정적벌)로서 꾸지람, 반응 가로막기, 수반적 운동연습, 과잉교정 등에 대하여 설명한다. 다음으로는 자극의 회수에 의한 벌(부적벌)로서 일시퇴출과 반응대가를 설명한다.

제8장 긍정적 치료전략

학습목표

1. 긍정적 접근의 원리를 치료전략과 함께 설명할 수 있다.
2. 소거의 원리와 기법을 설명하고 치료적 방안을 설정할 수 있다.
3. 소거법을 사용할 때 고려할 사항을 설명할 수 있다.
4. 차별강화의 원리를 설명하고 예를 들 수 있다.
5. 차별강화의 여러 기법과 치료적 방안을 설정할 수 있다.

최근 교육과 치료 전문인들에게 요구되는 법적 · 윤리적 기준은 '최소 제한적 환경'[1]에서 '덜 강제적이며 가장 효과적'[2] 방법으로 치료교육적 서비스를 제공하는 것이다. 따라서 혐오통제나 벌을 사용하지 않고 문제행동을 약화 내지 제거시킬 수 있는 긍정적 치료방안이 적극 권장되어 왔다. 이 장에서는 차별강화와 소거의 원리를 활용하여 과다행동을 비롯한 여러 가지 문제행동을 감소시킬 수 있는 방안을 논의하기로 한다.

1) Least restrictive environment

2) Less intrusive and most effective

제1절 긍정적 접근

응용행동분석에서 강조되는 긍정적 접근이란 혐오자극의 사용을 억제하고, 문제의 원인을 환경에서 탐색하며, 그릇된 행동을 제거하기보다는 바람직한 행동을 적극적으로 가르치고, 사후 치료보다는 사전 예방에 주력하는 방법을 말한다. 문제행동을 감소시키기 위한 긍정적 접근의 특성은 다음과 같다.

① 치료나 교육에서 혐오자극을 사용하지 않는다. 치료와 교육의 장에 혐오자극이 개입되면 여러 가지 부작용이 뒤따른다. 우선 벌의 효과는 일시적이다. 벌은 행동을 감소시키기보다 벌의 위협이 존재하는 동안 일시 중단시킬 뿐이다. 따라서 벌의 위협이 없는 곳에서는 쉽게 재발될 수 있다. 또한 벌주는 사람, 벌받는 장소 등은 혐오자극과 연합되어 부정적 정서반응을 유발할 수 있는 제2차적 벌로 조건형성된다. 따라서 자녀의 양육이나 학생들의 교육에 혐오자극이 개입되면 가장 가까워야 할 부모와 자녀, 교사와 학생 간의 긴밀한 유대가 와해될 수 있다. 특히 벌은 특정 행동을 못하게 하는 방법이기 때문에 비교육적이다. 행동을 금지시키는 소극적 방법은 교육의 본질을 크게 그르칠 수 있다.

② 문제행동은 환경의 소산이다. 응용행동분석에서는 문제행동의 원인을 개인 내부에서 찾지 않고 부적합한 환경에서 찾는다. 즉, 사람을 탓하기 전에 환경에 문제가 있다고 보고, 교육방법이나 환경을 개선하려는 적극적인 태도를 강조한다. 개인의 환경 내에서 문제행동을 유발하는 선행요인과 발생된 행동을 강화하는 후속요인을 탐색하고, 이러한 요인들을 조절하고 재배열함으로써 문제행동을 효과적으로 치료할 수 있다.

③ 적극적으로 가르친다. 이미 지적한 바와 같이 벌은 새로운 행동을 가르치는 적극적인 교육방법이 아니고 잘못된 행동을 제거하려는 소극적인 방법이다. 즉, 새로운 것을 가르치는 것이 교육의 본질이라고 볼 때 벌은 좋은 교육방법이 될 수 없다. 치료교육의 실제에서 부적절한 행동을 제거하기 위하여 소거법이 활용되지만, 반드시 이와 병행하여 바람직한 대체행동을 차별강화하는 적극적인 방법이 모색되어야 한다. 특히 문제행동은 언어장애가 있거나 또는 정상적인 의사소통이 불가능한 경우에 의사 표현

의 한 방법으로 선택된다. 따라서 바람직한 의사소통의 훈련이 치료교육의 목표로 적극 권장되고 있다.

④ 예방에 치중한다. 문제행동을 유발하는 환경 자체를 개선하여 발생 동기나 요구 자체를 사전에 제거하려고 노력한다. 문제행동을 유도하는 환경적 요인을 사전에 찾아내어 제거함으로써 문제행동을 예방하는 전략을 모색한다. 교육 환경의 개선은 가장 효과적인 예방책으로 삶의 질을 높일 수 있는 방법이다.

제2절 강화자극을 차단하여 소거시키기

문제행동을 감소 내지 제거하려 할 때 많은 사람들이 가장 먼저 떠올리는 것은 바로 벌이다. 그러나 혐오자극이 관여되는 벌은 강제성과 제한성, 인권침해 등의 소지가 있고, 부작용도 크기 때문에 다른 긍정적인 치료방법이 없다고 판단될 경우에만 최종적으로 사용될 수 있다. 소거법은 이러한 강제성과 제한성, 인권침해의 논란이 비교적 적은 치료방법으로 문제행동을 감소하거나 제거하는 데 많이 활용된다.

1. 소거법

문제행동을 감소 내지 제거하기 위하여 효과적으로 활용되는 방법 중 하나는 소거법[3]이다. 소거현상에 관해서는 '제2장, 제4절 작동행동의 학습원리'에서 이미 설명한 바 있다. 이 방법은 문제행동을 강화하는 후속자극을 환경으로부터 제거하거나 차단함으로써 그 행동이 더 이상 강화될 수 없도록 조치하여 약화시키는 방법이다. 문제행동을 강화하고 유지시키는 후속자극이 무엇인지 밝혀지면, 소거전략은 비교적 간단하다. 문제행동이 더 이상 강화될 수 없도록 행동에 수반되는 정적강화나 부적강화를 차단하는 것이다. 예컨대, 머리로 책상을 받을 때마다 발생하는 쿵쿵 소리가 재미있어 이 행동을 계속 반복하는 아동이 있다고 가정하자. 현명한 교사는 책상 위에 스펀지를 깔아 머리로 책상을 받아도 소리가 나지 않도록 할 것이다.

3) Extinction (消去法)

아동의 부적응 행동은 대부분 어른의 관심을 얻을 수 있을 때 반복되는 경향이 높다. 교사와 부모들은 흔히 아동이 바람직한 행동을 할 때는 별 관심을 보이지 않다가 부적절한 행동을 할 때면 신경을 곤두세우고 야단을 치거나 달래느라 애를 쓴다. 그러나 이상하게도 대부분의 아동은 이러한 부모나 교사의 부정적 관심을 정적강화로 받아들인다. 아동이 소리치거나, 떼쓰거나, 화를 내면서 물건을 집어던지거나, 우스꽝스러운 짓이나 말투를 사용하는 것은 바로 주위 사람들의 관심을 얻으려고 하는 대표적인 행동들이다. 이러한 행동을 관심추구 행동이라고도 하는데, 이 같은 문제행동을 감소시키거나 중단시킬 수 있는 가장 효과적 방법은 관심을 보이지 않고 무시하는 것이다. 즉, 소거법의 핵심은 어떠한 행동이든 그것이 부모나 교사 또는 주위 사람들의 관심을 끌기 위하여 하는 행동이 분명할 경우에는 그 행동을 무시하고 일체의 관심을 보이지 않는 것이다.

소거법은 다양한 문제행동을 감소시키는 데 효과적으로 활용되어 왔다. 예를 들면, 학급에서의 소란스러운 행동(Arndorfer, Miltenberger, Woster, & Gaffaney, 1994), 외설스러운 말투(Salend & Meddaugh, 1985), 화내기(Carr & Newsom, 1985), 수면장애(France & Hudson, 1990), 비학습 행동(Hall, Lund, & Jackson, 1968), 공격, 자해, 반항적 행동(Iwata, Pace, Kalsher, Cowdery, & Cataldo, 1990; Zarcone, Iwata, Mazaleski, & Smith, 1994) 등을 감소시키는 데 소거법이 효과적인 것으로 나타났다. 특히 소거법은 독자적으로 사용될 때보다는 바람직한 대체행동의 차별강화 전략과 함께 병용될 때 더욱 효과적이고 개선의 속도도 빠른 것으로 나타났다. 즉, 소거법 하나만을 독립적으로 사용하면 소거의 양도 적고, 다른 바람직한 행동의 학습을 기대할 수 없다. 다만 행동저장고에서 하나의 행동을 지울 수 있을 뿐, 바람직한 새로운 행동을 가르칠 수는 없는 것이다. 소거만으로 가르칠 수 있는 것은 특정 행동을 해 봤자 기대하는 보상을 얻을 수 없다는 것 뿐이다(Gilbert, 1975). 그러나 만일 부적절한 행동에 대한 무시와 바람직한 행동에 대한 관심을 병행한다면, 교사는 항상 나에게 관심이 있고, 교사의 관심을 얻으려면 바람직한 행동을 선택해야 한다는 것을 가르칠 수 있다. 다시 말하면, 무시되는 것은 자신이 아니라 바로 자신의 부적절한 행동이라는 것을 깨우치도록 할 수 있다.

2. 소거법 사용 시 고려할 사항

① 소거의 효과는 느리다는 점을 기억해야 한다.　소거의 효과는 즉시 나타나지 않으며

상당한 시간이 요구된다. 이러한 특성을 소거저항[4]이라고 하며, 간헐강화를 경험한 행동에서 더욱 높게 나타난다. 간헐강화는 보상이 언젠가는 주어질 것이라는 기대를 버릴 수 없게 한다. 따라서 강화가 중단되어도 행동은 소거되지 않고 상당 기간 지속된다. Pinkston, Reese, LeBlanc 그리고 Baer(1973)의 연구에서는 초기의 소거과정에서 또래를 공격하는 취학 전 아동의 행동을 28% 수준에서 6% 수준으로 감소시키는 데 8일이 소요되었다고 보고하고 있다. 또 Lovaas와 Simmons(1969)의 연구에서는 한 아동의 자해행동이 소거되기 전에 9,000번이나 반복하여 발생하였다는 기록도 있다. 반면에 Iwata, Pace, Kalsher, Cowdery와 Cataldo(1990)의 연구에서는 아동의 자해행동에 대한 기능성 분석의 결과를 토대로 계획된 15분짜리 소거치료에서 5회기 만에 도피적 자해행동을 교정할 수 있었다. 결론적으로, 순수한 소거만의 효과는 상당히 느리게 나타나며, 특히 간헐강화의 역사를 가진 행동은 소거저항이 높아 치료하기가 더욱 어렵고 많은 시간이 소요된다. 그러나 기능성 분석에 기초하여 문제행동의 기능을 대체할 수 있는 바람직한 행동을 차별강화하는 방법을 병행한다면 보다 빠른 효과를 기대할 수 있다.

② 소거 초기에 나타나는 행동의 증가현상에 대처하여야 한다. 초기의 소거과정에서는 현격한 행동의 감소가 시작되기에 앞서 표적행동의 비율과 강도가 크게 증가한다(Watson, 1967). 이러한 초기 증가현상을 소거폭발[5]이라고 하는데, 많은 교사와 부모들은 초기의 폭발적 증가현상에 당황하거나 참지 못하고 포기하는 경우가 많다. 행동이 개선되기는커녕 더 나빠진다고 생각하기 때문이다. 만일 이러한 상황에서 소거치료를 중단하면 간헐강화의 효과가 가중되어 소거저항은 더욱 높아진다. 소거저항이 높다는 것은 행동을 제거하는 것이 그만큼 힘들고 더 어렵게 되었다는 것을 의미한다. 간헐강화는 소거 초기에 극도로 악화된 표적행동을 강화하는 셈이 되기 때문에 문제행동의 강도를 극도로 상승시켜 더 이상 다룰 수 없는 상태로 만들기도 한다. 그러므로 소거법을 사용할 때는 초기의 증가현상에 대해 미리 예측하고 대비하여야 한다. 초기의 소거폭발 현상을 미리 예견한다면 당황하지 않고 치료에 일관성을 유지할 수 있을 것이다. 또한 행동이 악화되는 것이 아니라 소거과정에서 발생하는 자연적 현상이라는 사실을 믿고 치료적 예후에 대하여 보다 긍정적일 수 있을 것이다.

4) Resistance to extinction (消去抵抗)

5) Extinction burst (消去暴發)

③ 소거 후에 나타나는 자발적 회복현상에 대처해야 한다. 소거 초기에 나타나는 소거 폭발 현상과 함께 소거과정에서 발생하는 또 하나의 특징은 자발적 회복[6] 현상이다. 이것은 완전히 제거된 줄로만 알았던 문제행동이 얼마의 시간이 지난 뒤에 다시 나타나는 현상을 말한다. 소거법을 사용할 때는 이러한 자발적 회복현상에 대처하는 일도 대단히 중요하다. 자발적 회복에 대하여 미리 예견하지 못하면 행동이 완쾌된 줄 알고 있다가 갑자기 재발하는 모습을 보고 당황하거나, '아무리 해도 안 되는구나.' 또는 '구제불능'이라고 평가하기 쉽다. 이와 같은 자발적 회복현상에 잘 대처하지 못하면 역시 간헐강화로 인한 소거저항의 증가라는 역효과를 유발할 수 있다. 따라서 만일 소거의 초기 증가와 후기의 자발적 회복현상을 감당할 능력이 없다고 판단되면 처음부터 소거법의 사용을 포기하는 것이 현명할 것이다.

④ 어떤 형태로든 부적절한 행동에 관심을 보여서는 안 된다. '네가 아무리 그래 봤자 난 관심을 보이지 않을 거야!'라는 식의 언어적 표현은 정말로 어리석은 짓이다. 이것은 바로 '난 네 행동에 무척 신경을 쓰고 있어!' 라고 말하는 것과 다르지 않기 때문이다. 이렇게 하면 아동의 행동은 교사가 기대한 바와 같이 소거되기는커녕 오히려 더욱 강화될 수 있다. 또한 말로는 표현하지 않지만 표정이나 몸짓으로 관심을 보이는 경우도 있다. 예컨대, 화난 표정으로 팔짱을 끼고 아동을 노려보고 서 있다면, 이것은 '난 네 행동 때문에 신경이 곤두서 있어!'라는 표현과 마찬가지일 것이다. 만일 아동이 이러한 교사의 속내를 읽고 있다면 이 정도의 관심만으로도 문제행동을 강화하기에 충분할 것이다. 그러므로 어떤 형태로든 아동의 문제행동에 관심을 보이는 일이 없도록 철저히 주의하지 않으면 안 된다. 다음과 같은 방법을 사용하면 도움이 될 것이다.

첫째, 다른 일에 열중한 모습을 보인다. 책을 읽는다든지, 칠판에 글자를 쓴다든지, 어머니의 경우에는 부엌일을 한다든지, 친구와 전화를 한다든지 등 다른 일로 바쁘다는 것을 보여 주는 것이 좋다. 참을 수 없을 만큼 소리를 지르거나 떼를 쓰면, 진공청소기를 돌려 집안 청소를 시작하는 것도 좋을 것이다. 둘째, 아동에게 말하거나 아동의 말에 대꾸하지 않는다. 비록 꾸지람을 하거나 부정적인 대꾸를 하더라도 그것이 아동에게는 중요한 관심으로 간주되기 때문이다. 셋째, 아동에게 눈길을 주지 않는다. 부적절한 행동을 하고 있는 동안 아동과 눈이 마주치는 일이 없도록 주의하여야 한다. 아동과 등을 돌리고 있는 것이 좋다. 넷째, 무시하기 힘든 경우에는 자리를 피한다. 다른 방

6) Spontaneous recovery (自發的 回復)

으로 들어가 문을 잠가 버린다든지, 집 밖으로 나가 버린다든지, 밖에서 일어난 행동일 때는 집안으로 들어가는 것도 좋다.

⑤ 소거 초기에 공격적 행동이 유발될 수 있다. 소거과정에서 미리 예측해야 할 또 하나의 변수는 소거 초기에 공격적 행동이 나타날 수 있다는 것이다(Azrin, Hutchinson, & Hake, 1966; Lerman & Iwata, 1996). 예컨대, 장난감을 사 달라고 징징거리며 떼쓰던 아이가 소거전략에 의하여 무시를 당하면 속이 상하고 화가 나기 마련이다. 따라서 행동이 보다 과격해지고 거칠어지며, 자기 욕구를 좌절시킨 대상, 즉 자기를 무시한 사람에게 공격적인 행동을 보일 수 있다. 소거 초기에 나타나는 이러한 공격적 행동을 우리는 일상생활 중에 흔히 볼 수 있다. 예컨대, 자판기에 동전을 넣고 단추를 눌렀는데 아무것도 나오지 않으면 화를 내며 기계를 과격하게 두드리기도 하고, 발로 걷어차기도 한다. 만일 소거 초기에 나타나는 이러한 공격적 행동에 대처하지 못하고 중도에 포기하면 어떤 일이 발생하겠는가? 역시 앞서 설명한 바와 같이 부적절한 행동을 간헐적으로 강화할 뿐 아니라, 이에 더하여 초기의 공격적 행동까지 강화하는 잘못을 범할 수 있다.

⑥ 상반행동과 대체행동의 차별강화 전략을 병행하여 사용한다. 소거법만을 사용하여 부적절한 행동을 감소시키는 전략보다는 부적절한 행동을 대체할 바람직한 행동을 차별강화하는 방법을 병행하면 더욱 효과적이다(Lerman & Iwata, 1996). 즉, 부적절한 행동을 무시함으로써 소거시키는 한편 바람직한 대체행동을 적극적으로 강화하는 전략을 사용한다. 예를 들어, 아동이 징징거리며 우는 행동은 철저히 무시하는 한편, 조용히 놀고 있을 때는 적극적으로 관심을 보이며 칭찬하는 것이다.

⑦ 주변의 모든 사람들이 소거계획에 협조할 수 있도록 사전에 동맹을 맺는다. 예를 들어 보자. 엄마는 훈이의 우는 행동을 소거하기 위하여 그 행동을 무시하기로 했다. 훈이가 울건 말건 모르는 척하고 저녁식사를 준비하고 있다. 이때 마침 퇴근하고 집에 돌아온 아빠는 애처롭게 우는 훈이를 안아 주며 달래기 시작한다. 훈이는 울음을 그친다. 아빠는 무슨 엄마가 그리도 매정할 수 있느냐며 엄마를 나무란다. 이 예에서 엄마에게 무시되어 온 훈이의 우는 행동은 아빠에 의하여 간헐강화되고 있다. 그러므로 아빠는 물론 다른 식구들도 훈이의 행동을 함께 무시하도록 미리 약속하여야 한다. 무시하는 것이 모질어 보이지 않도록 식구들에게 소거전략의 중요성과 간헐강화의 부작용에 대하여 미리 설명하고 협조를 구해야 한다.

특히 학교에서는 또래들에 의하여 제공되는 정적강화를 통제하기 어렵다. 따라서 소거전략을 성공시키기 위해서 교사는 또래 아동들의 적극적 협조를 얻을 수 있도록 미리 준비해야 한다. Patterson(1965)은 좌석 이탈, 떠들기, 또래 친구 때리기 등 표적 아동의 행동이 또래들의 웃음과 관심에 의하여 강화되고 있다는 사실을 발견하고, 또래들의 관심을 차단함으로써 문제행동을 소거하기로 하였다. 그리고 또래들이 표적 아동의 문제행동을 무시할 때마다 정적강화하는 방법으로 또래들의 관심을 차단함으로써 문제행동을 감소시키는 데 성공하였다. Solomon과 Wahler(1973)의 연구에서는 학급 내에서 가장 인기가 좋은 아동 5명을 선발하여 표적 아동의 부적절한 행동에 대한 소거방법과 바람직한 행동에 대한 강화방법을 가르쳐 또래 치료자로 활용하여 효과를 보았다.

⑧ 소거전략을 일관성 없이 사용하면 간헐강화의 효과로 소거저항이 높아진다. 소거전략이 성공을 거두기 위해서는 문제의 표적행동이 강화되는 일이 없도록 아동의 행동에 일관성 있게 대처해야 한다. 처음에는 마음을 다잡고 떼쓰는 행동을 무시하기로 하였지만 초기의 강력한 증가현상과 공격적 태도에 당황하거나 견디지 못하고 다시 관심을 보일 수 있다. 이렇게 되면 증가된 수준의 문제행동은 물론이고 공격적 행동까지 강화하는 셈이 된다. 따라서 행동은 더욱 심해지고 소거저항은 더욱 높아질 수 있다.

3. 연구사례

홍준표(2007b)는 관심소거와 차별강화 기법을 병용하여 거의 하루 종일 큰 소리로 울며 어머니를 성가시게 따라다니는 2세 자폐 아동의 우는 행동을 20여 분 만에 감소시키는 데 성공하였다. 이 사례에서는 극히 짧은 시간 안에 나타난 행동의 극적 변화를 계량화하기 위하여 관찰 단위시간(회기)을 1분으로 정하고 각 단위시간을 다시 5초 간격으로 나누어 분당 12회 표적행동을 관찰 · 기록하였다. 즉, 1분을 한 회기로 표적행동의 변화를 측정하여 변화의 양, 속도, 추세를 분석하여 비교하였다. 4회기의 기초선 관찰에 이어 투입된 치료전략은 관심소거와 여타행동의 차별강화(DRO) 기법이었다. 치료자는 회전의자에 앉아서 아기와 상호작용하는 형태로 치료적 처치를 시작하였다. 아기가 울며 매달릴 때는 뿌리치고 회전의자를 아기로부터 180도 회전하여 정반대 쪽으로 돌아갔다. 아기의 얼굴을 물리적으로 외면함으로써 표적행동을 철저히 무시하였다. 이러한 과정에서 아기가 잠시라도 울음을 중단하면 신속히 회전의자를 아기 쪽으로 돌리며, '○○가 울음을 그쳤네! 아이 예뻐라!' 라고 큰 소리로 칭찬하면서 즉시 아기를 안아 주었다. 아기가 울음을 그친 동안에는 아기를 계속 안고 있으면서 여러 가지 위로와 칭찬의 말로 관심을 보였다. 눈물과 콧물을 닦아 주고 좋아하는 과자를 주면서 긍정적 상호작용을 하였다. 그러나 만일 다시 울기 시작하면 즉시 아무 말 없이 아기를 방바닥에 내려놓고 회전의자를 180도 반대쪽으로 돌렸다. 이와 같은 과정을 20여 분 동안 반복하였다.

[그림 8-1]은 아기의 우는 행동에 대한 관심소거와 여타행동의 차별강화의 효과를 극적으로 보여 준다. 먼저 소거 초기에 나타나는 소거폭발 현상을 발견할 수 있다. 이 연구에서 사용된 측정방법은 동간기록법으로 반응의 발생빈도가 아무리 높아도 최고치는 100%를 넘을 수 없게 되어 있다. 따라서 소거 초기에 나타나는 반응의 증가현상이 잘 표현되지 못하고 있다. 그러나 치료 초기에 소거방법이 투입되면서 아기의 울음소리가 더 커지고, 머리로 방바닥을 받는 등 새로운 문제행동의 출현과 반응의 과격화가 나타났다. 이러한 모든 정황으로 보아 소거 초기에 나타난 높은 반응률(%)은 소거폭발 현상으로 해석될 수 있다. 또한 이 그래프에서 아기는 약 10분 동안 울음을 그치고 잘 놀다가 다시 울기 시작하는 모습을 볼 수 있는데, 이것 역시 소거과정에서 나타나는 자발적 회복현상으로 해석될 수 있다.

이상의 모든 치료과정은 비디오 테이프에 녹화되었으며 실험처치 후 부모교육에 활용되었다. 즉, 가정에서도 아기의 우는 행동에 대하여 녹화된 비디오에서 본 것과 같은

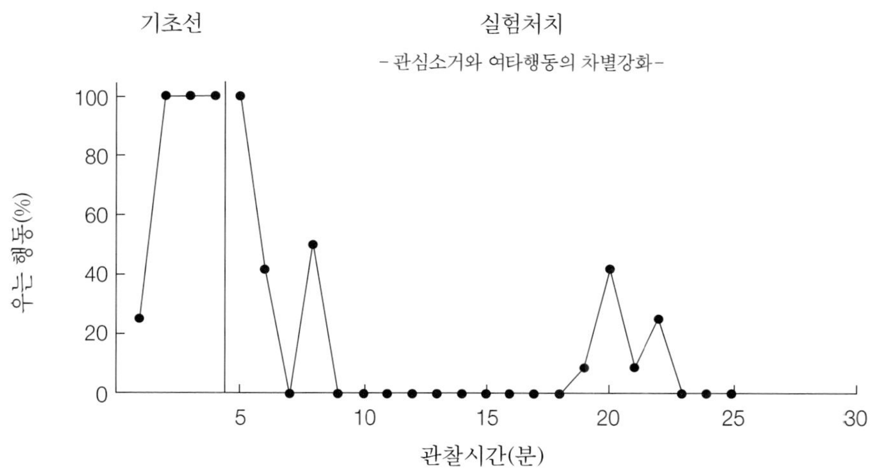

[그림 8-1] 관심소거와 여타행동의 차별강화가 자폐 유아의 우는 행동의 반응률에 미치는 효과

방식으로 아기의 우는 행동에 대처하도록 제안하였다. 그 후로 주 2회 한 시간씩 실시된 치료교육 과정에서는 아기의 올바른 학습반응과 사회적 상호작용을 체계적으로 정적강화하였다. 이러한 치료적 노력의 결과로 아기의 올바른 학습반응, 눈 맞추기, 미소 짓기와 같은 바람직한 사회적 상호작용이 급증하였으며, 이후 아기의 우는 행동은 전혀 나타나지 않았다.

제3절 차별강화 전략

문제행동을 수정하려 할 때 잊지 말아야 할 것은 부적응 행동이나 문제행동 자체에 신경을 곤두세우는 것보다, 다른 바람직한 행동에 더 적극적인 관심과 애정을 보이는 일이다. 인간의 행동을 부정적 시각으로 보는 그릇된 태도가 문제를 더욱 악화시킬 수 있기 때문이다. 예를 들어, 아동의 행동을 부정적 시각에서 보면 항상 속이 상하고 화가 난다. 그러면 말투가 거칠어지고 심하면 폭력으로 대하기에 이른다. 아무리 좋게 해석해도 이러한 어른들의 태도는 교육적이라고 볼 수 없다. 특히 문제가 많거나 발달적으로 이상이 있는 아동일수록 주변의 부정적 태도를 가진 어른들에 의하여 자존심이 다치거나, 폭력을 당하는 일이 빈번하다. 결국 아동은 주눅이 들어 쉽게 할 수 있는 일도 제대로 못하는 무능한 아이로 전락하거나 아니면 심한 반항심과 어깃장으로 어른들의 기대와는 정반대로 행동할 수도 있다.

차별강화의 전략은 인간의 행동을 긍정적 시각에서 보는 발상의 전환에서 시작된다. 아무리 나쁜 행동도 긍정적 측면이 있기 마련이다. 예컨대, 동생을 잘 때리는 아이도 하루 종일 동생을 때리기만 하는 것은 아닐 것이다. 어떤 때는 동생과 사이좋게 놀 때도 있다. 바로 '사이좋게 노는 행동'에 관심을 가지면, 어른들의 마음이 기쁘지 않겠는가? 이때야말로 절호의 기회이다. '동생을 잘 데리고 노는 것을 보니 정말 기쁘다.' 고 부모로서 기쁜 마음을 표현할 수 있다. 흔히, '변덕이 나면 잘해요!' 라는 어른들의 말을 자주 듣게 된다. 변덕이라는 그릇된 판단으로 모처럼의 바람직한 행동을 묵살하지 말고, 이 시점이 바로 문제행동을 개선할 수 있는 가장 중요한 기회라는 것을 기억해야 할 것이다. 이럴 때일수록 적극적 관심과 애정을 표현하고 아낌없이 칭찬하는 태도가 요구된다.

1. 저율행동의 차별강화

저율행동의 차별강화(DRL)[7]는 정해진 시간 안에 발생한 반응의 비율이 미리 정해진 기준치보다 낮게 발생할 때마다 차별적으로 강화함으로써 반응비율을 점차적으로 감소시키는 방법이다. 여기서 차별강화의 의미는 문제행동의 발생비율이 미리 정해 놓은 기준과 같거나 그보다 낮은 비율로 발생하면 분명하게 강화하는 한편, 정해진 기준보다 높은 비율로 나타나면 절대로 강화하지 않는다는 뜻이다. 실제 상황에서는 일정 시간 내에 발생한 문제행동의 발생비율이 기준보다 낮게 발생할 때마다 적극적으로 칭찬하고 보상하는 한편, 기준보다 높게 발생할 때는 강화하지 않고 무시함으로써 소거시킨다. 이와 같은 체계적 차별강화계획을 통하여 문제행동의 발생 수준을 점차적으로 낮추어 적정 수준을 유지하도록 하는 긍정적 전략은 가정과 학교교육에서 크게 권장되어야 할 방법이다.

아무리 바람직하지 못한 행동이라도 그것이 비교적 낮은 비율로 발생한다면 참아 줄 만하거나 때로는 바람직할 수도 있다. 예를 들어, 한 시간에 트림을 25번씩 한다면 부적절하지만 어쩌다 한두 번은 용납될 수 있다. 또 하루에 15번씩 화를 낸다면 분명 바람직하지 않지만 어쩌다 한번쯤 자기 권리를 찾기 위하여 화를 내는 것은 바람직할 수 있다. 저율행동의 차별강화는 다음 두 가지 방법으로 수행될 수 있다.

첫째로, 한 회기 전체 시간 중에 발생한 표적행동의 비율이 정해진 기준과 같거나 기준보다 낮을 때 강화하는 방법을 전회기 저율행동의 차별강화[8]라고 한다. 단위수업이나 활동시간 중에 발생한 문제행동의 빈도를 관찰하고, 관찰된 행동의 발생빈도가 미리 약속된 기준보다 낮을 때만 차별적으로 강화한다.

Deitz와 Repp(1973)는 11세의 정신지체 남아를 대상으로 수업 중에 떠드는 행동을 줄이기 위하여 전회기 저율행동의 차별강화계획을 사용하였다. 교사는 수업시간 50분 동안 떠드는 행동을 3회 이하로 줄이면 5분간의 자유시간을 주겠다고 약속하였다.

[그림 8-2]는 반전설계를 사용하여 전회기 저율행동의 차별강화 효과를 검증한 연구 결과이다. 10일간의 기초선 기간 중에 관찰된 떠드는 행동의 빈도는 50분 수업에서 평균 5.7회(분당 평균비율 0.11)였으며, 전회기 저율행동의 차별강화 계획이 실시된 15일간의 실험처치 기간 중에는 평균 0.93회(평균비율 0.02)로 미리 약속된 기준(3회 이하)보

7) Differential reinforcement of low rates of behavior (低率行動 差別强化)

8) Full-session DRL

다도 월등히 낮게 나타났다. 기초선 기간을 제외한 실험처치 기간 동안 아동은 매일 5분간의 자유시간을 얻었다. 그리고 실험조건이 회수된 반전기간 8일 동안의 평균빈도는 1.5회(평균비율 0.03)로 실험처치 기간에 비해 약간 증가한 것으로 나타났다. 이러한 실험 결과는 전회기 저율행동의 차별강화가 수업 중 떠드는 행동의 발생비율을 낮추는 데 효과가 있음을 입증한다.

둘째로, 저율행동의 차별강화는 기준선 변경 설계를 병용함으로써 표적행동의 발생률을 점진적으로 감소시킬 수 있다. 이것은 표적행동의 발생률이 매우 높아 짧은 시간 동안에 교정하기 어려울 때 효과적으로 사용될 수 있다. 예를 들어, 기초선 기간 중에 관찰된 철이의 좌석 이탈의 빈도는 40분 수업시간 중 평균 9회였다고 가정하자. 담임교사는 철이의 좌석 이탈행동을 완전히 제거하지는 못하더라도 수업 중 2회 이하로 줄일 수 있으면 좋겠다고 생각했다. 그래서 담임교사는 철이가 수업 중 2회 또는 그 이하로 좌석을 이탈할 때마다 토큰을 한 개씩 주기로 약속하였다. 그러나 한꺼번에 이렇게 많은 양을 줄이기는 어려울 것이다. 40분 동안에 9회나 좌석을 이탈하여 배회하던 아동이 토큰 한 개를 얻으려고 그렇게 많은 횟수를 바로 줄일 수 있겠는가? 성공보다는

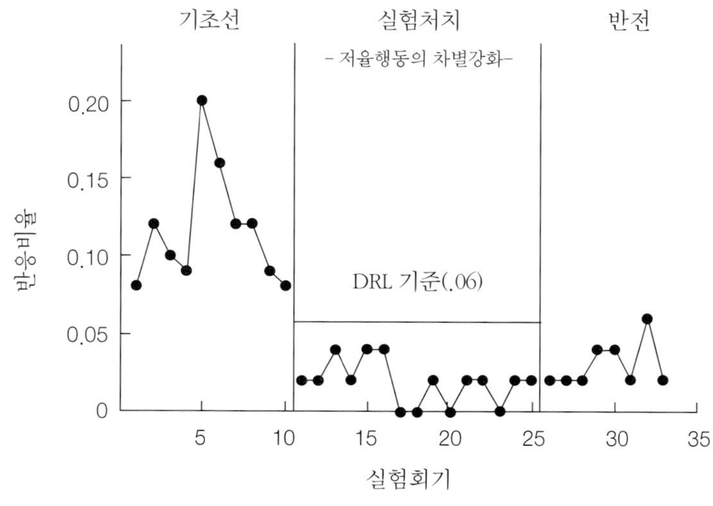

[그림 8-2] 전회기 저율행동의 차별강화 효과

떠드는 행동은 기초선 기간 중 분당 평균비율 0.11에서 실험처치 기간 중에는 0.02로 미리 정해진 DRL 기준(0.06)보다 크게 낮아졌으며, 반전기간에는 다시 0.03으로 증가하였다. 이 자료는 Deitz & Repp(1973)의 Decreasing classroom misbehavior through the use of DRL schedules of reinforcement. *JABA, 6,* 457-463에서 발췌함.

실패의 가능성이 높을 것이다. 이런 경우 단계적으로 조금씩 빈도를 줄이는 계획을 세워 보도록 한다.

[그림 8-3]에 예시된 바와 같이, 기준선 변경 설계법을 활용하여 좌석 이탈의 빈도를 단계적으로 조금씩 줄여 간다면 성공 가능성은 더 커질 것이다. 즉, 제1단계에서는 기준을 7회로 정하여 철이가 7회 또는 그 이하로 좌석을 이탈할 때만 강화한다. 그리고 철이의 좌석 이탈행동이 7회 이하로 안정되면, 제2단계에서는 5회로 기준을 변경하여 차별적으로 강화한다. 그리고 마지막 단계에서는 기준을 2회로 정하여 차별강화한다. 이러한 방법으로 조금씩 목표 수준으로 낮추어 간다면 무리 없이 최종목표에 도달할 수 있다.

셋째로, 한 회기의 전체 시간을 작은 단위간격으로 나누고, 각 단위간격 내에서 발생한 행동빈도가 정해진 기준과 같거나 더 낮을 때 강화하는 방법으로 동일한 단위간격 내에서 발생하는 반응의 비율을 낮추는 방법을 동간격 저율행동의 차별강화[9]라고 한다. 이 방법 역시 표적행동의 발생비율이 매우 높을 때 무리 없이 점진적으로 행동의 발생비율을 감소시키려고 할 때 활용될 수 있다. 철이의 예를 다시 들어 비교해 보

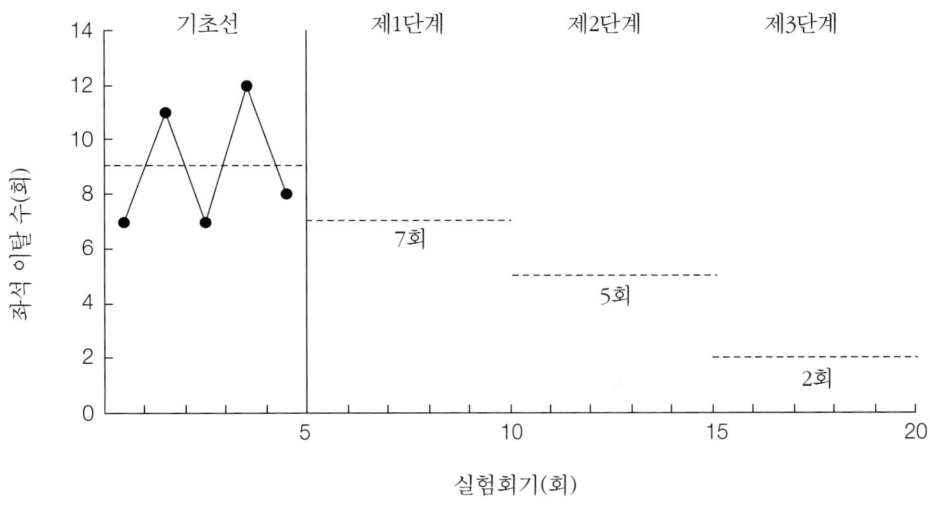

[그림 8-3] 기준선 변경 설계를 활용한 저율행동의 차별강화

철이의 좌석 이탈행동을 전회기 저율행동의 차별강화 전략에 의하여 단계적으로 감소시키는 계획을 예시한 것이다. 제1단계에서는 철이가 수업 중에 좌석을 7회 이하로 이탈하면 강화하고, 제2단계에서는 5회 이하로, 제3단계에서는 2회 이하로 기준을 단계적으로 낮추며 차별강화한다.

9) Interval DRL

자. 훈련의 제1단계에서는 한 회기 40분 수업을 5분씩 8개의 간격으로 나누고, 5분을 한 단위로 하여 좌석을 2회 또는 그 이하로 이탈하면 강화한다. 제2단계에서는 40분 수업을 8분씩 5개 또는 10분씩 4개 간격으로 나누고, 한 간격 동안 철이가 2회 또는 그 이하로 좌석을 이탈하면 강화한다. 제3단계에서는 20분씩 2개 간격, 마지막 단계에서는 전체 40분을 하나의 간격으로 정하여 2회 또는 그 이하로 좌석을 이탈하면 강화한다. 이렇게 하여 결국 교사가 바라던 대로 40분 수업 중에 2회 이하로 좌석을 이탈하도록 줄일 수 있다. 앞서 설명된 전회기 저율행동의 차별강화에서는 훈련 단계가 높아질수록 허용되는 반응의 빈도를 점차 낮추는 방식을 사용한 반면에, 이번에는 허용되는 행동빈도는 동일하게 유지하되 훈련 단계가 높아질수록 단위시간 간격을 점차적으로 증가시키는 방법을 사용한다는 점이 서로 다르다.

넷째로, 반응과 반응 간의 시간을 점차 증가시키는 방법으로 정해진 시간 내에 발생하는 반응비율을 낮추는 전략을 반응간시간 차별강화[10] 또는 반응간격 차별강화[11]라고 한다. 하나의 반응이 발생한 후 다음 반응이 발생하기까지 소요되는 시간을 반응간시간(IRT)[12]이라고 하는데, 반응간시간을 증가시키면 정해진 시간 내에 발생할 수 있는 반응빈도는 제한될 수밖에 없다. 실제로 하나의 반응이 발생한 후 일정한 기준시간이 경과한 다음에 발생한 반응은 강화하고, 일정한 기준시간이 지나기 전에 발생하면 무시하는 방식으로 차별강화한다. 예를 들어, 어떤 반응이 1분에 1회꼴로 발생한다면 10분 동안 10회 발생할 것이다. 그러나 만일 반응간시간을 2분으로 증가시킨다면 10분 동안에 5회 발생할 것이다. 이와 같이 반응간시간을 조금씩 점차적으로 증가시키는 방법으로 단위시간 내의 반응비율을 낮출 수 있다.

[그림 8-4]는 반응간시간 차별강화계획이 상동행동을 감소시키는 데 미치는 효과를 검증하기 위하여 Singh, Dawson과 Manning(1981)이 실시한 실험연구 보고 내용의 일부이다. 15세의 심한 정신지체 여아를 대상으로 실시된 첫 단계 훈련에서는 IRT-12초 DRL 계획에 따라 반응간시간이 12초 이상 경과된 후에 나타난 상동행동만을 강화하고, 12초가 지나기 전에 발생한 상동행동은 무시하는 방법으로 차별강화하였다. 실험 결과를 보면, 기초선 기간 중 평균 91.6%의 높은 반응률을 보이던 상동행동이 5일간의 제1단계 훈련 동안 평균 18.0%로 크게 감소되었다. 반응간시간을 30초로 증가시킨 제2단계 훈련에서도 상동행동은 평균 11.4%의 낮은 반응률을 유지하였으며, 제3단계와

10) Interresponse-time DRL (反應間時間 DRL)

11) Spaced-responding DRL (反應間隔 DRL)

12) Interresponse time (反應間時間)

제4단계 훈련에서는 반응간시간을 각각 60초와 120초로 크게 증가시켰음에도 불구하고, 상동행동의 발생률은 각각 평균 12.0%와 5.4%의 낮은 비율을 유지하고 있다. 그런데 중요한 것은 5일간의 반전기간 중에 표적행동의 발생률이 평균 76.0%로 크게 증가하였고, 반응간시간 180초 DRL 계획에 따라 재실행된 제2차 실험처치 결과에서는 피험자의 상동행동 발생률이 평균 12.0%로 다시 크게 감소되었다는 사실이다. 이러한 결과는 반응간시간 차별강화계획이 상동행동의 발생비율을 낮추는 데 큰 효과가 있음을 입증한다. 이 연구에서 특이한 성과는 단지 상동행동에 대해서만 반응간시간 차별강화가 시행되었을 뿐인데, 아무 실험처치도 받지 않은 사회적 반응이 상동행동의 변화 추세와는 정반대로 큰 폭의 상승적 변화를 보이고 있다는 사실이다.

이처럼 저율행동의 차별강화(DRL) 기법의 장점은 혐오자극을 사용하지 않고, 정적강화만을 사용하여 바람직하지 못한 행동의 발생빈도를 효과적으로 감소시킬 수 있다는 점이다. 대체로 교사나 부모들은 아동의 바람직하지 못한 행동을 다룰 때 야단을 치거나 혐오자극을 사용하여 행동을 통제하려고 한다. 그러나 이러한 벌이나 혐오통제는 여러 가지 교육적 부작용을 수반한다. 그러나 저율행동의 차별강화 기법은 정적강화를 사용하기 때문에 그러한 부작용을 피할 수 있을 뿐 아니라 정적강화가 주는 다양한 이

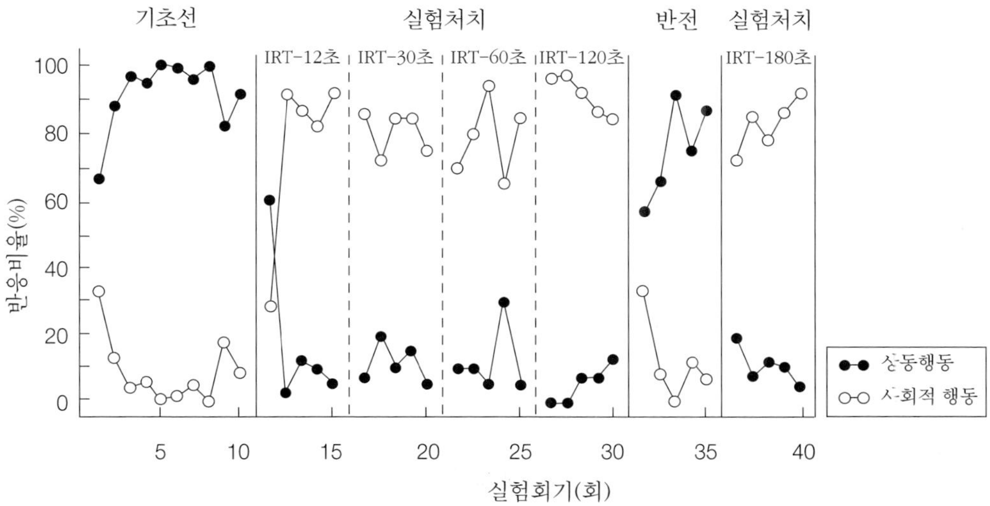

[그림 8-4] 반응간시간 DRL 계획의 효과

반전설계에 의한 실험연구에서 반응간시간 차별강화는 상동행동을 치료하는 데 큰 효과가 있음을 입증한다. 이 자료는 Singh, Dawson, & Manning(1981)의 Effects of spaced responding DRL on the stereotyped behavior of profoundly retarded persons. *JABA, 14,* 521-526에서 발췌함.

득을 얻을 수 있다. 특히 점진적으로 부적응 행동을 줄이도록 요구한다는 점이 큰 장점이다. 내담자의 입장에서는 오랫동안 습관화된 나쁜 행동을 갑자기 중단하는 것보다 점차 감소시키는 것이 보다 쉬울 것이다. 그러므로 단계적으로 행동의 빈도를 감소시키려고 할 때는 내담자의 적응 능력을 고려하여 단계별 기준을 알맞게 정하는 것이 바람직하다. 저율행동의 차별강화는 행동을 신속히 변화시킬 수 있는 방법은 아니다. 때문에 자신이나 타인의 건강을 해칠 수 있어 신속히 중단시켜야 하는 행동(예: 폭력 또는 자해행동)에 대한 치료방법으로는 적합하지 않을 수 있다.

2. 여타행동의 차별강화

여타행동의 차별강화(DRO)[13]란 정해진 시간 동안 표적행동이 발생하지 않았을 때 '표적행동의 중단' 자체를 차별적으로 강화함으로써 표적행동의 발생비율을 점차적으로 감소시키는 방법이다. DRO에서 'O'는 'Other behavior'의 머리글자를 뜻하는 것으로서 제거하려는 표적행동을 제외한 여타의 모든 바람직한 행동을 의미한다. 이 기법에서 중요한 것은 제거하려는 표적행동이 일정 시간 동안 발생하지 않아야 한다는 것이다. 이러한 의미로 어떤 사람들은 DRO에서 'O'를 숫자 영(zero)을 의미하는 것으로 설명하기도 한다. 표적행동이 '영(zero)'이 되었을 때, 즉 표적행동을 하지 않고 다른 행동을 할 때 강화하는 것을 뜻한다. 예를 들면, 우는 행동을 감소 내지 제거하는 것이 목적일 경우, 아동이 울 때 야단치거나 벌을 주는 것이 아니라, 정해진 시간 동안 울음을 그치고 여타의 다른 바람직한 행동들만 수행하였을 때 강화하는 것이다. 이와 같이 우는 행동이 중단된 바람직한 측면을 적절히 강화함으로써 상대적으로 문제행동의 발생빈도를 감소시키려는 전략이다. 지금까지 문제행동을 통하여 얻을 수 있었던 관심과 보상을 이제부터는 바람직한 행동을 통하여 얻을 수 있도록 지도하는 기법이다. 여타행동의 차별강화는 다음과 같이 활용될 수 있다.

첫째로, 한 회기 전체 시간 동안 표적행동이 발생하지 않을 때 강화하는 방법을 전회기 여타행동의 차별강화라고 한다. 예를 들어, 40분 수업 중에 한 번도 떠들지 않았을 때 정적강화를 제공한다면 DRO-40분 계획이 된다. 이 경우, 아동을 불러, "민수야, 네가 만일 자율학습 시간(40분) 동안 한 번도 떠들지 않으면, 10분간의 자유시간을 주겠다."라고 약속한다. 그리고 민수가 약속한 대로 자율학습 시간 동안 한 번도 떠들지

13) Differential reinforcement of other behavior (餘他行動 差別强化)

않으면 약속한 자유시간을 허용한다.

둘째로, 한 회기를 여러 개의 작은 단위간격으로 나누고, 각 시간간격 중에 표적행동이 발생하지 않으면 강화하는 방법을 동간격 여타행동의 차별강화[14]라고 한다. 이 방법은 부적절한 행동을 조금씩 단계적으로 감소시키는 것이 보다 현실적이고 효과적이라고 판단될 때 사용된다. 특정한 부적응 행동이 아주 높은 비율로 일어날 경우에 초기부터 전회기 차별강화를 사용한다면 아동은 한 번도 성공할 수 없을 것이며, 한 번도 강화될 수 없을 것이다. 그러나 40분 수업시간을 5분 간격으로 나누고 5분 단위로 관찰하여 그 시간 동안 표적행동이 발생하지 않으면 강화한다고 가정하자. 이 경우 아동은 짧은 시간 동안 표적행동의 발생을 억제할 가능성이 높아짐에 따라 보다 쉽게 정적강화를 경험할 수 있을 것이다. 이러한 방법으로 민수가 5분 정도 떠들지 않고 참을 수 있게 되면, 다음 단계에서는 시간간격을 늘리고(예: 10분 간격으로), 그 시간 동안 떠들지 않을 때만 차별적으로 강화한다. 이와 같은 방법으로 시간간격을 점차로 늘리면 결국 40분 수업 전체 시간이 하나의 간격이 되면서 앞에서와 같은 전회기 여타행동의 차별강화와 동일한 강화계획이 될 것이다. 단위간격을 나눌 때 고정간격으로 나눌 수도 있고, 변동간격으로 나눌 수도 있다. 예컨대, 40분 수업을 5분 간격으로 동일하게 8개의 간격으로 나눌 수도 있고, 평균 5분 간격으로 나누지만 실제로는 시간간격을 변동하여 6분, 4분, 8분, 2분 등으로 나누어 사용할 수도 있다. 그리고 첫 단계의 시간간격을 정할 때는 한 회기의 전체 시간을 기초선 관찰 기간 중에 발생한 행동의 빈도로 나눈 평균시간으로 정하는 것도 하나의 방법이다. 예컨대, 수업시간 40분 동안 철이가 좌석을 이탈한 횟수가 10회면 40분을 10으로 나누면 된다. 즉, 첫 단계에서는 DRO-4분 계획으로 시행하면 될 것이다.

1) DRO 사용 시 고려할 사항

첫째로, 순수하게 DRO 기법만을 사용하여 행동수정을 계획할 경우, 아동이 어떤 행동을 하든 상관없이 정해진 시간 내에 표적행동만 하지 않으면 정적강화를 제공하여야 한다. 실제로 아동이 정해진 시간 동안 표적행동을 하지 않는다고 해도, 수많은 다른 부적절한 행동을 할 가능성이 있는데, 이러한 경우에도 강화해야 하는 문제가 발생한다. 예를 들면, 좌석 이탈행동이 표적행동일 경우, 순수한 DRO 강화계획에서는 아동이 좌석을 이탈하지는 않지만 대신 수업 중에 장난감을 가지고 논다든지, 종이비행기

14) Interval DRO

를 접어 던진다든지, 전에 하지 않던 다른 부적절한 행동을 하더라도 좌석 이탈만 하지 않으면 강화하여야 한다. 즉, 다른 부적절한 행동을 강화해야 하는 모순에 빠지게 된다. 이러한 이유 때문에 DRO를 사용할 경우에는 예상치 않게 발생하는 다른 부적절한 행동을 감소시킬 수 있는 방법을 병행하여야 한다.

둘째로, DRO 기법은 행동의 부재를 강화할 수 있다. 아동들은 정해진 시간 동안 표적행동만 하지 않으면 보상을 얻게 된다. 행동저장고에 바람직한 행동목록을 많이 갖고 있지 못한 아동들은 정해진 시간 동안 아무것도 하지 않고 가만히 앉아 있을 수 있다. 따라서 DRO 기법은 이러한 행동의 공백을 강화할 수 있다. 그러나 대부분의 아동은 이러한 공백을 자기가 할 수 있는 다른 행동으로, 흔히 부모나 교사가 제거하려고 애써 온 다른 문제행동으로 대체할 가능성이 높다. 그러므로 DRO 기법을 활용하여 행동수정을 계획할 때는 부적절한 행동을 대체할 바람직한 행동을 마련하여 강화하는 것이 바람직하다.

셋째로, DRO 기법의 효과는 사용되는 강화자극에 좌우된다(Repp, Felce, & Barton, 1991). DRO 계획에서 사용되는 강화자극은 적어도 현재의 문제행동을 유지시키는 강화자극과 동일한 강도나 또는 그 이상의 유인가를 가진 것이어야 한다(Cowdery, Iwata, & Pace, 1990). 아동에게 새로운 행동을 가르칠 경우에는 그 행동을 가르치는 데 역효과를 낼 만한 특정한 강화자극이 존재할 가능성은 희박하다. 그러나 아동의 문제행동을 감소시키려는 경우에는 현재까지 그 행동을 유지시켜 온 특정 강화자극이 존재하기 마련이다. 이러한 강화자극은 쉽게 발견될 수도 있고 경우에 따라서는 잘 발견되지 않을 수도 있다. 만일 DRO에서 사용되는 강화자극이 지금까지 부적절한 행동을 유지시키는 데 기여해 온 특정 자극보다 강화력이나 유인가가 더 강력하지 못하면 이 기법의 효과는 기대할 수 없을 것이다. 예를 들어, 한 아동이 수업 중에 원숭이 흉내를 내며 돌아다닐 경우, 그의 행동은 또래들의 폭소와 지속적인 관심에 의하여 강화될 것이다. 그런데 DRO 계획에 의하여 아동이 수업 중에 그런 우스꽝스러운 짓을 하지 않으면 방과 후에 5분 동안 컴퓨터 게임을 할 수 있도록 허용한다면 어떤 결과를 낳을까? 이러한 강화는 아동의 행동을 중단시키는 데 별로 효과가 없을 것이다. 그 이유는 5분간의 컴퓨터 게임은 또래들의 웃음과 관심보다 강력한 강화자극이 되지 못하기 때문이다.

DRO는 자해행동(Piazza, Fisher, Hanley, Hilker, & Derby, 1996), 꼬집기(Friman, Barnard, Altman, & Wolf, 1986), 노출증(Lutzker, 1974), 상동행동(Barton, Brulle, & Repp, 1986; Haring & Kennedy, 1990), 과제 태만과 좌석 이탈(Repp, Barton, & Brulle, 1983) 등 다양한 문제행동을 수정하는 데 활용되어 왔다. Repp, Deitz 그리고 Speir

(1974)는 중증 정신지체인 세 사람의 상동행동을 수정하는 데 DRO를 사용하여 효과를 보았다. 이 연구에서는 부엌에서 조리할 때 사용하는 타이머를 이용하여 정해진 시간 간격을 알리도록 하였다. 정해진 시간간격을 알리는 타이머가 울릴 때까지 피험자가 상동행동을 보이지 않으면 교사는 피험자를 포옹하고 칭찬하는 방식으로 상동행동의 부재를 강화하였다. 그러나 상동행동이 나타날 때는 '안 돼!' 라고 거부하면서 타이머를 다시 작동시켰다. 첫 단계의 치료과정에서는 아주 짧은 시간간격(40초)으로 시작했으며, 상동행동의 발생빈도가 낮아짐에 따라 점차로 시간간격을 늘려 갔다. 이러한 방법으로 연구자들은 상동행동의 발생비율을 크게 감소시킬 수 있었다.

2) DRO 계획 시 결정할 사항

① 표적행동의 현재 수준을 관찰 · 측정하여 기초선을 설정하여야 한다. 기초선은 표적행동의 작동 수준을 말해 줄 뿐 아니라, DRO 간격을 적절하게 정하는 데 반드시 필요한 정보이기 때문이다. 특히 첫 단계의 DRO 간격을 얼마의 크기로 할 것인가 하는 것은 대단히 중요한 일이기 때문에 임의로 정하기보다는 자료에 근거하여 객관적으로 정해야 한다. 즉, 기초선 자료를 바탕으로 정해진 시간 동안 표적행동이 몇 번이나 발생하였는지를 관찰하고, 평균 얼마의 간격으로 표적행동이 발생하고 있는지를 확인한다. 첫 단계에서의 DRO 간격은 표적행동의 평균 발생 간격보다 약간 짧게 정하는 것이 좋다.

② DRO 간격을 증가시킬 때는 특정 기준이 마련되어야 한다. 첫째로, 초기 단계에서는 충분히 짧은 간격으로 시작하여야 한다. 그리고 아동이 부적절한 표적행동을 함으로써 얻는 보상보다는 그 행동을 중단함으로써 더 큰 보상을 얻을 수 있도록 조치하여야 한다. DRO 간격이 짧을수록 아동은 그 기간 동안 부적절한 반응을 억제하는 데 성공할 가능성이 높고 보상을 받을 기회도 증가한다. 그러므로 초기 단계에서는 DRO 간격을 짧게 정하는 것이 효과적이다. 둘째로, DRO 간격은 시간이 갈수록 점차 연장되어야 한다. DRO 간격의 연장은 한 단계에서의 훈련목표가 충분히 학습되었다고 평가될 때 실행되어야 한다. 평가기준은 연구자가 정할 일이지만, 적어도 2~3회기 연속 표적행동의 발생이 '0' 수준을 유지한다면 만족할 수 있다. 따라서 학습성취 기준을 미리 정해 놓고, 이 기준에 맞을 때 다음 단계의 DRO 간격을 연장하여 정하면 된다.

③ DRO 간격 중간에 부적절한 표적행동이 발생할 경우, 다음과 같이 대처한다. 첫째로,

현재의 DRO 간격의 나머지 시간을 포기하고 다음 간격을 다시 시작할 것인지, 아니면 정해진 간격의 시간이 끝나고 다음 간격이 시작될 때까지 기다릴 것인지 미리 결정할 필요가 있다. 둘째로, DRO 간격 중에 부적절한 표적행동이 나타나면 어떤 방식으로든 후속자극으로 통제할 것인지, 아니면 아무 통제 없이 무시할 것인지 결정해야 한다.

④ 표적행동의 발생 없이 하나의 DRO 간격이 끝났지만 그간에 다른 부적절한 행동이 개입되었을 경우, 표적행동의 부재를 강화해서는 안 된다. 왜냐하면 표적행동은 제거될 수 있지만 새로운 부적절한 행동이 강화될 수 있기 때문이다. 이러한 갈등의 해결책은 여타의 문제행동을 통제할 수 있는 다른 기법을 병용하는 것이다.

3. 상반행동과 대체행동의 차별강화

여타행동의 차별강화(DRO)를 사용할 때 발생할 수 있는 행동의 공백을 방지하기 위하여 또는 여타의 문제행동을 강화하는 갈등을 해소하기 위하여 상반행동의 차별강화(DRI)[16]전략이 대안으로 활용될 수 있다. 상반행동이란 제거되어야 할 표적행동과 공존할 수 없는 행동을 말한다. 예컨대, 좌석 이탈이 제거되어야 할 표적행동이라면 반대로 좌석에 앉아 있는 것은 상반행동이 될 것이다. 두 행동은 동시에 존재할 수 없기 때문이다. 즉, 상호 배타적인 반응을 선택함으로써 바람직하지 못한 다른 행동을 할 수 없게 만드는 전략이다. 한 연구에서는 장난감을 가지고 노는 행동을 강화함으로써 상대적으로 상동적 손놀림에 탐닉할 기회와 가능성을 감소시킬 수 있었다(Favell, 1973).

대체행동의 차별강화(DRA)[17]란 표적행동의 대안이 될 수 있는 바람직한 행동의 발생을 강화하는 것을 말한다(Deitz & Repp, 1983). 대체행동이란 표적행동과 그 형태적 차이는 있지만 반드시 물리적으로도 상호 배타적인 것은 아니다(Vollmer & Iwata, 1992). 아동이 부적절한 행동을 시도할 때마다 교사는 동일한 기능성을 가진 바람직한 대체행동을 수행하도록 지도하면서 강화하는 기법이다. 예를 들어, 수업 중에 철이가 교사의 관심을 얻으려고 허락 없이 제 마음대로 떠벌리면 교사는 철이로 하여금 손을 들고 허락을 구한 다음 발표하도록 지도한다. 그리고 교사의 지도에 따라 철이가 손을 들면 일단 철이를 먼저 지목함으로써 손드는 행동을 강화하고, 또 손을 들어 허락을 구

16) Differential reinforcement of incompatible behavior (相反行動 差別强化)

17) Differential reinforcement of alternative behavior (代替行動 差別强化)

한 행동 자체를 크게 칭찬함으로써 강화한다.

상반행동과 대체행동의 차별강화 전략은 다양한 문제행동을 수정하는 데 널리 사용되어 왔다. 예를 들면, 수업시간에 조는 행동(Repp, Deitz, & Deitz, 1976), 학급소란 행동(Ogier & Hornby, 1996), 과잉행동(Twardosz & Sajway, 1972), 이식행동(Donnelly & Olczak, 1990), 상동행동(Favell, 1973), 공격 및 자해행동(Piazza, Moes, & Fisher, 1996)의 치료에 효과적으로 사용되어 왔다.

1) 상반행동 또는 대체행동의 선택 기준

Alberto와 Troutman(1999)은 상반행동 및 대체행동의 선택 기준을 다음과 같이 제시하였다. 첫째로, 문제행동이 환경 내에서 어떤 기능을 하고 있는지 정확히 평가한 다음, 문제행동이 수행하던 기능을 충분히 대신할 수 있는 다른 바람직한 행동을 표적으로 선정한다. 예를 들면, 자해행동과 공격적 행동은 그 자체로 의사 전달의 기능을 가진 것으로 알려져 있다. 그렇다면 문제행동을 대체할 행동은 내담자의 관심과 욕구를 잘 전달할 수 있는 것이어야 한다(Carr, Levin, McConnachie, Carlson, Kemp, & Smith, 1997). 문제행동의 기능성 평가에 대해서는 '제13장 기능성 평가와 분석'을 참고한다.

둘째로, 대체행동은 본래의 문제행동이 지금까지 해 왔던 기능을 환경 내에서 효율적으로 수행할 수 있어야 한다. 또한 문제행동으로 획득할 수 있었던 것과 동일한 강화자극을 효율적으로 획득할 수 있는 것이어야 한다. 먼저 지금까지 문제행동으로 얻을 수 있었던 강화자극을 이제부터는 대체행동으로 얻을 수 있는 일관성이 보장되어야 한다. 만일 새로운 대체행동으로 원하는 결과를 얻지 못하면, 이전의 문제행동으로 되돌아갈 수 있기 때문이다. 그리고 새로운 대체행동으로 더 자주 강화를 획득할 수 있어야 한다. 대체행동은 새로 습득된 행동이기 때문에 초기에는 계속강화계획에 따라 자주 보상하고, 강화자극은 본래의 문제행동으로 얻을 수 있던 것보다 더욱 신속히 제공되어야 한다. 또 새로운 대체행동은 본래의 문제행동보다 쉬운 것이어야 한다. 대체행동이 어렵다면 보다 쉬운 이전의 문제행동으로 보상을 얻으려고 시도할 것이다. 마지막으로 대체행동은 궁극적으로 자연적 강화에 의하여 유지될 수 있도록 조치하여야 한다(Carr, Robinson, & Palumbo, 1990; Durand, Berotti, & Weiner, 1993).

셋째로, 이미 내담자의 행동저장고에 있는 기존의 행동목록 중에서 대체행동을 선택하면 효율성이 더 높아질 수 있다(Deitz & Repp, 1983). 내담자가 이미 할 줄 아는 행동이라면, 새로 배울 필요가 없기 때문에 쉽게 교체될 수 있다.

2) 상반행동의 차별강화를 위한 지침

Repp과 Deitz(1979)는 상반행동의 차별강화의 성공 가능성을 높이기 위하여 몇 가지 실용적 지침을 소개하였다. 첫째로, 문제행동과 상반되는 표적행동을 선정하여야 한다. 즉, 선정된 상반행동은 문제행동과 동시에 발생할 수 없는 것이어야 한다. 만일 이러한 상반행동이 없을 경우에는 다른 유익한 대체행동을 선정한다. 둘째로, 기초선을 설정하여 부적절한 문제행동의 발생빈도와 상반행동의 발생빈도를 확인하여야 한다. 이는 치료와 훈련의 성과를 객관적으로 비교하기 위한 것이다. 셋째로, 강화계획을 세워야 한다. 훈련 초기에는 상반행동이 나타날 때마다 강화하는 계속강화계획을 활용하고, 학습된 후에는 간헐강화를 실시한다. 그리고 점차로 간헐강화의 비율이나 간격을 체계적으로 증가시켜서 결국 생활환경 내에서 자연적 강화에 의하여 유지될 수 있도록 계획하여야 한다.

요 약

1. 긍정적 접근이란, 문제행동의 치료에 있어서 혐오자극의 사용을 억제하고, 문제의 원인을 환경에서 찾고, 그릇된 행동의 제거보다는 바람직한 행동을 적극적으로 가르치고, 사후 치료보다는 사전 예방에 주력하는 접근방법을 말한다.

2. 소거법은 문제행동을 강화하는 후속자극을 환경으로부터 제거하거나 차단함으로써 행동을 감소 내지 제거하는 방법이다. 소거법은 독자적으로 사용될 때보다는 대체행동의 차별강화 전략과 병행하여 사용될 때 더욱 효과적이다.

3. 소거법을 사용할 때 고려할 사항은 다음과 같다. ① 소거의 효과는 느리다는 것을 기억한다. ② 소거 초기에 나타나는 행동의 증가현상(소거폭발)에 대비하여야 한다. ③ 소거 후에 나타나는 자발적 회복현상에 대처한다. ④ 어떤 형태로든 부적절한 행동을 강화해서는 안 된다. ⑤ 소거 초기에 공격적 행동이 유발될 수 있다. ⑥ 상반행동과 대체행동의 차별강화 전략을 병행하는 것이 효과적이다. ⑦ 주변의 모든 사람들이 소거계획에 협조할 수 있도록 사전에 동맹을 맺어야 한다. ⑧ 소거전략을 일관성 없이 사용하면 간헐강화의 효과로 소거저항이 높아진다.

4. 저율행동의 차별강화(DRL)란, 일정 시간 동안 발생한 반응의 비율이 정해진 기준

보다 낮게 발생할 때마다 차별적으로 강화함으로써 반응률을 점차적으로 감소시키는 방법이다. 한 회기 전체 시간 중에 발생한 표적행동의 비율이 정해진 기준과 같거나 기준보다 낮을 때 강화하는 방법을 전회기 차별강화라 하고, 한 회기의 시간을 작은 단위시간 간격으로 나누고 각 단위간격 내에서 발생한 반응률이 기준과 같거나 기준보다 낮을 때마다 강화하는 방법을 동간격 저율행동의 차별강화라고 한다.

5. 저율행동의 차별강화 기법의 장점은 혐오자극을 사용하지 않고 정적강화만으로 문제행동의 발생률을 효과적으로 감소시킬 수 있다는 점이다. 따라서 혐오통제에서 오는 여러 부작용을 피할 수 있을 뿐 아니라 정적강화가 주는 다양한 이득을 얻을 수 있다.

6. 여타행동의 차별강화(DRO)란, 정해진 시간 동안 표적행동이 발생하지 않을 때 '표적행동의 중단' 자체를 차별적으로 강화함으로써 표적행동의 발생빈도를 점차적으로 감소시키는 방법이다. DRO에서 'O'는 'Other behavior'의 머리글자를 뜻하는 것으로서, 표적행동을 제외한 여타의 모든 행동을 의미한다. 한 회기 전체 시간 동안 표적행동이 발생하지 않을 때 강화하는 전회기 여타행동의 차별강화와 한 회기를 여러 개의 작은 단위간격으로 나누고, 각 단위간격별로 표적행동이 발생하지 않을 때 강화하는 동간격 여타행동의 차별강화 기법이 있다.

7. 여타행동의 차별강화 실시 전에 고려할 사항은 다음과 같다. ① 순수하게 DRO 기법만을 사용할 경우, 아동이 어떤 행동을 하든 정해진 시간 중에 문제행동만 발생하지 않으면 정적강화를 제공한다. ② DRO 기법은 행동의 부재를 강화할 수 있다. ③ DRO 기법에서 사용되는 강화자극은 적어도 문제행동을 유지시키는 강화자극과 동일한 강도나 유인가를 가진 것이어야 한다.

8. 여타행동의 차별강화를 계획할 때 결정할 사항은 다음과 같다. ① 표적행동의 현재 수준을 관찰 측정하여 DRO 간격을 적절하게 결정해야 한다. ② DRO 간격을 증가시킬 때는 특정 기준이 마련되어야 한다. ③ DRO 간격 중간에 부적절한 표적행동이 발생할 경우에는, 나머지 시간을 중단하고 다음 간격을 시작할 것인지, 아니면 정해진 시간간격을 그대로 지속할 것인지 여부를 결정할 필요가 있다. 또한 어떤 방식으로든 표적행동에 후속자극을 수반시킬 것인지, 아니면 무시하기만 할 것인지도 결정해야 한다. ④ 표적행동은 발생하지 않았지만 다른 부적절한 행동이

발생하였을 경우, 표적행동의 부재를 강화할 것인지의 여부를 결정해야 한다.

9. 상반행동의 차별강화(DRI)란, 표적행동과 공존할 수 없는 바람직한 다른 행동을 차별적으로 강화하는 것을 말한다. 이것은 상호 배타적인 반응을 선택하여 강화함으로써 동시에 다른 문제행동이 발생할 수 없도록 하려는 전략이다. 그리고 대체행동의 차별강화(DRA)란 표적행동의 대안이 될 수 있는 바람직한 다른 행동을 차별강화하는 것을 말한다. 대체행동은 표적행동과 형태적 차이는 있지만 반드시 물리적으로 상호 배타적인 것은 아니다.

10. 상반행동 또는 대체행동의 선택기준는 다음과 같다. ① 문제행동이 환경 내에서 어떤 기능을 하고 있는지 정확히 평가한 다음, 문제행동이 수행하는 기능을 대신할 수 있는 바람직한 행동을 표적으로 선정한다. ② 대체행동은 문제행동이 이제까지 수행하여 왔던 기능을 환경 내에서 효율적으로 대행할 수 있어야 한다. ③ 내담자의 행동저장고에 있는 기존의 행동을 대체행동으로 선택하는 것이 효율적이다.

연구문제

➲ 긍정적 접근의 원리에 입각하여 소거전략과 차별강화 전략을 논해 보자.

1. 응용행동분석에서 강조하는 긍정적 접근에 대하여 논해 보자.
2. 소거법을 정의하고 다양한 적용 가능성과 주의점을 논해 보자.
3. 소거법을 사용할 때 고려할 여덟 가지 사항을 설명해 보자.
4. 저율행동의 차별강화를 정의하고 예를 들어 보자.
5. 저율행동의 차별강화의 장점에 대하여 논해 보자.
6. 여타행동의 차별강화를 정의하고 예를 들어 보자.
7. 여타행동의 차별강화를 계획할 때 고려할 사항을 설명해 보자.
8. 상반행동과 대체행동의 차이점을 논해 보자.
9. 상반행동 또는 대체행동의 선택기준을 논해 보자.

제9장 정적벌과 부적벌

학습목표

1. 정적벌과 부적벌을 조작적으로 정의하고 예를 들어 설명할 수 있다.
2. 벌의 부작용을 최소화할 수 있는 치료방안을 계획할 수 있다.
3. 벌의 사용과 윤리 문제를 인간 서비스에 적용할 수 있다.
4. 벌의 효과에 영향을 미치는 요인을 설명할 수 있다.
5. 벌의 효과적 사용방법을 설명할 수 있다.

벌은 행동을 통제하는 전통적인 방법으로 가정, 학교, 사회에서 폭넓게 활용되어 왔다. 그러나 벌은 다른 어떤 치료적 중재방법보다 내담자의 기본권을 침해할 수 있고, 치료와 교육 환경을 제한할 여지가 크기 때문에 그 사용에 있어 신중을 기해야 한다. 또한 벌의 그릇된 사용은 교육과 치료 전문인들에게 법적 · 윤리적 책임을 요구한다. 이 장에서는 벌의 원리와 정의, 부작용과 한계점, 벌의 효과에 영향을 미치는 요인, 벌의 사용과 관련된 윤리적 문제 등을 논의하고, 벌을 효과적으로 활용할 수 있는 방안을 제시한다.

제1절 벌의 정의와 특성

이 절에서는 벌의 정의와 관련되는 두 가지 조작방법, 벌의 변별 효과, 벌로 제거된 행동의 회복, 무조건 및 조건 벌자극, 벌의 효과에 영향을 미치는 요인, 벌의 부작용과 문제점 등을 논의한다.

1. 벌의 조작과 행동에 미치는 효과

사람들은 흔히 자신들이 싫어하는 타인의 행동을 중단시키기 위하여 어떤 불쾌한 자극을 주는 것을 벌이라고 생각한다. 그러나 이것은 과학적 정의라고 볼 수 없다. 사람마다 제각각 불쾌한 자극에 대한 기준이 달라 무엇이 불쾌한 자극인지 분명한 합의점을 찾을 수 없기 때문이다. 벌이란 벌주는 사람의 행위나 태도에 의하여 결정되는 것이 아니며, 제공되는 자극의 특성에 따라 정의되는 것도 아니다. 즉, 벌은 벌주는 사람의 의도나 자극의 혐오성과는 직접적인 관련이 없다. 벌에 대한 기술적 정의는 '제2장 기본원리'에서 자세히 언급하였으므로 참고하기 바란다. 다만 그 핵심적 요소만을 간략히 설명하면, 벌은 강화와 마찬가지로 자극의 조작방법과 행동에 미치는 영향이라는 두 가지 기준에 따라 정의된다.

강화와 강화자극을 구별하여 설명하였듯이, 같은 논리로 벌과 벌자극을 구분하여 분명하게 개념화할 수 있다. 벌자극[1)]이란 어떤 행동에 즉시 수반되는 자극(즉, 특정 사건, 또는 환경의 변화)으로서 그 행동의 미래 발생률을 감소시키는 자극을 일컫는다. 그리고 벌[2)]이란 어떤 행동에 벌자극을 후속시켜 그 행동의 미래 발생률을 감소 내지 제거하는 방법을 말한다(Azrin & Holz, 1966). 예를 들어, 버스 안에서 한 할머니가 징징거리며 우는 손자의 행동을 중단시키려고 손바닥으로 손자의 엉덩이를 치며, '뚜욱!' 하고 조용히 야단을 쳤다. 그러나 손자의 울음소리는 더 커지고 빈번해졌고 할머니는 사람이 많은 버스 안에서 민망하여 쩔쩔매고 있다. 이 예에서 할머니는 손자를 벌한 것일까? 대부분의 사람들은 '그렇다' 고 답할 것이다. 그러나 행동분석가라면 항상 다음과

1) 'Punishing stimulus' 또는 'punisher' 의 번역어이다. 우리말에는 훈육 또는 치료적 중재방법으로서의 벌과 자극으로서의 벌이 구분되어 있지 않다.

2) Punishment (罰)

같은 두 가지 기준을 적용하여 벌인지 아닌지를 판단해야 한다. 첫째로, 어떤 환경자극의 조작이 표적행동에 수반하여 일어나야 한다. 둘째로, 환경자극의 조작 이후에 표적행동의 발생률이 낮아져야 한다. 할머니와 손자의 예에서 첫째 기준은 충족되었다. 표적행동에 수반하여 할머니는 손자를 야단치며 엉덩이를 가볍게 쳤다. 그러나 둘째 기준은 충족되지 않았다. 손자의 징징거리며 우는 소리는 더 커지고 빈번해졌기 때문이다. 여기서 엉덩이를 치거나 '뚜욱!'이라는 강한 부정의 표현은 혐오자극이 분명하다. 그러나 할머니의 의도나 자극의 혐오성과는 상관없이 모든 노력은 표적행동을 감소시키는 데 실패하였다. 그러므로 손자의 행동을 제거하기 위하여 사용된 할머니의 노력은 벌이 될 수 없다.

Hall과 그의 동료들(1971)은 벌에 관한 초기 연구에서 청각장애를 가진 안드레아라는 7세 여아의 공격적 행동을 간단한 벌로 고칠 수 있었다. 안드레아는 자신과 또래들, 심지어 교사와 방문자들까지 하루 평균 70회 이상 꼬집고 무는 행동을 하였다. 이러한 문제행동을 감소시키기 위하여 사용된 치료방법은 의외로 간단한 것이었다. 문제행동이 발생할 때마다 치료자는 즉시 그녀를 향해 팔을 뻗어 손가락으로 그녀를 가리키며, '안 돼!' 라고 소리치는 것이었다. 과연 이러한 치료방법은 벌일까? 망설일 필요 없이 두 가지 기준을 적용해 보자. 첫째로, 치료자는 표적행동이 발생할 때마다 즉시 손가락으로 그녀를 가리키며, '안 돼!' 라고 소리를 질렀다. 분명히 표적행동이 발생된 후에 자극이 후속되었다. 둘째로, 17일간의 치료기간 동안 문제행동의 발생빈도는 하루 평균 5.4회로 크게 감소되었으며, 이러한 변화는 실험조건의 반전을 통하여 그 효과가 입증되었다. 그러므로 Hall과 그의 동료들(1971)의 연구에서 사용된 간단한 방법, 즉 손가락으로 그녀를 가리키며 '안 돼!' 라고 소리 지르는 것은 그녀의 공격적 행등을 감소시키는 데 효과적인 벌이었다고 평가할 수 있다.

2. 정적벌과 부적벌

벌은 강화와는 반대로 표적행동을 감소 내지 제거하려 할 때 사용되는 방법이다. 또한 벌은 강화에서와 같이 후속자극의 조작방법에 따라 정적벌과 부적벌로 나눌 수 있다. [그림 9-1]은 두 유형의 벌을 명확히 구별할 수 있는 기준을 잘 보여 주고 있다.

먼저 정적벌[3]이란 표적행동에 수반하여 특정 자극을 제공(+)함으로써 (또는 이미 제

3) Positive punishment (正的罰)

공되고 있는 자극의 강도를 증가시킴으로써) 그 행동의 재발생률을 감소시키는 방법을 말한다. 앞서 제시된 안드레아의 예에서 손가락으로 가리키며 '안 돼!' 라고 소리치는 것은 정적벌이다. 안드레아의 공격적 행동에 수반하여 자극이 제공(+)되었고 안드레아의 행동은 감소되었기 때문이다. 반면에 부적벌[4]이란, 표적행동에 수반하여 이미 제공되고 있던 특정한 자극을 회수하거나 제거(-)함으로써 (또는 이미 제공되고 있는 자극의 강도를 감소시킴으로써) 표적행동의 발생률을 감소시키는 방법을 말한다. 일상생활의 예를 들어 보면, 과속 운전자에게 범칙금을 부과하는 것은 부적벌이 될 수 있다. 과속행동에 뒤따라 일정액의 벌금을 국가에서 회수(-)함으로써 앞으로 과속행동의 발생빈도를 낮추려는 계획이다. 따라서 이러한 방법으로 과속 운전의 빈도가 실제로 줄어든다면 범칙금 부과는 부적벌이 된다.

벌은 정적벌이든 부적벌이든 표적행동을 감소 내지 제거하는 방법이며, 여기서 정적(正的) 또는 부적(否的)이라는 말은 표적행동에 수반하여 어떤 자극을 제공(+)하거나 제거(-)한다는 뜻이다. 이는 단지 벌자극의 조작방법을 나타낼 뿐, 좋은 벌과 나쁜 벌, 긍정적 방법과 부정적 방법을 의미하는 것은 아니다. 정적벌은 행동을 증가시키는 것이고 부적벌은 행동을 감소시키는 방법이라는 의미는 더더욱 아니다. 다시 강조하지만 정적벌이든 부적벌이든 모두 표적행동을 감소시키는 방법이라는 점에서 그 목적이 동일하다.

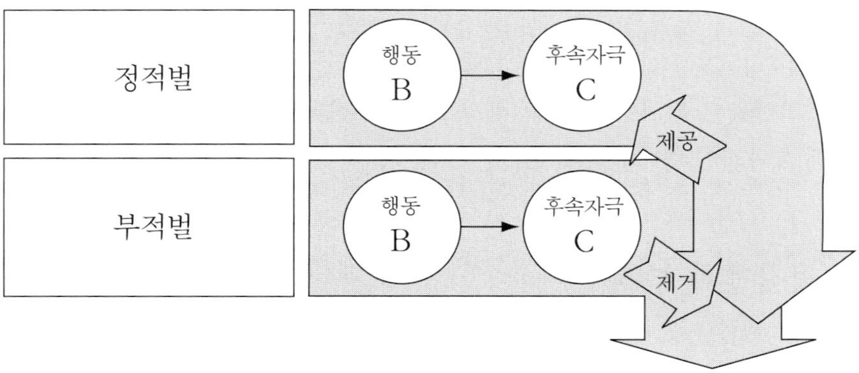

[그림 9-1] 정적벌과 부적벌

정적벌은 행동에 수반하여 어떤 자극을 제공함으로써 행동을 감소시키는 방법을 말한다. 그리고 부적벌은 행동에 수반하여 어떤 자극을 제거함으로써 행동을 감소시키는 방법을 말한다.

4) Negative punishment (否的罰)

강화에 대한 설명에서 정적강화 또는 부적강화로 분류하는 데 대한 비판(Michael, 1975; Baron & Galizio, 2005)이 응용행동분석의 일각에서 제기되고 있다는 점을 이미 언급한 바 있다. 논리적으로 보면 강화와 마찬가지로 벌을 논할 때도 정적벌과 부적벌로 구분하는 것이 마땅하고 실제로 응용행동분석 문헌에서도 사용되고 있다. 그러나 많은 학자들은 이러한 구분을 꺼리면서 단순히 '자극의 제공에 의한 벌'[5]과 '자극의 제거에 의한 벌'[6]로 구분하기도 한다(Cooper, Heron, & Heward, 2007).

익힘문제

익힘문제 1: 두 형제가 서로 자기가 보고 싶은 채널을 선택하려고 리모컨을 가지고 싸우고 있다. 어머니는 TV를 끄고 리모컨을 한 시간 동안 압수하였다. 그 후 형제끼리 리모컨을 차지하려고 다투는 일이 없어졌다.

표적행동: ____________________ ⇨ 후속사건: ____________________
자극은 표적행동에 후속하여, 제공(+)되었다 / 제거 또는 회수(-)되었다 / ?
표적행동은 감소되었는가? 예 / 아니요 / ?
어머니가 사용한 기법은 무엇인가? 정적벌 / 부적벌 / ?

익힘문제 2: 현구, 석호, 경순, 욱희 네 사람은 화요일과 금요일 오후에 체육관에서 미니 농구를 하기로 하였다. 두 팀으로 나누어 시합을 하였는데, 현구와 석호는 서로 반칙을 하였다며 늘 다투었다. 두 사람의 다툼에 화가 난 경순과 욱희는 농구공을 들고 학과 사무실로 가 버렸다. 결국 두 사람의 다툼은 오래가지 못하고 사라졌다.

표적행동: ____________________ ⇨ 후속사건: ____________________
자극은 표적행동에 후속하여, 제공(+)되었다 / 제거 또는 회수(-)되었다 / ?
표적행동은 감소되었는가? 예 / 아니요 / ?
경순과 욱희가 사용한 기법은 무엇인가? 정적벌 / 부적벌 / ?

익힘문제 3: 낮에 서로 만날 시간이 없는 갑돌이와 갑순이는 밤늦도록 통화를 하였다. 그런데 통화 중에 갑돌이는 자주 하품을 하였고, 갑순이는 어이가 없다는 듯, "어쩜! 사랑하는 사람과 전화하면서 하품만 하는 의미가 뭐야? 도무지 이해할 수 없다."라며 화를 내었다. 그 후로 갑돌이는 통화 중에 하품하는 일이 없었다.

5) Punishment by stimulus presentation
6) Punishment by removal of stimulus

표적행동: ______________________ ⇨ 후속사건: ______________________

자극은 표적행동에 후속하여, 제공(+)되었다 / 제거 또는 회수(-)되었다 / ?

표적행동은 감소되었는가? 예 / 아니요 / ?

갑순이가 사용한 기법은 무엇인가? 정적벌 / 부적벌 / ?

익힘문제 4: 청학동에 살던 갑돌이가 처음 서울 구경을 왔다. 갑돌이는 서울역 광장에 우뚝 솟은 빌딩에 감탄하며 한 층씩 세면서 올라가고 있었다. 그때 험상궂게 생긴 한 청년이 "몇 층까지 세었어?"라고 나지막한 목소리로 근엄하게 물었다. 겁에 질린 갑돌이는 얼떨결에 6층이라고 말했다. 그 청년은, "정말이야? 그럼 6,000원만 내!"라고 말했다. 갑돌이는 6,000원을 주며 속으로 중얼거렸다. '다행이다, 15층까지 세었는데…….' 그 후로 갑돌이는 높은 건물을 쳐다보며 층수를 세는 일은 하지 않았다.

표적행동: ______________________ ⇨ 후속사건: ______________________

자극은 표적행동에 후속하여, 제공(+)되었다 / 제거 또는 회수(-)되었다 / ?

표적행동은 감소되었는가? 예 / 아니요 / ?

험상궂은 청년이 사용한 기법은 무엇인가? 정적벌 / 부적벌 / ?

익힘문제 5: 순이는 '니키' 라는 애완견을 기른다. 니키는 순이가 학교에서 돌아오면 반갑다며 펄쩍펄쩍 뛰어올라 도저히 말릴 수가 없다. 가만히 있으라고 야단을 치면 큰 소리로 짖어대며 뛰어오른다. 그래서 니키가 귀찮게 뛰어오를 때마다 분무기에 물을 가득 채워 니키의 얼굴에 뿌렸다. 그 후로 니키의 행동은 크게 감소되었다.

표적행동: ______________________ ⇨ 후속사건: ______________________

자극은 표적행동에 후속하여, 제공(+)되었다 / 제거 또는 회수(-)되었다 / ?

표적행동은 감소되었는가? 예 / 아니요 / ?

순이가 사용한 기법은 무엇인가? 정적벌 / 부적벌 / ?

익힘문제 6: 윤주는 하교 후 집에 돌아와 몇 시간씩 친구들과 노닥거리며 전화를 한다. 공부할 생각은 조금도 않고 전화만 하는 윤주가 한심스러워 어머니는 윤주가 전화를 10분 이상 할 때마다 휴대전화기를 한 시간씩 압수하였다. 그 후로 윤주가 친구들에게 전화하는 시간은 월등히 줄어들었다.

표적행동: ______________________ ⇨ 후속사건: ______________________

자극은 표적행동에 후속하여, 제공(+)되었다 / 제거 또는 회수(-)되었다 / ?

표적행동은 감소되었는가? 예 / 아니요 / ?

어머니가 사용한 기법은 무엇인가? 정적벌 / 부적벌 / ?

익힘문제 7: 수학시간에 남들보다 빨리 문제를 푼 희경이는 "선생님, 문제 다 풀었어요." 라고 말했다. 희경이는 다른 아이들이 쩔쩔매고 있는 문제를 모두 풀어 자랑스러웠다. 교사는 "그래? 정말 빨리 풀었구나! 다음 쪽에 있는 문제를 마저 풀어라." 라고 하였다. 희경이는 다음 쪽 문제까지 신나게 풀었다. "선생님, 또 다했어요!" 다른 아이들을 지도하던 교사는 성가신 듯 퉁명스럽게 "그럼 그다음 쪽까지 더 풀면 될 거 아냐!" 라고 말했다. 그 후로 희경이는 수학 문제를 빨리 풀지 않았다.

표적행동: ______________ ⇨ 후속사건: ______________
자극은 표적행동에 후속하여, 제공(+)되었다 / 제거 또는 회수(−)되었다 / ?
표적행동은 감소되었는가? 예 / 아니요 / ?
교사가 사용한 기법은 무엇인가? 정적벌 / 부적벌 / ?

익힘문제 8: 현구는 학기 초에 도서관에서 1938년에 출간된 Skinner의 『The behavior of organisms』을 빌렸다. 이미 절판된 책이지만 기말시험에 대비해 반드시 읽어야 할 책이고, 또 많은 학생들이 찾는 책이라서 한 번 반납하면 다시 빌리기가 어려웠다. 몇 번 반납 독촉을 받았지만 묵살하고 학기 말에 반납하였다. 현구는 벌금 20,000원을 물어야 했다. 그 후 현구는 빌린 책을 오래 보관하지 않고 제 시간에 반납하였다.

표적행동: ______________ ⇨ 후속사건: ______________
자극은 표적행동에 후속하여, 제공(+)되었다 / 제거 또는 회수(−)되었다 / ?
표적행동은 감소되었는가? 예 / 아니요 / ?
도서관 직원이 사용한 기법은 무엇인가? 정적벌 / 부적벌 / ?

* 정답은 이 장의 마지막, 연구문제 다음에 제시됨

3. 벌의 변별 효과

'제2장 기본원리'에서 자극변별학습에 대하여 살펴보았다. 어떤 행동(반응)이 특정한 자극사태에서만 일관성 있게 반복하여 강화되고 유사한 다른 자극사태에서는 강화되지 않으면 결국 유기체는 특정한 자극사태에서만 민감하게 반응하고, 유사한 다른 자극사태에서는 반응하지 않는다. 이러한 자극변별학습 현상은 벌에 의해서도 일어난다. [그림 9-2]에 예시된 바와 같이, 현구는 할아버지가 낮잠을 주무실 때 큰 소리로 노래를 부른다. 그때마다 잠에서 깨어난 할아버지는 시끄럽다며 현구를 꾸중한다. 그러나 할아버지가 깨어 있을 때는 큰 소리로 노래를 불러도 야단치지 않는다. 이러한 경험이 반복되면, 할아버지가 낮잠을 주무실 때 현구가 큰 소리로 노래를 부르는 일은 점차 감소될 것이다.

또한 고속도로에서 과속 운전으로 벌금을 무는 경험을 반복한 운전자는 고속도로에서 과속을 삼간다. 이와 같이 일정한 자극사태에서 발생한 행동이 일관성 있게 벌을 받으면, 앞으로 같은 자극사태에서 동일한 행동이 재발할 확률이 감소된다. 바꾸어 말하면, 벌에 의해서 학습된 변별자극(S^{Dp})은 정적강화에서와는 반대로 표적행동을 억제하는 자극통제 기능을 갖는다. 이와 같이 벌에 의하여 형성된 A-B-C 간의 기능적 관계는 [그림 9-2]에서와 같은 3자 수반성으로 설명된다. 즉, ① 특정한 선행자극 상황(S^{Dp})에서, ② 특정한 행동(R)이 발생하고, ③ 이에 수반하여 특정한 벌자극(S^{P})이 뒤따르는 일련의 과정이 일관성 있게 반복되면, 같은 상황에서 동일한 행동이 재발할 확률은 감소한다. 그리고 이러한 선행자극 상황에서 벌은 행동에 대하여 강력한 억제력을 갖게 된다.

이제까지 강화에 의하여 학습된 변별자극을 S^{D}로 표기하여 왔다. S^{D}가 표적행동의 발생을 촉진하는 기능을 가지고 있다면, 표적행동의 발생을 억제하는 기능을 가진 벌에

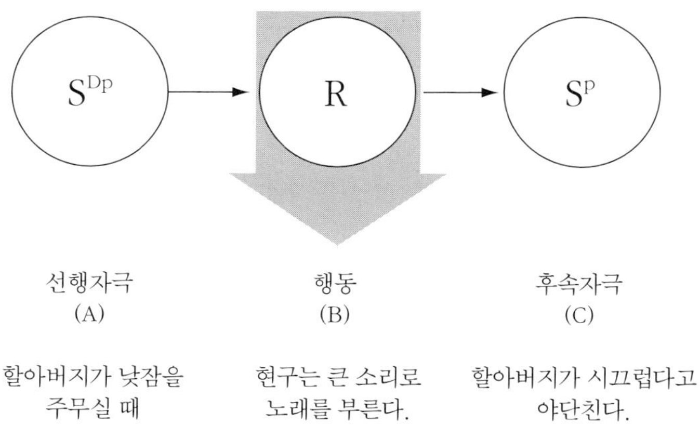

[그림 9-2] 벌에 의한 3자 수반성

일정한 자극사태(S^{Dp})에서 발생한 반응이 일관성 있게 반복하여 벌을 받으면, 같은 자극사태에서 같은 반응이 발생할 확률은 감소한다. R 바탕에 그려진 아래로 향한 회색 화살표는 반응이 감소되고 있음을 의미한다. 이러한 3자 간의 수반성이 형성되면 일정한 자극사태는 반응에 대한 통제력을 갖는다.

의하여 학습된 변별자극은 어떻게 표기하면 좋겠는가? 행동분석 문헌에서는 통일된 기호가 없고 학자에 따라 여러 가지로 표기된다. 예를 들면, S^{D-}(Sulzer-Azaroff & Mayer, 1977), 벌에 기반한 S^{D}(Malott & Trojan, 2004; Michael, 2004), 또는 S^{Dp}(O' Donnell, 2001; Cooper, Heron, & Heward, 2007) 등으로 표기된다. 이 책에서는 벌에 의한 변별자극이라는 뜻으로 S^{Dp}를 사용하기로 한다.

4. 벌자극의 유형

벌자극이란 어떤 행동의 발생에 즉시 후속(수반)되는 자극으로서 그 행동의 미래 발생률을 감소시킬 수 있는 것을 말한다. 강화자극과 마찬가지로 벌자극도 무조건 벌자극과 조건 벌자극으로 나눌 수 있다.

1) 무조건 벌자극

무조건 벌자극[7]이란, '일차적 벌자극' 또는 '학습되지 않은 벌자극'이라고도 하며, 경험에 의하여 후천적으로 학습된 벌자극이 아니라, 선천적으로 벌의 기능을 가진 자극을 말한다. 무조건 벌자극은 종의 생존을 위한 진화적 역사의 산물로서 생물학적으로 동일한 종에 속하는 구성원들 간에는 모두 동일한 무조건 벌자극을 공유한다. 신체적 외상으로 인한 통각, 특정한 냄새나 맛, 신체적 구속, 신체 균형의 상실, 극단적인 근육의 긴장 등은 인간에게 무조건 벌자극으로 작용한다(Michael, 2004). 무조건 강화자극과 마찬가지로, 무조건 벌자극도 유기체의 생존에 직접 영향을 미치는 계통발생학적으로 중요한 자극이다(Baum, 1994).

유기체의 감각수용기로 감지할 수 있는 모든 자극들, 예컨대 빛, 소리, 온도와 같은 자극은 실제로 인체 조직에 상해를 입힐 만한 수준 이하에서도 그 강도를 높이면 행동 억제력을 갖도록 할 수 있다(Bijou & Baer, 1965). 그리고 음식이나 물과 같은 무조건 강화자극은 동기설정조작(EO)에 따라 그 영향력이 향상되지만 무조건 벌자극은 어떤 조건에서나 행동을 억제할 수 있는 힘을 갖는다. 전기자극은 무조건 벌자극으로 어느 조건에서나 강력한 벌자극으로서 작용한다. 벌자극으로서의 효과를 높이기 위하여 전기자극을 박탈할 필요는 없다. 즉, 동기해지조작(AO)과 상관없이 어떤 조건에서든 선행

7) Unconditioned punisher

하는 행동을 억제할 수 있는 벌로서의 영향력을 갖는다. 동기설정조작(EO)과 동기해지조작(AO)에 관해서는 '제12장 동기화조작과 선행중재'를 참고한다.

2) 조건 벌자극

조건 벌자극[8]이란, '이차적 벌자극' 또는 '학습된 벌자극'[9]이라고도 불리는데, 개인의 독특한 경험에 따라 조건형성의 과정을 거쳐 벌로서 학습된 자극을 말한다. 즉, 조건 벌자극은 본래 벌의 기능과는 무관한 중립자극(NS)이 무조건 벌자극과 반복적으로 짝지어지거나, 또는 이미 학습된 다른 조건 벌자극과 반복하여 짝지어짐으로써 벌자극으로서의 기능을 획득하게 된 것을 말한다. 고전적 조건형성의 전형에 따라 자극-자극 연합이 이루어지면서 중립자극이 벌자극의 기능을 갖게 된 것이다. 예를 들어, 어떤 전자신호음을 전기자극과 함께 몇 번 반복하여 제시하면 그 전자음은 행동을 억제할 수 있는 능력을 갖게 된다. 즉, 특정 표적행동에 전자음을 후속시키면 전기자극을 후속시키는 경우와 같은 행동억제 효과를 갖게 된다.

인간의 경우에는 조건 강화자극에서와 같이, 어떤 중립자극이 다른 벌자극과 직접 물리적으로 짝지어지지 않아도 언어적 유사조건형성(Alessi, 1992)이라 불리는 과정을 거쳐 벌자극의 기능을 획득할 수 있다. Miltenberger(2001)는 목수들의 예를 들어 언어적 유사조건형성에 의하여 조건 벌자극이 형성될 수 있음을 설명하였다. 한 목수가 수하의 목수들에게 전기톱의 사용법을 가르칠 때, 전기톱에서 연기가 나기 시작하면 전기톱 모터가 타 버리거나 톱날이 부러질 수 있다고 말하였다. 그 후 톱에서 나는 연기는 조건 벌자극으로 학습되어 행동의 억제 효과를 나타냈다. 예컨대, 톱을 강하게 누르고 작업을 하거나 톱의 각도를 부적절하게 잡고 작업을 하였더니 톱에서 연기가 나는 것을 경험하였다. 그 후로 목수들은 톱을 세게 누르거나 부적절한 각도로 톱질하는 행동을 다시 하지 않았다.

3) 일반화된 벌자극

어떤 자극이 다양한 형태의 무조건 벌자극 또는 조건 벌자극과 반복하여 짝지어지면 결국 다양한 행동을 억제할 수 있는 일반화된 조건 벌자극[10]으로 학습된다. 예를 들면,

8) Conditioned punisher

9) Learned punisher

10) Generalized conditioned punisher

'안 돼!', '하지 마!' 등과 같은 꾸지람, 고개를 좌우로 젓기, 얼굴 찡그리기와 같은 사회적 거부의 표현들은 많은 사람들에게 벌자극으로 일반화된 것들이다. 난로를 만질 때 느꼈던 뜨거운 고통, 전기 콘센트에 손을 댔을 때 경험했던 혐오스러운 자극 등은 항상 '안 돼!', '하지 마!'와 같은 언어적 질책과 함께 경험해 왔을 것이다. 나쁜 욕설을 했을 때 교사는 강한 거부의 뜻으로 고개를 좌우로 저으며 회초리로 종아리를 때렸을 것이다. 이와 같이 다양한 형태의 벌자극과 짝지어 제시되는 언어적 질책과 비판 그리고 찌푸린 눈과 얼굴 표정 등은 모든 행동에 대하여 억제력을 갖는 일반화된 벌자극들이다. 일반화된 조건 강화자극과 마찬가지로 일반화된 조건 벌자극도 특정한 동기화 조작(MO)과 상관없이 어떤 조건에서나 벌로서의 기능을 한다.

제2절 벌의 특성과 효과

벌은 혐오자극의 제공이나 정적강화의 회수와 같은 부정적 요인을 포함하기 때문에 여러 가지 부작용과 윤리 문제를 동반할 수 있다. 이러한 부정적인 측면에도 불구하고 벌은 거부할 수 없는 자연의 원리로 또 우리 생활의 일부로 받아들일 수밖에 없다. 따라서 벌의 특성, 벌의 효과에 영향을 미치는 요인, 예상되는 부작용과 윤리 문제 등을 자세히 살펴볼 필요가 있다.

1. 벌의 특성

벌은 우리 생활의 일부로 엄연히 존재한다. 따라서 그 부작용이나 윤리적 문제가 심각할수록 벌에 대한 과학적 연구는 심화되어야 할 것이다. 여기서는 벌의 독특한 특성을 살펴보기로 한다.

1) 신속한 행동의 중단

혐오자극을 사용하면 문제행동의 발생을 신속히 중단시킬 수 있고 그 효과도 오래 지속된다(Azrin, 1960). 예를 들어, 징징거리며 떼쓰는 아이를 '뚝 그치지 못해?' 라고 엄포하며 볼기짝을 때리면 즉시 뚝 그친다. 교실 뒤에서 떠드는 아이들을 향하여 '조용히 해!' 라고 교사가 소리 지르면 아동들은 찔끔하여 금방 조용해진다. 이와 같은 신속한 중단 효과는 부모나 교사에게 큰 매력이 아닐 수 없다. 따라서 부모나 교사의 '벌주는 행동' 자체는 문제행동의 신속한 중단으로 강력하게 부적강화된다.

2) 신속한 변별학습

혐오자극을 사용하면 수용될 수 있는 행동과 수용될 수 없는 행동, 위험한 행동과 안전한 행동 간의 변별을 보다 빨리 학습시킬 수 있다(Marshall, 1965). 예를 들면, 교실 바닥에 침을 뱉는 아동에게 걸레를 가져다 깨끗이 닦도록 한다든지, 자해행동을 하는 아동의 팔에 적절한 전기자극을 줌으로써 그 행동의 부적절성을 즉시 가르칠 수 있다. 즉, 자신과 타인의 건강과 생명에 위험한 행동을 신속히 변별하도록 가르칠 때는 혐오자극이 조심스럽게 활용될 수 있다.

3) 모방학습의 효과

한 아동이 그릇된 행동을 함으로써 혐오스러운 벌을 받는 것을 관찰한 집단의 아동들은 이를 관찰하지 못한 집단의 아동들보다 그 행동을 월등히 덜 하는 경향을 보인다(Bandura, 1965). 대리경험(관찰)을 통한 모방학습의 효과 때문이다. 사회생활에서도 직접 경험을 통한 시행착오 학습보다 간접 경험을 통하여 많은 것을 학습할 수 있다. 교육 현장에서 잘못된 행동에 대하여 흔히 제공되는 교육적인 벌은 벌받는 당사자뿐 아니라 벌받는 것을 목격한 사람들의 행동까지 억제하고자 하는 것이다. 그러나 일벌백계로 제공되는 체벌은 인권침해의 소지가 크고 개인에게 불공정한 벌이 될 수 있으므로 조심스럽게 사용되어야 한다.

4) 억제된 행동의 회복

많은 연구에서 벌은 일시적으로 행동을 중단시킬 수 있을 뿐, 행동을 감소 내지 제거하지는 못하는 것으로 보고되고 있다(Skinner, 1938; Estes, 1944). 벌이 중단되면 반응의 억제 효과도 감소되어 마치 소거현상에서처럼 벌에 의하여 억제되었던 행동이 재발된다. 이러한 현상을 벌로부터의 회복[11]이라고 한다. 어떤 경우에는 이러한 현상이 심

11) Recovery from punishment: 소거과정에서 나타나는 자발적 회복현상과 유사하게 벌에 의하여 감소되었던 행동의 발생빈도도 벌이 중단되면 벌받기 이전의 수준으로 되돌아가는 현상을 보인다.

하게 나타나 반응의 비율이 일시적으로 벌받기 이전의 발생 수준을 상회하기도 한다(Azrin, 1960; Holz & Azrin, 1962). 특히 이러한 회복현상은 행동이 약한 벌로 통제되어 온 경우와 벌이 더 이상 지속되지 않는다는 것을 쉽게 변별할 수 있는 경우에 더 자주 나타난다.

이상과 같은 여러 가지 벌의 이점에도 불구하고 혐오자극을 사용하는 것, 특히 신체적 고통을 가하는 체벌을 아동 양육과 교육 현장에서 일상적 훈육방식으로 사용하는 것은 삼가야 한다. 다만 문제행동이 심각하여 자신이나 타인의 건강과 안전에 위험성이 큰 경우, 또는 혐오자극 외에 다른 대안이 없다고 판단될 경우에만 적절한 안전책과 절차상의 지침에 따라 조심스럽게 사용될 수 있다.

2. 벌의 부작용

벌은 일반적으로 혐오자극을 사용하여 행동을 감소시키려는 전략이다. 따라서 심한 체벌은 아동에게 신체적 고통과 심리적 상처를 남길 수 있을 뿐 아니라 여러 가지 부작용을 동반할 수 있다.

1) 교육적 한계

심한 체벌은 아동에게 신체적 고통과 상처, 질병 등을 일으킬 수 있고, 심한 욕설이나 폭언 등은 인격적 모독감과 굴욕감을 주는 심리적 상처를 남길 수 있다. 또한 혐오자극이 개입된 벌은 인간의 기본권을 침해하거나 도덕적 문제를 야기할 수 있어 그 사용에 대한 논란이 크다. 또한 벌은 근본적으로 '지금 하고 있는 행동을 하지 말라.'는 가르침이기 때문에 바람직한 행동을 적극적으로 가르칠 수 없다는 교육적 한계를 가진다. 이상과 같은 부정적 측면에도 불구하고 벌이 가정이나 학교에서 공공연하게 사용되는 것은 벌의 신속한 효과 때문이다. 즉, 벌은 문제행동을 즉시 중단시킬 수 있는 강력한 효과를 가지고 있다. 따라서 교육 현장에서는 벌의 여러 가지 부작용을 피하면서 신속하고 강력한 효과를 극대화할 수 있는 방안이 연구되어 왔다. 예컨대, 일시퇴출과 반응대가가 그것이다.

2) 부정적 정서반응과 공격적 행동

벌은 어떤 형태로 주어지든 벌받는 사람에게 부정적 정서반응을 유발하고 심할 경우 벌주는 사람에 대한 공격적 행동을 유발할 수 있다. 특히 혐오자극이 개입되는 체벌이나 언어적 폭력은 그 부정적 영향이 더욱 심각하다. 이러한 부정적인 영향은 수동조건형성과 작동조건형성의 과정을 통하여 학습된 것으로 본다(Azrin & Holz, 1966). 실험실 연구에서 전기자극을 받은 동물은 거의 반사적으로 공격적 행동을 나타냈다. 이와 같이 고통으로 인한 반사적 공격성은 가까이 있는 사람이나 물건을 향하여 발생하였다(Azrin, Hutchinson, & Hake, 1963; Ulrich, Wolff, & Azrin, 1962). 이러한 현상은 사람에게서도 똑같이 발견된다. 예컨대, 심하게 처벌을 받은 학생은 손에 닿는 대로 물건을 던지고 부수고, 때로는 벌주는 부모나 교사에게 덤벼 들어 공격하는 행동 양상을 보이곤 한다. 특히 과거에 이러한 공격적 행동으로 혐오 상황으로부터 벗어날 수 있었던 사람의 경우 더욱 심할 수 있는데, 이는 공격적 행동이 부적강화되었기 때문이다. 이와 같이 도피나 회피를 목적으로 수행되는 공격적 행동을 작동적 공격[12]이라고 한다. 또한 벌은 예상치 못한 여러 가지 정서적 부작용을 야기할 수 있다. 특히 체벌과 언어적 폭력은 불쾌한 정서반응을 일으키며, 수동조건형성의 과정을 거쳐 벌과 관련된 모든 것에 대한 혐오반응을 학습한다. 예컨대, 벌주는 사람과 장소까지 혐오스러워지는 일반화 현상을 보인다. 벌주는 사람과 벌받는 사람 간의 관계, 즉 가장 가까워야 할 부모와 자녀 관계 및 교사와 학생 관계 등을 해침으로써 교육의 참목적 자체를 모호하게 만들 수 있다.

3) 도피와 회피반응

혐오자극이 개입된 벌은 예상치 못한 도피나 회피행동을 유발할 수 있다. 예컨대, 지각한 학생들을 교무실로 불러 심하게 모욕을 주거나 체벌하는 경우를 생각해 보자. 물론 이 같은 조치는 앞으로 지각하지 말라는 교사의 가르침이 전제된다. 그리고 일찍 등교하면 체벌이나 모욕을 면할 수 있도록 함으로써 바람직한 행동을 부적강화하려는 전략이다. 그러나 교사의 교육적 기대와는 달리 지각생들은 아예 등교를 포기하고 학교를 회피할 수 있다. 가출과 무단결석이 부모나 교사로부터 받을 수 있는 무서운 질책이나 체벌을 피하기 위한 학생들의 선택이라면, 부모와 교사들이 의도했던 본래의 교육

12) Operant aggression

적 목적을 달성하기는 어려울 것이다. 따라서 벌을 사용할 때는 도피나 회피의 가능성을 심도 있게 고려하여야 한다.

4) 행동적 대비현상

벌은 행동적 대비[13] 현상을 낳을 수 있다. 행동적 대비는 Reynolds(1961)에 의하여 제안된 개념으로 중복형 계획[14]을 사용할 때 한 요소의 변화로 인해 반응비율에 변화가 발생하면, 변화되지 않은 다른 요소로 인한 반응비율은 반대 방향으로 변화가 발생하는 현상을 말한다. 쉽게 말하면, 한 자극사태에서 발생한 특정 행동이 벌을 받으면, 동일한 자극사태에서 그 행동이 재발할 확률은 감소된다. 그러나 동일한 행동이 벌을 받지 않는 다른 상황에서는 발생빈도가 이전보다 더욱 증가하는 현상을 보인다. 예를 들어, 한 아동이 할머니가 있을 때나 없을 때나 동일한 비율로 저녁식사 전에 부엌에 있는 상자에서 과자를 꺼내 먹었다. 그런데 어느 날 할머니가 야단을 치자, 그 후부터 할머니가 부엌에 계실 때는 식전에 과자를 꺼내 먹는 비율이 감소되었다. 그러나 할머니가 부엌에 안 계실 때 과자를 꺼내 먹는 비율은 야단맞기 이전보다 더 높아졌다. 벌의 대비 효과가 나타난 것이다. 이러한 행동적 대비 효과를 감소 내지 예방하려면 관련된 모든 상황과 자극조건에서 표적행동의 발생을 벌하고, 강화를 차단하거나 적어도 최소화하고, 바람직한 대체행동을 마련하여 강화하는 것이 효과적이다. 앞으로 문제행동의 기능성 분석과 치료에서 설명되겠지만, 이 경우 문제행동을 감소시키기 위한 여러 가지 방법이 고안될 수 있으나, 부엌에 있는 과자 상자를 치움으로써 원천적으로 예방할 수 있다. 즉, 문제행동이 일어날 수 없는 환경을 조성하는 것이다. 이러한 예방 전략에 관해서는 '제4부 선행요인을 조절하는 방법'을 참고한다.

5) 모방 효과

벌의 기능은 행동의 발생빈도를 감소시키는 것이다. 예컨대, 어머니는 회초리로 형의 종아리를 치면서, '또 동생을 때릴 거야? 동생과 사이좋게 지내야지. 다시는 안 그런다고 약속해!' 라고 한다. 그러나 이러한 벌을 통하여 자녀가 배우게 되는 것은 불행하게도 약속한 바람직한 행동이 아니라 벌주는 부모의 행동을 모방하는 것이다 형은 어

13) Behavioral contrast

14) Multiple schedules: 강화계획의 한 변형으로서 두 가지 이상의 기본 강화계획을 교대로 제공하는 방법을 말한다. '제6장 강화계획'을 참고한다.

2) 최소 제한적 대안의 선택

치료자는 중재과정에서 불가피하게 내담자의 생활에 관여하게 된다. 이때 효과적 치료를 위하여 필수적으로 요구되는 한도 내에서만 내담자의 사생활에 개입하여야 한다. '최소 제한적 대안'[15]이란, 내담자의 자유나 권리를 덜 침해하는 치료방법을 먼저 시도해 보고, 효과가 없는 것이 확인되었을 때만 좀 더 침해적인 방법을 조심스럽게 선택하는 것을 말한다. 즉, 최소 제한적 방법으로부터 최대 제한적 방법에 이르는 연속선상에서 보다 덜 제한적인 방법을 선택하는 것을 의미한다. 정상 환경에서 일상적으로 이루어지는 개인 생활이나 독립성을 통제하는 정도가 크면 클수록 그 치료방법은 더 제한적인 방법으로 평가된다. 연속선상의 한쪽 끝은 제한성이 전혀 없는 영점(0) 상태일 것이나 실제로 개인 생활을 전혀 제한하지 않는 치료법은 있을 수 없다. 어떤 치료방법이든 개인의 생활에 어떤 식으로든 영향을 미칠 수밖에 없기 때문이다. 그리고 연속선상에서 가장 제한성이 큰 반대쪽 끝은 개인의 독립적 활동을 완전히 통제하는 독방 감금 같은 것이 될 것이다. 응용행동분석에서 개발되어 실행되고 있는 모든 행동치료 프로그램은 그 제한성의 정도에 따라 이와 같은 양극단 사이의 어느 위치에 존재하게 된다.

벌을 기반으로 하는 중재방법의 선택은 다른 모든 긍정적 접근방법이 효과가 없다고 판정될 때 가능하다. 벌을 선택하기 전에 먼저 강화전략의 부적절성과 비효과성, 생태적 변수의 조작과 교육과정의 개정 등이 모두 효과가 없다는 것이 충분히 확인되어야 한다. 많은 연구자와 전문 연구기관에서는 벌 기반의 모든 치료방법은 본질적으로 개인의 권리와 독립성을 침해하기 때문에 인간 서비스에 사용되어서는 안 된다는 입장을 주장해 왔다(Association for Persons with Severe Handicaps, 1987; LaVigna & Donnellen, 1986; Mudford, 1995). 많은 학자들 역시 벌 기반의 치료방법은 최후의 수단으로 사용되어야 한다는 점을 강조한다(Gaylord-Ross, 1980).

많은 사람들이 정적강화에 기반을 둔 치료방법을 부적강화에 근거한 치료방법보다 덜 제한적인 것으로 평가한다. 또 강화방법은 벌을 사용하는 치료법보다 덜 제한적이고, 부적벌은 정적벌보다 덜 제한적이라고 평가한다. 그러나 중재방법의 강제성이나 제한성은 행동원리에 의하여 결정되는 것이 아니라, 다만 상대적 개념으로서 치료에 사용된 세부 내용에 따라 달라질 수 있으며 궁극적으로는 내담자의 수준에 따라 결정된다. 예컨대, 정적강화라 하더라도 강도 높은 박탈조건이 요구되면, 오히려 그릇된 반응

15) Least restrictive alternative

에 버저 소리를 울리는 정도의 간단한 정적벌보다 더 제한적일 수 있다. 또 어떤 사람에게는 강제적이라고 여겨지는 것이 다른 사람에게는 아무 불편도 주지 않을 수 있다.

3) 효과적 치료를 받을 권리

앞에서 치료자의 윤리와 관련하여 안전하고 인도적인 치료와 최소 제한적 치료방법에 대하여 논의하였다. 그러나 이에 못지않게 중요한 것은 효과적 치료를 받을 내담자의 권리를 보장하는 일이다. 그렇다면 치료 효과만 보장된다면 벌을 치료방법으로 사용해도 될까? 일부 학자들은 벌에 기반한 특정 치료방법이 자기 파괴적 행동을 억제하는 데 효과가 있는 것으로 밝혀진다면 그 방법을 선택하여야 한다고 주장한다. 효과가 입증된 방법을 사용하지 않는 것이 오히려 비윤리적일 수 있다는 입장이다. 왜냐하면 치료 가능성이 높은 효과적인 벌의 사용을 유보함으로써 내담자가 누릴 수 있는 치료적 효과를 방해하는 것이 될 수 있고, 또 내담자를 위험하고 불편한 상황에 계속 머물게 하는 가혹한 일이 될 수 있기 때문이다. Baer(1971)는 이러한 벌의 사용이 내담자의 습관적 행동으로 인한 더 큰 벌로부터 개인을 해방시킬 수 있다면 벌에 기반한 치료방법은 정당화될 수 있고 적법한 치료기법이라고 주장하였다.

어떤 내담자에게는 벌 기반의 중재만이 만성적이고 위험한 행동을 개선할 수 있는 유일한 방법일 수 있다. 즉, 정적강화나 소거 또는 대체행동의 차별강화와 같은 다른 긍정적 접근이 전혀 효과가 없다는 것이 입증되었을 때 벌 위주의 중재가 정당화될 수 있다. 충분한 연구 결과에 근거한 적법한 치료방법이 모두 성공적이지 못했을 때, 또한 내담자의 권리와 독립성에 대한 침해가 적고 덜 강제적인 치료방법이 모두 실패했을 때만 벌의 사용이 윤리적으로 허용될 수 있다(Iwata, 1988).

4) 벌에 관한 정책과 보호 대책

벌을 기반으로 하는 치료적 중재를 시행할 때는 반드시 지켜야 할 세부 절차와 정책적 지침이 마련되어야 한다. 그렇지 못하면 안전하고 인도적이고 최소 제한적이며 효과적인 치료를 받을 내담자의 권리가 보장될 수 없다(Favell & McGimsey, 1993; Griffith, 1983; Wood & Braaten, 1983). 행동분석전문가들은 항상 벌의 사용에 관한 행정 당국이나 인권위원회 및 전문가협회 차원의 정책에 관하여 문의하고 지도를 받아야 한다. 예를 들면, 치료나 교육에서 사용할 수 있는 벌 기반의 중재에 관한 교육부나 보건복지부 및 지역교육청의 정책이 무엇인지 수시로 상담하여 충분히 숙지하고 실천해야 할 것이다. 국제행동분석학회(ABA International), 미국의 행동치료학회(AABT), 행동분석전문가자격위원회(BACB) 등에서 마련한 벌의 사용에 관한 윤리 강령이나 시행 세칙 등을 숙지하고 필요할 때마다 조언을 받는 것이 필요하다.

제3절 벌의 효과적 사용

지금까지 벌의 특성과 부작용, 벌의 사용과 윤리 문제를 심도 있게 논의하였다. 이 절에서는 벌의 효과에 영향을 미치는 요인과 효과적 사용방법을 살펴보기로 한다.

1. 벌의 효과에 영향을 미치는 요인

행동분석의 기초연구와 응용연구에서 모두 벌의 효과에 영향을 미치는 주요인으로 벌의 즉각성, 벌자극의 강도, 벌자극의 제공 계획 또는 빈도, 표적행동을 강화하는 요인, 대체행동의 강화 가능성 등을 일관성 있게 언급하고 있다(Axelrod, 1990; Azrin & Holz, 1966; Lerman & Vorndran, 2002; Matson & Taras, 1989).

1) 벌자극의 즉각성

강화에서와 마찬가지로 벌에서도 행동의 억제 효과를 높이기 위해서는 표적행동의 발생 후 가능한 한 신속히 벌자극이 제공되어야 한다. 표적행동의 발생과 벌자극의 제공 사이의 시간이 지연되면 될수록 벌의 효과는 떨어진다. 그러나 행동 발생의 억제 효과가 나타날 수 있는 지연시간의 한계가 얼마인지에 대해서는 잘 알려져 있지 않다.

2) 벌자극의 강도와 크기

응용행동분석의 기초연구에서는 벌자극의 강도와 크기를 다양화하면서 행동에 미치는 효과를 조사하였다. 연구를 통하여 밝혀진 사실은 다음과 같다. 첫째, 벌로 사용되는 자극의 강도와 반응 억제력 간에는 정적 상관이 있다. 즉, 벌자극의 크기가 클수록 더 신속하고 완벽하게 행동의 발생을 억제할 수 있다(Azrin & Holtz, 1966). 둘째, 벌로 억제된 반응의 회복은 벌자극의 강도와 부적 상관이 있다. 즉, 벌자극이 강하면 강할수록 벌이 종료된 후 표적행동이 다시 발생할 확률은 낮아진다(Hake, Azrin, & Oxford, 1967). 셋째, 벌로서 사용되는 자극의 강도를 낮은 수준으로부터 시작하여 점차로 높일 경우에는 높은 강도의 자극도 비효과적일 수 있다(Terris & Barnes, 1969). 그러나 벌의 강도와 치료 효과 간의 관계에 대한 응용연구의 결과는 일관성이 없으며, 때로는 기초연구와 상반되는 결과가 도출되기도 한다(Cole, Montgomery, Wilson, & Milan, 2000; Singh, Dawson, & Manning, 1981; Williams, Kirkpartick-Sanchez, & Iwata, 1993). 그렇다면 실제 임상치료 현장에서 벌자극을 사용할 때 얼마만큼의 강도를 적용해야 하는가? 벌자극은 행동의 변화를 일으킬 만큼 충분한 강도를 가져야 하지만 필요 이상으로 강해서는 안 된다. 앞으로 더 많은 응용연구를 통하여 명확한 실천적 지침이 마련될 때까지 행동분석전문가들은 벌의 강도를 다음과 같은 기준에 따라 정하는 것이 좋다. 즉, 실제로 치료적 중재를 수행할 사람(예: 행동분석전문가의 지도감독을 받는 부모나 교사)에게 수용될 수 있고, 또 실용성이 인정되는 선행연구에서 효과와 안정성이 입증된 강도를 선택하여야 한다.

3) 계속적 벌과 간헐적 벌

표적행동에 수반되는 벌자극은 간헐적으로 제공되는 것보다는 행동이 발생할 때마다 매번 제공되는 것(FR-1)이 더 효과적이다. 즉, 벌은 간헐계획보다는 계속계획에 의하여 제공될 때 반응 억제력이 더 높다. 일반적으로 벌을 수반하는 반응의 비율이 클수록 반응의 감소 효과도 더 크다(Azrin, Holz, & Hake, 1963; Zimmerman & Ferster, 1962). 예를 들어, 10회의 반응 중 8회(80%) 벌을 받은 경우가 10회 중 6회(60%) 벌을 받은 경우보다 벌의 억제 효과가 더 크다. 다만, 벌이 지속되는 한 간헐적인 벌보다는 계속적인 벌(CRF, FR-1)이 표적행동을 억제하는 데 더 효과적이지만, 벌이 종료된 후에는 간헐적으로 벌을 받은 행동보다 계속적으로 벌을 받은 행동의 회복이 월등히 빠르다. 왜냐하면 계속되던 벌이 중단되면 행동자는 벌의 중단 사실을 비교적 신속히 알아차릴 수 있지만, 간헐적으로 제공되던 벌이 중단되면 벌의 중단 사실을 깨닫는 데 시간이 좀 더 걸리기 때문이다.

어떤 조건에서는 간헐적인 벌이 계속적인 벌보다 더 효과적일 수 있다(Clark, Rowbury, Baer, & Baer, 1973; Cipani, Brendlinger, McDowell, & Usher, 1991; Romanczyk, 1977). 예를 들어, 한 연구(Lerman, Iwata, Shore, & DeLeon, 1997)에서는 초기에 계속계획(FR-1)에 따

라 벌을 제공함으로써 정신지체인의 자해행동을 크게 감소시킨 후, 벌의 억제 효과를 동일하게 유지하면서 점차로 벌의 제공률을 낮추는 데 성공하였다. 치료의 초반부에서는 자해행동이 발생할 때마다 매번 벌을 후속시킴으로써 자해행동을 크게 감소시킬 수 있었다. 그리고 억제 효과를 유지시키면서 벌의 비율을 점차 낮추기 위하여 고정간격계획에 따라 FI-30초, FI-60초, FI-90초 등으로 30초씩 시간을 늘려 FI-300초까지 증가시킬 수 있었다. 그러나 간헐계획이 지속적으로 반복될 경우에는 벌의 억제 효과를 유지하기 어려운 것으로 나타났다. 이러한 결과는 벌이 제공되는 고정간격에 대한 변별학습 때문인 것으로 해석된다. 따라서 이러한 변별학습을 예방할 수 있는 변동간격계획에 대한 연구가 후속되어야 할 것이다.

4) 표적행동을 강화하는 요인

벌의 효과는 문제행동(표적행동)을 유지시키는 강화자극의 유무에 따라 크게 달라질 수 있다. 문제행동을 강화하는 요인이 환경 내에 존재하지 않는다면 벌의 효과는 아무 저항 없이 수용될 수 있을 것이다. 그런데 어떤 행동이 적응상의 문제를 야기할 만큼 발생빈도가 높다는 것은 분명 특정 강화자극이 그 행동을 강력하게 지원하고 있다는 것을 의미한다. 문제행동을 강화하는 요인이 환경 내에서 강력하게 작용하고 있다면 그만큼 벌의 억제 효과는 감소될 수밖에 없다. 따라서 치료적 중재과정에서는 먼저 문제행동을 강화하는 요인을 찾아 제거하는 것이 벌의 효과를 높이는 일이 될 것이다. 물론 문제행동을 강화하는 요인을 제거하면 소거계획에 따라 벌과는 아무 상관없이 문제행동의 발생빈도가 감소될 것이다. 그러나 Azrin과 Holz(1966)가 지적한 바와 같이, 물리적 세계가 마련하고 있는 자연적 강화수반을 쉽게 제거할 수 없는 경우가 많다. 예컨대, 과속을 할수록 빨리 목적지에 도달하는 것은 자연스러운 현상이다. 이렇게 자연적으로 따라오는 강화수반을 어떻게 제거할 수 있는가? 앞으로 '제5부 기능성 평가와 치료적 중재'에서는 문제행동을 강화하는 요인을 확인하여 제거하는 치료전략에 관하여 자세히 논의할 것이다.

5) 대체행동의 강화 가능성

Holz, Azrin과 Ayllon(1963)은 환자의 정신병적 행동을 치료하는 과정에서 문제행동이 강화를 획득할 수 있는 유일한 수단으로 사용될 경우, 벌은 문제행동을 억제하는 데 효과가 없다는 사실을 발견하였다. 그러나 환자가 대체행동으로 동일한 강화를 얻을 수 있을 때 사정은 달랐다. 즉, 바람직한 대체행동으로 동일한 강화자극을 얻을 수 있는 길을 열어 놓았을 때, 벌은 문제행동을 감소시키는 데 효과가 있었다. 이러한 사실이 의미하는 것은 학교에서 학생들의 그릇된 행동을 단지 벌만으로 통제하는 것은 별로 효과가 없다는 것이다. 그러므로 먼저 문제행동을 강화하는 요인을 분석하여 확인한 다음, 바람직한 대체행동으로 학생들이 원하는 강화자극을 얻을 수 있도록 마련해 놓고 벌을 사용하는 것이 효과적이다.

2. 벌의 효과적 사용지침

지금까지 논의한 벌의 부작용과 윤리 문제 그리고 벌의 효과에 영향을 미치는 요인 등을 종합하여 벌의 효과적 사용방법을 간략히 정리하면 다음과 같다.

① 효과적이고 적절한 벌자극을 선정한다. '제5장 작동행동의 강화'에서 강화자극을 선정하여 평가할 때와 동일한 방법으로 기능성이 높은 벌자극을 선정하여 평가할 수 있다. Fisher와 동료들(1994)은 벌자극의 평가를 통하여 행동의 억제에 필요한 벌자극의 크기나 강도에 관한 정보를 얻을 수 있고, 또한 가장 적절한 강도의 벌을 선정할 수 있음을 강조하였다. 여러 가지 잠재적 벌자극 중 어떤 것을 선택할 것이냐 하는 것은 사용될 벌의 침해성과 편의성에 달려 있다. 다시 말하면, 내담자의 인권이나 독립성을 침해할 가능성이 상대적으로 적고, 시간이 덜 소요되며, 사용상 어려움이 적은 벌자극을 선택하여야 한다. 또한 어떤 벌을 얼마만큼 주어야 하는가 하는 것도 상대적으로 결정된다. 누군가에게는 효과적이었던 벌이 다른 누군가에게는 전혀 효과가 없을 수 있다. 대체로 도피와 회피행동을 일으키는 자극은 높은 억제력을 가진 벌로 작용하지만, 그렇다고 일반화할 수는 없다. 또 어떤 행동을 억제하는 데 효과적인 벌자극도 다른 행동에는 효과가 없을 수 있고, 높은 동기를 가진 문제행동은 특별한 양질의 벌자극에 의해서만 억제될 수 있다. 일반적으로 벌자극은 강도(크기 또는 양)가 클수록 행동을 억제하는 효과가 큰 것으로 알려져 있지만 이러한 원칙도 조건부로 성립된다. 처음부터 충분한 수준의 강도로 시작할 경우에만 효과적이고, 약한 벌자극으로 시작하여 점차로 그 강도를 높이는 경우에는 강력한 벌자극도 효과가 없는 것으로 밝혀졌다(Azrin & Holz, 1966). 벌에 대한 적응력이 생기기 때문이다. 또한 하나의 벌자극만 계속 사용해도 그 효과는 감소된다.

② 연쇄적 행동은 초기 단계에서 신속하게 벌하는 것이 효과적이다. 일련의 행동이 모두 끝날 때까지 기다려 벌하는 것은 그만큼 효과가 적다. 행동연쇄 과정에서 하나의 하위 과제는 그 과제 수행 자체로 생성되는 결과에 의하여 강화되고, 동시에 그 결과는 다음 과제를 유도하는 변별자극으로 조건형성된다. 따라서 일단 첫 하위동작이 시작되면 학습된 일련의 동작들은 서로 강력한 연결고리를 가지고 신속하게 이행된다. 그러므로 발생 초기에 신속히 벌자극을 제공하여 연쇄적 행동의 고리를 절단하는 것이 효과적이다. 예컨대, 손을 격렬하게 흔드는 동작이 자기 눈을 찌르는 자해행동의 전조라는 것이 경험적으로 확실할 경우 행동이 다음 단계로 진행되기 전에 손을 흔드는 행동에 대하여 신속하게 벌하는 것(예: 반응 저지, 신체 구속)이 효과적이다.

③ 초기에는 문제행동이 발생할 때마다 벌자극을 제공한다. 특히 벌에 의한 치료적 중재가 처음 시도될 때는 계속계획에 따라 벌자극을 제공하는 것이 더욱 중요하다. 이러한 전략은 표적행동이 정해진 기준만큼 감소될 때까지 계속되어야 한다.

④ 점차적으로 간헐계획에 따라 벌자극을 제공한다. 앞서 설명한 바와 같이 계속계획에 따라 매번 벌자극이 제공될 때 반응의 억제 효과가 가장 높다. 그러나 계속계획에 의한 벌은 실제로 거의 불가능하다. 왜냐하면 표적행동이 발생할 때마다 부모나 교사 또는 직원들이 매번 벌자극을 제공할 만한 자원과 시간이 부족하기 때문이다(O' Brien & Karsh, 1990). 그러므로 계속적 벌에 의하여 표적행동을 일정 수준까지 감소시킨 다음에는 간헐계획에 따라 반응비율과 간격을 체계적으로 증가시켜 벌자극의 제공빈도를 점차로 줄여 가는 것이 필요하다. 간헐계획에 의한 벌만으로도 문제행동의 발생빈도를 사회적으로 수용될 수 있는 수준으로 낮추는 데 큰 어려움이 없었다(Clark, Rowbury, Baer, & Baer, 1973; Lerman et al., 1997; Romanczyk, 1977). 또한 단순히 벌을 간헐적으로 사용하기보다는 소거전략과 병행하는 것이 더 효과적이다. 즉 표적행동을 강화하는 요인을 확인한 다음 그러한 강화자극이 표적행동에 수반되지 않도록 차단할 필요가 있다.

⑤ 벌자극의 지연을 매개할 수 있는 방안을 찾는다. 강화에서와 마찬가지로 벌에서도 즉각성의 원리[16]가 적용된다. 표적행동에 수반하여 벌자극이 즉시 후속되어야 표적행

16) Principle of immediacy

동을 효과적으로 억제할 수 있다. 그러나 우리가 생활하는 자연적 환경에서는 벌자극이 즉시 제공될 수 없는 경우가 너무나 많다. 보호자나 교사가 학생을 늘 따라다니며 감시할 수도 없고, 완강한 저항으로 벌을 바로 주지 못할 수도 있다. 때로는 벌받을 사람이 달아나거나, 벌줄 사람이 없어 제때에 벌을 주지 못할 수도 있다. 따라서 문제행동의 출현과 벌자극 제공 간의 지연시간을 매개할 수 있는 방안이 모색되어야 한다.

벌의 지연을 매개할 수 있는 방안으로 일부 연구자들(Rolider & Van Houten, 1985; Van Houten & Rolider, 1988)은 미리 녹음해 두었던 아동의 문제행동을 재생하여 들려준 다음에 벌을 주는 방법으로 시간 지연을 매개할 수 있었다. 또 어떤 경우에는 아동에게 부적절한 행동을 녹음하는 과정을 보도록 하고, 지연된 벌을 매개하기 위하여 녹음하고 있다는 것을 설명하였다. 이러한 요인들은 부적절한 행동과 그에 대한 후속자극 간의 시차를 매개하는 기능을 하였다.

⑥ 다른 보완적 치료법과 병행하여 벌을 사용한다. 행동분석가들은 벌 하나만을 유일한 중재방법으로 사용하지는 않는다. 가능한 한 차별강화, 소거법, 기타 선행요인을 적절히 조절하는 방법을 병행한다. 많은 중재 프로그램에서 벌을 보완하기 위한 방안으로 대체행동, 상반행동 및 여타행동의 차별강화 기법을 병용한다. 바람직한 대체행동이나 상반행동으로 더 많은 강화를 얻을 수 있을 때 문제행동을 하려는 동기는 그만큼 낮아질 수 있다. 다시 말하면, 대체행동의 차별강화 전략은 바로 문제행동의 빈도를 약화시키는 동기해지조작(AO)을 의미한다. 그리고 벌의 취약점 중의 하나는 무엇을 하지 못하게 하는 소극적 방법이라는 것이다. 그러나 대체행동 또는 상반행동의 강화전략이 벌과 병행되면 이러한 맹점이 보완될 수 있다. 문제행동을 대체할 바람직한 행동을 표적으로 정하여 정적강화하는 적극적인 계획이 마련되어야 한다. 이 외에 기능적 의사소통 훈련(FCT)[17], 고확률(High-p)요구배열[18], 비수반적 강화(NCR)[19] 등을 벌과 병용함으로써 보다 높은 효과를 기대할 수 있다.

⑦ 벌의 부작용에 대비한다. 이미 앞에서 벌의 부작용에 대하여 설명하였다. 그러나 구체적으로 어떤 벌이 어떤 부작용을 낳을지 예측하기 어렵다. 벌을 사용하여 하나의 문제행동을 억제하면 바람직하지 못한 다른 행동이 증가하기도 한다. 예컨대, 자해행

17) Functional communication Training (機能的 意思疏通訓練)

18) High-probability(High-p) request sequence (高確率要求排列)

19) Noncontingent reinforcement (非隨伴的强化)

동을 벌하면 불복종 또는 공격성의 수준이 높아진다. 때로는 하나의 문제행동을 처벌하면 다른 바람직한 행동까지 감소하기도 한다. 예를 들어, 아버지가 동생과 자주 싸운다고 꾸지람을 하면, 아버지에게 접근하는 행동이 줄어든다. 벌은 또한 예상치 못한 도피나 회피행동을 일으키기도 하고, 정서의 폭발, 행동적 대비현상을 일으킬 수 있다. 벌을 치료방법으로 사용할 때는 항상 이러한 부작용에 대비하여야 한다.

⑧ **행동 변화를 매일 기록하고 도표화하며 평가한다.** 응용행동분석 연구에서 행동 변화를 관찰하고, 기록을 유지하며, 그래프를 그리고, 지속적으로 행동을 평가하는 것은 가장 기본적인 특징이다. 특히 벌을 기반으로 하는 치료 프로그램에서는 초기 과정에서 행동의 변화를 관찰 · 측정하고 기록을 유지하는 것이 대단히 중요하다. 소거나 차별강화를 활용할 때 행동의 감소 속도는 완만하고 점진적이지만, 벌의 억제 효과는 급격히 나타나기 때문이다. 따라서 치료자는 항상 관찰 · 기록을 유지하고, 그 결과를 그래프로 나타내어 진행 상황을 매일 평가할 수 있도록 하여야 한다. 치료 효과를 평가하기 위한 계획은 미리 마련되어야 하며, 가능한 한 조속히 벌에 기반한 중재를 중단할 수 있도록 계획하여야 한다. 그리고 행동은 계획대로 잘 감소되고 있는지, 임상적으로 또는 사회적으로 중요한 변화가 발생하였는지, 생성된 변화는 잘 유지되고 있는지, 벌자극을 계속계획에서 간헐계획으로 전환할 수 있는지, 또는 벌을 완전히 중단할 수 있는지 등을 변화되는 자료를 주시하면서 민감하게 평가하고 신속히 대처할 수 있도록 하여야 한다. 또한 치료자의 일관적이고 신뢰성 있는 중재를 보장하기 위하여 상급 전문인에 의한 주기적인 감독이 이루어져야 한다.

요 약

1. 벌은 행동을 통제하는 전통적인 방법으로 가정과 학교 그리고 사회에서 폭넓게 활용되어 왔다. 그러나 벌은 다른 어떤 중재방법보다 내담자의 기본권을 침해할 수 있고, 치료교육 환경을 제한할 여지가 크기 때문에 그 사용에 신중을 기해야 한다. 또한 그릇된 벌의 사용은 교육과 치료 전문인들에게 법적 · 윤리적 책임을 요구한다.

2. 벌자극이란, 특정 행동에 즉시 뒤따르는 자극(특정 사건 또는 환경의 변화)으로 같은 행동의 미래 발생률을 감소시키는 자극을 일컫는다. 그리고 벌이란 어떤 행동

에 벌자극을 후속시켜 행동의 미래 발생률을 감소 내지 제거하는 방법을 말한다. 행동분석가는 항상 벌자극의 조작방법과 행동에 미치는 영향이라는 두 가지 기준을 적용하여 벌의 여부를 판단해야 한다.

3. 정적벌은 표적행동에 뒤따라 특정 자극을 제공(+)함으로써 (또는 제공되고 있는 자극의 강도를 증가시킴으로써) 표적행동의 발생률을 감소시키는 방법을 말한다. 그리고 부적벌은 표적행동에 뒤따라 이미 받고 있는 특정 자극을 즉시 회수하거나 제거(-)함으로써 (또는 이미 제공되고 있는 자극의 강도를 감소시킴으로써) 표적행동의 발생률을 감소시키는 방법을 말한다.

4. 자극변별학습의 현상은 벌에 의해서도 발생한다. 일정한 자극사태에서 발생한 행동이 일관성 있게 벌을 받으면 앞으로 같은 자극사태에서 동일한 행동이 재발할 확률은 감소한다. 즉, 벌에 의해서 학습된 변별자극(S^{Dp})은 표적행동을 억제하는 자극통제 기능을 습득한다.

5. 강화자극과 마찬가지로 벌자극도 무조건 벌자극과 조건 벌자극으로 나눌 수 있다. 첫째, 무조건 벌자극이란, 일차적 벌자극 또는 학습되지 않은 벌자극이다. 무조건 벌자극은 종의 생존을 위한 진화적 역사의 산물로서 생물학적으로 동일한 종에 속하는 구성원들 간에는 모두 동일한 무조건 벌자극을 공유한다. 둘째, 조건 벌자극이란, 이차적 벌자극 또는 학습된 벌자극이다. 이것은 한 개인의 독특한 경험과 조건형성의 과정을 거쳐 벌로서의 기능을 습득하게 된 자극을 말한다. 특정 중립자극(NS)이 무조건 벌자극과 반복적으로 짝지어지거나 또는 이미 습득된 조건 벌자극과 자주 반복하여 짝지어짐으로써 벌자극으로서의 기능을 습득하게 된 것을 말한다. 셋째, 어떤 자극이 다양한 형태의 무조건 벌자극 또는 조건 벌자극과 반복하여 짝지어지면 결국 다양한 행동을 억제할 수 있는 일반화된 조건 벌자극으로 학습된다. 다양한 행동과 관련하여 다양한 형태의 벌자극과 짝지어 제시된 언어적 질책과 비판 그리고 눈빛과 얼굴 표정 등은 모든 행동에 대하여 억제력을 갖는 조건 벌자극으로서 일반화된 것들이다.

6. 벌은 우리 생활의 일부로 엄연히 존재한다. 벌은 일상생활을 통하여 거부할 수 없는 자연의 원리로 인간의 행동에 강력한 영향을 미친다. 벌은 ① 신속한 행동의 중단, ② 신속한 변별학습, ③ 모방학습 등의 효과를 가진다. 그러나 많은 연구에서 벌은 일시적으로 행동을 중단시킬 수 있을 뿐, 행동을 감소 내지 제거하지는

못하는 것으로 나타났다.

7. 일반적으로 불쾌한 자극을 사용하는 벌은 인간의 기본권을 침해하거나 치료 환경을 제한할 수 있어 많은 도덕적 문제를 야기할 수 있다. 벌의 부정적인 측면으로는 ① 혐오자극의 부작용, ② 부정적 정서반응과 공격적 행동, ③ 도피와 회피반응, ④ 행동적 대비현상, ⑤ 바람직하지 못한 모방 효과, ⑥ 벌주는 행동 자체의 부적강화 효과 등을 들 수 있다.

8. 응용행동분석 전문가에게는 벌의 부작용을 최소화할 법적·윤리적 책임과 의무가 따른다. 즉, ① 안전하고 인도적인 치료를 받을 내담자의 권리를 보장하고, ② 최소 제한적인 대안을 선택하고, ③ 효과적 치료를 받을 내담자의 권리를 보장하고, ④ 벌의 사용에 관한 정책과 보호 대책을 마련할 의무가 있다.

9. 벌을 효과적으로 사용하려면 ① 효과적이고 적절한 벌자극을 선정하고, ② 연쇄적 행동의 초기 단계에서 벌자극을 제공하고, ③ 초기에는 계속계획에 따라 문제행동이 발생할 때마다 벌자극을 제공하고, ④ 점차적으로 간헐계획에 따라 벌을 제공하고, ⑤ 벌의 지연을 매개할 수 있는 방안을 마련하고, ⑥ 다른 보완적 치료법과 병행하여 벌을 사용하고, ⑦ 항상 벌의 부작용에 대비하고, ⑧ 행동 변화를 매일 기록하고, 도표화하며, 평가하여야 한다.

연구 문제

➲ 벌의 효과와 부작용 및 전문인의 윤리와 책임이라는 관점에서 다음의 문제를 논해 보자.

1. 정적벌과 부적벌의 차이를 예를 들어 설명해 보자.
2. 무조건 벌자극과 조건 벌자극의 종류를 열거하고 설명해 보자.
3. 벌에 의한 자극변별학습 현상을 예를 들어 설명해 보자.
4. 일반화된 조건 벌자극을 열거하고 설명해 보자.
5. 벌의 특성을 설명하고 사용상 주의할 점을 논해 보자.
6. 벌의 부작용을 열거하고 설명해 보자.
7. 벌의 부작용을 최소화할 수 있는 법적 · 윤리적 책임을 논해 보자.
8. 벌의 효과적 사용방법을 논해 보자.

익힘문제 정답

번 호	표적행동	후속사건	조작방법	행동 감소	사용된 기법
1	리모컨 다툼	리모컨 압수	회수(−)	예	부적벌
2	반칙 다툼	농구공 회수	회수(−)	예	부적벌
3	통화 중 하품	갑순의 분노	제공(+)	예	정적벌
4	건물 층수 세기	돈을 뺏김	회수(−)	예	부적벌
5	니키의 뛰어오름	물 뿌리기	제공(+)	예	정적벌
6	전화로 노닥거리기	전화기 압수	회수(−)	예	부적벌
7	수학 문제 풀기	교사의 퉁명스러운 말투와 과제 부여	제공(+)	예	정적벌
8	지체된 도서 반납	벌금(20,000원)	회수(−)	예	부적벌

제10장 벌의 여러 기법

학습목표

1. 꾸지람을 정의하고 예를 들어 설명할 수 있다.
2. 꾸지람의 실용적 규칙 아홉 가지를 설명할 수 있다.
3. 반응 가로막기와 수반적 운동연습의 원리를 설명할 수 있다.
4. 과잉교정의 원리와 사용지침을 설명할 수 있다.
5. 일시퇴출의 원리와 다양한 기법을 활용할 수 있다.
6. 반응대가의 원리와 다양한 기법을 활용할 수 있다.

벌의 효과적 특성을 살리면서 부작용과 인권침해 요인을 최소화할 수 있는 다양한 기법들이 연구 · 개발되어 왔다. 이 장에서는 먼저 정적벌로서 꾸지람, 반응 가로막기, 수반적 운동연습, 과잉교정 등을 설명하고, 부적벌로서 일시퇴출과 반응대가에 대하여 논의하기로 한다.

제1절 자극의 부여에 의한 벌

정적벌을 다른 말로 '자극의 부여에 의한 벌'이라고도 한다. 즉, 표적행동의 발생에 뒤따라 즉시 특정 자극을 부여(+)하는 방식으로 벌이 시행된다. 이러한 정적벌은 일반적으로 표적행동이 발생할 때마다 특정 혐오자극을 제공하는 방식으로 수행되기 때문에 치료과정에서 내담자에 대한 인권침해나 전문인의 윤리 문제가 발생할 수 있다.

1. 꾸지람

꾸지람[1]은 가정과 학교와 일반사회에서 잘못된 행동을 바로잡기 위한 수단으로, 또는 교육과 훈육을 위한 수단으로 널리 사용되고 있다. 그릇된 행동을 제거하기 위하여 사용되는 방법이라면 그것은 분명히 벌의 일종이다. 그러나 이미 언급된 바와 같이, 꾸지람은 일부 사람들에게 관심으로 받아들여져 표적행동을 감소시키기는커녕 오히려 증가시키고 있다. 즉, 꾸지람이 벌로서의 역할보다는 오히려 정적강화로서의 기능을 하는 경우가 많다(Madsen, Becker, Thomas, Koser, & Plager, 1968).

Van Houten과 동료들(1982)은 일련의 실험연구를 통하여 꾸지람의 효과에 영향을 미치는 변수를 탐색하였다. 이들은 교실에서 발생하는 학생들의 소란행동을 감소시키는 데 효과적인 꾸지람의 방법을 발견하였다. 첫째로, 아동의 어깨를 꽉 잡고 아동의 눈을 응시하며 꾸짖는 것이 언어적으로만 꾸짖는 것보다 더 효과적이었다. 둘째로, 물리적으로 멀리 떨어진 상태보다는 가까이 접근하여 꾸짖는 것이 더 효과적이었다. 셋째로, 온유한 목소리로 자주 주의를 주는 것보다 강한 어조로 '앉아!' 라고 한 번 명령하는 것이 더 효과적이었다. 자주 야단을 치면 아동은 잦은 잔소리에 적응하여 익숙해지기 때문에 꾸지람은 벌로서의 효과를 점차 상실하게 된다. 그리고 큰 소리가 반드시 보통 크기의 소리보다 더 효과적인 것은 아니었다. O' Leary와 동료들(1970)의 연구에서는 교실에 있는 다른 학생들이 모두 들을 수 있는 큰 소리보다는 대상 아동만이 들을 수 있는 조용한 꾸지람이 아동의 소란행동을 줄이는 데 더 효과적임을 발견하였다. 발달장애, 학습부진, 기타 행동 문제를 가진 학생들은 학교에서 성공적인 학습반응이나 다른 바람직한 행동으로 어른들의 관심을 얻기 어렵다. 이러한 학생들에게 꾸지람은 벌로서 기능하기보다는 오히려 정적강화로서 작용할 가능성이 높다. Madsen과 동료들(1968)의 연구에서 좌석을 이탈하는 아동에게 제자리에 앉도록 자주 꾸지람을 한 결과, 좌석 이탈이 감소되기는커녕 오히려 더 증가하는 것을 발견하였다.

Van Houten(1980)은 가정과 학교와 시설에서 부모와 교사와 전문인들이 꾸지람을 효과적으로 활용할 수 있는 아홉 가지 실용적 규칙을 다음과 같이 제안하였다.

1) Reprimands

제1규칙 구체적으로 꾸짖는다. 꾸지람의 대상이 되는 행동이 무엇인지, 그 행동이 왜 나쁜 것인지, 대신 어떻게 행동해야 하는지 등 세 가지 사항에 대하여 명확히 알린다. '당장 그만두지 못해! 넌 왜 만날 동생을 때리니? 나쁜 녀석!' 이라고 말하는 것보다 '동생을 때리면 안 돼! 얼마나 아프겠니? 형의 물건을 갖고 싶으면 먼저 형의 허락을 받아야 한다고 동생을 타일러야지!' 라고 주의를 주는 것이 더 바람직하다.

제2규칙 단호한 어조로 말한다. 낮은 목소리로 권위 있게 말하는 것이 좋다. 징징거리는 어조로 한탄하듯 말하면 권위가 없고, 목청을 높여 말하면 신뢰감을 상실할 수 있다. 때로는 부드러운 꾸지람이 더 효과적이다. 질문의 형태로 꾸짖지 말고 제1규칙에서 언급한 세 가지 내용을 권위 있게 전달해야 한다.

제3규칙 잘못된 행동을 인정할 수 없다는 것을 비언어적으로 표현한다. 상대방의 그릇된 행동을 인정할 수 없다는 것을 가능한 한 여러 방식으로 알리는 것이 좋다. 꾸짖는 동안 눈을 크게 뜨고 상대방의 눈을 응시한다. 아동이 눈을 피하면 손으로 얼굴을 돌려 눈을 바라보도록 한다. 필요한 경우에는 아동의 팔이나 어깨를 꽉 잡고 꾸짖는 것이 효과적이다. 특히 금지된 행동을 계속할 경우에는 강경하게 제지한다. 그러나 통증을 느낄 정도로 세게 잡아서는 안 된다. 12세 이상의 아동은 물리적으로 제지하지 않는 것이 좋다. 반항을 유도할 수 있기 때문이다.

제4규칙 물리적으로 가까이 접근하여 꾸짖는다. 멀리 떨어져 꾸지람하는 것은 효과가 적다. 아동에게 접근해 가는 동안 문제행동이 중단되어도 가까이 가서 꾸짖는 이유를 설명한다. 멀리서 하는 꾸지람은 필요할 때 아동의 행동을 물리적으로 제지할 수 없어 효과가 적다.

제5규칙 잘못된 행동을 무시하지 않는다. 어떤 기법을 사용하든지 일관성이 중요하다. 꾸지람으로 특정 행동을 감소시키려고 계획했다면, 표적행동이 나타날 때마다 꾸지람을 일관성 있게 실시해야 한다. 꾸지람이 정적강화로 작용하는 아동의 경우, 꾸지람의 대상이 되는 행동을 무시하라는 일반적 지도지침과는 경우가 다르다. 꾸지람 자체를 벌로 사용하여 행동을 감소시키려고 할 경우에는 표적행동이 발생할 때마다 반드시 효과적인 꾸지람을 일관성 있게 실행해야 한다. 문제행동을 무시하는 것이 그 행동을 묵인하는 것으로 오인될 수 있기 때문이다.

제6규칙 위험스럽고 고집스러운 행동은 물리적으로 중단시킨다. 차도로 뛰어든다든지, 기물을 파손한다든지, 남이나 자신을 해치는 행동은 물리적으로 제지할 필요가 있다. 또한 꾸지람을 무시한 채 잘못된 행동을 계속할 경우에도 물리적 제지가 필요하다. 예컨대, 식탁에서 음식을 가지고 장난을 치지 말라고 꾸짖었는데, 못 들은 척하고 계속한다면 아동의 손을 잡고 제지하면서 꾸짖어야 한다.

제7규칙 바람직한 행동은 언제나 칭찬한다. 꾸지람이 문제행동의 감소에 효과가 있다 하더라도 꾸지람만으로는 새로운 행동을 가르칠 수 없다. 따라서 문제행동을 대체할 새로운 행동을 적극적으로 가르치기 위하여 언제나 바람직한 행동을 강화할 필요가 있다. 그리고 잘못된 행동을 야단치기만 하는 교육방식은 야단치는 어른과 야단맞는 아동 간의 관계를 소원하게 만든다. 꾸지람과 칭찬이 균형을 이룰 때 효과적 훈육이 될 수 있고, 관계도 바람직하게 유지될 수 있다.

제8규칙 필요할 때는 꾸지람을 지원할 수 있는 벌을 사용한다. 언어적 꾸지람만으로 바람직한 효과를 얻을 수 없을 때는 꾸지람을 지원할 수 있는 다른 행동수정 기법을 병행하여 사용한다. 예컨대, 꾸지람과 함께 일시퇴출, 과잉교정 또는 반응대가 등과 같은 벌을 병행한다.

제9규칙 자기통제력을 잃지 않는다. 꾸지람할 때 흥분하거나 화를 내서는 안 된다. 엄격하고 단호하게 또는 위엄 있게 꾸지람하는 것은 화를 내고 소리를 지르고 위협적인 태도로 꾸짖는 것을 의미하는 것이 절대로 아니다. 이성을 잃지 말고, 이제까지 설명한 모든 과정을 기술적으로 정확히 이행함으로써 효과적인 꾸지람을 실행하도록 한다.

2. 반응 가로막기

반응 가로막기[2]란, 문제행동이 시작되자마자 즉시 물리적으로 개입하여 반응의 완결을 저지 또는 가로막는 것으로 입에 손 넣기, 눈 후비기, 이식행동과 같은 만성적 문제행동의 빈도를 줄이는 데 효과적으로 사용되어 왔다(Lalli, Livezy, & Kates, 1996; Lerman & Iwata, 1996; Reid, Parsons, Phillips, & Green, 1993). 이 기법은 최소한의 물리적 접촉과 구속으로 반응의 발생을 저지하는 것이지만, 문제행동을 중단하도록 언어적 질책과 촉구를 사용하기도 한다(Hagopian & Adelinis, 2001).

Lerman과 Iwata(1996)는 32세의 심한 정신지체인이 고질적으로 손을 입에 넣는 행동을 치료하는 데 반응 가로막기를 사용하여 큰 효과를 거두었다. 치료자는 피험자를 의자에 혼자 앉혀 놓고 자신은 뒤에 앉아 피험자가 손을 입으로 가져갈 때마다 매번 손으로 피험자의 입을 가로막아 손을 입에 넣을 수 없도록 방해하였다. 치료자는 처음부터 손을 입으로 가져가지 못하도록 저지하지 않고, 피험자의 손이 입에 닿기 직전에 손

2) Response blocking

바닥으로 피험자의 입 2cm 정도 앞을 가로막았다. 이러한 간단한 방법으로 손을 입에 넣는 행동을 신속히 제거할 수 있었다.

반응 가로막기는 문제행동의 발생을 억제하는 효과가 있어 자해 및 자기 자극적 행동의 치료에 많이 사용된다. 이 기법을 효율적으로 활용하기 위해서는 이러한 반응의 억제효과가 벌에 의한 것인지, 아니면 소거에 의한 것인지 정확히 확인할 필요가 있다. Lerman과 Iwata(1996)는 반응 억제효과가 벌에 의한 것인지, 소거에 의한 것인지의 판정은 저지당하는 반응 자체의 변화비율과 형태에 따라 결정되어야 한다고 주장하였다. 먼저 문제행동이 100% 저지되지 못하고 일부 반응만이 부분적으로 저지되는 경우를 가상해 보자. 이 경우 문제행동은 간헐강화계획에 의하여 발생빈도와 소거저항이 높아질 것이 예상된다. 따라서 이러한 조건에서 문제행동의 발생빈도가 감소한다면 그것은 소거의 효과일 수는 없기 때문에 분명히 간헐계획에 의하여 제공되는 벌의 효과라고 판정할 수 있다.

다음으로 문제행동이 100% 저지되는 경우를 가상해 보자. 이러한 상황에서 반응의 발생빈도가 감소한다면 그것은 벌이나 소거의 효과 중 하나로 볼 수 있다. 첫째로, 반응 가로막기는 반응 자체로 생성되는 감각적 자극을 경험하지 못하도록 차단하는 것이기 때문에 반응의 억제는 소거의 효과로 가정될 수 있다. 따라서 소거의 효과를 입증하려면 소거 초기에 나타나는 반응의 증가현상을 확인하면 될 것이다. 둘째로, 반응 가로막기 과정에서 필수적으로 수반되는 신체적 접촉이나 물리적 구속에 의하여 행동이 감소되는 것이라면 그것은 분명히 벌의 효과로 가정된다. 소거현상과는 달리 벌의 효과는 즉시 나타난다. 즉, 초기 증가현상 없이 반응 가로막기의 실행과 동시에 반응의 발생빈도가 감소하기 시작한다면 그것은 벌의 효과로 판정된다. Lerman과 Iwata(1996)의 연구에서 손을 입에 넣는 행동은 FR-1 계획에 따라 100% 저지하는 조건에서 반응 가로막기가 시행되었으며, 초기 증가현상 없이 신속한 반응비율의 감소를 나타냈다. 따라서 이 연구에서 나타난 반응의 억제효과는 벌의 효과로 보는 것이 타당하다.

3. 수반적 운동연습

수반적 운동연습[3]이란, 문제행동에 수반하여 문제행동과는 형태가 다른 운동 동작을 연습시키는 것을 말한다. 수반적 운동연습은 일종의 벌로서, 여러 가지 자기 자극적

3) Contingent exercise

행동, 상동행동, 소란행동, 공격적 행동, 자해행동 등을 감소시키는 데 효과적이었다(Kern, Koegel, & Dunlap, 1984). Luce, Delquadri와 Hall(1980)은 공격적 행동에 수반하여 가벼운 운동연습을 반복시킴으로써 두 명의 중증장애 아동의 공격적 행동을 제거할 수 있었다. 치료방법은 아주 단순한 것으로서 피험자인 7세 남아가 다른 아이들을 때리는 일이 발생할 때마다 교사는 아동에게 다가가 '앉아, 일어서' 를 10회씩 반복하도록 요구하였다. 실험 초기에는 '일어서!' 또는 '앉아!' 라는 언어적 지시와 함께 피험자의 손을 잡고 일어서거나 앉을 수 있도록 물리적으로 지도하였다. 그러나 얼마 후부터 피험자는 교사의 도움 없이 혼자서 할 수 있게 되었다. 치료기간 중에 피험자가 다른 아이를 때리는 행동이 발견되면, 그때마다 가까이 있던 어른이 다가가, '남을 때리면 안 돼! 앉아, 일어서 열 번 해!' 라고 지시하면서 운동연습을 실행시켰다. 만일 '앉아, 일어서' 의 처벌을 받는 도중에 다른 아이를 때리는 일이 발생하면, '앉아, 일어서' 를 처음부터 다시 10회 반복하도록 하였다.

4. 과잉교정

과잉교정[4]이란, 문제행동을 줄이기 위하여 사용되는 벌의 일종으로서, 문제행동이 발생할 때마다 이에 수반하여 문제와 직접 관련되거나 또는 논리적으로 관련 있는 힘든 행동을 하도록 요구하는 것을 말한다. 대체로 문제행동의 결과에 대하여 행동자 자신이 책임을 지고 처리하도록 함으로써 벌의 억제 효과와 긍정적 연습의 교육적 효과를 함께 거두려는 전략이다. 과잉교정은 잘못된 결과의 원상 복귀를 요구하는 복원적 과잉교정과 교육적 효과를 위한 긍정적 연습 과잉교정으로 나눌 수 있다. 물론 두 가지 모두를 목적으로 할 수도 있다.

1) 복원적 과잉교정

단순교정[5]은 문제행동으로 발생한 손상을 본래의 상태로 고쳐 놓도록 하는 것을 말한다. 예컨대, 흙발자국으로 마룻바닥을 더럽힌 아동에게 마룻바닥을 걸레로 닦도록 하는 것이다. 즉, 손해를 끼친 만큼만 교정해 놓도록 하는 것이다. 이와는 대조적으로 복원적

4) Overcorrection (過剩矯正)

5) Simple correction (單純矯正)

과잉교정[6]이란, 문제행동으로 인하여 발생한 손상을 원상태로 복원해 놓도록 요구함은 물론이고, 이에 더하여 문제행동이 발생하기 이전보다 더 좋은 상태로 만들어 놓도록 요구하는 것을 말한다. 예컨대, 진흙발로 마루를 더럽힌 아동에게 걸레로 마루를 닦고 신발을 깨끗이 씻어 놓도록 함은 물론이고, 이에 더하여 왁스칠을 하여 반짝거리게 하고 자기 구두를 광이 나도록 닦아 놓게 하는 것이다. Azrin과 Foxx(1971)는 대소변 훈련 과정에서 실수한 아동에게 자기 옷을 빨아 말리고 샤워를 하고 화장실 청소까지 하도록 하였다. 즉, 자기가 저지른 잘못을 보상함은 물론 더 나아가 본래보다 더 좋은 상태로 만들어 놓도록 요구하는 복원적 과잉교정 방법으로 효과를 거두었다.

만일 문제행동의 결과가 다시 회복될 수 없는 성격의 것일 때, 또는 문제행동의 결과가 행동자의 능력으로 복원될 수 없을 때는 어떻게 복원적 과잉교정을 적용할 것인가? Azrin과 Besalel(1999)은 가능한 한 최대한으로 행동의 결과를 수습하도록 하고, 다른 사람이 그 일을 수습할 때 중요한 모든 과정에 참여시키며, 어느 시점에서든 행동자가 할 수 있는 부분이 있으면 최대한 참여시킬 것을 제안하였다. 행동자가 저지른 잘못을 꾸지람으로 끝내고 어른이 대신 모두 수습하는 것은 좋은 교육과 치료방법이 될 수 없다.

2) 긍정적 실습 과잉교정

긍정적 실습 과잉교정[7]이란, 문제행동의 발생에 수반하여 행동자에게 그 행동을 올바른 형식으로 반복하여 수행하도록 요구하거나, 문제행동과 상반되는 바람직한 행동을 일정 시간 동안 또는 일정 횟수 반복하도록 요구하는 것이다. 이 기법은 문제행동 대신 바람직한 대체행동을 연습하도록 요구한다는 점에서 교육적 요소를 가지고 있다. 예를 들어, 마룻바닥을 진흙발로 더럽힌 아동의 경우 긍정적 실습 요소를 추가한다면, 현관문 밖에 마련된 매트에 진흙으로 더러워진 신발을 닦는 연습을 2분 동안 또는 5회 반복하여 실행하도록 요구하는 것이다. 원상 복원과 긍정적 실습을 포함한 과잉교정에서는 하지 말아야 할 것뿐만 아니라 해야 할 것을 가르친다는 점에서 긍정적이고 교육적이다.

긍정적 실습 과잉교정 방법은 배변훈련(Azrin & Foxx, 1971), 자기자극 및 상동행동(Azrin, Kaplan, & Foxx, 1973), 이식행동(Singh & Winton, 1985), 학급소란 행동(Azrin & Powers, 1975) 등을 감소시키는 데 활용되었으며, 읽기와 철자의 오류(Singh & Singh,

6) Restitutional overcorrection (復元的過剩矯正)

7) Positive practice overcorrection

1986) 등과 같은 학습행동의 수정에서도 효과를 거두었다. Heward, Dardig와 Rossett (1979)은 주어가 3인칭 단수인 부정문을 사용할 때 'doesn't' 대신에 'don't' 라고 잘못 사용하는 문법적 오류를 시정하는 데 긍정적 실습 과잉교정을 사용하였다. 피험자가 그릇된 반응을 할 때마다 문법에 맞게 10회씩 'doesn't'를 사용하여 정확한 문장을 반복하여 연습하도록 함으로써 정적강화와 벌로 고칠 수 없었던 문법적 오류를 감소시킬 수 있었다.

3) 과잉교정의 사용지침

첫째, 문제행동이 발생하면 즉시 조용하고 차분한 목소리로 문제행동이 무엇인지를 지적하고 행동을 교정해야 할 이유를 간단히 설명한다. 단 비난하거나 화를 내서는 안 된다.

둘째, 학습자가 수행해야 할 과잉교정의 과정을 설명한다.

셋째, 문제행동이 발생한 후 가능한 한 신속히 과잉교정의 과정을 실행시킨다. 바로 시행할 수 없는 경우에는 과잉교정을 언제 시행할 것인지를 학습자에게 분명히 알린다.

넷째, 과잉교정 활동의 전과정에서 학습자를 감시 · 감독한다. 과잉교정의 실행과정에서 치료자는 최소한의 촉진자극을 사용한다.

다섯째, 올바른 반응에 대한 최소한의 피드백을 제공한다. 그러나 과잉교정의 과정에서 지나치게 잦은 칭찬과 관심을 학습자에게 제공해서는 안 된다.

여섯째, 일상 활동 중에 학습자 스스로 적절한 행동을 수행할 때마다 칭찬, 관심, 기타 강화를 제공한다. 이러한 조치는 기술적으로 과잉교정에 해당하는 것은 아니지만 과잉교정과 같이 벌 위주로 수행되는 치료적 중재의 단점을 보완하기 위한 대책으로 추천된다.

제2절 일시퇴출

부적벌은 '자극의 회수에 의한 벌' 이라고 불리기도 한다. 왜냐하면 표적행동의 발생에 뒤따라 즉시 현재 행동자가 소유하고 있는 어떤 자극을 회수(－)하는 방식으로 실행되기 때문이다. 일반적으로 부적벌은 표적행동이 발생할 때마다 행동자가 현재 누리고 있는 어떤 강화자극을 회수하는 방식으로 진행된다. 따라서 행동자가 현재 어떤 강화자극을 소유하고 있는 상태에서만 부적벌이 시행될 수 있다. 예컨대, 과속운전에 대한 범칙금의 부과는 이미 운전자가 범칙금을 낼 수 있는 자산을 소유하고 있을 때만 실행이 가능하며 벌로서의 기능을 할 수 있다. 여기서는 부적벌의 구체적 기법으로 일시퇴출과 반응대가에 대하여 자세히 논의하기로 한다.

1. 일시퇴출의 정의

일시퇴출[8]은 타임아웃(time-out)으로 널리 알려진 기법으로서, 정적강화로부터의 일시적 퇴출을 의미한다. 어떤 스포츠 경기에서는 치명적 부상을 입힐 만한 위험한 반칙을 범한 선수에게 정해진 시간 동안(예: 5분간) 경기장에서 퇴장시키는 것을 볼 수 있다. 선수들의 반칙행동을 줄이기 위하여 위험한 반칙행동에 수반하여 선수의 경기 참여 권리를 일시적으로 회수한다. 일시퇴출이란, 바로 이러한 규칙을 적용하는 것으로 표적행동의 발생에 수반하여 일정 시간 정적강화를 얻을 수 있는 기회를 제한하거나, 정적강화로의 접근을 일시적으로 제한하는 방법을 말한다. 물론 결과적으로 표적행동의 미래 발생빈도가 감소되어야만 일시퇴출은 부적벌로 인정될 수 있다.

이러한 일시퇴출의 정의 안에는 세 가지 요소가 포함된다. 첫째로, 현재 표적행동(문제행동)이 발생하고 있는 환경과 일시적으로 격리되어 있어야 할 환경 간에 차이가 있어야 한다. 문제행동이 발생하는 진입 환경[9] 내에는 그 행동을 강화하는 요인이 있어야 하고, 격리되어 있어야 할 퇴출 환경[10] 내에는 문제행동을 강화하는 요인이 없어야 한다. 만일 문제행동이 발생하는 환경보다 퇴출 환경에 강화요인이 더 많다면, 그러한 일시퇴출은 벌로서의 기능보다는 강화로 작용할 가능성이 높다. 따라서 일시퇴출은 앞으로 설명할 기능성 평가를 통하여 두 환경 내에서 작용하는 강화요인에 대한 정확한 평가를 기반으로 계획되고 시행되어야 한다.

둘째로, 표적행동에 수반하여 강화자극으로의 접근을 일시적으로 제한한다. 즉, 문제행동이 강화되는 곳으로부터 강화될 수 없는 다른 장소로 행동자를 물리적으로 격리시킬 수도 있고, 같은 장소에 머물게 하면서 문제행동이 강화될 수 없도록 환경을 조작할 수 있다. 예컨대, 음악시간에 장난을 치며 킬킬거리는 아동을 복도로 내보낼 수도

8) Time-out from positive reinforcement (一時退出)

9) Time-in environment (進入環境): 퇴출 환경으로부터 되돌아갈 환경을 의미한다. 즉, 본래 문제행동의 발생 환경을 말한다.

10) Time-out environment (退出環境)

있고, 교실 내에 마련된 의자에 앉아 또래들의 활동을 관찰하도록 할 수도 있다. 일시퇴출은 이러한 방법으로 문제행동에 수반되는 강화자극을 자연스럽게 제한(-)함으로써 문제행동의 발생빈도를 줄이려는 부적벌의 한 방법이다.

셋째로, 문제행동의 미래 발생빈도가 결과적으로 감소되어야 한다. 행동의 감소가 확인되어야 이러한 일시퇴출이 부적벌이 될 수 있다. 흔히 학교에서 문제행동을 한 학생을 교실 뒤나 복도로 격리시키는 경우가 많은데, 그럼에도 불구하고 학생의 문제행동이 감소되지 않는다면 이러한 격리는 부적벌이라고 볼 수 없다.

2. 일시퇴출의 다양한 변형

이미 설명한 바와 같이, 일시퇴출이란 표적행동의 발생빈도를 줄이기 위하여 표적행동의 발생에 수반하여 일정 시간 강화자극으로의 접근을 제한하는 조치를 말한다. 이러한 목적을 달성하기 위해서는 첫째로, 문제행동이 강화되는 진입 환경으로부터 강화될 수 없는 퇴출 환경으로 행동자를 물리적으로 격리시키는 방법이 있고, 둘째로, 물리적으로 격리시키지 않고 같은 장소에 머물게 하면서 강화자극으로의 접근만을 제한하는 방법이 있다. 일반적으로 임상전문가나 교사들에게 추천되는 방법은 비격리기법이다. 이 기법은 가장 강력한 벌이면서도 최소 제한적이고, 벌의 부작용이 적은 치료방법이기 때문이다. 여기서는 먼저 비격리형 퇴출을 설명하고, 다음으로 격리형 퇴출을 살펴보기로 한다.

1) 비격리형 퇴출

비격리형 퇴출[11]이란, 교실이나 놀이방 등 현재 활동하고 있는 환경으로부터 아동을 물리적으로 격리시키지 않고, 단지 문제행동이 강화될 수 없도록 일시적으로 환경을 조절하는 방법을 말한다. 이러한 방법은 수업 중에 흔히 발견될 수 있는 사소한 문제행동을 교정할 때 효과적으로 활용된다. 간단하게 환경을 조절하여 문제행동이 강화될 수 없도록 조치하는 것은 별로 어려운 일이 아니기 때문이다. 예컨대, 한 연구에서는 수업 중에 떠들고 킬킬거리는 행동을 감소시키기 위하여 그러한 행동을 하는 학생들로 하여금 잠시 책상 위에 머리를 박고 있도록 하거나, 교실의 전등을 잠시 끄는 방식으로 이

11) Nonexclusion time-out (非隔離型 退出)

들의 행동이 상호 간에 강화될 수 없도록 조치함으로써 효과를 얻을 수 있었다(Baron, Kaufman, & Rakavskas, 1967). 이러한 비격리형 퇴출은 계획적 무시, 특정한 정적강화자극의 회수, 수반적 관찰, 일시퇴출 리본, 시각 차단 등과 같은 방법으로 다양하게 응용될 수 있다.

계획적 무시 부적절한 문제행동에 수반하여 잠시 동안 관심, 물리적 접근, 신체 접촉, 언어적 상호작용과 같은 일체의 사회적 정적강화를 회수하는 방법이다. 즉, 현재 진행 중인 활동 외에 다른 행동은 전혀 정적강화를 얻을 수 없도록 조치하는 것이다. 다시 말하면, 계획적으로 일정 시간 동안 문제행동을 하는 사람을 외면하거나, 그와의 상호작용을 모두 중단하고 조용히 못 본 척하는 것이다(Kee, Hill, & Weist, 1999). 이러한 조치는 간단하면서도 신속히 시행될 수 있고, 강제성이나 인권에 대한 침해성이 없는 간편한 방법이다. 예를 들어, 약물 중독자를 치료하는 집단상담 중에 한 내담자가 돈을 훔쳐 마약을 사서 복용했던 경험담을 신나게 이야기할 경우를 생각해 보자. 계획적 무시란, 이 사람이 상담의 공통 주제인 약물 중독의 피해에 대한 이야기에 참여할 때까지 치료자와 모든 내담자들이 그 사람과의 눈맞춤을 의도적으로 중단하고 그의 말에 아무도 대꾸하지 않도록 조치하는 것이다. Kerr와 Nelson(2002)은 회복기에 있는 다른 내담자들의 적극적인 협조를 얻어 상담과정에서 한 내담자의 부적절한 반응을 체계적으로 무시함으로써 치료적 성과를 거두는 데 성공할 수 있었다. 이러한 방법을 동료 매개 일시퇴출[12]이라고 명명하였다.

특정 정적강화자극의 회수 Bishop과 Stumphauzer(1973)는 표적행동에 수반하여 만화영화의 상영을 일시 중단하는 방법으로 세 유아의 손가락 빠는 행동의 발생빈도를 줄이는 데 성공하였다. 즉, 특정한 정적강화자극을 일시적으로 회수하는 방식으로 비격리형 퇴출을 활용하였다. 연구자들은 TV를 원격 조절할 수 있는 장치를 마련해 놓고, TV를 보면서 아동들이 손가락을 빨 때마다 즉시 TV를 끄고, 손가락 빨기를 중단하면 즉시 TV를 다시 켜 주는 방법으로 문제행동에 수반하여 아동들을 물리적으로 격리시키지 않으면서 일시퇴출의 효과를 거둘 수 있었다.

West와 Smith(2002)는 식당에서 학생들이 큰 소리로 떠들어 발생하는 소음을 줄이기 위하여 비격리형 퇴출의 기법을 활용하였다. 학생식당 벽에 파란색, 노란색, 빨간색의 신호등을 설치하고, 특수한 음량측정기의 센서와 연결하였다. 식당의 소음이 적

12) Peer-mediated time-out

정 수준에 있을 때는 파란 신호등이 켜지고 학생들이 좋아하는 음악이 흐르도록 하였다. 점차 학생들의 소음이 적정 수준을 넘어 증가하면 노란 신호로 바뀌면서 학생들을 시각적으로 경고하였다. 소음이 더 증가하여 정해진 수준을 넘어서면 빨간 신호로 바뀌면서 음악이 10초 동안 멎도록 하였다. 즉, 학생들은 앉은 자리에서 좋아하는 음악을 들을 수 있는 기회를 일시적으로 상실하게 된다. 결과적으로 학생들의 소음은 줄어들어 계속 음악을 들을 수 있는 상태를 유지하게 되었다.

Cooper, Heron과 Heward(2007)는 집단행동에 수반되는 이러한 비격리형 퇴출의 장점을 다음과 같이 제시하였다. 첫째로, 학생들을 다른 장소로 이동시키는 특별한 조치 없이 기존의 환경에서 활용될 수 있다. 둘째로, 전자기기를 사용하여 강화 상황으로의 진입시간과 강화 상황으로부터의 퇴출시간을 자동적으로 알려 줄 수 있다. West와 Smith(2002)의 연구에서 지속적인 부적절한 소음이 강화자극(음악)의 상실을 가져온다는 것을 신속히 변별함으로써 학생들은 신호등의 색깔을 보고 자신들의 소음을 조절할 수 있었다.

수반적 관찰 한 개인을 교육의 장으로부터 격리시키는 대신 현재 진행 중인 활동의 범위 내에 머물면서 다른 사람들의 활동과 그 결과로 따라오는 강화를 관찰하도록 한다. 그러나 진행 중인 활동에의 참여와 활동을 통하여 얻을 수 있는 강화의 기회는 일시적으로 제한된다. 예를 들어, 아동이 바람직하지 못한 행동을 할 때 진행 중인 활동으로부터 아동을 잠시 제외시킨 다음, 한쪽에 앉아 다른 아동들의 바람직한 행동을 관찰하고, 그러한 행동이 활동 중에 강화되는 것을 관찰하도록 하는 방법이다. White와 Bailey(1990)는 심한 행동장애아들이 배치된 4학년 통합학급의 체육시간에 이러한 방법을 사용하였다. 교사는 수업 중 부적절한 행동을 하는 아동을 체육 활동으로부터 제외시키고, 그 이유를 설명한 다음 의자에 앉아 다른 아동들이 활동하는 것을 관찰하도록 하였다. 그리고 아동에게 3분 동안 흐르는 모래시계를 주고 모래가 아래쪽으로 완전히 다 흐르면 다시 활동에 참여하도록 하였다. 이 방법은 아동을 교육의 장으로부터 격리시키지 않을 뿐 아니라 바람직한 행동과 그 행동의 결과(강화)를 관찰하도록 함으로써 모방학습의 효과를 거둘 수 있어 효과적이다. 이 방법은 체육시간에 학생들의 부적절한 행동을 감소시키기 위하여 활용되었으며, 대안교육을 받는 학급과 일반 4학년 학급에서 모두 큰 성과를 거둘 수 있었다.

일시퇴출 리본 어떤 연구자들(Foxx & Shapiro, 1978; Alberto, Heflin, & Andrews, 2002)은 재미있는 연구 결과를 발표하였는데, 활동 중 모든 아동들의 팔목에 예쁜 색깔의 리본을 매도록 하였다. 그리고 활동에 방해되는 부적절한 행동을 하는 아동이 발견되면, 즉시 그 아이의 리본을 3분 동안 회수하기로 하였다. 교사와 또래들은 리본을 매지 않은 아동과는 어떠한 형태의 사회적 상호작용도 하지 않도록 규칙을 정하였다. 만일 정해진 3분이 지나도록 문제행동을 중단하지 않으면 리본의 회수시간을 연장하였다. 이와 같이 학습 환경을 간단히 조절함으로써 부적절하게 행동하는 아동을 별도의 공간에 물리적으로 격리시키지 않고도 정적강화의 회수를 통하여 일시퇴출의 효과를 거두었다.

시각 차단 심한 장애 아동을 대상으로 문제행동에 수반하여 얼굴 가리기 또는 시각 차단을 활용할 수 있다. 아동이 상동행동, 자해행동, 이식행동 등을 할 때 아동의 눈을 교사의 손이나 안대 등으로 수초 동안 가려 시각적 강화자극을 차단하는 기법이다. 이 방법은 아동을 교육의 장으로부터 격리시키지 않고, 또 눈을 가리던 손이나 안대를 치우면 즉시 진행 중인 교육 활동에 참여시킬 수 있는 장점이 있다. McGonigle, Duncan, Cordisco와 Barrett(1982)은 여러 가지 상동행동과 자해행동을 하는 네 명의 아동을 치료하는 데 이 방법을 활용하였다. 교사는 한 손으로 아동의 뒤통수를 받치고 다른 한 손으로 아동의 눈을 가려 줌으로써 모든 시각적 자극을 차단하였다. 아동의 눈을 가리는 시간은 최소한 5초였고, 5초가 지난 뒤 바람직한 행동이 발생하면 눈을 가리던 손을 치워 주는 방식으로 진행되었다. 이 기법은 상동행동(Jordan, Singh, & Repp, 1989; Singh, Landrum, Ellis, & Donatelli, 1993), 이식행동(Singh & Winton, 1984), 자해행동(Singh, 1980; Watson, Singh, & Winton, 1986), 식사 중의 부적절한 행동(Horton, 1987), 강박적으로 머리카락 뽑기(Baumann & Vitali, 1982), 부적절한 발성(Cameron, Luiselli, Littleton, & Ferrelli, 1996) 등을 치료하는 데 효과적으로 활용되었다.

2) 격리형 퇴출

격리형 퇴출[13]은 표적행동에 뒤따르는 강화자극을 차단하기 위하여 아동을 일시적으로 현재 활동 중인 장소로부터 다른 곳으로 격리시키는 방법이다. 이러한 목적으로 일시격리실[14]이라고 불리는 특정한 방이 사용되기도 한다. 그러나 항상 아동을 학급이나 교육 장소로부터 완전히 격리할 필요는 없다. 아동을 직접적인 활동 영역으로부터

13) Exclusion time-out (隔離型 退出)
14) Time-out room

할 경우에는 관련 당국의 허가를 얻도록 한다. 교육의 장으로부터의 퇴출은 학습의 기회를 제한할 수 있고, 또 강제적인 격리는 인권침해의 소지가 크기 때문에 선진국에서는 철저한 행정 당국의 허가와 감독을 받도록 법적으로 규정하고 있다. 일시퇴출의 오남용과 그 피해를 최소화하기 위한 법적 배려인 것이다. 우리 가정이나 교육 현장에서도 일시퇴출이 많이 사용되고 있으나 그 효과성도 확인하지 않고 수업시간 내내 복도에 격리시키는 경우를 종종 볼 수 있다. 인권보호와 과학적 사실에 근거하여 자녀와 학생들의 훈육방법을 선택할 필요가 있다.

⑧ 일시퇴출을 일관성 있게 적용한다.　일시퇴출의 효과를 얻기 위해서는 부적절한 표적행동이 발생할 때마다 일관성 있게 일시퇴출을 적용하여야 한다. 만일 부모나 교사 또는 치료자들이 이러한 치료교육적 조치에 동의하지 않을 경우에는 이 방법을 포기하고 다른 적절한 방법을 찾도록 한다. 일시퇴출을 일관성 없이 적용할 경우 어떤 행동을 하고 어떤 행동을 해서는 안 되는지에 대한 변별학습이 이루어질 수 없어 그만큼 치료적 효과를 기대할 수 없다. 일관성 없는 적용은 학생들을 혼란스럽게 할 뿐이다.

⑨ 일시퇴출의 효과를 평가한다.　응용행동분석 연구에서는 모든 치료 프로그램의 효과를 철저히 분석하는 것이 그 특징이다. 일시퇴출의 경우도 예외일 수 없다. 그러나 이러한 공통적 이유 외에 일시퇴출만이 가지는 독특한 이유가 있다. 일시퇴출은 교육이나 치료적 상황으로부터 일시적이나마 개인을 퇴출시키는 것이 그 특징이다. 즉, 퇴출로 인하여 개인이 누릴 수 있는 교육과 치료의 혜택이 제한될 수 있고 인권침해의 소지도 있다. 효과가 보증되지 않는 상태에서 이러한 불이익의 가능성을 감수하는 것은 어리석은 일이다. 따라서 사용 초기부터 퇴출 대상이 되는 부적절한 행동의 발생 수준이 파악되어야 하고, 치료적 중재를 통하여 그 행동이 현저하게 감소되었다는 것이 확인되어야 한다. 더욱이 일시퇴출의 오남용을 예방하기 위한 법적·윤리적 규제는 단순한 행동 변화의 효과에 관한 기록뿐 아니라, 일시퇴출의 사용에 관한 자세한 기록이 유지되기를 요구한다. 예컨대, 일시퇴출의 지속시간과 일시퇴출의 사용 전, 사용 중, 사용 후의 행동 변화에 대한 자세한 기록을 의무화하고 있다. 또한 표적행동 이외의 다른 행동에 미치는 효과, 일시퇴출의 부작용, 다른 상황에서의 표적행동의 변화 등에 관한 추가적 기록이 요구된다. 예컨대, 일시퇴출은 울기, 공격하기, 위축 등과 같은 정서적 반응을 유발할 수 있고, 이러한 반응들은 일시퇴출의 긍정적 효과를 압도하여, 그 여파가 다른 상황으로 파급될 수도 있다. 이와 같은 자세한 기록은 치료적 중재를 계획하거

나 수정 · 보완하는 데 큰 도움이 될 수 있다.

⑩ **긍정적 치료방법을 먼저 찾아본다.** 문제행동을 감소시키는 데 효과가 있다 하더라도 치료방법 선택의 우선권을 일시퇴출에 두어서는 안 된다. 소거법 또는 행동을 감소시킬 수 있는 다른 긍정적 방법(예: 여타행동의 차별강화 또는 상반행동의 차별강화)을 먼저 찾아보아야 한다. 침해성과 제한성이 적은 긍정적 방법이 효과가 없을 때만 일시퇴출을 고려할 수 있다.

⑪ **일시퇴출의 사용에 관한 법적 · 윤리적 문제를 고려한다.** 일시퇴출의 사용에 대한 법정 논쟁은 기숙시설에 거주하는 장애인의 문제로 시작되었지만 그 판결의 영향력은 모든 상황에 파급되었다. 법정 판결 이전에는 주로 내담자 권리의 보호, 일시퇴출의 잔혹성이나 비정상성 여부, 일반 사회의 수용 정도 등에 관하여 논의되어 왔다. 법정의 최종 판결은 '불필요하고 제한적인 격리'를 거부할 수 있는 권리를 인정하는 내용이었다. 특히 일시퇴출의 사용에 관한 구체적 판결은 행동수정 프로그램이 장애인 자신이나 타인의 신체적 손상을 보호할 수 있도록 계획되었고 철저한 감시와 감독하에 진행된다는 조건하에서 허용될 수 있다는 것이었다. 결론적으로 적어도 다음과 같은 두 가지 내용이 엄격하게 규정되고 있다. 첫째로, 격리는 전반적인 치료계획의 일부분일 뿐이며, 치료 프로그램은 치밀한 감시체제를 갖추고 있음이 입증될 수 없는 경우에는 자물쇠로 잠긴 방에 사람을 격리시키는 것은 불법으로 간주된다. 둘째로, 일시퇴출의 지속시간은 짧게 하려는 의도로 계획되어야 한다. 그리고 퇴출시간의 연장은 정당하게 구성된 심사위원회의 허락에 의해서만 가능하다.

제3절 반응대가

부적절한 문제행동을 감소시킬 수 있는 부적벌 중의 또 하나는 반응대가이다. 이 방법은 효과가 빠르고 내담자와의 마찰도 적어 일시퇴출의 대안으로서 가정과 학교에서 효과적으로 활용될 수 있다.

1. 반응대가의 정의

반응대가[15]란, 부적절한 행동을 감소시키기 위하여 사용되는 부적벌의 일종으로서 표적행동의 발생에 수반하여 일정량의 정적강화자극을 회수(-)하는 방법을 말한다. 일상생활에서의 예를 들면, 동생과 싸울 때마다 용돈의 일부를 삭감하는 것, 교통법규를 위반할 때 범칙금을 무는 것 등이다. 물론 일정량의 정적강화를 회수하기 위해서는 내담자가 이미 일정 수준의 정적강화를 가지고 있다는 것이 전제되어야 한다(Azrin & Holz, 1966). 따라서 반응대가는 토큰제도와 병행하여 사용되는 경우가 많다. 예를 들면, Sullivan과 O' Leary(1990)는 아동이 비학습행동을 한 번 할 때마다 휴식시간 1분과 교환할 수 있는 토큰 한 개씩을 회수(-)하는 방식으로 반응대가를 시행하여 아동의 비학습행동을 감소시킬 수 있었다.

토큰제도와 반응대가를 예를 들어 비교하면 다음과 같다. 학생 각자에게 10개의 수학 문제를 풀도록 하고 하나의 정답에 대하여 한 개의 토큰을 줌으로써 정답의 수를 증가시킬 수 있었다면 이는 토큰제도이다. 반면에 교사가 각 아동에게 10개의 토큰을 미리 주고, 아동이 푼 수학 문제 중 오답 한 개당 한 개의 토큰을 회수함으로써 오답의 수를 줄일 수 있었다면, 이는 바로 반응대가 기법이다. 실제로 반응대가는 단독으로보다는 토큰제도와 병용될 때 더 효과적인 것으로 나타났다(Bierman, Miller, & Stabb, 1987; Kazdin, 1994). 두 기법이 병용될 경우 아동들은 바람직한 행동으로 토큰을 벌어들일 수 있고, 또 그릇된 행동에 대한 벌금으로 토큰을 납부할 수도 있다. 즉, 하나의 토큰제도를 사용하여 바람직한 행동을 강화할 수도 있고, 부적절한 행동을 감소시킬 수도 있는 종합적 프로그램으로 사용될 수 있어 편리하다. 반응대가는 벌의 부작용을 피하면서 벌의 장점을 이용할 수 있는 효과적인 방법이다.

2. 반응대가의 방법

반응대가는 벌금제도, 보너스 반응대가, 정적강화와 병용하는 반응대가, 집단수반과 병합하는 반응대가 등 다양한 방식으로 활용될 수 있다.

15) Response cost (反應代價)

1) 벌금제도

시민으로서 지켜야 할 어떤 규칙을 어길 때 일정한 범칙금을 부과하는 여러 가지 벌금제도가 있다. 예를 들어, 교통신호를 위반할 때 범칙금을 징수하고, 각종 요금을 기한 내에 지불하지 않을 때 과태료를 징수한다. 교통신호 위반과 요금 미납의 사례를 줄이기 위한 대책들이다. 반응대가도 벌금제도와 똑같다. 다만 돈으로 벌금을 지불하는 것이 아니고 내담자가 이미 소유하고 있는 정적강화자극을 회수한다. 반응대가로서의 벌금제도[16]는 부적절한 행동에 대한 벌금조로 일정량의 정적강화자극을 직접 회수 또는 차압하는 방식으로 집행될 수 있다. 예컨대, 교사의 말을 듣지 않고 불복할 때마다 자유시간을 5분씩 회수하는 것이다. 이 제도에서 중요한 것은 회수 또는 차압되는 물건이나 권리는 당사자에게 소중한 것이어야 하고, 또 내담자 자신이 그러한 정적강화자극을 이미 소유하고 있어 벌금조로 지불할 수 있는 능력이 있어야 한다는 점이다.

때로는 반응대가로 회수되는 물건이나 권리가 개인의 기본권에 해당하는 것일 때는 법적 또는 윤리적 문제가 대두될 수도 있다. 예컨대, 어떤 잘못된 행동을 할 때 한 끼를 굶긴다든지, 정당한 휴식시간이나 좋아하는 재활훈련 시간을 단축한다든지, 전화나 휴대전화 같은 통신수단의 사용권을 회수한다든지 하는 것은 개인의 기본권을 침해하는 위법 내지는 비윤리적 행위가 될 수 있다. 이러한 문제의 소지를 없애기 위해서는 이 제도를 실행하기에 앞서 지역인권위원회 또는 보호자의 허락을 반드시 받아야 한다.

2) 보너스 반응대가

벌금제도가 효력을 발휘하려면 범칙자에게 벌금을 낼 수 있는 능력이 있어야 한다. 벌금을 낼 능력이 없는 사람에게 벌금을 부과해 봤자 실효성이 없을 뿐 아니라 예상치 못한 부작용마저 초래할 뿐이다. 마찬가지로 반응대가가 성공을 거두려면 회수 또는 차압할 수 있는 정적강화자극을 내담자가 충분히 보유하고 있어야 한다. 보너스 반응대가[17]란, 내담자에게 비수반적으로 가외의 정적강화자극을 보너스로 미리 제공한 다음, 부적절한 반응에 수반하여 그 추가분의 한도 내에서 회수 또는 차압하는 방법을 말한다. 보너스로 받은 추가분에 대해서만 대가를 지불하도록 하는 것이기 때문에 기본권을 침해할 우려가 없다. 예를 들어, 잘못된 행동에 대한 반응대가로 법적으로 정해진

16) Fine system

17) Bonus response cost

휴식시간(예: 10분)을 차압하는 것은 법적 또는 윤리적으로 부적절할 수 있지만, 법정 휴식시간 외에 무상으로 제공된 보너스 휴식시간(예: 15분)의 한도 내에서 회수하는 것은 문제될 것이 없다. 문제행동 한 번에 3분의 휴식시간을 회수할 경우, 문제행동을 3번 하였다면 추가로 얻은 휴식시간 15분에서 9분을 빼고 6분이 남는다. 아직도 추가분 중에 남은 휴식시간을 즐길 수 있도록 하였기 때문에 문제될 것이 없다.

3) 정적강화의 병용

반응대가는 단독으로 사용될 때보다 정적강화와 병용될 때 더욱 효과적이다. 예컨대, 토큰제도를 도입하여 학생들의 바람직한 학습 활동을 강화하는 한편, 바람직하지 못한 행동을 할 때마다 일정량의 토큰을 벌금으로 징수하는 방법이다. 구체적인 토큰제도를 예로 들면, 오전 중에 학생들에게 10개의 학습과제를 주고 한 학습과제를 완성할 때마다 학생들에게 1점 또는 별표 하나 또는 스티커를 한 장씩 준다. 그렇게 하면 최대한 10장을 벌 수 있다. 반면에 욕설 한 번당 1점, 별표 하나 또는 스티커 한 장을 벌금으로 회수한다. 단 최대한 6장까지만 벌금을 징수하도록 한다. 만일 한 학생이 과제를 다 풀어 스티커를 10장 벌었고 욕설을 4번 하여 스티커 4장을 회수당했다고 가정하면, 아직 스티커는 6장이 남아 있고 후에 지원강화와 교환할 수 있다.

이 방법은 여러 가지 이점이 있다. 첫째로, 벌어들인 토큰을 반응대가(벌금)로 모두 잃는 것은 아니다. 나머지 토큰으로 차후에 지원강화와 교환할 수 있다. 따라서 반응대가로 차압된 토큰 때문에 큰 좌절과 실망감을 느끼지 않을 수 있다. 둘째로, 앞으로의 노력에 따라 바람직한 표적행동으로 토큰을 다시 벌어들일 수 있는 기회가 주어진다. 따라서 기본 권리나 인권침해 요소가 없기 때문에 법적 또는 윤리적 문제는 발생하지 않는다.

4) 집단수반성의 병용

반응대가를 집단수반성[18]과 병합하여 활용할 수 있다. 즉, 집단 구성원 중 누구라도 문제행동을 하면 이에 수반하여 집단 전체로서 일정량의 강화자극을 회수하도록 하는 방법이다. 예컨대, 한 교사는 수업 중에 좌석을 이탈하거나 떠들거나 남을 괴롭히는 행

18) Group contingency (集團隨伴性): 집단 내의 한 개인 또는 일부 구성원의 행동 수행의 결과에 따라 집단 구성원 모두가 동일한 후속자극(강화자극 또는 벌자극)을 공유하도록 하는 방법이다. 후속자극이 강화자극에 국한될 경우에는 집단강화라고 한다.

동을 줄이기 위하여 집단수반성과 병합된 반응대가를 활용하였다. 법정 휴식시간 외에 15분의 휴식시간을 학급 전체에게 보너스로 제공한 다음, 칠판에 '15, 14, 13 … 3, 2, 1, 0' 의 숫자를 역순으로 적어 놓고, 수업 중에 앞서 제시된 문제행동이 관찰될 때마다 누가 그러한 행동을 하든 상관없이 제일 큰 숫자부터 하나씩 ×표를 하여 지운다. 수업이 끝난 후 지워지지 않고 남아 있는 숫자 중 제일 큰 숫자만큼만 학급 전체가 자유시간을 누릴 수 있도록 하였다. 집단수반성에 대해서는 '제7장, 제3절 집단강화' 를 참고한다.

3. 반응대가 사용 시 유의할 사항

반응대가를 사용할 때 주의할 점은 다음과 같다. 첫째로, 보너스로 제공된 강화자극들은 회수할 수 있는 성질의 것이어야 한다. 예컨대, 아동들에게 과자, 사탕과 같은 일차적 강화자극을 배분한 다음 반응대가로 그것을 회수하려고 한다면 어리석은 일일 것이다.

둘째로, 벌금의 크기, 즉 회수될 토큰이나 벌점의 양을 정할 때는 세밀한 주의를 기울여야 한다. 연구사례를 보면 상반된 결과들이 보고되고 있다. 예를 들면, Burchard와 Barrera(1972)는 많은 양의 벌금을 사용한 반면, Siegel, Lenske, broen(1969)은 적은 양의 벌금을 사용하였는데, 두 경우 모두 좋은 결과를 얻은 것으로 보고되고 있다. 그러나 반응대가를 사용할 때 벌금의 양이 커질수록 토큰의 가치가 떨어진다는 점을 간과해서는 안 된다. 하루 종일 공부하여 얻은 토큰을 작은 잘못에 대한 벌금으로 몽땅 지출해야 한다면 아동은 다시는 열심히 공부하려고 하지 않을 것이다.

셋째로, 정적강화가 모두 회수되었을 때 생길 수 있는 문제를 미리 고려하여야 한다. 예컨대, 교사가 학생들과 약속하기를 오전 중에 열심히 공부하고 협력하면 30분간의 자유시간을 상으로 주겠다고 하였다. 단, 오전 중 누구든 수업시간에 문제행동을 할 때마다 주어진 30분에서 5분씩 회수하겠다고 하였다면 어떤 일이 발생할까? 물론 처음에는 아동들이 30분의 자유시간을 지키기 위하여 모두 노력할 것이다. 그러나 부적절한 행동으로 야금야금 5분씩 빼앗겨 이제 겨우 5분밖에 안 남았다든지, 모두 빼앗겨 자유시간을 가질 수 없게 되었을 때는 잘해 보려는 노력을 포기하고 말 것이다.

넷째로, 다른 행동분석 기법을 사용할 때도 마찬가지겠으나 특히 반응대가를 사용할 때는 아동이 해야 할 행동이 무엇인지, 위반을 하였을 때 지불해야 할 벌금은 얼마인지 등을 정확히 숙지하도록 지도해야 한다. 사전에 명확히 알고 있다면, 잘못된 행동과 지불해야 할 벌금에 관한 논쟁으로 쓸데없이 시간을 소모하는 일이 없을 것이다.

4. 반응대가 사용 전 확인할 사항

첫째, 상반행동의 강화전략이나 기타 더 긍정적인 방법은 없는지 살펴보아야 한다. 더 좋은 다른 방법이 있으면 반응대가를 사용하지 않는 것이 좋다.

둘째, 아동들이 현재 정적강화자극을 충분히 소유하고 있는지 또는 토큰제도를 병용할 때처럼 강화자극을 벌어들일 수 있는 여지가 있는지 등을 살펴야 한다. 소유하고 있는 강화자극이 적을 경우와 벌어들일 수 있는 방법이 없을 때는 반응대가를 사용하지 말아야 한다.

셋째, 바람직한 행동을 하였을 때와 그릇된 행동을 하였을 때 지불해야 할 벌금에 대한 규정이 명확한지, 또 내담자들이 이를 잘 이해하고 있는지 확인하여야 한다.

넷째, 잘못된 행동에 대한 벌금의 비율이 적절한지 잘 살펴보아야 한다. 벌금의 비율이 적절하지 못하면 행동에 미치는 효과는 감소될 것이다.

다섯째, 아동들이 가지고 있는 정적강화자극을 쉽게 회수할 수 있는 방법이 있는지 살펴보아야 한다. 회수할 방법이 없거나 회수가 어려울 경우에는 그만큼 효과가 낮아진다.

여섯째, 잘못된 행동에 대한 반응대가와 병행하여 바람직한 행동을 강화할 수 있는 전략이 마련되어 있는지 살펴보아야 한다.

요 약

1. 꾸지람은 잘못된 행동을 바로잡기 위한 벌로서 가정과 학교, 더 넓게는 일반 사회에서 널리 사용된다. 그러나 꾸지람은 일부 사람들에게는 부정적 관심으로 받아들여져 표적행동을 정적강화하고 있다는 증거가 제시되고 있다.

2. Van Houten은 꾸지람을 효과적으로 활용할 수 있는 아홉 가지 실용적 규칙을 제안하였다. ① 구체적으로 꾸짖고, ② 단호한 어조로 꾸짖고, ③ 잘못된 행동은 인정할 수 없다는 것을 비언어적으로 표현하고, ④ 물리적으로 가까이 접근하여 꾸

짖고, ⑤ 잘못된 행동을 무시하지 말아야 하고, ⑥ 위험스럽고 고집스러운 행동은 물리적으로 중단시키고, ⑦ 바람직한 행동은 언제나 칭찬하고, ⑧ 필요할 경우 꾸지람을 지원할 수 있는 벌을 사용하고, ⑨ 꾸지람할 때 자기통제력을 잃지 말아야 한다.

3. 반응 가로막기란, 문제행동이 시작되자마자 즉시 물리적으로 개입하여 반응의 완결을 저지 또는 가로막는 것으로서 입에 손 넣기, 눈 후비기, 이식증과 같은 만성적 문제행동의 빈도를 줄이는 데 효과적이다. 그러나 이러한 반응의 억제 효과가 벌에 의한 것인지 아니면 소거에 의한 것인지의 구별은 저지당하는 반응의 변화 형태에 따라 결정된다.

4. 수반적 운동연습이란, 문제행동에 수반하여 문제행동과는 형태가 다른 동작을 반복하여 연습시키는 것으로서 자기자극적 행동, 상동행동, 소란행동, 공격적 행동, 자해행동 등을 감소시키는 데 효과가 있다.

5. 과잉교정은 문제행동이 발생할 때마다 이에 수반하여 문제와 직접 관련되거나 또는 논리적으로 관련 있는 힘든 행동을 하도록 요구하는 것을 말한다. 그중 첫째, 복원적 과잉교정은 문제행동으로 인하여 발생한 손상을 원상태로 복원하고, 이에 더하여 문제행동 이전보다 더 좋은 상태로 만들어 놓도록 요구하는 것이다. 둘째, 긍정적 실습 과잉교정은 문제행동의 발생에 수반하여 그 행동을 올바른 형식으로 반복하여 수행하도록 요구하거나, 문제행동과 상반되는 행동을 일정 시간 동안 또는 일정횟수를 반복하도록 요구하는 것이다.

6. 일시퇴출은 타임아웃으로 널리 알려진 기법으로, 정적강화로부터의 일시적 퇴출을 의미한다. 일시퇴출의 정의 안에는 세 가지 요소가 포함된다. 첫째, 문제행동이 발생하는 진입 환경 내에는 그 행동을 강화하는 요인이 있어야 하고, 퇴출 환경 내에는 문제행동을 강화하는 요인이 없어야 한다. 둘째, 문제행동에 수반하여 강화자극으로의 접근을 일시적으로 제한한다. 셋째, 결과적으로 문제행동의 미래 발생빈도가 감소되어야 한다.

7. 비격리형 퇴출은 아동이 현재 활동하고 있는 환경으로부터 아동을 물리적으로 격리시키지 않고, 단지 문제행동이 강화될 수 없도록 일시적으로 환경을 조절하는 방법이다. 예컨대, 한 연구에서는 수업 중에 떠들고 킬킬거리는 행동을 감소시키

기 위하여 그러한 행동을 하는 학생들로 하여금 잠시 책상 위에 머리를 박고 있도록 하거나, 교실의 전등을 잠시 끄는 방식으로 이들의 행동이 상호 간에 강화될 수 없도록 조치함으로써 효과를 얻을 수 있었다. 이러한 비격리기법에는 계획적 무시, 특정한 정적강화자극의 회수, 수반적 관찰, 일시퇴출 리본, 시각 차단 등이 있다.

8. 격리형 퇴출은 표적행동에 뒤따르는 강화를 차단하는 수단으로 아동을 일시적으로 현재 활동 중인 장소로부터 다른 곳으로 격리시키는 방법이다. 이러한 목적으로 일시격리실이라고 불리는 특정한 방이 사용되기도 한다. 그러나 항상 학급이나 교육 장소로부터 완전히 격리시킬 필요는 없고, 실내의 다른 위치로 이동시키는 것으로 충분할 수 있다. 교실의 한쪽 구석에 벽을 향하여 작은 의자 하나를 놓아 두거나 교실 한쪽에 칸막이를 두른 작은 장소를 마련할 수도 있다. 격리기법은 공격행동, 분노행동, 반항행동 등을 보이는 유아들에게 효과적으로 활용된다.

9. 일시퇴출은 사용이 간편하며, 행동의 억제 효과도 신속하다. 그러나 일시퇴출만을 단독으로 사용하기보다는 대체행동의 차별강화와 소거법 등 행동을 감소시킬 수 있는 다른 기법과 병행하여 사용하는 것이 더욱 효과적이다.

10. 일시퇴출은 일시적이지만 교육의 장에서 격리시킨다는 점에 문제성이 있다. 따라서 다음과 같은 내용이 신중히 고려되어야 한다. ① 퇴출 장소는 안전이 보장되어야 하고, ② 퇴출 장소에는 문제행동을 강화할 만한 요소가 없어야 하고, ③ 퇴출시간 중에 아동의 행동을 잘 지켜보고 감시할 수 있어야 하고, ④ 퇴출시간이 너무 길어서는 안 되고, ⑤ 최소한의 시간과 노력으로 아동을 격리시킬 수 있도록 조치하여야 하고, ⑥ 표적행동이 발생할 때마다 일관성 있게 즉시 격리시켜야 한다.

11. 일시퇴출의 효과를 보장하기 위해서는 ① 강화자극이 풍족한 진입 환경을 조성하고, ② 일시퇴출의 대상이 되는 표적행동을 명확히 정의하고, ③ 일시퇴출 시간을 짧게 정하고, ④ 퇴출 환경으로부터의 해제기준을 명확히 정하고, ⑤ 격리형 퇴출을 적용할 것인지, 비격리형 퇴출을 적용할 것인지 결정하고, ⑥ 일시퇴출 규정을 설명하고, ⑦ 행정 당국의 허가를 얻어야 하고, ⑧ 일시퇴출을 일관성 있게 적용하고, ⑨ 일시퇴출의 효과를 평가하고, ⑩ 다른 긍정적 치료방법을 먼저 찾아보고, 마지막으로, 일시퇴출에 관한 법적 및 윤리적 문제를 고려하여야 한다.

12. 반응대가란, 부적절한 행동을 감소시키기 위하여 사용되는 부적벌의 하나로 부적절한 행동의 발생에 수반하여 일정량의 정적강화를 회수(-)하는 방법을 말한다. 일정량의 정적강화를 회수하기 위해서는 내담자가 이미 일정 수준의 정적강화를 소유하고 있다는 것이 전제되어야 한다. 따라서 반응대가는 토큰제도와 함께 병용되는 경우가 많다. 토큰제도와 함께 병용하면, 바람직한 행동을 강화할 수도 있고, 부적절한 행동을 감소시킬 수 있는 종합적 프로그램으로 사용 가능하다. 반응대가에는 벌금제도, 보너스 반응대가, 정적강화와 병용하는 반응대가, 집단수반성과 병합하는 반응대가 등이 있다.

13. 반응대가를 사용할 때 주의할 점은 ① 교사는 한 번 나눠 준 강화자극을 회수할 수 있는 능력을 가지고 있어야 하고, ② 벌금의 크기, 즉 회수될 토큰이나 벌점의 양을 정하는 데 세밀한 주의를 기울여야 하고, ③ 정적강화가 모두 회수되었을 때 생길 수 있는 문제를 미리 대비하여야 하고, ④ 반응대가를 사용할 때는 아동이 해야 할 행동이 무엇인지, 위반하였을 때 지불해야 할 벌금은 얼마인지 등을 분명하게 이해시켜야 한다.

14. 반응대가를 사용하기 전에 확인할 사항으로는 ① 상반행동의 강화전략이나 기타 더 긍정적인 방법은 없는지 살펴보아야 하고, ② 내담자가 현재 충분한 양의 정적강화자극을 소유하고 있는지, 또는 토큰강화를 병행하여 사용할 때는 강화자극을 벌어들일 수 있는 방법이 있는지 등을 살펴야 하고, ③ 바람직한 행동에 대한 강화와 그릇된 행동에 대한 벌의 규정이 명확히 설명되었는지, 아동들이 이를 잘 이해하고 있는지 확인하여야 하고, ④ 잘못된 행동에 대한 벌금의 비율이 적절하게 정해졌는지 살펴야 하고, ⑤ 아동들이 가지고 있는 정적강화를 쉽게 회수할 수 있는 방법이 있는지 살펴야 하고, ⑥ 잘못된 행동에 대한 반응대가와 병행하여 바람직한 행동을 강화할 수 있는 전략이 있는지 살펴보아야 한다.

연구 문제

➲ 정적벌과 부적벌의 원리에서 파생된 여러 가지 기법에 관하여 논해 보자.

1. 훈육과 교육의 실제에서 꾸지람은 어떤 효과가 있는지 논해 보자.
2. 꾸지람의 효과를 높이기 위한 실용적 규칙에 대하여 설명해 보자.
3. 반응 가로막기의 효과는 벌의 효과인지 소거의 효과인지 논해 보자.
4. 문제행동을 감소시키기 위한 수반적 운동연습의 활용방안을 설명해 보자.
5. 단순교정, 복원적 과잉교정, 긍정적 연습 과잉교정의 차이점을 비교해 보자.
6. 일시퇴출을 정의하고 다양한 변형에 대하여 논해 보자.
7. 일시퇴출을 사용할 때 유의할 사항을 논해 보자.
8. 반응대가를 정의하고 실천적 방법을 논해 보자.

제4부

선행요인을 조절하는 방법

Antecedent variables

지금까지 작동행동에 영향을 미치는 후속자극의 중요성에 대하여 강조하여 왔다. 이제는 작동행동의 출현에 영향을 미치는 선행요인의 역할에 대하여 논의하기로 한다. 먼저 선행자극을 조절함으로써 행동을 개선할 수 있는 자극통제에 관하여 살펴보고, 다음으로는 비교적 새로운 방법으로 그 실용성이 높아지고 있는 동기화조작과 선행요인의 조절을 통한 치료적 중재방안을 논의하기로 한다.

제11장 자극통제에서는 자극일반화와 자극변별, 선행자극과 반응의 관계, 자극통제의 발달에 관하여 논의한다. 특히 자극변별 훈련을 통한 과소행동과 과다행동의 조절, 비변별적 행동의 수정, 개념의 형성, 자극동등성의 원리를 실용적 측면에서 살펴보고, 촉진과 용암법을 활용한 효율적 자극통제 방안에 대하여 논의한다.

제12장 동기화조작과 선행중재에서는 강화가치와 행동 변화의 효과에 영향을 미치는 동기화조작의 기본개념과 원리 및 동기설정조작과 동기해지조작에 관하여 논의한다. 그리고 동기화조작의 원리에 근거한 선행중재 방법으로 비수반적 강화, 고확률요구연속, 기능적 의사소통 훈련에 관하여 설명한다.

제11장 자극통제

학습목표

1. 자극일반화와 변별학습에 근거한 자극통제의 원리를 설명할 수 있다.
2. 과소행동과 과다행동의 조절을 위한 자극변별 훈련을 계획할 수 있다.
3. 비변별적 행동을 수정하기 위한 차별강화 전략을 설정할 수 있다.
4. 자극변별 훈련을 통한 개념 형성의 과정을 설명할 수 있다.
5. 자극동등성의 원리와 방법을 설명할 수 있다.
6. 촉진과 용암법을 활용하여 자극변별 훈련을 계획할 수 있다.

지금까지 작동행동에 영향을 미치는 후속자극의 원리에 관하여 설명하였다. 이 장에서는 선행자극이 행동에 미치는 영향력을 살펴보기로 한다. 작동행동은 행동자의 의도에 따라 자유롭게 수행되기 때문에 수동행동에서와 같이 반사적으로 반응을 유발하는 무조건자극(US)이나 조건자극(CS)과 같은 것은 존재하지 않는다. 다만 작동조건형성의 과정을 통하여 특정한 선행자극이 행동의 발생에 영향을 미치도록 조작할 수 있다. 이 장에서는 자극일반화와 변별학습에 근거한 자극통제의 원리를 설명하고, 자극변별 훈련을 통한 과소행동과 과다행동의 조절, 상황에 부적절한 비변별적 행동의 수정, 새로운 개념의 형성, 자극동등성의 활용방법, 촉진과 용암법을 활용한 효율적 자극변별 훈련방법 등을 설명하기로 한다.

제1절 자극일반화와 변별

작동조건형성의 원리에 따르면, 어떤 행동이 일정한 자극사태에서 일관성 있게 반복하여 강화되면 그와 유사한 자극사태에서 그 행동이 다시 발생할 확률이 높아진다. 예를 들어, 특정한 음정 '미' 의 버저 소리가 울릴 때 지렛대를 누르면 음식이 나오고, 버저 소리가 울리지 않을 때 지렛대를 누르면 음식이 나오지 않도록 고안된 실험상자 안에 24시간 동안 굶긴 흰쥐를 넣고 관찰해 보자. 이러한 상황에서 상당 시간 동안 같은 경험이 반복되면, 흰쥐는 버저 소리가 나지 않을 때보다 버저 소리가 날 때 지렛대를 더 자주 누르게 된다. 이와 같이 하나의 선행자극이 어떤 행동의 발생 여부에 영향력을 갖게 되는 것을 자극통제[1]라고 한다. 따라서 '효과적 자극통제' 란 특정한 자극의 출현과 특정한 행동의 발생 사이에 존재하는 강력한 상관성을 일컫는다.

위의 실험 예에서 약간의 변화를 시도해 보자. 이번에는 처음 사용한 '미' 와 다른 버저 소리(예: '도' 와 '솔')를 울려 주면 실험동물은 어떻게 반응할까? 물론 본래의 '미' 이외의 다른 소리가 날 때 지렛대를 누르면 음식이 나오지 않도록 장치해 놓고 관찰한다. 많은 연구 결과에서 밝혀진 것은 실험에 사용되었던 '미' 이외의 다른 버저 소리에도 동일한 반응을 보인다는 사실이다. 다만 본래 실험에 사용했던 '미' 와 유사성이 높을수록 반응량은 더 크고, 유사성이 낮을수록 반응량은 작아지는 현상을 보인다. 이와 같이 본래의 자극 '미' 뿐 아니라 유사한 다른 자극에 대해서도 동일하게 반응하는 현상을 자극일반화[2]라고 한다. 그런데 시간을 연장하여 좀 더 관찰해 보면 새로운 현상을 발견할 수 있다. 즉, 시간이 흐르고 경험이 반복될수록 '도' 와 '솔' 의 버저 소리에 대한 반응의 양과 빈도는 점차 줄어 결국 사라지고, '미' 의 버저 소리에만 민감하게 반응한다. 그 이유는 분명하다. '미' 에 반응하여 지렛대를 누르면 음식이 나오지만, '도' 나 '솔' 에 대한 반응은 아무것도 얻을 수 없기 때문이다. 즉, '미' 에 대한 반응은 계속 정적강화되어 유지되지만, 다른 음에 대한 반응은 정적강화가 수반되지 않아 소거되기 때문이다. 이와 같이 특정한 선행자극에 대해서만 민감하게 반응하게 되는 현상을 자극변별[3] 또는 자극변별학습[4] 이라고 한다. 이러한 변별과정에서 민감하게 반응을 유

1) Stimulus control (刺戟統制)
2) Stimulus generalization (刺戟一般化)
3) Stimulus discrimination (刺戟辨別)
4) Stimulus discrimination learning (刺戟辨別學習)

도할 수 있는 선행자극, 즉 본래의 '미' 음정의 버저 소리를 변별자극[5]이라 하고, S^D(에스 디)로 표기한다. 그리고 자극일반화 과정에서는 변별자극과 동일한 반응을 유도할 수 있었지만, 변별학습이 이루어진 후에는 반응을 유도할 수 없게 된 유사한 다른 선행자극을 S^{Δ}(에스 델타)[6]라고 한다. 자세한 내용은 '제2장, 제5절 자극일반화와 자극변별학습'을 참고한다.

자극통제는 바로 변별학습을 통하여 선행자극이 표적행동의 발생에 영향을 미칠 수 있도록 가르칠 수 있는 중요한 방법이다. 일상생활 중에서 흔히 발견되는 자연적 학습현상을 예로 들어 보자. 우리는 전화벨이 울릴 때만(S^D) 수화기를 들고, 전화벨이 울리지 않을 때(S^{Δ})는 수화기를 들지 않는다. 전화벨이 울릴 때 수화기를 들어야만 통화가 가능하기 때문이다. 전화벨 소리는 수화기를 드는 행동을 유도하는 변별자극(S^D)이고, 수화기를 드는 행동(R)은 즉시 뒤따르는 통화에 의하여 정적강화(S^{R+})된다. 운전자는 빨간 신호등이 켜질 때 차를 멈추고, 파란 신호등이 켜질 때 전진한다. 운전자의 행동은 신호등의 색깔에 따라 통제된다. 즉, 일상 경험을 통하여 신호등에 대한 자극변별학습이 이루어진 것이다. 분명히 전화벨이나 신호등은 변별자극(S^D)으로서 인간의 행동에 영향을 미친다. 이와 같이 학습된 변별자극은 인간의 행동을 결정하는 중요한 선행요인이 된다.

이상에서 선행자극(A)이 후속되는 행동(B)에 어떻게 영향을 미칠 수 있는지를 살펴보았다. 자극일반화와 자극변별은 서로 상대적 관계에 있다. 자극일반화에서는 자극통제의 정도가 느슨한 반면, 자극변별에서는 상대적으로 자극통제의 정도가 예민하다. 예컨대, 처음으로 자기 아버지를 보고 '아빠'라고 부를 줄 알게 된 아기는 아버지와 유사한 특성을 가진 모든 남자 어른들을 보고 '아빠'라고 부른다. 이러한 현상은 자극일반화의 예이다. 그러나 얼마 후 아기는 아버지에게만 '아빠'라고 부르고 다른 남자 어른을 보면 '아빠'라고 부르지 않는다. 즉, 아버지와 다른 남자 어른의 차이점을 변별할 수 있게 된다.

5) Discriminative stimulus (辨別刺戟)

6) △(delta)는 그리스어로서 영어의 D와 같다. 같은 'discriminative'를 뜻하면서 S^D와 S^{Δ}를 구별하기 위하여 사용되는 기호이다.

제2절 선행자극과 반응의 관계

자극통제가 강하게 형성되면 선행자극은 작동행동의 발생에 강력한 영향력을 갖게 된다. 선행자극이 제시되면 거의 틀림없이 반응이 뒤따른다. 마치 조건자극(CS)에 반사적으로 반응(CR)하는 수동행동의 경우와 매우 유사하다. 작동조건형성에 의하여 습득된 변별자극(S^D)과 수동조건형성에 의하여 습득된 조건자극(CS)은 모두 행동의 발생을 유도하는 선행자극(A)이다. 즉, 어떤 행동에 선행하는 자극으로서 그 행동의 발생에 영향을 미치는 중요한 요인이다. 그러나 이러한 유사성에도 불구하고 두 자극이 행동의 발생에 미치는 통제 기능은 전혀 다르다. 수동조건형성 실험에서 버저 소리와 음식을 짝지어 제시하면 결국 버저 소리도 타액분비를 유발할 수 있는 자극으로 변화된다. 버저 소리가 타액분비를 일으킬 수 있는 기능성을 갖게 된 것은 조건자극(CS)과 무조건자극(US)의 연합에 의한 학습의 결과이다.

작동조건형성에서는 버저 소리가 울릴 때 지렛대를 누르는 행동을 일관성 있게 음식으로 강화하면, 결국 버저 소리는 지렛대 누르는 행동을 유도할 수 있는 변별자극(S^D)으로 기능하게 된다. 변별자극이 후속되는 반응에 대한 통제 기능을 획득하게 된 것은 최종적으로 행동에 수반되는 강화에 근거한다. 두 실험에서 모두 동일한 버저 소리와 음식이 관여되어 매우 유사하게 보이지만, 버저 소리에 침을 흘리는 것은 반사적으로 일어나는 수동행동이고, 버저 소리에 지렛대를 누르는 것은 의도적으로 수행된 작동행동이다.

세상에는 수없이 많은 자극들이 존재하지만, 인간의 행동에 영향을 미치는 자극의 형태는 감각수용기(sensory receptor)에 의하여 감지될 수 있는 에너지로 한정된다. 예컨대, 시각자극은 망막을 통하여 감지되는 전자기파를, 청각자극은 고막을 통하여 감지되는 공기압력과 진동을, 후각자극과 미각자극은 각각 해당되는 감각수용기를 자극하는 화학적 에너지를 그리고 피부자극은 물리적 압력과 온도의 변화를 말한다. 이와 같은 인간의 감각수용기는 진화론적 관점에서 개체나 종의 생존에 기여할 수 있는 방식으로 그 해부학적 구조가 변형되어 왔다(Michael, 1993). 응용행동분석에서는 인간의 행동에 영향을 미칠 수 있는 이러한 자극들의 물리적 특성을 연구한다. 모든 자극이 행동에 영향을 미칠 수는 없다. 예를 들어, 자외선은 강력한 물리적 자극이지만 인간의 감각기관으로는 감지될 수 없기 때문에 행동에 아무런 영향도 미치지 못한다. 개를 훈련하거나 개의 행동 통제에 사용되는 특수한 호루라기(dog whistle)는 인간의 귀로는 들을 수 없지만 개의 귀에만 들리는 특정 공기압력과 진동파를 사용한다. 따라서 개의 행동에는 영향을 미칠 수 있지만 인간의 행동에는 영향을 미치지 못한다.

제3절 자극통제의 발달

같은 행동이라도 상황에 따라 바람직할 수도 있고 바람직하지 못할 수도 있다. 예컨대, 운동장에서 큰 소리를 지르는 것은 허용되지만, 교실에서 크게 소리 지르는 것은 허용되지 않는다. 동창 모임에 10여 분 늦는 것은 큰 허물이 아니지만, 면접시험에 10여 분 늦는 것은 용납되지 않는다. 이처럼 상황에 적절히 반응하도록 자녀를 가르치는 것이 부모의 일이고, 주어진 학습자극에 올바로 반응하도록 가르치는 것이 교사의 역할이다. 부모나 교사의 지시를 잘 따르고, 수업 중에는 자리를 지키고, 주어진 과제를 풀기 위해 노력하고, 복도에서는 천천히 걷고, 운동장에서는 활기 차게 뛰어놀고, 도서관에서는 조용히 책을 읽도록 가르쳐야 한다. 치료나 교육에서 바람직한 행동은 새로 가르쳐 증가시키고 바람직하지 못한 행동은 감소시키거나 제거시키는 일도 중요하지만, 이에 못지않게 적절한 시간과 장소를 가려 올바로 반응하도록 가르치는 것 역시 대단히 중요하다. 이러한 일들은 모두 자극변별 훈련을 통하여 가능하다.

1. 자극변별 훈련

자극변별 훈련에서는 하나의 표적행동과 둘 이상의 선행자극이 개입된다. 그중 한 자극사태(S^D)에서 발생한 표적행동은 강화하고, 다른 자극사태(S^Δ)에서 발생한 표적행동은 강화하지 않는다. 다시 말하면, S^D가 존재하는 조건에서 표적행동이 발생하면 강화하고, S^Δ가 존재하는 조건에서 표적행동이 발생하면 강화하지 않는다. 이와 같은 방법으로 자극변별 훈련이 수행된다. 예를 들어, [그림 11-1]에서와 같이 아기가 아버지의 모습(S^D)을 보고, '아빠' 라고 부르면 아빠는 아기에게 미소 지으며 안아 준다. 그러면 아기가 아버지의 모습을 보고 '아빠' 라고 부르는 행동은 강화되어 그 발생률은 점차로 높아진다. 그러나 이와는 대조적으로, 다른 남자 어른의 모습(S^Δ)을 보고 '아빠' 라고 부르면 남자 어른은 돌아보지도 않고 무시한다. 따라서 다른 남자 어른을 보고

가 불분명하고, 점선 화살표는 이들 사이의 수반적 관계가 잘 형성되지 않아 약화된 상태에 있음을 표시한다. 행동 뒷면에 회색으로 채워진 아래로 향한 화살표는 행동의 발생빈도가 점차 낮아지고 있음을 나타낸다. 치아 건강을 위하여 이를 닦아야 할 적절한 시간은 기상 후, 식사 후 그리고 취침 전이다. 그러나 [그림 11-2]의 예에서는 이러한 특정한 선행자극 상황이 변별자극(S^D)으로 학습되지 못하여 이를 닦는 행동을 이끌어 내지 못하고 있다. 또한 어쩌다 이를 닦는 행동이 발생할 경우에도 정적강화가 수반되지 않아 소거되고 있다. 따라서 [그림 11-3]에서와 같이, 정해진 선행자극 상황(S^D)에서 발생하는 표적행동(이 닦기)을 일관성 있게 강화함으로써 선행자극(S^D)과 반응(R) 간의 수반적 관계를 견고하게 형성할 필요가 있다. 일상생활 중의 특정 자극이 변별자극으로서 표적행동을 유도할 수 있는 기능성을 갖게 되면 표적행동의 발생빈도는 그만큼 높아질 수 있다. 앞으로 민호가 기상 후, 식사 후 그리고 취침 전이라는 특정 상황(S^D)에서 이를 닦는 것이 발견되면 무시하지 말고 적극적으로 관심을 보이며 강화하도록 한다. 만일 표적행동이 자발적으로 발생하지 않을 경우에는 적절한 언어적 촉진이나 물리적 지도를 통하여 표적행동을 유도하면서 강화할 필요가 있다. 그리고 표적행동의 개선이 확인되면 점차로 언어적 · 물리적 도움을 체계적으로 감소시키는 계획을 세우도록 한다. 자세한 방법은 '제5절 촉진자극과 자극통제'를 참고한다.

둘째로, 과다행동의 일부 원인은 잘못 형성된 자극변별학습에서 찾을 수 있다. 즉, 생활환경 중의 특정한 선행자극이 문제행동을 유도하는 강력한 변별자극(S^D)으로 잘못 학습되고, 이러한 변별자극이 생활환경 내에 폭넓게 산재되어 수시로 문제행동을 유도할 경우, 문제행동의 발생빈도는 높아질 수 있다. 또한 유발된 문제행동이 실생활 중의 자연강화에 의하여 강력히 지원되면 문제행동의 발생빈도가 높아질 수 있다. 예를 들어, [그림 11-4]에서 진희는 수업시간에 과제를 주면 책상을 치며 고함을 지른다. 그때마다 교사는 놀라서 진희에게 달려와 위로하며 도닥거려 줌으로써 문제행동을 정적강화하거나 혹은 과제 수행을 중단하고 쉬게 함으로써 부적강화할 수 있다. 교사의 위로나 과제의 면제는 무심코 저지른 잘못이겠지만, 결과적으로 '학습과제의 부여'는 문제행동을 유도하는 그릇된 변별자극(S^D)으로 잘못 학습될 수 있다. 앞으로 진희는 학교생활 중 하기 싫은 학습과제를 접할 때마다 같은 문제행동을 반복할 것이 예상된다.

치료적 중재과정에서는 문제행동을 유도하는 특정한 선행요인의 자극통제 기능을 약화시키거나 제거할 필요가 있다. [그림 11-4]에서 선행자극(S^D)과 문제행동(R) 간에 형성되어 있는 강력한 수반적 관계를 와해시키기 위하여 앞으로는 특정한 선행자극 사태에서 발생하는 문제행동이 더 이상 강화될 수 없도록 조치하여야 한다. 이제까지 문

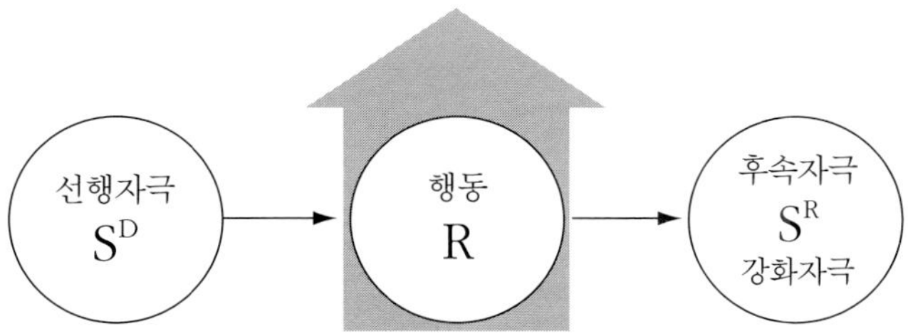

• 정적강화

학습과제를 주면 / 진희는 책상을 치며 고함을 지른다. / 교사가 달려와 달랜다.

• 부적강화

학습과제를 주면 / 진희는 책상을 치며 고함을 지른다. / 과제를 그만두고 쉬라고 한다.

[그림 11-4] 과다행동의 원인

학습과제가 부여될 때마다 책상을 치며 고함을 지르는 진희의 행동은 교사의 관심과 수업 면제로 일관성 있게 강화되었다. 따라서 '학습과제의 부여'는 진희의 문제행동(R)을 유도하는 강력한 변별자극(S^D)으로 잘못 학습되었다.

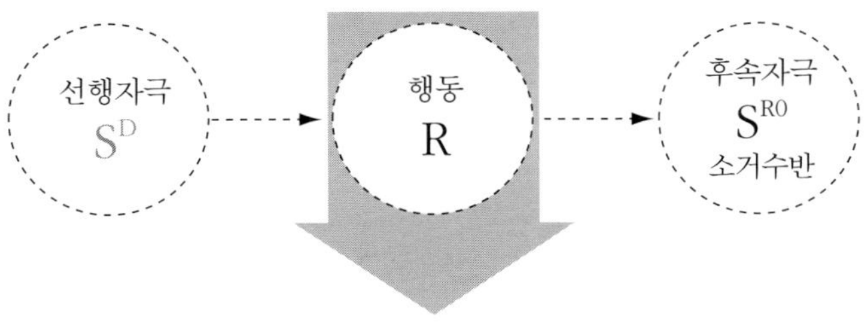

• 관심소거

학습과제를 주면 / 진희는 책상을 치며 고함을 지른다. / 교사는 무시한다.

• 도피소거

학습과제를 주면 / 진희는 책상을 치며 고함을 지른다. / 과제를 계속하라고 요구한다.

[그림 11-5] 과다행동의 소거

잘못 형성된 변별자극(S^D)과 문제행동(R) 간의 기능적 관계를 약화시키기 위하여 관심소거와 도피소거 전략을 활용한다. 즉, 학습과제를 주면 책상을 치며 고함을 지를 때마다 관심을 보이지 않고 주어진 학습과제를 수행하도록 계속 요구한다.

제행동을 강화해 온 후속자극을 철저히 차단함으로써 문제행동을 소거시키는 한편, 잘못 형성된 변별 기능을 약화시킬 수 있는 전략을 마련한다. [그림 11-5]에서와 같이, 학습과제를 줄 때마다 책상을 치며 고함을 지르는 행동에 일체 관심을 보이지 않고(관심소거), 과제를 수행하도록 계속 요구한다(도피소거). 즉, 관심소거와 도피소거 전략을 일관성 있게 제공함으로써 '학습과제의 부여'라는 자극사태가 더 이상 문제행동을 유도할 수 없도록 조치하여야 한다. 또한 욕구좌절과 행동의 공백을 방지하기 위하여 대체행동의 차별강화(DRA) 전략을 병용한다.

3. 차별강화를 통한 비변별적 행동의 수정

행동 자체에는 문제가 없어도 적절하지 못한 시간에 적절하지 못한 장소에서 발생하면 문제가 된다. 예를 들어, [그림 11-6]에서처럼 수업시간에 주어진 과제를 푸는 것은

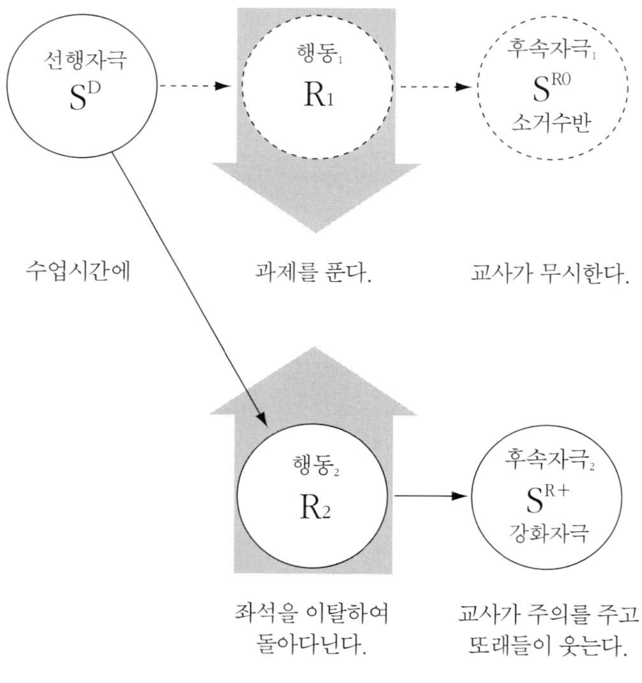

[그림 11-6] 비변별적 행동의 원인

'수업시간'이라는 선행자극은 과제를 푸는 바람직한 행동(R_1)을 유도하지 못하고, 오히려 좌석을 이탈하여 돌아다니는 부적절한 행동(R_2)을 유발하는 변별자극(S^D)으로 잘못 학습되었다. 이러한 결과는 수업시간에 바람직한 학습행동은 교사의 무시로 소거되고, 오히려 부적절한 행동은 교사의 주의와 또래들의 웃음으로 정적강화되었기 때문에 발생한 일이다.

바람직한 행동이지만, 좌석을 이탈하여 돌아다니는 것은 적절치 않다. 그 행동 자체는 좋은 것도 나쁜 것도 아니며, 비록 바람직한 행동이더라도 상황에 맞지 않으면 적응상의 문제가 발생할 수 있다.

이와 같이 상황에 맞지 않는 부적절한 행동의 원인은 첫째로, 올바른 자극변별학습의 부재에서 비롯될 수 있다. 즉, 선행자극(S^D)이 표적행동(R_1)을 이끌어 낼 수 있는 변별자극으로 학습되지 못한 것이다. [그림 11-6]의 위 그림에서는 수업시간(S^D)에 발생한 바람직한 과제 수행(R_1)이 교사의 무시로 소거되고 있다. 이러한 환경자극의 배열이 지속되는 한 수업시간이라는 자극사태는 과제를 푸는 올바른 학습반응을 유도할 수 없다. 둘째로, 상황에 맞지 않는 부적절한 행동의 원인은 잘못된 자극변별학습에 있다. [그림 11-6]의 아래 그림처럼, 수업시간은 바람직한 표적행동(R_1)을 유도하지 못하고 오히려 부적절한 좌석 이탈행동(R_2)을 유도하는 변별자극(S^D)으로 강하게 학습되었다. 따라서 이러한 문제를 해결하기 위해서는 상황(S^D)에 적절한 행동(R_1)을 강화하는 한편, 상황에

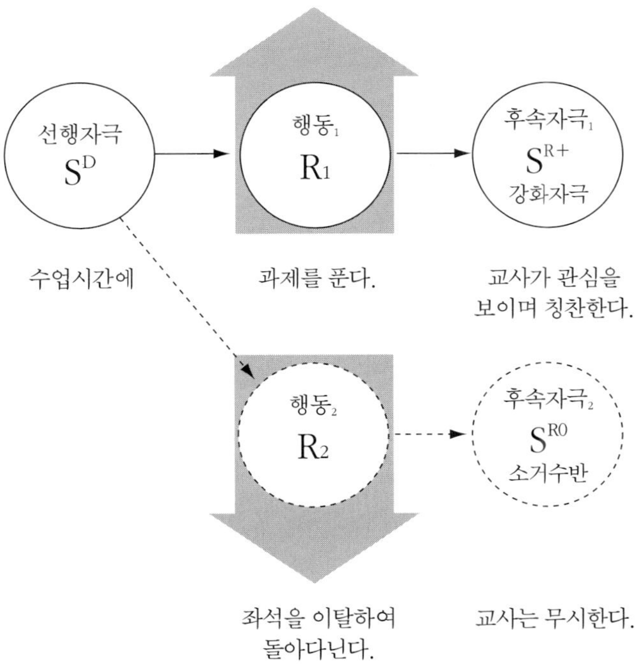

[그림 11-7] 비변별적 행동의 중재전략

수업시간에 과제를 푸는 행동을 교사의 체계적 관심과 칭찬으로 일관성 있게 강화함으로써 '수업시간'이 올바른 학습반응(R_1)을 유도할 수 있는 변별자극(S^D)으로 학습되도록 한다. 반면에 좌석을 이탈하여 돌아다니는 부적절한 행동(R_2)은 일관성 있게 무시하여 소거시킨다.

맞지 않는 부적절한 행동(R_2)에 대한 강화를 중단해야 한다. 이와 같은 차별강화를 일관성 있게 수행함으로써 올바른 자극통제 기능을 재형성하여야 한다.

치료적 중재과정에서는 [그림 11-7]에서처럼 대체행동의 차별강화[7] 전략을 활용한다. 즉, 과제를 푸는 것과 같은 바람직한 학습반응을 대체행동으로 선정하여 차별강화한다. 차별강화란 하나의 자극사태에서 두 가지 이상의 다른 행동이 발생할 때, 하나의 반응은 강화하여 증가시키고 다른 반응은 강화하지 않음으로써 소거시키는 방법이다. '수업시간'이라는 하나의 특정한 자극사태에서 발생한 적합한 학습행동은 강화하고, 부적합한 다른 모든 행동은 강화하지 않음으로써 소거시킨다. 이제부터 교사는 수업시간에 좌석을 이탈하여 돌아다니는 행동에 대한 꾸지람이나 경고를 중단하고 과제를 푸는 바람직한 학습행동에 관심을 보이며 칭찬한다. 일반적으로 교사의 꾸지람이나 경고는 학생의 편에서는 관심으로 받아들여져 벌의 효과보다는 오히려 정적강화의 효과를 나타내는 경우가 많다. 또한 교사의 꾸지람이나 질책은 또래 친구들의 동정과 위로를 얻을 수 있어 결국 또래강화로 둔갑할 수 있다. 특히 수업 중 교사의 꾸지람은 수업시간의 소모나 중단으로 이어질 수 있어 공부를 싫어하는 많은 학생들에게 집단강화의 효과를 나타내기도 한다. 따라서 문제행동을 소거시키기 위해서는 문제행동에 대하여 경고나 주의를 주기보다는 단순히 무시하여 소거시키거나, 다른 효과적인 벌을 찾아보는 것이 더 현명한 일이다.

4. 개념 형성

복잡하고 다양한 개념 형성의 과정도 자극통제로 설명된다. 예컨대, 취학 전 유아에게 기본 색깔의 이름을 가르칠 때 자극변별 훈련의 방법이 사용된다. 빨간색을 가르칠 때 빨간 공은 S^D로, 노란 공은 S^Δ로 사용한다. 교사는 빨간 공과 노란 공을 무작위로 섞어 아동 앞에 제시하며 빨간 공을 가리키라고 지시한다. 이때 올바른 반응은 강화하고 그릇된 반응은 강화하지 않는다. 몇 회기의 훈련을 반복하면 빨간 공은 선행자극(S^D)으로서 아동의 반응을 유도하는 통제력을 획득하게 된다. 즉, 아동은 빨간 공을 노란 공과 구별하여 가려낼 수 있게 된다. 그러나 이것으로 빨간색이라는 개념이 획득된 것은 아니다.

개념 형성 또는 개념 획득은 자극일반화와 변별을 통하여 학습된 결과이다(Keller &

7) Differential reinforcement of alternative behavior

Schoenfeld, 1950, 1995). 즉, 같은 자극군 내에서의 자극일반화와 서로 다른 자극군 간의 변별에 의하여 복잡하게 형성된 자극통제를 의미한다(Cooper, Heron, & Heward, 2007). 선행자극군이란 어떤 공통적 관계를 공유하는 선행자극들의 집합으로, 같은 자극군에 속하는 자극들은 모두 동일한 반응군을 유도할 수 있다. 이러한 반응의 유도 기능은 동일 자극군에 속하는 자극들이 갖는 공통 특성이다. 예컨대, 빨간색이란 개념에 속하는 자극군을 생각해 보자. 빨간 물건을 보고 빨갛다고 말하는 것은 차별강화의 과정을 거쳐 학습된 결과이다. 학습된 빨간색은 옅은 빨간색부터 짙은 빨간색에 이르는 다양한 파장에 일반화되어 옅은 파장에 대해서나 짙은 파장에 대하여 모두 빨간색이라고 반응할 수 있게 된다. 여러 색조의 빨간색 중에서 빨간색이라는 반응을 유도할 수 없는 자극(예: 아주 옅은 빨간색)은 그 자극군에서 제외된다. 그러므로 빨간색이라는 개념은 학습된 자극으로부터 같은 자극군 내에 속하는 학습 경험이 없는 다른 많은 자극들에 일반화된다. 즉, 여러 등급의 빨간 색조를 일일이 경험하거나 학습한 일이 없어도 일반화의 과정을 거쳐 빨간색으로 인지하게 된다.

요약하면, 개념 형성은 자극변별과 자극일반화에 의하여 성취된다. 같은 자극군 내에서의 자극일반화와 서로 다른 자극군 간의 자극변별은 개념 형성의 필수적 과정이다. 예컨대, 빨간색이라는 개념이 형성되기 위해서는 빨간색과 다른 색깔 간의 차이점을 변별할 수 있어야 한다. 즉, 서로 다른 자극군에 속하는 구성원들을 가려낼 수 있는 변별훈련이 필수적이다. 그러나 자극변별만으로는 개념 형성이 이루어질 수 없으며 같은 자극군 내에서의 자극일반화가 필수적이다. 자극일반화 과정이 없다면, 모든 자극을 일일이 다 경험하고 학습하지 않고서 개념 형성은 이루어질 수 없을 것이다.

제4절 자극동등성

조건형성 과정에서 변별학습이 이루어지기 전 학습자는 변별자극(S^D)뿐 아니라 물리적으로 유사한 다른 자극(S^Δ)에 대해서도 같은 반응을 보인다. 그러나 개념학습과 관련된 자극일반화에서 학습자가 본래의 변별자극과는 다른 새로운 자극(S^Δ)에 대해서 동일하게 반응하는 것은 자극들이 기능적으로 서로 동일하기 때문이다. 예컨대, 본래의 변별자극으로 짙은 색조의 빨간 공이 사용되었다 하더라도 학습자는 옅은 빨간색 구두를 보고도 빨간색이라고 반응한다. 두 자극은 동일한 반응을 유도한다는 점에서 기능적으로 동등한 자극들[8])이다. 즉, 옅은 빨간색 구두는 짙은 빨간색 공과 빨간색이라는 요인에서 동일한 자극군에 속하는 같은 구성요인으로서 자극일반화가 이루어진 것이다. 옅은 빨간색 구두(S^{Δ})는 짙은 빨간 공(S^{D})과는 모양과 물리적 특성에 있어서 상당히 다르지만 같은 자극군, 즉 빨간색이라는 개념 안에 포함되기 때문에 동일한 반응을 유도할 수 있다.

1. Sidman의 연구

Sidman(1971)은 다음과 같은 실험연구를 통하여 자극동등성을 입증하였다. 그의 연구에서는 임의의 여러 자극들 중에서 서로 같은 점이 있는 것끼리 짝을 맞추도록 하였는데, 피험자에게 몇 가지 특정한 자극-자극 관계를 학습시키면, 피험자는 추가적 학습 경험 없이도 이전에 할 수 없었던 자극-자극 관계를 알게 된다는 것을 발견하였다. 그의 실험에서 피험자가 실험 전에 할 수 있었던 것은 다음 두 가지뿐이었다.

① 그림카드를 표본으로 제시하면, 발성된 사물 이름들 중에서 같은 것을 찾아 짝을 맞출 수 있었다.
② 그림카드를 제시하면, 그 이름을 말할 수 있었다.

그러나 피험자는 다음과 같은 것들은 전혀 할 수 없었다.

③ 글자카드를 표본으로 제시하면, 발성된 사물 이름들 중에서 같은 것을 찾아 짝을 맞출 수 없었다.
④ 글자카드를 표본으로 제시하면, 여러 그림카드들 중에서 같은 것을 찾아 짝을 맞출 수 없었다.
⑤ 그림카드를 표본으로 제시하면, 여러 글자카드들 중에서 같은 것을 찾아 짝을 맞출 수 없었다.
⑥ 글자카드를 제시하면, 읽을 수 없었다.

그러나 피험자가 ③항에 대한 훈련을 받은 후에는 훈련받지 않은 나머지 ④항, ⑤항,

8) Functionally equivalent stimuli

⑥항의 행동도 할 수 있게 되었다. 다시 말하면, 글자카드를 보고 발성된 사물 이름들 중 올바른 것을 찾아 짝을 맞출 수 있도록 훈련을 받은 다음부터 큰 변화가 일어났다. 별도의 훈련이 없었지만, 피험자는 글자카드와 동일한 내용의 그림카드를 찾아 올바로 맞출 수 있었고, 그림카드를 동일한 내용의 글자카드와 짝을 맞출 수 있었으며, 글자카드를 읽을 수 있게 되었다. 〈글상자 11-1〉은 이 실험의 결과를 요약한 것이다.

Sidman은 두세 개의 자극-자극 관계만을 가르치는 노력으로 전혀 가르치지도 않고 강화한 적도 없는 다른 자극-자극 관계에 올바로 반응할 수 있도록 만든 것이다. 이러한 사실은 교육과정의 설계나 훈련 프로그램의 개발에 큰 영향을 미쳤다. Sidman의 연구 이후로 자극동등성에 관한 연구는 읽기(Kennedy, Itkonen, & Lindquist, 1994), 언어교육(Lane & Crichfield, 1998), 수학(Lynch & Cuvo, 1995)과 같은 복잡한 언어적 능력이 요구되는 교육과 훈련 영역에서 활발하게 전개되어 왔다.

글상자 11-1

자극동등성 실험 효과

실험 전에 할 수 있었던 것들

① 그림카드와 발성된 사물 이름과 맞추기
② 그림카드의 이름 말하기

실험 전에 할 수 없었던 것들

③ 글자카드와 발성된 사물 이름과 맞추기
④ 글자카드와 그림카드 맞추기
⑤ 그림카드와 글자카드 맞추기
⑥ 글자카드 읽기

실험 내용

③ 실험 전에 할 수 없었던 '글자카드와 발성된 사물 이름과 맞추기(3항)'를 훈련하였다.

별도의 훈련 없이 할 수 있게 된 것들

④ 글자카드와 그림카드 맞추기
⑤ 그림카드와 글자카드 맞추기
⑥ 글자카드 읽기

2. 자극동등성의 정의와 검증

자극동등성[9]이란 Sidman의 연구에서 밝혀진 바와 같이, 두세 가지의 자극-자극 관계에 대한 올바른 반응을 강화하면(훈련하면), 훈련을 받거나 강화된 적이 없는 다른 자극-자극 관계에 대한 반응이 정확히 출현하는 현상을 말한다. Sidman과 Tailby(1982)는 〈글상자 11-2〉에 제시된 바와 같이, 수학적 진술방식을 이용하여 자극동등성을 입증하였다. 즉, 자극 A와 자극 B가 같다는 것을 학습하고, 또 자극 B가 자극 C와 같다는 것을 훈련받은 후에 학습자는 추가적인 훈련을 더 받지 않아도 자극 A와 자극 C가 같다는 것을 알게 된다. 응용행동분석에서는 자극-자극 관계 간의 재귀성, 대칭성 및 이행성을 입증함으로써 자극동등성을 설명한다.

글상자 11-2

수학적 진술방식으로 정의된 자극동등성

1. 만일 A＝B이고
2. B＝C이면
3. A＝C이다.

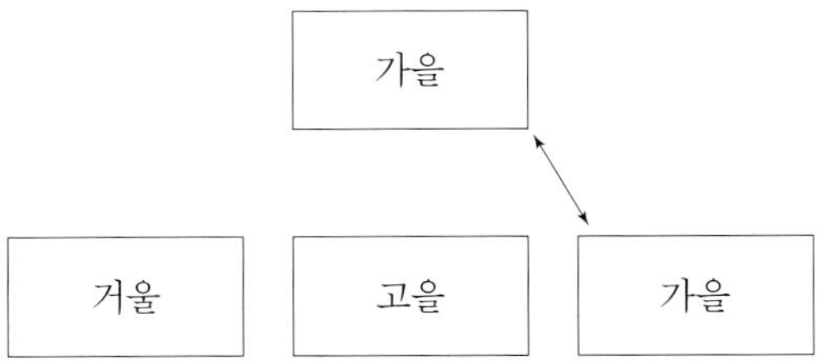

[그림 11-8] 재귀성의 원리

표본카드의 '가을'과 동일한 것을 대조카드 중에서 선택한다. 이 경우, 두 자극 간의 동등성은 재귀성(A=A)에 근거한다.

재귀성[10]이란, [그림 11-8]과 같은 문제 상황에서 학습자가 상단에 있는 표본 글자카드(가을)를 보고 하단에 있는 3개의 대조카드(거울, 고을, 가을) 중 표본 글자카드와 동일한 것을 선택하는 것을 말한다. 이러한 과정에서는 표본자극 자체와 똑같은 자극(즉, A＝A)을 선택하는 것이기 때문에 훈련이나 강화의 경험이 불필요하다. 학습자는 별도의 훈련이나 강화 없이도 표본자극을 보고 대

9) Stimulus equivalence (刺戟同等性)

10) Reflexivity (再歸性)

조자극들 중에서 똑같은 것을 찾아낼 수 있다. 이와 같은 자극동등성은 재귀성의 원리로 설명된다.

또한 자극-자극 관계들 간의 대칭성[11]을 검증함으로써 자극동등성을 확인할 수 있다. 즉, 표본자극(A)과 대조자극(B) 간의 가역성[12]에 근거하여(예: 만일 A=B이면 B=A이다.) 자극동등성을 확인할 수 있다. 예를 들면, [그림 11-9]에서와 같이, 표본카드(3)를 제시하면서, 학습자에게 여러 대조카드 중에서 올바른 카드(∴)를 선택하도록 가르친다. 훈련을 마친 다음 학습자는 이제 대조카드(∴)를 제시하면 추가적인 훈련이나 강화 없이도 여러 자극들 중에서 표본카드(3)를 선택한다. 학습자는 대조카드의 그림(∴)이 표본카드의 글자(3)와 같다는 것을 안다. 즉, 두 자극의 동등성을 대칭성의 원리에 따라 알게 된 것이다.

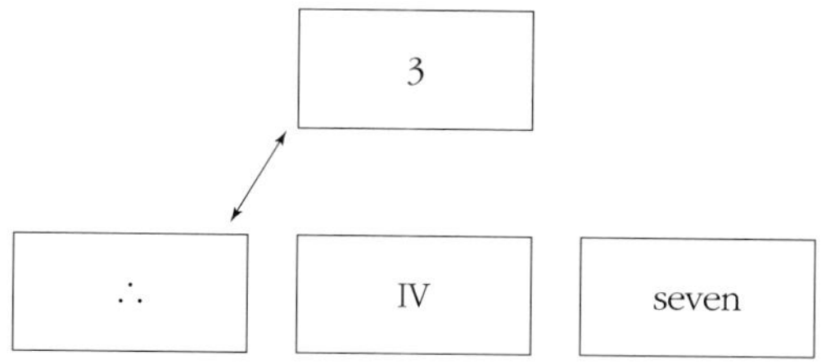

[그림 11-9] 대칭성의 원리

표본카드(3)와 공통적 특성을 가진 것을 대조카드 중에서 선택한다. 이 경우, 두 자극 간의 동등성은 가역성(만일 A=B이면 B=A이다.)에 근거한다.

이행성[13]이란, 가장 결정적인 자극동등성의 검증 원리로서 학습자가 둘 간의 자극-자극 관계(즉, A=B이고 B=C이다.)를 학습한 다음, 별도의 추가적 훈련이나 강화 없이 새로운 자극-자극 관계(예: A=C 또는 C=A)를 추출하는 것을 말한다. 예를 들어, 〈글상자 11-3〉에 제시된 ①항, ②항의 자극-자극 관계를 훈련한 후에, ③항의 관계가 추가적 교육이나 강화 없이도 출현한다면 이행성은 검증된 것이다.

글상자 11-3

자극동등성의 적용

1. 만일 A=B이고 ………… 만일 학습자가 '자전거'라는 말이 자전거 그림과 같다는 것을 배우고
2. B=C이면 ………………… 자전거 그림이 '자전거'라는 글자와 같다는 것을 배웠다면
3. C=A이다. ……………… 추가적 훈련 없이 '자전거'라는 글자는 '자전거'라는 말과 같다는 것을 안다.

11) Symmetry (對稱性)
12) Reversibility (可逆性)
13) Transitivity (移行性)

3. 표본 맞추기

행동분석 연구자들은 자극동등성을 검증하고 가르치는 데 표본 맞추기[14] 기법을 사용하여 왔다. [그림 11-10]은 Martin과 Pear(1999)가 3세 유아를 대상으로 실시한 자극동등성 훈련방법을 예시한 것이다. 훈련은 매번 검증과제를 제외한 나머지 제1, 제2, 제3 훈련과제 중 하나를 무작위로 선정하여 실시한다.

제1훈련에서는 아동에게 '3' 자가 인쇄된 카드(표본자극)를 보이며 아래에 있는 세 카드(대조자극) 중 같은 것 하나를 선택하도록 요구한다. 아동이 올바른 카드(∴)를 선택하면 즉시 정적강화한다. 제2훈련에서는 아동에게 기호 '∴' 가 인쇄된 표본카드를

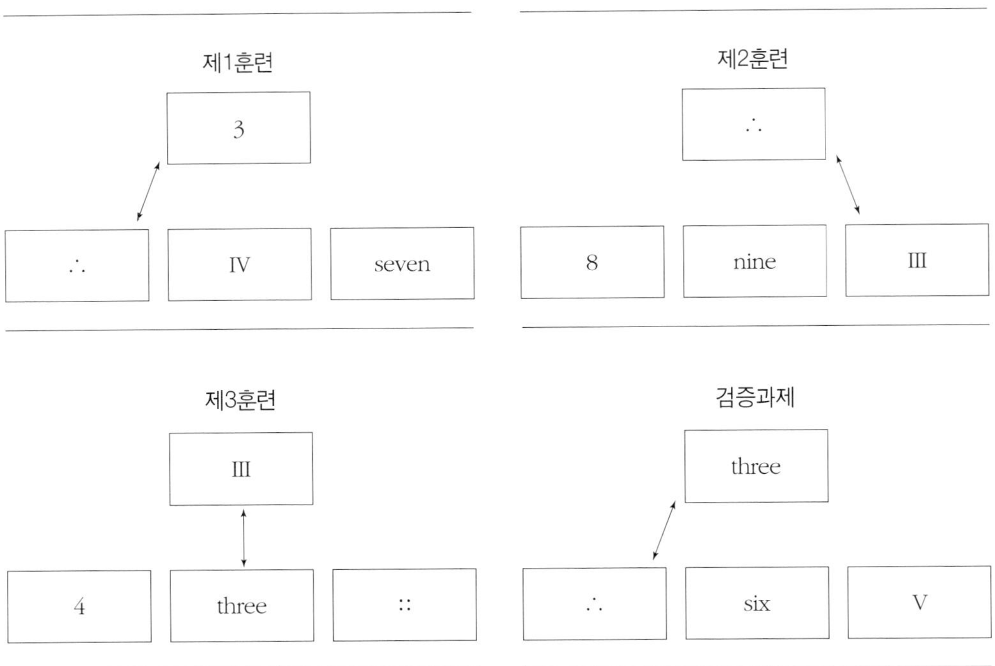

[그림 11-10] 자극동등성 실험

피험자가 세 훈련과제(제1, 2, 3 훈련)를 모두 학습할 때까지 훈련을 반복한 다음, 자극동등성을 확인하기 위하여 '검증과제'를 실시한다. 이 자료는 Martin & Pears(1999)의 *Behavior modification: What it is and how to do* it, p. 148에서 발췌함.

14) Matching-to-sample

보이며, 아래에 있는 대조카드 중 표본카드와 동일한 것을 선택하도록 요구한다. 아동이 올바른 카드(III)를 선택하면 강화한다. 제3훈련에서는 아동에게 숫자 'III'이 인쇄된 표본카드를 보이며 아래에 있는 대조카드 중 같은 것을 선택하도록 요구한다. 아동이 올바른 카드(three)를 선택하면 강화한다. 세 훈련과제에서 모두 정확하고 일관성 있게 올바로 반응할 수 있게 되면 검증과제로 넘어간다.

검증과제에서는 표본자극으로 'three' 라고 인쇄된 카드를 제시한다. 그리고 아동이 기호 '∴' 가 인쇄된 카드(대조자극)와 짝을 맞추는지 살펴본다. 만일 이 검증과정에서 올바른 자극을 선택하면 자극동등성이 입증되는 것이다. 즉, 아동은 추가적 훈련이나 강화 없이 두 자극 간의 관계에 대하여 올바르게 반응할 수 있게 되었기 때문이다. 즉, 아동은 추가적 훈련이나 강화 없이 'three' 와 '∴' 두 자극의 동등성(D = B)과 'three' 와 '3' 두 자극의 동등성(D = A) 그리고 'III' 과 '3' 두 자극의 동등성(C = A)을 추출할 수 있다.

인간은 성장하면서 수많은 자극동등성군[15]을 습득한다. 같은 자극군에 속하는 자극들은 물리적으로 서로 상당히 다르더라도 반응에 대한 동일한 통제력을 갖는다. 자극동등성군 가운데 어느 한 자극이 반응에 영향을 미칠 수 있다면, 같은 자극군에 속하는 다른 자극들도 특별한 교육이나 추가적 훈련 없이 모두 동일한 반응에 영향을 미칠 수 있다. 일상 회화 중에 우리는 자극동등성군에 속하는 각각의 자극을 접할 때 '똑같다' 또는 '똑같은 것'이라고 말한다.

자극동등성은 언어적으로 유능한 개인에게 더 잘 학습되는 것으로 입증되었다. 그렇다고 심한 언어장애를 가진 개인이나 동물은 학습이 불가능하다는 증거도 없다. 자극동등성이 언어적 유능성과 관련되는 것은 두 가지로 설명된다. 첫째로, 언어학습에 요구되는 뇌의 구조와 자극동등성군을 학습할 수 있는 뇌의 구조가 동일하기 때문에 언어를 학습할 수 있는 개체만이 자극동등성군을 학습할 수 있다는 관점이다. 둘째로, 자극동등성군을 학습할 수 있는 능력은 다양하고 수많은 자극동등성 훈련으로부터 비롯되는데, 이러한 형태의 훈련은 언어를 학습할 때 필수적으로 요구되는 것들과 동일하다는 관점이다.

15) Stimulus equivalence class (刺戟同等性群)

제5절 촉진자극과 자극통제

촉진자극[16]이란 표적반응을 이끌어 내기 위하여 일시적으로 사용되는 보조적 선행자극을 일컫는다. 촉진자극은 [그림 11-11]에서와 같이, 최종 변별자극과 표적행동 사이에 개입하여 한편으로는 표적행동을 이끌어 내어 강화하고, 다른 한편으로는 표적행동을 최종 변별자극(S^D)과 연결시키는 역할을 수행한다. 다시 말하면, 변별자극(S^D)의 자극통제 기능을 정상화하기 위하여 변별자극(S^D)이 존재하는 상황에 개입하여 표적행동(R)을 효과적으로 유도하여 강화하는 한편, 용암법을 활용하여 촉진자극의 양을 점차적으로 줄여 제거함으로써 최종 변별자극(S^D)만이 표적행동에 직접 영향을 미칠 수 있는 선행자극으로 남도록 한다.

[그림 11-11]은 자극변별 훈련과정에서 촉진자극이 어떻게 활용될 수 있는지를 잘 보여 준다. 점선으로 표시된 원과 화살표는 '식사 후'라는 선행자극이 최종 변별자극(S^D)으로 학습되지 못하여 표적행동에 아무 영향도 미치지 못함을 나타낸다. 그러므로 자극변별 훈련의 목적은 '식사 후'라는 선행자극이 '이를 닦는' 민호의 행동에 강력한 통제력을 가질 수 있도록 훈련하는 것이다. 자극변별 훈련에서는 두 가지 목적으로 최종 변별자극(S^D)과 표적행동(R) 사이에 일시적으로 촉진자극을 투입한다. 첫째, 최종

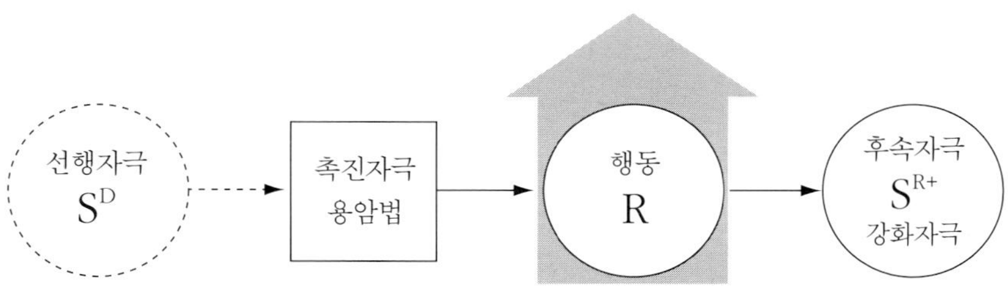

[그림 11-11] 촉진자극과 용암법을 활용한 자극변별 훈련

변별자극(S^D)이 표적행동(R)을 유도하지 못할 때 일시적으로 촉진자극을 투입하여 표적행동의 발생을 적극적으로 유도하면서 강화한다. 그리고 점차로 촉진자극을 줄여 결국 자연적 변별자극(S^D)에 의하여 표적행동이 유도될 수 있도록 한다.

16) Prompt (促進刺戟)

변별자극이 존재하는 상황(예: 식사 후)에서 표적행동(R)을 외적으로 유발시켜 즉시 강화될 수 있도록 한다(촉진법). 둘째, 훈련의 진행과정에서 단계적으로 촉진자극을 줄여 결국 최종 변별자극(S^D)만으로 표적행동을 유발할 수 있도록 한다(용암법). 훈련방법에 대한 자세한 내용은 '제16장 치료교육 프로그램 개발'을 참고한다.

1. 촉진법

촉진법[17)]이란 본래의 변별자극(S^D) 이외에 부가적인 여러 자극을 도입하여 표적행동의 발생 가능성을 증가시키는 방법을 말한다. 새로운 행동을 처음 배울 때 아동은 무엇을 어떻게 해야 할지 잘 모른다. 따라서 요구되는 표적행동이 외적으로 쉽게 나타날 수 있게 하려면 특별한 도움이 필요하다. 언어로 힌트를 주거나, 시각적인 모델을 제시하거나 또는 물리적으로 수지도를 할 필요가 있다. 이와 같이 기대하는 표적행동(학습반응)을 발생시키기 위하여 사용되는 모든 부가적인 도움을 촉진자극이라 하고, 촉진자극을 활용하여 표적행동을 외적으로 이끌어 내는 방법을 촉진법이라 한다. 치료교육에서 많이 사용되는 촉진자극은 다음과 같다.

1) 언어적 촉진

무엇을 어떻게 해야 할 것인지를 알려 주는 언어적 설명, 힌트, 사용 설명서 등은 올바른 반응을 유출해 내기 위하여 사용되는 언어적 촉진자극들이다. 예를 들어, 할아버지를 만났을 때 어머니가 아이에게 '안녕하세요! 하고 인사해야지?' 라고 가르친다든지, 버스 그림카드를 보여 주며, '이것은 무엇이지요?' 라는 질문에 답을 하지 못할 때, '할머니 집에 갈 때 무엇을 타고 가지?' 라고 힌트를 주는 것도 흔히 사용되는 언어적 촉진자극이다.

2) 시각적 촉진

간단한 기계를 조립할 때, 음식을 만들 때, 카메라 사용방법을 가르칠 때, 작업의 순서를 그림으로 그려 제시한다든지, 사각형 도형을 점선으로 그려 놓고 연필로 점선을 따라 그리도록 하는 것 등은 올바른 학습반응을 유도하기 위하여 사용되는 보조적인

17) Prompting (促進法)

시각적 촉진자극들이다.

3) 시 범

'선생님이 블록으로 기차를 어떻게 만드는지 잘 봐요!' 라고 말하면서 블록으로 기차 모형을 만드는 과정을 관찰하도록 한 다음, '영수도 선생님처럼 만들어 보세요!' 라고 한다든지, '언니처럼 두 팔을 위로 올려 봐!' 와 같이 모델의 시범 동작을 따라 하도록 하는 것은 표적행동을 유도하기 위하여 학습 상황에서 흔히 사용되는 촉진자극들이다.

4) 물리적 촉진

'빨간 공을 가리켜 봐!' 라는 지시에 반응하지 못하고 파란 공을 가리키려 할 때 아동의 손을 이끌어 빨간 공을 가리키도록 물리적으로 돕는 것을 물리적 촉진이라고 한다. 이러한 수지도는 모든 교육장면에서 흔히 사용되는 기법이다.

2. 촉진법의 효과적 활용

촉진법은 기대하는 표적행동을 외적으로 발생시키기 위하여 언어적 · 시각적 · 물리적 도움을 사용하는 것을 말한다. 이는 학습과정에서 시행착오를 줄이고 표적행동을 효율적으로 강화하기 위하여 필수적으로 요구되는 기법이다. 촉진법을 효율적으로 활용하려면 다음과 같은 점에 특히 유의하여야 한다.

① 학습자의 주의를 최종 변별자극(S^D)에 집중시켜야 한다. 변별자극에 주의를 기울일 수 없게 하는 일체의 자극을 피하는 것이 좋다. 변별자극으로부터 공간적으로 멀리 떨어진 자극도 촉진자극으로는 비효과적이다. 또한 최종 변별자극과 관련이 없는 촉진자극을 사용하는 것은 시행착오 학습보다도 효과가 적은 것으로 지적되고 있다.

② 가능한 한 약한 촉진자극을 사용한다. 약한 자극으로도 기대하는 반응을 충분히 유도할 수 있는데, 강한 자극을 사용하면 자극통제의 발달을 지연시킬 수 있다. 일반적으로 가장 좋은 촉진은 기대하는 반응을 도출하는 데 충분한 범위 내에서 가장 약한 자극을 사용하는 것이다. 또한 가장 덜 강제적인 촉진자극을 사용하여야 한다. 시범보다는

언어적 · 시각적 촉진자극이 덜 강제적이고, 물리적 촉진이 가장 강제적일 수 있다. 많은 아동들이 필요 이상으로 강한 촉진자극에 부정적으로 반응한다. 대부분의 아동들은 '나 혼자서 할 수 있으니 도와주지 마세요!' 라고 말하거나 지나치게 강제적인 물리적 촉진에 대하여 힘으로 거부하고 반항하는 경우를 많이 볼 수 있다.

③ 촉진자극은 가능한 한 신속히 제거되어야 한다. 필요 이상으로 오랫동안 사용하면 촉진자극에 대한 의존성이 높아져 자극변별학습이 지연될 수 있다. 예컨대, 어른을 만날 때마다 '안녕하세요! 하고 인사해야지?' 라는 언어적 촉진을 필요 이상으로 오래 사용하면 아동은 이러한 언어적 촉진에 의존적이 되어 어머니의 언어적 촉진이 없으면 인사를 하지 않는다. 따라서 적절한 시기에 언어적 촉진을 체계적으로 감소시켜야 한다. '안녕하세요! 하고 인사해야지?' 에서, '인사해야지!' 로 다음에는 더 줄여서 '인사!' 라고 점차 언어적 촉진을 줄여 가는 것이 좋다. 촉진자극에 의존하지 않고 자연적 변별자극, 즉 어른을 만났을 때 자연스럽게 인사하는 행동이 발생하도록 가르쳐야 한다.

④ 계획되지 않은 촉진자극을 사용하면 안 된다. 프로그램상에 계획되지 않은 내용을 훈련자나 교사 또는 부모가 멋대로 바꾸거나 첨가하여 사용해서는 안 된다. 예를 들어, 퍼즐 맞추기에서 아동이 틀린 조각을 들고 억지로 끼어 맞추려 할 때 '그게 아니야!' 라고 계획에 없는 말을 자주 하면 어떤 일이 일어날까? 아마 아동은 퍼즐 한 조각을 들고 선뜻 시도하지 못하고, '이거 맞아요?' 라고 반문하면서 엄마의 눈치를 살피게 될 것이다.

3. 용암법

용암법[18]이란 특정 행동이 새로운 다른 자극사태에서도 발생할 수 있도록 점차적으로 조건을 변경해 가는 과정을 말한다(Axelrod, 1977). 실용적으로 정의하면, 반응을 유도하기 위하여 사용되어 온 촉진자극(언어적 · 시각적 · 물리적 도움)의 양을 점차 조금씩 줄여 결국 그러한 보조자극 없이도 자연적 변별자극(S^D)에 올바로 반응할 수 있도록 가르치는 방법을 일컫는다. 예를 들어, '빨간 공 가리켜 봐, 빨간 공!' 이라는 언어적 지시에 올바로 반응하도록 가르치는 경우를 생각해 보자. 아동이 이러한 언어적 지시에 반

18) Fading (溶暗法)

응하지 못하면 일시적으로 수지도하여 올바른 학습반응을 유도한다. 그런데 만일 이러한 보조자극을 한없이 계속 사용한다면 어떻게 될까? 아마도 앞서 언급한 바와 같이, 촉진자극에 대한 의존성이 커져 더 이상 발전하지 않을 수 있다. 그러나 촉진자극의 양을 단계적으로 조금씩 줄이며 훈련을 반복하면, 언젠가는 아무 도움 없이 혼자 힘으로 자연적 변별자극에 올바로 반응할 수 있게 될 것이다. 발달적 결손행동을 가르칠 때 초기 단계에서 학습자는 많은 도움을 필요로 한다. 아직 서툴고 능숙하지 못하기 때문이다. 그러나 훈련이 진행될수록 점차 도움의 양을 줄이고 스스로 해야 할 행동의 양을 조금씩 증가시켜 결국 도움 없이 혼자서 해내도록 가르칠 수 있다. 발달장애 아동의 치료교육에 많이 사용되는 용암법을 소개하면 다음과 같다.

1) 도움 줄이기

도움 줄이기[19]는 반응을 유도하기 위하여 사용되었던 언어적 · 시각적 · 물리적 도움의 양을 점차로 줄여 제거하는 방법이다. 초기에는 올바른 학습반응을 유도하기에 충분한 양의 촉진자극을 사용한다. 그러나 학습자의 능력이 향상됨에 따라 단계적으로 촉진자극의 양을 줄여 마침내 아무 도움 없이 자연적 변별자극에 올바로 반응할 수 있도록 한다.

2) 단계적 지도

단계적 지도[20]는 물리적 촉진의 양을 감소시킬 때 사용되는 기법이다. 훈련 초기에는 표적행동을 유도하기에 충분한 만큼의 물리적 도움을 제공한다. 즉, 학습자의 손을 잡고 물리적으로 지도한다. 다음 단계에서는 손목만 잡고 지도하고, 그다음 단계에서는 학습자의 팔굽만 약간 건드려 주는 식으로 점차로 물리적 도움을 줄인다. 마지막 단계에서는 물리적 접촉은 피하고, 그림자 기법[21]으로 대치한다. 이 기법은 아동의 신체에 직접 손을 대지 않고 아동의 행동을 따라 그림자처럼 아동의 손 위로 훈련자의 손을 움직여 주는 방법이다.

19) Most-to-least prompts
20) Graduated guidance
21) Shadowing procedure

3) 시간 지연

이 기법은 촉진자극의 형태는 변화시키지 않고 그대로 유지하되, 촉진의 시간을 조절하는 방법이다. 즉, 학습자가 요구되는 반응을 하지 못할 때 즉시 촉진을 사용하는 것이 아니라 학습자에게 몇 초간 스스로 반응할 시간을 주고, 그래도 반응을 하지 않거나 못할 때 촉진자극을 사용하는 방법이다. 시간 지연은 일정 시간을 정하여 할 수도 있고, 학습자의 능력이 향상됨에 따라 지연시간을 점차로 증가시킬 수도 있다. 시간지연은 다양한 방식으로 언어적 · 시각적 · 물리적 촉진과 시범에서도 동일하게 적용될 수 있다.

4) 도움 늘리기

도움 늘리기[22]는 학습자가 올바로 반응할 수 있을 때까지 도움의 양을 점차로 증가시키는 방법이다. 도움 줄이기와 반대되는 방법이다. 처음 훈련을 시작할 때는 언어적 지시나 문제 상황의 제시와 같은 본래의 자연적 변별자극만 제시한다. 그러나 변별자극만으로 올바른 반응이 도출되지 않으면 가장 약한 촉진자극을 제시한다. 그래도 반응하지 않으면 올바로 반응할 때까지 점차로 도움의 양을 증가시킨다. 예를 들면, 퀴즈 문제를 낼 때 처음에는 단순히 질문만 하고, 정답을 모르면 힌트를 조금 주고, 그래도 정답을 말하지 못하면 힌트를 더 많이 주어 결국 정답을 맞출 수 있게 하는 방법이다. 이 방법도 언어적 · 시각적 · 물리적 촉진을 통하여 다양하게 사용될 수 있다.

4. 용암법의 활용 절차

① **최종 변별자극(S^D)을 선정한다.** 최종적으로 어떤 언어적 지시나 문제 상황에서 정해진 표적행동이 수행되기를 바라는지 명확히 진술해야 한다. 다시 말하면, 촉진자극이 모두 제거된 후 어떤 실생활 자극에 반응하도록 할 것인지를 미리 정해야 한다. 예컨대, '어른을 보고 인사하기'를 가르칠 때, '안녕하세요! 하고 인사해야지?' 라는 언어적 촉진자극이 없어도 어른을 보면 스스로 인사를 하도록 가르쳐야 할 것이다. 즉, 일상생활 중에 어른을 만나는 상황 자체가 최종 변별자극이 되어야 한다. 많은 자폐 아동들이 교사나 부모의 지시에 따라서만 행동하던 습관 때문에 이러한 부수적인 촉진자

22) Least-to-most prompts

변별자극(S^D)의 특징은 강화 가능성에 관한 정보와 관련되는 반면, 동기설정조작(EO)의 특징은 강화의 가치변화 효과에 있다. 〈글상자 12-3〉에 예시된 바와 같이, 전기자극으로부터의 도피는 부적강화(고통 완화)로서 그 가치가 높아졌다. 또한 전기자극을 피할 수 있는 행동(지렛대 누르기)은 그 발생빈도가 증가하였다. 이와 같이 전기자극의 제공은 동기설정조작의 특징인 강화의 가치변화 효과[9]와 행동의 유발효과를 모두 갖추고 있다. 그러나 변별자극(S^D)의 특징인 강화 가능성에 관한 정보를 제시하지 못하고 있다. 강화 가능성이란 특정 선행자극이 존재할 때 표적행동을 수행하면 효과적 강화자극이 수반되고, 존재하지 않을 때 표적행동을 수행하면 강화자극이 수반되지 않는다는 것을 알려 주는 정도를 의미한다.

우리에게 잘 알려진 실험의 예를 하나 더 들어 보자. 실험동물을 24시간 굶긴 후에 지렛대를 누르면 음식이 나오도록 고안된 실험상자에 넣는다. 그리고 실험상자를 작동시키기 위하여 전기 스위치를 올리면 지렛대 위에 마련된 빨간불이 켜진다. 배가 고픈 실험동물은 지렛대를 누르고 음식을 받아먹는다. 얼마 후 스위치를 내리면 빨간불이 꺼지고 실험상자는 작동을 멈춘다. 그리고 지렛대를 눌러도 음식이 나오지 않는다. 이와 같이 계획된 시간에 맞추어 스위치를 올렸다 내렸다 하면서 동물의 행동을 관찰해 보자. 어떤 일이 벌어질까? 이미 알려진 것처럼 처음에는 빨간불이 켜지건 꺼지건 상관없이 지렛대를 누르던 실험동물이 점차로 빨간불이 꺼졌을 때보다 켜 있을 때 지렛대를 누르는 빈도가 더 높아진다. 이러한 현상을 변별학습이라고 한다. 이미 잘 알고 있는 실험 내용일 것이다. 이제 이 실험의 예에서 변별자극(S^D)과 동기설정조작(EO)에 대하여 살펴보자.

이 실험에서 표적행동(지렛대 누르기)에 선행하여 두 가지 자극이 제공되었다. 하나는 '실험동물을 24시간 굶긴 것'이고, 또 하나는 '빨간불을 켰다 껐다 하는 것'이다. 전자는 동기설정조작(EO)이고 후자는 변별자극(S^D)이다. 24시간의 음식 박탈은 음식의 강화효과를 증가시키고, 음식이 수반되는 행동(지렛대 누르기)의 발생빈도를 증가시킨다. 그러나 음식의 박탈은 강화 가능성에 대하여 아무런 정보도 제공할 수 없다. 반면에 빨간불(S^D)은 꺼지고 켜지는 것으로 강화자극이 수반될 것인지 그렇지 않을 것인지에 관한 정보를 제공한다. 즉, 빨간불은 강화 가능성을 알려 주는 신호의 역할을 하지만 강화가치를 변화시킬 수는 없다.

9) Value-altering effect

제2절 선행중재

선행요인에 기반을 둔 응용행동분석의 기법을 이르는 말로 선행기법, 선행통제, 선행조작, 선행중재 등 많은 용어들이 사용되고 있다. 이러한 용어들은 자극통제와 동기화조작(MO)의 원리에 기초한 중재전략을 통칭하는 의미로 사용된다. 분명히 서로 다른 개념인데도 불구하고 명확한 구분 없이 사용함으로써 혼란을 일으키기도 한다. 이 절에서는 자극통제와 분명히 구별되는 선행요인의 중재방법을 정의하고 세부적 활용기법을 설명하기로 한다.

1. 선행중재의 정의

변별학습의 원리에 기초한 자극통제에서 변별자극(S^D)은 표적행동에 선행하는 자극으로서 표적행동을 유도하는 기능을 한다. 이러한 통제 기능은 표적행동에 후속되는 강화의 가능성과 높은 상관이 있다. 즉, 특정한 자극 상황에서 특정 행동이 일관성 있게 거듭 강화되면 결국 그 자극 상황은 강화수반을 예고하는 분명한 신호로서의 기능을 하게 된다. 따라서 특정 변별자극이 출현하면 뒤따라 정해진 특정 행동이 발생할 것을 쉽게 예측할 수 있다. 그러나 동기화조작(MO)의 기능은 강화 가능성과 상관이 없다. 즉, 동기화조작은 특정한 후속자극과 상관없이 표적행동의 발생에 영향을 미친다. 예컨대, 음식이 장시간 박탈된 자극사태에서는 행동에 수반될 후속자극의 유형과 아무 상관없이 음식을 섭취하려는 행동이 강력하게 발생한다.

자극통제에 근거한 행동수정 전략에서는 먼저 특정한 선행자극의 존재 유무에 따라 표적행동에 대한 강화를 차별적으로 조작한다. 즉, 특정한 자극이 존재할 때 발생한 표적행동은 강화하고, 존재하지 않을 때 발생한 표적행동은 강화하지 않는다. 이와 같은 방법으로 일단 자극변별 학습이 이루어지면 특정한 선행자극은 변별자극으로서 표적행동의 발생을 유도할 수 있는 강력한 통제력을 갖게 된다. 이와는 대조적으로 동기화조작에 근거한 행동수정 전략은 상황요인이나 맥락요인과 같은 생태환경변수(E)를 조작하여 행동의 변화에 영향을 미친다. 예컨대, 장시간의 금식으로 시장한 상태가 되면, 음식은 강화자극으로서의 가치가 높아진다. 따라서 음식을 얻기 위한 행동을 수행하려는 강력한 동기가 형성된다. 표적행동을 수행함으로써 음식을 얻을 수 있는 환경을 조성하면 표적행동의 발생빈도는 크게 증가된다.

2. 선행자극의 기능

표적행동에 선행하는 자극으로서 표적행동의 발생에 영향을 미칠 수 있는 방법은 두 가지가 있다. 첫째로, 표적행동에 수반되는 후속자극에 의하여 영향력을 획득하게 되는 수반성종속 기능이고, 둘째로, 수반되는 후속자극과는 상관없이 표적행동에 영향을 미치는 수반성독립 기능이다.

1) 수반성종속 기능

어떤 선행자극은 표적행동에 수반되는 후속자극의 유형에 의존하여 행동의 발생에 대한 영향력을 획득한다. 이러한 선행자극을 수반성종속[10] 선행자극이라고 한다. 예컨대, 빨간불이 켜질 때 지렛대를 누르면 음식을 얻을 수 있도록 고안된 실험상자 안에서 실험동물은 반복적 경험을 통하여 결국 빨간불이 켜질 때만 지렛대를 누르고 음식을 받아먹는다. 빨간불이 켜지느냐 꺼지느냐에 따라 실험동물은 지렛대를 누르거나 누르지 않게 된다. 빨간불은 실험동물의 행동을 통제할 수 있는 변별자극(S^D)으로 학습된 것이다. 이와 같이 표적행동의 발생을 유도하거나 억제할 수 있는 선행자극으로서의 영향력은 그 행동에 수반되는 후속자극의 유형에 따라 결정된다. 변별학습 과정에서 조건형성된 변별자극(S^D)은 모두 수반성종속 선행자극이다. 그리고 이러한 변별학습에 근거한 자극통제[11] 기능은 모두 수반성종속 기능이다.

일상생활에서 수반성종속 기능의 예를 들어 보자. 빨간 신호등이 들어오면 운전자들은 브레이크를 밟고 정차한다. 빨간 신호등이라는 자극 자체가 브레이크를 밟도록 유도하는 것이 아니라 운전자가 경험한 과거의 강화 경력 때문에 브레이크를 밟는 것이다. 즉, 사고를 피할 수 있는 부적강화의 반복적 경험에 의하여 학습된 기능이다. 또는 빨간 신호등을 무시하고 운전할 때마다 사고를 경험하였다거나, 교통법규 위반으로 벌금을 물어야 했던 경험의 소산일 수 있다. 여기서는 선행통제[12]라는 용어를 수반성종속 선행자극과 동일한 의미로 사용하기로 한다.

10) Contingency-dependent (隨伴性從屬)

11) Stimulus control (刺戟統制)

12) Antecedent control (先行統制)

2) 수반성독립 기능

하나의 선행자극이 표적행동에 수반되는 후속자극과는 상관없이 독립적으로 표적행동에 대한 영향력을 획득할 수 있다. 이러한 선행자극을 수반성독립[13] 선행자극이라고 한다. 예컨대, 실험동물을 장시간 굶긴 후 앞에서와 같은 실험상자에 넣으면 지렛대를 누르는 행동이 더욱 빈번해지고, 음식을 배불리 먹인 후 실험상자에 넣으면 지렛대를 누르는 횟수는 감소된다. 이 경우에 음식의 박탈과 포화 상태는 분명히 표적행동의 발생에 선행하여 제공되는 자극사태로서 행동의 증가와 감소에 영향을 미친다. 이와 같이 표적행동의 발생과 억제에 영향을 미칠 수 있는 선행자극은 행동에 수반되는 후속자극에 의존하지 않는다. 오히려 음식의 박탈과 포화와 같은 선행자극 사태 자체가 행동과 후속자극 간의 관계에 영향을 미친다. 따라서 모든 동기화조작(MO)[14]의 효과는 수반성과는 무관한 독립적 기능의 효과이다.

일상생활 중에서 수반성독립 기능의 예를 들어 보자. 잠을 오랫동안 자지 못했을 경우, 즉 취침의 박탈 상태는 문제행동(예: 짜증을 내는 행동)의 발생에 영향을 미친다. 여기서 취침의 박탈은 분명히 하나의 선행자극으로 짜증을 내는 행동에 영향을 미치고 있지만, 강화나 벌의 경험에 의하여 학습된 변별자극은 아니다. 문제행동에 수반되는 후속자극의 유형과는 아무런 상관없이 독립적으로 문제행동의 발생에 영향을 미치는 것이다. 이와 같이 수반성독립 선행자극에 기반을 둔 행동수정의 전략, 즉 동기화조작의 원리를 활용한 응용행동분석의 기법을 선행중재[15]라고 부르기로 한다.

3. 선행중재의 연구

응용행동분석에서는 문제행동을 유지시키는 강화자극의 효과를 약화시키기 위한 선행중재의 방법들을 연구하여 왔다. 예컨대, 동기화조작의 원리와 기법을 단독으로 또는 다른 기법들과 병행하는 패키지 프로그램으로 사용하여 왔다. Lindberg와 동료들(2003)의 연구에서는 비수반적 강화(NCR)만을 단독으로 사용하여 정신지체인들의 자해행동을 감소시키는 데 성공하였다. 반면에 Smith와 Iwata(1997)는 동기화조작(MO)의 일시적 효과를 지적하면서 동기화조작에 근거한 선행중재는 소거 및 대체행동

13) Contingency-independent (隨伴性獨立)

14) Motivating operation (動機化操作)

15) Antecedent intervention (先行仲裁)

의 차별강화 전략과 함께 사용될 때 더 큰 효과를 얻을 수 있음을 강조하였다. 즉, 선행중재는 단독으로 사용되기보다는 종합 프로그램의 한 구성요소로서 가장 많이 사용된다. 이러한 내용은 '제5부 기능성 평가와 치료적 중재'에서 자세히 살펴보기로 한다. 여기서는 선행중재의 방법으로 비수반적 강화(NCR), 고확률(high-*p*)요구연속, 기능적 의사소통 훈련(FCT)에 관하여 설명하기로 한다.

제3절 비수반적 강화

비수반적 강화(NCR)[16]는 문제행동을 감소시키기 위하여 사용되는 선행중재의 한 방법으로, 학습자의 행동과는 무관하게 고정시간계획 또는 변동시간계획에 따라 강화자극[17]을 제공하는 것을 말한다(Vollmer, Iwata, Zarcone, Smith, & Mazaleski, 1993). 비수반적 강화의 핵심은 이제까지 문제행동만으로 얻을 수 있었던 특정 강화자극을 앞으로는 문제행동과 상관없이 무조건적으로 자주 얻을 수 있는 환경을 조성함으로써 문제행동의 동기나 요구 자체를 제거하려는 전략이다. 문제행동을 수행하지 않고도 원하는 강화를 넘치게 얻을 수 있는 환경을 조성함으로써 문제행동의 동기 자체를 제거하려는 것이다. 즉, 원하는 강화자극들로 포화된 환경 자체가 동기해지조작(AO)[18]으로서의 기능을 수행하도록 하려는 것이다. 비수반적 강화는 기능성 평가를 통하여 문제행동을 유지시키고 있는 강화자극을 확인한 다음, 바로 그 강화자극을 학습자에게 비수반적으로 풍족히 제공함으로써 문제행동의 발생 동기를 사전에 제거하려는 전략이다.

1. 사회적 정적강화의 비수반적 제공

발달장애인들의 자해행동이나 공격적 행동은 흔히 대인관계 상황에서 다른 사람들의 관심, 음식이나 장난감과 같은 물질적 보상 또는 좋아하는 활동의 기회를 얻으려는 목적으로 수행되는 경우가 많다. 이러한 문제행동의 발생을 조절하기 위해서는 먼저,

16) Noncontingent reinforcement (非隨伴的 强化)

17) Cooper와 동료들(2007)은 '비수반적 강화' 라는 용어 자체의 부적절성을 지적하면서, 강화라는 말을 피하고 '확인된 강화 특성을 가진 자극' 이라는 말로 바꾸어 사용한다.

18) Abolishing operation (動機解止操作)

문제행동을 유지시키고 있는 사회적 정적강화가 무엇인지 확인한 다음, 바로 그러한 강화자극을 비수반적으로 풍부하게 제공함으로써 문제행동의 발생 동기 자체를 제거한다.

Kahng, Iwata, Thompson과 Hanley(2000)는 발달장애인 세 사람의 자해행동과 공격행동을 제거하기 위하여 비수반적 강화(NCR) 전략을 사용하였다. 기능성 분석 결과에 의하면, 두 사람의 자해행동과 공격행동은 주변 사람들의 사회적 관심에 의하여 강화되었고, 한 사람의 자해행동 및 공격적 행동은 작은 음식 조각에 의하여 강화되었다. 치료의 초기과정에서 연구자들은 고정시간계획(FT)에 따라 5초에 한 번씩 문제행동과는 무관하게 사회적 관심과 음식 조각을 비수반적으로 제공하였다. 그리고 점차로 시간간격을 늘려 최종 단계에서는 300초에 한 번씩 강화자극을 비수반적으로 제공하였다. 보고된 결과에 따르면, 이러한 사회적 정적강화의 비수반적 제공과 고정시간계획의 점진적 증가로 자해행동 및 공격행동의 분당 발생률을 거의 제로(0) 수준까지 감소시킬 수 있었다.

2. 사회적 부적강화의 비수반적 제공

대부분의 학생들에게 학습과제의 수행은 별로 즐거운 일이 아닐 것이다. 더욱이 발달장애아들에게 학습과제의 수행은 어렵고 혐오스러운 일이 될 수 있다. 따라서 학습과제의 수행과 관련된 문제행동들은 대부분 사회적 부적강화에 의하여 유지되는 경우가 많다. 즉, 학습 상황으로부터의 도피나 회피를 목적으로 문제행동을 하는 경우가 많다. Kodak, Miltenberger와 Romaniuk(2003)은 두 명의 자폐 아동(4세)을 대상으로 학습과 관련된 문제행동의 치료에 비수반적 도피를 사용하여 효과를 거두었다. 아동들에게 주어진 학습과제는 치료자의 지시에 따라 올바른 그림카드, 글자카드 또는 단어카드를 선택하여 손가락으로 지적하는 것과 치료자의 지시에 따라 수성 사인펜을 사용하여 인쇄된 글자를 덮어 쓰는 것 등이었다. 그리고 이들이 학습과정에서 주로 나타냈던 문제행동은 치료자의 지시나 지도에 저항하고, 학습자료를 던지고, 치료자를 때리는 것 등이었다. 기초선 기간 중에 치료자는 아동에게 과제를 내주며 수행하도록 지시한다. 아동이 지시에 응하지 않고 문제행동을 시작하면 즉시 학습자료를 치우고 10초 동안 아동을 외면하고 앉아 있는다. 그리고 다시 과제를 수행하도록 지시한다. 문제행동이 다시 발생하면 같은 과정을 반복한다. 치료과정에서는 아동의 행동과는 상관없이 비수반적으로 과제로부터의 도피(휴식)를 허용하였다. 초기에는 고정시간 10초 계획(FT-10″)에 따라 비수반적 도피를 허용하였다. 즉, 정해진 수업시간 중 10초마다 한 번씩 과제 수행을 중단하고 쉬도록 하였다. 이후 점차 시간을 늘려 20초에 한 번, 30초에 한 번, 1분에 한 번, 1.5분에 한 번, 마지막으로 2분에 한 번씩 비수반적으로 과제를 중단하고 쉬도록 하였다. 이러한 비수반적 도피를 활용하여 지시에 순응하는 행동을 증가시키고 문제행동을 감소시킬 수 있었다.

3. 자동적 강화의 비수반적 제공

중증 발달장애인들의 문제행동 중에는 자해행동, 자기자극적 행동, 동일한 행동을 장시간 반복하는 상동행동 등이 많다. 이러한 행동들은 사회적 상황에서도 나타나지만, 혼자 있을 때도 자주 발생한다. 대개 무료한 시간이나 아무도 관심을 주지 않고 무시되었을 때, 놀이도구나 교육적 자극이 빈곤한 상황에서 흔히 발생한다. 문제행동 자체로 생성되는 시각적 · 청각적 · 미각적 · 운동감각적 자극들을 즐길 수 있기 때문이다. 이러한 자극들은 문제행동을 자동적으로 정적강화하고 유지시키는 역할을 한다. 예컨대, 전등불 앞에서 손가락을 벌리고 두 손을 엇갈리게 좌우로 흔들 때 발생하는 현란한 빛의 발산은 그 자체로 재미가 있어 그 행동을 자꾸 반복하게 한다. 때로는 신체적 고통이나 불편으로부터 도피하기 위하여 문제행동을 하는 경우도 많다. 예컨대, 몹시 가려워 피가 나도록 긁었더니 가려움증을 모면할 수 있었다든지, 두통이 있어 머리를 사정없이 때렸더니 통증이 완화되었다든지 하는 것들은 혐오 상황으로부터의 도피를 가능하게 하는 자동적 부적강화의 좋은 예라고 할 수 있다.

사회적 정적강화나 부적강화에 의하여 유지되는 문제행동(예: 자해행동)은 비수반적 강화(NCR)에 의하여 큰 감소(Mace & Lalli, 1991; Vollmer, Marcus, & Ringdahl, 1995)를 보이는 반면, 비사회적 상황에서 자동적 강화에 의하여 유지되는 문제행동의 경우는 사정이 다르다. 첫째로, 표적행동의 결과 자체로 즉시 수반되는 자동적 강화를 차단하기 어렵고, 둘째로, 문제행동 자체로 산출되는 자동적 강화자극과 동일한 자극을 문제행동 이외의 다른 방법으로 제공하기 어렵거나 때로는 거의 불가능하다(Shore & Iwata, 1999). 따라서 표적행동에 대한 소거전략을 포기하고, 임의로 정한 강화자극을 비수반적으로 제공하는 경우가 대부분이다(Roscoe, Iwata, & Goh, 1998). 임의로 선정된 강화자극은 피험자가 선호하는 것으로서 자동적 강화와 비교해 경쟁력이 있을 때만 효과를 기대할 수 있다.

Lindberg, Iwata, Roscoe, Worsdell과 Hanley(2003)는 중증 정신지체인들의 자해행동을 줄이기 위한 치료방법으로 비수반적 강화(NCR)를 사용하였다. 기능성 분석에 의하면, 이들의 자해행동은 자동적 강화에 의하여 유지되는 것으로 밝혀졌다. 그러나 자해행동 자체로 만들어지는 자동적 강화와 동일한 자극을 비수반적 강화로 제공하는 것이 불가능하여, 피험자들이 선호하는 물건에 접근하여 조작할 수 있는 기회를 제공하는 것으로 대신하였다. 이러한 대체방식으로 적용된 비수반적 강화는 중증 정신지체인들의 자해행동을 감소시키는 데 효과가 있었다. 그러나 이러한 결과 자체보다 중요한 것은 선호도가 높은 물건을 조작하도록 허용하는 것이 자동적 강화와 경쟁력을 가질 수 있었다는 사실이다. 이는 앞으로 자동적 강화에 의하여 유지되는 많은 문제의 치료에 시사하는 바가 크다.

4. 비수반적 강화의 효과적 활용법

1) 효과에 영향을 주는 요인

비수반적 강화(NCR)의 효과를 향상시키려면 다음과 같은 요인에 주의를 기울일 필요가 있다. 첫째로, 문제행동을 강화하는 것으로 확인된 자극의 양과 질이다. 일반적으로 기능성 평가를 통하여 확인된 것과 동일한 자극을 풍족하게 제공할수록 비수반적 강화의 효과는 높아진다. 둘째로, 비수반적 강화는 소거전략과 함께 사용될 때 더 효과적이다. 셋째로, 자동적 강화를 대신하여 임의로 선정된 강화자극은 피험자에게 선호도가 높은 것이어야 한다. 또한 포화를 예방하기 위하여 강화자극의 종류를 다양하게 준비하여 치료적 중재 중에 주기적으로 바꾸어 사용하는 것이 좋다.

2) 문제행동에 대한 기능성 평가

문제행동의 원인을 정확히 진단하지 못하면 비수반적 강화(NCR)의 효과는 보장될 수 없다. 비수반적 강화의 목적은 이제까지 문제행동을 통해서만 얻을 수 있었던 바로 그 강화자극을 문제행동과는 상관없이 무상으로 풍부히 제공함으로써 문제행동을 할 필요성, 즉 문제행동의 동기 자체를 감소시키거나 제거하려는 데 있다. 따라서 문제행동을 강화하고 있는 후속자극(예: 사회적 관심, 물질적 보상, 혐오 상황으로부터의 도피, 감각적 피드백)을 정확히 확인하는 것이 무엇보다 중요한 일이다. 다행히 최근 기능성 평가의 기술이 크게 향상되어 문제행동을 강화하고 있는 후속요인을 비교적 쉽게 진단할 수 있게 되었다. 기능성 평가에 관해서는 '제13장 기능성 평가와 분석'에서 자세히 논의하기로 한다.

3) 비수반적 강화의 확대

비수반적 강화(NCR)의 효과를 높이려면, 다른 실험조건에서보다 비수반적 강화(NCR) 조건에서 더 많은 양의 강화자극이 제공되어야 한다. Ringdahl과 동료들(2001)의 연구에 의하면, 비수반적 강화조건에서 제공된 강화의 양이 기초선 기간 중에 제공된 강화의 양과 비슷할 때 그 효과는 나타나지 않았다. 그러나 비수반적 강화의 밀도를 기초선에서보다 높였을 때는 효과가 나타났다. 그러므로 치료자들은 비수반적 강화계획을 세울 때 기초선 기간 중에 제공된 강화의 비율을 참조하여 보다 높은 밀도의 강화간격을 정해야 할 것이다.

비수반적 강화 조건에서 강화의 밀도를 확대할 수 있는 방안은 다음과 같다(Ringdahl et al., 2001). 첫째, 문제행동을 강화하는 요인으로 확인된 자극의 제공을 증가시킨다. 둘째, 치료 초기에는 분명히 차별화된 강화계획(예: 간헐강화보다는 계속강화)을 사용한다. 셋째, 여타행동의 차별강화(DRO) 전략을 비수반적 강화 프로그램에 포함시켜 병행한다. 여타행동의 차별강화 전략은 비수반적 강화조건에서 문제행동을 우발적으로 강화하는 잘못을 예방하는 데 도움이 되기 때문이다.

4) 강화간격 정하기

비수반적 강화(NCR)에서 최초의 강화간격을 정하는 것은 대단히 중요한 일이다. 초기 강화계획은 치료적 중재 효과에 큰 영향을 미치기 때문이다. 또한 많은 연구에서 최초에는 밀집된 강화계획을 권유하고 있다. 치료자가 임의로 최초의 강화간격을 정할 수도 있지만, 문제행동의 발생건수를 참고하여 최초의 강화간격을 정하는 것이 더 효과적이다.

다음과 같은 절차에 따라 초기의 강화간격을 설정할 수 있다. 첫째, 전체 기초선 관찰시간의 총합을 계산한다. 둘째, 전체 기초선 기간 중에 관찰된 문제행동의 총 발생횟수를 계산한다. 셋째, 기초선 관찰시간의 총합을 총 발생건수로 나눈다. 넷째, 앞의 계산에서 얻은 값, 즉 문제행동의 발생 한 건당 지속시간을 최초의 강화간격으로 정하거나 또는 약간 낮은 값을 최초의 강화간격으로 정한다. 예를 들어, 아동의 자해행동을 4일 동안 30분씩 관찰하여 기초선을 설정하였다. 기초선 기간 중에 관찰된 자해행동의 총 발생건수는 24회였다고 가정하고 최초의 강화간격을 정해 보자. ① 기초선 관찰시간의 총합은 120(4일×30분)분이다. ② 자해행동의 총 발생횟수는 24회이다. ③ 총 지속시간(120분)÷총 발생건수(24회)=5(분)이다. 즉, 문제행동은 5분당 한 번씩 발생한 셈이다. 그러므로 최초의 강화간격은 5분으로 정할 수 있다. 또는 초기의 영향력을 고려하여 조금 낮추어 4분에서 시작하면 될 것이다.

비수반적 강화에 관한 연구를 살펴보면 대부분 고정시간계획에 따라 강화한다. 즉, 매번 동일한 간격으로 강화자극을 제공한다. 그러나 변동시간계획에 따라 매번 시간간격을 달리할 수도 있다. 예컨대, '변동시간계획 5초' 라는 것은 평균 5초 간격으로 강화자극을 제공하되 실제 시간간격은 2, 7, 5, 3, 8초 등 무작위로 정하는 것을 말한다. 이러한 변동시간계획에 의한 비수반적 강화도 고정시간계획에서와 같이 문제행동의 감소와 제거에 효과가 있었다(Carr, Kellum, & Chong, 2001).

5. 강화비율 줄이기

강화를 줄인다는 것은 계속강화계획에서 간헐강화계획으로 바꾼다는 것을 의미한다. 비수반적 강화(NCR)의 초기 단계에서는 강화간격을 짧게 하여 피험자들이 자주 강화자극에 접할 수 있도록 계획한다. 그러나 비수반적 강화의 궁극적인 목적은 강화의 빈도를 점차로 줄여 결국 적정 수준의 비수반적 강화만으로도 문제행동이 발생하지 않도록 하는 데 있다. 시간을 기반으로 하는 강화계획에서는 강화간격을 체계적으로 증가시킴으로써 강화비율을 점차 낮출 수 있다. 강화간격을 점차 늘리는 방법으로 강화비율을 줄일 때는 현재의 강화간격에 소량의 시간을 더하는 방식으로 강화간격을 조금씩 증가시킨다. 강화간격을 증가시킬 수 있는 시점은 현재의 강화간격으로 문제행동이 충분히 감소되었다는 것이 확인되었을 때이다. 강화비율을 줄일 수 있는 구체적인 방법은 다음과 같다(Hanley, Iwata, & Thompson, 2001; Van Camp et al., 2000).

첫째, 강화간격을 일정 시간 증가시킨다. 현재의 강화간격에 일정한 시간(예: 5초)을 더하여 다음 강화간격을 정한다. 강화간격을 일정 시간씩 증가시킴으로써 비수반적 강화의 비율을 점차로 줄일 수 있다. 예를 들어, 10초 간격으로 30분 동안 비수반적 강화를 제공한다면 피험자는 180회(1800초 ÷ 10초) 강화를 받을 수 있다. 만일 5초를 더하여 15초 간격으로 강화가 제공된다면 120회(1800초 ÷ 15초)로 줄어든다. 즉, 그만큼 강화비율이 감소된다. 또 다른 방법은 강화자극으로의 접근시간을 줄이는 방법이다. 즉, 비수반적 강화자극에 접근할 수 있는 시간량에서 일정한 시간을 빼는 방식으로 강화의 비율을 줄일 수 있다. 예컨대, 피험자에게 허용된 강화자극에의 접근 시간량이 5초라면 전체 접근시간은 900초(180회×5초)가 된다. 만일 접근 시간량을 1초 줄인다면 전체 접근시간은 720초(180회×4초)로 줄어든다. 이처럼 강화간격을 증가시키거나 접근시간을 줄이는 방법으로 강화의 비율을 점차 줄일 수 있다.

둘째, 일정한 비율로 강화간격을 증가시킨다. 예컨대, 현재 강화간격에서 50%씩 증가시킨다고 가정해 보자. 최초의 강화간격이 60초라면 다음 강화간격은 90초(60초+60초×0.5)가 되고, 그다음에는 135초(90초+90초×0.5) 등으로 증가시킬 수 있다.

셋째, 회기마다 강화간격을 증가시키거나 감소시킨다. 매 회기를 단위로 표적행동의 수행 정도를 평가하여 다음 회기의 강화간격을 결정할 수 있다. 즉, 한 회기가 끝날 때마다 그 회기의 총 지속시간을 회기 중에 나타난 문제행동의 발생횟수로 나누어 얻은 값을 다음 회기의 강화간격으로 정한다. 예컨대, 한 회기의 지속시간이 30분이고 이 기간 중 발생한 문제행동의 빈도가 15회라면, 다음 회기의 강화간격을 2분(30분÷15회)으로 결정할 수 있다. 만일 강화비율을 줄여 가는 과정에서 문제행동이 악화되기 시작하면 강화간격을 줄이고, 행동의 개선이 정상화된 후에 다시 강화간격을 증가시킬 수 있다. 다만 강화간격의 폭을 전보다 낮추어 조금씩 증가시킨다.

6. 도달점 기준 정하기

비수반적 강화계획의 도달점 기준은 대체로 치료자가 임의로 정한다. Kahng과 동료들(2000)의 보고에 따르면, 응용연구에서는 일반적으로 5분 고정시간계획이 사용되어 왔으며, 5분 간격을 실용성 있고 효과적인 기준으로 보았다. 또한 5분보다 짧은 간격이나 5분보다 긴 강화간격이 더 유익하다는 연구 보고는 아직 없다.

7. 비수반적 강화의 장단점

비수반적 강화(NCR)는 치료적 중재방법으로서 몇 가지 장단점을 가지고 있다. 먼저 장점을 살펴보면 다음과 같다.

첫째로, 비수반적 강화기법은 문제행동을 감소시키기 위한 방법으로서 다른 어떤 긍정적 치료기법보다 활용하기 쉽다. 다른 기법들처럼 치료 회기 내내 피험자의 행동을 지켜보면서 정해진 표적행동이 발생할 때마다 강화자극을 제공해야 하는 어려움이 없기 때문이다(Kahng, Iwata, DeLeon, & Wallace, 2000). 둘째로, 긍정적 학습환경을 조성하는 데 큰 도움이 된다. 예컨대, 비수반적 도피를 수시로 허용함으로써 문제행동의 발생을 예방할 수 있고, 벌이나 혐오자극을 치료방법으로 사용하지 않기 때문에 긍정적 분위기를 유지할 수 있다. 셋째로, 문제행동을 소거하려 할 때 비수반적 강화전략을 병행함으로써 소거 초기에 발생하는 소거폭발 현상을 약화시킬 수 있다. 소거폭발은 기대했던 강화자극의 중단으로 인한 욕구좌절이나 분노 때문에 발생하는데, 비수반적 강화가 수시로 제공되는 환경에서는 이러한 욕구좌절이나 분노의 기회가 감소되기 때문이다. 넷째로, 어떤 바람직한 행동이 비수반적 강화와 우연히 일치할 수 있는 기회가 많다. 따라서 기대하지 않았던 바람직한 행동들이 강화되어 유지될 수 있다(Roscoe, Iwata, & Goh, 1998).

반면에 비수반적 강화는 몇 가지 단점도 지적되고 있다. 첫째로, 원하는 강화자극을 노력 없이 쉽게 얻을 수 있기 때문에, 문제행동에 대한 동기뿐 아니라 바람직한 행동에 대한 동기까지 감소될 수 있다. 둘째로, 문제행동과 비수반적 강화가 우연히 일치할 경우가 발생하면, 원하지 않는 문제행동이 강화될 우려가 있다(Van Camp et al., 2000). 셋째로, 비수반적 강화에서 부적강화가 사용될 경우, 예를 들어 학습 상황으로부터의 도피를 허용할 경우 수업 진행에 지장을 초래할 수 있다.

제4절 고확률요구연속

고확률(high-*p*)요구연속[19]이란, 학습자에게 일련의 고확률 요구들을 먼저 제시한 후에 즉시 계획된 저확률(low-*p*)요구를 제시하는 연속적인 과정을 말한다. 즉, 학습자가 연속되는 수개의 고확률요구에 성공적으로 반응할 때 계획된 저확률요구를 재빨리 삽입하여 반응을 유도하는 방법이다. 여기서 고확률요구란 학습자의 능력으로 쉽게 수행할 수 있고, 또 실제로 학습자가 잘 반응하는 것으로 알려진 요구를 말한다. 즉, 순응할

19) High-probability request sequence (高確率要求連續)

확률이 높은 요구를 일컫는다. 예컨대, 경험상 '엄마한테 뽀뽀!'라고 요구할 때마다 아동이 거부하지 않고 잘 따르는 요구를 말한다. 저확률요구란 반대로 무엇을 요구하면 잘 순응하지 않고 불응할 확률이 더 높은 요구를 말한다. 예컨대, '이 닦아라!', '손 씻어라!'와 같은 요구가 경험상으로 볼 때 아동의 순종반응을 유발하기보다는 오히려 거부반응을 유도할 것이 분명하다면, 이러한 요구들은 저확률요구에 속한다.

1. 절차와 방법

고확률(high-*p*)요구연속은 동기해지조작(AO)의 동기감소 효과에 근거한 것으로 설명될 수 있다. 이 기법은 저확률(low-*p*)요구에 불응함으로써 얻을 수 있는 강화가치를 약화시키고, 저확률요구와 연관된 공격 및 자해행동에 대한 제지효과를 높이려는 전략이다. 고확률요구연속을 적용하려면, 먼저 치료자는 학습자가 쉽게 할 수 있는 짤막한 과제 2~5개를 준비한다. 선택된 과제들은 학습자의 능력에 맞는 쉬운 것이어야 함은 물론이고 이제까지의 경험으로 보아 이 과제에 불응하지 않고 순응하였던 경력이 입증되어야 한다. 치료자는 표적과제(저확률요구)를 아동에게 제시하기 직전에 먼저 고확률요구를 연속적으로 제시한다. Sprague와 Horner(1990)는 〈글상자 12-4〉와 같은 예를 들어 고확률요구연속의 기법을 설명하였다.

부모와 교사에게 순종하는 아동들은 그렇지 않은 아동들보다 더 많은 학습 기회를 얻을 수 있다. 반면에 부모나 교사 등 어른의 말을 거역하고 불응하는 아동들은 행동발달에 많은 지장을 초래할 수 있다. 어른의 정당한 요구에 불응하고 거역하는 행동은 실제로 발달장애 및 행동장애 아동들의 특징이기도 하다. 고확률요구연속은 혐오자극을 사용하지 않고도 바로 이러한 문제행동을 감소시킴으로써 요구에 순응하는 행동을 가르칠 수 있는 적절한 방법이다. 이 방법은 부모나 교사의 지시를 거역하고, 반응 지연시간이 지나치게 길고, 주어진 과제에 대한 수행이 지나치게 느린 아동을 지도하는 데 효과가 있다.

Engelmann과 Colvin(1983)은 행동장애아들의 문제행동을 수정하기 위하여 제작한 순응 훈련 프로그램에서 고확률요구연속 기법을 최초로 사용하였다. 이 프로그램에서 연구자들은 어려운 과제에 대한 순응을 요구하기 직전에 3~5개의 쉬운 과제를 먼저 제시하는 이 기법을 'hard task'라고 명명하였다. 응용행동분석에서 고확률요구연속은 여러 연구자들에 의하여 다양한 이름으로 불리고 있다. 예컨대, Horner와 동료들(1991)은 쉬운

글상자 12-4

고확률(high-*p*)요구연속 방법과 전형적 교수방법의 비교

고확률요구연속

교사: '선생님과 악수!' (고확률요구)
아동: 손을 내밀어 교사의 손을 잡고 흔든다.
교사: '악수를 정말 잘했어요! 이제 공을 상자 안에 넣어요!' (고확률요구)
아동: 공을 상자 안에 넣는다.
교사: '영수 멋져! 정말 잘했어요. 이번에는 옷을 입어요!' (저확률요구)
아동: 도움을 받아 옷을 입는다.
교사: '아이 예뻐라! 영수가 옷을 입었네? 영수 최고!'

전형적 교수방법

교사: '영수야, 옷 입어!' (저확률요구)
아동: 소리를 지르며 거부하여 더 이상 요구할 수 없다.
분노 발작을 일으켜 하기 싫은 일을 피한다.

과제들을 제시하고 그 사이에 어려운 과제를 끼어 넣었다는 의미로 '삽입된 요구'[20]라고 명명하였고, Singer와 동료들(1987)은 쉬운 과제를 먼저 제시한다는 뜻으로 '선과제 요구'[21]라 하였으며, Mace와 Belfiore(1990)는 쉬운 요구에 순응하던 여세로 어려운 과제에도 순응하도록 한다는 의미로 '행동적 타성'[22]이란 용어로 명명하였다. 최근에는 대부분의 응용행동분석가들이 이와 같은 선행중재 방법을 고확률요구연속으로 통일하여 사용하고 있다.

2. 효과적 활용법

고확률(high-*p*)요구연속 기법의 효과를 높이기 위하여 반드시 지켜야 할 주요 사항들을 다음에 제시한다.

첫째, 고확률요구연속에 사용될 과제는 이미 학습되어 아동의 행동저장고에 존재하는 것이어야 한다. 또한 고확률요구로 사용될 과제는 반응시간이 짧고, 요구에 대한

20) Interspersed request (挿入要求)

21) pretask request (先課題要求)

22) Behavioral momentum (行動的 惰性)

순응이 보장되는 행동 중에서 선택한다. Ardoin, Martens와 Wolfe(1999)는 고확률요구 과제를 선택하는 절차를 다음과 같이 제안하였다. 첫째, 학습자의 순응을 이끌어 낼 수 있는 요구목록을 작성하고, 목록에 있는 각 요구과제를 5회기에 걸쳐 각각 실행해 본 다음, 학습자의 순응을 100% 이끌어 낼 수 있는 과제만을 고확률요구 과제로 선정한다. 그리고 이 기법의 효과는 사용되는 고확률요구의 수가 많을수록 더욱더 증가한다. 즉, 고확률요구가 2개 제시될 때보다 5개 제시될 때 더욱 효과적이다. 훈련 중 저확률요구에 대한 학습자의 순응이 일관성 있게 지속되면 점차로 고확률요구의 수를 줄인다.

둘째, 고확률요구를 신속히 연속적으로 제시한다. 즉, 요구와 요구 간의 간격은 짧아야 한다. 그리고 최초의 저확률(low-*p*)요구는 마지막 고확률요구에 대한 순응을 강화한 후 즉시 제공한다(Davis & Reichle, 1996).

셋째, 학습자가 고확률요구에 올바로 반응하면 즉시 칭찬한다. 그리고 고확률요구나 저확률요구를 제시하기 전에 반드시 현재의 요구에 대한 반응을 칭찬한다. 〈글상자 12-4〉에 제시된 칭찬과 요구의 예를 참고한다.

넷째, 강력한 강화자극을 사용한다. 저확률요구로부터 도피하기 위한 공격행동이나 자해행동이 발생할 수 있다. 이러한 도피행동에 대한 동기가 매우 높을 경우 칭찬과 같은 사회적 강화만으로는 요구에 순응하는 행동을 강화하기 어렵다. 따라서 요구에 순응하는 행동에 수반하여 양질의 정적강화자극을 제공해야만 고확률요구연속의 중재효과를 높일 수 있다.

3. 유의 사항

첫째, 문제행동의 발생 직후에는 고확률요구연속을 사용하지 않는다. 문제행동으로 어려운 과제(저확률요구)를 피하려는 잘못된 반응을 강화할 수 있기 때문이다.

둘째, 문제행동이 강화될 가능성을 최소화하기 위하여 훈련 시작 단계부터 끝까지 고확률요구연속을 일관성 있게 실행한다(Horner et al., 1991). 문제행동이 발생할 때마다 이 기법의 사용을 포기하거나 중단하면 문제행동을 부적강화할 수 있기 때문이다.

셋째, 교사는 알게 모르게 저확률요구로부터 고확률요구로의 표류를 허용할 수 있다. 다시 말하면, 교사는 저확률요구와 연관된 도피 목적의 공격행동 및 자해행동을 예방하기 위하여 쉬운 과제를 선택할 수 있다(Horner et al., 1991).

제5절 기능적 의사소통 훈련

앞에서는 동기를 약화시켜 문제행동의 발생을 저지하려는 전략으로 비수반적 강화(NCR)와 고확률(high-*p*)요구연속을 살펴보았다. 이 절에서는 동기화조작(MO)과 관련된 선행중재 기법 중 대체행동의 차별강화 전략으로 중요시되는 기능적 의사소통 훈련(FCT)에 대하여 설명하기로 한다.

1. 정 의

기능적 의사소통 훈련(FCT)[23]이란, 문제행동과 대립되는 바람직한 의사소통 행동을 가르쳐 문제행동의 기능을 대신하도록 하는 전략이다. 이 방법은 대체행동의 차별강화 전략으로, 지금까지 부적절한 문제행동을 통하여 얻을 수 있었던 강화자극을 앞으로는 바람직한 의사소통(예: 대체언어 행동)으로 얻을 수 있도록 배려하는 전략이다. 기능적 의사소통 훈련은 앞서 언급한 두 가지 기법, 즉 비수반적 강화나 고확률요구연속처럼 기존의 동기설정조작의 강화가치를 약화시켜 문제행동의 발생 동기를 감소하려는 것이 아니라, 오히려 동기설정조작에 민감한 대체행동을 개발하여 문제행동과 경쟁시키고 결국 문제행동의 기능을 대신하도록 하는 것이다.

예컨대, 어려운 과제를 제시할 때마다 자해행동으로 학습 상황으로부터 도피하는 아동의 경우를 생각해 보자. 비수반적 강화는 문제행동과 무관하게 도피를 풍족하게 허용함으로써 문제행동(도피행동)의 발생 동기를 약화시키려는 전략이고, 고확률요구연속은 쉬운 과제를 연속해서 제공함으로써 역시 어려운 문제로부터 도피하려는 동기 자체를 제거하려는 전략이다. 그러나 기능적 의사소통 훈련에서는 먼저, 아동에게 '선생님, 쉬고 싶어요!' 라는 언어적 표현을 가르친다. 언어장애를 가진 아동의 경우에는 쉬고 싶다는 의사를 대체언어로 표현하도록 가르친다. 다음으로 아동이 문제행동으로 도피를 시도할 때는 절대로 허용하지 않는 반면(예: 소거전략), 새로 배운 언어 또는 대체언어를 사용하여 도피를 시도하면 적극적으로 허용하는 차별강화 전략을 사용한다.

23) Functional communication training (機能的 意思疏通 訓練)

2. 절차와 방법

기능적 의사소통 훈련(FCT)은 대체행동의 차별강화 전략의 한 변형으로, 지금까지 문제행동이 수행해 온 기능을 바람직한 의사소통 행동이 대신하도록 하는 전략이다. 다시 말하면, 문제행동과 기능적으로 동일한 의사소통 행동을 훈련시킴으로써(Durand & Carr, 1992), 지금껏 문제행동을 통하여 얻을 수 있었던 특정 강화자극을 앞으로는 바람직한 의사소통을 통하여 얻을 수 있도록 하는 전략이다. 의사소통 훈련에서 많이 사용되는 대체언어 행동은 발성, 신호, 몸짓, 대화보드, 단어카드 또는 그림카드, 전자음성 시스템의 사용 등이다.

기능적 의사소통 훈련(Carr & Durand, 1985)은 다음과 같이 2단계로 구성된다. 첫째로, 기능성 평가를 통하여 문제행동을 유지시키고 있는 강화자극이 무엇인지 확인한다. 둘째로, 확인된 강화자극을 사용하여 바람직한 대체행동을 강화하여 가르친다. 다시 말하면, 언어 및 대체언어로 자신이 원하는 것을 표현하도록 가르치고, 이러한 의사 전달의 수단을 올바로 사용할 때마다 문제행동에 수반되어 왔던 특정 강화자극을 제공한다. 예컨대, 아동의 자해행동이 '학습환경으로부터의 도피'에 의하여 강화되어 왔다는 사실이 확인되었다면, 이제부터는 문제행동을 할 때 도피를 허용하지 않는 반면(소거), 간단한 수신호로 자신의 의사를 표현하면 즉시 학습을 중단하고 휴식을 허용하는 차별강화 전략을 철저히 실행한다. 이러한 기능적 의사소통 훈련은 사회적 관심에 의하여 유지되는 수많은 문제행동을 치료하는 데 효과가 큰 것으로 보고되었다. 기능적 의사소통 훈련을 기반으로 하는 치료적 중재에서는 대체언어 행동의 훈련뿐 아니라 문제행동을 치료하기 위한 다양한 기법이 병용된다. 예를 들면, 촉진법, 일시퇴출, 신체적 제지, 반응가로막기, 재지시, 소거법 등을 병용하는 종합 프로그램으로 운용된다.

3. 효과적 활용법

기능적 의사소통 훈련(FCT)의 효과를 높이기 위해서는 다음과 같은 몇 가지 사항에 주의를 기울여야 한다.

첫째, 훈련 초기에는 밀도 높은 강화계획을 사용한다. 문제행동을 강화하고 유지시켜 온 것으로 확인된 강화자극을 언어 및 대체언어 행동의 훈련에 사용한다. 초기 훈련

과정에서는 계속강화계획에 따라 의사소통 행동이 발생할 때 매번 강화한다.

둘째, 의사소통 행동이 강하게 형성되면, 언어적 촉진자극의 사용을 자제한다. 대체언어 행동을 가르칠 때 치료자나 교사는 흔히 '○○야, 선생님 봐!' 또는 '여기 봐!' 라는 언어적 촉진을 많이 사용한다. 그러나 일단 대체언어 행동이 형성된 후에는 용암법을 활용하여 언어적 촉진자극에 대한 의존성을 점차로 줄여야 한다(Miltenberger, Fuqua, & Woods, 1998).

셋째, 기능적 의사소통 훈련의 효과를 높이기 위해서는 문제행동을 소거시키기 위한 치료방법과 부작용이 적으면서 행동을 효과적으로 감소시킬 수 있는 방법(예: 일시퇴출)이 병용되어야 한다(Shirley, Iwata, Kahng, Mazaleski, & Lerman, 1997).

넷째, 기능적 의사소통 행동이 형성되면 강화의 밀도를 줄인다. 강화 밀도를 줄이는 것은 기능적 의사소통 훈련에서 대단히 중요한 일이다. 왜냐하면 문제행동을 감소시킨다는 점에서만 보면 문제행동으로 학습 상황을 도피하는 것보다 대체행동으로 학습 상황을 도피하는 것이 더 낫겠지만 학습을 저해한다는 점에서는 결국 마찬가지이기 때문이다. 따라서 문제행동을 대체할 만한 의사소통 행동이 형성된 다음에는 반드시 강화의 밀도를 줄여 작은 양의 강화만으로도, 예컨대, 학습 상황으로부터의 도피를 최소한 허용하는 것만으로도 문제행동의 발생을 감소 내지 제거할 수 있어야 한다.

일단 대체언어 행동이 형성되면 계속강화계획에서 간헐강화계획으로 바꾼다. 비수반적 강화(NCR)에서와 같이 일정 시간이나 일정한 비율로 강화간격을 증가시키는 시간 기반의 강화계획은 적절치 않다. 기능적 의사소통 훈련은 동기설정조작(EO)의 반응유발 효과를 약화시키는 전략이 아니라, 문제행동을 견제할 수 있을 만큼 경쟁력이 높고 기능적으로 동일한 대체 의사소통 행동을 육성하여 문제행동의 발생을 감소 내지 저지하는 것이 목적이기 때문이다. Hanley와 동료들(2001)은 고정간격강화(FI)를 권장한다. 초기에는 밀도가 높은 고정간격계획(예: FI-2초, 또는 FI-3초)으로 시작하여 점차로 강화간격을 증가시킨다. 그런데 고정간격강화 과정에서 대체언어 행동의 발생률이 크게 증가하여 학습을 저해할 수 있다. 다시 말하면, 학습 상황으로부터의 도피를 원하는 대체언어 행동이 매우 높은 비율로 나타날 수 있다. 이러한 경우에는 별도의 변별훈련을 통하여 강화가 제공될 수 있는 시간을 미리 알리는 것이 필요하다.

요 약

1. 응용행동분석은 1980년대 초까지만 해도 작동조건형성의 전형을 기본으로 하는 A-B-C 수반성에 초점을 맞추어 왔다. 그러나 1982년 동기화조작과 기능성 분석에 관한 연구를 기점으로 응용행동분석의 기본 패러다임은 큰 변혁을 맞이하게 된다. 즉, 전형적 A-B-C 삼자 수반성에 생태환경변수(E)를 추가한 사자 수반성에 관심이 집중되었다.

2. 강화가치의 변화와 행동 변화 효과를 의미하는 것으로 오랫동안 사용되어 온 동기설정조작(EO)은 최근 동기화조작(MO)이라는 용어로 바뀌어 사용되고 있다. 동기설정조작은 강화가치를 높이고 행동의 발생빈도를 증가시킬 수 있는 환경의 조작을 의미하는 것으로는 적절하지만, 강화가치를 낮추고 행동의 발생빈도를 감소시키는 효과를 나타내는 동기해지조작(AO)을 포함하는 말로는 적합하지 않기 때문이다.

3. 동기화조작(MO)에서 가치변화 효과는 강화자극으로 사용되어 온 특정 자극의 강화효과를 증가시킬 수 있는 동기설정조작(EO)과 강화효과를 감소시킬 수 있는 동기해지조작(AO)으로 설명된다. 동기화조작에 의한 행동 변화 효과도 행동의 발생빈도를 높이는 유발효과와 행동의 발생빈도를 낮추는 제지효과로 설명된다. 동기화조작의 가치변화 효과와 행동 변화 효과는 벌에 대해서도 똑같이 적용될 수 있다.

4. 동기화조작(MO)과 변별자극(S^D)은 두 가지 면에서 중요한 유사성을 가진다. 두 요인 모두 행동에 선행하는 변수이며, 행동의 발생을 유발하는 기능을 한다. 따라서 행동의 발생에 미치는 두 요인의 영향력을 구별하는 것은 쉬운 일이 아니다. 변별자극의 차별적 특징은 강화 가능성과 관련되는 한편 동기화조작의 차별적 특징은 강화의 가치변화 효과에 있다.

5. 선행자극으로서 표적행동의 발생에 영향을 미칠 수 있는 방법에는 두 가지가 있다. 첫째로, 후속자극에 의하여 영향력을 획득하는 수반성종속 기능이다. 변별학습 과정에서 조건형성된 변별자극(S^D)은 모두 수반성종속 선행자극이다. 여기서 선행통제는 수반성종속 선행자극과 동일한 의미로 사용된다. 둘째로, 후속자극과

는 상관없이 표적행동에 영향을 미치는 수반성독립 기능이다. 표적행동의 발생과 억제에 영향을 미치는 것은 표적행동에 수반되는 후속자극이 아니라 박탈과 포화와 같은 선행자극 사태 자체에서 비롯된다. 이러한 동기화조작(MO)의 효과는 수반성과는 무관한 독립적 기능의 효과이다.

6. 비수반적 강화(NCR)란, 문제행동을 감소시키기 위하여 사용되는 선행중재의 한 방법으로 학습자의 행동과는 무관하게 고정시간계획 또는 변동시간계획에 따라 강화자극을 제공하는 것을 말한다. 비수반적 강화의 핵심은 지금껏 문제행동만으로 얻을 수 있었던 특정 강화자극을 이제부터는 문제행동과 상관없이 무조건적으로 자주 얻을 수 있는 환경을 조성함으로써 문제행동의 동기나 요구 자체를 제거하는 방법이다.

7. 발달장애인들의 자해행동이나 공격행동은 사회적 정적강화를 얻으려는 목적으로 수행되는 경우가 많다. 또한 학습과제의 수행과 관련된 문제행동들 대부분 은 학습 상황으로부터의 도피나 회피를 목적으로 수행되는 일이 많다. 그리고 심한 발달장애인들의 문제행동 중에는 혼자서 같은 행동을 장시간 반복하는 상동행동이 많다. 이러한 행동들은 문제행동 자체로 획득되는 시각적 · 청각적 · 미각적 · 운동감각적 자극과 같은 자동적 정적강화로 유지된다. 비수반적 강화(NCR)를 통하여 이러한 문제행동의 발생을 조절하기 위해서는 먼저 문제행동을 유지시키고 있는 강화자극이 무엇인지 구체적으로 확인한 다음, 바로 그 강화자극을 비수반적으로 풍부하게 제공함으로써 문제행동의 발생 동기 자체를 제거해야 한다.

8. 비수반적 강화(NCR)의 효과를 향상시키기 위해서는 기능성 평가를 통하여 문제행동을 강화하고 있는 후속자극을 분명하게 밝히고, 후속자극을 문제행동과 무관하게 풍족히 제공해야 한다. 이때 최초의 강화간격을 정하는 것은 대단히 중요한데, 초기에는 밀집된 강화계획을 사용하여야 한다. 문제행동의 발생횟수를 참고하여 최초의 강화간격을 정하도록 한다. 비수반적 강화는 소거전략과 함께 사용될 때 더욱 효과적이다.

9. 비수반적 강화(NCR)의 장점은 첫째, 다른 어떤 긍정적 치료기법보다 활용하기 쉽고, 둘째, 긍정적 학습환경을 조성하는 데 큰 도움이 되며, 셋째, 소거전략과 병행할 때 소거폭발을 감소시킬 수 있고, 넷째, 바람직한 행동이 비수반적 강화와 우연히 일치할 수 있는 기회가 많다. 반면에 비수반적 강화의 단점은 첫째, 문제행동

의 동기뿐 아니라 바람직한 행동에 대한 동기까지 감소될 수 있고, 둘째, 원하지 않는 문제행동이 강화될 우려가 있고, 셋째, 부적강화가 사용될 경우, 예를 들어 학습 상황으로부터의 도피를 허용할 경우 수업 진행에 지장을 초래할 수 있다.

10. 고확률(high-*p*)요구연속이란, 학습자에게 일련의 고확률요구들을 제시한 직후에 신속히 저확률요구를 제시하는 연속적인 과정을 말한다. 즉, 학습자가 연속되는 수개의 고확률요구에 성공적으로 반응할 때 계획된 저확률요구를 재빨리 삽입하여 순응하도록 가르치는 방법이다. 고확률요구연속의 효과를 높이기 위해서는 첫째, 고확률요구로 사용되는 과제는 학습자의 행동저장고에서 선택하고, 둘째, 요구를 신속히 제시하고, 셋째, 학습자의 순응을 즉시 칭찬하고, 넷째, 강력한 강화자극을 사용하여야 한다.

11. 기능적 의사소통 훈련(FCT)이란, 문제행동과 대립되는 바람직한 의사소통 행동을 가르쳐 문제행동의 기능을 대신하도록 하는 전략이다. 이 방법은 대체행동의 차별강화(DRA) 전략으로, 지금까지 부적절한 문제행동을 통하여 얻을 수 있었던 특정 강화자극을 이제부터는 바람직한 의사소통을 통하여 얻을 수 있도록 배려하는 전략이다. 이 기법은 동기설정조작(EO)에 민감한 대체행동을 개발하여 문제행동과 경쟁시키고 결국 문제행동의 기능을 대신하도록 하는 것이다.

12. 기능적 의사소통 훈련(FCT)을 효과적으로 수행하려면, 첫째, 훈련 초기에는 밀도 높은 강화계획을 사용하고, 둘째, 의사소통 행동이 강하게 형성되면 언어적 촉진자극의 사용을 자제하고, 셋째, 문제행동의 소거와 부작용이 적은 벌을 병용하고, 넷째, 강화의 밀도를 줄인다. 의사소통 행동의 강화 밀도를 줄이는 것은 기능적 의사소통 훈련에서 대단히 중요시된다. 왜냐하면 문제행동을 감소시킨다는 점에서만 보면 문제행동으로 학습 상황을 도피하는 것보다 대체행동으로 학습 상황을 도피하도록 하는 것이 더 나을지 모르나 학습을 저해한다는 점에서는 결국 마찬가지이기 때문이다.

연구 문제

➲ 동기화조작과 선행중재의 원리에 입각하여 다음의 문제를 논해 보자.

1. 동기화조작에 대하여 예를 들어 설명해 보자.
2. 동기화조작과 변별자극의 차이점을 논해 보자.
3. 선행자극의 수반성종속 기능과 수반성독립 기능의 차이를 설명해 보자.
4. 비수반적 강화의 원리를 설명해 보자.
5. 사회적 부적강화를 활용한 비수반적 강화의 예를 들어 보자.
6. 비수반적 강화의 간격을 정하는 방법을 설명해 보자.
7. 고확률요구연속의 방법을 전형적 교수방법과 비교해 보자.
8. 기능적 의사소통 훈련의 원리를 설명해 보자.
9. 기능적 의사소통 훈련의 효과적 활용법을 논의해 보자.

제5부

기능성 평가와 치료적 중재

Functional Assessment and Interventions

1980년대 초반부터 나타난 응용행동분석 연구의 새로운 경향은 문제행동의 기능성(원인)을 평가하고, 여기서 얻은 정보를 바탕으로 치료적 중재 프로그램을 계획하는 방식으로 발전되어 왔다. 제5부에서는 기능성 평가에 활용되는 여러 방법과 도구들을 설명하고, 기능성 평가 자료에 기초한 치료적 중재방안을 모색한다.

제13장 기능성 평가와 분석에서는 생태환경변수를 포함한 E-A-B-C 수반성을 토대로 기능성 평가모형을 정립하고, 이 모형에 따라 문제행동의 기능성(원인)을 분석할 수 있는 면접평가, 관찰기술평가, 실험분석 방법 등을 설명한다.

제14장 기능적 중재전략에서는 기능성 평가에서 얻은 문제행동의 원인요인에 대한 정보를 기초로 긍정적 치료전략을 설정하는 방법을 논한다. 문제행동의 원인별로 동기화조작, 소거전략, 대체행동의 차별강화 전략을 모색한다.

제13장 기능성 평가와 분석

학습목표

1. 생태환경변수를 포함한 기능성 평가모형을 설명할 수 있다.
2. 문제행동을 지속시키는 사회적 및 자동적 정적강화와 부적강화를 설명할 수 있다.
3. 기능성 평가를 위한 면접도구를 활용할 수 있다.
4. 직접 관찰을 통한 기능성 평가방법을 활용할 수 있다.
5. 기능성 분석을 위한 실험조건을 설정하고 결과를 해석할 수 있다.

1980년대 초반에 이르러 응용행동분석 연구는 큰 전환점을 맞이하였다. 문제행동의 학습 경위, 즉 문제행동에 직접 영향을 미칠 수 있는 선행자극과 후속자극 요인은 물론 생태환경변수까지 철저히 평가하고 분석함으로써 그 기능성(원인)을 밝히고, 기능성 평가를 통하여 얻은 정보에 기초하여 치료적 중재계획을 설정함으로써 그때까지 미결로 남아 있던 많은 문제행동을 쉽게 해결할 수 있게 되었다. 이 장에서는 작동조건형성의 전형을 기반으로 하는 A-B-C 분석모형에 생태환경변수를 추가한 기능성 평가모형을 정립하고, 문제행동을 지속적으로 강화하는 사회적 정적강화와 부적강화 및 자동적 정적강화와 부적강화에 대하여 설명한다. 그리고 문제행동의 기능성을 평가할 수 있는 면접평가, 관찰기술평가, 실험적 분석방법에 관하여 살펴본다.

제1절 기능성 평가모형

A-B-C 분석모형은 작동조건형성의 전형과 동일한 것으로, 그 핵심은 문제행동(B)을 유도하는 선행자극(A)과 문제행동을 강화하는 후속자극(C)을 생활환경 내에서 확인하는 것이다. 이 절에서는 선행자극과 행동 및 후속자극에 이르기까지 폭넓게 영향을 미치는 생태환경변수(E)가 추가된 E-A-B-C 4자 수반성의 평가모형을 정립하기로 한다.

1. 생태환경변수와 선행자극

기능성 평가모형은 기본적으로 A-B-C 분석모형과 크게 다를 바 없다. 다만 [그림 13-1]에서 볼 수 있듯이, 선행자극(A)을 에워싸고 있는 보다 넓은 생태환경요인(E)이 추가된 것이 다른 점이다. 생태환경요인[1]이란, 전후맥락요인[2]까지 포함하는 폭넓은 환경요인으로서 문제행동의 기능성(원인) 분석과 치료적 중재에서 대단히 중요시되는 개념이다. 특히 치료적 중재과정에서는 생태환경요인을 조작함으로써 후속자극의 강화효과와 행동의 발생빈도에 영향을 미치는 동기화조작[3]이 각광을 받고 있다(Michael, 2007). 실생활에서 문제행동의 기능성을 평가하고 이에 근거하여 치료적 중재를 설계할 경우, 생태환경요인은 문제행동의 원인을 이해하는 것뿐 아니라 사전에 문제행동의 발생을 예방할 수 있는 중요한 변수로 작용하기 때문이다. 그리고 생태환경요인은 선행자극에뿐 아니라, 행동과 후속자극에 이르기까지 A-B-C 수반성 전반에 걸쳐 크게 영향을 미칠 수 있다. 따라서 기능성 평가를 논의하기에 앞서 생태환경요인을 포함하는 새로운 기능성 평가모형을 이해하는 것은 대단히 중요한 일이다.

[그림 13-1]에 예시된 사례를 중심으로 기능성 평가모형을 설명해 보자. 이 예에서 생태환경요인(E)은 '영수가 게임을 하고 있다.' 는 상황적 사건[4]이다. 영수의 문제행동에 직접 영향을 미치는 선행자극(A)은 '어머니가 심부름을 시키는 것' 이지만 영수는 바로 그 시간에 게임에 열중하고 있었다. 이러한 상황은 문제행동에 크게 영향을 미친다.

---

1) Ecological events, Ecological variables
2) Contextual events, Contextual variables
3) Motivating operation
4) Setting events

예컨대, 만일 영수가 게임을 하고 있지 않을 때 어머니가 심부름을 시켰다면 문제행동은 발생하지 않았을지도 모른다. 그러나 영수가 인터넷으로 친구와 치열한 경쟁을 하고 있던 중이라면 사정은 상당히 다르다. 어머니의 심부름을 하려면 게임을 포기해야 하고, 더욱이 어머니가 심부름을 시키는 순간에 부주의하여 게임에서 패했다고 가정한다면, 영수가 문제행동을 일으킬 확률은 더욱 높았을 것이다. 이와 같이 생태환경요인은 A-B-C 수반적 관계 전반에 폭넓게 영향을 미칠 수 있다는 점을 기억하기로 한다.

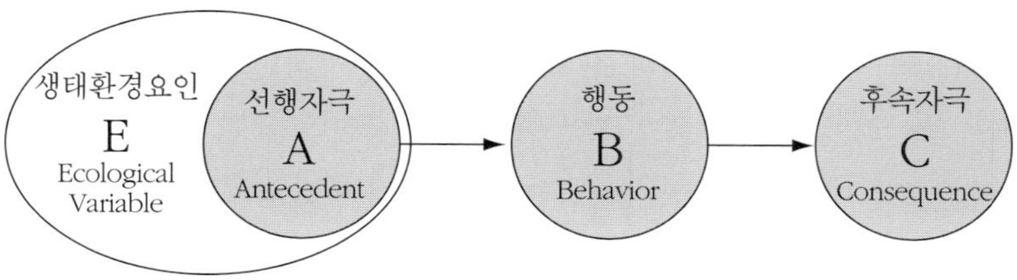

생태환경요인(E)	선행자극(A)	행동(B)	후속자극(C)
영수가 게임을 하고 있을 때	어머니가 심부름을 시키면	영수는 물건을 던지며 소리를 지른다.	어머니는 심부름을 즉시 철회한다.

[그림 13-1] 기능성 평가모형

면접과 관찰을 통한 기능성 평가 자료를 토대로 문제행동의 기능성(원인)에 대한 가설을 설정한다. 이러한 가설은 치료적 중재계획에 필요한 중요한 정보를 제공한다. 필요한 경우 실험분석을 통하여 환경자극과 표적행동 간의 기능적 관계를 검증할 수 있다.

2. 문제행동을 강화하는 요인

어떤 문제행동이 현재 지속되고 있다는 것은 그 행동이 이미 오래전에 학습된 것이라 하더라도 현재의 환경 내에 그 행동을 강화하는 요인이 아직 존재하기 때문이다. 즉, 문제행동을 지원하는 정적강화나 부적강화 요인이 지속적으로 영향을 미치고 있는 것이다. 이미 습관화된 문제행동이 잘 개선되지 않고 끈질기게 지속되는 것은 바로 이러한 이유 때문이다. 문제행동을 강화하는 후속요인을 이론적으로 분류하면, 사회적 정적강화와 부적강화, 자동적 정적강화와 부적강화로 나눌 수 있다(Carr & Wilder, 1998; Durand & Crimmins, 1992).

1) 사회적 정적강화[5)]

정적강화란, 표적행동에 후속(수반)하여 어떤 자극이 제공(+)됨으로써 그 행동의 발생률이 증가하는 것을 말한다. 그리고 정적강화자극은 표적행동에 수반되는 자극 자체를 말한다. 정적강화 앞에 '사회적' 이라는 수식어가 붙은 것은 정적강화가 대인관계 상황에서 다른 사람들에 의하여 제공되는 경우를 뜻한다. 이러한 사회적 정적강화자극은 사회적 관심, 물질적 보상, 활동의 기회 등으로 분류될 수 있다.

사회적 관심 사회적 관심은 주요한 정적강화자극의 한 유형으로, 칭찬이나 인정과 같은 긍정적인 형태 또는 질책이나 꾸지람과 같은 부정적인 형태로 표현된다. 여기서 중요한 것은 관심의 긍정적인 표현뿐만 아니라 부정적인 표현 역시 인간의 행동을 강화하는 강력한 요인이 된다는 사실이다. 아마도 부정적 관심일지라도 전적으로 무시되고 소외되는 것보다는 더 낫고, 때로는 부정적으로 시작된 관심이 긍정적으로 끝나는 일이 많기 때문이다. 예를 들면, 교실에서 좌석을 이탈한 아동을 꾸짖던 교사가 아동의 위축된 모습을 보고 동정 어린 위로와 격려로 끝을 맺는 일이 많다. 이러한 경우 초기의 혐오 상황은 오히려 후기의 긍정적 관심에 대한 신호로 학습될 가능성이 높다. 또 다른 가능성은 부모나 교사, 직장 상사의 질책이나 꾸지람은 흔히 동료들로부터 동정과 격려를 이끌어 낼 수 있고, 때로는 질책자의 심기를 불편하게 함으로써 묘한 보복의 만족감을 느낄 수도 있다. 그러므로 부모, 교사, 직장 상사들은 자기 수하에 있는 사람의 문제행동을 수정하려는 목적으로 사용한 질책, 훈계, 꾸지람 등이 오히려 문제행동을 강화하는 일이 되지 않도록 주의할 필요가 있다.

부모와 교사 또는 동료와 직장 상사로부터의 관심은 사회적 정적강화의 주요한 원천이 된다. 긍정적 관심은 칭찬, 인정, 신체적 접근과 접촉, 표창, 명예 등으로 표현되며, 흔히 물질적 보상, 보너스, 특별 임무나 보직, 승급과 승진 등으로 이어질 수 있기 때문에 강력한 정적강화로 작용한다. 따라서 사회적 관심은 가정과 학교에서뿐 아니라 일반 사회에서 건전한 조직행동과 생산성 향상을 강화하는 수단으로 널리 활용되고 있다. 예컨대, 생산 현장을 방문한 재벌 총수가 말단 직원의 어깨를 두드리며 건네는 '수고한다' 는 말 한마디는 생산성의 향상에 영향을 미칠 수 있다. 그러나 이러한 사회적 관심이 올바른 표적행동에 수반하지 않고, 그릇된 행동에 잘못 제공되면 여러 가지 사회적 문제를 야기할 수 있다. 예컨대, 정당한 요구와 주장은 무시되고, 과격한 불법시

5) Social positive reinforcement

위로 표출될 때만 사태를 수습하기 위해 정부, 관련 기관, 언론 및 사회 일반이 관심을 갖는다면, 과격한 시위문화는 계속될 수밖에 없을 것이다.

물질적 보상 물질적 보상은 연령에 따라 그 만족 수준이 각각 다르겠지만, 어른이나 아동 모두에게 강력한 정적강화자극으로 작용한다. 어른에게는 월급이나 특별 상여금, 특별 수당 또는 부서별 회식 등이 물질적 보상이 될 수 있고, 아동에게는 용돈이나 장난감, 좋아하는 음식, 옷, 휴대전화, 게임기, 컴퓨터 등이 강력한 물질적 보상이 된다. 예를 들어, 아동이 머리를 쥐어뜯으며 기성을 지를 때, 원하는 음식을 주거나 원하는 장난감을 사 주는 것은 바로 문제행동을 강화하는 사회적 정적강화가 될 수 있고, 급여 인상을 위한 집단농성은 급여의 인상으로 강화될 수 있다. 그러므로 문제행동으로 발전하기 이전에 정당한 요구나 바람직한 생산 활동을 체계적으로 강화할 수 있는 제도적 보완이 문제행동의 예방을 위한 현명한 방법이 될 것이다.

활동의 기회 좋아하는 활동의 기회를 얻는 것은 또 다른 형태의 강력한 사회적 정적강화자극이 될 수 있다. 아동이 특정 문제행동을 할 때, 예를 들어 화를 내며 물건을 집어던질 때 컴퓨터 게임을 허용하거나, 숙제를 다했다고 거짓말을 할 때마다 밖에 나가 놀아도 좋다고 허용하는 것은 문제행동을 강화하는 사회적 정적강화의 좋은 예이다.

이와 같이 사람들이 사회적 정적강화자극을 얻기 위하여 문제행동을 지속하는 경우는 무수히 많다. 예를 들어, 한 아동이 집단을 이탈하여 한쪽 구석에 혼자 쭈그리고 앉아 있는 경우를 생각해 보자. 교사는 측은한 마음으로 즉시 그에게 다가가 친절한 말투로 집단 활동에 참여하자고 권유하며 두 손을 잡고 데려올 것이다. 이는 무심코 문제행동을 강화한 좋은 일례이다. 특히 언어적 표현 능력이 미숙하거나 또는 올바른 대화의 창구가 막혔을 때 사람들은 과격한 행동으로 의사를 표현하는 경우가 흔하다. 예를 들어, 언어 능력이 제한된 장애 아동이 또래의 장난감을 뺏기 위하여 또래 친구를 주먹으로 때리는 경우를 생각해 보자. 교사는 아동의 공격적 행동을 중단시키기 위하여 또래 친구에게 장난감을 양보하게 할 수 있다. 이번에도 별 생각 없이 아동의 공격적 행동을 강화한 것이다. 이상의 두 경우에 교사가 보인 친절과 관심 그리고 또래 친구의 장난감 양보는 문제행동을 지속시키는 사회적 정적강화의 전형적인 예이다. 아마도 아동의 입장에서 보면, 이러한 문제행동은 곧 '나는 선생님의 관심을 받고 싶어요.', '나는 장난감이 갖고 싶어요.' 라는 강력한 의사 표현일 수 있다. 따라서 치료과정에서는 보다 바람직한 방법으로 자신의 요구를 표현할 수 있도록 지도해야 할 것이다.

이러한 사회적 정적강화는 조직사회에서도 똑같이 적용된다. 부하 직원이나 생산직 사원들의 근무행동이 공정하게 평가되고, 이에 따라 사회적 정적강화가 체계적으로 제공되는 조직사회에서는 구성원들의 생산성과 근무 의욕이 크게 향상될 것이다. 그러나 이러한 사회적 정적강화가 일정한 기준 없이 비합리적으로 관리되는 조직 내에서는 부정한 방법이나 비생산적 행동으로 사회적 정적강화를 얻으려는 풍조가 만연될 수 있다.

2) 사회적 부적강화[6)]

부적강화란 표적행동에 수반하여 어떤 자극이 제거 또는 회수(-)됨으로써 그 행동의 발생률이 증가하는 것을 말한다. 그리고 행동에 수반하여 제거 또는 회수(-)되는 자극 자체를 부적강화자극이라고 한다. 역시 '사회적'이란 수식어가 붙은 것은 이러한 부적강화가 대인관계 상황에서 이루어지는 것을 의미한다. 흔한 예로 발달장애 아동이 주어진 학습과제를 모면하기 위하여 자해행동을 하는 경우를 들 수 있다. 발달장애 아동들은 학습 상황에 노출되어 훈련받는 시간이 많다. 이는 대체로 아동들에게 불편하고 괴로운 일이 될 수 있다. 따라서 이러한 '혐오 상황으로부터의 도피'는 이들에게 큰 보상, 즉 강화가 될 수 있다. 예를 들어, 수학시간에 자기 머리를 사정없이 때리는 한 여아를 발견한 교사가 당황하여 즉시 보조교사에게 아동을 밖으로 데리고 나가도록 하였다. 결과적으로 아동은 자기 머리를 때림으로써 하기 싫은 수학공부를 피할 수 있었다. 즉, 부적강화가 이루어진 것이다. 공부가 하기 싫어 배가 아프다고 한다든지, 어머니의 심부름이 하기 싫어 화를 내며 물건을 걷어찬다든지, 부하 직원들의 불만이 듣기 싫어 화를 내며 호통을 치는 행동들은 바로 하기 싫은 어떤 일이나 불편한 사회적 상황으로부터 벗어나기 위한 수단으로 사용된다. 즉, 이러한 행동들은 부적강화되고 있는 것이다.

다른 측면에서 생각하면, 수학시간에 자기 머리를 때리는 자해행동은 수학공부가 싫다는 유일한 의사 표현일지도 모른다. 언어 능력이 미숙한 아동에게 이러한 일들이 더 흔한 것은 바로 이들이 문제행동으로 자기 의사를 표현하는 증거라고 볼 수 있다. 이처럼 아동들은 어려운 과제 수행을 모면하기 위한 수단으로 또는 과제 수행을 하기 싫다는 의사 표현으로 문제행동을 계속할 수 있다. 또한 아플 때 짜증을 낸다든지, 주 5일 근무를 위한 시위를 한다든지 하는 개인적 및 집단적 행동들은 건강한 성인 사회

6) Social negative reinforcement

에서도 발생할 수 있다. 예컨대 한 조직 내에서 효율적인 대화의 통로가 차단되었을 경우 집단농성이나 시위의 형태로 자신들의 의사를 강력히 표현할 수 있다. 이러한 문제들은 대체로 바람직한 대화 통로를 마련함으로써 해결될 수 있다(Carr et al., 1997).

3) 자동적 정적강화[7]

이번에는 정적강화 앞에 '자동적' 이란 수식어가 붙었다. 이것은 사회적 상황에서 다른 사람에 의하여 정적강화되는 것이 아니라, 어떠한 행동을 수행함으로써 자동적으로 강화가 뒤따르는 경우를 일컫기 위한 것이다. 예를 들어, 자위행위처럼 성감대를 자극하면 자동적으로 쾌감이 따르는 경우, 자위행위는 자동적 정적강화에 의하여 계속 유지될 수 있다. 이와 같이 대부분의 자기 자극적 행동[8]은 그 자체로 어떤 감각적 자극이 즉시 자동적으로 수반된다. 이러한 감각적 자극을 자동적 정적강화자극이라 한다. 예를 들면, 몸을 앞뒤로 반복해서 흔들거나, 손뼉 치기를 반복하는 상동행동은 행동 자체로 시각적 · 청각적 · 운동감각적 자극을 산출함으로써 자동적으로 정적강화된다. 자폐성 장애아가 전등 앞에서 손가락을 펴고 두 손을 좌우로 흔들어 현란한 빛의 변화를 혼자서 즐기고 있다면, 이러한 행동은 자동적으로 정적강화되고 있는 것이다. 머리로 책상을 받을 때 발생하는 리드믹한 소리를 즐기고 있다면, 이 행동 역시 행동 자체로 산출된 소리에 의하여 자동적으로 강화되는 것으로 가정할 수 있다. 우리의 많은 버릇 중에도 감각적 자극을 만들어 내기 위한 것이 많다. 심심할 때 볼펜을 딸각거린다든지, 손톱을 씹는다든지 하는 것은 청각자극이나 촉각자극을 즐기기 위한 것이다. 바이킹이나 그네 타기, 미끄럼 타기, 행글라이딩 같은 것을 즐기는 것은 바로 행위 자체로 수반되는 운동감각이나 스릴 등이 정적강화자극으로 후속되기 때문이다.

이와 같이 시각, 청각, 운동감각, 미각, 촉각, 후각 등의 모든 감각과 지각적 자극은 자동적 정적강화의 원천이 될 수 있다. 자동적 정적강화는 사회적 상황과 상관없이 혼자서 하는 행동의 문제이고, 또 대부분의 자기자극적 행동은 그 자체로 감각적 자극이나 쾌감이 즉시 수반되기 때문에 외적으로 통제하기 어렵다. 다시 말하면, 기능성 평가를 통하여 원인을 확인하기도 어렵고, 치료적 중재를 계획하는 데도 많은 어려움이 따른다.

7) Automatic positive reinforcement

8) Self-stimulation behavior

4) 자동적 부적강화[9)]

문제행동을 강화할 수 있는 마지막 유형은 자동적 부적강화이다. 이미 언급된 바와 같이, 불쾌한 상황을 피하기 위한 수단으로 특정 행동을 반복할 경우, 그 행동은 부적강화되었다고 말한다. 부적강화 앞에 '자동적'이란 수식어가 붙은 것은 역시 사회적 관계에서 타인에 의하여 불쾌한 자극이 제거되는 것이 아니라, 특정 행동을 함으로써 불쾌한 상황이나 혐오스러운 자극 또는 신체적 불편이나 고통이 자동적으로 제거되는 것을 의미한다. 손톱으로 팔뚝을 사정없이 할퀴으로써 심한 가려움을 면할 수 있다면, 팔뚝을 할퀴는 행동이 자동적으로 부적강화될 것이다. 두통이 심할 때마다 자기 머리를 꽝꽝 때리는 여아를 상상해 보자. 머리를 세게 때림으로써 두통이 완화될 수 있다면, 머리가 아플 때마다 자기 머리를 때리는 행동이 더욱 빈번히 발생할 것이다. 즉, 이러한 행동은 자동적으로 부적강화된 것이다. 더욱이 자신의 심한 두통을 다른 사람에게 알릴 수 있는 적절한 표현 수단이 없을 경우, 이러한 문제행동은 더욱 심각한 형태로 발전할 수 있다. 가려움증, 두통, 치통, 변비, 월경통 등으로 인한 고통을 완화할 수 있는 행동들은 모두 자동적 부적강화로 설명될 수 있다. 일상생활 중의 실례를 살펴보자. 더워서 창문을 열었더니 더위를 피할 수 있었다면, 더울 때마다 창문을 여는 행동은 더 잦아질 것이다. 술을 마셨더니 잠시나마 실연의 고통을 잊을 수 있었다면, 앞으로 실연의 고통이 발생할 때마다 술을 마시는 행동이 증가될 것이다. 모두 자동적 부적강화의 실례들이다.

5) 기타 원인

앞서 소개된 네 가지 유형의 강화요인은 분명히 인간의 문제행동을 환경적 또는 행동적 관점에서 살펴본 것이다. 그러나 이러한 요인 외에도 문제행동의 원인으로 정신의학 및 의료적 원인을 고려할 수 있다. 예를 들면, 어떤 정신분열증 환자의 경우 환각증상 때문에 갑자기 소리를 지를 수 있다. 또한 발달장애 아동의 경우에도 특정한 의료적 원인이 문제행동에 직접 영향을 미칠 수 있다. 그러므로 어떤 문제행동에 대한 치료적 중재 프로그램을 계획하기 전에 먼저 특정한 의료적 조건(예: 약물 복용)이 문제행동의 원인이 되지는 않는지 살핀 다음 행동적 치료전략을 수립해야 할 것이다.

불행하게도 어떤 행동이 의료적 또는 신체적 요인에서 기인한 것인지 그 여부를 판

9) Automatic negative reinforcement

단할 수 있는 체계적 방법은 없다. 다만, 행동의 형태를 자세히 살펴보면 그것이 의료적 또는 신체적 요인에서 비롯된 것인지 아닌지를 알 수 있다. 문제행동이 유독 신체의 특정 부위와 관련해서만 발생하는 경향이 있다면, 예컨대 어떤 아동이 소리를 지르며 자신의 허벅지를 치는 행동을 반복한다면, 다리의 경련이나 그와 유사한 어떤 신체적 병변을 그 원인으로 가정해 볼 수 있다. 그러므로 문제행동에 대한 행동적 치료를 구안하기 전에 먼저 최근에 발생한 신체적 변화나 질병(예: 감기, 월경)이 무엇인지 확인할 필요가 있다. 의료적 요인이 개입되었을 가능성이 있는 경우에는 의료전문가의 조언을 구하는 것이 좋다.

제2절 면접평가 방법

기능성 평가의 첫 번째 방법은 정보 제공자와의 상담을 통한 면접평가[10]이다. 다시 말하면, 내담자 본인 또는 내담자를 잘 아는 사람, 즉 부모, 보호자, 교사와의 면접을 통하여 수집된 정보에 근거한 평가방법이다. 이는 치료자가 문제행동을 직접 관찰하지 않고, 단지 관련된 사람들에게서 간접적으로 정보를 얻는 방법이다. 내담자의 의사소통 능력이 양호한 경우에는 내담자와의 면접을 통하여 문제행동에 관한 정보를 직접 얻을 수도 있다.

면접평가는 구조화된 면접방식으로 시작하는 것이 좋다. 구조화된 면접방식이란 미리 작성된 조사표에 따라 면접을 시행하는 것을 말한다. 〈표 13-1〉에 예시된 것과 같이 문제행동의 기능성(원인)을 분석하는 데 필요한 기초 정보를 얻기 위하여 몇 가지 질문 내용을 미리 정해 놓고 면접을 체계적으로 시행하는 방법이다. 이러한 질문 내용은 연구자 자신이 특정한 내담자의 고유한 환경에 맞게 제작하여 사용할 수 있다.

동기진단척도와 기능성진단도구는 이러한 목적으로 개발된 설문지로서, 응답자로 하여금 직접 서면으로 응답하도록 할 수도 있고, 면접자가 한 문항씩 질문하면서 구두면접으로 진행할 수도 있다. 그러나 문제행동에 대한 보다 정확한 정보를 얻기 위해서는 내담자의 서면 응답보다는 전문가의 구두면접이 더욱 권장된다.

Durand와 Crimmins(1992)가 개발한 동기진단척도(MAS)[11]는 모두 16개 문항으로

10) Informant assessment

11) Motivation Assessment Scale

구성된 간편한 설문도구로, 문제행동을 강화하는 주요한 후속요인을 ① 감각적 자극, ② 도피, ③ 사회적 관심, ④ 물질적 보상 등 네 가지로 유목화하였다. 그리고 각 유목별로 네 문항씩 배정하고, 각 문항을 '전혀 아니다(0점)' 부터 '항상 그렇다(6점)' 까지 7단계로 평정한다. 즉, 각 요인별로 최저 0점부터 최고 24점(평균 6.0)을 얻을 수 있다. 면접이 끝나면 각 요인별로 소계를 내어 순위와 평균점수를 상호 간에 비교한다. 네 가지 요인 중 어느 한 요인이 특별히 높은 점수를 얻으면 문제행동은 바로 그 요인에 의하여 강화되는 것으로 가정한다. 그리고 여러 요인에 걸쳐 점수가 비슷하게 나오면 문제행동을 강화하는 후속요인이 다양하거나 아니면 불분명한 것으로 가정하고, 실제 문제행동이 발생하는 현장에서 직접 관찰하거나 실험분석을 통하여 문제행동의 원인을 확인하도록 한다. 〈표 13-2〉는 네 가지 요인을 대표하는 예문이다. MAS는 간편하고 신속하게 문제행동의 기능성(원인)을 계량적으로 평가할 수 있는 장점이 있어 면접평가에 널리 사용된다. 그러나 생태환경요인(E)과 선행자극(A)에 관한 정보를 얻을 수 없는 것이 큰 단점으로 지적될 수 있다.

기능성진단도구(FAI)[12]는 광범위한 영역에서 문제행동에 관한 정보를 수집할 수 있는 기능성 평가척도이다. O' Neill, Horner, Albin, Sprague, Storey와 Newton(1997)에 의하여 제작된 이 도구의 구성요소를 살펴보면, ① 내담자의 문제행동 목록을 작성하고, ② 생태환경요인을 조사하고, ③ 문제행동을 유도하는 직접적인 선행사건(A)을 탐색하고, ④ 문제행동을 통하여 얻는 결과, 즉 후속자극(C)을 확인하고, ⑤ 문제행동이 환경으로부터 얻는 전반적 효율성을 평가하고, ⑥ 내담자가 이미 습득한 행동 중에서 문제행동과 대체할 수 있는 바람직한 표적행동을 확인하고, ⑦ 내담자의 주된 의사소통 방식을 진단하고, ⑧ 내담자를 지원하기 위하여 해야 할 일과 해서는 안 될 일을

〈표 13-1〉 구조화된 면접을 수행하기 위한 조사표

질문 문항	기능(원인)
1. 장난감, 돈, 재물 등과 같은 것을 얻기 위하여 문제행동을 하는가?	물질적 보상
2. 과제 수행과 관련된 상황에서 문제행동을 하는가?	과제 도피
3. 혼자 있을 때 문제행동을 하는가?	자동적 강화/감각적 자극
4. 다른 사람들의 관심을 얻으려고 문제행동을 하는가?	사회적 관심
5. 최근에 질병을 앓은 적이 있는가?	자동적 부적강화/의료적 원인
6. 환경으로부터 재미있거나 유익한 자극을 얻는가?	자동적 정적강화

12) Functional Assessment Inventory

확인하고, ⑨ 내담자가 좋아하는 강화자극은 어떤 것들이 있는지 탐색하고, ⑩ 문제행동의 역사, 문제행동을 개선하기 위하여 사용되어 온 치료방법은 무엇이고 그 효과는 어떠하였는지 등을 평가한다. 즉, FAI는 문제행동의 원인을 파악하고 치료계획을 수립하는 데 요구되는 방대한 정보를 수집할 수 있는 도구이다. 그리고 이러한 면접 자료에 입각하여 각 문제행동별로 생태환경요인을 포함한 선행요인(A)과 후속요인(C)을 종합적으로 평가하여 각 문제행동의 원인(기능)에 대한 가설을 설정한다. 이러한 가설은 다음 절에서 설명할 치료적 중재 프로그램을 제작하는 데 요긴하게 활용된다. 이 도구는 MAS처럼 문제행동의 원인요인을 손쉽게 수량적으로 파악할 수 있는 간편성은 없으나 문제행동의 직접적 선행요인(A)과 생태환경요인(E)을 포함한 방대한 정보를 제공한다.

면접평가의 장점 가운데 하나는 수행이 용이하다는 점이다. 면접이나 설문지 조사는 시간이 오래 소요되지 않으며, 짧은 시간 동안 많은 사람을 대상으로 조사할 수 있는 이점이 있다. 그러나 수집된 자료의 신뢰성과 타당성이 낮다는 점이 문제로 지적된다. 그럼에도 불구하고, 면접평가는 사용상의 편의 때문에 문제행동에 대한 기초 자료를 수집하는 방법으로 널리 추천되고 있다. 만약 신뢰성과 타당성을 보완할 수 있는 면접 방법이 고안된다면 매우 경제적이고 간편한 기능성 평가도구가 될 것이다.

〈표 13-2〉 기능성 평가를 위한 동기진단척도(MAS)의 표본 문항

검사 문항	반응 기록						
	전혀 아니다	거의 아니다	가끔	보통	대체로	거의 항상	항상 그렇다
1. 오랫동안 혼자 있을 때 문제행동을 계속 반복하는가?	0	1	2	3	4	5	6
2. 어려운 과제를 시키면 곧 문제행동을 시작하는가?	0	1	2	3	4	5	6
7. 자기에게 쏟던 관심을 중단하면 문제행동을 시작하는가?	0	1	2	3	4	5	6
12. 요구하는 장난감이나 음식이나 활동을 허용하면 바로 문제행동을 멈추는가?	0	1	2	3	4	5	6

제3절 관찰기술평가 방법

관찰기술평가[13]는 실제로 문제행동이 발생하는 현장에서 바로 그 시간에 기능성 평가에 필요한 자료를 직접 관찰하고 확인하여 기록하는 방법이다. 면접평가로 문제행동의 기능성을 확인할 수 없거나 또는 면접 자료만으로는 그 기능성을 분명히 밝힐 수 없을 때 활용된다. 관찰기술평가는 여러 가지 방식으로 이루어질 수 있지만, 수집할 핵심 정보는 면접평가에서와 동일하다. 먼저 문제행동(B)을 유발하는 직접적인 선행자극(A)을 관찰 · 기록하고, 동시에 문제행동이 발생할 당시의 생태환경요인 및 전후맥락요인(E)도 함께 관찰하여 기록한다. 마지막으로, 문제행동을 강화하는 후속자극(C)을 확인하여 기록한다.

1. A-B-C 관찰카드의 활용

실제로 관찰기술평가를 수행하려면, 〈표 13-3〉과 유사한 '부록 1'에 마련된 A-B-C 관찰카드를 준비한다. 먼저 피관찰자와 관찰자의 이름, 관찰 일시 등을 기록한다. 관찰 준비가 끝나면 이제 문제행동을 전후하여 발생한 사건으로서 문제행동에 영향을 미칠 것으로 판단되는 일들을 자세히 관찰하여 기록한다.

첫째로, 생태환경요인[14] 및 전후맥락요인[15]을 관찰 · 기록한다. 문제행동의 발생시간과 장소, 진행 중인 활동, 동석한 사람, 물리적 환경 그리고 문제행동이 발생하기까지의 전후맥락 등을 자세히 살펴 기록한다. 이러한 생태환경요인 및 전후맥락요인(E)은 문제행동을 직접 유도하는 선행자극(A)은 아니지만 그 배후에서 강화의 가치와 행동의 발생빈도에 영향을 미치는 중요한 요인으로 문제행동을 이해하는 데 큰 도움이 된다. 따라서 사소하다고 여겨지는 요인들도 소홀히 하지 말고 자세히 관찰 · 기록해 둔다. 은실이의 예에서 문제행동은 2006년 9월 15일 오후 2시 43분에 교실에서 김정식 선생님이 지도하는 수학시간에 발생하였음을 알 수 있다.

둘째로, 문제행동의 발생 직전에 일어난 일들로서, 문제행동(B) 발생의 직접적 발단

13) Descriptive assessment

14) Ecological events, Ecological variables

15) Contextual events, Contextual variables

이 된 선행사건(A)[16]들을 확인하여 기록한다. 예를 들어, 누가, 무엇을, 어떻게 하였을 때 문제행동이 시작되었는지 또는 사회적 상황과 관련 없이 수행된 문제행동일 경우에는 주변의 물리적 상황이나 환경의 변화 및 행동자의 건강 상태, 신체적 조건 등을 포함한 행동 발생 직전의 상황을 자세히 관찰 · 기록한다. 은실이의 예에서 교사는 은실이에게 30개의 한 자릿수 더하기와 빼기 문제지를 주었고, 은실이는 8번까지는 조용히 잘 풀었다. 그다음에 문제행동이 바로 발생한 것이다. 이러한 모든 선행자극(A) 상황 중에서 문제행동의 발생을 유도하는 특정한 변별자극(S^D)을 찾아야 한다.

셋째로, 문제행동(B) 자체는 어떤 형태로 발생하고 있는지 그 각각의 반응을 구체적으로 기록한다. 예를 들면, '화를 낸다.' 라고 뭉뚱그려 기록하지 말고, '소리를 지른다.', '자기 손등을 문다.', '책과 연필을 던진다.' 등과 같이 당시에 실제로 발생한 구체적 반응들을 관찰하여 '문제행동(B)' 란에 기록한다. 이 예에서 은실이의 구체적 반응은 소리를 지르고, 자기 손등을 물고, 책과 연필을 던지는 것들이다. 이러한 일련의

〈표 13-3〉 A-B-C 관찰카드: 문제행동의 발생 상황 관찰 · 기록 (예)

A-B-C 관찰카드
피관찰자: 최은실　관찰자: 송지혜　관찰일시: 2006년 9월 15일
생태환경요인 및 전후맥락요인 (E) 발생시간: 오후 2시 43분 발생장소: 교실 진행 중인 활동과 진행자: 수학시간, 김정식 교사
문제행동의 발단 (A): 발생 직전의 주변 상황, 예, 누가, 무엇을 어떻게 하였을 때 발생하였는가? 교사는 은실이에게 30개의 한 자릿수 더하기와 빼기 문제지를 준다. 은실이는 8번까지는 조용히 잘 풀었다.
문제행동 (B): 실제로 발생한 구체적 반응들을 나열한다. 소리를 지르며, 자기 손등을 물고, 책과 연필을 던진다.
주변 사람들의 반응 (C): 문제행동에 대하여 누가, 무엇을 어떻게 하였는가? 교사는 은실이를 안정시키기 위하여 양호실로 보낸다.

16) Antecedences, Antecedent events

반응들을 기능성 반응군이라고 한다. 각 반응은 형태는 서로 다르지만, 그 목적은 수학 문제를 풀어야 하는 상황으로부터 도피하기 위한 것으로 모두 동일하기 때문이다.

마지막으로, 문제행동이 발생한 직후에 일어난 후속사건(C)[17]을 관찰하여 기록한다. 문제행동이 발생했을 때 그 행동에 대하여 누가, 무엇을, 어떻게 하였는지 자세히 기록한다. 이는 문제행동을 강화하는 사회적 정적강화 또는 부적강화를 탐색하기 위한 것이다. 물론 사회적 상황과 상관없이 혼자서 하는 문제행동인 경우에는, 행동 발생 직후 어떤 물리적 변화가 일어나는지, 어떤 감각적 자극이 즉시 수반되는지를 자세히 관찰하여 기록한다. 때로는 문제행동으로 어떤 불편한 상황을 모면하고 있는지도 살펴 기록한다. 이것 역시 행동에 영향을 미칠 수 있는 자동적 정적강화와 부적강화를 탐색하기 위한 것이다.

이상과 같이 'A-B-C 관찰카드'를 사용하여 동일한 문제행동을 장기간에 걸쳐 반복하여 관찰하면, 문제행동(B)이 어떤 선행자극(A)에 의하여 유발되고, 어떤 후속자극(C)에 의하여 강화되는지, 또한 이러한 A-B-C 수반성은 어떤 생태환경요인이나 전후맥락요인에 의하여 영향을 받는지 명확히 파악할 수 있다. 따라서 이러한 기능성 평가 자료를 활용하면 보다 효과적인 치료적 중재를 계획할 수 있다.

2. 행동발생산포도의 활용

앞서 살펴본 A-B-C 수반적 관계를 평가하는 전형적인 방법 이외에도 〈표 13-4〉와 같은 '행동발생산포도'를 작성하여 문제행동의 원인을 탐색하는 방법도 있다. 이 방법은 주로 문제행동을 유발하는 선행자극(A)과 생태환경요인 및 전후맥락요인(E)을 탐색하는 방법으로 다양하게 활용된다. 주로 문제행동이 발생하는 시간과 당시 진행 중인 활동을 상당 기간 관찰하고 기록하여 〈표 13-4〉와 같은 산포도를 작성한다. 산포도를 보면, 문제행동이 어떤 시간대에, 어떤 활동 중에 주로 발생하는지 그 경향성을 쉽게 파악할 수 있다. 산포도에 나타난 자료를 보고 특정 시간대에 진행 중인 활동이나 교육 프로그램 중에 문제행동을 유도하는 선행요인(A)이 존재할 가능성을 추론할 수 있다. 따라서 치료자는 그 활동시간을 집중적으로 탐색하고 주의를 기울여 관찰함으로써 문제행동을 유도하는 변별자극(S^D)을 비교적 쉽게 찾아낼 수 있다.

'미란은 주변이 소란하고 아이들이 어지럽게 뛰어다니는 상황'에서 '자기 머리를 쥐

17) Consequenes, Consequent events

어뜯고 기성을 지르는 행동'을 한다. 〈표 13-4〉는 미란의 문제행동을 어린이집에서 8일 동안 관찰하여 산포도를 작성한 것이다. 행동발생산포도를 보면, 미란의 문제행동은 매일 오전 10:30~11:00와 오후 1:30~2:00의 자유시간(30분)에 주로 발생한 것으로 나타났다. 따라서 문제행동을 유도하는 변별자극(S^D)은 바로 오전과 오후에 두 차례 주어지는 자유시간 활동 중에 있을 것으로 가정된다. 이제 자유시간을 집중적으로 관찰하여 문제행동 발생의 발단이 무엇인지 확인한다. 자유시간 활동 중에 아동들은 소란스럽게 떠들며 주변을 어지럽게 뛰어다닌다. 아마도 미란의 문제행동을 유도하는 변별자극(S^D)은 바로 '주변이 소란하고 아이들이 어지럽게 뛰어다니는 것'이 될 수 있다. 이러한 행동발생산포도를 활용한 분석방법은 Touchette, MacDonald와 Langer(1985)에 의하여 개발된 것으로 문제행동을 유도하는 선행자극(A)을 탐색하는 방법으로 널리 활용되고 있다.

〈표 13-4〉 행동발생산포도 작성 (예)

행동발생산포도

피관찰자: 강미란　　관찰자: 담임교사　　관찰장소: 소망 어린이집

표적행동: 자기 머리를 쥐어뜯고, 기성을 지른다.

시간		분	관찰회기															활동/기타
			1	2	3	4	5	6	7	8	9	10	11	12	13	14	15	
오전	9	30																
		60																
	10	30				✓												
		60	✓	✓	✓		✓	✓	✓	✓								자유시간
	11	30							✓									
		60																
오후	12	30																
		60																
	1	30					✓											
		60	✓	✓	✓	✓	✓	✓	✓	✓								자유시간
	2	30						✓										
		60				✓												
	3	30																
		60																
	4	30																
		60																
관찰회기			1	2	3	4	5	6	7	8	9	10	11	12	13	14	15	
월/일																		

3. 종합관찰평가표의 활용

관찰기술평가를 종합적으로 편리하게 수행하기 위해서는 〈표 13-5〉와 같은 '종합관찰평가표'를 고안하여 사용하면 좋을 것이다. '부록 4'에 제시된 'A-B-C 종합관찰평가표'를 목적에 맞게 변형하여 사용하도록 한다. 종합관찰평가표를 작성하는 방법은 다음과 같다.

첫째로, 평가표의 제일 윗부분에 피관찰자와 관찰자의 이름, 관찰장소, 표적행동을 기입한다. 표적행동은 기능적 정의에 따라 같은 목적으로 수행되는 모든 반응들을 구체적으로 기록한다. 앞에서 A-B-C 관찰카드의 '문제행동' 란에 동일한 목적을 가진 반응군들을 기록할 때와 같다.

둘째로, '생태환경/전후맥락(E)' 란의 왼쪽 빈칸에는 면접평가 및 사전관찰에서 얻은 정보에 기초하여 문제행동이 주로 발생했거나 발생할 것으로 예상되는 활동시간이나 프로그램의 이름을 기록한다. 〈표 13-5〉처럼 '식사시간', '활동 없음', '협동놀이', '국어시간', '수학시간', '기타' 등으로 미리 채워 넣는다.

셋째로, '선행자극(A)' 란의 왼쪽 빈칸에는 면접이나 사전관찰에서 수집된 정보를 참고하여 문제행동을 유도할 것으로 예상되는 사건들을 적어 넣는다. 〈표 13-5〉에 예시된 바와 같이, '무시', '사회적 요구', '불확실', '작업 지시', '기타' 등으로 적어 넣는다.

넷째로, '표적행동(B)' 란의 왼쪽 빈칸에는 표적행동을 정의할 때 나열했던 구체적 반응군을 기입한다. 예컨대, '자기 때리기', '남을 때리기', '기물 부수기', '물건 던지기', '기타' 등으로 적는다. 역시 면접과 사전관찰에서 얻은 정보를 기초로 한다.

마지막으로, '후속자극(C)' 란의 왼쪽 빈칸에도 면접과 사전관찰에서 얻은 정보를 바탕으로 문제행동에 수반되는 주변 사람들의 반응 또는 어떤 강화요인이 자동으로 수반되는지 예상되는 사건들을 적어 넣는다. 〈표 13-5〉처럼 '회초리', '훈계', '꾸지람', '일시퇴출', '기타' 등으로 기입한다.

드디어 '종합관찰평가표'가 준비되었다. 만일 생태환경/전후맥락(E), 선행자극(A), 표적행동(B), 후속자극(C) 등의 예상 항목들이 적절하게 잘 설정되었다면 이제 남은 것은 문제행동이 나타날 때마다 '발생 일시' 란에 날짜와 시간을 적고, 해당란에 '✓'라고 체크만 하면 된다. 예를 들어, 5월 1일 1시 30분 수학시간에 정식이는 아무도 자기에게 관심을 보이지 않을 때, 자기 필통을 박살 냈고, 결과적으로 선생님의 훈계를 5분 동안 들었다. 이것이 첫 번째로 발생한 사건이라면 다음과 같이 기록한다. 〈표 13-5〉와 같이 발생 일시 맨 왼쪽 빈칸에 날짜를 '5/1'과 같이 기록하고, 그 밑에 '1:30' 이라

〈표 13-5〉 **체계적 관찰 · 기록과 자료 수집을 위한 종합관찰평가 (예)**

A-B-C 종합관찰평가표

피관찰자: 김정식 　　관찰자: 이소영 교사 　　관찰장소: 특수교실

표적행동: 자기 때리기, 남을 때리기, 기물 부수기, 물건 던지기

관찰 내용	발생 일시										
날 짜	5/1	5/2	5/2	5/2	5/2	5/3	5/3	5/4	5/4	5/4	소 계
시 간	1:30	8:00	9:00	2:30	2:45	2:00	2:45	2:20	3:00	3:15	
생태환경/전후맥락(E)											
식사시간			✓								1
활동 없음		✓		✓		✓		✓	✓	✓	6
협동놀이							✓				1
국어시간					✓						1
수학시간	✓										1
기 타											
선행자극 (A)											
무 시	✓	✓			✓		✓	✓	✓		6
사회적 요구			✓							✓	2
불확실			✓								1
작업 지시											0
기 타						✓					1
표적행동 (B)											
자기 때리기											0
남을 때리기			✓	✓	✓		✓	✓	✓		6
기물 부수기	✓					✓				✓	3
물건 던지기		✓									1
기 타											0
후속자극 (C)											
회초리											0
훈 계	✓				✓	✓				✓	4
꾸지람		✓	✓	✓			✓	✓	✓		6
일시퇴출											0
기 타											0

고 행동의 발생시간을 적는다. 다음으로 '생태환경/전후맥락(E)' 란에는 '수학시간'에, '선행자극(A)' 란에는 '무시' 에, '표적행동(B)' 란에는 '기물 부수기' 에, 마지막으로 '후속자극(C)' 란에는 '훈계' 에 각각 '✓' 로 체크한다. 이와 같이 문제행동이 출현할 때마다 미리 마련된 평가표의 해당란에 체크만 하면 되기 때문에 훈련이 부족한 부모나 교사도 쉽게 관찰 · 기록할 수 있다.

이와 같은 방식으로 10～20회 정도 문제행동의 발생을 관찰 · 기록한 다음, 각 항목별로 '✓' 로 체크된 빈도를 세어 〈표 13-5〉의 오른쪽 끝에 있는 '소계' 란에 기입한다. 이제 평가표의 '소계' 란을 훑어보며 피관찰자 김정식의 공격적 행동(남과 자기를 때리기, 기물 부수기, 물건 던지기 등)의 기능성을 평가해 보자.

첫째로, 생태환경요인(E)을 살펴보면, 아무 활동이 없는 무료한 상황에서 문제행동(6회)이 월등히 높게 나타났다. 둘째로, 선행사건(A)에서는 아무도 자기에게 관심을 쏟지 않아 무시되는 상황에서 문제행동(6회)이 제일 많이 발생하였다. 즉, 문제행동을 가장 많이 유도하는 선행사건(A)은 주변 사람들의 무시였다. 셋째로, 정식의 문제행동은 주로 남을 때리기(6회)와 기물 부수기(3회)로 나타났고, 마지막으로 이러한 문제행동에 수반되는 후속사건(C)은 교사의 꾸지람(6회)과 훈계(4회)였다. 즉, 정식의 문제행동은 꾸지람과 훈계의 형태로 제공되는 교사의 관심에 의하여 강화되고 있다고 가정할 수 있다.

이와 같은 관찰평가의 이점은 다른 사람들로부터 얻는 간접적 정보에 의존하지 않고, 자연적 상황에서 문제행동을 직접 관찰할 수 있어 신뢰성이 높다는 점이다. 또한 관찰평가는 일상생활 중 자주 발생하는 문제행동에 대한 평가는 물론이고, 빈번히 발생하지는 않지만 문제성이 큰 행동의 기능성(원인)을 평가할 수 있는 훌륭한 방법이다. 그러나 대부분의 관찰기술평가는 많은 시간과 노력이 소요될 뿐 아니라, 수준 높은 관찰자 훈련이 요구된다는 단점이 지적된다. 그러나 〈표 13-5〉와 같은 간편한 종합관찰평가표가 체계적으로 고안될 수 있다면, 이러한 단점은 쉽게 보완될 수 있다. 즉, 훈련이 덜된 교사나 현장 종사자들에 의해서도 쉽게 관찰 · 기록될 수 있기 때문이다. 마지막으로, 관찰기술평가는 그 연구방법의 특성 때문에 행동과 환경요인 간의 상관적 정보만을 제공한다는 단점도 지적된다. 따라서 실험을 통하여 가설을 검증하기 전에는 행동과 환경자극 간의 기능적 관계, 즉 행동과 환경변수 간의 인과관계를 명확히 밝힐 수 없다는 단점이 있다.

제4절 가설의 설정

이제까지 면접평가 및 관찰기술평가를 통하여 문제행동과 관련된 자료 수집방법을 살펴보았다. 이러한 방법은 문제행동의 기능성, 즉 원인이나 목적을 밝히는 데 필요한 상세한 정보를 제공해 준다. 첫째로, 문제행동의 발생시간, 장소, 문제행동과 관련된 전후맥락과 상황적 사건과 같은 폭넓은 생태환경요인(E), 둘째로, 문제행동의 발생을 유도하는 선행자극(A), 셋째로, 이에 따라 발생한 문제행동(B)의 형태, 넷째로, 문제행동에 수반되는 후속자극(C)의 유형 등 많은 정보를 얻을 수 있다.

기능성 평가과정에서 수행할 중요한 과제는 수집된 방대한 자료들로부터 일관성 있게 나타나는 행동과 환경 사건들 간의 관계나 경향성을 확인하는 일이다. 예컨대, 〈표 13-5〉와 같은 종합관찰평가표에 나타난 결과에 의하면, 김정식의 문제행동은 특정한 시간대와 상관없이 수시로 발생하고, 아무런 집단 활동도 진행되지 않는 무료한 상황(E)에서 주로 발생한다는 것을 발견할 수 있다. 특히 아무도 자기에게 관심을 보이지 않고 무시할 때(A) 남을 때리거나 기물을 부수는 공격적 행동이 발생되는 일관적인 경향성을 발견할 수 있다. 그리고 이러한 문제행동이 발생할 때마다 교사의 꾸지람과

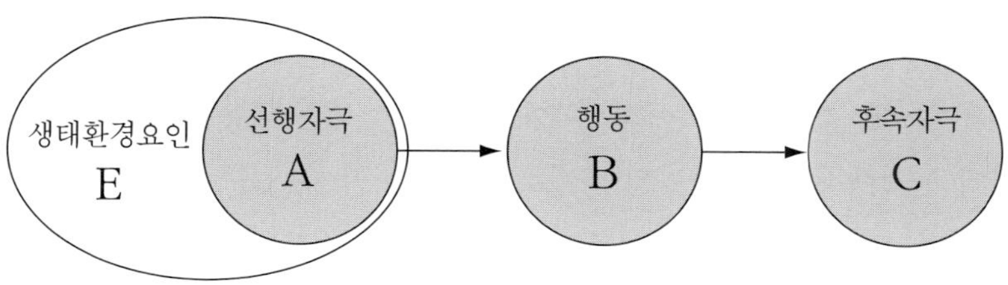

생태환경요인(E)	선행자극(A)	행동(B)	후속자극(C)
정식이는 아무런 집단 활동도 없고 무료할 때	아무도 자기에게 관심을 보이지 않고 무시하면	남을 때리고 기물을 부순다.	교사의 훈계와 꾸지람을 듣는다. (정적강화로 작용)

[그림 13-2] 공격적 행동에 대한 기능성 평가와 가설

기능성 평가모형에 따라 수집된 평가 자료에 기초하여 문제행동의 기능성(원인)에 대한 가설을 설정한다. 이를 요약하면 '김정식의 공격적 행동(남을 때리기와 기물 부수기 등)은 주변 사람들의 무관심과 무시에 의하여 유발되며, 꾸지람과 훈계의 형태로 제공되는 교사의 관심에 의하여 정적강화되고 있다. 특히 공식 활동이 없는 자유시간에는 교사나 또래들과의 상호작용이 더욱 제한되어(동기설정조작) 반응의 유발효과와 강화가치가 더욱 증가한다.' 고 가정할 수 있다.

훈계가 수반되지만 정식의 공격적 행동은 전혀 감소되지 않고 늘 비슷한 상태로 유지되고 있다는 것도 알 수 있다. 이와 같이 행동과 환경자극 간에 나타나는 일관성 있는 관련성이 밝혀지면 행동분석가는 이러한 결과를 토대로 문제행동의 기능성(원인)에 대한 가설을 설정할 수 있다.

문제행동의 원인이나 기능성에 관한 가설은 [그림 13-1]에 제시된 기능성 평가모형에 따라 진술하는 것이 효과적이다. [그림 13-2]는 기능성 평가모형에 따라 김정식의 공격적 행동을 분석한 것이다. 이 모형의 기본틀은 A-B-C 수반성에 기초한다. 다만 그림과 같이 선행자극(A)에 생태환경요인(E)을 추가하여 E-A-B-C 4자 수반성으로 발전되었을 뿐이다. 새로운 평가모형에 따라 김정식의 공격적 행동에 대한 가설을 설정하면 다음과 같다. 즉, '김정식의 공격적 행동(남을 때리기와 기물 부수기 등)은 꾸지람과 훈계의 형태로 제공되는 교사의 관심에 의하여 강화되고 있다.' 고 가정할 수 있다.

[그림 13-3]의 '가설 2' 는 기능성 평가모형에 따라 집에서 발생하는 김정식의 공격적 행동을 평가하고, E-A-B-C 수반성에 따라 가설을 설정하는 절차를 도식화한 것이다. 김정식은 어머니가 심부름을 시키면(A) 물건을 던지고 소리를 지르며 제 머리를 사정없이 때린다(B). 그러면 어머니는 어쩔 줄 몰라 쩔쩔매면서 정식에게 부여했던 심부름을 철회하고 그만두라고 한다(C). 이러한 행동은 정식이가 인터넷 게임을 하고 있을 때(E) 더욱 심하게 나타난다. 이 예에서 문제행동에 대한 기능성을 평가하기 위하여 가장 먼저 할 일은 B → C 수반성을 평가하는 일이다. 정식의 문제행동(B)이 어떤 후속자극(C)에 의하여 영향을 받는지 살펴보자. 정식이가 물건을 던지며 소리를 지르고 제 머리를 때리는 행동(B)을 할 때마다 어머니는 정식에게 요구했던 모든 내용을 철회하였다. 다시 말하면, 정식의 문제행동은 하기 싫은 과제로부터 도피할 수 있는 중요한 기능을 하고 있음을 알 수 있다. 다음으로는 A→B 수반성을 평가하는 것이다. 정식의 문제행동을 유도하는 직접적 선행자극(A)이 무엇인지 살펴본다. 물건을 던지며 소리를 지르고 제 머리를 때리는 행동(B)은 어머니가 심부름을 시킬 때(A)마다 발생한다. 즉, 문제행동의 발단은 어머니의 요구라는 것을 알 수 있다. 마지막으로, 이러한 A-B-C 수반성 전반에 영향을 미치는 상황적 사건이나 전후맥락 등 생태환경요인(E)이 무엇인지 살펴본다. 즉, 동기화 조작(MO)에 의한 강화효과의 증감 또는 반응의 유발효과와 제지효과를 분석한다. 정식의 문제행동은 게임을 하고 있을 때 더욱 심하게 발생한다는 것을 알 수 있다. 그러나 게임을 하고 있지 않을 때라면 정식의 문제행동은 달라질 수 있을 것이다. 이상의 기능성 평가 내용을 종합하여 가설을 정리하면 [그림 13-3]과 같다.

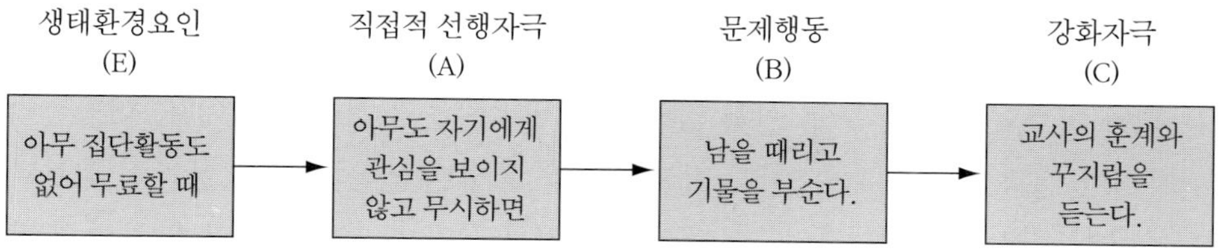

〈가설 1〉 김정식의 공격적 행동(남을 때리기와 기물 부수기 등)은 주변 사람들의 무관심과 무시에 의하여 유발되며, 꾸지람과 훈계의 형태로 제공되는 교사의 관심에 의하여 정적강화되고 있다. 특히 공식 활동이 없는 자유시간에는 교사나 또래들과의 상호작용이 더욱 제한되어(동기설정조작) 반응의 유발효과와 강화가치가 더욱 증가한다.

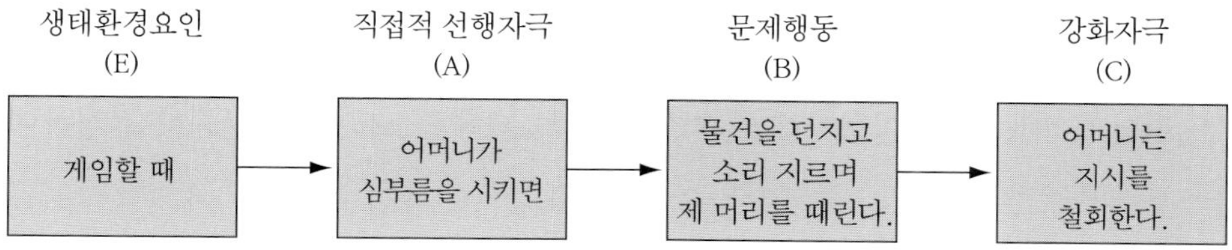

〈가설 2〉 김정식의 문제행동(물건 던지기, 소리 지르기, 제 머리 때리기)은 하기 싫은 일로부터 도피할 수 있는 기능을 한다. 즉, 김정식의 문제행동은 어머니의 요구(심부름)에 의하여 유발되며 과제나 일의 면제에 의하여 부적강화되고 있다. 특히 정식이가 인터넷 게임을 하고 있을 때 반응의 유발효과와 강화가치는 더욱 증가한다.

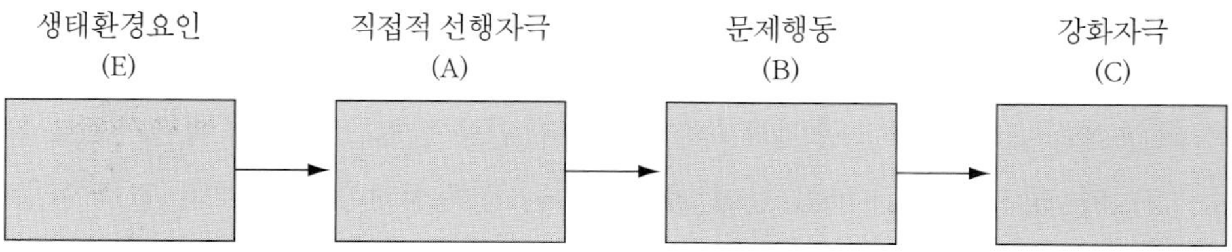

〈가설 3〉 김정식의 다른 문제행동에 대하여 동일한 형식에 맞추어 분석하고 가설 형식으로 문제행동의 원인을 진술한다.

[그림 13-3] 기능성 평가와 가설 설정

면접평가와 관찰기술평가에서 수집된 자료와 정보를 E-A-B-C 수반성에 맞추어 정리하고 기능성(원인)을 평가한다. 내담자의 문제행동 각각에 대하여 평가 내용을 정리하고 가설을 설정한다.

김정식의 다른 문제행동에 대하여도 같은 방식으로 기능성 평가를 수행한다. [그림 13-3]과 같은 형식에 맞추어 기능성 평가 내용과 원인에 대한 가설을 진술한다. 이러한 진술은 문제의 핵심을 간편하게 파악하고 치료적 중재전략을 설정하는 데 큰 도움이 된다.

이상과 같이 설정된 가설은 검증을 필요로 한다. 실험분석을 통한 검증방법은 다음 절에서 자세히 언급하기로 한다. 다만 여기서 논의할 것은 면접과 직접 관찰을 통하여 얻은 평가 자료와 가설은 모두 실험 검증을 거쳐야 하는가 하는 문제이다. 면접방법은 간편하지만 신뢰성에 문제가 있고, 직접 관찰을 통하여 얻은 자료는 상관적 정보밖에 얻을 수 없다. 문제행동의 원인, 즉 행동과 환경자극 간의 기능적 관계가 분명히 밝혀지지 않거나, 여러 잠재적 원인요인 중 확실한 요인을 가리기 어려울 때는 실험분석의 과정이 필요하다. 그러나 적절히 계획된 면접평가나 관찰기술평가 방법은 문제행동의 기능성(원인)을 비교적 정확히 평가할 수 있다. 따라서 면접평가와 관찰평가에 근거하여 문제행동의 기능성에 대한 가설을 설정하고, 이에 따라 치료적 중재 프로그램을 계획할 수 있다. 다만 잘못된 가설에 근거하여 치료적 중재를 계획하고 실행할 경우 시간과 노력의 낭비는 물론 피험자에게 끼칠 수 있는 피해를 고려하여 신중히 결정하여야 한다.

제5절 실험분석 방법

기능성 분석[18]이라고도 불리는 실험분석의 목적은 문제행동에 영향을 미칠 것으로 예상되는 여러 잠재적 요인 중에서 확실한 원인요인을 실험을 통하여 객관적으로 확인하는 것이다. 앞서 언급된 바와 같이, 면접평가는 신뢰성이 높은 정보를 얻기 어렵고, 관찰기술평가는 근본적으로 상관적 정보밖에 제공할 수 없다. 따라서 행동과 환경자극 간의 기능적 관계 또는 인과관계에 관한 확실한 정보를 얻으려면 엄격한 실험통제에 의한 객관적 분석이 필수적이다. 실험분석의 주요 이점은 특정 후속자극과 문제행동 간의 관계를 결정적으로 확인할 수 있다는 점이다. 그러나 실험분석 역시 많은 노력이 요구되고, 경험이 풍부한 행동분석 전문가의 지도가 필요하다는 것이 큰 단점이다.

실험분석을 수행하기 위해서는 문제행동을 강화하고 유지시키는 것으로 가정되는 요인들을 먼저 확인하여야 한다. 실제로 실험분석을 할 때 가능한 모든 실험조건을 다 검증할 필요는 없다. 면접평가나 관찰기술평가에서 문제행동의 원인으로 작용할 가능성이 높다고 판단되는 조건들만을 실험변수에 포함시키면 될 것이다. 실험변수가 결정

18) Functional analysis

되면, 이 변수들이 문제행동에 미치는 효과를 검증하기 위한 간단한 실험을 설계한다. 예를 들어, MAS를 사용한 면접평가에서 네 가지 요인 중 '도피'에서 특별히 높은 점수를 얻고 다른 요인에서는 거의 점수가 나오지 않았다면, 문제행동은 바로 '혐오 상황으로부터의 도피'라는 사회적 부적강화에 의하여 유지되는 것으로 가정할 수 있다. 중요한 것은 '가정할 수 있다.'는 것뿐이지 분명한 기능적 관계나 인과관계가 있다고 확신할 수 없다는 점이다. 따라서 기능적 관계의 입증이 필요하다고 판단되면 실험분석을 실시한다. 이 경우, '혐오 상황으로부터의 도피' 조건과 통제조건의 두 가지 실험변수만 적용하여 실험하면 된다. 만일 문제행동의 발생률이 통제조건에서보다 '도피' 조건에서 유의한 수준으로 더 높게 나타나면, 문제행동을 강화하는 요인은 바로 '혐오 상황으로부터의 도피'라고 단정할 수 있다.

한 가지 예를 더 들어 보자. 만일 MAS 검사에서 '도피'와 '관심'의 두 요인이 비슷하게 높은 점수가 나왔다고 가정해 보자. 실제로 문제행동을 강화하는 요인이 두 가지 모두일 수도 있고, 두 가지 중 어느 하나일 수도 있다. 이러한 경우, 원인요인을 분명히 입증하기 위하여 실험분석을 계획할 수 있다. 이번에는 도피조건, 관심조건 그리고 통제조건 등 세 가지 요인을 대상으로 실험을 계획한다. 그리고 세 가지 실험조건 간의 차이를 비교함으로써 문제행동에 영향을 미치는 원인요인을 분명히 확인할 수 있다. 만일 통제조건과 관심조건 간에 유의한 차이가 있고, 통제조건과 도피조건 간에는 유의한 차이가 나타나지 않으면, 사회적 관심만이 문제행동에 영향을 미치는 원인요인이라고 결론을 내릴 수 있다. 그리고 만일 '관심'과 '도피' 두 조건에서 모두 문제행동의 발생률이 통제조건에서보다 월등히 높게 나타나면, 두 조건 모두 문제행동에 영향을 미치는 원인요인이라고 확신할 수 있다.

1. 실험조건

실험분석 방법을 좀 더 자세히 이해하기 위하여 Carr와 Wilder(1998)가 예시한 다섯 가지 실험조건, 즉 사회적 관심, 과제로부터의 도피, 무-상호작용, 물질적 보상, 통제조건 등을 설정하는 방법을 살펴보기로 한다.

1) 사회적 관심

이 실험조건은 표적행동이 주변 사람들의 관심에 의하여 강화되고 있는지 그 여부를 확인하고 검증하기 위한 것이다. 실험자는 아동을 자리에 앉힌다. 그리고 아동에게 별로 좋아하지 않는 장난감이나 물건을 준 다음 아동의 행동을 관찰한다. 이러한 조건에서 아동이 표적행동을 할 때마다 3~5초간 그 행동에 대하여 관심을 보인다. 예를 들어, 소리를 지르며 자기 머리를 때리는 것이 문제행동이라면, 이 행동이 발생할 때마다 아동에게 다가가 관심을 보인다. 위로, 칭찬, 포옹 같은 긍정적인 관심이든, 꾸지람과 훈계 같은 부정적인 관심이든 어떠한 형태로 제공되어도 좋지만, 일상생활에서 아동이 주변 사람들로부터 받는 것과 동일한 형태로 관심을 보이는 것이 좋다. 일단 한 번의 시행이 끝나면, 실험자는 다시 처음으로 돌아가 아동에게 별로 좋아하지 않는 장난감을 주며 가지고 놀게 한다. 그리고 표적행동이 다시 발생하면 같은 방법으로 관심을 보이는 과정을 반복한다. 실험시간은 하나의 실험조건당 10~15분 정도로 한다. 여기서 중요한 것은 이러한 실험이 진행되는 동안 표적행동의 발생빈도나 지속시간을 정확히 관찰·기록하는 일이다. 만일 다른 실험조건이나 통제조건에서보다 바로 이 조건에서 문제행동의 발생률이 유의한 수준에서 더 높게 나타난다면, 문제행동은 바로 사회적 관심[19]에 의하여 강화되고 있다고 확신할 수 있다.

2) 과제로부터의 도피

이 실험조건은 표적행동이 사회적 부적강화에 의하여 강화되고 있는지 그 여부를 확인하고 검증하기 위한 것이다. 실험자는 아동에게 그가 평소에 별로 좋아하지 않는 과제, 예를 들어 힘든 작업이나 학습과제를 준다. 이러한 상황에서 아동이 표적행동을 시작하면 20~30초간의 휴식을 준다. 즉, 앞서 예를 들었던 것처럼 아동이 소리를 지르며 자기 머리를 때리는 문제행동을 시작할 때마다 일이나 과제를 중단시킴으로써 하기 싫은 일로부터의 도피를 허용한다. 일단 이렇게 한 번의 시행이 끝나면 처음으로 돌아가 다시 아동에게 힘든 작업이나 학습과제를 수행하도록 지시한다. 이 과정에서 아동이 지시에 응하지 않고 바로 문제행동을 시작하면 즉시 휴식을 허용한다. 그러나 순순히 지시에 응하면 짧게 칭찬한다. 아동이 실험에 잘 협조하도록 하기 위한 조치일 뿐이므로 지시에 순응하는 행동이 학습되지 않도록 조심한다. 이러한 과정을 정해진 실험시간이 끝날 때까지 반복한다. 물론 이 실험조건에서도 표적행동의 발생빈도나 지속시간을 정확히 관찰하여 기록하는 것을 잊어서는 안 된다. 만일 다른 실험조건이나 통제조건에서보다 이 조건에서 문제행동이 유의하게 더 높은 비율로 발생한다면, 문제행동은

19) Social attention

바로 과제로부터의 도피[20]라는 부적강화에 의하여 유지되고 있다는 것이 입증된다.

3) 무-상호작용

이 실험조건은 문제행동이 자동적 정적강화 또는 자동적 부적강화에 의하여 유지되고 있는지 그 여부를 확인하고 검증하기 위하여 설계된 것이다. 이 실험조건에서는 아동을 혼자 있게 하거나 다른 사람과 함께 있더라도 혼자 있을 때처럼 완전히 무시된 상태에서 아동의 행동을 관찰한다. 즉, 대인관계나 사회적 상호작용이 없는 상황에서 표적행동의 발생을 관찰한다. 또한 이 실험조건에서는 아동의 행동에 영향을 미칠 수 있는 일체의 외적 자극을 제한하여야 한다. 예컨대, 라디오, TV, 기타 물건 등이 제거된 상황에 아동을 두고 관찰한다. 만일 다른 실험조건이나 통제조건에서보다 이와 같은 무-상호작용[21] 조건에서 문제행동의 발생률이 유의하게 더 높게 나타난다면, 문제행동은 바로 자동적 정적강화나 부적강화에 의하여 유지되고 있다고 확신할 수 있다.

4) 물질적 보상

이 실험조건은 표적행동이 물질적 보상이나 활동의 기회와 같은 사회적 정적강화에 의하여 유지되고 있는지 그 여부를 확인하고 검증하기 위하여 설계된 것이다. 실험이 시작되기 전에 먼저 아동이 좋아하는 장난감이나 활동의 기회를 쉽게 얻을 수 있는 환경을 조성한다. 그리고 아동을 그곳으로 이끌어 좋아하는 것들을 가지고 놀 수 있도록 한다. 실험이 시작되면 실험자는 아동이 즐기고 있던 장난감이나 물건을 회수한다. 만일 아동이 표적행동을 시작하면 즉시 회수한 물건을 아동에게 도로 주고 20~30초간 가지고 놀도록 한다. 예를 들어, 아동이 좋아하는 퍼즐 맞추기를 하고 있다면, 활동을 중단시키고 퍼즐을 회수한다. 이때 아동이 소리를 지르며 자기 머리를 때리는 문제행동을 시작하면 즉시 퍼즐을 도로 주고 잠시 가지고 놀도록 허용한다. 잠시 후 다시 퍼즐을 회수한 뒤에, 문제행동을 보이기 시작하면 다시 준다. 이러한 과정을 반복하면서 문제행동의 발생빈도나 지속시간을 관찰 · 기록한다. 만일 다른 조건이나 통제조건에서보다 이러한 조건에서 문제행동의 발생률이 유의한 수준으로 더 높게 나타난다면, 문제행동은 물질적 보상의 획득[22]을 목적으로 발생하고 있으며, 물질적 보상에 의하여

20) Escape from task demand

21) No-interaction

22) Access to tangible items

강화되고 있음이 입증된다.

5) 통제조건

통제조건[23]은 다른 실험조건에서 획득된 결과와 비교하기 위하여 마련된 실험조건이다. 따라서 통제조건은 문제행동이 발생할 수 없는 거의 완벽한 환경조건으로 첫째, 사회적 관심이 풍부한 환경이다. 실험자는 아동의 행동과는 무관하게 30초 간격으로 한 번씩 3~5초 정도의 짧은 사회적 관심을 보인다. 둘째, 도피할 필요가 없는 환경이다. 아동에게 싫어하는 과제를 주거나 어떤 어려운 요구도 하지 않는다. 셋째, 물질적 보상이 충분한 환경이다. 장난감, 먹을 것, 활동 등 피험자가 좋아하는 가시적 강화자극을 충분히 준비해 두고 쉽게 접근할 수 있도록 마련한다. 다시 말하면, 아동은 관심이나 물건 등 원하는 것은 무엇이든 언제나 쉽게 얻을 수 있고, 하기 싫거나 어려워서 도피할 일이 전혀 없는 환경에 놓여 있기 때문에 문제행동을 일으킬 필요나 동기가 조금도 없다. 따라서 이러한 통제조건에서는 문제행동이 거의 발생하지 않을 것으로 예상된다. 따라서 통제조건은 다른 실험조건의 결과와 비교할 수 있는 준거로 사용된다. 만일 어떤 실험조건에서 관찰된 문제행동의 발생률이 통제조건에서보다 유의하게 높지 못하면 그 실험조건은 문제행동과 기능적 관계가 없는 것으로 입증된다.

2. 실험분석의 실제

이제 두세 시간 이내에 끝낼 수 있는 간단한 실험분석의 실제를 살펴보기로 한다. 실험분석은 실험설계에 따라 여러 방식이 있을 수 있으나 다음과 같은 두 가지 방법만을 대표적으로 소개하기로 한다.

1) 다요인 반전설계[24]에 의한 실험분석의 예

이 실험분석 방법은 반전설계의 한 변형으로, [그림 13-4]에서와 같이 여러 실험조건을 무작위 순으로 투입하면서 실험조건 상호 간에 문제행동에 미치는 효과를 비교하는 검증방법이다. 앞서 제시된 다섯 가지 실험조건을 가지고 Carr와 Wilder(1998)가 가상

23) Control condition

24) Multiple treatment reversal design

적으로 수행한 실험분석 과정을 설명하면 다음과 같다.

실험 절차 각 실험조건의 실행시간은 10분으로 통일하고, 실험조건의 투입 순서는 준 무작위 방식으로 결정한다. 계획된 모든 실험조건은 전 실험과정을 통하여 각각 2회씩 투입되도록 한다. 단, '무-상호작용'과 통제조건은 모든 실험설계에 항상 포함되도록 한다. 특히 '무-상호작용' 조건은 항상 실험의 끝부분에서 2~3회 연속하여 투입되도록 설계한다. 각 실험조건 사이에는 적어도 5분 정도의 휴식시간을 삽입하고, 이 시간을 이용하여 연구자는 다음 실험조건에서 사용될 자료를 준비한다. 그리고 실험조건이 바뀔 때마다 새로운 실험조건이 시작되었음을 피험자가 분명히 알아차릴 수 있도록 실험 환경의 물리적 요소를 변경한다. 예를 들어, 실험조건이 바뀔 때마다 실험자를 바꾼다든지, 같은 실험자가 계속할 경우 옷을 바꾸어 입는다든지, 실험 장소의 배치나 벽의 장식을 바꾼다든지 한다. 한 회기의 실험 결과는 분당 표적행동의 발생횟수(비율)로 환산된다.

결과 해석 모든 실험이 종료된 후에 각 회기별 측정자료(분당 발생횟수)를 [그림 13-4]와 같이 꺾은선그래프로 그린다. 실험 결과를 해석할 때는 한 그래프상에서 가장 높은 발생빈도를 보이는 실험조건이 바로 표적행동(문제행동)의 원인(기능성)으로 평가된다. 먼저 [그림 13-4]의 맨 위에 있는 그래프를 보면, '사회적 관심' 조건에서 문제행동의 발생빈도가 가장 높게 나타나고 있다. 따라서 문제행동은 사회적 관심을 얻기 위하여 발생하는 것으로 결론을 내릴 수 있다. 즉, 사회적 관심이 바로 문제행동을 강화하는 요인이라고 확신할 수 있다.

다음으로 [그림 13-4]의 가운데 그래프를 보면, 문제행동은 '무-상호작용' 조건에서 가장 높은 발생빈도를 보이고 있다. 그리고 '사회적 관심' 조건에서 나타난 표적행동의 발생 수준은 통제조건에서의 수준을 능가하지 못하고 있다. 따라서 '사회적 관심'은 무시하고 '무-상호작용' 조건만이 문제행동에 영향을 미치는 요인으로 확신할 수 있다. 즉, 피험자의 문제행동은 자동적 강화에 의하여 유지되고 있음을 입증한다.

마지막으로 [그림 13-4]의 맨 아래 그래프를 보면, 문제행동은 모든 조건에서 유사한 반응 수준을 보이고 있다. 또한 모든 실험조건에서의 반응 수준은 통제조건에서의 반응 수준을 능가하지 못하고 있다. 따라서 피험자의 문제행동은 실험조건 가운데서는 차별화된 특정한 원인(기능성)을 가지고 있다고 볼 수 없다. 즉, 문제행동의 원인이 명확히 나타나지 않았다고 결론을 내릴 수 있다. 다만 이 경우, 문제행동은 의료적 원인에 의하여 영향을 받고 있을 가능성을 고려해 볼 수 있다.

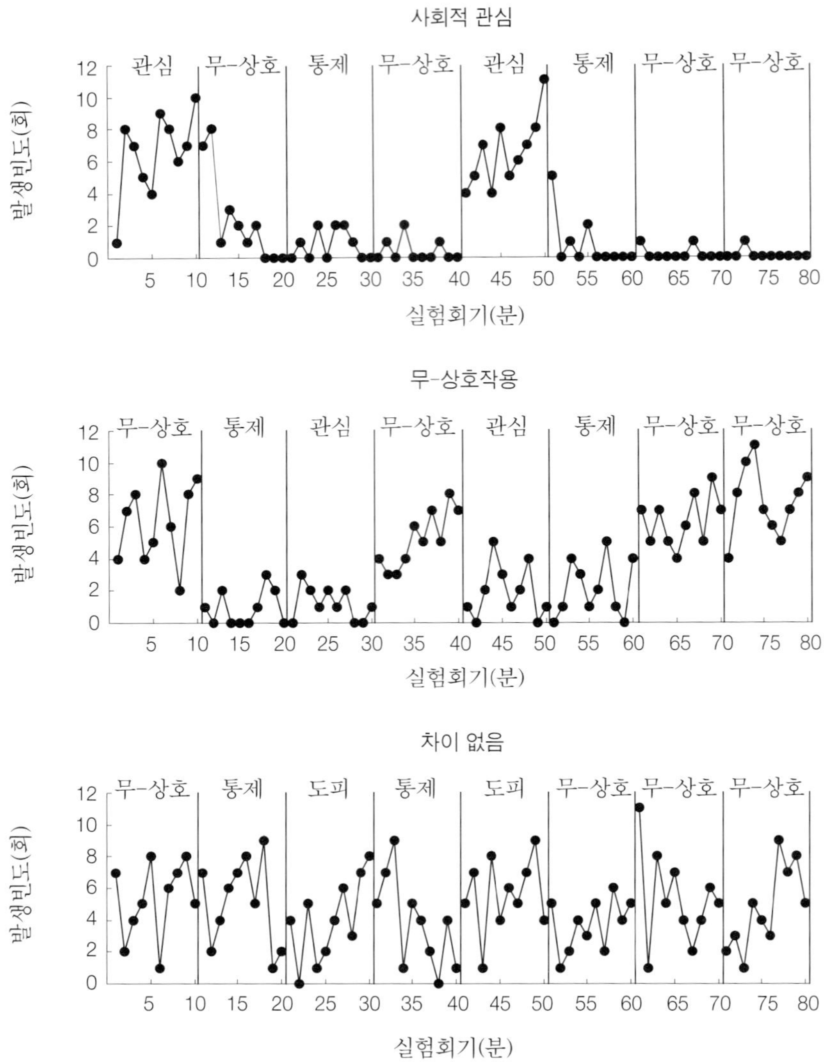

[그림 13-4] 다요인 반전설계에 의한 실험분석

여러 실험조건 중에서 가장 높은 발생빈도를 나타내는 실험조건을 확인한다. 특히 통제조건에서보다 유의하게 더 높은 발생빈도를 보이는 실험조건을 확인한다. 이 실험조건이 바로 문제행동의 기능성(원인)으로 입증된다. 한 회기의 실험 결과는 분당 표적행동의 발생횟수(비율)로 환산되었다. 이 자료는 Carr & Wilder (1998)의 *Functional assessment and intervention: A guide to understanding problem behavior*, p. 17에서 발췌함.

2) 교체처치설계에 의한 실험분석의 예

교체처치설계[25]란 둘 이상의 실험조건을 신속히 교체 투입하면서 문제행동에 미치는 효과를 상호 간에 비교 · 분석하는 방법이다. [그림 13-5]는 Iwata, Dorsey, Slifer, Bauman과 Richman(1994)의 연구에서 인용한 것으로, 많은 문헌에서 실험분석 연구의 전형으로 소개되고 있다. 이 연구의 내용을 요약하면 다음과 같다.

실험 절차 실험시간은 매일 오전과 오후 각각 1시간(4회기)씩 하루 총 2시간(8회기)으로 구성되며, 네 가지 실험조건을 무작위 순으로 각각 15분씩 교체투입하면서 자해행동의 발생률(%)을 관찰 · 측정한다. 측정된 자료는 모두 그래프상에 자료점들로 표시되며, 실험이 끝난 후 같은 실험조건의 자료점들을 실선으로 이어 [그림 13-5]와 같이 꺾은선그래프를 그린다. 각 피험 아동별로 네 가지 실험조건의 측정 결과를 나타내는 꺾은선그래프를 상호 비교하여 표적행동(문제행동)에 미치는 상대적 영향력을 분석한다. 이러한 실험 절차는 모든 피험자의 표적행동에 동일한 방식으로 적용된다.

실험조건 이 연구에 사용된 실험조건은, ① 과제로부터 도피, ② 혼자 있기, ③ 사회적 관심, ④ 자유놀이의 네 가지로, 앞서 설명된 Carr와 Wilder(1998)의 실험조건과 동일하다. 다만 용어 사용상 약간 차이가 있을 뿐이다. '혼자 있기'는 '무-상호작용'과 같은 실험조건이고, '자유놀이'는 '통제조건'과 동일하다.

결과 해석 첫째로, [그림 13-5]에서 아동 1의 그래프를 보면, '과제로부터의 도피' 조건에서 자해행동의 발생률(%)이 가장 높게 나타났고, 그 외의 다른 세 실험조건에서는 거의 발생하지 않았다. 따라서 아동 1의 자해행동은 과제로부터 도피하기 위한 수단으로 사용되고 있으며, '과제로부터의 도피' 에 의하여 부적강화되고 있음을 알 수 있다.

둘째로, 아동 2의 그래프를 보면, 자해행동의 발생률(%)은 네 가지 실험조건에서 모두 유사한 수준과 추세를 보이고 있다. 즉, 과제로부터의 도피, 혼자 있기, 사회적 관심의 세 실험조건에서 발생한 자해행동의 발생 수준과 추세는 통제조건(자유놀이)의 결과와 유의한 차이를 발견할 수 없다. 따라서 자해행동의 원인은 명확하지 않으며, 자해행동이 특정한 목적을 위하여 수행되고 있다고 보기는 어렵다. 흔히 이런 경우 문제행동이 신체적 병변이나 다른 질병에 의한 것이 아닌지 살펴볼 필요가 있다.

25) Alternating treatment design(Barlow & Hayes, 1979), Multielement design(Ulmann & Sulzer-Azaroff, 1975)

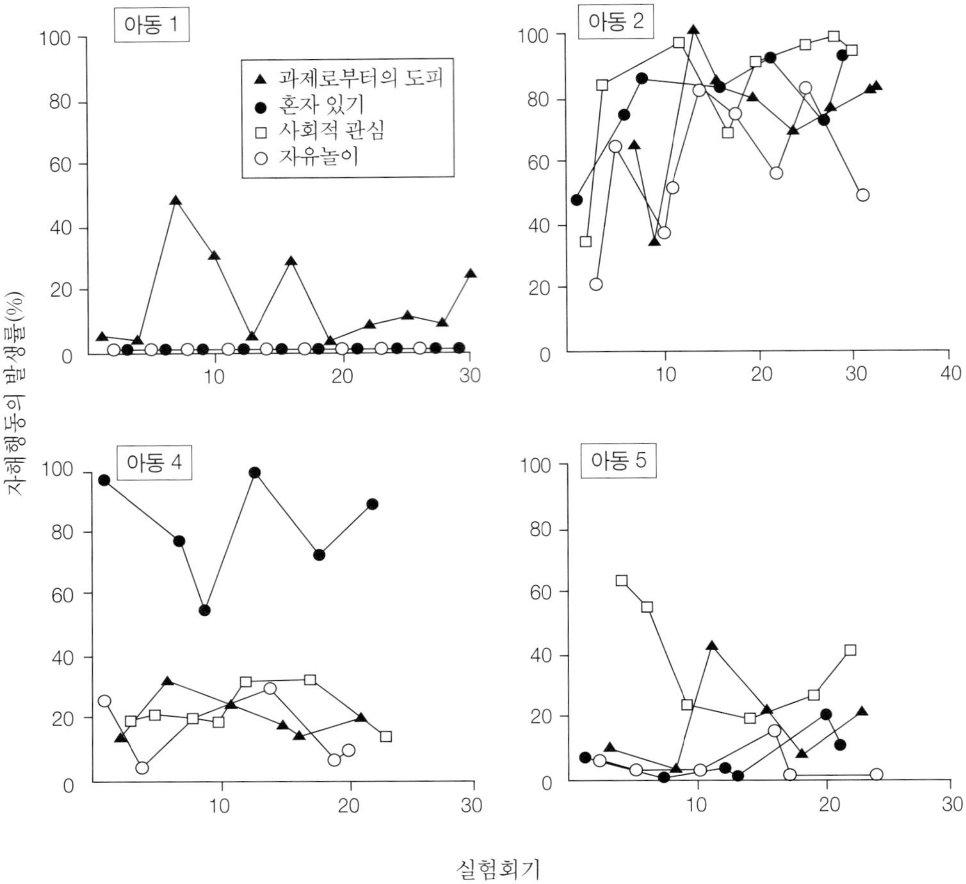

[그림 13-5] 교체처치설계에 의한 실험분석

여러 실험조건 중 특별히 문제행동의 발생률(%)에 크게 영향을 미치고 있는 실험조건을 확인한다. 이 실험조건이 바로 문제행동의 기능성(원인)으로 검증될 수 있기 때문이다. 이 자료는 Iwata, Dorsey, Slifer, Bauman, & Richman(1994)의 Toward a functional analysis of self-injury, *Analysis and Intervention in Developmental Disabilities, 2,* 3-20에서 발췌함.

셋째로, 아동 4의 그래프를 보면, '혼자 있기' 를 제외한 다른 세 실험조건에서는 자해행동의 발생 수준이 20% 수준에 머물며 상호 간에 큰 차이를 보이지 않고 있다. 즉, '사회적 관심' 과 '과제로부터의 도피' 는 통제조건(자유놀이)과 유의한 차이를 보이지 않는다. 그러나 '혼자 있기' , 즉 무-상호작용 조건에서는 통제조건과 비교될 수 없을 만큼 월등히 높은 반응률(%)을 보이고 있다. 따라서 아동 4의 자해행동은 그 행위 자체로 후속되는 감각적 자극에 의하여 자동적으로 정적 또는 부적강화되고 있다고 확신할 수 있다.

마지막으로, 아동 5의 그래프를 보면, '사회적 관심' 조건에서 비교적 높은 수준의 반응을 나타내고 있으나, 점수 간의 변산이 크고 전반부에서는 하향하는 추세를 보이고 후반부에 약간 상승하는 추세를 보이고 있다. 즉, 안정된 모습이 보이지 않는다. 그리고 '과제로부터의 도피' 조건에서는 통제조건의 평균 수준보다 약간 높은 반응률(%)을 보이지만, 역시 점수 간의 변산이 심하고 불안정한 모습을 보이고 있다. 이런 경우 통제할 수 없는 외재변수의 영향력이 크게 작용하고 있다고 해석될 수 있다. 따라서 문제행동의 확실한 원인(기능성)을 밝히려면, 아동 4의 반응이 안정된 모습을 보일 때까지 실험기간을 연장하여 관찰할 필요가 있다.

요 약

1. 실생활에서 문제행동의 기능성을 평가하고 이에 근거하여 치료적 중재를 설계할 때, 생태환경요인(E)은 문제행동의 원인을 이해하는 데뿐 아니라 사전에 문제행동의 발생을 예방할 수 있는 중요한 변수로 활용될 수 있다. 기능성 평가에 앞서 생태환경요인을 포함하는 새로운 기능성 평가모형을 이해하는 것은 대단히 중요한 일이다.

2. 어떤 문제행동이 현재 지속되고 있는 것은 그 행동이 이미 오래전에 학습된 것이라 하더라도 현재의 환경 내에 그 행동을 강화하는 요인이 아직 존재하기 때문이다. 문제행동을 강화하는 후속자극을 이론적으로 분류하면, 사회적 정적강화와 사회적 부적강화, 자동적 정적강화와 자동적 부적강화의 네 가지로 나눌 수 있다.

3. 문제행동은 사회적 상황에서 제공되는 긍정적 관심과 부정적 관심, 물질적 보상, 좋아하는 활동의 기회와 같은 사회적 정적강화에 의하여 유지될 수 있고 사회적 혐오 상황으로부터의 도피, 어려운 과제의 모면 등 사회적 부적강화에 의해서도 유지될 수 있다. 반면에 사회적 상황과 상관없이 문제행동 자체로 즉시 수반되는 시각, 청각, 운동감각, 미각, 촉각, 후각적 자극과 같은 자동적 정적강화에 의하여 유지될 수도 있고, 사회적 상황과 무관한 어떤 불쾌한 상황을 피하기 위한 수단으로 문제행동이 자동적으로 부적강화될 수 있다.

4. 기능성 평가의 첫째 방법은 정보 제공자와의 상담을 통한 면접평가이다. 이는 내

담자 본인 또는 내담자를 잘 아는 사람, 즉 부모, 교사, 보호자와의 면접을 통하여 수집된 정보에 의거한 평가방법이다. 면접평가는 구조화된 면접방식으로 시작하는 것이 좋다. MAS와 FAI는 이러한 목적으로 개발된 설문지로, 응답자가 직접 서면으로 반응할 수도 있고, 면접자가 한 문항씩 질문하면서 구두면접으로 진행할 수도 있다.

5. 관찰기술평가는 실제로 문제행동이 발생하는 현장에서 바로 그 시간에 기능성 평가에 필요한 자료를 직접 관찰 · 기록하는 방법이다. 먼저, 문제행동(B)을 유도하는 직접적인 선행자극(A)을 관찰 · 기록하고, 동시에 문제행동이 발생할 당시의 생태환경요인 및 전후맥락요인(E)도 함께 관찰 · 기록한다. 마지막으로, 문제행동을 강화하는 후속자극(C)을 확인하여 기록한다.

6. 행동발생산포도를 작성하여 문제행동의 원인을 탐색하는 방법도 있다. 주로 문제행동이 발생하는 시간과 당시 진행 중인 활동을 상당 기간 관찰 · 기록하여 산포도를 작성한다. 산포도를 분석하면 문제행동이 주로 어떤 시간대에, 어떤 활동 중에 발생하는지 그 경향성을 쉽게 파악할 수 있다.

7. 면접평가 및 관찰기술평가는 문제행동의 기능성, 즉 원인이나 목적 등을 밝히는 데 필요한 상세한 정보를 제공한다. 기능성 평가과정에서 수행해야 하는 중요한 일은 수집된 방대한 자료에서 일관성 있게 나타나는 행동과 환경 사건들의 유형과 경향성을 확인하는 일이다. 행동과 환경자극 간에 존재하는 일관성 있는 관련성이 밝혀지면 행동분석가는 이러한 정보를 토대로 문제행동의 기능성(원인)에 대한 가설을 설정한다.

8. 실험분석의 목적은 문제행동에 영향을 미칠 것으로 예상되는 여러 강화요인의 효과를 실험을 통하여 객관적으로 검증하는 것이다. 행동과 환경자극 간의 기능적 관계 또는 인과관계에 관한 확실한 정보를 얻기 위해서는 실험분석이 필수적이다. 실험분석의 주요 이점은 어떤 구체적 환경자극과 문제행동 간의 기능적 관계를 결정적으로 확인할 수 있다는 점이다. 그러나 실험분석은 많은 노력과 전문적 도움이 요구된다.

9. 다요인 반전설계는 반전설계의 한 변형으로 여러 실험조건을 무작위 순으로 투입하면서 문제행동에 미치는 효과를 상호 비교하는 기능성 분석의 한 방법이다. 교

체처치설계는 둘 이상의 실험조건을 신속히 교체투입하면서 문제행동에 미치는 효과를 상호 간에 비교 · 분석하는 실험설계법이다.

연구 문제

➲ 다양한 기능성 평가와 실험분석 방법에 근거하여 다음의 사항을 연구해 보자.

1. 생태환경변수를 포함한 기능성 평가모형에 대하여 논해 보자.
2. 가정에서 자녀들의 문제행동을 유지시키는 사회적 정적강화에는 무엇이 있는지 찾아보자.
3. 학생들의 문제행동을 유지시키는 부적강화 요인들을 탐색해 보자.
4. 발달장애아들이 혼자서 즐기는 수많은 상동행동의 강화요인은 무엇인가?
5. MAS나 FAI를 사용하여 문제행동의 기능성을 평가해 보자.
6. A-B-C 관찰카드에 문제행동의 발생 상황을 실제로 관찰 · 기록해 보자.
7. 면접과 관찰 자료를 기초로 종합관찰평가표를 작성해 보자.
8. 면접과 관찰기술평가 자료에 근거하여 문제행동의 기능성에 대한 가설을 설정해 보자.
9. 문제행동의 기능성 분석을 위한 간단한 실험을 설계해 보자.

제14장 기능적 중재전략

학습목표

1. 문제행동에 대한 긍정적 접근의 의미를 설명할 수 있다.
2. 긍정적 치료전략 세 가지를 설명할 수 있다.
3. 동기설정조작과 동기해지조작을 예를 들어 설명할 수 있다.
4. 문제행동의 원인별로 동기화조작을 계획할 수 있다.
5. 문제행동의 원인별로 소거의 원리를 활용할 수 있다.
6. 문제행동의 원인별로 대체행동의 차별강화 전략을 설정할 수 있다.

이 장에서는 기능성 평가를 통하여 얻은 지식과 정보를 바탕으로 문제행동을 효과적으로 제거하거나 약화시킬 수 있는 중재방안을 모색한다. 문제의 예방전략으로 활용되는 동기화조작(MO)은 동기설정조작(EO)과 동기해지조작(AO)으로 나누어 설명하고, 그 활용방안을 탐색한다. 그리고 혐오통제를 지양하고 긍적적 치료전략으로 소거법과 대체행동의 차별강화를 논의한다.

제1절 패러다임의 변혁

대부분의 행동분석 연구에서는 1980년대 초반까지 문제행동의 원인이나 그 학습과정을 밝히는 데 소홀하였다. 문제행동에 강력한 벌을 후속시켜 제거하거나, 임의로 선정한 바람직한 표적행동을 강력하게 정적강화함으로써 새로운 행동을 학습시키면 그만이라고 생각했기 때문이다. 1960년대 후반부터 체계적으로 연구되기 시작한 응용행동분석은 1970년대를 정점으로 가장 활발하게 연구가 수행되었다. 1980년대 초에 이르기까지 응용행동분석 연구는 어떤 이론적 접근에서도 만족스럽게 이루어 내지 못한 많은 문제를 해결하는 데 놀라운 성과를 거두어 왔다. 그럼에도 불구하고 문제행동을 제거하기 위하여 활용된 소거법[1], 일시퇴출[2], 과잉교정[3], 상반행동 및 여타행동의 차별강화(DRI/ DRO)[4] 등에서 일관성 없는 상반된 결과가 속출하기도 하였다(Corte, Wolf, & Locke, 1971; Young & Wincze, 1974). 예를 들어, Solnick, Rincover와 Peterson(1977)의 연구에서 벌로 사용되었던 일시퇴출이 문제행동을 감소시키기는커녕 오히려 증가시키는 일이 발생하였다. 심층연구에서 밝혀진 사실은 상대적으로 풍족한 환경으로부터 빈약한 환경으로의 격리는 벌로서 효과가 있지만, 반대로 빈약한 환경으로부터 풍족한 환경으로의 격리는 오히려 정적강화가 된다는 것이었다. 따라서 이와 같은 치료의 실패는 문제행동의 원인에 대한 정보의 부족이나 무지를 반영하는 것이 아니냐는 반성으로 이어졌다. 그러던 차에 1982년 Iwata, Dorsey, Slifer, Bauman과 Richman(1982, 1994)의 연구를 기점으로 행동분석 연구의 패러다임은 획기적인 전환점을 맞이하게 된다. 문제행동의 원인 규명에 소홀하던 종전의 태도와는 달리, 치료적 중재방안을 모색하기 전에 먼저 문제행동의 원인(기능성)을 분석하고, 원인요인을 직접 통제함으로써 치료의 효과를 극대화하려는 움직임이 시작된 것이다.

제2절 긍정적 중재전략

기능적 중재전략의 핵심은 원인요인에 입각한 긍정적 치료전략에 있다. 이는 내담자가 문제행동을 통하여 얻으려는 목적을 바람직한 대체행동을 통하여 얻을 수 있도록 하는 것이다. 즉, 문제행동을 제거하는 데 급급하지 않고 바람직한 행동을 적극적으로 가르치려는 것이다. 따라서 혐오자극이 개입된 벌이나 부적강화보다는 정적강화를 강

1) Extinction

2) Time-out

3) Overcorrection

4) Differential reinforcement of incompatible behavior
Differential reinforcement of other behavior

조하는 긍정적 입장을 고수한다. 그리고 무엇보다도 사후치료보다는 사전예방에 주력하는 적극적인 치료교육 방법이다. '제8장 긍정적 치료전략'에서 언급한 바와 같이 긍정적 중재전략에서는 먼저 기능성 평가를 통하여 문제행동의 원인을 진단하고 이에 근거한 가장 효과적인 치료 프로그램을 계획한다. 그리고 혐오자극이 관여되는 벌이나 부적강화의 사용을 자제하고 소거와 같은 비교적 덜 침해적이고 덜 강제적인 방법을 선호하며, 대체행동의 강화전략을 병행함으로써 항상 적극적으로 바람직한 행동을 가르치려고 노력한다. 또한 동기화조작(MO)을 통하여 바람직한 행동의 동기를 증진하고, 부적절한 행동에 대한 동기를 약화시켜 문제행동의 사전예방에 노력한다. 이 절에서는 긍정적 전략으로 활용되는 동기화조작, 소거전략, 대체행동의 차별강화 전략에 대하여 자세히 살펴보기로 한다.

1. 동기화조작

동기화조작(MO)[5]은 동기설정조작(EO)이라는 용어로 오랫동안 사용되어 왔으나 최근에 그 개념의 중요성과 실용성이 널리 알려지면서 새롭게 정립된 개념이다(Michael, 2007). 이는 문제행동을 강화하는 후속요인을 생활환경에서 박탈하거나 포화시키는 조작을 통하여 강화자극의 가치변화 효과[6]와 행동변화 효과[7]를 조절하는 방법을 일컫는 말이다. '제13장 기능성 평가와 분석'에서 제안된 기능성 평가모형은 A-B-C 수반성에 생태환경변수(E)를 추가한 4자 수반성을 의미하는 것으로 설명한 바 있다. 이 모형에서 생태환경변수는 문제행동의 진단과 치료과정에서 대단히 중요시되는 요인이다.

동기화조작은 동기설정조작(EO)[8]과 동기해지조작(AO)[9]으로 나뉘어 설명된다. 동기설정조작은 표적행동을 강화하고 있는 특정 후속자극에 대한 박탈 상태를 유지(조작)함으로써 일시적으로 강화자극으로서의 가치를 높이고 행동 변화에 미치는 효과를 증가시키는 것을 말한다. 예컨대, 사흘을 굶은 상태에서 음식은 가장 큰 정적강화자극이 될 것이며, 음식을 얻을 수 있는 행동이라면 무엇이든 하려는 강력한 동기가 형성될 수 있다. 흔히 음식(예: 과자, 음료)을 강화자극으로 사용하는 발달장애아의 치료교육 현장

5) Motivating operation
6) Value-altering effect
7) Behavior-altering effect
8) Establishing operation
9) Abolishing operation

에서는 적어도 치료를 시작하기 두 시간 전부터는 아동에게 어떠한 음식도 먹이지 않도록 권고하고 있다. 시장한 상태에서 음식은 정적강화로서의 가치가 높아 행동 변화에 미치는 효과가 크기 때문이다. 이와는 반대로, 동기해지조작은 강화자극에 대한 포화상태를 유지하도록 조작함으로써 강화자극에 대한 가치변화 효과와 행동변화 효과를 낮추어 행동 발생의 동기를 약화시키는 방법을 말한다. 예컨대, 배부른 상태에서 음식은 강화가치를 상실하며, 음식을 얻기 위한 행동은 더 이상 지속되지 않을 것이다. 교사의 관심을 얻기 위하여 수업 중에 떠드는 아동이 있다면, 교사는 자주 아동에게 접근하여 표적행동과 상관없이 많은 관심을 보인다. 아동은 교사의 관심을 더 이상 받을 필요가 없기 때문에 구태여 문제행동을 할 필요가 없다. 교사의 관심은 정적강화로서의 가치가 상실되고 행동 변화에 미치는 효과도 낮아졌기 때문이다.

이와 같이 생태환경요인을 조작함으로써 행동의 동기 자체를 제거하거나 약화시켜 근본적으로 문제행동의 발생을 예방하고, 반대로 행동의 동기를 강하게 육성하여 바람직한 행동의 발생률을 높일 수 있다. 동기화조작을 활용한 문제행동의 예방전략의 예를 들어 보자. 수업 중 교사의 허락 없이 질문에 멋대로 대답하여 수업 분위기를 망치는 학생들이 있다. 기능성 평가의 결과에 의하면 이러한 행동의 목적은 교사의 관심을 얻기 위한 것으로 밝혀졌다고 가정하자. 동기화조작을 활용한 치료전략은 교사의 관심에 대한 지나친 요구를 제거하는 것이 그 목적이다. 따라서 교사의 관심에 의하여 강화되는 문제행동을 예방하기 위해서는 평소에 교사의 관심을 비수반적으로 풍족히 제공함으로써 교사의 관심에 대한 요구를 약화시켜야 한다. 관심에 대한 요구를 약화시키는 방법은 여러 가지가 있으며 앞으로 자세히 설명하기로 한다. 동기화조작의 장점은 상대적으로 덜 침해적이고 덜 강제적인 치료방법이라는 점이다. 동기화조작과 그 기법에 관한 자세한 내용은 '제12장 동기화조작과 선행중재'를 참고한다.

2. 소거전략

소거전략은 문제행동에 수반되는 관심이나 물질적 보상과 같은 사회적 정적강화를 차단(철회)하거나, 하기 싫은 일이나 혐오 상황으로부터의 도피를 허용하지 않는 방법으로 사회적 부적강화를 차단함으로써 문제행동을 제거하려는 것이다. 수업 중 머리로 책상을 받는 아동을 예로 들어 보자. 기능성 평가에 의하면 이러한 행동은 과제 수행으로부터 도피하기 위한 것으로 밝혀졌다고 가정하자. 이러한 문제행동을 소거하려면 이제부터는 머리로 책상을 받아도 전처럼 과제를 면제해 주지 않고 계속 수행하도록 요구하는 것이다. 평소에 수업 중 머리로 책상을 받으면 양호실로 보내어 쉬도록 하였다면, 앞으로는 같은 행동을 할 때 절대로 양호실로 보내지 않는다. 즉, 문제행동이 부적강화될 수 없도록 철저히 조치한다.

그런데 이러한 소거전략의 결정적 단점은 시행 초기에 나타나는 소거폭발 현상이다. 예컨대, 잠을 안 자고 칭얼거리며 안아 달라고 보채는 아기의 버릇을 고치려고 소거법을 사용하기로 하였다면, 아기가 보채며 잠을 자지 않아도 안아 주지 않고 무시해야 할 것이다. 아마도 아기는 시행 첫날 평소보다 더 심하게 보채며 울 것이다. 대부분의 부모들은 초기의 소거폭발을 견디지 못하고 다시 안아 준다. 소거에 실패한 것이다. 이런 경우 간헐강화 효과에 의하여 소거저항이 높아진다. 그러나 이러한 단점에도 불구하고 소거법은 문제행동을 제거하는 데 상당한 효과가 있다. 특히 동기화조작 또는 대체행동의 차별강화 전략과 함께 병용될 때 더욱 큰 효과를 거둘 수 있다. 소거전략에 대한 보다 자세한 내용은 '제8장, 제2절 강화자극을 차단하여 소거시키기'를 참고하기로 한다.

3. 차별강화 전략

문제행동을 수정하려 할 때, 행동 자체를 제거하는 데만 급급하면 별로 좋은 효과를 거둘 수 없다. 문제행동의 제거로 발생한 행동의 공백이 바람직한 행동으로 대체되리라고 기대할 수 없기 때문이다. 따라서 문제행동의 제거와 함께 바람직한 대체행동을 체계적으로 강화하는 전략이 병행되어야 한다. 소거전략과 함께 병용될 수 있는 차별강화 전략은 다양하다. 문제행동이 일정 시간 정해진 기준보다 낮은 비율로 발생할 때 강화하는 저율행동의 차별강화(DRL), 문제행동이 일정 시간 동안 발생하지 않을 때 강화하는 여타행동의 차별강화(DRO), 문제행동과 동시에 일어날 수 없는 상반행동 및 바람직한 대체행동의 차별강화(DRI/DRA) 등이 소거전략과 함께 적절히 병행될 때 좋은 효과를 거둘 수 있다.

특히, 대체행동의 차별강화(DRA) 전략은 지금까지 부적절한 문제행동을 통하여 얻을 수 있었던 정적강화나 부적강화를 앞으로는 보다 적절한 대체행동으로만 얻을 수 있도록 가르치는 방법을 말한다. 예를 들어, 기능성 평가에 의하면 수업시간에 교사의 지명을 받지 않고 제멋대로 정답을 말해 버리는 진수의 행동은 꾸지람의 형태로 제공되는 교사의 관심에 의하여 정적강화되었던 것으로 밝혀졌다고 가정하자. 이 경우, 대체행동의 차별강화 전략은 다음과 같이 소거법과 병용될 수 있다. 첫째로, 다음부터는 절대로 진수가 문제행동으로 교사의 관심을 얻을 수 없도록 조치한다. 즉, 교사는 지명을 받지 않고 정답을 말하는 진수에게 어떠한 꾸지람도 하지 않고, 그를 쳐다보지도 않으며, 어떠한 관심도 보이지 않고 무시한다. 둘째로, 문제행동을 대체할 바람직한 행동을 가르친다. 즉, 수업 중에 교사의 질문에 답을 할 때는 먼저 손을 들어 교사의 지명을 받은 다음 대답하도록 가르친다. 셋째로, 바람직한 대체행동이 발생하면 즉시 교사의 관심을 풍족히 제공한다. 즉, 기존의 문제행동으로는 교사의 관심을 얻을 수 없고, 새로 배운 바람직한 대체행동으로만 목적을 달성할 수 있도록 배려한다. 진수가 지명을 받으려고 손을 들면 우선적으로 진수를 지명하고, 손을 들어 교사의 허락을 받으려는 진수의 행동 자체를 칭찬하며 특별한 관심을 보인다. 대체행동의 차별강화 전략에서는 어떤 행동을 표적으로 정하느냐 하는 것이 성패의 중요한 관건이 된다. 이러한 대체행동의 선택 기준, 효율적 사용지침 등에 관해서는 '제8장, 제3절 차별강화 전략'을 참고한다.

4. 원인별 중재전략

'제13장 기능성 평가와 분석'에서는 문제행동의 원인(기능성)을 진단하기 위한 기능성 평가방법을 살펴보았다. 여기서는 〈표 14-1〉에 제시된 바와 같이, 기능성 평가를 통하여 밝혀진 문제행동의 원인(기능성)별로 처방될 수 있는 세 가지 긍정적 중재전략, 즉 동기화조작(MO), 소거전략, 대체행동의 차별강화(DRA)에 관하여 자세히 논의하기로 한다.

〈표 14-1〉 문제행동의 원인(기능성)별 중재전략

중재전략 / 원인(기능성)	동기화조작	소거전략	차별강화 전략
사회적 정적강화	비수반적 관심 비수반적 보상 비수반적 활동	관심소거 보상소거 활동소거	대체행동 강화 DRA/DRO DRI/DRL
사회적 부적강화	비수반적 도피 교육과정 개정 용암법	도피소거	대체행동 강화 DRA/DRI DRO
자동적 정적강화	풍족한 환경 설정 비수반적 감각자극	감각소거	대체행동 강화 DRA
자동적 부적강화	의료적 치료	적절한 방법 없음	대체행동 강화 DRA

제3절 사회적 정적강화에 의한 문제행동

대인관계 상황에서 사회적 관심, 물질적 보상, 좋아하는 활동의 기회 등을 얻을 수 있는 문제행동은 지속적으로 유지될 수 있다. 이와 같이 사회적 정적강화에 의하여 유지되는 문제행동을 제거하거나 약화시키는 데 활용될 수 있는 동기화조작, 소거전략, 대체행동의 차별강화 등의 긍정적 치료전략을 살펴보기로 한다.

1. 동기화조작

기능성 평가를 통하여 문제행동이 사회적 관심과 물질적 보상 또는 좋아하는 활동의 기회 등을 얻기 위한 수단으로 작용하고 있다는 것이 확인되었을 경우, 우선적으로 사용할 수 있는 치료방안은 동기해지조작(AO)이다. 이미 설명한 바와 같이, 동기해지조작이란, 문제행동의 동기 자체를 환경으로부터 제거하거나 약화시키는 방법이다. 다시 말하면, 문제행동을 유지시키고 있는 사회적 관심, 물질적 보상, 좋아하는 활동의 기회 등을 풍족히 제공하여 포화 상태를 유지하는 방법이다. 포화 상태에서는 이제까지 정적강화로 작용했던 자극들의 강화가치가 떨어지고 행동 변화에 미치는 효과도 낮아진다. 이와 같이 포화를 통하여 문제행동의 동기 자체를 약화시키거나 제거하는 방법을 비수반적 강화(NCR)라고 한다. 원하는 것을 평소에 풍족하게 거저 얻을 수 있다면 구태여 힘든 문제행동을 하면서까지 더 얻어야 할 이유가 없지 않겠는가?

교사나 치료자들의 관심을 끌기 위하여 온종일 소리를 지르는 행동장애 아동의 경우를 가정해 보자. 이 경우, 비수반적 강화는 교사나 치료자들이 아동에게 지속적으로 관심을 제공하는 것이다. 예를 들면, 5분마다 한 번씩 아동에게 접근하여 3~4초 동안 무슨 말이든 걸어 관심을 보이도록 한다. 그리고 아동의 문제행동이 줄어들면 이에 따라 점차 접근의 횟수를 줄이고, 문제행동이 증가하면 다시 감소될 때까지 접근과 관심의 횟수를 증가시킨다. 비수반적 강화의 큰 장점은 실행이 용이하다는 점이다. 일단 강화간격이 정해지면, 타이머를 사용하여 정해진 강화시간을 알리도록 한다. 그리고 타이머가 울릴 때마다 아동에게 접근하여 사회적 관심과 물질적 보상을 제공한다. 비수반적 강화의 성공 가능성은 대체로 소거법을 얼마나 적절히 병용하느냐에 달려 있다. 즉, 일정한 간격으로 관심이나 물질적 보상을 제공하지만, 공교롭게도 정해진 시간에 아동이 문제행동을 수행하고 있으면 관심이나 물질적 보상을 제공하지 않는다.

2. 소거전략

사회적 정적강화에 의하여 유지되는 문제행동을 소거하기 위해서는 문제행동을 강화하고 있는 사회적 관심과 물질적 보상, 활동의 기회 등을 실생활에서 완전히 차단하여야 한다. 문제행동을 함으로써 얻을 수 있었던 정적강화를 더 이상 얻을 수 없게 되면, 이제 아무 소득도 없는 문제행동을 계속할 이유가 없어진다. 이러한 전략을 관심소거, 보상소거, 활동소거라고 한다. 예컨대, 하루에도 몇 번씩 심하게 분노발작을 일으키는 아동을 가상해 보자. 교사는 아동이 그러한 행동을 할 때마다 그를 달래기 위하여 과자나 음료를 주었다. 즉, 아동의 분노발작은 사회적 관심과 물질적 보상에 의하여 강화되어 온 것이다. 이러한 문제행동을 소거하려면 이제부터 문제행동에 대한 관심과 물질적 보상을 일체 제공하지 않는 것이다.

소거전략을 사용할 때 주의할 것은 초기에 일시적으로 발생하는 소거폭발 현상이다. 소거법은 원하는 것을 얻을 수 없도록 방해하는 것이기 때문에 욕구좌절과 공격적 행동을 유발할 수 있고, 치료자의 윤리 문제가 야기될 수도 있다. 따라서 치료자는 아동이 원하는 관심, 물질적 보상, 활동의 기회 등을 단순히 무시하거나 차단하기보다는 적절한 대체 수단으로 얻을 수 있도록 이끌어 갈 의무가 있다. 따라서 소거법을 사용할 때는 언제나 대체행동의 차별강화(DRA)를 병용하는 것이 바람직하다. 어떠한 치료전략을 사용하든 문제행동의 기능성을 파악하는 것은 중요한 일이지만 소거법을 사용할 경우에는 더욱 그렇다. 만일 아동의 문제행동이 교사의 관심과 보상에 의하여 강화된 것이 아니고, 단순히 몸이 아파서 화를 낸 것이라면 그러한 행동을 무시하는 것은 도의적으로도 옳지 않을 뿐 아니라 아동의 건강에 해를 끼칠 위험성도 크기 때문이다.

3. 차별강화 전략

차별강화 전략은 사회적 정적강화에 의하여 유지되는 문제행동을 감소시키거나 제거할 때 효과적으로 활용될 수 있다. 이는 지금까지 부적절한 행동으로 얻을 수 있었던 관심과 물질적 보상 또는 활동의 기회를 보다 적절하고 바람직한 대체행동으로 얻을 수 있도록 가르치는 방법이다. 또한 소거전략만을 사용할 때 발생할 수 있는 욕구좌절을 예방하고 바람직한 대체행동의 발생 기회를 높임으로써 상대적으로 문제행동의 발생 기회를 낮추려는 긍정적 전략이다.

Carr와 Durand(1985)는 대체행동의 차별강화 전략으로 기능적 의사소통 훈련(FCT)을 강조한다. 사람들은 흔히 대화나 타협의 길이 없을 때 문제행동을 강력한 의사 전달의 수단으로 사용하기도 한다. 예컨대, 자신의 요구가 관철되지 않을 때 가출을 하거나 집단시위나 단식 등으로 의사를 강하게 표출한다. 특히 언어장애가 있는 아동의 경우 울거나 소리 지르거나 공격적으로 행동함으로써 원하는 것을 얻으려고 하는 경우가 많다. 이런 경우 효율적인 대화방식을 대안으로 제시하거나, 대체언어를 가르쳐 보다 바람직한 방식으로 의사를 표현하도록 할 수 있다. 이러한 의미에서 바람직한 의사소통 방법을 대체행동으로 제안하여 차별강화할 수 있다. 예를 들어, 자기 눈을 반복적으로 때리는 행동으로 교사의 관심과 도움을 얻으려는 아동의 경우를 가상해 보자. 이 경우 교사의 도움과 관심을 얻기 위해서는 오른손을 머리 위로 들도록 가르칠 수 있다. '선생님의 도움이 필요하면 손을 들어! 그러면 선생님이 도와줄 거야, 알았지?' 라고 올바른 의사 표현 수단을 가르친다. 그리고 교사는 아동이 머리 위로 손을 들 때마다 지체 없이 다가가 관심을 보이며 필요한 것을 도와준다.

대체행동의 차별강화(DRA) 전략을 성공시키려면 다음과 같은 점에 유의하여야 한다. 첫째로, 대체행동은 문제행동보다 쉬워야 한다. 만일 대체행동의 수행이 문제행동의 수행보다 더 힘들고 어렵다면 지금까지 사용했던 보다 쉬운 문제행동으로 원하는 것을 얻으려고 할 것이며, 아무도 그것을 선택하지 않을 것이다. 일반적으로 아동에게 적절한 대체행동은 아동의 요구나 의사를 전달할 수 있는 간단한 문장이나 단어를 가르치는 것이다. 말이나 발성을 잘 못하는 아동의 경우에는 간단한 수신호나 대체언어를 가르치는 것이 좋다. 둘째로, 대체행동의 차별강화는 반드시 소거법과 병행되어야 한다. 이제부터는 문제행동으로 어떠한 관심도 얻을 수 없고, 원하는 보상이나 활동의 기회도 얻을 수 없도록 조치한다. 문제행동으로 주위의 관심이나 원하는 모든 것을 얻을 수 있는 환경에서는 새로운 대체행동을 가르칠 수 없기 때문이다. 셋째로, 교사와 치료자는 아동이 대체행동을 할 때마다 즉시 원하는 관심, 갖고 싶은 물건, 하고 싶은 활동의 기회를 일관성 있게 제공해 주어야 한다. 대체행동의 차별강화가 실패하는 이유는 주로 교사나 치료자들이 그 사용법을 잘 모르거나 올바로 사용하지 못하기 때문이다.

제4절 사회적 부적강화에 의한 문제행동

대인관계에서 불편하거나 혐오스러운 상황으로부터 도피하기 위한 수단으로 학습된 문제행동은 실생활에서 끈질기게 지속될 수 있다. 이 절에서는 이와 같이 사회적 부적강화에 의하여 유지되는 문제행동을 제거 또는 약화시키는 데 효과적으로 사용될 수 있는 긍정적 치료전략을 살펴보기로 한다.

1. 동기화조작

사회적 부적강화에 의하여 유지되는 문제행동을 감소 내지 제거하는 데 역시 동기화조작(MO)이 효과적으로 활용될 수 있다. 도피의 원인이 되는 바로 그 불쾌한 상황을 사전에 제거하거나 약화시켜 도피할 이유 자체를 없애거나 약화시키는 방법을 동기해지조작(AO)이라고 한다. 만일 혐오스러운 특정 상황이 제거되거나 또는 유쾌한 상황으로 개선된다면, 굳이 그러한 상황으로부터 도피할 이유가 없어질 것이고, 도피의 수단으로 사용되었던 문제행동도 존재할 이유가 없어 저절로 사라질 것이다. 이러한 동기해지조작은 다음과 같이 비수반적 도피, 교육과정의 개정, 용암법 등으로 성취될 수 있다.

첫째로, 비수반적 도피를 허용한다. 학습자가 어렵고 귀찮고 하기 싫은 작업을 수행해야 하는 상황에서 미리 정해진 시간계획에 따라 비수반적으로 짧은 휴식을 수시로 허용하는 방법이다. 즉, 혐오스러운 작업 환경으로부터 쉽게 도피할 수 있도록 환경을 조절한다. 아동의 입장에서는 가만히 있어도 수시로 혐오 상황을 쉽게 모면할 수 있기 때문에 구태여 문제행동을 일으켜 도피할 필요가 없다. 예를 들어, 공격적 행동을 할 때마다 교사가 아동을 교실 밖으로 내보냈고, 결과적으로 아동은 하기 싫은 수학공부를 피할 수 있었다고 가정해 보자. 이 경우 아동의 공격적 행동은 부적강화에 의하여 유지되는 것으로 평가될 수 있다. 그렇다면 이제부터 수업 중 짧은 휴식을 비수반적으로 자주 마련해 줌으로써 동기해지조작을 구현할 수 있다. 우선 처음에는 5분마다 한 번씩 3분 정도의 휴식을 허용한다. 이러한 상황에서 문제행동이 발생하지 않으면 다음 단계에서는 시간간격을 조금 더 증가시켜 10분마다 한 번씩 3분간의 휴식을 허용한다. 다음 단계에서는 15분마다 한 번씩, 그다음 단계에서는 20분마다 한 번씩 3분간의 휴식을 허용하는 방식으로 점차 과제 수행시간을 늘리고 휴식의 횟수를 줄여 간다. 이러한 과정에서 문제행동이 다시 나타나면, 과제 수행시간을 줄여 문제행동이 나타나지 않는 적정시간을 유지한다. 타이머나 녹음테이프를 사용하여 정해진 간격으로 신호음이 울리도록 하고, 신호음이 울릴 때마다 교사는 아동에게 과제를 중단하고 휴식을 갖도록 한다. 이러한 전략은 소거법과 병행할 때 더 좋은 효과를 거둘 수 있다. 즉, 신호음이 울릴 때마다 과제를 중단하고 휴식을 허용하지만, 공교롭게도 신호음이 울릴 때 아동이 문제행동을 하고 있었다면, 과제로부터의 도피를 절대로 허용하지 않는 방법이다. 즉, 부적강화를 차단하여 소거시키는 전략을 함께 사용한다.

둘째로, 교육과정을 개정한다. 여기서 교육과정이란 학교 학습만을 의미하는 것이 아니라 일상생활에서의 모든 과제와 작업을 의미한다. 과제나 작업의 복잡성을 단순화하고, 지속시간을 짧게 하여 지루하지 않은 학습 또는 작업시간이 되도록 한다. 과제의 제시방법을 새롭고 참신하게 마련하여 흥미를 높이고, 난이도를 조절하여 능력에 상응하는 과제를 제공한다. 이와 같이 학습자의 수준에 적절한 과제를 제시함으로써 쉽고 재미있는 학습과 작업 환경을 만들 수 있다. 이제 더 이상 공부나 작업은 혐오스러운 일이 아니며, 따라서 도피할 이유도 없다. 예컨대, 8분만 지나면 공부가 하기 싫어 좌석을 이탈하여 돌아다니며 수업을 방해하는 아동을 가상해 보자. 이러한 아동에게는 8분 이내에 끝낼 수 있는 짧고 흥미로운 과제를 내주는 교사의 현명한 배려가 필요하다. 8분 동안 좌석을 이탈하지 않고 과제를 잘 수행하면 즉시 휴식을 허락하는 방식으로 과제 수행과 휴식시간을 적절히 배정한다. 또한 매일 똑같은 내용을 같은 방식으로 반복하거나, 주어진 과제가 학습자의 능력에 비하여 너무 어렵거나 쉬워도 흥미를 잃을 수 있다. 그러므로 과제의 난이도와 지속시간을 개인의 능력과 특성에 맞게 적절히 조절하고, 학습방법이나 자료를 흥미롭게 구성함으로써 문제행동이 발생할 만한 동기 자체가 형성되지 않도록 배려하여야 한다.

셋째로, 용암법을 활용한다. 학습 초기에는 과제의 양을 대폭 줄여 쉽게 수행할 수 있도록 함으로써 도피에 대한 동기를 약화시킨다. 그리고 단계적으로 학습자가 수행해야 할 과제의 양을 조금씩 늘리는 반면, 휴식시간의 길이와 빈도는 점차 줄인다. 과제의 증가 폭과 휴식시간의 감소 폭은 문제행동이 더 이상 나타나지 않는 범위 내에서 조절한다. 때로 어려운 과제가 제공되었을 경우에는 교사나 부모가 물리적으로 돕거나 언어적으로 힌트를 주어 과제를 쉽게 해결할 수 있도록 돕는다. 역시 초기에는 많은 도움을 주는 것으로 시작하여 점차 체계적으로 도움의 양을 줄여 결국 학습자 혼자서 해낼 수 있도록 지도한다. 이와 같은 방법으로 과제가 어렵거나 힘들고 혐오스러운 것이 되지 않도록 한다.

2. 도피소거 전략

도피소거[10]는 문제행동을 통하여 도피하려는 바로 그 상황으로부터의 도피를 허용하지 않는 방법이다. 혐오 상황으로부터 빠져나오기 위하여 시도하는 모든 행동을 도피행동이라고 하며, 흔히 당연히 해야 할 과제나 일로부터 도피를 시도하기 때문에 문제가 된다. 예를 들면, 공부가 하기 싫어 꾀병을 부린다든지, 심부름이 하기 싫어 화를 내는 것이 바로 도피행동이다. 따라서 이러한 도피행동에 수반하여 도피를 허용하는 것은 가장 강력한 부적강화가 된다. 쉽게 말하면, 도피를 허용하지 않는 것이 도피행동을 소거시킬 수 있는 가장 강력한 방법이다. 이제 더 이상 문제행동으로 혐오스러운 일이나 상황을 피할 수 없게 되었기 때문에 문제행동을 지속할 이유를 상실하게 된다.

예를 들어, 수업시간에 머리로 책상을 받는 아동을 가정해 보자. 교사는 그때마다 아동을 일시격리실[11]로 보냈지만, 문제행동은 고쳐지기는커녕 점점 더 심해졌다. 그 원인을 분석해 보면 이 아동은 머리로 책상을 받음으로써 혐오스러운 학습 상황으로부터 도피할 수 있었던 것이다. 다시 말하면, 이 행동은 학습의 면제에 의하여 이제까지 부적강화되어 왔던 것이다. 이러한 문제행동을 소거하려면 앞으로는 더 이상 부적강화가 문제행동에 수반되지 않도록 조치하여야 한다. 즉, 아동이 머리로 책상을 받을 때 일시격리실로 보냄으로써 결과적으로 학습 상황으로부터의 도피를 허용해서는 안 된다. 오히려 문제행동을 할 때 아동을 격리시킬 것이 아니라 주어진 과제를 계속 수행하도록 요구해야 한다. 만일 아동이 지시에 따르지 않으면 학습과제를 계속하도록 물리적으로 지도할 필요가 있다.

다른 소거과정에서와 마찬가지로 도피소거 과정에서도 여러 가지 어려운 문제가 예상된다. 예컨대, 초기의 소거폭발 현상, 욕구좌절과 공격적 행동의 출현, 법적 · 윤리적 문제 등으로 학습자를 혐오 상황에 오래 머물도록 강요하기 어렵다. 그러므로 도피소거를 사용할 때도 과제로부터 도피할 수 있는 바람직한 대체 수단을 마련해 주어야 한다. 즉, 대체행동의 차별강화 전략을 병행하는 것이 바람직하다. 그리고 소거법을 선택하기 전에 반드시 기능성 평가를 시행하여 문제행동의 원인을 밝히는 것이 무엇보다도 중요하다. 만일 부적강화(즉, 과제로부터의 도피)가 아닌 다른 요인에 의하여 강화되는 문제행동을 도피소거로 교정하려고 시도한다면 행동은 더욱 악화될 수 있기 때문이다.

10) Escape extinction (逃避消去)

11) Time-out room (一時隔離室)

3. 차별강화 전략

사회적 부적강화에 의해 유지되는 문제행동의 치료에서도 학습자에게 사회적으로 적합한 대체행동을 가르치는 것은 대단히 중요한 일이다. 부적강화의 경우에는 혐오스러운 일이나 상황으로부터 도피할 수 있는 바람직한 대체행동을 가르치는 것이 다를 뿐이다. 새로 습득한 대체행동으로 혐오스러운 일이나 상황을 쉽게 피할 수 있다면, 구태여 문제행동을 일으켜 도피할 필요가 없을 것이다.

수업 중에 우는 습관이 있는 한 여아의 행동을 가정해 보자. 교사는 학생이 울 때마다 양호실로 보내어 쉬도록 하였고, 아동은 하기 싫은 학습으로부터 도피할 수 있었다. 분명히 부적강화에 의하여 학습된 문제행동이다. 대체행동의 차별강화(DRA)에서는 문제행동 대신 사회적으로 수용될 수 있는 적합한 대체행동으로 자기 요구를 적절하게 표현할 수 있도록 가르친다. 우는 행동 대신에 '선생님 쉬고 싶어요!' 라는 말로 자신의 요구를 표현할 수 있도록 가르친다. 그리고 교사는 학생이 쉬고 싶다고 말할 때마다 지체 없이 수업을 면제하고 휴식을 취할 수 있도록 조치한다.

대체행동의 차별강화 효과 역시 세 가지 요인에 따라 결정된다. 첫째로, 선정된 대체행동은 문제행동보다 수행하기 쉽고 간단한 것이어야 한다. 둘째로, 대체행동의 차별강화 전략은 도피소거 전략과 함께 사용될 때 더욱 효과적이다. 즉, 문제행동(예: 우는 행동)을 할 때는 절대로 과제나 일로부터의 도피를 허용하지 말아야 한다. 셋째로, 교사와 치료자들은 아동이 새로 습득한 대체행동을 할 때마다 지체 없이 과제나 일로부터의 도피를 허용함으로써 대체행동을 일관성 있게 강화해야 한다.

제5절 자동적 정적강화에 의한 문제행동

사회적 상황과는 상관없이 혼자서 하는 문제행동은 그 자체로 특정한 감각적 자극을 자동적으로 만들어 낼 수 있다. 예컨대, 혼자서 손뼉을 치는 행동은 그 자체로 소리(청각자극)를 만들어 낸다. 이와 같이 특정 행동에 수반하여 자동적으로 재미있고 유쾌한 감각적 자극(시각, 청각, 미각, 후각, 촉각, 기타 운동감각 등)이 산출되면 앞으로도 같은 행동이 재발할 확률이 높아진다. 이와 같이 자동적 정적강화에 의하여 유지되는 문제행동을 제거하거나 약화시킬 때도 동기화조작, 소거 및 차별강화 전략이 활용된다.

1. 동기화조작

자동적 정적강화에 의하여 학습된 문제행동을 감소시키는 데도 동기화조작(MO)이 효과적으로 활용될 수 있다. 예컨대, 학습자가 문제행동으로 얻을 수 있었던 어떤 재미있는 감각자극을 비수반적으로 쉽게 얻을 수 있도록 환경을 조작할 수 있다. 즉, 학습자가 즐기는 감각자극을 표적행동과 상관없이 풍족하게 제공하여 포화시킨다면 강화자극으로서의 가치와 행동 변화에 미치는 영향력을 상실하게 될 것이다. 이러한 동기해지조작(AO)은 문제행동의 발생을 근본적으로 예방할 수 있는 훌륭한 치료전략이 될 수 있다.

자동적으로 정적강화된 문제행동을 치료하기 위해서는 첫째로, 생활환경 내에 학습자극을 풍족하게 마련한다. 학습자가 다양한 자극 상황에 접근할 수 있도록 풍요로운 환경을 조성할 필요가 있다. 특정한 유형의 물리적 자극이 보다 효과적일 수 있지만, 어떠한 유형의 자극이라도 풍족하게 제공되기만 한다면, 문제행동을 예방하는 데 큰 도움이 될 수 있다. 예컨대, 아동들은 심심하거나 멋쩍을 때 손가락 빠는 행동을 하는 경우가 많은데, 아동의 환경에 다양한 장난감이나 교육도구들이 풍족히 마련되어 있다면 굳이 손가락 빠는 행동으로 감각자극을 얻으려고 애쓰지 않을 것이다. 따라서 풍족한 교육 환경은 문제행동을 근본적으로 예방할 수 있는 좋은 방법이 될 수 있다. 부모, 교사 및 치료자는 학습자가 다양한 감각자극에 노출될 수 있도록 양질의 교육 환경을 조성하는 데 힘써야 할 것이다.

둘째로, 비수반적 자극[12]을 풍족히 제공함으로써 문제행동의 발생을 예방할 수 있다. 비수반적 자극이란, 문제행동에 수반되는 특정 유형의 감각자극을 문제행동과는 무관하게 평소에 수시로 제공하는 것을 말한다. 즉, 문제행동을 통해서만 얻을 수 있었던 특정한 감각자극을 거저 쉽게 얻을 수 있는 환경을 마련한다. 예를 들어, 눈을 감고 눈알을 손가락으로 꾹 누르면 망막에 뻘건 상이 생기는데, 이러한 시각적 현상이 재미있어 제 눈을 사정없이 꾹꾹 찌르는 아동이 있다. 이러한 행동은 눈에 상처를 입히거나 시력을 상실하게 할 수 있는 위험한 행동이다. 이런 경우의 동기해지조작은 눈을 찌르는 위험한 행동을 통하여 얻을 수 있었던 시각적 자극을 이제 다른 방법으로 쉽게 얻

12) Non-contingent stimulus (非隨伴的 刺戟)

을 수 있도록 조치하는 것이다. 예컨대, 교사나 치료자는 5분마다 한 번씩 아동에게 요지경을 들여다보도록 한다. 아동은 아마 눈을 찌를 때보다 더욱 화려하고 다양한 시각자극을 즐길 수 있을 것이다. 초기에는 5분마다 한 번씩 10초 동안 요지경을 보도록 한다. 그러다가 문제행동의 발생빈도가 줄어들면 점차로 시간을 늘려 10분마다 한 번 또는 20분마다 한 번씩 요지경을 볼 수 있도록 한다. 만일 이 과정에서 문제행동이 증가하면 시간간격을 다시 조절한다.

2. 감각소거 전략

감각소거[13]란, 문제행동에 자동적으로 수반되는 감각자극을 차단함으로써 문제행동의 발생빈도를 줄이는 방법을 말한다. 즉, 문제행동을 통하여 얻을 수 있었던 감각자극을 더 이상 얻을 수 없게 차단함으로써 문제행동을 소거하려는 전략이다. 예를 들어, 기능성 평가에 의하면 수업 중에 머리로 책상을 받는 행동은 이때 발생하는 소리에 의하여 강화되어 왔다고 가정해 보자. 이 경우의 감각소거 전략은 머리로 책상을 받아도 소리자극이 수반되지 않도록 조치하는 것이다. 교사는 아동의 책상 위에 스펀지를 깔아 놓고 행동을 관찰하였다. 전처럼 책상을 받아도 소리가 나지 않자 아동은 당황하여 책상을 더 자주 심하게 받기 시작하였다. 그러나 얼마 후 이 행동은 소거되어 사라졌다. 이 사례에서는 매우 극적으로 문제행동의 원인을 발견하고 비교적 쉽게 문제행동을 소거할 수 있었다.

앞서 예를 든 손가락을 빠는 한 여아를 다시 살펴보기로 하자. 기능성 평가에 의하면 이 여아의 행동 역시 손을 빨 때 느껴지는 감각자극에 의하여 유지되는 것으로 밝혀졌다. 치료자는 감각소거 전략을 활용하기로 하고 손가락을 빨 때 느껴지는 감각자극을 차단하기 위하여 아동의 손에 장갑을 끼워 놓기로 하였다. 단, 이러한 치료방법이 아동의 건강이나 인권을 침해할 가능성은 없는지 주의하여 사용해야 한다. 필요하면 인권기관에 법적 · 도의적 책임에 대하여 자문하여야 하고, 부모나 보호자의 동의를 구해야 한다는 것을 잊어서는 안 된다.

감각소거 전략의 단점은 문제행동이 어떤 감각자극에 의하여 강화되고 있는지 정확히 파악하기 어렵고 감각소거 과정에서도 소거폭발 현상이 똑같이 발생한다는 점이다. 치료자는 초기의 소거폭발을 미리 예측하고 이에 대처하여야 한다. 더욱이 치료적 중

13) Sensory extinction

재 프로그램을 계획할 때 주의할 점은 감각소거는 문제행동을 감소시킬 수는 있지만 새로운 행동을 가르칠 수는 없다는 것이다. 따라서 원하는 감각자극을 얻을 수 있는 바람직한 대체행동의 차별강화 전략이 병행되어야 한다.

3. 차별강화 전략

감각자극에 의하여 자동적으로 정적강화되어 온 문제행동을 감소 내지 제거하는 데 차별강화가 효과적으로 활용될 수 있다. 이 전략은 이제까지 문제행동을 통하여 얻을 수 있었던 특정한 감각자극이나 감각적 만족을 다른 바람직한 행동을 통하여 얻을 수 있도록 가르치는 것이다. 예를 들어, 수업 중에 머리로 책상을 받는 습관이 있는 아동을 다시 생각해 보자. 기능성 평가에 의하면 이 행동은 머리로 책상을 받을 때 발생하는 소리에 의하여 유지되고 있었다. 이 경우 대체행동의 차별강화(DRA) 전략은 아동에게 북을 치는 행동을 가르쳐 신나는 소리(청각자극)와 리듬을 즐길 수 있도록 하는 것이다. 아동이 북을 치고 싶을 때마다 '북' 이라고 말하게 하거나, 언어 능력이 없는 아동의 경우라면 북을 의미하는 간단한 신호를 가르친다. 교사는 아동이 '북' 이라고 말하거나 약속된 신호를 보낼 때마다 즉시 아동에게 북을 칠 수 있도록 환경을 마련해 준다.

대체행동의 차별강화 효과를 높일 수 있는 방법은 다음과 같다. 첫째로, 아동에게 가르칠 대체행동은 문제행동보다 쉬워야 한다. 그런데 자동적 강화에 의하여 학습된 문제행동은 흔히 아주 간단하고 쉬운 것이기 때문에 치료과정에서 이 요건을 충족하기가 어렵다. 만일 문제행동이 대체행동보다 더 간단하고 쉽다면 보다 쉬운 수단으로 감각자극을 얻으려 할 것이다. 둘째로, 대체행동의 차별강화는 감각소거와 병행하여 사용되어야 한다. 즉, 아동이 문제행동으로는 결코 원하는 감각자극을 얻을 수 없도록 하여야 한다. 특히 문제행동보다 쉽고 간단한 대체행동을 찾을 수 없을 경우에는 더욱 그렇다. 셋째로, 모든 치료자는 대체행동에 대하여 일관성 있게 반응하여야 한다. 즉, 아동이 바람직한 대체행동을 할 때 즉시 아동이 원하는 감각적 만족을 보장해 주어야 한다. 치료에 참여하는 부모나 교사, 직원들이 아동의 대체행동(예: 간단한 말이나 신호)을 이해하지 못하고 감각자극이나 감각적 만족을 즉시 보장해 주지 못해서 실패하는 경우는 매우 흔하다.

제6절 자동적 부적강화에 의한 문제행동

사회적 상황과는 상관없이 혼자서 하는 문제행동이 어떤 불편이나 신체적 고통과 같은 혐오 상황으로부터의 도피를 가능하게 하는 경우에 실생활에서 지속적으로 반복될 수 있다. 이와 같은 자동적 부적강화에 의하여 유지되는 문제행동을 제거하거나 약화시키는 데 사용될 수 있는 동기화조작, 소거 및 차별강화 전략에 대하여 설명하기로 한다.

1. 동기화조작

자동적 부적강화에 의하여 유지되는 문제행동을 제거하는 데 동기화조작(MO)이 효과적으로 활용될 수 있다. 특히 불편한 상황이나 신체적 고통이 문제행동 자체로 경감될 수 있을 때 자동적 부적강화의 영향력은 대단히 클 수 있다. 손목으로 자신의 귀를 때리는 행동이 중이염에 의한 통증을 감소시킬 수 있다면 귀를 때리는 행동은 반복될 수 있다. 이러한 문제행동은 바로 자동적 부적강화에 의하여 유지되고 있는 것이다. 동기해지조작(AO)은 문제행동을 통하여 도피하고자 하는 그 감각적 불편이나 통증을 사전에 경감 내지 제거시켜 주는 방법이다. 따라서 아동은 감각적 불편이나 통증을 느끼지 않는 편안한 상태가 되기 때문에 문제행동을 할 필요나 이유가 없어진다. 이러한 동기해지조작은 일반적으로 의학적 치료를 통하여 성취될 수 있다. 어떤 의료적 치료를 받느냐 하는 것은 아동의 감각적 불편이나 통증의 원인과 성격에 따라 다르겠지만 반드시 의사나 의료 전문인에 의하여 결정되어야 할 것이다. 중이염을 앓는 아동의 경우에 활용될 수 있는 동기화조작은 중이염으로 인하여 느끼는 감각적 불편이나 통증을 완화시켜 주는 것이다. 이것은 행동적 중재방법을 넘어서 의학적으로 해결해야 할 문제로서 의사나 의료 전문인에 의하여 처방된 진통제나 치료 약을 복용하는 것과 같은 의료적 처치가 필요하다.

2. 소거전략

자동적 부적강화에 의하여 유지되는 문제행동을 감소 내지 제거하는 데, 소거법이 활용될 수 있다. 문제행동을 소거시키기 위해서는 그 행동이 더 이상 부적강화될 수 없도록 조치한다. 쉽게 말하면, 문제행동을 수행하여도 통증이나 불편으로부터 도피할 수 없도록 조치하는 것이다. 예를 들어, 두통이 너무 심하여 주먹으로 머리를 때려 고통을 조금이라도 경감시키려고 할 때, 헬멧을 씌워 머리를 때릴 수 없도록 차단하는 것이다. 이 방법은 고통으로부터의 도피를 허용하지 않고, 고통의 지속을 강요하는 것이기 때문에 치료자에게 심각한 법적 또는 윤리적 책임이 뒤따를 수 있다. 이러한 경우 소거법은 적절한 치료방법으로 사용될 수 없다. 그러므로 소거법을 포기하고 동기해지 조작(AO)이나 다음에 소개될 차별강화 전략을 적절히 사용하는 것이 보다 바람직하다.

3. 차별강화 전략

자동적 부적강화에 의하여 학습된 문제행동을 감소 또는 제거하는 데 대체행동의 차별강화(DRA)가 활용될 수 있다. 즉, 문제행동과는 다른 바람직한 대체행동을 통하여 감각적 불편이나 신체적 통증을 경감할 수 있도록 가르치는 것이다. 불편이나 통증을 경감시킬 수 있는 대체 수단이 있다면, 구태여 문제행동을 지속할 필요가 없을 것이다. 예를 들어, 심한 두통으로부터 벗어나기 위하여 자기 머리를 사정없이 때리는 문제행동을 감소시키는 데 대체행동의 차별강화 전략이 어떻게 활용될 수 있는지 살펴보자. 먼저 심한 두통으로부터 벗어날 수 있는 바람직한 대체행동을 가르친다. 예컨대, '선생님, 머리가 아파요!' 라고 현재의 고통을 언어로 표현하도록 가르친다. 만일 언어 능력이 없는 장애인의 경우라면 간단한 신호나 대체언어를 통하여 불편이나 고통을 알릴 수 있는 방법을 가르친다. 그리고 바람직한 대체행동(언어 표현 또는 간단한 신호)을 통하여 개인의 불편이나 고통을 알릴 때마다 교사나 치료자는 지체 없이 달려가 두통약을 투여한다든지, 병원에서 치료를 받을 수 있도록 조치하도록 한다.

대체행동의 차별강화 전략이 좋은 효과를 얻기 위해서는 다음과 같은 두 가지 사항이 고려되어야 한다. 첫째로, 대체행동은 문제행동에 비해 수행하기가 쉬워야 한다. 둘째로, 교사나 치료자는 내담자의 대체행동에 대하여 일관성 있게 반응하여야 한다. 즉, 새로 배운 대체행동으로 자신의 요구를 나타낼 때마다 지체 없이 신체적 불편이나 통증을 완화시켜 줄 수 있는 조치를 취해야 한다. 만일 교사나 치료자가 아동의 언어적 요구나 신호의 의미를 알아차리지 못하고, 신체적 불편이나 고통을 제때에 완화시키지 못할 경우 대체행동의 차별강화 전략은 실효를 거두기 어렵다.

요 약

1. 1980년대 초반까지 대부분의 응용행동분석 연구는 문제행동의 원인이나 그 학습과정을 밝히는 데 소홀하였다. 문제행동에 강력한 벌을 후속시켜 제거하거나, 임의로 선정한 바람직한 표적행동을 강력하게 정적강화함으로써 새로운 행동을 학습시키면 그만이라고 생각했기 때문이다. 그러나 Iwata와 동료들의 연구를 기점으로 응용행동분석 연구는 대전환점을 맞는다. 즉, 문제행동을 효과적으로 제거하기 위해서 먼저 그 원인(기능성)을 확인하고 원인요인을 직접 통제할 수 있는 치료적 중재방안을 모색하는 데 초점을 맞추기 시작하였다.

2. 기능적 중재전략의 핵심은 원인요인에 입각한 긍정적 치료전략이다. 따라서 혐오통제를 지양하고, 동기화조작을 활용한 선행중재 및 소거법과 대체행동의 차별강화를 통하여 효과적으로 문제행동을 제거할 수 있다. 이러한 긍정적 접근은 혐오자극이 개입된 벌이나 부적강화보다 정적강화의 활용을 강조한다. 또한 사후교정보다는 사전예방에 주력하는 적극적인 치료교육 방법이다.

3. 동기화조작(MO)은 문제행동을 지원하는 후속자극을 박탈하거나 포화시키는 조작을 통하여 강화자극의 가치변화 효과와 행동변화 효과를 조절하는 방법이다. 예컨대, 아동의 문제행동이 교사의 관심을 끌기 위한 것으로 밝혀졌을 때, 교사의 관심을 비수반적으로 풍족히 제공함으로써 문제행동의 발생 동기를 약화시킬 수 있다.

4. 소거전략은 문제행동을 수행함으로써 얻게 되는 관심이나 물질적 보상과 같은 사회적 정적강화를 차단하거나, 하기 싫은 일이나 혐오 상황으로부터의 도피를 허용하지 않는 방법으로 문제행동을 감소시키는 것이다. 이러한 소거전략의 결정적 단점은 초기의 소거폭발 현상이다. 그러나 비수반적 강화(NCR)와 같은 동기화조작이 병용되면 소거폭발은 크게 완화될 수 있고, 대체행동의 차별강화 전략과 함께 병용함으로써 더욱 큰 효과를 거둘 수 있다.

5. 문제행동을 수정할 때, 행동 자체를 제거하는 데만 급급하면 좋은 효과를 거둘 수 없다. 문제행동의 제거로 발생한 행동의 공백이 바람직한 행동으로 대체되리라고 기대할 수 없기 때문이다. 따라서 문제행동의 소거와 함께 바람직한 대체행동을 강화하는 전략이 반드시 병용되어야 한다. 저율행동의 차별강화(DRL), 여타행동

의 차별강화(DRO), 상반행동 및 대체행동의 차별강화(DRI/DRA) 등이 소거전략과 함께 적절히 병행될 때 좋은 효과를 거둘 수 있다.

6. 대인관계 상황에서 사회적 관심, 물질적 보상, 좋아하는 활동의 기회 등을 얻을 수 있는 문제행동은 지속적으로 유지될 수 있다. 사회적 정적강화에 의하여 유지되는 문제행동을 제거하거나 약화시키는 데 사용될 수 있는 긍정적 치료전략은 동기해지조작(AO), 소거전략, 대체행동의 차별강화 전략 등이다. 동기해지조작은 문제행동을 유지시키는 사회적 관심이나 물질적 보상을 비수반적으로 풍족히 제공하여 포화 상태를 유지시키는 방법이다. 소거전략은 실생활에서 문제행동을 강화하는 사회적 관심과 물질적 보상, 활동의 기회 등을 차단하는 것이다. 이러한 전략을 각각 관심소거, 보상소거, 활동소거라고 한다. 대체행동의 차별강화는 문제행동으로 얻을 수 있었던 사회적 정적강화를 보다 적절하고 바람직한 대체행동으로 얻을 수 있도록 가르치는 것을 말한다.

7. 사회적 부적강화에 의하여 유지되는 문제행동을 감소 내지 제거하는 데 동기화조작이 효과적으로 활용될 수 있다. 이는 도피하려고 시도하는 어떠한 불쾌한 상황을 사전에 제거하거나 약화시켜 도피할 이유 자체를 없애거나 약화시키는 방법이다. 도피소거 전략은 문제행동을 통하여 도피를 시도하는 바로 그 상황으로부터의 도피를 허용하지 않는 방법이다. 마지막으로 대체행동의 차별강화 전략은 학습자에게 혐오스러운 어떤 일이나 상황으로부터 도피할 수 있는 바람직한 대체행동을 가르치는 방법이다.

8. 자동적 정적강화에 의하여 유지되는 문제행동을 제거하거나 약화시키는 데 동기화조작, 감각소거 및 대체행동의 차별강화 전략이 효과적으로 활용된다. 동기화조작은 학습자가 문제행동으로 얻을 수 있었던 감각자극을 비수반적으로 풍족히 제공함으로써 강화자극으로서의 가치와 행동 변화에 미치는 영향력을 상실하게 한다. 감각소거 전략은 문제행동에 수반되는 감각자극이나 감각적 만족을 차단함으로써 문제행동의 발생빈도를 줄이는 것이다. 대체행동의 차별강화 전략은 지금까지 문제행동을 통하여 얻을 수 있었던 감각자극이나 감각적 만족을 다른 바람직한 대체행동을 통하여 얻을 수 있도록 가르치는 것이다.

9. 자동적 부적강화에 의하여 유지되는 문제행동을 제거하거나 약화시키는 데 동기화조작이 효과적으로 활용될 수 있다. 이는 문제행동을 통하여 경감시키려고 하

는 감각적 불편이나 통증을 사전에 경감 내지 제거시켜 주는 방법이다. 한편 소거법은 고통으로부터의 도피를 허용하지 않고, 고통의 지속을 강요하는 것이기 때문에 치료자에게 심각한 법적 또는 윤리적 책임이 뒤따를 수 있다. 이러한 경우 소거법은 적절한 치료방법이 될 수 없다. 차별강화 전략은 문제행동과는 다른 사회적으로 바람직한 대체행동을 통하여 감각적 불편이나 신체적 통증을 경감할 수 있도록 가르치는 것이다.

연구 문제

➲ 기능적 중재전략에 근거하여 다음 연구문제를 논해 보자.

1. 1980년대 초반부터 시작된 응용행동분석 연구의 새로운 패러다임에 대하여 논해 보자.
2. 기능적 중재전략으로서의 동기화조작, 소거법, 대체행동의 차별강화 전략을 설명해 보자.
3. 사회적 정적강화에 의하여 유지되는 문제행동을 제거하기 위한 기능적 중재전략에 대하여 설명해 보자.
4. 사회적 부적강화에 의하여 유지되는 문제행동을 제거하기 위한 기능적 중재전략에 대하여 설명해 보자.
5. 자동적 정적강화에 의하여 유지되는 문제행동을 제거하기 위한 기능적 중재전략에 대하여 설명해 보자.
6. 자동적 부적강화에 의하여 유지되는 문제행동을 제거하기 위한 소거전략의 문제점을 설명해 보자.

제6부

새로운 행동을 가르치는 방법

Teaching New Behavior

가장 적절한 생존과 적응을 위하여 이미 습득했어야 할 행동을 발달적 장애나, 성격적 특성 또는 사회문화적 환경 및 교육적 결함으로 인하여 아직 습득하지 못한 행동을 결손행동이라고 한다. 여기서는 결손행동을 효과적으로 가르칠 수 있는 행동형성과 행동연쇄의 원리와 방법을 설명하고, 프로그램 교수원리에 따라 체계적이고 집중적인 치료교육 프로그램을 제작하는 절차와 방법을 익힌다.

제15장 행동형성과 행동연쇄에서는 점진접근과 차별강화를 통한 행동형성의 원리와 효율적 활용 방법을 설명하고, 복합행동을 하위과제로 세분한 후, 일의 순서에 따라 단계적으로 조금씩 가르치는 행동연쇄의 원리와 기법을 설명한다.

제16장 치료교육 프로그램 개발에서는 프로그램 교수원리에 입각한 행동형성, 행동연쇄 및 촉진과 용암법을 활용하여 결손행동을 체계적으로 치료교육할 수 있는 개별화 훈련 프로그램의 작성 절차와 방법을 설명한다.

제15장 행동형성과 행동연쇄

학습목표

1. 행동형성을 정의하고, 그 원리를 설명할 수 있다.
2. 점진접근과 차별강화에 관하여 예를 들어 설명할 수 있다.
3. 반응 형태에 따라 점진접근 단계를 설정할 수 있다.
4. 행동연쇄를 정의하고 그 원리를 설명할 수 있다.
5. 과제분석을 통하여 훈련목표를 하위과제로 세분할 수 있다.
6. 하위과제의 타당도와 성취 수준을 평가할 수 있다.
7. 행동연쇄를 위한 훈련 단계를 설정할 수 있다.

학습자의 행동저장고[1]에 존재하지 않는 새로운 행동을 가르치기 위해서는 보다 체계적이며 집중적인 치료교육 계획이 요구된다. 먼저 학습자의 행동저장고 내에 존재하는 행동목록 중에서 목표에 좀 더 접근한 행동을 체계적으로 차별강화하여 점차적으로 목표에 도달할 수 있도록 가르치는 행동형성의 이론과 방법을 설명하고, 다음으로 어려운 복합행동을 이미 학습된 단위행동으로 세분한 후, 일의 순서에 따라 하나씩 연결하여 강화함으로써 점차로 목표행동을 완성하는 행동연쇄의 이론과 방법을 설명하기로 한다.

1) Behavioral repertoire

제1절 행동형성

행동형성[2]이란 도달점 행동을 향한 점진적 접근을 차별강화하는 방법을 말한다. 도달점 행동[3]은 행동형성의 최종목표를 의미하는 것으로서, 표적행동의 형태, 빈도, 지연시간, 지속시간 또는 강도 등의 특성이 일정한 기준에 도달한 상태를 일컫는다. 먼저 행동형성의 정의에 포함되는 두 가지 핵심요인인 차별강화와 점진접근에 관하여 살펴본 다음, 행동형성의 대상이 될 수 있는 표적행동의 특성은 무엇이고, 반응 형태에 따라 행동형성의 전략은 어떻게 다르며, 훈련 단계의 설정 방법은 무엇인지 등에 관하여 자세히 설명하기로 한다.

1. 차별강화

차별강화[4]란 물리적으로 서로 다른 두 가지 이상의 행동 가운데 한 행동은 강화하고 나머지 행동은 모두 소거시키는 방법을 말한다(Miller, 2006). 이 정의에는 세 가지 요소가 포함되는데, 첫째, 물리적으로 서로 다른 두 가지 이상의 행동이 개입되고, 둘째, 그 중 한 행동은 강화하며, 셋째, 다른 모든 행동은 소거시키는 과정이 있어야 한다. 예컨대, 아들에게 공부를 더 많이 시키고 게임을 덜 하게 하려는 아버지를 생각해 보자. 아버지는 아들이 공부할 때는 칭찬하고 게임을 할 때는 무시하기로 하였다. 결과적으로 아들이 공부를 더 많이 하게 되고 게임하는 시간이 많이 줄었다면 아버지가 사용한 치료방법은 분명히 차별강화 기법이다. 여기에 차별강화의 정의에 대한 세 가지 요소가 모두 포함되었기 때문이다. 차별강화에 해당하지 않는 한 가지 예를 들어 보자. 어머니는 영희가 식구들과 함께 식사하기를 원하였다. 그래서 영희가 식구들과 함께 식사할 때는 칭찬하고 혼자 식사할 때는 무시하였다. 결국 영희는 식구들과 함께 식사하는 일이 많아졌다. 이는 언뜻 보면 차별강화 같지만 자세히 살펴보면 차별강화가 아니다. 이 예에서 행동은 '식사하는 행동' 한 가지뿐이다. 단지 서로 다른 두 상황에서 하나의 행동이 일어나고 있을 뿐이다. 여기서는 동일한 행동이 어떤 자극사태에서 발생할 때는

2) Behavior Shaping (行動形成)
3) Terminal behavior (到達點 行動)
4) Differential reinforcement (差別强化)

강화하고, 다른 자극사태에서 발생할 때는 강화하지 않고 소거시키고 있다. 이러한 방법은 차별강화가 아니라 자극변별 훈련이다.

2. 점진접근

두 가지 이상의 행동 가운데 도달점 행동에 좀 더 접근한 행동은 강화하고 그렇지 못한 행동은 모두 소거시키는 전략을 행동형성이라고 한다. 즉, 차별강화의 기준은 도달점 행동으로의 점진적 접근이다. 조금이라도 더 도달점 행동에 접근한 행동을 선택하여 강화하고 다른 모든 행동은 소거시킨다. 행동형성은 학습자의 행동저장고에 있는 행동목록 가운데 도달점 행동에 좀 더 가까이 접근한 반응을 선택하여 강화하거나, 도달점 행동을 수행하기 위하여 필수적으로 요구되는 기초행동들을 강화하는 것으로 시작된다. 그리고 이러한 반응의 빈도가 정해진 목표 수준에 도달하면 다시 도달점 행동에 좀 더 근접한 다른 행동을 선택하여 강화한다. 이와 같이 강화의 기준을 점차 상향 조정하면서 도달점 행동을 향하여 조금씩 단계적으로 접근한다.

Wolf, Risley와 Mees(1964)는 안경 착용을 거부하는 실명 위기에 처한 유아에게 행동형성의 전략을 사용하여 안경을 착용하도록 하는 데 성공하였다. 연구자들은 한 유아의 안경에 대한 심한 거부감을 피하면서 조금씩 최종목표에 도달하도록 하기 위하여 단계적 훈련을 계획하였다. [그림 15-1]에 제시된 바와 같이, 사다리를 한 칸씩 오르면 맨 위까지 무리 없이 올라갈 수 있듯이, 최종목표에 도달할 수 있는 점진적 훈련 단계를 설정하였다. 처음에는 유아가 안경을 건드리기만 해도 강화하는 것으로 시작하였다. 안경을 건드리는 행동이 자연스럽게 형성된 후에는 기준을 약간 높여 안경을 집어 들 때 강화하고, 전처럼 안경을 건드리기만 하면 강화하지 않았다. 다음 단계에서는 안경을 얼굴까지 가져가면 강화하고, 전처럼 안경을 집어 들기만 할 때는 강화하지 않았다. 최종 단계에서는 안경을 제대로 착용한 경우에만 강화하고 안경을 얼굴로 가져가기만 할 때는 강화하지 않았다. 이와 같은 점진접근과 차별강화 기법을 체계적으로 활용하여 무리 없이 최

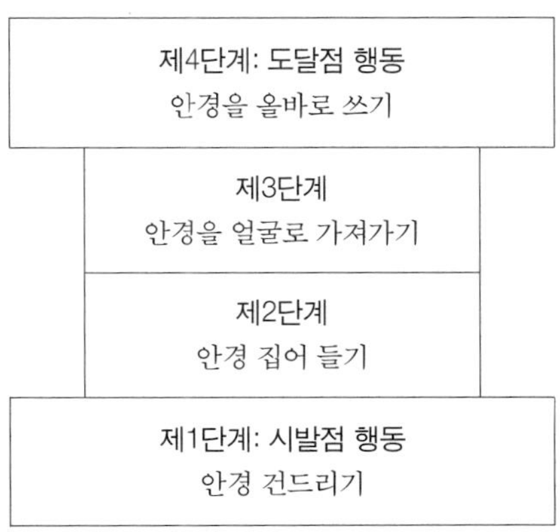

[그림 15-1] 안경 쓰기의 점진접근 단계

종목표에 도달할 수 있었다. 이 연구는 행동형성의 전형적인 예로서 많은 연구와 저서에서 오랫동안 자주 인용되어 왔다.

3. 표적행동의 특성

반응의 형태, 빈도, 지속시간, 지연시간, 크기 등 측정 가능한 모든 특성은 행동형성의 대상이 될 수 있다. 〈표 15-1〉에서는 표적행동의 특성별로 행동형성의 대상을 예시하고 있다. 태권도에서 고난도의 품세를 가르칠 때 초기에는 쉬운 기본 동작부터 시작하여 점차 목표했던 어려운 동작으로 기준을 높여 세련시킬 수 있다. 또한 주어진 시간 내에 부속품 조립의 생산량을 증가시키고자 할 때 초기에는 적은 양의 조립에서 시작하여 근로자들의 기술이 향상됨에 따라 점차로 많은 양의 생산을 요구하는 방식으로 큰 무리 없이 최종 목표량에 도달할 수 있다. 이 밖에도 공부를 잘 안 하는 아동의 학습시간을 늘린다든지, 지시에 잘 따르지 않는 아동의 반응 지연시간을 줄일 때도 점진적 단계를 거쳐 손쉽게 조절할 수 있다. 높이뛰기와 같은 운동 능력을 향상시키려고 할 때, 작은 소리로 말하는 소심한 아동에게 남들이 알아들을 수 있도록 큰 소리로 자신 있게 말하도록 가르칠 때도 점진적 단계를 거쳐 조금씩 목표에 접근해 가는 행동형성의 방법이 효과적이다. 이상과 같이 관찰 · 측정이 가능한 표적행동의 모든 특성은 행동형성의 대상이 될 수 있다.

〈표 15-1〉 행동형성의 대상이 될 수 있는 행동의 다양한 특성과 점진접근

표적행동의 특성	행동형성
형 태 (행동의 모양)	• 태권도에서 품세와 관련된 동작을 점차적으로 세련시키기 • 서예에서 서체를 익힐 때까지 단계적으로 연습하기
빈 도 (단위시간당 발생횟수)	• 일정 시간 내에 완수하는 수학 문제의 정답 수를 증가시키기 • 일정 시간 내에 조립하는 부속품의 생산량을 증가시키기
지속시간 (행동의 경과시간)	• 공부시간을 30분으로 증가시키기 • 눈 맞춤 시간을 0초에서 5초로 증가시키기
지연시간 (S^D에서 반응까지의 시간)	• 지시를 받고 반응을 시작하기까지 걸리는 시간 줄이기 • 문제를 읽고 답을 선택하는 시간을 적정선까지 늘리기
크 기 (반응 강도와 세기)	• 높이뛰기 훈련에서 목표점을 단계적으로 증가시키기 • 매우 작은 소리로 말하는 사람의 목소리 크기를 점차 높이기

4. 반응 형태에 따른 행동형성 전략

시발점과 도달점 행동의 형태가 동일한지 또는 서로 상이한지에 따라 점진접근의 전략과 차별강화의 기준이 크게 달라진다. 여기서는 두 가지 경우에 대한 행동형성 전략을 설명한다.

1) 시발점과 도달점 행동의 형태가 동일한 경우

'높이뛰기', '멀리뛰기', '공부하기' 등은 시발점에서나 도달점에서 그 반응의 형태가 동일하다. 예컨대, '높이뛰기'는 일정 높이에 장대를 걸어 놓고 제자리에서 뛰어올라 장대를 건드리지 않고 넘는 것인데, 장대를 뛰어넘기 위하여 취하는 자세와 동작은 일정하다. 이와 같이 시발점과 도달점 행동의 형태가 동일한 경우에는 점진접근 및 차별강화의 기준이 행동의 형태에 따라 정해지는 것이 아니라 측정 가능한 표적행동의 물리적 크기, 즉 높이뛰기의 예에서는 수직으로 뛰어오르는 물리적 높이로 정해진다. 다시 말해, 장대를 뛰어넘는 신체 동작의 형태는 똑같으며, 장대의 높이를 차등화하여 단계별 훈련목표를 설정한다.

학생들의 체력을 향상시키기 위하여 한 초등학교에서 정해 놓은 '높이뛰기' 의 훈련목표가 50cm라고 가정한다면, 바로 이 높이가 도달점 행동의 평가기준이 된다. 그런데 만일 처음부터 50cm 높이를 뛰어넘도록 요구하면서 훈련을 시작한다면 대부분의 학생들이 실패를 거듭하다가 포기할 가능성이 높다. 그러나 〈표 15-2〉와 같은 점진적 훈련 단계를 정하여 시발점으로부터 조금씩 도달점을 향하여 접근한다면 성공의 가능성은 월등히 높아질 것이다. 시발점 행동이란, 특정 표적행동의 현재 수준을 말한다. 만일 어떤 아동이 현재 10cm 높이를 뛰어넘을 수 있다면, 바로 이 높이를 시발점으로 훈련을 시작한다. 일정 기간의 훈련을 통하여 10cm 높이를 쉽게 뛰어넘을 수 있게 되면, 이제 좀 더 도달점에 접근한 다음 단계의 훈련목표를 정한다. 예컨대, 20cm, 30cm, 40cm, 그리고 마지막 도달점 기준까지 점차적 훈련 단계를 설정한다. 도달점을 향한 점진적 접근 단계를 정할 때는 아동의 신체적 발달과 준비도, 지적능력, 장애의 정도, 정서적 · 신체적 건강 상태 등을 고려하여 개인의 능력에 알맞게 정한다.

〈표 15-2〉 시발점과 도달점 행동이 동일한 경우의 점진적 훈련 단계와 강화기준

훈련 단계	표적행동	기 준
시발점	두 발을 모으고 뛰어올라 장대를 넘는다.	10cm
2	두 발을 모으고 뛰어올라 장대를 넘는다.	20cm
3	두 발을 모으고 뛰어올라 장대를 넘는다.	30cm
4	두 발을 모으고 뛰어올라 장대를 넘는다.	40cm
도달점	두 발을 모으고 뛰어올라 장대를 넘는다.	50cm

2) 시발점과 도달점 행동의 형태가 상이한 경우

'말하기', '글자 쓰기', '청소하기' 등은 시발점과 도달점 행동의 형태가 서로 크게 다르다. 예컨대, 자폐 아동에게 '말하기'를 가르칠 경우를 가정해 보자. Isaacs, Thomas와 Goldiamond(1960)의 고전적 연구에서는 〈표 15-3〉과 같이 입술 움직이기, 소리 내기, 한 단어로 말하기, 구나 절로 말하기, 문장으로 말하기 등을 점진접근 행동으로 설정하였다. 이러한 행동들은 '말하기'의 필수적 선수학습 요인들로서, 서로 상이한 형태를 보이고 있지만 '말하기'라는 동일한 기능성을 가진 반응군에 속하는 것들이다. 이와 같이 상이한 형태의 행동을 형성할 때는 도달점 행동에 보다 접근한 행동을 상위 단계의 훈련목표로 설정한다.

〈표 15-3〉에 예시된 바와 같이, 도달점 행동을 '주어와 서술어를 갖춘 완전한 문장으로 말하기'로 정해 보자. 시발점 행동은 사람마다 다르겠지만 이 예에서는 아동이 치료자를 모방하려는 의도로 치료자의 입을 바라보며 겨우 입술만 실룩이는 정도라고 가정하였다. 물론 도달점 행동과는 상당히 거리가 먼 행동이지만 전혀 입술을 움직이지 못하는 것보다는 도달점 행동에 좀 더 가까운 행동으로 볼 수 있다. 그러므로 제1단계

〈표 15-3〉 시발점과 도달점 행동이 상이한 경우의 점진적 훈련 단계와 강화기준

훈련 단계	표적행동	기 준
시발점	입술을 움직인다.	치료자의 입 모양 모방
2	소리를 낸다.	치료자의 음성 모방
3	한 단어로 말한다.	한 단어 사용
4	구나 절로 말한다.	두 단어 이상 사용
도달점	완성된 문장으로 말한다.	주어와 서술어로 구성하여 사용

훈련에서는 학습자가 치료자의 입 모양을 응시하며 입술을 움직이면 강화하고, 쳐다보고만 있으면 강화하지 않는다. 제2단계에서는 훈련자의 말을 모방하려고 훈련자의 입 모양을 응시하며 무슨 소리든 발성하면 강화하고, 입술만 움직이면 강화하지 않는다. 입술만 움직이는 것보다 소리를 내는 것은 도달점에 한 걸음 더 접근한 행동이기 때문이다. 제3단계에서는 한 단어로 말하면 강화하고, 의미 없이 소리만 내는 행동은 강화하지 않는다. 다음 제4단계에서는 학습자가 구나 절로 말하면 강화하고, 한 단어로만 말하면 강화하지 않는다. 그리고 마지막 단계에서는 도달점 행동인 주어와 술어를 갖춘 완전한 문장으로 말할 때 강화하고, 구나 절로 말하면 강화하지 않는다. 이와 같이 각 훈련 단계의 표적행동은 분명히 그 형태가 서로 다르지만 '말하기'라는 하나의 기능적 반응군에 속한다는 것은 분명하다. 이와 같이 도달점 행동에 조금이라도 더 접근한 행동은 강화하는 반면, 이전 단계의 행동은 소거시키는 철저한 차별강화 전략을 통하여 최종목표에 도달할 수 있도록 점진적으로 훈련시킬 수 있다.

5. 훈련 단계의 설정

행동형성의 목표에 효과적으로 도달하기 위해서는 먼저 최종목표인 도달점 행동을 설정하고 시발점 행동을 확인한 다음 시발점에서 도달점에 이르는 점진접근 단계를 설정한다.

1) 도달점 행동의 설정

도달점 행동이란, 하나의 행동형성 프로그램이 추구하는 최종 교수목표를 말한다. 새로운 행동이 치료교육의 대상으로 선정되면, 그 행동은 관찰과 측정이 가능한 방식으로 정의되어야 한다. 교수목표에 대한 명확한 정의가 없으면 관련 당사자들 간의 의사소통이 어렵고, 관찰과 측정의 타당성과 신뢰성을 기대할 수 없으며, 치료적 중재의 일관성을 보장하기 어렵다. 결과적으로 치료교육의 효과는 그만큼 감소될 것이 분명하다. 특히 치료적 중재과정에 여러 치료자와 관련자들이 개입될 경우 더욱 그러하다.

홍준표와 김진숙(1990, 2007)은 발달지체 아동을 위한 조기 치료교육 프로그램 모형 연구에서 교수목표를 설정할 때, Mager(1962)의 제안에 따라 표적행동을 외적으로 유도하기 위한 선행조건[5], 학습자에게 기대되는 표적행동[6], 표적행동의 성공적 발생 여

5) Antecedent condition (先行條件)

6) Target behavior (標的行動)

〈표 15-4〉 높이뛰기의 도달점 행동의 진술

선행조건	1. 마룻바닥에서 25cm 높이에 고무줄을 걸쳐 놓는다. 2. 아동을 고무줄로부터 20cm 정도 떨어진 곳에 세운다. 3. '○○야, 고무줄 뛰어넘어 봐!'라고 지시한다.
표적행동	아동은 고무줄을 뛰어넘는다.
평가기준	강화기준: 두 발로 동시에 뛰어 25cm 높이의 고무줄을 건드리지 않고 넘어야 한다. 학습기준: 3번 연속 성공적으로 수행하여야 한다.

부를 판단할 수 있는 평가기준[7]으로 나누어 진술할 것을 제안하였다. 특히 평가기준을 강화기준[8]과 학습기준[9]으로 나누어 명시함으로써 올바른 학습반응에 대한 정확한 측정과 일관성 있는 정적강화를 보장하고, 과잉학습이나 불완전학습의 누적을 예방할 수 있도록 하였다. 이러한 정의에 따르면, 현재 발생하고 있는 학습자의 반응이 올바른 것인지, 그릇된 것인지 또는 그 행동을 강화할 것인지, 강화해서는 안 되는 것인지 등을 분명하게 판단할 수 있다. 또한 이상의 모든 일들에 관하여 치료 관련 당사자들 간의 의사소통이 보다 명확해질 수 있다.

도달점 행동의 평가기준은 동일한 표적행동이 또래사회에서 대부분의 구성원들에 의하여 어떻게 수행되고 있는지를 관찰하여 상대적으로 결정하거나, 이미 발표된 연구문헌이나 기존의 심리검사, 행동발달 체크리스트 등을 참조하여 발달의 절대기준을 확인할 수 있다. 예컨대, 한국행동수정연구소(1995, 2006)에서 번안한 E-Lap(Glover, Preminger, & Sanford, 1978), Lap-D(LeMay, Griffin, & Sanford, 1983) 등에서는 0～5세에 이르는 아동들의 발달적 행동 규준을 운동, 인지, 언어, 자조, 사회정서 등 제반 영역에서 연령 수준별로 명시하고 있다.

2) 시발점 행동의 확인

대부분의 결손행동은 발달장애와 교육 환경의 취약성에 기인하기 때문에 도달점 행동에 비추어 보면 거의 영점에 가까운 낮은 수준에 머물고 있다. 예컨대, 주어와 서술어를 갖춘 완전한 문장으로 말하는 것을 도달점 행동으로 설정할 경우, 대부분의 언어

7) Evaluation criteria (評價基準)

8) Reinforcement criteria (强化基準)

9) Learning criteria (學習基準)

장애 아동들에게는 이러한 수준을 기대하기 어렵다. 그러므로 현재 학습자의 행동저장고에 존재하는 행동목록 가운데 도달점 수준에 조금이라도 더 근접한 행동을 찾아 훈련의 시발점으로 설정하는 것이 현명한 일이다. 반응을 유도하는 데 소요되는 시간과 노력을 절약하려면 이미 출현했던 경험이 있는 행동 중에서 시발점 행동을 선택하고, 도달점 행동과 같은 형태 또는 기능성을 가진 동일한 반응군 중에서 찾아야 한다.

3) 점진접근 행동의 탐색

시발점 행동에서 도달점 행동에 이르는 점진접근의 순서나 훈련 단계를 설정하는 방법은 다음과 같다. 첫째로, 해당 분야의 전문가에게 자문을 구하는 방법(Snell & Brown, 2006)이다. 예를 들어, 자폐아에게 사회적 행동을 가르치기 위하여 점진접근 단계를 설정하려는 경우, 현장에서 3년 이상 자폐아들의 사회적 행동을 지도한 경험이 있는 교사에게 자문을 구할 수 있다. 둘째로, 이미 출간된 연구 보고서나 전문서적에 제시된 규준적 자료를 참고한다. 셋째로, 현장을 녹화한 비디오테이프를 사용하여 도달점 행동의 구성요소를 분석한다. 노련한 관찰자는 현장 관찰에서 놓치기 쉬운 동작을 비디오 장면의 분석을 통하여 확인할 수 있을 것이다. 넷째로, 치료자 자신이 표적행동을 직접 수행해 보면서 분명히 구분되는 행동의 하위요소들을 주의하여 살펴본다.

4) 효율적 활용 방법

Isaacs와 동료들(1960)은 점진접근과 차별강화 방법을 체계적으로 적용하여 자폐증을 가진 성인에게 처음으로 '껌'이라는 말을 하도록 가르치는 데 성공하였다. 초기 훈련과정에서 연구자들은 도달점 행동에 보다 근접한 행동이 발생하기를 기다렸다. 그러나 학습자를 장시간 지켜보며 표적행동이 나타나기만을 무작정 기다리는 것은 시간과 노력의 낭비가 너무 컸다. 결국 연구자들은 학습자에게, '껌이라고 해 봐!'라는 언어적 촉진자극을 활용하여 학습자의 언어적 반응을 유도한 후 정적강화하였다. 이러한 적극적인 훈련방법으로 치료교육에 소요되는 시간과 노력을 절약할 수 있었고, 용암법을 적용하여 결국 언어적 촉진 없이도 스스로 필요할 때 '껌'이라는 말을 하도록 가르치는 데 성공하였다. 촉진자극과 용암법을 활용하여 자극통제의 기능을 강화하는 방법은 '제11장 자극통제'에서 언급하였다. 일시적으로 촉진자극을 개입시켜 표적행동을 유도하면서 강화하는 한편, 용암법을 활용하여 촉진자극을 체계적으로 줄여 결국 자연적 변별자극만으로 표적행동이 유도될 수 있도록 계획한다. 자극통제 훈련과정에서 활용되는 이러한 기법을 행동형성의 과정에 도입함으로써 훈련의 효율성을 높일 수 있다. 보다 자세한 내용은 '제16장 치료교육 프로그램 개발' 을 참고한다.

제2절 행동연쇄

행동연쇄는 결손행동을 효율적으로 가르칠 수 있는 또 하나의 방법이다. 고리를 하나씩 한 줄로 연결하면 사슬(chain)이 되듯이 단위행동을 하나씩 한 줄로 연결하면 하나의 행동사슬이 된다. 행동연쇄란 [그림 15-2]와 같은 특수한 자극조건을 활용하여 일련의 독립적 반응들을 한 줄로 엮어 하나의 행동사슬을 만드는 방법을 말한다. 예컨대, 양말 벗기와 같은 행동을 보면, ① 양손 엄지를 양말목에 넣고, ② 양말목을 발등까지 밀어 내리고, ③ 한 손으로 양말코를 잡아당겨 뺀다. 이와 같이 세 가지 서로 다른 독립적 행동들이 일련의 순서에 따라 한 줄로 엮인 행동을 우리는 '양말 벗기' 라고 한다. 무심코 벗어던지는 한 짝의 양말이지만, 자세히 분석하면 상당히 복잡한 과정이어서 유아나 장애를 가진 사람들에게는 결코 쉬운 일이 아니다.

행동연쇄[10]는 과제분석을 통하여 하나의 표적행동을 하위과제들로 세분하여 일의 순서에 따라 배열한 후 앞에서부터 혹은 뒤에서부터 하나씩 누가적으로 연결하여 강화하는 방법(Sulzer-Azaroff & Mayer, 1977)을 말한다. 복잡한 단위요소로 구성된 하나의 표적행동을 효율적으로 가르치기 위하여, 먼저 표적행동을 단위 구성요소(하위행동)로 세분한 다음, 일의 순서에 따라 배열한다. 다음 과정은 세분된 단위요소들을 일의 순서에 따라 연결하여 하나의 행동사슬을 만드는 것이다. 하위행동들을 연결하는 방법은 두 가지이다. 하나는 일의 순서에 따라 앞에서부터 하나씩 덧붙이는 전진형이고, 또 하나는 과제의 뒷부분부터 시작하여 역순(逆順)으로 하나씩 덧붙이는 후진형이다. 행동사슬이 일련의 독립적 반응들로 엮어진 하나의 복합행동을 의미하는 것이라면, 행동연쇄는 하위행동들을 올바른 순서로 엮어 행동사슬을 만드는 과정 또는 방법을 의미한다. 그렇다면 행동과 행동을 연결시키는 원리는 무엇이며, 수많은 하위행동들이 순서 하나 틀리지 않고 어떻게 차례대로 연결될 수 있을까?

이해를 돕기 위하여 실험상자 안의 동물의 행동을 살펴보자. [그림 15-2]에서와 같

10) Behavior chaining (行動連鎖)

이 빨간불이 켜 있을 때 지렛대를 누르면 음식이 나오도록 고안된 실험상자 안에서 흰쥐는 곧 빨간불의 상태를 변별하여 행동을 조절한다. 즉, 빨간불이 들어오면 재빨리 지렛대를 눌러 음식을 받아먹고, 빨간불이 꺼지면 지렛대를 누르지 않고 빨간불이 켜지기를 기다린다. 빨간불이 꺼져 있을 때는 지렛대를 눌러도 음식이 나오지 않는다는 것을 알기 때문이다. 즉, 빨간불은 변별자극(S^D)으로 학습된 것이다. 이러한 현상은 작동조건형성의 기본 전형을 소개하면서 이미 설명한 바 있다. 여기서 하나 더 유념해 둘 것은 이제 '빨간불' 은 흰쥐가 기대하는, 즉 흰쥐가 선호하는 하나의 자극이 되었다는 점이다.

이러한 상황에서 만일 흰쥐가 벽을 긁을 때마다 빨간불이 켜지도록 장치하면 어떻게 될까? 실험상자 안의 흰쥐를 자세히 관찰해 보자. 처음에 흰쥐는 우연히 벽을 긁을 수 있다. 그러면 상자 안의 빨간불이 켜진다. 흰쥐는 빨간불(S^D)을 보고 즉시 지렛대를 눌러 음식을 받아먹는다. 벽을 긁을 때마다 빨간불이 켜지는 경험이 반복되면 벽을 긁는 흰쥐의 행동은 점차 증가한다. 왜냐하면 빨간불은 '지렛대를 누르면 음식을 얻을 수 있다.' 는 강화 가능성을 예고하는 하나의 신호이기 때문이다. 다시 말하면, 빨간불은 '벽을 긁는 행동' 에 수반되어 제공되는 자극으로서 그 행동의 발생빈도를 증가시키고 있다. 빨간불은 이제 정적강화자극으로서의 기능을 수행하게 된 것이다. [그림 15-2]는 이러한 학습과정을 잘 보여 준다. 흰쥐는 '벽을 긁는 행동' 을 한 다음 빨간불(S^D)이 들어오면, 즉시 '지렛대 누르는 행동' 을 연쇄적으로 수행하고 음식을 받아먹는다. 벽을 긁는 행동과 지렛대를 누르는 두 가지 서로 다른 행동을 연결시키는 고리는 바로 빨간불이다. 즉, 빨간불은 행동 1(지렛대 누르기)에 대해서는 변별자극(S^D)으로서의 기능을 수행하고 동시에 행동 2(벽 긁기)에 대해서는 정적강화자극의 역할을 수행한다. 즉, 빨

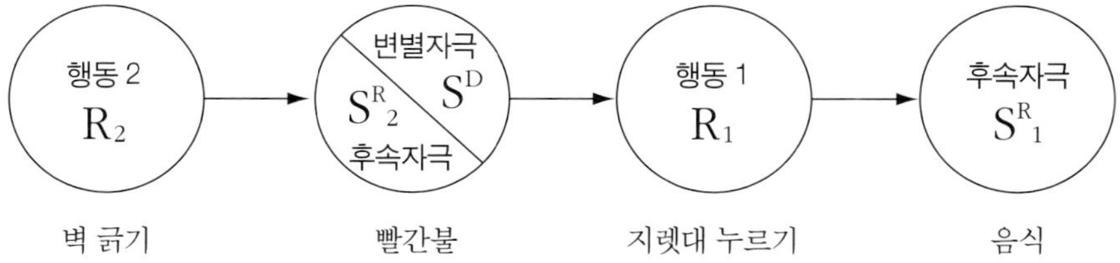

[그림 15-2] 행동연쇄의 원리

첫째, 빨간불은 지렛대 누르기(R_1)를 유도하는 변별자극(S^D)이다. 둘째, 빨간불은 벽 긁기(R_2)에 대한 후속자극(S^R_2)으로 그 행동을 강화한다. 셋째, 빨간불의 두 가지 역할은 두 행동(R_1, R_2)을 하나로 엮는 연결고리가 된다.

간불의 두 가지 기능이 두 행동을 긴밀하게 연결시키는 고리가 된다. 이와 같은 방식으로 '행동사슬' 에서는 수많은 독립적 행동들이 일련의 순서로 엮여 차례대로 수행된다.

이처럼 우리 생활 주변에는 행동연쇄 과정을 거쳐 학습된 복합행동이 무수히 많다. 〈표 15-5〉에 제시된 '양말 벗기' 와 같은 간단한 행동을 예로 들어 보자. '양말 벗어!' 라는 어머니의 언어적 지시는 최초의 변별자극(S^D_1)으로 두 엄지손가락을 양말목에 넣는 행동(R_1)을 유도한다. 그 결과 후속되는 사건은 '양말목에 들어간 두 엄지손가락' 의 모습이다. 이러한 모습은 바로 전 행동(R_1)에 수반되는 강화자극(S^R_1)인 동시에 다음 단계의 행동(R_2)에 대해서는 변별자극(S^D_2)의 기능을 한다. 아동은 양말을 발등까지 밀어 내린다(R_2). 발등까지 내려진 양말의 모습이 나타난다. 이 모습은 바로 전 행동(R_2)에 대한 강화자극(S^R_2)이 되는 동시에 다시 다음 행동을 유도하는 변별자극(S^D_3)이 된다. 아동은 한 손으로 양말코를 잡아당겨 뺀다(R_3). 벗겨진 양말의 모습이 나타난다. 이 마지막 모습은 양말 벗기의 전과정에 대한 최종 강화자극(S^R_3)이 된다. 물론 훈련자의 언어적 칭찬과 물질적 보상이 추가되면 효과는 더욱 높아질 것이다.

〈표 15-5〉 '양말 벗기' 의 하위동작을 이어 주는 후속자극의 두 가지 기능

선행자극 (변별자극)		행동 (반응)		후속자극 (강화자극)	
S^D_1	어머니의 지시 '양말 벗어!'	R_1	두 엄지손가락을 양말목에 넣는다.	S^R_1	양말목에 들어간 두 엄지손가락
S^D_2	양말목에 들어간 두 엄지손가락	R_2	양말을 발등까지 밀어 내린다.	S^R_2	발등까지 내려진 양말
S^D_3	발등까지 내려진 양말	R_3	한 손으로 양말코를 잡아당겨 뺀다.	S^R_3	벗겨진 양말 + 칭찬과 보상

1. 과제분석과 타당성 검증

복합행동은 일련의 복잡한 하위과제들로 구성된다. 따라서 하나의 복합행동을 습득하려면 수많은 하위과제(행동)들을 먼저 학습한 뒤에 이들을 순서대로 수행해야 하는 어려움이 있다. 따라서 하나의 복합행동을 가르치기 위해서는 먼저 과제분석[11]을 통하

11) Task analysis (課題分析)

여 그 행동을 하위 구성요소들로 세분하고 과제의 순서에 따라 나열한다. 어렵고 복잡한 행동을 조금씩 쉽게 가르치기 위해서이다.

하나의 복합행동이 하위과제로 세분되고 일의 순서가 결정되면, 이제 그 타당성을 검증할 필요가 있다. 타당성 검증의 목적은 세분된 하위과제와 그 수행 순서가 주어진 표적행동(복합행동)을 효율적으로 수행하는 데 필요 충분한 것인지를 평가하기 위한 것이다. 하위과제의 내용과 순서는 사람에 따라 각각 다르다. 따라서 과제분석은 개인의 연령, 기술 수준, 과거의 경험 등에 따라 개별적으로 수행된다. 과제분석 과정에서 어떤 사람에게는 하위과제가 감소될 수 있고, 또 어떤 사람에게는 더 많은 하위과제가 부여될 수도 있다. 과제분석에서 하위과제를 몇 개로 나눌 것인가에 관한 규칙은 없지만 학습자의 신체적, 감각적 또는 운동 기술 수준을 고려하여 개별적으로 결정된다. 그리고 필요할 때는 언제든지 적절히 조절할 수 있도록 준비되어 있어야 한다.

과제의 구성요소와 순서를 확인하고 타당성을 검증하는 방법에는 세 가지가 있다. 첫째로, 다른 사람들은 동일한 과제를 어떻게 수행하는지 그 과정을 조심스럽게 살펴본 다음, 이에 근거하여 과제의 순서를 정하는 방법이다. 즉, 그 과제를 능숙하게 잘하는 사람들이 사용하는 방법을 참고하여 하위과제와 수행 순서를 결정한다. 예컨대, Test, Spooner, Keul과 Grossi(1990)는 발달장애인들에게 공중전화 이용방법을 가르치기 위하여, 먼저 일반 성인 두 명이 공중전화를 이용하는 과정을 세밀히 관찰한 후 그들이 공중전화를 이용한 것과 동일한 내용과 순서에 따라 훈련 프로그램의 초안을 작성하였다. 그런 다음 프로그램의 구성요소와 순서의 타당성을 검증하여 발달장애인에게 어려운 내용이나 부적합한 부분을 수정 · 보완하여 과제의 순서를 결정하였다. 둘째로, 과제와 관련된 분야의 숙련공이나 전문가의 의견을 따르는 것이다. 예를 들어, 발달장애인에게 옷 수선 기술을 가르치려고 한다면, 먼저 숙련된 재봉사 또는 가사실습 교사의 의견을 듣는 것이 좋을 것이다. 관련 분야 전문가의 평가와 조언에 근거하여 과제분석을 실시하고, 그들의 의견을 평가와 훈련의 기초로 활용할 수 있다. 셋째로, 연구자 자신이 과제를 수행해 보면서 과제의 하위요소를 정하는 방법이다. 예컨대, 아동에게 손 씻기를 가르치는 경우를 생각해 보자. 연구자 스스로 손을 씻으면서, 성공적으로 손을 씻기 위하여 필요한 단위행동이나 과정을 살펴본다. 이 방법은 필요할 때마다 요구되는 과정을 다시 살펴볼 수 있고, 각 단위행동을 연결하는 변별자극이 무엇인지 수시로 확인하여 조절할 수 있는 큰 이점이 있다.

〈표 15-6〉은 '손 씻기'에 대한 과제분석의 결과를 예시한 것이다. 처음에는 단위행동을 크게 다섯 과정으로 나누었다. 이후에 연구자 스스로 과제를 반복 시행해 보면서 과

제 2번을 좀 더 세분하고, 과제 5번도 세 과정으로 나누어 총 9개의 하위과제로 세분하였다. 이와 같이 연구자 스스로 과제를 반복 시행하면서 불필요한 부분은 삭제하고 필요한 부분은 확장하여 학습자에게 가장 효율적으로 적용될 수 있는 하위과제들을 찾는다. 이처럼 시행착오를 거듭하면서 하위요소의 내용, 수와 순서를 결정한다. 또한 실제 훈련과정에서 학습자에게 직접 적용하여 그 실효성을 검증하면서 부적절한 부분을 보다 세련되게 개정할 수 있다. 이러한 과정을 반복함으로써 보다 기능적이고 적절한 과제분석을 수행할 수 있다.

〈표 15-6〉 '손 씻기' 의 과제분석

짧은 과제분석	긴 과제분석
1. 두 손을 물에 담근다.	1. 두 손을 물에 담근다.
2. 비누칠을 한다.	2. 비누를 집는다.
3. 두 손을 비빈다.	3. 비누를 두 손바닥 사이에서 문지른다.
4. 손을 헹군다.	4. 비누를 제자리에 놓는다.
5. 수건으로 닦는다.	5. 두 손을 비빈다.
	6. 손을 헹군다.
	7. 수건을 집는다.
	8. 수건으로 닦는다.
	9. 수건을 제자리에 놓는다.

2. 성취 수준의 평가

과제의 하위 구성요소 중에서 학습자가 이미 할 수 있는 것을 확인하기 위하여 성취 수준을 평가한다. 훈련을 시작하기 전에 표적행동의 하위과제 가운데 학습자가 이미 할 수 있는 것이 무엇이고, 아직 하지 못하는 것은 무엇인지 알 수 있다면 훈련과 치료교육에 큰 도움이 될 것이다. 성취 수준을 평가할 수 있는 주요방법은 단일기회법과 다수기회법 두 가지이다.

1) 단일기회법

단일기회법[12)]은 학습자가 표적행동의 하위과제들을 순서에 따라 올바로 수행할 수

12) Single-opportunity method

있는 능력이 얼마나 되는지를 평가하기 위하여 고안된 방법이다. 〈표 15-7〉은 단일기회법에 의하여 '손 씻기' 의 성취 수준을 평가하는 방법을 예시한 것이다.

먼저 화장실 세면대에 물을 받아 놓고, 세면대 왼쪽에 비누를 준비한 뒤, 수건은 지정된 수건걸이에 걸어 둔다. 훈련자는 아동을 화장실 세면대 앞에 세우고 아동 뒤에 선다. 훈련자는 거울을 통하여 아동을 바라보며, '○○야, 손 씻어!' 라고 지시한다. 아동이 지시에 따라 5초 이내에 도움 없이 혼자서 하위과제 1번('두 손을 물에 담근다.')을 올바로 수행하면 해당 평가일시의 과제 1번란에 '+' 기호를 기록한다. 아동이 이어서 하위과제 2번('비누를 집는다.')을 혼자서 올바로 수행하면 역시 해당란에 '+' 기호를

〈표 15-7〉 단일기회법에 의한 '손 씻기' 의 성취 수준 평가 (예)

과제분석과 성취 수준 평가

방법: 단일기회법 아동 이름: 하동식 평가자 이름: 김진서
표적행동: 손 씻기
언어적 지시: '○○야, 손 씻어!'

순 서	하위행동	평가일시			
		5/11	5/12	5/13	5/14
1	두 손을 물에 담근다.	+	+	+	+
2	비누를 집는다.	+	−	+	+
3	비누를 두 손바닥 사이에서 문지른다.	−	−	+	−
4	비누를 제자리에 놓는다.	−	−	−	−
5	두 손을 비빈다.	−	−	−	−
6	손을 헹군다.	−	−	−	−
7	수건을 집는다.	−	−	−	−
8	수건으로 닦는다.	−	−	−	−
9	수건을 제자리에 놓는다.	−	−	−	−
올바른 반응의 백분율 (%)		22%	11%	33%	22%
학습된 반응의 백분율 (%)		11%			
비 고	평가장소: 화장실 세면대 준비자료: 물이 채워진 세면대, 비누, 수건 기록코드: 올바른 반응 (+), 그릇된 반응 (-) 강화기준: 5초 이내에 도움 없이 혼자서, 순서에 따라 수행하여야 한다. 학습기준: 3회기 연속하여 성공적으로 수행하여야 한다.				

기록한다. 〈표 15-7〉에 예시된 바와 같이, 만일 아동이 하위과제 3번('비누를 두 손바닥 사이에서 문지른다.') 대신에 다른 과제를 시도하거나(순서 오류), 반응지연 시간 5초를 넘기거나, 혼자서 정해진 과제를 수행하지 못하면, 일단 이 시점에서 평가를 중단한다. 그리고 하위과제 3번란에 '-' 기호를 기록하고, 그 이하의 모든 하위과제에도 '-' 기호를 기록한다. 단일기회법에 의한 성취 수준의 평가는 아동이 하위과제 1번에서 시작하여 순서에 따라 혼자서 어디까지 할 수 있는지를 확인하는 것이다.

이와 같은 방법으로 성취 수준 평가를 4회기 실시한다. 모든 평가가 종료되면, 먼저 〈표 15-7〉과 같이 평가일시별로 올바른 반응의 백분율(%)을 계산한다. 계산 결과에서 소수점 이하를 반올림하면, 성취 수준은 각각 22%, 11%, 33%, 22%로 나타난다. 다음으로 학습기준에 따라 3회기 연속 '+'로 표기된 하위행동의 백분율(%)을 환산한다. 이 예에서 아동이 이미 할 수 있는 것으로 평가된 하위행동은 과제 1번('두 손을 물에 담근다.') 하나뿐이다. 과제 2번에서도 3회기에 걸친 '+' 기록이 있지만 연속적이 아니기 때문에 제외되었다. 따라서 단일기회법에 의하여 평가된 성취 수준은 $(1 \div 9) \times 100 = 11.1$, 즉 11%이다. 단일기회법은 곧이어 설명될 다수기회법보다 엄격한 보수적 평가방법이다.

2) 다수기회법

과제분석에서 하위과제에 대한 성취 수준을 평가하기 위한 또 하나의 방법은 다수기회법[13]이다. 이 방법은 단일기회법과는 달리, 표적행동의 모든 하위과제에 대하여 피험자의 성취 수준을 평가하는 방법이다. 단일기회법에서는 학습자가 과제를 순서대로 수행하는 과정에서 하나의 하위과제를 올바로 수행하지 못할 경우 모든 평가를 그 시점에서 중단한다. 그러나 다수기회법에서는 학습자가 일련의 과제 수행과정에서 그릇된 반응을 하거나, 허용된 반응지연 시간을 초과하거나 또는 과제의 순서를 놓치고 다른 반응을 시도할 때, 평가자는 학습자를 대신하여 올바른 과제 수행 상태로 교정해 놓음으로써 학습자가 다음 과제를 순서대로 수행할 수 있도록 한다. 이와 같은 방식으로 하위과제 1번부터 마지막까지 학습자의 반응을 평가하여 올바로 수행한 하위과제는 모두 '+'로 기록하고, 그릇된 반응은 '-'로 기록한다. 〈표 15-8〉은 다수기회법에 의하여 '손 씻기'의 성취 수준을 평가한 자료이다. 단일기회법에서와 어떻게 다른지 비교해 보자.

13) Multiple-opportunity method

훈련 상황과 준비물은 단일기회법에서와 동일하다. 훈련자는 아동의 뒤에서 거울을 통하여 아동을 바라보며, '○○야, 손 씻어!' 라고 지시한다. 아동이 5초 이내에 스스로 두 손을 물에 담그면(과제 1번) 해당 기록란에 '+' 로 표기한다. 아동이 이어서 비누를 집으면(과제 2번) 역시 해당 기록란에 '+' 로 표기한다. 그리고 〈표 15-8〉에 예시된 바와 같이, 만일 아동이 과제 3번('비누를 두 손바닥 사이에서 문지른다.')을 올바로 수행하지 못하면, 해당 기록란에 '-' 를 기록한 다음, 즉시 아동의 손에 비누를 묻혀 주고 손을 뗀다. 즉, 이제 비누를 제자리에 갖다 놓을 수 있는 자세를 잡아 준다. 아동이 스스

〈표 15-8〉 **다수기회법에 의한 '손 씻기' 의 성취 수준 평가 (예)**

과제분석과 성취 수준 평가

방법: 다수기회법 아동 이름: 하동식 평가자 이름: 김진서

표적행동: 손 씻기

언어적 지시: '○○야, 손 씻어!'

순 서	하위행동	평가일시			
		5/11	5/12	5/13	5/14
1	두 손을 물에 담근다.	+	+	+	+
2	비누를 집는다.	+	-	+	+
3	비누를 두 손바닥 사이에서 문지른다.	-	-	+	-
4	비누를 제자리에 놓는다.	-	-	-	-
5	두 손을 비빈다.	-	-	-	-
6	손을 헹군다.	+	+	+	+
7	수건을 집는다.	+	+	+	-
8	수건으로 닦는다.	+	+	+	-
9	수건을 제자리에 놓는다.	-	-	-	-
올바른 반응의 백분율 (%)		56%	44%	67%	33%
학습된 반응의 백분율 (%)		44%			
비 고	평가장소: 화장실 세면대 준비자료: 물이 채워진 세면대, 비누, 수건 기록코드: 올바른 반응 (+), 그릇된 반응 (-) 강화기준: 5초 이내에 도움 없이 혼자서, 순서에 따라 수행하여야 한다. 학습기준: 3회기 연속하여 성공적으로 수행하여야 한다.				

로 비누를 제자리에 갖다 놓지 못하면(과제 4번) 역시 '-'로 표기하고, 아동을 대신하여 비누를 제자리에 갖다 놓고 계속 반응을 관찰한다. 이제 아동은 두 손을 비빌 자세가 된 것이다. 만일 아동이 두 손바닥을 비벼 거품을 내지 못하면(과제 5번) 역시 '-'로 표기하고 아동의 손을 비벼 거품을 만들어 주고 손을 뗀다. 즉, 거품이 잔뜩 묻은 손을 물에 헹굴 수 있는 상태를 만들어 준다. 〈표 15-8〉의 과제 6번을 보면 해당 기록란에 '+'가 기록되어 있다. 즉 아동 스스로 5초 이내에 손을 헹군 것이다. 아동은 과제 3~5번까지는 스스로 할 수 없지만 손을 헹구고(과제 6번), 수건을 집어(과제 7번), 손을 닦는(과제 8번) 일련의 하위 동작을 모두 올바로 수행할 수 있음을 보여 준다. 따라서 과제 6, 7, 8번의 해당 기록란에 '+' 기호를 써넣는다. 그러나 정해진 시간 안에 수건을 제자리에 갖다 놓지 못하여 마지막 과제 9번은 그릇된 반응(-)으로 기록하였다. 같은 방법으로 성취 수준 평가를 4회기 반복한다.

이제 평가일시별로 올바른 반응의 백분율(%)을 계산하여 해당란에 기록한다. 4일간의 성취 수준은 〈표 15-8〉에서와 같이 소수점 이하를 반올림하면 각각 56%, 44%, 67%, 33%로 계산된다. 다음으로 학습기준에 따라 3회기 연속 '+'로 표기된 하위과제를 찾아본다. 전체 9개 하위과제 가운데 4개(1, 6, 7, 8번)가 학습기준에 맞는다. 따라서 학습된 반응의 백분율(%)은 (4/9)×100＝44.4%로 환산되며 소수점 이하를 반올림하여 44%가 된다. 앞에서 단일기회법에 의하여 얻은 값보다 월등히 높으며, 제시된 정보도 훨씬 풍부하다. 이 아동의 '손 씻기'는 이미 44% 정도 완성된 상태에 있다. 이러한 정보는 훈련과정에서 매우 중요한 자료로 활용될 수 있다.

과제분석의 평가에서 다수기회법을 사용할 때는 평가과정에서 훈련의 효과가 발생하지 않도록 주의하여야 한다. 예컨대, 아동이 어떤 하위과제를 수행하지 못할 때 평가자는 그 과제를 대신 수행하고 아동에게 다음 과제를 수행할 수 있는 자세나 상태를 마련해 주기만 한다. 이 과정에서 수지도를 하거나 시범을 보이거나 언어적으로 설명을 하면 학습의 효과가 개입되기 때문에 정확한 평가가 이루어질 수 없다. 그러므로 평가과정에서는 절대로 훈련의 성과가 개입되지 않도록 주의하여야 한다. 예컨대, 과제 5번에서 아동이 두 손을 비벼 비누거품을 손에 묻히지 못할 때 훈련자가 아동의 두 손을 밖에서 감싸 잡고 수지도를 하면 안 된다. 훈련과정에서는 물론 이러한 방법을 사용하는 것이 당연하지만, 평가과정에서는 다음 과제를 이행할 수 있는 준비 자세나 상태만 만들어 주는 것이 목적이다. 따라서 아동의 손을 하나씩 잡고 비누를 묻혀 준 상태로 도움을 끝내야 한다.

3. 훈련 단계의 설정

하나의 복합행동을 효과적으로 가르치기 위해서는 먼저 과제분석을 통하여 목표행동을 하위과제로 세분한 다음, 세분된 과제들과 그 순서의 타당도를 검증한다. 그리고 하위과제 각각의 성취 수준을 평가하여 학습자가 이미 할 수 있는 것은 무엇이고 아직 할 수 없는 것은 무엇인지 확인한다. 이상의 작업이 끝나면 이제는 새로운 행동을 가르치기 위한 훈련 단계를 설정한다.

1) 전진형 행동연쇄

전진형 행동연쇄[14]는 과제분석과 성취 수준 평가를 통하여 결정된 하위과제들을 일의 순서에 따라 배열한 다음, 앞에서부터 하나씩 추가하여 단계적으로 가르치는 방법이다. 〈표 15-8〉에 예시된 '손 씻기'의 과제분석과 성취 수준 평가 내용을 근거로 전

〈표 15-9〉 전진형 행동연쇄에서 '손 씻기'의 단계별 훈련목표

훈련 단계	과 제	훈련목표 (표적행동)
1	(1)(2)	**두 손을 물에 담근 다음, 비누를 집는다.**
2	(1)(2)	두 손을 물에 담근 다음, 비누를 집는다.
	(3)	**비누를 두 손바닥 사이에서 문지른다.**
3	(1)(2)	두 손을 물에 담근 다음, 비누를 집는다.
	(3)	비누를 두 손바닥 사이에서 문지른다.
	(4)	**비누를 제자리에 놓는다.**
4	(1)(2)	두 손을 물에 담근 다음, 비누를 집는다.
	(3)	비누를 두 손바닥 사이에서 문지른다.
	(4)	비누를 제자리에 놓는다.
	(5)	**두 손을 비빈다.**
5	(1)(2)	두 손을 물에 담근 다음, 비누를 집는다.
	(3)	비누를 두 손바닥 사이에서 문지른다.
	(4)	비누를 제자리에 놓는다.
	(5)	두 손을 비빈다.
	(6)(7)(8)(9)	**손을 헹구고, 수건을 집어, 두 손을 닦은 다음, 수건을 제자리에 놓는다.**

* 훈련목표에서 고딕체로 표기된 내용은 각 훈련 단계에서 새로 추가된 하위과제이다.

14) Forward behavior chaining

진형 훈련 단계를 설정해 보자. 일반적으로 과제 1번을 제1단계 훈련목표로 설정하고, 과제 1, 2번을 합하여 제2단계 훈련목표를 설정하며, 과제 제1, 2, 3번을 합하여 제3단계 훈련목표를 설정한다. 이와 같이 자연적인 일의 순서에 따라 하위과제를 하나씩 추가하는 방식으로 상위 훈련 단계를 설정한다. 다만 이미 학습된 하위과제들은 아직 학습되지 못한 다음 과제와 묶어 하나의 하위과제로 재편성된다. 예를 들어, 〈표 15-9〉에서 제1단계의 훈련목표는 과제 1번과 2번의 연속 동작으로 구성되었는데, 그 이유는 과제 1번('두 손을 물에 담근다.')은 이미 학습되었기 때문이다. 제5단계에서도 하위과제 6, 7, 8, 9번이 하나로 묶여 최종 하위과제로 제시된다. 역시 〈표 15-8〉의 성취 수준 평가에서 보면, 과제 6, 7, 8번은 이미 학습된 상태이므로 아직 학습되지 못한 과제 9번('수건을 제자리에 놓는다.')과 합하여 하나의 새로운 과제로 재편성되었다.

2) 전과제형 행동연쇄

전과제형 행동연쇄[15]는 전진형 행동연쇄의 한 변형으로, 매 훈련 시행에서 학습자에게 전체 하위과제를 순서에 따라 모두 수행하도록 요구하는 훈련방법이다. 전과제형 행동연쇄에서는 훈련 단계를 정해 놓고 조금씩 표적행동의 양을 증가시키는 훈련방법을 사용하지 않으며, 〈표 15-10〉과 같이 과제분석에 의하여 설정된 하위과제를 순서대로 나열하고, 훈련 회기마다 과제의 전 과정을 학습자에게 제시하며 수행을 요구한다. 학습자가 각 하위행동을 올바로 수행하면 칭찬과 함께 정적강화하고 결과를 '+'로 기록한다. 학습자가 반응하지 않거나, 그릇되게 반응하거나 또는 기준에 못 미치게 반응하면 시범을 보이거나, 언어적 힌트를 주거나, 필요하면 수지도와 같은 물리적 촉진자극을 사용하여 올바로 반응하도록 유도하면서 강화한다. 그러나 도움을 받아 수행한 반응은 그릇된 반응으로 평가하여 '-'로 기록한다. 그리고 한 회기의 훈련이 끝날 때마다 그 수행 수준을 백분율(%)로 환산하여 해당란에 기록한다.

〈표 15-10〉은 '손 씻기'를 전과제형 행동연쇄의 기법으로 훈련한 경우를 가정하여 훈련 절차와 반응의 기록을 예시한 것이다. 표에 나타난 결과에 따르면 표적행동은 제12, 13, 14회기(회색으로 채워진 부분)에서 100%의 올바른 반응률을 보이고 있다. 만일 학습기준이 '3회기 연속 100%' 수준으로 설정된 경우라면, '손 씻기' 훈련은 이제 완성된 것으로 평가된다.

15) Total-task behavior chaining

〈표 15-10〉 전과제형 행동연쇄에서 '손 씻기' 의 훈련 절차와 결과의 기록방법

순 서	하위행동	기초선				훈련회기										
		1	2	3	4	5	6	7	8	9	10	11	12	13	14	15
1	두 손을 물에 담근다.	+	+	+	+	+	+	+	+	+	+	+	+	+	+	
2	비누를 집는다.	+	-	+	+	+	+	+	+	+	+	+	+	+	+	
3	비누를 두 손바닥 사이에서 문지른다.	-	-	+	-	-	+	-	+	+	+	+	+	+	+	
4	비누를 제자리에 놓는다.	-	-	-	-	-	-	+	-	+	+	-	+	+	+	
5	손을 비빈다.	-	-	-	-	+	-	-	+	+	-	+	+	+	+	
6	손을 헹군다.	+	+	+	+	+	+	+	+	+	+	+	+	+	+	
7	수건을 집는다.	+	+	+	-	+	+	+	+	+	+	+	+	+	+	
8	수건으로 닦는다.	+	+	+	-	+	+	+	+	+	+	+	+	+	+	
9	수건을 제자리에 놓는다.	-	-	-	-	+	-	+	-	+	+	+	+	+	+	
올바른 반응의 백분율 (%)		56	44	67	33	78	67	78	78	100	89	89	100	100	100	

3) 후진형 행동연쇄

후진형 행동연쇄[16]에서는 과제분석과 성취 수준 평가를 통하여 확정된 하위과제들을 자연적인 일의 순서와는 반대로 뒤에서부터 역순으로 하위과제를 하나씩 추가하여 단계적으로 가르치는 방법이다. 제1단계 훈련에서는 하위과제들 중에서 마지막 과제 하나만 훈련목표(표적행동)로 설정한다. 제2단계에서는 마지막 두 과제의 연속을 훈련목표로 설정한다. 다시 말하면, 제1단계의 훈련목표 앞에 나머지 하위과제 중 마지막 과제를 하나 추가하여 제2단계 훈련목표로 설정한다. 이와 같이 현재의 표적행동 앞에 나머지 하위과제 중 마지막 과제를 하나씩 역순으로 추가하여 다음 단계의 훈련목표를 정한다. 결국 최종 훈련 단계에서는 과제 1번부터 마지막까지 전 과정을 하나의 훈련목표로 설정한다.

〈표 15-11〉은 앞에서 예로 들었던 '손 씻기' 의 단계별 훈련목표를 후진형 행동연쇄로 설정한 것이다. 전진형 행동연쇄의 훈련목표를 정할 때와 마찬가지로 〈표 15-8〉에 제시된 성취 수준 평가자료를 바탕으로 이미 학습된 하위과제는 아직 학습되지 못한 다음 과제와 함께 하나의 단위로 재편성된다. 제1단계 훈련목표(표적행동)는 과제분석표의 마지막 과제 9번('수건을 제자리에 놓는다.')이 된다. 그러나 과제 6, 7, 8번은 이미

16) Backward behavior chaining

학습된 행동이므로 과제 9번과 묶어 제1단계 훈련목표로 재편성되었다. 제2단계의 훈련목표는 현재의 훈련목표(6, 7, 8, 9) 앞에 과제분석표에 남아 있는 하위과제 중 마지막 과제(5)를 역순으로 추가하여 정한다. 〈표 15-11〉의 제2단계 훈련에서 고딕체로 표기된 과제 5번('두 손을 비빈다.')이 바로 역순으로 추가된 하위과제이다. 같은 방법으로 다음 상위 단계의 훈련목표는 현재의 표적행동 앞에 남아 있는 하위과제 중에서 마지막 과제를 추가하는 방법으로 정한다. 〈표 15-11〉의 훈련목표에서 고딕체로 표기된 부분을 참고한다. 마지막 훈련 단계에서 하위과제 1번('두손을 물에 담근다.')은 이미 학습된 것이기 때문에 아직 학습되지 못한 과제 2번('비누를 집는다.')과 합하여 하나의 하위과제로 재편성된다. 즉, 하위과제 1번과 2번을 하나로 묶어 제4단계의 훈련목표 앞에 추가하여 제5단계 훈련목표로 설정한다.

전진형과는 달리 후진형 훈련과정에서는 훈련자의 언어적 지시가 표적행동을 유도하는 직접적 변별자극이 될 수 없다. 예를 들어, 〈표 15-11〉에서 제1단계의 훈련목표(표적행동)는 손 씻기의 마지막 과제인 '손을 헹구고, 수건을 집어, 두 손을 닦은 다음, 수건을 제자리에 놓는 것'이다. 따라서 '손 씻어!'라는 지시가 바로 제1단계 표적행동

〈표 15-11〉 후진형 행동연쇄에서 '손 씻기'의 단계별 훈련목표

훈련 단계	과제 번호	훈련목표 (표적행동)
1	(6)(7)(8)(9)	손을 헹구고, 수건을 집어, 두 손을 닦은 다음, 수건을 제자리에 놓는다.
2	(5)	**두 손을 비빈다.**
	(6)(7)(8)(9)	손을 헹구고, 수건을 집어, 두 손을 닦은 다음, 수건을 제자리에 놓는다.
3	(4)	**비누를 제자리에 놓는다.**
	(5)	두 손을 비빈다.
	(6)(7)(8)(9)	손을 헹구고, 수건을 집어, 두 손을 닦은 다음, 수건을 제자리에 놓는다.
4	(3)	**비누를 두 손바닥 사이에서 문지른다.**
	(4)	비누를 제자리에 놓는다.
	(5)	두 손을 비빈다.
	(6)(7)(8)(9)	손을 헹구고, 수건을 집어, 두 손을 닦은 다음, 수건을 제자리에 놓는다.
5	(1)(2)	**두 손을 물에 담근 다음, 비누를 집는다.**
	(3)	비누를 두 손바닥 사이에서 문지른다.
	(4)	비누를 제자리에 놓는다.
	(5)	두 손을 비빈다.
	(6)(7)(8)(9)	손을 헹구고, 수건을 집어, 두 손을 닦은 다음, 수건을 제자리에 놓는다.

* 훈련목표에서 고딕체로 표기된 내용은 각 훈련 단계에서 새로 추가된 하위과제이다.

에 대한 변별자극이 될 수 없다. 훈련자의 지시와 표적행동의 발생 사이에 많은 하위과제들이 개입되기 때문이다. 언어적 지시와 표적행동 사이에 제시되는 하위과제들은 표적행동을 유도하기 위한 촉진자극으로 처리된다. 훈련자는 '손 씻어!' 라는 언어적 지시 후 즉시 표적행동을 제외한 나머지 모든 하위과제들을 수지도한 다음 아동의 반응(표적행동)을 기다린다. 다시 말하면, 표적행동 직전에 제시된 하위과제와 그 결과는 바로 해당 훈련 단계의 표적행동을 유도하는 변별자극의 구실을 한다.

4) 행동연쇄 기법의 선정

여러 가지 행동연쇄 기법 중 어느 것이 더 효과적인지를 직접 비교한 연구는 없는 것 같다. 다만 논리적 분석이나 일화적 보고에 의하면, 학습자가 하위과제 대부분을 이미 습득하여 새로 가르칠 것은 별로 없고, 하위과제들을 일련의 순서대로 수행하도록 가르치는 것이 주목적일 경우에는 전과제형 행동연쇄 기법이 적절하다. 또한 하위과제의 수가 많지 않아 비교적 단순하고, 모방 능력이 있고 장애의 정도가 심하지 않은 개인을 대상으로 훈련할 경우에도 전과제형 행동연쇄 기법이 적절하다. 그러나 비교적 복잡하고 장황한 행동을 새로 가르칠 때는 전진형 및 후진형 행동연쇄가 더 적절하다. 특히 장애 정도가 심한 개인을 대상으로 훈련할 경우에는 후진형 행동연쇄가 더 효과적이다(홍준표, 2006; 홍준표, 김진숙, 1990). 그 이유는 매 훈련 시행에서 과제의 전 과정이 처음부터 끝까지 반복되기 때문에 과제 완성의 만족감과 연습에 의한 학습전이 효과를 기대할 수 있고, 표적행동의 추가분에 대한 저항감도 적으며, 또한 하위과제들 간의 연결이 용이하다. 다만 한 시행에 소요되는 시간이 길어 초기부터 지루할 수 있고, 한 회기에 많은 훈련을 시행할 수 없다는 단점이 있다. 반면에 전진형 행동연쇄에서는 초기 단계의 표적행동이 짧아 한 회기에 다수의 훈련 시행이 가능하지만, 새로운 훈련 단계가 시작될 때마다 표적행동의 양이 증가되어 욕구좌절과 학습에 대한 저항을 불러올 수 있다. 그러나 이와 같은 일반적인 권장 사항보다 더 중요한 것은 객관적 정보와 자료에 근거하여 효과적인 기법을 선정하는 것이다. 과제분석과 성취 수준 평가를 통하여 얻은 객관적 정보에 근거하여 치료계획을 수립하고 치료 효과를 주시하면서 중재 프로그램을 수정 · 보완하는 것이 보다 현명한 일이다.

요 약

1. 행동형성이란, 도달점 행동을 향한 점진적 접근을 차별강화하는 방법이다. 도달점 행동은 행동형성의 최종목표를 의미하는 것으로서, 표적행동의 형태, 빈도, 지연시간, 지속시간, 물리적 크기와 강도 등의 특성이 정해진 기준에 도달한 상태를 일컫는다.

2. 차별강화란, 물리적으로 서로 다른 두 가지 이상의 행동 중에서 한 행동은 강화하고, 나머지 행동은 모두 소거시키는 방법을 말한다. 하나의 동일한 행동을 어떤 자극사태에서는 강화하고, 다른 자극사태에서는 소거시키는 자극변별 훈련과는 분명하게 다르다.

3. 차별강화의 기준은 도달점 행동으로의 점진접근이다. 조금이라도 더 도달점 행동에 접근한 행동을 선택하여 강화하고, 이에 미달하는 나머지 행동은 모두 소거시킨다. 행동형성은 학습자의 행동저장고에 존재하는 행동목록 중에서 도달점 행동과 가장 유사한 반응 또는 도달점 행동에 선행되어야 할 필수적 기초행동을 강화하는 것으로 시작된다. 그리고 하나의 반응이 일정 수준에 도달하면 다시 도달점 행동에 좀 더 접근한 행동을 훈련목표로 선정하여 강화한다. 이와 같이 강화의 기준을 점차로 상향 조정하면서 도달점 행동으로 접근한다.

4. 행동형성의 대상이 되는 행동의 특성은 다양하다. 반응의 형태, 빈도, 지속시간, 지연시간, 크기와 강도 등 측정 가능한 행동의 모든 특성은 점진접근의 대상이 될 수 있다.

5. 시발점 행동과 도달점 행동의 형태가 동일한지, 서로 상이한지에 따라 점진접근의 전략과 차별강화의 기준이 크게 달라진다. 즉, 시발점 행동과 도달점 행동의 형태가 동일할 경우에는 표적행동의 물리적 특성의 크기를 차등화하여 훈련 단계를 설정한다. 그러나 시발점 행동과 도달점 행동의 형태가 서로 다를 경우에는 도달점 행동에 접근한 정도에 따라 훈련 단계가 결정된다.

6. 행동형성 프로그램을 효과적으로 수행하기 위해서는 최종목표인 도달점 행동을 설정하고, 시발점 행동을 확인하며, 시발점에서 도달점에 이르는 점진접근 단계

를 설정한다.

7. 새로운 행동을 형성하는 과정에서는 표적반응을 효과적으로 유도하기 위하여 촉진자극이 적극적으로 활용된다. 촉진법은 치료와 교육에 소요되는 시간과 노력을 절약할 수 있는 효율적인 방법으로 평가된다.

8. 행동연쇄란, 과제분석을 통하여 하나의 복합행동을 그 하위과제들로 세분한 후, 일련의 순서에 따라 배열한 다음 하나씩 누가적으로 연결하여 강화하는 방법을 말한다.

9. 과제분석의 내용과 그 순서의 타당성을 검증하는 목적은 주어진 과제를 효율적으로 성취하는 데 필요하고 충분한 조건을 갖추었는지 확인하기 위한 것이다. 과제분석은 개인의 연령, 기능 수준, 과거의 경험 등에 따라 개별적으로 수행된다. 개인의 능력에 따라서 하위과제가 감소될 수도 있고 더 세분될 수도 있다.

10. 과제분석의 타당성을 검증하는 방법은 세 가지이다. 첫째, 해당 과제를 능률적으로 잘 수행하는 사람의 과제 수행과정을 관찰한 후 이에 기초하여 과제의 순서를 정하는 방법, 둘째, 관련 분야의 숙련공이나 전문가의 의견을 따르는 방법, 셋째, 연구자 자신이 과제를 수행해 보면서 과제의 하위요소를 정하는 방법 등이다.

11. 과제분석의 구성요소 중에서 학습자가 이미 할 수 있는 것이 무엇인지 확인하기 위하여 성취 수준을 평가한다. 훈련을 시작하기 전에 하위과제 가운데 학습자가 이미 할 수 있는 것이 무엇이고, 아직 하지 못하는 것은 무엇인지 알 수 있다면 훈련과 치료교육에 큰 도움이 될 것이다. 성취 수준을 평가할 수 있는 주요방법에는 단일기회법과 다수기회법이 있다.

12. 전진형 행동연쇄는 과제분석을 통하여 세분된 하위과제를 일의 순서에 따라 배열한 다음 앞에서부터 하나씩 누가적으로 연결하여 단계적으로 가르치는 방법이다. 전과제형 행동연쇄는 훈련 단계를 나누지 않고 매 훈련 회기마다 모든 하위과제를 일련의 순서에 따라 수행하도록 학습자에게 요구하는 훈련방법이다. 후진형 행동연쇄에서는 하위과제 중 마지막 과제가 제1단계의 훈련목표로 설정된다. 그리고 현재의 표적행동에 나머지 하위과제 중에서 마지막 하위과제를 역순으로 하나씩 추가하여 다음 단계의 훈련목표를 정한다.

13. 학습자가 이미 대부분의 하위과제를 습득한 상태여서 새로 가르칠 것은 별로 없

고 다만 일의 순서에 따라 과제를 올바로 수행할 수 있도록 가르치는 것이 목적일 경우에는 전과제형 행동연쇄 기법이 가장 적절한 치료방법으로 권장된다. 또한 장애의 정도가 심하지 않고, 모방 능력을 갖춘 학습자에게 비교적 단순한 과제를 훈련할 경우에도 전과제형 행동연쇄 기법이 추천된다.

14. 비교적 복잡하고 장황한 행동을 가르칠 때 또는 장애 정도가 심한 개인에게 행동연쇄 기법을 적용할 때는 후진형 행동연쇄가 효과적이다. 학습자는 매 훈련 시행에서 과제의 전 과정을 반복하기 때문에 연습에 의한 학습전이 효과를 기대할 수 있고, 새로운 훈련 단계에서 제시되는 표적행동의 추가분에 대한 저항이 적으며, 항상 하나의 표적행동을 처음부터 끝까지 완성하는 만족감을 얻을 수 있어 하위과제들 간의 연결이 용이하다.

연구문제

➲ 행동형성과 행동연쇄의 원리와 기법에 입각하여 새로운 행동을 효과적으로 가르칠 수 있는 방안을 연구해 보자.

1. 행동형성을 정의하고 예를 들어 보자.
2. Miller가 말하는 차별강화의 특성을 예를 들어 설명해 보자.
3. 시발점 행동과 도달점 행동이 동일한 경우의 예를 들고, 점진접근 단계를 설정해 보자.
4. 시발점 행동과 도달점 행동이 상이한 경우의 예를 들고, 점진접근 단계를 설정해 보자.
5. 행동연쇄를 정의하고 예를 들어 보자.
6. 행동연쇄에서 하위과제들이 순서대로 연결될 수 있는 원리를 설명해 보자.
7. 복합행동 한 가지를 선정하여 하위과제로 세분하고 일의 순서에 따라 나열한 다음 타당성을 검증해 보자.
8. 문제 7번과 관련하여 단일기회법과 다수기회법에 의하여 하위과제들의 성취 수준을 평가해 보자.
9. 문제 7번, 8번과 연관하여 전진형 행동연쇄와 후진형 행동연쇄에 의한 훈련 단계를 설정하고 차이점을 논해 보자.

::::: 제16장 치료교육 프로그램 개발

학습목표

1. 결손행동의 원인과 치료적 중재모형을 설명할 수 있다.
2. 프로그램 교수원리를 설명할 수 있다.
3. 프로그램 제작에 활용되는 기법을 설명할 수 있다.
4. 훈련목표를 행동적으로 정의할 수 있다.
5. 행동형성을 위한 훈련 단계를 설정할 수 있다.
6. 행동연쇄를 위한 훈련 단계를 설정할 수 있다.
7. 촉진과 용암법을 활용한 훈련 단계를 설정할 수 있다.
8. 훈련 단계별 학습조건과 평가기준을 설정할 수 있다.

결손행동이란, 학습자의 행동저장고[1]에 존재하지 않는 행동을 말한다. 즉, 최적의 생존을 위하여 이미 습득했어야 할 행동을 아직도 할 줄 몰라 발달과 적응에 지속적으로 지장을 초래하는 문제이다. 따라서 결손행동을 초래하는 발달장애, 성격 특성 또는 사회문화적 및 교육적 환경의 취약성을 개선하려는 노력과 함께 결손행동을 조기에 발견하여 치료교육함으로써 발달과 적응을 촉진할 필요가 있다. 이 장에서는 결손행동을 효율적으로 치료교육할 수 있는 프로그램 교수모형을 정립하고, 행동형성, 행동연쇄 및 촉진과 용암법을 활용한 프로그램 제작의 실제를 살펴보기로 한다.

1) Behavior repertoire (行動貯藏庫)

제1절 프로그램 교수모형

발달적 결함이나 환경적 취약성으로 인하여 장기간에 걸쳐 누적된 학습 결손은 시간이 흐를수록 더욱 증대되어, 발달의 2차적 장애요인으로 재투입되는 악순환이 반복된다. 현재로서 발달장애 자체의 치유가 불가능하거나 환경적 취약성의 개선이 어렵다면, 차선책은 이들의 능력과 특성에 맞는 집중적 치료교육으로 정상발달과의 차이를 좁히는 일이다. 프로그램 교수원리와 그 실천적 방법은 누적된 결손행동의 치료교육을 위한 효과적 대안이 될 수 있다. 이 절에서는 치료교육 프로그램 제작의 기초가 되는 프로그램 교수원리, Mager(1962)의 행동적 목표 설정방법, 응용행동분석의 전략과 기법에 의한 효과적 교수모형을 제시하기로 한다.

1. 결손행동의 분석과 치료적 중재

결손행동은 '말을 못한다.', '한 자릿수 더하기를 못한다.', '친구를 사귀지 못한다.', '대소변을 가리지 못한다.' 등과 같이 주로 '○○을 못한다.', '○○할 능력이 없다.' 라고 호소되는 문제들이다. 이러한 결손행동을 A-B-C 분석모형으로 적용해 보면, 행동(B) 자체가 존재하지 않기 때문에 선행자극(A)도 없고 후속자극(C) 역시 존재할 수 없다. [그림 16-1]은 바로 이러한 A-B-C 수반적 관계를 모형화한 것이다. 따라서 결손행동의 진단은 A-B-C 분석의 틀 안에서는 성립될 수 없다. 다만 부모, 교사, 보호자와의 면접, 현장 관찰, 행동발달목록이나 심리검사를 통하여 발달과 적응을 저

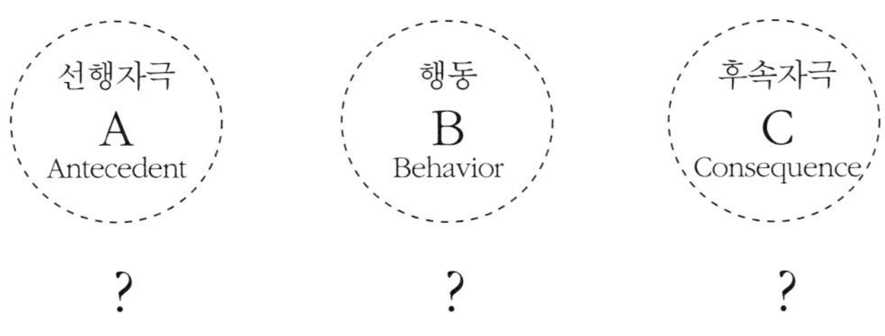

[그림 16-1] 결손행동의 A-B-C 수반성 분석모형

행동(B) 자체가 존재하지 않기 때문에 선행자극(A)도, 후속자극(C)도 있을 수 없다.

해하는 결손행동을 진단할 수 있다.

결손행동을 치료한다는 것은 생존과 발달에 필수적인 새로운 행동을 가르치는 것을 의미한다. 응용행동분석의 개념으로 설명하면, 전혀 존재하지 않는 A-B-C 수반성을 새로 계획하여 형성하는 것을 뜻한다. 먼저, 새로 가르칠 중요한 표적행동을 선정하고, 이 행동을 효율적으로 유도할 수 있는 선행조건과 표적행동을 강력하게 강화할 수 있는 후속요인을 체계적으로 계획한다. [그림 16-2]는 새로운 A-B-C 수반성을 형성하기 위한 계획을 간략히 도식화한 것이다. 새로 가르칠 표적행동은 점선으로 표시되었다. 치료의 목표인 표적행동이 나타나지 않고 있다는 뜻이다. 또한 표적행동을 유도할 수 있는 선행조건과 양자 간의 관계를 표시하는 화살표도 점선으로 표시되었다. 현재로서 존재하지 않지만 앞으로 형성시켜야 할 새로운 관계를 의미하기 위한 것이다. 이와 마찬가지로 표적행동과 후속요인과의 관계도 새로 형성해야 할 과제이기 때문에 역시 점선으로 표시되었다. 다시 말하면, 결손행동의 치료교육이란, 표적행동을 유도하는 선행자극과 표적행동을 강화하는 후속자극을 체계적으로 구성하여 A-B-C 수반적 관계를 새로 형성하는 것이다. 즉, [그림 16-2]에서 A-B-C 3자 간의 관계를 모두 실선으로 변화시키는 것을 의미한다. 예를 들어, 인사할 줄 모르는 민호에게 어른을 보면 인사를 하도록 가르치려고 한다면, 인사하는 행동을 유발시킬 수 있는 선행조건을 마련하고, 이러한 조건하에서 인사하는 행동이 발생할 때마다 적극적으로 강화할 수 있는 후속강화체제를 마련하는 것이다.

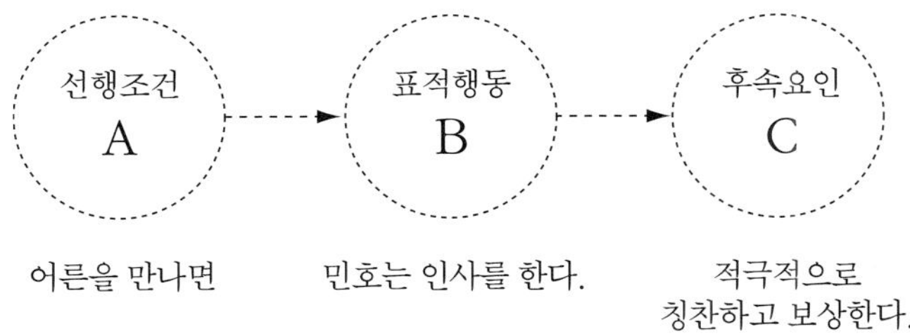

[그림 16-2] 새로운 A-B-C 수반성의 형성

표적행동(B)을 선정하고, 표적행동을 유도할 수 있는 선행조건(A)과 표적행동을 강화할 수 있는 후속요인(C)을 체계적으로 계획하여 새로운 A-B-C 수반성을 형성하는 것이 결손행동의 치료교육 과정이다.

2. 프로그램 교수원리

프로그램 교수원리는 Skinner(1958)의 행동형성과 행동연쇄에서 그 유래를 찾을 수 있다. 이 원리는 심신장애로 인하여 학습이 어렵거나 불가능하다고 판단되었던 많은 장애인들의 학습 문제를 해결하는 데 크게 기여하여 왔으며, 결손행동의 치료교육에 필수적인 강력한 교수방법으로 평가된다. 프로그램 교수[2]원리는 정해진 학습목표에 도달하기 위하여 A–B–C 수반성에 기초하여 학습자의 경험을 체계적으로 계열화하는 것으로 정의될 수 있다(Espich & Williamson, 1967). '학습자의 경험'이란 '학습자가 학습 활동에 직접 참여하는 것'을 뜻하며, '체계적으로 계열화하는 것'이란 '학습자에게 어떤 내용을 어떤 순서로 경험시킬 것인가' 하는 것도 프로그램 작성자가 결정해야 한다는 것을 의미한다. 또한 'A–B–C 수반성에 기초하여'라는 말은 프로그램 교수원리가 응용행동분석의 기본원리에 기초를 두고 있음을 뜻한다. Skinner는 그의 학습 이론을 교육과정에 적용하여 프로그램 교수원리를 정립하였다. 그 내용을 간추려 정리하면 다음과 같다.

1) 소단계 접근[3]

학습이란, 단계적으로 이루어지며 하나의 행동이 학습되기 위해서는 그 하위 수준의 기초행동들이 먼저 학습된 후에야 가능하다(LeMay, Griffin, & Sanford, 1983). 또한 학습 효과를 높이기 위해서는 학습자를 적은 양의 정보에 노출시키며 한 항목의 정보에서 다음 항목으로 질서 정연하게 진행되어야 한다. 실제 교육과정에서는 하나의 교육목표를 선정한 다음, 작은 단위목표들로 세분하여 소단계 접근을 시도한다. 모든 훈련단계는 주어진 학습과제의 복잡성과 학습자의 능력 및 필수 기술의 선행학습 정도에 따라 그 수와 구성요소가 결정된다.

소단계 접근원리는 행동형성과 행동연쇄 전략의 적용으로 구현된다. 행동형성 과정에서는 먼저 훈련의 목표를 도달점 행동으로 구체화하고, 도달점 행동에 좀 더 접근한 행동들을 체계적으로 차별강화함으로써 목표에 점진적으로 접근시킨다. 행동연쇄 과정에서는 과제분석의 기법을 활용하여 복합행동이나 복잡한 기능으로 구성된 교육목표를 작은 하위과제로 세분하여 일의 순서에 따라 나열한 다음, 앞에서부터 혹은 뒤에

2) Programmed instruction

3) Small steps approach

서부터 하나씩 누가적으로 연결하여 강화함으로써 최종목표에 점차적으로 접근한다. 여기서 소단계란 무조건 학습단위를 작게 나누는 것을 의미하는 것은 아니며, 자기 보조의 원리에 따라 학습자의 능력에 알맞게 설정되어야 한다. 황새에게 종종걸음을 요구해도 안 되고, 뱁새에게 큰 걸음을 강요해도 안 될 것이다. 뱁새에게는 종종걸음이 소단계이지만, 황새에게는 성큼성큼 걷는 것이 소단계가 될 것이기 때문이다.

2) 외현적 반응[4]의 유도

학습자에게는 항상 관찰 가능한 학습반응이 요구된다. 학습이 이루어지기 위해서는 반응의 출현과 강화가 필수적이다. 표적반응이 외적으로 나타나지 않는 한 강화는 성립될 수 없기 때문이다. 생각과 같은 내적 반응은 치료교육의 직접 목표로는 부적절한데, 행위자 자신 외에는 아무도 관찰할 수 없어 치료자나 교사가 그 행동의 발생을 제때 감지하여 강화할 수 없기 때문이다. 올바른 학습반응을 유도하여 외적으로 출현시킨 후 즉시 강화하는 것은 프로그램 교수전략의 핵심이다. 관찰 가능한 올바른 학습반응을 외현적으로 출현시키기 위하여 흔히 촉진법과 용암법이 활용된다. 촉진법[5]이란, 올바른 학습반응을 유도하기 위하여 언어적 지시, 시범, 물리적 도움과 같은 보조적 선행자극을 일시적으로 사용하는 것을 말한다. 반면에 일시적으로 도입된 보조자극을 조금씩 체계적으로 줄여 결국 자연적 변별자극(S^D)에 의하여 표적행동이 통제될 수 있도록 돕는 방법을 용암법[6]이라고 한다. 이러한 기법은 프로그램 교수과정에서 없어서는 안 될 중요한 요인들이다.

3) 즉각적 피드백[7]과 정적강화

학습자는 반응 후 무엇이 적절하고 무엇이 부적절한 반응인지에 대하여 즉시 보고받도록 한다. 학습반응에 대한 즉각적 피드백은 올바른 학습반응에 대해서는 만족감과 자기 효능감으로 내적 강화가 되고, 잘못된 반응에 대해서는 자책을 통하여 내적 벌의 효과를 제공한다. 이러한 피드백과 함께 강력한 외적 강화를 병행함으로써 학습 효과를 극대화할 수 있다. 피드백과 정적강화는 반응 후 즉시 제공될수록 효과적이다. 행동

4) Overt responding (外顯的 反應)
5) Prompting (促進法)
6) Fading (溶暗法)
7) Immediate feedback

과 강화 간의 시간적 지연은 학습 효과를 감소시킬 뿐 아니라 지연시간 동안에 계획되지 않은 다른 행동이 개입될 위험성이 있기 때문이다.

4) 자기 보조[8)]

프로그램은 학습자의 발달 정도와 개인의 흥미, 태도, 적성, 능력에 알맞게 개별화되어야 한다. 그런데 사람은 개인마다 발달 정도와 능력에 차이가 있을 뿐 아니라, 시간과 장소, 정서 상태에 따라 학습반응이 크게 달라질 수 있다. 그러므로 다양한 개인적 변수를 고려하여 학습자에게 가장 적절한 학습자 중심의 개별화 교육 프로그램이 마련되어야 한다. 이와 같은 자기 보조의 원리는 소단계 접근의 원리와도 긴밀히 연관된다. 즉, 모든 교육과 훈련의 단위과제를 결정할 때는 학습자의 능력 범위 내에서 학습자에게 알맞은 난이도가 선택의 기준이 되어야 한다.

3. 교수목표의 설정

치료교육 프로그램의 제작에 앞서 어떤 행동을 어느 수준까지 가르칠 것인지를 결정하는 것은 대단히 중요한 일이다. 결손행동이란, 현재 학습자의 행동저장고에 존재하지 않지만 효율적 생존과 발달을 위하여 반드시 학습해야 할 행동을 의미한다. 따라서 치료교육의 목표를 설정한다는 것은 결손행동으로 인하여 파생된 발달지체와 부적응 문제의 해결을 위하여 중요한 대안이 될 수 있는 표적행동의 선택을 의미한다. 여기서는 결손행동의 치료교육을 위한 표적행동의 선정과 행동적 진술방법을 설명하기로 한다.

1) 치료교육 목표의 선정

결손행동을 진단하고 표적행동을 선정하는 방법은 여러 가지가 있다. 첫째, 부모, 교사, 보호자 및 가능한 경우에는 본인과의 면접을 통하여 발달과 생활적응에 지장을 초래하는 결손행동을 찾을 수 있다. 둘째, 문제가 발생하는 현장에서 학습자의 행동을 직접 관찰하여 결손행동을 확인하고 치료교육의 목표를 설정할 수 있다. 셋째, 심리검사, 적응행동검사, 행동발달 체크리스트 등을 활용한 체계적인 진단평가 방법도 사용

8) Self-pacing (自己步調)

될 수 있다. 치료교육 목표의 선정에 관한 자세한 내용은 '제17장 표적행동의 선정과 정의'를 참고한다.

2) 훈련목표의 행동적 진술

일반적으로 교육의 목적이나 목표는 추상적이거나 관찰될 수 없는 개념으로 진술되는 경우가 많다. 그러나 프로그램 교수의 목표는 항상 관찰과 측정이 가능한 구체적 행동으로 진술되어야 한다. 즉, 학습을 마친 후 학습자가 무엇을 할 수 있느냐 하는 관점에서 훈련목표를 기술한다. 본 치료교육 프로그램 모형에서는 Mager(1962)의 제안에 따라 교수목표를 선행조건, 표적행동, 평가기준으로 나누어 진술하기로 한다. 이러한 행동적 진술방법은 교육과 훈련의 목표를 명확히 제시하는 것은 물론이고, [그림 16-2]에 제시된 바와 같이 현재로서 존재하지 않는 새로운 A-B-C 수반적 관계를 어떻게 형성할 것인지에 대한 세밀한 계획을 진술하는 데 가장 적절히 활용될 수 있다. 더욱이 〈표 16-1〉과 같이 선행조건, 표적행동, 평가기준을 포함한 행동적 목표의 진술방법은 행동형성, 행동연쇄 또는 용암법과 같은 단계적 훈련 프로그램을 설계할 때 대단히 편리하게 활용될 수 있다.

〈표 16-1〉 '훈련자 바라보기' 의 행동적 진술

선행조건	훈련자는 아동의 이름을 부른다. 훈련자는 아동의 주의를 끌기 위하여 계속 말을 한다.
표적행동	아동은 훈련자의 눈을 바라본다.
평가기준	강화기준: 아동은 5초 이상 훈련자의 눈을 바라보아야 한다. 학습기준: 2회기 연속 80% 수준을 넘으면 훈련을 종료한다.

선행조건 학습이 성립되기 위해서는 표적행동이 반드시 발생해야 하고 또 즉시 강화되어야 한다. 선행조건[9]에서는 표적행동을 효과적으로 유도하여 외현적으로 발생시킬 수 있는 구체적 방안을 제시한다. 즉, 어떠한 상황에서 표적행동이 발생되기를 기대하는지 명확히 기술한다. 일반적으로 ① 표적행동을 유도할 수 있는 자연적 변별자극(S^D)에 관한 사항, ② 표적행동을 외적으로 유도하는 데 필요한 보조적 촉진자극[10], ③ 치료자와 학습자의 공간적 배치, ④ 학습 활동에 소요되는 도구와 재료 및 이들의 배

9) Antecedent condition (先行條件)

10) Prompts (促進刺戟)

열, ⑤ 학습 장소의 물리적 환경과 기타 준비 사항 등을 분명하게 진술한다. 〈표 16-1〉에서 훈련자는 아동의 이름을 부른 다음 아동의 눈을 바라보며 계속 이야기를 하는 것이 아동의 시선을 오래 동안 끌기 위한 선행조건으로 설정되었다.

표적행동 표적행동[11]은 학습자에게 일정한 교육 또는 훈련을 실행한 후에 기대되는 목표행동을 말한다. 이러한 행동은 적어도 두 사람 이상에 의하여 객관적으로 관찰될 수 있어야 한다. 작동조건형성의 원리와 기법에 기반을 둔 훈련 프로그램이 성공을 거두려면, 훈련목표는 반드시 관찰 가능한 행동으로 명확히 진술되어야 한다. 이와 같은 행동적 진술은 관련 당사자들 간의 의사소통은 물론 객관적 행동평가와 효율적 강화를 위하여 반드시 필요하다. 표적행동의 형태, 기능성, 측정 가능한 물리적 특성 등을 기술한다. 〈표 16-1〉에서 표적행동은 아동이 훈련자의 눈을 바라보는 것이다. 행동형성과 행동연쇄 전략에서 표적행동은 각 훈련 단계별로 설정되며 최종 훈련 단계의 표적행동이 곧 최종 훈련목표가 된다.

평가기준 평가기준[12]은 기대한 행동이 수행되었다고 판단될 수 있는 준거를 말한다. 이러한 기준은 올바른 학습반응을 가려내어 강화하고, 학습의 성취 여부를 판단하여 훈련의 진행을 결정하는 데 중요한 준거가 된다. 이 치료교육 프로그램에서 평가기준은 강화기준과 학습기준으로 나뉘어 진술된다. 강화기준은 올바른 학습반응의 발생 여부를 판단하고 강화 여부를 결정할 수 있는 준거를 말한다. 즉, 정적강화를 얻을 수 있는 반응의 형태와 기능성, 지연시간, 지속시간, 발생빈도, 크기와 강도 등에 대한 요구수준을 말한다. 〈표 16-1〉의 '훈련자 바라보기'에서 강화기준은 5초 이상 훈련자의 눈을 바라보는 것이다. 즉, 아동이 훈련자의 눈을 5초 이상 바라보면 올바른 학습반응으로 평가하고 강화한다. 학습기준은 표적행동의 성취 수준을 말한다. 즉, 표적행동의 학습이 완료되어 더 이상 훈련을 연장할 필요가 없는 수준을 명시한다. 이 예에서는 2회기 연속 80% 수준을 넘어설 때 훈련을 종료하는 것으로 학습기준을 정하였다.

11) Target behavior (標的行動)
12) Evaluation criteria (評價基準)

4. 훈련 단계와 단계별 표적행동의 설정

조금씩 점차적으로 훈련목표에 도달하기 위한 소단계 접근은 행동형성과 행동연쇄 기법의 활용으로 가능하며, 외현적 학습반응의 유도는 자극통제 및 촉진법과 용암법을 통하여 실용화될 수 있다. 여기서는 행동형성, 행동연쇄, 자극통제 및 촉진법과 용암법을 활용한 훈련 단계의 설정방법을 설명하기로 한다.

1) 행동형성과 훈련 단계의 설정

현재 학습자의 행동저장고에 존재하지 않는 결손행동을 새로 가르치려면, 먼저 도달점 행동과 시발점 행동을 설정한 다음, 시발점 행동에서 도달점 행동에 점진적으로 접근할 수 있는 중간 훈련 단계를 설정한다. 행동형성의 원리와 기법에 따라 훈련 단계와 단계별 표적행동을 설정하는 방법은 다음과 같다.

① 도달점 행동을 설정한다. 관찰 가능한 행동으로 진술된 치료교육의 목표를 도달점 행동이라고 한다. 학습자의 생존과 적응에 필수적인 결손행동을 진단하고 확인한 다음, 결손행동의 특성 중에서 어떤 것을 얼마만큼 변화시킬 것인지 그 목표를 구체적 행동으로 진술한다. 도달점 행동은 〈표 16-1〉에 예시된 바와 같이 선행조건(A), 표적행동(B), 평가기준(C)을 포함하는 방식으로 진술한다. 도달점 행동은 바로 최종 훈련 단계의 목표(표적행동)가 된다.

② 시발점 행동을 확인한다. 학습자의 행동저장고에 존재하는 행동목록 중에서 도달점 행동에 가장 근접한 행동을 치료와 교육의 시발점 행동으로 설정한다. 즉, 도달점 행동과 동일한 형태나 기능을 가진 반응군 중에서 현재 학습자가 할 수 있는 반응을 시발점 행동으로 선택한다. 시발점 행동 역시 선행조건(A), 표적행동(B), 평가기준(C)을 포함하여 진술한다. 시발점 행동은 제1단계 훈련의 목표(표적행동)가 된다.

③ 시발점 행동으로부터 도달점 행동에 이르는 중간 훈련 단계를 설정한다. 중간 훈련 단계를 몇 개로 설정하고, 한 단계의 크기는 얼마로 할 것인지에 대하여 정해진 답은 없다. 다만 학습자의 능력을 고려하여 추정할 수밖에 없다. 실제 훈련과정에서 학습 진도

를 평가하여 융통성 있게 훈련 단계의 수나 크기를 조절할 필요가 있다. 행동형성에서 중간 훈련 단계를 설정하는 방법은 다음과 같다.

먼저, 시발점 행동과 도달점 행동의 형태가 동일한 경우에는 모든 훈련 단계의 표적행동을 모두 동일하게 진술한다. 다만 평가기준에서 반응의 빈도, 지속시간, 지연시간, 크기 등 물리적 특성의 값을 차등화하여 훈련 단계를 설정한다. 예컨대, 〈표 16-2〉에 예시된 바와 같이, '훈련자 바라보기' 의 반응 형태는 모든 단계에서 '아동은 훈련자의 눈을 바라본다.' 로 동일하다. 다만 평가기준에서 반응의 지속시간을 '힐끗 또는 잠시' 부터 '5초 이상' 으로 차등화하여 훈련 단계를 정한다.

〈표 16-2〉 시발점 행동과 도달점 행동의 형태가 같은 경우

훈련 단계	단계별 표적행동	평가기준
시발점	아동은 훈련자의 눈을 바라본다.	힐끗 또는 잠시
2	아동은 훈련자의 눈을 바라본다.	1초 이상
3	아동은 훈련자의 눈을 바라본다.	2초 이상
4	아동은 훈련자의 눈을 바라본다.	3초 이상
5	아동은 훈련자의 눈을 바라본다.	4초 이상
도달점	아동은 훈련자의 눈을 바라본다.	5초 이상

반면에 시발점 행동과 도달점 행동의 형태가 서로 다른 경우에는 훈련 단계마다 표적행동을 서로 다르게 기술한다. 단 동일한 기능성을 가진 반응군 중에서 도달점 행동에 좀 더 접근한 반응을 상위 훈련 단계의 표적행동으로 설정한다. 예컨대, 〈표 16-3〉을 보면 시발점과 도달점뿐 아니라 중간 단계의 표적행동은 모두 형태가 서로 다르다. 그러나 모두 '말하기' 라는 동일한 목적을 갖고 있다. 따라서 최종 목표 '문장으로 말하기' 에 접근한 정도에 따라 훈련 단계를 차등화한다.

〈표 16-3〉 시발점 행동과 도달점 행동의 형태가 다른 경우

훈련 단계	단계별 표적행동	평가기준
시발점	아동은 입술을 움직인다.	입술 운동
2	아동은 소리를 낸다.	발성
3	아동은 자음과 모음의 합성음을 낸다.	자음과 모음의 합성음
4	아동은 단어로 말한다.	한 단어 사용
5	아동은 구나 절로 말한다.	두 단어 사용
도달점	아동은 문장으로 말한다.	주어와 서술어로 구성된 언어 사용

2) 행동연쇄와 훈련 단계의 설정

여러 하위과제로 구성된 복합행동을 새로 가르치려면, 먼저 과제분석을 통하여 표적행동을 하위행동들로 세분하여 일의 순서대로 배열한 다음, 앞에서부터 혹은 뒤에서부터 하위행동을 하나씩 추가하여 상위 훈련 단계를 설정한다. 행동연쇄의 원리와 기법에 기초하여 결손행동의 훈련 단계와 단계별 표적행동을 설정하는 방법은 다음과 같다.

① 표적행동을 하위과제(행동)들로 세분한 후 일의 순서에 따라 차례로 배열한다. 다수의 하위과제로 구성된 복합행동을 효율적으로 가르치려면, 먼저 표적행동을 하위과제로 세분한 후 일의 순서대로 배열한다. 〈표 16-4〉는 '양말 벗기'의 과제분석 결과를 예시한 것이다. 이와 같이 배열된 하위과제들은 그 내용과 순서의 타당성이 입증되어야 한다. 과제분석의 타당성을 검증하는 방법은 '제15장, 제2절 행동연쇄'를 참고한다.

〈표 16-4〉 '양말 벗기'의 과제분석표

번호	반응	'양말 벗기'의 하위과제
1	R_1	양손 엄지손가락을 양쪽 양말목에 넣는다.
2	R_2	양말을 발등까지 밀어 내린다.
3	R_3	한 손으로 양말코를 잡아당겨 뺀다.

② 표적행동을 구성하고 있는 하위과제(행동)들의 성취 수준을 평가한다. 중복 훈련을 피하기 위하여 하위과제 중에서 학습자가 이미 할 수 있는 것은 무엇인지 확인한다. 이미 학습된 것으로 평가된 하위과제는 아직 학습되지 않은 다음 하위과제와 하나로 통합한다. 자세한 내용은 '제15장, 제2절 행동연쇄'를 참고한다.

③ 전과제형 훈련 순서를 설정한다. [그림 16-3]의 맨 위에 제시된 그림과 같이, 전과제형 행동연쇄에서는 훈련 단계를 설정하지 않는다. 과제분석에 의하여 정해진 순서에 따라 첫 하위과제(R_1)부터 마지막 과제(R_3)까지 전 과정을 하나의 시행으로 진행한다. 즉, 매 훈련 시행에서 모든 하위과제들은 순서대로 한 번씩 실행한다. 자세한 훈련내용은 '제15장, 제2절 행동연쇄'를 참고한다.

④ 전진형 훈련 단계를 설정한다. [그림 16-3]의 가운데 그림과 같이, 전진형 행동연쇄에서는 과제분석표의 하위과제 1번(R_1)이 제1단계 훈련목표(표적행동)가 된다. 제2단계

[그림 16-3] 전과제형 훈련 순서 및 전진형과 후진형 훈련 단계

훈련목표(표적행동)는 과제 1번(R_1)과 2번(R_2)의 연속 동작으로 구성된다. 3단계 훈련목표는 과제 1번(R_1), 과제 2번(R_2), 과제 3번(R_3)을 연속적으로 수행하는 것이다. 이와 같이 현재의 표적행동에 하위과제를 순차적으로 하나씩 추가하여 다음 상위 단계의 훈련목표를 설정한다. 〈표 16-5〉는 '양말 벗기'의 전진형 훈련 단계와 표적행동을 예시한 것이다. 제1단계 표적행동은 과제분석의 하위과제 1번 '양손 엄지손가락을 양쪽 양

〈표 16-5〉 '양말 벗기'의 전진형 훈련 단계

훈련 단계	과제 번호	반 응	단계별 표적행동
1	(1)	R_1	양손 엄지손가락을 양쪽 양말목에 넣는다.
2	(1) (2)	R_1 R_2	양손 엄지손가락을 양쪽 양말목에 넣고 양말을 발등까지 밀어 내린다.
3	(1) (2) (3)	R_1 R_2 R_3	양손 엄지손가락을 양쪽 양말목에 넣고 양말을 발등까지 밀어 내린 다음 한 손으로 양말코를 잡아당겨 뺀다.

말목에 넣는 것(R_1)' 이다. 제2단계 표적행동은 하위과제 1번(R_1)과 2번(R_2)을 연속하여 수행하는 것, 즉 '양손 엄지손가락을 양쪽 양말목에 넣고(R_1), 양말을 발등까지 밀어 내리는 것(R_2)' 이다. 마지막 훈련 단계의 표적행동은 세분된 하위과제를 1번부터 끝까지 순서대로 수행하는 것이다. 즉, '양손 엄지손가락을 양쪽 양말목에 넣고(R_1) 양말을 발등까지 밀어 내린(R_2) 다음, 한 손으로 양말코를 잡아당겨 빼는 것(R_3)' 이다.

⑤ 후진형 훈련 단계를 설정한다. 후진형 행동연쇄에서는 과제분석의 마지막 하위과제(R_3)부터 훈련이 시작되며, 하위과제를 역순으로 하나씩 추가하여 다음 상위 단계의 훈련목표를 설정한다. [그림 16-3]의 맨 아래 예를 보면, 후진형 행동연쇄의 훈련 단계가 어떻게 구성되는지 쉽게 알 수 있다. 흰색 원 안에 표시된 하위과제 3번(R_3)은 제1단계 훈련목표(표적행동)로서, 학습자 스스로 수행할 표적행동을 의미한다. 회색으로 채워진 하위과제 1번(R_1)과 2번(R_2)은 훈련자의 물리적 도움(촉진자극)으로 처리된다. 〈표 16-6〉은 '양말 벗기' 의 후진형 훈련 단계를 예시한 것이다. 제1단계에서 훈련자는 아동에게 '양말 벗어!' 라고 지시(S^D)한 다음, 즉시 아동의 양손을 잡고 두 엄지손가락을 양말 입구에 넣어 주고(R_1), 아동의 두 손을 잡은 채로 양말을 발등까지 밀어 내려준(R_2) 다음 아동에게서 손을 뗀다. 이제 아동이 해야 할 학습반응은 훈련자의 도움 없이 한 손으로 양말코를 잡아당겨 빼는 것(R_3)뿐이다. 다음 제2단계 훈련목표는 현재(제1단계)의 표적행동(R_3)에 하위과제(R_2) 하나를 역순으로 추가하여 설정한다. 즉, 하위과제 2번(R_2)과 3번(R_3)의 연속 수행이 제2단계의 훈련목표가 된다. 제3단계 훈련목표는 현재(제2단계)의 표적행동(R_2+R_3) 앞에 나머지 하위과제(R_1) 하나를 역순으로 추가하여 설정한다. 결국 최종 훈련 단계에서는 하위과제 1번(R_1)부터 마지막 과제(R_3)까지의 전 과정을 아동 스스로 수행하도록 요구한다. 이상과 같은 방법으로 훈련 단계와 단계별 표적행동이 설정된다. 자세한 방법은 '제15장, 제2절 행동연쇄' 를 참고한다.

〈표 16-6〉 '양말 벗기' 의 후진형 훈련 단계

훈련 단계	과제 번호	반 응	단계별 표적행동
1	(3)	R_3	한 손으로 양말코를 잡아당겨 뺀다.
2	(2)	R_2	양말을 발등까지 밀어 내리고
	(3)	R_3	한 손으로 양말코를 잡아당겨 뺀다.
3	(1)	R_1	양손 엄지손가락을 양말 양쪽 입구에 넣고
	(2)	R_2	양말을 발등까지 밀어 내린 다음
	(3)	R_3	한 손으로 양말코를 잡아당겨 뺀다.

3) 용암법과 훈련 단계의 설정

결손행동을 새로 학습할 때 유아나 발달장애인들은 무엇을 어떻게 해야 할지 잘 모른다. 따라서 요구되는 표적행동을 외적으로 유도하기 위하여 훈련 중에 촉진자극이 많이 활용한다. 훈련 초기에는 언어적 힌트, 시범 및 수지도와 같은 물리적 도움을 사용할 수 있다. 그러나 점차 도움을 줄여 결국 아무 도움 없이 학습자 혼자서 할 수 있도록 가르칠 수 있다. 촉진법과 용암법을 활용할 때는 촉진자극을 체계적으로 줄임으로써 훈련 단계를 설정한다. 즉, 촉진의 양을 단계적으로 줄이거나, 학습자 스스로 해야 할 학습반응의 양을 단계적으로 증가시킨다. 〈표 16-7〉에서는 촉진법과 용암법을 활용하여 작성된 훈련 단계를 예시하고 있다. 여기서는 촉진법과 용암법을 활용하여 훈련 단계를 정하는 방법을 설명한다.

① **최종 변별자극을 선정한다.** 즉, 표적행동을 유도하기 위하여 일시적으로 투입되었던 모든 보조적 촉진자극이 완전히 철회된 후 최종적으로 남아 표적행동을 유도할 수 있는 변별자극(S^D)을 선정한다. 이러한 최종 변별자극은 학습자의 실생활에서 사용되는 자연적 자극이어야 한다. 즉, 임상실에서 훈련된 행동이 실생활 중의 변별자극에 의하여 자연스럽게 유도될 수 있도록 최적의 자극통제 훈련을 계획하여야 한다. 〈표 16-7〉에서 최종 변별자극은 '동그라미를 그려 봐!' 라는 교사의 언어적 지시이다.

〈표 16-7〉 촉진법과 용암법에 의한 '동그라미 그리기'의 훈련 단계

훈련 단계	선행조건	단계별 표적행동
1	(최종 변별자극) 아동에게 '동그라미를 그려 봐!' 라고 지시한다. (촉진자극) 아동의 손을 잡고 동그라미를 3/4 정도 함께 그린 다음 손을 뗀다.	아동은 동그라미를 그린다.
2	(최종 변별자극) 아동에게 '동그라미를 그려 봐!' 라고 지시한다. (촉진자극) 아동의 손을 잡고 동그라미를 2/4 정도 함께 그린 다음 손을 뗀다.	아동은 동그라미를 그린다.
3	(최종 변별자극) 아동에게 '동그라미를 그려 봐!' 라고 지시한다. (촉진자극) 아동의 손을 잡고 동그라미를 1/4 정도 함께 그린 다음 손을 뗀다.	아동은 동그라미를 그린다.
4	(최종 변별자극) 아동에게 '동그라미를 그려 봐!' 라고 지시한다. (촉진자극) 없음	아동은 동그라미를 그린다.

② **최초 촉진자극을 선정한다.** 훈련과정에서 최초로 사용될 촉진자극은 기대하는 표적행동을 틀림없이 유도할 수 있는 자극 중에서 선택되어야 한다. 예컨대, '동그라미를 그려 봐!' 라는 요구에 학습자가 올바로 반응하지 못하면, 언어적 설명과 힌트를 줄 수 있고(언어적 촉진), 동그라미를 그려 시범을 보임으로써 반응을 유도할 수도 있다(시각적 촉진). 필요할 경우에는 학습자의 손을 인도하여 올바로 반응하도록 유도할 수 있고(물리적 촉진), 환경에 특별한 자극을 추가하여 올바른 반응을 유도할 수도 있다(환경적 촉진). 중요한 것은 표적행동을 틀림없이 외현적으로 발생시킬 수 있는 촉진자극을 선택하는 일이다. 즉, 그릇된 반응의 발생을 최소화하고 성공적 반응의 출현을 최대한으로 보장하는 촉진자극을 선정하여야 한다.

〈표 16-7〉에서 최초로 사용된 촉진자극은 훈련자의 물리적 도움이다. 훈련자는 아동의 손을 잡고 동그라미를 3/4 정도 같이 그려 주고 손을 뗀다. 이러한 물리적 도움은 성공적 반응을 유도하는 데 큰 도움이 된다. 물론 이러한 도움으로도 올바른 학습반응을 유도할 수 없다면 더 강력한 촉진자극을 사용해야 한다.

③ **용암 단계를 설정하여 점차적으로 촉진자극을 줄인다.** 올바른 학습반응이 최초 촉진자극에 의하여 신뢰성 있게 유발되면 이제부터 점차적으로 촉진자극의 양을 줄여 제거할 수 있는 용암 단계[13]를 설정한다. 〈표 16-7〉에 제시된 것처럼, 촉진법과 용암법을 활용한 훈련에서는 모든 단계의 표적행동을 동일하게 진술한다. 다만 촉진자극의 양을 점차 줄이는 방식으로 훈련 단계를 차등화한다. 촉진자극의 양을 얼마만큼씩 줄여야 하는지에 대하여 정해진 규칙은 없다. 학습자의 반응을 주의 깊게 관찰하면서 용암의 양이나 속도를 조절하여야 한다. 만일 훈련 중에 학습자의 오류반응이 나타나기 시작하면 그것은 용암 단계가 너무 크다는 것을 의미한다. 반대로 촉진자극을 너무 많이 사용하면 학습자는 촉진자극에 의존하는 현상이 나타난다. 그러므로 적절한 용암 단계를 설정하여 적절한 속도로 훈련을 진행하는 것이 필수적이다.

〈표 16-7〉에서는 4단계의 훈련과정을 통하여 물리적 도움을 25%씩 줄이는 방안이 예시되었다. 물론 학습자의 능력이나 기타 요인에 따라 도움의 양을 조금씩 서서히 줄일 수도 있고, 좀 더 큰 단위로 많은 양의 도움을 신속하게 줄일 수도 있다. 실제로는 오류반응이 발생하지 않는 한도 내에서 가능한 한 최소한의 촉진자극을 사용하는 것이 원칙이다. 그러므로 훈련을 진행하면서 학습 성과와 오류반응의 출현과 같은 객관적 자료에 의하여 경험적으로 결정하여야 할 것이다.

13) Fading steps

5. 훈련 단계별 선행조건과 평가기준 설정

훈련 단계와 단계별 표적행동이 설정되면, 이제 각 훈련 단계별로 표적행동을 유도하기 위한 선행조건과 표적행동을 강화하고 훈련을 진행하기 위한 평가기준을 설정한

〈표 16-8〉 후진형 행동연쇄에 의한 '양말 벗기'의 훈련 단계별 선행조건과 평가기준

	1단계: 양말코를 잡아당겨 빼기
선행조건	(준비사항 및 학습자와 훈련자의 위치) 아동에게 양말을 신긴 후 훈련자는 아동과 방바닥에 마주 앉는다. (주의집중 방안 및 변별자극) 훈련자는 '○○야, 양말 벗어!' 라고 지시한다. (보조적 촉진자극) ① 아동의 두 손을 이끌어 엄지손가락을 양쪽 양말목에 하나씩 넣도록 수지도한다. ② 아동의 두 손에 힘을 주어 양말을 발등까지 밀어 내려 주고 손을 뗀다.
표적행동	③ 아동은 한 손으로 양말코를 잡아당겨 뺀다.
평가기준	강화기준: 아동이 훈련자의 도움 없이 5초 이내에 양말코를 잡아당겨 빼면, 즉시 언어적 칭찬과 함께 정적강화한다. 학습기준: 2회기 연속 10번 중 8번 이상 올바로 반응하면 다음 단계 훈련으로 넘어간다.
	2단계: 양말을 발등까지 밀어 내리고 양말코를 잡아당겨 빼기
선행조건	(준비사항 및 학습자와 훈련자의 위치) 아동에게 양말을 신긴 후 훈련자는 아동과 방바닥에 마주 앉는다. (주의집중 방안 및 변별자극) 훈련자는 '○○야, 양말 벗어!' 라고 지시한다. (보조적 촉진자극) ① 아동의 두 손을 이끌어 엄지손가락을 양쪽 양말목에 하나씩 넣도록 수지도하고 손을 뗀다.
표적행동	② 아동은 양말을 발등까지 밀어 내리고 ③ 한 손으로 양말코를 잡아당겨 뺀다.
평가기준	강화기준: 아동이 훈련자의 도움 없이 5초 이내에 표적행동 ②번, ③번을 이어서 수행하면, 즉시 언어적 칭찬과 함께 정적강화한다. 학습기준: 2회기 연속 10번 중 8번 이상 올바로 반응하면 다음 단계 훈련으로 넘어간다.
	3단계: 양손 엄지를 양말목에 넣고 발등까지 밀어 내린 후 양말코를 잡아당겨 빼기
선행조건	(준비사항 및 학습자와 훈련자의 위치) 아동에게 양말을 신긴 후 훈련자는 아동과 방바닥에 마주 앉는다. (주의집중 방안 및 변별자극) 훈련자는 '○○야, 양말 벗어!' 라고 지시한다.
표적행동	① 아동은 양손 엄지손가락을 양쪽 양말목에 넣고 ② 양말을 발등까지 밀어 내린 다음 ③ 한 손으로 양말코를 잡아당겨 뺀다.
평가기준	강화기준: 아동이 훈련자의 도움 없이 5초 이내에 표적행동 ①번, ②번, ③번을 연이어 수행하면, 즉시 언어적 칭찬과 함께 정적강화한다. 학습기준: 2회기 연속 10번 중 8번 이상 올바로 반응하면 '양말 벗기' 훈련을 종료한다.

다. 평가기준은 강화기준과 학습기준으로 나누어 설정한다. 〈표 16-8〉은 '양말 벗기'의 훈련 단계별 선행조건과 평가기준을 예시한 것으로, 설정방법은 다음과 같다.

첫째, 각 훈련 단계별로 표적행동을 효과적으로 유도하기 위한 선행조건을 자세히 기술한다. 일반적으로, ① 새로 학습된 행동과 연계시킬 자연적 최종 변별자극(S^D)에 관한 사항, ② 표적행동의 발생을 유도하는 데 사용될 보조적 촉진자극에 관한 사항, ③ 학습자의 주의를 훈련자와 학습자극에 집중시키기 위한 방안, ④ 치료자와 학습자의 위치, ⑤ 학습 활동에 소요되는 도구와 재료 및 이들의 배치, ⑥ 학습 장소의 물리적 환경과 기타 준비 사항 등을 명확하게 진술한다.

둘째, 각 훈련 단계별로 표적행동에 대한 평가기준을 강화기준과 학습기준으로 나누어 설정한다. 강화기준은 학습반응의 성공과 실패를 평가하여 차별강화할 수 있는 기준을 말한다. 요구되는 표적행동의 형태와 기능 또는 물리적 특성(예: 반응의 발생빈도, 지속시간, 지연시간, 크기와 강도)을 진술하고 제한하는 방식으로 각 훈련 단계의 강화기준을 정한다. 그리고 각 훈련 단계별 표적행동의 학습 여부를 평가할 수 있는 기준도 설정한다. 예컨대, 2회기 연속 올바른 반응의 백분율이 80%를 상회하면 학습된 것으로 평가한다.

6. 효과적 정적강화의 활용

강화는 행동의 학습에 반드시 필요한 조건이다. 정해진 기준에 맞는 학습반응이 발생하였다 하더라도 강화자극이 수반되지 않으면 학습은 일어날 수 없기 때문이다. 물론 학습반응에 대한 즉각적인 피드백 자체만으로도 학습의 효율성을 높일 수 있다. 그러나 강화의 효율성을 한층 더 높이기 위해서는 보다 풍부한 사회적 및 물질적 강화자극을 병용하는 것이 필요하다. Miller(2006)가 제시한 수반성의 원리, 즉각성의 원리, 크기의 원리, 박탈의 원리에 근거하여 항상 최상의 정적강화를 제공함으로써 학습 동기를 높이고 결손행동에 대한 조기 치료교육의 효과를 극대화할 수 있다.

7. 반응의 기록과 분석방법

결손행동의 치료교육 프로그램에서는 그 자체로 학습반응의 측정과 기록 및 효과의 분석을 신속히 처리할 수 있는 방안이 모색될 필요가 있다. 일반 응용행동분석 연구방법과는 달리 치료교육 실행과정에서 수집된 자료와 효과에 근거하여 치료적 처치를 변경하거나 진행 속도를 조절할 수 있고, 경우에 따라서는 훈련 단계나 강화방법을 크게 변경하는 등 행동의 변화를 지켜보며 수시로 판단하여 결정할 사항이 많기 때문이다.

1) 반응의 기록과 그래프 그리기

치료교육 프로그램을 진행할 때 학습반응의 관찰과 기록은 [그림 16-4]에 제시된 것과 같은 기록방법을 활용하면 편리하다. 한 회기를 10회 시행으로 설정하고, 각 시행에서 반응의 성공과 실패 여부를 확인하여 해당 시행을 나타내는 작은 숫자 위에 각각 '○'와 '×'로 표기한다. 한 회기의 훈련을 마친 다음에는 올바른 학습반응의 발생횟수를 백분율(%)로 환산하여 [그림 16-4]와 같이 그래프상에 '●'으로 표기한다. 그리고 한 회기의 훈련이 끝날 때마다 자료점(●)들을 실선으로 이어 자료통로[14]를 그린다. 이러한 그래프는 자료의 해석과 분석의 핵심이 되는 행동 변화의 수준과 추세를 나타낼 뿐 아니라, 각 훈련 회기별로 훈련의 결과를 원자료 그대로 보존할 수 있어 편리하다. 또한 행동 변화의 방향과 속도를 평가할 때 그리고 한 훈련의 지속이나 변경에 관한 사항을 판단하고 결정할 때 중요한 정보를 제공한다. 한 회기의 학습반응은 전체 시행횟수(10회)에 대한 성공적 반응횟수의 백분율(%)로 다음과 같이 환산된다.

$$\text{학습반응(\%)} = \frac{\text{올바른 반응횟수}}{\text{총 훈련 시행횟수}} \times 100$$

2) 상승하는 학습곡선

[그림 16-4]에 예시된 그래프를 보면, 학습곡선(자료통로)은 단시일에 급상승한 것으로 나타났다. 즉, 표적행동은 5회기의 비교적 짧은 훈련과정을 거쳐 신속히 학습되었음을 보여 준다. 초기 2회기 중에 나타난 학습반응은 대단히 저조하였다. 그러나 3회기부터 학습곡선은 급상승하여 마지막 2회기 연속 학습기준(80%)을 상회하여 훈련을 종료하였다. 이와 같은 학습곡선이 그려진다면 계획된 치료교육 프로그램은 대단히 효과적이라고 평가될 수 있다.

14) Data path (資料通路)

그러나 [그림 16-5]에 예시된 그래프를 보면, 표적행동은 아주 느리고 완만한 추세로 진보하고 있음을 볼 수 있다. 특히 5회기까지는 오류반응의 비율이 대단히 높게 나타났는데, 그 원인이 무엇인지 다음과 같은 방법으로 면밀히 조사할 필요가 있다. 첫째, 강화의 효과를 의심할 수 있다. 학습자 개인별로 효과적 강화자극을 탐색하여 선정하였는지, 강화메뉴를 작성하여 사용하고 있는지, 효과적 강화의 원리는 준수되고 있는지, 특히 사용되고 있는 강화자극의 포화 가능성은 없는지 등을 점검하여 해결할 필요가 있다. 둘째, 표적행동이 너무 어렵거나 길지 않은지 살펴본다. 만일 능력에 비하여 과제가 어렵다고 판단되면 즉시 난이도를 조절하고, 과제가 길어 지루하다고 판단되면 학습자 개인에게 맞게 과제의 양을 조절한다. 셋째, 불완전 학습의 누적은 없는지 살펴본다. 학습기준이 지나치게 낮으면 불완전 학습이 누적되어 오류반응의 발생률이

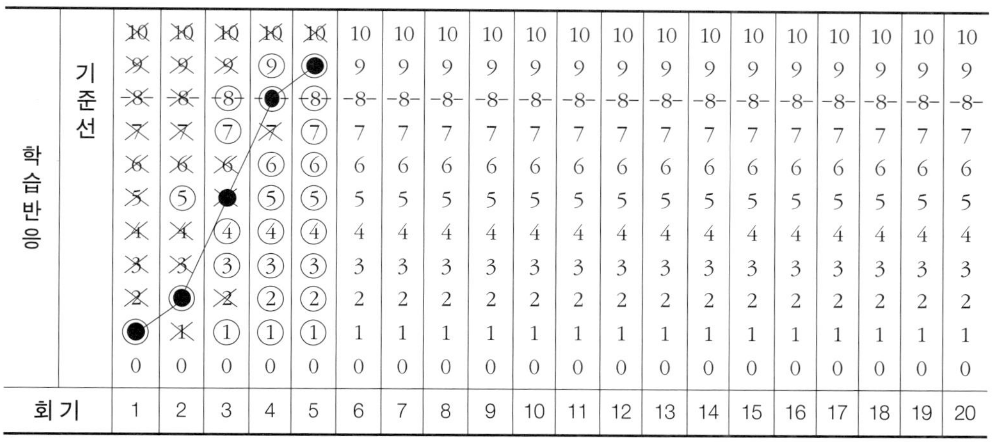

[그림 16-4] 프로그램에 사용된 관찰 · 기록용 그래프

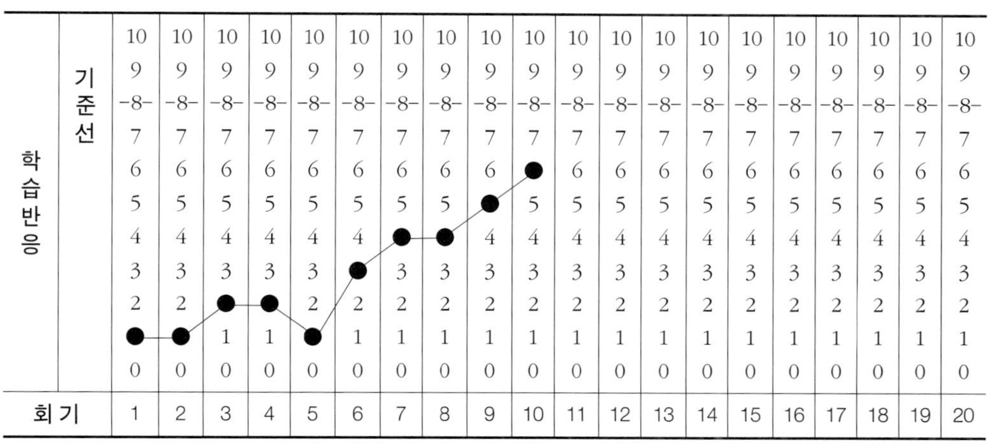

[그림 16-5] 완만하고 느린 속도로 상승하는 학습곡선

증가하고 학습 진도가 저조할 수 있다. 이 경우, 보다 엄격한 강화기준에 따라 학습반응을 강화하고, 보다 엄격한 학습기준에 따라 진도를 조절할 필요가 있다. 넷째, 강화와 촉진자극의 남발로 인한 고착현상은 발생하지 않았는지 살펴본다. 강화기준이 너무 낮거나 촉진자극을 필요 이상으로 남용하면, 표적행동은 그 훈련 단계에 고착되어 느리고 완만한 진보를 보일 수 있다. 마지막으로, 학습자의 건강 상태를 점검한다. 신체적 건강뿐 아니라 심리적 스트레스나 기타 불안요인은 없는지 살펴본다. 신체적 및 정신적 건강 상태가 악화되고 이러한 상태가 오래 지속되면 학습 진도가 저조할 수밖에 없다. 따라서 학습자는 항상 건강한 몸과 마음을 유지하도록 보살펴야 한다.

3) 소강 상태를 보이는 학습곡선

[그림 16-6]과 [그림 16-7]의 그래프를 보면, 자료통로의 증가 추세는 전혀 없고 일정한 범위 내에서 소강상태를 보이고 있다. 다만 두 그림에서 서로 다른 점은 변산의 폭이 상이하다는 것뿐이다. 두 경우 모두 치료교육 프로그램에 문제가 있는 것으로 볼 수 있다. 특히 변산도가 심한 경우에는 외재변수의 영향력을 심도 있게 조사할 필요가 있다. 일단 훈련을 중단하고, 앞서 지적한 것처럼 치료적 변수와 기타 외재변수의 효과를 철저히 검토한다. 먼저 강화의 효과를 의심해 보아야 하고, 표적행동의 난이도를 살펴보아야 한다. 또한 불완전 학습의 누적은 없는지, 강화와 촉진자극의 남발은 없었는지 살펴보고, 마지막으로 학습자의 건강 상태를 점검한다. 특히 [그림 16-7]과 같이 변산이 심한 그래프는 실험변수 이외의 다른 외재변수가 개입되어 있을 가능성이 대단히 높다. 학습자 개인의 신변이나 생활환경에 특별한 변화가 없는지 조사할 필요가 있다.

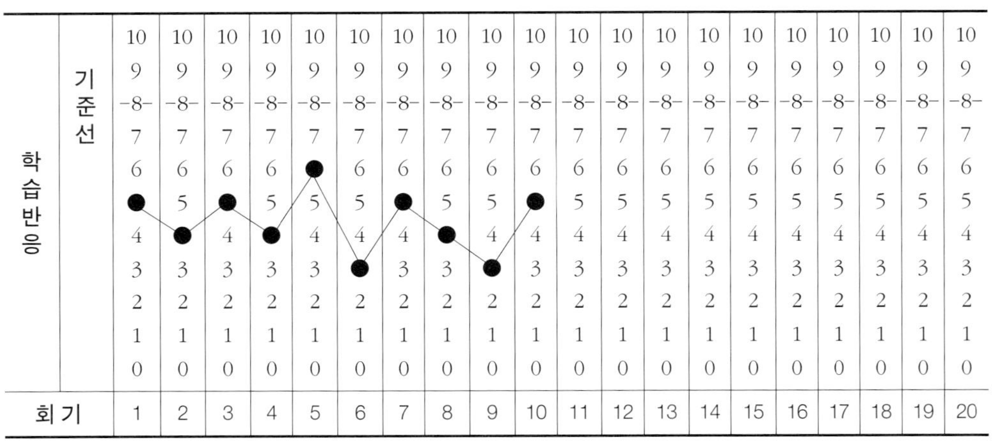

[그림 16-6] 변산이 작은 소강 상태의 학습곡선

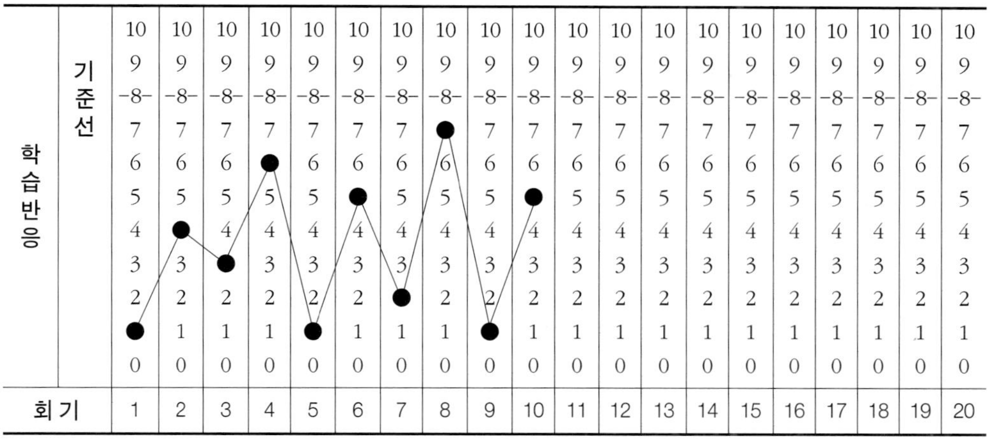

[그림 16-7] 변산이 심한 소강 상태의 학습곡선

또 프로그램에 대한 교사나 훈련자의 이해 부족과 진행방법의 미숙에 원인이 있을 수도 있으므로 조심스럽게 살펴보아야 한다.

8. 정해진 형식에 따라 프로그램 완성하기

치료교육 프로그램은 행동분석 전문가나 프로그램 제작자에 의하여 수행되기보다는 일반 부모나 교사 등 비전문 치료자들에 의하여 수행되는 일이 더 많다. 따라서 비전문인들도 쉽게 이해하고 올바로 수행할 수 있도록 치료교육 과정을 자세히 기술할 필요가 있다. 각 훈련 단계별 표적행동을 유도하기 위한 선행조건과 학습반응을 강화하는 방법, 특히 반응의 기록과 그래프 그리기 등을 간단명료하게 진술한다. [그림 16-8]은 '양말 벗기' 훈련 프로그램의 제2단계 훈련과정을 예시한 것이다. 즉, 〈표 16-8〉에서 설정한 훈련 단계별 선행조건과 평가기준에 기초하여 제2단계 훈련 프로그램을 완성한 것이다.

2단계: 양말을 발등까지 밀어 내리고 양말코를 잡아당겨 빼기

선행조건

아동에게 양말을 신긴 후 훈련자는 아동과 방바닥에 마주 앉는다.

훈련자는 '○○야, 양말 벗어!' 라고 지시한다.

① 아동의 두 손을 이끌어 엄지손가락을 양쪽 양말목에 넣도록 수지도한다.

표적행동

② 아동은 양말을 발등까지 밀어 내리고

③ 한 손으로 양말코를 잡아당겨 뺀다.

평가기준

강화기준: 아동이 훈련자의 도움 없이 5초 이내에 양말을 발등까지 밀어 내리고 양말코를 잡아당겨 빼면, 즉시 언어적 칭찬과 함께 정적강화한다.

학습기준: 2회기 연속 10번 시행 중 8번 이상 올바로 반응하면 다음 단계 훈련으로 넘어간다.

반응 기록표

1. 학습자가 강화기준에 맞게 올바로 반응하면 해당 회기의 시행번호 위에 'o' 표시를 한다.
2. 강화기준에 맞게 반응하지 못하거나 정해진 시간 내에 반응하지 못하면 해당 회기의 시행번호 위에 '×' 표시를 한다.
3. 회기별로 올바른 반응의 수를 세어 해당되는 시행번호 위에 자료점(●)을 표시한다.
4. 각 회기의 자료점들을 실선으로 이어 자료통로를 그린다.

학습 반응	기준선																				
		10	10	10	10	10	10	10	10	10	10	10	10	10	10	10	10	10	10	10	10
		9	9	9	9	●	●	9	9	9	9	9	9	9	9	9	9	9	9	9	9
		~~8~~	~~8~~	~~8~~	~~8~~	~~8~~	~~8~~	~~8~~	~~8~~	~~8~~	~~8~~	~~8~~	~~8~~	~~8~~	~~8~~	~~8~~	~~8~~	~~8~~	~~8~~	~~8~~	~~8~~
		7	●	7	●	7	7	7	7	7	7	7	7	7	7	7	7	7	7	7	7
		6	6	●	6	6	6	6	6	6	6	6	6	6	6	6	6	6	6	6	6
		●	5	5	5	5	5	5	5	5	5	5	5	5	5	5	5	5	5	5	5
		4	4	4	4	4	4	4	4	4	4	4	4	4	4	4	4	4	4	4	4
		3	3	3	3	3	3	3	3	3	3	3	3	3	3	3	3	3	3	3	3
		2	2	2	2	2	2	2	2	2	2	2	2	2	2	2	2	2	2	2	2
		1	1	1	1	1	1	1	1	1	1	1	1	1	1	1	1	1	1	1	1
		0	0	0	0	0	0	0	0	0	0	0	0	0	0	0	0	0	0	0	0
회기		1	2	3	4	5	6	7	8	9	10	11	12	13	14	15	16	17	18	19	20
일시		/	/	/	/	/	/	/	/	/	/	/	/	/	/	/	/	/	/	/	/

[그림 16-8] 후진형 행동연쇄에 의한 '양말 벗기' 훈련 프로그램

제2절 행동형성 프로그램 제작

아래 글상자의 예제와 도움말을 참고하여 행동형성 전략에 의거한 발달적 결손행동의 치료교육 프로그램을 제작해 보기로 한다.

예제 1: 높이뛰기	도달점 행동과 시발점 행동의 형태가 동일한 경우 아동이 두 발을 모으고 점프하여 25cm 높이의 고무줄이나 장대를 뛰어넘을 수 있도록 한다. 아동의 현재 수준은 두 발을 모으고 점프를 할 줄 모르는 상태로 가정한다. (참고: 부록 12 LAP-D GB40)

먼저 '높이뛰기'의 도달점 행동을 설정하고 시발점 행동을 확인한 다음, 시발점 행동으로부터 도달점 행동에 이르는 점증적 훈련 단계를 설정한다. '높이뛰기'는 시발점 행동과 도달점 행동이 동일하다. 즉, 두 발을 모으고 무릎을 굽혔다 폈다를 반복하면서 두 발을 앞뒤로 구르다가 재빠르게 땅바닥을 차며 뛰어오르는 형태는 동일하다. 그러므로 강화기준을 차등화하여 점진적 훈련 단계를 정한다. 표적행동의 물리적 특성, 즉 고무줄이나 장대의 높이를 점차 증가시키는 방식으로 훈련 단계를 정한다. 시발점에서 도달점에 이르는 중간 단계는 학습자의 발달 정도, 능력, 흥미, 동기 등을 고려하여 정한다. 훈련 단계가 결정되면, 각 단계별 선행조건과 평가기준을 설정한다. 마지막으로 훈련자(교사, 부모, 기타 치료교육을 실행할 비전문인)들이 쉽게 이해하고 진행할 수 있도록 훈련과정을 표준화된 틀에 맞추어 상세히 진술한다.

1. 도달점 행동과 시발점 행동의 진술

여기서는 '부록 12'에 있는 LAP-D GB40번을 치료교육의 대상으로 한다. 이 검사문항의 검사 절차와 평가기준을 보면, 표적행동은 제자리에서 두 발을 모으고 점프하여 25cm 높이의 고무줄이나 장대를 건드리지 않고 뛰어넘는 것이다. 이는 60개월 된 아동에게 기대되는 행동으로서 대근육 운동발달 영역에 속하는 발달과제이다. 도달점 행동이 설정되면 이제 시발점 행동을 확인한다. 이 예제에서 아동은 '높이뛰기'를 해 본 적은 없지만 혼자서 두 발을 모으고 깡충깡충 뛸 수는 있는 것으로 가정한다. 또한 시발점 행동은 도달점 행동과 동일하게 진술한다. 평가기준에서는 표적행동의 양적 특성, 즉 뛰어넘어야 할 높이만을 차등화하여 중간 훈련 단계를 설정한다. 시발점 행동의 강화기준은 두 발을 모으고 점프하여 5cm 높이에 걸쳐 놓은 고무줄을 건드리지 않고 뛰어넘는 것으로 한다.

〈표 16-9〉와 〈표 16-10〉에서와 같이, '높이뛰기'의 시발점 행동과 도달점 행동을 선행조건, 표적행동, 평가기준으로 나누어 각각 진술한다. 표적행동은 시발점과 도달점에서 모두 형태가 동일하므로 '아동은 고무줄을 뛰어넘는다.'로 똑같이 진술한다. 다만 강화기준에서 뛰어넘어야 할 높이를 각각 5cm와 25cm로 차등화하고, 선행조건의 준비 사항에서도 고무줄의 설치 높이를 강화기준과 동일하게 진술한다. 시발점 행동의 선행조건에서는 표적행동의 발생 가능성을 높이기 위하여 사용될 촉진자극에 관하여 진술할 수 있다.

〈표 16-9〉 '높이뛰기'의 시발점 행동의 진술

선행조건	(준비사항) 방바닥에서 5cm 높이에 고무줄을 수평으로 걸쳐 놓고, 고무줄을 향하여 30cm 정도 떨어진 곳에 아동을 세운다. (변별자극) 아동에게 '○○야, 고무줄을 뛰어넘어!' 라고 지시한다. (촉진자극) 필요하면 훈련자가 먼저 고무줄을 뛰어넘는 시범을 보인다.
표적행동	아동은 고무줄을 뛰어넘는다.
평가기준	강화기준: 아동은 두 발을 모으고 제자리에서 뛰어올라 5cm 높이의 고무줄을 건드리지 않고 넘어야 한다. 학습기준: 2회기 연속 10번 시행 중 8번 이상 올바로 반응하여야 한다.

〈표 16-10〉 '높이뛰기' 의 도달점 행동의 진술

선행조건	(준비사항) 방바닥에서 25cm 높이에 고무줄을 수평으로 걸쳐 놓고, 고무줄을 향하여 30cm 정도 떨어진 곳에 아동을 세운다. (변별자극) 아동에게 '○○야, 고무줄을 뛰어넘어!' 라고 지시한다.
표적행동	아동은 고무줄을 뛰어넘는다.
평가기준	강화기준: 아동은 두 발을 모으고 제자리에서 뛰어올라 25cm 높이의 고무줄을 건드리지 않고 넘어야 한다. 학습기준: 2회기 연속 10번 시행 중 8번 이상 올바로 반응하여야 한다.

2. 중간 단계의 설정

시발점 행동과 도달점 행동이 설정되면 이제 시발점으로부터 도달점 행동에 이르는 사다리와 같은 점진접근 단계를 설정한다. 이 예제에서는 시발점 행동과 도달점 행동의 형태가 동일하므로 중간 훈련 단계의 표적행동도 모두 동일하게 진술한다. 다만, [그림 16-9]에서와 같이, 평가기준에서 표적행동의 물리적 특성(높이)만을 차등화하여 중간 훈련 단계를 설정한다. 중간 단계의 크기와 수는 학습자의 발달 정도, 능력, 흥미, 동기 등을 고려하여 정한다. 중요한 것은 훈련 실행과정에서 훈련 단계를 수시로 조절할 수 있는 기민성을 갖춰야 한다는 점이다. 훈련 프로그램의 진행 중 학습자의 오류반응이 50%를 넘거나, 그래프에서 자료통로의 진행이 장기간 소강 상태를 보일 때는 중간 단계를 하나 더 설정하여 보다 쉽게 성공할 수 있도록 한다.

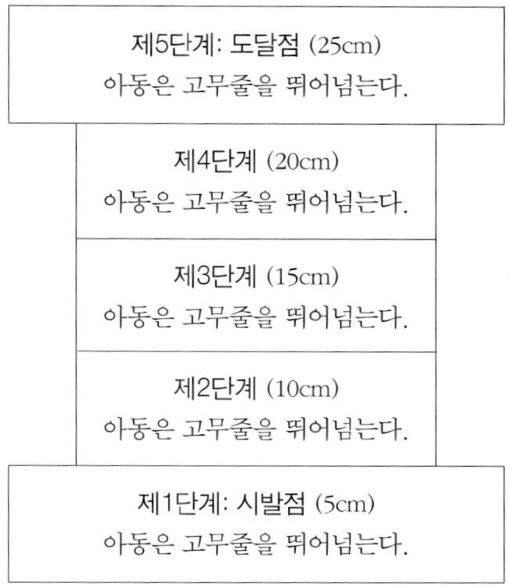

[그림 16-9] '높이뛰기'의 훈련 단계

3. 훈련 단계별 선행조건과 평가기준 설정

훈련 단계가 설정되면 이제 각 단계별로 선행조건과 평가기준을 상세히 기술한다. 〈표 16-11〉, 〈표 16-12〉, 〈표 16-13〉과 같이 선행조건에서는, ① 자연적 변별자극(S^D), ② 보조적 촉진자극, ③ 학습자의 주의를 집중시키기 위한 방안, ④ 치료자와 학습자의 위치, ⑤ 학습 활동에 소요되는 도구와 재료 및 이들의 배치, ⑥ 학습 장소의 물리적 환경과 기타 준비 사항 등을 진술한다. 평가기준은 강화기준과 학습기준으로 나누어 진술한다. 이 예제에서는 시발점 행동과 도달점 행동의 형태가 같으므로 각 단계별 강화기준은 표적행동의 물리적 특성, 즉 높이를 차등화하여 진술하여 각 훈련 단계의 학습기준을 설정한다. 예컨대, 올바른 반응률(%)이 2회기 연속 80%를 넘으면 학습된 것으로 평가한다.

〈표 16-11〉 제2단계 훈련: 10cm 높이 뛰어넘기

선행조건	(준비사항) 방바닥에서 10cm 높이에 고무줄을 수평으로 걸쳐 놓고, 고무줄을 향하여 30cm 정도 떨어진 곳에 아동을 세운다. (변별자극) 아동에게 '○○야, 고무줄을 뛰어넘어!'라고 지시한다. (촉진자극) 필요하면 훈련자가 먼저 고무줄을 뛰어넘는 시범을 보인다.
표적행동	아동은 고무줄을 뛰어넘는다.
평가기준	강화기준: 아동은 두 발을 모으고 제자리에서 뛰어올라 10cm 높이의 고무줄을 건드리지 않고 넘어야 한다. 학습기준: 2회기 연속 10번 시행 중 8번 이상 올바로 반응하여야 한다.

〈표 16-12〉 제3단계 훈련: 15cm 높이 뛰어넘기

선행조건	(준비사항) 방바닥에서 15cm 높이에 고무줄을 수평으로 걸쳐 놓고, 고무줄을 향하여 30cm 정도 떨어진 곳에 아동을 세운다. (변별자극) 아동에게 '○○야, 고무줄을 뛰어넘어!'라고 지시한다. (촉진자극) 필요하면 훈련자가 먼저 고무줄을 뛰어넘는 시범을 보인다.
표적행동	아동은 고무줄을 뛰어넘는다.
평가기준	강화기준: 아동은 두 발을 모으고 제자리에서 뛰어올라 15cm 높이의 고무줄을 건드리지 않고 넘어야 한다. 학습기준: 2회기 연속 10번 시행 중 8번 이상 올바로 반응하여야 한다.

〈표 16-13〉 제4단계 훈련: 20cm 높이 뛰어넘기

선행조건	(준비사항) 방바닥에서 20cm 높이에 고무줄을 수평으로 걸쳐 놓고, 고무줄을 향하여 30cm 정도 떨어진 곳에 아동을 세운다. (변별자극) 아동에게 '○○야, 고무줄을 뛰어넘어!'라고 지시한다. (촉진자극) 필요하면 훈련자가 먼저 고무줄을 뛰어넘는 시범을 보인다.
표적행동	아동은 고무줄을 뛰어넘는다.
평가기준	강화기준: 아동은 두 발을 모으고 제자리에서 뛰어올라 20cm 높이의 고무줄을 건드리지 않고 넘어야 한다. 학습기준: 2회기 연속 10번 시행 중 8번 이상 올바로 반응하여야 한다.

4. 정해진 형식에 따라 프로그램 완성하기

훈련 단계와 각 단계별 선행조건과 평가기준이 마련되면 프로그램의 골격이 완성된 것이다. 이제 [그림 16-10]과 [그림 16-11]에 예시된 것처럼, 정해진 형식에 따라 제1단계부터 마지막 훈련 단계까지의 프로그램을 구체적으로 정리한다. 학습반응을 기록하고

그래프를 그리고, 결과를 체계적으로 분석할 수 있는 방안을 마련한다. 그리고 일반 부모나 교사 등 비전문 치료자들도 쉽게 이해하고 올바로 수행할 수 있도록 치료교육 과정을 자세히 기술한다. 프로그램 완성양식의 전문은 '부록 5'에 첨부되었다. 여기서는 지면을 절약하기 위하여 제2단계 훈련 내용만 예시하기로 한다. '높이뛰기' 전체 프로그램은 '부록 6'에 첨부한다.

프로그램 이름: ____________

> 지금까지 작성한 치료교육 계획을 정해진 양식에 맞추어 프로그램을 완성한다. 부모, 교사, 등의 비전문인도 프로그램의 내용을 쉽게 파악하고, 프로그래머의 계획대로 치료교육을 진행할 수 있도록 작성해 보자.

아동 이름: ____________ 생년월일: ____________ 시작일시: ____________

치료자 이름: ____________ 연 락 처: ____________ 종료일시: ____________

프로그램 진행에 관한 일반 사항:

____

____

훈련 장소/ 아동과의 상대적 위치:

____

____

준비물:

____

____

기타 유의 사항:

____

____

[그림 16-10] 프로그램 완성양식

프로그램 이름, 아동 이름, 생년월일, 시작일시와 종료일시, 치료자 이름, 연락처 그리고 프로그램 진행에 관한 일반 사항, 학습장소, 준비물, 기타 유의 사항 등을 자세히 기록한다.

제2단계: 10cm 높이 뛰어넘기

선행조건

방바닥에서 10cm 높이에 고무줄을 수평으로 걸쳐 놓고, 고무줄을 향하여 30cm 정도 떨어진 곳에 아동을 세운다. 아동에게 '○○야, 고무줄을 뛰어넘어!' 라고 지시한다.
필요하다면 훈련자가 먼저 고무줄을 뛰어넘는 시범을 보인다.

표적행동

아동은 고무줄을 뛰어넘는다.

평가기준

강화기준: 아동이 두 발을 모으고 제자리에서 뛰어올라 10cm 높이의 고무줄을 건드리지 않고 넘으면 즉시 칭찬한다.

학습기준: 2회기 연속 10번 시행 중 8번 이상 올바로 반응하면 다음 단계 훈련으로 넘어간다.

반응 기록표

1. 학습자가 강화기준에 맞게 올바로 반응하면 해당 회기의 시행번호 위에 'o' 표시를 한다.
2. 강화기준에 맞게 반응하지 못하거나 정해진 시간 내에 반응하지 못하면 해당 회기의 시행번호 위에 '×' 표시를 한다.
3. 회기별로 올바른 반응의 수를 세어 해당되는 시행번호 위에 자료점(●)을 표시한다.
4. 각 회기별 자료점들을 실선으로 이어 자료통로를 그린다.

학습반응	기준선																				
		10	10	10	10	10	10	10	10	10	10	10	10	10	10	10	10	10	10	10	10
		9	9	9	9	9	9	9	9	9	9	9	9	9	9	9	9	9	9	9	9
		~~8~~	~~8~~	~~8~~	~~8~~	~~8~~	~~8~~	~~8~~	~~8~~	~~8~~	~~8~~	~~8~~	~~8~~	~~8~~	~~8~~	~~8~~	~~8~~	~~8~~	~~8~~	~~8~~	~~8~~
		7	7	7	7	7	7	7	7	7	7	7	7	7	7	7	7	7	7	7	7
		6	6	6	6	6	6	6	6	6	6	6	6	6	6	6	6	6	6	6	6
		5	5	5	5	5	5	5	5	5	5	5	5	5	5	5	5	5	5	5	5
		4	4	4	4	4	4	4	4	4	4	4	4	4	4	4	4	4	4	4	4
		3	3	3	3	3	3	3	3	3	3	3	3	3	3	3	3	3	3	3	3
		2	2	2	2	2	2	2	2	2	2	2	2	2	2	2	2	2	2	2	2
		1	1	1	1	1	1	1	1	1	1	1	1	1	1	1	1	1	1	1	1
		0	0	0	0	0	0	0	0	0	0	0	0	0	0	0	0	0	0	0	0
회기		1	2	3	4	5	6	7	8	9	10	11	12	13	14	15	16	17	18	19	20
일시		/	/	/	/	/	/	/	/	/	/	/	/	/	/	/	/	/	/	/	/

[그림 16-11] '높이뛰기' 제2단계 훈련 프로그램

훈련의 선행조건과 강화기준을 명시하고, 결과를 기록하여 그래프로 그린다.

제3절 행동연쇄 프로그램 제작

아래 글상자의 예제와 도움말을 참고하여 행동연쇄 전략에 의거한 발달적 결손행동의 치료교육 프로그램을 제작해 보기로 한다.

예제 2: 공 던지기	후진형 행동연쇄 프로그램 훈련자의 시범을 보고 직경 5cm의 공을 어깨 위로 올려 앞으로 던지도록 지시한다. 공은 적어도 1m 앞으로 떨어져야 한다. 단순히 공을 떨어뜨리면 안 된다. 온몸을 움직이는 것은 허용된다. (참고: '부록 12' LAP-D GO13번)

과제분석을 통하여 훈련목표(표적행동)를 하위과제들로 세분하고, 후진형 행동연쇄의 전략에 따라 훈련 단계를 설정한다. 그리고 훈련 단계별 표적행동, 선행조건과 평가기준(강화기준과 학습기준)을 설정한다. 마지막으로 비전문가인 훈련자(교사, 부모 등)도 내용을 쉽게 이해하고, 또한 결과를 관찰 · 기록하고 그래프를 작성할 수 있도록 정해진 형식에 따라 프로그램을 완성한다.

1. 훈련목표의 행동적 진술

훈련목표는 '부록 12' 에 있는 LAP-D GO13번으로서, 공을 어깨 위로 올려 앞으로 던지도록 가르치는 것이다. 직경 5cm의 공 2개를 탁자 위에 준비한다. 아동의 주의를 훈련자에게 집중시킨 후, '선생님이 공 던지는 것을 잘 봐!' 라고 말한 다음 탁자 위의 공을 하나 집어 어깨 위로 올려 앞으로 던지는 시범을 보인다. 그런 다음 '○○야, 공을 던져 봐!' 라고 지시한다. 아동은 공을 집어 어깨 위로 올려 앞으로 던져야 한다. 공을 밑

〈표 16-14〉 '공 던지기' 의 행동적 진술

선행조건	직경 5cm의 공 2개를 탁자 위에 준비한다. 훈련자는 공을 하나 집어 어깨 위로 올렸다 앞으로 던지는 시범을 보인다. 아동에게 '○○야, 공을 던져 봐!' 라고 지시한다.
표적행동	아동은 공을 어깨 위로 올려 던진다.
평가기준	강화기준: 공이 적어도 1m 이상 앞으로 나가야 한다. 단순히 밑으로 떨어트리는 것은 안 된다. 온몸을 움직이는 것은 허용된다. 학습기준: 2회기 연속 10번 시행 중 8번 이상 올바로 반응하여야 한다.

으로 떨어트리면 안 되고, 적어도 1m 이상 앞으로 나가야 한다. 이것은 연령 21개월 된 아동에게 기대되는 행동으로서 대근육 운동 영역에 속하는 발달과제이다. Mager(1962)의 제안에 따라 훈련목표(표적행동)를 선행조건, 표적행동, 평가기준 등 세 요인으로 나누어 정의하면 〈표 16-14〉와 같다.

2. 과제분석

공을 어깨 위로 올려 던지는 것과 같은 복합행동을 새로 가르칠 때는 먼저 과제분석을 통하여 하나의 훈련목표를 그 하위과제들로 세분한 다음 일의 순서에 따라 배열한다. 하위과제를 어떤 단위로 나누고 또 어떤 순서로 배열하느냐에 따라 표적행동의 수행이 쉬울 수도 있고 어려울 수도 있다. 그러므로 세분된 하위과제들의 내용과 수는 적절하며 그 순서는 효율적으로 배열되었는지 그 타당성을 검증할 필요가 있다. 그리고 이미 학습된 행동의 중복 훈련을 방지하기 위하여 하위과제 각각에 대한 성취 수준을 평가하여야 한다. 〈표 16-15〉는 '공 던지기'를 하위과제로 세분한 하나의 예를 보여 준다. 과제분석의 타당성 및 성취 수준의 평가에 관해서는 '제15장, 제2절 행동연쇄'를 참고한다.

〈표 16-15〉 '공 던지기'의 과제분석

과제 번호	하위과제
1	아동은 공을 집는다.
2	아동은 목표 지점을 향해 바로 선다.
3	아동은 공을 어깨 위로 들어 올린다.
4	아동은 공을 든 손을 빠르게 앞으로 이동한다.
5	아동은 공에서 손을 뗀다.

3. 훈련 단계의 설정

과제분석에 의하여 훈련목표가 하위과제로 세분되고 일의 순서가 정해지면 이제 훈련 단계와 단계별 표적행동을 설정한다. 훈련 단계와 단계별 표적행동은 전진형, 후진형 또는 전과제형 중에서 어떤 방법을 선택하느냐에 따라 크게 달라진다. 여기서는 후진형 행동연쇄에 의한 훈련 단계와 단계별 표적행동을 설정하는 방법을 설명하기로 한다. 〈표 16-16〉을 보면, 제1단계 훈련에서는 과제 5번 하나만 학습자에게 가르친다. 즉, 학습자에게 요구되는 하위행동은 '공에서 손을 떼는 것'뿐이다. 제2단계 훈련에서는 과제 4번과 5번을 연속하여 수행하도록 한다. 즉, 학습자에게 요구되는 행동은 '공을 든 손을 빠르게 앞으로 이동하면서(과제 4번) 공에서 손을 떼는(과제 5번)' 연속 동작이다. 제3단계, 제4단계, 제5단계의 훈련목표도 동일한 방법으로 결정된다. 일반적으로 〈표 16-16〉에서와 같이 현 훈련 단계의 표적행동 앞에 나머지 하위과제 중 마지막 번호에 해당하는 하위과제 하나를 추가하여 다음 훈련 단계의 표적행동을 결정한다. 즉, 〈표 16-16〉에서와 같이 하위과제를 하나씩 역순으로 추가하여 다음 상위 단계의 훈련목표를 설정한다.

〈표 16-16〉 '공 던지기'의 후진형 훈련 단계와 단계별 표적행동

훈련 단계	과제 번호	단계별 표적행동
1	(5)	아동은 공에서 손을 뗀다.
2	(4) (5)	아동은 공을 든 손을 빠르게 앞으로 이동하면서 공에서 손을 뗀다.
3	(3) (4) (5)	아동은 공을 어깨 위로 들어 올린 다음 공을 든 손을 빠르게 앞으로 이동하면서 공에서 손을 뗀다.
4	(2) (3) (4) (5)	아동은 목표를 향해 바로 서서 공을 어깨 위로 들어 올린 다음 공을 든 손을 빠르게 앞으로 이동하면서 공에서 손을 뗀다.
5	(1) (2) (3) (4) (5)	아동은 공을 집은 다음 목표를 향해 바로 서서 공을 어깨 위로 들어 올린 다음 공을 든 손을 빠르게 앞으로 이동하면서 공에서 손을 뗀다.

4. 훈련 단계별 선행조건과 평가기준 설정

훈련 단계와 단계별 표적행동이 설정되면 이제 각 단계별로 선행조건과 평가기준을 상세히 기술한다. 〈표 16-17〉, 〈표 16-18〉, 〈표 16-19〉, 〈표 16-20〉, 〈표 16-21〉에는 5단계에 걸친 공 던지기 훈련의 선행조건, 표적행동, 평가기준이 예시되었다. 선행조건에서는 표적행동을 효과적으로 유도할 수 있는 조건, 즉 ① 최종 변별자극(S^D), ② 보조적 촉진자극, ③ 학습자의 주의를 집중시키기 위한 방안, ④ 치료자와 학습자의 위치, ⑤ 학습 활동에 필요한 도구와 재료 및 이들의 배치, ⑥ 학습 장소의 물리적 환경과 기타 준비사항 등을 진술한다. 평가기준은 강화기준과 학습기준으로 나누어 진술한다. 이 예제에서 각 단계별 강화기준은 동일하다. 공을 어깨 위로 올렸다가 앞으로 던져야 하고, 공은 1m 이상 전방으로 떨어져야 한다. 이 훈련의 목적은 공을 멀리 던지는 데 있는 것이 아니라 공을 던지는 방법과 기능을 조금씩 단계적으로 익히는 데 있다. 처음에는 훈련자의 도움을 많이 받아 공을 던진다. 그러나 점차로 훈련자의 도움은 줄이고 학습자 스스로 해야 할 표적행동은 점차로 늘려 결국 혼자서 공을 던질 수 있도록 한다. 학습기준도 모든 단계에서 동일하게 설정한다. 2회기 연속 올바른 반응이 80%를 넘으면 학습된 것으로 평가한다. 여기서는 후진형 행동연쇄 기법을 활용하여 3세 유아에게 공 던지기를 가르칠 수 있는 치료교육 계획을 세우려고 한다. 훈련 단계별로 선행조건, 표적행동, 평가기준을 체계적으로 작성해 보기로 한다.

〈표 16-17〉 '공 던지기'의 후진형 행동연쇄 제1단계 훈련

선행조건	(준비사항) 직경 5cm의 고무공 2개를 탁자 위에 준비한다. 훈련자는 아동에게 주의를 집중시킨 후 공을 하나 집어 어깨 위로 올렸다 앞으로 던지는 시범을 보인다. (변별자극) 아동에게 '○○야, 공을 던져 봐!' 라고 지시한다. (촉진자극) 그리고 즉시 다음과 같이 수지도한다. (1) 아동이 공을 집도록 돕는다. (2) 아동이 목표를 향해 서도록 돕는다. (3) 아동이 공을 든 손을 어깨 위로 올리도록 돕는다. (4) 아동이 손을 빠르게 앞으로 이동하도록 돕는다.
표적행동	(5) 아동은 공에서 손을 뗀다.
평가기준	강화기준: 공을 든 손을 어깨 위로 올렸다 앞으로 뻗어야 한다. 온몸을 움직이는 것은 허용된다. 공이 적어도 1m 이상 앞으로 떨어지면 칭찬하고 보상한다. 학습기준: 2회기 연속 10번 중 8번 이상 올바로 반응하면 다음 단계로 넘어간다.

〈표 16-18〉 '공 던지기' 의 후진형 행동연쇄 제2단계 훈련

선행조건	(준비사항) 직경 5cm의 고무공 2개를 탁자 위에 준비한다. 훈련자는 아동에게 주의를 집중시킨 후 공을 하나 집어 어깨 위로 올렸다 앞으로 던지는 시범을 보인다. (변별자극) 아동에게 '○○야, 공을 던져 봐!' 라고 지시한다. (촉진자극) 그리고 즉시 다음과 같이 수지도한다. (1) 아동이 공을 집도록 돕는다. (2) 아동이 목표를 향해 서도록 돕는다. (3) 아동이 공을 든 손을 어깨 위로 올리도록 돕는다.
표적행동	(4) 아동은 손을 빠르게 앞으로 이동한다. (5) 공에서 손을 뗀다.
평가기준	강화기준: 공을 든 손을 어깨 위로 올렸다 앞으로 뻗어야 한다. 온몸을 움직이는 것은 허용된다. 공이 적어도 1m 이상 앞으로 떨어지면 칭찬하고 보상한다. 학습기준: 2회기 연속 10번 중 8번 이상 올바로 반응하면 다음 단계로 넘어간다.

〈표 16-19〉 '공 던지기' 의 후진형 행동연쇄 제3단계 훈련

선행조건	(준비사항) 직경 5cm의 고무공 2개를 탁자 위에 준비한다. 훈련자는 아동에게 주의를 집중시킨 후 공을 하나 집어 어깨 위로 올렸다 앞으로 던지는 시범을 보인다. (변별자극) 아동에게 '○○야, 공을 던져 봐!' 라고 지시한다. (촉진자극) 그리고 즉시 다음과 같이 수지도한다. (1) 아동이 공을 집도록 돕는다. (2) 아동이 목표를 향해 서도록 돕는다.
표적행동	(3) 아동은 공을 든 손을 어깨 위로 올린다. (4) 손을 빠르게 앞으로 이동한다. (5) 공에서 손을 뗀다.
평가기준	강화기준: 공을 든 손을 어깨 위로 올렸다 앞으로 뻗어야 한다. 온몸을 움직이는 것은 허용된다. 공이 적어도 1m 이상 앞으로 떨어지면 칭찬하고 보상한다. 학습기준: 2회기 연속 10번 중 8번 이상 올바로 반응하면 다음 단계로 넘어간다.

〈표 16-20〉 '공 던지기' 의 후진형 행동연쇄 제4단계 훈련

선행조건	(준비사항) 직경 5cm의 고무공 2개를 탁자 위에 준비한다. 훈련자는 아동에게 주의를 집중시킨 후 공을 하나 집어 어깨 위로 올렸다 앞으로 던지는 시범을 보인다. (변별자극) 아동에게 '○○야, 공을 던져 봐!' 라고 지시한다. (촉진자극) 그리고 즉시 다음과 같이 수지도한다. (1) 아동이 공을 집도록 돕는다.
표적행동	(2) 아동은 목표를 향해 선다. (3) 공을 든 손을 어깨 위로 올린다. (4) 손을 빠르게 앞으로 이동한다. (5) 공에서 손을 뗀다.
평가기준	강화기준: 공을 든 손을 어깨 위로 올렸다 앞으로 뻗어야 한다. 온몸을 움직이는 것은 허용된다. 공이 적어도 1m 이상 앞으로 떨어지면 칭찬하고 보상한다. 학습기준: 2회기 연속 10번 중 8번 이상 올바로 반응하면 다음 단계로 넘어간다.

〈표 16-21〉 '공 던지기'의 후진형 행동연쇄 제5단계 훈련

선행조건	(준비사항) 직경 5cm의 고무공 2개를 탁자 위에 준비한다. 훈련자는 아동에게 주의를 집중시킨 후 공을 하나 집어 어깨 위로 올렸다 앞으로 던지는 시범을 보인다. (변별자극) 아동에게 '○○야, 공을 던져 봐!'라고 지시한다.
표적행동	(1) 아동은 공을 집는다. (2) 목표를 향해 선다. (3) 공을 든 손을 어깨 위로 올린다. (4) 손을 빠르게 앞으로 이동한다. (5) 공에서 손을 뗀다.
평가기준	강화기준: 공을 든 손을 어깨 위로 올렸다 앞으로 뻗어야 한다. 온몸을 움직이는 것은 허용된다. 공이 적어도 1m 이상 앞으로 떨어지면 칭찬하고 보상한다. 학습기준: 2회기 연속 10번 중 8번 이상 올바로 반응하면 다음 단계로 넘어간다.

5. 정해진 형식에 따라 프로그램 완성하기

이와 같이 단계별 선행조건, 표적행동, 평가기준이 마련되면 이제 프로그램은 거의 완성된 것이다. 이제 '부록 5'에 첨부된 프로그램 완성양식에 따라 [그림 16-12]와 같이 프로그램을 세밀하게 정리한다. 올바른 학습반응을 강화하고, 반응을 기록하고, 그래프를 작성하고, 결과를 체계적으로 분석할 수 있도록 계획한다. 특히 일반 부모나 교사 등 비전문 치료자들도 쉽게 이해하고 올바로 사용할 수 있도록 치료교육 과정을 자세히 기술한다. 지면을 절약하기 위하여 제2단계 훈련 내용만 대표적으로 예시한다. '공 던지기' 전체 프로그램은 '부록 7'에 첨부하기로 한다.

제2단계: 손을 빠르게 앞으로 이동하면서 공에서 손을 떼기

선행조건

(준비사항) 직경 5cm의 고무공 2개를 탁자 위에 준비한다. 훈련자는 아동에게 주의를 집중시킨 후 공을 하나 집어 어깨 위로 올렸다 앞으로 던지는 시범을 보인다.

(변별자극) 아동에게 '○○야, 공을 던져 봐!' 라고 지시한다.

(촉진자극) 그리고 즉시 다음과 같이 수지도한다.

(1) 아동이 공을 집도록 돕는다.

(2) 아동이 목표를 향해 서도록 돕는다.

(3) 아동이 공을 든 손을 어깨 위로 올리도록 돕는다.

표적행동

(4) 아동은 손을 빠르게 앞으로 이동한다.

(5) 공에서 손을 뗀다.

평가기준

강화기준: 공을 든 손을 어깨 위로 올렸다 앞으로 뻗어야 한다. 온몸을 움직이는 것은 허용된다. 공이 적어도 1m 이상 앞으로 떨어지면 칭찬하고 보상한다.

학습기준: 2회기 연속 10번 중 8번 이상 올바로 반응하면 다음 단계로 넘어간다.

반응 기록표

1. 학습자가 강화기준에 맞게 올바로 반응하면 아래 해당 회기의 시행번호 위에 'o' 표시를 한다.
2. 기준에 맞게 반응하지 못하거나 정해진 시간 내에 반응하지 못하면 해당 회기의 시행번호 위에 '×' 표시를 한다.
3. 회기별로 올바른 반응의 수를 세어 시행번호 위에 자료점(●)을 표시한다.
4. 각 회기별 자료점들을 실선으로 이어 자료통로를 그린다.

학습 반응	기준선																				
		10	10	10	10	10	10	10	10	10	10	10	10	10	10	10	10	10	10	10	10
		9	9	9	9	9	9	9	9	9	9	9	9	9	9	9	9	9	9	9	9
		~~8~~	~~8~~	~~8~~	~~8~~	~~8~~	~~8~~	~~8~~	~~8~~	~~8~~	~~8~~	~~8~~	~~8~~	~~8~~	~~8~~	~~8~~	~~8~~	~~8~~	~~8~~	~~8~~	~~8~~
		7	7	7	7	7	7	7	7	7	7	7	7	7	7	7	7	7	7	7	7
		6	6	6	6	6	6	6	6	6	6	6	6	6	6	6	6	6	6	6	6
		5	5	5	5	5	5	5	5	5	5	5	5	5	5	5	5	5	5	5	5
		4	4	4	4	4	4	4	4	4	4	4	4	4	4	4	4	4	4	4	4
		3	3	3	3	3	3	3	3	3	3	3	3	3	3	3	3	3	3	3	3
		2	2	2	2	2	2	2	2	2	2	2	2	2	2	2	2	2	2	2	2
		1	1	1	1	1	1	1	1	1	1	1	1	1	1	1	1	1	1	1	1
		0	0	0	0	0	0	0	0	0	0	0	0	0	0	0	0	0	0	0	0
회기		1	2	3	4	5	6	7	8	9	10	11	12	13	14	15	16	17	18	19	20
일시																					

[그림 16-12] 후진형 행동연쇄에 의한 '공 던지기' 제2단계 훈련 프로그램

요 약

1. 결손행동이란, 학습자의 행동저장고에 존재하지 않는 행동을 말한다. 즉, 최적의 생존을 위하여 이미 습득했어야 할 행동들을 아직 할 줄 몰라 발달과 적응에 지속적으로 지장을 초래하는 문제이다. 따라서 결손행동의 원인이 되는 발달장애, 성격 특성 또는 사회문화적 및 교육적 환경의 결함을 개선하려는 노력과 함께 결손행동을 조기에 발견하여 치료교육함으로써 발달과 적응을 촉진할 필요가 있다.

2. 결손행동은 A-B-C 분석모형으로 보면, 행동(B) 자체가 존재하지 않기 때문에 행동을 유도하는 선행자극(A)도 없고 행동을 강화할 후속자극(C)도 존재할 수 없다. 따라서 부모, 교사, 보호자와의 면접, 현장 관찰, 행동발달 체크리스트, 적응행동검사 등과 같은 심리검사를 통하여 발달과 적응을 저해하는 결손행동을 확인하고 치료교육의 목표로 설정한다.

3. 결손행동을 치료한다는 것은 생존과 발달에 필수적인 새로운 행동을 가르치는 것을 의미한다. 응용행동분석의 개념으로 보면, 전혀 존재하지 않는 A-B-C 수반성을 새로 계획하여 형성하는 것이다. 그러므로 치료교육 프로그램을 제작한다는 것은 새로 가르칠 중요한 행동(B)을 선정하고, 이 행동을 유도할 수 있는 선행조건(A)을 계획하고 또한 유발된 행동을 효과적으로 강화할 수 있는 후속요인(C)을 체계적으로 계획하는 것을 의미한다.

4. 프로그램 교수원리는 행동형성과 행동연쇄의 원리에서 그 유래를 찾을 수 있다. 즉, 정해진 학습목표에 도달하기 위하여 A-B-C 수반성에 기초하여 학습자의 경험을 체계적으로 계열화한다. 프로그램 교수원리의 핵심은 ① 소단계 접근, ② 외현적 반응의 유도, ③ 즉각적 피드백과 정적강화, ④ 자기 보조의 원리 등이다.

5. 프로그램 교수의 목표는 학습을 마친 후 학습자가 무엇을 할 수 있느냐 하는 관점에서 결정되며, 관찰과 측정이 가능한 구체적 행동으로 진술된다. 교수목표는 Mager의 제안에 따라 선행조건, 표적행동, 평가기준으로 나뉘어 기술된다. 이러한 행동적 진술방법은 교육과 훈련의 목표를 명시함은 물론, 현재로서 존재하지 않는 새로운 A-B-C 수반적 관계를 어떻게 형성할 것인지에 대한 계획을 수립하는 데 큰 도움이 된다.

6. 프로그램 교수법의 네 가지 원리인 행동형성, 행동연쇄, 촉진법과 용암법, 효과적 정적강화와 같은 기법을 통하여 실용적 치료교육 프로그램으로 구현될 수 있다. 즉, 행동형성과 행동연쇄의 기법을 활용하여 점증적으로 목표행동에 도달하기 위한 소단계 접근이 시도되며, 학습반응을 효율적으로 유도하기 위하여 촉진법과 용암법이 활용된다. 올바른 학습반응에 대한 즉각적이며 효과적인 정적강화는 학습의 필수요인이며, 학습의 진행 속도는 개인의 능력에 기반을 둔 자기 보조의 원리를 따른다.

7. 행동형성은 새로운 행동을 가르칠 때 효과적으로 사용되는 방법으로서, 표적행동에 좀 더 가까이 접근한 행동을 차별적으로 강화하여 점진적으로 목표에 접근시키는 전략이다. 먼저 도달점 행동을 설정하고 시발점 행동을 확인한 후, 시발점으로부터 도달점에 무리 없이 도달할 수 있는 중간 단계를 설정한다. 그리고 각 훈련 단계별 표적행동을 정해진 기준에 따라 차별강화하고, 정해진 학습기준에 도달하면 다음 상위 단계 훈련으로 넘어가는 방식으로 도달점 행동으로의 점진접근이 시도된다.

8. 행동연쇄는 여러 하위과제들로 구성된 복합행동을 가르치기 위하여 고안된 기법이다. 과제분석을 통하여 표적행동을 단순한 하위과제들로 세분하여 일의 순서에 따라 배열한 다음, 앞에서부터 또는 뒤에서부터 하나씩 누가적으로 연결하여 강화함으로써 목표행동에 점차로 접근한다. 행동연쇄 방법으로는 전진형, 후진형, 전과제형이 있다.

9. 촉진자극은 표적행동의 발생 가능성을 높이기 위하여 일시적으로 사용되는 부가적 선행자극을 말한다. 언어적 힌트나 암시, 시범, 물리적 도움과 같은 촉진자극을 사용하여 표적행동을 외적으로 유도하는 방법을 촉진법이라 하고, 일시적으로 도입된 촉진자극을 체계적으로 감소하는 방법을 용암법이라고 한다.

10. 강화는 행동의 학습에 반드시 필요한 조건이다. 올바른 학습반응이 발생하였다 하더라도 강화가 수반되지 않으면 학습은 성립될 수 없기 때문이다. 물론 학습반응에 대한 즉각적 피드백 자체만으로도 강화의 효과를 얻을 수 있지만 그 효율성을 한층 더 높이기 위해서는 보다 풍부한 사회적 및 물질적 강화를 병용하는 것이 필요하다.

제17장 표적행동의 선정과 정의

학습목표

1. 표적행동의 선정기준을 설명할 수 있다.
2. 표적행동의 사회적 중요성을 평가할 수 있다.
3. 문제 유형별 표적행동을 선정할 수 있다.
4. 표적행동의 선정방법을 활용할 수 있다.
5. 표적행동의 순위를 평가할 수 있다.
6. 표적행동을 정의할 수 있다.

응용행동분석 연구의 첫 단계는 표적행동을 선정하고 정의하는 일이다. 내담자 자신뿐 아니라 주변의 모든 사람들에게 긍정적 영향을 미칠 수 있는 사회적으로 중요한 행동을 치료와 교육의 목표로 설정한다. 연구방법의 첫 장을 여는 이 장에서는 내담자 자신에게는 물론 사회적으로도 중요한 표적행동을 선정하는 절차와 방법에 관하여 설명한다.

제1절 표적행동의 선정기준

응용행동분석 연구의 목적은 '사회적으로 중요한 행동을 유의한 수준으로 개선하는' 것이다. 즉, 표적행동은 내담자에게 도움이 될 뿐 아니라 사회적으로 수용될 만한 가치가 있는 중요한 행동이어야 한다.

1) 내담자에게 이득이 되는 행동을 선정한다

표적행동을 선정할 때 가장 먼저 고려할 사항은 누구의 편의를 위하여 행동을 고치거나 변화시키려는 것인지에 관한 것이다. "우리 아이는 고집이 세고 말을 안 들어요. 돌이 지난 얼마 뒤부터 뭐든 자기가 하겠다고 고집이에요. 우유를 먹이려고 하면 기어이 혼자 먹겠다며 컵을 움켜쥐고 놓질 않아요. 결국 염려한 대로 우유를 다 쏟고 아까운 컵까지 깨고 말지요. 갑자기 왜 이러는지 너무 속상하고 미워요! 전처럼 엄마 말을 잘 듣게 할 수 없을까요?" 두 살 난 아들을 둔 젊은 어머니의 하소연이다. 고분고분 순종하는 아이가 되었으면 좋겠다는 것이다. 이러한 행동이 부모에게도 좋고 자녀에게도 유익한 행동이라면 당연히 표적행동으로 선정되어야 하겠지만, 어머니의 요구는 분명 어른의 편의를 위해 자녀의 행동을 고치겠다는 것이다. 두 살 난 아이가 자기 일을 스스로 하겠다는 고집은 발달심리학적으로 볼 때 아주 바람직한 일이다. 발달시간표에 의하면 이 시기의 모든 아이들은 자기 일을 도움 없이 스스로 하려는 강렬한 경향성을 나타내며, 바로 이런 자연적 경향성을 통하여 독립성과 자립심을 발달시킬 수 있도록 유전적으로 계획되어 있다. '돌아다니지 마라.', '조용히 해라.', '얌전히 있어라.' 등도 성장하는 아동들을 위한 표적행동은 될 수 없다. 내담자의 연령과 신체적 · 사회적 · 정신적 능력을 고려하여, 내담자의 성장과 발달이라는 목적을 최선의 기준으로 놓고 표적행동을 선정하여야 한다.

2) 사회적 중요성을 지닌 행동을 선정한다

응용행동분석의 정의에서는 '사회적으로 중요한 행동'을 연구의 대상으로 규정하고 있다. 표적행동은 내담자에게 필요하고 관련 당사자들에게 유익하다는 이유만으로 채택될 수는 없다. 표적행동은 실제로 활용될 보다 넓은 사회에서 수용될 수 있는 것이어야 한다. 따라서 사회적 타당도가 높은 행동을 훈련의 목표(표적행동)로 선정하는 것은 대단히 중요한 일이다. Quinn, Sherman, Sheldon, Quinn과 Harchik(1992)은 지역사회에서 일하는 정신지체인들이 직장생활에 적응하지 못하고 밀려나는 이유 중의 하나를 상사의 충고나 비판을 잘 수용하지 못하는 것으로 보았다. 따라서 정신지체인들에게 상사의 비판을 올바로 수용할 수 있는 기술을 가르쳐 직장에서의 부적응 문제를 해결하려고 하였다. 이 연구에서는 사회적 수용성이 높은 표적행동을 선정하기 위하여 먼저 〈글상자 17-1〉에 제시된 바와 같이 예비 표적행동을 다수 수집한 다음 각 항목에 대한 사회적 타당도를 검증하였다.

사회적 타당도를 검증하는 방법은 대체로 다음과 같다. 첫째, 치료나 훈련의 목표가 될 수 있는 예비 표적행동들의 표본을 수집한다. 둘째, 예비 표적행동에 대하여 심사단의 주관적 평가를 받는다. 일반적으로 '가장 적절하다' 로부터 '그저 그렇다' 를 거쳐 '가장 적절치 않다' 에 이르는 5단계 또는 7단계 평정척도를 사용한다. 셋째, 예비 표적행동들을 측정 가능한 방식으로 정의한 다음, 실제로 각 행동이 실생활 환경에서 어떻게 수용되고 있는지 관찰 · 측정한다. 넷째, 관찰 · 측정치와 심사단의 평정치 간의 상관도를 계산한다. 즉, 상관도가 높을수록 사회적 타당도가 높은 표적행동으로 인정된다. 심사단의 구성, 예비 표적행동의 수집, 사회적 타당도의 평가 등에 관한 보다 자세한 내용은 Bailey와 Burch(2002)의 응용행동분석 연구방법론과 Fawcett(1991)의 사회적 타당도에 관한 논문을 참고한다.

글상자 17-1

비판 수용하기

비언어적 단계
- 대화 중에 상대방의 얼굴을 본다.
- 비판하는 사람을 외면하지 않는다.
- 비판하는 사람과 눈맞춤을 유지한다.
- 중립적 얼굴표정을 유지한다.
- 꼿꼿한 자세를 취한다.

특수언어 단계
- 지시내용을 알고 있음을 말한다.
- 사과한다.
- 조언을 구한다.
- 비판을 거부하지 않고 받아들인다.

일반언어 단계
- 보통 목소리를 유지한다.
- 성난 음성으로 말하지 않는다.
- 타인의 말을 중단시키지 않는다.

Quinn과 동료들(1992)이 사회적 타당도를 검증하기 위하여
수집한 '비판 수용하기' 의 예비 표적행동 표본

제2절 사회적 중요성의 평가

Cooper, Heron과 Heward(2007)는 표적행동의 사회적 중요성을 평가할 수 있는 기준으로 10개 항목을 제안하였다. 〈글상자 17-2〉에 제시된 바와 같이 질문 형식으로 구성된 10개 항목 중에서 '예' 라는 답을 많이 얻을수록 사회적 중요성이 높은 표적행동으로 평가된다.

1) 실생활에서 자연적으로 강화될 수 있는 행동인가

치료자나 교육자의 주된 관심과 기대는 치료나 교육을 통하여 변화된 내담자의 행동이 실생활에 긍정적 영향을 미치며 오래도록 지속되는 일일 것이다. 그러나 학교나 임상실에서 치밀한 계획에 따라 아무리 열심히 가르친 행동일지라도 일상생활 중에 적절히 강화되지 못하면 쉽게 소거되고 만다. 따라서 치료와 교육의 효과를 잘 유지하려면 지속적인 관심과 노력이 뒤따르지 않으면 안 된다. 치료와 교육과정에서 학습된 행동이 실생활에서 자연적으로 강화될 수 있다면 얼마나 좋을까? 특별한 관심과 별도의 노력이 없어도 자연적으로 잘 유지될 것이 아닌가? 예를 들어, 어른에게 인사하는 법을 배운 아동이 길에서 어른을 만날 때마다 인사를 꾸벅꾸벅 잘한다면 아마 어른들은 칭

글상자 17-2

표적행동의 사회적 중요성 평가

1. 치료 후 실생활에서 자연적으로 강화될 수 있는 행동인가?
2. 복합기능을 습득하는 데 필수적인 기초행동인가?
3. 풍부한 학습 환경으로의 접근성을 보장하는 중요한 행동인가?
4. 다른 사람들의 접근과 긍정적 상호작용을 유도할 수 있는 행동인가?
5. 새로운 세계와 기회를 열어 줄 수 있는 첨점 또는 중심축 행동인가?
6. 연령에 적합한 행동인가?
7. 문제행동(표적행동)을 대체할 수 있는 바람직한 행동인가?
8. 치료목적을 대표하는 행동인가?
9. 말뿐이 아닌 실제 행동인가?
10. 행동 문제가 아닐 경우 치료목적을 이끌어 낼 수 있는 행동인가?

Cooper와 동료들(2007)에 의하여 제안된 표적행동의 평가기준

찬을 아끼지 않을 것이다. 즉, 인사하는 행동은 여러 어른들에 의하여 자연스럽게 정적 강화될 것이 확실하며, 따라서 그 행동은 자연스럽게 유지될 수 있을 것이다.

가정과 학교와 사회에서 배운 많은 행동들, 예컨대 사회적 행동, 학습행동, 자조 기술들이 일상생활에서 자연스럽게 강화되고 유지될 수 있다면, 일반화를 위한 의도적이며 계획적인 노력은 그만큼 절감될 수 있을 것이다. Ayllon과 Azrin(1968)은 이와 같이 일상생활 환경에서 자연스럽게 강화될 수 있는 표적행동을 선정하는 것을 행동연관성 규칙[1]이라고 명명하였다. 그러므로 치료와 교육 프로그램을 계획할 단계에서부터 실생활에서 자연적으로 강화될 수 있는 표적행동들을 선정하는 것은 무엇보다 중요한 일이다.

2) 복합기능을 습득하는 데 필수적인 기초행동인가

그 자체로 중요한 표적행동이 될 수는 없지만 다른 상위의 기능을 습득하는 데 필수적인 선수과제가 있다. 예를 들면, 아기가 기는 행동을 하려면 그에 앞서 머리와 팔과 다리의 특수한 동작과 위치 선정 등의 능력은 필수요소로서 먼저 학습되어야 한다. 또 한글 쓰기를 배우려면 가로줄과 세로줄 긋기 및 네모, 세모, 원 그리기 등 글자를 쓰기 위하여 필요한 세부적인 하위과제를 먼저 습득하지 않으면 안 된다. 따라서 보다 어렵고 복잡한 기술을 가르치기에 앞서 그 기초가 되는 선수과제를 표적행동으로 선정하여 훈련할 필요가 있다.

3) 풍부한 학습 환경으로의 접근성을 보장하는 중요한 행동인가

자기 장난감이나 물건을 또래들과 공유하고, 남을 돕고, 인사 잘하고 또 잘 받는 사회적 기술은 또래집단에 수용되고 또래사회로의 접근을 용이하게 한다. 또래사회는 아동에게 언어, 인지, 사회정서, 운동 등의 발달 영역에서 다양하고 풍부한 학습의 기회를 제공한다. 사회성이 없어 고립되거나 따돌림을 받는 아동은 그만큼 또래와의 상호작용을 통하여 배울 수 있는 많은 기회를 상실한다. 따라서 사회적 기술은 사교성이 없고 소심한 아동들에게 우선적으로 가르쳐야 할 중요한 표적행동이다. Hawkins (1986)는 내담자에게 간접적인 이득을 제공하는 수단으로서 '접근행동'을 표적행동 선정의 중요한 기준으로 제시하였다. 예를 들어, 특수학급 아동에게 공책을 깨끗이 쓰고

1) Relevance of behavior rule (行動聯關性 規則)

교사에게 예의 바르게 인사하고 수업 중에 자리를 지키는 행동을 가르치는 것은, 그 아동이 일반학급에서 통합교육을 받게 될 때 일반교사에게 잘 수용되고 인정받음으로써 보다 많은 교육적 기회를 얻게 하려는 기대 때문이 아니겠는가?

4) 다른 사람들의 접근과 긍정적 상호작용을 유도할 수 있는 행동인가

내담자에게 학습의 기회를 보장할 수 있는 또 하나의 방법은 영향력이 큰 주요 인물의 관심을 얻을 수 있는 행동을 가르치는 것이다. 주요 인물이 내담자에게 관심을 갖게 되면 보다 유익한 도움을 줄 수 있기 때문이다. 예컨대, 언어장애 아동에게 직접적으로 도움이 되는 것은 하루 30분씩 어휘 연습을 시키는 일일 것이다. 그래서 하루 30분씩 자녀에게 어휘를 가르치도록 부모에게 권유한다. 물론 계획대로 된다면 자녀의 어휘력 증진에 큰 도움이 되겠지만, 집안일이 산더미같이 쌓인 어머니에게 하루 30분씩 자녀를 가르치라는 것은 또 하나의 무거운 짐이 되어 자녀에게 부정적 영향을 미칠 수 있다. 이런 경우 어휘력 증진에 직접 관련되는 훈련과제를 표적행동으로 정하기보다는 아동에게 설거지나 청소하는 기술을 가르쳐 어머니의 일손을 돕게 한다면 어떨까? 아마 어머니는 자녀의 행동이 기특하고 대견스러워 자연스럽게 자녀와의 상호작용이 원만해지고 긍정적이 되지 않을까? 이와 같이 내담자에게 영향력이 큰 사람의 긍정적 관심을 이끌어 낼 수 있는 행동을 표적으로 선정하여 가르치는 것은 대단히 현명한 일이다. 결과적으로 이러한 상호작용의 기회는 아동의 학습과 발달에 큰 도움이 될 것이다.

5) 새로운 세계와 기회를 열어 줄 수 있는 첨점 또는 중심축 행동인가

행동적 첨점[2)]이란, 개인에게 새로운 환경을 열어 줄 수 있는 행동으로서, 그 행동 자체보다는 그것을 통하여 얻을 수 있는 새로운 효과에 더 큰 중요성이 있다. 첨점 행동은 새로운 강화와 벌의 수반성을 제공하고 새로운 자극변별의 학습 기회를 제공함으로써 수많은 행동을 형성하거나 기존의 문제행동을 제거할 수 있는 새로운 세계로 개인을 인도한다(Rosales-Ruiz & Baer, 1997). 기기, 말하기, 읽기, 모방하기 같은 것들은 첨점 행동의 좋은 예로서, 그런 행동이 습득되는 순간부터 개인에게 새로운 수반성의 세계가 열려 수많은 행동을 새로 배울 수 있게 된다. 예컨대, 아기가 기어서 자기 몸을 이동할 수 있게 되면 주변 환경은 새로운 세계로 바뀐다. 아기는 딸랑이가 놓인 곳으로

2) Behavioral cusp (行動的 尖點)

기어가 손으로 잡고 흔들면서 즐거워한다. 전기 콘센트에 손가락을 넣었다가 혐오자극을 경험하기도 한다. 주변의 모든 자극들이 아기의 활동반경에 포함되어 다양한 행동의 동기를 유발하고 강화 또는 벌을 제공함으로써 수많은 학습의 계기를 마련한다. 기는 행동은 몸을 이동할 수 있는 단순한 행동에 그치지 않고 엄청난 학습의 기회를 마련하는 대전환점이 된다. 따라서 행동분석가는 이러한 첨점 가치에 근거하여 표적행동을 선정함으로써 내담자에게 무한한 잠재력의 새로운 세계를 열어 줄 수 있도록 노력하여야 한다. Bosch와 Fuqua(2001)는 다음의 다섯 가지 기준 중 하나 이상에 해당되면 첨점행동이 될 수 있다고 조언한다. 물론 더 많은 기준을 충족시킬수록 더 강력한 첨점행동이 될 수 있다. 이 기준은 ① 새로운 강화자극, 새로운 수반성, 새로운 환경으로의 접근성, ② 사회적 타당도, ③ 생산력, ④ 부적절한 반응들과의 경쟁력, ⑤ 영향을 받을 사람의 수와 중요성이다.

반면에 중심축 행동[3]은 생소한 말이지만 자폐와 발달장애인의 행동치료에 대단히 유익하고 유망성이 높은 개념이다. 간단히 말해서, 중심축 행동이란, 그 행동이 일단 학습되면, 훈련이나 치료를 받은 적이 없는 다른 바람직한 행동에 대해서도 상응하는 수정효과나 공변효과를 산출하는 행동을 말한다. Koegel과 그의 동료들(Koegel & Frea, 1993; Koegel & Koegel, 1988)은 사회적 기술, 의사소통 능력, 소란행동 등 광범한 영역에서 중심축 행동을 연구하였다. 예컨대, Koegel과 동료들(Koegel, Carter, & Koegel, 2003)의 종단연구 결과에 의하면, 자폐아동의 주도적 행동은 보다 긍정적인 장기효과와 치료적 예후의 지표로서 광범한 영역에서 큰 파급효과를 보여 주었다. 자폐아의 자기 주도[4]는 중심축 행동이라고 볼 수 있다. 자기 주도적 행동이 개선된 아동들은 질문하기, 새로운 언어의 구사 등과 같은 전혀 훈련받은 일이 없는 새로운 반응들을 할 수 있기 때문이다. 따라서 중심축 행동을 표적행동으로 선정하는 일은 내담자 측에서나 치료자 측에서나 큰 이득이 된다. 중심축 행동의 학습은 훈련받은 적이 없는 적합한 반응군을 산출할 수 있어 치료와 교육에 소요되는 많은 시간과 노력을 절감할 수 있기 때문이다.

6) 연령에 적합한 행동인가

발달장애인을 평가하거나 교육할 때는 흔히 정신연령이라는 개념이 거론된다. 17세

3) Pivotal behavior (中心軸 行動)

4) Self-initiate (自己主導)

의 소녀이지만 정신연령이 5세로 평가되면 정상발달 과정에 있는 5세 정도 유아의 지적 발달 수준에 있다는 의미이다. 따라서 학교학습과 사회적 학습과정에서 많은 제한이 따를 것이 예상된다. 그렇다고 5세 유아들의 행동을 기대하고 가르치려는 것은 큰 잘못이다. 예컨대, 17세 소녀에게 곰인형이나 블록을 가지고 노는 것을 가르친다면 어떤 일이 발생할까? 그 소녀는 많은 사람의 호기심이나 놀림의 대상이 될 것이다. 그뿐 아니라 이런 행동은 같은 연령층 동료들과 상호작용할 수 있는 기회를 앗아 간다. 따라서 나이에 걸맞는 바람직한 정상 행동을 학습할 기회를 상실하게 된다. 통합교육의 이념은 장애를 가진 사람들을 가능한 한 사회의 주류[5]로 이끌어 물리적 및 사회적 통합을 이룸으로써 대부분의 정상인이 누리는 행복할 권리를 보장하고 교육과 성장 · 발달의 기회를 최적화하려는 것이다. 따라서 실제 연령과 상황에 적절한 자율적 행동, 사회적 기술, 기타 생활적응 행동을 가르침으로써 일상생활 중에서 자연스럽게 강화되고 유지될 수 있도록 조치하여야 한다. 예컨대, 인형놀이나 블록 쌓기를 가르치기보다는 17세 소녀에게 걸맞는 스포츠, 취미, 음악 등과 관련된 활동을 표적으로 선정하여 가르침으로써 같은 연령층의 청소년들과 어울리고 상호작용할 수 있는 기회를 마련해 주는 것이 바람직하다.

7) 문제행동을 대체할 수 있는 바람직한 행동인가

내담자의 문제행동을 제거하려고 계획할 때는 언제나 문제행동과 대체할 바람직한 행동을 마련하여야 한다. 대체행동을 마련하지 않고 내담자의 행동목록으로부터 어떤 행동이든 제거하려고 계획해서는 안 된다. 눈에 거슬리는 부적절한 행동을 제거하는 것만으로는 충분치 않고, 반드시 바람직한 다른 행동으로 대체하려는 적극적인 대안을 마련하여야 한다. 모든 행동은 비록 다른 사람을 심하게 괴롭히거나 신체적 위해를 가할 수 있는 부적응 행동일지라도 당사자에게는 대단히 중요한 기능을 하고 있다고 많은 학자들(예: Carr et al., 1997; Durand & Crimmins, 1992; Iwata et al., 1994; O' Neill et al., 1997; Snell & Brown, 2006)은 설명한다. 예컨대, 아동들은 문제행동을 통하여 원하는 장난감을 얻기도 하고 하기 싫은 일을 피하기도 한다. 부적응 행동은 원하는 것을 얻어내기 위한 수단 내지 의사소통의 방법으로 사용되기도 한다. 치료나 교육의 목표가 단순히 어떤 부적절한 행동을 못하게 하는 데 그친다면, 그것은 아동의 요구를 송두리 채 거부하고 심지어 요구 충족의 수단 자체를 빼앗는 것이 된다. 따라서 욕구좌절과

5) Mainstream (主流)

심리적 스트레스를 주는 가혹한 일이 될 수 있어 전문인의 윤리에도 반하는 일이다. 일반적으로 문제행동에 대한 기능성 평가를 통하여 그 행동이 내담자의 생활환경 내에서 어떤 목적을 달성하고 있는지 확인하고, 문제행동을 강화하는 요인을 차단하여 소거시키는 한편, 반드시 동일한 목적을 달성할 수 있는 바람직한 대체행동을 표적으로 선정하여 적극적으로 차별강화하는 전략을 활용하여야 한다.

8) 치료목적을 대표하는 행동인가

표적행동을 선정할 때 흔히 범할 수 있는 잘못은 관심의 핵심이 아닌 주변 행동을 선정하는 것이다. 예컨대, 학교에서 행동수정의 주목표는 학업성취도를 높이는 것인데, 많은 연구에서 과제참여 행동을 표적으로 정하는 일이 많다. 물론 학업성취도가 높은 학생들은 과제참여 행동을 많이 하는 것이 분명하지만, 그렇다고 과제참여 정도가 높다고 반드시 학업성취도가 높은 것은 아니다. 많은 연구에 따르면 과제참여 행동이란 구체적으로 자리에 앉아 있기, 조용히 하기, 교사의 설명에 주의 기울이기, 학습자료를 다루기 등으로서 학습성취도와 높은 상관이 있지만, 이러한 과제참여 행동이 반드시 학업성취도를 높일 수 있는 원인요인은 아니다. 그러므로 과제참여는 학업성취의 간접적 목표일 뿐 직접적 목표는 아니다. 또한 간접적 목표와 필수적 기초행동을 혼동해서는 안 된다. 필수적 기초행동은 그 자체로 최종목표는 아니지만 최종 목표행동의 필수요인이기 때문에 먼저 습득되어야 할 중간 목표이다. 이러한 의미에서 과제참여 행동은 간접적 목표일 뿐 필수적 기초행동이라고 볼 수 없다. 다음 두 가지 질문 중에 어느 하나라도 긍정적으로 답할 수 있다면 그 행동은 표적행동으로 선정될 수 있다. 첫째, 이 행동은 최종 목표를 달성하기 위하여 필수적으로 요구되는 선행요건인가? 둘째, 이 행동은 중재 프로그램에서 실제로 추구하는 목표와 일치하는가?

9) 내담자의 말뿐이 아닌 실제 행동인가

행동적 접근을 시도하지 않는 치료자들은 어떤 문제행동의 원인을 탐색할 때 내담자의 언어적 진술을 대단히 중요시한다. 말은 내담자의 내적 상태를 반영하고, 내적 정신과정은 내담자의 행동을 지배하는 것으로 생각하기 때문이다. 따라서 내담자가 치료과정에서 자신에 대하여 전과는 다르게 긍정적으로 말한다면 그것을 대단히 중요한 변화로 본다. 이러한 태도상의 변화를 치료의 일차적 목표로 간주하기 때문이다. 그러나 응용행동분석에서는 내담자의 말과 행동을 엄밀히 구분한다. 아는 것과 실천하는 것은 분명히 다르다. 자신의 행동이 부적절하다는 것을 깨닫고 그 잘못을 논리적으로 설명할 수 있다고 해서 그의 행동이 곧 건설적으로 변화되는 것은 아니다. 그러므로 중재 프로그램에서 추구하는 행동적 목표가 무엇인지 확인하여 내담자의 언어적 약속이나 진술이 아닌 분명한 행동을 표적으로 선정하여야 한다. 어떤 행동을 증가시킬 것인지, 어떤 행동을 제거할 것인지, 어떤 동작이나 기술을 가르칠 것인지 구체적 행동으로 치료의 목표를 정한다.

10) 치료목적을 달성할 수 있는 구체적 행동인가

치료목적이 행동의 변화가 아닌 경우가 많다. 예를 들면, 체중 감량 프로그램 같은 것이다. 체중 감량은 어떤 행동의 결과이지 그 자체가 행동은 아니다. 따라서 체중 감량의 결과를 가져올 수 있는 구체적 행동을 표적으로 선정하여야 한다. 일반적으로 행동수정 프로그램에서는 음식의 섭취량을 줄이고 운동량을 증가시킴으로써 체중 감량의 효과를 얻으려고 시도한다. 즉, 내담자의 '섭식행동' 과 '운동하기' 를 표적행동으로 선정하고, 이들을 감소시키거나 증가시키기 위한 치료계획을 세운다. 체중 감량 프로그램에서 매일 체중을 측정하여 그래프로 게시하는 것은 체중의 증감을 내담자 자신에게 알려 줌으로써 스스로 자신의 행동에 대한 상과 벌의 효과를 얻도록 하려는 것이다. 다시 말하면, 피드백 효과를 얻기 위한 치료계획의 일부일 뿐이다. 치료의 직접적인 목적은 '섭식행동'과 '운동하기'를 변화시키는 데 있다.

'제3장 따라하기' 에서 부모가 제기한 문제는 '지수에게 친구가 없다.' 는 것이었다. 지수의 예에서 치료의 최종 목적은 '지수에게 친구가 많이 생기는 것' 이다. 역시 '친구가 없다.', '친구가 많다.' 하는 것들은 행동이 아니기 때문에 응용행동분석 연구의 직접적인 대상이 될 수 없다. 따라서 '친구를 많이 얻으려면 지수가 어떤 행동을 해야 할까?' 를 생각해 보았다. 첫째로, 지수의 행동 중에서 또래들의 반감을 살 수 있는 행동을 표적으로 선정하여 제거하기로 하였다. '남을 때리기', '남에게 침 뱉기', '남의 물건 뺏기' 등을 하루빨리 지수의 행동목록에서 제거하기로 하였다. 둘째로, 지수의 행동 중 또래들의 호감을 살 수 있는 행동을 표적으로 선정하여 증가시키기로 하였다. 즉, '남의 일 돕기', '자기 물건을 또래들과 공유하기' 등을 증가시키기로 하였다. 셋째로, 지수가 할 줄 모르는 사회적 결손행동 중 '정중하게 남의 물건의 사용권을 요청하기' 를 표적행동으로 정하여 새로 가르치기로 하였다. 이상과 같이 '지수에게 친구가 없다.' 는 문제를 행동의 문제로 바꾸어 치료목표로 설정하였다.

내담자, 부모, 교사, 조직의 관리자 등 많은 사람들이 가정과 학교와 조직사회에서 발생하는 수없이 많은 문제들을 행동의 문제로 볼 줄 모른다. 위에 예시된 것 외에도 '외롭다.', '우울하다.', '성적이 나쁘다.', '생산성이 낮아졌다.', '사기가 떨어졌다.', '정신력이 약해졌다.' 등 해결하기 어려운 문제들이 산적해 있다. 그러나 이러한 문제들을 일단 구체적 행동의 문제로 바꾸어 보면 지금까지 어렵고 불가능하게만 여겨졌던 많은 문제들이 비교적 쉽게 해결될 수 있다.

제3절 문제 유형과 표적행동

문제행동이란 무엇인가? '영희는 너무 잘 울어서 문제다.', '민수는 남을 자꾸 때려서 문제다.', '지혜는 공부를 안 해서 문제다.', '민지는 밥을 잘 안 먹어서 문제다.', '정수는 친구가 없어서 문제다.', '상호는 수 개념이 없어 문제다.' 라고 말한다. 이러한 문제들은 치료의 목표, 원인의 분석모형, 치료적 전략 등에 따라 몇 가지 유형으로 나눌 수 있다. 즉, 문제의 유형과 치료목적에 따라 표적행동을 선정할 수 있다. 자세한 내용은 '제4장 문제 유형과 치료전략'을 참고하기로 하고, 이 절에서는 문제 유형별 표적행동에 대하여 간략히 언급하기로 한다.

1. 사회적 요구 수준에 미달하는 과소행동

행동 자체로는 문제가 아닌데 그 발생빈도나 지속시간이 사회적 기대나 요구 수준보다 월등히 낮아 문제가 되는 경우가 있다. 흔히 '우리 아이는 ○○을 (잘) 안 한다.' 라는 식으로 문제가 제기된다. '밥을 잘 안 먹는다.', '공부를 잘 안 한다.', '이를 잘 안 닦는다.', '숙제를 잘 안 한다.' 등이다. 할 줄은 아는데 안 하거나 또는 하기는 하는데 충분하지 않을 경우 문제가 된다. 예를 들어, 공부를 하긴 하는데 하루 10분밖에 안 한다면 학교공부를 따라갈 수 없다. 성적이 낮아 유급되고 또 숙제도 못해 학교에서 매일 벌을 선다면 보통 문제가 아니다. 이러한 과소행동은 사회적으로 수용될 수 있는 적절한 수준으로 증가시켜야 할 문제행동들이다. 학교공부를 따라가기에 필요한 만큼 공부시간을 늘려야 할 것이다. '하루 한 시간 이상 공부하기' 또는 '하루 3번 이 닦기' 등과 같이 적정 수준으로 표적행동을 설정해야 할 것이다.

2. 사회적 요구 수준보다 지나친 과다행동

행동 자체로는 좋지도 나쁘지도 않지만 발생빈도나 지속시간이 사회적 기대나 요구 수준보다 지나치게 높아 문제가 되는 경우가 있다. 흔히 '우리 아이는 너무 (많이, 오래, 자주) ○○해서 걱정이다.' 라는 식으로 문제가 제기된다. 예컨대, 하루 10시간 이상 TV를 본다면 할 일도 제대로 못하고 피로하고 눈도 나빠지고 건강을 크게 해치게 될 것이다. 이러한 과다행동은 적절한 수준으로 감소시켜야 할 문제행동들이다. '하루 2시간 이하로 TV 보기', '담배를 하루 10개비 이하로 피우기', '하루 한 시간 이상 게임하지 않기' 등과 같이 적정 수준 이하로 표적행동을 정한다.

3. 비도덕적이고 반사회적인 행동

발생빈도가 높지도 않고 자주 발생하는 행동은 아니더라도 사회적으로 또는 도덕적으로 용인될 수 없는 행동, 그리고 자신이나 타인의 건강과 생명을 위태롭게 하는 행동은 신속히 제거해야 할 표적행동이다. 남을 때리기, 자해하기, 욕하기, 남을 헐뜯기, 거짓말하기, 과속하기, 성희롱하기, 형제간에 다투기 등 예를 들자면 끝이 없다. 그러나 앞서 '사회적 중요성의 평가' 에서 언급한 바와 같이 문제행동을 제거하는 것이 목적이라면 반드시 바람직한 대체행동을 표적행동으로 함께 선정하여야 한다. 문제행동은 흔히 욕구 충족과 의사소통의 유일한 수단으로 사용될 수 있기 때문이다. 예컨대, 좋아하는 장난감을 차지하기 위하여 또래들을 때리는 아동이 있다면, 단순히 때리는 행동을 벌하여 중단시키기보다는 장난감을 얻을 수 있는 바람직한 대체행동(예: 또래에게 사용권을 정중히 요청하기)을 표적으로 설정하여 가르치는 것이 효과적이다. 따라서 이러한 대체행동은 문제행동보다 쉽고 간단해야 한다. 문제행동이 의사소통의 수단으로 사용되는 것이 확실할 경우에는 언어적 표현, 간단한 소리나 수신호, 기타 대체언어로 자신의 요구를 표현할 수 있도록 한다. 예컨대, 오른손 들기, 약속된 수신호 보내기, 대체언어 사용, '도와주세요.', '쉬고 싶어요.' 라고 말하기 등을 표적행동으로 정한다.

4. 상황에 맞지 않는 비변별적 행동

행동 자체가 문제가 아니라 행동이 발생하는 장소나 시간이 적절치 않아 문제가 되는 경우가 많다. 수업시간에 몰래 도시락 먹기, 영화관에서 잠자고 취침시간에 TV영화 보기, 회사에서 개인적인 일하고 집에서 회사 잔무 처리하기 등은 상황에 맞지 않는 행동들이다. 이러한 행동 문제는 자극통제 또는 자극변별의 결손에 그 원인이 있으므로 자극변별 훈련의 대상이 된다.

5. 발달적 · 교육적 및 사회적 결손행동

발달적 결함으로 인하여 연령에 적절한 운동, 인지, 언어, 사회 · 정서적 행동을 습득하지 못한 경우에는 발달검사나 행동 체크리스트 등을 통하여 결손행동을 확인하고 치료교육의 목표로 설정한다. 또한 교육 및 사회 · 문화적 취약성으로 인하여 기초학력이나 학습 기술 및 사회적 기술에 결함이 있을 때에는 기초학력검사, 학습기능검사, 사회적응행동검사 등을 통하여 결손행동을 진단하여 치료교육의 목표를 설정한다.

제4절 표적행동의 선정방법

앞서 표적행동의 선정기준과 평가기준에 대한 논의에서 이미 표적행동의 선정방법에 관해 조금씩 언급하였다. 그러나 그것은 원리적인 수준에서 논의한 것이고, 이 절에서는 구체적인 절차와 방법을 위주로 자세히 살펴보기로 한다. 아래에서는 내담자 또는 보호자와의 상담, 표준화된 심리검사나 행동 체크리스트의 활용, 직접적 관찰 기술 등의 방법으로 표적행동을 선정하고, 또 관찰 · 측정이 가능한 방식으로 정의하는 방법을 설명한다.

1. 내담자 및 보호자 상담

응용행동분석에 입각한 행동상담에서는 내담자 자신 또는 내담자에게 영향력이 큰 주요 인물과의 면접을 통하여 문제를 확인하고 그 해결책을 모색한다. 내담자가 정상 발달하는 청소년기 이상의 성인일 경우에는 직접 상담할 수 있다. 내담자가 어리거나 의사표현 능력에 제한이 큰 경우에는 부모나 교사 또는 내담자의 행동을 가까이서 늘 관찰하여 온 보호자를 대상으로 면접을 진행한다. 다른 전문적인 심리상담에서와 마찬가지로, 행동분석 상담에서도 내담자에 대한 공감적 이해와 수용적 태도를 강조한다. 그것이 치료적 관계를 촉진하고 형성하는 데 반드시 필요하기 때문이다. 기존의 심리상담과 크게 다른 점은 공감적 이해나 수용이 응용행동분석의 핵심은 결코 아니라는 것이다. 행동 분석적 접근을 시도하는 행동상담에서는 전통적 상담과는 달리 관심의 초점을 내담자의 행동에 둔다. 내담자 자신 또는 부모나 교사가 문제로 느끼는 행동은 무엇인가? 그 행동은 언제, 어디서 또는 어떤 상황에서 주로 발생하며, 그런 행동에 대하여 주변 사람들은 어떻게 반응하는지 알아내려고 노력한다. 즉, 문제행동의 기능성을 평가하고자 하는 것이다. 응용행동분석에서 면접을 통하여 얻으려는 정보의 유형은 다음과 같다.

첫째, 내담자의 문제를 행동의 문제로 이해하고 구체적인 표적행동을 정한다. 행동분석가를 찾아와 자신의 문제 또는 자녀의 문제를 행동의 문제로 지적하는 경우는 흔하지 않다. 그래서 내담자로 하여금 행동의 문제로 생각하도록 이끌어야 한다. 예컨대, '지수는 친구가 없어 걱정이에요.' 라고 말하면 구체적으로 지수의 어떤 행동이 문제인지 예를 들어 보라고 요구한다. '다른 아이들을 때려요.' 라고 말할지도 모른다. 그렇다면 이 행동은 일단 제거해야 할 대상으로 기록해 둔다. 점차 구체적 행동 문제로 말할 수 있도록 유도한다. 예컨대, '지수가 어떻게 행동하면 다른 아이들이 좋아할까요?' 라는 질문으로 지수에게 새로 가르쳐야 할 행동을 찾아보도록 요구한다. 또 문제행동은 어떤 형태로 나타나는지 세부적으로 질문한다. 그리고 어떤 행동이 어떻게 얼마나 변하면 내담자의 문제 해결에 도움이 될 것인지를 신중히 탐색한다. 앞에서 언급한 다섯 가지 문제 유형별로 표적행동을 탐색하면 편리할 것이다.

둘째, 표적행동의 기능성을 평가할 수 있는 질문을 한다. 만일 표적행동이 감소 내지 제거시켜야 할 문제행동이라면, 그 행동을 유도하는 선행요인(A)은 무엇이며 발생된 문제행동을 강화하는 후속요인(C)은 무엇인지 탐색한다. 그 행동이 하루 중 몇 시에, 어느 장소에서, 어떤 활동 중에, 누가 있을 때 주로 발생하는지, 그리고 일단 문제행동이 발생하면 주변 사람들이 어떻게 대응하는지 자세히 묻는다. 즉, A-B-C 분석을 통하여 문제행동의 기능성을 밝히기 위한 것이다. 동기진단평가척도[6](Durand & Crimmins, 1992)와 기능성평가척도[7](O'Neill, Horner, Albin, Sprague, Storey, & Newton, 1997)는 표적행동의 기능성 평가에 큰 도움이 될 것이다.

2. 직접적 관찰 · 기술

직접적 관찰을 통하여 얻으려는 정보는 면접을 통하여 얻으려는 정보와 다를 바 없다. 다만 비전문인과의 면접을 통하여 얻은 자료는 신빙성이 적고(Peterson, 1968), 전문인의 관점에서 직접 보고 얻을 수 있는 중요한 정보를 잃기 쉽다. 그러므로 면접을 통하여 얻은 자료를 실제로 확인하고 좀 더 전문가의 입장에서 새로운 정보를 얻으려는 것이 직접 관찰의 목적이다. 면접을 통하여 얻은 정보를 바탕으로 내담자의 문제를 행동의 문제로 재설정하고, 실제로 문제행동이 발생할 것으로 예상되는 시간에 바로 그 현장에서 내담자의 행동을 직접 확인할 필요가 있다. 부록에 제시된 'A-B-C 관찰카드', '행동발생산포도', '전형적 일과표' 및 'A-B-C 종합관찰평가표' 등을 활용하여 표적행동의 기능성을 관찰 · 분석함으로써 치료적 중재에 필요한 정확한 정보를 얻을 수 있다.

일화관찰기록법은 내담자의 행동을 이해하기 위하여 내담자와 환경 간의 상호작용을 일정 시간 사건의 발생 순서대로 낱낱이 기록하는 것을 말한다. 응용행동분석의 시작 단계에서 개인이나 집단의 문제를 이해하고, 표적행동을 추출하고, 치료적 전략을 수립하는 데 필요한 기초 정보를 얻을 수 있는 방법이다. 가정에서 부모와 자녀 관계 및 형제자매 관계에서 발생하는 문제, 어린이집이나 학교에서 학습 활동과 관련하여 발생하는 문제, 또래집단에서 사회적 부적응과 관련된 문제, 조직사회에서 발생하는 대인관계 문제, 산업 현장에서 생산성과 관련된 문제 등 다양한 상황에서 문제행동과 환경자극 간의 기능적 관계를 면밀히 분석하고, 문제 해결의 핵심이 되는 중요한 표적행동을 선별하고, 나아가 문제의 해결대책과 치료방안을 설정하는 데 필요한 다양한 기초 정보를 얻을 수 있다. 〈표 17-1〉은 가정에서 부모와 자녀 간에 흔히 발생하는 문제를 일화 형식으로 관찰 · 기록한 것이다. 아주 짧은 시간에 일어난 부모와 자녀 간의

6) Motivation Assessment Scale (MAS)

7) Functional Assessment Inventory (FAI)

상호작용이지만 대단히 중요하고 유익한 정보를 제공하고 있다. 30분 정도 관찰된 준호와 어머니의 상호작용을 살펴보자. 준호는 어머니의 지시를 하나도 따르지 않는다. 결국 어머니는 준호가 스스로 해야 할 모든 행동을 대신해 주며 힘들어하고 속상해한다. 하루도 아니고 매일 반복되는 이 일을 어쩌면 좋겠는가?

준호에 대한 일화관찰기록을 통하여 우리는 많은 것을 알 수 있다. 첫째, 준호의 문제는 아침에 일어나서 해야 할 많은 행동들을 스스로 하지 않는 것이다. 어머니의 소원은 준호가 아침마다 시간표에 맞춰 자신이 해야 할 일들을 스스로 하는 것이다. 물론 준호는 세수도 할 줄 알고 옷도 입을 줄 알고 밥도 혼자 먹을 수 있다. 그렇다면 이제 무엇을 표적행동으로 선정할 것인지가 분명해졌다. '스스로 이 닦고 세수하기', '스스로 옷 입기', '스스로 밥 먹기' 등을 표적행동으로 선정하면 될 것이다. 둘째, 어머니의 언어적 지시, 잔소리나 위협적 언사 등은 준호의 행동에 아무런 통제력도 없다는 것이다. 그렇다면 이제까지의 방법을 포기하고 행동 변화에 효과가 있는 보다 강력한 자극통제 훈련을 구상하여야 할 것이다. 셋째, 어머니는 준호 스스로 해야 할 행동을 대

〈표 17-1〉 A-B-C 분석모형에 기초한 일화기록

관찰시간	선행사건	준호의 행동	후속사건
오전 7:30	'준호야, 이 닦고 세수해!'	준호는 TV를 보고 있다.	어머니는 아침 준비로 분주하다.
7:40	'여태 뭐 하고 있어? 빨리 세수하고 밥 먹어야지.'	준호는 못 들은 척 TV만 본다.	'너 어린이집에 안 갈 거야?' 어머니는 준호를 화장실로 인도한다.
7:45	'빨리 세수하고 나와!'	준호는 거울을 바라보며 여러 가지 표정을 지으며 장난친다.	어머니는 준호에게 잔소리하며 이를 닦아 주고 얼굴을 씻겨 준다.
7:55	'빨리 옷 입고 나와, 밥 먹게!'	준호는 방으로 들어간다. 옷은 입지 않고 장난감을 만지고 있다.	어머니는 속상해 준호 머리를 쥐어박으며 옷을 입혀 준다.
8:05	'준호야, 어서 먹어!' 어머니는 큰 소리를 지른다.	준호는 찔끔 놀라 숟가락을 든다. 그리고 TV를 곁눈질하여 본다.	'밥 안 먹고 뭐 해? 정말 너 때문에 못살겠다!' 어머니는 밥을 먹여 준다.

신해 줌으로써 어머니의 지시를 무시하고 TV를 보거나 거울 앞에서 이상한 표정을 짓거나 장난감을 만지작거리는 준호의 부적절한 행동을 강화하고 있다는 것이다. '아침에 시간이 없으니까.', '지각할까 봐.', '버스를 놓칠까 봐.', '선생님께 혼날까 봐.' 등 어머니들의 그릇된 애정이 자녀들로부터 자율적 행동의 학습 기회를 박탈하는 것은 아닌지 곰곰이 생각해 볼 필요가 있다. 자기 할 일을 스스로 하지 않는 게으른 아이라고 탓할 것이 아니라, 바로 부모인 자신이 아이의 버릇을 나쁘게 만들고 있다는 사실을 깨달아야 한다.

3. 심리검사와 행동발달 체크리스트의 활용

표적행동을 선정하는 또 하나의 방법은 각종 표준화 심리검사, 적응행동검사, 행동발달 체크리스트 등을 활용하는 방법이다. 대부분의 표준화 심리검사는 집단 내에서 한 개인의 상대적 위치나 수준을 평가하기 위하여 개발되어 왔기 때문에 행동평가나 표적행동의 선정을 위한 도구로는 부적당하였다. 그러나 비교적 최근에 행동적 접근의 중요성이 인식되면서 치료교육의 목표를 구체적 행동으로 설정할 수 있도록 발달 및 교육과정에 기반을 둔 심리검사와 행동발달 체크리스트들이 많이 개발되고 있다(Browder, 2001; Howell, 1998). 예를 들어, 아동의 발달적 결손행동을 진단하고 치료교육의 목표를 설정할 때 사용될 수 있는 발달검사 도구들이 많이 있다. 〈글상자 17-3〉에는 출생으로부터 5~6세에 이르는 취학 전 아동을 대상으로 운동, 인지, 언어, 사회정서, 자조행동 등 전반적 영역에서 발달과업의 성취 여부를 연령 순서에 따라 평가할 수 있는 도구들이 소개되어 있다. 이러한 검사에서 평가기준에 미달하는 행동은 결손행동으로서 치료교육의 대상이 된다.

글상자 17-3

심리검사와 행동발달 체크리스트

1. Early-LAP (Glover, Preminger, & Sanford, 1988): 출생부터 36개월까지 아동의 발달을 평가할 수 있는 도구이다. 큰 운동(90문항), 작은 운동(73문항), 인지(105문항), 언어(59문항), 사회정서(38문항), 자조행동(49문항)의 6개 발달영역으로 분류되어 있으며 총 414문항으로 구성되었다.
2. LAP-D (LeMay, Griffin, & Sanford, 1983): 출생부터 72개월까지의 아동 발달을 진단 평가할 수 있는 도구로서, 작은 운동(조작 43문항, 쓰기 39문항), 인지(맞추기 35문항, 세기 34문항), 언어/인지(사물 이름 121문항, 이해 42문항), 큰 운동(신체동작 48문항, 대물동작 31문항), 자조행동(86문항)의 5개 발달 영역에 걸쳐 총 479문항으로 구성되었다.
3. Macquarie Program (Pieterse, Cairns, & Treloar, 1986): 출생부터 60개월까지 아동의 발달 정도를 평가할 수 있는 도구이다. 큰 운동(155문항), 작은 운동/인지(157문항), 수용언어(112문항), 표현언어(115문항), 자조/사회(126문항)의 5개 발달 영역에 걸쳐 총 665문항으로 구성되었다.
4. CAMS(Curriculum and Monitoring System), UPAS(Uniform Performance Assessment System), HICOMP(Comprehensive Test of Adaptive Behavior) 등이 결손행동의 진단에 사용된다.
5. Child Behavior Checklist (Achenbach & Edelbrock, 1991): 5세부터 18세에 이르는 학생을 대상으로 행동의 발생빈도, 강도 또는 지속시간에 영향을 미치는 선행자극과 후속자극에 관한 정보를 조사할 수 있는 도구로서 교사용, 부모용, 학생용 보고서 형식이 있다. 예를 들어, 교사용 보고서에서는 112개 행동에 대하여 3점 평정척도로 평가하도록 되어 있다.
6. Adaptive Behavior Scale-School (Lambert, Nihira, & Leland, 1993): 아동들의 학교에서의 적응행동을 평가하는 도구이다. 제1부에서는 독립기능, 일상생활 기술 등과 관련된 10개 영역을, 제2부에서는 7개 분야에서 부적응 행동의 수준을 평가한다. 그리고 ABS-RC(Nihira, Leland, & Lambert, 1993)는 기숙시설과 지역사회 상황에서 발생하는 아동들의 적응행동을 평가하기 위하여 번안되었다.

제5절 표적행동의 순위 결정

발달장애를 가진 아동이나 적응상 어려움을 가진 사람들은 다양한 문제행동을 나타낸다. 증가시켜야 할 행동, 감소 내지 제거해야 할 행동, 새로 가르쳐야 할 행동, 상황을 변별하도록 훈련할 행동 등 한두 가지가 아니다. 그렇다면 그 많은 표적행동 중에서 무엇을 먼저 치료할 것인지 우선순위를 결정할 필요가 있다. Cooper, Heron과 Heward(2007)는 치료적 중재의 우선순위를 정할 때 다음과 같은 9개 항목에 따라 각각 5단계로 평정하는 방법을 고안하였다. '전혀 아니다' 라고 평가되면 0점, '거의 아니다' 라고 평가되면 1점, '가끔 그렇다' 라고 평가되면 2점, '대체로 그렇다' 라고 평가되면 3점, '항상 그렇다' 라고 평가되면 4점을 준다. 모든 표적행동에 대한 평정이 끝나면 높은 총점을 얻은 행동부터 우선순위를 부여한다.

① 이 행동은 내담자 자신이나 타인에게 위험한 것인가? 내담자 자신이나 다른 사람의 안전과 건강에 상해를 입히거나 또는 그런 위험성이 큰 행동은 최우선적으로 치료의 대상이 된다.

② 내담자가 이 행동을 활용할 기회는 얼마나 되는가? 또는 이 문제행동은 얼마나 자주 발생하는가? 일상생활 중에 어쩌다 한 번 사용될 행동이나 기술보다는 사용빈도가 높은 행동이나 기술을 먼저 가르쳐야 한다. 또 어쩌다 발생하는 문제행동보다는 자주 발생하는 행동을 먼저 치료해야 한다. 예컨대, 일 년에 한 번 여름방학에 떠나는 캠핑 계획을 세우는 기술보다는 매일 사용되는 샤워하기, 학습 습관, 침대 정리하는 방법 등을 먼저 가르쳐야 할 것이다.

③ 이 행등은 얼마나 오래 지속되어 왔는가? 오랫동안 지속되어 온 만성적 문제행동(예: 남의 물건 빼앗기)이나 결손행동(예: 대인관계 기술)은 최근에 나타난 행동보다 우선적으로 치료와 훈련의 대상이 된다.

④ 이 행동이 변화되면 내담자에게 더 많은 강화의 기회가 제공될 것인가? 다른 모든 조건이 동일하다면 내담자에게 더 많은 강화의 기회가 제공될 수 있는 행동을 먼저 가르쳐야 한다. 예들 들어, 학급 일을 돕는 행동보다는 자기 물건을 또래들과 공유하는 행동을 먼저 가르친다. 학급 일에 봉사함으로써 교사에게 칭찬을 듣는 아동보다는 또래들과 공유할 줄 아는 아동이 또래들로부터 더 많은 강화를 받을 수 있고, 또래 상호작용의 빈도가 증가하여 더 많은 학습의 기회를 얻을 수 있기 때문이다.

⑤ 이 행동은 앞으로 내담자의 행동발달과 독립적 기능의 증진에 얼마나 중요한 것인가? 모든 표적행동은 앞으로 내담자의 학습과 발달을 최적화하고 내담자의 독립적 기능의 증진을 극대화할 수 있는 것이어야 한다. 따라서 다른 행동들과 비교하여 상대적으로 그 중요성이 평가되어야 한다. 예를 들어, 보조적 역할을 하는 행동보다는 필수요인에 해당하는 기초행동을 먼저 가르쳐야 할 것이다.

⑥ 이 행동이 개선되면 다른 사람들로부터의 불필요한 부정적 관심을 줄일 수 있는

가? 어떤 행동은 그 자체가 문제가 아니라 그 행동으로 인해서 파생되는 결과가 더 큰 문제를 야기할 수 있다. 예컨대, 운동장애를 가진 사람은 식사시간에 숟가락과 젓가락의 사용이 어설퍼서 공적인 모임에서 불필요한 시선과 냉소를 자아낼 수 있다. 따라서 사회적 모임을 회피함으로써 대인관계와 긍정적 상호작용의 기회를 상실하는 일이 많다. 이런 경우 내담자에게 적절한 수저의 사용방법을 가르치는 것이 최우선 순위가 되어야 할 것이다.

⑦ 이 행동은 내담자의 생활환경에 존재하는 중요한 인물들에게 보상이 될 것인가? 내담자의 사소한 행동의 변화에도 주변의 중요한 인물들(예: 부모, 교사, 또래)은 대단히 민감한 반응을 보인다. 양말 하나 못 벗던 아이가 스스로 양말 한 짝을 벗었을 때 느끼는 부모의 감동을 누가 이해할 수 있겠는가? 중요한 인물에게 제공되는 이러한 보상은 긍정적 효과로 회귀되어 내담자의 학습과 발달에 지대한 영향을 미칠 수 있다.

⑧ 이 행동을 성공적으로 변화시킬 가능성은 얼마나 되는가? 어떤 행동은 쉽게 변화될 수 있지만 어떤 행동은 변화에 대한 저항을 심하게 나타낼 수 있다. 변화 가능성이 낮은 행동보다는 변화 가능성이 높은 행동을 먼저 치료한다. 변화 가능성을 예측하기 위해서는 다음과 같은 정보가 필요하다. 첫째, 그 행동의 치료에 관한 선행연구의 결과, 둘째, 치료자의 경험, 셋째, 환경변수의 통제 가능성, 넷째, 치료적 중재를 수행하고 유지할 수 있는 자원 등에 따라 치료 효과에 관한 예측은 크게 달라질 수 있다.

⑨ 이 행동을 수정하는 데 얼마나 비용이 들 것인가? 행동치료 프로그램을 시작하기 전에 먼저 필요한 경비를 고려하여야 한다. 경비가 많이 들수록 우선순위에서 밀려날 수밖에 없다. 그러나 경비가 높다고 치료를 포기할 수는 없다. 미국 주요 법정에서는 공적 자금의 부족이 '모든 아동에게 적합한 교육을 제공할 의무'[8]에 대한 면책 사유가 될 수 없다고 판시하였다(Yell & Drasgow, 2000). 행동치료 프로그램의 비용은 치료에 사용된 장비, 자료, 교통비, 직원 급료와 같은 경비의 총합만을 의미하는 것이 아니라 치료교육에 소요되는 내담자의 시간까지 포함하는 다양한 요인에 의하여 결정된다. 따라서 치료의 우선권은 반드시 치료 경비와 직접 관련성이 있는 것은 아니다.

8) 미국의 공법(PL 94-142)에서는 모든 장애아들에게 최소 제한적 환경에서 적합한 교육을 무료로 제공할 것을 의무화하고 있다.

제6절 표적행동의 정의

표적행동은 연구자 간의 의사소통을 분명히 하고 관찰의 신뢰도를 높이기 위하여 조작적으로 정의한다. 표적행동의 정의는 다음과 같이 기능적 정의와 형태적 정의로 구분된다. 즉, 동일한 기능성을 가진 반응군 또는 동일한 형태를 가진 반응군으로 정의할 수 있다.

1. 기능적 정의

기능적 정의[9]란 표적행동의 기능성에 기반을 둔 정의로서, 특정한 선행자극(A) 및 후속자극(C)과 동일한 기능적 관계를 가지고 있는 반응들만을 모아 진술하는 것을 말한다. 기능적 정의에 포함되는 반응들은 그 형태에 있어 서로 상당히 다를 수 있다. 관찰의 초점은 현재 발생하고 있는 어떤 반응이 정의상 규정된 것과 동일한 기능을 하는지의 여부를 확인하는 데 있다. 즉, 동일한 목적을 달성하는 데 기여하는 행동은 모두 기능적 정의에 포함된다. 예를 들어, '떼쓰기'를 기능적으로 정의하면 '원하는 것을 얻기 위하여 징징거리고, 울고, 소리 지르고, 물건을 던지고, 걷어차고, 때리고, 땅바닥을 구르는 일련의 행동들'을 모두 포함한다. 원하는 것을 획득하려는 목적으로 수행되는 모든 행동, 결과적으로 원하는 것을 얻는 데 기여하는 일련의 행동을 낱낱이 진술하는 것을 기능적 정의라고 한다.

'문 열기'라는 행동을 기능적으로 정의해 보자. 사람이나 물건을 통과시키기 위한 목적으로 동원된 모든 행동적 노력을 낱낱이 진술하면 기능적 정의가 된다. 즉, 어떤 행동이든 문이 열리고 사람이나 물건을 통과시키는 결과(수반성)에 기여할 수 있는 것이면 모두 기능적 정의에 포함된다. 중요한 것은 사람이나 물건이 통과할 수 있도록 문을 열 수 있는 행동이면 된다. 손잡이를 돌려 문을 열든, 잠긴 문을 발로 걷어차 문을 열든 아무 상관없다. 이에 반해 다음에 설명할 형태적 정의에서는 행동의 목적이나 기능성보다는 문을 여는 모양이나 형태를 기술하는 데 중점을 둔다.

9) Functional definition (機能的 定義)

2. 형태적 정의

형태적 정의[10]는 표적행동의 형태에 기반을 둔 정의로서, 표적행동과 환경자극 간의 기능적 관계는 고려하지 않고 다만 표적행동의 모양이나 형태를 명확히 기술하는 것을 말한다. 따라서 형태적 정의에 포함되는 반응들은 모두 그 모양이나 형태가 동일하다. 관찰자는 행동의 모양이나 형태에 따라 표적행동의 발생 여부를 확인한다. 예를 들어, 태권도 사범이 학생들에게 어떤 기본자세나 품세를 가르칠 때를 생각해 보자. 다리와 몸통의 위치, 두 팔과 다리의 모양, 팔을 뻗거나 다리를 올릴 때의 각도와 거리, 뛰어오르는 높이나 몸통의 회전 각도 등 태권도의 기본자세와 품세에 관한 자세한 진술은 전형적인 형태적 정의라고 할 수 있다. 태권도를 배우는 사람이면 누구나 동일한 모양과 형태의 동작을 똑같이 익혀야 한다. 사범은 태권도 교범에 규정되어 있는 것과 다른 자세와 동작을 허용하지 않으며, 모든 학생들이 똑같은 자세와 동작을 취할 수 있도록 교정해 준다.

형태적 정의는 표적행동의 기능성을 확인하기 어렵거나 불가능할 경우에 활용될 수 있다. 첫째는 표적행동의 기능성에 관한 정보가 없거나 기능성을 직접 확인할 수 있는 손쉬운 접근방법이 없을 경우다. 둘째는 실생활 환경에서 표적행동이 발생할 때 관련된 후속자극이 수반되지 않거나 표적행동이 아닌 다른 사건과 연루되어 나타나 표적행동의 기능성을 평가하기 어려울 경우다. 때로는 표적행동과 연관된 후속자극이 수반되기는 하지만 변형된 표적행동에 의하여 잘못 수반될 경우에도 형태적 정의가 활용될 수 있다. 예컨대, 올바르지 않은 어설픈 자세와 동작으로 던진 슛이 성공하여 관객의 박수와 찬사를 받은 선수를 생각해 보자. 그대로 두면 이 선수는 올바르지 못한 슛 동작과 자세를 계속 유지할 것이다. 감독은 형태적 정의에 따라 이 선수에게 올바른 자세와 동작을 엄격히 요구하며 가르칠 것이다.

지금까지 형태적 정의를 설명하면서 주로 표적행동과 환경자극 간의 기능적 관계를 고려하지 않고 표적행동의 모양과 형태만을 진술한다는 점만을 강조하였다. 이는 이론적으로 기능적 정의와 형태적 정의를 구분하기 위해서였다. 그러나 실제로 치료적 중재를 수행할 때는 선정된 모든 표적행동을 가능한 한 기능적으로 정의하려고 노력해야 한다. 행동의 형태만을 고려하여 표적행동을 선정하거나 정의하지 않도록 주의할 필요가 있다.

10) Topographical definition (形態的 定義)

3. 언어적 진술

응용행동연구의 분석단위는 행동이기 때문에 표적행동은 관찰과 측정이 가능한 방식으로 진술되어야 한다. 또한 표적행동은 연구자 간의 의사소통에 혼란이 없도록 조작적으로 정의될 필요가 있다. 분석단위로서 표적행동은 다른 행동과 구분될 수 있도록 명확히 진술되어야 하고, 또 구체적으로 어떤 행동은 포함되고 어떤 행동은 포함되지 않는지도 예시되어야 한다. 예를 들어, '부모에게 효도하기' 라는 것은 좋은 정의로 볼 수 없다. 부모에 대한 자녀의 호의적 태도 또는 사회적으로 수용될 수 있는 일반적 반응군을 의미할 뿐 구체적으로 어떤 행동을 뜻하는지가 분명치 않다. '부모 말씀 따르기' 라는 표현이 더 좋은 정의가 될 수 있다. 어떤 행동을 관찰할 것인지가 좀 더 분명하기 때문이다. 그러나 아직도 무엇을 어떻게 하는 것이 부모 말씀을 따르는 것인지 구별하기 어렵다. 사람에 따라 부모 말씀을 따르는 것에 대한 생각이 달라 같은 행동을 관찰하면서도 서로 다른 측정 결과를 산출할 수 있다. 그러므로 표적행동의 발생조건과 발생 여부를 평가할 수 있는 기준이 명시되어야 한다. '부모님이 지시하면 5초 이내에 지시된 일을 시작하기' 라고 하면 어떨까? 이제 무엇을 어떻게 관찰할 것인지가 분명한 것 같다.

Hawkins와 Dobes(1977)는 잘 정의된 표적행동의 특징을 다음과 같이 세 가지로 설명하였다. 첫째, 표적행동의 정의는 객관적이어야 한다. 즉, 관찰 가능한 행동의 특성만을 기술한다. 필요할 경우에는 환경의 특성을 관찰 가능한 방식으로 기술한다. 예를 들어, '적개심을 표현하기' 와 같은 추상적인 용어를 사용하는 대신, '장난감을 사 주지 않으면 욕을 하고 꼬집고 때리기' 등과 같이 선행조건과 문제행동들을 관찰 가능한 용어로 표현한다. '도우려는 뜻으로' 와 같은 표현은 어떨까? 우리가 관찰할 수 있는 것은 외적으로 나타난 반응뿐이다. 어떤 뜻으로 했는지는 남의 속을 들여다볼 수 없어 관찰이 불가능하다. 다만 행동을 보고 추측할 뿐이다. 그러므로 표적행동을 정의할 때는 추상적 용어의 사용을 자제하고 관찰 · 측정이 가능한 용어로 바꾸어 진술한다. 둘째, 표적행동의 정의는 명확해야 한다. 즉, 판독 가능하고 애매모호한 점이 없어 훈련된 관찰자라면 누구나 표적행동의 정의를 읽고 정확하게 이해할 수 있도록 진술되어야 한다. 다시 말하면, 기술적 정의 또는 조작적 정의를 의미하는 것으로, 다른 사람들이 그 정의에 따라 관찰을 쉽게 반복할 수 있도록 설명된 것을 일컫는다. 셋째, 표적행동의 진술은 완벽해야 한다. 즉, 정의된 행동에 포함되는 반응은 무엇이고 포함되지 않는 반응은 무엇인지 판정할 수 있는 기준을 명시한다. 표적행동이 발생할 수 있는 모든 상황에서 관찰자가 할 일을 세밀하게 지시함으로써 관찰자 자신이 표적행동의 발생 여부를 임의로 판단할 필요가 없도록 진술한다.

Morris(1985)도 표적행동의 정의가 잘된 것인지 혹은 더 보완할 필요가 있는지를 평가할 수 있는 기준으로 다음 세 가지 질문을 제시하였다. 첫째로, 정해진 시간 중에, 예를 들어 15분 동안에, 한 시간에, 또는 하루에 그 행동이 몇 번 발생했는지 세어 볼 수 있는가? 또는 그 행동을 수행하는 데 얼마의 시간(예: 몇 분)이 소요되었는지 잴 수 있는가? 다시 말해서, 그 행동이 오늘 몇 분 동안에 몇 번 발생했는지 말할 수 있는가? (이에 대한 답은 '예'가 되어야 한다.) 둘째로, 당신이 수정하려고 하는 표적행동에 대하여 다른 사람들에게 설명하면 그들은 자신들이 무엇을 관찰할 것인지 정확히 알아듣는가? (이에 대한 답은 역시 '예'가 되어야 한다.) 셋째로, 표적행동은 더 작은 행동요소로 세분될 수 있는가? 즉, 처음 정의된 표적행동보다 더 작은 단위로 세분될 수 있는가? (이에 대한 답은 '아니요'가 되어야 한다.) 물론 내담자가 이미 할 수 있는 단위 행동을 더 세분할 필요는 없다. 다만 세분된 하위 요소 중에 내담자가 할 수 없는 것이 있다면 더 세분하여야 한다.

표적행동의 정의에 관한 자료집들이 많이 출간되고 있는 것은 참으로 바람직한 일이다. 많은 연구자들이 기존의 정의를 자신의 연구에 그대로 도입하여 사용한다면 새로운 연구 개발에 소요되는 시간과 노력을 절약할 수 있을 것이다. 또한 기존의 정의를 특정 상황에 적용하면서 보다 완성된 정의로 발전시킬 수도 있다. 이러한 반복 사용과 변형 과정을 거쳐 사회적 타당도가 높은 정의로 발전될 수 있다.

4. 성취기준 설정

지금까지 표적행동의 선정과 정의에 대하여 설명하면서 어떤 행동을 증가시키고 어떤 행동을 감소시킬 것인지에 대하여 논의하였다. 이제 선정된 표적행동들을 얼마만큼 변화시켜야 하는지 그 정도에 관하여 언급할 필요가 있다. Van Houten(1979)은 표적행동을 변화시키기 위한 치료적 중재를 시작하기 전에 먼저 기대하는 성취기준을 결정할 것을 강조하였다. 대부분의 행동은 저마다 가장 적절한 성취기준이 있기 때문에 그에 따르면 될 것이다. 그러나 최적의 성취기준이 알려져 있지 않은 특정한 행동의 경우 그는 사회 통념상 적절하다고 인정되는 임의의 수준에 도달하면 일단 치료를 중단하고 표적행동이 최적의 상태에서 기능하고 있는지의 여부를 살펴본다. 아직 기대 수준에 미달하는 것으로 나타나면 다시 수준을 높여 치료적 중재를 반복하면서 경험적으로 최적의 기준을 발견하여야 한다. 치료적 중재를 언제 중단할 것인지 알기 위해서는 사회적으로 검증된 기준이 요구되기 때문이다.

사회적으로 타당한 성취기준을 결정하는 방법은 다음과 같다(Van Houten, 1979). 첫째, 표적행동에 대하여 이미 높은 수준의 능력을 갖추었다고 인정되는 인물들의 수행정도를 평가하여 표적행동의 성취기준으로 정할 수 있다. 둘째, 여러 등급의 수준을 실험적으로 조작하며 최적의 성취기준을 경험적으로 탐색할 수 있다. 어떤 방법을 사용하든 치료적 중재를 시작하기 전에 치료목표와 성취기준을 명시함으로써 치료를 지속할 것인지 중단할 것인지에 대한 분명한 지침이 마련될 수 있다. 더욱이 객관적인 목표와 성취기준을 사전에 설정함으로써 프로그램의 효과를 평가하는 사람들 간의 견해 차이와 편견을 예방할 수도 있다.

요 약

1. 응용행동분석 연구의 목적은 '사회적으로 중요한 행동을 유의한 정도로 개선하는 것' 이다. 표적행동은 내담자에게 도움이 될 뿐 아니라 사회적으로 수용될 가치가 있는 중요한 행동이어야 한다. 즉, 내담자의 성장과 발달이라는 목적을 최선의 기준으로 놓고 사회적 중요성을 지닌 행동을 선정한다.

2. 사회적 중요성의 평가기준은 다음과 같다. ① 실생활에서 자연적으로 강화될 수 있는 행동인가? ② 보다 높은 수준의 복합기능을 습득하는 데 필수적인 기초행동인가? ③ 풍부한 학습 환경으로의 접근성을 보장하는 행동인가? ④ 다른 사람들의 접근과 긍정적 상호작용을 유도할 수 있는 행동인가? ⑤ 새로운 세계와 기회를 열어 줄 수 있는 첨점 또는 중심축 행동인가? ⑥ 연령에 적합한 행동인가? ⑦ 표적행동의 감소나 제거가 치료의 목적일 때 문제행동을 대체할 수 있는 바람직한 행동인가? ⑧ 치료목적을 대표하는 행동인가? ⑨ 내담자의 말뿐이 아닌 실제 행동인가? ⑩ 행동의 문제가 아닐 때 치료의 목적을 달성할 수 있는 구체적 행동인가?

3. 문제의 유형에 따라 다음과 같은 행동을 표적으로 선정한다. ① 발생빈도가 사회적 요구 수준에 미달하여 문제가 되는 과소행동을 표적행동으로 선정한다. ② 발생빈도가 사회적 요구 수준보다 지나치게 높아 문제가 되는 과다행동을 표적행동

제18장 행동의 관찰과 측정

학습목표

1. 측정 가능한 행동의 특성 세 가지를 설명할 수 있다.
2. 발생횟수, 비율(빈도) 및 배율의 차이점을 설명할 수 있다.
3. 지속시간, 반응지연, 반응간시간의 개념을 설명할 수 있다.
4. 반응의 지속시간, 반응지연 및 반응간시간을 측정할 수 있다.
5. 동간기록법과 순간시간표집법을 설명하고 활용할 수 있다.
6. 영구산물의 측정과 컴퓨터의 활용 가능성을 설명할 수 있다.

응용행동분석 연구에서 행동의 관찰과 측정은 원리와 기법에 못지않게 중요하다. 인간의 행동을 정확히 측정하지 못한다면 행동 변화를 올바로 평가할 수 없고, 치료과정에서 이루어지는 모든 결정이 그릇된 정보에 의존하게 되어 좋은 성과를 기대할 수 없다. 예를 들어, 환자의 체온을 측정할 때 체온계가 불량하거나 또는 체온을 재는 방법이 서툴러 실제의 체온보다 낮게 측정되었다고 가정하자. 실제로 환자의 체온은 40℃를 오르내리고 있는데 측정된 체온은 36.5℃로 나타났다면, 의사는 체온을 조절하기 위한 어떤 조치도 취하지 않을 것이다. 그릇된 측정으로 인한 오판은 무서운 결과를 초래할 수 있다.

학교에서 학생들의 행동을 수정하려는 교사의 예를 들어 보자. 학생들의 학습행동을 개선하기 위하여 교사는 응용행동분석의 기법을 잘 활용하였고, 실제로 학생들의 학습행동은 이전보다 월등히 진보되었다. 그러나 측정이 잘못되어 행동이 조금도 개선되지 않은 것으로 나타났다면 교사는 이제까지 사용하던 좋은 교육방법을 포기해 버릴지도 모른다. 물론 그 반대 현상도 가정할 수 있다. 실제 행동은 조금도 개선되지 않았는데 측정된 수치만 개선된 것으로 잘못 나타날 수도 있다. 응용행동분석 연구를 수행하는 과정에서 행동에 대한 정확한 측정자료가 없다면 치료자는 행동의 변화가 잘되고 있는지 그렇지 않은지를 올바로 판단할 수 없고 이에 따라 적절한 후속 조치를 취할 수 없을 것이다.

제1절 측정 가능한 행동 특성

물리적 공간 안에 존재하는 모든 사물은 측정 가능한 특성, 예를 들면, 길이, 무게, 크기, 속도 등과 같은 양적 특성을 지닌다. 인간의 행동도 역시 시간과 공간 내에서 발생하기 때문에 여러 가지 측정 가능한 기본적 특성을 가진다. Johnston과 Pennypacker (1993)는 시간적 차원에서 측정될 수 있는 행동의 특성을 반복 가능성, 시간적 범위, 시간적 위치 등으로 개념화하고 있다.

1. 반복 가능성에 기초한 측정

시간의 연속선상에서 행동은 여러 번 출현을 반복할 수 있다. 똑같은 반응이 두 번 이상 발생할 수는 없겠지만, 동일한 반응군에 속하는 반응들이 정해진 관찰시간 내에 몇 번 발생하였는지는 쉽게 세어 볼 수 있다. [그림 18-1]에서 융기된 회색 사각형 부분(r_1, r_2, r_3)은 행동의 발생을 도식화한 것이다. 이러한 행동의 반복 가능성을 측정하는 방법은 단순히 발생횟수를 세는 방법과 단위시간당 반응비율로 측정하는 방법이 있다.

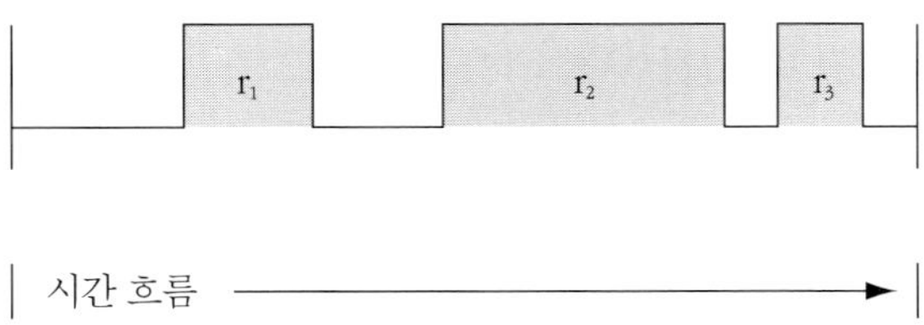

[그림 18-1] 반복 가능성에 기초한 빈도와 비율의 측정

시간의 연속선상에서 동일한 반응군에 속하는 행동이 여러 번 반복하여 출현할 수 있다. 이 그림은 그러한 행동의 반복 가능성을 도식화한 것이다. 융기된 회색 사각형 부분은 행동의 발생(r_1, r_2, r_3)을 의미한다.

1) 발생횟수

발생횟수[1]란 단순히 반응이 출현한 횟수를 세는 것을 말한다. 즉, 관찰시간에 관한 정보 없이 단지 어떤 행동이 몇 번 발생했는지 그 사례 수를 세어 보고하는 것을 말한다. 시험지에서 정답과 오답 수가 각각 몇 개인지, 오늘 지각한 학생은 몇 명인지, 신호등을 위반한 사례가 몇 건인지 등을 세어 볼 수 있다. 이와 같은 단순한 발생횟수는 행동을 분석하거나 치료적 결정을 내리는 데 필요한 정보를 충분히 제공할 수 없다. 예를 들어, 영수는 3주 동안 연속된 수학 쪽지시험에서 정답 수가 각각 5개, 10개, 20개가 되었다. 그런데 단순히 이러한 정보만 가지고 영수의 수학능력이 계속 상승하고 있다고 판단할 수 있겠는가? 만일 첫 주에는 5분 내에 문제를 풀도록 하였고, 둘째 주에는 20분이 주어졌고, 셋째 주에는 60분이 주어졌다고 가정한다면 영수의 수학능력은 전혀 다르게 해석될 것이다.

2) 빈도와 비율

행동의 발생횟수는 관찰시간에 관한 정보와 함께 제공될 때 더욱 유익한 측정치가 될 수 있다. 예컨대, 작년 상반기 6개월간의 교통사고 건수는 15,000건, 금년도 상반기 6개월간의 교통사고는 13,500건으로 보고되었다고 가정하자. 분명히 사고의 절대 발생횟수가 크게 줄었을 뿐 아니라 사고의 감소율까지 알 수 있다. 이와 같이 일정한 단위시간(초, 분, 시, 일, 주, 회기, 월, 연 등)당 발생한 반응의 횟수로 보고된 측정치를 빈도[2] 또는 비율[3]이라고 한다. 여기서 빈도는 앞서 언급한 발생횟수와 같은 것으로 보이지만, 두 측정치 간의 차이는 시간 개념의 개입 여부에 따라 구분된다. 대부분의 응용행동분석 보고서에서 반응의 비율과 빈도는 동일한 의미로 사용되는 경우가 많다. 왜냐하면 실제로 대부분의 연구에서 반응의 발생빈도를 측정할 때 항상 미리 정해진 일정한 실험시간(예: 40분으로 고정된 수업시간) 내에 발생한 반응의 수를 관찰하기 때문이다. 그러나 때로는 실제 관찰시간의 길이가 각 관찰회기마다 다른 상황에서 행동의 발생빈도를 관찰할 수 있다. 예를 들면, 자유놀이 시간에 민지가 다른 아이들을 때린 횟수를 4일 동안 관찰 · 기록하였는데, 첫날은 12분 동안에 3번, 둘째 날은 20분 동안에 4번, 셋째 날은 30분 동안에 5번, 넷째 날은 40분 동안에 6번이었다고 가정하자. 절대 발생횟수로만 보면 민지의 행

1) Count (發生回數)

2) Frequency (頻度)

3) Rate (比率)

동은 점점 심해지는 것처럼 보인다. 그러나 관찰시간의 길이가 각각 다르기 때문에 관찰된 수치를 직접 비교하는 것은 올바른 방법이 아니다. 동일한 단위시간(분)으로 환산하여 비교하면, 민지의 문제행동은 1분당 첫날은 0.25번, 둘째 날은 0.20번, 셋째 날은 0.17번, 넷째 날은 0.15번 등으로 점차 줄어들고 있음을 알 수 있다.

Cooper, Heron과 Heward(2007)는 행동의 빈도나 비율을 올바로 측정하여 기술하고 해석하는 데 도움이 되는 몇 가지 규칙을 다음과 같이 제안하였다.

① 항상 관찰시간을 명시한다. 반응빈도 또는 비율을 보고할 때는 항상 관찰시간의 길이를 정확히 명시하여야 한다. 관찰시간에 대한 정확한 정보 없이 빈도나 비율 측정치만을 비교하면 잘못된 해석을 낳을 수 있다.

② 올바른 반응과 그릇된 반응의 비율을 함께 측정한다. 학습 능력이나 어떤 기능을 개발시키려 할 때는 올바른 반응의 비율과 그릇된 반응의 비율을 모두 측정하고 평가하여야 한다. 올바른 반응의 비율이 높아질 때 그릇된 반응비율도 함께 증가할 수 있기 때문이다. 예를 들어, 수진이는 수학시험에서 20분 동안에 15개의 정답과 3개의 오답을 산출하였고, 민지는 오답 없이 15개의 정답을 산출했다고 가정하자. 두 사람의 분당 정답비율은 0.75(15÷20)로 같지만 수진이의 오답비율은 분당 0.15이고 민지의 오답비율은 0.00이다. 따라서 두 사람의 수학 실력은 동일하다고 평가될 수 없다.

③ 반응의 다양한 복합성을 고려한다. 기술의 획득과 능숙한 숙련도를 측정할 때는 단위시간당 반응의 수로 계산되는 비율측정이 가장 민감하고 적절한 방법이 될 수 있다. 예를 들어, 숙련된 타자수로 훈련시키려 할 때 피훈련자가 1분당 타자할 수 있는 글자 수를 세어 비율을 계산하는 것이 훈련의 성과를 가장 민감하게 측정할 수 있는 방법이 될 것이다.

④ 자유작동[4]을 관찰 · 기록할 때는 비율측정 방법이 적절하다. 자유작동이란, 시작과 끝이 명확히 구별되는 독립적 행동이며, 시공간 내에서 유기체의 많은 이동이 요구되지 않으며, 수시로 발생할 수 있고, 시간이 오래 소요되지 않는 행동을 말한다. 이런 자유작동은 단위시간당 발생횟수로 측정하는 것이 적절하다. 예를 들면, 중증 정신지체 아동이 자기 머리를 주먹으로 치는 행동이 단위시간당 몇 번이나 발생하는지 그 비율

4) Free operants

을 계산할 수 있다.

⑤ 제한된 상황에서만 발생할 수 있는 행동은 비율측정의 대상이 되지 않는다. 즉, 독립시행교수(DTT)[5]에서처럼 미리 계획된 학습 기회에서만 학습반응이 요구되는 상황에서는 비율 측정이 적절하지 않다. 예를 들면, 교사가 10장의 그림카드를 한 장씩 제시하며 그림의 이름을 말하도록 할 경우 반응의 기회는 10번으로 제한된다. 이런 상황에서는 단위시간당 정답의 수로 반응비율을 측정하는 것은 적절치 않다. 단위시간당 올바른 학습반응의 비율을 측정하기보다는 전체 반응 기회에 대한 올바른 반응의 백분율(%)로 측정하는 것이 옳다.

⑥ 장시간 지속되는 행동을 측정할 때도 비율측정은 적절한 방법이 될 수 없다. 예컨대, '운동경기나 게임에 참여하기', '공부하기' 같은 것은 한번 시작하면 비교적 장시간 지속된다. 따라서 지속시간 관찰이나 동간기록법에 의하여 표적행동을 관찰하고 기록하는 것이 더 적절하다.

3) 배 율

지금까지는 일정한 단위시간에 발생하는 반응의 빈도(비율)를 측정하는 방법에 관하여 설명하였다. 이러한 측정치는 단위시간이 지날 때마다 동일한 발생빈도(비율)를 누가적으로 더하면 일정한 시간이 지난 후 반응의 총 발생횟수가 얼마나 될 것인지 알 수 있다. 예를 들면, 1분에 2km의 등속으로 달리는 자동차는 2분이 지나면 4km, 5분이 지나면 10km, 그리고 10분이 지나면 20km를 이동할 것이다. 단위시간의 증가에 따라 이동거리는 직선적으로 증가하기 때문이다. 한 시간에 평균 5번 좌석을 이탈하는 아동은 두 시간에 10번, 세 시간에 15번 정도 이탈할 것이다. 역시 시간이 증가함에 따라 행동도 같은 비율로 증가한다. 즉, 단위시간당 반응의 빈도는 처음부터 끝까지 동일하다.

그런데 이와는 전혀 다른 성격의 측정치도 있다. 예컨대, 높은 곳에서 떨어지는 어떤 물체의 낙하속도는 시간이 지날수록 가속화되어 결국 몇 배수로 크게 증가한다. 예컨대, 1초 후에는 초당 2m의 속도로 낙하하던 물체가 2초 후에는 초당 4m, 3초 후에는 초당 8m, 16m, 32m, 64m, 128m, 256m 등 시간이 지날수록 초당 낙하속도가 어마어마한 배수로 가속화된다. 즉, 단위시간당 반응비율은 서로 다르며 시간이 지날수록 기

5) Discrete trial teaching (獨立施行敎授)

하급수적으로 커진다. 아동의 학습성취의 예를 들어 보자. 처음에는 새로운 개념이나 내용의 파악이 어려워 학습 진도가 느리다. 그러나 기본개념과 내용이 이해되면 학습 속도는 점차 늘고 심화 단계에 들어가면 처음과는 달리 기존 개념과의 관계도 이해하고 응용범위도 넓어져 결국 엄청난 양의 학습성취를 이루게 된다. 이와 같이 시간이 지날수록 반응이 가속화되어 결국 기하급수적으로 변하는 특성을 가진 행동을 측정할 때 반응빈도나 비율을 측정하는 것은 여러 가지로 부적절하다. 첫째로, 단위시간의 증가에 따라 측정치는 가속적으로 증가(또는 감소)하여 결국 감당할 수 없을 만큼 큰 수치(또는 작은 수치)가 된다. 따라서 관찰 · 측정 내용을 계산하고 분석하는 데 큰 어려움이 있다. 둘째로, 이렇게 천정부지로 치솟는 측정치는 좌표상에 표현하기 어렵다. 예를 들어, [그림 18-2]의 왼쪽 그래프를 보면 초기에 완만하게 증가하던 곡선이 후반부에서 갑자기 기하급수적으로 치솟아 한 좌표상에 더 이상 측정치를 표시할 수 없게 된다.

이러한 불편을 해결하기 위하여 개발된 것이 바로 배율[6]이라는 개념이다. 반응의 증가량을 큰 수치로 말하는 대신 몇 배로 증가하였다고 말하는 것이 간편할 것이다. 예를 들어, '초당 2m의 낙하속도에서 4초 후에는 16m, 5초 후에는 32m, 6초 후에는 64m의 낙하속도로 증가하였다.' 라고 말하기보다는 '물체의 낙하속도는 초당 2배수로 증가하였다.' 라고 말하면 간단할 것이다. Graf와 Lindsley(2002), Johnston과 Pennypacker (1993a)는 배율을 '시간의 흐름에 따른 반응빈도(비율)의 변화' 로 정의한다. 다시 말하면, 단위시간당 반응비율[7] 또는 단위시간당 단위시간당 반응의 발생횟수[8], 즉 단위시간 자승당 반응의 발생횟수로 정의한다. 로가리듬의 개념을 도입하여 로그값으로 반응의 크기를 표시하면 아무리 큰 폭의 변화도 한 단위의 로그값으로 척도화할 수 있다. 예를 들어, [그림 18-2]의 오른쪽 그래프에서 x축은 등간척도이고 y축의 값은 2배율 로그척도로 표시한 것이다. 작은 공간(좌표) 내에서 큰 폭의 차이를 보이는 모든 측정치를 직선적으로 표시할 수 있어 편리하다. 배율척도에 의한 자료를 그래프로 그리는 방법에 관해서는 '제20장 그래프 작성' 에서 다시 설명하기로 한다.

Celeration(倍率)이란 영어의 <u>ac</u>celeration(가속)과 <u>de</u>celeration(감속)에서 각각 머리글자 둘을 빼고 남은 것으로, 시간의 흐름에 따라 단위시간당 변하는 반응의 증가비율과 감소비율의 측정치를 모두 일컫기 위하여 고안된 신조어이다. 시간이 지날수록 반응빈도는 점차 증가하여 배수(倍數)로 가속화되고(accelerate) 또는 어떤 반응의 빈도

6) Celeration (倍率)

7) Rate per unit of time

8) Count per unit time per unit of time

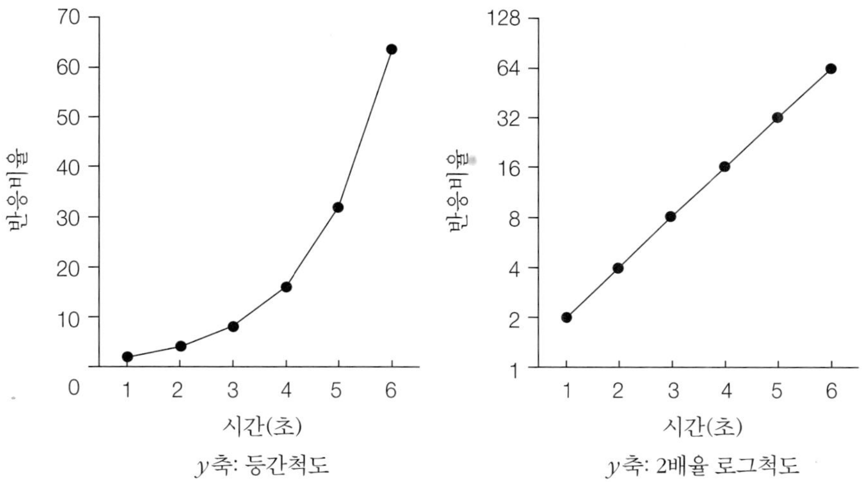

[그림 18-2] 등간척도와 배율척도

동일한 관찰 · 측정치를 x축과 y축 모두 등간척도로 구성된 좌표(왼쪽 그림)에 그린 것과 x축은 등간척도이고 y축은 로그척도(배율척도)로 구성된 좌표(오른쪽 그림)에 그린 것을 상호 비교한 것이다. 이 자료는 Cooper, Heron, & Heward(2007)의 *Applied behavior analysis* (2nd ed.), p. 139에서 발췌함.

는 시간이 지날수록 점차 감소하여 제수(除數)로 감속화된다(decelerate). 단위시간(분) 당 발생하는 반응의 횟수는 비율(比率)이라 하고, 단위시간당 발생하는 반응의 비율(rate per unit of time)은 배율(倍率)이라 한다. 배율은 초기에 큰 변화를 보이지 않던 반응이 시간이 흐를수록 점차 엄청난 수행 수준으로 급증하는 역동적 행동 변화를 측정할 때 편리하게 사용될 수 있다. [그림 18-2]의 왼쪽 그래프는 이러한 측정치를 등간 눈금의 그래프에 표시한 것이다. 초기에 완만하던 반응의 증가가 후기에는 수배씩 증가하기 때문에 한 그래프에 같이 그리기도 어렵다. 그러나 이러한 변화의 모습을 배수의 개념을 도입한 배율로 표시하면 [그림 18-2]의 오른쪽 그래프와 같이 배율척도상에 직선적으로 간단하게 표시할 수 있다.

2. 시간상의 길이에 기초한 측정

시간의 연속선상에서 하나의 행동이 시작되어 끝날 때까지의 길이, 즉 지속시간을 양적으로 측정할 수 있다. 한 행동이 시작되는 시점부터 끝날 때까지의 시간상의 길이[9]는 행동분석 연구에서 중요시되는 측정방법 중의 하나이다. [그림 18-3]은 시간의 연속선상에서 발생한 반응(r_1, r_2, r_3)의 길이, 즉 지속시간(d_1, d_2, d_3)을 표시한 것이다. 각 반응의 지속시간을 총합하면 전체 지속시간을 얻을 수 있고, 전체 관찰시간에 대한 비율로 환산할 수도 있다.

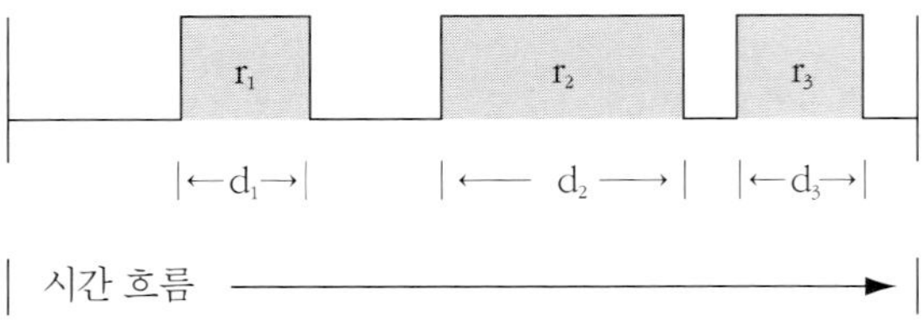

[그림 18-3] 시간상의 길이에 기초한 지속시간 측정

일정한 관찰시간 중에 발생한 각 반응의 시간상의 길이, 즉 시간의 연속선상에서 하나의 행동이 시작되어 끝날 때까지의 지속시간(d_1, d_2, d_3)을 도식화한 것이다.

1) 지속시간

하나의 행동이 시작되어 끝날 때까지 지속된 시간의 양을 재는 지속시간[10] 측정은 응용행동분석 연구에서 흔히 사용되는 기본적 측정방법 중의 하나이다. 실제로 한 개인이 표적행동에 개입된 시간을 관찰하여 기록하는 방법이다. 위의 [그림 18-3]은 일정 기간 중에 발생한 반응들(r_1, r_2, r_3)과 각 반응의 지속시간(d_1, d_2, d_3)을 도식화한 것이다. 지속시간의 측정은 행동의 평가와 치료적 목표의 설정 그리고 치료전략의 수립에 중요한 역할을 한다. 예를 들어, 한 아동이 분노발작을 시작하면 적어도 한 시간 이상 계속되는 것으로 측정되었다면 과다행동으로 평가될 뿐 아니라 감소시켜야 할 치료의 목표로 설정될 것이다. 또 학습과제에 단 30초 동안도 주의를 집중하지 못하는 아동이 있다면 과소행동으로 평가되고 그것은 신속히 증가시켜야 할 대상이 될 것이다. 지속시간 측정의 대상으로 적절한 행동은 짧은 시간에 아주 높은 비율로 발생하는 행동(예: 머리, 손, 발 등을 빠르게 흔드는 행동)과 과제 지향적이며 오랜 시간이 걸리는 연속적 행동(예: 협동놀이, 과제 수행, 좌석 이탈행동) 등이다.

---

9) Temporal extent

10) Duration (持續時間)

2) 발생당 지속시간

일정한 관찰시간 중에 발생한 반응들의 지속시간을 각각 측정할 수 있다. 예를 들어, 앞의 [그림 18-3]에서 정해진 전체 관찰시간은 25분 동안이고, 첫 번째 반응(r_1)의 지속시간(d_1)은 3분 19초, 두 번째 반응(r_2)의 지속시간(d_2)은 6분 41초, 세 번째 반응(r_3)의 지속시간(d_3)은 3분 20초로 각각 측정될 수 있다. 관찰기록 용지에 각 반응의 시작시간과 종료시간을 기입하고, 두 시점 사이의 차이를 계산하면 각 반응의 지속시간을 얻을 수 있다. 스톱워치를 사용하면 더욱 간편하게 각 반응의 지속시간을 측정할 수 있다. 첫 반응이 발생할 때 버튼을 눌러 시계를 동작시키고, 반응이 종료될 때 다시 버튼을 누르면 그 시점에서 시계가 멈추기 때문에 지속시간을 읽을 수 있다. 시계에 기록된 지속시간을 관찰용지에 옮겨 적으면 될 것이다. 그리고 시계를 다시 '0'에 맞추고 다음 반응의 측정에 대비한다. 두 번째 반응이 나타나면 위와 같은 과정을 반복한다. 이상 두 가지 방법은 몇 가지 장단점을 가진다. 첫 번째 방법은 관찰과정이 번거롭고 오차가 많이 발생할 수 있는 단점은 있으나 반응의 출현과 종료 시점을 기록해 둘 수 있는 장점이 있다. 스톱워치를 사용하는 두 번째 방법은 관찰·측정이 용이하고 정확한 지속시간을 측정할 수 있는 이점은 있으나 반응의 출현과 종료 시점을 알 수 없는 단점이 있다.

어떤 방법을 사용하든, 발생당 지속시간의 측정은 표적행동의 발생횟수와 지속시간을 함께 측정할 수 있기 때문에 측정자료를 다른 목적으로 재활용할 수 있는 큰 이점이 있다. 예컨대, 각 반응의 지속시간을 모두 합하여 회기당 전체 지속시간(예: $d_1+d_2+d_3=3'19''+6'41''+3'20''=13'20''$)을 계산할 수 있고, 전체 지속시간을 발생횟수로 나누어 평균 지속시간($13'20''\div 3=4'27''$)을 계산할 수도 있다. 또한 발생횟수만을 고려하여 단위시간(분)당 빈도나 비율($3\div 25=0.12$)로 환산할 수 있는 이점도 있다.

3) 회기당 총 지속시간

회기당 총 지속시간[11]은 일정한 관찰시간 중에 한 개인이 표적행동에 참여한 시간을 누가적으로 총합한 측정치를 말한다. 즉, 일정한 관찰시간 중에 발생한 각 반응들의 지속시간을 모두 합하면 회기당 전체 지속시간을 얻을 수 있다. 스톱워치를 사용하면 아주 간편하게 전체 지속 시간을 측정할 수 있다. 예를 들어, 한 아동이 25분간의 작업치료 시간 중에 좌석을 이탈한 전체 지속시간을 측정하려면, 먼저 스톱워치를 0에 맞춘

11) Total duration per session

다. 첫 반응이 시작되면 버튼을 눌러 시계를 동작시키고 반응이 종료되면 버튼을 다시 눌러 시계의 동작을 멈춘다. 스톱워치에 지속시간이 나타난다. 스톱워치를 0으로 재설정하지 않고 그대로 다음 반응을 기다린다. 다음 반응이 시작되면 버튼을 다시 눌러 동작시키고, 반응이 종료되면 버튼을 다시 눌러 시계를 정지시킨다. 이번에는 스톱워치에 두 반응의 누적된 지속시간이 나타난다. 이와 같이 스톱워치를 0으로 재설정하지 않고 모든 반응의 시작과 종료 시점에서 버튼을 각각 한 번씩 누르면 총 지속시간을 쉽게 얻을 수 있다. 그러나 스톱워치의 계기판에는 전체 지속시간 외의 다른 정보는 모두 상실된다. 모든 반응의 시작과 종료 시점, 반응의 발생횟수 등을 알 수 없는 것이 큰 단점이다.

4) 발생횟수와 지속시간 측정

행동의 측정에서 표적행동의 어떤 측면을 측정하느냐 또는 어떤 특성을 측정할 것이냐에 따라 측정방법은 크게 달라진다. 예컨대, 작업치료 시간에 수시로 좌석을 이탈하여 치료의 진행에 어려움이 발생한다면, 우선 얼마나 자주 좌석을 이탈하는지 살펴보아야 할 것이다. 즉, 행동의 반복적 특성을 측정하여야 한다. 따라서 일정 시간에 표적행동이 몇 번이나 발생하는지를 셀 수 있는 측정방법을 고안해야 한다. 그러나 좌석을 자주 이탈하지는 않지만 한번 이탈하면 적어도 5분 이상 자리를 비우는 아동을 생각해 보자. 이 경우 작업치료라는 한정된 시간(25분) 중 표적행동이 차지하는 시간상의 길이를 측정하는 것이 타당할 것이다. 특히 한번 발생하면 장시간 지속되는 것이 문제이므로 발생당 지속시간을 측정하여 치료의 대상으로 설정해야 한다. 그러나 지속적이고 다양한 작업이 요구되는 학습반응 같은 것은 발생당 지속시간보다는 오히려 회기당 총 지속시간을 측정하는 것이 더 낫다. 예컨대, 영어공부를 하려면 사전도 찾아야 하고, 암기도 해야 하고, 때로는 문법책을 읽는 등 많은 행동을 해야 한다. 어떤 행동은 길게, 어떤 행동은 비교적 짧게 해야 한다. 따라서 발생당 지속시간을 측정하는 것은 별 의미가 없고, 다양한 하위 작업들로 구성된 전체 학습행동의 회기당 지속시간을 측정하는 것이 바람직하다.

3. 시간상의 위치에 기초한 측정

시간의 연속선상에서 하나의 행동이 다른 사건과 연관되어 어떤 시점에서 발생하는지 양자 간의 위치를 시간개념으로 측정할 수 있다. 예를 들어, 시작 종이 울린 후 얼마나 늦게 교실로 들어오는지(지연시간), 또는 한 번의 자해행동이 끝나고 얼마의 시간이 경과한 후에 다음 자해행동이 발생하는지(반응간시간)를 측정할 수 있다.

1) 반응지연

반응지연[12]이란, 어떤 자극이 주어진 후 그와 관련된 반응이 발생하기까지 경과된 시간을 말한다. [그림 18-4]에서 자극(E_1)과 반응(r_2) 사이의 경과시간(l_2)을 반응지연이라고 한다. 예를 들어, 교사가 어떤 지시를 하면 즉시 지시된 행동을 시작하는 아동이 있는가 하면, 어떤 아동은 상당한 시간이 지난 후에야 지시된 행동을 시작한다. 대체로 부모나 교사의 지시에 대한 지연시간은 짧을수록 좋겠지만, 시험 문제가 주어지자마자 지문을 다 읽기도 전에 성급하게 반응하는 것은 바람직하지 않을 것이다. 오히려 지문을 다 읽고 충분히 숙고한 후 서서히 반응하도록 지도하는 것이 좋다. 즉, 반응지연을 적절히 증가시켜 신중히 반응하도록 하여야 한다. 반응지연 측정치는 연구보고서에서 평균치나 중앙치 또는 범위와 같은 통계치로 제시된다.

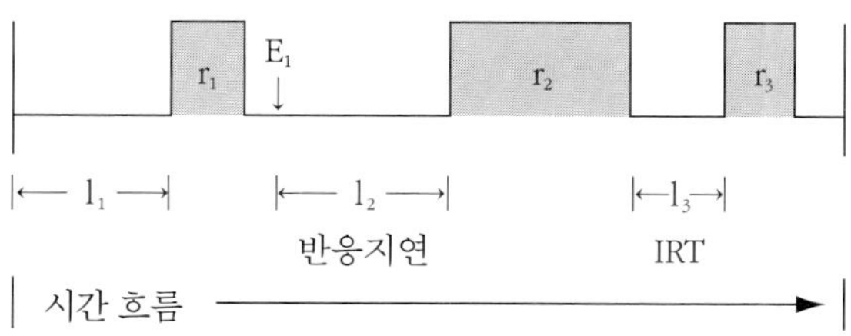

[그림 18-4] 시간상의 위치에 기초한 반응지연의 측정

연속되는 시간상의 한 시점부터 특정한 시점까지 경과된 시간의 길이를 측정할 수 있다. 반응지연은 어떤 자극(E_1)이 주어진 시점부터 그 자극과 관련된 반응(r_2)이 발생하는 시점까지 걸리는 시간(l_2)을 말한다.

12) Response latency (反應遲延)

2) 반응간시간

반응간시간(IRT)[13]이란, 연속되는 두 반응 사이에 경과되는 시간을 말한다. 반응지연의 측정에서와 마찬가지로, 반응간시간의 측정에서도 어떤 사건과 관련하여 표적행동이 발생하는 시점을 확인한다. [그림 18-5]에서 첫 번째 반응(r_1)의 끝과 두 번째 반응(r_2)의 시작 사이에 경과된 시간(l_2), 두 번째 반응(r_2)의 끝과 세 번째 반응(r_3)의 시작 사이에 경과된 시간(l_3)을 반응간시간(IRT)이라고 한다. 예를 들어, 한 번의 자해행동이 끝나고 얼마의 시간이 경과한 후에 다음 자해행동이 시작되는지 두 반응 사이에 개입된 시간을 측정할 수 있다. 만일 한 자해행동과 다음 자해행동 사이의 간격이 20분이라면 하루에 수십 번씩 자해를 한다는 뜻이 된다. 따라서 빈번한 자해행동으로 건강을 해치지 않도록 반응간시간을 증가시키는 것이 필요할 것이다. 반응지연의 경우와 마찬가지로 반응간시간 측정치도 평균치, 중앙치, 범위 등으로 표시된다.

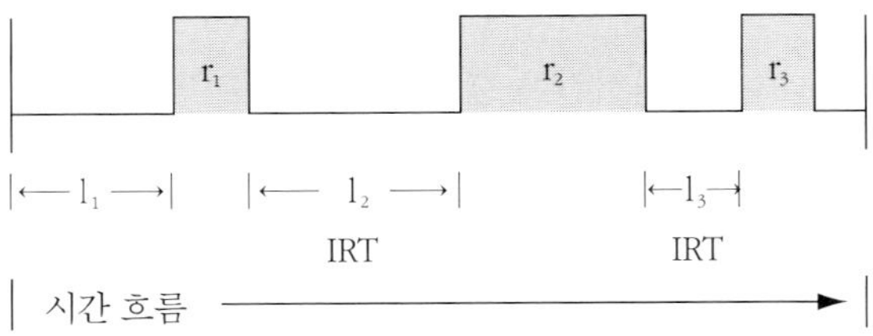

[그림 18-5] 시간상의 위치에 기초한 반응간시간의 측정

연속되는 시간상의 한 시점부터 특정한 시점까지 경과된 시간의 길이를 측정할 수 있다. 반응간시간(IRT)은 한 반응이 끝나는 시점부터 다음 반응이 시작되는 시점까지 경과된 시간(l_2, l_3)을 말한다.

반응간시간의 측정은 한 반응이 끝나고 새로운 반응이 시작되기까지 경과된 시간을 측정하는 것이지만, 기능적으로는 반응비율과 긴밀한 관계가 있다. 즉, 반응간시간이 짧을수록 반응비율이 높고, 반응간시간이 길수록 반응비율은 낮아진다. 따라서 응용행동분석 연구에서는 반응비율이나 빈도를 줄이기 위하여 반응간시간을 증가시키는 치료적 중재전략을 활용하기도 한다. 예를 들어, 저율행동의 차별강화(DRL)에서 반응간시간(IRT), 즉 반응간격을 증가시킴으로써 반응비율을 낮추려는 전략[14]이 기본적으로 활용된다.

13) Interresponse time (反應間時間)

14) Spaced-responding DRL (反應間隔 DRL)

이와 같이 두 측정치 간에 긴밀한 관계가 있다고 해도 두 측정치의 사용목적은 전혀 다를 수 있다. 그러므로 연구의 관심과 목적에 따라 적절한 측정치를 선택하여 사용해야 한다. 반응비율만을 감소시키거나 증가시키는 것이 목적일 경우에는 두 측정치 중 어느 것을 사용해도 좋을 것이다. 반응간시간을 증감하거나 반응비율을 증감하는 것으로 동일한 목적을 달성할 수 있기 때문이다. 그러나 반응간시간이 연구의 중요한 관심사일 경우에는 반응비율이나 빈도를 측정하는 것은 올바른 선택이 될 수 없다. 예컨대, 하루에 밥을 6번씩 먹는 행동을 세 번으로 줄이는 것과 식사시간 간격을 증가시켜 하루에 3번 밥을 먹도록 하는 것은 '일일 삼식' 이라는 점에서는 동일할 수 있다. 그러나 하루에 두 시간 간격으로 3번의 식사를 하는 것은 바람직한 영양 관리의 방법이 될 수 없다. 음식을 충분히 소화시킬 수 있는 적당한 시간간격으로 식사를 하도록 훈련하기 위해서는 반응간시간을 증가시키는 것이 바람직한 방법이다.

4. 환산된 측정치

백분율(%)과 기준시행은 응용행동분석에서 자주 사용되는 측정치로서, 직접적 관찰로 얻은 행동의 양적 특성으로부터 환산된 측정치들이다.

1) 백분율

백분율(%)이란 동일한 양적 특성을 대비시켜(예: 반응횟수÷반응횟수, 지속시간÷지속시간, 반응지연÷반응지연 등) 얻은 비율을 의미하는 것으로서 전체를 100으로 가정하여 환산한 통계치이다. 예컨대, 10문제 중 정답의 수는 8개이고 오답의 수는 2개라면 정답의 백분율(%)은 (8÷10)×100으로 계산하여 80%가 되고, 오답의 백분율(%)은 (2÷10)×100으로 계산하여 20%가 된다. 전체 반응 중 올바른 반응의 비율을 표시할 때, 그리고 동간기록이나 순간시간표집법으로 측정된 반응의 크기를 표시할 때 백분율을 사용한다. 백분율은 응용행동분석에서는 물론 일반사회에서 널리 사용되는 통계치이다. 그러나 백분율은 잘못 사용되거나 그릇되게 해석되는 일이 많다. Cooper, Heron과 Heward(2007)는 백분율의 사용과 해석에 있어 주의할 사항을 다음과 같이 제시하였다.

첫째, 백분율을 계산할 때 제수(또는 분모)가 100 이상 될 때 행동의 수준과 행동의 변화를 정확하게 반영할 수 있다. 그러나 실제에서 흔히 100 이하의 분모로 백분율이 환산되는 일이 많다. 분모의 수가 100보다 적을 때는 작은 변화에도 백분율이 과도하게 영향을 받는다. 예컨대, 10번의 반응 기회 중에 한 번의 반응은 10%라는 큰 비중을 차지한다. 따라서 응용행동분석 연구에서 측정방법을 설정할 때 반응의 기회 또는 관찰 칸 수가 30개에 미달할 경우에는 백분율을 사용하지 않는 것이 좋다.

둘째, 백분율의 변화가 때로 수행 수준의 개선으로 잘못 해석될 수 있다. 예컨대, 오류반응의 수는 그대로이거나 더 많아졌는데 정답 수의 백분율은 증가될 수 있다. 월요일 수학 쪽지시험에서는 10문제 중 5개를 맞춰 정확도가 50%였고, 화요일의 경우는 20문제 중 12개를 맞춰 정확도가 60%로 나타났다. 물론 통계적으로 정확도가 10% 증가한 것으로 보이지만 그릇된 반응의 발생횟수는 오히려 5개에서 8개로 증가하였다.

셋째, 백분율은 비율적 관계를 잘 표현할 수 있는 방법이지만, 백분율로 행동 변화의 양적 특성을 설명하는 데는 한계가 있다. 숙련도의 평가를 예로 들어 보자. 숙련도는 단위시간당 행동의 발생빈도로 평가된다. 따라서 시간요인이 개입되지 않는 백분율로는 숙련도를 올바로 평가할 수 없다. 다만 숙련도 훈련과정에서 표적행동의 정확도를 비율적으로 보여 줄 수 있을 뿐이다.

넷째, 백분율은 자료 자체로 최고점(100%)과 최저점(0%)의 한계가 있어 행동 변화의 측정치로서 제한이 있다. 예를 들어, 학생의 독서 능력을 평가할 때 올바른 반응의 백분율을 측정치로 사용한다면 행동의 측정에 인위적 한계(0~100%)를 설정하게 된다. 따라서 학습자가 주어진 독서과제를 100% 수행할 경우 측정치상으로는 더 이상 개선의 필요성이 없다고 평가해야 하는 문제점에 부딪히게 된다.

다섯째, 같은 자료를 가지고 다르게 백분율을 계산할 수 있고, 전혀 다르게 해석 할 수 있다. 예를 들면, 20문항으로 구성된 사전검사에서 4개의 정답(20%)을 맞추고 동일한 유형의 사후검사에서 16개의 정답(80%)을 맞췄다고 가정하자. 엄밀히 말해서, 두 검사결과를 비교하면 20%에서 80%로 증가하였으므로 60%가 개선된 것이다. 그런데 정답 수를 보면 사후검사 점수(16개)는 사전검사 점수(4개)보다 4배나 개선되었다고 보고, 사후검사 점수는 사전검사 점수로부터 300%나 개선된 것으로 보고할 수 있다. 60%의 개선 효과와는 전혀 다른 해석이 나올 수 있다.

여섯째, 100%보다 높은 백분율이 가끔 보고되고 있는데, 엄격히 말하면 그런 보고는 잘못된 것이다. 100%보다 더 큰 행동 변화가 감동적으로 보일지는 모르겠지만 수학적으로 불가능한 일이다. 백분율이란 전체를 100으로 놓고 그 일부를 상대적 비율로 계산하는 것이기 때문에 부분이 전체보다 클 수 없고 또 0보다 작을 수 없다. 즉, 아무리 커도 100%가 넘을 수 없고 아무리 작아도 0% 이하가 있을 수 없다. 목표했던 것보다 좋은 결과를 얻었을 때 '120% 초과달성!' 이라고 말할 수 있을지 몰라도 그런 수치는 수학적으로 존재할 수 없다. 이런 경우에는 백분율보다 다른 측정치를 사용하는 것이 바람직할 것이다.

2) 기준시행

기준시행[15]은 미리 정해진 수행 수준을 성취하는 데 요구되는 시행횟수로 측정된다. 즉, 정해진 학습기준에 도달하기 위하여 얼마나 많은 연습시행을 수행하였는지 그 횟수를 측정한다. 한 시행은 일반적으로 한 번의 반응 기회를 일컫는 말이지만, 표적행동의 특성과 요구되는 수행 수준에 따라 다르게 정의될 수 있다. 예를 들어, 한 자폐아에게 '훈련자 바라보기' 를 훈련하는 과정을 생각해 보자. 훈련자는 아동을 앞에 앉혀 놓고, '○○야!' 라고 이름을 불러 반응할 기회를 제공한다. 아동이 훈련자를 바라보면, '영수가 선생님을 바라보았네!' 등의 언어적 칭찬과 함께 과자를 하나 준다. 이와 같이 먼저 반응을 유도하기 위한 선행자극(S^D)이 제공되고 이에 따라 아동의 반응(R)이 출현하면, 훈련자는 아동의 반응을 평가하여 적절한 후속자극(S^{R+})을 제공함으로써 한 시행이 끝난다. 다시 말하면, $S^D \rightarrow R \rightarrow S^R$ 또는 A→B→C의 수반적 관계가 한 번 수행되는 것을 한 시행이라고 한다.

여기서의 기준[16]이란 표적행동이 학습되었다고 평가될 수 있는 수행 수준을 일컫는다. 이러한 기준은 치료자나 교사에 의하여 조작적으로 정의되는 경우가 많다. '훈련자 바라보기' 에서 학습기준을 '3번 연속 자기 이름에 반응하여 훈련자를 바라보는 것' 으로 정할 수 있다. 물론 목표 수준을 더 높여 '5번 연속 자기 이름에 반응하여 훈련자를 바라보는 것' 으로 정할 수도 있다. 때로는 '10번 시행 중 8번 이상 자기 이름에 반응하여 훈련자를 바라보면' 등으로 학습기준을 정할 수도 있다. 일반적으로 치료교육적 중재는 아동의 행동이 정해진 학습기준에 도달할 때까지 반복된다. 이 경우 반복된 연습시행의 수가 바로 기준시행의 측정치가 된다. 기준시행의 측정에서 발생횟수는 가장 기본적 측정치로 사용된다. 예컨대, 20개씩 제공되는 두 자릿수 빼기 문제를 3분 이내에 풀도록 기준이 설정된 경우, 기준시행은 바로 3분 이내에 20개의 시험 문제를 풀 수 있을 때까지 사용된 시험지의 수가 될 것이다. 기준시행은 비율(빈도), 백분율(%), 지속시간, 반응지연 등으로 측정될 수 있다.

홍준표와 김진숙(1990, 2007)은 발달지체 아동을 위한 조기 치료교육 프로그램 개발

15) Trials-to-criterion (基準施行)
16) Criterion

모형에서 평가기준을 강화기준과 학습기준의 두 가지로 나누어 설정하였다. 강화기준은 피훈련자가 요구된 표적행동을 올바로 수행하였는지의 여부를 판단할 수 있는 준거를 말한다. 예를 들어, 이름을 부르면 5초 후에나 반응하는 아동의 잘못된 버릇을 고치려는 경우를 생각해 보자. 이름을 부르면 3초 이내에 교사를 바라보도록 훈련하려고 한다. 즉, 강화기준은 '3초 이내에 자기 이름에 반응하여 교사를 바라보는 것'으로 정하였다. 이러한 기준은 교사나 훈련자가 조작적으로 정한다. 훈련과정에서 교사는 '영수야!' 라고 이름을 부른다. 그리고 즉시 영수가 교사의 눈을 바라볼 때까지의 반응지연 시간을 잰다. 영수가 3초 이내에 교사를 바라보면 교사는 즉시 칭찬하고 올바른 반응으로 기록한다. 학습기준은 피훈련자가 훈련의 목표에 도달하였다고 판단할 수 있는 기준을 말한다. 즉, 피훈련자가 요구되는 반응을 완전히 학습하였다고 평가될 수 있는 준거를 말한다. 강화기준에서와 마찬가지로 교사나 연구자가 조작적으로 정할 수 있다. 홍준표와 김진숙(1990, 2007)은 한 훈련회기를 10회 시행으로 정하고 올바른 반응의 발생횟수가 2회기 연속 8회 시행 이상에 이르는 것을 학습기준으로 정하였다. 예컨대, 훈련자 바라보기의 제3단계 훈련에서 훈련자는 아동의 이름을 부른다. 아동이 훈련자의 눈을 3초 이상 바라보면 훈련자는 아동을 칭찬하고 올바른 반응으로 기록한다. 만일 아동이 훈련자를 바라보지 않거나 또는 훈련자를 바라보는 시간이 3초에 미달하면 그릇된 반응으로 기록한다. 이와 같은 방법으로 매 회기 10회 시행한 다음 올바른 반응의 횟수를 세거나 백분율로 환산한다. 이러한 학습기준은 일반적으로 연구자나 프로그램 제작자에 의하여 조작적으로 정의된다.

5. 정의된 행동 특성의 측정

반응의 형태와 크기는 반복 가능성이나 시간상의 길이 등을 측정할 때와 같은 기본적인 양적 특성은 아니지만 표적행동을 정의하거나 표적행동의 발생 여부를 판단하는 기준을 정할 때 매우 중요시되는 특성이다.

1) 형 태

형태[17]란 행동의 물리적 형상이나 모양을 일컫는 말로서 측정 가능하고 변화 가능한

17) Topography (形態)

행동의 특성이다. 따라서 행동의 형태는 측정의 대상이자 행동수정의 대상이 된다. 즉, 서로 다른 여러 가지 형태에 따라 행동을 분류하여 셀 수 있고, 또한 행동의 형태는 수반되는 후속자극에 의하여 다른 모습으로 변화될 수도 있다. 예를 들어, 올바른 수업 자세는 앉아 있는 모습(형태)에 따라 정의된다. 허리를 꼿꼿이 하고 얼굴과 눈은 교사를 향하고 있으면 올바른 학습 자세이고, 몸을 구부정하게 굽히고 창을 향하여 얼굴을 돌리고 있으면 올바른 자세가 아니다. 따라서 올바른 자세를 몇 번 취했는지, 얼마 동안 올바른 자세로 있었는지 그 빈도나 지속시간의 측정이 가능하다. 또한 수업 중의 올바른 자세는 교사의 긍정적 관심과 칭찬을 얻을 수 있지만, 그릇된 자세는 부정적 관심과 꾸지람의 대상이 될 수 있다. 따라서 이러한 후속자극이 올바른 수업 자세를 증가시킬 수 있다.

때로는 행동들이 서로 형태는 아주 다르지만 동일한 기능을 수행할 수 있다. 예를 들어, 수업시간에 소리를 지르거나, 좌석을 이탈하거나, 급우를 괴롭히는 행동들은 그 형태에서는 서로 크게 다르지만 그 목적이 서로 같을 수 있다. 즉, 교사의 관심을 얻기 위하여 그러한 행동들을 한다면, 그 문제행동들은 형태는 서로 달라도 동일한 기능을 가진 '관심추구 행동' 으로 분류되어 측정될 수 있다. 영수가 교사의 관심을 얻기 위하여 좌석을 2번 이탈하고 소리를 3번 지르고 급우를 한 번 괴롭혔다면, 영수의 관심추구 행동은 6번 발생한 것으로 측정될 수 있다. 반대로 외형적 모습은 같아도 전혀 다른 행동으로 분류되어 측정될 수 있다. 예컨대, 지수는 공부가 하기 싫어 좌석을 한 번 이탈하고 급우의 반응이 재미있어 3번 집적거리고 또래들이 귀찮게 굴어 소리를 한 번 질렀다면, 행동의 형태는 영수의 '관심추구 행동' 과 동일하지만 그 기능은 전혀 다르다. 따라서 이러한 행동들은 각각 다른 행동으로 분류되어 측정되고, 그 치료방법도 각각 다르게 고안되어야 한다.

유아에게 사각형 그리기를 가르치는 경우를 생각해 보자. 사각형은 4개의 각이 있어야 하고, 네 각을 잇는 선은 직선이어야 하고, 시작점과 끝점이 이어져야 한다. 이러한 기준을 통해 유아가 그린 사각형 중에 올바로 그린 것이 몇 개이고 틀리게 그린 것이 몇 개인지 셀 수 있다. 또한 유아가 그린 전체 그림 중에 올바른 그림은 얼마나 되는지 백분율로 환산할 수도 있다. 또한 기준에 맞게 잘 그릴 때 적극적으로 관심을 보이며 칭찬하고, 각이나 직선을 올바로 그리지 못할 때 무시함으로써 올바른 형태로 그리는 행동을 강화할 수도 있다. 이처럼 형태는 행동을 정의하고 측정하는 데 중요한 역할을 할 뿐 아니라 후속자극의 영향으로 새롭게 형성될 수도 있고 다른 모습으로 변화될 수도 있는 중요한 특성 중의 하나이다.

2) 크 기

행동의 크기란 반응의 세기 또는 강도를 일컫는 말이다. 행동이 일정한 강도나 세기로 발생하거나 또는 일정한 세기 이상이나 이하로 나타날 때 '바람직한 행동' 또는 '바람직하지 못한 행동'으로 규정될 수 있다. 수업 중 발표시간에 남이 잘 알아들을 수 없게 작은 소리로 말하는 것은 바람직하지 않다. 그러나 도서관에서 친구와 이야기할 때에는 다른 사람에게 방해되지 않도록 작은 소리로 소곤대는 것이 바람직하다. 연필로 글을 쓸 때는 알맞게 힘을 주어야 하지만 너무 힘을 주면 연필심이 부러지거나 종이가 찢어질 수 있다. 이와 같이 행동은 그 크기에 따라 바람직한 것이 될 수도 있고 그릇된 것이 될 수도 있다.

행동을 정의할 때 많은 사람들이 크기에 대한 표현을 막연한 형용사로 표현하는 경우가 있다. 예컨대, '머리로 책상을 꽝꽝 받는다.'라는 말은 행동의 세기나 크기를 의미하는 말이다. 그런데 '꽝꽝'이란 말은 어느 정도의 크기를 의미하는지 객관적으로 관찰할 수 없어 측정이 어렵다. 따라서 관찰과 측정에 큰 혼란을 일으킬 수 있고 관찰의 신뢰도를 훼손할 수 있다. 그래서 '꽝꽝'이란 말을 관찰 가능한 방식으로 표현하면 '머리가 부어오를 정도로' 또는 '교실 밖 복도에서도 소리가 들릴 정도로'와 같이 표현하면 더 정확할 것이다.

Schmidt와 Ulrich(1969)는 학생들의 소란행동을 소리의 크기로 정의하였다. 즉, 음량측정기를 사용하여 교실 내의 소음이 42db(데시벨)을 넘으면 소란행동으로 규정하고, 그 이하면 바람직한 행동으로 묵인하였다. 교사는 학생들이 실내 소음을 42db 이하로 10분간 중단 없이 유지할 때마다 체육관 활용 시간과 쉬는 시간을 각각 2분씩 연장해 주기로 하였다. 연구자는 대형 스톱워치를 교실 전면에 설치하였다. 그리고 음량측정기와 연결하여 소음이 42db보다 낮으면 스톱워치가 계속 돌아가고, 소음이 42db보다 높으면 스톱워치가 자동으로 0으로 되돌아가도록 장치하였다. 이 방법은 교실 내 소음을 낮추는 데 아주 큰 효과를 보여 주었다. 이와 유사하게 음량측정기를 사용하여 학생들의 소란행동을 정의하고 조절한 연구는 많이 있다(예: Strang & George III, 1975; Greene, Bailey, & Barber, 1981).

제2절 관찰 · 측정 방법

지금까지 측정 가능한 행동의 특성은 무엇인지 살펴보았다. 이제 이러한 행동의 특성을 관찰 · 측정할 수 있는 구체적 방법을 살펴보기로 한다. 응용행동분석에서 가장 많이 사용되는 측정방법은 행동의 발생빈도를 기록하기, 반응의 지속, 지연 및 반응간 시간을 재기, 시간을 표집하여 관찰 · 기록하기 등이다. 이 외에도 이들의 변형이나 병합으로 이루어진 여러 가지 방법들이 제안되고 있다. 관찰 · 측정은 행동의 결과로 발생한 어떤 산물이 영속적으로 남지 않고 일시적으로 출현하였다가 사라지는 행동을 대상으로 한다. 즉, 이러한 비영속성 때문에 관찰된 내용을 기록해 두는 것이다.

1. 발생빈도의 관찰과 기록

대부분의 행동은 그 결과가 오래 남지 않고 발생 후 곧 사라져 버리는 것이 보통이다. 따라서 행동이 발생할 당시에 즉시 관찰하여 기록해 두지 않으면 사후에 그 행동의 형태나 크기, 발생빈도 등을 알아낼 방법이 없다. 예컨대, 진수가 또래 친구들의 물건을 뺏는 것, 민지가 자기 얼굴을 때리는 것, 정수가 교실 밖에서 들릴 정도로 기성을 지르는 행동 등은 시간이 지나면 아무런 흔적도 남지 않는다. 따라서 그러한 일들이 발생할 때마다 관찰하여 기록해 두어야 한다.

1) 사건기록법

사건기록법[18)]은 정해진 관찰시간 중에 표적행동이 몇 번이나 출현하였는지 그 발생횟수 또는 빈도를 직접 관찰 · 기록하는 것으로서 빈도기록법[19)]이라고도 한다. 응용행동분석 연구에서 가장 널리 쓰이는 관찰방법 중의 하나이다. 책상 위에 연필과 종이를 준비해 놓고 표적행동이 발생할 때마다 학생의 이름 옆에 바를 정(正)자를 한 획씩 그어 표시하면 한 시간 동안 몇 번이나 발생하였는지 쉽게 알 수 있다. 예컨대, 수업 중 교사의 질문에 허락 없이 답을 말해 버려 수업 진행을 방해하는 행동을 관찰하려고 한

18) Event recording (事件記錄法)

19) Frequency recording (頻度記錄法)

다면, 〈표 18-1〉과 같은 빈도 관찰기록표를 만들어 사용하면 편리하다. 아동이 교사의 허락 없이 답을 말할 때마다 '셈표' 란에 '正' 자를 한 획씩 누가적으로 기록해 나가는 방법이다. 관찰이 끝난 후 '셈표' 란의 '正' 자와 나머지 획수를 세어 '발생횟수' 란에 기입하면 된다. 이와 같이 사건기록법은 절차와 방법이 간단하고 쉽기 때문에 발생빈도가 아주 높은 행동이 아니라면 수업을 진행하면서 표적행동을 관찰 · 기록할 수 있다. 때로는 흑판에 피관찰 아동들의 이름을 적어 놓고 표적행동이 발생할 때마다 표시해 두면, 관찰과 측정의 결과도 알고 피관찰 아동과 집단 전체에게 경각심을 일으켜 주는 두 가지 목적을 동시에 달성할 수 있다.

〈표 18-1〉 표적행동의 빈도 관찰 · 기록 (예)

빈도 관찰기록표

아동 이름: 김미나　　관찰자 이름: 이영숙

표적행동: 교사의 허락을 받지 않고 답을 말해 버리기

관찰일	관찰시간		셈 표	발생횟수	비 고
	시작시간	종료시간			
07/3/4	10:00	10:30	正 下	8	
07/3/5	10:00	10:30	正 一	6	
07/3/6	10:00	10:30	正 正 一	11	
07/3/7	10:00	10:30	正 𤴓	9	
07/3/8	10:00	10:30	正	5	

[그림 18-6] 빈도를 측정할 수 있는 카운터

이와 같이 표적행동의 발생횟수를 관찰 · 기록하는 데는 특별한 측정도구는 요구되지 않는다. 그러나 작은 계수기, 전자식 계산기나 카운터를 사용하면 측정이 더 정확하고 편리할 수 있다. 어떤 교사는 골프 카운터를 손목에 차고 다니며 학생들의 반응빈도를 측정한 사례도 있다. 골프 카운터를 구하기 힘들면 시중에서 쉽게 구입할 수 있는 [그림 18-6]

과 같은 카운터(버튼을 한 번 누르면 숫자가 하나씩 올라가는 계수기)를 사용하면 편리할 것이다. 또한 작은 상자에 아동의 이름과 표적행동을 기록해 두고, 표적행동이 발견될 때마다 동전이나 작은 단추를 하나씩 해당 상자에 넣는 방식으로 발생빈도를 측정할 수도 있다.

2) 사용상의 주의점

사건기록법은 시작과 끝이 분명하고 비교적 짧은 시간에 발생했다가 사라지는 독립적 행동[20]을 측정할 때 주로 사용된다. 예컨대, 수업 중에 급우를 때리는 것, 소리 지르는 것, 단어를 틀리게 읽는 것 등은 시작과 끝이 분명하고 짧은 시간에 다른 행동과 상관없이 독립적으로 발생한다. 따라서 그러한 행동의 출현 여부를 쉽게 판단할 수 있고, 몇 번이나 출현하였는지 그 발생빈도를 정확히 셀 수 있다. 그러나 시간적으로 비교적 오래 지속되는 행동을 측정할 때 사건기록법은 적절하지 않다. 예컨대, 수업 중에 장시간 좌석을 이탈하는 아동의 경우를 생각해 보자. 좌석의 이탈시간이 짧고 자주 발생하는 경우라면 사건기록법을 사용하는 것이 적절하다. 그러나 한 번 좌석을 이탈하면 오전 내내 제자리로 돌아가지 않는 경우를 가정해 보자. 발생횟수는 한 번뿐이지만 30초씩 10번 자리를 뜬 아동보다 더 오래 좌석을 이탈하고 있지 않은가? 이러한 경우 좌석 이탈의 발생빈도를 측정하는 것은 의미가 없다. 빈도기록만으로는 오전 내내 제 자리에 돌아가지 않았다는 중요한 사실을 반영하지 못하기 때문이다.

시작과 끝이 분명한 독립적 행동일지라도 그 행동의 발생빈도가 너무 높아 관찰 · 기록하기가 어렵다면 사건기록법의 활용은 불가능할 것이다. 예를 들어, 아주 빠른 눈 깜박임을 측정할 때나 빠르게 움직이는 몸동작을 관찰 · 기록할 때는 사건기록법을 사용하기 어렵다. 표적행동을 눈으로 정확히 관찰 · 기록할 수 없기 때문이다. 그러나 이러한 경우에도 표적행동을 녹화한 다음 느린 동작으로 재생하면서 관찰하면 그 발생비율을 정확히 측정할 수 있을 것이다.

2. 반응시간의 관찰과 기록

하나의 행동이 발생하여 끝날 때까지 지속되는 시간을 양적으로 측정할 수 있다. 그

20) Discrete behavior

리고 측정을 어느 시점에서 시작하여 어느 시점에서 종결하느냐에 따라 지속시간 및 반응지연과 반응간시간 기록으로 분류된다.

1) 지속시간기록법

지속시간기록법[21)]은 반응이 시작되는 순간부터 반응이 중단될 때까지의 시간을 측정하는 것이다. 시간적으로 비교적 오래 지속되는 행동을 측정할 때는 빈도보다 지속시간을 측정하는 것이 더 타당하다. 지속시간을 측정하는 것이 문제행동의 특성을 이해하고 평가하는 데 더 적절한 정보를 제공하기 때문이다. 예를 들어, 공부하기, 컴퓨터 게임하기, 낮잠 자기와 같은 행동들은 시간적으로 비교적 장시간 지속되는 특성을 가지고 있다. 그러므로 발생빈도보다는 지속시간을 측정하는 것이 더 적절하다. '공부를 한 번 했다.' 또는 '공부를 두 번 했다.' 라고 말하지 않는다. '공부를 한 시간 했다.' 또는 '공부를 두 시간 했다.' 라고 말한다. 발생횟수보다는 지속시간이 그러한 행동의 특성을 더 잘 대표하기 때문이다.

지속시간을 측정할 때는 시계를 측정도구로 사용한다. 비교적 낮은 비율로 장시간 지속되는 표적행동을 관찰 · 기록할 때는 일반 손목시계나 탁상시계를 사용할 수 있다. 예를 들어, 〈표 18-2〉와 같은 지속시간 관찰기록표를 만들어 사용하면 편리할 것이다. 가정에서 자녀가 저녁식사 후 취침 전까지 얼마 동안 공부를 하는지 평가하기 위하여 그 시간을 관찰 · 기록한 예이다. 관찰자인 어머니는 동찬이가 공부를 시작하면 '시작시간' 란에 현재 시간을 기입한다. 그리고 동찬이가 공부를 중단하면 시간을 확인하여 '종료시간' 란에 기록한다. 그리고 종료시간과 시작시간의 차이(예: 08:15-08:10=00:05)를 계산하여 '지속시간' 란에 '5분' 이라고 기록한다. 동찬이가 다시 공부를 시작하면 전과 같이 '시작시간' 과 '종료시간' 을 각각 기입하고, 지속시간을 계산하여 기록한다. 하루 또는 한 회기의 관찰이 끝나면, 각각의 지속시간을 총합하여 '소계' 란에 그날의 총 지속시간을 기록한다. 〈표 18-2〉의 예에서 동찬이는 2007년 3월 4일 저녁에 집에서 총 22분 동안 공부하였다는 것을 알 수 있다. 좀 번거롭지만 이 표의 경우와 같은 관찰기록 방법은 한 회기의 총 지속시간뿐 아니라 그 외의 많은 정보를 제공한다. 예컨대, 한 회기 중에 표적행동은 몇 번이나 중단되었는지, 발생당 평균 지속시간과 반응간시간은 얼마나 되는지, 표적행동의 중단은 전체 회기 중 어느 시점에서 발생하였는지, 관찰회기 간에 어떤 공통적인 경향성이 있는지 등 많은 정보를 얻을

21) Duration recording (持續時間記錄法)

〈표 18-2〉 표적행동의 지속시간 관찰 · 기록 (예)

지속시간 관찰기록표

아동 이름: 여동찬 관찰자 이름: 김신우 (어머니)

표적행동: 저녁식사 후 취침 전까지 공부한 시간

관찰일	관찰시간		지속시간	소 계
	시작시간	종료시간		
07/3/4	08:10	08:15	5분	
	08:43	08:52	9분	
	09:12	09:20	8분	22분
07/3/5	08:09	08:16	7분	
	08:40	08:45	5분	
	08:50	09:02	12분	
	09:15	09:20	5분	29분

수 있다. 지속시간기록은 관찰자가 다른 작업을 하면서 수행하기는 어렵다. 잠시도 쉬지 않고 피관찰자의 행동을 지켜보아야 하기 때문이다. 이럴 경우 별도의 관찰자를 고용할 필요가 있다. 이러한 불편을 덜기 위하여 어떤 연구에서는 녹음과 녹화 장치, 컴퓨터와 센서를 연결하여 표적행동의 지속시간을 자동적으로 측정하거나 치료적 처치와 연계하는 방법들을 고안하였다(Greene, Bailey, & Barber, 1981; Schwarz, & Hawkins, 1970).

일반적으로 손목시계나 탁상시계를 사용하여 표적행동의 지속시간을 관찰 · 기록하는 것은 대단히 번거롭고 어려운 일이다. 특히 표적행동의 지속시간이 짧고 출현과 중단이 빈번할 경우에는 〈표 18-2〉와 같은 관찰기록표를 사용하여 지속시간을 일일이 기록하는 것이 거의 불가능하고 측정의 오차도 증가할 수 있다. 이러한 경우에는 [그림 18-7]과 같은 디지털 스톱워치를 측정도구로 사용하는 것이 편리하다. 이 시계는 여러 가지 조작이 가능한 몇 개의 버튼을 가지고 있다. 필요에 따라 수시로 시계를 작동시키고 멈추게 할 수 있다. 예를 들어, 처음 아동이 공부를 시작할 때 버튼을 한 번 누르면 시계가 움직이기 시작한다. 아동이 공부를 중단하고 자리를 뜰 때 버튼을 한 번 더 누르면 시계는 그 자리에서 멈춘다. 관찰자는 계기판에 나타난 시간을 확인하여 '지속시간' 란에 적는다. 그리고 재설정 버튼을 누르면 시간은 0으로 돌아가 처음부터 다시 작동할 준비를 한다. 이와 같이 스톱워치의 재설정 기능을 이용하여 표적행동의 시작과 중단

[그림 18-7] 스톱워치

지속시간을 누가적으로 측정할 수 있는 스톱워치

을 매번 측정하여 기록한 다음 이를 종합하여 하루 또는 한 회기의 총 지속시간을 계산할 수 있다. 보통시계를 이용하는 것보다 훨씬 편리하고, 총 지속시간 외에 많은 정보를 얻을 수 있다.

위의 방법은 표적행동이 중단될 때마다 스톱워치를 멈추고 지속시간을 기록한 다음, 다시 스톱워치를 0에 재설정하는 번거로운 과정이 요구된다. 그러나 스톱워치의 누가기록 기능을 이용하면 시작 버튼만으로도 아주 간편하게 표적행동의 총 지속시간을 측정할 수 있다. 예를 들어, 아동이 공부를 시작할 때 스톱워치의 시작 버튼을 누른다. 시계는 작동을 시작한다. 아동이 공부를 중단하면 시작 버튼을 다시 한 번 누른다. 시계는 멎고 계기판에 지속시간이 나타난다. 시계를 0으로 재설정하지 않고 그대로 둔다. 아동이 다시 공부를 시작하면 시작 버튼을 다시 한 번 누른다. 시계는 멈추었던 자리에서 출발하여 움직이기 시작한다. 아동이 표적행동을 다시 중단하면 스톱워치의 시작 단추를 다시 한 번 누른다. 시계는 다시 멎고 계기판에는 첫 번째 지속시간과 두 번째 지속시간의 합계가 누적된 점수로 나타난다. 이러한 과정을 반복하면 중간에 여러 번 표적행동이 중단되는 경우에도 표적행동의 총 지속시간을 간편하고 정확하게 측정할 수 있다.

2) 반응지연과 반응간시간의 측정

지속시간을 관찰 · 기록할 때와 유사한 방법으로 관찰기록표와 스톱워치를 이용하여 반응지연과 반응간시간(IRT)을 관찰 · 기록할 수 있다. 다만 반응지연을 측정할 때는 표적행동의 출현에 영향을 미치는 어떤 선행자극의 발생시점부터 그와 관련된 표적반응이 시작되는 시점 사이에 경과되는 시간을 측정하여 기록한다. 그리고 반응간시간을 측정할 경우에는 하나의 표적행동이 끝나는 시점부터 다음 표적행동이 시작되는 시점 까지의 경과시간을 측정하는 것이 다를 뿐이다. 측정의 시작시점과 종료시점에 관해서는 앞의 [그림 18-4]와 [그림 18-5]를 참조한다.

스톱워치를 사용하여 반응지연을 측정할 경우에는 지속시간을 측정할 때와 마찬가지로 재설정 기능을 활용한다. 즉, 교사의 지시가 주어지는 시점에서 또는 교사의 지시가 시간적으로 긴 경우에는 지시가 끝나는 시점에서 시작 버튼을 눌러 시계를 작동시키고, 표적행동이 시작되는 시점에서 버튼을 한 번 더 눌러 시계를 멈추게 한다. 그리고 계기판의 시간을 확인하여 관찰기록표에 기입한 다음 스톱워치를 0으로 재설정하고 다음 반응의 측정에 대비한다. 이러한 과정을 반복하여 각 반응의 지연시간을 측정할 수 있다. 만일 총 반응지연 시간만이 필요할 경우에는 스톱워치의 시작 버튼만을 사용하여 각 반응지연을 누가적으로 기록하면 될 것이다. 반응간시간(IRT)을 측정할 경우에도 위와 유사한 절차를 따르면 된다. 다만 하나의 표적행동이 끝나는 시점에서 스톱워치의 시작 버튼을 눌러 시계를 작동시키고, 다음 표적행동이 시작되는 시점에서 버튼을 다시 눌러 시계를 멈추고 계기판을 읽어 기록하는 것이 다를 뿐이다. 그 외의 모든 절차는 반응지연을 측정할 때와 같다.

3. 측정시간의 표집과 관찰 · 기록

지금까지 표적행동의 발생빈도나 지속시간을 직접 관찰 · 기록하는 방법을 살펴보았다. 이제는 특정한 시점이나 시간간격을 표집하여 그 시간에 발생하는 표적행동을 측정하는 방법을 살펴보기로 한다. 동간기록법과 순간시간표집법은 여러 가지 편리성이 있어 응용행동분석 연구에서 널리 활용되고 있다. 다만 이러한 방법들은 표집된 자료를 통하여 실제의 발생빈도나 지속시간을 추정하는 간접적 측정방법이기 때문에 타당도와 신뢰도에 문제가 있다. 따라서 이러한 추정치의 활용과 해석에는 특별한 주의가 요구된다.

1) 동간기록법

동간기록법[22]은 정해진 관찰시간을 동일한 시간간격으로 나누어 각 단위간격별로 표적행동의 발생과 지속 여부를 관찰하여 기록하는 방법이다. 동간기록의 일차적 관심은 표적행동의 발생빈도나 지속시간에 있는 것이 아니라 관찰간격의 어느 시점에서 표적행동이 발생하고 종료되는지에 있다. 이러한 동간기록법은 일반적으로 초단위로 비교적 짧은 시간에 자주 발생하는 행동을 측정할 때 많이 활용된다. 예를 들어, 자율학습 시간에 볼펜을 뱅글뱅글 돌리는 행동을 2분 동안 관찰할 경우를 가정해 보자. 먼저 [그림 18-8]과 같이 관찰시간 2분을 10초 간격으로 나누어 12개의 빈칸을 만든다. 그리고 각 10초 간격(칸) 사이에서 표적행동이 관찰되면 '+' 기호로 표기하고, 만일 정

22) Interval recording (同間記錄法)

해진 10초 간격(칸) 중에 표적행동이 관찰되지 않으면 '－' 기호로 표기한다.

[그림 18-8]을 보면 전체 12칸의 관찰 기회 중 표적행동이 관찰된 칸 수(＋)는 8개이다. 여기서 8이라는 수치는 표적행동의 발생빈도도 아니고, 표적행동의 지속시간을 의미하는 것도 아니다. 다만 정해진 전체 관찰 기회(칸 수) 중 표적행동이 관찰된 기회가 상대적으로 얼마나 되는지를 나타낼 뿐이다. 따라서 동간기록에서 표적행동의 측정치는 미리 준비된 전체 관찰 칸 수 중 표적행동이 관찰된 칸 수의 백분율(%)로 환산된다. 예컨대, 표적행동이 관찰된 칸 수, 즉 '＋'로 표기된 칸 수는 전체 관찰 기회 12칸 중 8칸이다. 〈글상자 18-1〉에 제시된 공식에 따라 백분율로 환산하면 66.7%(8÷12×100)가 된다. 이러한 측정자료는 실제 표적행동의 발생빈도도 아니고 지속시간도 아니다. 다만 실제 표적행동의 발생빈도나 지속시간에 대한 추정치일 뿐이다. 따라서 관찰의 편리성은 있으나 신뢰도나 타당도에 문제가 발생할 수 있기 때문에 조심스럽게 활용하여야 한다.

동간기록법에 의하여 표적행동을 관찰할 때, 한 간격(예: 10초) 사이에서 표적행동이 짧게 여러 번 발생할 수도 있고 길게 한 번만 발생할 수도 있다. 그렇다면 어떤 기준으로 표적행동의 발생 여부를 기록하고 평가해야 하는가?

첫째로, 정해진 관찰시간 사이에 표적행동이 나타나면 그 발생빈도나 지속시간에 상관없이 '표적행동의 발생(＋)'으로 기록할 수 있다. 이와 같이 주어진 관찰시간 간

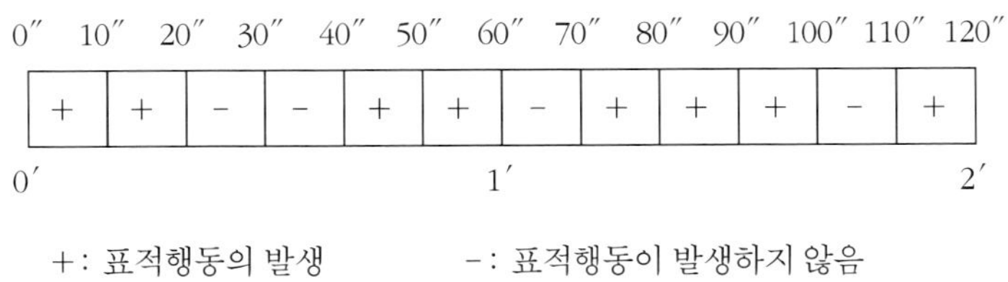

[그림 18-8] 동간기록법에 의한 측정치

주어진 관찰시간 2분을 10초 간격으로 나누어 12개의 관찰 · 기록 칸을 만든다. 그리고 표집된 10초 간격 사이에 표적행동의 발생 여부를 확인하여 기록한다.

글상자 18-1

동간기록에서 측정치의 계산공식

$$\text{반응의 백분율(\%)} = \frac{\text{표적행동이 관찰된 칸(+) 수}}{\text{전체 관찰 칸 수}} \times 100$$

격 중에 표적행동의 발생 여부만을 확인하여 기록하는 방법을 부분간격기록법[23]이라고 한다. [그림 18-9]는 실제로 발생한 표적행동과 부분간격기록법에 의하여 관찰 · 기록된 측정치를 비교한 것이다. 위 그림은 표적행동의 발생빈도와 지속시간을 가상적으로 도식화한 것이다. 회색의 융기된 사각형 부분(예: r_1, r_2, r_3 등)은 관찰시간 중에 표적행동이 발생하여 지속되고 있는 것을 표시한다. 첫 번째로 출현한 표적행동(r_1)은 관찰간격 0~10초 사이에서 발생하여 10~20초 중간에서 종료되었다. 즉, 첫째 칸과 둘째 칸에 걸쳐 표적행동이 진행되고 있지만 어느 한 칸도 완전히 채우지 못하고 있다. 그렇다 하더라도 첫째 칸과 둘째 칸에서 표적행동이 관찰되었기 때문에 부분간격기록에서는 두 칸 모두 '+'로 표기된다.[24] 그리고 관찰간격 50~60초에서는 표적행동(r_3, r_4)이 2번 발생하였지만 횟수에 상관없이 '+' 기호 하나만을 표기한다. 이와 같이 부분간격기록에서는 한 간격 사이에서 발생한 표적행동의 빈도나 지속시간에 상관없이 그 발생 여부만을 확인하여 기록한다. 따라서 부분간격기록법에 의하여 관찰된 표적행동은 실제보다 과대평가되는 경향이 있다. [그림 18-9]는 이러한 경향성을 시각적으로 표현한 것이다. 위 그림(실제 표적행동)의 회색 융기 부분(32.0%)보다 아래 그림(관찰된 표적행동)의 회색 네모 부분이 월등히 더 많은 부분(66.7%)을 차지하고 있음을 볼 수 있

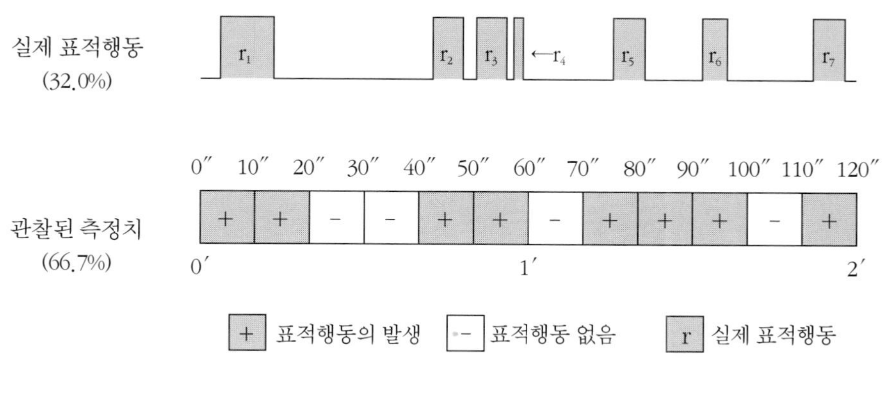

[그림 18-9] 실제 표적행동과 부분간격기록법에 의하여 관찰된 측정치의 비교

실제 표적행동 그림(위)에서 전체 길이(86.5mm)에 대한 융기된 회색 부분(27.7mm)의 백분율은 32.0%이고, 관찰된 측정치 그림(아래)에서 전체 칸 수(12)에 대한 회색(+) 칸 수(8)의 백분율은 66.7%이다. 즉, 부분간격기록법에 의한 측정은 실제보다 과대평가되는 경향이 있음을 보여 준다.

23) Partial-interval recording (部分間隔記錄法)

24) 전간격기록법에서는 표적행동이 시작되어 하나의 간격을 완전히 채우지 못하면 표적행동이 발생하지 않은 것으로 평가된다. 따라서 전간격기록에서는 첫째 칸과 둘째 칸 모두 '-'로 표기된다.

다. 이미 설명한 바와 같이, 위 그림의 회색 네모는 표적행동의 실제 발생횟수와 지속시간을 나타내고, 아래 그림의 회색 네모는 부분간격기록에 의하여 측정된 추정치이다. 분명히 과대평가되고 있음을 눈으로도 확인할 수 있다.

둘째로, 표적행동이 정해진 관찰간격(10초)을 완전히 채우며 지속될 경우에만 그 관찰간격(칸)에서 표적행동이 발생한 것(+)으로 기록할 수 있다. 한 간격 사이에서 표적행동의 단락이 발생하는 경우나 표적행동이 한 간격(예: 10초)보다 장시간 지속되었다 하더라도 두 관찰간격 사이에 걸쳐 있어 어느 한 칸도 완전히 채우지 못하고 종료될 경우에는 두 칸 모두 '-'로 기록한다. 이러한 관찰기록 방법을 전간격기록법[25]이라고 한다. [그림 18-10]은 실제로 발생한 표적행동과 전간격기록법에 의하여 관찰된 측정치를 그림으로 비교한 것이다. 위 그림은 실제 표적행동의 발생빈도와 지속시간을 가상적으로 도식화한 것이다. 회색의 융기된 부분은 실제 표적행동이 발생한 횟수와 지속시간을 나타낸다. 그림에서 첫 번째로 출현한 표적행동(r_1)은 0″~10″와 10″~20″ 두 간격을 완전히 채우며 지속되고 있지만, 셋째 칸(20″~30″)은 완전히 채우지 못하고 종료되었다. 따라서 첫째 칸과 둘째 칸은 '+'로 표기되고 셋째 칸은 '-'로 표기된다. 두 번째 표적행동(r_2)은 넷째 칸(30″~40″)의 앞부터 일곱째 칸(60″~70″)의 중간까지 장시간 지속되고 있다. 그러나 한 간격 전체를 완전히 채운 것은 다섯째와 여섯째 칸뿐이다. 따라서 두 칸만 '+'로 기록된다. 이와 같이 전간격기록에서는 표적행동이 한 간

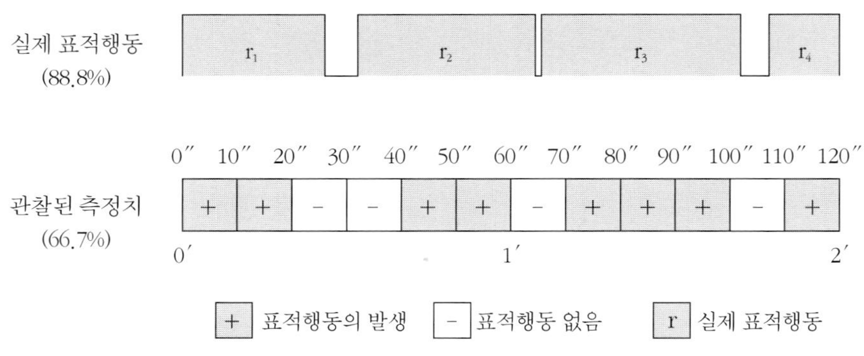

[그림 18-10] 실제 표적행동과 전간격기록법에 의하여 관찰된 측정치의 비교

실제 표적행동 그림(위)에서 전체 길이(86.5mm)에 대한 융기된 회색 부분(76.8mm)의 백분율은 88.8%이고, 관찰된 측정치 그림(아래)에서 전체 칸 수(12)에 대한 회색(+) 칸 수(8)의 백분율은 66.7%이다. 즉, 전간격기록에 의한 측정은 실제보다 과소평가되는 경향이 있음을 보여 준다.

25) Full-interval recording (全間隔記錄法)

격을 중단 없이 완전히 채워야만 '+' 로 기록된다. 따라서 이 방법에 의하여 관찰된 표적행동은 실제보다 과소평가되고 있다. [그림 18-10]에서도 역시 이러한 경향성을 시각적으로 확인할 수 있다. 위 그림의 회색 네모(88.8%)보다 아래 그림의 회색 네모(66.7%)가 양적으로 더 적은 부분을 차지하고 있음을 볼 수 있다.

(1) 부분간격기록법

부분간격기록법은 소리 지르기, 남을 때리기, 몸을 흔들기 등과 같이 비교적 짧은 시간에 발생빈도가 높은 과잉행동을 관찰할 때 많이 사용된다. 예컨대, 수업 중에 한 아동의 과잉행동을 10분 동안 관찰할 경우를 생각해 보자. 관찰 · 기록의 편의를 위하여 〈표 18-3〉과 같은 기록표를 사용하면 편리하다. 우선 전체 관찰시간(10분)을 10초 간격으로 똑같이 나눈다. 물론 반드시 10초 간격으로 나눌 필요는 없고, 표적행동의 특성이나 연구의 내용에 따라 적절한 시간간격을 정하면 된다. 일반적으로 5초 혹은 10초 간격으로 짧게 정한다. 관찰자는 한 단위간격 사이에 표적행동이 몇 번 발생하였는지, 얼마나 오래 지속되었는지 상관할 필요가 없다. 다만 표적행동이 발생하였는지의 여부만을 확인하여 해당 칸에 표기한다.

수업 중 과잉행동에 몰두하는 수민이를 부분간격기록법에 의하여 10분 동안 관찰할 계획을 세워 보자. 먼저 주어진 전체 관찰시간을 10초 간격으로 나누어 〈표 18-3〉과 같은 관찰기록표를 만든다. 관찰자는 매 10초 간격으로 수민이의 행동을 관찰한다. 정해진 관찰간격 중에 과잉행동이 관찰되면 '+' 로 표기하고 관찰되지 않으면 '-' 로 표기한다. 관찰의 편의를 위하여, 매 10초가 될 때마다 시간을 알려 주는 전자시계를 사용하면 편리하다. 전자시계가 없으면 소형 녹음기에 10초 간격으로 전자음을 녹음하여 사용한다. 예컨대, 처음 관찰의 시작을 알리는 신호음이 울린 다음 10초 후 첫 번째 신호음이 울리는 사이에 수민이가 과잉행동을 하면 첫째 줄 첫째 칸에 '+' 로 표기한다. 그리고 만일 그 사이에 과잉행동이 관찰되지 않으면 '-' 로 표기한다. 주의할 것은 정해진 단위시간 10초 안에 아동이 과잉행동을 한 번 하건 두 번 하건 상관없이 '+' 표시는 하나만 한다.

〈표 18-3〉은 아동의 과잉행동을 부분간격기록법으로 관찰한 내용을 예시한 것이다. 아동의 과잉행동을 백분율(%)로 환산해 보자. 수민이의 과잉행동은 60칸의 관찰간격 중 27칸에서 관찰되었으므로 〈글상자 18-1〉에 제시된 공식에 따라 백분율로 환산하면 45%가 된다. 그러나 '과잉행동 45%' 라는 통계치는 부분간격기록에 의한 추정치이기 때문에 실제 표적행동의 발생빈도나 지속시간보다 과대평가되었을 가능성이 높다. 따

〈표 18-3〉 부분간격기록법에 의한 과잉행동의 관찰 (예)

부분간격기록표

표적행동: 과잉행동
아동 이름: 정수민
관 찰 자: 김민주
관찰일시: 07/3/7
시작시간: 10:10
종료시간: 10:20

전체 관찰 칸 수: 60
과잉행동 칸 수(+): 27
백분율(%): 45%

시간 \ 간격	10초	20초	30초	40초	50초	60초
1분	+	-	-	-	+	+
2분	-	-	+	+	+	-
3분	+	-	+	+	-	-
4분	-	+	-	+	-	-
5분	+	-	+	-	-	+
6분	-	-	+	-	+	-
7분	-	+	-	+	-	-
8분	+	-	+	+	-	-
9분	+	+	-	-	+	-
10분	-	-	+	-	+	+
비 고	+: 과잉행동 -: 과잉행동 없음					

$$\text{과잉행동}(\%) = \frac{27\ (\text{표적행동이 관찰된 칸}(+)\ \text{수})}{60\ (\text{전체 관찰 칸 수})} \times 100 = 45$$

라서 결과를 분석하고 해석할 때 항상 이런 점에 유의하여야 한다.

(2) 전간격기록법

전간격기록법은 앞서 [그림 18-10]에서 설명한 바와 같이 표적행동이 출현한 다음 하나의 관찰간격을 처음부터 끝까지 완전히 통과하여 지속될 때에만 그 간격(칸)에서 표적행동이 발생한 것(+)으로 기록된다. 표적행동이 한 간격의 중간에서 출현하는 경우나 관찰간격을 완전히 채우지 못하고 중도에서 종료될 경우 그 간격에서는 표적행동이 발생하지 않은 것(-)으로 기록된다.

전간격기록법은 공부하기, 협동놀이, 주의 집중하기, 손가락 빨기 등과 같이 한번 시작되면 상대적으로 오래 지속되는 행동을 측정 대상으로 한다. 또한 몸통 흔들기, 웅얼거리기, 손 흔들기 등과 같이 동일한 행동이 빠른 속도로 반복되어 한 반응의 종료와 다음 반응의 시작을 구분하기 어려우나 전반적으로 그러한 행동의 연속이 시작되는 시점과 일단락되는 시점을 구별할 수 있을 때는 전간격기록법이 활용될 수 있다. 높은 비율로 반복되는 일련의 과정을 하나의 지속적인 행동으로 간주할 수 있기 때문이다. 부분간격기록법에서와 마찬가지로 먼저 정해진 관찰시간을 작은 단위의 시간간격으로 나눈다. 일반적으로 하나의 관찰간격은 5~10초 정도로 짧게 정한다. 그러나 표적행동의 특성이나 연구의 내용에 따라 시간간격은 적절히 가감할 수 있다.

측정된 표적행동의 크기는 부분간격기록에서와 마찬가지로 전체 관찰 기회(칸 수)에 대한 관찰된 기회(칸 수)의 백분율로 환산된다. 이러한 통계치는 실제 발생한 표적행동의 추정치로서, 이미 [그림 18-10]에서 설명한 바와 같이 실제 표적행동의 발생빈도나 지속시간보다 과소평가되는 경향이 있다. 따라서 관찰 결과의 활용과 해석에서 이러한 과소평가의 경향성을 충분히 감안하지 않으면 안 된다.

2) 순간시간표집법

순간시간표집법[26]이란 특정한 관찰시점을 표집하여 그 순간에만 표적행동의 발생을 관찰·기록하는 방법이다. 즉, 정해진 관찰시간 내내 표적행동을 지속적으로 지켜보지 않고 몇 번의 선택된 순간에만 표적행동의 발생 여부를 확인하여 기록한다. 관찰간격은 동간기록법에서와는 달리 비교적 긴 시간으로 정한다. 일반적으로 분단위로 나누어 관찰시간을 표집하기 때문에 많은 표적행동이 관찰에서 누락될 수 있다. 따라서 발생비율이 낮고 지속시간이 짧은 행동의 관찰방법으로는 적당하지 않고, 학습과제나 교육활동과 같이 비교적 장시간 지속되는 특성을 가진 행동을 관찰할 때 많이 사용된다 (Saudargas & Zanolli, 1990). 예컨대, [그림 18-11]에서와 같이 한 시간을 5분 간격으로 12개의 관찰 칸을 만들어 놓고, 관찰자는 5분이 지날 때마다 한 번씩 피관찰자의 행동을 확인한다. 즉, 5분이 되는 순간에만 표적행동의 발생 여부를 관찰하여 기록한다.

순간시간표집법에서는 이미 설명한 바와 같이 관찰간격(예: 5분) 내내 피관찰자를 주시할 필요는 없고, 해당 순간에만 한 번씩 잠깐 관찰하여 기록한다. 빈도기록법, 지속시간기록법 또는 동간기록법 등에 비하여 관찰이 용이하고 관찰에 소요되는 시간이 거의 없어 그만큼 많은 노력이 절약된다. 치료자나 교사가 다른 일을 수행하면서 동시에 쉽게 표적행동을 관찰할 수 있기 때문에 응용행동분석 연구에서 널리 사용된다.

순간시간표집법에 의한 관찰을 수행하기 위해서는 먼저 동간기록에서와 유사한 관찰기록표를 작성한다. 다른 점은 시간간격을 분단위로 비교적 크게 잡는 것이다. 예컨대, 아동이 학습 활동에 주의를 집중하는 행동과 한눈파는 행동을 40분 동안 순간시간

26) Momentary time sampling (瞬間時間標集法)

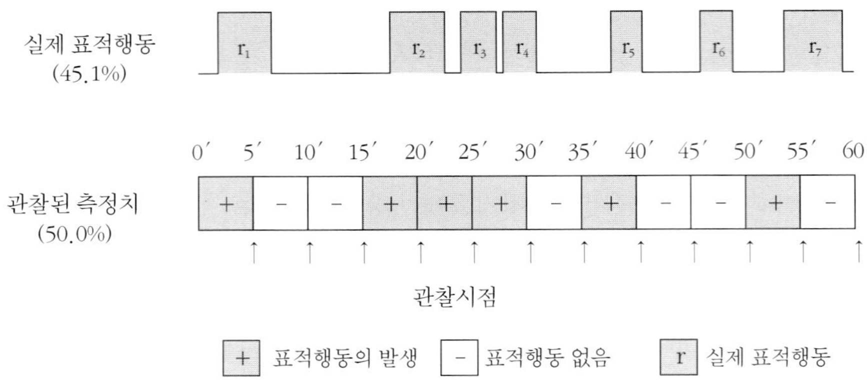

[그림 18-11] 실제 표적행동과 순간시간표집법에 의하여 관찰된 측정치의 비교

실제 표적행동 그림(위)에서 전체 길이에 대한 융기된 회색 부분의 백분율은 45.1%이고, 관찰된 측정치 그림(아래)에서 전체 칸 수(12)에 대한 회색(+) 칸 수(6)의 백분율은 50.0%이다.

표집법에 의하여 관찰할 경우를 생각해 보자. 관찰자는 전체 관찰시간을 동일한 분단위 시간으로 나눈다. 관찰단위 간격은 역시 행동의 특성이나 연구의 내용을 고려하여 적절하게 정한다. 가령 2분 간격으로 관찰단위를 나누어 보자. 시간간격을 분단위로 크게 정하는 것 외에는 동간기록법에서 관찰간격을 나누는 것과 다를 것이 없다. 다만 근본적으로 다른 점은 언제 표적행동을 관찰하느냐 하는 것이다. 동간기록법에서는 관찰간격 내내 표적행동의 출현 여부를 확인하여야 한다. 잠시도 피관찰자에게서 눈을 떼서는 안 된다. 그러나 순간시간표집법에서는 관찰시간 내내 표적행동을 관찰하지 않고, 관찰간격이 끝나는 순간에만 피관찰자의 행동을 잠깐 확인하여 기록한다. 〈표 18-4〉에서는 수업 중 주의집중 행동과 한눈파는 행동을 40분 동안 2분 간격으로 관찰한 예를 보여 준다.

〈표 18-4〉 주의집중 행동을 40분 동안 2분 간격으로 순간시간표집법에 의하여 관찰한 결과

관찰시간	관찰간격					비 고
	2분	4분	6분	8분	10분	
09:00～09:10	−	−	+	+	−	+: 주의집중 −: 한눈팔기
09:10～09:20	−	+	+	−	+	
09:20～09:30	+	+	−	−	+	
09:30～09:40	−	+	+	−	+	

↑ ↑ ↑ ↑ ↑

표집된 관찰 순간

관찰자는 정각 9시 2분이 되는 순간에 아동이 수업에 주의를 집중하고 있는지 혹은 한눈을 팔고 있는지를 확인하여 첫째 칸에 '+' 또는 '−' 기호를 기록한다. 관찰자는 다시 9시 4분 정각이 될 때까지 아동에게 주의를 기울일 필요가 없다. 9시 4분이 되는 순간에만 다시 아동을 바라보며 수업에 집중하는지 혹은 한눈을 팔고 있는지만을 확인하는 것으로 충분하다. 그런데 주의할 것은 관찰하기 직전까지 열심히 공부하다가 관찰하는 순간에 한눈을 팔았다 해도 그 행동은 '−'로 기록되어야 한다는 점이다. 반대로 계속 한눈을 팔다가 관찰 순간에 주의집중을 했더라도 '+'로 표시한다.

순간시간표집법에 의하여 관찰된 행동의 측정치는 동간기록법에서와 같이 백분율(%)로 환산된다. 〈표 18-4〉의 관찰 결과를 백분율로 환산하면 다음과 같다.

$$\text{주의 집중(\%)} = \frac{11\ (\text{'+'로 관찰된 칸 수})}{20\ (\text{전체 관찰 칸 수})} \times 100 = 55$$

순간시간표집법의 장점은 필요한 순간에만 표적행동을 주시하면 된다는 점이다. 따라서 치료자와 교사는 치료적 중재나 수업을 진행하면서도 어려움 없이 표적행동을 관찰·기록할 수 있다. 그렇다 하더라도 경험이 적은 관찰자에게는 여러 가지 번거로운 일이 생길 수 있다. 관찰시간을 잘 지키기 위하여 시계를 자주 들여다보아야 하고, 혹시 관찰시간을 놓치지는 않을까 불안해지기도 할 것이다. 그러나 일정한 간격으로 관찰시간을 알려 주는 특수한 전자시계를 이용하거나 소형 녹음기에 일정한 시간간격으로 전자음을 녹음해서 사용하면 문제가 해결될 수 있다. 이어폰을 귀에 꽂고 신호음이 울리는 순간에만 표적행동을 관찰하면 될 것이다.

3) 직접적 평가와 시간표집에 의한 간접적 평가의 비교

[그림 18-12]는 직접 측정된 실제 표적행동의 발생빈도와 지속시간을 동간기록법 및 순간시간표집법에 의하여 측정된 추정치와 비교한 것이다. 이 가상 사례는 짧은 시간에 높은 비율로 발생하는 표적행동을 측정의 대상으로 한 경우이다. 그림을 살펴보면, 표적행동의 실제 발생빈도(r_1, r_2, r_3, r_4, r_5, r_6, r_7)는 총 7회이며, 지속시간은 전체 관찰시간의 47.3%를 차지한다. 같은 시간에 부분간격기록법에 의하여 측정된 추정치의 백분율은 83.3%로 아주 높게 과대평가되고 있다. 그러나 전간격기록법에 의하여 측정된 백분율은 8.3%로 실제 측정치보다 극단적으로 낮게 과소평가되고 있다. 마지막으로

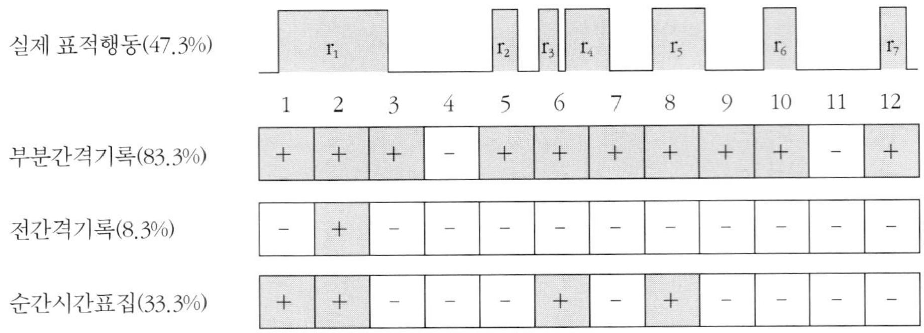

[그림 18-12] 직접적 측정자료와 간접적 측정자료의 비교 I

비교적 짧은 시간에 높은 비율로 발생하는 표적행동을 직접적 관찰방법으로 측정한 경우와 부분간격기록법, 전간격기록법 및 순간시간표집법에 따라 간접적으로 측정한 경우를 비교한 것이다.

순간시간표집법에 의하여 측정된 백분율은 33.3%로 역시 과소평가되고 있으나 세 가지 방법 중에서는 실제의 지속시간에 가장 근접하는 것으로 나타났다. 이와 같이 실제와 크게 다른 그릇된 추정치는 측정방법을 잘못 선택함으로써 발생할 수 있는 측정부산물[27]이다.

이러한 극단적인 차이는 표적행동의 특성에 따라 크게 달라질 수 있다. [그림 18-13]에 제시된 결과는 위의 경우와는 다르다. 실제로 직접 측정된 표적행동의 발생빈도(r_1, r_2, r_3, r_4)는 총 4회이며, 지속시간은 전체 관찰시간의 78.3%를 차지하는 경우를 가정해 보자. 위의 예에서는 짧은 시간에 높은 비율로 발생하는 표적행동을 측정 대상으로 하였지만, 이번에는 한번 시작되면 비교적 장시간 지속되는 행동을 측정 대상으로 한다. 그림에 나타난 결과를 보면, 같은 시간에 부분간격기록법에 의하여 측정된 표적행동의 양은 100%로 실제보다 과대평가되었다. 그러나 전간격기록법에 의하여 측정된 추정치는 58.3%로 실제 측정치와 비교할 때 크게 과소평가되었다. 그러나 짧은 시간에 높은 비율로 발생하는 표적행동을 관찰할 때와 같은 극단적 차이는 나타나지 않았다. 마지막으로 순간시간표집법에 의하여 측정된 백분율은 83.3%로 직접 관찰된 측정치보다 높게 나타나고 있으나 역시 실제의 지속시간에 가장 근접한 추정치를 보여 주고 있다.

표적행동의 발생빈도나 지속시간을 직접 관찰하고 측정하는 대신에 관찰시간을 표집하여 특정한 시간에만 표적행동을 관찰하는 동간기록법과 순간시간표집법은 여러

27) Artifact (人造副産物), Measurement artifact (測定副産物)

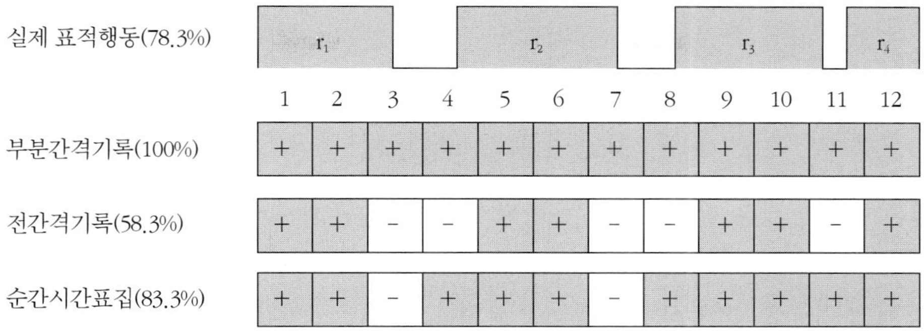

[그림 18-13] 직접적 측정자료와 간접적 측정자료의 비교 II

발생비율은 비교적 낮고 지속시간이 상대적으로 긴 표적행동을 직접적 관찰방법으로 측정한 경우와 부분간격기록법, 전간격기록 및 순간시간표집법에 따라 간접적으로 측정한 경우를 비교한 것이다.

가지로 편리할 뿐 아니라 노력과 비용을 절감할 수 있는 큰 이점을 가지고 있다. 그러나 이러한 측정방법은 실제 표적행동의 발생빈도나 지속시간을 추정하기 위하여 사용되는 간접적인 방법이라는 점에 유의하여야 한다. 따라서 발생빈도나 지속시간과 동일한 방식으로 해석해서는 안 된다.

특히 표적행동의 특성에 따라 올바른 측정방법을 선택하는 것은 대단히 중요한 일이다. 예컨대, 짧은 시간에 높은 비율로 발생하는 표적행동을 측정할 때에는 부분간격기록법을 선택하는 것이 현명한 일이다. 반면에 전간격기록법은 극단적으로 과소평가될 수 있기 때문에 적절치 않다. 그러나 초단위로 짧은 시간에 발생하는 행동 중에서도 한번 시작되면 비교적 오래 지속되는 표적행동을 측정할 때는 부분간격기록법보다는 전간격기록법이 더 적절할 수 있다. 왜냐하면 부분간격기록법은 표적행동을 지나치게 과대평가할 수 있기 때문이다. 마지막으로 순간시간표집법은 낮은 비율로 발생하지만 지속시간이 긴 표적행동의 측정에 적절하다. 그리고 시간표집의 간격은 측정의 정확도나 신뢰도에 중요한 영향을 미치는 것으로 나타났다. 한 연구(Gunter, Venn, Patrick, Miller, & Kelly, 2003)에서는 2분 간격으로 수집된 측정자료가 직접 측정된 지속시간과 높은 수준의 일치도를 보였다. 그러나 4분 또는 6분 간격으로 표집된 자료는 실제 지속시간 관찰 · 측정치와 큰 격차를 나타냈다. 이상과 같이 관찰시간을 표집하여 측정하는 간접적인 평가방법은 과대 또는 과소평가될 가능성이 높다. 따라서 평가방법을 선택할 때는 표적행동의 특성과 관찰시간의 표집간격을 고려하여 비교적 오차가 적은 추정치를 얻을 수 있도록 노력하여야 한다.

4) 계획된 집단 활동의 측정

PLACHECK[28]는 순간시간표집법의 한 변형으로서 집단 전체의 활동을 측정하고 평가할 때 편리하게 활용될 수 있다. 이 방법은 Doke와 Risley(1971, 1972)에 의하여 최초로 고안된 관찰기록 방법으로서 집단 활동을 체계적으로 평가하는 데 사용된다. 이 방법은 다음과 같은 절차에 따라 수행된다. 첫째, 집단 내에서 관심의 대상이 되는 활동(표적행동)을 관찰 가능한 방식으로 정의한다. 둘째, 정해진 관찰간격(예: 3분)이 끝나는 순간에 가능한 한 빨리 표적행동에 참여하고 있는 개체의 수를 세어 기록한다. 셋째, 가능한 한 신속히 그 표적행동이 출현한 지역에 머물고 있는 모든 개체의 수를 세어 기록한다. 마지막으로 표적행동에 참여한 개체 수의 백분율을 환산하여 표적행동의 측정치로 정한다.

예를 들어, 20분간의 자율학습 시간에 자발적으로 학습 활동에 참여하는 학생들이 얼마나 되는지를 측정하려고 한다. 학급 인원 30명 중 10명은 화단 정리에 동원되어 학급에는 현재 20명이 남아 있다. 관찰은 4분 간격으로 5번 실시된다. 첫 번째 4분을 알리는 신호음을 듣고 교사는 재빨리 학습 활동에 참여하고 있는 학생의 수를 세었다. 20명 중 10명(10/20)만 공부를 하고 있었다. 두 번째 4분이 되었을 때는 20명 중 15명(15/20)이 공부하고 있었다. 수업 중간에 화단 정리를 하던 학생 중 5명이 돌아왔기 때문에 세 번째 4분이 되었을 때는 25명 중 20명(20/25)이 공부하고 있는 것으로 관찰되었다. 화단 작업을 마치고 나머지 5명이 학급으로 돌아왔다. 네 번째와 다섯 번째 관찰시간에는 전체 30명 중 20명(20/30)과 25명(25/30)이 각각 공부하고 있었다. 〈글상자 18-2〉와 같은 공식에 따라 관찰 결과들을 백분율로 환산하면 각각 50%, 75%, 80%, 66.7%, 83.3%가 된다. 따라서 20분간의 자율학습 시간 중 학생들의 학습 활동 참여율은 평균 71%로 계산된다.

글상자 18-2

계획된 집단 활동의 측정에서 표적행동의 비율을 계산하는 공식

$$\text{집단 활동(\%)} = \frac{\text{표적행동 수행 인원수}}{\text{활동지역의 전체 인원수}} \times 100$$

28) Planned Activity Check

5) 동간기록법과 순간시간표집의 다양한 활용법

동간기록법과 순간시간표집법은 현장 임상가와 연구자들에 의하여 다양한 방법으로 그 편리성을 더해 왔다. 여기서는 편리하게 발전된 시간표집 방법과 관찰기록 방법을 소개하기로 한다.

첫째, 동간기록법에서 관찰간격을 정할 때 관찰시간뿐 아니라 관찰 결과를 기록할 수 있는 시간을 별도로 마련하여 사용할 수 있다. 동간기록에서는 초단위로 나누어진 짧은 시간간격 중에 관찰을 수행하고, 또 즉시 그 결과를 재빠르게 기록하여야 한다. 그리고 결과를 기록하기 위해서는 기록용지의 해당란을 찾아 확인하여야 한다. 시간이 촉박하여 바쁘고, 관찰 결과를 기록할 때 잠시나마 행동의 발생을 관찰하지 못하고 놓칠 수 있어 관찰의 정확성이나 신뢰도에 영향을 미칠 수 있다.

10″	5″	10″	5″	10″	5″	10″	5″	10″	5″	10″	5″
관찰	기록	관찰	기록	관찰	기록	관찰	기록	관찰	기록	관찰	기록

[그림 18-14] 표적행동 관찰 및 측정치 기록하기

이러한 단점을 보완하기 위하여 현장 연구자들은 [그림 18-14]에 예시된 것과 같이 10초간 표적행동을 관찰하고 5초간 기록할 수 있도록 관찰간격을 변형함으로써 문제를 해결할 수 있었다. 소형 녹음기에 관찰의 시작을 알리는 신호음과 기록시간을 알리는 신호음을 달리 녹음하여 사용하면 별 어려움 없이 관찰시간과 기록시간을 구분할 수 있다.

둘째, 간단한 부호들을 사용하여 동일한 관찰간격 중에 여러 표적행동을 동시에 관찰 · 기록할 수 있다. 〈표 18-5〉와 같이 10초 간격으로 관찰시간을 표집한 다음 전간격

〈표 18-5〉 여러 표적행동을 부호화하여 관찰 · 기록하기

시 간	관찰간격					
	10초	20초	30초	40초	50초	60초
1분	H	–	P	P	–	–
2분	T	H	–	–	T	–
3분	–	P	T	–	H	H
4분	T	–	T	P	–	–

H: 때리기(hitting) P: 꼬집기(pinching)
T: 떠들기(talk-out) –: 표적행동 없음

기록법, 부분간격기록법 또는 순간시간표집법을 사용하여 한 간격 사이에서 발생하는 다양한 표적행동을 확인한 다음 약속된 부호를 사용하여 기록한다. 예컨대, 때리는 행동(hitting)은 영어의 머리글자 H로, 꼬집기(pinching)는 P로, 떠들기(talk-out)는 T로, 표적행동이 나타나지 않았을 때는 '-'로 각각 부호화하면 짧은 시간에 여러 행동을 관찰·기록할 수 있다.

셋째, 여러 가지 표적행동을 부호화하여 관찰·기록 칸에 미리 써넣고, 표적행동이 관찰되면 기록 칸에서 해당되는 부호를 찾아 표시하는 방법(Alberto, Sharpton, & Goldstein, 1979)이다. 〈표 18-6〉과 같이 다수의 표적행동, 즉 학습반응(A), 떠들기(T), 좌석 이탈(S), 소란행동(D), 표적행동 없음(N) 등을 영문 머리글자로 부호화하여 해당 기록 칸에 미리 적어 둔다. 그리고 시간간격을 알리는 전자 신호음에 따라 표적행동을 관찰하여 해당되는 기록 칸에서 해당 부호를 찾아 'ㅇ'로 표시하기만 하면 된다. 이로써 관찰·기록의 번거로움이 월등히 감소될 수 있다.

넷째, 다수의 피관찰자를 대상으로 여러 표적행동을 부호화하여 관찰·기록할 수 있다. 〈표 18-7〉은 〈표 18-5〉의 변형으로서 여러 사람의 여러 행동을 관찰·기록할 수 있도록 고안된 방법이다. 예를 들면, 1분을 15초 간격으로 4등분하고, 첫 번째 간격(15″)

〈표 18-6〉 여러 표적행동을 부호화하여 미리 인쇄해 놓고 관찰 표시하기

관찰시간	관찰간격					
	10초	20초	30초	40초	50초	60초
1분	Ⓐ T S D N	A T Ⓢ Ⓓ N	A Ⓣ Ⓢ Ⓓ N	A T S Ⓓ N	A T S D Ⓝ	A T S D Ⓝ
2분	A Ⓣ S D N	A Ⓣ Ⓢ Ⓓ N	A T Ⓢ D N	Ⓐ T S Ⓓ N	A Ⓣ Ⓢ D N	A T S D Ⓝ
3분	A T S D Ⓝ	A Ⓣ Ⓢ D N	A T Ⓢ Ⓓ N	A T S D Ⓝ	A Ⓣ S D N	A T Ⓢ D N
4분	A Ⓣ S Ⓓ N	A T S D Ⓝ	A T S Ⓓ N	A T S D Ⓝ	A T Ⓢ D N	Ⓐ T S D N

A: 학습반응(academic response) T: 떠들기(talk-out)
S: 좌석 이탈(out-of-seat) D: 소란행동(disruptive)
N: 표적행동 없음(no occurrence)

〈표 18-7〉 다수인의 여러 행동을 관찰하여 부호로 기록하기

피관찰자	민지	민국	정호	선희
간격 / 시간	15초	30초	45초	60초
1분	H	–	P	P
2분	H	T	–	–
3분	–	P	T	–
4분	T	–	T	P

H: 때리기(hitting) P: 꼬집기(pinching)
T: 떠들기(talk-out) –: 표적행동 없음

에서는 민지의 행동을 관찰하고, 두 번째 간격(30″)에서는 민국, 세 번째 간격(45″)에서는 정호, 그리고 네 번째 간격(60″)에서는 선희의 행동을 관찰하여 정해진 부호로 기록한다. 즉, 네 학생의 여러 표적행동을 각각 1분에 한 번씩 15초간 관찰 · 기록한다.

〈표 18-8〉에서도 거의 동일한 방법이 활용된다. 관찰간격이 바뀔 때마다 피관찰자를 교체하는 것은 〈표 18-7〉과 통일하고, 다수의 표적행동을 부호화하여 미리 준비해 놓고 관찰 결과를 표시하는 방법은 〈표 18-6〉과 같다. 즉, 두 방법의 편리성을 통합한 방법으로서 관찰 · 기록의 번거로움을 덜 수 있어 편리하다. 이 외에도 동간기록법과 순간시간표집법을 잘 응용하면 한 개인의 여러 표적행동을 관찰 · 기록하거나 또는 여러 피관찰자를 대상으로 다수의 표적행동을 관찰 · 기록할 수 있는 편리한 방법들이 고안될 수 있다.

〈표 18-8〉 다수인의 여러 행동을 관찰하여 미리 인쇄해 둔 부호에 표시하기

피관찰자	아동 1	아동 2	아동 3	아동 4
간격 / 시간	15초	30초	45초	60초
1분	Ⓐ T S D N	A T Ⓢ Ⓓ N	A Ⓣ Ⓢ Ⓓ N	A T S D Ⓝ
2분	A T S D Ⓝ	A T S D Ⓝ	A Ⓣ S D N	A Ⓣ Ⓢ Ⓓ N
3분	A T Ⓢ D N	Ⓐ T S Ⓓ N	A Ⓣ Ⓢ D N	A T S D Ⓝ
4분	A T S D N	A T S D N	A T S D N	A T S D N

A: 학습반응(academic response) T: 떠들기(talk-out)
S: 좌석 이탈(out-of-seat) D: 소란행동(disruptive)
N: 표적행동 없음(no occurrence)

4. 영구산물 측정

영구산물 측정[29]이란 표적행동의 발생과 진행 과정을 계속 살피는 대신 피관찰자가 남겨 놓은 반응의 결과를 사후에 측정하는 것을 말한다. 예컨대, 교사는 학생들이 제출한 시험 답안지를 모아 두었다가 적절한 시기에 채점할 수 있고, 창고에 쌓인 재고를 세어 보면 그날 하루 생산직 근로자들이 만들어 낸 공산품이 얼마나 되는지 측정할 수 있다. 폐품 수집의 경우 그때까지 학생들이 모은 빈 병이 모두 몇 개나 되는지 그 수를 세어 보는 것도 영구산물 측정의 한 예이다. 반응의 결과를 실시간으로 관찰 · 기록해 두지 않으면 영구히 사라지는 일과성 행동들도 카세트테이프에 녹음(Eckert, Ardoin, Daly, & Martens, 2002)을 해 두거나 캠코더로 녹화(Schwarz & Hawkins, 1970; 홍준표, 2007)를 해 두면 그 결과가 오랫동안 남는 영구산물이 될 수 있고, 사후 필요한 시기에 다양한 관찰 · 기록 방법으로 표적행동을 측정할 수 있다.

영구산물 측정은 연구자와 치료자들에게 다양한 이점을 제공한다. 첫째, 행동의 발생과정을 실시간으로 관찰할 필요가 없기 때문에 측정에 얽매이지 않고 자유로울 수 있다. 둘째, 쉽게 접근할 수 없거나 부적절한 시간과 장소에서 일어나는 행동들도 쉽게 측정할 수 있다. 예컨대, CCTV 설치로 아동들의 자유놀이를 녹화해 두면 편리한 시간에 원하는 방법으로 표적행동을 관찰 · 기록할 수 있다. 셋째, 측정을 보다 정확하고 완벽하게 반복할 수 있다. 표적행동을 실시간으로 직접 관찰 · 측정한다고 반드시 정확하고 대표적인 자료를 얻을 수 있는 것은 아니다. 그러나 영구산물은 편의에 따라 몇 번이라도 반복하여 측정할 수 있기 때문에 보다 정확하고 완벽한 측정을 가능하게 한다. 넷째, 비디오테이프나 오디오테이프에 기록된 행동은 원하는 대로 반복 측정이 가능하기 때문에 관찰 일치도를 높일 수 있고 치료의 효과를 정확히 평가할 수 있다. 다섯째, 복합행동의 측정과 다중 반응군의 측정을 가능하게 한다.

5. 컴퓨터를 이용한 관찰 · 측정

컴퓨터 하드웨어나 소프트웨어 체제를 활용한 행동의 측정과 자료의 분석 방법은 날

29) Direct measurement of permanent products (永久産物測定)

이 갈수록 더 정교하고 편리하게 발전되고 있다. 노트북(Kahng & Iwata, 2000; Repp & Karsh, 1994)이나 휴대용 컴퓨터(Saudargas & Bunn, 1989), 또는 소형 디지털 기기(Emerson, Reever, & Felce, 2000)를 활용한 자료 수집과 분석 프로그램이 소개되고 있다. 이러한 컴퓨터 시스템은 이제까지 연필과 종이를 사용해 온 불편한 재래식 관찰기록 방법을 대체할 수 있는 우수한 도구로 전망되고 있으며, 관찰·측정의 신뢰도와 정확도는 물론 자료 처리의 효율성과 그래프를 그리는 기능까지 포함하는 편리한 방법으로 발전되고 있다.

요 약

1. 응용행동분석 연구에서 행동의 관찰과 측정은 원리와 기법에 못지않게 중요시된다. 인간의 행동을 정확히 관찰하고 측정하지 못하면 행동 변화에 대한 정확한 진단이나 평가를 수행할 수 없고, 치료과정에서 이루어지는 중요한 결정이 그릇된 정보에 의존하게 된다.

2. 물리적 공간 안에 존재하는 사물은 모두 측정 가능한 양적 특성을 지닌다. 인간의 행동도 시간과 공간 내에서 측정 가능한 기본적 특성을 가진다. 첫째, 시간의 연속선상에서 행동의 반복 가능성을 발생횟수, 비율과 빈도 및 배율 등으로 측정할 수 있다. 둘째, 하나의 행동이 시작되어 끝날 때까지 얼마의 시간이 걸리는지 그 지속시간을 양적으로 측정할 수 있다. 셋째, 하나의 행동이 다른 사건과 연관되어 어떤 시점에서 발생하는지를 반응지연 및 반응간시간(IRT)의 개념으로 측정할 수 있다.

3. 백분율(%)과 기준시행은 직접 관찰을 통하여 얻은 양적 특성으로부터 환산된 추정치이다. 반응의 형태와 크기는 표적행동을 정의하거나 표적행동의 발생 여부를 판단하는 기준을 정할 때 매우 중요시되는 특성이다.

4. 응용행동분석에서 가장 많이 활용되는 측정방법으로는 표적행동의 발생횟수, 빈도 또는 비율 지속시간, 지연시간, 반응간시간 등을 실시간에 관찰·기록하는 직접적 측정방법 그리고 동간기록법 및 순간시간표집법과 같이 관찰시간을 표집하여 표적행동을 측정함으로써 그 추정치를 환산하는 간접적 측정방법이 있다. 이외에 이들의 변형이나 병합으로 이루어진 여러 방법들이 고안되고 있다.

5. 대부분의 행동은 그 결과가 오래 남아 있지 않고 발생 후 곧 사라지는 것이 보통이다. 사건기록법은 표적행동이 발생하는 실시간에 그 행동의 형태나 크기, 발생빈도 등을 직접 관찰하여 기록하는 방법이다. 지속시간기록법은 하나의 행동이 발생하여 끝날 때까지 소요되는 시간을 측정하는 방법이다. 또한 행동이 어느 시점에서 시작하여 어느 시점에서 종결하느냐에 따라 반응지연 및 반응간시간을 측정한다.

6. 특정한 시점이나 시간간격을 표집하여 그 시간에 발생하는 표적행동을 측정하는 방법이 있다. 동간기록법과 순간시간표집법은 표집된 관찰자료를 통하여 실제 표적행동의 발생빈도나 지속시간을 추정하는 간접적 측정방법으로서 여러 가지 편리성을 가지고 있다. 반응의 크기는 전체 관찰 칸 수에 대한 관찰된 칸 수의 백분율(%)로 환산된다.

7. 동간기록의 두 가지 기준은 다음과 같다. 첫째로, 정해진 관찰시간 사이에 표적행동이 나타나면 발생빈도나 지속시간에 상관없이 표적행동이 발생한 것(+)으로 기록한다. 둘째로, 표적행동이 정해진 관찰간격을 완전히 채우며 지속될 경우에만 표적행동이 발생한 것(+)으로 기록한다.

8. 부분간격기록법은 소리 지르기, 남을 때리기, 몸을 흔들기 등과 같이 비교적 짧은 시간에 발생빈도가 높은 과다행동을 관찰할 때 사용된다. 전간격기록법은 공부하기, 협동놀이, 주의 집중하기, 손가락 빨기 등과 같이 한번 시작되면 상대적으로 오래 지속되는 행동을 관찰 · 측정할 때 사용된다.

9. 순간시간표집법이란, 특정한 관찰시점을 표집하여 그 순간에만 표적행동의 발생 여부를 확인하여 기록하는 방법이다. 일반적으로 관찰간격은 동간기록법에서보다 비교적 긴 분단위로 표집되기 때문에 많은 표적행동이 관찰에서 누락될 수 있다. 그러나 이 방법은 필요한 순간에만 표적행동을 관찰하는 큰 이점을 가진다. 따라서 치료자와 교사는 치료적 중재나 수업을 진행하면서 어려움 없이 표적행동을 관찰 · 기록할 수 있다.

10. 표적행동의 발생빈도나 지속시간을 직접 관찰 · 측정하는 대신에 표집된 특정 시간에만 표적행동을 관찰하는 동간기록법과 순간시간표집법은 편리할 뿐 아니라 시간과 노력을 절감할 수 있다. 그러나 이러한 측정방법은 실제 표적행동의 빈도

나 지속시간을 추정하기 위한 간접적인 방법이라는 점에 유의하여야 한다. 백분율로 환산된 측정치는 표적행동의 빈도나 지속시간의 추정치일 뿐이다. 따라서 빈도나 지속시간의 측정과 동일한 개념으로 해석해서는 안 된다.

11. 표적행동의 특성에 알맞는 측정방법을 선택하는 것은 대단히 중요한 일이다. 짧은 시간에 높은 비율로 발생하는 표적행동을 측정할 때는 부분간격기록법을 선택하는 것이 현명한 일이다. 그러나 초단위로 짧은 시간에 발생하는 행동 중에서도 비교적 오래 지속되는 표적행동을 측정할 때는 전간격기록법이 더 적절할 수 있다. 순간시간표집법은 낮은 비율로 발생하지만 지속시간이 긴 표적행동의 측정에 적절하다. PLACHECK는 순간시간표집법의 한 변형으로서 집단 활동을 측정하고 평가할 때 편리하게 활용될 수 있다.

12. 영구산물 측정이란, 피관찰자가 남겨 놓은 반응의 결과를 사후에 측정하는 것을 말한다. 그러나 환경에 아무런 효과도 남기지 않는 행동들도 카세트테이프나 캠코더로 녹화해 두면 그 결과가 오랫동안 남는 영구산물이 될 수 있고, 사후에 다양한 방법으로 표적행동을 측정할 수 있다.

13. 영구산물 측정은 연구자와 치료자들에게 다양한 이점을 제공한다. 첫째, 행동의 발생과정을 실시간으로 관찰할 필요가 없기 때문에 측정에 얽매이지 않는다. 둘째, 쉽게 접근할 수 없거나 부적절한 시간과 장소에서 일어나는 행동들도 쉽게 측정할 수 있다. 셋째, 측정을 보다 정확하고 완벽하게 반복할 수 있다. 넷째, 비디오테이프나 오디오테이프에 기록된 행동은 원하는 대로 반복 측정이 가능하기 때문에 관찰 일치도를 높일 수 있고 치료 효과를 정확히 평가할 수 있다. 다섯째, 복합행동의 측정과 다중 반응군의 측정을 가능하게 한다.

14. 컴퓨터 하드웨어나 소프트웨어 체제를 활용한 행동의 측정과 자료의 분석방법은 날이 갈수록 편리하게 발전되고 있으며, 재래식 측정방법을 대체할 우수한 도구로 전망되고 있다.

연구 문제

➲ 표적행동의 관찰과 측정에 관하여 다음의 문제를 설명하고 논해 보자.

1. 응용행동분석에서 행동의 관찰과 측정은 왜 필요한가?
2. 측정 가능한 행동의 중요한 특성 세 가지를 설명해 보자.
3. 발생횟수와 빈도, 비율과 배율을 정의하고 차이점을 논해 보자.
4. 지속시간, 반응지연과 반응간시간을 설명해 보자.
5. 환산된 측정치로서의 백분율(%)과 기준시행을 설명해 보자.
6. 지속시간, 반응지연시간, 반응간시간의 측정방법을 설명해 보자.
7. 동간기록법과 순간시간표집법의 차이점을 설명해 보자.
8. 직접적 측정과 간접적 측정의 차이를 비교하여 논해 보자.
9. 영구산물 측정의 이점을 살릴 수 있는 시청각 매체의 활용방안을 논해 보자.
10. 컴퓨터와 소프트웨어를 활용한 관찰 · 측정에 관하여 논해 보자.

제19장 측정의 타당도와 신뢰도

학습목표

1. 측정의 타당도, 정확도, 신뢰도를 구별하여 설명할 수 있다.
2. 측정의 타당도를 손상하는 요인을 설명할 수 있다.
3. 정확도와 신뢰도를 손상하는 요인을 설명할 수 있다.
4. 측정의 정확도를 평가할 수 있다.
5. 측정자료에 적절한 관찰자간일치도를 선정할 수 있다.
6. 관찰자간일치도를 계산할 수 있다.
7. 관찰자간일치도를 문장, 표와 그래프로 보고할 수 있다.

제1절 신빙성의 지표

지금까지 측정 가능한 행동의 특성과 응용행동분석에서 많이 사용되는 측정기법에 대하여 살펴보았다. 이 절에서는 행동측정의 질을 평가하고 개선하는 방법을 살펴보기로 한다. 즉, 측정된 자료가 믿을 만한 것인지의 여부를 판단할 수 있는 지수로서 타당도, 정확도, 신뢰도 등에 대하여 논의한다. 관찰·측정된 자료가 믿을 만한 것이 못된다면 쓸모가 없을 뿐 아니라 그에 근거하여 내려진 평가나 치료적 결정은 큰 손실을 초래할 수 있다. 따라서 측정의 질을 평가하고 개선하는 일은 무엇보다 중요하다.

1. 타당도

모든 검사와 측정에서 타당도[1]란 어떤 측정 도구나 방법이 본래 측정하려고 목적했던 내용을 얼마나 충실하게 측정하고 있느냐의 정도를 말한다. 즉, 수집된 자료가 측정하려고 시도했던 바로 그 현상과 직접적 관련성이 있는지, 측정하려는 이유와 목적에 상응하는 측정자료를 얻었는지 등과 관련되는 지수이다. 예를 들어, 한 시간 동안의 보행거리를 측정하려고 할 때, '어제보다 다리가 더 아픈 것을 보니 4km가 넘겠다.' 라고 하는 것은 관련된 행동 특성을 직접 측정한 것이 아니고 다리의 통증 정도를 보고 추론한 간접적 측정치이다. 그러나 출발점부터 도착점까지의 거리를 줄자로 잰다면 그것은 행동의 특성과 직접 관련되는 측정치가 될 것이다.

응용행동분석에서 타당도가 높은 측정이 성립되기 위해서는 다음 세 가지 요인이 충족되어야 한다. 첫째, 사회적 중요성을 가진 표적행동을 직접 관찰하고 측정하여야 한다. 예를 들어, 〈표 19-1〉에서 C의 경우처럼 다리의 통증 정도에 근거하여 주행거리를 추정하는 간접적 측정치는 장착된 계기나 줄자를 이용하여 직접 거리를 측정하는 것보다 타당도가 낮다. 또한 표적행동의 사회적 중요성은 내용타당도와 관련된다. 표적행동에 관해서는 '제17장 표적행동의 선정과 정의'를 참고한다. 둘째, 연구 문제와 관련되는 행동 특성을 측정하여야 한다. 예컨대, 지시를 잘 따르지 않는 아동의 행동을 측정하려고 한다면 반응비율을 측정하기보다는 반응지연시간을 측정하는 것이 더 타당할 것이다. 지시가 주어지고 얼마 후에 행동을 시작하는지를 측정하는 것이 문제의 초점을 명확히 할 것이다. 셋째, 연구 문제와 가장 깊은 관련성이 있는 시간과 조건하에서 발생하는 가장 대표적인 표적행동을 관찰하고 측정하여야 한다. 예컨대, 면접 또는

〈표 19-1〉 A, B, C 세 사람에 의하여 관찰된 측정치의 비교

측정회기 \ 관찰자	A	B	C
제1차 측정	42.5km	45.5km	60km
제2차 측정	42.5km	48.0km	50km
제3차 측정	42.5km	43.0km	40km
측정방법	장착된 계기	장착된 계기	다리 통증 정도

1) Validity (妥當度)

관찰을 통하여 표적행동이 주로 발생하는 상황과 시간이 밝혀진다면, 바로 그러한 조건에서 바로 그 시간에 표적행동을 측정하는 것이 가장 대표적이고 핵심적인 정보를 얻는 방법이 될 것이다.

2. 정확도

정확도[2]란 관찰된 값, 즉 측정을 통하여 부여된 수치가 자연 상황에 존재하는 실제값과 일치하는 정도를 의미한다(Johnston & Pennypacker, 1993a). 구체적으로 말하면, 정확도는 측정치와 실제값 간의 상관 정도로 표시된다. 여기서 실제값[3]이란 객관적으로 자연에 실재하는 어떤 값을 의미하는 것이지만, 그런 값은 알려진 것이 많지 않기 때문에 연구자가 측정에 사용한 기존의 방법과는 다른 별개의 방법으로 얻은 측정치로 대신한다. 예를 들어, 〈표 19-1〉에서 자전거 동호인 세 사람이 측정한 주행거리는 개인 간에 서로 다를 뿐 아니라 3차에 걸쳐 반복된 측정치도 각 개인 내에서 서로 다르게 나타났다. 따라서 어떤 측정치가 정확한 것인지 알 도리가 없다. 이러한 상황에서 실제값이란 경찰서 교통계의 주행거리 측정기를 사용하여 제3의 다른 사람에 의하여 측정된 값이 실제값으로 대치될 수 있다. 예를 들어, 경찰이 측정한 값이 41.0km로 나왔다면 A, B, C 세 사람의 측정치는 모두 정확하지 못할 뿐 아니라 실제값보다 과대평가되고 있다. 세 사람의 측정계기나 측정방법은 측정편향[4]이라는 특정 유형의 측정 오류에 오염되었다고 볼 수 있다. 측정편향이란 무작위성이 아닌 체계적인 측정 오류를 일컫는 말로서, 측정상의 오류가 어느 한쪽 방향으로 치우치고 있음을 의미한다. 측정 오류가 무작위로 발생한다는 것은 실제값보다 과대평가될 경우와 과소평가될 경우가 반반인 경우를 말한다.

3. 신뢰도

신뢰도[5]란 동일한 자연현상을 반복 측정하였을 때 동일한 측정치를 얻을 수 있는 정

2) Accuracy (精密度)
3) True value (實際價)
4) Measurement bias (測定偏向)
5) Reliability (信賴度)

도를 의미한다. 타당도나 정확도와 마찬가지로, 신뢰도 역시 상대적 개념으로서 정도의 차이로 표시된다. 따라서 반복 측정치 간에 유사성이 높을수록 신뢰도는 높아지고, 유사성이 낮을수록 신뢰도는 낮아진다. 앞의 〈표 19-1〉의 예에서 A의 경우 제1, 2, 3차 측정치(42.5km)가 모두 동일하다. 즉, A의 자전거에 장착된 계기의 측정치는 완벽한 신뢰도를 보여 준다. B의 경우 세 번의 측정치는 각각 45.5km, 48.0km, 43.0km로서 5km 범위 내에서 서로 다르다. 따라서 A의 측정 결과보다는 신뢰도가 상대적으로 낮다. C의 경우 측정치는 20km의 범위 내에서 상대적으로 다른 두 사람의 측정치보다 훨씬 큰 편차를 보이고 있다. 따라서 가장 신뢰도가 낮은 측정치라고 볼 수 있다. 응용행동분석에서 측정의 신뢰도는 두 관찰자 간의 일치도(%)로 결정된다. 신뢰도 또는 관찰자간일치도를 계산하는 방법은 제6절에서 설명하기로 한다.

4. 상대적 중요성의 비교

행동의 측정은 치료적 중재과정에서 발생한 행동 변화의 정도를 평가하고 연구와 치료전략을 결정하는 데 중요한 역할을 한다. 따라서 관찰과 측정자료는 언제나 타당하고 정확하고 신뢰할 수 있어야 한다. 자칫 그릇된 자료에 기초하여 잘못된 결정을 내림으로써 효과 없는 치료방법이 반복되거나, 심지어 해로운 치료적 처방으로 내담자에게 큰 피해를 입힐 수도 있다. 그리하여 결과적으로 치료자의 도덕성과 책임의 문제가 심각하게 대두될 수 있다.

〈표 19-2〉는 타당도, 정확도 및 신뢰도의 상대적 중요성을 보여 준다. 믿을 수 있는 측정치가 되려면 무엇보다도 타당도, 정확도 및 신뢰도가 모두 보장되어야 한다. 타당성이 없는 자료는 아무리 정확히 측정되었다 해도 소용이 없다. 문제의 핵심을 벗어난 측정치가 행동의 평가나 치료전략의 설정에 무슨 도움이 되겠는가? 표적행동과 연관성이 높은 시간과 상황조건에서 올바른 표적행동의 특성을 측정하였다고 해도 정

〈표 19-2〉 타당도, 정확도 및 신뢰도의 상대적 중요성 비교

타당도	정확도	신뢰도	측정의 질
○	○	○	과학적 지식의 탐구와 자료 기반의 실무 수행에 유익한 측정자료다.
×	○	○	목적과 초점을 벗어난 측정자료는 정확도와 신뢰도가 높아도 쓸모없다.
○	×	○	항상 그릇된 측정자료를 산출한다. 부정확한 자료는 타당성을 훼손한다.
○	○	×	올바른 측정자료와 그릇된 측정자료를 구분할 수 없다.

확성이 부족하다면 역시 유익한 자료가 될 수 없다. 부정확한 자료는 측정의 타당성을 훼손하고 말 것이다. 그리고 신뢰도와 정확도는 서로 전혀 다른 의미이므로 혼동해서는 안 된다. 앞의 〈표 19-1〉의 예에서 A의 경우 3번에 걸쳐 반복 측정된 주행거리는 모두 완벽하게 일치하였지만 정확한 측정치는 아니었다. 이와 같이 정확도와 상관이 없는 신뢰도를 강조하는 이유는 신뢰도가 높다고 반드시 정확도가 높은 것은 아니지만 신뢰도가 낮으면 측정의 정확도란 기대할 수 없기 때문이다. 따라서 어떤 측정치가 높은 신뢰도를 보이면서도 정확도에 문제가 있다면 제3의 측정방법을 통하여 실제값을 얻은 다음 측정편향을 교정할 수 있다.

제2절 타당도를 훼손하는 요인

관찰과 측정의 타당도를 훼손하는 요인은 표적행동의 간접적 측정, 잘못 선정된 행동특성의 측정, 측정방법상의 결함으로 산출된 측정부산물 등이다.

1. 간접적 측정

연구 대상인 어떤 현상이 측정 대상과 완전히 동일할 때 직접적 측정이라 하고, 반대로 실제로 측정된 대상이 연구의 표적행동과 어떤 면에서 서로 다를 때 간접적 측정이라고 한다(Johnston & Pennypacker, 1993a). 예를 들어, 작업장의 조명이 생산근로자의 작업 수행에 미치는 효과를 연구하려 할 때는 여러 밝기의 조명 아래서 특정한 작업행동을 측정한 다음 이 자료에 근거하여 결론을 도출하려 할 것이다. 이 경우 작업행동의 측정은 직접적 측정이다. 그러나 동일한 상황에서 근로자들의 작업행동을 직접 관찰하는 대신 설문지를 나누어 준 다음 어떤 밝기의 조명에서 가장 능률적으로 일할 수 있는지 응답하도록 한다면 간접적 측정이 될 것이다. 간접적 측정은 직접적 측정보다 타당도가 낮다. 왜냐하면 간접 측정에서는 표적행동의 특성을 직접 측정하는 대신에 부차적 내용을 측정하여 표적행동의 특성을 추정하기 때문이다(Komaki, 1998). 학교에서 표준화된 학업성취도검사를 통하여 수학 능력을 평가하는 것도 간접적 측정의 한 예이다. 왜냐하면 표준화 검사를 통하여 얻은 측정치로 수학 능력을 유추하기 때문이다.

응용행동분석 연구에서는 직접적 관찰을 강조하기 때문에 상대적으로 간접적 측정을 소홀히 하는 경향이 있다. 그러나 표적행동을 직접 관찰할 수 없거나 관찰하기 위한 접근이 어려운 경우도 많다. 예컨대, 가정에서 밤늦게 발생하는 행동을 행동분석 전문가가 직접 관찰하고 측정하기는 어렵다. 따라서 가족을 통한 간접 관찰이나 자기 보고에 의존할 수밖에 없다. 또한 아주 사적인 일, 예컨대, 내적 사고나 정서 상태와 같은 것도 자기 보고에 의존하여 간접적으로 표적행동을 유추할 수밖에 없다. 그러나 사적 사건이라 하여 반드시 간접적 측정을 사용해야 하는 것은 아니다. 자신의 내적 사건을 직접 관찰할 수 있도록 훈련하여 성공한 사례도 있다(예: Kostewicz, Kubina, & Cooper, 2000; Kubina, Haertel, & Cooper, 1994).

2. 그릇된 행동 특성의 측정

잘못 선택된 행동 특성을 측정할 때, 관련 없는 행동 특성을 측정할 때 그리고 측정의 이유나 목적에 맞지 않는 행동 특성을 측정할 때 타당도는 심각하게 훼손될 수 있다. Johnston과 Pennypacker(1980)는 측정의 사유에 부합되는 특성을 선택하여 측정하는 것의 중요성을 설명하면서 다음과 같은 예를 들었다. 즉, 물의 온도가 상승하는 솥 안에 긴 자를 꽂는 것은 물의 깊이를 재는 데는 타당하지만 물의 온도에 관해서는 얻을 것이 없다. 자는 길이나 깊이를 재는 데는 적합하지만 온도를 재는 것과는 아무 상관이 없다. 차를 타기에 적절한 정도까지 물의 온도를 높이는 것이 측정의 목적이라면 긴 자보다는 온도계가 올바른 측정도구가 될 것이다.

3. 측정부산물

앞에서는 간접적 측정방법과 잘못 선정된 표적행동의 특성이 측정의 타당도를 크게 손상시킬 수 있음을 강조하였다. 그렇다고 사회적으로 중요한 표적행동의 특성을 올바로 선정하여 직접 측정한다고 해서 반드시 타당성이 보장되는 것도 아니다. 아무리 정확하고 신뢰할 수 있는 자료라 하더라도 측정방법에 결함이 있다면 타당도는 크게 훼손될 수밖에 없다. 특히 관찰시간의 표집에 있어 대표성이 결여되면 더욱 그러하다. 측정방법상의 결함 때문에 자료의 타당도가 낮아져 행동의 본 모습을 오도할 때 그러한 잘못된 자료를 인조부산물 또는 측정부산물[6]이라고 한다. 비연속적 측정, 불평등한 측정시간 계획, 민감성이 없고 제한적인 측정도구 등은 측정부산물의 공통적 원인들이다.

1) 비연속적 측정

비연속적 측정이란, 어떤 형태로든 표적행동의 발생 일부가 측정 대상에서 배제되는 것을 말한다. 앞 장에 제시된 [그림 18-12]와 [그림 18-13] '직접적 측정자료와 간접적 측정자료의 비교'는 동간기록이나 순간시간표집과 같은 간접적 측정에 의하여 관찰된 자료는 실제로 발생한 행동빈도나 지속시간보다 크게 과대평가되거나 과소평가될 수 있음을 보여 준다. 즉, 비연속적 측정방법은 측정의 타당도를 손상시키는 요인으로 작용한다. 이와 같은 문제점에도 불구하고 비연속적 측정방법은 그 편리성 때문에 응용행동분석에서 많이 활용되고 있다. 따라서 타당도를 손상시키는 요인을 최소화하기 위하여 측정시간의 표집과 계획에 세심한 주의를 기울여야 한다.

2) 불평등하게 계획된 측정시간

측정시간 계획은 모든 회기에 걸쳐 표적행동의 발생과 비발생이 모두 동등하게 관찰될 수 있고, 또 일관성 있는 환경조건이 유지될 수 있도록 표준화되어야 한다. 두 가지 요구조건 중 어느 하나라도 충족되지 못하면 관찰자료는 대표성이 결여되어 타당도에 큰 손상을 입게 된다. 예를 들어, 20분간의 집단학습 활동 중 초기 5분 동안만 아동의 과제참여 행동을 측정한다면 20분 전체를 관찰할 때보다 과대평가될 수 있다. 특히 후반부에 심하게 지구력이 떨어지고 산만해지는 아동의 경우 더욱 그러하다.

치료 효과를 평가하기 위하여 자료를 수집할 경우에는 반응의 빈도가 예측한 대로 바람직하게 나타날 때보다는 그렇지 못할 때 관찰하도록 한다. 예컨대, 치료의 목표가 표적행동을 감소시키는 것일 때에는 표적행동이 가장 높은 빈도로 출현하는 시간에 관찰을 계획하고, 반대로 표적행동을 증가시키는 것이 목적일 경우에는 표적행동이 가장 낮은 빈도로 나타나는 시간에 측정을 계획한다. 그리고 치료가 목적이 아닐 때는 일반적으로 표적행동의 대표성을 가장 잘 보여 줄 수 있는 시간을 선택한다.

---

6) Artifact (人造副産物), Measurement artifact (測定副産物)

3) 민감성이 없고 제한된 측정도구

측정 대상의 전체 범위를 포함하지 못하는 측정도구나 유의한 변화를 민감하게 간파하지 못하는 측정도구를 사용할 때는 측정방법상의 결함으로 측정부산물이 발생할 수 있다. 이러한 도구들은 인위적으로 최고점과 최저점을 설정해 놓고 그 이상이나 이하에서 발생하는 행동을 측정하지 못하기 때문에 측정된 자료가 실제값보다 과소평가될 수 있다. 예를 들어, 100개 단어로 구성된 한 문단을 학생에게 주고 1분 내에 읽도록 하여 구두독서 유창성을 측정할 경우를 생각해 보자. 이 경우 학생이 읽을 수 있는 최대한도는 1분에 100개 단어를 넘을 수 없다. 학생의 독서 능력이 이 범위 내에 머문다면 문제가 없겠지만, 그 이상을 초과하는 능력은 측정할 수 없어 타당도가 훼손될 수 있다.

제3절 정확도와 신뢰도를 훼손하는 요인

기초연구에서는 컴퓨터 하드웨어 및 소프트웨어나 기타 자동기록장치를 이용하여 행동을 측정하고 기록하는 일이 많다. 그러나 응용연구에서는 기계가 아닌 관찰자가 행동을 측정한다. 따라서 측정의 정확도와 신뢰도를 위협하는 요인은 바로 인간의 관찰의 오류에서 발생한다. 측정 오류에 영향을 미치는 인간요인은 불완전한 측정계획, 불충분한 관찰자 훈련, 관찰자의 기대와 반작용 등이다.

1. 불완전한 측정계획

쓸데없이 번거롭고 어렵게 만든 측정방법은 정확도와 신뢰도에 부정적 영향을 미칠 수 있다. 응용연구에서 행동을 관찰하고 기록할 때는 상당한 집중력, 예리한 판단력 그리고 끈기 있는 인내심이 요구된다. 측정방법이 부담스럽고 어려울수록 관찰자들은 표적행동을 일관성 있게 관찰 · 기록하기 힘들다. 그러므로 측정방법을 가능한 한 단순화함으로써 측정 오류를 최소화하려는 노력이 지속되어야 한다. 측정을 복잡하게 만드는 요인은 관찰 대상의 수, 기록할 행동의 수, 관찰시간의 길이, 관찰간격 등으로 모두가 측정의 질에 영향을 미친다. 예를 들어, 1명을 관찰하는 것보다 5명을 관찰하는 것이 보다 복잡하고, 하나의 표적행동을 관찰할 때보다 여러 행동을 한 번에 관찰할 때 더욱 어렵고 복잡하다. 동간기록법을 사용할 때 관찰간격 사이에 관찰된 행동을 기록할 수 있는 시간(5초 정도)이 별도로 마련된 경우에는 그렇지 않은 경우보다 측정이 월등히 쉽고 덜 복잡하다.

연구의 성격에 따라 복잡한 측정과정을 단순화하는 방법이 각각 다르겠지만, 관찰시간을 표집하여 행동을 측정할 경우에는 피관찰자의 수, 표적행동의 수, 관찰시간 등을 줄이는 반면 관찰간격은 증가시키는 것이 측정방법을 단순화하는 데 큰 도움이 된다. 예컨대, 30분 관찰시간을 15분으로 줄이고 피관찰자를 5명에서 2명으로 줄인다면 관찰·측정은 좀 더 단순화될 수 있다. 또한 관찰자 훈련을 심화하고, 관찰 코드 숙지에 대한 기준을 높이고, 관찰자들에게 피드백을 보다 자주 제공함으로써 복잡한 관찰·측정과정에서 발생할 수 있는 오류를 획기적으로 감소시킬 수 있다.

2. 불충분한 관찰자 훈련

측정자료에 대한 신빙성을 높이려면 관찰자의 선정과 훈련에 세심한 주의를 기울여야 한다. 관찰방법과 부호화 체계를 올바로 알지 못하면 관찰하려는 구체적 반응군의 발생 여부를 올바로 변별하지 못하고, 또 표적행동에 영향을 미치는 선행사건과 후속사건 및 생태환경 요인을 제대로 확인하여 기록할 수 없다. 따라서 관찰자료는 그만큼 신빙성이 떨어지고 이와 같이 믿을 수 없는 자료에 기초한 진단평가나 치료적 중재계획은 큰 피해를 초래할 우려가 있다. 관찰자는 측정 대상이 되는 모든 반응군과 이에 관련된 환경자극 요인에 대한 정의를 올바로 숙지하고, 관찰·기록에 관련되는 구체적 절차와 방법에 익숙하지 않으면 안 된다. 예컨대, 컴퓨터나 디지털 기기를 활용한 측정에서 어떤 키를 어떻게 눌러야 하는지, 스캐너는 어떻게 활용하여야 하는지, 부주의하여 기록을 틀리게 한 경우 혹은 키를 잘못 누르거나 스캐너로 잘못된 바코드를 입력한 경우 어떻게 교정하여야 하는지 등을 구체적으로 알고 있어야 한다.

1) 관찰자 선정

응용연구나 치료 현장에서 관찰자를 모집하는 것은 쉬운 일이 아니다. 그렇다고 희망하는 모든 사람을 받아들일 수는 없는 일이다. 세심한 면접을 통하여 다음과 같은 사항들이 검증되어야 한다. 행동의 관찰과 측정에 참여한 경험이 있는지, 앞으로의 연구나 치료과정에 도움이 될 수 있는지, 직업 동기나 윤리관은 확고한지, 기타 대인관계 기술은 원만한지 등을 확인하여야 한다. 면접과정에서 응모자의 관찰 능력과 수준을 시험해 보는 것도 좋다. 현장에서 관찰 · 측정할 행동과 유사한 내용을 담은 짧은 비디오테이프를 관찰하도록 하면서 수행 수준을 평가할 수 있을 것이다.

2) 관찰자 훈련

실제 연구나 임상 장면에 관찰자를 투입하기 전에 특정 기준에 맞는 능력을 갖추고 있는지 확인하여야 한다. 훈련과정에서는 어떤 것이 표적행동으로 기록되어야 하고 어떤 것이 표적행동이 아닌지 많은 사례를 들어 연습을 충분히 시키고, 또 무엇을 잘했고 무엇을 잘못했는지 적절한 평가와 피드백을 통하여 세밀히 가르쳐야 한다. 훈련은 관찰자의 능력이 일정한 평가기준에 도달할 때까지 계속되어야 한다. 예컨대, 관찰 정확도의 기준을 3회 연속 95% 수준으로 정하였다면 피훈련자의 관찰 결과와 실제값 간의 관찰일치도는 95% 이상을 넘어야 하고, 또한 이러한 수준이 연속 3회 유지될 때까지 관찰자 훈련을 계속하여야 할 것이다.

훈련방법에는 여러 가지가 있겠지만 가능한 한 많은 사례와 언어적 설명, 비디오테이프를 통한 관찰 연습, 시뮬레이션과 역할 연습 그리고 실제로 관찰이 이루어질 현장에서의 연습과 훈련이 포함되어야 한다. 실제 현장에서의 연습은 관찰자와 피관찰자 모두에게 적응할 수 있는 계기를 마련해 준다. Cooper, Heron과 Heward(2007)는 다음과 같이 5단계의 관찰자 훈련과정을 소개하였다.

제1단계 피훈련자에게 표적행동의 정의을 숙지시키고, 자료 수집과 기록 서식, 관찰 내용의 기록방법, 사용될 모든 측정도구와 기록장치에 익숙해지도록 한다. 예컨대, 반응기록 서식, 녹음 또는 녹화장치, 스톱워치, 노트북, PDA, 바코드 스캐너 등의 사용법을 충분히 가르치고 연습시킨다.

제2단계 글로 작성된 행동사례를 읽고 일화식으로 단순화하여 기술하는 연습을 실시한다. 준비된 모든 사례에 대하여 100% 정확도를 가지고 기록할 수 있을 때까지 연습한다.

제3단계 앞에서보다 좀 더 길고 복합적인 행동사례를 읽고 일화기록법으로 기술하는 연습을 실시한다. 준비된 모든 사례에 대하여 100% 정확도를 가지고 기술할 수 있을 때까지 연습한다.

제4단계 자연 상황에서 실제로 발생하는 것과 똑같은 속도와 복합성을 가진 행동 사례를 비디오테이프나 역할놀이를 통하여 제시하면서 그 내용을 관찰·기록하도록 요구한다. 훈련의 진행에 따라 점차 난이도를 높여 애매한 상황에서도 표적행동의 발생과 미발생을 분명히 변별할 수 있도록 연습한다. 같은 내용을 2회 반복하여 두 측정치 간의 신뢰도를 비교하고, 신뢰도가 낮을 경우에는 측정방법의 차이가 무엇이었는지를 찾아 시정함으로써 일관성 있는 측정방법을 익힐 수 있도록 한다. 이와 같은 방법으로 미리 정해진 정확도 기준에 이를 때까지 훈련을 반복한다.

제5단계 관찰자 훈련의 마지막 단계는 실제 상황에서의 자료 수집 연습이다. 훈련된 능숙한 관찰자를 피훈련자의 파트너로 정하고, 두 사람이 동시에 같은 표적행동을 각각 독립적으로 관찰·기록하도록 한다. 연습시행이 끝난 다음 두 사람의 관찰용지를 서로 비교하면서 차이점과 의문점에 대하여 논의하고, 앞으로 발생할 수 있는 사례에 대해서도 의견을 나누도록 한다. 역시 미리 정한 수준에 도달할 때까지 훈련을 반복한다. 적어도 연속 3회 이상 90%의 정확도에 이를 때까지 훈련을 계속한다.

3) 관찰자 표류

연구가 비교적 장기간 지속될 경우 관찰자 자신도 모르게 측정방법의 적용에 변화가 발생할 수 있다. 의도하지 않은 이러한 관찰방법의 변용을 관찰자 표류[7]라고 하는데, 이는 측정오차에 영향을 미치는 요인이 된다. 예컨대, 연구 초기에는 '순종하지 않는 행동'으로 기록하다가, 후반에 가서는 동일한 행동을 '순종하는 행동'으로 기록할 수 있다. 이러한 현상은 표적행동에 대한 본래의 정의를 관찰자가 확대 또는 축소하여 해석하는 데 그 원인이 있다. 관찰자 표류는 연구과정에서 주기적으로 관찰자 훈련을 재실시하고 측정방법에 대한 주의를 환기시킴으로써 예방하거나 최소화할 수 있다. 주기적으로 또는 수시로 재훈련을 실시함으로써 측정의 정확도나 신뢰도에 관한 피드백을 자주 제공하여야 한다.

7) Observer drift (觀察者 漂流)

3. 관찰자 기대와 반작용

이상적으로 말하면, 측정자료는 객관적 사실에 의해서만 영향을 받아야 한다. 그러나 실제로는 예기치 않았던 수많은 관찰자 요인이 측정치에 영향을 미친다. 이러한 유형의 측정오차는 측정 결과에 대한 관찰자의 기대와 동일한 행동을 다른 사람들도 같이 측정하고 있다는 사실에 대한 관찰자의 인지에 원인이 있을 수 있다. 이 두 가지 요인에 대하여 간단히 논의하기로 한다.

1) 관찰자의 기대

연구에 참여한 관찰자는 연구계획에 관하여 많은 것을 알게 된다. 어떤 실험조건에서는 표적행동이 어느 수준으로 발생해야 하는지도 알고, 연구자의 기대가 무엇인지도 잘 안다. 예컨대, 기초선과 반전기간에는 표적행동이 낮은 수준으로 유지되어야 하고, 실험처치나 치료적 중재 기간에는 행동이 높은 수준으로 개선되어야 연구 결과가 검증될 수 있다는 것을 안다. 이러한 관찰자의 기대와 지식은 관찰자 행동에 크게 영향을 미치고, 결국 측정의 정확도를 위협하는 요인으로 작용한다. 객관적으로는 조금도 다름이 없는 동일한 표적행동이 기초선 기간이나 반전기간에는 발생하지 않은 것으로 기록되고, 실험처치나 치료적 중재기간에는 발생한 것으로 기록될 수 있다.

관찰자의 기대에 기인하는 이러한 측정편견을 축소할 수 있는 확실한 방법은 고지식한 관찰자를 고용하는 것이다. 고지식한 관찰자란, 연구의 목적이나 실험조건을 전혀 모르도록 훈련된 사람을 말한다. 관찰을 하면서도 현재가 기초선 기간인지 또는 실험처치 기간인지를 알 수 없도록 한다. 연구자는 관찰자에게 최소한의 제한된 정보만을 제공하여야 한다. 그러나 실제로 관찰자에게 이러한 정보를 제한하기는 어렵고 거의 불가능하다.

관찰자가 연구의 목적이나 검증되어야 할 가설에 대하여 이미 알고 있다면 좀 더 엄격하게 표적행동을 정의하고 보수적인 측정방법을 선택함으로써 측정편견이 덜 반영되도록 노력하여야 한다. 예를 들어, 부분간격기록법보다는 더 엄격한 전간격기록법을 사용한다든지, 시간간격을 5초에서 10초로 증가시킴으로써 엄격성을 더할 수 있다. 또한 관찰자와의 솔직한 대화를 통하여 연구자의 기대에 맞추려는 노력보다는 정확한 측정자료를 얻는 것이 연구자에게 더 중요하고 고마운 일이라는 점을 인식시키고 협조를 당부하여야 한다. 그리고 기술적으로는 관찰자의 측정자료가 실제값 또는 다른 훈련된 관찰자의 측정자료와 얼마나 일치하는지에 대한 정보, 즉 관찰자료의 정확도에 대한 정보를 제공함으로써 보다 정확하게 측정하려는 관찰자의 노력을 이끌어 내어야 한다. 그러나 절대로 그들의 측정자료가 가설 검증에 도움이 되고 치료적 결과에 긍정적 영향을 미치고 있다는 정보를 제공해서는 안 된다. 관찰자의 측정편견을 부추길 수 있기 때문이다.

2) 관찰자의 반작용

자기 행동이 관찰되고 있다는 것을 알게 되면 사람들의 행동은 크게 달라진다. 비디오카메라를 들이대면 평소와 다른 말을 하고 다르게 행동하는 것을 볼 수 있다. 관찰자의 행동도 이와 마찬가지이다. 자신의 측정자료를 다른 사람들이 평가하고 있다는 것을 알게 되면 관찰자 행동은 크게 달라지고, 결국 측정자료의 정확도에 손상을 입힐 수 있다. 이와 같은 관찰자 요인에 의한 측정오차를 관찰자 반작용[8]이라고 한다.

관찰자 반작용을 최소화하기 위해서는 가능한 한 덜 침해적인 방법으로 관찰자를 감독할 필요가 있다. 관찰자들을 거리상으로 서로 멀리 배치하거나 칸막이로 막아 격리된 장소에서 관찰하도록 함으로써 상호 간에 영향을 미치지 못하도록 할 수 있다. 어떤 경우에는 일방경을 사용하여 제1관찰자와 제2관찰자 간의 시각적 접촉을 피하도록 할 수 있다. 관찰 대상을 녹음 또는 녹화하는 경우에는 제1관찰자만 먼저 관찰하고, 제2관찰자는 차후에 녹음 또는 녹화된 내용을 보면서 관찰하도록 할 수 있다. 두 관찰자가 서로 접촉할 기회가 없기 때문에 관찰자 반작용을 염려할 필요가 없다. 일방경을 사용할 수 없거나 녹음과 녹화가 불가능한 상황에서는 제1관찰자가 모르는 시간에 제2관찰자가 측정을 시작하도록 한다. 이와 같은 다양한 방법으로 자신의 행동이 감시되고 있다거나 다른 관찰자들과 비교되고 있다는 사실을 느끼지 못하도록 조치함으로써 관찰자 반작용을 최소한으로 줄일 수 있다.

8) Observer reactivity (觀察者 反作用)

제4절 정확도와 신뢰도의 평가

지금까지 행동 측정의 정확성과 신뢰성을 손상시킬 수 있는 측정방법상의 요인과 관찰자 요인을 살펴보았다. 이 절에서는 실제로 정확도와 신뢰도를 평가하는 방법을 살펴보기로 한다.

1. 측정의 정확도 평가

관찰된 값(측정치)이 실제값과 일치할 때 그 측정을 정확하다고 한다. 정확도를 평가하는 이유는 정확한 자료에 근거하여 행동을 평가하고 치료적 결정을 내리기 위해서이다. 정확도를 평가하는 구체적 이유는 다음 네 가지로 요약된다(Cooper, Heron, & Heward, 2007).

첫째, 응용행동분석 연구와 실제에서는 항상 객관적 자료에 근거하여 중요한 사항을 결정한다. 따라서 정확한 측정의 필요성은 대부분의 중요한 결정이 이루어지는 초기 단계에서 더욱 강조된다. 만일 정확한 측정자료에 근거하지 않고 어떤 중요한 일이 결정된다면 마치 암반을 확인하지 않고 모래 위에 집을 짓는 격이 될 것이다.

둘째, 정확도의 평가는 측정오차를 발견하고 교정하는 데 필요한 구체적인 정보를 제공한다. 신뢰도 또는 관찰일치도는 측정치 자체의 정확성이나 오류 자체에 관해서는 아무 정보도 제공할 수 없다. 정확도의 평가만이 이를 가능하게 한다.

셋째, 정확도는 측정오차의 방향과 크기를 일관성 있게 보여 준다. 따라서 정확도의 평가는 측정체제의 전반적 개선이나 조율을 가능하게 한다. 측정오차의 방향이나 크기를 알 수 있다면 지시된 방향으로 일정 값을 교정하여 올바른 측정자료를 얻을 수 있고, 또 측정도구 자체를 실제값에 맞추어 조절함으로써 측정의 정확도를 높일 수 있다. 마치 표준국에 마련된 공식적인 표준척도에 맞추어 눈금을 교정함으로써 항상 올바른 측정치를 산출할 수 있도록 조치하는 것과 같다.

넷째, 정확도에 대한 평가는 소비자들에게 측정자료의 신빙성을 보증하기 위한 것이다. 연구보고서에 정확도에 관한 평가 결과를 제시하는 것은 독자들로 하여금 자료의 신빙성을 믿고 결과를 해석하는 데 도움을 주기 위한 것이다. 언론매체에서 조사 결과를 발표할 때마다 측정의 오차범위를 함께 발표하는 것은 그 자료의 신빙성을 보여 주기 위한 것이다.

1) 실제값의 설정

행동의 관찰과 측정치에 대한 정확도를 평가하는 유일한 방법은 관찰된 값을 실제값과 비교하는 것이다. 두 값을 비교하여 차이가 적을수록 더 정확한 측정치가 된다. 실제값이란 '자연의 실제 상태'[9]를 의미한다(Johnson & Pennypacker, 1993a). 즉, 자연에 객관적으로 존재하는 측정 대상의 값을 뜻한다. 측정값을 실제값과 비교하는 것은 어려운 일이 아니지만 실제값으로 정당하게 인정될 수 있는 자연 상태 그대로의 실제값을 구하는 것이 어려운 일이다. 어떤 행동은 자명한 실제값을 가지고 있어 문제가 없다. 그러나 이러한 실제값이 알려지지 않은 경우에는 앞서 정의한 바와 같이 측정치를 구할 때 사용된 방법과는 근본적으로 다른 별도의 방법으로 얻은 측정치로 대치한다. 그런데 문제는 이제까지 사용하지 않았던 별도의 독립적 방법이 무엇이냐 하는 것이다. 연구자들은 정확한 측정치를 얻기 위하여 이미 '가능한 모든 오류의 근원을 제거하기 위한 특별한 또는 보통 이상의 방책'을 강구하여 행동을 관찰 · 측정하였다. 그런데 이러한 기존의 방법을 배제하고 어떤 새로운 방법으로 실제값을 다시 얻을 수 있겠는가?

어떤 행동은 분명히 보편적으로 수용될 수 있는 실제값을 가지고 있다. 예컨대, 학습 영역에서 올바른 반응에 관한 실제값은 분명히 존재한다. '2+2=?' 에 대한 올바른 반응은 4로서 분명한 실제값이다. 영어 단어의 철자법의 정확도를 평가할 때는 옥스퍼드 영어사전에서 정답(실제값)을 찾을 수 있다. 응용행동분석 연구에서 관심을 갖는 '사회적으로 중요한 행동들'의 실제값은 무엇인가? 아마 어느 사회에서나 보편적으로 수용될 수 있는 실제값은 존재하지 않을지도 모른다. 하지만 지역사회라는 한정된 특수 상황에서 조건부로 실제값이 설정될 수 있다. 예컨대, '우리 고장 한우를 살지게 할 수 있는 세 가지 풀의 이름은?'이라는 질문에 대한 보편적 정답을 찾을 수는 없겠지만, '내 고장 탐구' 라는 과목을 가르치는 교사의 수업계획에서는 분명히 정답(실제값)이 있다. 이 정답에 맞추어 채점이 될 것이다.

이상의 예에서는 분명히 관찰 · 측정치와는 무관한 별개의 독립적 실제값이 분명히 존재한다. 그러나 응용행동분석에서 다루는 대부분의 행동에 대한 실제값을 얻는 것은 쉬운 일이 아니다. 실제값을 얻기 위해서는 이제까지 사용해 온 측정방법과는 전혀 다른 새로운 방법을 사용해야 하기 때문이다. 예컨대, 또래집단 내에서 한 아동의 협동놀

9) True state of nature

이 행동의 발생빈도에 대한 실제값을 구하려고 할 때 전통적인 관찰 · 측정 방법이 아닌 새로운 체제의 측정방법은 무엇일까? 이러한 측정방법을 찾는 것은 쉬운 일이 아니며, 거의 불가능한 일일 수도 있다. 만일 실제값을 얻을 수 없다면 측정치의 질을 평가하기 위하여 신뢰도나 관찰자간일치도에 의존할 수밖에 없다.

2) 정확도의 계산과 보고

측정의 정확도를 정하는 방법은 각 측정치를 실제값과 대비시켜 그 일치도를 백분율(%)로 환산하는 것이다. 예를 들면, 학생이 작성한 30개의 맞춤법 문제에 대한 채점의 정확도를 계산할 경우를 생각해 보자. 각 단어에 대한 채점 결과를 국어대사전에 있는 실제값과 비교한다. 즉, 답안지에 적힌 단어와 사전에 있는 단어가 일치하면 올바른 반응으로 채점하고 사전에 있는 철자와 일치하지 않는 것은 그릇된 반응으로 채점한다면 정확한 측정치가 될 것이다. 만일 30문제 중 29문제에 대한 채점자의 정 · 오답 처리가 실제값과 일치하고 한 문제에 대한 채점자의 정 · 오답 처리가 실제값과 일치하지 않았다면 이 시험지 채점의 정확도는 96.7%(29÷30×100)가 될 것이다.

이와 같이 계산된 정확도는 타당도나 신뢰도와 함께 연구논문에 보고함으로써 독자들로 하여금 측정자료의 정확성을 믿고 자료를 올바로 해석하도록 할 수 있다. 한 연구보고서의 정확도에 대한 진술을 예로 들어 보자. '측정된 자료의 정확도를 계산하기 위하여 이 연구의 전체 측정자료 중 20%를 무선표집하여 정확도를 산출하였다. 산출된 정확도는 97%였다.' 이러한 결과를 보고 독자들은 어떻게 해석할 것인가? 먼저 97%의 정확도라면 적어도 3% 정도의 오차범위를 염두에 두고 자료를 해석하면 될 것이다.

2. 측정의 신뢰도 평가

동일한 현상을 반복 측정하여 얻은 값이 같을 때 그 측정은 신뢰도가 높다고 말한다. 예컨대, 3번 반복하여 체중을 측정하였는데 3번 모두 똑같이 56kg이었다면 그 측정치는 믿을 만한 것이 될 것이다. 만일 3번의 측정치가 각각 56kg, 58kg, 54kg으로 서로 다른 결과를 얻었다면 측정오차는 4kg(58-54)이나 되는데, 그렇다면 어떤 측정치를 믿어야 할 것인가? 이와 같이 동일한 측정 대상을 반복 측정하여 얻은 값이 동일하지 않으면 그 측정치는 신뢰도가 낮다고 말한다. 다른 예를 들어 보자. 두 관찰자가 각각 독립적으로 20분 동안 동시에 한 아동의 공격적 행동의 발생빈도를 측정하였다. 두 관찰자 모두 동일하게 8번으로 보고하였다. 이와 같이 두 관찰자의 관찰 결과가 완전히 일치하면 그 측정치는 신뢰도가 높다고 말한다. 그러나 한 사람은 8번으로 보고하고 다른 사람은 10번으로 보고하였다면 누구의 말을 믿어야 할까? 이런 경우 보고된 측정치의 신뢰도는 낮다고 말한다.

그러나 신뢰도가 높은 측정자료라 해서 반드시 정확한 측정자료라고 볼 수는 없다. 정확도는 측정된 값이 실제값과 얼마나 유사한지 그 정도를 표시하는 것이고, 신뢰도는 두 번 이상 같은 대상을 측정하였을 때 각각의 측정치가 서로 얼마나 유사한지 그 정도를 표시하는 것이다. 정확도와 신뢰도는 전혀 다른 개념이다. 앞의 〈표 19-1〉을 다시 살펴보면, 계기상에 측정된 거리에서 A의 경우 3번 모두 42.5km라는 동일한 측정 결과를 얻었다. 즉, 신뢰도는 100%이다. 그러나 경찰서 교통계의 주행거리 측정기로 측정된 실제값은 41.0km였다. 따라서 A의 측정치는 정확하지 못할 뿐 아니라 실제값보다 과대평가되고 있음을 알 수 있다.

이와 같이 측정의 정확도가 아무리 중요하다 하더라도, 많은 경우 실제값을 구하는 일은 어렵고 힘들 뿐 아니라 불가능할 때도 많다. 측정의 질을 높이기 위하여 정확도에 의존할 수만은 없는 일이다. 따라서 측정의 일관성에 기초한 신뢰도가 측정자료의 전반적인 신빙성에 미치는 영향을 과소평가할 수만은 없다. 신뢰도가 높다고 정확도가 높은 것은 아니지만, 신뢰도가 낮을 경우 측정체제 자체에 문제점이 있다는 것을 시사한다. 따라서 신뢰도가 낮을 경우 정확도에 대한 의혹이 제기될 수 있고, 측정 체제의 수정과 보완을 위한 계기가 마련될 수도 있다. 이러한 측면에서 볼 때 신뢰도가 직접 정확도를 대신할 수는 없지만 간접적으로 정확성에 영향을 미칠 수 있음을 잊어서는 안 된다.

제5절 관찰자간일치도

자동기록장치를 사용하는 경우 이외에는 대부분 관찰자가 눈으로 표적행동의 발생 여부를 확인하여 기록하는 수밖에 없다. 만일 관찰자가 한 사람뿐일 경우에는 행동 관찰과 기록에 편견이 개입될 우려가 크다. 예컨대, 연구자는 같은 행동을 놓고 기초선 관찰 중에는 부지중에 바람직하지 못한 행동이라고 기록하고, 강화기간 중에는 바람직한 행동으로 평가할 가능성도 있다. 이러한 위험성을 없애려면 제1관찰자 외에 제2관찰자를 고용하여 같은 행동을 동시에 관찰하도록 하는 방법이 있다. 응용행동분석 연구의 전 과정을 통하여 매일 관찰하는 사람을 제1관찰자라고 하고, 관찰의 신뢰도를 높이기 위하여 고용된 제2관찰자를 '신뢰도 관찰자'라고 한다.

관찰자간일치도(IOA)[10]란 둘 이상의 관찰자가 동일한 사건을 측정한 후 동일한 관찰·측정치를 보고하는 정도를 일컫는다. 즉, 두 관찰자의 측정치가 유사할수록 일치도는 높고, 유사성이 적을수록 일치도는 낮아진다. 관찰자간일치도는 측정의 질 또는 신빙성을 알리는 중요한 지수로서 응용행동분석 연구에서 가장 널리 사용되어 온 전통적인 방법이다.

1. 관찰자간일치도의 장점

관찰자간일치도는 다음과 같은 몇 가지 이점과 분명한 목적을 가지고 있다. 첫째로, 새로 훈련된 관찰자의 능력을 평가하는 데 사용될 수 있다. 경험 많은 유능한 관찰자의 측정치와 새로 훈련된 관찰자의 측정치 간에 높은 일치도를 보인다면 새로 훈련된 관찰자의 능력이 경험 많은 관찰자의 수준에 이른다는 것을 의미한다. 둘째로, 연구의 전 과정을 거쳐 체계적인 관찰자간일치도를 측정하는 과정에서 관찰자 표류를 검색할 수 있다. 만일 연구 초기에는 두 관찰자의 측정값이 거의 같다가 연구 중간이나 말기에 가서 두 관찰자의 측정치에 차이가 나타난다면 분명 그들 중 한 사람의 측정치에 관찰자 표류 현상이 나타난 것으로 볼 수 있다. 즉, 두 관찰자 중 한 사람에게 표적행동의 정의에 대한 변질이 생긴 것이 분명하다. 이러한 경우에는 세심한 평가를 통하여 원인을 찾아내고, 재훈련과 관찰자 간의 조율을 통하여 관찰자간일치도를 높일 수 있다. 위의 두 가지 이점은 주로 관찰자 훈련의 정도를 평가하거나 훈련된 관찰자를 찾는 데 도움이 되고, 잠재적 관찰자 표류를 검출하여 시정하는 데도 큰 도움이 된다. 셋째로, 둘 이상의 관찰자들이 일관성 있게 유사한 측정 결과를 얻고 있다면 그 연구에서 기술된 표적행동의 정의가 분명하고 모호한 점이 없다는 것을 의미한다. 또한 측정체제나 측정부호의 사용에 특별한 어려움이 없다는 것을 반증하는 것이다. 넷째로, 자료 수집에 다수의 관찰자가 투입되는 연구에서 관찰

10) Interobserver agreement

자들 간에 높은 수준의 일치도를 보인다면 측정자료상에 나타난 변산은 관찰자 요인에 의한 것이 아니라 바로 독립변수, 즉 치료적 중재요인에 의한 효과라는 사실을 뒷받침한다.

2. 관찰자간일치도를 구하기 위한 선행조건

관찰자간일치도(IOA)를 타당하게 평가하려면 다음과 같은 세 가지 기준이 충족되어야 한다.

첫째, 모든 관찰자들이 동일한 측정체제를 사용해야 한다. 같은 연구에 투입된 관찰자들은 모두 표적행동에 대한 동일한 정의를 숙지하고, 동일한 측정 절차와 부호를 사용하고, 동일한 측정도구를 사용하여야 한다. 또한 모든 관찰자들은 동일한 측정체제에서 똑같이 훈련을 받아야 하고, 측정체제의 사용에 있어 동등한 수준의 능력을 소유하도록 훈련되어야 한다.

둘째, 모든 관찰자는 동일한 사건(행동)을 측정하여야 한다. 모든 관찰자가 동일한 사건을 측정하기 위해서는 먼저 모든 관찰자들이 동일한 관찰시간에 동일한 관찰간격으로 동일한 피험자를 관찰할 수 있어야 한다. 관찰의 시작과 종료시간은 모든 관찰자에게 동시에 적용되어야 한다. 단 몇 초의 차이도 관찰일치도에 크게 영향을 미칠 수 있기 때문이다. 따라서 모든 관찰자에게 시작과 종료시간, 관찰간격 또는 기록시간을 알리는 신호음을 동시에 들을 수 있도록 마련하여야 한다. 예를 들면, 카세트테이프에 녹음된 신호음을 동일한 녹음기를 통하여 모든 관찰자들이 동시에 들을 수 있도록 이어폰을 하나로 연결하면 좋을 것이다. 다음으로는 모든 관찰자들이 같은 위치와 같은 시각에서 내담자와 그 주변 환경을 관찰할 수 있도록 물리적 환경을 조절하여야 한다. 두 관찰자가 서로 반대편 위치에서 피험자를 관찰한다면 한 관찰자가 볼 수 있는 사건을 반대편에 있는 다른 관찰자는 볼 수 없을 수도 있다. 따라서 관찰 · 측정치와 관찰자간일치도에 손상을 입힐 수 있다.

만일 실시간 측정이 아니고 영구산물을 측정할 경우에는 두 관찰자가 같은 시간에 같은 내용을 동시에 관찰할 필요는 없다. 예를 들면, 두 관찰자가 같은 비디오테이프나 오디오테이프에 녹화 또는 녹음된 내용을 각각 다른 시간에 관찰하고 기록할 수 있다. 다만 각 관찰자는 동일한 테이프를 보거나 들어야 하고, 또 테이프상의 동일한 시점에서 관찰을 시작하고 동일한 시점에서 관찰이 끝날 수 있도록 하여야 한다. 예를 들어,

음향이나 영상 테이프 자료에 관찰간격, 표집된 순간 관찰시간 또는 관찰 시작과 끝을 알리는 전자 신호음을 더빙하여 편집해 두면 실시간에 두 관찰자가 동시에 관찰하는 것과 동일한 관찰조건이 될 수 있다.

셋째, 관찰자들은 각각 독립적이어야 한다. 한 관찰자가 다른 관찰자의 측정에 영향을 미칠 수 없도록 모든 관찰자의 독립성이 보장되어야 한다. 예를 들면, 실시간 관찰에서 다른 사람의 관찰 · 기록을 보거나 들을 수 없도록 상황을 설정하여야 한다(Johnston & Pennypacker, 1993a). 관찰자들이 서로 적절한 거리를 유지할 수 있도록 좌석을 배치하거나 관찰자들 사이에 칸막이를 설치하는 것도 좋은 방법이 될 수 있다.

제6절 관찰자간일치도의 계산방법

관찰자간일치도를 계산하는 방법은 다양하며, 각 방법마다 관찰자 간의 일치 또는 불일치의 정도나 특성에 관하여 조금씩 다른 견해를 보인다. 이 절에서는 세 가지 주요 측정방법에 대한 관찰자간일치도의 계산방법을 설명하기로 한다.

1. 사건기록법에 의한 측정자료

사건기록법에 의하여 측정된 자료의 관찰자간일치도(IOA)를 계산하는 방법은 다양하다. 여기서는 총발생횟수일치도, 평균발생횟수일치도, 정확발생횟수일치도, 시행별일치도의 특성과 계산방법을 설명한다.

1) 총발생횟수일치도

총발생횟수일치도[11]는 사건기록법으로 측정된 자료(발생횟수, 빈도, 비율 등)의 관찰자간일치도를 표시하는 방법 중의 하나로서 가장 단순하고 세련되지 못한 방법으로 평가된다. 한 관찰회기 중 두 관찰자에 의하여 측정된 각각의 총 발생횟수(또는 빈도나 비

11) Total count IOA (總發生回數一致度)

율)를 상호 비교하여 백분율(%)로 환산한다. 총발생횟수일치도(%)를 구하는 공식은 〈글상자 19-1〉에 제시된 바와 같다. 두 관찰자에 의하여 관찰된 측정치 중에서 작은 수치를 큰 수치로 나누어 100을 곱하여 백분율을 구한다.

글상자 19-1

총발생횟수일치도를 구하는 공식

$$\text{총발생횟수일치도(\%)} = \frac{\text{작은 수치로 관찰된 발생횟수}}{\text{큰 수치로 관찰된 발생횟수}} \times 100$$

예를 들어, 30분간의 자율학습 시간 중 영수가 또래 아동과 장난을 친 횟수를 사건기록법에 의하여 관찰하였다. 제1관찰자는 18회로 기록하였고, 제2관찰자는 20회로 기록하였다. 이 경우 총발생횟수일치도를 위의 공식으로 환산하면 90.0%가 된다.

$$\text{총발생횟수일치도(\%)} = \frac{18}{20} \times 100 = 90.0(\%)$$

총발생횟수일치도는 논리적으로 단순하고 계산하기도 편리하지만 그 해석에 신중하지 않으면 안 된다. 왜냐하면 두 관찰자 간의 일치도가 높게 계산되었다 하더라도 두 관찰자가 동일한 행동을 동시에 관찰하였다고 보장하기는 어렵기 때문이다. 영수의 예에서, 극단적으로 말해 제1관찰자는 전반부 15분 동안에 표적행동의 발생을 관찰하였고 제2관찰자는 후반부 15분 동안에만 관찰하였다고 가정할 때, 실제로 두 관찰자는 전혀 다른 행동을 측정하였기 때문에 관찰일치도는 0%로 보아야 할 것이다. 그러므로 동시에 동일한 행동의 발생을 두 관찰자가 똑같이 관찰 · 기록하였다는 보장이 없는 한 총발생횟수일치도는 신뢰도로서의 가치를 상실하게 된다. 따라서 총발생횟수일치도는 항상 신중하게 해석되어야 한다.

2) 평균발생횟수일치도

평균발생횟수일치도[12)]는 총발생횟수일치도의 단점을 보완하고 관찰자간일치도의

12) Mean count-per-interval IOA (平均發生回數一致度)

신뢰성을 높이기 위하여 고안된 방법으로서, 두 관찰자가 동일한 행동을 동시에 관찰할 수 있는 기회를 상대적으로 증가시킬 수 있는 방법이다. 첫째, 주어진 전체 관찰시간을 일련의 작은 단위간격으로 나눈다. 둘째, 두 관찰자는 단위간격 내에서 발생하는 표적행동의 발생횟수를 각각 관찰 · 기록한다. 셋째, 각 단위간격별로 두 관찰자가 기록한 총 발생횟수를 비교하여 관찰일치도를 계산한다. 넷째, 각 단위간격별로 계산된 일치도를 총합한 다음 전체 단위간격 수로 나눈다. 평균발생횟수일치도를 계산하는 공식은 〈글상자 19-2〉에 제시된 바와 같다.

글상자 19-2

평균발생횟수일치도를 구하는 공식

$$\text{평균발생횟수일치도}(\%) = \frac{\text{제1간격 IOA} + \text{제2간격 IOA} + \cdots + \text{제n간격 IOA}}{\text{전체 단위간격 수}(n)}$$

영수의 행동을 다시 예로 들어 평균발생횟수일치도를 계산하고, 이미 계산된 총발생횟수일치도와 비교해 보자. 〈표 19-3〉의 예에서는 관찰시간 30분을 5분 간격으로 6등분하고, 각 단위시간 중에 두 관찰자에 의하여 측정된 표적행동의 발생횟수로 관찰일치도를 구한다. 이 예에서 각 단위간격별 관찰일치도는 각각 100%, 60%, 100%, 0%, 50%, 60%로 계산되었다. 그리고 평균발생횟수일치도는 다음과 같이 61.7%로 환산된다.

$$\text{평균발생횟수일치도}(\%) = \frac{100+60+100+0+50+60}{6} = 61.7(\%)$$

앞에서 계산된 총발생횟수일치도(90.0%)와 평균발생횟수일치도(61.7%)를 비교하면 서로 큰 차이를 보인다. 이러한 차이는 이미 지적된 바와 같이 총발생횟수일치도의 개념 자체나 환산방법이 단순하고 투박하여 신뢰성에 문제가 있다는 것을 반증하는 것이다. 이와 같은 문제점은 평균발생횟수일치도의 환산방법으로 크게 보완될 수 있다. 관찰시간을 좀 더 세분하여 작은 단위간격으로 나누고, 각 단위간격별로 표적행동의 발생을 측정하면 두 관찰자가 같은 행동을 동시에 관찰할 가능성은 더욱 높아질 수 있다. 〈표 19-3〉에서 총발생횟수일치도는 90%로 높게 환산되었지만, 각 단위간격별 관찰일

〈표 19-3〉 평균발생횟수일치도와 정확발생횟수일치도의 비교

단위간격	제1관찰자	제2관찰자	단위간격별 IOA	관찰자간일치도
0～05분	𤴓	𤴓	(4/4)×100＝100 %	평균발생횟수일치도(%) ＝(100＋60＋100＋0＋50＋60) ÷6＝61.7 정확발생횟수일치도(%) ＝(2÷6)×100 ＝33.3
05～10분	下	正	(3/5)×100＝60 %	
10～15분	正	正	(5/5)×100＝100 %	
15～20분	一	-	(0/1)×100＝0 %	
20～25분	丅	一	(1/2)×100＝50 %	
25～30분	下	正	(3/5)×100＝60 %	
소계	18	20	총발생횟수일치도(%)＝(18÷20)×100＝90.0	

치도는 0～100%에 이르기까지 극심한 변산을 보이고 있다. 이에 총발생횟수일치도는 실제보다 과대평가되고 있음을 알 수 있다. 반면에 평균발생횟수일치도는 61.7%로 비교적 낮게 평가되었지만 상대적으로 신뢰성이 높은 추정치로 평가될 수 있다.

3) 정확발생횟수일치도

정확발생횟수일치도[13]는 사건기록법으로 측정된 자료의 관찰일치도를 구하는 여러 방법 중 가장 엄격하고 보수적인 방법이다. 앞에서와 같이 먼저 전체 관찰시간을 일련의 작은 단위간격으로 나눈 후 각 단위간격별로 관찰일치도를 구한다. 그리고 정확간격(즉, 100%의 일치도를 보이는 단위간격)의 수를 확인한 다음 전체 단위간격의 수에 대한 백분율로 일치도를 환산한다. 정확발생횟수일치도(%)를 계산하는 공식은 〈글상자 19-3〉에 제시된 바와 같다. 앞의 〈표 19-3〉의 예에서 두 관찰자의 측정치가 100% 일

글상자 19-3

정확발생횟수일치도를 구하는 공식

$$\text{정확발생횟수일치도(\%)} = \frac{\text{정확(100\% 일치)간격의 수}}{\text{전체 단위간격의 수}} \times 100$$

13) Exact count-per-interval IOA (正確發生回數一致度)

치한 정확간격의 수는 2개이고, 전체 단위간격의 수는 6개이다. 공식에 대입하여 정확발생횟수일치도(%)를 환산하면 다음과 같다.

$$\text{정확발생횟수일치도}(\%) = \frac{2}{6} \times 100 = 33.3(\%)$$

이상 세 가지의 관찰자간일치도를 비교하면, 〈표 19-3〉에 나타난 바와 같이 총발생횟수일치도는 90.0%로 가장 높고, 정확발생횟수일치도는 33.3%로 가장 낮고, 평균발생횟수일치도는 61.7%로 중간 위치를 차지한다. 총발생횟수일치도는 단순하고 간편하지만, 두 관찰자가 동일한 표적행동을 관찰하였다는 보장이 없어 신뢰성이 그만큼 손상될 뿐 아니라 다른 두 방법에 비하여 과대평가되는 경향성을 보인다. 평균발생횟수일치도는 두 관찰자 간에 동일한 표적행동을 측정할 가능성이 상대적으로 높아 신뢰성이 높은 관찰자간일치도로 평가된다. 또한 단위간격별로 환산된 관찰일치도를 총합하여 평균치를 구하기 때문에 상대적으로 과대평가되거나 과소평가되는 일이 적어 안정된 관찰자간일치도라고 볼 수 있다. 정확발생횟수일치도는 다른 두 방법보다 엄격하고 보수적인 방법으로 정확간격만이 일치도의 계산에 기여할 수 있기 때문에 다른 두 방법보다 과소평가될 가능성이 높다.

4) 시행별일치도

시행별일치도[14]는 독립시행교수(DTT)[15] 과정에서 학습자가 요구된 학습반응(표적행동)을 정해진 기준에 맞게 올바로 수행하였는지의 여부를 두 관찰자가 매 시행에서 각각 평가하여 관찰자간일치도(IOA)를 구하는 방법이다. 독립시행 훈련에서 치료자는 먼저 학습자에게 반응의 기회를 제공하고, 학습자는 요구된 학습반응을 수행한다. 그리고 치료자는 학습자의 반응을 평가하여 즉시 피드백한다. 예를 들면, 긴 것과 짧은 것에 대한 개념을 가르치기 위하여 교사는 아동에게 긴 연필과 짧은 연필을 제시하며, '긴(또는 짧은) 연필을 가리켜 봐!' 라고 지시한다. 아동은 교사의 지시에 따라 긴 연필을 가리킨다. 교사는 '잘했다!' 라고 즉시 칭찬하고 올바른 반응으로 기록한다. 그러나 아동이 올바로 반응하지 못하면 칭찬하지 않고 그릇된 반응으로 기록한다. 이와 같이

14) Trial-by-trial IOA (施行別一致度)

15) Discrete trial teaching (獨立施行教授)

반응 기회를 제공하는 것으로 시작하여 반응의 평가와 강화로 끝나는 한 번의 과정을 하나의 독립시행이라고 한다. 이러한 시행과정에서 제2관찰자는 치료자와는 별도로 학습자의 반응을 평가하여 기록한다. 〈표 19-4〉와 같이 두 관찰자는 매 시행에서 각각 학습자의 반응을 정해진 기준에 따라 평가하고, 올바른 반응은 '1' 로 그릇된 반응은 '0' 으로 기록한다.

독립시행교수 과정에서 측정된 자료의 관찰자간일치도를 구하는 방법은 두 가지이다. 첫째로, 두 관찰자의 독립시행 측정자료를 가지고 총발생횟수일치도를 구할 때와 동일한 방법으로 관찰자간일치도를 계산할 수 있다. 〈표 19-4〉에서 두 관찰자의 소계 중 작은 수치로 관찰된 발생횟수(5)를 큰 수치로 관찰된 발생횟수(6)로 나누어 100을 곱한다.

$$\text{총발생횟수일치도}(\%) = \frac{5}{6} \times 100 = 83.3(\%)$$

이 방법으로 환산된 관찰자간일치도는 역시 과대평가되는 경향이 있으므로 그 해석에 주의를 기울이지 않으면 안 된다. 계산된 일치도는 83.3%로 비교적 높게 나타났지만 표에서 볼 수 있듯이 두 관찰자가 같은 행동을 관찰하였다고 보기 어렵다. 실제로 두 관찰자가 각각 올바른 반응으로 기록한 것 중 같은 시행에서 '1' 로 측정된 것은 4회밖에 안 되고 나머지는 서로 다른 행동을 측정한 결과들로 보인다.

둘째로, 시행별일치도를 계산하는 방법이다. 앞에서는 표적행동의 발생횟수만이 일치도의 계산에 반영되고, 표적행동(올바른 학습반응)의 미발생 결과는 관찰일치도의 계산에 전혀 반영되지 않았다. 그러나 시행별일치도의 계산에서는 표적행동의 발생 여부에 관계없이 두 관찰자의 기록이 일치하는 시행횟수에 관심의 초점을 둔다. 따라서 이 방법은 독립시행교수 자료에 대하여 보다 보수적이고 의미 있는 관찰자간일치도를 구할 수

〈표 19-4〉 독립시행훈련(DDT)에서 측정된 두 관찰자의 기록

시행 / 관찰자	시행횟수										소계 (올바른반응)
	1	2	3	4	5	6	7	8	9	10	
제1관찰자	1	1	1	1	0	1	0	0	0	1	6
제2관찰자	1	1	0	1	0	0	1	0	0	1	5

■ 일치된 시행(7) □ 불일치된 시행(3)

글상자 19-4

시행별일치도를 구하는 공식

$$\text{시행별일치도(\%)} = \frac{\text{일치된 시행횟수}}{\text{전체 시행횟수}} \times 100$$

$$\text{시행별일치도(\%)} = \frac{7}{10} \times 100 = 70.0\%$$

있는 방법으로 인정된다. 시행별일치도(%)를 구하는 공식은 〈글상자 19-4〉와 같다.

〈표 19-4〉에서 표적행동의 발생 여부와는 상관없이 두 관찰자의 기록이 서로 일치된 시행횟수(회색 바탕의 칸 수)는 모두 7이다. 따라서 시행별일치도는 70.0%이다.

이러한 결과는 총발생횟수일치도 83.3%보다는 낮고, 또 표적행동의 발생으로 관찰된 시행 중에 두 관찰자의 기록이 일치하는 수, 즉 두 칸 모두 '1' 로 기록된 칸들의 수 4개(40%)보다는 높다. 다시 말하면, 과대평가되지도 않고 과소평가되지도 않은 비교적 안정된 관찰자간일치도라는 것을 알 수 있다.

2. 지속시간, 반응지연, 반응간시간의 측정자료

지속시간, 반응지연, 반응간시간(IRT)의 측정자료에 대한 관찰자간일치도(IOA)를 계산하는 방법은 기본적으로 사건기록법에서와 동일하다. 즉, 두 관찰자가 각각 독립적으로 표적행동의 지속시간(또는 지연시간, 반응간시간)을 측정한 다음 관찰회기 중 두 관찰자에 의하여 측정된 표적행동의 총 지속시간(또는 총 지연시간, 총 반응간시간)을 비교하여 일치도를 계산하는 방법, 그리고 두 관찰자에 의하여 측정된 표적행동의 발생당 지속시간(또는 지연시간, 반응간시간)을 비교하여 각각의 일치도를 구한 다음 총합하여 평균을 계산하는 방법이 있다.

1) 총지속시간일치도

총지속시간일치도[16]는 한 관찰회기 중에 두 관찰자에 의하여 측정된 각각의 전체 지속시간을 상호 비교하여 백분율로 환산한 것을 말한다. 총지속시간일치도(%)를 계산하는 공식은 <글상자 19-5>에서와 같이 두 관찰자에 의하여 측정된 전체 지속시간 중 작은 수치를 큰 수치로 나누어 100을 곱한다.

글상자 19-5

총지속시간일치도를 구하는 공식

$$\text{총지속시간일치도}(\%) = \frac{\text{작은 수치의 전체 지속시간}}{\text{큰 수치의 전체 지속시간}} \times 100$$

<표 19-5>는 40분 수업 중 영수가 좌석을 이탈한 행동을 지속시간기록법에 의하여 관찰 · 기록한 결과이다. 제1관찰자는 영수의 좌석이탈 시간을 총 16분으로 기록했고, 제2관찰자는 총 18분으로 기록하였다. 이 경우 총지속시간일치도를 공식에 따라 계산하면 88.9%가 된다.

$$\text{총지속시간일치도}(\%) = \frac{16}{18} \times 100 = 88.9(\%)$$

<표 19-5> 두 관찰자에 의하여 측정된 반응당 지속시간

반응 / 관찰자	표적행동의 발생과 지속시간(분)					총지속시간 일치도
	반응 1	반응 2	반응 3	반응 4	반응 5	
제1관찰자	5.5	4.0	1.3	2.8	2.4	16(분)
제2관찰자	7.0	3.0	1.8	2.8	3.4	18(분)
IOA(%)	78.6	75.0	72.2	100.0	70.6	88.9(%)
평균지속시간일치도	79.3(%)					

16) Total duration IOA (總持續時間一致度)

총지속시간일치도는 총발생횟수일치도에서와 마찬가지로 신중하게 해석되어야 한다. 관찰일치도가 높게 계산되었다 하더라도, 두 관찰자가 동일한 행동의 발생과 지속시간을 측정하였다고 볼 수 없다. 또한 각 반응의 지속시간의 차이는 일치도의 계산에 기여하지 못하고 총계에 흡수되어 사라진다. 극단적으로 말하면, 제1관찰자와 제2관찰자가 전혀 다른 시간에 다른 행동의 지속시간을 측정하였더라도 총합시간만 유사하면 총지속시간일치도는 높게 나올 수 있다. 따라서 총지속시간일치도는 과대평가되는 일이 많기 때문에 그 해석에 주의를 기울여야 한다.

2) 평균지속시간일치도

평균지속시간일치도[17]란 총지속시간일치도의 단점을 보완하고 관찰자간일치도의 신뢰성을 높이기 위하여 고안된 보다 보수적이고 의미 있는 관찰일치도이다. 평균지속시간일치도를 계산하는 방법은 앞의 〈표 19-5〉에 제시된 바와 같이 두 관찰자에 의하여 측정된 각 표적행동의 발생당 지속시간의 관찰일치도를 먼저 계산한 다음 그 평균치를 계산하여 관찰자간일치도로 정한다. 평균지속시간일치도(%)의 계산 공식은 〈글상자 19-6〉과 같다.

글상자 19-6

평균지속시간일치도를 구하는 공식

$$\text{평균지속시간일치도(\%)} = \frac{\text{반응 1 지속시간 IOA} + \text{반응 2 지속시간 IOA} + \cdots + \text{반응 n 지속시간 IOA}}{\text{관찰된 반응 수(n)}}$$

〈표 19-5〉는 평균지속시간일치도의 계산과정을 잘 보여 준다. 먼저 각 반응별로 관찰자간일치도를 각각 계산한다. 다음으로는 반응별일치도를 모두 총합한다. 마지막으로 관찰된 반응 수(5)로 나누어 다음과 같이 평균지속시간일치도를 계산한다.

$$\text{평균지속시간일치도(\%)} = \frac{78.6 + 75.0 + 72.2 + 100.0 + 70.6}{5} = 79.3(\%)$$

17) Mean duration-per-occurrence IOA (平均持續時間一致度)

지금까지 살펴본 총지속시간일치도와 평균지속시간일치도의 계산 절차와 방법은 반응지연 및 반응간시간(IRT)의 평균지속시간일치도를 계산할 때도 똑같이 적용된다.

3. 동간기록법과 시간표집법에 의한 측정자료

동간기록법과 시간표집법에 의하여 측정된 자료의 관찰자간일치도를 구하는 방법으로는 총간격일치도, 채점간격일치도, 비채점간격일치도 등이 있다.

1) 총간격일치도

총간격일치도[18]는 간격별일치도[19] 또는 점수별일치도[20]라고도 한다. 제1관찰자와 제2관찰자의 전체 관찰 · 기록을 같은 단위간격끼리 비교하여 일치 여부를 확인한 다음, 일치하는 간격의 수를 총 간격(일치간격+불일치간격)의 수로 나눈 후 100을 곱하여 백분율로 환산한다. 총간격일치도(%)를 계산하는 공식은 〈글상자 19-7〉과 같다.

글상자 19-7

총간격일치도를 구하는 공식

$$\text{총간격일치도(\%)} = \frac{\text{일치간격의 수}}{\text{일치간격의 수} + \text{불일치간격의 수}} \times 100$$

$$\text{총간격일치도(\%)} = \frac{8}{10} \times 100 = 80.0(\%)$$

〈표 19-6〉의 예에서 총 관찰간격 10개 중 제1관찰자와 제2관찰자의 관찰 결과가 일치하는 간격(회색 부분)의 수는 8개이고, 불일치하는 간격(흰색 부분)의 수는 2개이다.

18) Total interval IOA (總間隔一致度)

19) Interval-by-interval IOA (間隔別一致度)

20) Point-by-point IOA (點數別一致度)

〈표 19-6〉 총 관찰간격의 수(10)와 일치간격의 수(8)

관찰자 \ 시행	관찰간격									
	1	2	3	4	5	6	7	8	9	10
제1관찰자	+	-	+	+	-	-	-	-	+	-
제2관찰자	-	-	+	+	-	-	+	-	+	-

+: 표적행동이 관찰됨 / -: 표적행동이 관찰되지 않음
(음영) 일치간격 / (무음영) 불일치간격

따라서 위의 공식을 활용하여 총간격일치도(%)를 계산하면 80.0%가 된다. 여기서 '일치간격'이란 표적행동이 관찰되었든(+) 관찰되지 않았든(-) 상관없이 두 관찰자의 기록이 동일한 간격을 말한다.

총간격일치도는 아주 낮은 비율로 나타나거나 아주 높은 비율로 나타나는 행동을 측정할 때 관찰자간일치도를 실제보다 과대평가하는 경향성을 보인다. 예컨대, 10개의 관찰간격 중 1~2개 간격에서만 표적행동이 관찰되고 나머지 8개 관찰간격에서는 거의 관찰될 가능성이 없는 경우를 생각해 보자. 실제 관찰일치도는 전혀 표적행동이 발생할 가능성이 없는 8개의 간격에서가 아니라, 바로 표적행동의 발생 여부를 민감하게 평가해야 하는 1~2개의 관찰간격에서만 평가되어야 할 것이다. 그러나 총간격일치도의 계산에서는 1~2개의 관찰간격에서 잘못 평가된다 해도 나머지 8개 간격에서 특별한 능력이나 노력 없이도 80%의 일치도를 거저 얻게 된다. 따라서 아주 낮은 비율로 발생하는 표적행동의 관찰자간일치도는 항상 과대평가되는 경향성이 있다. 반대로 표적행동의 발생률이 아주 높은 경우에도 동일한 논리로 관찰일치도가 부풀려질 수 있다. 즉, 발생빈도가 높아 대부분의 관찰간격에서 거의 항상 표적행동이 관찰될 수 있기 때문에 미숙한 관찰자도 오류를 범할 가능성이 적다. 이와 같이 아주 낮은 비율 또는 아주 높은 비율로 나타나는 표적행동의 관찰자간일치도에 대한 과대평가 현상을 보완하기 위하여 고안된 것이 바로 채점간격일치도와 비채점간격일치도를 구하는 방법이다.

2) 채점간격일치도

채점간격일치도[21)]는 두 관찰자 모두 또는 한 관찰자에 의하여 표적행동이 발생한 것

21) Scored-interval IOA (採點間隔一致度)

넷째, 시각적 분석은 행동 변화의 유의성을 검증하는 전통적 방법이다. 통계적 검증에서는 눈으로 확인될 수 없는 작은 변화에 대하여 복잡한 통계적 추론을 통하여 의미를 부여하지만, 응용행동분석 연구에서는 그러한 미소한 효과는 보고되지 않는다. 오히려 현격한 변화를 산출할 수 있는 효과적 중재방법을 찾기 위한 체계적 실험에 도전한다.

다섯째, 그래프는 행동 변화의 의미와 유의성에 대한 독자적인 판단과 해석을 가능하게 하고 또 장려한다. 복잡한 통계적 자료 처리로 얻은 결론이나 연구자의 해석에 의존하지 않고, 발간된 연구보고서의 그래프를 독자가 직접 보고 시각적으로 분석하여 결론을 얻을 수 있다.

여섯째, 그래프 자료는 유사한 문제를 가진 많은 사람들에게 치료방법을 쉽게 전달할 수 있는 수단이다. 예를 들어, 칭찬과 같은 단순한 사회적 관심만으로도 다양한 문제행동을 수정하는 데 효과가 있었다는 연구 결과를 그래프로 생생하게 보여 줄 수 있다면, 그 그래프는 행동치료 방법을 다른 사람들에게 쉽게 가르치고 전달할 수 있는 중요한 매개체가 될 수 있다.

2. 꺾은선그래프

꺾은선그래프[1]는 측정자료를 도식화하는 한 방법으로 응용행동분석에서 가장 널리 사용된다. 꺾은선그래프는 가로(x)축과 세로(y)축이 직각으로 교차하는 2차원 평면에 점과 선으로 측정자료를 표시한다. [그림 20-1]은 꺾은선그래프의 전형적인 모습을 보여 준다. 그래프에 표시되어야 할 내용을 그림에 제시된 원번호의 순서에 따라, ① 가로(x)축, ② 세로(y)축, ③ 실험조건이나 기간이 달라짐을 알리는 조건변경선,[2] ④ 실험조건 명칭, ⑤ 자료점, ⑥ 자료점들을 직선으로 연결한 자료통로, ⑦ 그래프 제목과 설명 등에 관하여 간략히 설명하기로 한다.

1) Line graph

2) Condition change lines

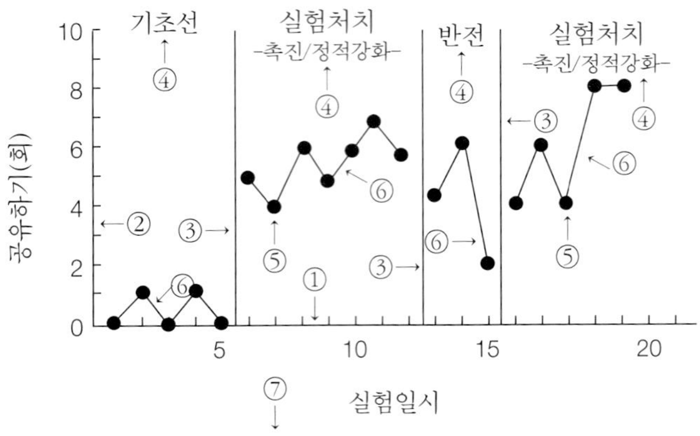

[그림 3-8] 촉진과 정적강화가 공유행동에 미치는 영향

지수의 공유행동은 기초선 기간 중 평균 수준 .4회를 유지하였다. 실험처치 기간 중에는 서서히 증가하는 추세를 보이며 평균 수준 5.6회를 유지하였다. 반전기간 중에는 급속히 하강하는 추세를 보였으나 치료처치 기간 중에는 다시 크게 상승하는 추세를 보였다.

[그림 20-1] 꺾은선그래프

이 그림은 꺾은선그래프의 구조를 설명하기 위하여 예시된 것이다. 가로(x)축, 세로(y)축, 조건변경선, 실험조건 명칭, 자료점과 자료통로, 그림제목과 설명 등 그래프의 중요한 부분들이 제시되었다.

1) 가로축

가로(x)축은 그래프 저변에 수평으로 그려진 직선으로서 왼쪽에서 오른쪽으로 시간의 흐름을 표시한다. 또한 독립변수, 즉 치료적 중재조건은 x축을 따라 그래프의 상부에 표시된다. 응용행동분석 연구에서는 시간의 흐름에 따라 실험조건을 투입/회수하거나 또는 그 값을 조절하면서 이러한 실험조작이 행동에 미치는 효과를 지속적으로 관찰·기록한다. 꺾은선그래프의 x축은 등간격으로 나뉘어 초, 분, 시, 일, 주, 월, 연 등 단위시간이 부여된다. 단위시간 아래에는 x축의 제목을 적는다. 일반적으로 '실험일시', '실험회기', '실험시간' 등으로 설정한다. [그림 20-1]의 ①은 x축의 모범적 서식을 보여 준다.

2) 세로축

세로(y)축은 가로(x)축의 왼쪽 끝, 즉 좌표상의 0점에서 위를 향하여 수직으로 뻗은 직선이다. y축에는 종속변수의 값, 즉 측정된 행동 특성의 범위가 등간척도로 표시된다.

x축과의 교차점을 최소값(0점)으로 하여 위로 올라갈수록 점차 높은 값이 부여된다. 최대값은 관찰된 측정자료의 최고치와 측정방법에 따라 결정된다. [그림 20-1]의 ②와 같은 y축에는 표적행동의 측정 범위가 0～10회의 등간척도로 표시되었다. y축 척도의 최대값은 관찰된 표적행동의 최고치, 즉 '공유하기' 반응의 최고 발생횟수(8회)를 고려하여 약간 여유 있게 결정한다. y축의 주 눈금과 눈금값이 표기되면 왼쪽 여백에 y축의 제목과 측정단위(예: 회)를 함께 써넣는다.

3) 조건변경선

조건변경선[3]이란, 독립변수(실험조건)가 변경되는 시점을 알리기 위하여 x축으로부터 위쪽으로 곧게 그린 수직선을 말한다. 즉 [그림 20-1]의 ③과 같이 한 실험조건이 종료되는 x축의 한 시점과 새로운 실험조건이 시작되는 x축의 한 시점 사이에 수직선을 그어 양쪽 실험조건이 서로 다름을 표시한다.

4) 실험조건 명칭

실험조건 명칭[4]은 한 단어 또는 짧은 문구로 작성하여 그래프 상단의 조건변경선 사이에 [그림 20-1]의 ④와 같이 '기초선', '촉진과 정적강화', '반전' 등으로 표기한다. 이러한 명칭은 조건변경선으로 분리된 서로 다른 실험기간 중에 어떤 조건이 투입 또는 회수되는지, 또는 독립변수의 값이 어떻게 부여되는지를 명확하게 알려 줄 수 있어야 한다.

5) 자료점

좌표상에 그려진 작은 점들을 자료점[5]이라고 한다. 이 점들은 x축과 y축에 부여된 두 변수 간의 특정한 관계를 표시한다. 자료점(●)들은 특정 시간 또는 실험처치 조건(독립변수)과 관련하여 수량화된 표적행동(종속변수)의 양적 특성을 나타낸다. 즉, 주어진 시간에 관찰된 행동 특성의 측정치를 나타낸다. [그림 20-1]의 ⑤와 같은 자료점(●)들은 촉진과 정적강화가 제공되는 실험처치 기간 중에 관찰된 공유하기의 발생빈도를 나타낸다.

3) Condition change lines

4) Condition labels

5) Data points (資料點)

6) 자료통로

자료통로[6]란 [그림 20-1]의 ⑥과 같이 주어진 한 실험조건 내에서 각 자료점(●)들을 시간 순서에 따라 실선으로 연결한 것을 말한다. 조건변경선으로 구분된 다른 실험조건의 자료점들과는 서로 연결하지 않는다. 자료통로는 표적행동의 변화 수준과 추세를 보여 주며, 자료의 해석과 분석의 초점이 된다.

7) 그림제목과 설명

그림제목과 설명은 [그림 20-1]의 ⑦과 같이 실험에 관여되는 독립변수(치료적 요인)와 종속변수(행동 변화)에 관한 충분한 정보를 독자들에게 알리기 위하여 마련된 간단명료한 제목과 내용의 진술을 말한다. 이 책에 제시된 모든 그래프의 하단에는 그림제목과 간략한 설명이 제시되어 있다.

3. 막대그래프

막대그래프는 행동 측정의 자료를 그림으로 요약할 수 있는 단순하지만 용도가 많은 그래프이다. 꺾은선그래프와 마찬가지로 가로(x)축과 세로(y)축이 직각으로 교차하는 2차원 평면에 측정자료를 막대 기둥으로 표시한다. 꺾은선그래프가 갖는 모든 특성을 공유하지만 시간의 흐름에 따라 변화되는 반응의 지속적 측정 결과를 나타낼 수 없다는 점이 분명히 다르다. 실제로 막대그래프에는 단위시간당 측정된 자료의 값을 나타내는 자료점이나 이들을 직선으로 이어 그 추세를 가늠할 수 있는 자료통로가 표시될 수 없다. 그러나 막대그래프를 이용하면 다양한 형태로 피험자 간, 실험조건 간 또는 피험자와 실험조건을 교차하여 행동의 성취 정도를 빠르고 쉽게 비교할 수 있는 큰 이점이 있다.

응용행동분석 연구에서 막대그래프는 두 가지 주요한 기능을 갖는다. 첫째, 시간요인과 상관없는 일련의 독립적 측정자료들만을 제시하여 상호 비교할 때 편리하게 사용될 수 있다. 둘째, 막대그래프는 여러 실험조건에서 발생한 피험자 개인 또는 집단의 성취도를 시각적으로 요약해 준다. 예를 들어, 아동들의 사회적 접근행동에 영향을 미치는 강화자극들은 동기화조작(포화와 박탈) 조건에 따라 어떻게 달라질 것인지 탐색할

6) Data path (資料通路)

경우를 가정해 보자. 연구자는 통제조건(기초선), 포화조건, 박탈조건을 반복하면서 영수와 민정의 사회적 접근행동에 대한 네 가지 과자 종류의 강화 효과를 관찰·측정한다. 반전설계, 복식기초선설계, 교체처치설계 등 복잡한 실험과정을 거쳐 여러 변수들로 조합된 수많은 실험조건에서 두 아동의 사회적 접근행동을 장기간 관찰한다. 꺾은선그래프를 사용하면 아마도 무수히 많은 자료와 그림들로 복잡하게 뒤엉켜 핵심이 되는 연구 결과가 무엇인지 이해하기조차 어려울 것이다. 막대그래프는 바로 이러한 경우에 그 진가를 발휘할 수 있다. [그림 20-2]에 제시된 막대그래프들은 2(아동)×4(과자)×3(동기화조작) 요인의 조합으로 구성된 24개의 실험조건별로 매 회기 관찰·측정된 복잡한 연구 결과를 시각적으로 간편하게 비교할 수 있도록 한다.

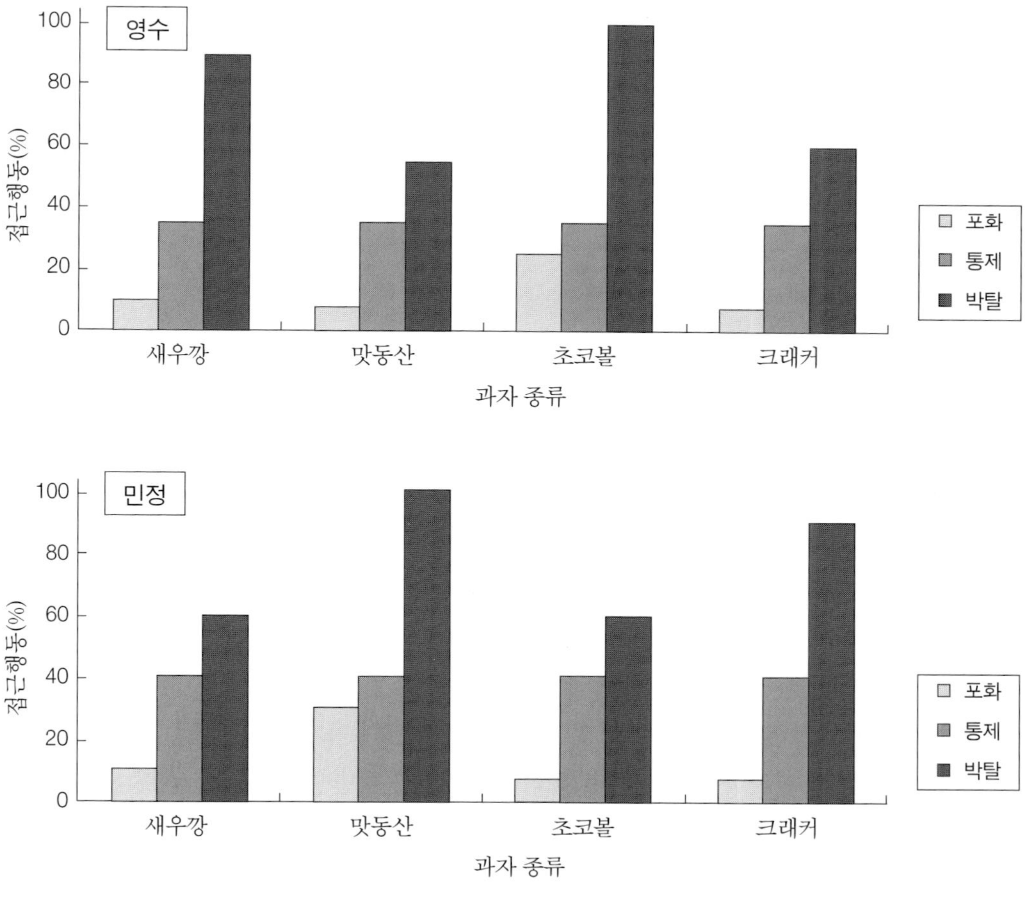

[그림 20-2] 막대그래프

이 그림은 동기화조작(포화와 박탈조건) 조건에 따라 네 가지 과자 종류가 두 아동의 사회적 접근행동에 미치는 효과를 비교하여 보여 주는 가상 사례이다.

이와 같이 막대그래프는 방대한 자료를 간편한 형태로 요약하여 비교할 수 있는 큰 이점을 가지고 있다. 그러나 실험처치에 소요된 장기간의 시간변수가 완전히 통제되기 때문에 꺾은선그래프에서와 같이 시시각각으로 변하는 행동의 역동성, 즉 행동 변화의 추세와 변산도를 보여 줄 수 없다는 것이 큰 단점이다. 막대그래프에서는 실험조건별로 수집된 관찰자료의 집중경향치(평균치 및 중앙치)만 제시되기 때문에 행동 변화의 범위, 변화의 속도와 방향 등과 같은 생생한 모습은 모두 사라진다. 이러한 변화의 특성들은 평균치나 중앙치에 흡수되어 통제되기 때문이다.

4. 누가기록

누가기록[7] 또는 누가그래프는 자료 수집의 기본 수단으로 초기부터 동물을 대상으로 한 실험행동분석 연구에서 사용되어 왔다(Ferster & Skinner, 1957). 누가기록장치는 실험실이나 병원에서 흔히 볼 수 있는 자동기록장치 중의 하나인데, 같은 속도로 이동하며 돌아가는 두루마리 백지 위에 펜을 장치해 놓고 환자 또는 피험자의 반응이 발생할 때마다 펜을 움직이게 하여 자동으로 기록되도록 만든 장치이다. [그림 20-3]에서 볼 때, 만일 실험동물이 정해진 반응을 하지 않으면 기록장치에 마련된 펜은 움직이지 않고 그 자리에 머물면서 이동하는 기록용지 위에 길게 수평선을 그린다. 수평으로 그려진 긴 직선은 그 시간의 흐름만큼 실험동물의 반응이 없었음을 나타낸다. 그러나 실험동물이 반응할 때마다 펜은 한 칸씩 우측(그림에서는 위쪽)으로 이동하며 계단 모양의 직각을 그린다. 그림에서 ①은 첫 번째 반응이 발생하였음을 나타낸다. ②는 바늘이 위로 이동하며 층계 모양의 직각을 촘촘히 그리고 있다. 이것은 짧은 시간에 많은 반응이 발생하였음을 나타낸다. ③의 경우는 비교적 긴 수평선을 그리고 있는데, 이것은 경과된 시간 동안 아무 반응도 없었음을 표시한다. ④는 상대적으로 시간이 좀 흐른 다음 한 번씩 바늘이 이동하고 있는데, 그만큼 반응의 발생빈도가 상대적으로 느리다는 것을 뜻한다. 결과적으로 자동기록장치가 그린 최종 그림의 마지막 위치에서 y축의 값을 확인하면 바로 그 시간까지 발생한 반응의 총합, 즉 누가반응빈도를 얻을 수 있다. 이와 같이 그려진 그래프를 누가기록 또는 누가그래프라고 한다.

'누가적' 이라는 말은 '누적하여 더한다.' 는 뜻이다. 〈표 20-1〉의 예에서와 같이 반

7) Cumulative record (累加記錄)

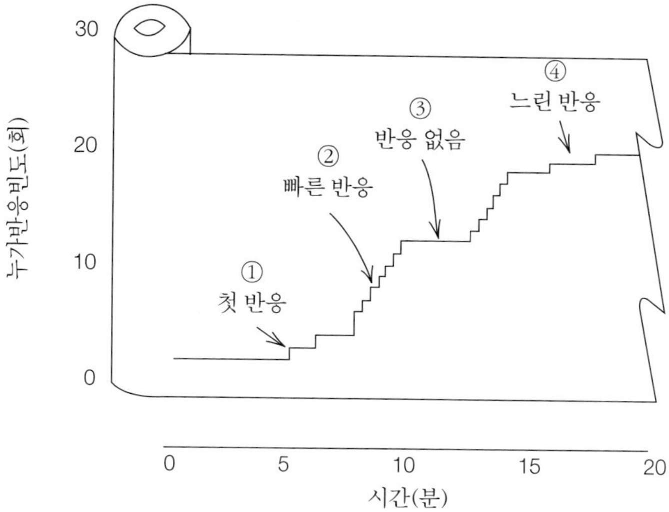

[그림 20-3] 누가기록장치

실험동물이 한 번 반응할 때마다 펜이 한 칸씩 우측으로 이동하며 누가적으로 반응의 양을 기록한다. 이러한 자동기록장치는 자료 수집의 기본 수단으로 동물을 대상으로 한 실험행동분석 연구 초기부터 사용되어 왔다.

응 1의 관찰 제1일의 측정치는 그대로 1로 적고, 제2일부터는 그 전날까지의 종합기록에 그날의 측정치를 더하여 그날까지의 총합을 보고한다. 즉, 누가기록이란 관찰 초기부터 현재의 관찰시점까지의 반응의 총합을 말한다. 표에서 제2일의 누가기록은 3(1+2)이 되고, 제3일에는 반응이 한 번 있었으니까 4(3+1)가 된다. 제4, 제5, 제6일은 반응이 없었으므로 누가기록은 그대로 4를 유지한다. 이와 같이 누가기록에서는 항상 바로 전 회기까지의 반응의 발생횟수 총합계와 관찰 당시 회기의 발생횟수를 합하여 현재까지 발생한 반응의 총합계를 계산한다. [그림 20-4]는 〈표 20-1〉의 두 가지 반응에 대한 일일 측정자료를 각각 꺾은선그래프와 누가그래프로 작성하여 비교한 것이다.

〈표 20-1〉 두 반응에 대한 일일 측정치와 누가기록표

반응 \ 관찰일시		1	2	3	4	5	6	7	8	9	10	11	12	13
반응 1	일일 측정치	1	2	1	0	0	0	3	3	4	0	0	0	0
	누가기록	1	3	4	4	4	4	7	10	14	14	14	14	14
반응 2	일일 측정치	0	0	0	1	1	1	1	0	0	2	2	2	0
	누가기록	0	0	0	1	2	3	4	4	4	6	8	10	10

이미 설명한 바와 같이, 누가기록은 우선 주어진 어느 시점까지 기록된 반응의 총 발생횟수를 보여 주는 것이 특징이며 장점이다. 예를 들어, [그림 20-4]의 누가그래프에서 실험회기 제10일까지의 반응 1과 반응 2의 총 발생횟수를 보려면 x축의 10에서 수직으로 올라가 만나는 반응 1과 반응 2 자료점의 y축 값을 읽으면 된다. 예컨대, 실험회기 제10일까지 두 반응의 총합은 각각 14와 6이다. 이와 같이 누가그래프에서는 어느 관찰시점까지의 반응의 총합을 쉽게 찾아볼 수 있다.

누가그래프는 또한 전반적 및 부분적 반응비율을 보여 준다. 비율은 단위시간 중에 발생한 반응의 수로서, 엄밀한 의미로는 반응의 분당 발생횟수를 말한다. 전반적 반응

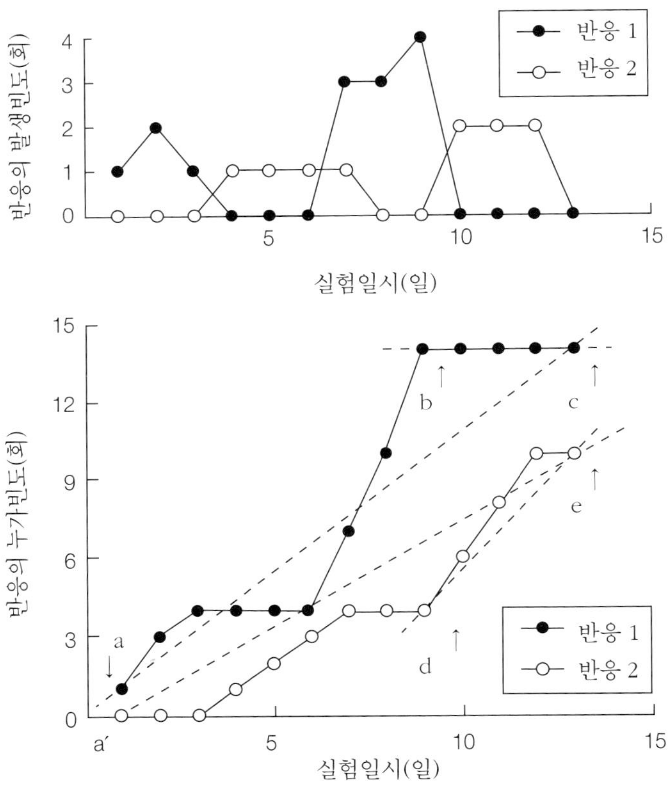

[그림 20-4] 꺾은선그래프와 누가그래프

아래 그래프는 위의 꺾은선그래프를 누가그래프로 바꾸어 그린 것이다. 자료점 a와 c를 지나는 점선은 시각적으로 전반적 반응비율을 그린 것이다. b-c와 d-e를 잇는 점선은 부분적 반응비율을 나타낸다.

비율[8]이란 특별한 회기 또는 실험조건이 투입되는 기간 등 주어진 기간에 걸쳐 발생한 평균반응비율을 일컫는다. 따라서 전반적 비율은 일정 기간 중에 관찰 · 기록된 반응의 총합을 x축에 표시된 전체 관찰회기의 수로 나누어 얻은 수치를 말한다. [그림 20-4]에서 반응 1의 전반적 반응비율은 실험회기당 1.08(14÷13)이고, 반응 2의 전반적 반응비율은 0.77(10÷13)이다.

누가그래프상에서 자료통로의 경사가 가파를수록 반응비율은 더 높고, 자료통로의 경사가 완만할수록 반응비율은 낮다. 누가그래프상에서 전반적 반응비율을 시각적으로 표현하려면, 주어진 일련의 관찰 · 기록 중 첫 자료점과 마지막 자료점을 지나는 직선을 긋는 것이다. 그림에서 a와 c를 지나는 점선은 반응 1의 전반적 반응비율을 나타내고, a′와 e를 지나는 점선은 반응 2의 전반적 반응비율을 나타낸다. 이러한 경사각을 상호 비교함으로써 상대적 반응비율을 평가할 수 있다. 그림에서 반응 1은 반응 2보다 전반적으로 반응비율이 약간 높다고 말할 수 있다.

반응비율은 특정 기간 중에 더 큰 폭으로 변동하는 모습을 볼 수 있다. 따라서 연구의 관심은 서로 다른 반응 간의 상호 비교뿐 아니라 같은 반응 내에서도 서로 다른 기간 중의 반응비율을 부분적으로 비교하는 데 둘 수도 있다. 부분적 반응비율[9]이란 전체 반응기록을 대상으로 환산하는 전반적 반응비율과는 달리 자료통로의 일부 구간에서만 반응비율을 구하는 것을 일컫는다. 즉, 일부 기간 중의 특별한 변화에 관심이 있을 때 부분적 자료를 이용하여 반응비율을 살펴볼 수도 있고, 서로 다른 기간 중의 반응비율을 산출하여 상호 비교할 수도 있다. 예컨대, [그림 20-4]에서 마지막 5회기에만 관심을 두고 반응비율을 살펴볼 수 있다. 이 기간 중에 두 반응은 서로 극도로 대조적이다. 반응 1은 마지막 5회기(b~c) 중에 표적반응이 전혀 나타나지 않고 있다. 그러나 반대로 반응 2의 경우에는 이 기간(d~e) 중에 높은 반응비율을 보이고 있다.

누가그래프는 계속적이며 직접적인 측정자료이지만 아주 높은 비율로 발생하는 반응을 상호 비교하기에는 적절치 않다. 누가기록은 시작시점부터 현재까지 반응의 총합을 확인하는 데는 편리하지만 특정 회기에 관찰된 반응의 수를 y축상에서 찾기에는 불편하다. 또한 작고 점차적인 반응비율의 변화는 경사각에 잘 나타나지 않아 확인하기 어렵다. 그럼에도 불구하고 다음과 같은 경우 꺾은선그래프보다 누가그래프가 더 편리하게 사용될 수 있다. 첫째, 시간의 경과에 따라 누적되는 반응의 총 발생횟수에 관심이 있을 경우나 특정한 반응량이나 반응횟수를 목표로 설정하고 그 목표에의 접근 정도를

8) Overall response rate
9) Local response rate

수시로 확인하는 것이 필요할 경우 누가기록은 가장 편리하게 사용될 수 있다. 예컨대, 저축이나 운동 연습의 목표량이 정해져 있다면 목표와 관련하여 현재 어느 정도 달성하였는지 시시각각 편리하게 확인할 수 있다. 둘째, 누가그래프는 전반적 진행 상황이나 행동 수행의 상대적 비율을 한눈에 보고 쉽게 파악할 수 있기 때문에 참가자들에게 자신들의 성취 정도를 피드백해 주는 방법으로 아주 적절하다. 셋째, 관찰회기당 한 번만 발생할 수 있는 표적행동의 발생 여부를 확인해야 하는 경우에는 누가기록이 가장 적절하다. 넷째, 누가기록은 행동과 환경변수 간의 복잡한 관계를 효과적으로 밝혀 준다.

5. 로그차트

이제까지는 x축과 y축이 모두 등간격으로 구성된 좌표상에 측정자료를 표시하는 그래프에 대하여 살펴보았다. [그림 20-5]의 그래프 A에서 x축과 y축의 눈금은 모두 같은 간격으로 나뉘어 있다. x축은 우측으로 이동하면서 한 눈금당 1초 간격으로 동일하게 증가하며, 눈금 1에서 2까지 한 눈금의 값은 눈금 5에서 6까지 한 눈금의 값과 동일한 1초 간격이다. y축도 0에서 시작하여 위로 올라갈수록 한 눈금 당 10회씩 반응비율이 증가하며, 눈금 10～20의 값과 눈금 60～70의 값은 똑같은 10회로 동일하다.

그러나 등간격으로 표시하기 어려운 행동들도 많이 있다. 예컨대, 낙하하는 물체는 시간의 증가에 비례하여 동일한 비율로 낙하거리가 증가하는 것이 아니라 시간이 지날수록 가속도가 붙어 초기 1초간의 낙하거리보다 후기 1초간의 낙하거리가 기하급수적으로 증가한다. 이러한 특성을 가진 측정치를 등간그래프에 그리면 [그림 20-5]의 그래프 A와 같이 된다. 그림에서 볼 수 있듯이 낙하 시작 후 7, 8, 9초에 이르면 반응비율은 128, 256, 512 등으로 그래프에 표현할 수 없을 만큼 엄청나게 증가할 것이다. 즉, 시간이 1초 지날 때마다 바로 전보다 2배의 비율로 증가하여 그래프에 표시하기 어렵게 된다. 이러한 문제점을 개선하기 위하여 로가리듬에 기초한 배율의 개념이 도입되었다. [그림 20-5]의 그래프 B에서 y축의 눈금은 등간격이 아니라 한 눈금이 증가할 때마다 2, 4, 8, 16, 32, 64, 128 등으로 이전 눈금보다 2배의 비율(즉, 2배율)로 증가한다. 이러한 눈금을 로그척도[10]라고 한다. 그래프 B의 예에서 2를 밑으로 한 로그값을 계산하면, $\log_2 2=1$, $\log_2 4=2$, $\log_2 8=3$, $\log_2 16=4$, $\log_2 32=5$, $\log_2 64=6$, $\log_2 128=7$이 된다. 즉, 로그값으로 계산된 한 눈금이 증가할수록 반응비율의 값은 이전 눈금의 2배

10) Logarithmic scale

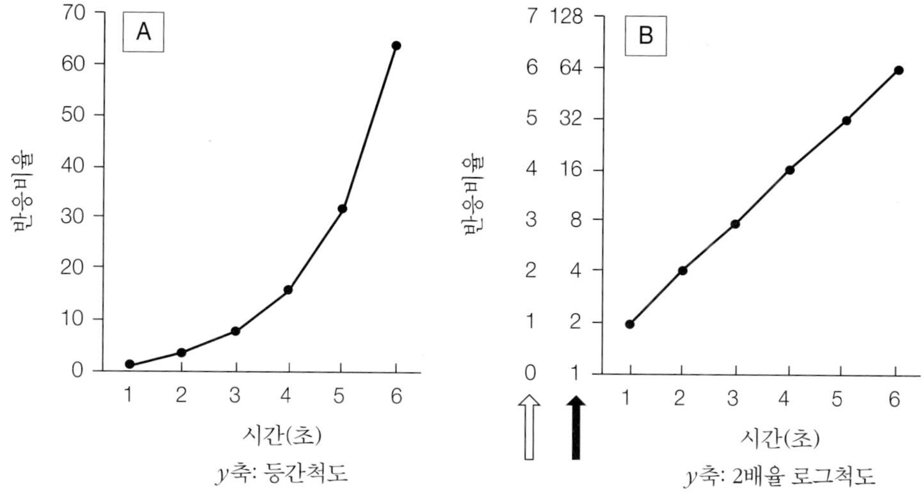

[그림 20-5] 등간척도와 로그척도의 비교

두 그래프는 동일한 자료를 등간척도(A)와 로그척도(B)의 좌표상에 각각 그린 것이다. 그래프 B에서 흰색 화살표(⇧) 위의 수치는 2배율 주기의 로그값을 표시한 것이고, 검은색 화살표(⬆) 위의 수치는 실제 반응빈도를 표시한 것이다. 이 자료는 Cooper, Heron, & Heward(2007)의 *Applied Behavior Analysis* (2nd ed.), p. 139에서 발췌함.

로 증가한다. 그래프 B에서 흰색 화살표(⇧) 위에 표시된 수치는 2배율 주기 로그값으로 표시된 척도이고, 검은색 화살표(⬆) 위의 수치는 실제 반응빈도를 표시한 것이다. 이와 같이 *x*축은 등간척도로 표시되고 *y*축은 로그값으로 표시된 그래프를 준(準)로그 차트[11]라고 한다.

응용행동분석 연구에서도 학습 초기에는 서서히 증가하던 반응빈도가 후반으로 갈수록 엄청난 반응빈도로 증가하는 현상을 무수히 볼 수 있다. 예컨대, 아기들의 언어 발달 과정을 보면 출생 초기에는 울기나 웃기 등으로 의사를 표현하며, '엄마' 라는 의미 있는 첫 단어를 습득하려면 1년이라는 긴 시간이 필요하다. 즉, 초기에는 언어 능력의 증가가 극히 미미하고 완만하다. 그러나 '엄마' 라는 첫 단어를 학습한 이후 몇 달이 지나면 아기의 어휘 수나 의사소통 능력은 엄청나게 발달한다. 출생 초기 한 달간의 의사소통 능력의 변화량보다 두 돌이 지난 후 한 달간의 변화량은 과히 기하급수적이라고 할 수 있다. 이러한 가속적 변화의 특성을 가진 학습성취도를 평가하는 데 로그척도는 대단히 편리하게 사용될 수 있다. 다음에 소개될 표준배율차트에서 좀 더 자세히 설명하기로 한다.

11) Semilogarithmic chart

6. 표준배율차트

표준배율차트[12]는 Lindsley(1971)에 의하여 준로그차트로 개발되었으며, 정밀학습 방식에서 가속적으로 증가되는 학습행동의 변화를 하나의 좌표상에 표시하고 분석할 수 있도록 표준화된 그래프이다. 가로(x)축은 연속적인 등간격의 학사일정으로 구성되었고, 세로(y)축은 10배율 주기의 주 눈금(.001, .01, .1, 1, 10, 100, 1000) 7개로 구성되었다. 즉, 최소 분당 .001회부터 최고 분당 1,000회에 이르는 반응의 발생빈도를 모두 한 좌표에 표시하고 변화의 추세를 분석할 수 있도록 고안된 그래프이다.

[그림 20-6]은 4주간(기초선 기간 2주, 중재기간 2주)의 실험 결과를 표준배율차트에 표시하고, 치료적 중재기간 중의 배율을 계산하는 절차와 방법을 예시한 것이다. 검은색 자료점(●)은 증가시킬 표적행동을 표시하고, '가위표' 로 표시된 자료점(×)은 감소 대상의 표적행동을 의미한다. 그림의 ①에서 자료점들을 2등분하는 수직선은 조건변경선으로서, 왼쪽의 자료점들은 기초선 측정치들을 표시한 것이고 오른쪽의 자료점들은 중재기간 중에 변화된 반응들을 나타낸다. 관찰기저선[13]은 차트에 그려진 자료점까지의 빈도를 표시하는 기점으로서 수행 가능한 최저점을 의미한다. ②에서는 사분교차법을 이용하여 중재기간 중의 자료점들을 기초로 추세선을 작성한다. 먼저 모든 자료점들을 그림에서처럼 수직으로 4등분한다. 그런 다음 전체 자료점들을 수직으로 2등분하는 중앙 점선을 기준으로 좌우에 있는 자료점들을 각각 상하로 2등분하는 수평선을 그린다. 마지막으로 2개의 사분교차점을 통과하는 추세선을 그린다.

③에서는 추세선의 배율을 계산한다. 배율은 공식에 의하여 계산되는 것이 아니라 배율대조표를 사용하여 찾는다. 즉, ④에서 여러 각도로 그려진 추세선 중에서 가장 유사한 것을 찾는다. 기저의 수평면과 추세선이 서로 교차하는 각이 클수록 배율은 높아지고, 작을수록 배율은 낮아진다. [그림 20-6]에 있는 차트의 왼쪽 상단에는 여러 각도의 배율이 표시되어 있다. 예컨대, 중간에 있는 각도에는 '×2' 라는 수치가 붙어 있다. 이것은 영어로 'times-2 celeration' 이라고 하고 우리말로는 '2배율' 이라고 한다. '×2' 란 한 회기의 단위시간이 경과할 때마다 행동 변화의 양이 2배율로 증가한다는 뜻인데, 실제로는 바로 전 회기 행동 측정치의 2배로 증가하는 것을 의미한다. 예를 들어, 첫 회기의 반응비율이 1이었다면, 둘째 회기에는 2(1×2), 셋째 회기에는 4(2×2), 넷째 회기

12) Standard celeration chart

13) Counting-time bar

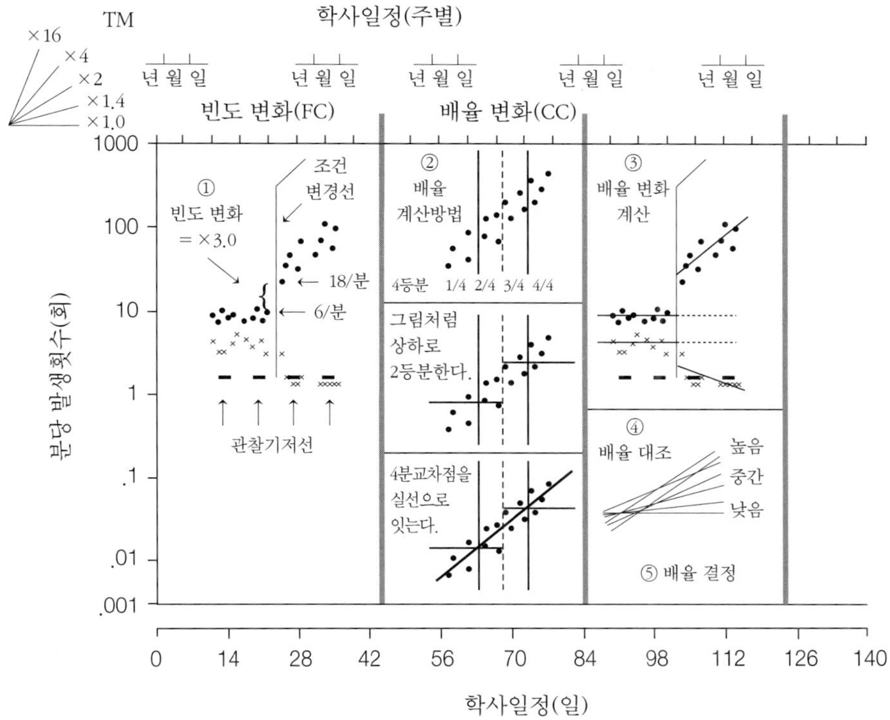

[그림 20-6] 표준배율차트와 배율계산 방법

전형적인 표준배율차트와 배율 계산방법을 보여 준다. 가로(x)축은 등간격의 학사일정으로 구성되고, 세로(y)축은 10배율 주기의 주 눈금 6단위로 구성된다. 최소 분당 .001에서 최고 분당 1,000회까지 반응의 발생빈도를 하나의 좌표에 표시할 수 있다. 이 자료는 Cooper, Heron, & Heward(2007)의 *Applied Behavior Analysis* (2nd ed.), p. 142에서 재인용함.

에는 8(4×2), 다섯째 회기에는 16(8×2), 여섯째 회기에는 32(16×2) 등의 배율로 반응이 증가할 것으로 예상된다. 다시 말하면, 한 회기가 지날 때마다 2의 0제곱(1), 2의 1제곱(2), 2의 2제곱(4), 2의 3제곱(8), 2의 4제곱(16), 2의 5제곱(32) 등으로 증가한다. 만일 일일단위로 측정된 배율이 '×16' 이라면 표적행동은 하루가 지날 때마다 바로 전날 반응빈도의 16배로 증가한다는 것을 뜻한다. 즉, 표적행동은 $1(16^0)$, $16(16^1)$, $256(16^2)$, $4096(16^3)$, $65536(16^4)$ 등과 같이 기하급수적으로 증가할 것이 예상된다. 그리고 수평면에 닿은 추세선에는 '×1.0' 이라는 수치가 붙어 있는데, 이것은 $1(1^0)$, $1(1^1)$ $1(1^2)$, $1(1^3)$ 등 시간의 경과에 따라 자료통로가 수평적으로 이동하는 것을 의미한다. 표적행동의 변화가 전혀 없는 상태, 즉 행동의 증가세나 감소세가 나타나지 않는 자료통로를 의미한다. [그림 20-6]의 예에서 표적행동의 추세선을 그린 다음 대조표를 이용하여 배율을 추정하면 대략 '×2.5' 쯤 되는 것으로 가정해 보자. 첫날의 측정치가 1일 때 대체로 1, 2.5(2.5^1), 6.25(2.5^2), 15.6(2.5^3) 등과 같이 증가할 것이 예상된다. 이상의 모든 절차와 방법은 반응빈도의 감소 추세에서도 마찬가지로 적용된다. 다만 반대 방향으로 적용되어 '1/×2', '1/×16' 등으로 해석하면 된다.

표준배율차트는 정밀교수라고 불리는 교육적 의사결정 체제와 함께 발전되어 왔다. 정밀교수의 주요 명제는 ① 학습은 반응비율의 변화로 가장 잘 측정될 수 있고, ② 학습은 흔히 행동의 비례적 변화로 발생하며, ③ 학습성취에 대한 과거의 경험으로 미래 학습의 정도를 예측할 수 있다는 것이다. 정밀교수에서는 올바른 반응과 그릇된 반응의 특정 빈도가 아닌 배율에 관심의 초점을 둔다. 따라서 표준배율차트는 정밀학습 체제와 뗄 수 없는 관계에 있다. 전형적인 응용행동분석에서는 중재 결과를 해석할 때 행동 변화의 수준과 추세의 변화에 관심을 집중하는 반면, 정밀학습 체제에서는 학습행동이 어떤 배율로 개선되고 있는지에 첨예의 관심을 두고 있다.

제2절 꺾은선그래프 작성법

지금까지 응용행동분석에서 활용되는 다양한 그래프의 유형과 그 특성을 개략적으로 살펴보았다. 이 절에서는 응용행동분석에서 가장 많이 사용되는 꺾은선그래프의 작성방법을 좀 더 구체적으로 살펴보기로 한다.

1. 가로축 그리기

꺾은선그래프는 가로(x)축과 세로(y)축으로 구성된다. 여기서는 가로축과 세로축의 비율, 가로축의 척도, 시간적 불연속, 명칭 등을 표시하는 방법을 설명하기로 한다.

1) 가로축과 세로축의 비율

꺾은선그래프의 가로(x)축과 세로(y)축의 길이는 주어진 자료의 복잡성, 양축에 적용되는 척도의 유형, 그래프에서 강조할 사항 등에 의하여 결정된다. 그래프는 독자의 편의를 고려하여 제작되어야 하기 때문에 간편하면서도 필요한 정보를 모두 제공할 수 있어야 한다. 또한 그래프는 복잡한 자료를 가시적으로 정리하여 제공하는 방법이기 때문에 안정되고 균형 잡힌 모습으로 제작되어야 한다. *x*축이 짧으면 자료들이 밀집되어 옹색해 보이고, 지나치게 길어 자료들이 분산되면 공허한 모습이 된다. 행동분석 연구에서 추천하는 *y*축과 *x*축의 비율은 5:8 내지 3:4이다(Johnston & Pennypacker, 1980; Katzenberg, 1975; Tufte, 1983). 일반적으로 *y*축이 *x*축보다 짧아야 한다. 그래프를 그릴 때 *y*축의 길이를 대략 *x*축의 2/3 정도로 정하면 무난하고 안정된 모습이 될 것이다. 그러나 *x*축에 표기할 자료점의 수가 많거나, 복식기초선설계에서와 같이 한 그림에 여러 그래프를 층층이 포개 놓아야 할 경우에는 상대적으로 *y*축의 길이를 더 짧게 조절하여야 한다.

2) 가로축의 척도화와 축 제목 부여

가로(*x*)축은 시간 차원을 나타내는 등간척도로 구성된다. 따라서 *x*축을 동일한 간격으로 나누어 시간단위의 눈금을 표기하고, *y*축과 교차하는 점을 출발시점(0점)으로 하여 오른쪽으로 갈수록 시간적 순서에 따라 더 높은 수치를 부여한다. 독립시행 훈련(DTT)에서와 같이 연속선상의 단위시간과 무관하게 요구되는 기회에만 반응을 측정하는 경우에는 단위시간 대신 시행 순서를 배정한다. 그리고 배정된 각 단위눈금에는 [그림 20-7]에서와 같이 *x*축의 값을 표기한다. 단위눈금과 그 값을 표시할 때는 그래프 B에서와 같이 단위눈금 5개를 하나의 주(主) 단위로 묶어 0, 5, 10, 15, 20 등으로 *x*축의 눈금값을 배정한다. 그래프 A처럼 단위눈금과 그 값을 모두 표기하면 너무 복잡하고 혼란스러워 불편하다. 필요하다면 단위눈금을 보조로 표시할 수 있지만 눈금값은 기입하지 않는다. 마지막으로 *x*축의 시간단위를 나타내는 축 제목을 단위 눈금값 아래에 써넣는다. 실험시간(분), 실험일시(일), 실험회기(주) 등과 같이 축 제목과 함께 괄호 안에 단위시간을 표시하면 편리하다.

그래프 B처럼 *x*축의 최소값은 '0' 에서 시작되며, 최대값은 총 관찰회기와 같은 개념으로서 주 단위눈금(5)의 배수로 정한다. 예를 들어, 모든 관찰 · 측정이 23회기에서 끝난다면 23을 *x*축의 최대값으로 정하기보다 5의 배수인 25를 최대값으로 정하는 것이 보기에 좋다. [그림 20-7]의 그래프 B는 *x*축 서식의 전형적인 예를 보여 준다. 단위눈금은 하루 한 회기를 의미하며, 5개의 단위눈금은 하나의 주 단위눈금으로 묶어 *x*축의 값을 눈금 아래에 0, 5, 10, 15, 20 등으로 표기하였다. 또한 *x*축의 제목을 단위눈금 아래에 실험일시(일)로 표시하였다.

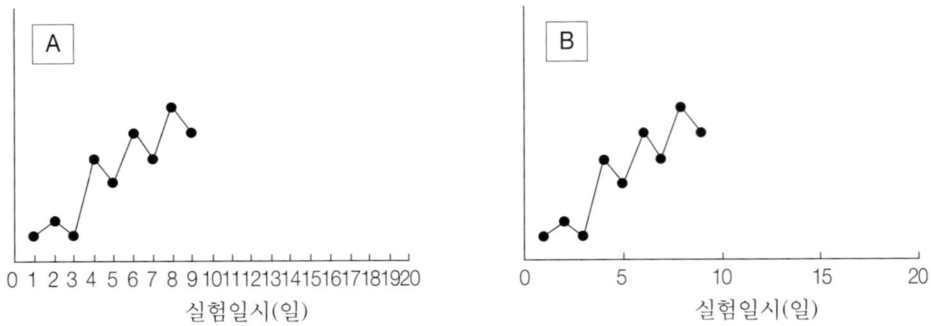

[그림 20-7] 가로축의 서식

가로(x)축의 최소값은 좌표상의 0점에서 시작하고 최대값은 주 단위눈금의 배수로 정한다. 그리고 5개의 단위눈금을 하나의 주 단위눈금으로 묶어 x축에 표기하고, 각 주 단위눈금 아래에 0, 15, 10, 15, 20 등과 같이 x축의 값을 표기한다. 마지막으로 x축의 시간단위를 나타내는 축 제목을 실험시간(분), 실험일시(일), 실험회기(주) 등으로 써넣는다.

3) 가로축상에서 시간의 불연속 표시

행동의 변화, 측정, 치료적 중재 또는 실험변수의 조작 등은 모두 시간의 차원 내에서 발생한다. 응용행동분석 연구에서 시간은 가장 기본적인 변수이기 때문에 그래프상에서 시간이 왜곡되거나 임의로 다루어져서는 안 된다. x축상에서 등간격으로 나누어진 단위눈금들은 동일한 시간 경과를 의미한다. 따라서 시간상에 어떤 공백이나 불연속이 발생할 경우에는 반드시 x축의 해당 시점에 척도단절표시(//)[14]를 삽입해야 한다. [그림 20-8]에서는 실험 제8일과 제9일 사이가 단순히 하루 사이가 아니고 일주일간의 시간적 공백이 있었음을 나타낸다. 이러한 시간적 공백이 있는 경우 두 회기(실험 8일째와 9일째)의 자료점(●)들은 실선으로 연결하지 않는다. 그리고 20일 다음의 단절표시(//)는 x축의 척도가 그 이전과는 전혀 다르다는 것을 의미한다. 단지 실험 50일째 되는 날과 60일째 되는 날, 즉 10일간의 간격을 두고 추후관찰이 있었음을 표시한다. 따라서 두 추후관찰 자료점은 실선으로 연결하지 않는다.

14) Scale Break (尺度斷絶表示)

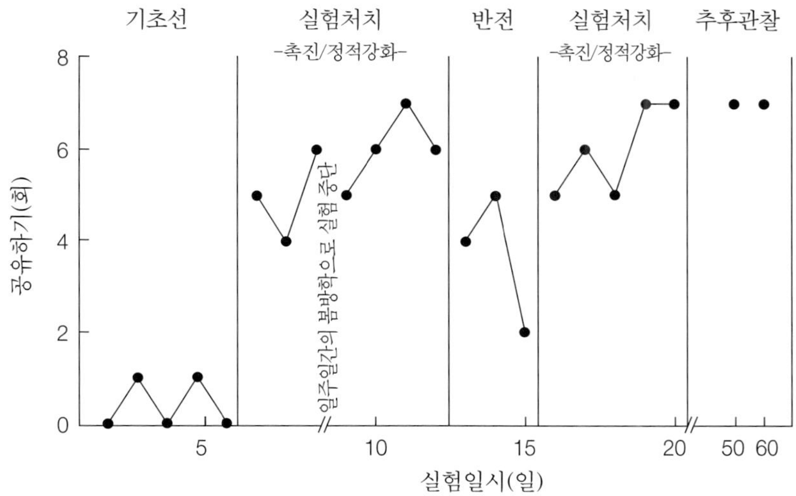

[그림 20-8] 척도단절표시

실험 제8일과 제9일 사이에 표기된 척도단절표시(//)는 그 전후의 두 자료점이 비연속적이며 일주간의 공백이 개입되어 x축상의 거리가 다른 눈금과 동일하지 않음을 나타낸다. 따라서 단절표시 좌우에 있는 두 자료점은 실선으로 연결하지 않는다. 마찬가지로 실험 제20일 뒤에 표기된 척도단절표시(//)는 x축의 척도가 그 이전과 동일하지 않음을 나타낸다. 따라서 단절표시 좌우에 있는 자료점들은 실선으로 연결하지 않는다.

2. 세로축 그리기

여기서는 세로축의 척도와 척도상의 불연속 표시 및 세로축의 명칭을 표시하는 방법을 설명한다.

1) 세로축의 척도화

세로(y)축은 종속변수, 즉 측정된 행동 특성의 값을 나타내는 등간척도로 구성된다. y축은 행동 변화의 수준과 변산도를 나타내는 중요한 척도로서 주 단위눈금의 수와 값을 정하는데 세심한 주의를 기울여야 한다. y축의 단위간격이 크면 자료의 변산도가 확대되어 과장될 수 있고, 반대로 y축의 단위간격이 작으면 주어진 자료의 변산도가 축소되어 과소평가될 수 있다. 따라서 그래프를 작성할 때는 여러 가지 방법으로 y축의 단위간격을 조절하여 그래프를 그려 보고, 자료의 변산도를 왜곡하지 않고 실상을 가장 잘 표현할 수 있는 y축을 설정하여야 한다. 예를 들어, [그림 20-9]에서 낮은 빈도로 발생하는 표적행동(잘못 읽은 단어)은 최저 2회에서 20회 이내로 비교적 낮은 변산 범위 내에 분포되어 있고, 높은 빈도로 발생하는 표적행동(올바로 읽은 단어)은 최저 100회에서 160회 이상으로 비교적 큰 폭의 변산을 보이고 있다. 만일 그래프 A에서와 같이, y축에 척도단절 없이 0～170회를 등간격으로 나눈다면 단위간격이 너무 작아 자료의 변산도가 분명하게 나타나지 않는다. 그래프 B에서는 y축에 두 개의 척도단절을 둠으로써 단위간격을 크게 하여 변산도를 강조하였다. 따라서 행동 변화의 특성이 보다 명확히 나타나고 있음을 볼 수 있다.

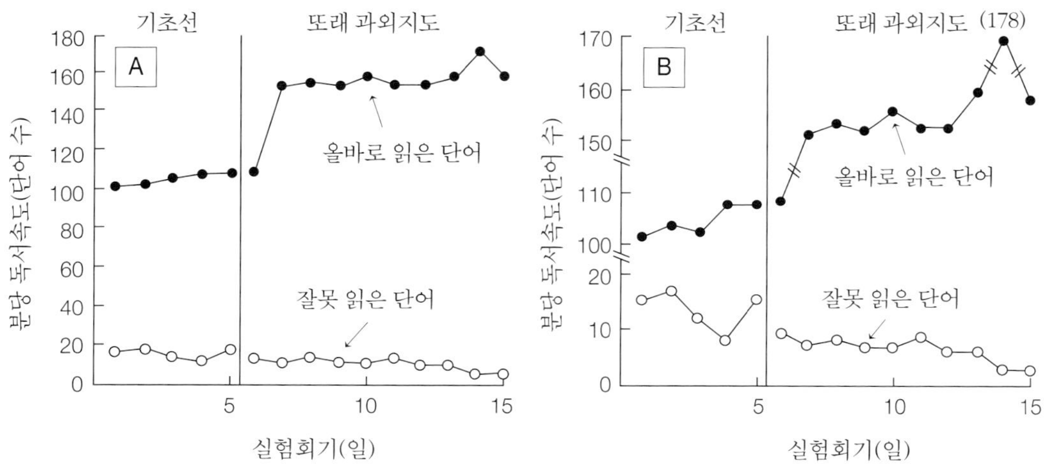

[그림 20-9] 변산도와 단위간격의 크기

두 그래프는 동일한 자료를 y축의 단위간격이 서로 다른 2개의 좌표상에 그린 것이다. y축의 단위간격에 따라 그래프의 모양이 크게 달라질 수 있음을 볼 수 있다. 그래프 A에서는 y축의 단위간격이 작아 변산도가 과소평가되고 행동 변화의 특성이 잘 나타나지 않고 있다. 그러나 그래프 B에서는 y축에 척도단절표시를 넣고 y축의 단위간격을 크게 함으로써 변산도와 행동 변화의 특성이 잘 나타나도록 하였다.

2) 척도단절의 사용

대부분의 경우 y축에는 척도단절표시를 사용하지 않는다. 특히 자료통로가 척도단절 부분을 통과할 때는 더욱 그러하다. 그러나 서로 중첩되지 않으면서 광범하게 서로 다른 두 조의 자료가 같은 y축에 제시될 때는 두 자료를 분리하기 위하여 [그림 20-9]에서와 같이 척도단절을 표시할 수 있다. 그리고 복식기초선설계에서처럼 여러 그래프를 복층으로 제시할 경우에는 각 그래프의 y축을 동일한 등간격으로 표시함으로서 그래프 간 자료의 상호 비교를 가능하게 한다. 그러나 각 층의 그래프마다 서로 다른 측정치를 사용하고, 특히 하나의 그래프가 유난히 긴 y축을 가지고 있을 때는 척도단절 표시(//)를 사용함으로써 절대값이 서로 다름을 부각시킬 수 있다.

3) 세로축의 최대값 설정

그래프를 작성할 때 y축의 최소값은 0이며, 최대값은 사용된 측정방법 및 관찰된 측정자료의 최고치에 따라 결정된다. 예컨대, 동간기록법이나 시간표집법에 의하여 측정된 자료, 그리고 반응 기회를 미리 정해 놓고 훈련을 실시하는 독립시행 훈련 결과의 최대값은 모두 백분율로 환산된다. 따라서 최대값은 100%로 설정되고, 단위간격은 일반적으로 20% 또는 25%로 정한다. 그러나 사건기록법이나 지속시간기록법에 의하여 수집된 자료의 경우에는 관찰된 최고치에 의하여 결정된다. 일반적으로 관찰과정에서 최대치로 측정된 값보다 약간 여유 있게 주 단위눈금 크기의 배수로 최대값을 정하고, 최소값과 최대값 사이에 4~5개의 주 눈금을 표시하는 것이 적당하다. 대체로 주 단위눈금의 크기는 2, 3, 5, 10, 15 또는 큰 수치는 5나 10의 배수로 정하면 적절하다. y축의 눈금이 정해지면 눈금값의 왼쪽 여백에 y축의 제목을 써넣는다. 일반

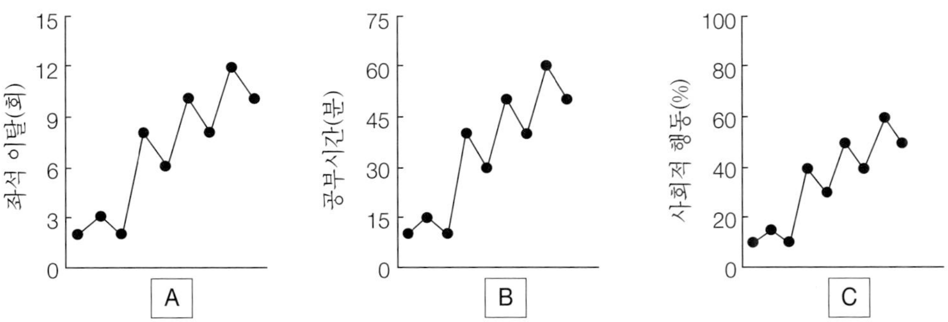

[그림 20-10] 세로축의 서식

세로(y)축의 최대값은 사용된 측정방법과 측정자료의 최고값에 따라 결정되며, 최소값과 최대값 사이에 4~5개의 주 눈금을 두는 것이 적당하다. 동간기록과 시간표집에 의한 자료의 최대값은 항상 100%이며, 주 눈금값은 20% 또는 25%로 정한다. 사건기록과 지속시간기록에 의한 자료의 최대값은 측정된 최고값보다 약간 여유 있게 주 눈금값의 배수로 정한다.

적으로 [그림 20-10]에 예시된 바와 같이 표적행동을 축 제목으로 설정하고 괄호 안에 측정단위를 표시한다.

예를 들어, [그림 20-10]의 그래프 A에서 아동의 좌석 이탈행동은 단위시간당 빈도로 표시되었다. 관찰과정에서 최고값으로 측정된 빈도가 12회이니까 이보다 약간 여유 있는 수치로 최대값을 정한다. 주 단위눈금의 크기를 3으로 하고 주 눈금의 수를 5개로 하면 최대값은 3의 배수이면서 12보다 큰 15가 된다. 그래프 B는 지속시간기록법에 의하여 측정된 자료를 그래프에 옮긴 것이다. 지속시간, 반응지연시간, 반응간시간 등의 측정자료는 앞에서와 마찬가지로 관찰과정에서 최고값으로 측정된 지속시간을 참조하여 약간 여유 있게 주 단위눈금 크기의 배수로 최고값을 정하고, 주 눈금의 수도 역시 4~5개로 정한다. 측정된 최고치가 60분이므로 주 눈금의 크기를 15분으로 하고 주 눈금의 수를 5로 하면 최대값은 75분가 된다. 그래프 C는 동간기록법과 시간표집법에 의하여 관찰되고 백분율로 환산된 측정값을 그래프에 옮긴 것이다. 이러한 자료의 최대값은 항상 100%로 정해져 있으므로, y축의 주 단위눈금의 크기를 20 또는 25로 하면 주 눈금의 수는 5개 또는 4개가 된다.

3. 실험조건의 표시

응용행동분석에서 가로(x)축은 시간의 경과와 함께 독립변수의 조작을 표시한다. 즉, 시간상의 어느 시점에서 어떤 실험조건을 투입하는지, 어느 시점에서 회수하는지, 또는 어느 시점에서 독립변수의 값을 조절하는지가 명시되어야 한다. 여기서는 조건변경선의 설정과 실험조건의 명칭 표기에 관하여 설명한다.

1) 조건변경선 설정

한 실험조건이 종료되는 x축의 한 시점과 새로운 실험조건이 시작되는 시점 사이에 수직선을 그어 양쪽 실험조건이 서로 다름을 표시하는 구획선을 조건변경선이라고 한다. [그림 20-11]에서 실험일시 제3일과 제4일 사이, 제9일과 제10일 사이에 세워진 수직선은 기초선이 끝나고 실험처치가 시작되는 시점, 그리고 실험처치가 끝나고 다음 실험조건이 시작되는 시점을 구분하고 있다. 실험 제3일과 제4일 선상에 그려진 점선은 조건변경선을 잘못 그린 것을 예시한 것이다. 정확히 단위눈금 사이에 조건변경선을 그어야 한다. 만일 그림의 점선처럼 단위눈금 위에 조건변경선을 그리면 자료점이

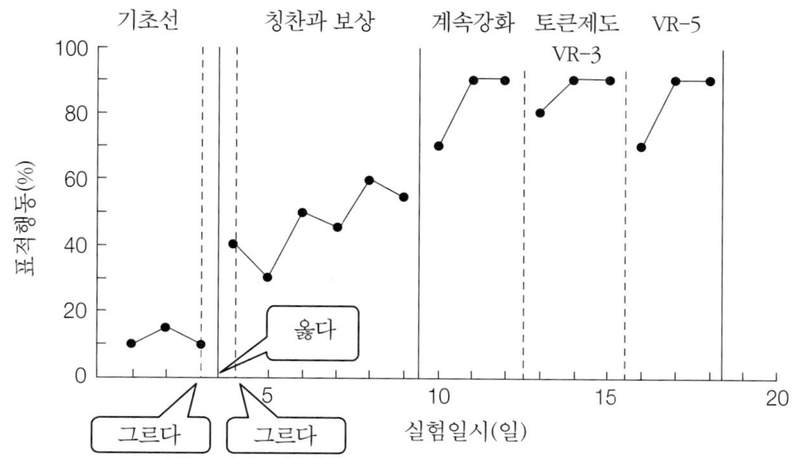

[그림 20-11] 조건변경선 그리기와 실험조건 표기

한 실험조건이 종료되는 x축의 한 시점과 새로운 실험조건이 시작되는 시점 사이에 수직선을 그린다. 두 조건변경선 사이의 상단에 실험조건의 명칭을 표기한다. 동일한 실험조건 내에서 변수의 값이 사소하게 변경될 때는 점선으로 조건변경선을 그린다.

조건변경선상에 겹쳐 구분이 잘 안 될 수도 있고 실험일시 하루를 건너뛰는 오류를 범할 수도 있으므로 주의하여야 한다.

조건변경선은 실선과 점선으로 그릴 수 있다. 일반적으로 실선은 실험조건이 서로 크게 다름을 표시할 때 사용되고, 점선은 같은 실험조건 내에서 실험변수들 간의 작은 변화와 차이를 표시할 때 사용된다. [그림 20-11]에서와 같이 기초선조건에서 실험조건으로 바뀔 때와 같은 중대한 변화가 생길 때는 실선으로 조건변경선을 그린다. 반면에 한 실험조건 내에서 변수의 값을 조금씩 변화시키는 경우에는 점선으로 조건변경선을 긋는다. 예컨대, 제10일부터 제18일까지 '토큰제도'가 투입되는 기간 중에 처음에는 계속강화(CRF) 계획으로 시작하여 VR-3 또는 VR-5 등으로 계획을 조금씩 변경시킬 때는 점선으로 조건변경선을 그려 주된 실험조건의 변경과 차별화할 수 있다. 또한 실험회기 중에 계획되지 않았던 일이 발생하거나 실험조건에 약간의 변화가 발생했을 경우에는 무시할 수 없고 새로운 조건변경선을 설정하기도 어렵다. 이런 경우에는 문제가 되는 자료점 옆에 작은 화살표나 별표를 표시한 다음 '그림제목과 설명' 란에서 그 내용을 설명할 수 있다. 복식기초선설계에서처럼 한 그림 내에 여러 그래프가 복층으로 제시되고 실험조건의 투입 시기가 그래프마다 각각 다를 경우에는 [그림 20-12]

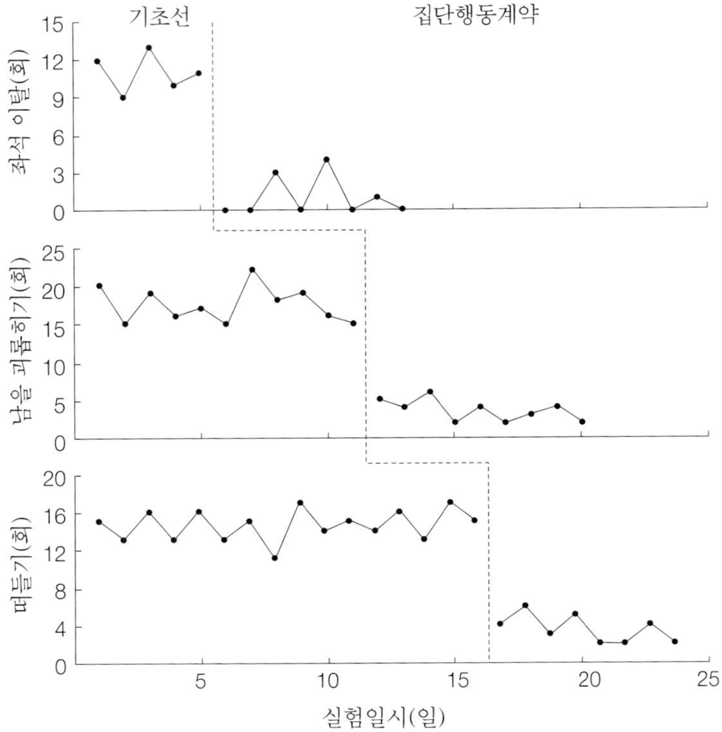

[그림 20-12] 복층그래프에서 조건변경선 그리기

복식기초선설계에서와 같이 동일한 실험조건을 시차를 두고 여러 행동에 적용할 때는 꺾인 연결선으로 조건변경선을 그린다. 실선 또는 점선을 사용할 수 있다. 실험조건의 명칭은 첫 번째 그래프의 조건변경선 좌우에만 써넣는다.

에서와 같이 각 그래프의 조건변경선을 꺾인 연결선으로 한데 이어 동일한 실험조건이 각각 다른 시점에서 적용되고 있음을 표시한다.

2) 실험조건의 명칭 표기

조건변경선으로 구획된 각 실험기간 중에 어떤 실험조건이 적용되었는지를 명확히 전달할 수 있는 적절한 명칭을 붙인다. 실험조건의 명칭은 간편하면서도 설명적이어야 하며, 본문에서 기술되는 것과 동일한 용어나 문구로 작성한다. 이러한 명칭은 그래프의 상단 조건변경선 사이에 수평으로 표기한다. 실험조건의 명칭은 서로 다른 각 실험기간 중에 어떤 조건이 투입 또는 회수되었는지, 어떤 독립변수의 값이 얼마나 차별적으로 조절되었는지 등을 명확하게 표시할 수 있어야 한다. 만일 공간이나 실험설계의 제한으로 완전한 명칭을 다 써넣기 어려울 경우에는 생략어를 사용할 수 있다. 그리고 앞의 [그림 20-11]의 우측에 예시된 바와 같이, 하나의 실험조건(토큰제도) 내에서 변수의 값을 조금씩 변경시키는 방법으로 하위 실험조건들을 설정한 경우에는 전체 실험조건의 명칭과 함께 각각의 하위 명칭을 부여한다. [그림 20-12]에서와 같은 복식기초선 설계에서는 꺾인 연결선으로 구획된 두 실험조건의 명칭을 제일 위에 있는 그래프에만 기초선과 치료적 중재조건의 명칭(예: 집단행동계약)을 써 넣는다. 이는 그래프를 간편화하기 위한 것이다.

3) 자료점

자료점은 주어진 관찰시간에 측정된 종속변수의 값, 즉 관찰된 행동 특성의 측정값을 나타낸다. 하나의 표적행동에 대한 자료점들을 그래프에 표시할 때는 검은색의 작은 원점(●)을 사용한다. 그러나 같은 그래프에 둘 이상의 표적행동을 표시할 때는 [그림 20-13]과 같이, 분명하게 서로 구분될 수 있도록 각각 다른 기호(예: ○, ◇, □)로 자료점들을 표시하고, '범례'란을 만들어 각각의 기호가 의미하는 표적행동을 명시한다. 필요할 경우에는 연결선의 모양도 각각 다르게 표시하는 것이 좋다.

[그림 20-14]에서 연구자는 매 회기 사건기록법에 의하여 관찰된 결과를 x축의 해당

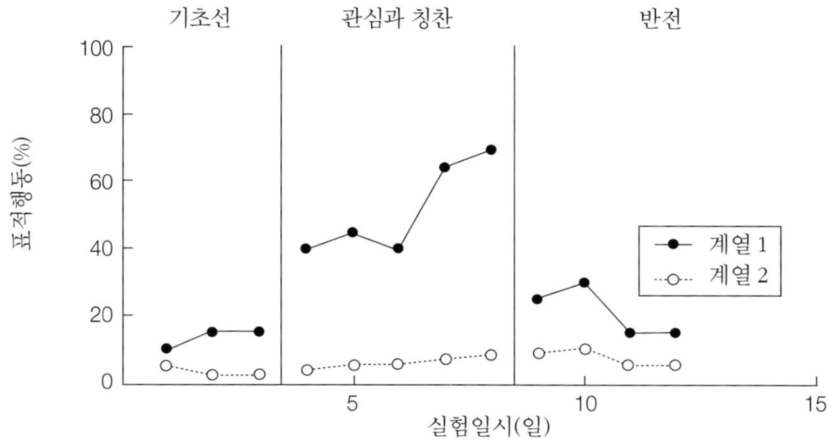

[그림 20-13] 자료점과 자료통로 표시

한 그래프에 여러 표적행동의 자료점과 자료통로를 표시할 때는 자료점의 상징과 연결선의 모양을 각각 달리하여 서로 분명하게 구분될 수 있도록 한다. 그리고 범례란을 만들어 각각의 기호와 연결선이 의미하는 표적행동을 명시한다.

날짜와 y축의 해당 값(반응빈도)을 찾아 두 요인이 서로 교차하는 좌표상의 위치에 자료점(●)들을 그려 넣는다. 예컨대, 실험 제1일 반응의 발생빈도는 3회였음을 알 수 있다. x축상의 실험회기 첫날의 자료점이 y축 척도상의 3에 그려져 있기 때문이다. 예를 하나 더 들면, 제6일 반응의 발생빈도는 8회였음을 알 수 있다. 얼마 전만 해도 모든 연구자들이 직접 손으로 그래프를 작성하였기 때문에 자료점의 표시에 세심한 주의를 기울여야 했다. 자료점을 잘못 표기하면 행동 변화에 대한 오해가 생기고, 그릇된 판단에 따라 잘못된 결정이 내려질 수 있기 때문이다. 그러나 요즘에는 MS 엑셀과 같은 프로그램을 이용하여 컴퓨터로 쉽고 정확하게 그래프를 그릴 수 있게 되었다. MS 엑셀을 활용한 그래프 작성법에 대해서는 다음 절에서 설명하기로 한다.

관찰자간일치도(신뢰도)를 시각적으로 표시하기 위하여 제1관찰자료점들 외에 제2관찰자의 측정 결과를 [그림 20-14]와 같이 같은 좌표상에 추가한다. 제2관찰자의 측정 결과는 제1관찰자료와 구별하기 위하여 검은색 자료점에 '×' 표시를 한 특별한 형태(⁎)로 표기된다. 주의할 것은 꺾은선그래프를 작성할 때 제2관찰자의 측정치는 실선으로 연결하지 않는다는 점이다. 즉, 제1관찰자의 측정 결과와는 독립적으로 제2관찰자의 측정 결과를 그래프상에 표시한다.

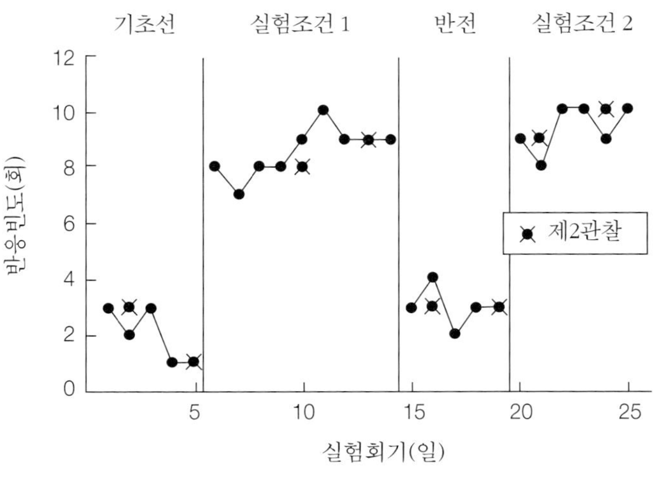

[그림 20-14] 자료점, 자료통로 및 관찰일치도 표시

실험조건별로 자료점들을 실선으로 연결하여 자료통로를 그린다. 제2관찰자료들은 제1관찰자료와 구분하기 위하여 특별한 기호(⁎)로 표시하며 실선으로 연결하지 않는다.

4) 자료통로

조건변경선으로 구분된 같은 실험조건 내에 있는 모든 자료점들을 실선으로 연결하여 자료통로를 그린다. 자료통로는 표적행동의 변화 수준과 변화 방향, 즉 추세를 보여준다. 그래프를 작성할 때 같은 실험조건이 적용되는 실험기간을 한 단위로 하여 자료점들의 평균치(M)를 계산하여 수평점선으로 그 변화 수준을 표시하거나 추세선을 그려 두면 결과를 해석할 때 대단히 편리하다. 자료점들을 실선으로 이어 자료통로를 그릴 때는 다음과 같은 규칙을 지켜야 한다.

첫째, 조건변경선을 가로질러 두 자료점을 연결할 수 없다. 같은 실험조건 내에 있는 자료점들만을 실선으로 이어 자료통로를 만든다. 한 실험조건의 마지막 자료점과 다음 치료조건의 첫 번째 자료점을 이어서는 안 된다. [그림 20-15]의 그래프 A에서와 같이 조건변경선을 넘어 두 자료점을 연결할 수 없다. 각 실험조건별로 자료를 분석하고 평가하기 때문이다.

둘째, 두 자료점 사이에 반응의 측정 없이 상당한 시간이 경과된 경우에는 두 점을 실선으로 잇지 않는다. [그림 20-15]에서 실험처치 기간 중 제7회기에 관찰이 실시되지 않아 자료점이 표시되지 않았다. 이러한 경우, 그래프 A와 같이 제6회기 자료점과

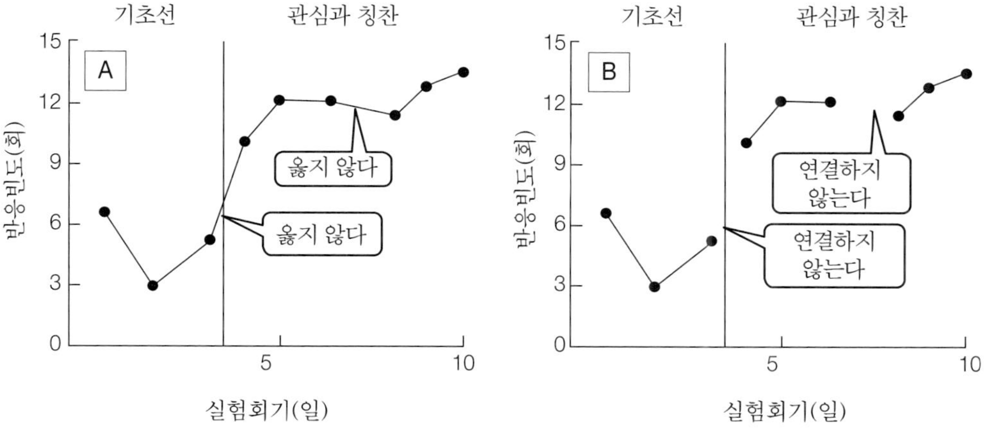

[그림 20-15] 자료점들의 연결방법

서로 다른 실험조건 간에는 조건변경선을 둔다. 조건변경선을 가로질러 자료점들을 연결하지 않는다. 또한 두 자료점 사이에 연속적 측정 없이 시간이 경과한 경우에도 두 자료점을 실선으로 연결하지 않는다.

제8회기 자료점을 실선으로 연결하면 안 된다. 그래프 B에서처럼 두 점을 잇지 않고 떼어 놓는다. 일정 시간의 공백을 전후하여 반응의 수준과 추세에 어떤 차이가 있는지를 각각 별도로 분석하여 비교하기 위한 것이다. 필요하다면 관찰의 공백이 발생한 이유와 지속된 기간을 명시한다.

셋째, x축에 척도단절이 발생한 경우에는 단절 전후의 두 자료점을 서로 잇지 않는다. [그림 20-16]을 보면, 실험 제6회기와 제7회기 사이에 일주일간의 방학이 있었다. 따라서 그 회기들의 두 자료점은 실선으로 연결하지 않는다.

넷째, 정상적으로 관찰 · 측정이 계획되었던 시점에 어떤 이유로든 자료가 수집되지 못했거나 누락되었을 경우(예: 피험자의 결석, 측정도구의 고장, 자료의 분실)에는 [그림 20-16]의 제7회기처럼 그 시점 양쪽에 있는 두 자료점을 실선으로 잇지 않는다.

다섯째, 상당한 시차를 사이에 두고 자료를 수집하는 추후관찰이나 사후조사 자료점들은 서로 실선으로 연결하지 않는다. 그러나 상당 기간 후에 추후관찰이 이루어졌어도 x축상의 시간척도가 본 실험회기와 동일할 경우에는 [그림 20-16]에서의 추후관찰과 같이 자료점들을 실선으로 이어 자료통로를 그린다.

여섯째, 예외적으로 어떤 하나의 자료점이 y축의 최대값 한계를 넘어서는 경우에는 [그림 20-17]에 표시된 것처럼 그래프의 상단에 자료점을 표시하고, 그 옆에 자료점의 값(예: 178)을 괄호 안에 적어 넣는다. 그리고 그 자료점과 바로 연결된 실선(자료통로)

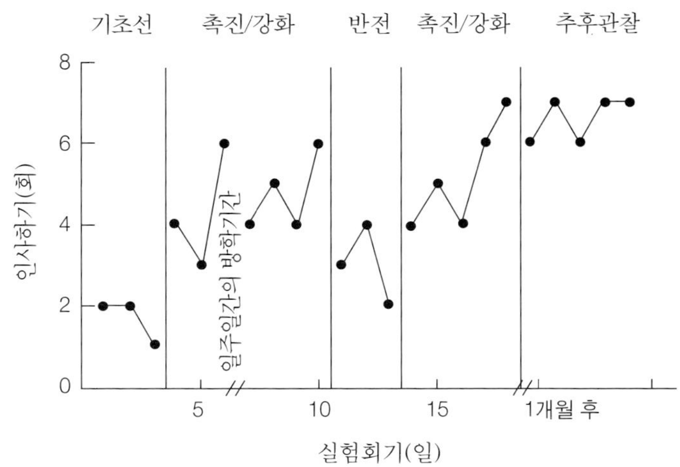

[그림 20-16] 척도단절과 자료통로

제6회기와 제7회기 사이에는 일주일간의 시차가 있어 두 점을 잇지 않는다.

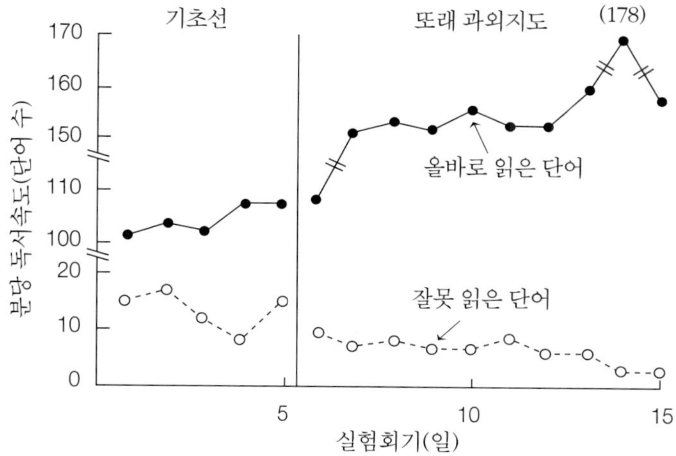

[그림 20-17] 자료점과 단절표시

실험회기 6~7에서와 같이 단절표시가 표기된 y축의 측정치를 통과하는 자료통로의 단절표시를 삽입한다. 또한 실험회기 13~15와 같이 y축의 한계(최고점)를 넘는 자료점들을 잇는 자료통로에도 단절표시를 둔다.

의 중간에 단절표시(//)를 둔다. 같은 맥락에서 두 자료점이 y축의 척도단절 상부와 하부에 걸쳐 있을 때도 두 점을 잇는 실선 중간에 척도단절표시(//)를 둔다.

일곱째, 같은 그래프에 여러 자료통로를 표시할 때는 [그림 20-17]에 예시된 것처럼 서로 다른 기호(예: ●, ○)를 자료점으로 사용하고, 이들을 연결하는 선의 모양도 달리하여 서로 쉽게 구별될 수 있도록 한다. 그리고 각 자료통로의 이름을 '범례' 란에 표시하거나 그래프상의 적절한 공간에 쓰고 화살표로 해당 자료통로를 가리키도록 한다.

5) 그림제목과 설명

작성된 그래프 하단에 '그림제목과 설명' 란을 마련하고, 독립변수와 종속변수에 관한 충분한 정보를 제공한다. 그림제목과 설명에서는 무심코 지나치기 쉬운 것들, 예컨대 척도의 변경 등에 대하여 독자들에게 주의를 환기시키고 특정 기호나 상징을 사용할 경우 그 의미를 설명한다. 그리고 미리 계획된 요인은 아니지만 행동에 영향을 미칠 수 있는 중요한 사건들에 관한 사항도 '그림제목과 설명'에서 자세히 진술한다.

6) 그래프에 사용되는 색깔

그래프를 작성할 때는 검은색만을 사용한다. 여러 색깔을 사용하면 어떤 특징을 강조할 수 있는 이점이 있다. 그러나 과학적 보고서에서는 색깔의 사용이 제한된다. 자료는 그 자체보다 과장되어서는 안 되기 때문이다. 색깔을 사용하면 독자에게 검은색만을 사용할 때와는 다른 인상을 주고, 검은색으로 볼 때와는 다른 지각반응을 유도할 수 있다. 또한 학술지나 전문서적에 있는 그래프를 인용할 때 여러 색깔보다는 단일한 검은색으로 제작된 그래프가 다루기 편리하다.

제3절 MS 엑셀로 그래프 그리기

이 절에서는 마이크로소프트(MS)사에서 개발한 오피스 엑셀 2007 버전을 이용하여 응용행동분석 연구에서 가장 많이 활용되는 꺾은선그래프 그리기 방법을 설명하기로 한다. 엑셀 프로그램의 전반적인 사용방법을 잘 몰라도 다음의 절차를 따라 하면 짧은 시간에 꺾은선그래프를 쉽게 그릴 수 있다. 〈표 20-2〉는 '제3장 따라하기'에서 예시했던 자료로서, '소거와 대체행동의 차별강화(DRA)' 기법을 활용하여 '남을 때리는 행동'을 치료하고 그 효과를 검증하기 위하여 반전설계를 활용한 가상적 관찰자료이다. 먼저 '남을 때리기'에 대한 제1관찰자의 측정자료를 가지고 꺾은선그래프를 그리는 방법을 설명한다. 그리고 제2관찰자의 측정자료를 그래프에 올려 관찰자간일치도(관찰신뢰도)를 표시하는 방법도 아울러 설명한다.

〈표 20-2〉 표적행동에 대한 기초선, 실험처치, 반전, 치료처치 기간 중의 관찰 · 측정자료

실험조건 구분	기초선(A)					실험처치(B) - 소거/ DRA -							반전(A)			치료처치(B) - 소거/ DRA -				
관찰일시	1	2	3	4	5	6	7	8	9	10	11	12	13	14	15	16	17	18	19	20
남을 때리기	5	6	7	5	6	4	5	2	4	3	4	3	4	4	6	1	2	0	0	0
제2관찰	-	5	-	-	6	-	-	2	-	-	-	3	-	3	-	1	-	0	-	-

1. 관찰자료 입력하기

엑셀 프로그램을 열면 [그림 20-18]과 같은 워크시트[15]가 나타난다. 다음의 절차에 따라 자료를 워크시트에 입력하고 그래프를 그려 보기로 한다.

1) 기초선 관찰자료 입력

앞의 〈표 20-2〉에 있는 표적행동 '남을 때리기' 에 대한 제1관찰자의 기초선(A) 측정자료(5, 6, 7, 5, 6)를 다음과 같은 순서로 입력한다.

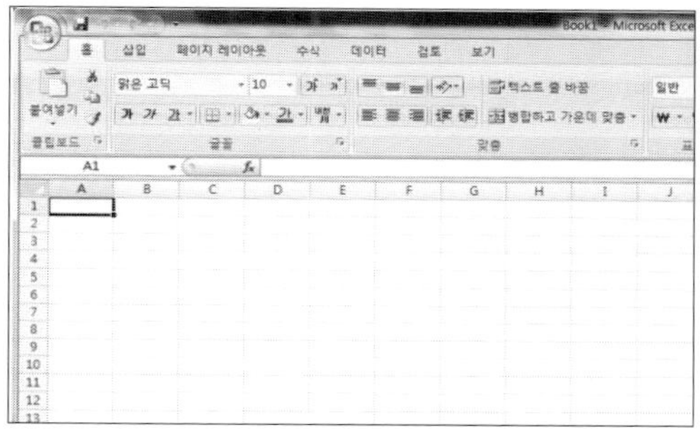

[그림 20-18] MS 엑셀 2007의 워크시트

① 마우스 커서로 워크시트의 〈A-1〉 칸을 클릭하면 [그림 20-18]에서와 같이 〈A-1〉이 사각형(□)으로 선택된다.

② 〈표 20-2〉에 있는 기초선 기간 첫 날의 관찰자료 '5' 를 키보드로 입력하고, 아래방향키(이하 ⇩로 표기함)를 누른다. [그림 20-19]에서와 같이 〈A-1〉에는 첫 자료 '5' 가 입력되고, 사각형(□)은 〈A-2〉로 옮겨진다.

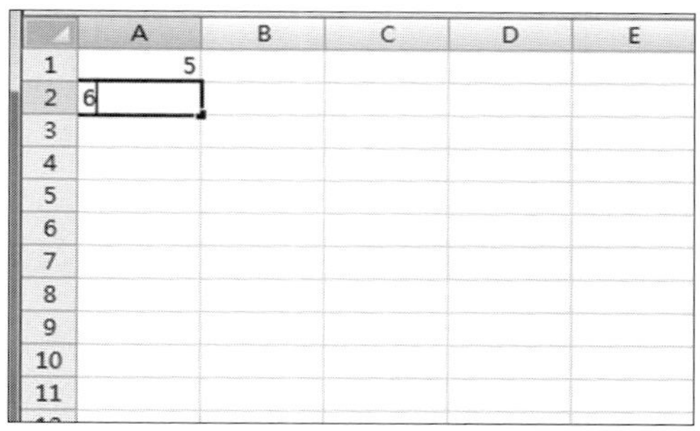

[그림 20-19] 기초선(A) 자료 입력

③ 기초선 기간 제2일의 자료 '6' 을 키보드로 입력하고, ⇩를 누른다. 〈A-2〉에는 두 번째 자료 '6' 이 입력되고, 사각형(□)은 〈A-3〉으로 옮겨진다. 이제 세 번째 자료 '7' 을 입력하고 ⇩를 누른다.

④ 이와 같은 방법으로 나머지 기초선 관찰자료를 모두 차례대로 입력한다.

15) Worksheet

2) 실험처치 관찰자료 입력

기초선 자료의 입력이 끝나면 이제 실험처치(B) 기간 중의 관찰자료(4, 5, 2, 4, 3, 4, 3)를 앞에서와 같은 방법으로 B항에 입력한다.

① 마우스 커서로 〈B-6〉을 클릭하여 선택한다. [그림 20-20]과 같이, 실험처치 첫날의 관찰자료 '4'를 입력하고 ⇩를 누른다. 〈B-6〉에는 실험처치 첫 번째 자료 '4'가 입력되고, 사각형(□)은 〈B-7〉로 옮겨진다.

② 이제 〈B-7〉에 두 번째 자료 '5'를 입력하고 ⇩를 누른다. 이와 같은 방법으로 나머지 실험처치 자료를 모두 입력한다.

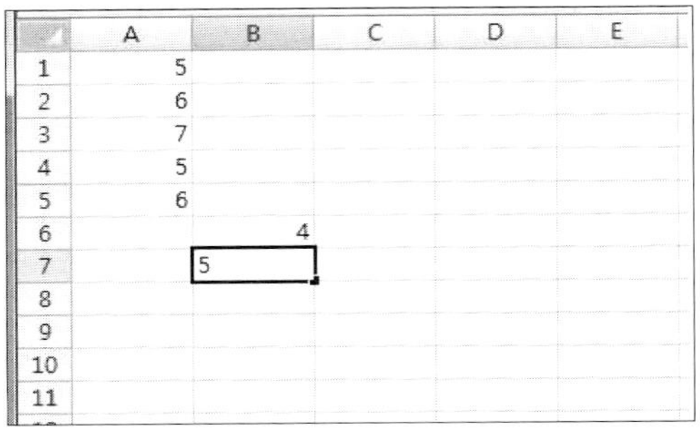

[그림 20-20] 실험처치(B) 자료의 입력

실험처치 기간 중에 관찰된 자료를 B항에 입력한다.

3) 반전기간 관찰자료 입력

실험처치 자료의 입력이 끝나면 다시 A항으로 돌아와 [그림 20-21]과 같이 반전기간(A) 중의 관찰자료(4, 4, 6)를 입력한다.

① 이번에는 마우스 커서로 〈A-13〉을 클릭하여 선택한다. 반전기간 첫날의 관찰자료 '4'를 입력하고 ⇩를 누른다. 〈A-13〉에는 반전기간 첫 번째 자료 '4'가 입력되고, 사각형(□)은 〈A-14〉로 옮겨진다.

② 이제 〈A-14〉에 두 번째 자료 '4'를 입력하고 ⇩를 누른다. 이와 같은 방법으로 나머지 반전기간 자료를 차례로 모두 입력한다.

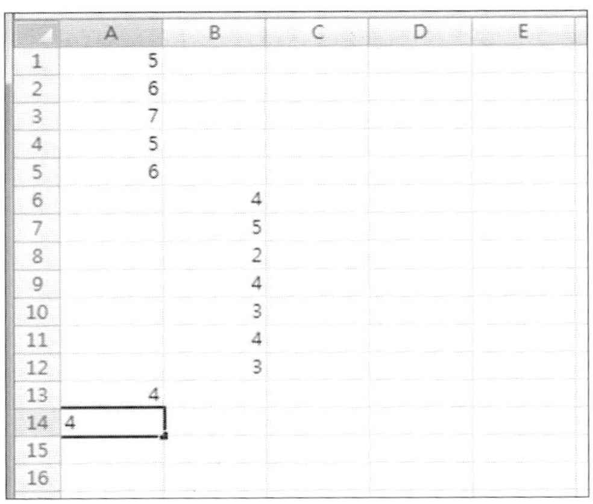

[그림 20-21] 반전기간(A) 자료의 입력

4) 치료처치 관찰자료 입력

반전기간 자료의 입력이 끝나면 이제 치료처치(B) 기간 중의 관찰자료(1, 2, 0, 0, 0)를 [그림 20-22]와 같이 B항에 입력한다.

① 마우스 커서를 〈B-16〉으로 옮겨 선택한다. 실험처치 첫날 관찰자료 '1'을 입력하고 ⃞↓를 누른다. 〈B-16〉에는 실험처치 첫 번째 자료 '1'이 입력되고, 사각형(□)은 〈B-17〉로 옮겨진다.

② 이제 〈B-17〉에 두 번째 자료 '2'를 입력하고 ⃞↓를 누른다. 이와 같은 방법으로 나머지 실험처치 자료를 차례로 모두 입력한다.

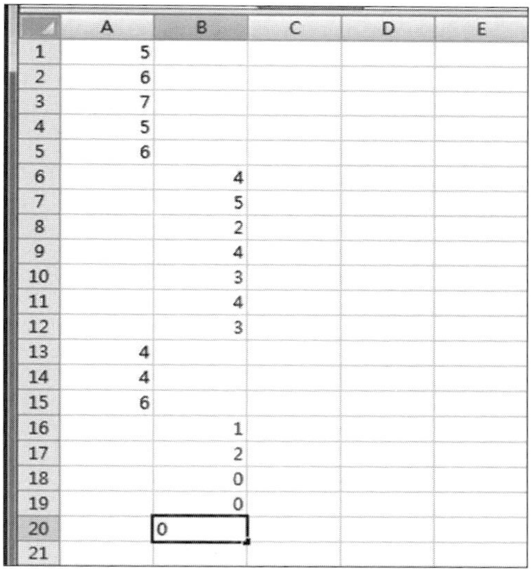

	A	B	C	D	E
1	5				
2	6				
3	7				
4	5				
5	6				
6		4			
7		5			
8		2			
9		4			
10		3			
11		4			
12		3			
13	4				
14	4				
15	6				
16		1			
17		2			
18		0			
19		0			
20		0			
21					

[그림 20-22] 치료처치(B) 자료의 입력

5) 제2관찰자료 입력

제1관찰자료의 입력이 끝나면 이제 C항과 D항에 제2관찰자의 측정자료를 입력한다. 관찰자간일치도를 그래프에 표시하기 위해서이다. 그러나 지금 여기서 제2관찰자료를 입력하고 관찰자간일치도를 표시하는 방법을 설명하는 것은 초보자에게 혼란을 초래할 수 있어 부적절하므로 잠시 뒤로 미루기로 한다. 제2관찰자료의 입력과 관찰자간일치도(신뢰도)를 표시하는 방법에 관해서는 이 절의 후반부에서 다시 설명하기로 한다.

2. 그래프 그리기

자료가 다 입력되었으면, 이제 그래프를 작성할 차례이다. 다음의 순서를 따르면 그래프를 쉽게 그릴 수 있다. 어렵게 생각하지 말고 설명을 잘 읽고 차근차근 시작해 보자.

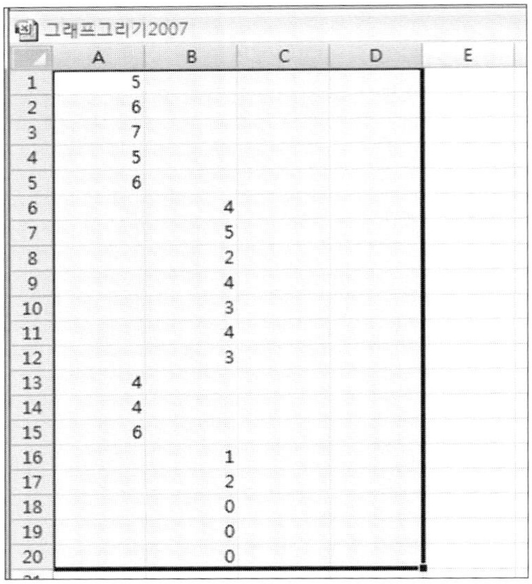

[그림 20-23] 입력자료 선택

제2관찰자료 입력 공간을 포함하여 입력된 모든 자료를 선택한다.

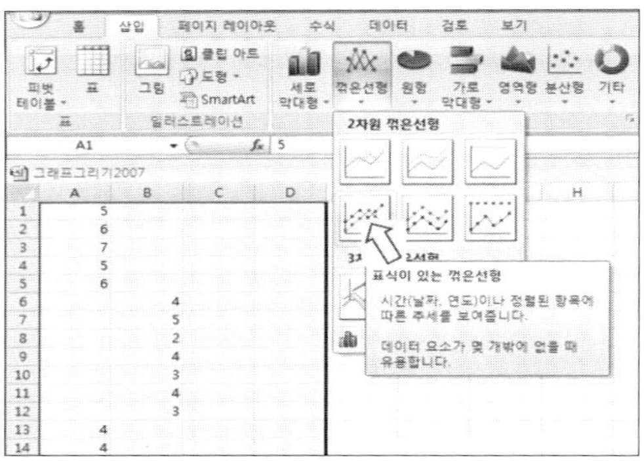

[그림 20-24] 표식이 있는 꺾은선형 선택

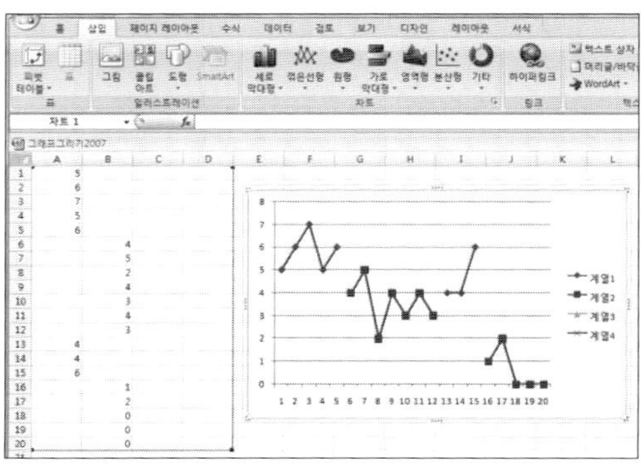

[그림 20-25] 2차원 꺾은선형 그래프

1) 입력자료 선택

입력된 자료를 모두 선택하여 전체 그래프를 그릴 수도 있고, 필요한 자료만 부분적으로 선택하여 그래프를 일부만 그릴 수도 있다. 여기서는 입력된 자료 전체를 선택하여 그래프를 그리기로 한다. 또한 후반부에서 설명하기로 한 관찰자간일치도를 표시하기 위하여 제2관찰자료를 입력할 공간까지 확보해 두기로 한다.

① 마우스 커서를 입력된 자료의 첫째 줄 첫째 칸(A-1) 위에 놓고 마우스의 왼쪽 버튼을 누른 상태에서 20번째 줄 넷째 칸(D-20)까지 드래그한다. [그림 20-23]과 같이 입력된 자료는 물론 앞으로 사용될 제2관찰자료의 입력 공간(C항과 D항)까지 포함하여 선택한다.

② [그림 20-24]와 같이, 주 메뉴에서 [삽입] → [꺾은선형( )]을 클릭한 다음, 새로 열리는 하위 메뉴창 [2차원 꺾은선형] 중에서 둘째 줄 첫째 그림( ), 즉 [표식이 있는 꺾은선형]을 클릭한다. [그림 20-25]와 같은 꺾은선그래프가 즉시 나타난다. 앞으로 조금씩 연구목적에 맞는 그래프로 다듬어 가기로 한다. 특이한 것은 자료를 입력하지도 않은 계열 3과 계열 4가 범례에 나타나고 있는데, 이것은 차후에 관찰자간일치도를 표시하기 위하여 미리 마련해 둔 입력 공간 때문에 생긴 것이다. 이는

다음에 다시 설명하기로 한다.

2) 가로 눈금선 제거

[그림 20-26]의 꺾은선그래프에서 먼저 복잡한 가로 눈금선들을 제거한다. 작업 중인 그래프의 차트영역(외곽 부분)을 마우스로 클릭하여 선택한다. 그림에서와 같이 그래프 외곽에 파란 색의 틀이 생긴다.

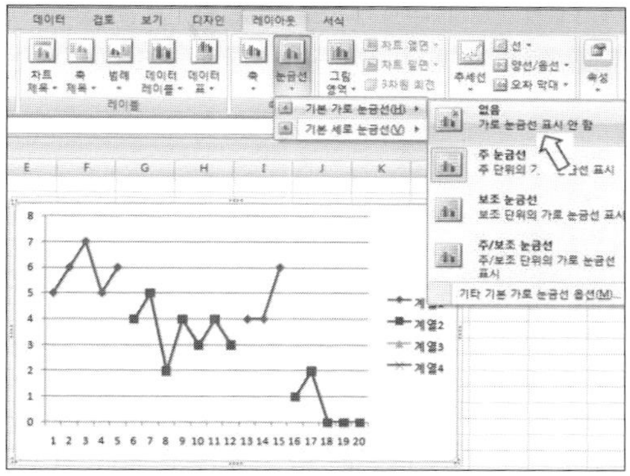

[그림 20-26] 가로 눈금선 제거하기

가로 눈금선을 제거하려면 그림에서와 같이 주 메뉴에서 [레이아웃]을 선택한다. 그래프를 다듬기 위한 다양한 하위 메뉴들이 열린다. 그림메뉴 중 축영역에서 [눈금선]을 클릭하고, 하위 메뉴창에서 [기본 가로 눈금선(H)]을 누른다. 이어서 열리는 하위 메뉴창에서 [없음]을 클릭한다. 복잡한 가로선들이 감쪽같이 사라지는 것을 볼 수 있다. 더 간편한 방법은, 마우스 커서(✣)를 가로 눈금선 중 하나로 옮기면 커서 포인터가 화살촉(⇘) 모양으로 변한다. 화살촉 끝으로 가로 눈금선 하나를 정확하게 선택한 후 왼쪽 버튼을 클릭하면 가로 눈금선들이 모두 선택된다. 이때 [del] 키를 누르면 [그림 20-27]과 같이 가로 눈금선들이 모두 제거된다.

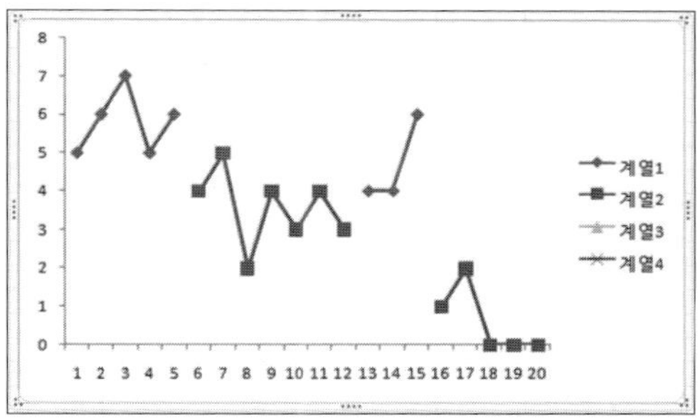

[그림 20-27] 제거된 가로 눈금선

3) 계열 1의 자료점과 자료통로 서식 변경

이제까지 작성된 꺾은선그래프를 좀 더 연구목적에 맞게 바꾸어 보자. 먼저 작업 중인 차트를 클릭하여 활성화[16]한 다음 주 메뉴에서 [레이아웃]을 선택한다. 응용행동분석 연구에서 그래프를 작성할 때 자료점들은 검은색의 동그란 작은 점들로 표시하고, 자료점들을 잇는 자료통로는 검은색의 가는 실선으로 표시한다.

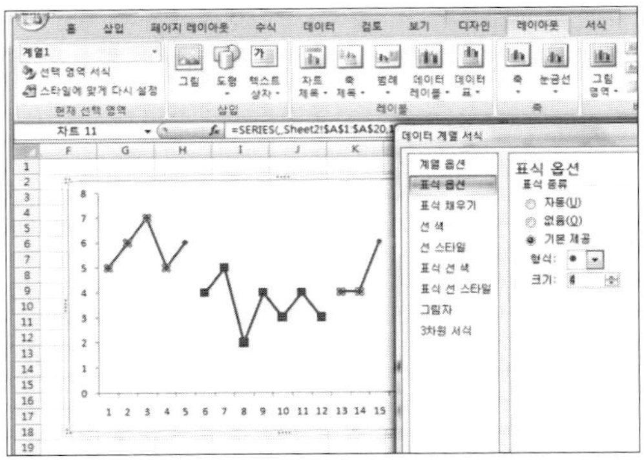

[그림 20-28] 계열 1의 자료점 모양 바꾸기

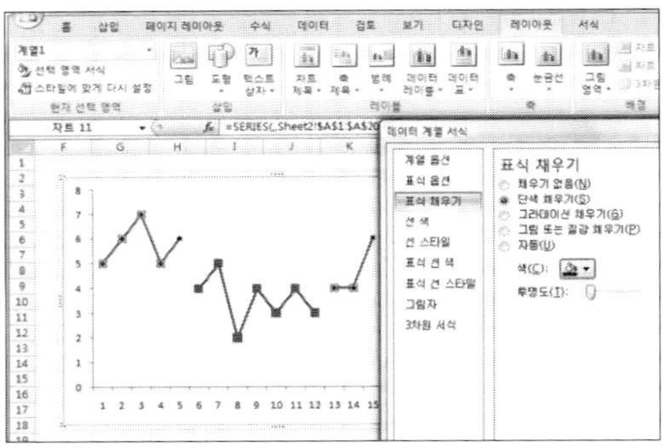

[그림 20-29] 계열 1의 자료점 색깔 바꾸기

① 먼저 계열 1(기초선과 반전자료)의 마름모꼴 자료점들의 모양과 크기를 바꾸어 보자. 커서 포인터로 계열1의 자료점이나 자료통로를 클릭하여 선택한다. 주 메뉴에서 [레이아웃] → [선택영역 서식]을 클릭하면 [그림 20-28]과 같은 [데이터계열 서식] 창이 열린다. 또는 선택된 제1계열의 자료점이나 자료통로에 커서를 두고 마우스 우측 버튼을 눌러 단축 메뉴창을 열고, 제일 밑에 있는 [데이터계열 서식]을 클릭해도 동일한 서식창이 열린다. [표식 옵션] → [기본 제공]을 선택하고 [형식]을 열어 원하는 자료점의 모양을 선택할 수 있다. 먼저 동그란 점(●)을 선택하고, 크기는 대략 4 정도로 해 보자. 옵션을 선택하는 동안 그래프에서 계열 1의 자료점들의 모양과 크기가 바뀌는 것을 볼 수 있다. 변화되는 모습을 보면서 원하는 모양과 크기를 결정한다.

② 자료점들의 색깔을 검은색으로 바꾸어 보자. [그림 20-29]와 같이 [데이터계열 서식] 창에서 [표식 채우기] → [단색 채우기]를 선택한 후 [색]을 클릭하여 [테마 색] 창을 연 다음 원하는 색을 선택한다. 응용행동분석 연구보고서에서는 다른 색을 사용할 수 없으므로 검은색을 선택한다. 자료점들이 검은색으로 변하는 것을 볼 수 있다.

16) 작업 중인 차트(그래프)를 선택하여 활성화하지 않으면 [레이아웃] 메뉴가 나타나지 않는다. 항상 차트가 선택되었는지를 확인한 다음 작업을 시작한다.

③ 자료통로의 색깔을 검은색으로 바꾸어 보자. [그림 20-30]과 같이 [데이터계열 서식]에서 [선색] → [실선]을 선택한 후 [색]을 클릭하여 [테마 색] 창을 열고 검은색을 선택한다. 선의 색깔이 검은색으로 변하는 것을 볼 수 있다.

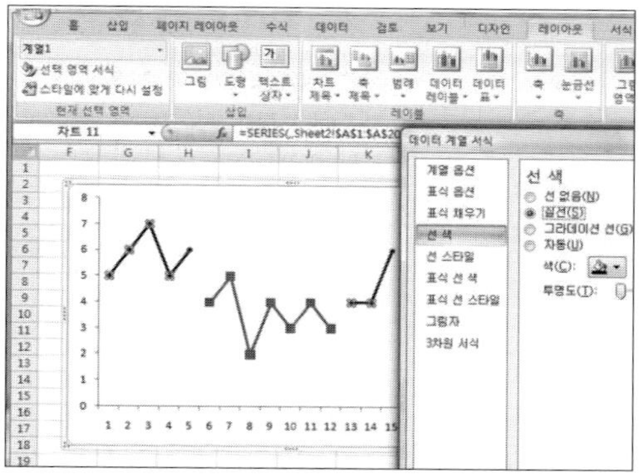

[그림 20-30] 계열 1의 자료통로 색깔 바꾸기

④ 자료통로의 굵기를 바꾸어 보자. [그림 20-31]과 같이 [데이터계열 서식]에서 [선 스타일]을 선택한다. [너비]를 1pt(포인트) 이하로 하고, 다른 것들은 그대로 둔다. 자료통로의 굵기가 가늘어진 것을 볼 수 있다. [대시 종류]에서 점선을 선택하면 자료통로의 선 모양을 점선으로 바꿀 수 있다.

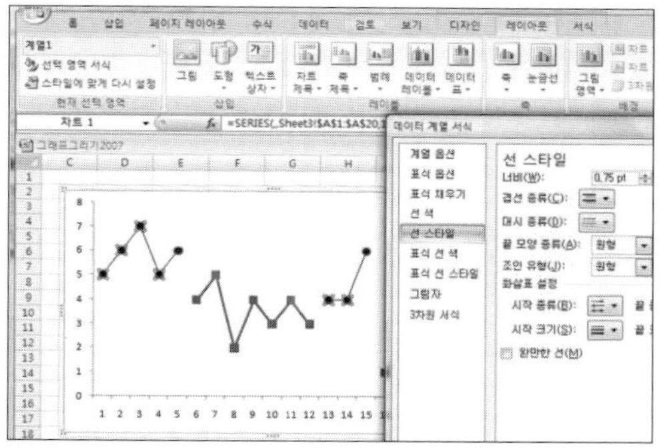

[그림 20-31] 계열 1의 자료통로의 굵기 바꾸기

⑤ 계열 1의 표식선 색을 바꾸어 보자. 표식선이란 표식의 외곽선을 말한다. 예컨대, 원형 자료점(●)의 표식선은 원형을 둘러싼 외곽선(○)을 말하고, 사각형 자료점(■)의 표식선은 사각형을 둘러싼 외곽선(□)을 말한다. 만일 앞의 ②항의 [표식 채우기]에서 [채우기 없음]을 선택하면 동그란 표식선(○)이나 사각형 표식선(□)만 나타난다. [그림 20-31]에서 계열 1의 자료점(●)의 외곽선(○)은 푸른색으로 되어 있다. [데이터계열 서식]에서 [표식선 색] → [실선]을 선택하고, [색]을 열어 검은색을 선택한다. [그림 20-32]에서 자료점의 표식선 색이 파란색에서 검은색으로 변하는 것을 볼 수 있다.

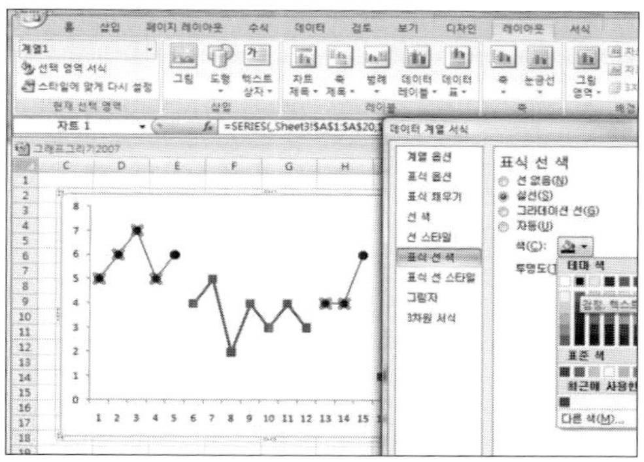

[그림 20-32] 계열 1의 표식선 색깔 바꾸기

⑥ 마지막으로 계열 1의 표식선의 모양을 바꾸어 보자. 여러 가지를 바꿀 수 있지만 표식선의 두께만을 바꾸기로 한다. [그림 20-33]과 같이 [데이터계열 서식]에서 [표식

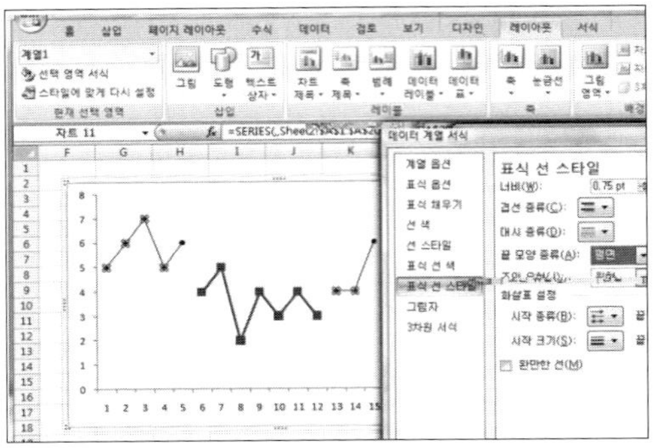

[그림 20-33] 계열 1의 표식선 모양 바꾸기

선 스타일]을 선택한다. [너비]를 0.75pt 이하로 하고 다른 것들은 그대로 둔다. 그림을 보면 자료점의 너비(두께)가 앞에서보다 작아진 것을 볼 수 있다. 물론 필요할 경우에는 표식선의 두께뿐 아니라, 그 모양을 겹선이나 점선으로 바꿀 수 있고, 선 끝의 모양, 화살표 등을 원하는 대로 선택할 수 있다.

4) 계열 2의 자료점과 자료통로 서식 변경

계열 2(실험처치와 치료처치)의 자료점과 자료통로의 모양과 색깔을 앞에서와 동일한 방법으로 바꿀 수 있다. 자료점은 검은색의 동그란 작은 점들로 바꾸고, 자료점들을 잇는 자료통로는 검은색의 가는 실선으로 바꾸어 보자.

① 먼저 계열 2의 자료점들의 모양과 크기를 바꾼다. [그림 20-33]의 그래프에서 벽돌색으로 그려진 계열 2의 사각형 자료점과 자료통로를 선택한다. 커서 포인터로 자료점이나 자료통로를 클릭하여 선택한다. 주 메뉴에서 [레이아웃] → [선택영역 서식]을 클릭하면 열리는 [데이터계열 서식] 창에서 [표식 옵션]을 선택한다. 또는 계열 1에서와 같이, 선택된 제2계열의 자료점이나 자료통로에 커서를 두고 마우스 우측 버튼을 눌러 단축 메뉴창을 연 후 제일 밑에 있는 [데이터계열 서식]을 클릭해도 동일한 서식창을 열 수 있다. [표식 옵션]에서 [기본 제공]을 선택하고 [형식]에서 원점(●)을 선택하고, [크기]도 앞에서와 같이 4로 한다. 옵션을 선택하는 동안 자료점들의 모양과 크기가 바뀌는 것을 볼 수 있다.

② 계열 2의 자료점들의 색깔을 검은색으로 바꾼다. [데이터계열 서식]에서 [표식 채우기] → [단색 채우기]를 선택한 후 [색]에서 [테마 색] 창을 열고 검은색을 선택한다.

③ 계열 2의 선 색깔을 검은색으로 바꾼다. [데이터계열 서식]에서 [선색]을 선택한다. [실선]을 선택한 후 [색]에서 역시 [테마 색]창을 열고 검은색을 선택한다. 자료통로가 검은색으로 변하는 것을 볼 수 있다.

④ 계열 2의 선의 굵기를 바꾼다. [데이터계열 서식]에서 [선 스타일]을 선택한다. [너비]를 1pt 이하로 하고 다른 것들은 그대로 둔다.

⑤ 계열 2의 표식선 색을 바꾼다. [데이터계열 서식]에서 [표식선 색]을 선택한다. [실

선]을 선택하고, [색]에서 [테마 색] 창을 열고 검은색을 선택한다. 자료점의 원 둘레 색깔이 검은색이 아니었다면 검은 색으로 변하는 것을 볼 수 있다.

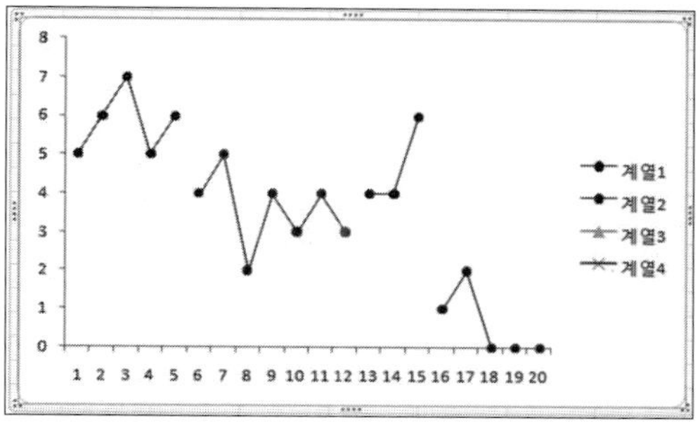

[그림 20-34] 자료점과 자료통로 서식 바꾸기

⑥ 마지막으로 계열 2의 표식선의 모양을 바꾸어 보자. [데이터계열 서식]에서 [표식선 스타일]을 선택한다. [너비]를 0.75pt로 하고 다른 것들은 그대로 둔다. [그림 20-34]에서 계열 1(기초선과 반전기간)과 계열 2(실험처치와 치료처치)의 모든 자료점과 자료통로들이 응용행동분석 연구의 요구에 맞추어 검은색으로 바뀐 것을 볼 수 있다.

5) 계열 3의 자료점 표시와 연결선 제거

계열 3(C항)은 제2관찰자료를 입력하기 위하여 확보한 공간이다. 관찰자간일치도를 표시하기 위하여 제2관찰자료점의 모양, 크기, 색깔을 정한다. 계열 3의 자료점 모양, 크기, 색깔은 계열 1 및 계열 2에서와 동일하게 검은색 원점(●)으로 설정한다. 자료점들을 연결하는 자료통로는 두지 않는다.

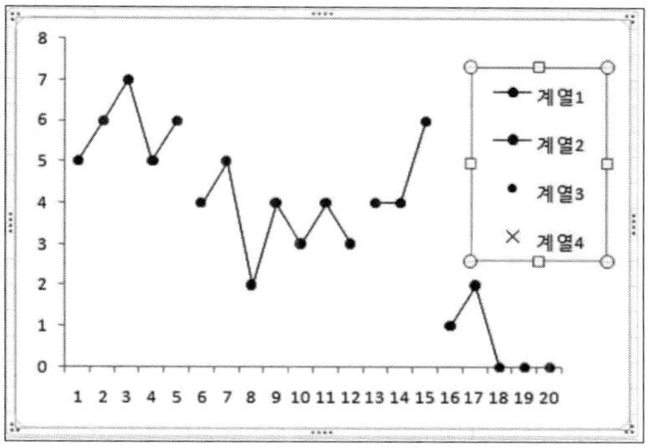

[그림 20-35] 범례 선택하기

① [그림 20-35]와 같이 그래프에서 범례를 클릭하여 선택한 후, '계열 3' 글자 위에 커서 포인터를 위치시킨다. 마우스 왼편 버튼을 눌러 [그림 20-36]과 같이 '계열 3'을 선택한다. 커서를 선택된 글자(계열 3) 위에 놓고 마우스 우측 버튼을 누른다.

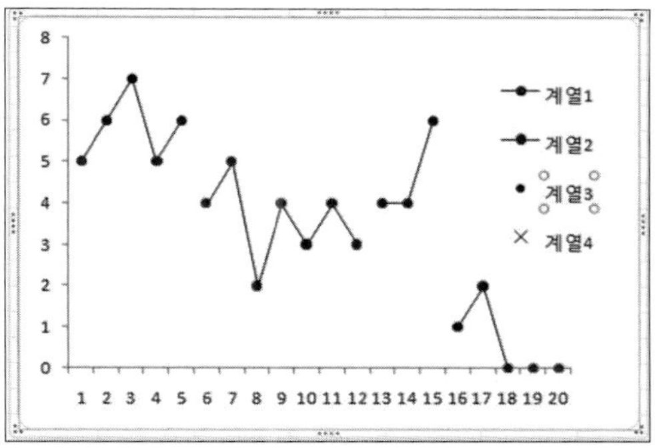

[그림 20-36] '계열 3' 선택하기

② [그림 20-37]과 같은 단축 메뉴창이 열리면 [데이터계열 서식]을 클릭하여 메뉴창을 연다. 그리고 [표식 옵션]에

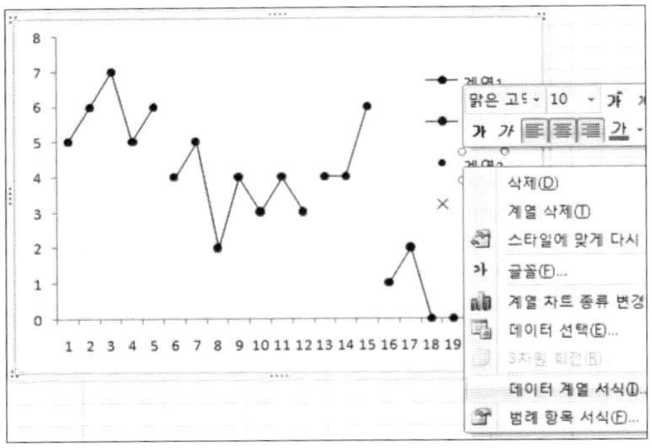

[그림 20-37] [데이터계열 서식] 클릭하기

서 [기본 제공]을 선택하고 [형식]에서 원점(●)을 선택한 후 [크기]를 앞에서와 같이 4로 한다. 범례에서 계열 3의 세모 표식이 원점으로 변하는 것을 볼 수 있다.

③ [표식 채우기]에서 [단색 채우기]를 선택하고 [색]을 클릭하여 [테마 색] 창을 열고 검은색을 선택한다. 연두색의 원점이 검은색으로 변한다.

④ [선색]에서 [선 없음]을 선택한다. 범례에서 계열 3의 선이 사라지고 검은 원점만 남는 것을 볼 수 있다. 제2관찰의 자료점은 실선으로 연결하지 않도록 되어 있기 때문에 선을 없애는 것이다.

⑤ [표식선 색]에서 [실선]을 클릭하면 나타나는 [색]을 눌러 [테마 색] 창을 열고 검은색을 선택한다. 계열 3의 자료점 외곽의 표식선이 검은색으로 변하는 것을 볼 수 있다.

⑥ [표식선 스타일]에서 [너비]를 0.75pt로 설정하고, [닫기] 버튼을 눌러 빠져나온다.

6) 계열 4의 자료점 표시와 연결선 제거

계열 4(D항)는 앞에서 설정한 계열 3의 자료점(●) 위에 가위표 형 자료점(×)을 덮어 씌워 두 기호를 합성한 형태(●×)로 관찰자간일치도를 표시하기 위하여 확보한 자료 입력 공간이다. 다시 말하면, 동일한 좌표상의 한 점에 두 기호를 동시에 자리하도록 함으로써 관찰자간일치도를 표시하려는 것이다.

① 앞에서와 같이 [그림 20-36]에서 [범례]를 클릭하여 선택한 후 '계열 4' 글자 위에 커서를 놓고 마우스 왼편 버튼을 눌러 '계열 4'를 선택한다.

② 선택된 '계열 4' 위에서 마우스 우측 버튼을 눌러 단축 메뉴창을 열고, [데이터계열 서식]을 클릭한다.

③ [데이터계열 서식] 창이 열리면, 앞에서와 같이 [표식 옵션]에서 [기본 제공]을 선택하고 [형식]을 열어 '×' 표시를 선택한 후 [크기]를 7로 한다. 계열 4의 표식이 '×'로 변하는 것을 볼 수 있다. 공교롭게도 이 예에서는 계열 4의 [형식]이 이미 '×'로 지정되어 있고, [크기]도 7로 설정되어 있기 때문에 그대로 둔다. 그러나 이것은 우연일 뿐이다.

④ [표식 채우기]에서 [채우기 없음]을 선택한다. 표식의 외곽선인 '×' 표시만을 남기기 위한 것이다. 표식이 없어지고 보라색의 '×' 표시만이 남는 것을 볼 수 있다.

⑤ [선색]에서 [선 없음]을 선택하고, [표식선 색]에서 [실선]을 선택하고, [색]을 클릭하여 [테마 색] 창을 열고 검은색을 선택한다. '×' 표시가 검은색으로 변하는 것을 볼 수 있다.

⑥ [표식선 스타일]에서 [너비]를 0.75pt로 설정하고, [닫기] 버튼을 눌러 빠져나온다. 이제 범례를 보면 계열 3과 계열 4의 표식이 [그림 20-38]과 같이 변한 것을 볼 수 있을 것이다. [닫기] 버튼을 누르고 빠져나온다.

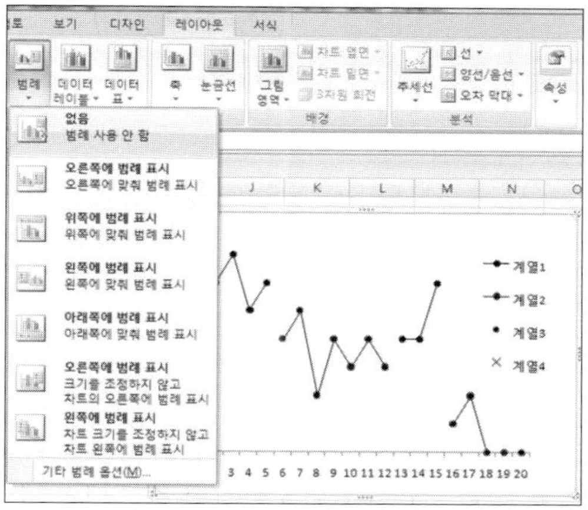

[그림 20-38] 그래프에서 범례 제거하기

7) 범례 제거

이제 제2관찰의 결과를 그래프에 표시하기 위한 모든 준비가 완료되었다. 따라서 불필요한 범례를 그래프에서 모두 제거하기로 한다. 범례를 제거하는 방법은 간단하다. 먼저 차트의 윤곽선을 클릭하여 활성화한다. [그림 20-38]에서처럼 주 메뉴에서 [레이아웃] → [범례]를 클릭하고, 이어서 열리는 하위 메뉴창 제일 위에 있는 [없음]을 클릭한다. 바로 범례가 간단히 제거된다. 더 간편한 방법은 그래프에서 범례 부분을 클릭하여 선택한 후 [del] 키를 누르면 바로 제거된다. [그림 20-39]에서 범례가 제거된 모습을 볼 수 있다. 관찰자간일치도를 표시하기 위하여 비교적 장황한 과정을 소개하였지만 실제로 몇 번 연습해 보면 별로 어렵지 않을 것이다.

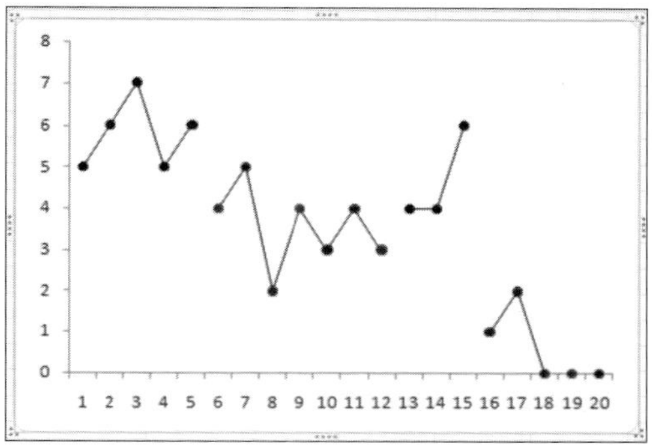

[그림 20-39] 범례가 제거된 그래프

3. 축 제목과 축 서식 표시하기

이제 그래프의 x축과 y축에 축 제목(변수 이름)을 표시하고, 축 서식을 연구의 목적에 맞고 독자가 이해하기 쉽도록 만들어 보자.

1) 가로축과 세로축 제목 표시

가로(x)축은 시간 차원을 표시한다. '관찰일시(일)', '관찰시간(분)', '실험회기(주)' 등과 같은 축 제목을 표시하고 괄호 안에 시간단위를 표시한다. 세로(y)축에는 표적행동의 이름을 써넣고 측정단위를 괄호 안에 표시한다.

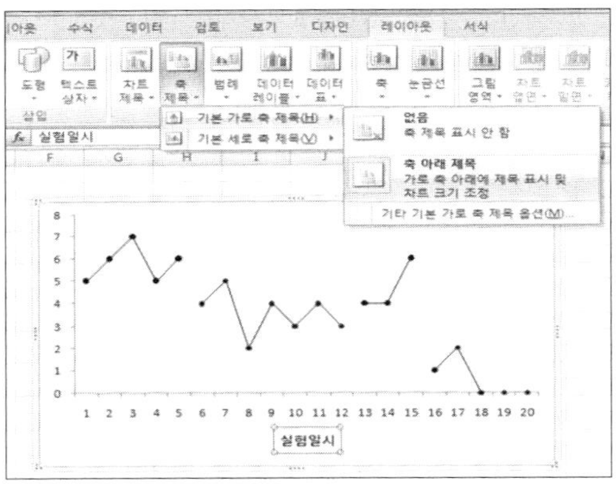

[그림 20-40] 가로(x)축 제목 표시하기

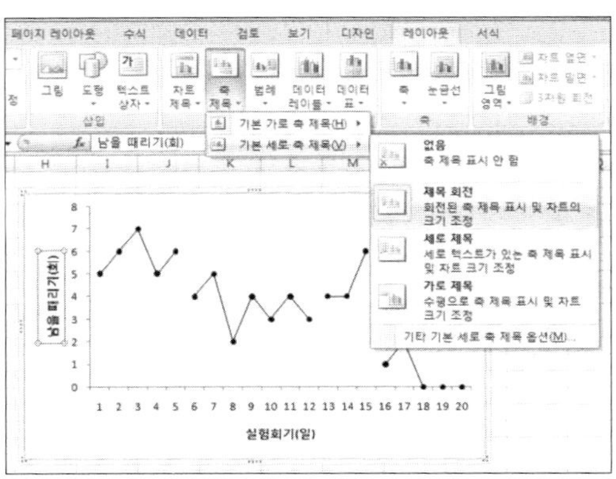

[그림 20-41] 세로(y)축 제목 표시하기

① x축에 제목을 표시하려면, 먼저 작업 중인 차트를 마우스로 클릭하여 활성화한다. 그리고 [그림 20-40]과 같이 주 메뉴에서 [레이아웃] → [축 제목]을 클릭하고, 하위 메뉴창에서 [기본 가로축 제목(H)] → [축 아래 제목]을 클릭한다. 가로축 아래에 [축 제목]이라는 글상자가 나타나면, 글상자 안의 '축 제목' 이란 글자를 커서로 드래그하여 선택한 다음, 키보드로 x축의 제목을 입력한다. 예컨대, '실험일시' 또는 '실험회기(일)'라고 축 제목과 함께 괄호 안에 측정 단위시간을 입력한다. 또는 글상자 안의 글자를 드래그하지 않고, 메뉴와 워크시트 사이에 있는 [수식 입력줄]을 커서로 클릭하여 선택한 후 x축의 제목을 입력하고 [enter] 키를 눌러도 축 제목이 기입된다.

② y축 제목을 표시하려면, [그림 20-41]에서와 같이 주 메뉴에서 [레이아웃]

→ [축 제목]을 클릭하고, 하위 메뉴창에서 [기본 세로축 제목(H)] → [제목 회전]을 클릭한다. y축 왼쪽에 세로로 누운 [축 제목]이라는 글상자가 나타나면, 글상자 안의 글자를 커서로 드래그하여 선택한 다음, 키보드로 y축의 제목을 입력한다. 예컨대, '남을 때리기(회)' 라고 기록한다. 글상자 안의 글자를 드래그하지 않고, 커서로 [수식 입력줄]을 클릭한 후 '남을 때리기(회)' 를 기입하고 [enter] 키를 눌러도 된다.

2) 가로축과 세로축 서식 교정

가로(x)축과 세로(y)축의 서식은 바꿀 수 있다. [축 옵션]에서 최소값, 최대값, 주 단위와 보조 단위의 크기 등을 고칠 수 있다. 또한 주 눈금과 보조 눈금의 위치를 원하는 대로 조절할 수 있다. 다음과 같은 순서로 연구목적에 맞고 짜임새 있는 축 서식을 작성해 보자.

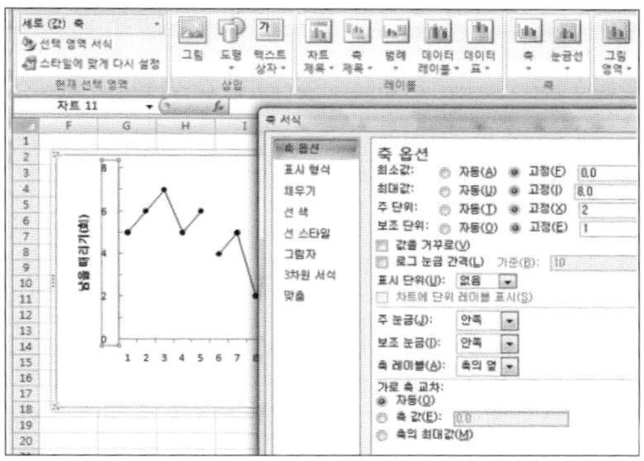

[그림 20-42] 세로(y)축 서식 바꾸기

① y축의 눈금간격(크기)과 눈금의 위치를 교정할 수 있다. 먼저 커서 포인터로 y축의 눈금값 중 하나를 클릭하여 서식영역을 선택한다. [그림 20-42]의 왼쪽에 y축과 눈금값을 둘러싼 네모상자가 나타난다. 주 메뉴에서 [레이아웃] → [선택영역 서식]을 클릭하면 [축 서식] 창이 나타난다. 또는 선택된 축 서식영역에 커서를 두고 마우스 우측 버튼을 누르면 열리는 단축 메뉴에서 제일 밑에 있는 [축 서식]을 클릭해도 같은 결과를 얻을 수 있다.

② [축 옵션]을 선택하고, 축 옵션 값들을 [그림 20-42]와 같이 입력한다. [최소값]에서 [고정]을 선택하고 0.0을 입력한다. [최대값]에서 [고정]을 선택하고 8.0을 입력한다. [주 단위]에서 [고정]을 선택하고 2.0을 입력한다. [보조 단위]에서 [고정]을 선택하고 1.0을 입력한다. 그리고 [주 눈금]과 [보조 눈금]에서 모두 안쪽을 선택한다. 옵션을 선택하는 동안 y축의 모양이 선택한 대로 변하는 것을 볼 수 있다. y축의 서식이 원하는 대로 변경되었는지 확인한 후 [닫기]를 누르고 빠져나온다.

③ x축의 눈금간격(크기), 눈금값, 눈금의 수와 위치 등을 연구목적에 맞게 교정할 수 있다. 먼저 커서 포인터로 x축의 눈금값 중 하나를 클릭하여 서식영역을 선택한다.

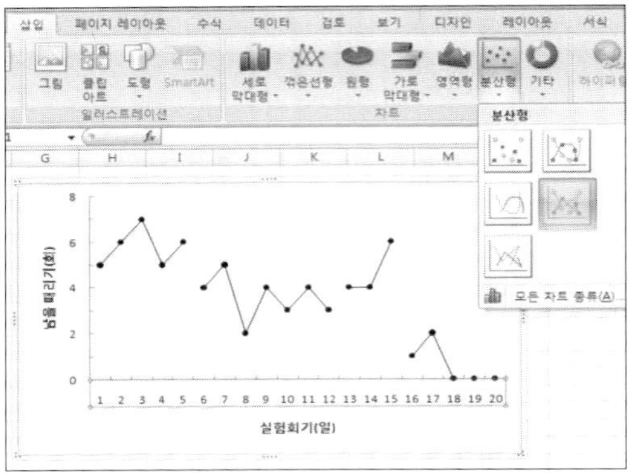

[그림 20-43] 가로(x)축 서식 고치기 1

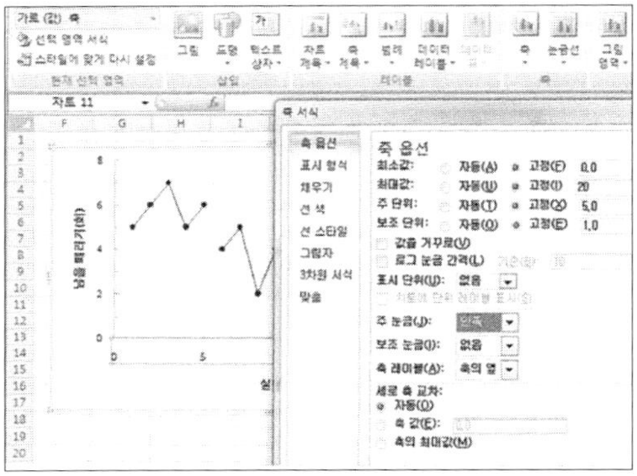

[그림 20-44] 가로(x)축 서식 고치기 2

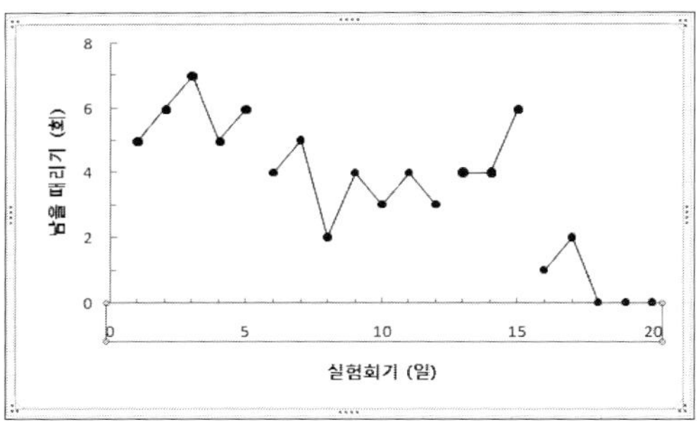

[그림 20-45] 교정된 가로(x)축 서식

[그림 20-43]과 같이 x축과 눈금값을 둘러싼 네모상자가 나타난다. 주 메뉴에서 [삽입]을 선택하고, 차트 종류에서 [분산형]을 클릭한다. 그림과 같이 [분산형] 메뉴창이 열리면 둘째 줄 오른쪽 버튼( )을 클릭한다. x축에서 눈금과 측정값이 서로 일치하는 모습을 볼 수 있다.

④ 커서로 다시 x축의 눈금값 중 하나를 클릭하여 서식영역을 다시 선택한 다음, 주 메뉴에서 [레이아웃] → [선택영역 서식]을 클릭한다. 이어서 열리는 [축 서식] 창에서 [축 옵션]을 선택한다. 또는 앞에서와 같이 선택된 축 서식 영역에 커서를 위치시킨 다음 마우스 우측 버튼을 누르고, 단축 메뉴가 열리면 제일 밑에 있는 [축 서식]을 클릭해도 같은 결과를 얻을 수 있다.

⑤ y축의 눈금 크기와 위치를 교정할 때처럼 축 옵션의 값을 [그림 20-44]에서와 같이 설정한다. [최소값]에서 [고정]을 선택하고 0.0을 입력한다. [최대값]에서 [고정]을 선택하고 20.0을 입력한다. [주 단위]에서 [고정]을 선택하고 5.0을 입력한다. [보조 단위]에서 [고정]을 선택하고 1.0을 입력한다. 그리고 [주 눈금]과 [보조 눈금]에서 모두 안쪽을 선택한다. 옵션을 선택하는 동안 x축의 모양이 변하는 것을 볼 수 있다. x축의 서식이 원하는 대로 변경되었는지 확인한 후 [닫기]를 누르고 빠져나온다. [그림 20-45]는 x축과 y축의 서식이 완성된 모습이다.

4. 조건변경선 설정하기

이제 기초선, 실험처치, 반전, 치료처치 등 실험조건이 바뀌는 시점에 조건변경선을 삽입하여 실험조건이 서로 다름을 표시해 보자. 작업을 시작하기 전에 먼저 차트영역(외곽 부분)을 클릭하여 활성화한다. 활성화하지 않고 작업을 하면 조건변경선은 그래프와 상관없는 개체로 간주되어 그래프의 크기를 고치거나 위치를 이동할 때 함께 움직이지 않는다. 따라서 조건변경선들을 차트와 함께 묶어 그룹화하는 별도의 작업이 요구된다. 그러나 새로운 작업을 시작하기 전에 차트영역을 마우스로 클릭하여 활성화한 다음 작업을 시작하면 새로 만든 조건변경선들은 별도의 개체로 인정되지 않고 차트의 일부로 통합되어 함께 움직인다.

1) 조건변경선 삽입

하나의 실험조건이 끝나는 시점과 새로운 실험조건이 시작되는 시점 사이에 수직선을 그어 양자 간에 실험조건이 서로 다르다는 것을 표시한다. 기초선 관찰이 끝나는 제5일과 새로운 실험처치가 시작되는 제6일 사이에 조건변경선을 그린다.

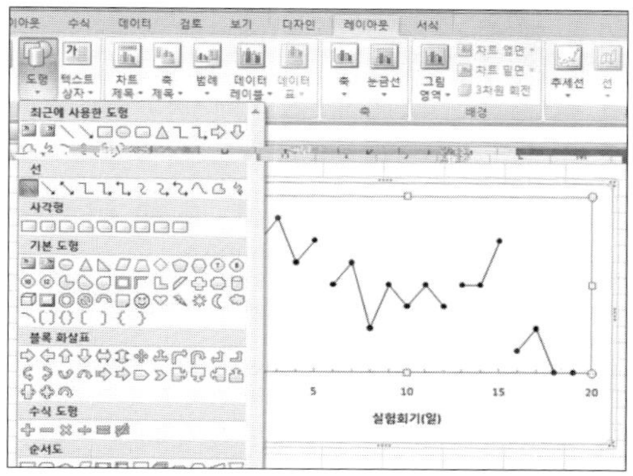

[그림 20-46] 조건변경선 그리기 1

차트를 활성화한 다음 도형창에서 선(＼)을 선택한다.

① [그림 20-46]과 같이 작업 중인 그래프의 그림영역을 클릭하여 활성화한다.

② 주 메뉴에서 [삽입] → [도형]을 클릭하면 열리는 [도형] 창에서 직선(＼)을 선택한다. [도형] 창은 사라지고 커서가 십자(+) 모형으로 변한다.

③ 십자(+) 커서를 [그림 20-47]과 같이 x축의 제5일과 제6일 사이 중앙에 위치를 정하고 마우스 왼쪽 버튼을 누른 채로 위로 드래그한다. 수직선이 그려지는 것을 볼 수 있는데, 가능한 한 반듯한 수직선을 그리려고 노력하면서 y축의 높이만큼 올라가면 마우스 왼쪽 버튼에서 손을 뗀다.

④ [그림 20-47]과 같이 그래프에 수직선이 그려지고, 주 메뉴는 자동으로 [서식]이 선정될 것이다. 만일 주 메뉴에 [서식]이 나타나지 않으면 방금 그린 수직선이 선택되

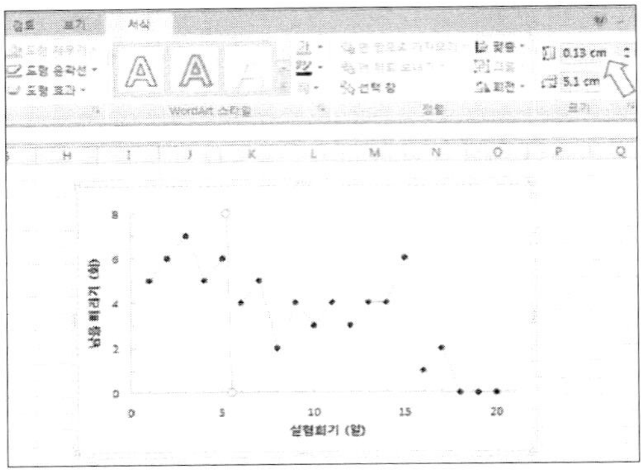

[그림 20-47] 조건변경선 그리기 2

가로(x)축 제5일과 제6일 사이에 십자(+) 커서를 놓고 위로 드래그하여 조건변경선을 그린다.

어 있는지 살펴본다. 마우스로 수직선을 선택하고 주 메뉴에서 [서식]을 클릭한다.

⑤ 수직선이 반듯하게 그려졌는지 확인하고, 마음에 들지 않으면 [del] 키를 눌러 지우고 다시 그릴 수 있다. 약간 비뚤게 그려졌어도 수정하는 방법이 있으니 염려할 것 없다.

[그림 20-47]에서 그림 메뉴의 우측 끝 화살표(⇘)가 지시하는 곳을 보면, 크기영역에 [도형 높이]와 [도형 너비]를 나타내는 수치가 보일 것이다. 위 칸의 수치(예: 0.13cm)는 수직선의 기울기를 나타내고, 아래 칸의 수치(예: 5.1cm)는 수직선의 길이를 나타낸다. 위 칸의 수치가 0cm로 나와 있으면 수직선은 잘 그려진 것이고, 0cm보다 큰 수치가 나타나면 수직선이 기울어진 것이다. 그러면 수치 우측에 있는 아래 화살표(▼)를 눌러 수치가 0cm가 되도록 한다. 수직선이 반듯하게 수정되는 것을 볼 수 있다. 그리고 아래 칸의 수치를 위아래로 조절하여 수직선의 길이를 변경할 수 있다. 만일 수직선의 위치를 옮길 필요가 있으면 커서 포인터를 수직선 위에 놓고 마우스 왼쪽 버튼을 누른 채 드래그하여 원하는 곳으로 옮겨 놓으면 된다. 잘될 때까지 연습을 반복한다.

2) 조건변경선의 색깔, 두께 및 형태 변경

조건변경선의 색깔, 두께, 모양 등을 연구목적에 맞게 바꾸어 보자. 다시 말하지만, 응용행동분석 연구에서는 그래프를 그릴 때 검은색 이외의 다른 색을 사용하지 않는다. 연구 결과를 오도할 수 있기 때문이다.

① 조건변경선의 색깔을 검은색으로 바꾼다. 먼저 조건변경선을 클릭하여 선택한 다음, 주 메뉴에서 [서식] → [도형 윤곽선]을 클릭하여 [그림 20-48]과 같은 메뉴창을 연다. [테마 색]에서 알맞은 농도의 검은색을 클릭한다. 조건변경선의 색깔이 변하는 것을 눈으로 보면서 선택한다.

② 조건변경선의 두께를 원하는 크기로 바꾼다. [도형 윤곽선]을 클릭하여 [그림 20-48]과 같은 메뉴창을 연다. 하단 부분에 있는 [두께]를 클릭하여 하위 창에서 원하는 두께를

선택한다. 일단 가는 선을 선택한다. 이미 선택된 두께를 바꿀 필요가 없으면 이 과정은 생략한다.

③ 조건변경선의 형태를 바꿀 수 있다. [도형 윤곽선]을 다시 클릭하여 하위 창을 연다. 하단 부분에 있는 [대시]를 클릭하여 하위 창에서 원하는 실선 또는 점선 중에서 요구에 맞는 형태를 선택한다. 조건변경선의 모양이 변하는 것을 볼 수 있다. 여기서는 실선을 선택하기로 한다.

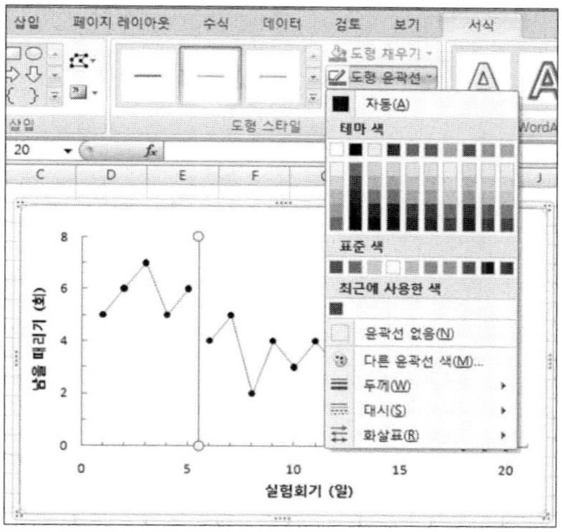

[그림 20-48] 조건변경선의 색깔, 두께, 모양의 변경

[도형 윤곽선]의 하위 메뉴창을 열어 조건변경선의 모양, 색깔, 두께 등을 설정할 수 있다.

3) 조건변경선의 복사 배치

이제는 방금 설정한 조건변경선을 복사하여 필요한 곳에 추가한다. 물론 앞에서와 같이 ①항과 ②항의 과정을 반복하여 필요한 만큼 조건변경선을 각각 배치할 수 있다. 그러나 처음 설정한 조건변경선을 복사하여 실험처치와 반전, 반전과 치료처치 기간 사이로 이동하여 배치하면 훨씬 더 편리하다.

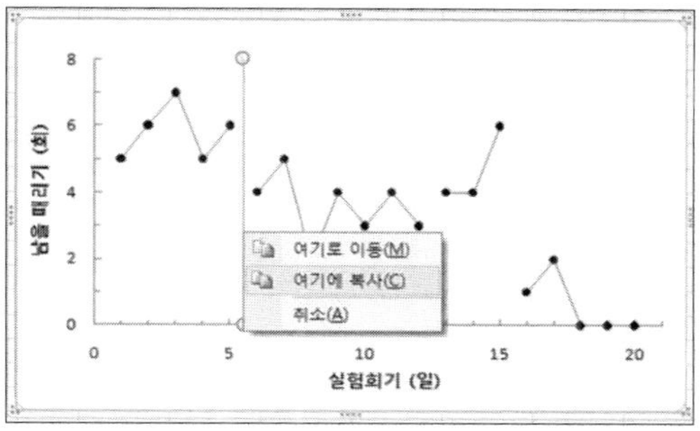

[그림 20-49] 조건변경선 복사하기

① 마우스 포인터(↔)로 기초선과 실험처치 사이에 만들어 놓은 조건변경선을 클릭하여 선택한다. 마우스 포인터를 조건변경선상에 정확히 위치시킨 상태에서 마우스 우측 버튼을 누르면 [그림 20-49]와 같은 하위 메뉴창이 열린다. [여기에 복사]를 클릭하면 조건변경선이 [그림 20-50]과 같이 복사된다. 간편하게 조건변경선을 클릭하여 선택한 후, [Ctrl] + D를 눌러도 같은 결과를

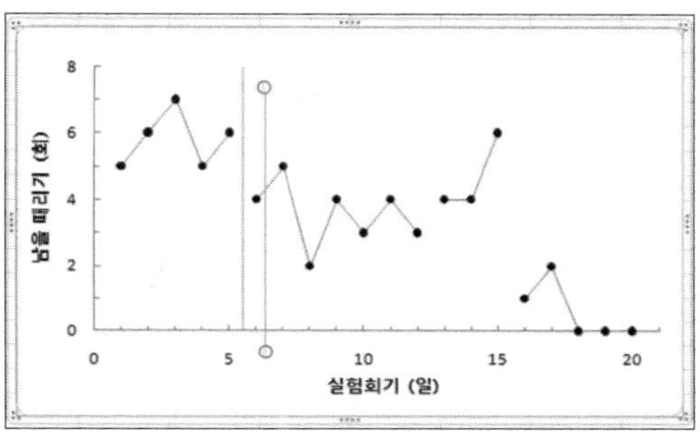

[그림 20-50] 조건변경선 복사 이동

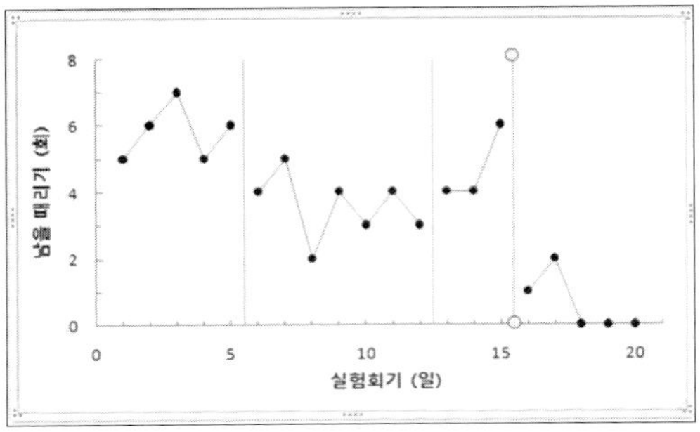

[그림 20-51] 조건변경선의 완성 모습

얻을 수 있다.

② 마우스 포인터를 새로 복사된 조건변경선 위에 정확히 위치시킨 다음, 마우스 왼쪽 버튼을 누른 채로 원하는 곳으로 드래그한다. 즉, [그림 20-51]과 같이 실험처치와 반전기간 사이(실험 제12일과 제13일 중간)에 위치시킨 다음 버튼에서 손을 뗀다. 위치가 정확하지 않으면 다시 마우스로 드래그하여 교정한다.

③ 같은 방법으로 조건변경선을 하나 더 복사하여 반전기간과 치료처치 기간 사이로 드래그한다. [그림 20-51]은 완성된 조건변경선의 모습이다.

5. 실험조건 명칭 삽입하기

꺾은선그래프에서 가로(x)축은 시간의 경과(일, 시, 분, 초 등)를 표시한다. 또한 조건변경선으로 구획된 가로축의 상단에는 독립변수(실험조건)의 명칭을 기입한다. 여기서는 조건변경선 사이에 텍스트 상자를 삽입하여 실험조건의 명칭을 삽입하는 과정을 설명한다.

1) 텍스트 상자와 기초선 명칭 삽입

엑셀의 텍스트 상자 기능을 이용하여 실험조건의 명칭을 써넣는 방법을 살펴보기로 한다. 먼저 작업 중인 차트영역을 클릭하여 활성화한다. 활성화하지 않고 텍스트 상자를 삽입하면 텍스트들은 그래프와 상관없는 독립된 개체로 간주되어 그래프의 크기를 조절하거나 위치를 이동할 때 함께 움직이지 않는다. 그러나 새로운 작업을 시작하기 전에 차트를 활성화하고 작업하면 그 개체는 차트의 일부로 통합된다.

① 주 메뉴에서 [삽입] → [텍스트 상자]를 클릭하면 마우스 포인터는 역십자형(↓)으로 변한다. 기초선 기간 상단 왼쪽에 커서를 놓고 왼쪽 버튼을 누른 채로 알맞은 크기로 드래그하여 [그림 20-52]와 같은 텍스트 상자를 삽입한다.

② 텍스트 상자에 '기초선'이라고 친다. 글꼴, 글자 크기, 글자 위치 등을 수정하려

면 [그림 20-52]와 같이 '기초선' 이란 세 글자를 드래그하여 선택한다.

③ 주 메뉴에서 [홈]을 클릭한다. [글꼴]과 [맞춤] 영역에서 글꼴, 글자의 크기, 글자 색깔 등을 원하는 대로 선택하고, 글자 위치를 '위쪽 맞춤' 과 '가운데 맞춤' 으로 설정한다.

④ 텍스트 상자에 윤곽선이 있는 경우에는 윤곽선을 없애기 위하여 먼저 텍스트 상자를 클릭하여 선택한다. 주 메뉴에서 [서식] → [도형 윤곽선]을 클릭하면 하위 메뉴창이 열린다. [윤곽선 없음]을 클릭하면 [그림 20-53]에서처럼 텍스트 상자의 윤곽선은 사라지고 '기초선' 이란 글자만 남는다.

⑤ 텍스트 서식을 활용하면 텍스트 상자의 바탕색과 무늬를 원하는 대로 선택할 수 있고, 윤곽선의 색깔이나 모양을 바꿀 수도 있다. 또한 텍스트 상자를 입체화할 수 있는 다양한 방법도 활용될 수 있다. 그러나 이러한 것들은 응용행동분석에서는 거의 사용되지 않는다.

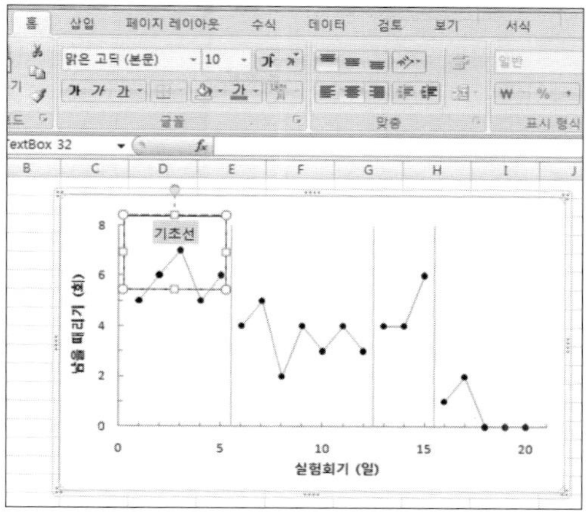

[그림 20-52] 텍스트 상자 삽입

텍스트 상자를 삽입하고, 글자의 크기, 글꼴, 색깔, 글자 위치 등을 설정한다.

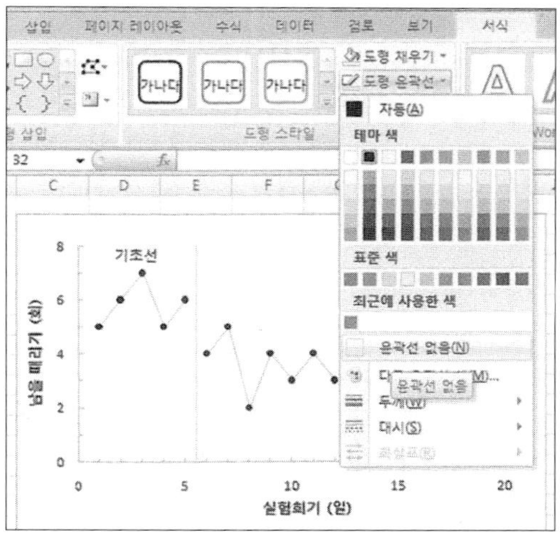

[그림 20-53] 텍스트 상자에서 윤곽선 없애기

2) 실험조건의 명칭 삽입

나머지 실험조건들의 명칭을 삽입하는 방법은 기초선 명칭을 삽입할 때와 동일하다. 그러나 복잡한 과정을 반복하는 것은 무모한 일이다. 가장 손쉬운 방법은 '기초선' 텍스트 상자를 복사하여 각 실험조건 상단으로 옮긴 다음, 실험조건 명칭을 바꾸어 주면 된다.

① [그림 20-54]와 같이 기초선 텍스트 상자를 클릭하여 선택한다. 글자 위에 깜박거리는 커서가 있으면 텍스트 상자를 복사할 수 없다. 마우스 커서로 텍스트 상자의 외곽

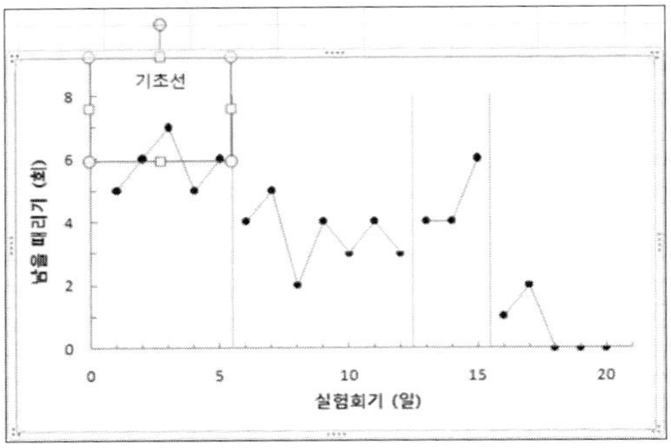

[그림 20-54] 기초선 텍스트 상자 복사

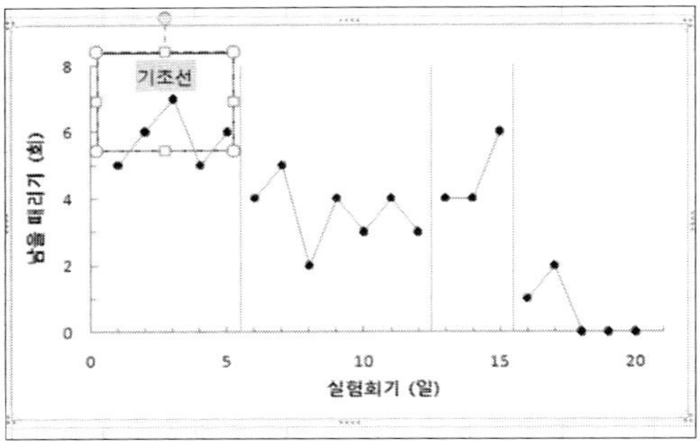

[그림 20-55] 기초선 텍스트 상자 붙이기

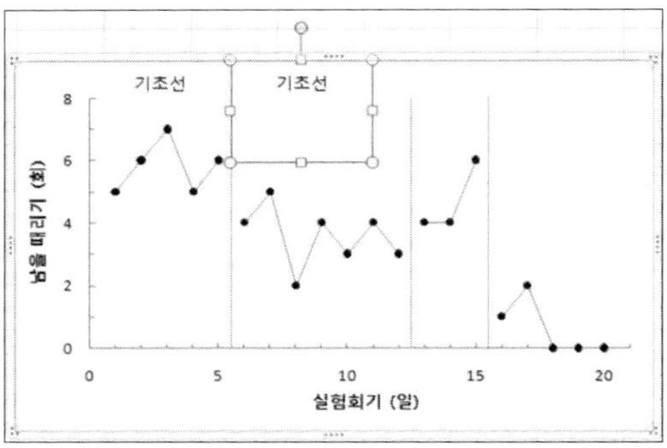

[그림 20-56] 실험처치 조건으로 옮기기

선을 정확히 클릭하거나, 외곽선 주변에 있는 작은 네모나 원점으로 커서를 옮겨 상하 화살표(⇕)로 변할 때 왼쪽 버튼을 누르면 제거된다.

② 깜박이는 커서가 없어지면 [Ctrl]+D를 눌러 '기초선' 텍스트 상자를 복사한다. [그림 20-55]와 같이 '기초선' 텍스트 상자가 차트영역의 왼쪽 상단에 복사되어 나타난다.

③ 커서(✣)로 '기초선' 텍스트 상자의 외곽선을 정확히 짚고, 왼쪽 버튼을 누른 채 드래그하여 [그림 20-56]과 같이 '실험처치' 조건으로 옮긴다. 그리고 텍스트 상자의 너비를 '실험처치' 조건에 맞추어 넓게 벌려 늘인다.

④ 이제 [그림 20-57]에서와 같이, 실험처치 조건의 이름을 써넣는다. '기초선' 이란 글자를 빠르게 더블클릭 하거나, 커서를 글자 앞에 두고 왼쪽 버튼을 누른 채 오른쪽으로 드래그하여 선택한다. 키보드를 이용하여 실험처치 기간에 적용될 중재조건의 이름을 써넣는다. '실험처치' 또는 '강화기간' 등과 같은 막연한 명칭보다는 독자의 편의를 위하여 실제로 사용되는 치료기법의 명칭을 기입하는 것이 좋다. 그림과 같이 '실험처치'라고 쓰고 부제로 '소거/ DRA' 라고 구체적 중재기법을 명시하는 것도 좋다.

⑤ 이상과 같은 방법으로 처음에 만든 '기초선' 텍스트 상자를 복사하여 붙이기를 한 다음 해당되는 '실험조건' 란으로 옮긴다. 그리고 반전과 치료처치(소거와 DRA) 등 명칭을 바꾸어 써넣는다. [그림 20-58]은 완성된 실험조건들의 명칭을 보여 준다.

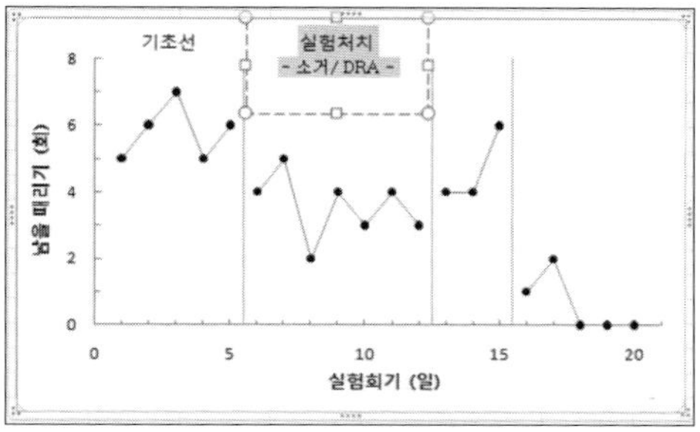

[그림 20-57] 실험처치 명칭 써넣기

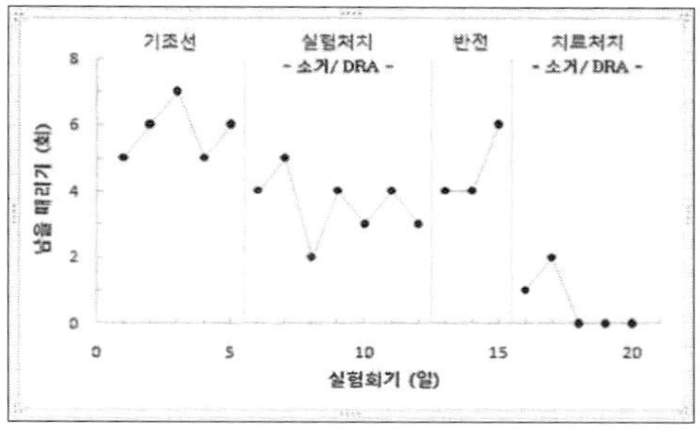

[그림 20-58] 완성된 실험조건들의 명칭

3) 텍스트 상자 편집

텍스트 상자 내에 작성된 모든 글의 내용, 글꼴, 글자 크기, 바탕색, 글자색, 글자 위치 등은 일반 워드프로세서에서와 똑같은 방법으로 편집할 수 있다.

① '실험회기', '반응비율(%)' 등과 같은 축 제목, '기초선', '실험처치', '반전' 등과 같은 실험조건의 명칭을 마우스 왼쪽 버튼을 눌러 클릭하면 텍스트 상자가 선택된다.

② 텍스트 상자 내의 글자를 마우스로 드래그하여 선택한다.

③ 주 메뉴에서 [홈]을 선택한 다음 [글꼴]과 [맞춤] 영역에서 글꼴, 글자 크기, 굵기, 기울임, 글자 색깔, 텍스트 상자 바탕색, 위치 정렬 등을 편집할 수 있다. 이 외에도 주 메뉴에서 [서식]을 선택하면 [도형 삽입], [도형 스타일], [WordArt 스타일], [정렬], [크기]에서 텍스트 상자의 바탕색, 윤곽선 등을 설정하거나 제거하는 등 다양한 편집 기능을 활용할 수 있다.

6. 관찰자간일치도(신뢰도) 표시하기

앞에서 워크시트에 제1관찰자료를 입력할 때 제2관찰자료의 입력을 위한 공간을 C항과 D항에 미리 확보해 두었음을 기억할 것이다. 물론 처음부터 제1관찰자료와 함께 제2관찰자료를 입력하는 것이 당연하지만 초보자의 학습 편의를 위하여 잠시 뒤로 미루었다. 다만 제2관찰자료를 입력하면 언제라도 관찰자간일치도(✖)가 그래프상에 표시될 수 있도록 계열 3과 계열 4의 [데이터계열 서식]을 미리 설정해 두었다.

기억을 돕기 위하여 간략히 요약하면, C항에 제2관찰자료(계열 3)를 입력하면 검은색의 원형 자료점(●)이 표시되고, D항에 동일한 제2관찰자료(계열 4)를 입력하면 검은

〈표 20-3〉 관찰자간일치도를 표시하기 위한 제2관찰 · 측정자료 (- : 관찰 없음)

구분 \ 실험조건	기초선(A)					실험처치(B) - 소거/ DRA -							반전(A)			치료처치(B) - 소거/ DRA -				
관찰일시	1	2	3	4	5	6	7	8	9	10	11	12	13	14	15	16	17	18	19	20
남을 때리기	5	6	7	5	6	4	5	2	4	3	4	3	4	4	6	1	2	0	0	0
제2관찰	-	5	-	-	6	-	-	2	-	-	-	3	-	3	-	1	-	0	-	-

색의 가위표형 자료점(×)이 표시되도록 하였다. 즉, 좌표상의 동일한 위치에 서로 다른 형태의 두 자료점을 동시에 표시함으로써 두 기호가 합성된 형태(⊗)로 나타나도록 하였다. 또한 제2관찰자료점들은 서로 실선으로 연결되지 않도록 조치하였다. 이제 〈표 20-3〉에 제시된 제2관찰자료를 워크시트의 C항과 D항에 입력하여 관찰자간일치도를 표시해 보기로 한다.

이 표의 제2관찰자료를 엑셀 워크시트의 C항과 D항에 입력해 보자. 앞에서 미리 설정한 모습대로 관찰자간일치도(신뢰도)가 그래프에 그려질 것이다.

① 실험 제2일에 측정된 제2관찰자료 '5'를 〈C-2〉와 〈D-2〉에 나란히 입력한다. [그림 20-59]와 같이 실험 제2일과 y축의 눈금 5가 교차하는 좌표상의 위치에 관찰자간일치도를 표시하는 자료점(⊗)이 즉시 생성되는 것을 볼 수 있다.

② 실험 제5일에 측정된 제2관찰자료 '6'을 〈C-5〉와 〈D-5〉에 입력한다. 이번에는

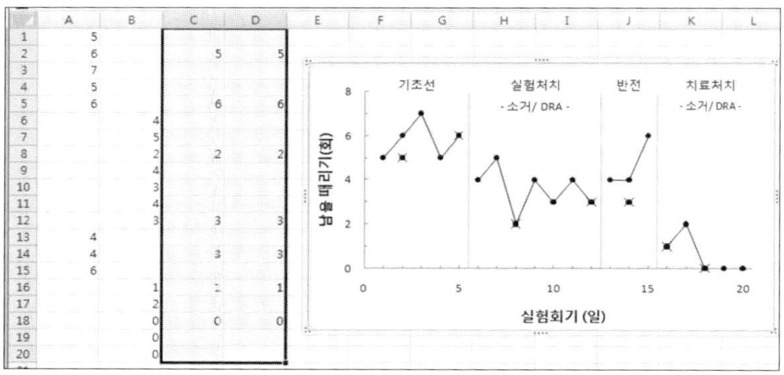

[그림 20-59] 제2관찰자료의 입력과 관찰자간일치도 표시

엑셀 워크시트의 C항과 D항에 동일한 제2관찰자의 측정값을 입력한다. C항의 자료점은 검은색 원점(●)으로 표시되고, D항의 자료점은 검은색 가위표(×)로 표시된다. 결과적으로 두 자료점은 좌표상의 같은 위치에서 합성된 형태(⊗)로 나타난다.

실험회기 제5일과 y축의 눈금 6이 교차하는 좌표상의 위치에 관찰자간일치도 표시(✖)가 생성되는 것을 볼 수 있다. 그러나 제2관찰자료는 제1관찰자료와 동일하기 때문에 기존의 제1관찰자료점 위에 '×' 표시가 중첩된 것처럼 나타난다.

③ 같은 방법으로 나머지 제2관찰자료를 해당되는 날짜를 찾아 C항과 D항에 모두 입력한다. [그림 20-59]는 C항과 D항에 입력된 제2관찰자료와 그래프에 그려진 관찰자간일치도 표시를 모두 보여 주고 있다.

7. 작성된 그래프 마무리하기

꺾은선그래프가 완성되었다. 이제 차트의 윤곽선을 제거하고, 평균수준선과 척도단절을 표시하고, 그래프의 크기를 조절하는 방법을 간략히 살펴보기로 한다.

1) 차트 윤곽선 제거

차트의 윤곽선을 제거하는 방법은 아주 간단하다. 다음 순서에 따라 실행해 보기로 한다.

① 커서로 차트영역을 클릭하여 선택한다.

② 주 메뉴에서 [서식] → [도형 윤곽선]을 클릭한다. [그림 20-60]에서와 같이 새로 열리는 메뉴창에서 [윤곽선 없음]을 클릭한다. 차트의 윤곽선이 사라지는 것을 볼 수 있다.

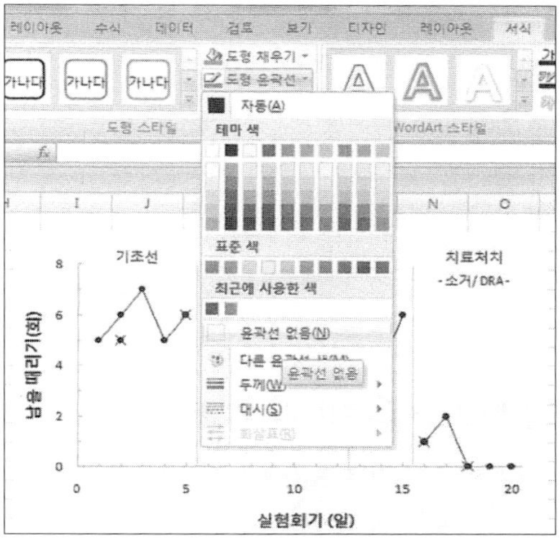

[그림 20-60] 차트 윤곽선 없애기

2) 평균수준선 표시

한 실험조건 내에서 자료점들의 집중경향치(산술평균, 중앙치, 최빈치 등)를 계산하여, [그림 20-61]에서와 같이 좌표상에 수평 점선으로 표시한다. 평균수준선은 변산도가 낮고 특정한 추세가 나타나지 않는 비교적 안정된 자료에서 사용되며, 행동의 변화를 시각적으로 분석할 때 대단히 유용하게 활용된다. 평균수준선을 그리는 방

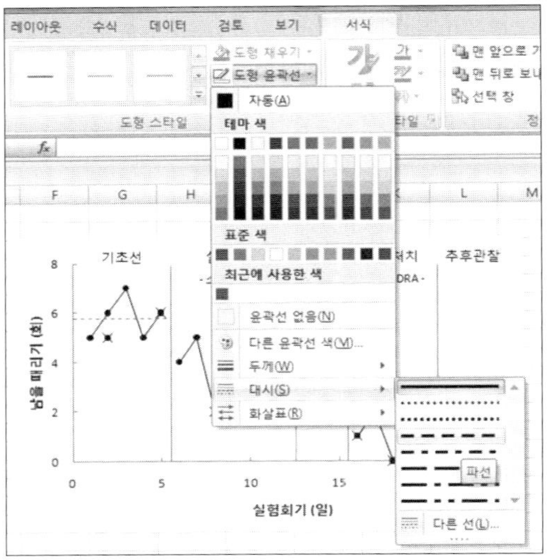

[그림 20-61] 평균수준선의 색깔, 두께, 형태 바꾸기

법은 조건변경선을 그릴 때와 동일하다. 다만 수직선 대신에 y축의 척도상에 검은색의 수평 점선으로 표시한다.

① 동일한 실험조건 내에서 자료점들의 평균치(또는 중앙치, 최빈치)를 계산한다. 예를 들어, 앞의 〈표 20-3〉에서 기초선 자료의 평균치(M)는 5.8이다.

② 차트영역(윤곽선 부분)을 클릭하여 활성화한다.

③ 주 메뉴에서 [삽입] → [도형]을 클릭하고 [도형] 창에서 직선(╲)을 선택한다. [도형] 창은 사라지고 커서가 십자(+) 모양으로 변한다.

④ 십자(+) 커서를 y축상의 평균치(5.8)에 해당하는 위치에 놓고 마우스 왼쪽 버튼을 누른 채 오른쪽으로 드래그하여 수평선을 그린다. 가능한 한 반듯한 수평선을 그리려고 노력하면서 조건변경선까지 드래그한 다음 마우스 왼쪽 버튼에서 손을 뗀다.

⑤ 그림 메뉴의 오른쪽 끝에 있는 크기영역에서 도형 높이와 너비를 조절하여 평균수준선을 바로잡는다. 위 칸의 수치가 0cm보다 크면 수평선이 기울어진 것이다. 수치 우측에 있는 아래 화살표(▼)를 눌러 수치가 0cm가 되도록 한다. 수평선이 반듯하게 수정되는 것을 볼 수 있다. 그리고 아래 칸의 수치를 조절하여 알맞은 길이로 조절한다. 만일 수평선의 위치를 교정할 필요가 있으면 커서 포인터를 수직선 위에 놓고 마우스 왼쪽 버튼을 누른 채로 드래그하여 원하는 곳으로 옮긴다.

⑥ [그림 20-61]과 같이 평균수준선을 점선으로 바꾸고 색깔과 두께도 교정한다. 평균수준선을 클릭하여 선택한 후 주 메뉴에서 [서식]을 열고, [도형 스타일] 영역에서 [도형 윤곽선]을 클릭하여 메뉴창을 연다. 테마 색에서 검은색을 선택한다. 평균수준선이 검은색으로 변한다.

⑦ 다시 [도형 윤곽선]을 클릭하여 하위 메뉴창을 열고, [두께(W)]를 누른 다음 적절한 두께를 선택한다. 가장 가는 선을 선택하는 것이 보기 좋다.

⑧ 다시 [도형 윤곽선]을 클릭하여 하위 메뉴창을 열고, [대시(S)]를 클릭한다. 하위창에서 네 번째 점선을 선택한다. 평균수준선이 점선으로 변하는 것을 볼 수 있다.

⑨ 같은 방법으로 ①~⑧항을 반복하여 다른 실험조건에서도 [그림 20-62]와 같은 평균수준선을 그린다. 그러나 반전 및 치료처치 기간에서와 같이 변산이 심하고 분명한 추세가 나타나는 경우에는 평균수준선을 표시하지 않는다.

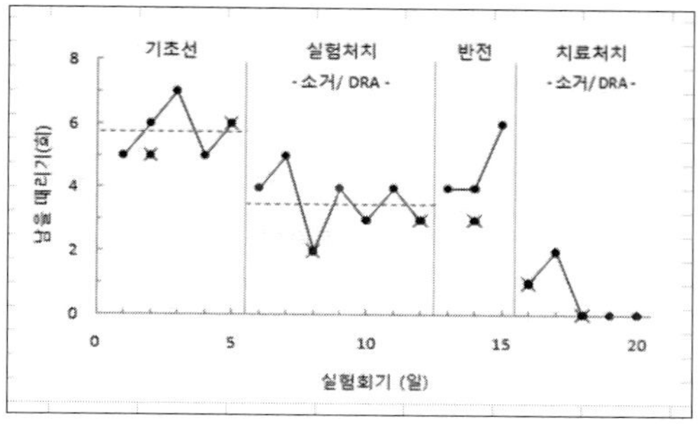

[그림 20-62] 평균수준선 그리기

그래프에 평균수준선이 표시되고 윤곽선이 제거된 모습

3) 척도단절표시 삽입

척도상에 또는 자료통로상에 겹선을 그리는 방식으로 척도단절을 쉽게 설정할 수 있다. x축이나 y축상에 척도단절표시(//)를 삽입함으로써 단절된 양측의 단위가 서로 다르거나 또는 척도가 일정하게 연속되지 않는다는 것을 표시할 수 있다. 이러한 단절표시는 자료통로에서도 사용된다. 예를 들면, 두 자료점이 y축의 척도단절 상부와 하부에 걸쳐 있을 때는 두 점을 잇는 실선 중간에 척도단절을 표시한다.

① 차트 영역(윤곽선 부분)을 클릭하여 선택한다.

② [그림 20-63]의 왼쪽 그림에서와 같이 주 메뉴에서 [삽입] → [도형]을 클릭하고 하위 메뉴창에서 선(/)을 선택한다. 커서가 십자형(+)으로 변한다.

③ 척도단절 부분에 짧은 빗금(/)을 그린다. 왼쪽 그래프에서 화살표(⇩)가 지시하는

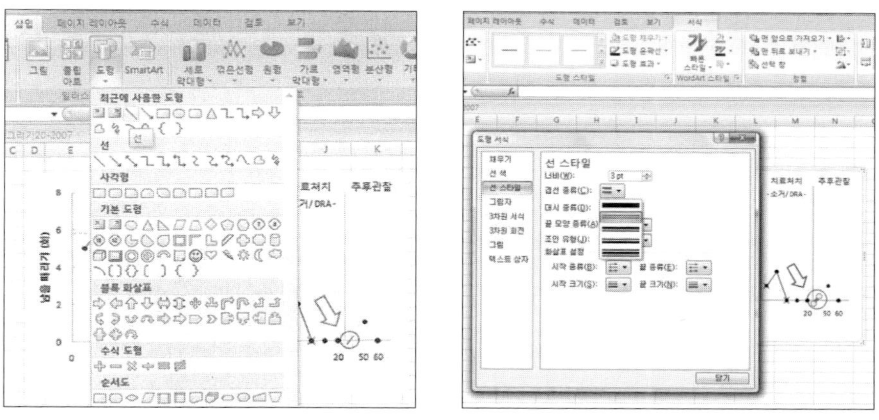

[그림 20-63] 척도단절표시 삽입방법

척도단절이 필요한 곳에 짧은 실선(/)을 그린다. [도형 서식]에서 [선 스타일]을 선택하고, 너비와 겹선 종류를 알맞게 선택하여 척도단절표시(//)를 만든다.

동그라미 안에 그려진 빗금(/)처럼 짧은 직선을 그린다.

④ 현재 빗금(/)이 선택되지 않았으면 마우스로 클릭하여 선택한다. 주 메뉴는 자동적으로 [서식]이 선택된다. 도형 스타일 영역에서 [도형 윤곽선]을 클릭하여 하위 메뉴를 열고, [테마 색]에서 x축과 동일한 농도의 검은색을 찾아 선택한다. 빗금의 색깔이 변하는 것을 볼 수 있다.

⑤ 다시 [도형 윤곽선]을 클릭하여 열고, 하위 메뉴에서 [대시(S)]를 선택하고, 이어서 열리는 하위 메뉴에서 [다른 선]을 클릭한다.

⑥ [그림 20-63]의 오른쪽 그림에서처럼 [도형 서식] 창이 열린다. 먼저 [선 스타일]을 선택하고 [겹선 종류]를 클릭하여 단축 메뉴를 열면 그림에서와 같이 여러 모형의 겹선이 나타난다. 두 번째에 있는 겹선(=)을 선택한다.

⑦ 이번에는 [너비(W)]에서 상향 화살표(▲)를 한 번씩 클릭하면서 x축에 그려 놓은 빗금(/)의 변화를 주의 깊게 살핀다. 척도단절표시로서 적절한 너비와 두께(예: 2pt)의 겹선이 형성될 때까지 조금씩 값을 증가시킨다.

⑧ 척도단절표시로 적절한 겹선이 그려지면 [도형 서식]에서 [닫기] 버튼을 클릭하고 빠져 나온다. [그림 20-64]에서 화살표가 지시하는 곳에 척도단절표시가 완성된 모습을 볼 수 있다. 추후관찰 기간 중의 x축의 시간단위는 본 실험기간 중의 시간단위와 다름을 표시한다.

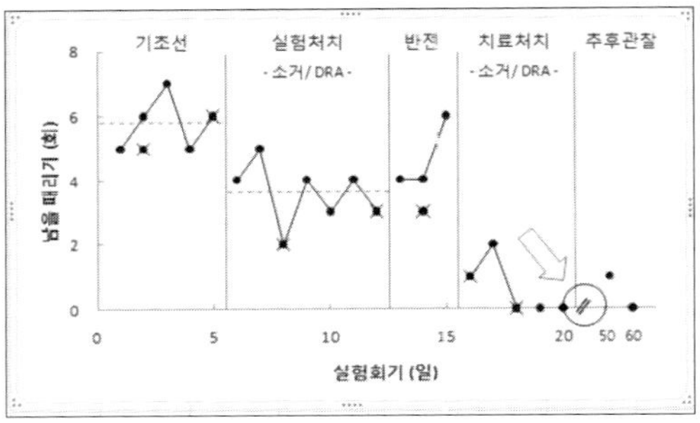

[그림 20-64] 완성된 척도단절표시

추후관찰 기간의 시간척도는 본 실험기간 중의 척도와 단위가 다름을 표시한다.

4) 가로와 세로 크기 조절

그래프를 작성하다 보면 전체 비율과 크기, 그래프 내의 글자 크기가 적당치 않아 옹색하거나 보기 싫은 그림이 될 수 있다. 또한 특정 학술지나 보고서에서 요구하는 형식과 규격에 맞추기 위해서는 그래프의 전체 크기, 가로와 세로의 비율 등을 적절히 수정할 필요가 있다. 우선 그래프의 전반적 크기, 가로와 세로의 비율 등을 변경해 보자. 그래프의 크기나 비율을 조절하는 방법은 두 가지이다. 전체 차트영역을 선택하여 조절하거나 그림영역만을 선택하여 조절하는 것이다.

기본 기법을 응용하면 어떤 연구목적에 맞는 그래프도 쉽게 작성할 수 있다. 엑셀 2007의 사용방법에 관한 더 상세하고 세부적인 설명은 이 책의 목적을 넘어서기 때문에 다른 전문서적을 참고하기 바란다. 여기에서는 복식기초선설계, 교체처치설계, 기준선변경설계 등 이 책에서 설명되고 있는 실험설계에 따른 연구 결과를 도식화할 때 필요한 자료 입력방법과 그래프 작성의 기본전략을 설명하는 것으로 마무리한다.

1) 복식기초선설계와 복층구조의 그래프 작성

복식기초선설계에 의한 연구 결과를 그래프로 작성하기 위해서는 복잡한 작업과정과 숙련된 기술이 요구되지만, 이제까지 설명한 기본기법을 활용하면 누구나 쉽게 그릴 수 있다. 간단하게 말하면, 여러 개의 단층 그래프를 필요한 만큼 제작한 후 한데 모아서 그룹화하면 된다.

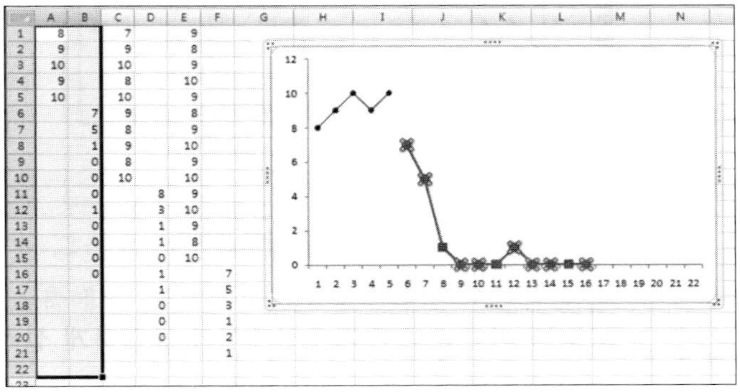

[그림 20-70] 첫째 그래프 작성

자료의 입력 먼저, 복식기초선설계에 의하여 측정된 자료를 실험일정에 맞추어 입력한다. [그림 20-70]에 제시된 바와 같이 제1표적행동의 기초선과 중재기간 중에 측정된 자료를 A항과 B항에 각각 입력한다. 제2표적행동의 기초선과 중재기간 중에 측정된 자료도 역시 실험일정에 맞추어 C항과 D항에 각각 입력한다. 같은 방법으로 제3표적행동의 기초선 및 중재기간 중 측정자료를 E항과 F항에 각각 입력한다.

자료의 선택 복식기초선 그래프를 그리기 위해서 먼저 제1표적행동의 기초선과 중재자료를 선택한다. 입력된 다른 계열의 자료를 모두 선택하지 않고 부분적으로 선택한다는 점에 유의한다. [그림 20-70]과 같이 마우스 포인터를 〈A-1〉에 놓고 왼쪽 버튼을 누른 상태로 〈B-22〉까지 드래그하여 제1표적행동의 자료만을 먼저 선택한다. 제1표적행동의 입력자료는 〈B-16〉까지밖에 없는데, 〈B-22〉까지 선택하는 이유는 제3표적행동의 자료 입력이 끝나는 영역을 포함해야만 동일한 크기의 그래프를 작성할 수 있기 때문이다.

창이 열린다. 왼쪽 하단에 있는 [숨겨진 셀/빈 셀(H)] 버튼을 누른다. [그림 20-77]과 같은 [숨겨진 빈 셀 설정] 창이 열리면 [빈 셀 표시 형식]에서 [선으로 데이터 요소 연결(C)]을 선택한 후 [확인] 버튼을 누르고 빠져 나온다. 다시 [데이터 원본 선택] 창에서 [확인] 버튼을 누르고 빠져 나온다.

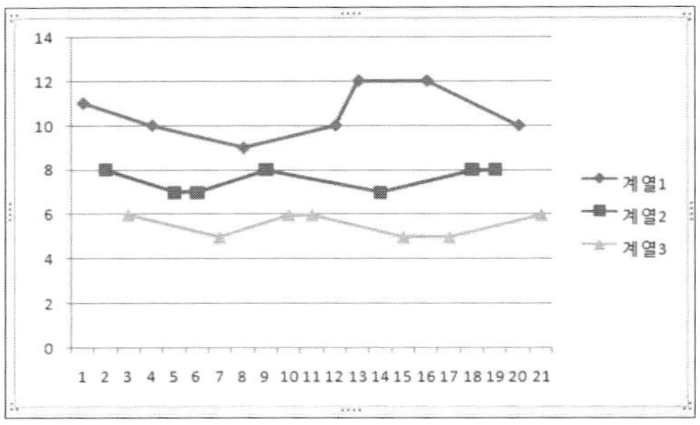

[그림 20-78] 실선으로 연결된 교체처치 그래프

그래프 다듬기 [그림 20-78]과 같이 실선으로 연결된 여러 계열의 자료들이 나타난다. 이제부터는 일반 꺾은선그래프를 작성할 때와 동일한 절차와 방법에 따라 연구목적에 맞는 그래프로 다듬는다. 먼저 불필요한 가로 눈금선을 없애고, 자료점의 형식과 크기 및 선의 두께, 색깔, 모양 등을 바꾸고, 범례를 그래프와 어울리게 꾸민다. 그런 다음 [축 서식]과 [축 제목]을 열어 x축과 y축의 눈금과 측정단위를 교정하고 축 제목도 써넣는다. 잊지 말 것은 [그림 20-79]의 왼쪽 그림처럼 x축의 주 눈금과 눈금값을 응용행동분석 연구에서 요구하는 방식으로 바꾸기 위하여 먼저 차트영역을 활성화하고, 주 메뉴에서 [삽입]을 선택하고 차트영역에서 [분산형]을 클릭하고, 하위 메뉴에서 화살표가 지시하는 [직선 및 표식이 있는 분산형]을 선택하는 것이다. 주 단위눈금과 눈금값이 일치하는 것을 볼 수 있다.

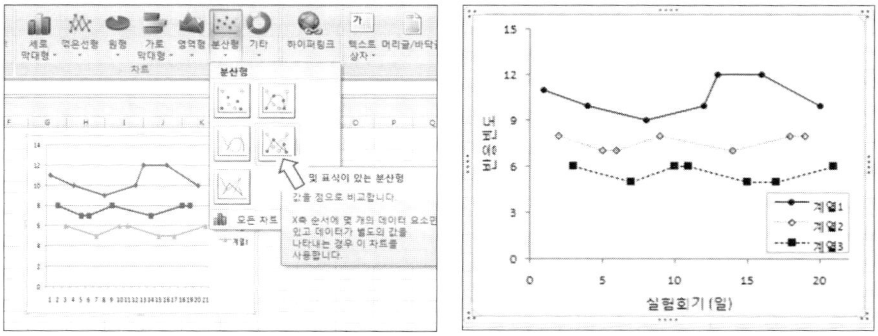

[그림 20-79] 가로축 눈금 교정과 그래프 다듬기

[분산형]을 선택하고 하위 메뉴에서 [직선 및 표식이 있는 분산형]을 선택한다. x축과 y축의 서식을 열어 주 눈금과 눈금값을 부여하고 축 제목도 써넣는다.

3) 기준선변경설계와 그래프 작성

기준선변경설계란 체계적으로 강화기준을 조금씩 상향 조정하면서 차별강화하고, 이에 상응한 성취 수준의 점진적 개선 여부를 확인하는 방식으로 실험처치의 효과를 검증하는 방법이다. 여기서는 기준선변경설계의 자료 입력과 그래프 작성방법을 설명한다.

자료 입력과 선택 [그림 20-80]과 같이 기준선변경설계의 자료를 실험변수의 투입시기에 맞춰 입력한 다음, 마우스 포인터로 〈A-1〉부터 〈F-27〉까지 드래그하여 입력자료를 모두 선택한다.

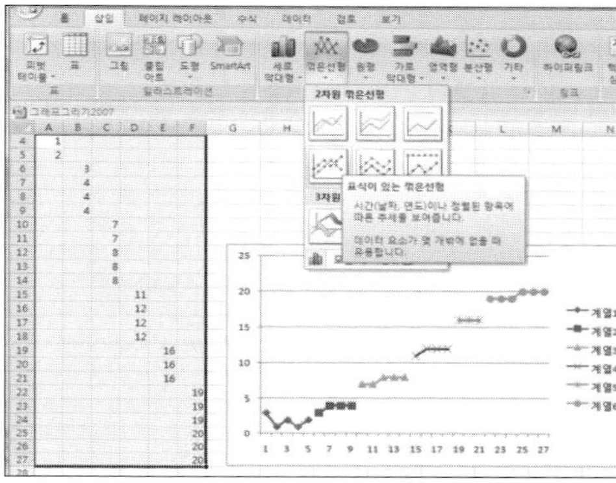

[그림 20-80] 기준선변경설계와 그래프 그리기

그래프 작성 다른 꺾은선그래프를 그릴 때와 마찬가지로 주 메뉴에서 [삽입] → [꺾은선형]을 클릭하여 하위 메뉴를 열고, [2차원 꺾은선형] 중에서 둘째 줄 첫째 칸의 [표식이 있는 꺾은선형]을 클릭한다. 그러면 [그림 20-80]과 같이 여러 계열의 자료점들이 실선으로 연결되어 나타난다.

가로 눈금선과 범례 제거 먼저 마우스 포인터로 가로 눈금선을 선택한 다음 [del] 키를 눌러 제거한다. 불필요한 범례도 마우스로 클릭하여 선택한 다음 역시 [del] 키를 눌러 제거한다.

자료점과 자료통로 교정 범례를 보면 여러 계열로 자료들이 표시되고 있지만, 실제로는 동일한 표적행동이 기준만 상향 조정되어 제시된 것뿐이다. 따라서 자료의 계열은 동일한 것이므로 모든 계열의 자료점들을 검은색 원점(●)으로 똑같이 표시하고, 자료통로도 검은색 실선으로 동일하게 설정한다. 다음과 같이 자료점과 자료통로들을 다듬어 보자.

① 기초선 자료점 위에 마우스 포인터를 놓고 오른쪽 버튼을 눌러 단축 메뉴창을 열고, [데이터계열 서식]을 클릭하여 연다. [표식 옵션] → [기본 제공]을 선택하고 [형식]을 열어 검은색 원점(●)을 선택하고 [크기]를 4로 한다.

② [데이터계열 서식]에서 [표식 채우기] → [단색 채우기]를 선택한 후 [색]을 클릭하여 [테마 색] 창을 연 다음 검은색을 선택한다.

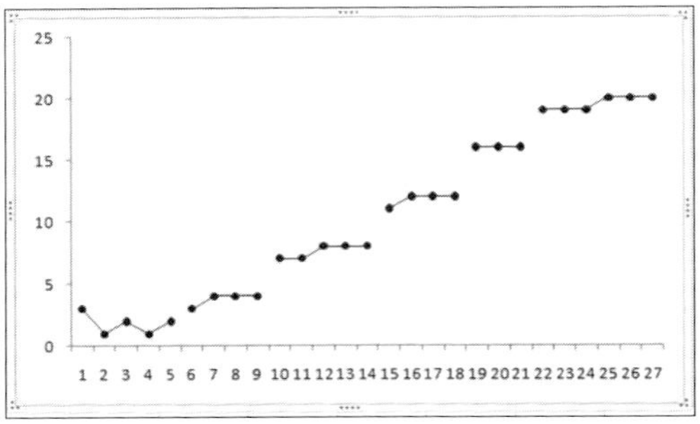

[그림 20-81] 그래프 다듬기

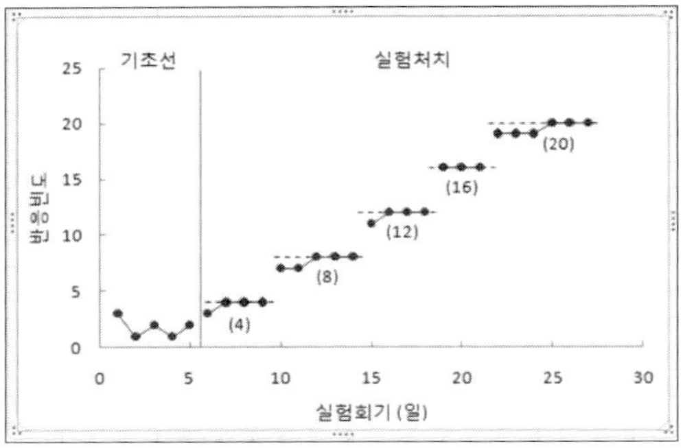

[그림 20-82] 완성된 기준선변경설계 그래프

③ [데이터계열 서식]에서 [선 색] → [실선]을 선택한 후 [색]을 클릭하여 [테마 색] 창을 열고 검은색을 선택한다.

④ [데이터계열 서식]에서 [선 스타일]을 선택한다. [너비]를 1pt 이하로 하고 다른 것들은 그대로 둔다.

⑤ [데이터계열 서식]에서 [표식선 색] → [실선]을 선택하고 [색]을 열어 검은색을 선택한다. 이상과 같은 과정을 모든 계열의 자료점과 자료통로에 적용하여 [그림 20-81]과 같이 정리한다.

축 제목과 실험조건 명칭 삽입 [축 서식]과 [축 제목]을 열어 x축과 y축의 눈금과 측정단위를 교정하고 축 제목도 삽입한다. 기초선과 치료적 중재조건 사이에 조건변경선을 두고, x축의 상단 조건변경선 양쪽에 실험조건의 명칭을 써넣는다. 이상의 모든 방법은 지금까지 공부한 꺾은선그래프를 그리는 일반적 방법과 동일하다.

기타 작업 이제 마무리 작업으로 [그림 20-82]와 같이 각 계열 자료점들의 기준선을 점선으로 두고, 기준값을 괄호에 넣어 자료통로 아래에 제시한다. 필요하면 각 계열의 자료통로 위에 훈련 단계의 명칭을, 제1단계, 제2단계 등과 같이 표기한다.

제4절 MS 워드와 ᄒᆞᆫ글 문서에 그래프 삽입하기

지금까지 MS 엑셀 2007을 활용한 여러 가지 꺾은선그래프 작성방법을 살펴보았다. 이제 남은 일은 엑셀로 작업한 그림을 ᄒᆞᆫ글 문서나 MS 워드에 옮겨 활용하는 방법이다. 간단히 말하면, 엑셀에서 만든 그래프를 복사하여 ᄒᆞᆫ글 문서나 MS 워드 문서에 붙이기를 하면 된다. 그런데 중요한 것은 엑셀 프로그램과 연구자가 사용하는 문서편집기 간에 얼마나 호환성이 있느냐 하는 것이다. 이 절에서는 엑셀 2007로 제작된 그래프를 한글 2007과 MS 워드 2007 문서로 옮기는 방법과 그 호환성에 대하여 설명한다.

1. MS 워드 문서에 삽입하기

MS 워드 2007과 엑셀 2007은 같은 MS사에서 개발된 패키지 프로그램이기 때문에 완벽한 호환성을 갖는다. 따라서 엑셀에서 작성된 그래프를 워드 2007 문서에 옮겨 놓았을 때 엑셀에서 할 수 있는 모든 작업을 거의 똑같이 할 수 있다. 즉, 엑셀의 편집기능이 워드에서도 완벽하게 구현된다. 마치 엑셀에서 작업 중인 것과 같은 착각을 일으킬 정도이다. 따라서 언제라도 필요할 때 엑셀로 만든 그래프를 MS 워드에서 편집하고 교정할 수 있다. 엑셀로 돌아가 원본을 수정하여 다시 MS 워드로 가져올 필요가 전혀 없다. [그림 20-83]은 엑셀에서 작성한 그래프를 복사하여 워드에 붙이기를 한 것이다. 그림에서 볼 수 있듯이 워드 문서의 일부로 붙여진 그래프를 워드상에서 편집할 수 있다. [데이터계열 서식] 창을 열어 자료점과 자료통로의 형식, 크기와 두께, 색깔 등을 편집할 수 있음을 보여 준다. 워드에서 차트를 선택하면 주 메뉴는 해당되는 작업을 수행하기 위하여 엑셀의 주 메뉴로 바뀌고, 문서의 본문을 클릭하면 다시 MS 워드의 주 메뉴로 바뀐다.

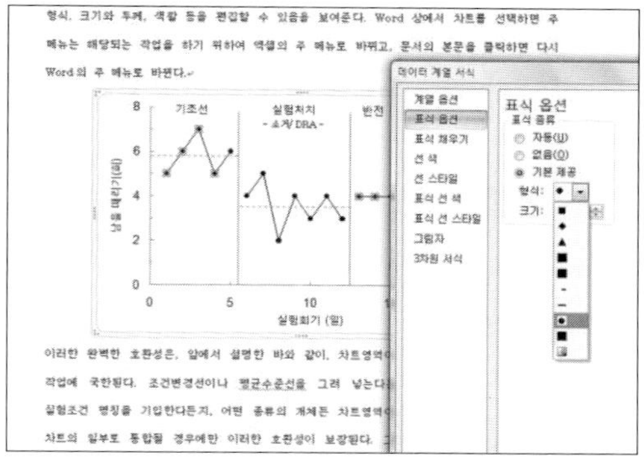

[그림 20-83] MS 워드 2007 문서에서 그래프 교정하기

이러한 완벽한 호환성은 앞서 설명한 바와 같이 차트영역이 활성화된 상태에서 이루어진 작업에 국한된다. 조건변경선이나 평균수준선을 그려 넣는다든지, 텍스트 상자를 삽입하여 실험조건 명칭을 기입한다든지, 어떤 종류의 개체건 차트영역이 활성화된 상태에서 만들어져 차트의 일부로 통합될 경우에만 이러한 호환성이 보장된다. 그러나 차트가 활성화되지 않은 상태에서 만들어진 개체들을 함께 묶어 그룹화한 그래프는 앞에서와 같은 호환성을 갖지 못한다.

엑셀에서 만든 자료를 워드로 옮기는 방법은 간단하다. 먼저 그래프의 차트영역(윤곽선 부근)을 클릭하여 선택한다. 주 메뉴에서 [홈]을 열고 바로 밑에 있는 [클립보드] 영역에서 복사(📋) 표식을 클릭한다. MS 워드 2007을 열고, 삽입 위치에 커서를 두고 [붙여넣기]를 클릭한다. 워드 문서에 그래프가 복사되는 것을 볼 수 있다. 보다 간편한 방법은 그래프를 선택한 다음 키보드에서 [Ctrl]+C를 눌러 복사하고, 워드 문서에서 커서로 위치를 잡고 [Ctrl]+V를 눌러 붙이기를 하는 것이다. 이와 같이 키보드를 이용한 간단한 복사와 붙이기 방법을 습관화하면 작업 능률을 향상시킬 수 있다.

2. 훈글 문서에 삽입하기

MS 엑셀 2007로 제작된 그래프를 복사하여 훈글 2007 문서에 붙이는 방법은 MS 워드 2007에서와 동일하다. 그래프의 차트영역(윤곽선 부근)을 클릭하여 선택하면 외곽에 파란색의 틀이 생긴다. 주 메뉴에서 [홈]을 열고 [클립보드] 영역에서 복사(📋) 표식을 클릭한다. 훈글 2007을 열고, 삽입할 위치에 커서를 두고 [붙이기]를 클릭한다. [그림 20-84]와 같이 훈글 문서에 그래프가 복사되는 것을 볼 수 있다. 보다 간편한 방법은 엑셀에서 그래프를 선택한 다음 키보드에서 [Ctrl]+C를 눌러 복사하고, 훈글 문서에서 커서로 위치를 잡고 [Ctrl]+V를 눌러 붙이기를 하는 것이다.

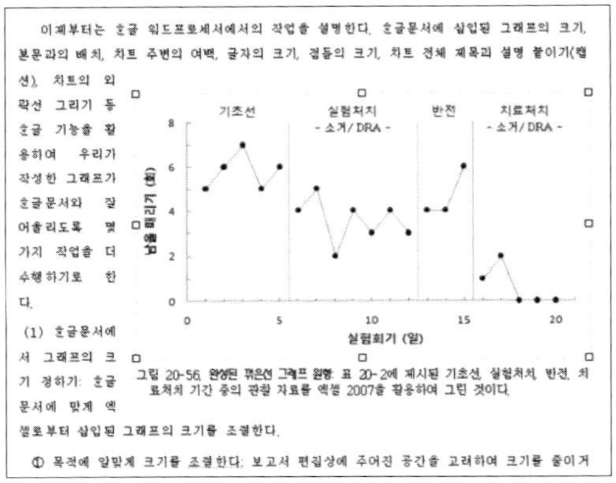

[그림 20-84] 훈글 문서에 삽입된 그래프

MS 엑셀 2007과 훈글 2007 프로그램은 호환성이 적어 엑셀에서 작성한 그래프를 훈글 문서에서 편집하기가 어렵다. 다만 엑셀에서 복사된 그래프를 훈글 문서에서 연결하여 붙이기를 하면 엑셀 프로그램과 연결될 수 있다. [그림 20-85]와 같이 [편집] → [골라 붙이기]를 클릭하여 새 창을 열고, [연결하여 붙이기]를 선택한 후 확인 버튼을 누르고 빠져 나온다. 엑셀에서 복사해

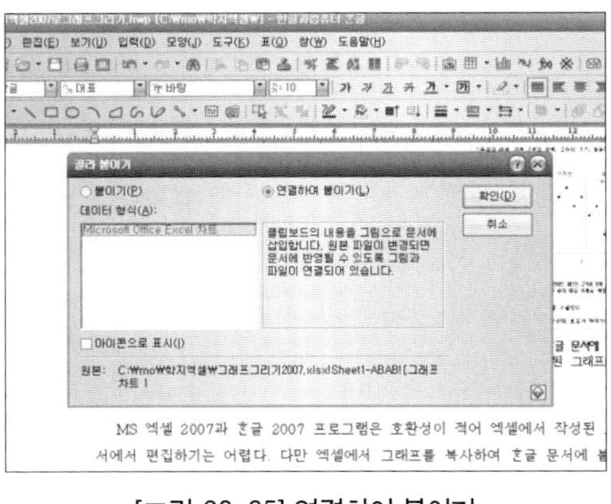

[그림 20-85] 연결하여 붙이기

온 그래프가 [그림 20-84]와 같이 나타난다. 훈글 문서에서 엑셀 그래프를 편집할 수는 없지만 골라 붙이기를 한 그래프를 더블클릭 하면 엑셀 프로그램의 원본 그래프가 열린다. 엑셀에서 그래프를 수정하고 편집한 후 다시 복사하여 훈글 문서에 다시 붙이기를 할 수 있다. 그러나 엑셀에서 차트영역을 활성화하지 않고 그룹화한 그래프는 골라 붙이기를 할 수 없다.

3. 훈글 문서에서의 작업

이제부터는 훈글 워드프로세서에서의 작업을 설명한다. 훈글 문서에 삽입된 그래프의 크기, 본문과의 배치, 그래프 주변의 여백, 차트 전체 제목과 설명 붙이기, 차트의 외곽선 그리기 등 훈글 기능을 활용하여 훈글 문서와 잘 어울리도록 몇 가지 작업을 더 수행하기로 한다.

1) 훈글 문서에서 그래프의 크기 조절

엑셀로부터 삽입된 그래프의 크기를 목적에 알맞게 조절할 수 있다. 보고서 편집을 위해 주어진 공간을 고려하여 그래프의 크기를 줄이거나 키울 수 있는 방법을 살펴보자.

① 가로와 세로의 길이만을 조절하려면, 먼저 그래프를 클릭하여 선택한다. 그래프 외곽에 8개의 네모(□)가 생긴다. 각 변의 중앙에 있는 네모(□) 위로 커서를 옮기면 커서의 모양이 수평(↔) 또는 수직 양방향 화살표(↕)로 변한다. 이때 마우스 왼쪽 버튼을 누른 상태로 원하는 만큼 좌우 또는 상하로 드래그한다. 그래프의 모습이 가로 또는 세로로 길게 변한다. 원하는 만큼 그래프의 크기를 조절한다. 적절한 크기가 정해지면 버튼에서 손을 뗀다. [그림 20-86]은 세로로 길게 늘인 모습을 보여 준다. 자료점이 타원형으로 길어져 본 모습이 훼손되는 것을 볼 수 있다. 이러한 찌그러짐을 예방하려면 그

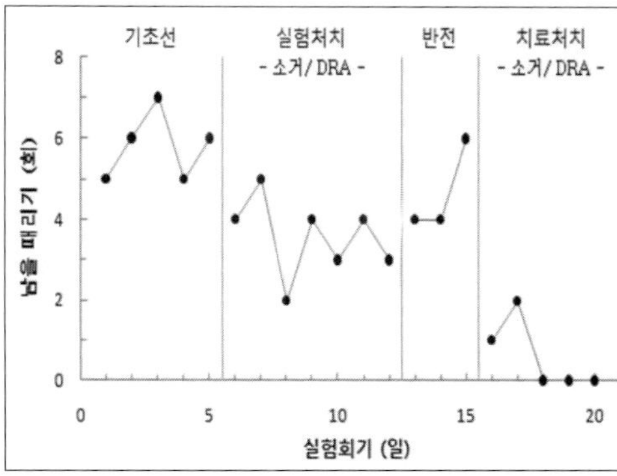

[그림 20-86] 세로로 길게 조절한 그래프

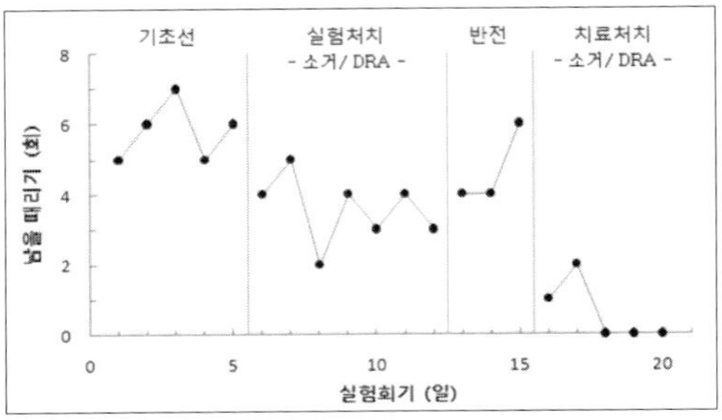

[그림 20-87] x축과 y축의 비율을 유지하면서 크기를 키운 그래프

래프의 길이를 엑셀에서 조절하여 옮겨 와야 한다.

② [그림 20-87]은 원본 그래프의 가로와 세로의 비율을 동일하게 유지하면서 그래프의 크기만을 변경한 것이다. 그래프를 마우스로 클릭하면 외곽선상에 8개의 네모(□) 표시가 나타난다. 모서리에 있는 네모(□) 위에 커서를 올리면 빗금 양방향 화살표(↗)로 변한다. 왼쪽 버튼을 누른 채로 좌우로 드래그한다. 가로와 세로의 비율은 변하지 않고 그래프의 크기만 변하는 것을 볼 수 있다. 원하는 크기가 정해지면 버튼에서 손을 뗀다.

2) 그래프의 속성 변경

커서를 작업할 대상 그래프 위에 놓고 마우스 오른쪽 버튼을 누른다. 새로 나타난 단축 메뉴 중에서 제일 위에 있는 [개체 속성]을 클릭하면 [그림 20-88]과 같은 [개체 속성] 창이 열린다. 그래프의 기본 속성, 여백과 캡션, 외곽선의 모양 등을 변경할 수 있다.

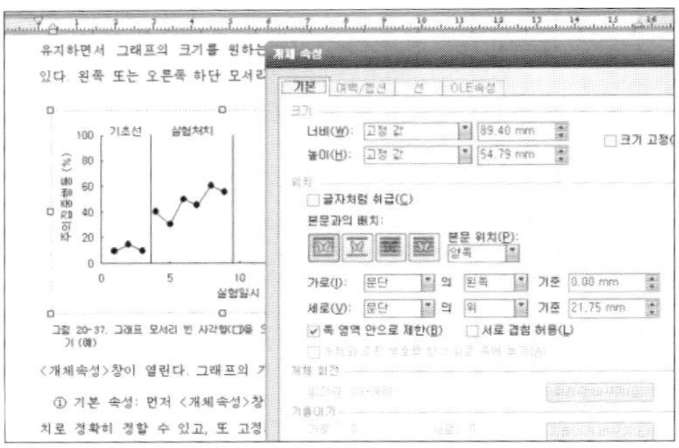

[그림 20-88] [기본] 탭 설정

기본 속성 먼저 [개체 속성] 창에서 [기본] 탭을 연다. 그래프의 크기, 즉 너비와 높이를 수치로 정확히 정할 수 있고 또 고정시킬 수 있다. 하나의 문서 안에 동일한 크기의 그래프를 여러 개 나열할 때 편리하게 사용된다. 그래프의 크기를 너비 62mm, 높이 36mm로 설정해 보자. 그리고 [☑ 크기고정]을 선택(V)하면 훈글 문서에 있는 그래프의 크기는 그대로 유지된다. [그림 20-89]는 너비 62mm, 높이 36mm로 고정된

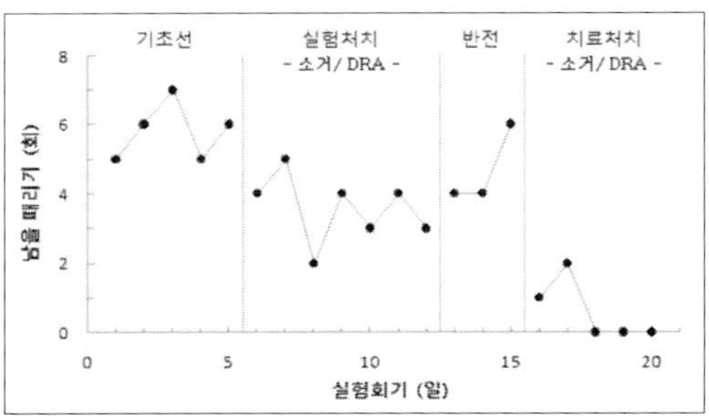

[그림 20-89] 너비 62mm, 높이 36mm로 고정된 그래프의 모습

그래프의 모습이다.

다음으로는 ᄒᆞᆫ글 문서상에서 그래프의 위치를 정한다. [개체 속성] 창에서 [☑ 글자처럼 취급]을 선택하면 그래프는 일반 글과 똑같이 동작한다. 따라서 그래프는 하나의 큰 글자처럼 취급되어 그래프가 차지한 줄에는 다른 글이 들어갈 수 없다. 그리고 ᄒᆞᆫ글의 정렬기능을 이용하여 그래프를 왼쪽, 가운데 또는 오른쪽에 위치하도록 설정할 수 있다.

그래프와 본문의 위상을 여러 가지로 조절할 수 있다. 먼저 [글자처럼 취급]을 해제하고, [본문과의 배치] 아래에 있는 첫 번째 나비 모양의 버튼 [어울림(R)]을 클릭한다. 같은 줄의 끝에 있는 [본문 위치]에서 [왼쪽]을 선택한다. 그리고 아래로 세줄 내려가 [☑ 쪽 영역 안으로 제한]을 선택(V)한다. 본문과 그래프는 서로 어울려 같은 공간에 사이좋게 공존할 수 있다.

여백 정하기 [개체 속성] 창에서 [여백/캡션] 탭을 연다. 그래프를 문서 오른쪽 끝에 위치시킬 것이라면, [그림 20-90]과 같이 [바깥 여백]은 왼쪽, 위쪽, 아래쪽을 모두 5mm로 정하고, 오른쪽 여백은 0mm로 한다. 정한 수치만큼 ᄒᆞᆫ글 문서가 그래프에서 떨어져 공간을 유지한다. 본문을 그래프로부터 더 멀리 떨어지도록 하려면 바깥 여백 수치를 높인다.

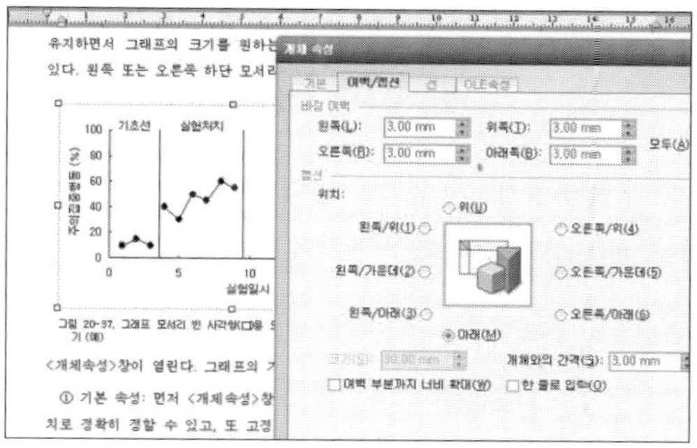

[그림 20-90] 여백 정하기와 캡션 기능

그래프 외곽선 그리기 [개체 속성] 창에서 [선] 탭을 클릭하여 [그림 20-91]과 같이 연다. 선 영역에서 [색]을 클릭하여 열고 원하는 색깔과 농도를 선택한다. [끝 모양]은 직선으로, [종류]는 점선으로, [굵기]는 0.10mm로 정해 보자. 모든 개체 속성을 설정한 다음 [개체 속성] 창 우측 상단에 있는 [설정] 버튼을 누르면 설정한 색깔과 크기에 맞게 외곽선이 만들어진다.

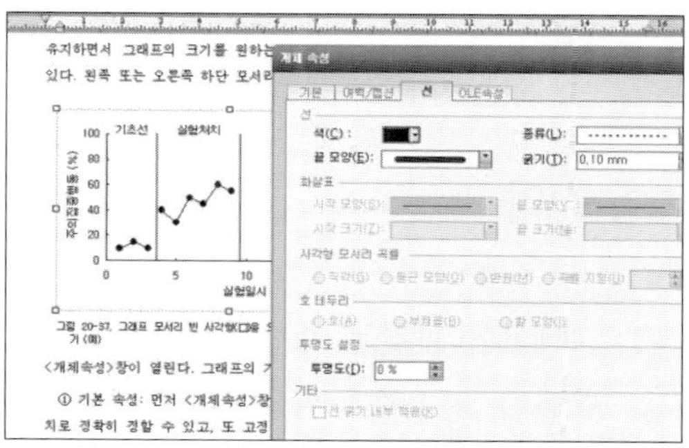

[그림 20-91] 외곽선 설정

3) 그래프 제목과 설명 삽입

이제 그래프 전체 제목과 설명을 삽입해 보기로 한다. 그래프 제목은 그림 하단에 위치시키는 것이 일반적으로 통용되는 규칙이다. 다음과 같은 순서로 훈글의 캡션 기능을 이용하여 그래프 제목과 설명을 삽입해 보자.

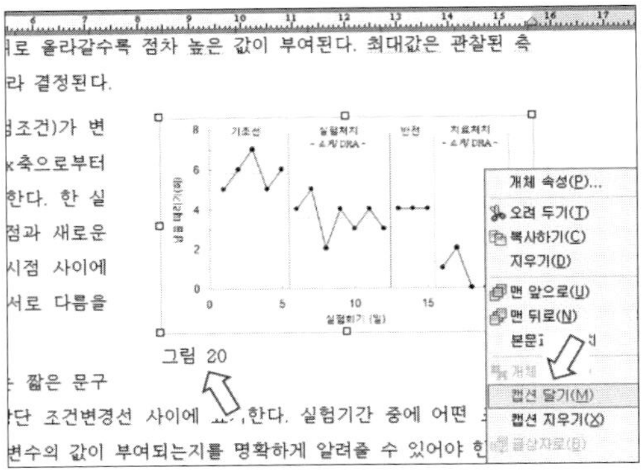

[그림 20-92] 캡션 달기

① 그래프 위에서 마우스 오른쪽 버튼을 클릭하여 단축 메뉴를 연다.

② [그림 20-92]와 같은 단축 메뉴가 열리면 화살표(⇩)가 지시하는 [캡션 달기]를 클릭한다. 그래프 하단에 [그림번호]와 함께 그림제목과 설명을 붙일 수 있는 공간이 형성된다. 만일 캡션이 그림 상단에 나타나면 커서를 그래프 위에 놓고 우측 버튼을 누르고, 단축 메뉴 중에서 [개체 속성]을 클릭하여 창을 연다. 이어서 [여백/캡션] 탭을 열고 캡션 위치에서 [아래(M)]를 선택한 후 [설정] 버튼을 누르고 빠져나온다. 그림제목이 그래프 하단으로 옮겨질 것이다. 그림이 아닌 표 제목을 설정할 때에는 [위(U)]를 선택한다.

③ 마지막으로 그림번호와 제목 및 설명을 써넣는다. 필요하면 그래프 번호를 고치고 적당한 제목과 설명을 붙인다. 예를 들어, 그림제목을 '그림 1. 수업단축이 아동의 주의집중 행동(%)에 미치는 효과'라고 작성해 보자. 엑셀에서 차트 제목을 설정하는 것보다 훈글의 캡션 기능을 이용하는 것이 훨씬 간단하고 쉬울 뿐 아니라 교정하기도 편리하다.

요 약

1. 그래프는 관찰된 측정치와 관련 변수들 간의 관계를 일목요연하게 시각적으로 전달한다. 응용행동분석에서 그래프는 연구 결과를 분석하고 해석하는 주요 수단으로 사용될 뿐 아니라 관련자들 간의 의사소통을 촉진하는 역할을 한다.

2. 그래프는 행동분석 연구의 결과를 해석하고 전달하는 일차적 수단으로서 많은 이점을 가지고 있다. 첫째, 행동 측정치를 그래프에 옮김으로써 생생한 시각적 정보

를 치료자와 연구자에게 제공한다. 둘째, 연구자와 치료자는 순간순간 일어나는 작은 행동의 변화도 놓치지 않고 바로 탐색할 수 있다. 셋째, 그래프는 통계적 분석과 마찬가지로 중요한 결정과 판단의 보조도구로 사용된다. 넷째, 그래프를 활용하는 시각적 분석은 행동 변화의 유의성을 검증하는 전통적인 방법이다. 다섯째, 그래프는 행동 변화의 의미와 유의성에 대한 독자적 판단과 해석을 가능하게 한다. 여섯째, 그래프 자료는 유사한 문제행동을 가진 사람들에게 치료방법을 쉽게 가르치고 전달할 수 있는 수단이다.

3. 꺾은선그래프에서 가로(x)축은 시간의 흐름과 독립변수를 표시한다. x축은 등간격으로 나뉘어 초, 분, 시, 일, 주, 월, 연 등 단위시간이 부여된다. 단위시간 아래에는 x의 제목을 써넣는다.

4. 세로(y)축에는 종속변수의 값, 즉 측정된 행동 특성의 범위가 등간척도로 표시된다. x축과의 교차점을 최소값(0점)으로 하여 위로 올라갈수록 점차 높은 값이 부여된다. 최대값은 관찰된 측정자료의 최고치와 측정방법에 따라 결정된다.

5. 조건변경선이란, 독립변수(실험조건)가 변경되는 시점을 알리기 위하여 x축으로부터 위쪽으로 수직으로 그린 구획선을 말한다. 하나의 실험조건이 종료되는 x축의 한 시점과 새로운 실험조건이 시작되는 x축의 한 시점 사이에 구획선을 그어 양쪽 실험조건이 서로 다름을 표시한다.

6. 실험조건 명칭은 한 단어 또는 짧은 문구로 작성하여 그래프의 상단 조건변경선 사이에 표기한다. 실험기간 중에 어떤 조건이 투입 또는 회수되는지, 또는 독립변수의 값이 어떻게 부여되는지를 명확하게 알려 줄 수 있어야 한다.

7. 좌표상에 그려진 작은 점들을 자료점이라고 한다. 이 점들은 x축과 y축에 부여된 두 변수 간의 특정한 관계를 표시한다. 자료점(●)들은 특정 시간 또는 실험처치 조건(독립변수)과 관련하여 수량화된 표적행동(종속변수)의 양적 특성을 나타낸다.

8. 자료통로란, 주어진 한 실험조건 내에서 각 자료점들을 시간 순서에 따라 실선으로 연결한 것을 말한다. 자료통로는 표적행동의 변화 수준과 추세를 보여 주며 자료의 해석과 분석의 초점이 된다.

9. 그림제목과 설명은 실험에 관여되고 있는 독립변수(치료적 요인)와 종속변수(행동

변화)에 관한 충분한 정보를 독자들에게 알리기 위하여 그래프의 하단에 마련된 간단명료한 진술을 일컫는다.

10. 막대그래프는 행동 측정의 자료를 그림으로 요약할 수 있는 단순하지만 용도가 큰 그래프이다. x축과 y축이 직각으로 교차하는 2차원 평면에 측정자료를 막대 기둥으로 표시한다. 시간의 흐름에 따라 변화되는 반응의 지속적 측정 결과를 나타낼 수 없다는 점이 꺾은선그래프와 분명히 다른 점이다.

11. 막대그래프는 두 가지 주요한 기능을 갖는다. 첫째, 시간요인과 상관없는 일련의 독립적 측정자료들만을 상호 비교할 때 편리하게 사용될 수 있다. 둘째, 막대그래프는 여러 실험조건에서 발생한 피험자 개인 또는 집단의 성취도를 시각적으로 요약해 준다.

12. 누가그래프는 자료 수집의 기본 수단으로서 동물을 대상으로 한 초기의 실험행동분석 연구로부터 사용되어 왔다. 누가기록은 주어진 어느 시점까지 기록된 반응의 총 발생횟수를 보여 준다. 누가그래프상에서 자료통로의 경사가 급할수록 반응비율이 높음을 나타내고, 자료통로의 경사가 완만할수록 반응비율이 낮음을 나타낸다.

13. 누가기록은 연속적이며 직접적인 측정자료이지만 아주 높은 비율로 발생하는 반응을 상호 비교하기에는 적절치 않다. 그러나 다음과 같은 경우 독특한 편리성이 있다. 첫째, 시간의 경과에 따라 누적되는 반응의 총 발생횟수에 관심이 있을 때, 둘째, 전반적 진행 상황이나 행동 수행의 상대적 비율을 한눈에 보고 파악하려고 할 때, 셋째, 관찰회기당 한 번씩 표적행동의 발생 정도를 확인해야 할 때, 넷째, 행동과 환경변수 간의 복잡한 관계를 효과적으로 밝혀야 할 때이다.

14. 낙하하는 물체의 속도는 등속으로 변화하지 않고 시간이 지날수록 기하급수적으로 가속화된다. 이러한 특성을 가진 측정치는 짧은 시간에 그래프의 한계를 크게 벗어나기 때문에 등간격으로 구성된 그래프상에 표시하기 어렵다. 이러한 문제점을 개선하기 위하여 로가리듬에 기초한 배율의 개념이 도입되었다. x축의 시간 차원은 등간척도로 표시되고 y축은 로그값으로 표시된 그래프를 준로그차트라고 한다.

15. 표준배율차트는 시간의 경과에 따라 가속적으로 변화되는 반응빈도(비율)를 그래프에 표시하고 분석하는 표준적 방법으로 개발되었다. 하루에 한 번(분당 0.000695회)

정도로 낮게 발생하는 반응으로부터 분당 1,000번 정도로 아주 높게 발생하는 반응까지 모두 한 좌표상에 표시할 수 있도록 고안된 준로그차트로서, 정밀학습에 의하여 발생하는 학습행동을 좌표상에 표시하고 분석하기 위하여 개발되었다.

16. 응용행동분석에서 가장 선호하는 꺾은선그래프의 작성요령이 세밀하게 설명되었다. 가로(x)축과 세로(y)축 그리기, 조건변경선 설치와 실험조건 표시방법, 자료점과 자료통로 그리기, 척도단절 표시하기, 그림제목과 설명 붙이기 등이 설명되었다.

17. MS 엑셀 2007을 활용하여 응용행동분석 연구에서 가장 많이 사용되는 꺾은선그래프를 그리는 절차와 방법이 설명되었다. 자료의 입력으로부터 복잡한 구조의 그래프를 그리는 방법에 이르기까지 구체적으로 설명되었다. 반전설계에 기초한 꺾은선그래프 작성, 복식기초선설계에 기초한 복층구조의 그래프 작성, 기준선변경설계 및 교체처치설계에 따른 자료의 입력과 그래프의 세밀한 교정에 이르기까지 자세히 설명되었다.

연구 문제

➲ 그래프 작성 원리와 방법에 기초하여 다음 문제를 논해 보자.

1. 응용행동분석에서 활용되는 그래프 작성의 목적과 이점에 대하여 논해 보자.
2. 꺾은선그래프의 구조와 기능을 설명해 보자.
3. 막대그래프의 차별화된 특성을 설명해 보자.
4. 누가그래프의 고유한 특성과 장점을 설명해 보자.
5. 로그척도의 의미를 설명하고 예를 들어 보자.
6. 우리 생활 중에 흔히 사용되는 로그척도에는 어떠한 것들이 있는지 찾아보자.
7. 표준배율차트의 구조와 특성 그리고 배율의 산출방법과 용도에 대하여 논해 보자.
8. MS 엑셀 2007을 활용하여 다양한 그래프를 작성해 보자.

제21장 시각적 분석

학습목표

1. 변산도의 의미와 유형을 설명할 수 있다.
2. 집중경향치에 입각한 평균 수준을 계산하고 해석할 수 있다.
3. 추세선의 의미와 유형을 해석할 수 있다.
4. 추세선을 그릴 수 있다.
5. 두 실험조건에 나타난 측정자료의 수준, 변산도, 추세를 비교 분석할 수 있다.
6. 두 실험조건에 나타난 차이의 의미를 해석할 수 있다.
7. 반응의 안정성과 기초선 논리를 설명할 수 있다.

응용행동분석에서는 통계적 분석과 해석을 지양하고, 시각적 분석[1]이라는 독특한 방법으로 행동 변화의 유의성을 검증한다. 자료분석의 핵심 대상은 ① 측정자료에 나타난 변산의 유형과 범위, ② 자료점들의 평균 수준, ③ 자료통로의 추세 등이다. 시각적 분석에서는 단일 치료조건 내에 또는 다수의 실험조건들 간에 나타나고 있는 세 가지 특성을 조사하고 비교 분석한다.

그래프 자체의 특성은 자료의 해석에 큰 영향을 미칠 수 있다. 따라서 자료를 해석하기 전에 먼저 그래프 전반의 구성에 대하여 조심스럽게 살펴볼 필요가 있다. 우선 그래프의 범례, 가로축과 세로축, 실험조건의 명칭 등을 살펴 그 그래프가 무엇에 관한 것인지부터 알아야 한다. 각 축의 척도는 물론, 척도단절표시가 있다면 그 위치와 그 척도값 및 상대적 중요성, 척도단절로 인한 그래프 자체의 왜곡 등을 잘 살펴야 한다. 또

1) Visual analysis

한 자료통로를 구성하는 자료점들이 올바로 연결되어 있는지, 자료점들은 직접 관찰된 원자료인지 또는 평균치나 기타 다른 측정치들로부터 환산된 것인지를 철저히 조사한다. 자료가 피험자 개인의 행동을 나타내는 것인지, 피험자 집단의 평균을 보여 주는 것인지도 살펴야 한다. 만일 이러한 모든 사항들에 의혹이 생기면 일단 자료의 해석을 중단하고, 가로축과 세로축을 다시 구성하여 그래프를 그려 보아야 한다. 그래프가 적절히 작성된 것으로 확인된 후에 자료를 분석하고 해석할 수 있다.

제1절 단일 실험조건 내에서의 시각적 분석

이 절에서는 단일 실험조건 내에서 자료들을 시각적으로 분석할 때 필요한 관찰된 자료의 수, 측정자료의 변산 정도와 특성, 평균 수준, 자료통로의 추세 등을 살펴본다.

1. 자료점들의 수

먼저 주어진 실험조건 내에 보고된 자료점들이 몇 개인지 세어 본다. 일반적으로 단위시간당 종속변수의 측정치가 많고 관찰기간이 길수록 그 자료는 행동 변화의 추정치로서 신뢰성이 더 높다. 물론 측정치의 타당도와 정확도가 높다는 전제하에서 이러한 추정이 가능하다. 하나의 실험조건에서 얼마나 많은 자료점들을 확보해야 하느냐 하는 것은 하나의 연구에서 동일한 실험조건이 몇 번 반복되느냐 하는 것과 상관이 있다. 일반적 규칙은 동일한 실험조건이 여러 번 반복되고 또 반복된 조건에서도 동일한 수준과 추세가 나타날 경우에는 상대적으로 자료점들을 많이 확보하지 않아도 된다. 또한 연구 결과가 선행연구와 유사하고, 이미 선행연구에서 잘 정립된 변수들 간의 관계를 연구하는 실험에서도 관찰을 오래 지속할 필요가 없다. 그러나 새로운 발견을 입증하는 연구에서는 이미 잘 알려진 변수건 새로운 것이건 상관없이 상대적으로 더 많은 자료의 수집이 요구된다.

자료가 많을수록 더 신뢰할 만하다고 설명하였지만, 자해행동처럼 건강과 생명에 위험을 초래할 수 있는 위험한 행동들을 기초선이나 반전기간과 같은 실험조건에 오래 노출시키는 것은 윤리적으로 허용될 수 없다. 또한 같은 맥락에서 논리적으로 볼 때 하지 못할 것이 분명한 행동을 반복적으로 측정하는 것도 의미가 없다. 예컨대, 덧셈도 못하는 아동에게 곱셈 문제를 주며 정답 반응의 수를 측정하려고 한다면 시간과 노력의 낭비일 뿐이다. 또한 실제로 표적행동이 발생할 수 있는 기회도 없는 상황에서 표적행동이 발생하지 않았다는 것을 증명하기 위하여 행동을 계속 관찰 측정하는 것도 불필요하다. 이 외에도 표적반응에 대한 친밀감, 관찰 측정의 조건 등도 자료의 신용도에 영향을 미칠 수 있다. 이상과 같은 점들을 고려하여 자료 수집의 양을 조절할 수 있다. 그리고 자료 수집의 양은 실험설계나 연구전략에 따라서도 달라질 수 있다. 이에 관해서는 연구설계에 관하여 논의할 때 자세히 설명하기로 한다.

2. 변산도

변산도[2]란 행동 측정치들이 서로 얼마나 다른지 그 차이의 정도를 나타내는 용어이다. 주어진 실험조건에서 변산도가 높다는 것은 측정된 자료들의 값이 서로 많이 다르다는 것을 의미한다. 또한 변산도가 높다는 것은 독립변수, 즉 치료적 중재조건 이외의 다른 요인들이 행동에 영향을 미치고 있다는 증거로 볼 수 있다. 즉, 연구자나 치료자가 이러한 외재변수에 대하여 충분한 통제력을 가지고 있지 못하다는 것을 의미한다. 따라서 연구자와 치료자는 변산도에 영향을 미칠 수 있는 외재변수들을 탐색하여 제거하는 데 힘써야 한다. 주어진 실험조건 내에서, 예컨대 기초선 기간 또는 치료적 중재기간 중에 변산도가 아주 높게 나타나면 예측 가능한 안정된 자료통로가 확보될 때까지 관찰기간을 연장하여 더 많은 측정자료를 수집할 필요가 있다. 반면에 변산도가 상대적으로 낮을 때는 관찰을 오래 지속할 필요가 없다. 여기서 안정된 자료통로란 측정치들 간의 차이가 적고 제일 높은 측정치와 제일 낮은 측정치 간의 범위가 작은 것을 말한다.

[그림 21-1]에는 여러 가지 유형의 변산도가 예시되었다. 그래프 A는 반응 수준과 변산도가 낮은 안정된 곡선이다. 앞으로 자료통로가 같은 모습으로 계속 유지될 것이 예상된다. 그래프 B는 반응 수준과 변산도가 상대적으로 높은 곡선이다. 그래프 A에서보다는 자료점들이 평균수준선(점선)으로부터 크게 이탈하고 있음을 볼 수 있다. 즉, 상대적으로 불안정한 그래프이다. 이러한 자료점들의 변산은 치료적 중재요인 이외의 다른 알 수 없는 외재변수에 의한 것으로 추정된다. 따라서 그 원인을 밝혀 제거함으로써

2) Variability (變散度)

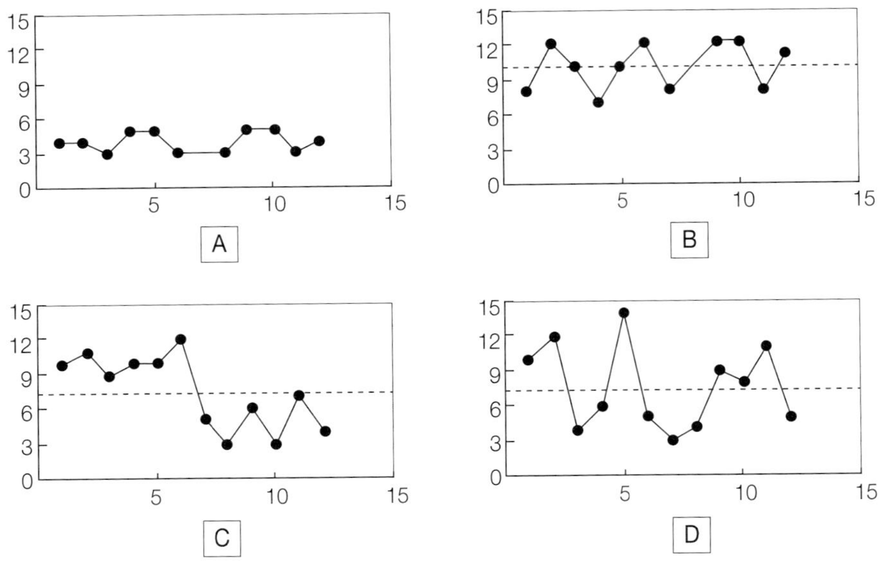

[그림 21-1] 변산도와 평균수준선

그래프 A는 반응 수준과 변산도가 낮은 안정된 곡선이다. 그래프 B는 반응 수준과 변산도가 상대적으로 높은 곡선이다. 그래프 C는 초기에는 안정적이며 높은 반응 수준을 보이다가 후반에 변산이 크고 반응 수준이 낮아진 모습을 보인다. 그래프 D는 변산도가 높아 평균수준선이 분포의 대표성을 가질 수 없는 곡선이다. 이 자료는 Cooper, Heron, & Heward(2007)의 *Applied Behavior Analysis* (2nd ed.), p. 151에서 발췌함.

치료적 중재요인의 영향력을 높일 필요가 있다. 그래프 C에서는 초기에 안정적이며 높은 반응 수준을 보이던 자료통로가 후반에 들어 큰 폭의 변산을 보이며 크게 낮아지고 있다. 이러한 분포에서 평균수준선은 자료점들을 대표할 수 없고, 표적행동이 앞으로 어느 방향으로 어떻게 변할 것인지 예측하기 어렵다. 관찰 전반과 후반에 발생한 이러한 변화는 치료조건 이외에 연구자가 통제할 수 없는 어떤 외재변수가 크게 작용한 것으로 볼 수 있다. 따라서 자료를 해석하고 분석할 때 갑작스러운 변화의 요인이 무엇인지를 밝혀 교정할 필요가 있다. 마지막으로 그래프 D는 변산도가 높아 평균수준선이 분포의 대표성을 가질 수 없는 곡선이다. 실험변수 이외의 다른 요인이 크게 작용하는 불안정한 곡선이다.

3. 수 준

수준[3]이란 일련의 행동 측정치(자료점)들의 범위를 대표하는 세로(y)축 척도상의 값을 일컫는 말이다. 시각적 분석에서는 하나의 실험조건을 단위로 그 안에 분포되어 있는 자료점들의 수준을 조사한다. 즉, 수준은 자료점들의 평균치, 중앙치 또는 범위 등과 같은 y축 척도상의 절대값으로 표현되며, 자료의 안정성 또는 변산의 정도는 수준에 비추어 평가된다. 그리고 행동의 변화를 평가할 때에도 한 수준에서 다른 수준으로 얼마나 변화되었는지 그 정도를 비교한다. 이와 같이 수준은 시각적 분석에서 대단히 중요한 구실을 한다.

한 실험조건 내에서 자료점들의 평균치를 y축 척도상의 값에 맞추어 수평 점선으로 표시한 것을 평균수준선[4]이라고 한다. 평균수준선은 자료점들의 평균치를 시각적으로 쉽게 볼 수 있도록 하는 편리한 점은 있지만 그 사용과 해석에 많은 주의가 요구된다. 아주 높은 안정성을 보이는 자료통로에서 평균수준선은 그 분포를 대표할 수 있는 통계치이기 때문에 결과의 해석에서 편리하게 사용될 수 있다. 앞의 [그림 21-1]에서 그래프 A와 같이 변산도가 아주 낮을 경우에는 그래프상에 평균수준선을 표시할 필요가 없다. 왜냐하면 자료점들 간에 차이가 적어 자료통로 자체로 쉽게 평균치를 추정할 수 있기 때문이다. 그래프 B, C, D에서는 평균수준선이 모두 그려져 있지만, 그래프 B에서만 평균수준선이 자료점들을 어느 정도 대표하고 있다. 그래프 C의 경우 평균수준선은 전체 자료점들의 분포 상황을 대표할 수 없다. 어느 한 자료점도 평균수준선과 일치하는 것이 없다. 또 평균선과 가까운 점들도 초기에는 모두 평균 수준보다 높은 경향을 보이고 있고, 후반부의 점들은 모두 평균 수준보다 낮은 편향을 가지고 있다. 따라서 그래프 C는 두 가지 서로 다른 성격의 자료통로가 공존하는 것으로 보는 것이 더 적절하다. 연구자는 이러한 변화의 원인이 무엇인지 확인하여야 한다. 그래프 C와 같은 평균수준선은 의미가 없을 뿐 아니라 그에 기초한 결과의 해석은 오해를 낳을 수 있으므로 주의하여야 한다. 마지막으로 그래프 D에서의 평균수준선도 역시 전체를 대표할 수 없다. 12개의 자료점 중 4개 정도만 평균수준선에 접근하고 있을 뿐, 나머지 자료점들은 모두 평균수준선에서 멀리 이탈하고 있다. 이와 같은 자료분포의 경우 평균수준선을 그려 시각적 평가에 사용하는 것은 적절치 않다.

3) Level (水準)

4) Mean level line (平均水準線)

때로는 산술평균치 대신 중앙치를 대표값으로 사용하는 것이 더 간편하고 편리할 수 있다. 즉, 평균수준선 대신 중앙수준선[5]을 그래프에 그려 시각적 분석에 활용할 수 있다. 중앙치(Mdn)란 측정된 모든 수치를 크기의 순서로 배열하였을 때 제일 중간에 위치하는 값을 말한다. 예컨대, 그래프에 제시된 측정치가 3, 2, 3, 1, 1이라면 우선 모든 점수를 크기 순서로 다시 배열한다. 제일 높은 숫자부터 다시 써 보면 3, 3, 2, 1, 1의 순서가 된다. 중앙치란 크기의 순서로 배열했을 때 중앙에 위치한 숫자를 말한다. 이 경우 제일 가운데 위치한 수치는 앞에서 세어도 세 번째, 뒤에서 세어도 세 번째에 위치한 2가 된다. 중앙치는 양극단의 자료에 영향을 받지 않기 때문에 보다 안정된 집중경향치가 될 수 있을 뿐 아니라 산술적 계산이 필요치 않아 간편하게 활용될 수 있다.

4. 추 세

추세[6]란 자료통로에 의하여 결정되는 전반적인 진로의 방향을 일컫는다. 추세는 자료통로의 이동 방향, 각도와 크기, 변산의 범위 등으로 기술된다. [그림 21-2]와 [그림 21-3]에서는 하나의 단위 실험조건 내에서 발생할 수 있는 여러 유형의 가상적인 자료통로와 상향, 하향 추세선을 예시하고 있다.

일련의 자료점들로 형성되는 추세의 방향과 각도를 그래프에 점선으로 표시한 것을 추세선[7] 또는 진행선[8]이라고 한다. 일련의 측정자료에 대한 추세선을 계산하고 그림으로 그리는 방법은 여러 가지이다. 먼저 그래프에 표시된 자료점들을 눈으로 확인하고 모든 자료들에 가장 잘 어울리는 직선을 손으로 그리는 방법이 있다. 대부분의 자료점들과 크게 동떨어진 한두 개의 자료는 무시하고, 나머지 자료들만을 이용하여 가장 적절한 추세선을 그린다. 이렇게 손으로 그리는 방법은 가장 빠르고 편리한 방법이지만 정확성이 결여된다는 점이 치명적인 단점이다. 최소제곱 선형회귀방정식[9]이라는 수학공식을 이용하여 추세선을 계산하는 가장 신뢰할 수 있는 방법(McCain & McCleary, 1979; Parsonson & Baer, 1978)도 있지만 복잡한 수학적 계산과정을 거쳐야 하는 것이 큰 단점이다. 수학적 계산 없이 비교적 정확히 추세선을 그릴

5) Median level line (中央水準線)

6) Trend (趨勢)

7) Trend line (趨勢線)

8) Line of progress (進行線)

9) Least-square linear regression equation

험조건을 서로 비교 분석할 때에도 역시 같은 내용이 다루어지지만, 근본적으로 다른 점은 실험조건의 변화에 따라 측정자료의 평균 수준과 추세 및 변산도는 어떻게 얼마나 변화되었는지를 비교하여 기술한다는 점이다. 이제 앞으로 실험 검증 과정에서 다루게 될 시각적 분석의 주 과제는 ① 두 실험조건 간에 발생한 행동 변화의 차이는 의미가 있는 것인지, ② 이러한 행동 변화의 차이는 실험처치의 효과인지 등을 확인하는 일이다. Miller(2006)는 두 실험조건(예: 기초선과 실험처치 기간) 간에 발생한 행동 변화의 차이를 입증하기 위해서는 다음과 같은 네 가지 조건이 충족되어야 한다고 하였다.

① 두 실험조건에 나타난 자료점들은 서로 중복되지 않고 분리되어야 한다. 두 조건에 분포된 자료점들이 *y*축 척도상에서 서로 겹치지 않고 분리되어 있을 때, 두 조건 간의 차이는 의미 있는 것으로 인정될 수 있다. 일반적으로 두 실험조건에 분포된 자료점들이 같은 범위 내에서 서로 중복되는 일이 많을수록 두 조건 간의 차이는 의미가 없는 것으로 평가된다. 즉, 독립변수의 효과에 대한 신뢰성은 그만큼 떨어진다. 반대로 한 실험조건의 자료점들이 인접한 조건의 자료점들과 같은 범위 내에서 서로 중복되는 일이 적을수록 독립변수의 효과에 대한 신뢰성은 그만큼 높아진다. 즉, 두 조건 간의 자료들이 상호 배타적일 때 두 조건은 서로 분리되었다(divided)고 볼 수 있다. [그림 21-8]의 왼쪽 그래프에서 과외지도의 측정자료는 기초선 자료의 범위와 겹치는 것이 하나도 없다. 따라서 두 조건 간의 차이는 신뢰할 만한 차이로 볼 수 있다. 그러나 오른쪽 그래프에서는 기초선 자료의 분포 범위 내에 과외지도 조건의 자료가 일부 겹친다. 따라서 두

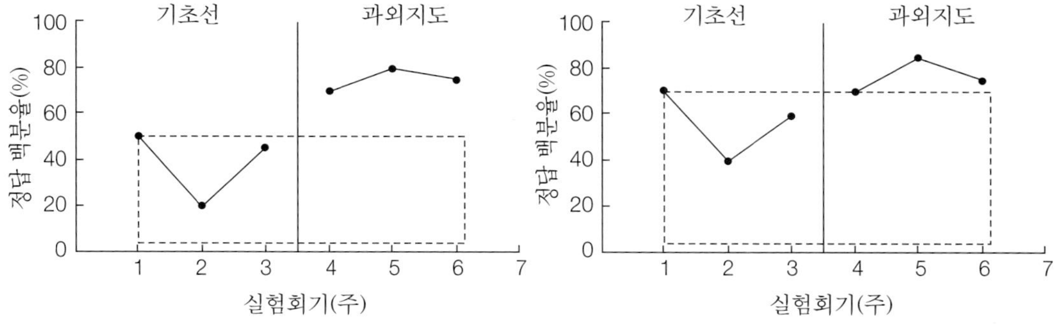

[그림 21-8] 과외지도의 효과

왼쪽 그래프에서 과외지도 조건의 측정치는 기초선 측정치의 범위(점선 사각형)와 중복되지 않는다. 오른쪽 그래프에서 과외지도 조건에서 얻은 측정치는 기초선 측정치의 범위와 일부 중복된다. 이 자료는 Miller(2006)의 *Principles of Everyday Behavior Analysis* (4th ed.), p. 112에서 발췌함.

조건 간의 차이는 그만큼 신뢰성이 의심될 수 있다.

② **두 실험조건에 나타난 자료점들은 안정되어야 한다.** 같은 실험조건에 분포된 자료들의 값이 서로 유사할수록 그 자료는 안정되었다고 하고, 측정된 자료들의 값이 크게 상이할수록 불안정하다고 말한다. 즉, 평균 수준이나 추세선을 기준으로 측정자료들이 가까이 밀집될수록 안정성이 있다고 평가되고, 멀리 이탈된 자료점들이 많을수록 불안정한 것으로 평가된다. 기술적으로 표현하면, 일련의 측정자료들이 낮은 변산도를 보일 때 그 자료들은 안정되었다고 말한다. [그림 21-9]에서 그래프 A는 평균 수준을 중심으로 자료들이 밀집되어 있고, 변산도가 아주 낮아 안정된 모습의 분포곡선을 보여 준다. 그래프 B는 평균 수준을 중심으로 자료들이 멀리 이탈되어 있고, 변산도가 아주 높아 불안정한 모습을 보이고 있다. 그래프 C는 추세선을 중심으로 자료들이 밀집되어 안정된 모습이다. 그러나 그래프 D는 자료점들이 추세선을 따라 분포되어 있지만 비교적 멀리 이탈되어 있어 불안정한 모습을 보여 준다.

Miller(2006)는 한 실험조건 내에 있는 자료들(자료통로)의 이동 방향이 다른 실험조

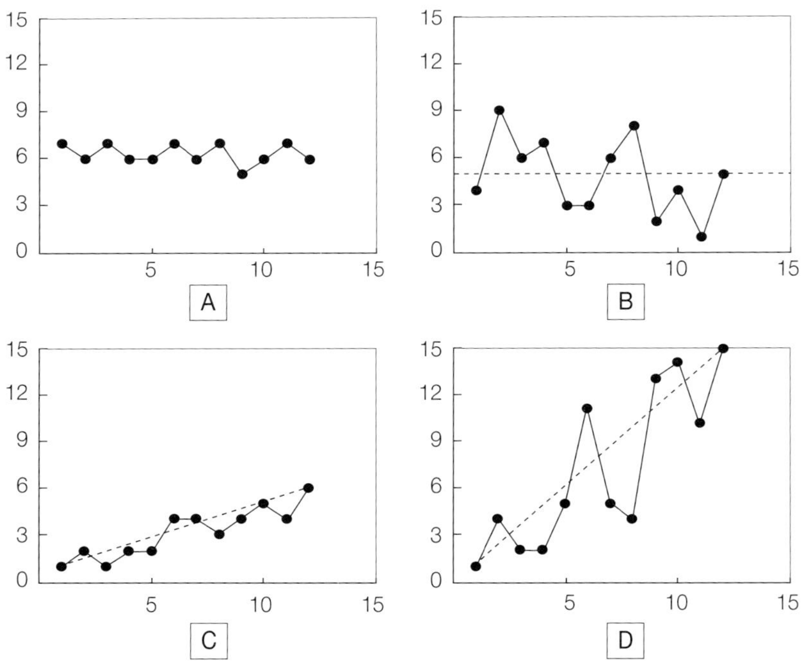

[그림 21-9] 자료통로의 여러 유형

그래프 A와 C는 안정된 그래프이고, 그래프 B와 D는 변산이 크고 불안정한 그래프이다. 이 자료는 Cooper, Heron, & Heward(2007)의 *Applied Behavior Analysis* (2nd ed.), p. 152에서 발췌함.

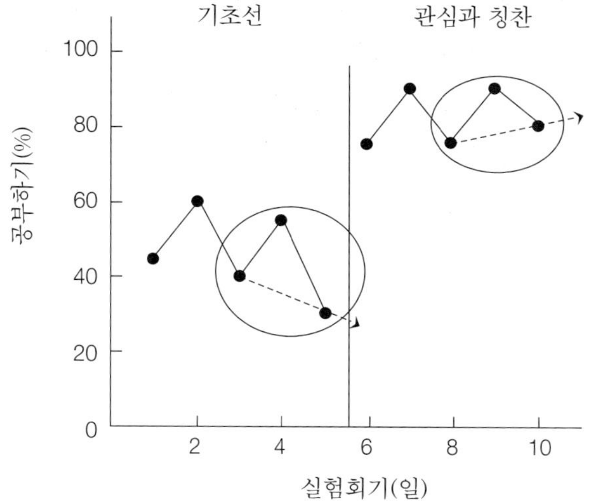

[그림 21-10] 분리성과 안정성이 높은 자료

두 실험조건에서 모두 안정된 반응곡선을 보이고 있다. 자료통로 또는 추세선의 진행 방향이 서로 반대쪽을 향하고 있다. 이 자료는 Miller(2006)의 *Principles of Everyday Behavior Analysis* (4th ed.), p. 116에서 발췌함.

건의 자료들 쪽으로 접근하지 않고 반대쪽으로 향하고 있는 것을 안정된 반응곡선으로 정의한다. [그림 21-10]에서 기초선 자료들은 감소하는 추세를 보이고 있고, 실험처치 조건(관심과 칭찬)의 자료들과는 반대쪽으로 향하고 있다. 따라서 기초선 곡선은 안정되었다고 볼 수 있다. 실험처치 조건(관심과 칭찬)의 자료들도 역시 기초선 자료점들이 있는 쪽으로 하향하는 추세를 보이지 않고 약간 증가하는 추세를 보이고 있다. 따라서 안정된 반응곡선으로 평가된다.

③ **분리성과 안정성이 높을수록 두 실험조건 간의 차이의 의미는 커지고 신뢰성도 높아진다.** 두 조건 간의 차이에 대한 신뢰성은 앞에 제시된 두 요인, 즉 분리성과 안정성에 의하여 결정된다. 두 조건에서 자료점들이 서로 중복되는 일이 적어 분리성이 높고 변산도가 낮거나 추세의 방향이 달라 안정성이 높을수록 두 조건 간의 차이는 실험변수에 의한 효과라고 믿을 수 있다. 그러나 중복되는 자료점들이 많아 분리성이 낮고 자료점들 간의 변산이 크거나 자료통로의 방향이 일치하여 안정성이 낮을 때는 두 조건 간의 차이가 실험변수에 의하여 발생한 효과라고 보기 어렵다.

예컨대, [그림 21-11]의 그래프 A와 같이 기초선과 실험처치 조건에서 자료점들이 서로 동일한 범위 내에서 중첩되고 자료들 간의 변산이 심한 경우, 두 실험조건 간에 나타난 차이는 실험처치만의 효과로 보기 어렵다. 이미 설명한 바와 같이 높은 변산도는 외재변수들에 의하여 발생한 효과일 가능성이 높기 때문이다. 대조적으로 그래프 B의 경우에는 기초선과 실험처치 조건에서 자료들은 모두 분리되고 각 조건 내에서 자료점들 간의 변산이 적은 안정된 모습을 보이고 있다. 따라서 두 조건 간의 평균 수준의 차이는 실험처치 조건에 의하여 발생한 효과라고 볼 수 있다. 그래프 C에서는 기초선과 실험처치 조건에서 자료점들이 서로 중복되지 않았지만, 기초선 자료통로의 방향이 실험처치 조건의 자료들을 향하고 있다. 따라서 안정성이 결여된 기초선으로 평가되어 두 조건 간의 평균 수준의 차이는 의미 있는 변화라고 믿기 어렵다. 실제로 두 조건 내의 자료들은 거의 동일한 추세로 상승하고 있다. 실험처치 조건에서의 행동 변화의 양상은 기초선에 나타난 상승 추세의 연장일 뿐 실험처치의 효과로 보기 어렵다.

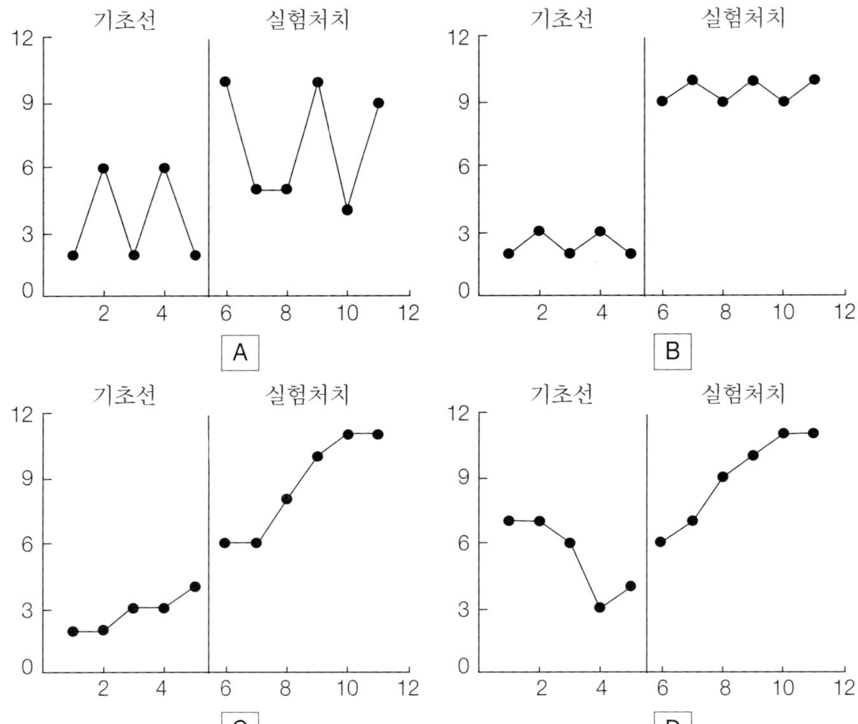

[그림 21-11] 두 조건 간의 분리성과 안정성

그래프 A에서는 두 조건 간에 분리성과 안정성이 모두 결여되고 있다. 그래프 B는 두 조건 간에 분리성과 안정성을 모두 갖추고 있다. 그래프 C는 분리성은 높지만 추세가 같아 안정성이 낮다. 그래프 D는 추세의 방향이 달라 안정성이 높은 반응곡선으로 평가된다.

그래프 D의 경우는 기초선은 실험처치 조건의 자료들과는 반대쪽으로 하향하는 추세를 나타내고 있으며, 실험처치 조건의 자료통로는 반대쪽으로 높은 증가 추세를 보이고 있다. 즉, 두 조건에서 자료통로들이 모두 안정된 것으로 평가된다. 따라서 두 조건 간의 차이는 실험변수의 효과로 해석될 수 있다.

④ 두 실험조건 간의 차이가 실험처치에 의하여 발생한 것인지 확인한다. 표적행동의 변화는 독립변수, 즉 치료적 처치 때문에 발생한 것인지 혹은 다른 요인에 의하여 영향을 받은 것인지 확인되어야 한다. ③항에서 분리성과 안정성이 높을 때 두 조건 간의 차이에 대한 신뢰성도 높다는 점을 언급하였다. 이제 남은 것은 두 조건 간에 발생한 행동변화의 차이가 실험처치(독립변수)의 효과라는 점을 입증할 차례이다. 분리성과 안정성이 보장되었다 하더라도 여타의 다른 경쟁가설을 모두 배제할 수 없다면 실험처치의 효과는 입증될 수 없다. 경쟁가설의 배척에 관한 내용은 '제22장 실험설계' 에서 설명하기로 한다. 다만 간략히 요점을 소개하면, 행동의 변화에 영향을 미칠 수 있는 개인차의 문제를 해결하여야 하고, 경쟁가설이 주장하는 시간적 일치성을 배제할 수 있어야 한다.

제4절 반응의 안정성과 기초선 논리

반응의 안정성[11]이란 안정된 반응 상태를 의미하는 것으로, 일정 기간 중에 측정된 양적 특성의 변산 폭이 상대적으로 작은 반응 유형을 일컫는다. 반응의 안정성은 기초선 논리를 뒷받침하는 중요한 개념으로서 강력한 귀납적 추론의 기본이 된다. 자료의 예측력, 효과의 검증력, 동일한 결과의 반복력 등은 기초선 논리의 핵심으로서 안정성 전략[12]이라고 불리는 실험접근 방법의 기본 개념이다. 이 전략은 새로운 실험조건을 투입하기 전에 먼저 행동에 영향을 미칠 수 있는 외재변수를 통제하여 안정된 반응 유형을 획득하려고 노력하면서 피험자를 주어진 조건에 반복적으로 노출시키는 실험방법을 일컫는다.

11) Stability (安定性)

12) Steady state strategy

1. 기초선 자료의 특성과 기능

응용행동분석에서는 피험자를 여러 실험조건에 노출시키면서 행동을 반복 측정한다. 그리고 이러한 실험과정에서 얻은 자료를 상호 비교함으로써 행동과 환경자극 간의 기능적 관계를 규명하려고 노력한다. 주어진 실험변수의 효과를 평가할 때 비교의 준거로 가장 일반적으로 사용되는 것은 기초선 자료이다.

1) 기초선 설정

기초선을 설정하는 첫째 목적은 실험조건의 효과를 탐색하기 위한 것이다. 응용행동분석에서 실험변수의 효과를 평가할 때 가장 중요시되는 것은 기초선이다. 일반적으로 실험변수를 투입하기 전에 먼저 표적행동의 작동 수준을 측정하여 기초선을 설정한다. 그리고 기초선이 일정 수준에서 안정되면 표적행동에 실험변수를 투입하여 행동의 변화를 측정하고 기초선 자료와 비교한다. 집단연구에서 실험집단의 결과를 통제집단의 결과와 비교하여 그 효과를 검증하는 것처럼, 응용행동분석에서도 기초선 자료는 실험조건에서 발생한 행동 변화의 효과와 비교 평가할 수 있는 중요한 준거가 된다.

둘째, 기초선 자료는 초기의 강화기준을 설정하는 데 필요한 중요한 정보를 제공한다. 특히 새로운 실험조건이 투입되는 초기에 분명한 행동 변화의 효과가 나타나도록 하기 위해서는 초기의 강화기준을 적절히 설정하지 않으면 안 된다. 강화기준이 너무 높으면 성공적 반응의 출현율이 낮아져 피험자가 강화를 경험할 기회가 적고 행동 변화의 가능성도 그만큼 낮아진다. 반대로 강화기준이 너무 낮으면 강화를 얻기 위한 노력이 불필요하기 때문에 행동 개선의 효과가 낮아질 수 있다.

셋째, 객관적인 기초선 측정자료는 연구 결과나 치료의 효과에 대한 올바른 평가를 가능하게 한다. 체계적인 기초선 측정자료는 연구자 자신뿐만 아니라 주변의 중요한 인물들에게 행동수정에 대한 관점을 바꾸도록 할 수 있다. 예컨대, 심한 도벽이 있는 아동의 훔치는 버릇이 최근 몇 달간의 치료적 노력으로 크게 감소하였다고 가정해 보자. 기초선 측정에서 그 발생빈도는 월 10여 회를 상회하였으나 최근에는 훔치는 일이 2개월 만에 한 번 발생하였다. 주관적 평가에 의하면, '이제 사람이 다 된 줄로 믿었건만 나쁜 본성은 어쩔 수 없구나! 이 아이는 구제불능이다.' 라며 실망하고 치료적 노력을 포기할 수 있다. 그러나 객관적인 기초선 자료와 비교하면 '구제불능' 이 아니라

'거의 완쾌'에 도달한 것이다. 따라서 치료자나 영향력이 있는 주변 인물들에게 '이제 조금만 더 지도하면 완전히 고쳐지겠다.'는 긍정적 희망을 갖게 할 수 있다.

2) 기초선 유형과 독립변수의 투입 시기

[그림 21-12]에는 네 가지 유형의 가상적 기초선이 제시되었다. 실제로 다양한 반응 수준, 추세, 변산 정도를 조합하면 기초선의 유형은 무한히 만들어질 수 있지만 이곳에서는 네 가지 유형으로 단순화하여 설명하기로 한다.

그래프 A는 상대적으로 안정된 기초선이다. 모든 자료점들은 y축상의 평균 수준을 중심으로 아주 낮은 변산 범위 내에 분포되어 있다. 어떠한 증가 추세나 감소 추세도 보이지 않는다. 이러한 특성을 가진 자료점들의 분포 또는 자료통로를 안정된 기초선

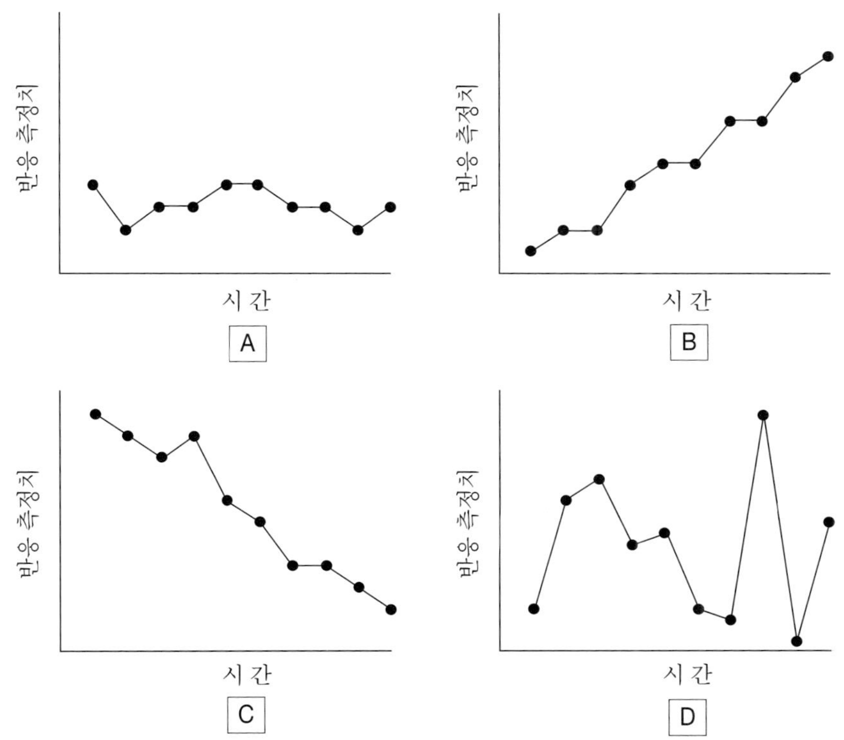

[그림 21-12] 기초선 유형과 독립변수의 투입 시기

그래프 A는 가장 안정된 기초선으로서 치료 효과와 비교할 수 있는 준거가 된다. 그래프 B와 C는 증가 추세와 감소 추세를 각각 나타내는 그래프로서 독립변수의 투입 시기 결정에 신중해야 한다. 그래프 D는 가장 불안정한 기초선이다. 독립변수의 투입 전에 외재변수의 확인과 통제가 선행되어야 한다. 이 자료는 Cooper, Heron, & Heward(2007)의 *Applied Behavior Analysis* (2nd ed.), p. 152에서 발췌함.

이라고 한다. 그래프 A와 같은 안정된 기초선은 독립변수(실험변수)의 효과와 비교할 수 있는 가장 바람직한 준거가 된다. 안정된 기초선을 보이던 반응분포가 독립변수의 투입시점과 일치하여 평균 수준, 추세, 변산도 등에 큰 변화가 발생한다면 그 변화는 독립변수의 투입과 높은 관련성이 있을 것으로 추정된다.

그래프 B와 C는 각각 상승하는 기초선과 하강하는 기초선의 모습을 예시한 것이다. 그래프 B의 자료통로는 시간이 갈수록 증가하는 추세를 보이는 반면, 그래프 C의 자료통로는 감소하는 추세를 보이고 있다. 이와 같이 기초선이 변화과정에 있을 때는 독립변수의 투입시점을 결정할 때 세심한 주의를 기울여야 한다. 이러한 변화의 시점에서 독립변수를 투입하면, 그 효과는 추세에 가려져 감지되지 못할 뿐 아니라 독립변수의 효과와 추세의 효과가 혼동되어 분간하기 어렵다. 따라서 치료적 중재조건(독립변수)의 투입 시기는 변화의 추세를 세심하게 살펴 결정해야 한다. 첫째로, 기초선의 추세가 치료목적과 일치하는 방향으로 변화하고 있을 때, 즉 행동이 개선되는 방향으로 변화되고 있을 때는 치료적 중재를 보류하고 기초선 관찰을 연장한다. 만일 상당 기간 기초선 관찰을 연장하였는데도 행동의 개선이 계속된다면 애초에 제기되었던 문제는 이미 해결된 것을 의미한다. 따라서 계획된 치료적 중재를 시도할 이유가 없다. 만일 이미 개선되고 있는 행동에 치료적 중재조건을 투입하면 어떻게 될까? 나쁠 것이야 없겠지만 치료의 효과가 독립변수에 의한 것인지 혹은 추세에 따라 저절로 개선된 것인지를 밝히기 어렵기 때문에 연구의 목적을 상실할 수 있다. 둘째로, 개선되던 추세가 중단되고 일정한 범위 내에서 안정세를 보이거나 또는 반대 방향으로 악화되는 추세를 보이기 시작할 때는 치료적 중재를 시작할 수 있다. 또한 기초선의 추세가 표적행동을 심각하게 악화시키는 방향으로 변화되고 있을 때에는 즉시 치료적 중재를 시작해야 한다. 치료적 중재를 시작할 명분이 분명하기 때문이다. 나빠지던 행동의 추세를 반대쪽으로 변화시킨다는 것은 그만큼 치료적 중재 효과가 강력하다는 것을 의미한다. 따라서 독립변수(치료적 중재)의 효과가 흐려지거나 혼동될 이유가 없다.

그래프 D는 대단히 불안정한 기초선이다. y축상에서 자료점들은 특정한 추세를 보이지는 않지만 평균 수준을 중심으로 큰 폭의 범위에서 변화하고 있다. 이와 같이 변산이 심하고 불안정한 기초선 상태에서 독립변수를 투입하는 것은 실험의 성과를 분석하려는 관점에서 볼 때 대단히 현명하지 못한 일이다. 앞서 설명한 바와 같이 심한 변산도는 실험변수 이외의 통제할 수 없는 외재변수의 효과일 가능성이 높기 때문이다. 그러므로 먼저 심한 변산의 원인을 찾아 제거하거나 통제한 연후에 독립변수를 투입하여야 한다. 그렇지 않으면 행동 변화의 원인을 확인하기 어렵다.

2. 예 측

예측[13]이란, 현재로서는 알 수 없는 미래에 일어날 결과에 대한 수량적 예견을 일컫는 말이다. 예측은 어떤 현상을 정밀하게 계량화할 수 있을 때 가능하며, 모든 과학과 기술의 발전은 연구 대상에 대한 정밀한 측정과 계량화에 근거한다. 예컨대, 목적지까지의 거리를 수량적으로 정확히 측정할 수 있고 자동차의 안정된 평균속도를 정확한 수치로 알 수 있다면, 목적지에 도달할 때까지 소요될 시간을 정확히 예측할 수 있다. 이와 같이 과학적 예측은 연구 대상과 관련된 변수들에 대한 정확한 측정을 기본으로 하며, 이러한 계량적 정보를 활용하여 미래의 결과를 예측할 수 있다.

1) 예측의 신뢰성

[그림 21-13]은 안정된 기초선 유형을 보여 주는 일련의 가상적 측정자료를 그래프에 표시한 것이다. 초기 5회기까지의 관찰 자료점들은 큰 변산 없이 일정한 범위 내에서 안정된 모습을 보이고 있다. 앞으로 특별한 환경변화가 발생하지 않는다면 뒤따르는 자료들도 같은 범위 내에서 유사한 모습을 보일 것으로 예측된다. 가상이기는 하지

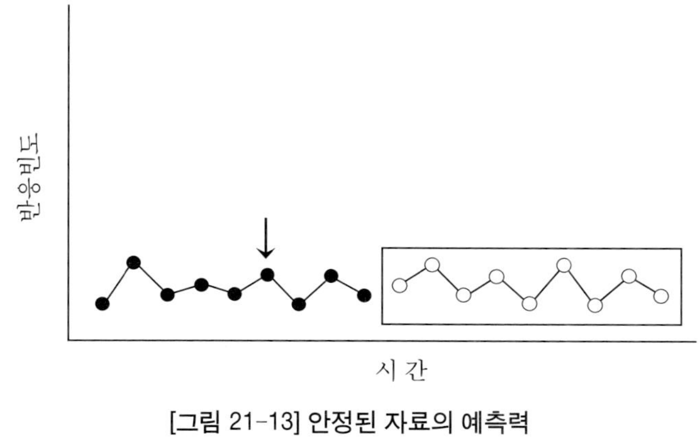

[그림 21-13] 안정된 자료의 예측력

검은색 자료점들은 실제로 측정된 값으로 안정된 기초선을 나타낸다. 네모상자 안의 흰색 자료점들은 동일한 환경에서 관찰을 계속한다고 가정할 때 예측되는 가상적 측정값들이다. 이 자료는 Cooper, Heron, & Heward(2007)의 *Applied Behavior Analysis* (2nd ed.), p. 169에서 발췌함.

13) Prediction (豫測)

만, 제6회기 이후의 관찰 결과는 예상대로 초기 5회기의 관찰 결과와 동일한 범위 내에 머물고 있다. 이러한 예측은 다음 자료에 대해서도 계속될 수 있으며, 이러한 예상이 실제로 확인될 때 예측에 대한 신뢰성은 더욱 두터워진다. 이와 같이 기초선 전 과정을 통하여 모든 자료점들이 작은 변산의 범위 내에서 안정된 모습을 보일 때, 미래의 예측에 대한 신뢰성은 더욱 높아진다. [그림 21-13]에서 네모상자 안에 분포된 흰색 자료점들은 앞으로 큰 변화 없이 동일한 자극 상황에서 관찰이 지속될 경우 예상되는 가상적 자료점들을 표시한 것이다. 즉, 동일한 자극사태에서 관찰이 계속된다고 가정할 때 기초선 자료와 동일한 범위 내에서 안정된 자료점들이 관찰될 것으로 예측할 수 있다.

2) 기초선 관찰기간

미래의 행동을 신뢰성 있게 예측하려면 기초선 관찰자료를 얼마나 확보해야 하는가? Baer와 동료들(1968)은 자료의 안정성이 명백해질 때까지 기초선 관찰을 계속할 것을 요구한다. 일반적으로 모든 조건이 동일하다면 관찰 측정의 횟수가 많을수록 그리고 관찰기간이 길수록 안정성과 예측력이 높은 자료를 확보할 수 있다. 따라서 기초선 자료의 안전성이 의심스럽다면 독립변수의 투입을 보류하고 관찰기간을 연장할 필요가 있다. 표적행동의 특성에 대한 연구자의 지식은 기초선 관찰기간의 길이와 독립변수의 투입 시기를 결정하는 데 중요한 요인이 될 수 있다. 또한 유사한 반응군에 대한 연구자의 개인적 경험과 전문지에 보고된 기초선 유형에 대한 풍부한 정보에 근거하여 기초선 관찰기간을 조절할 수 있다.

Cooper와 동료들(2007)은 '기초선 자료는 적어도 5회기 이상 수집되어야 한다.' 라든지, '2주 연속 기초선 자료를 모아야 한다.' 는 주장은 근거가 없다고 일축한다. 관찰기간이나 수집된 자료의 수가 중요한 것이 아니라 수집된 자료 자체가 실험연구에서 비교의 준거로 사용될 수 있을 만큼 충분한 안정성을 유지하고 있느냐가 더 중요하기 때문이다. 즉, 자료의 안정성 자체가 기초선 관찰기간이나 독립변수의 투입 시기를 결정하는 데 더 중요한 관건이 된다. 따라서 모든 조건이 동일하다는 전제하에서 현재 진행 중인 관찰과 반복 측정된 자료의 예측력과 신빙성에 근거하여 기초선 관찰기간의 길이를 결정하여야 한다.

3. 후건긍정의 논리

안정된 기초선의 예측력은 연역적 추론의 일종인 '후건긍정'[14]이라는 논리의 활용을 가능하게 한다. 후건[15]이란 가언판단[16]에서 어떤 가정하에 주장되는 판단을 말한다. 예컨대, '물의 온도가 100℃ 이상 상승하면 물이 끓는다.' 라는 명제에서 '물의 온도가 100℃ 이상으로 상승하면' 은 전건[17]이고 '물이 끓는다.' 는 후건이다. 전건은 조건이나 이유 따위를 표시하는 부분이고, 후건은 가언판단에서 귀결(歸結)을 표시하는 부분이다.

후건긍정의 논리는 다음과 같은 가언적(假言的) 삼단논법에 의하여 진행된다. 가언적 추론에서 대전제는 항상 가정문으로 시작된다. 예를 들면, '물의 온도가 100℃ 이상으로 상승하면 물이 끓는다.' 와 같은 형태이다. 대부분의 과학적 원리는 이와 같은 가언적 명제로 표현된다. 모든 자연현상은 어떤 조건이 형성될 때만 실제로 나타날 수 있기 때문이다. 소전제는 '그런데 물이 끓고 있다.' 와 같이 어떤 구체적 현상(또는 발견된 사실)의 기술로 표현된다. 이러한 구체적 현상을 대전제(원리)에 적용하여 그 발생 조건이나 이유, 즉 그 원인을 찾으려는 것이다. 물이 현재 끓고 있다는 사실로 미루어서 현재 물이 끓을 수 있는 조건이나 이유, 즉 원인을 대전제로부터 끌어내려는 것이다. 즉, '그러므로 현재 물의 온도는 100℃ 이상일 것' 이라는 결론을 유추하는 것이다. 간단히 말해서, 후건긍정의 논리는 후건(B)이 참이라는 실증을 들어 전건(A)이 참이라는 것을 검증하는 것이다. 논리학의 용어라 낯설고 까다로워 보이지만 내용은 비교적 단순하다.

가언적 삼단논법을 일반화하면 〈글상자 21-1〉에서 후건긍정의 논리와 같다. 이미 언급된 바와 같이, 대전제는 항상 가언적 명제(가정문, if-then의 형태)로 표현된다. '만일 A가 참이면 B가 참이다.' 라는 조건적 대전제이다. 소전제는 B가 참이라는 것을 실증적으로 표현하는 것이다. 그리고 B가 참이라는 실증을 들어 A도 참이라고 유추한다.

〈글상자 21-1〉의 오른쪽 내용은 가언적 삼단논법을 응용행동분석에 적용한 것이다.

---

14) Affirmation of the consequent (後件肯定)

15) Consequent (後件): If-then 형식의 명제에서 then 이하의 내용을 말한다.

16) 假言判斷: If-then의 명제에서 if 절(전건)이 '참' 일 때 then 이하의 주절(후건)이 '참' 으로 판단되는 것을 말한다.

17) Antecedent (前件): If-then 형식의 명제에서 if 절의 내용을 말한다.

글상자 21-1

가언적 삼단논법

	후건 긍정의 논리	응용행동분석에의 적용
대전제	① 만일 A가 참이면(전건) B가 참이다(후건).	① 만일 독립변수가 행동의 통제요인이라면 (A) 독립변수의 투입은 행동을 변화시킬 것이다(B).
소전제	② 그런데 B가 참으로 밝혀졌다.	② 그런데 독립변수가 투입될 때 행동의 변화가 발생하였다.
결론	③ 그러므로 A는 참이다.	③ 그러므로 독립변수는 행동의 통제요인이다.

[그림 21-14]의 '실험처치' 기간 중에 발생한 행동 변화(검은색 자료점들)의 원인은 독립변수(실험처치 요인)의 투입이라는 것을 입증하는 데 후건긍정의 논리를 사용한 것이다. 즉, 독립변수가 투입되는 '실험처치' 기간에 행동의 변화가 발생했다는 사실(B)이 '참'으로 긍정된다면, 바로 이 사실을 대전제와 대조하여 독립변수가 바로 행동의 통제요인(A)이라는 결론을 유추할 수 있다. 다시 말하면, 후건긍정의 핵심은 '실험처치' 기간 중에 발생한 행동의 변화(B)가 '참'이라는 것을 입증하는 것이다. 이러한 추론과정에서 가장 중요한 역할을 하는 것은 '안정된 기초선의 예측력'이다. [그림 21-14]에

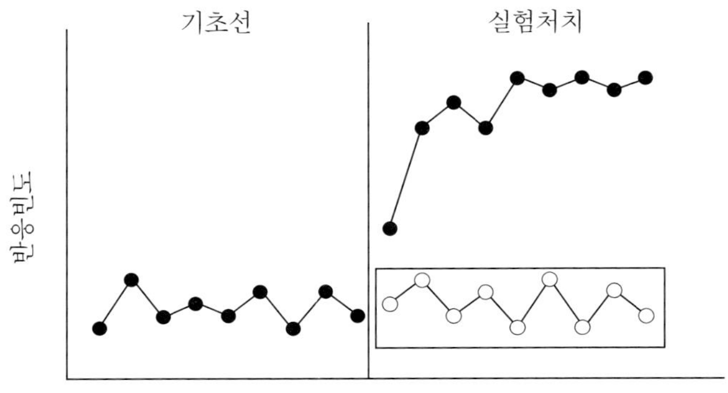

[그림 21-14] 후건긍정의 논리와 기능적 관계의 검증

실험변수의 투입 기간 중에 관찰된 측정치들은 실험변수가 투입되지 않을 경우에 예측된 반응 수준(상자 안의 흰색 자료점들)보다 월등히 높다. 이 자료는 Cooper, Heron, & Heward(2007)의 *Applied Behavior Analysis* (2nd ed.), p. 171에서 발췌함.

서 상자 안의 흰색 자료점들은 독립변수의 투입이 없다는 전제하에서 가상적 반응 수준을 예측한 것이다. 만일 독립변수의 투입이 행동 변화에 영향을 미치지 않았다면 '실험처치' 기간 중에 측정된 반응 수준(검은색 자료점들)은 바로 예측된 반응 수준(흰색 자료점들)과 유사한 결과로 나타났을 것이다. 그러나 두 자료 간에는 유사성이 전혀 없고 오히려 유의한 큰 차이가 있을 뿐이다. 따라서 '독립변수가 투입될 때 행동의 변화가 발생하였다.'는 소전제(B)는 '참'이 될 수밖에 없다.

4. 실험처치 효과의 검증

지금까지는 안정된 기초선 논리에 근거하여 독립변수의 효과를 주장할 수 있었다. 즉, 실험처치 기간 중에 실제로 관찰된 자료(검은색)와 예측된 자료(흰색) 간의 차이는 독립변수의 투입 효과라는 것을 후건긍정의 논리로 주장할 수 있었다. 그러나 이러한 논리의 가장 큰 결함은 수많은 경쟁가설을 배제할 수 없다는 점이다. 따라서 이제부터는 경쟁가설들을 배제하고 독립변수(실험처치)만의 효과를 입증할 수 있는 방법을 찾아보기로 한다.

실험처치의 효과를 검증하기 위해서는 먼저 실험처치 기간 중에 독립변수를 투입하지 않았다면 초기의 기초선 수준이 그대로 변함없이 유지되었을 것이라는 점을 입증하는 것이다(Risley, 1969). 즉, 기초선 불변에 대한 최초의 예측을 사실로 입증함으로써 실험처치 기간 중에 관찰된 행동의 변화가 독립변수의 투입과 관계가 있을 가능성을 밝히는 일이다. 이러한 검증방법을 통하여 안정된 기초선이 가지는 예측의 정확성을 입증하고 미지의 외재변수의 개입 가능성을 배제할 수 있다. 이러한 검증전략의 배후에는 역시 후건긍정의 추론과정이 기본 논리로 작용한다.

[그림 21-15]에서는 독립변수의 효과를 검증하기 위하여 '기초선 2'라는 실험조건 하나를 더 추가한다. 이 실험조건에서는 모든 실험처치 변수를 회수하고 이전의 기초선 조건으로 복귀한 상태에서 행동의 변화를 관찰한다. '기초선 2' 조건에서 옅은 회색의 네모상자 안에 있는 흰색 자료점들은 실험처치 조건이 중단되지 않고 계속될 경우를 가정하고 예측한 가상적 자료들이다. 그리고 짙은 회색의 네모상자 안에 있는 검은색 자료점들은 실험처치 조건이 철회된 상태에서 관찰된 실제 자료들이다. 효과의 검증과정에서는 예측된 자료점들과 실제로 측정된 자료점들 간의 차이를 중요시한다. 독립변수(실험변수)와 행동 변화 간의 기능적 관계를 입증하는 중요한 요인이 되기 때

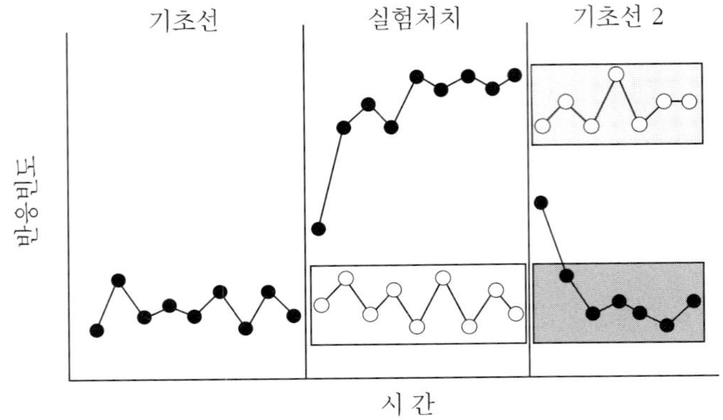

[그림 21-15] 후건긍정과 기초선 불변의 검증

실험처치를 일시 중단함으로써 실험처치의 효과를 다시 확인하는 동시에 초기에 예측했던 기초선 불변을 확인할 수 있다. 이 자료는 Cooper, Heron, & Heward(2007)의 *Applied Behavior Analysis* (2nd ed.), p. 172에서 발췌함.

문이다. 실험처치 기간에 발생한 행동의 변화는 독립변수의 투입에 의하여 발생한 것이고 다른 요인이 개입될 가능성이 희박하다는 것을 입증하기 위하여 기초선 조건으로의 복귀를 시도하면서 다음과 같은 두 가지 후건긍정의 추론을 활용한다.

첫째, 독립변수의 철회시점과 행동 변화의 시점이 서로 일치함을 확인함으로써 행동 변화가 독립변수에 의하여 발생하였음을 입증한다. 첫 번째 실험([그림 21-14] 참조)에서는 독립변수의 투입과 행동 변화 간의 시간적 일치성을 들어 독립변수의 효과를 주장하였다. 이번에도 동일한 논리와 전략을 사용하지만 그 방향이 반대이다. 즉, 실험처치 효과의 안정성과 예측력의 논리에 근거하여, 투입되었던 독립변수를 철회하면서 행동 변화의 시간적 일치성을 검증한다. 중요한 것은 2번씩이나 시간적 일치성이 우연히 발생할 확률은 크지 않다는 것을 확인하는 것이다. 따라서 이번 실험에서는 외재변수의 영향력, 즉 경쟁가설을 배제할 수 있는 근거가 더 확실해진다. 초기의 검증 시도가 A-B 설계에 의한 단순비교 방법이었다면, 이번에는 A-B-A 설계에 해당한다.

1. 만일 독립변수가 행동의 통제요인이라면(A) 독립변수의 철회와 동일한 시점에서 행동의 변화가 발생할 것이다(B).
   (가언적 대전제: A가 참이면 B가 참이다.)
2. 그런데 독립변수의 철회와 동일한 시점에서 행동 변화가 발생하였다(B).
   (소전제: B는 참이다.)

3. 그러므로 독립변수는 행동의 통제요인이다(A).
   (결론: A는 참이다.)

둘째, 안정된 기초선의 불변성에 관한 예측을 사실로 검증함으로써 실험처치 중의 변화는 독립변수의 효과라는 것을 입증한다. 첫 번째 실험에서는 안정된 기초선에 대한 예측이 독립변수의 효과를 검증하는 데 사용된 추론의 근거였다([그림 21-14] 참조). 이번 실험에서는 독립변수가 투입될 경우와 투입되지 않을 경우 행동의 변화에 큰 차이가 있음을 실제로 보여 주는 데 큰 의미가 있다. [그림 21-15]에 제시된 바와 같이, 이번 실험에서는 '기초선 2'라는 실험조건을 추가하고 초기의 기초선 상태로 복귀하여 행동의 변화를 관찰한다. 만일 이 기간 중에 관찰된 측정치들이 최초 기초선 자료점들 또는 그 예상치(치료처치 중의 흰색 자료점들)와 유사하다면, 특별한 환경 변화가 없는 한 기초선은 변화되지 않을 것이라는 기초선 논리를 강력하게 뒷받침하는 결과가 될 것이다. 따라서 실험처치 중에 발생한 행동의 변화는 독립변수에 의한 것임을 한 번 더 확신하게 된다.

1. 만일 최초의 기초선 조건이 행동의 통제요인이라면(A) 기초선 조건으로의 복귀는 초기 기초선 조건에서와 유사한 반응 수준을 나타낼 것이다(B).
   (가언적 대전제: A가 참이면 B가 참이다.)
2. 그런데 기초선 조건으로 복귀하자 최초의 기초선 조건에서와 유사한 반응 수준이 관찰되었다(B).
   (소전제: B는 참이다.)
3. 그러므로 기초선 조건은 행동의 통제요인이다(A).
   (결론: A는 참이다.)

[그림 21-15]에서 기초선 2 기간 중에 측정된 6개의 자료점들(짙은 회색 상자 내의 검은 자료점들)은 최초 기초선의 자료점들과 동일한 범위 내에서 유사성을 보일 뿐 아니라 실험처치 중에 예측되었던 자료점들(흰색 상자 내의 흰색 자료점들)과도 일치하는 모습을 보이고 있다. 즉, 기초선에서의 예측이 사실로 입증된 것이다. 또한 기초선 2의 옅은 회색 상자 안에 있는 흰색 자료점들은 독립변수가 철회되지 않고 관찰이 연장되었을 경우를 가상하여 예측한 측정치들이다.[18] 실험처치 기간 중에 실제로 관찰된 자

18) 안정된 기초선 논리에서 언급된 예측에 관한 내용은 기초선에서뿐 아니라 어떤 실험조건에서도 동일하게 적용될 수 있다.

료와 기초선 2 기간 중에 실제로 관찰된 자료 간의 차이는 '만일 독립변수가 행동의 통제요인이라면 독립변수의 철회와 동일한 시점에서 행동의 변화가 발생할 것' 이라는 첫 번째 가언적 대전제를 긍정한다. 또한 기초선 2 기간 중에 얻은 자료와 기초선 기간 중에 측정된 자료의 유사성은 '만일 최초의 기초선 조건이 행동의 통제요인이었다면 기초선 조건으로의 복귀는 초기 기초선 조건에서와 유사한 반응 수준을 나타낼 것' 이라는 두 번째 가언적 대전제를 입증한다.

5. 동일한 결과의 반복

결과의 반복[19]이란 한 연구에서 이전에 시행되었던 독립변수의 조작을 반복하여 유사한 결과를 얻는 것을 말한다. 실험연구에서 반복은 다음과 같은 두 가지 중요한 목적을 갖는다. 첫째로, 독립변수 이외의 다른 변수가 행동의 변화에 영향을 미칠 가능성을 배제하기 위해서이다. 동일한 외재변수가 실험에서 2번씩이나 우연히 행동에 영향을 미칠 확률은 통계적으로 아주 낮기 때문이다. 반복된 실험에서 동일한 결과를 얻는다면 외재변수의 영향으로 볼 수 있는 확률은 낮고 독립변수만의 효과로 볼 수 있는 확률은 높다. 둘째로, 같은 결과의 반복은 행동 변화의 신뢰성을 입증한다. 동일한 결과를 다시 얻었다는 것은 그만큼 독립변수인 치료적 중재가 다시 사용될 경우 같은 결과를 얻을 수 있다는 확신을 갖도록 한다.

[그림 21-16]에서는 실험처치 2 기간이 추가로 설정되었고, 반복실험의 결과도 추가되었다. 기초선 2 기간 중에 측정된 자료점들이 안정된 것을 확인한 다음 독립변수를 재투입한다. 독립변수의 재투입으로 얻은 결과가 실험처치에서 얻은 반응 수준과 유사할 때 결과의 반복이 이루어졌다고 말할 수 있다. 이와 같이 동일한 실험과정의 반복으로 동일한 결과를 얻게 되면 이제 독립변수와 종속변수 간의 기능적 관계는 의심할 수 없는 강력한 증거를 확보한 셈이 된다. 물론 기능적 관계의 확신에 영향을 주는 요인은 무수히 많겠지만, 특히 측정체제의 정확성과 민감성, 모든 관련 변수에 대한 연구자의 통제 능력, 실험기간의 길이, 반응의 안정성, 각 실험조건 내에서의 행동 변화의 속도, 크기, 일관성 등은 가장 중요한 요인이다. 이러한 모든 요인이 만족되면 효과의 반복이 기능적 관계를 입증하는 가장 중요한 요인이 될 것이다.

19) Replication

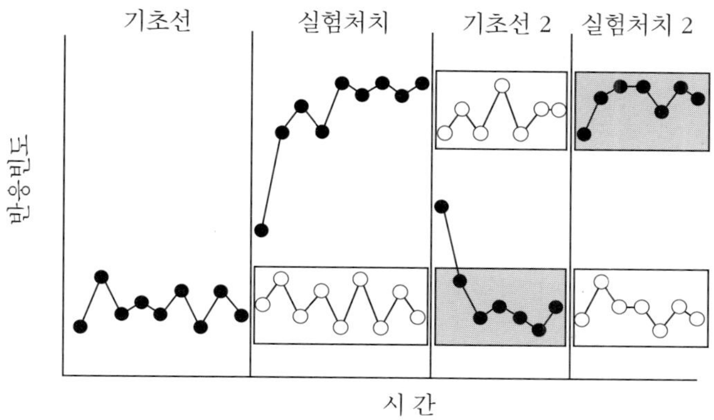

[그림 21-16] 실험조건의 재투입과 실험 효과의 반복

실험처치 2에서 얻은 측정치(회색 상자 안의 검은 자료점들)는 독립변수와 표적행동 간에 기능적 관계가 있을 가능성을 높여 준다. 이 자료는 Cooper, Heron, & Heward(2007)의 *Applied Behavior Analysis* (2nd ed.), p. 173에서 발췌함.

한 실험에서 동일한 결과를 반복하기 위하여 독립변수의 투입과 철회를 여러 번 조작할 수 있다. 반복의 횟수는 앞서 열거한 제반 요인을 충분히 고려하고 동일한 결과를 얻은 유사한 다른 선행연구들을 참고하여 심사숙고한 끝에 결정되어야 한다.

요 약

1. 응용행동분석에서는 통계적 분석과 해석을 지양하고, 시각적 분석이라는 독특한 방법으로 치료적 중재의 효과와 행동 변화의 유의성을 검증한다. 측정자료에 나타난 변산의 유형과 범위, 자료점들의 평균 수준, 자료통로의 추세 등은 분석의 핵심이 된다. 시각적 분석에서는 한 치료조건 내에 또는 여러 실험조건들 간에 나타나는 이러한 특성들을 조사하고 비교 분석한다.

2. 단일 실험조건 내에서 자료들을 시각적으로 분석할 때는 먼저 각 실험조건별로 보고된 자료점들이 몇 개인지 세어 본다. 일반적으로 단위시간당 종속변수의 측정치가 많고 관찰기간이 길수록 그 자료는 행동 변화의 추정치로 신뢰성이 더 높다. 그러나 자해행동처럼 건강과 생명에 위험을 초래할 수 있는 위험한 행동들을 기초선이나 반전기간과 같은 실험조건에 오래 노출시키는 것은 윤리적으로 허용

될 수 없다. 또한 논리적으로 볼 때 하지 못할 것이 분명한 행동을 반복적으로 측정하는 것도 의미가 없다.

3. 변산도는 관찰 측정치들이 서로 얼마나 다른지 그 차이의 정도를 나타내는 용어이다. 변산도가 높다는 것은 측정된 자료들의 값이 서로 많이 다르다는 것을 의미하며, 치료적 중재조건 이외의 다른 요인들이 행동에 영향을 미치고 있다는 증거라고 볼 수 있다. 따라서 연구자와 치료자는 변산도에 영향을 미치는 요인들을 탐색하여 제거하는 데 힘써야 한다. 반면에 변산도가 상대적으로 낮을 때는 관찰을 오래 지속할 필요가 없다.

4. 수준은 일련의 행동 측정치(자료점)들의 범위를 대표하는 y축 척도상의 값을 일컫는 말이다. 즉, 수준은 평균치, 중앙치 또는 범위 등과 같은 y축 척도상의 절대값으로 표현되며, 자료의 안정성 또는 변산 정도는 수준에 비추어 평가된다. 또한 행동의 변화를 평가할 때에도 여러 실험조건 간에 발생한 수준의 변화 정도를 상호 비교한다.

5. 추세는 자료통로에 의하여 결정되는 전반적인 진행 방향을 일컫는다. 추세는 자료통로의 이동 방향, 각도와 크기, 변산 범위 등으로 기술된다. 그래프에 표시된 일련의 자료점들로 형성되는 추세의 방향과 각도를 그래프에 점선으로 표시한 것을 추세선 또는 진행선이라고 한다. 수학적 계산 없이 비교적 정확히 추세선을 그릴 수 있는 가장 실용적인 방법은 양분진행선을 그리는 것이다.

6. 기초선, 실험처치, 반전, 치료처치 등과 같이 서로 다르거나 유사한 여러 실험조건들 간에 발생한 행동 변화를 시각적으로 분석할 때는 실험조건의 변화에 따라 측정자료의 평균 수준과 추세 그리고 변산도가 어떻게 얼마나 변화되는지를 비교하여 기술한다. 첫째, 실험조건이 변경되는 시점에서 즉각적인 행동의 변화가 발생하였는지의 여부를 확인한다. 둘째, 실험조건들 사이에 전반적 성취 수준의 차이가 있는지를 비교한다. 셋째, 평균수준선은 실험조건들 간의 전반적 수준을 비교할 때 편리하게 사용된다. 넷째, 새로운 조건이 시작된 후 어떤 시점에서 행동이 변화되고 있는지를 살핀다. 다섯째, 각 실험조건의 자료에 나타난 추세를 분석한다.

7. 실험 검증과정에서 다루는 시각적 분석의 주 과제는 ① 두 실험조건 간에 발생한

행동 변화의 차이는 의미가 있는지, ② 그 행동 변화의 차이는 실험처치의 효과인지 확인하는 일이다. 두 실험조건 간에 발생한 행동 변화의 차이를 입증하기 위해서는 다음과 같은 조건이 성립되어야 한다. 첫째, 두 조건의 자료점들은 서로 중복되지 않고 분리되어야 한다. 둘째, 두 조건의 자료점들은 안정되어야 한다. 셋째, 분리성과 안정성이 높을수록 두 조건 간의 차이의 의미는 커지고 신뢰성도 높아진다. 넷째, 두 조건 간의 차이가 실험처치에 의하여 발생한 것인지 확인한다.

8. 일반적으로 실험변수를 투입하기 전에 먼저 표적행동의 작동 수준을 측정하여 기초선을 설정한다. 기초선이 일정 수준에서 안정되면 표적행동에 실험변수를 적용하면서 행동의 변화를 측정하고 기초선 자료와 비교한다. 집단연구에서 실험집단의 결과를 통제집단의 결과와 비교하여 그 효과를 검증하는 것처럼, 응용행동분석에서도 기초선 자료는 실험처치에서 발생한 행동 변화의 효과와 비교 평가할 수 있는 중요한 준거가 된다.

9. 모든 자료점들이 평균 수준을 중심으로 아주 낮은 변산 범위 내에 분포되고 어떤 증가 또는 감소 추세도 보이지 않는 자료통로를 안정된 기초선이라고 한다. 이러한 안정된 기초선은 독립변수(실험변수)의 효과와 비교할 수 있는 가장 바람직한 준거이다. 안정된 기초선을 보이던 반응분포가 독립변수의 투입시점과 일치하여 평균 수준, 추세, 변산도 등에 큰 변화가 발생한다면 그 변화는 독립변수(치료적 중재조건)의 투입과 높은 관련성이 있을 것으로 추정된다.

10. 기초선이 상승 추세나 하강 추세를 보이며 변화과정에 있을 때는 독립변수(치료적 중재조건)의 투입시점을 결정할 때 세심한 주의를 기울여야 한다. 첫째로, 기초선의 추세가 치료목적과 일치하는 방향으로 변화하고 있을 때는 치료적 중재를 보류하고 기초선 관찰을 연장한다. 둘째로, 개선의 방향으로 이동하던 추세가 중단되고 일정한 범위 내에서 안정세를 보이거나 또는 반대 방향으로 악화되는 추세를 보이기 시작할 때는 치료적 중재를 시작할 수 있다. 그러나 변산이 심하고 불안정한 기초선 상태에서는 독립변수의 투입을 보류하고 먼저 변산의 원인을 찾아 제거하거나 통제하여야 한다. 이러한 외재변수의 통제 이전에 독립변수를 투입하면 행동 변화의 원인을 확인하기 어렵기 때문이다.

11. 예측이란, 현재로서는 알 수 없는 미래에 일어날 결과에 대한 수량적 예견을 일컫는 말이다. 예측은 어떠한 현상을 정밀하게 계량화할 수 있을 때 가능하며, 모든

과학과 기술의 발전은 연구 대상에 대한 정밀한 측정과 계량화에 근거한다. 과학적 예측은 연구 대상과 관련된 변수들에 대한 정확한 측정을 기본으로 요구하며, 이러한 계량적 정보를 활용하여 미래의 결과를 예측할 수 있다.

12. 안정된 기초선의 예측력은 연역적 추론의 일종인 '후건긍정' 이라는 논리의 활용을 가능하게 한다. 후건긍정의 논리는 가언적(假言的) 삼단논법에 의하여 진행된다. 가언적 삼단논법에서 조건적 대전제는 '만일 A가 참이면, B가 참이다.' 라고 진술된다. 소전제는 B가 참이라는 것을 실증적으로 표현하는 것이다. 그리고 B가 참이라는 실증을 들어 A도 참이라고 유추한다.

13. 후건긍정 논리의 가장 큰 결함은 수많은 경쟁가설을 배제할 수 없다는 점이다. 실험처치(독립변수)의 효과를 검증하기 위해서는 실험처치 기간 중에 독립변수를 투입하지 않았다면 초기의 기초선 수준이 그대로 변함없이 유지되었을 것이라는 점을 입증해야 한다. 즉, 기초선 불변에 대한 최초의 예측을 사실로 입증함으로써 실험처치 기간 중에 관찰된 행동의 변화는 독립변수의 투입과 기능적 관계가 있을 가능성을 밝히는 일이다. 이러한 검증방법을 통하여 안정된 기초선이 가지는 예측의 정확성을 입증하고 외재변수의 개입 가능성을 배제할 수 있다. 이러한 실험전략의 배후에는 역시 후건긍정의 추론과정이 기본 논리로 작용한다.

14. 동일한 결과의 반복은 한 연구에서 이전에 시행되었던 독립변수의 조작을 반복하여 유사한 결과를 얻는 것을 말한다. 실험연구에서 반복은 두 가지 중요한 목적을 갖는다. 첫째로, 독립변수 이외의 다른 변수가 행동의 변화에 영향을 미칠 가능성을 배제하기 위해서이다. 둘째로, 같은 결과의 반복은 행동 변화의 신뢰성을 입증한다.

연구문제

➲ 시각적 분석의 논리에 근거하여 다음 문제를 논해 보자.

1. 시각적 분석의 핵심요소인 변산도, 수준, 추세의 개념을 설명해 보자.
2. 주어진 자료를 가지고 양분진행선을 작성해 보자.
3. 두 가지 이상의 실험조건에서 발생한 행동 변화를 비교 · 분석할 때 수준, 변산도, 추세 등은 어떻게 활용되는지 설명해 보자.
4. 두 조건 간의 차이의 분석에서 요구되는 네 가지 조건을 설명해 보자.
5. 반응의 안정성과 기초선 논리를 설명해 보자.
6. 후건긍정의 논리와 경쟁가설에 대한 대책을 논해 보자.
7. 기초선 불변에 대한 예측을 입증하는 방식으로 치료처치 효과를 검증할 수 있을지 논해 보자.
8. 실험연구에서 반복의 두 가지 목적을 설명해 보자.

제22장 실험설계

학습목표

1. 집단설계와 단일피험자설계의 차이를 설명할 수 있다.
2. 단순비교설계와 경쟁가설의 문제를 설명할 수 있다.
3. 효과의 검증을 위한 반전설계를 계획할 수 있다.
4. 효과의 검증을 위한 복식기초선설계를 계획할 수 있다.
5. 효과의 검증을 위한 교체처치설계를 계획할 수 있다.
6. 효과의 검증을 위한 기준선변경설계를 계획할 수 있다.
7. 치료 효과의 일반화를 위한 계획을 세울 수 있다.

지금까지 응용행동분석 연구에 관하여 수없이 많은 사례를 설명해 왔지만, 교육 및 심리학 연구에서 흔히 언급되는 '실험집단', '통제집단' 또는 '통계적 방법'이란 말이 전혀 언급되지 않아 의아하게 생각될 것이다. 여기서는 교육 및 심리학 연구에서 일반적으로 사용되는 연구방법을 간략하게 살펴보고, 응용행동분석의 독특한 연구방법에 관하여 설명하기로 한다. 가정, 학교, 특수교육 현장에서 아동의 행동 문제를 연구할 때 행동의 이론과 기법을 잘 아는 것도 중요하지만 자신의 연구 결과를 검증하고 하나의 보고서로 남기기 위해서는 실험설계 방법을 올바로 익히는 것이 무엇보다 중요한 일이다.

제1절 집단연구 방법

심리학이나 교육학 연구에서는 일반적으로 집단설계와 통계적 방법이 많이 사용된다. 응용행동분석 연구의 차별화된 특성을 설명하기 전에 이 절에서는 먼저 집단에 관하여 간략히 살펴보기로 한다.

1. 집단설계와 통계적 방법

교육학이나 심리학 연구에서 둘 또는 그 이상의 여러 교수법 및 치료기법 중 어느 것이 더 효과적인 방법인지 탐색하려 할 때 흔히 사용되는 방법은 집단설계법이다. 예를 들어, 학습자의 정답을 칭찬으로 강화하는 것과 오답을 벌하는 것 중 어느 방법이 더 효과적인지 확인하려 할 경우를 가정해 보자. 연구자는 먼저 모든 능력이 동일하다고 가정되는 2개 학급을 실험 대상으로 표집한다. 그런 다음 두 집단에 서로 다른 교수방법을 일정 기간 투입한 후 두 집단의 학업성취도를 비교한다. 만일 정답을 칭찬하는 학급의 평균 성적이 오답을 벌하는 학급의 평균 성적보다 더 높게 나왔다면, 이제 두 집단 간의 평균 성적의 차이가 통계적으로 의미가 있는지를 검증한다. 그리고 통계적 검증이 긍정적이면 정답을 칭찬하는 교수법이 오답을 벌하는 교수법보다 더 효과적이라고 결론을 내린다. 그러나 통계적 유의도가 검증되지 않으면 두 집단 간의 차이는 우연적인 것으로 의미가 없다고 결론을 내린다.

집단연구의 장점은 연구 결과를 모집단에 일반화할 수 있다는 점이다. 즉, 모집단으로부터 표집된 실험집단에서 어떤 교수법의 효과가 입증되었을 때 그 결과는 모집단에 일반화하여 적용할 수 있다. 그러나 집단설계에서는 집단 전체의 종합적인 효과만을 입증할 뿐 각 개인에게 미치는 개별적인 효과에 관한 정보는 제시하지 못한다. 이러한 점은 집단연구의 큰 약점이 될 수 있다. 예컨대, 어떤 지도방법이 집단 내의 대부분 학생들에게 효과적이라 할지라도, 일부 학생에게는 전혀 효과가 없거나 극단적으로 어떤 학생에게는 역효과를 나타낼 수도 있기 때문이다. 응용행동분석 연구에서는 집단설계나 통계적 방법보다는 거의 대부분 단일피험자설계를 사용한다. 주로 고유하게 학습된 한 개인의 독특한 문제행동을 평가하고 수정한다. 그 개인만이 가지는 독특한 환경적 원인이나 기능성을 분석하고, 이에 기초하여 개인에게만 적용되는 고유한 치료적 방안을 처방한다. 따라서 개인에 관한 정보를 제공하지 못하는 집단연구를 선호하지 않는 것은 당연한 일이다. 그러나 단일피험자 연구의 단점은 연구 결과를 모집단이나 다른 개체에 일반화하여 적용할 수 없다는 점이다.

집단설계에서 또 하나의 문제점은 실험집단을 선정할 때 모든 조건이 모집단 또는 다른 실험집단과 동일한 이상적인 집단을 표집하는 일이 어렵고 거의 불가능하다는 점이다. 동일 집단을 표집하려고 노력하는 이유는 연구 결과에 영향을 미치는 개인차 요인을 최대한 배제하기 위해서다. 그러나 대부분의 현장연구에서는 이미 행정적으로 구성된 기존의 학급을 실험집단으로 정하는 것이 보통이다. 이러한 경우 실험 성과와 그 통계적 검증에 대한 신뢰성을 잃기 쉽다. 그러나 단일피험자 연구에서는 동일한 개체를 연구 대상으로 하기 때문에 개인차 요인은 염려할 필요가 없다.

2. 상관연구

교육 및 심리학 연구에서 다음으로 많이 활용되는 연구방법은 상관연구이다. 둘 또는 그 이상의 변수들 간에 서로 어떠한 관계가 있는가, 즉 한 변수가 변함에 따라 다른 변수는 어떻게 변화되는가를 측정하여 밝히는 연구이다. 예컨대, 공부 시간량이 증가함에 따라 학업성적이 그에 상응하게 향상된다면 학습시간과 학업성적 간에는 정적 상관관계가 있다고 말한다. 반대로 '부적상관'은 한 변수가 증가할 때 다른 변수는 반대로 감소되는 것을 말한다. 아동의 TV 시청시간이 늘어날수록 학업성적은 떨어지는 경우를 예로 들 수 있다.

지능과 학업성적, 부모의 양육태도와 자녀의 성격 형성, 또는 성취동기와 학업성적 간에 서로 어떤 관계가 있느냐를 밝히는 연구들이 바로 상관연구이다. 두 변수 간에 높은 상관이 있으면 상호 간에 어떤 인과관계가 있을 가능성이 있다. 그러나 두 변수 간에 서로 높은 상관이 있다 하더라도 상호 간에 반드시 어떤 인과관계가 있다고 가정하는 것은 논리적으로 맞지 않는다. 예를 들어, 학생들의 머리카락 길이와 학업성적 간에 매우 높은 정적상관이 있다고 가정하자. 그렇다고 학생들이 머리카락을 기르면 성적이 향상될 것이라는 인과관계를 가정하는 것은 말도 되지 않는다. 따라서 응용행동분석에서는 상관연구 방법을 거의 사용하지 않는다. 상관연구를 통해서 학생들의 성적을 높여 줄 수 있는 방법이나 문제행동을 변화시킬 수 있는 요인을 직접 찾아내기는 어려운 일이기 때문이다.

실험처치를 시작한다. 두 번째 상황에서도 표적행동이 다시 안정된 모습을 보이거나 또는 정해진 성취 수준에 도달하면 이제 다음 상황에서 실험처치를 시작한다. 이와 같이 여러 상황에서 시차를 두고 관찰된 자료를 분석하여 실험조건의 투입과 행동 개선 간의 시간적 일치성을 검증한다. 효과의 분석방법과 절차는 앞서 설명한 바와 같다.

[그림 22-4]는 한 실험조건을 여러 상황에 적용하여 학생들의 지각하는 행동에 미치는 효과를 검증한 가상 사례이다. 이 연구의 대상인 특수학급(25명) 학생들은 수업 시작을 알리는 종이 울려도 교실에 제때 들어오지 않고 지각하는 일이 많았다. 교사는 우선 학생들이 지각을 많이 하는 시간을 확인하였다. 아침 첫 교시, 점심식사 후 첫 교시(제5교시), 오후 마지막 교시에 지각생이 가장 많았다. 교사는 이 세 가지 상황에서 표적행동을 관찰하여 기초선을 설정하였다. 그림에서 6일간 관찰된 기초선을 보면 세 상황에서 모두 안정된 모습을 보인다. 따라서 오전 제1교시 상황에서 먼저 실험처치를 시작하였다. 6일간의 기초선(평균 7.5회) 관찰을 마친 후 7일째 되는 날 교사는 학생들에게 다음과 같이 '착한 어린이 훈장 수여' 계획을 제시하였다. 즉, 아침 첫 시간이 시작되기 4분 전에 학교에 와서 자리에 앉아 있는 학생에게는 '오늘의 착한 어린이' 라고 새겨진 플라스틱 훈장을 달아 주기로 하였다. 이러한 계획이 시작된 첫날부터 지각하는 학생은 처음 3일을 제외하고 한 명도 없었다. 반면에 치료조건이 투입되지 않는 다른 두 상황에서는 지각생이 전혀 줄어들지 않았다.

실험 13일째 되는 날부터 교사는 같은 실험조건을 점심식사 후 첫 교시(제5교시)에도 적용하였다. 그러니까 '오늘의 착한 어린이' 훈장을 받으려면 아침 첫 시간과 점심 후 제5교시에 지각하지 않고 4분 전에 제자리에 앉아 있어야 했다. 이러한 조건이 도입된 날부터 아침 제1교시와 점심 후 제5교시에 지각하는 학생은 처음 2, 3일 동안 한 아동을 제외하면 거의 없었다. 그러나 아직도 실험조건이 적용되지 않는 오후 마지막 교시에 지각하는 학생의 수는 여전히 평소와 같았다. 교사는 18일째부터 오후 마지막 교시에도 같은 실험조건을 적용시켰다. 즉, 아침, 점심, 오후 마지막 시간 모두 지각하지 않은 아동에게만 '오늘의 착한 어린이' 훈장을 수여하기로 하였다. 그 결과는 역시 대단하였다. 한 학생이 하루 한 번 지각한 것 외에는 하루 3번의 수업시간에 지각한 학생은 아무도 없었다.

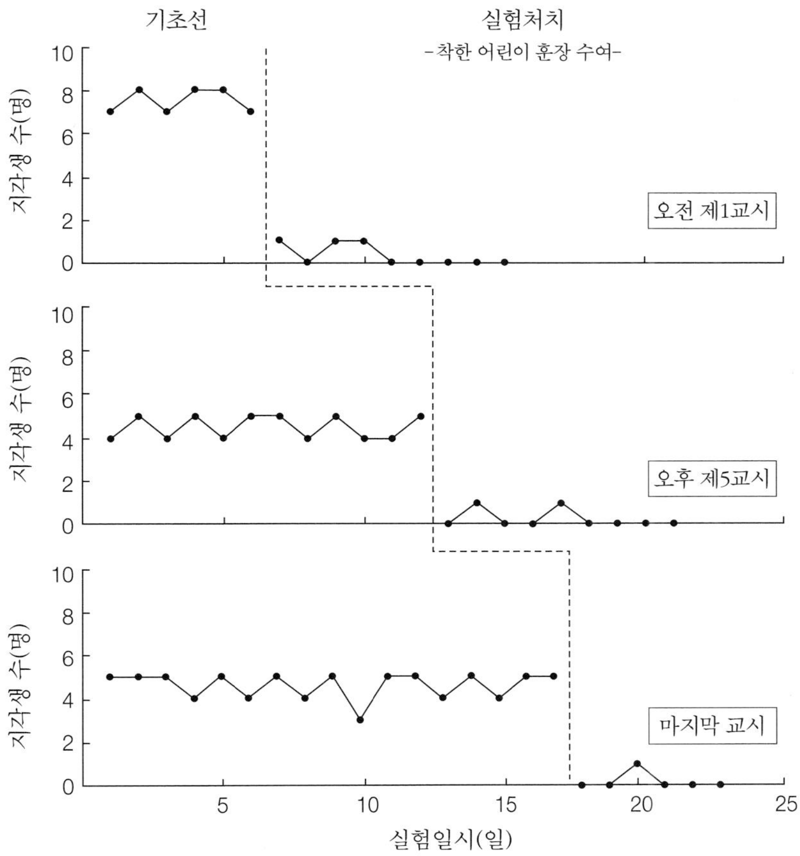

[그림 22-4] 복식기초선설계 II

동일한 실험조건(착한 어린이 훈장 수여)을 여러 상황에 시차를 두고 적용하여 학생들의 지각하는 행동에 미치는 효과를 검증한 가상 사례이다.

3) 한 실험조건을 여러 사람에게 적용할 경우

복식기초선설계는 한 실험조건을 같은 문제행동을 가진 여러 사람에게 적용하여 그 성과를 검증하는 데도 사용된다. 예컨대, 토큰강화가 아동들의 수학성적을 올리는 데 효과가 있는지 검증할 경우를 가정해 보자. 교사는 우선 실험학급을 몇 개 선정한 다음 학급별로 기초선을 측정한다. 그러고 나서 일정 기간의 시간 차이를 두고 각 학급에 토큰제도를 실시한다. 모든 실험이 끝난 다음 교사는 학급별로 토큰강화 기간 중의 성적이 기초선 기간에 비하여 얼마나 향상되었는지를 비교할 수 있다.

이해를 돕기 위하여 간단한 연구 하나를 살펴보기로 한다. 중학교에서 영어를 가르치는 정 교사는 학생들의 학습 성과를 높이기 위하여 수업시간마다 10문항의 간단한 쪽지시험을 보았다. 대부분의 학생들은 좋은 성적을 올리고 있었으나, 창호, 덕수, 선우 세 학생의 성적은 몹시 불량하였다. [그림 22-5]를 보면 8일간의 기초선 기간 중 세 학생 모두 5점 이하의 점수를 맞는 일이 많았다. 9일째 되는 날, 정 교사는 창호를 불러 놓고 매일 쪽지시험에서 7점 이하의 점수를 받는 날은 방과 후 30분 동안 개별 과외지도를 받아야 한다고 하였다. 방과 후 '개별 과외지도'를 받는 일은 학생들이 몹시 꺼리는 일이었다. 첫날 창호는 10점을 맞았고, 그 후에도 매일 8점 이상 10점 만점을 맞은

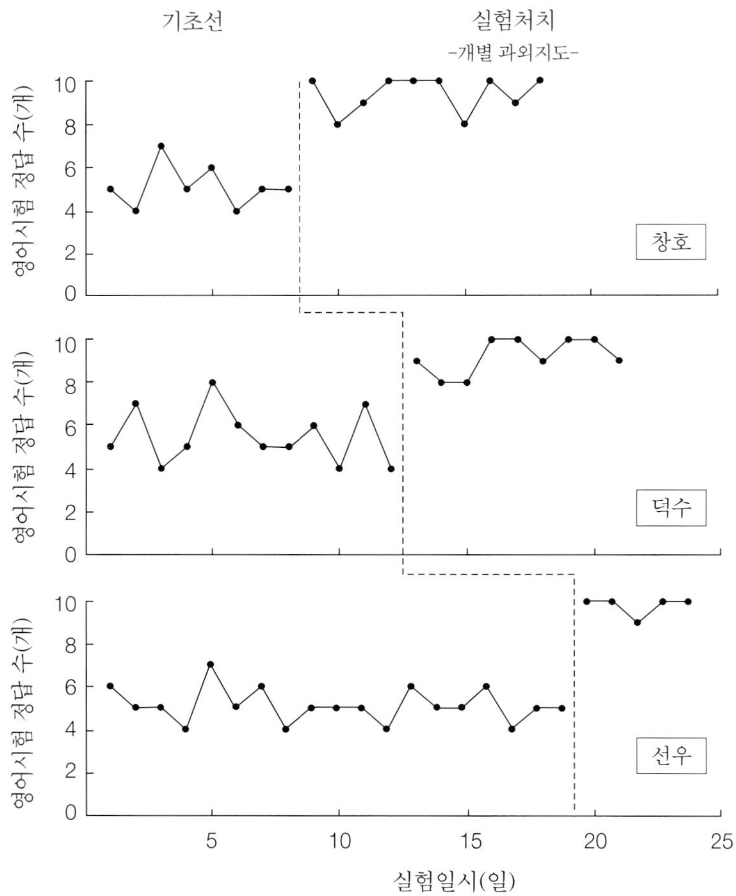

[그림 22-5] 복식기초선설계 III

동일한 실험조건(개별 과외지도)을 여러 피험자에게 시차적으로 적용하여 영어 쪽지시험 성적의 향상에 미치는 효과를 검증한 가상 사례이다.

날이 많았다. 이후에도 창호의 영어성적은 계속 향상되었다. 그러나 그동안 아직 아무런 실험처치를 받지 않고 있던 덕수와 선우의 성적은 조금도 향상되지 않고 여전하였다. 13일째 되는 날부터 교사는 덕수에게도 창호와 똑같은 조건을 제시하였다. 그날부터 덕수의 성적도 높이 향상되었다. 그러나 실험처치를 받지 않은 선우의 성적은 조금도 개선되지 않고 같은 상태에 머물고 있다. 드디어 20일째 되는 날부터 교사는 선우에게도 같은 조건을 제시하였다. 선우의 성적도 다른 두 학생과 마찬가지로 즉시 향상되었음을 볼 수 있다. 이 연구에서 성적이 낮은 학생에게 개별 과외지도를 제안한 날부터 학생들의 시험성적은 모두 향상되었다. 또한 한 학생에게 실험조건이 투입되는 같은 기간 동안 실험처치를 받지 않는 다른 학생들의 성적은 전혀 변함이 없었다. 이와 같이 시차적으로 적용된 독립변수의 투입시점과 일치하여 행동의 변화가 시작되었다는 사실로 미루어 볼 때 독립변수 이외의 다른 요인이 학생들의 시험성적을 향상시킬 수 있었다고 주장하기 어렵다. 따라서 방과 후 개별 과외지도는 학생들의 성적을 향상시키는 데 효과가 있음이 입증된다.

4. 교체처치설계

교체처치설계[13]란 둘 또는 그 이상의 실험처치 또는 중재조건이 표적행동에 미치는 효과를 비교할 때 활용되는 연구설계이다(Barlow & Hayes, 1979). 예를 들면, 한 학생의 독서력을 향상시키기 위하여 교사가 고안한 두 가지 치료 프로그램 중 어떤 것이 더 효과가 있는지를 비교하려고 할 때 사용될 수 있는 적절한 방법이다. 이 방법은 많은 사람들에 의하여 다요인기초선설계[14](Ulman & Sulzer-Azaroff, 1975), 동시처치설계[15](Kazdin & Hartmann, 1978), 복합계획설계[16](Hersen & Rarlow, 1976) 등 서로 다른 용어로 명명되고 있다. 그러나 기본적으로 둘 이상의 여러 치료방법을 동시적으로 또는 빠른 시간 내에 교체 투입하면서 상대적 효과를 비교한다는 점에서는 모두 동일하다. 따라서 '교체처치설계' 란 용어가 그런 의미를 보다 적절히 표현하는 것으로 보인다.

둘 또는 그 이상의 실험조건을 교체 투입하는 방법은 여러 가지로 계획될 수 있다. 첫째, 한 회기에 한 치료방법씩 교대로 투입하는 방법이다. [그림 22-6]에서처럼 한 회

13) Alternating treatment design (交替處置設計)

14) Multielement baseline design (多要因基礎線設計)

15) Simultaneous treatment design (同時處置設計)

16) Multiple schedule design (複合計劃設計)

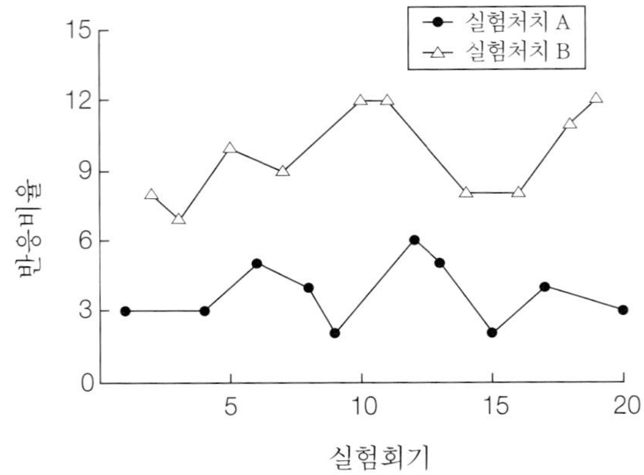

[그림 22-6] 교체처치설계의 전형

두 치료방법을 동시에 또는 빠른 시간 내에 교체 투입한다. 같은 치료방법의 측정치(자료점)끼리 선으로 이어 비교한다. 이 자료는 Cooper, Heron, & Heward(2007)의 *Applied Behavior Analysis* (2nd ed.), p. 188에서 발췌함.

기에는 치료방법 A를, 다음 회기에는 치료방법 B를 교대로 투입하면서 행동의 변화를 관찰 기록한다. 치료 순서의 효과를 통제하기 위하여 투입 순서를 무작위로 정할 수도 있고 체계적으로 평형화하여 투입 순서를 인위적으로 정할 수도 있다. 둘째, 한 회기 내에서 매 시행에 치료방법을 교체 투입하면서 행동의 변화를 관찰 기록한다. 투입 순서는 역시 무작위로 정하거나 체계적으로 평형화하여 순서를 정할 수 있다. 셋째, 일일 실험횟수를 투입되는 치료방법 수만큼 정하고 일일단위로 치료방법을 교체 투입하는 방법이다. 투입 순서는 마찬가지로 무작위로 정하거나 체계적으로 평형화하여 정할 수 있다. [그림 22-7]과 같은 실험에서 첫날은 ABC 순으로, 둘째 날은 BCA 순으로, 셋째 날은 CAB 순으로, 그다음은 ACB, BAC, CBA 등과 같이 치료처치 순서를 정한다. 결국 모든 치료방법이 각 실험시간에 골고루 배치되어 평형을 이루도록 계획한다. 이 설계방법에서 여러 치료방법을 동시적으로 교체 투입하는 이유는 치료조건의 투입 순서에서 발생할 수 있는 효과를 제거하기 위한 것이다. 또한 치료조건의 투입 순서 외에도 실험시간, 장소, 실험자 등 치료조건 이외의 외재변수가 행동에 미칠 수 있는 영향력을 통제하기 위하여 실험시간이나 실험자를 균형 있게 배치하는 등 여러 가지 평형화 기법이 활용된다. 마지막으로 교체처치에 의한 실험이 모두 끝나면 [그림 22-6]과 [그림 22-7]에서와 같이 동일한 치료방법끼리 실선으로 이어 각 치료방법의 효과를 그림으로 비교 분석한다.

[그림 22-6]은 표적행동을 개선하는 데 영향력이 있을 것으로 예상되는 두 가지 치료방법을 비교할 때 교체처치설계가 어떻게 사용될 수 있는지를 잘 보여 준다. '교체처치' 라는 이름이 의미하는 것처럼 두 치료방법(A, B)을 비교적 짧은 시간에 교대로 투입하는 것인데, 이 실험에서는 회기단위로 한 회기에 하나의 치료방법이 교체 투입된 것을 보여 준다. 첫 회기에는 치료방법 A를 투입하고, 두 번째와 세 번째 회기에는 치료방법 B를 연속해서 투입하고, 네 번째 회기에는 치료방법 A를 투입한다. 이와 같은 방법으로 미리 정해진 무작위 순서에 따라 한 실험회기를 단위로 치료방법 A와 B를 교대로 바꾸어 투입한다. 이러한 모든 노력은 이미 설명한 바와 같이 투입 순서로 인하여 발생할 수 있는 실험변수 이외의 다른 요인의 효과를 통제하기 위한 것이다.

[그림 22-7]은 보다 실용적인 면에서 먼저 기초선을 설정한 다음, 교체처치를 통하여 가장 효과적인 치료방법을 확인하고, 검증된 방법으로 치료처치를 계속하는 방안을 제시하고 있다(Singh, 1990). 이 연구에서는 먼저 아동의 그릇된 학습반응을 5일간 관찰하여 기초선을 설정하였다. 이 기간 중 아동의 평균 오류 학습반응은 10.5회였다. 기초선 관찰에 이어 15일간 세 가지 치료방법(A, B, C)을 교체 투입하면서 그 효과를 비교하였다. 하루를 3회기로 나누어 각 치료방법을 한 번씩 고루 투입한다. 단, 세 치료방법의 투입 순서는 마찬가지로 무작위로 정하거나 체계적으로 평형화하여 정할 수 있다. 15일 간의 치료결과를 비교하면, 세 가지 치료방법 중 그릇된 학습반응을 가장 많이 줄일 수 있었던 방법은 치료방법 A로 나타났다. 즉, 가장 효과가 큰 치료방법으로 입증된 것

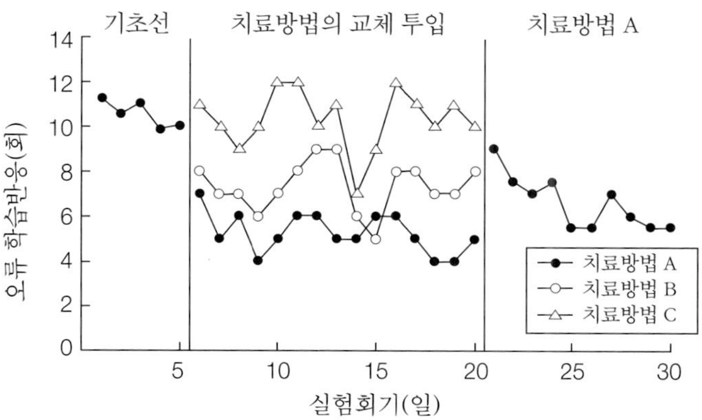

[그림 22-7] 변형된 교체처치설계

이 방법은 기본 교체처치설계에 기초선과 치료처치 기간을 도입함으로써 보다 실용성을 향상시킨 실험설계이다. 이 자료는 Singh(1990)의 Effects of two error-correction procedures on oral reading errors. *Behavior Modification, 14,* pp. 188-199에서 발췌함.

이다. 따라서 교체처치 기간이 끝난 후 즉시 치료방법 A만을 투입하여 행동 변화를 위한 치료를 시작하였다. 10일간의 치료처치 결과를 보면 아동의 그릇된 학습반응의 평균 빈도는 6.5회로 기초선 기간 중의 평균빈도 10.5회보다 평균 4회나 낮아졌다.

이와 같이 교체처치설계에서는 동시에 또는 짧은 시간 내에 여러 치료방법을 교체 투입하면서 행동 변화와의 일치성을 살핀다. 또한 교체 투입 순서에서 오는 선행 경험의 효과나 기타 외재변수의 효과를 통제하려고 노력한다. 그 이유는 순수한 치료처치의 효과만을 가려내기 위해서이다. 이미 앞에서 단순비교설계와 반전설계를 설명할 때 치료처치의 효과를 검증하기 위하여 개인차와 시간적 일치성에 근거한 경쟁가설을 배제하여야 한다는 점을 강조하였다. 교체처치설계는 단순비교설계나 반전설계와 마찬가지로 단일피험자 연구이다. 따라서 개인차에 근거한 경쟁가설은 성립될 수 없다. 그러나 시간적 일치성에 근거한 경쟁가설을 거부하는 것은 역시 중요한 과제로 남는다. 반전설계에서는 실험처치 후 기초선 상태로의 반전을 통하여 치료조건의 철회와 행동 변화 간의 시간적 일치성을 한 번 더 입증함으로써 모든 경쟁가설을 거부할 수 있었다. 교체처치설계에서는 동시에 또는 짧은 시간 내에 여러 치료조건을 반복적으로 교체 투입하면서 행동 변화와의 시간적 일치성을 확인한다. 따라서 우연적인 경쟁가설이 시간적 일치성을 입증할 수 있는 확률은 반전설계보다 월등히 낮아질 것이 예상된다. 왜냐하면 짧은 시간 내에 보다 많은 횟수의 교체 투입과 행동 변화가 시간적으로 일치해야 하기 때문이다.

5. 기준선변경설계

기준선변경설계[17]란 체계적으로 강화기준을 조금씩 상향 조정하면서 그에 상응한 성취 수준의 점진적 개선이 나타나는지를 확인하는 방식으로 실험처치의 효과를 검증하는 방법이다. 최종 목표에 무리 없이 도달할 수 있도록 점증적인 중간 목표들을 설정하고, 강화기준을 단계적으로 높여 치료적 중재의 효과를 극대화하려는 전략이다. 이러한 실험설계는 Sidman(1960)의 동물실험 연구에서 반전성이 기대되지 않는 실험처치의 효과를 검증하는 데 유사하게 사용된 적은 있지만, 응용연구에서는 Weiss와 Hall (1971)에 의하여 최초로 활용된 것으로 알려져 있다. 이 설계에서는 기본적으로 변경된 강화기준이 적용될 때 행동 수준도 동시에 변화된다는 사실이 확인되어야 한다. 다시

17) Changing criterion design (基準線變更設計)

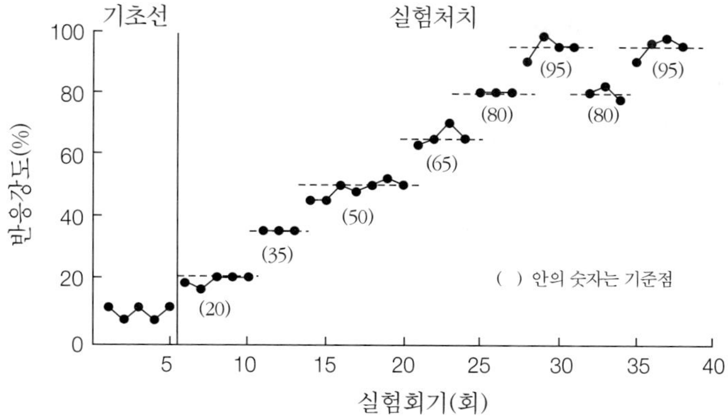

[그림 22-8] 기준선변경설계의 가상 사례

새로운 기준이 설정되어 적용될 경우에만 행동이 변화될 때 시간적 일치성이 검증될 수 있다.

말하면, 시간적 일치성이 입증되어야 실험통제의 효과도 입증될 수 있다. 대체로 반응 수준이 정해진 기준에 맞게 변화되고 안정성이 확인될 때 다음 단계의 새로운 기준을 설정하는 방식으로 실험이 진행된다.

[그림 22-8]은 기준선변경설계의 한 가상 사례로서, 기초선 설정이 끝난 후 첫 단계의 기준은 20% 수준으로 기초선보다 약간 높게 설정되었다. 5회기의 실험처치를 통하여 표적반응은 기준선을 넘었고 또 안정된 모습을 유지하고 있다. 따라서 다음 상위 단계 실험으로 넘어간다. 다음 단계의 기준은 35% 수준으로 상향 조정되었고, 이번에도 3회 연속 기준에 맞는 안정된 반응을 보였기 때문에 실험은 다음 단계로 진행된다. 이와 같이 표적반응이 설정된 기준을 넘어 안정성을 보일 때만 다음 상위 단계 실험으로 넘어간다. 그런데 제7단계를 보면 다른 단계들과 달리 기준선을 낮추어 잡고 있는데 그 이유는 무엇일까? 그것은 성취 수준에 거의 도달한 시점에서 반전을 한 번 시도함으로써 A-B-A-B 설계에서와 같은 높은 신뢰성을 획득하기 위한 것이다. 이러한 전략은 기준선변경설계를 단순한 A-B 실험설계의 차원에서 벗어나도록 함으로써 그 유용성이 높이 평가되고 있다(Fitterling, Martin, Gramling, Cole, & Milan, 1988).

기준선변경설계는 표적행동의 점진적 증가뿐 아니라 표적행동을 단계적으로 조금씩 감소시키려고 할 때도 사용될 수 있다. [그림 22-9]는 피험자의 카페인 복용량을 감소시키기 위하여 피험자가 주어진 치료 단계에서 정해진 기준 이하로 카페인을 복용할 때마다 14달러씩 지불함으로써 치료적 성공을 거둔 사례이다.

기준선변경설계는 일차적으로 단일한 차원의 행동 특성을 변화의 표적으로 할 때 적절히 사용될 수 있다. 예컨대, 반응의 지속시간을 증가시키려 할 때나 체중 감량과 같은 단일한 물리적 특성을 수정하려 할 때 적절히 사용될 수 있다. 그러나 표적행동의 다양한 특성을 중재할 때는 적합하지 않으며, 이 경우 복식기초선설계를 사용하는 것이 더 적절하다. 다음으로는 일단 변화된 반응이 다시 반전될 수 없는 성질의 것일 때나 사회적 · 윤리적 이유로 반전을 시도할 수 없을 때, 반전설계의 한 대안으로 기준선변경설계가 사용될 수 있다. 예컨대, 장기간 애써 감량한 체중을 단지 실험 검증을 위하여 포기할 수 없는 경우, 또는 연구의 목적 때문에 자해행동과 같이 위험한 행동의 기회를 실험적으로 제공한다는 것이 도의적으로 허용되지 않을 경우 반전설계의 대안으로 활용될 수 있다.

기준선변경설계에 의한 연구는 출간된 보고서의 수도 별로 많지 않지만 제한점이 많은 실험설계 방법이다. 첫째, 모든 실험조건(단계)의 시간적 길이에 제한이 있다. 어떤 학자들(Hartmann & Hall, 1976; Hall & Fox, 1977)은 기준선변경설계를 복식기초선설계의 한 변형으로 개념화하기도 한다. 즉, 기준선변경설계에서의 모든 실험조건은 다음 실험조건에 대한 기초선으로 간주된다. 따라서 각 단계에서 측정자료의 안정성이 보장될 때까지 다음 단계의 치료적 중재를 보류하고 충분한 시간 동안 관찰을 연장할 필요

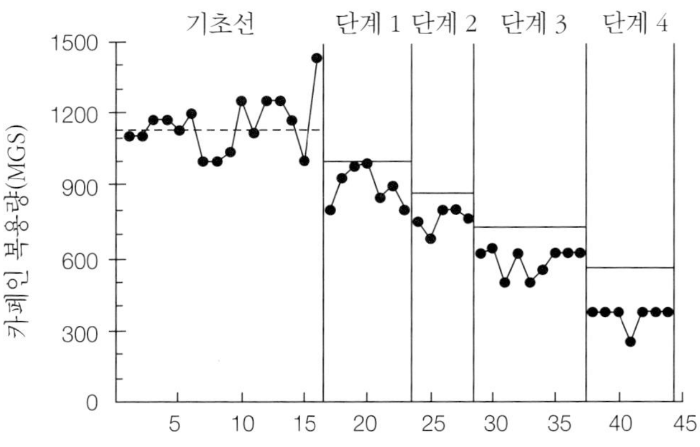

[그림 22-9] 표적행동의 감소에 사용된 기준선변경설계

카페인 복용량을 점차적으로 줄이기 위하여 기준선변경설계가 활용되었다. 이 자료는 Foxx & Rubinoff (1979)의 Behavioral treatment of caffeinism: Reducing excessive coffee drinking. *JABA, 12*, pp. 335-344에서 발췌함.

가 있다. 또한 새로운 단계에서는 즉각적이며 유의한 수준의 행동 변화가 뒤따르며 변산도가 낮고 특별한 추세가 없는 안정성이 유지되어야 중재 효과가 인정될 수 있다. 따라서 연구자가 일정한 실험회기를 미리 정하기 어렵고, 객관적 자료를 참고하여 각 실험조건에 소요되는 시간을 결정할 수밖에 없다.

둘째, 각 실험조건(단계)에서 기준의 크기를 어떻게 정할 것이냐에 관한 것이다. 기준의 크기가 다양할수록 실험통제에 대한 신뢰성은 높아진다. 표적행동이 새로운 기준이 적용되는 시점과 일치하여 변하기 시작하고 새로운 기준에 맞는 안정된 수준을 유지할 때, 이러한 행동의 변화는 실험변수와 기능적 관계가 있다고 확신할 수 있다. 단계별 기준의 폭이 클수록 기준이 성취될 경우 인상적 변화라고 할 수 있겠지만, 기준의 폭이 너무 크면 몇 가지 문제점이 발생한다. 실험설계에 있어서 충분한 수의 실험조건(단계)을 설정할 수 없고, 변화가 감지될 만큼 기준의 폭이 커야 하지만 성취하기 어려울 정도로 커서는 안 된다. 성취감과 강화의 부족으로 학습자에게 좌절과 학습 흥미의 상실을 유발할 수 있다.

셋째, 실험조건(단계)의 수를 정하는 문제이다. 실험조건의 수가 많아 표적행동이 기준에 맞도록 변화되어야 하는 기회가 많을수록 그 실험통제의 신뢰성은 높아진다. 따라서 실험통제의 신빙성을 높이기에 충분한 수효의 실험조건을 설정할 필요가 있다. 그렇다고 연구자 임의로 실험조건의 수를 증가시킬 수는 없다. 실험조건의 수는 한 실험설계에서 실험조건의 길이와 기준의 폭에 의하여 한정되기 때문이다.

제3절 일반화 전략

학습된 행동의 일반화는 모든 교육과 치료에서 추구하는 가장 중요한 최종 목표가 될 것이다. 연구방법의 마지막 편에서 반드시 다루어야 할 중요한 내용이 아닐 수 없다. 이 절에서는 일반화의 유형과 그 개념을 살펴보고 일반화를 촉진시킬 수 있는 몇 가지 전략을 간략히 살펴보기로 한다.

1. 일반화의 유형

일반화[18]란, 변화(학습)된 행동이 치료적 중재 또는 훈련 상황을 넘어 새로운 사태에서 새로운 사람들과의 관계에서도 발생하고 시간적으로 오래 지속되는 것을 일컫는다. 예를 들어, 사회적 기술이 없어 친구를 사귀지 못하는 아동에게 치료자는 훈련 상황에서 역할놀이를 통하여 인사하는 법을 가르쳤다. 이제 친구들이나 다른 어른을 만날 때마다 인사를 잘하게 되었다. 아마 이 아동을 가르친 치료자는 만족스러울 것이다. 치료와 교육의 효과가 훈련 상황을 넘어 일상생활 환경에까지 전이되었기 때문이다. 이러한 학습의 전이현상이 없다면 교육이란 거의 불가능한 일이 되고 말 것이다. 수많은 새로운 상황과 사람들을 만날 때마다 모든 것을 매번 새로 가르쳐야 하기 때문이다. 응용행동분석에서 일반화는 자극일반화, 반응일반화, 반응유지 등으로 개념화된다.

1) 자극일반화

자극일반화[19]란, 이론적으로는 한 자극사태(예: 빨간불)에서 특정한 반응(예: 지렛대 누르기)이 일관성 있게 강화되면 그 자극사태에서뿐 아니라 유사한 다른 자극사태(예: 노란불, 파란불)에서도 같은 반응이 발생하는 것을 말한다. 실용적으로는 학습 효과가 훈련 상황, 사람, 장소 등의 조건을 넘어 다른 상황으로 전이되는 것을 의미한다. 학교나 임상실에서 교사나 치료자에 의하여 훈련된 행동(예: 사회적 기술)이 학교나 임상실, 교사나 치료자, 또는 당시의 기타 조건을 넘어 일상생활 환경에서도 발생하는 것을 말한다. 한마디로 자극일반화는 학습자가 본래 훈련받았던 환경과는 다른 실제 생활환경에서 표적행동을 수행하는 정도를 말한다. 그러므로 자극일반화의 효과를 높이려면 실제 생활환경에 존재하는 자극요인들을 치료교육 프로그램 내에 많이 포함시켜야 한다. 예를 들면, 돈을 주고 물건을 사고 거스름돈을 받는 행동을 훈련시킬 때 단순히 물건의 가격이 적혀 있는 그림카드를 보여 주며 설명하는 것으로는 자극일반화의 효과를 기대하기 어렵다. 가능한 한 실생활과 아주 유사한 모의 상황에서 원하는 물건을 선택하고 값을 지불하고 물건과 거스름돈을 받는 행위들을 연습하는 것이 가장 적절할 것이다.

18) Generalization (一般化)

19) Stimulus generalization (刺戟一般化)

2) 반응일반화

반응일반화[20]란, 치료교육 과정에서 훈련된 반응뿐 아니라 직접 훈련된 적이 없는 유사한 다른 반응들이 동반하여 나타나는 것을 말한다. 즉, 직접 훈련을 받은 행동은 물론이고 그 외에 직접 훈련받지 않은 여러 가지 다양한 기능적 행동을 수행할 수 있게 되는 것을 말한다. 예를 들면, 숟가락으로 밥을 떠먹는 훈련을 시켰더니 숟가락으로 국을 떠먹는 행동을 할 수 있는 것과 같다. 우리말에 하나를 가르치면 열을 안다는 말이 바로 반응일반화를 일컫는 것이다.

3) 반응유지

반응유지[21]란, 소거저항과 같은 의미로서 학습된 행동이 시간을 넘어 오래 지속되는 것을 말한다. 즉, 모든 치료적 조치가 종료된 후에도 오랫동안 학습자가 표적행동을 계속 수행하는 정도를 일컫는다. 학습된 반응이 장시간에 걸쳐 유지된다는 것은 학습된 행동이 소거되지 않는 것, 즉 소거저항이 강한 행동을 의미한다. 또 학자들 일각에서는 반응유지가 자극일반화와 같거나 적어도 분리될 수 없는 것이라고 주장하기도 한다.

2. 일반화를 촉진시키기 위한 전략

치료와 교육을 통하여 변화된 행동을 생활환경에 일반화시키기 위한 전략은 다음과 같이 요약될 수 있다.

1) 표적행동이 실생활에서 자연강화될 수 있도록 계획한다

자연강화[22]란, 실제 생활환경에서 자연스럽게 제공되는 정적강화와 부적강화를 말한다. 예를 들어, '인사하기'와 같은 사회적 행동은 임상실에서 훈련을 마친 다음에 일상생활 환경에서 자연적으로 강화될 수 있다. 한 아동이 치료과정에서 배운 대로 지나가는 어른에게 '안녕하세요!' 라고 인사한다면, 아마 그 어른은 '참 인사성이 밝구나. 착하기도 하지!' 라고 응답해 줄 것이다. 이러한 응답은 아동의 '인사하기'를 강화하는

20) Response generalization (反應一般化)

21) Response maintenance (反應維持)

22) Natural reinforcement (自然强化)

자연스러운 정적강화자극이 될 것이다. 따라서 '인사하는 행동'은 실생활에서 계속 강화되고 유지될 수 있을 것이다. Ayllon과 Azrin(1968)은 표적행동을 선정할 때 이러한 행동연관성 규칙[23]을 강조하였다. 다시 말하면, 치료 후 환경에서 자연적으로 강화자극을 산출할 수 있는 행동들을 치료의 표적으로 정하라는 것이다. 자연적으로 실생활에서 강화될 수 있는 행동을 기능적 행동이라고 한다.

만일 실생활 환경에서 자연적으로 강화될 수 없는 행동, 즉 기능성이 없는 행동을 치료의 목표로 정하면 어떤 일이 발생할 것인가? 아마도 치료자는 평생을 따라다니며 그 행동을 인위적으로 강화하여야 할 것이다. 치료과정에서 아무리 공을 들여 가르친 행동이라도 실생활에서 강화되지 못하면 곧 소거되기 때문이다. 따라서 새로 학습된 행동을 영속시키려면 자연강화가 그 행동에 수반되도록 계획하여야 한다. 그러나 문제는 자연강화가 그리 쉽게 행동에 수반되지는 않는다는 것이다. Baer(1981)는 두 가지 이유를 지적하였다. 첫째, 불충분한 학습에 그 원인이 있다는 것이다. 즉, 새로운 행동의 발생빈도, 정확도, 강도 등이 실생활 환경에서의 기대치에 미달하여 자연강화를 산출하기 어려운 경우이다. 따라서 해결책은 표적행동을 사회적 기대치에 맞도록 세련시키는 일이다. 즉, 자연강화를 산출할 수 있을 만큼 높은 수준으로 훈련시킬 필요가 있다. 둘째, 자연강화가 수면 상태에 있어 일깨워 줄 필요가 있는 경우이다. 즉, 표적행동이 사회적 기대치에 미달하기 때문이 아니라 표적행동과 상관없이 잠재적 자연강화가 존재하지만 여러 가지 다른 이유로 작동하지 못하고 있는 경우이다. 예컨대, 직업 훈련장에서 새로 습득한 기술을 학생이 잘 수행하였지만, 훈련자의 손이 모자라 미처 관심 있게 칭찬할 수 없는 경우를 생각할 수 있다. 이런 경우에는 학생에게 훈련자의 관심을 일깨울 수 있는 방법을 가르치는 것이다. 자기가 한 일을 훈련자에게 제시하며 평가를 요구하도록 가르쳐 훈련자의 칭찬과 긍정적 평가를 유도할 수 있도록 조치한다. '선생님, 제가 만든 것을 봐 주세요!' 또는 '선생님, 잘 만들었지요?' 등과 같은 말로 훈련자의 관심을 불러일으킬 수 있는 기회를 마련하는 것이다.

2) 예제를 충분히 가르치고 연습시킨다

교사들이 흔히 범하는 잘못은 단 한 번의 예제를 연습시킨 후 곧 학습자에게 일반화를 기대하는 것이다. 새로 습득한 행동이 광범위한 상황에 전이되기를 바란다면 다양

23) Relevance-of-behavior rule

한 상황에서 그 행동을 반복 연습시키는 것이 좋다. 또 다양한 방식의 반응을 기대한다면 학습된 행동을 여러 가지 형태로 연습시킬 필요가 있다. 훈련자는 다양한 하위 영역에서 다수의 자극과 반응의 예제들을 선정하여 가르치고 일반화의 정도를 검토하여야 한다. 먼저 하나의 예제를 가르치고 일반화를 검토한다. 일반화가 발견되지 않으면 다른 예제를 들어 가르치고 일반화를 검토한다. 이와 같이 자극과 반응의 일반화가 기대하는 수준만큼 발견될 때까지 예제를 가르치고 일반화를 검토하는 과정을 반복할 필요가 있다.

얼마나 많은 수의 예제를 연습시켜야 하느냐는 표적행동, 교수방법, 표적행동을 수행할 수 있는 기회의 다양성, 현존하는 자연강화, 일반화에 대한 학습자의 강화역사 등 복잡한 요인들에 의하여 좌우된다. 한 연구(Stokes, Baer, & Jackson, 1974)에서는 단 두 가지 예제 훈련으로 4명의 중증 정신지체아에게 손을 흔들어 '인사하는 행동' 을 가르쳐 일반화시키는 데 성공하였다. 기초선 기간 중에 아동들은 훈련자 이외의 다른 사람들에게 인사하는 일이 거의 없었다. 제1차 훈련과정에서는 한 훈련자가 아동들에게 손을 흔들어 인사하는 행동을 가르친 다음, 하루 3~6회씩 놀이실, 복도, 기숙사, 운동장 등 여러 상황에서 손을 흔들며 인사하는 행동을 강화하였다. 그리고 일반화의 정도를 측정하기 위하여 23명의 다른 직원들을 참여시켜 아동들의 옆을 지나가면서 인사하는 행동을 관찰하도록 하였다. 이 과정에서 훈련자 외에 다른 직원들에게 인사하는 행동의 일반화 효과는 두 아동에게서만 관찰되었고, 다른 두 아동에게서는 거의 관찰되지 않았다. 제2차 훈련과정에서는 다른 훈련자가 아동들의 인사하는 행동을 강화하기 시작하였다. 그 결과는 놀랍게 나타났다. 두 실험자 외의 다른 직원들에게 인사하는 행동이 크게 증가한 것이다.

3) 훈련 프로그램 내에 실생활에 존재하는 자극을 다수 포함시킨다

자극일반화 현상을 잠시 복습하면, 초기 훈련과정에서 학습된 변별자극(S^D)에 노출될 때 표적행동의 발생률이 가장 높고, 다른 자극($S^\triangle$)에 대한 반응률은 변별자극과의 유사성 정도에 따라 결정된다. 이러한 현상을 치료교육 상황에 적용하면, 생활환경에서 접한 자극의 형태가 치료과정에서 학습한 변별자극과 유사할수록 표적행동의 발생확률은 더 높아진다. 반대로 실생활 중에서 접한 자극이 훈련 상황에서 학습된 변별자극과 유사성이 적으면 적을수록 표적행동의 발생확률은 낮아진다. 그러므로 치료교육의 일반화 효과를 높이기 위해서는 치료교육 프로그램 내에 실생활 환경에 존재하는 자극들을 많이 포함시켜 표적행동의 발생률을 높일 필요가 있다.

4) 훈련을 느슨하게 한다

일반화라는 개념이 엄격한 자극통제와 대립되는 개념이라면, 훈련과정에서 자극변별이 강하게 형성되지 않도록 조치하는 것도 하나의 일반화 전략이 될 수 있다. 즉, 훈련 중 선행자극의 부수적 특성들을 다양화하고 광범한 반응들을 올바른 반응군으로 수용함으로써 자극변별 훈련을 느슨하게 할 필요가 있다.

자극변별이 강력하게 형성될 수 없도록 변별자극의 부수적 특성을 다양화할 수 있는 방법은 다음과 같다. ① 둘 이상의 교사가 교대로 훈련에 참여한다. ② 둘 이상의 장소에서 그리고 다양한 위치에서 훈련한다. ③ 목소리를 다르게 하거나 다양한 어휘를 사용한다. ④ 양손을 교대로 사용하여 학습자극이 여러 각도에서 제시되도록 한다. ⑤ 동석한 사람을 수시로 바꾼다. ⑥ 매일 옷을 바꿔 입고 가르친다. ⑦ 다양한 강화자극을 사용한다. ⑧ 조명의 밝기를 자주 바꾼다. ⑨ 조용한 상황과 시끄러운 상황에서 골고루 훈련한다. ⑩ 어떤 훈련 장소에서든 장식과 가구 및 그 위치를 자주 바꾼다. ⑪ 여러 교사가 시간과 장소를 바꾸어 훈련한다. ⑫ 훈련 장소의 온도와 냄새를 다양화한다. ⑬ 가능한 한도 내에서 교육 내용을 다양화한다. ⑭ 이 모든 전략을 가능한 한 자주 그리고 예측할 수 없는 방식으로 활용한다.

5) 변별과 예측이 불가능한 방식으로 표적행동을 강화한다

간헐강화와 지연강화를 다양하게 활용하여 어떤 강화가 어떻게 제공될 것인지 변별하거나 예측할 수 없도록 조치한다. 계속강화계획에 의하여 유지되는 행동은 소거저항이 약하고, 반대로 간헐적으로 강화된 행동은 소거저항이 강하다. 따라서 간헐강화의 역사를 가진 행동은 비교적 오랜 기간 강화가 중단되어도 쉽게 소거되지 않는다. 간헐적으로 강화된 행동은 더 이상 강화가 제공되지 않는다는 사실을 쉽게 변별하거나 예측하기 어렵기 때문이다. 또한 강화시간이 지연되면(예: 수학시간에 일어난 행동을 방과 후에 강화할 경우) 언제 어떤 행동이 강화되는 것인지 변별이 되지 않기 때문에 간헐강화와 유사한 소거저항을 갖게 된다. 따라서 훈련 상황을 넘어 다른 여러 상황으로의 학습전이가 용이하게 일어날 수 있다.

6) 자기관리 기법을 가르친다

앞에서는 훈련환경과 실생활 환경 간에 동일한 자극이 공통적으로 포함되어 있을 때 일반화가 쉽게 일어난다고 하였다. 그런데 자기 자신은 훈련 환경과 비훈련 환경에 항상 공존하는 요인이다. 따라서 자신의 행동을 스스로 통제하고 강화할 수 있는 자기통제 및 자기관리 기법을 학습한 사람은 훈련 상황에서뿐 아니라 비훈련 상황에서도 스스로 자신의 행동을 통제하고 강화할 수 있을 것으로 기대된다. 따라서 자기관리, 자기통제 기법을 가르침으로써 훈련 상황에서 학습한 행동을 실생활 환경에서도 스스로 통제하고 관리하도록 할 수 있다.

요 약

1. 교육 및 심리학 연구에서는 둘 또는 그 이상의 여러 중재기법 중 어느 것이 더 효과적인지 탐색할 때 흔히 집단설계를 사용한다. 먼저 둘 이상의 동일 집단을 실험대상으로 표집하여 각 집단에 서로 다른 중재기법을 일정 기간 투입한 후 각 집단으로부터 얻은 결과(예: 평균치)의 차이를 통계적으로 비교 검증한다. 그리고 각 집단 간 차의 유의도가 통계적으로 검증되면 어떤 중재방법이 더 효과적이라고 결론을 내리고, 통계적 유의도가 검증되지 못하면 집단 간의 차이는 우연적인 것으로 결론을 내린다. 집단연구의 장점은 연구 결과를 모집단에 일반화할 수 있다는 점이다. 그러나 집단설계에서는 집단 전체의 종합적인 효과만을 입증할 뿐 각 개인에게 미치는 개별적인 효과에 관한 정보는 제시하지 못한다.

2. 응용행동분석 연구에서는 집단설계나 통계적 방법보다는 단일피험자설계를 선호한다. 따라서 연구 결과를 모집단이나 다른 개체에 일반화하여 적용할 수 없는 단점이 있다. 그러나 개인만이 가지는 독특한 환경적 원인이나 기능성을 분석하고, 이에 기초하여 개인에게만 적용되는 고유한 치료방안을 처방한다. 따라서 개인에 관한 정보를 제공하지 못하는 집단연구를 선호하지 않는다.

3. 교육 및 심리학 연구에서 다음으로 많이 활용되는 연구방법은 상관연구이다. 즉, 한 변수가 변함에 따라 다른 변수는 어떻게 변하는가를 측정하여 밝히는 연구이다. 두 변수 간에 높은 상관이 있으면 상호 간에 어떤 인과관계가 있을 가능성이 있다. 그러나 두 변수 간에 서로 높은 상관이 있다 하여 반드시 어떤 인과관계가

있는 것은 아니다. 따라서 응용행동분석에서는 상관연구를 선호하지 않는다. 상관연구를 통해서 행동을 변화시킬 수 있는 요인을 직접 찾아내기는 어려운 일이기 때문이다.

4. 응용행동분석 연구의 초점은 개인의 행동 변화에 직접 영향을 미치는 환경요인이 무엇인지를 밝히는 데 있다. 집단연구에서처럼 실험집단의 표집이라든지 통계적 검증과 같은 기술적 문제가 요구되지 않아 통계적 방법에 약한 사람도 비교적 쉽게 접근할 수 있는 이점이 있다. 따라서 가정이나 학교에서의 문제행동을 수정하는 것은 물론이고, 더 나아가 전문 학술지에 연구 결과를 발표하는 것도 그렇게 어려운 일만은 아니다. 이러한 점이 바로 응용행동분석 연구의 매력이다.

5. 응용행동분석 연구에서는 단일피험자설계를 주로 사용한다. 단일피험자란, 한 개체를 실험 대상으로 한다는 것을 의미하지만, 주요 관점은 동일한 피험자에게 실험조건의 투입과 철회를 반복한다는 것이다. 가장 간단한 실험설계는 실험조건을 투입하기 전(A)과 투입한 후(B)에 발생한 행동 변화의 양을 비교하는 단순비교설계이다. 실험조건이 투입되기 전보다 투입된 후의 행동 발생률이 더 높아졌다면 그 결과는 바로 실험조건의 효과라고 주장할 수 있다. 단순비교설계를 다른 말로 'A-B 설계' 라고도 한다.

6. 실험연구를 설계할 때 가장 유념해야할 사항은 경쟁가설을 거부하는 일이다. 연구자는 피험자의 행동 개선이 치료적 중재의 효과라고 주장한다. 그러나 다른 사람들은 그에 동의하지 않고 각각 다른 의견을 주장할 수 있다. 따라서 가능한 모든 경쟁가설을 거부하지 못하면 연구의 효과는 객관적으로 인정될 수 없다. 단순비교설계로는 수많은 경쟁가설을 배제하기 어렵다.

7. 개인차에 근거한 경쟁가설이란, 실험변수 이외의 통제되지 못한 미지의 피험자 요인이 연구 결과에 영향을 미칠 수 있다는 주장이다. 이러한 경쟁가설을 배제하기 위하여 집단연구에서는 무작위 표집에 근거하여 두 집단이 서로 동일하다는 점을 강조한다. 즉, 두 집단에서 개인차 요인이 통제되어 영향력이 없다는 점을 강조함으로써 경쟁가설을 거부한다. 다행히 응용행동분석 연구에서는 개인차에 근거한 경쟁가설이 주장될 수 없다. 단일피험자설계에서는 동일한 피험자를 여러 실험조건에 노출시키면서 그의 행동 변화만을 반복 측정하기 때문이다.

8. 시간적 일치성 면에서 어떤 치료조건을 투입한 시간과 행동의 변화가 시작된 시간이 일치한다면 두 요인 간에는 어떤 기능적 관계가 있다고 주장할 수 있다. 그러나 같은 논리로 무수한 경쟁가설이 제기될 수 있다. 따라서 단순히 실험처치 전과 후의 결과만을 대조하는 단순비교설계로는 시간적 일치성에 의한 수많은 경쟁가설을 배제할 수 없다.

9. 반전설계는 치료적 중재의 효과를 검증하기 위하여 가장 널리 사용되는 기본적 단일피험자설계이다. 단순비교설계를 직렬로 2번 반복하는 형태(A-B-A-B)로 이루어지며, 기초선 조건(A)과 치료적 조건(B)을 일정 기간 반복하면서 행동 변화와의 시간적 일치성을 거듭 확인함으로써 가능한 모든 경쟁가설을 배제하려는 것이 반전설계의 기본 논리이다. 그러나 피험자의 생명이나 건강에 해를 끼칠 위험이 예상될 때 그리고 일단 수정된 행동이 다시 반전될 수 없다는 것이 예상될 때 반전설계는 사용될 수 없다.

10. 복식기초선설계는 반전설계의 대안으로 행동분석 연구에서 널리 사용되는 방법이다. 동일한 치료방법을 시차를 두고 여러 행동에 적용하거나, 여러 상황에 적용하거나, 또는 여러 피험자에게 차례로 적용하여 그 효과를 검증하는 방법이다. 이 방법도 단순비교설계를 병렬로 2번 이상 반복하는 것이다. 하지만 분명히 다른 점은 치료조건을 투입하는 시기가 각각 다르다는 점이다. 따라서 치료방법 이외의 다른 요인이 치료적 중재시점과 우연히 일치하여 행동 변화에 영향을 미칠 확률은 희박하다는 논리로 경쟁가설을 배제할 수 있다. 또한 효과를 검증하기 위하여 치료조건을 일시 철회하거나 고의로 위험조건에 피험자를 노출시킬 필요가 없어 전문인의 윤리 문제가 제기되지 않는다.

11. 교체처치설계는 둘 이상의 여러 실험조건을 동시에 또는 빠른 시간 내에 교체 투입하면서 상대적 효과를 비교하는 실험설계이다. 다요인기초선설계, 동시처치설계, 복합계획설계 등으로 불리기도 한다. 한 회기에 한 치료방법씩 교대로 투입하거나, 한 회기 내에서 매 시행에 실험조건을 교체 투입하면서 행동 변화와의 시간적 일치성을 관찰한다. 특히 투입 순서에서 오는 선행경험의 효과나 기타 외재변수의 효과를 통제하려는 노력이 시도된다.

12. 기준선변경설계는 체계적으로 강화기준을 조금씩 상향 조정하면서 그에 상응한 성취 수준의 점진적 개선이 나타나는지를 확인하는 방식으로 계획된다. 최종 목

표에 무리 없이 도달할 수 있도록 점증적 중간 목표들을 설정하고, 강화기준을 단계적으로 높여 치료적 중재의 효과를 극대화하려는 전략이다. 이 설계에서는 변경된 강화기준이 적용될 때만 행동이 변화된다는 사실을 확인함으로써 시간적 일치성을 검증한다.

13. 일반화란, 학습된 행동이 임상실이나 훈련 장소를 넘어 새로운 상황에 전이되어 나타나고, 교사나 훈련자 이외의 다른 사람들과의 관계에서도 발생하고, 또 시간적으로 오래 유지되는 것을 일컫는다. 이러한 학습의 전이현상이 없다면 수많은 새로운 상황을 만날 때마다 모든 것을 매번 가르쳐야 하기 때문에 교육이란 거의 불가능한 일이 될지도 모른다. 일반화는 ① 자극일반화, ② 반응일반화, ③ 반응유지 등으로 개념화된다.

14. 치료와 교육을 통하여 변화된 행동을 생활환경에 일반화시키기 위해서는 ① 표적행동이 실생활에서 자연강화될 수 있도록 계획하고, ② 예제를 충분히 가르치고, ③ 치료교육 프로그램 내에 실생활에 존재하는 자극을 다수 포함시키고, ④ 훈련을 느슨하게 하고, ⑤ 변별과 예측이 불가능한 방식으로 표적행동을 강화하고, ⑥ 자기관리 기법을 가르치는 것이 효과적이다.

연구문제

➲ 단일피험자설계의 논리에 근거하여 다음 문제를 논해 보자.

1. 집단설계와 단일피험자설계의 차별화된 특성을 비교해 보자.
2. 단순비교설계의 논리를 설명하고 문제점을 논해 보자.
3. 경쟁가설이란 무엇이며 그것을 거부할 수 있는 논리를 설명해 보자.
4. 반전설계의 검증 논리를 설명하고 문제점을 논해 보자.
5. 복식기초선설계에서 실험조건을 시차적으로 투입하는 이유를 설명해 보자.
6. 교체처치설계에서 실험조건의 교체투입 방법을 설명해 보자.
7. 기준선변경설계의 제한점을 논해 보자.
8. 치료 효과의 일반화를 촉진시키기 위한 전략을 논해 보자.

부 록

1. A-B-C 관찰카드
2. 행동발생산포도
3. 전형적 일과표
4. A-B-C 종합관찰평가표
5. 프로그램 완성양식
6. 행동형성에 의한 '높이뛰기' 훈련 프로그램
7. 후진형 행동연쇄에 의한 '공 던지기' 훈련 프로그램
8. 촉진과 용암법에 의한 '동그라미 그리기' 훈련 프로그램
9. 표적행동의 사회적 중요성 평가
10. 표적행동의 순위평가
11. 강화자극의 선정 기록표
12. E-LAP 및 LAP-D(발달진단 · 학습성취도 검사 표본)

부록 1: A-B-C 관찰카드

A-B-C 관찰카드		
아동 이름:	관찰자 이름:	관찰일시: 년 월 일
일반적 상황 발생시간: 오전/오후 시 분 발생장소(예: 교실, 복도, 운동장, 식당 등): 진행 중인 활동(예: 탑 쌓기, 자유놀이, 작업치료 등): 동석한 주요 인물(예: 교사, 직원, 보호자, 또래 등): 기타:		
문제행동의 발단 (문제행동 발생 직전의 주변 상황) (예: 누가, 무엇을, 어떻게 하였을 때 문제행동이 일어났는가?)		
문제행동 (동일한 형태 또는 기능성을 가진 반응군) (예: 소리를 지르며 자기 손등을 물고 책과 연필을 던졌다.)		
주변 사람들의 반응 (문제행동을 강화하는 요인) (예: 아동의 문제행동에 대하여 누가, 무엇을, 어떻게 하였는가?)		
문제행동의 원인 (기능) *본 란은 전문가 사용 공간입니다. 기록하지 마십시오.		

부록 2: 행동발생산포도

행동발생산포도
(Scatter Plot)

피관찰자: ________ 관찰자: ____________ 관찰장소: _________ 시작일: 20 년 월 일
표적행동: ____

시 간		분	진행 중인 활동	관찰회기															비 고
				1	2	3	4	5	6	7	8	9	10	11	12	13	14	15	
오전	6	30																	
		60																	
	7	30																	
		60																	
	8	30																	
		60																	
	9	30																	
		60																	
	10	30																	
		60																	
	11	30																	
		60																	
오후	12	30																	
		60																	
	1	30																	
		60																	
	2	30																	
		60																	
	3	30																	
		60																	
	4	30																	
		60																	
	5	30																	
		60																	
	6	30																	
		60																	
	7	30																	
		60																	
	8	30																	
		60																	
	9	30																	
		60																	
	10	30																	
		60																	
	11	30																	
		60																	
관찰회기				1	2	3	4	5	6	7	8	9	10	11	12	13	14	15	
월/일																			

부록 3: 전형적 일과표

전형적 일과표
(Time Schedule)

아동 이름: ______________ 관찰자 이름: ______________ 시작일: 20 년 월 일
표적행동: ______________

시 간		분	하는 일	문제점
오전	6	30		
		60		
	7	30		
		60		
	8	30		
		60		
	9	30		
		60		
	10	30		
		60		
	11	30		
		60		
오후	12	30		
		60		
	1	30		
		60		
	2	30		
		60		
	3	30		
		60		
	4	30		
		60		
	5	30		
		60		
	6	30		
		60		
	7	30		
		60		
	8	30		
		60		
	9	30		
		60		
	10	30		
		60		
	11	30		
		60		
비 고				

부록 4: A-B-C 종합관찰평가표

A-B-C 종합관찰평가표

피관찰자: ____________ 관찰자: ____________ 관찰장소: ____________
표적행동: ______________________________

관찰 내용	발생일시										
날 짜	/	/	/	/	/	/	/	/	/	/	소 계
시 간	:	:	:	:	:	:	:	:	:	:	
생태환경/ 전후맥락 (E)											
1.											
2.											
3.											
4.											
5. 기타											
선행자극 (A)											
1.											
2.											
3.											
4.											
5. 기타											
표적행동 (B)											
1.											
2.											
3.											
4.											
5. 기타											
후속자극 (C)											
1.											
2.											
3.											
4.											
5. 기타											

비 고 1. [생태환경/전후맥락]의 왼쪽 공란에는 문제행동이 어떤 활동 중에 일어날 것인지 예상되는 것을 적는다.
2. [선행자극]의 왼쪽 공란에는 문제행동을 유발시킬 것으로 예상되는 선행사건, 일, 상황 등을 적는다.
3. [표적행동]의 왼쪽 공란에는 문제행동이 어떤 형태로 나타나는지 예상되는 반응군을 적는다.
4. [후속자극]의 왼쪽 공란에는 문제행동이 환경으로부터 어떤 결과를 얻으며 또 주변 사람들로부터 어떤 반응을 얻게 되는지 예상되는 것을 적는다.

부록 5: 프로그램 완성양식

프로그램 이름: ____________________

지금까지 작성한 치료교육 계획을 정해진 양식에 맞추어 프로그램을 완성한다. 부모, 교사, 기타 비전문인도 프로그램의 내용을 쉽게 파악하고 프로그래머의 계획대로 치료교육을 진행할 수 있도록 작성해 보자.

아동 이름: ________ 생년월일: ________ 시작일시: ________ 종료일시: ________

치료자 이름: ____________________ 연락처: ____________________

프로그램 진행에 관한 일반 사항:

____

____

____

____

준비물:

____

____

훈련장소 / 아동과의 상대적 위치:

____

____

기타 유의할 사항:

____

____

____

부록 5: 프로그램 완성양식(계속)

제1단계:

선행조건

표적행동

평가기준

강화기준:

학습기준:

반응 기록표

1. 학습자가 강화기준에 맞게 올바로 반응하면 아래 해당 회기의 시행번호 위에 'ㅇ' 표를 한다.
2. 기준에 맞게 반응하지 못하거나 정해진 시간 내에 반응하지 못하면 해당 회기의 시행번호 위에 '×' 표를 한다.
3. 회기별로 올바른 반응의 수를 세어 시행번호 위에 자료점(●)을 표시한다.
4. 각 회기의 자료점들을 실선으로 이어 자료통로를 그린다.

학습반응	기준선																				
		10	10	10	10	10	10	10	10	10	10	10	10	10	10	10	10	10	10	10	10
		9	9	9	9	9	9	9	9	9	9	9	9	9	9	9	9	9	9	9	9
		~~8~~	~~8~~	~~8~~	~~8~~	~~8~~	~~8~~	~~8~~	~~8~~	~~8~~	~~8~~	~~8~~	~~8~~	~~8~~	~~8~~	~~8~~	~~8~~	~~8~~	~~8~~	~~8~~	~~8~~
		7	7	7	7	7	7	7	7	7	7	7	7	7	7	7	7	7	7	7	7
		6	6	6	6	6	6	6	6	6	6	6	6	6	6	6	6	6	6	6	6
		5	5	5	5	5	5	5	5	5	5	5	5	5	5	5	5	5	5	5	5
		4	4	4	4	4	4	4	4	4	4	4	4	4	4	4	4	4	4	4	4
		3	3	3	3	3	3	3	3	3	3	3	3	3	3	3	3	3	3	3	3
		2	2	2	2	2	2	2	2	2	2	2	2	2	2	2	2	2	2	2	2
		1	1	1	1	1	1	1	1	1	1	1	1	1	1	1	1	1	1	1	1
		0	0	0	0	0	0	0	0	0	0	0	0	0	0	0	0	0	0	0	0
회 기		1	2	3	4	5	6	7	8	9	10	11	12	13	14	15	16	17	18	19	20
일 시																					

부록 6: 행동형성에 의한 '높이뛰기' 훈련 프로그램

'높이뛰기' 훈련 프로그램

제1단계: 5cm 높이 뛰어넘기

선행조건

(준비사항) 방바닥에서 5cm 높이에 고무줄을 수평으로 걸쳐 놓고, 아동을 고무줄을 향하여 30cm 정도 떨어진 곳에 세운다.

(언어적 지시) 아동에게 '○○야, 고무줄을 뛰어넘어!'라고 지시한다.

(촉진자극) 필요하면 훈련자가 먼저 고무줄을 뛰어넘는 시범을 보인다.

표적행동

아동은 고무줄을 뛰어넘는다.

평가기준

강화기준: 아동이 두 발을 모으고 제자리에서 뛰어올라 5cm 높이의 고무줄을 건드리지 않고 넘으면 즉시 칭찬한다.

학습기준: 2회기 연속 10번 시행 중 8번 이상 올바로 반응하면 다음 단계 훈련으로 넘어간다.

반응 기록표

1. 학습자가 강화기준에 맞게 올바로 반응하면 아래 해당 회기의 시행번호 위에 'ㅇ' 표를 한다.
2. 기준에 맞게 반응하지 못하거나 정해진 시간 내에 반응하지 못하면 해당 회기의 시행번호 위에 '×' 표를 한다.
3. 회기별로 올바른 반응의 수를 세어 시행번호 위에 자료점(●)을 표시한다.
4. 각 회기의 자료점들을 실선으로 이어 자료통로를 그린다.

학습반응	기준선	10	10	10	10	10	10	10	10	10	10	10	10	10	10	10	10	10	10	10	10
		9	9	9	9	9	9	9	9	9	9	9	9	9	9	9	9	9	9	9	9
		~~8~~	~~8~~	~~8~~	~~8~~	~~8~~	~~8~~	~~8~~	~~8~~	~~8~~	~~8~~	~~8~~	~~8~~	~~8~~	~~8~~	~~8~~	~~8~~	~~8~~	~~8~~	~~8~~	~~8~~
		7	7	7	7	7	7	7	7	7	7	7	7	7	7	7	7	7	7	7	7
		6	6	6	6	6	6	6	6	6	6	6	6	6	6	6	6	6	6	6	6
		5	5	5	5	5	5	5	5	5	5	5	5	5	5	5	5	5	5	5	5
		4	4	4	4	4	4	4	4	4	4	4	4	4	4	4	4	4	4	4	4
		3	3	3	3	3	3	3	3	3	3	3	3	3	3	3	3	3	3	3	3
		2	2	2	2	2	2	2	2	2	2	2	2	2	2	2	2	2	2	2	2
		1	1	1	1	1	1	1	1	1	1	1	1	1	1	1	1	1	1	1	1
		0	0	0	0	0	0	0	0	0	0	0	0	0	0	0	0	0	0	0	0
회기		1	2	3	4	5	6	7	8	9	10	11	12	13	14	15	16	17	18	19	20
일시		/	/	/	/	/	/	/	/	/	/	/	/	/	/	/	/	/	/	/	/

부록 6: 행동형성에 의한 '높이뛰기' 훈련 프로그램(계속)

제2단계: 10cm 높이 뛰어넘기

선행조건

(준비사항) 방바닥에서 10cm 높이에 고무줄을 수평으로 걸쳐 놓고, 아동을 고무줄을 향하여 30cm 정도 떨어진 곳에 세운다.

(언어적 지시) 아동에게 '○○야, 고무줄을 뛰어넘어!' 라고 지시한다.

(촉진자극) 필요하면 훈련자가 먼저 고무줄을 뛰어넘는 시범을 보인다.

표적행동

아동은 고무줄을 뛰어넘는다.

평가기준

강화기준: 아동이 두 발을 모으고 제자리에서 뛰어올라 10cm 높이의 고무줄을 건드리지 않고 넘으면 즉시 칭찬한다.

학습기준: 2회기 연속 10번 시행 중 8번 이상 올바로 반응하면 다음 단계 훈련으로 넘어간다.

반응 기록표

1. 학습자가 강화기준에 맞게 올바로 반응하면 아래 해당 회기의 시행번호 위에 'o' 표를 한다.
2. 기준에 맞게 반응하지 못하거나 정해진 시간 내에 반응하지 못하면 해당 회기의 시행번호 위에 '×' 표를 한다.
3. 회기별로 올바른 반응의 수를 세어 시행번호 위에 자료점(●)을 표시한다.
4. 각 회기의 자료점들을 실선으로 이어 자료통로를 그린다.

학습 반응	기준선																				
		10	10	10	10	10	10	10	10	10	10	10	10	10	10	10	10	10	10	10	10
		9	9	9	9	9	9	9	9	9	9	9	9	9	9	9	9	9	9	9	9
		~~8~~	~~8~~	~~8~~	~~8~~	~~8~~	~~8~~	~~8~~	~~8~~	~~8~~	~~8~~	~~8~~	~~8~~	~~8~~	~~8~~	~~8~~	~~8~~	~~8~~	~~8~~	~~8~~	~~8~~
		7	7	7	7	7	7	7	7	7	7	7	7	7	7	7	7	7	7	7	7
		6	6	6	6	6	6	6	6	6	6	6	6	6	6	6	6	6	6	6	6
		5	5	5	5	5	5	5	5	5	5	5	5	5	5	5	5	5	5	5	5
		4	4	4	4	4	4	4	4	4	4	4	4	4	4	4	4	4	4	4	4
		3	3	3	3	3	3	3	3	3	3	3	3	3	3	3	3	3	3	3	3
		2	2	2	2	2	2	2	2	2	2	2	2	2	2	2	2	2	2	2	2
		1	1	1	1	1	1	1	1	1	1	1	1	1	1	1	1	1	1	1	1
		0	0	0	0	0	0	0	0	0	0	0	0	0	0	0	0	0	0	0	0
회 기		1	2	3	4	5	6	7	8	9	10	11	12	13	14	15	16	17	18	19	20
일 시																					

부록 6: 행동형성에 의한 '높이뛰기' 훈련 프로그램(계속)

제3단계: 15cm 높이 뛰어넘기

선행조건

(준비사항) 방바닥에서 15cm 높이에 고무줄을 수평으로 걸쳐 놓고, 아동을 고무줄을 향하여 30cm 정도 떨어진 곳에 세운다.

(언어적 지시) 아동에게 '○○야, 고무줄을 뛰어넘어!' 라고 지시한다.

(촉진자극) 필요하면 훈련자가 먼저 고무줄을 뛰어넘는 시범을 보인다.

표적행동

아동은 고무줄을 뛰어넘는다.

평가기준

강화기준: 아동이 두 발을 모으고 제자리에서 뛰어올라 15cm 높이의 고무줄을 건드리지 않고 넘으면 즉시 칭찬한다.

학습기준: 2회기 연속 10번 시행 중 8번 이상 올바로 반응하면 다음 단계 훈련으로 넘어간다.

반응 기록표

1. 학습자가 강화기준에 맞게 올바로 반응하면 아래 해당 회기의 시행번호 위에 'o' 표를 한다.
2. 기준에 맞게 반응하지 못하거나 정해진 시간 내에 반응하지 못하면 해당 회기의 시행번호 위에 '×' 표를 한다.
3. 회기별로 올바른 반응의 수를 세어 시행번호 위에 자료점(●)을 표시한다.
4. 각 회기의 자료점들을 실선으로 이어 자료통로를 그린다.

학습 반응	기준선																				
		10	10	10	10	10	10	10	10	10	10	10	10	10	10	10	10	10	10	10	10
		9	9	9	9	9	9	9	9	9	9	9	9	9	9	9	9	9	9	9	9
		~~8~~	~~8~~	~~8~~	~~8~~	~~8~~	~~8~~	~~8~~	~~8~~	~~8~~	~~8~~	~~8~~	~~8~~	~~8~~	~~8~~	~~8~~	~~8~~	~~8~~	~~8~~	~~8~~	~~8~~
		7	7	7	7	7	7	7	7	7	7	7	7	7	7	7	7	7	7	7	7
		6	6	6	6	6	6	6	6	6	6	6	6	6	6	6	6	6	6	6	6
		5	5	5	5	5	5	5	5	5	5	5	5	5	5	5	5	5	5	5	5
		4	4	4	4	4	4	4	4	4	4	4	4	4	4	4	4	4	4	4	4
		3	3	3	3	3	3	3	3	3	3	3	3	3	3	3	3	3	3	3	3
		2	2	2	2	2	2	2	2	2	2	2	2	2	2	2	2	2	2	2	2
		1	1	1	1	1	1	1	1	1	1	1	1	1	1	1	1	1	1	1	1
		0	0	0	0	0	0	0	0	0	0	0	0	0	0	0	0	0	0	0	0
회 기		1	2	3	4	5	6	7	8	9	10	11	12	13	14	15	16	17	18	19	20
일 시																					

부록 6: 행동형성에 의한 '높이뛰기' 훈련 프로그램(계속)

제4단계: 20cm 높이 뛰어넘기

선행조건

(준비사항) 방바닥에서 20cm 높이에 고무줄을 수평으로 걸쳐 놓고, 아동을 고무줄을 향하여 30cm 정도 떨어진 곳에 세운다.

(언어적 지시) 아동에게 '○○야, 고무줄을 뛰어넘어!' 라고 지시한다.

(촉진자극) 필요하면 훈련자가 먼저 고무줄을 뛰어넘는 시범을 보인다.

표적행동

아동은 고무줄을 뛰어넘는다.

평가기준

강화기준: 아동이 두 발을 모으고 제자리에서 뛰어올라 20cm 높이의 고무줄을 건드리지 않고 넘으면 즉시 칭찬한다.

학습기준: 2회기 연속 10번 시행 중 8번 이상 올바로 반응하면 다음 단계 훈련으로 넘어간다.

반응 기록표

1. 학습자가 강화기준에 맞게 올바로 반응하면 아래 해당 회기의 시행번호 위에 'ㅇ' 표를 한다.
2. 기준에 맞게 반응하지 못하거나 정해진 시간 내에 반응하지 못하면 해당 회기의 시행번호 위에 '×' 표를 한다.
3. 회기별로 올바른 반응의 수를 세어 시행번호 위에 자료점(●)을 표시한다.
4. 각 회기의 자료점들을 실선으로 이어 자료통로를 그린다.

학습반응	기준선	10	10	10	10	10	10	10	10	10	10	10	10	10	10	10	10	10	10	10	10
		9	9	9	9	9	9	9	9	9	9	9	9	9	9	9	9	9	9	9	9
		8	8	8	8	8	8	8	8	8	8	8	8	8	8	8	8	8	8	8	8
		7	7	7	7	7	7	7	7	7	7	7	7	7	7	7	7	7	7	7	7
		6	6	6	6	6	6	6	6	6	6	6	6	6	6	6	6	6	6	6	6
		5	5	5	5	5	5	5	5	5	5	5	5	5	5	5	5	5	5	5	5
		4	4	4	4	4	4	4	4	4	4	4	4	4	4	4	4	4	4	4	4
		3	3	3	3	3	3	3	3	3	3	3	3	3	3	3	3	3	3	3	3
		2	2	2	2	2	2	2	2	2	2	2	2	2	2	2	2	2	2	2	2
		1	1	1	1	1	1	1	1	1	1	1	1	1	1	1	1	1	1	1	1
		0	0	0	0	0	0	0	0	0	0	0	0	0	0	0	0	0	0	0	0
회기		1	2	3	4	5	6	7	8	9	10	11	12	13	14	15	16	17	18	19	20
일시																					

부록 6: 행동형성에 의한 '높이뛰기' 훈련 프로그램(계속)

제5단계: 25cm 높이 뛰어넘기

선행조건

(준비사항) 방바닥에서 25cm 높이에 고무줄을 수평으로 걸쳐 놓고, 아동을 고무줄을 향하여 30cm 정도 떨어진 곳에 세운다.

(언어적 지시) 아동에게 '○○야, 고무줄을 뛰어넘어!' 라고 지시한다.

(촉진자극) 필요하면 훈련자가 먼저 고무줄을 뛰어넘는 시범을 보인다.

표적행동

아동은 고무줄을 뛰어넘는다.

평가기준

강화기준: 아동이 두 발을 모으고 제자리에서 뛰어올라 25cm 높이의 고무줄을 건드리지 않고 넘으면 즉시 칭찬한다.

학습기준: 2회기 연속 10번 시행 중 8번 이상 올바로 반응하면 다음 단계 훈련으로 넘어간다.

반응 기록표

1. 학습자가 강화기준에 맞게 올바로 반응하면 아래 해당 회기의 시행번호 위에 'o' 표를 한다.
2. 기준에 맞게 반응하지 못하거나 정해진 시간 내에 반응하지 못하면 해당 회기의 시행번호 위에 '×' 표를 한다.
3. 회기별로 올바른 반응의 수를 세어 시행번호 위에 자료점(●)을 표시한다.
4. 각 회기의 자료점들을 실선으로 이어 자료통로를 그린다.

학습반응																					
		10	10	10	10	10	10	10	10	10	10	10	10	10	10	10	10	10	10	10	10
		9	9	9	9	9	9	9	9	9	9	9	9	9	9	9	9	9	9	9	9
	기준선	~~8~~	~~8~~	~~8~~	~~8~~	~~8~~	~~8~~	~~8~~	~~8~~	~~8~~	~~8~~	~~8~~	~~8~~	~~8~~	~~8~~	~~8~~	~~8~~	~~8~~	~~8~~	~~8~~	~~8~~
		7	7	7	7	7	7	7	7	7	7	7	7	7	7	7	7	7	7	7	7
		6	6	6	6	6	6	6	6	6	6	6	6	6	6	6	6	6	6	6	6
		5	5	5	5	5	5	5	5	5	5	5	5	5	5	5	5	5	5	5	5
		4	4	4	4	4	4	4	4	4	4	4	4	4	4	4	4	4	4	4	4
		3	3	3	3	3	3	3	3	3	3	3	3	3	3	3	3	3	3	3	3
		2	2	2	2	2	2	2	2	2	2	2	2	2	2	2	2	2	2	2	2
		1	1	1	1	1	1	1	1	1	1	1	1	1	1	1	1	1	1	1	1
		0	0	0	0	0	0	0	0	0	0	0	0	0	0	0	0	0	0	0	0
회기		1	2	3	4	5	6	7	8	9	10	11	12	13	14	15	16	17	18	19	20
일시																					

부록 7: 후진형 행동연쇄에 의한 '공 던지기' 훈련 프로그램

제1단계: 공에서 손 떼기

선행조건

1. 직경 5cm의 공 2개를 탁자 위에 준비한다.
2. 훈련자는 공을 하나 집어 어깨 위로 올렸다 앞으로 던지는 시범을 보인다.
3. '○○야, 공을 던져 봐!' 라고 지시한다. 그리고 다음과 같이 돕는다.
   (1) 아동이 공을 집도록 돕는다.
   (2) 목표를 향해 서도록 돕는다.
   (3) 공을 어깨 위로 들어 올리도록 돕는다.
   (4) 손을 빠르게 앞으로 이동하도록 돕는다.

표적행동

(5) 아동은 공에서 손을 뗀다.

평가기준

강화기준: 공은 앞으로 향하여 나아가야 한다. 단순히 밑으로 떨어트리는 것은 안 된다. 온몸을 움직이는 것은 허용된다.

학습기준: 2회기 연속 10번 시행 중 8번 이상 올바로 반응하면 다음 훈련으로 넘어간다.

반응 기록표

1. 학습자가 강화기준에 맞게 올바로 반응하면 아래 해당 회기의 시행번호 위에 'o' 표를 한다.
2. 기준에 맞게 반응하지 못하거나 정해진 시간 내에 반응하지 못하면 해당 회기의 시행번호 위에 '×' 표를 한다.
3. 회기별로 올바른 반응의 수를 세어 시행번호 위에 자료점(●)을 표시한다.
4. 각 회기의 자료점들을 실선으로 이어 자료통로를 그린다.

학습 반응	기준선																				
		10	10	10	10	10	10	10	10	10	10	10	10	10	10	10	10	10	10	10	10
		9	9	9	9	9	9	9	9	9	9	9	9	9	9	9	9	9	9	9	9
		~~8~~	~~8~~	~~8~~	~~8~~	~~8~~	~~8~~	~~8~~	~~8~~	~~8~~	~~8~~	~~8~~	~~8~~	~~8~~	~~8~~	~~8~~	~~8~~	~~8~~	~~8~~	~~8~~	~~8~~
		7	7	7	7	7	7	7	7	7	7	7	7	7	7	7	7	7	7	7	7
		6	6	6	6	6	6	6	6	6	6	6	6	6	6	6	6	6	6	6	6
		5	5	5	5	5	5	5	5	5	5	5	5	5	5	5	5	5	5	5	5
		4	4	4	4	4	4	4	4	4	4	4	4	4	4	4	4	4	4	4	4
		3	3	3	3	3	3	3	3	3	3	3	3	3	3	3	3	3	3	3	3
		2	2	2	2	2	2	2	2	2	2	2	2	2	2	2	2	2	2	2	2
		1	1	1	1	1	1	1	1	1	1	1	1	1	1	1	1	1	1	1	1
		0	0	0	0	0	0	0	0	0	0	0	0	0	0	0	0	0	0	0	0
회기		1	2	3	4	5	6	7	8	9	10	11	12	13	14	15	16	17	18	19	20
일시		/	/	/	/	/	/	/	/	/	/	/	/	/	/	/	/	/	/	/	/

부록 7: 후진형 행동연쇄에 의한 '공 던지기' 훈련 프로그램(계속)

'공 던지기' 훈련 프로그램

제2단계: 손을 빠르게 앞으로 이동하면서 공에서 손 떼기

선행조건

1. 직경 5cm의 공 2개를 탁자 위에 준비한다.
2. 훈련자는 공을 하나 집어 어깨 위로 올렸다 앞으로 던지는 시범을 보인다.
3. '○○야, 공을 던져 봐!'라고 지시한다. 그리고 다음과 같이 돕는다.
   (1) 아동이 공을 집도록 돕는다.
   (2) 목표를 향해 서도록 돕는다.
   (3) 공을 어깨 위로 들어 올리도록 돕는다.

표적행동

(4) 아동은 손을 빠르게 앞으로 이동하면서
(5) 공에서 손을 뗀다.

평가기준

강화기준: 공은 앞으로 향하여 나아가야 한다. 단순히 밑으로 떨어트리는 것은 안 된다. 온몸을 움직이는 것은 허용된다.

학습기준: 2회기 연속 10번 시행 중 8번 이상 올바로 반응하면 다음 훈련으로 넘어간다.

반응 기록표

1. 학습자가 강화기준에 맞게 올바로 반응하면 아래 해당 회기의 시행번호 위에 'o' 표를 한다.
2. 기준에 맞게 반응하지 못하거나 정해진 시간 내에 반응하지 못하면 해당 회기의 시행번호 위에 '×' 표를 한다.
3. 회기별로 올바른 반응의 수를 세어 시행번호 위에 자료점(●)을 표시한다.
4. 각 회기의 자료점들을 실선으로 이어 자료통로를 그린다.

학습 반응	기준선	10	10	10	10	10	10	10	10	10	10	10	10	10	10	10	10	10	10	10	10
		9	9	9	9	9	9	9	9	9	9	9	9	9	9	9	9	9	9	9	9
		~~8~~	~~8~~	~~8~~	~~8~~	~~8~~	~~8~~	~~8~~	~~8~~	~~8~~	~~8~~	~~8~~	~~8~~	~~8~~	~~8~~	~~8~~	~~8~~	~~8~~	~~8~~	~~8~~	~~8~~
		7	7	7	7	7	7	7	7	7	7	7	7	7	7	7	7	7	7	7	7
		6	6	6	6	6	6	6	6	6	6	6	6	6	6	6	6	6	6	6	6
		5	5	5	5	5	5	5	5	5	5	5	5	5	5	5	5	5	5	5	5
		4	4	4	4	4	4	4	4	4	4	4	4	4	4	4	4	4	4	4	4
		3	3	3	3	3	3	3	3	3	3	3	3	3	3	3	3	3	3	3	3
		2	2	2	2	2	2	2	2	2	2	2	2	2	2	2	2	2	2	2	2
		1	1	1	1	1	1	1	1	1	1	1	1	1	1	1	1	1	1	1	1
		0	0	0	0	0	0	0	0	0	0	0	0	0	0	0	0	0	0	0	0
회기		1	2	3	4	5	6	7	8	9	10	11	12	13	14	15	16	17	18	19	20
일시																					

부록 7: 후진형 행동연쇄에 의한 '공 던지기' 훈련 프로그램(계속)

제3단계: 공을 어깨 위로 들어 올린 다음 던지기

선행조건

1. 직경 5cm의 공 2개를 탁자 위에 준비한다.
2. 훈련자는 공을 하나 집어 어깨 위로 올렸다 앞으로 던지는 시범을 보인다.
3. '○○야, 공을 던져 봐!' 라고 지시한다. 그리고 다음과 같이 돕는다.
   (1) 아동이 공을 집도록 돕는다.
   (2) 목표를 향해 서도록 돕는다.

표적행동

(3) 아동은 공을 어깨 위로 들어 올린 다음
(4) 손을 빠르게 앞으로 이동하면서
(5) 공에서 손을 뗀다.

평가기준

강화기준: 공은 앞으로 향하여 나아가야 한다. 단순히 밑으로 떨어트리는 것은 안 된다. 온몸을 움직이는 것은 허용된다.

학습기준: 2회기 연속 10번 시행 중 8번 이상 올바로 반응하면 다음 훈련으로 넘어간다.

반응 기록표

1. 학습자가 강화기준에 맞게 올바로 반응하면 아래 해당 회기의 시행번호 위에 'ㅇ' 표를 한다.
2. 기준에 맞게 반응하지 못하거나 정해진 시간 내에 반응하지 못하면 해당 회기의 시행번호 위에 '×' 표를 한다.
3. 회기별로 올바른 반응의 수를 세어 시행번호 위에 자료점(●)을 표시한다.
4. 각 회기의 자료점들을 실선으로 이어 자료통로를 그린다.

학습 반응	기준선	10	10	10	10	10	10	10	10	10	10	10	10	10	10	10	10	10	10	10	10
		9	9	9	9	9	9	9	9	9	9	9	9	9	9	9	9	9	9	9	9
		~~8~~	~~8~~	~~8~~	~~8~~	~~8~~	~~8~~	~~8~~	~~8~~	~~8~~	~~8~~	~~8~~	~~8~~	~~8~~	~~8~~	~~8~~	~~8~~	~~8~~	~~8~~	~~8~~	~~8~~
		7	7	7	7	7	7	7	7	7	7	7	7	7	7	7	7	7	7	7	7
		6	6	6	6	6	6	6	6	6	6	6	6	6	6	6	6	6	6	6	6
		5	5	5	5	5	5	5	5	5	5	5	5	5	5	5	5	5	5	5	5
		4	4	4	4	4	4	4	4	4	4	4	4	4	4	4	4	4	4	4	4
		3	3	3	3	3	3	3	3	3	3	3	3	3	3	3	3	3	3	3	3
		2	2	2	2	2	2	2	2	2	2	2	2	2	2	2	2	2	2	2	2
		1	1	1	1	1	1	1	1	1	1	1	1	1	1	1	1	1	1	1	1
		0	0	0	0	0	0	0	0	0	0	0	0	0	0	0	0	0	0	0	0
회기		1	2	3	4	5	6	7	8	9	10	11	12	13	14	15	16	17	18	19	20
일시		/	/	/	/	/	/	/	/	/	/	/	/	/	/	/	/	/	/	/	/

부록 7: 후진형 행동연쇄에 의한 '공 던지기' 훈련 프로그램(계속)

제4단계: 목표를 향해 서서 공 던지기

선행조건

1. 직경 5cm의 공 2개를 탁자 위에 준비한다.
2. 훈련자는 공을 하나 집어 어깨 위로 올렸다 앞으로 던지는 시범을 보인다.
3. '○○야, 공을 던져 봐!' 라고 지시한다. 그리고 다음과 같이 돕는다.
   (1) 아동이 공을 집도록 돕는다.

표적행동

(2) 아동은 목표를 향해 서서
(3) 공을 어깨 위로 들어 올린 다음
(4) 손을 빠르게 앞으로 이동하면서
(5) 공에서 손을 뗀다.

평가기준

강화기준: 공은 앞으로 향하여 나아가야 한다. 단순히 밑으로 떨어트리는 것은 안 된다. 온몸을 움직이는 것은 허용된다.

학습기준: 2회기 연속 10번 시행 중 8번 이상 올바로 반응하면 다음 훈련으로 넘어간다.

반응 기록표

1. 학습자가 강화기준에 맞게 올바로 반응하면 아래 해당 회기의 시행번호 위에 'ㅇ' 표를 한다.
2. 기준에 맞게 반응하지 못하거나 정해진 시간 내에 반응하지 못하면 해당 회기의 시행번호 위에 '×' 표를 한다.
3. 회기별로 올바른 반응의 수를 세어 시행번호 위에 자료점(●)을 표시한다.
4. 각 회기의 자료점들을 실선으로 이어 자료통로를 그린다.

학습반응	기준선																				
		10	10	10	10	10	10	10	10	10	10	10	10	10	10	10	10	10	10	10	10
		9	9	9	9	9	9	9	9	9	9	9	9	9	9	9	9	9	9	9	9
		~~8~~	~~8~~	~~8~~	~~8~~	~~8~~	~~8~~	~~8~~	~~8~~	~~8~~	~~8~~	~~8~~	~~8~~	~~8~~	~~8~~	~~8~~	~~8~~	~~8~~	~~8~~	~~8~~	~~8~~
		7	7	7	7	7	7	7	7	7	7	7	7	7	7	7	7	7	7	7	7
		6	6	6	6	6	6	6	6	6	6	6	6	6	6	6	6	6	6	6	6
		5	5	5	5	5	5	5	5	5	5	5	5	5	5	5	5	5	5	5	5
		4	4	4	4	4	4	4	4	4	4	4	4	4	4	4	4	4	4	4	4
		3	3	3	3	3	3	3	3	3	3	3	3	3	3	3	3	3	3	3	3
		2	2	2	2	2	2	2	2	2	2	2	2	2	2	2	2	2	2	2	2
		1	1	1	1	1	1	1	1	1	1	1	1	1	1	1	1	1	1	1	1
		0	0	0	0	0	0	0	0	0	0	0	0	0	0	0	0	0	0	0	0
회 기		1	2	3	4	5	6	7	8	9	10	11	12	13	14	15	16	17	18	19	20
일 시																					

부록 7: 후진형 행동연쇄에 의한 '공 던지기' 훈련 프로그램(계속)

제5단계: 공을 집은 다음 목표를 향해 서서 공 던지기

선행조건

1. 직경 5cm의 공 2개를 탁자 위에 준비한다.
2. 훈련자는 공을 하나 집어 어깨 위로 올렸다 앞으로 던지는 시범을 보인다.
3. '○○야, 공을 던져 봐!' 라고 지시한다.

표적행동

(1) 아동이 공을 집은 후에
(2) 목표를 향해 서서
(3) 공을 어깨 위로 들어 올린 다음
(4) 손을 빠르게 앞으로 이동하면서
(5) 공에서 손을 뗀다.

평가기준

강화기준: 공은 앞으로 향하여 나아가야 한다. 단순히 밑으로 떨어트리는 것은 안 된다. 온몸을 움직이는 것은 허용된다.
학습기준: 2회기 연속 10번 시행 중 8번 이상 올바로 반응하면 다음 훈련으로 넘어간다.

반응 기록표

1. 학습자가 강화기준에 맞게 올바로 반응하면 아래 해당 회기의 시행번호 위에 'o' 표를 한다.
2. 기준에 맞게 반응하지 못하거나 정해진 시간 내에 반응하지 못하면 해당 회기의 시행번호 위에 '×' 표를 한다.
3. 회기별로 올바른 반응의 수를 세어 시행번호 위에 자료점(●)을 표시한다.
4. 각 회기의 자료점들을 실선으로 이어 자료통로를 그린다.

학습반응	기준선																				
		10	10	10	10	10	10	10	10	10	10	10	10	10	10	10	10	10	10	10	10
		9	9	9	9	9	9	9	9	9	9	9	9	9	9	9	9	9	9	9	9
		~~8~~	~~8~~	~~8~~	~~8~~	~~8~~	~~8~~	~~8~~	~~8~~	~~8~~	~~8~~	~~8~~	~~8~~	~~8~~	~~8~~	~~8~~	~~8~~	~~8~~	~~8~~	~~8~~	~~8~~
		7	7	7	7	7	7	7	7	7	7	7	7	7	7	7	7	7	7	7	7
		6	6	6	6	6	6	6	6	6	6	6	6	6	6	6	6	6	6	6	6
		5	5	5	5	5	5	5	5	5	5	5	5	5	5	5	5	5	5	5	5
		4	4	4	4	4	4	4	4	4	4	4	4	4	4	4	4	4	4	4	4
		3	3	3	3	3	3	3	3	3	3	3	3	3	3	3	3	3	3	3	3
		2	2	2	2	2	2	2	2	2	2	2	2	2	2	2	2	2	2	2	2
		1	1	1	1	1	1	1	1	1	1	1	1	1	1	1	1	1	1	1	1
		0	0	0	0	0	0	0	0	0	0	0	0	0	0	0	0	0	0	0	0
회 기		1	2	3	4	5	6	7	8	9	10	11	12	13	14	15	16	17	18	19	20
일 시		/	/	/	/	/	/	/	/	/	/	/	/	/	/	/	/	/	/	/	/

부록 8: 촉진과 용암법에 의한 '동그라미 그리기' 훈련 프로그램

'동그라미 그리기' 훈련 프로그램

제1단계: 75% 수지도를 받고 동그라미 그리기

선행조건

(준비사항) 훈련자는 탁자를 앞에 두고 아동 오른편에 나란히 앉는다. 아동에게 종이와 연필을 준다.

(최종자극) 아동에게 '동그라미를 그려 봐!' 라고 지시한다.

(촉진자극) 아동의 손을 잡고 원을 3/4 정도 함께 그린 다음 손을 뗀다.

표적행동

아동은 동그라미를 그린다.

평가기준

강화기준: 훈련자의 도움을 거부하지 않고, 많이 찌그러지지 않게 동그라미를 그려 시작과 끝점을 이으면 즉시 칭찬한다.

학습기준: 2회기 연속 10번 시행 중 8번 이상 올바로 반응하면 다음 훈련으로 넘어간다.

반응 기록표

1. 학습자가 강화기준에 맞게 올바로 반응하면 아래 해당 회기의 시행번호 위에 '○' 표를 한다.
2. 기준에 맞게 반응하지 못하거나 정해진 시간 내에 반응하지 못하면 해당 회기의 시행번호 위에 '×' 표를 한다.
3. 회기별로 올바른 반응의 수를 세어 시행번호 위에 자료점(●)을 표시한다.
4. 각 회기의 자료점들을 실선으로 이어 자료통로를 그린다.

학습반응	기준선																				
		10	10	10	10	10	10	10	10	10	10	10	10	10	10	10	10	10	10	10	10
		9	9	9	9	9	9	9	9	9	9	9	9	9	9	9	9	9	9	9	9
		~~8~~	~~8~~	~~8~~	~~8~~	~~8~~	~~8~~	~~8~~	~~8~~	~~8~~	~~8~~	~~8~~	~~8~~	~~8~~	~~8~~	~~8~~	~~8~~	~~8~~	~~8~~	~~8~~	~~8~~
		7	7	7	7	7	7	7	7	7	7	7	7	7	7	7	7	7	7	7	7
		6	6	6	6	6	6	6	6	6	6	6	6	6	6	6	6	6	6	6	6
		5	5	5	5	5	5	5	5	5	5	5	5	5	5	5	5	5	5	5	5
		4	4	4	4	4	4	4	4	4	4	4	4	4	4	4	4	4	4	4	4
		3	3	3	3	3	3	3	3	3	3	3	3	3	3	3	3	3	3	3	3
		2	2	2	2	2	2	2	2	2	2	2	2	2	2	2	2	2	2	2	2
		1	1	1	1	1	1	1	1	1	1	1	1	1	1	1	1	1	1	1	1
		0	0	0	0	0	0	0	0	0	0	0	0	0	0	0	0	0	0	0	0
회기		1	2	3	4	5	6	7	8	9	10	11	12	13	14	15	16	17	18	19	20
일시																					

부록 8: 촉진과 용암법에 의한 '동그라미 그리기' 훈련 프로그램(계속)

제2단계: 50% 수지도를 받고 동그라미 그리기

선행조건

(준비사항) 훈련자는 탁자를 앞에 두고 아동 오른편에 나란히 앉는다. 아동에게 종이와 연필을 준다.

(최종자극) 아동에게 '동그라미를 그려 봐!' 라고 지시한다.

(촉진자극) 아동의 손을 잡고 원을 1/2 정도 함께 그린 다음 손을 뗀다.

표적행동

아동은 동그라미를 그린다.

평가기준

강화기준: 훈련자의 도움을 거부하지 않고, 많이 찌그러지지 않게 동그라미를 그려 시작과 끝점을 이으면 즉시 칭찬한다.

학습기준: 2회기 연속 10번 시행 중 8번 이상 올바로 반응하면 다음 훈련으로 넘어간다.

반응 기록표

1. 학습자가 강화기준에 맞게 올바로 반응하면 아래 해당 회기의 시행번호 위에 'ㅇ' 표를 한다.
2. 기준에 맞게 반응하지 못하거나 정해진 시간 내에 반응하지 못하면 해당 회기의 시행번호 위에 '×' 표를 한다.
3. 회기별로 올바른 반응의 수를 세어 시행번호 위에 자료점(●)을 표시한다.
4. 각 회기의 자료점들을 실선으로 이어 자료통로를 그린다.

학습 반응	기준선																				
		10	10	10	10	10	10	10	10	10	10	10	10	10	10	10	10	10	10	10	10
		9	9	9	9	9	9	9	9	9	9	9	9	9	9	9	9	9	9	9	9
		~~8~~	~~8~~	~~8~~	~~8~~	~~8~~	~~8~~	~~8~~	~~8~~	~~8~~	~~8~~	~~8~~	~~8~~	~~8~~	~~8~~	~~8~~	~~8~~	~~8~~	~~8~~	~~8~~	~~8~~
		7	7	7	7	7	7	7	7	7	7	7	7	7	7	7	7	7	7	7	7
		6	6	6	6	6	6	6	6	6	6	6	6	6	6	6	6	6	6	6	6
		5	5	5	5	5	5	5	5	5	5	5	5	5	5	5	5	5	5	5	5
		4	4	4	4	4	4	4	4	4	4	4	4	4	4	4	4	4	4	4	4
		3	3	3	3	3	3	3	3	3	3	3	3	3	3	3	3	3	3	3	3
		2	2	2	2	2	2	2	2	2	2	2	2	2	2	2	2	2	2	2	2
		1	1	1	1	1	1	1	1	1	1	1	1	1	1	1	1	1	1	1	1
		0	0	0	0	0	0	0	0	0	0	0	0	0	0	0	0	0	0	0	0
회기		1	2	3	4	5	6	7	8	9	10	11	12	13	14	15	16	17	18	19	20
일시																					

부록 8: 촉진과 용암법에 의한 '동그라미 그리기' 훈련 프로그램

제3단계: 25% 수지도를 받고 동그라미 그리기

선행조건

(준비사항) 훈련자는 탁자를 앞에 두고 아동 오른편에 나란히 앉는다. 아동에게 종이와 연필을 준다.

(최종자극) 아동에게 '동그라미를 그려 봐!' 라고 지시한다.

(촉진자극) 아동의 손을 잡고 원을 1/4 정도 함께 그린 다음 손을 뗀다.

표적행동

아동은 동그라미를 그린다.

평가기준

강화기준: 훈련자의 도움을 거부하지 않고, 많이 찌그러지지 않게 동그라미를 그려 시작과 끝점을 이으면 즉시 칭찬한다.

학습기준: 2회기 연속 10번 시행 중 8번 이상 올바로 반응하면 다음 훈련으로 넘어간다.

반응 기록표

1. 학습자가 강화기준에 맞게 올바로 반응하면 아래 해당 회기의 시행번호 위에 'o' 표를 한다.
2. 기준에 맞게 반응하지 못하거나 정해진 시간 내에 반응하지 못하면 해당 회기의 시행번호 위에 '×' 표를 한다.
3. 회기별로 올바른 반응의 수를 세어 시행번호 위에 자료점(●)을 표시한다.
4. 각 회기의 자료점들을 실선으로 이어 자료통로를 그린다.

학습 반응	기준선	10	10	10	10	10	10	10	10	10	10	10	10	10	10	10	10	10	10	10	10
		9	9	9	9	9	9	9	9	9	9	9	9	9	9	9	9	9	9	9	9
		~~8~~	~~8~~	~~8~~	~~8~~	~~8~~	~~8~~	~~8~~	~~8~~	~~8~~	~~8~~	~~8~~	~~8~~	~~8~~	~~8~~	~~8~~	~~8~~	~~8~~	~~8~~	~~8~~	~~8~~
		7	7	7	7	7	7	7	7	7	7	7	7	7	7	7	7	7	7	7	7
		6	6	6	6	6	6	6	6	6	6	6	6	6	6	6	6	6	6	6	6
		5	5	5	5	5	5	5	5	5	5	5	5	5	5	5	5	5	5	5	5
		4	4	4	4	4	4	4	4	4	4	4	4	4	4	4	4	4	4	4	4
		3	3	3	3	3	3	3	3	3	3	3	3	3	3	3	3	3	3	3	3
		2	2	2	2	2	2	2	2	2	2	2	2	2	2	2	2	2	2	2	2
		1	1	1	1	1	1	1	1	1	1	1	1	1	1	1	1	1	1	1	1
		0	0	0	0	0	0	0	0	0	0	0	0	0	0	0	0	0	0	0	0
회 기		1	2	3	4	5	6	7	8	9	10	11	12	13	14	15	16	17	18	19	20
일 시		/	/	/	/	/	/	/	/	/	/	/	/	/	/	/	/	/	/	/	/

부록 8: 촉진과 용암법에 의한 '동그라미 그리기' 훈련 프로그램

제4단계: 도움 없이 혼자서 동그라미 그리기

선행조건

(준비사항) 훈련자는 탁자를 앞에 두고 아동 오른편에 나란히 앉는다. 아동에게 종이와 연필을 준다.

(최종자극) 아동에게 '동그라미를 그려 봐!' 라고 지시한다.

(촉진자극) 없음

표적행동

아동은 동그라미를 그린다.

평가기준

강화기준: 훈련자의 도움을 거부하지 않고, 많이 찌그러지지 않게 동그라미를 그려 시작과 끝점을 이으면 즉시 칭찬한다.

학습기준: 2회기 연속 10번 시행 중 8번 이상 올바로 반응하면 다음 훈련으로 넘어간다.

반응 기록표

1. 학습자가 강화기준에 맞게 올바로 반응하면 아래 해당 회기의 시행번호 위에 'ㅇ' 표를 한다.
2. 기준에 맞게 반응하지 못하거나 정해진 시간 내에 반응하지 못하면 해당 회기의 시행번호 위에 '×' 표를 한다.
3. 회기별로 올바른 반응의 수를 세어 시행번호 위에 자료점(●)을 표시한다.
4. 각 회기의 자료점들을 실선으로 이어 자료통로를 그린다.

학습 반응	기준선																				
		10	10	10	10	10	10	10	10	10	10	10	10	10	10	10	10	10	10	10	10
		9	9	9	9	9	9	9	9	9	9	9	9	9	9	9	9	9	9	9	9
		~~8~~	~~8~~	~~8~~	~~8~~	~~8~~	~~8~~	~~8~~	~~8~~	~~8~~	~~8~~	~~8~~	~~8~~	~~8~~	~~8~~	~~8~~	~~8~~	~~8~~	~~8~~	~~8~~	~~8~~
		7	7	7	7	7	7	7	7	7	7	7	7	7	7	7	7	7	7	7	7
		6	6	6	6	6	6	6	6	6	6	6	6	6	6	6	6	6	6	6	6
		5	5	5	5	5	5	5	5	5	5	5	5	5	5	5	5	5	5	5	5
		4	4	4	4	4	4	4	4	4	4	4	4	4	4	4	4	4	4	4	4
		3	3	3	3	3	3	3	3	3	3	3	3	3	3	3	3	3	3	3	3
		2	2	2	2	2	2	2	2	2	2	2	2	2	2	2	2	2	2	2	2
		1	1	1	1	1	1	1	1	1	1	1	1	1	1	1	1	1	1	1	1
		0	0	0	0	0	0	0	0	0	0	0	0	0	0	0	0	0	0	0	0
회기		1	2	3	4	5	6	7	8	9	10	11	12	13	14	15	16	17	18	19	20
일시		/	/	/	/	/	/	/	/	/	/	/	/	/	/	/	/	/	/	/	/

부록 9: 표적행동의 사회적 중요성 평가

표적행동의 사회적 중요성 평가

내담자 이름: ____________ 평가일시: 20 년 월 일
표적행동: ____________

평가 문항		예	아니요	비 고
1.	치료 후 실생활에서 자연적으로 강화될 수 있는 행동인가?			
2.	복합 기능을 습득하는 데 필수적인 기초행동인가?			
3.	풍부한 학습 환경으로의 접근성을 보장하는 중요한 행동인가?			
4.	다른 사람들의 접근과 긍정적 상호작용을 유도할 수 있는 행동인가?			
5.	새로운 세계와 기회를 열어 줄 수 있는 첨점 또는 중심축 행동인가?			
6.	연령에 적합한 행동인가?			
7.	표적행동(문제행동)을 대체할 수 있는 바람직한 행동인가?			
8.	치료의 목적을 대표하는 행동인가?			
9.	말뿐이 아닌 실제 행동인가?			
10.	행동 문제가 아닐 경우 치료의 목적을 이끌어 낼 수 있는 행동인가?			

종합평가:

부록 10: 표적행동의 순위평가

표적행동의 순위평가

아동 이름: ________________ 생년월일: 20 년 월 일 성별: 남 / 여
면접자(평가자) 이름: __________ 평가일시: 20 년 월 일

검사 문항	반응 기록				
	전혀 아니다	거의 아니다	가끔 그렇다	대체로 그렇다	항상 그렇다
1. 이 행동은 내담자 자신이나 타인에게 위험한 것인가?	0	1	2	3	4
2. 이 문제행동을 활용할 기회는 얼마나 되는가? 또는 이 문제행동은 얼마나 자주 발생하는가? (더 자주 활용되고 더 자주 발생하는 행동에 높은 점수를 준다.)	0	1	2	3	4
3. 이 문제행동 또는 결손행동은 얼마나 오래 지속되어 왔는가? (더 오래 지속된 것일수록 높은 점수를 준다.)	0	1	2	3	4
4. 이 행동이 변화되면 더 많은 강화와 학습의 기회가 내담자에게 제공될 것인가?	0	1	2	3	4
5. 이 행동은 앞으로 내담자의 행동 발달과 독립적 기능의 증진에 얼마나 중요한 것인가? (중요성이 클수록 높은 점수를 준다.)	0	1	2	3	4
6. 이 행동이 개선되면 타인들로부터의 불필요한 부정적 관심을 줄일 수 있는가?	0	1	2	3	4
7. 이 행동은 내담자의 생활환경에 존재하는 중요한 인물들에게 보상이 될 것인가?	0	1	2	3	4
8. 이 행동을 성공적으로 변화시킬 가능성은 얼마나 되는가? (변화 가능성이 높을수록 높은 점수를 준다.)	0	1	2	3	4
9. 이 행동을 수정하는 데 얼마나 비용이 들 것인가? (비용이 적게 들수록 높은 점수를 준다.)	0	1	2	3	4

1. 아래 '표적행동' 란에 평가 대상 행동을 써넣는다.
2. 각 표적행동을 위의 검사 문항 9개에 따라 평정한 다음 총합점수를 낸다.
3. 총합점수를 '점수 소계' 란에 적고, 높은 점수에 높은 순위를 부여한다.

표 적 행 동	점수 소계	순 위

부록 11: 강화자극의 선정 기록표

강화자극의 선정 기록표

아동 이름: ______________ 검사일시: 20 년 월 일

검사자 이름: ______________ 조사회기: 제 회

시행횟수	사용된 품목									
1										
2										
3										
4										
5										
6										
7										
8										
9										
10										
11										
12										
13										
14										
15										
소 계										
순 위										

참고사항
1. '사용된 품목' 란에 준비한 과자류, 음식류, 장난감류 등을 5～10개 적는다.
2. 준비된 품목(예: 과자류, 음식류)을 아동 앞에 한 줄로 나열한 후 한 가지씩 시식을 시킨다.
3. 시식이 끝난 다음 같은 방법으로 준비된 품목을 나열한 다음 하나만 골라서 먹으라고 한다.
4. 아동이 선택한 품목란에 체크한다. 매 회기마다 품목의 위치를 무작위로 바꾸어 실시한다.
5. 15회기가 끝나면 소계를 내고 순위를 정한다.
6. 가장 자주 선택된 품목을 강화 메뉴로 정한다.

부록 12: E-LAP 및 LAP-D(발달진단 · 학습성취도 검사 표본)

조기학습성취검사
(Early Learning Accomplishment Profile)

항목(월)	행 동	검사절차 및 평가기준
GM88(36)	2번 또는 그 이상 한 발로 뛴다. (BAY)	3m 정도의 직선을 바닥에 그린다. 아동으로 하여금 선을 따라 한 발을 들고 한 발로 뛰도록 지시한다. 시범을 보이는 것이 좋다. 아동은 다른 발을 땅에 대지 않고 한 발로 2~3번 뛰어야 한다.
CO83(27)	정육면체 블록을 한 줄로 놓아 기차를 만든다. (CAT)	한 변이 2.5cm 되는 정육면체의 블록 10개를 탁자 위에 준비한다. 그중 4개를 한 줄로 놓으면서, '자, 내가 기차를 어떻게 만드는지 잘 봐!' 라고 말한다. 그리고 다섯 번째 블록을 제일 앞에 있는 블록 위에 올려놓은 다음, '칙칙폭폭' 하면서 탁자 주위로 그것을 밀어 보인다. 그리고 나머지 5개의 블록을 아동에게 주며, '내가 만든 것처럼 기차를 만들어 봐!' 라고 지시한다. 시범으로 만들어 놓은 것은 치우지 말고 그대로 둔다. 아동은 적어도 3개의 블록을 한 줄로 놓고 탁자 주위로 밀어야 한다.
LA32(18)	요구에 따라 몸의 한 부분을 가리킨다. (R, EA) (GES) (CAT)	'머리(눈, 코, 입)를 가리켜 봐!' , '네 머리(눈, 코, 입)는 어디 있지?' 라고 말하면서 아동에게 몸의 부분을 확인하도록 요구한다. 질문을 여러 번 반복해도 좋다. 그러나 몸짓으로 암시해서는 안 된다. 만일 아동이 반응하지 않거나 자신의 몸을 지적하지 않으면 인형이나 큰 그림을 사용해도 좋다. 아동은 몸의 여러 부분 중 적어도 하나는 올바로 가리켜야 한다.

* ( ) 안의 숫자는 연령(개월)을 표시한다.
* 이 검사는 한국행동수정연구소(1995)에서 번안하였음.

부록 12: E-LAP 및 LAP-D(발달진단 · 학습성취도 검사 표본)(계속)

학습성취검사(진단용)

(Learning Accomplishment Profile–Diagnostic Edition)

항목(월)	행 동	검사절차 및 평가기준
FM12(18) orange	시범을 보고 4cm 블록 4개를 쌓는다.	4cm 블록 9개를 아동 앞에 놓는다. '내가 하는 것을 잘 봐!' 라고 말하면서 블록 4개로 탑을 쌓는다. 아동이 검사자의 시범에 주의를 기울이도록 한다. 블록을 다시 내려놓은 다음, '너도 해 봐!' 라고 지시하면서 아동의 손에 블록을 쥐어 준다. 아동이 4개의 블록을 쌓으면 점수를 준다. 시범과 함께 3번 시행할 수 있다. 아동에게 탑을 더 높이 계속 쌓으라고 격려한다. 7개를 쌓으면 FM15번, 8개를 쌓으면 FM18번, 9개를 모두 쌓으면 FM20번에도 점수를 준다.
FM36(54)	여덟 조각 퍼즐을 맞춘다.	맞추어진 캥거루 퍼즐을 아동에게 보여 준다. 조각들을 꺼내어 아동 왼쪽에 쌓아 놓는다. 아동에게 퍼즐을 다시 맞추라고 요구한다. 아동이 4분 내에 퍼즐을 완성하면 점수를 준다. CM16번도 점수를 준다. (타이머 사용)
CM16(48) green timer	4분 이내에 여덟 조각의 퍼즐을 올바로 맞춘다.	여덟 조각으로 이루어진 캥거루 모양의 퍼즐을 준비한다. 모든 조각을 퍼즐판으로부터 분리하여 한쪽에 쌓아 둔다. 한 조각을 집어 맞추는 시범을 보인 다음, 회수하여 제자리에 갖다 놓는다. 아동에게 퍼즐을 맞추라고 지시한다. 아동은 4분 안에 모든 조각을 올바로 맞춰야 한다. (FM36번과 동일함, 같이 점수를 준다.)
CC15(66) blue	한 조의 블록 무더기로부터 정해진 수의 블록을 세어 꺼낸다.	2.5cm 블록 10개와 종이 한 장을 꺼내 놓는다. 아동에게 블록 4개를 종이 위에 올려놓으라고 지시한다. 아동은 요구된 개수의 블록을 종이 위에 올려놓아야 한다. 블록을 다시 제자리로 옮겨 놓고, 이번에는 9개를 올려놓으라고 한다. 다시 같은 방법으로 블록 5개를 올려놓으라고 지시한다. 아동이 매번 올바른 수의 블록을 종이 위에 올려놓으면 점수를 준다. 각 지시는 한 번씩만 한다.

* ( ) 안의 숫자는 연령(개월)을 표시한다.

부록 12: E-LAP 및 LAP-D(발달진단 · 학습성취도 검사 표본)(계속)

<table>
<tr><th>항목(월)</th><th>행 동</th><th colspan="2">검사절차 및 평가기준</th></tr>
<tr><td rowspan="3">FW09(24)
green</td><td rowspan="3">시범에 따라 원을 그린다.</td><td colspan="2">검사자는 연필로 직경 8cm 정도 되는 원을 그려 보인다. 그리고 아동에게 모방하여 그려 보라고 격려한다.

아동이 연필을 떼지 않고 분명한 원형의 모습을 그리면 점수를 준다. (아래 그림 참조)</td></tr>
<tr><td>점수를 준다</td><td>점수를 안 준다</td></tr>
<tr><td>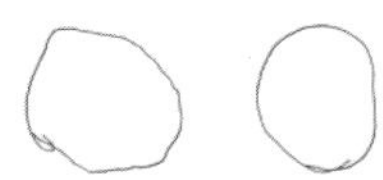</td><td></td></tr>
<tr><td rowspan="3">FW11(30)
green</td><td rowspan="3">시범을 보고 'ㅂ' 자를 그린다.</td><td colspan="2">아동에게 'ㅂ' 자를 그리는 시범을 보인다. 그리고 같은 것을 그려 보라고 요구한다.

아동이 2개의 수직선과 두 선을 연결하는 2개의 수평선을 그리면 점수를 준다. 3번 시행할 수 있다. (아래 그림 참조)</td></tr>
<tr><td>점수를 준다</td><td>점수를 안 준다</td></tr>
<tr><td></td><td></td></tr>
<tr><td>FW13(36)</td><td>원을 보고 그린다.</td><td colspan="2">아동에게 연필과 종이를 준다. 원이 그려져 있는 카드를 보여준다. 그리고 '이것과 같이 그려 봐!' 라고 말한다. 검사자의 손가락으로 원둘레를 추적하여 보이면 안 된다. 그림카드를 아동 앞에 세워 둔다.

아동이 연필을 떼지 않고 한정된 공간 주변을 돌아 원을 그리면 점수를 준다.</td></tr>
<tr><td rowspan="3">FW20(54)
green</td><td rowspan="3">카드의 그림을 보고 'ㅂ' 자를 그린다.</td><td colspan="2">아동에게 연필과 종이를 준다. 'ㅂ' 자가 그려진 그림카드를 아동에게 제시하며, '이것과 똑같이 그려 봐!' 라고 지시한다.

'ㅂ' 자 쓰기에서는 2개의 수평선으로 연결된 2개의 수직선을 그리면 점수를 준다. 옆으로 뉘여 쓰면 오답으로 처리한다.
(아래 그림 참조)</td></tr>
<tr><td>점수를 준다</td><td>점수를 안 준다</td></tr>
<tr><td></td><td></td></tr>
</table>

* ( ) 안의 숫자는 연령(개월)을 표시한다.

부록 12: E-LAP 및 LAP-D(발달진단 · 학습성취도 검사 표본)(계속)

항목(월)	행 동	검사절차 및 평가기준
FW32(72) green	'ㄱ, ㄴ, ㅗ, ㅜ' 네 글자를 보고 베껴 쓸 수 있다.	아동에게 연필과 종이를 준다. 'ㄱ, ㄴ, ㅗ, ㅜ' 네 글자가 쓰인 카드를 아동이 잘 볼 수 있도록 세워 제시한다. 아동에게 글자를 보고 베껴 쓰라고 지시한다. 아동이 네 글자를 뒤집지 않고 위와 아래가 바뀌지 않게 차례대로 베껴 쓰면 점수를 준다. 2번 시행할 수 있다. 첫 시행에서 베껴 쓸 수 없었던 글자들만 다시 써 보도록 한다. (아래 그림 참조) 점수를 준다: 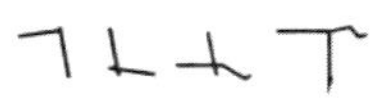 점수를 안 준다: 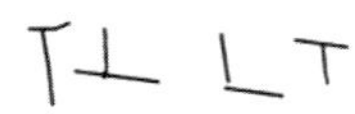
GB40(60)	제자리에서 25cm 높이의 수평 장대를 뛰어넘는다.	방바닥에서 25cm 높이에 고무줄이나 장대를 수평으로 걸쳐 놓는다. 아동에게 고무줄이나 장대로부터 30cm 정도 떨어져 서서 뛰어넘으라고 한다. 아동은 고무줄이나 장대를 건드리지 않고 뛰어넘어야 한다. 고무줄에 걸리거나 장대를 떨어트리면 안 된다. 2번 시행하여 한 번 성공하면 점수를 준다.
GO13(21) black	몸 전체를 움직여 공을 어깨 위로 올려 던진다.	검사자는 직경 5cm의 공을 어깨 위로 올려 던지는 시범을 보인 다음 아동에게 공을 주며 던지라고 지시한다. 아동이 온몸을 움직여 공을 어깨 위로 올려 던져도 합격이다. 3번 시행하여 한 번 성공하면 된다. 몸 전체를 움직이지 않고 팔과 손만을 움직여 던지면, GO21번도 합격으로 기록한다.
GO21(48) black	몸통은 거의 움직이지 않고 공을 어깨 위로 올려 던진다.	검사자는 직경 5cm의 공을 어깨 위로 올려 던지는 시범을 보인다. 아동에게 그대로 모방하여 공을 던지라고 요구한다. 아동은 몸통을 거의 움직이지 않고 손을 어깨 위로 올려 공을 던져야 한다. 팔과 손만으로 던져야 한다. 3번 시행하여 한 번만 성공하면 된다.
GO23(54)	굴러 오는 공을 달려가 찬다.	검사자는 아동으로부터 3.5m 정도 떨어진 곳에 마주 선다. 아동에게 직경 12cm의 공을 주며 검사자를 향하여 굴리라고 요구한다. 공이 굴러 올 때 쫓아가 찬다. 그리고 아동에게 공을 굴려 주며 검사자가 한 것처럼 발로 차 보라고 한다. 아동은 굴러 오는 공을 쫓아가 차야 한다. 3번 시행하여 한 번만 성공하면 된다.

＊( ) 안의 숫자는 연령(개월)을 표시한다.

부록 12: E-LAP 및 LAP-D(발달진단 · 학습성취도 검사 표본)(계속)

항목(월)	행 동	검사절차 및 평가기준
LC05(18)	신체 부위 세 군데를 가리킨다.	검사자는 아동의 이름을 불러 주의를 집중시킨 후 다음과 같이 신체 부위를 찾아 가리키도록 지시한다. 지시는 한 번씩만 한다. '○○야, 코 어디 있지? 코 가리켜 봐!' 입, 눈, 손, 발, 머리, 배 등에 대하여 무작위 순으로 질문한다. 아동이 지시된 신체 부위 일곱 군데 중에서 세 군데를 올바로 가리키면 점수를 준다. 여섯 군데를 맞추면 문항 LC08번에도 점수를 준다.
LN15(54)	제시된 행위의 결과를 설명한다.	'성냥을 그으면 무슨 일이 일어나지?' 라고 아동에게 묻는다. 그리고 불이 붙는다고 설명한다. 그런 다음 다음과 같은 경우에는 무슨 일이 일어나는지 묻는다. 1. 달걀을 떨어트리면 어떤 일이 일어나지? 2. 냉동실에 물을 넣으면 어떻게 되지? 3. 눈이나 얼음에 햇볕을 쪼이면 어떤 일이 생기지? 4. 풍선을 바늘로 찌르면 어떤 일이 일어나지? 세 문항에 올바로 대답하면 점수를 준다. 각 질문은 한 번씩만 한다.
SG07(42)	용변을 본 다음 스스로 손을 씻고 닦는다.	아동이 용변을 마친 다음, 스스로 손을 씻고 닦으면 점수를 준다. 화장실 내 세면대 가까운 곳에 비누와 수건을 준비해 둔다.

* ( ) 안의 숫자는 연령(개월)을 표시한다.

참고문헌

김미영(1993). 행동적 진단-처방 모형에 입각한 발달지체의 조기 치료교육 연구(비간행). 숙명여자대학교 대학원 석사학위 논문.

김미영, 홍준표(2007). 정적강화와 Fading 기법이 유아의 글자학습에 미치는 효과. 행동분석연구, 1, 1, 65-78. (한국심리학회지: 발달, 1993, 제6권, 제2호, 4-57에서 재인쇄됨)

김진숙(1988). 발달지체 아동을 위한 응용행동분석 프로그램 개발과 부모교육을 통한 적용효과(비간행). 중앙대학교 대학원 박사학위 논문.

박성수, 오성심(1972). 국민학교에서의 행동수정. 한국행동과학연구소(보고서).

박성수, 이성진(1982). 행동수정의 사례집. 서울: 교육과학사.

유효순, 이성진(1982). 행동수정의 기법 II. 서울: 교육과학사.

이성진(1972). 학교에서의 행동수정. 서울: 배영사.

이성진(1975). 행동수정의 원리. 서울: 교육출판사.

이성진(1980). 응용행동분석의 의미. 서울: 배영사.

이성진(1979). 〈행동수정〉 창간에 즈음하여. 행동수정, 창간호, 1.

이성진, 유효순(1982). 행동수정의 기법 I. 서울: 교육과학사.

이성진, 홍준표(1981). 행동수정의 원리. 서울: 교육과학사.

한국행동수정연구소 편(1995). 조기진단과 치료교육. 한국행동수정연구소.

한국행동수정연구소 편(2006). 발달진단 · 학습성취 Profile: 출생-72개월. 한국행동수정연구소.

홍준표(1975). 학습부진아의 학습행동 강화를 위한 가정에서의 토큰 활용연구. 연구노우트, 제4권, 제16호, 167-176.

홍준표(1976). 혐오통제 및 차별강화를 통한 정신박약아의 이식행동 수정. 연구노우트, 제5권, 제6호, 61-74.

홍준표(1983). The effects of success-sharing and peer-oriented contingency strategies on social isolation of preschool children, Unpublished doctoral dissertation, University of Missouri-Columbia.

홍준표(1986). 정신장애아의 조기 치료교육을 위한 행동수정 시범 연구. 중앙대학교 논문집(인문과학편), 제30집, 249-274.

홍준표(1989) 발달장애 아동을 위한 가정에서의 조기 치료교육 프로그램 개발 연구. 사회과학논문집(중앙대학교), 제32집, 109-140.

홍준표(1991). 언어발달지체 아동을 위한 조기 치료교육 프로그램 개발연구. 한국심리학회지: 발달, 4, 1, 17-53.

홍준표(2003). Research and practice of behavior analysis in Korea. *Japanese Journal of Behavior Analysis, 17,* 2, 149-154.

홍준표(2006). 과제분석과 용암법에 의한 발달적 결손행동의 치료교육 효과. 한국심리학회지: 발달, 19, 3, 89-108.

홍준표(2007a). 행동분석학의 특성과 발전배경. 행동분석연구, 제1권, 제1호, 1-16.

홍준표(2007b). 기능성 평가에 기반을 둔 치료적 중재가 문제행동의 수정에 미치는 효과. 행동분석연구, 제1권, 제1호, 127-142. (인간발달연구, 제12권, 제1호, 1-17에서 재인쇄됨)

홍준표, 김진숙(1990). 발달지체 아동을 위한 조기 치료교육 프로그램 모형 연구. 가정문화논총(중앙대), 제4집, 1-18.

홍준표, 이규성, 이성진(1977). 정신지체아를 위한 행동훈련 프로그램 개발연구. 행동과학연구, 제10권, 제8호, 1-28.

Achenbach, T. M., & Edelbrock, C. S. (1991). *Manual for the Child Behavior Checklist.* Burlington: University of Vermont, Department of Psychiatry.

Alberto, P. A., Heflin, L. J., & Andrews, D. (2002). Use of the timeout ribbon procedure during community-based instruction. *Behavior Modification, 26,* 2, 297-311.

Alberto, P. A., Sharpton, W., & Goldstein, D. (1979). *Project Bridge: Integration of severely retarded students on regular education campuses.* Atlanta Georgia State University.

Alberto, P. A., & Troutman, A. C. (1999). *Applied behavior analysis for teachers* (5th Ed.). Upper Saddle River, NJ: Prentice-Hall, Inc.

Alessi, G. (1992). Models of proximate & ultimate causation in psychology. *American Psychologist, 48,* 1359-1370.

Ardoin, S. P., Martens, B. K., & Wolfe, L. A. (1999). Using high-probability instruction sequences with fading to increase student compliance during transitions. *Journal of Applied Behavior Analysis, 32,* 339-351.

Arndorfer, R., Miltenberger, R., Woster, S., & Gaffaney, T. (1994). Home-based descriptive and experimental analysis of problem behaviors in children. *Topics in Early Childhood Special Education, 14,* 64-87.

Association for Persons with Severe Handicaps. (1987). Resolution on the cessation of intrusive interventions. *TASH Newsletter, 5,* 3.

Axelrod, S. A. (1977). Behavior modification for the classroom teacher. New York: McGraw-Hill.

Axeldod, S. A. (1990). Myths that (ims)guide our profession. In A. C. Repp & N. N. Singh (Eds.), *Perspectives on the use of nonaversive and aversive interventions for persons with developmental disabilities.* Sycamore, IL: Sycamore.

Ayllon, T., & Azrin, N. H. (1968). *The token economy: A motivational system for therapy and rehabilitation*. New York: Appleton-Century-Crofts.

Ayllon, T., & Michael, J. (1959). The psychiatric nurse as a behavioral engineer. *Journal of the Experimental Analysis of Behavior, 2,* 323-334.

Ayllon, T., & Roberts, M. D. (1974). Eliminating discipline problems by strengthening academic performance. *Journal of Applied Behavior Analysis, 7,* 71-76.

Azrin, N. H. (1960). Effects of punishment intensity during variable-interval reinforcement. *Journal of the Experimental Analysis of Behavior, 3,* 128-142.

Azrin, N. H., & Besalel, V. A. (1999). *How to use positive practice, self-correction, and overcorrection* (2nd ed.). Austin, TX: Pro-Ed.

Azrin, N. H., & Foxx, R. M. (1971). A rapid method of toilet training the institutionalized retarded. *Journal of Applied Behavior Analysis, 4,* 89-99.

Azrin, N. H., & Holz, W. C. (1966). Punishment. In W.A. Honig (Ed.), *Operant behavior: Areas of research and application*. New York: Appleton-Century-Crofts.

Azrin, N. H., Holz, W. C., & Hake, D. C. (1963). Fixed-ratio punishment by intense noise. *Journal of the Experimental Analysis of Behavior, 6,* 141-148.

Azrin, N. H., Hutchinson, R. R., & Hake, D. J. (1963). Pain-induced fighting in the squirrel mondey. *Journal of the Experimental Analysis of Behavior, 6*(4), 620.

Azrin, N. H., Hutchinson, R. R., & Hake, D. J. (1966). Extinction-induced aggression. *Journal of the Experimental Analysis of Behavior, 9,* 191-204.

Azrin, N. H., Kaplan, S. J., & Foxx, R. M. (1973). *Autism reversal: Eliminating stereotyped self-stimulation of retarded individuals. American Journal of Mental Deficiency, 78,* 241-148.

Azrin, N. H., & Lindsley, O. R. (1956). The reinforcement of cooperation between children. *Journal of Abnormal and Social Psychology, 52,* 100-102.

Azrin, N. H., & Powers, M. A. (1975). Eliminating classroom disturbances of emotionally disturbed children by positive practice procedures. *Behavior Therapy, 6,* 525-534.

Bachrach, A. J., Erwin, W. J., & Mohr, J. P. (1965). The control of eating behavior in an anorexic by operant conditioning techniques. In L. P. Ullmann and L. A. Krasner (Eds.), *Case studies in behavior modification*. New York: Holt, Rinehart & Winston.

Baer, D. M. (1971). Let's take another look at punishment. *Psychology Today, 5,* 5-32.

Baer, D. M. (1981). A hung jury and a Scottish verdict: "Not proven." *Analysis and Intervention in Developmental Disabilities, 1,* 91-97.

Baer, D. M., Wolf, M. M. (1970). The entry into natural communities of reinforcement. In R. Ulrich, T. Stachnik, & J. Mabry (Eds.), *Control of human behavior* (Vol. 2, pp. 319-324). Glenview, IL: Scott, Foresman.

Baer, D. M., Wolf, M. M., & Risley, T. (1968). Current dimensions of applied behavior analysis. *Journal of Applied Behavior Analysis, 1,* 91-97.

Baer, D. M. Wolf, M. M., & Risley, T. R. (1987). Some still-current dimensions of applied behavior analysis. *Journal of Applied Behavior Analysis, 20,* 313–327.

Bailey, D. B. (1984). Effects of lines of progress and semilogarithmic charts on ratings of charted data. *Journal of Applied Behavior Analysis, 17,* 359–365.

Bailey, J. S., & Burch, M. R. (2002). *Research methods in applied behavior analysis.* Thousand Oaks, CA: Sage Publications, Inc.

Baldwin, J. D., & Baldwin, J. I. (1981). *Behavior principles in everyday life.* Englewood Cliffs, NJ: Prentice Hall.

Bandura, A. (1965). Influence of models' reinforcement contingencies on the acquisition of imitative responses. *Journal of Personality and Social Psychology, 1,* 589–595.

Bandura, A. (1969). *Principles of behavior modification.* New York: Holt, Rinehart & Winston.

Barlow, D. H., & Hayes, S. C. (1979). Alternating treatments design: One strategy for comparing the effects of two treatments in a single behavior. *Journal of Applied Behavior Analysis, 12,* 199–210.

Barlow, D. H., & Hersen, M. (1984). *Single case experimental designs: Strategies for studying behavior change.* New York: Pergamon.

Baron, A., & Galizio, M. (2005). Positive and negative reinforcement: Should the distinction be preserved. *The Behavior Analyst, 28*(2), 85–98.

Baron, A., Kaufman, A., & Rakavskas, I. (1967). Ineffectiveness of "time out" punishment in suppressing human operant behavior. *Psychonomic Science, 8,* 329–330.

Baum, W. M. (1994). *Understanding behaviorism: Science, behavior, and culture.* New York: Harper Collins.

Baumann, B., & Vitali, D. (1982). Facial screening to eliminate trichotillomania in developmentally disabled persons. *Behavior Therapy, 13,* 735–742.

Barton, L., Brulle, A., & Repp, A. C. (1986). Maintenance of therapeutic change by momentary DRO. *Journal of Applied Behavior Analysis, 19,* 277–282.

Birnbrauer, J. (1968). Generalization of punishment effects—A case study. *Journal of Applied Behavior Analysis, 1,* 201–211.

Bierman, K., Miller, C., & Stabb, S. (1987). Improving the social behavior and peer acceptance of rejected boys: Effects of social skill training with instruction and prohibitions. *Journal of Consulting and Clinical Psychology, 55,* 194–200.

Bijou, S. W., & Baer, D. M. (1965). *Child development: Vol. 2. Universal stage of infancy.* New York: Appleton-Century-Crofts.

Bijou, S. W., Birnbrauer, J. S., Kidder, J. D., & Tague, C. E. (1966). Programmed instruction as an approach to teaching writing and arithmetic to retarded children. *Psychological Record, 16,* 505–522.

Bishop, B. R., & Stumphauzer, J. S. (1973). Behavior therapy of thumb sucking in children: A punishment (time out) and generalization effect—what's a mother to do? *Psychological*

Reports, 33, 939-944.

Bosch, S., & Fuqua, W. R. (2001). Behavioral cusps: A model for selecting target behaviors. *Journal of Applied Behavior Analysis, 34,* 123-125.

Boullin, D. J., Coleman, M., O'Brien, R. A., & Rimland, B. (1971). Laboratory predictions of infantile Autism based on 5-hydroxytryptamine efflux from blood platelets and their correlation with the Rimland E-2 score. *Journal of Autism and Childhood Schizophrenia, 1,* 63-71.

Brantley, D. C., & Webster, R. E. (1993). Use of an independent group contingency management system in a regular classroom setting. *Psychology in the Schools, 30,* 60-66.

Browder, D. M. (2001). *Curriculum and assessment for students with moderate and severe disabilities.* New York: Guilford Press.

Burchard, J. D., & Barrera, F. (1972). An analysis of timeout and response cost in a programmed environment. *Journal of Applied Behavior Analysis, 5,* 271-282.

Cameron, M., Luiselli, J., Littleton, R., & Ferrelli, L. (1996). Component analysis and stimulus control assessment of a behavior deceleration treatment package. *Research in Developmental Disabilities, 17*(3), 203-215.

Carr, E. G. (1977). The motivation of self-injurious behavior: A review of some hypotheses. *Psychological Bulletin,* 84, 800-816.

Carr, E. G., Kellum, K. K., & Chong, I. M. (2001). The reductive effects of noncontingent reinforcement: Fixed-time versus variable-time schedules. *Journal of Applied Behavior Analysis, 34,* 505-509.

Carr, E. G., & Durand, V. M. (1985). Reducing behavior problems through functional communication training. *Journal of Appled Behavior Analysis, 18,* 111-126.

Carr, J. E., Kellum, K. K., & Chong, I. M. (2001). The reductive effects of noncontingent reinforcement: Fixed-time versus variable-time schedules. *Journal of Applied Behavior Analysis, 34,* 505-509.

Carr, E. G., Levin, L., McConnachie, G., Carlson, J. I., Kemp, D. C., & Smith, C. E. (1997). *Communication-based intervention for problem behavior: A user's guide for producing positive change.* Baltimore, MD: Paul H. Brookes Publishing Co.

Carr, E. G., & Newsom, C. (1985). Demand related tantrums: Conceptualization and treatment. *Behavior Modification, 9,* 403-426.

Carr, J. E., Nicolson, A. C., & Higbee, T. S. (2000). Evaluation of a brief multiple-stimulus preference assessment in a naturalistic context. *Journal of Applied Behavior Analysis, 33,* 353-357.

Carr, E., Robinson, S., & Palumbo, I. (1990). The wrong issue: Aversive versus nonaversive treatment. The wright issue: Functional versus nonfunctional treatment. In A. Repp & N. Singh (Eds.), *Perspectives on the use of nonaversive and aversive interventions for persons with developmental disabilities.* Sycamore, IL: Sycamore Publishing.

Carr, J. E., & Wilder, D. A. (1998). *Functional assessment and intervention: A guide to understanding problem behavior.* Homewood, ILL: High Tide Press Inc.

Casto, G. (1979). *CAMS training manual: An early intervention program for the handicapped child.* New York: Walker Educational Book Corporation.

Catania, A. C. (1998). *Learning* (4th ed.). Upper Saddle River, NJ: Prentice Hall.

Cautela, J. R. (1977). Children's reinforcement survey schedule. In *Behavior analysis forms for clinical intervention.* Champaign, ILL: Research Press.

Cipani, E., Brendlinger, J., McDowell, L., & Usher, S. (1991). Continuous vs. intermittent punishment: A case study. *Journal of Developmental and Physical Disabilities, 3,* 147–156.

Clark, H. B., Rowbury, T., Baer, A., & Baer, D. M. (1973). Time out as a punishing stimulus in continuous and intermittent schedules. *Journal of Applied Behavior Analysis, 6,* 443–455.

Cole, G. A., Montgomery, R. W., Wilson, K. M., & Milan, M. A. (2000). Papametric analysis of overcorrection duration effects: Is longer really better than shorter? *Behavior Modification, 24,* 359–378.

Corte, H. E., Wolf, M. M., & Locke, B. J. (1971). A comparison of procedures for eliminating self-injurious behavior of retarded adolescents. *Journal of Applied Behavior Analysis, 4,* 201–213.

Costenbader, V., & Reading-Brown, M. (1995). Isolation timeout used with students with emotional disturbance. *Exceptional Children, 61* (4), 353–363.

Cooper, J. O., Heron, T. E., & Heward, W. L. (1987). *Applied behavior analysis.* Upper Saddle River, NJ: Prentice-Hall.

Cooper, J. O., Heron, T. E., & Heward, W. L. (2007). *Applied behavior analysis* (2nd ed.). Upper Saddle River, NJ: Pearson Education, Inc.

Corte, H. E., Wolf, M. M., & Locke, B. J. (1971). A comparison of procedures for eliminating self-injurious behavior of retarded adolescents. *Journal of Applied Behavior Analysis, 4,* 201–213.

Cowdery, G., Iwata, B., & Pace, G. (1990). Effects and side effects of DRO as treatment of self-injurious behavior. *Journal of Applied Behavior Analysis, 23,* 497–506.

Cravioto, J., & Delicardie, E. (1975). Environmental and nutritional deprivation in children with learning disabilities. In W. M. Cruickshank & D. P. Hallahan (Eds.), Psychoeducational practices: Perceptual and learning disabilities in children (Vol. 1). Syracuse, NY: Syracuse University Press.

Dardig, J. C., & Heward, W. L. (1981). *Sign here: A contracting book for children and their parents* (2nd ed.). Bridgewater, NJ: Fournies.

Davis, P. K., & Chittum, R. (1994). A group-oriented contingency to increase leisure activities of adults with traumatic brain injury. *Journal of Applied Behavior Analysis, 27,* 553–554.

Davis, C. A., & Reichle, J. (1996). Variant and invariant high-probability requests: Increasing appropriate behaviors in children with emotional-behavioral disorders. *Journal of Applied Behavior Analysis, 29,* 471–482.

Deitz, S. M., & Repp, A. C. (1973). Decreasing classroom misbehavior through the use of DRL schedules of reinforcement. *Journal of Applied Behavior Analysis, 6,* 457–463.

Deitz, S. M., & Repp, A. C. (1974). Differentially reinforcing low rates of misbehavior with normal elementary school children. *Journal of Applied Behavior Analysis, 7,* 622.

Deitz, D. E. D., & Repp, A. C. (1983). Reducing behavior through reinforcement. *Quarterly Exceptional Education, 3,* 34–46.

De Martini-Scully, D., Bray, M. A., & Kehle, T. J. (2000). A packaged intervention to reduce disruptive behaviors in general education students. *Psychology in the Schools, 37*(2), 149–156.

Doke, L., & Risley, T. R. (1971). The PLACHECK evaluation of group care. Unpublished paper presented at Annual Meeting of the Kansas Psychological Association, Overland Park, KA.

Doke, L., & Risley, T. R. (1972). The organization of day-care environments: Required vs. optional activities. *Journal of Applied Behavior Analysis, 5,* 405–420.

Donnelly, D., & Olczak, P. (1990). The effect of differential reinforcement of incompatible behaviors (DRI) on pica for cigarettes in persons with intellectual disability. *Behavior Modification, 14,* 81–96.

Dorsey, M. F., Iwata, B. A., Ong, P., & McSween, T. E. (1980). Treatment of self-injurious behavior using a water mist: Initial response suppression and generalization. *Journal of Applied Behavior Analysis, 13,* 343–353.

Durand, V. M., Berotti, D., & Weiner, J. (1993). Functional communication training: Factors affecting effectiveness, generalization, and maintenance. In J. Reichle & D. Wacker (Eds.), *Communicative alternatives to challenging behavior: Integrating functional assessment and intervention strategies.* Baltimore: Paul Brookes.

Durand, V. M., & Carr, E. G. (1992). An analysis of maintenance following functional communication training. *Journal of Applied Behavior Analysis, 25,* 777–794.

Durand, V. M., & Crimmins, D. B. (1992) *The motivation assessment scale (MAS) administration guide.* Topeka, KS: Monaco & Associates Inc.

Eckert, T. L., Ardoin, S. P., Daly, III, E. J., & Martens, B. K. (2002). Improving oral reading fluency: A brief experimental analysis of combining an antecedent intervention with consequences, *Journal of Applied Behavior Analysis, 35,* 271–281.

Engelmann, S., & Colvin, D. (1983). *Generalized compliance training: A direct-instruction program for managing severe behavior problems.* Austin, TX: Pro-Ed.

Espich, J. E., & Williamson, B. (1967). *Developing programmed instructional materials.* Ilear Siegler: Fearan Publishing Co.

Estes, W. K. (1944). An experimental study of punishment. *Psychological Monographs, 57,* 94–107.

Emerson, E., Reever, D. J., & Felce, D. (2000). Palmtop computer technologies for behavioral observation research. In T. Thompson, D. Felce, & F. J. Symons (Eds.), *Behavioral observation: Technology and applications in developmental disabilities*. Baltimore: Paul H. Brookes.

Eysenck, H. J. (1960). *Behaviour therapy and the neuroses*. Oxford: Pergamon Press.

Favell, J. (1973). Reduction of stereotypes by reinforcement of toy play. *Mental Retardation, 11,* 21-23.

Favell, J. E., & McGimsey, J. E. (1993). Defining an acceptable treatment environment. In R. Van Houten & S. Axelrod (Eds.), *Behavior Analysis and treatment* (pp. 25-45). New York: Plenum Press.

Fawcett, S. B. (1991). Social validity: A note on methodology. *Journal of Applied Behavior Analysis, 24*(2), 235-239.

Feingold, B. F. (1975). *Why your child is hyperactive*. New York: Random House.

Ferster, C. B., & Skinner, B. F. (1957). *Schedule of reinforcement*. East Norwalk, CT: Appleton-Century-Crofts.

Fine, S. (1973). Family therapy and a behavioral approach to childhood Obsessive-compulsive neurosis. *Archives of General Psychiatry, 28,* 695-697.

Fisher, W. W., Piazza, C. C., Bowman, L. G., Kurtz, P. F., Sherer, M. R., & Lachman, S. R. (1994). A preliminary evaluation of empirically derived consequences for the treatment of pica. *Journal of Applied Behavior Analysis, 27,* 447-457.

Fitterling, J. M., Martin, J. E., Gramling, S., Cole, P., & Milan, M. A. (1988). Behavioral management of exercise training in vascular headache patients: An investigation of exercise adherence and headache activity. *Journal of Applied Behavior Analysis, 21,* 9-19.

Foxx, R. M. (1982). *Decreasing behaviors of severely retarded and autistic persons*. Champaign, IL: Research Press.

Foxx, R. M., & Rubinoff, A. (1979). Behavioral treatment of caffeinism: Reducing excessive coffee drinking. *Journal of Applied Behavior Analysis, 12,* 335-344.

Foxx, R. M., & Shapiro, S. T. (1978). The timeout ribbon: A non-exclusionary timeout procedure. *Journal of Applied Behavior Analysis, 11,* 125-136.

France, K., & Hudson, S. (1990). Behavior management of infant sleep disturbance. *Journal of Applied Behavior Analysis, 23,* 91-98.

Friman, P., Barnard, J., Altman, K., & Wolf, T. (1986). Parent and teacher use of DRO and DRI to reduce aggressive behavior. *Analysis and Intervention in Developmental Disabilities, 6,* 319-330.

Fuller, P. R. (1949). Operant conditioning of a vegetative organism. *American Journal of Psychology, 62,* 587-590.

Gable, R. A., Arllen, N. L., & Hendrickson, J. M. (1994). Use of students with emotional/behavioral disorders as behavior change agents. *Education and Treatment of Children, 17*(3), 267-276.

Gaylord-Ross, R. (1980). A decision model for the treatment of aberrant behavior in applied settings. In W. Sailor, B. Wilcox, & L. Brown (Eds.), *Methods of instruction for severely handicapped students*. Baltimore: Paul H. Brookes.

Gilbert, G. (1975). Extinction procedures: Proceed with caution. *Mental Retardation, 13,* 25-29.

Glover, M. E., Preminger, J. L., & Sanford, A. R. (1988). *Early learning accomplishment profile for developmentally young children: Birth to 36 months*. Winston Salem, NC: Chapel Hill Training-Outreach Project, Kaplan Press.

Glynn, S. M. (1990). Token economy: Approaches for psychiatric patients: Progress and pitfalls over 25 years. *Behavior Modification, 14*(4), 383-407.

Graf, S. A., & Lindsley, O. R. (2002). *Standard Celeration Charting 2002*. Poland, OH: Graf Implements.

Greene, B. F., Bailey, J. S., & Barber, F. (1981). An analysis and reduction of disruptive behavior on school buses. *Journal of Applied Behavior Analysis, 14,* 177-192.

Griffith, R. G. (1983). The administrative issues: An ethical and legal perspective. In S. Axelrod & J. Apsche (Eds.), *The effects of punishment on human behavior*. New York: Academic Press.

Gunter, P. L., Venn, M. L., Patrick, J., Miller, K. A., & Kelly, L. (2003). Efficacy of using momentary time samples to determine on-task behavior of students with emotional/ behavioral disorders. *Education and Treatment of Children, 26,* 400-412.

Hagopian, L. P., & Adelinis, J. D. (2001). Response blocking with and without redirection for the treatment of pica. *Journal of Applied Behavior Analysis, 34,* 527-530.

Hake, D. F., Azrin, N. H., & Oxford, R. (1967). The effects of punishment intensity on squirrel monkeys. *Journal of the Experimental Analysis of Behavior, 10,* 95-107.

Hall, R. V. (1971). *Managing behavior: Part III. Applications in school and home*. Lawrence, KS: H & H Enterprises, Inc.

Hall, R., Axelrod, S., Foundopoulos, M., Shellman, J., Campbell, R. A., & Cranston, S. S. (1971). The effective use of punishment to modify behavior in the classroom. *Educational Technology, 11*(4), 24-26.

Hall, R. V., Cristler, C., Cranston, S. S., & Tucker, B. (1970). Teachers and parents as researchers using multiple-baseline designs. *Journal of Applied Behavior Analysis, 3,* 247-255.

Hall, R. V., & Fox, R. G. (1977). Changing criterion designs: An alternative applied behavior analysis procedure. In B. C. Etzel, J. M. LeBlanc, & D. M. Baer (Eds.), *New developments in behavioral research: Theory, method, and application* (pp. 151-166). Hillsdale, NJ: Lawrence Erlbaum.

Hall, R. V., Lund, D., & Jackson, D. (1968). Effects of teacher attention on study behavior. *Journal of Applied Behavior Analysis, 1,* 1-12.

Hanley, G. P., Iwata, B. A., & McCord, B. E. (2003). Functional analysis of problem behavior: A review. *Journal of Applied Behavior Analysis, 36,* 147-185.

Hanley, G. P., Iwata, B. A., & Thompson, R. H. (2001). Reinforcement schedule thining following treatment with functional communication training. *Journal of Applied Behavior Analysis, 34,* 17–38.

Haring, T., & Kennedy, C. (1990). Contextual control of problem behavior in students with severe disabilities. *Journal of Applied Behavior Analysis, 23,* 235–243.

Hartmann, D. P., & Hall, R. V. (1976). The changing criterion design. *Journal of Applied Behavior Analysis, 9,* 527–532.

Hawkins, R. P. (1986). Selection of target behaviors. In R. O. Nelson & S. C. Hayes (Eds.), *Conceptual foundations of behavioral assessment.* New York: Guilford Press.

Hawkins, R. P., & Dobes, R. W. (1977). Behavioral definitions in applied behavior analysis: Explicit or implicit? In B. C. Etzel, J. M. LeBlanc, & D. M. Baer (Eds.), *New developments in behavioral research: Theory, method, and application.* Hillsdale, NJ: Erlbaum.

Hersen, M., & Barlow, D. H. (1976). *Single case experimental designs: Strategies for studying behavior change.* New York: Pergamon Press.

Heward, W. L., Dardig, J. C., & Rossett, A (1979). *Working with parents of handicapped children.* Upper Saddle River, NJ: Merrill/Prentice Hall.

Higgins, J. W., Williams, R. L., & McLaughlin, T. F. (2001). The effects of a token economy employing instructional consequences for a third-grade student with learning disabilities: A data-based case study. *Education and Treatment of Children, 24*(1), 99–106.

Holz, W. C., & Azrin, N. H. (1962). Recovery during punishment by intense noise. *Journal of the Experimental Analysis of Behavior, 6,* 407–412.

Holz, W. C., Azrin, N. H., & Ayllon, T. (1963). Elimination of behavior of mental patients by response-produced extinction. *Journal of the Experimental Analysis of Behavior, 6,* 407–412.

Homme, L., Csanyi, A. P., Gonzales, M. A., & Rechs, J. R. (1970). *How to use contingency contracting in the classroom.* Champaign, Ill.: Research Press.

Hornor, R. H., Day, M., Sprague, J., O'Brien, M., & Heathfield, L. (1991). Interspersed requests: A nonaversive procedure for reducing aggression and self-injury during instruction. *Journal of Applied Behavior Analysis, 24,* 265–278.

Hornor, R. H., Dunlap, G., Koegel, R. L., Albin, R. W., & O'Neill, R. E. (1990). Toward a technology of "nonaverive" behavioral support. *Journal of the Association for Persons with Severe Handicaps* (in progress).

Horton, S. (1987). Reduction of disruptive mealtime behavior by facial screening. *Behavior Modification, 11,* 53–64.

Howell, K. W. (1998). *Curriculum-based evaluation: Teaching and decision making* (3rd ed.). Montery, CA: Brooks/Cole.

Isaacs, W., Thomas, I., & Goldiamond, I. (1960). Applicaion of operant conditioing to reinstate verbal behavior in psychotics. *Journal of Speech and Hearing Disorders, 25,* 8–12.

Iwata, B. A. (1988). The development and adoption of controversial default technologies. *The*

Behavior Analyst, 11, 149–157.

Iwata, B. A., Dorsey, M. F., Slifer, K. J., Bauman, K. E., & Richman, G. S. (1982). Toward a functional analysis of self-injury. *Analysis and Intervention in Developmental Disabilities, 2,* 3–20.

Iwata, B. A., Dorsey, M. F., Slifer, K. J., Bauman, K. E., & Richman, G. S. (1994). Toward a functional analysis of self-injury. *Journal of Applied Behavior Analysis, 27,* 197–209. (Reprint from *Analysis and Intervention in Developmental Disabilities, 2,* 3–20.

Iwata, B. A., Pace, G., Kalsher, M., Cowdery, G., & Cataldo, M. (1990). Experimental analysis and extinction of self-injurious escape behavior. *Journal of Applied Behavior Analysis, 23,* 11–27.

Jacobson, E. (1938). *Progressive relaxation.* Chicago: University of Chicago Press.

Johnson, W. L., & Baumeister, A. (1978). Self-injurious behavior: A review and analysis of methodological details of published studies. *Behavior Modification, 2,* 465–484.

Johnston, J. M., & Pennypacker, H. S. (1980). *Strategies and tactics of human behavioral research* (2nd ed.). Hillsdale, NJ: Erlbaum.

Johnston, J. M., & Pennypacker, H. S. (1993a). *Strategies and tactics of human behavioral research* (2nd ed.). Hillsdale, NJ: Erlbaum.

Johnston, J. M., & Pennypacker, H. S. (1993). *Readings for Strategies and tactics of behavioral research* (2nd ed.). Hillsdale, NJ: Erlbaum.

Jones, M. C. (1924). A laboratory study of fear. The case of Peter. *Journal of Genetic Psychology, 31,* 308.

Jones, R. R., Vaught, R. S., & Weinrott, M. (1977). Time-series analysis in operant research. *Journal of Applied Behavior Analysis, 10,* 151–166.

Jordan, J., Singh, N., & Repp, A. C. (1989). An evaluation of gentle teaching and visual screening in the reduction of stereotypy. *Journal of Applied Behavior Analysis, 22,* 9–22.

Kahng, S. W., & Iwata, B. A. (2000). Computer systems for collecting real-time observational data. In T. Thompson, D. Felce, & F. J. Symons (Eds.), *Behavioral observation: Technology and applications in developmental disabilities.* Baltimore: Paul H. Brookes.

Kahng, S. W., Iwata, B. A., DeLeon, I. G., & Wallace, M. D. (2000). A comparison of procedures for programming noncontingent reinforcement schedules. *Journal of Applied Behavior Analysis, 33,* 223–231.

Kahng, S. W., Iwata, B. A., Thompson, R. H., & Hanley, G. A. (2000). A mothod for identifying satiation versus extinction effects under noncontingent reinforcement schedules. *Journal of Applied Behavior Analysis, 33,* 419–432.

Kanfer, F. H., & Grimm, L. G. (1977). Behavioral analysis: Selecting target behaviors in the interview. *Behavior Modification, 1,* 7–28.

Katzenberg, A. C. (1975). *How to draw graphs.* Kalamazoo, MI: Behaviordelia.

Kazdin, A. E. (1977). *Artifact, bias, and complexity of assessment: The ABC's of reliability. Journal of*

Applied Behavior Analysis, 10, 141–150.

Kazdin, A. E. (1994). *Behavior modification in applied settings.* Pacific Grove, CA: Brooks/Cole Publishing Co.

Kazdin, A. E., & Hartmann, D. P. (1978). The simultaneous-treatment design. *Behavior Therapy, 9,* 912–922.

Kee, M., Hill, S. M., & Weist, M. D. (1999). School-based behavior management of cursing, hitting, and spitting in a girl with profound retardation. *Education and Treatment of Children, 22*(2), 171–178.

Keller, F. S., & Schoenfeld, W. M. (1950). *Principles of psychology.* Acton, MA: Copley Fublishing Group.

Keller, F. S., & Schoenfeld, W. M. (1995). Principles of psychology. Acton, MA: Copley Fublishing Group. (Reprinted from *Principles of psychology: A systematic text in the science of behavior.* New York: Appleton-Century-Crofts, 1950)

Kelshaw-Levering, K., Sterling-Turner, H., Henry, J. R., & Skinner, C. H. (2000). Randomized interdependent group contingencies: Group reinforcement with a twist. *Psychology in the Schools, 37*(6), 523–533.

Kennedy, C. H. (2005). *Single-case designs for educational research.* Boston: Allyn and bacon.

Kennedy, C. H., & Haring, T. G. (1993). Teaching choice making during social interactions to students with profound multiple disabilities. *Journal of Applied Behavior Analysis, 26,* 63–76.

Kennedy, C. H., & Itkonen, T., & Lindquist, K. (1994). Nodality effects during equivalence class formation: An extension to sight-word reading and concept development. *Journal of Applied Behavior Analysis, 27,* 673–683.

Kern, L., Koegel, R., & Dunlap, G. (1984). The influence of vigorous versus mild exercise on autistic stereotyped behaviors. *Journal of Autism and Developmental Disorders, 14,* 57–67.

Kerr, M. M., & Nelson, C. M. (2002). *Strategies for addressing behavior problems in the classroom* (4th ed.). Upper Saddle River, NJ: Merrill/Prentice Hall.

Klein, R. G., & Last, C. G. (1989). *Anxiety disorders in children.* Newbury Park, CA: Sage.

Kodak, T., Miltenberger, R. G., & Romaniuk, C. (2003). The effects of differential negative reinforcement of other behavior and noncontingent escape on compliance. *Journal of Applied Behavior Analysis, 36,* 379–382.

Koegel, R. L., & Frea, W. (1993). Treatment of social behavior in autism through the modification of pivotal social skills. *Journal of Applied Behavior Analysis, 26,* 369–377.

Koegel, R. L., & Koegel, L. K. (1988). Generalized responsivity and pivotal behaviors. In R. H. Homer, G. Dunlap, & R. L. Koegel (Eds.), *Generalization and maintenance: Life-style changes in applied settings* (pp. 41–66). Baltimore: Paul H. Brookes.

Koegel, L. K., Carter, C. M., & Koegel, R. L. (2003). Teaching children with autism self-initiations as a pivotal response. *Topics in Language Disorders, 23*(2), 134–145.

Kohler, F. W., Strain, P. S., Maretsky, S., & Decesare, L. (1990). Promoting positive and supportive interactions between preschoolers: An analysis of group-oriented contingencies. *Journal of Early Intervention, 14*(4), 327-341.

Komaki, J. L. (1998). When performance improvement is the goal: A new set of criteria for criteria. *Journal of Applied Behavior Analysis, 31,* 263-280.

Kostewicz, D. E., Kubina, R. M., Jr., & Cooper, J. O. (2000). Managing aggressive thoughts and feelings with daily counts of non-aggressive thoughts and feelings: A self-experiment. *Journal of Behavior Therapy and Experimental Psychiatry, 31,* 177-187.

Kubina, R. M., Haertel, M. W., & Cooper, J. O. (1994). Reducing negative inner behavior of senior citizens: The one-minute counting procedure. *Journal of Precision Teaching, 11*(2), 28-35.

Lahey, B. B., McNees, M. P., & McNees, M. C. (1973). Control of an obscene "verbal tic" through timeout in an elementary school classroom. *Journal of Applied Behavior Analysis, 6,* 101-104.

Lalli, J. S., Livezey, K., & Kates, D. (1996). Functional analysis and treatment of eye poking with response blocking. *Journal of Applied Behavior Analysis, 29,* 129-132.

Lambert, N., Nihira, K., & Leland, H. (1993). Adaptive Behavior Scale—School (2nd ed.). Austin, TX: Pro-Ed.

Lane, S. D., & Crichfield, T. S. (1998). Classification of vowels and consonants by individuals with moderate mental retardation: Development of arbitrary relations via match-to-sample training with compound stimuli. *Journal of Applied Behavior Analysis, 31,* 21-41.

LaVigna, G. W., & Donnellen, A. M. (1986). *Alternatives to punishment: Solving behavior problems with nonaversive strategies.* New York: Irvington.

LeBlanc, L., & Matson, J. (1995). A social skills training program for preschoolers with developmental delays. *Behavior Modification, 19*(2), 234-246.

LeMay, D. W., Griffin, P. M., & Sanford, A. R. (1983). *Learning Accomplishment Profile-Diagnostic Edition: Examiner's manual.* Chapel Hill, NC: Kaplan Press.

Lerman, D., & Iwata, B. (1996). Developing a technology for the use of operant extinction in clinical settings: An examination of basic and applied research. *Journal of Applied Behavior Analysis, 29,* 345-382.

Lerman, D. C., Iwata, B. A., Shore, B. A., & DeLeon, I. G. (1997). Effects of intermittent punishment on self-injurious behavior: An evaluation of schedule thinning. *Journal of Applied Behavior Analysis, 30,* 187-201.

Lerman, D. C., & Vorndran, C. M. (2002). On the status of knowledge for using punishment: Implications for treating behavior disorders. *Journal of Applied Behavior Analysis, 35,* 431-464.

Lindberg, J. S., Iwata, B. A., Roscoe, E. M., Worsdell, A. S., & Hanley, G. P. (2003). Treatment efficacy of noncontingent reinforcement during brief and extended application. *Journal of*

Applied Behavior Analsis, 36, 1-19.

Lindsley, O. R. (1966). Experimental analysis of cooperation and competition. In T. Verhave (Ed.), *The experimental analysis of behavior.* New York: Appleton-Century-Crofts.

Lindsley, O. R. (1971). An interview. *Teaching exceptional children, 3,* 114-119.

Litow, L., & Pumroy, D. K. (1975). A brief review of classroom group-oriented contingencies. *Journal of Applied Behavior Analysis, 3,* 341-347.

Logan, K. R., & Gast, D. L. (2001). Conducting preference assessments and reinforcer testing for individuals with profound multiple disabilities: Issues and procedures. *Exceptionality, 9*(3), 123-134.

Lovaas, O. I., Berberich, J. P., Perloff, B. F., & Schaeffer, B. (1966). Acquisition of imitative speech in schizophrenic children. *Science, 151,* 705-707.

Lovaas, O. I., & Simmons, J. Q. (1969). Manipulation of self-destruction in three retarded children. *Journal of Applied Behavior Analysis, 2,* 143-157.

Luce, S. C., Delquadri, J., & Hall, R. V. (1980). Contingent exercise: A mild but powerful procedure for suppressing inappropriate verbal and aggressive behavior. *Journal of Applied Behavior Analysis, 13,* 583-594.

Lutzker, J. (1974). Social reinforcement control of exhibitionism in a profoundly retarded adult. *Mental Retardation, 12,* 46-47.

Lynch, D. C., & Cuvo, A. J. (1995). Stimulus equivalence instruction of fraction-decimal relations. *Journal of Applied Behavior Analysis, 28,* 115-126.

Mace, F. C., & Belfiore, P. (1990). Behavioral momentum in the treatment of escape-motivated stereotypy. *Journal of Applied Behavior Analysis, 23,* 507-514.

Mace, F. C., & Lalli, J. S. (1991). Linking descriptive and experimental analyses in the treatment of bezarre speech. *Journal of Applied Behavior Analysis, 24,* 553-562.

Madsen, C. H., Becker, E. C., Thomas, D. R., Koser, L., & Plager, E. (1968). An analysis of the reinforcing function of "sit down" commands. In R. K. Parker (Ed.), *Readings in educational psychology.* Boston: Allyn & Bacom.

Mager, R. F. (1962). *Preparing instructional objectives.* Palo Alto: Fearon Publication.

Malott, R. W. (1989). The achievement of evasive goals: Control by rules describing contingencies that are not direct acting. In S. C. Hayes (Ed.), *Rule-governed behavior: Cognition, contingencies, and instructional control.* Reno, NV: Context Press.

Malott, R. W., & Garcia, M. E. (1991). The role of private events in rule-governed behavior. In L. J. Hayes & P. Chase (Eds.), *Dialogues on verbal behavior.* Reno, NV: Context Press.

Malott, R. W., General, D. A., & Snapper, V. B. (1973). *Issues in the analysis of behavior.* Kalamazoo, MI: Behaviordelia.

Malott, R. W., & Trojan, E. A. (2004). *Elementary principles of behavior* (5th ed.). Upper Saddle River, NJ: Prentice Hall.

Marshall, H. (1965). The effect of punishment on children. A review of the literature and a suggested hypothesis. *Journal of Genetic Psychology, 106,* 23–33.

Martin, G. L., England, G., Kaprowy, E., Kilgour, K., & Pilek, V. (1968). Operant conditioning of kindergarten-class behavior in autistic children. *Behaviour and Therapy, 6,* 281–294.

Martin, G., & Pears, J. (1999). *Behavior Modification: What it is and how to do it* (6th ed.). Upper Saddle River, NJ: Prentice Hall.

Matson, J. L., & Taras, M. E. (1989). A 20-year review of punishment and alternative methods to treat problem behaviors in developmentally delayed persons. *Research in Developmental Disabilities, 10,* 85–104.

McCain, L. J., & McCleary, R. (1979). The statistical analysis of the simple interrupted time series quasi-experiment. In T. D. Cook & D. T. Campbell (Eds.), *Quasi-experimentation: Design and analysis issues for field settings.* Chicago: Rand McNally.

McGee, C. S., Kauffman, J. M., & Nussen, L. (1977). Children as therapeutic change agents: Reinforcement intervention paradigms. *Review of Educational Research, 47,* 451–477.

McGonigle, J., Duncan, D., Cordisco, L., & Barrett, R. (1982). Visual screening: An alternative method for reducing stereotypic behaviors. *Journal of Applied Behavior Analysis, 15,* 461–467.

Michael, J. (1975). Positive and negative reinforcement: A distinction that is no longer necessary; or a better way to talk about bad things. *Behaviorism, 3,* 33–44.

Michael, J. (1982). Distinguishing between discriminative and motivational functions of stimuli. *Journal of the Experimental Analysis of Behavior, 37,* 149–155.

Michael, J. (1993). *Concepts and principles of behavior analysis.* Kalamazoo, MI: Society for the Advancement of Behavior Analysis.

Michael, J. (1993). Establishing operations. *The Behavior Analyst, 16,* 191–206.

Michael, J. (2004). *Concepts and principles of behavior analysis* (rev. ed.). Kalamazoo, MI: Society for the Advancement of Behavior Analysis.

Michael, J. (2007). Motivating operations. In J. O. Cooper, T. E. Heron, & W. L. Heward (2nd eds.), *Applied behavior analysis.* Upper Saddle River, NJ: Pearson Education, Inc, 375–391.

Miller, L. K. (2006). *Principles of everyday behavior analysis* (4th ed.). Belmont, CA: Thomson Wadsworth.

Miltenberger, R. G. (2001). *Behavior modification: Principles and procedures* (2nd ed.). Belmont, CA: Wadsworth/Thomson Learning.

Miltenberger, R. G., Fuqua, R. W., & Woods, D. W. (1998). Applying behavior analysis to clinical problems: Review and analysis of habit reversal. *Journal of Applied Behavior Analysis, 31,* 447–469.

Morris, R. J. (1985). *Behavior modification with exceptional children: Principles and practices.* Glenview, IL: Scott, Foresman.

Mudford, O. C. (1995). Review of the gentle teaching data. *American Journal on Mental Retardation, 99,* 345–355.

Neef, N. A., & Iwata, B. A. (1994). Current research on functional analysis methodologies: An introduction. *Journal of Applied Behavior Analysis, 27,* 211–214.

Neef, N. A., Nelles, D. E., Iwata, B. A., & Page, T. J. (2003). Analysis of precurrent skills in solving mathematic story problems. *Journal of Applied Behavior Analysis, 36,* 21–33.

Newstrom, J., McLaughlin, T. F., & Sweeney, W. J. (1999). The effects of contingency contracting to improve the mechanics of written language with a middle school student with behavior disorders. *Child and Family Behavior Therapy, 21,* 1, 39–48.

Nihira, K., Leland, H., & Lambert, N. K. (1993). *Adaptive Behavior Scale-Residential and Community* (2nd ed.). Austin, Tx: Pro–Ed.

O'Brien, S., & Karsh, K. G. (1990). Treatment acceptability, Consumer, therapist, and society. In A. C. Repp & N. N. Singh (Eds.), *Perspectives on the use of nonaversive and aversive interventions for persons with developmental disabilities.* Sycamore, IL: Sycamore.

O'Donnell, J. (2001). The discriminative stimulus for punishment or S^{DP}. *The Behavioor Analyst, 24,* 261–262

Ogier, R., & Hornby, G. (1996). Effects of differential reinforcement on the behavior and self–esteem of children with emotional and behavioral disorders, *Journal of Behavioral education, 6*(4), 501–510.

Olson, R., Wise, B., Conners, F., Rack, J., & Fulker, D. (1989). Specific deficits in component reading and language skills: Genetic and environmental influences. *Journal of Learning Disabilities, 22*(6), 339–348.

O'Leary, K. D., Kauffman, K. F., Kass, R. E., & Drabman, R. S. (1970). The effects of loud and soft reprimands on the behavior of disruptive students. *Exceptional Children, 37,* 145–155.

O'Neill, R. E., Horner, R. H., Albin, R. W., Sprague, J. R., Storey, K., & Newton, J. S. (1997). *Functional assessment and program development for problem behavior: A practical handbook.* Pacific Grove, CA: Brooks/Cole Publishing Company.

Parsonson, B. S., & Baer, D. M. (1978). The analysis and presentation of graphic data. In T. R. Kratochwill (Ed.), *Single subject research: Strategies for evaluating change* (pp. 101–165). New York: Academic Press.

Patterson, G. R. (1965). An application of conditioning techniques to the control of a hyperactive child. In L. P. Ullmann & L. Krasner (Eds.), *Case studies in behavior modification.* New York: Holt, Rinehart and Winston.

Patterson, G. R. (1982). *Coercive family process.* Eugene, OR: Castalia.

Patterson, G. R., Reid, J. B., & Dishion, T. J. (1992). *Antisocial boys Vol. 4: a social interactional approach.* Eugene, OR: Castalia.

Patton, J. R., Payne, J. S., & Beirne–Smith, M. (1990). *Mental retardation* (3rd ed.). Upper Saddle

River, NJ: Merrill Prentice Hall.

Pavlov, I. P. (1927/1960). *Conditioned reflexes* (Translated by G. V. Anrep). New York: Liveright.

Pelios, L., Morren, J., Tesch, D., & Axelrod, S. (1999). The impact of functional analysis methodology on treatment choice for self-injurious and aggressive behavior. *Journal of Applied Behavior Analysis, 32,* 185-195.

Peterson, R. F. (1968). Some experiments on the organization of a class of imitative behavior. *Journal of Applied Behavior Analysis, 1,* 225-235.

Piazza, C., Fisher, W., Hanley, G., Hilker, K., & Derby, K. (1996). A preliminary procedure for predicting the positive and negative effects of reinforcement-based procedures. *Journal of Applied Behavior Analysis, 29,* 137-152.

Piazza, C., Moes, D., & Fisher, W. (1996). Differential reinforcement of alternative behavior and demand fading in the treatment of escape-maintained destructive behavior. *Journal of Applied Behavior Analysis, 29,* 569-572.

Pierce, C. H., & Risley, T. R. (1974). Recreation as a reinforcer: Increasing membership and Decreasing disruptions in an urban recreation center. *Journal of Applied Behavior Analysis, 7,* 403-411.

Pieterse, M., Cairns, S., & Treloar, R. (1986). *The Macquarie program for developmentally delayed children.* Special Education Cetre, Macquarie University Press.

Pinkston, E. M., Reese, N. M., LeBlanc, J. M., & Baer, D. M. (1973). Independent control of a preschool child's aggression and peer interaction by contingent teacher attention. *Journal of Applied Behavior Analysis, 6,* 115-124.

Poling, A., Methot, L. L., & LeSage, M. G. (Eds.). (1995). *Fundamentals of behavior analytic research.* New York: Plenum Press.

Poplin, J., & Skinner, C. (2003). Enhancing academic performance in a classroom sering students with serious emotional disturbance: Interdependent group contingencies with randomly selected components. *School Psychology Review, 32*(2), 282-296.

Powell, T. H., & Powell, I. Q. (1982). The use and abuse of using the timeout procedure for disruptive pupils. *The Pointer, 26,* 18-22.

Premack, D. (1959). Toward empirical behavioral laws: I. Positive reinforcement. *Psychological Review, 66,* 219-233.

Prior, M., & Werry, J. S. (1986). Autism, schizophrenia, and allied disorders. In H. G. Quay & J. S. Werry (Eds.), *Psychopathological disorders of childhood* (3rd ed.). New York: Wiley.

Quinn, J. M., Sherman, J. A., Sheldon, J. B., Quinn, L. M., & Harchik, A. E. (1992). Social validation of component behaviors of following instructions, accepting criticism, and negotiating. *Journal of Applied Behavior Analysis, 25,* 401-413.

Readdick, C. A., & Chapman, P. L. (2000). Young children's perceptions of time out. *Journal of Research in Childhood Education, 15*(1), 81-87.

Reese, E. P. (1966). *The analysis of human operant behavior*. Dubuque, IA: Brown.

Reid, D. H., Parsons, M. B., Phillips, J. F., & Green, C. W. (1993). Reduction of self-injurious hand mouthing using response blocking. *Journal of Applied Behavior Analysis, 26,* 139-140.

Repp, A. C., Barton, L. M., & Brulle, A. (1983). A comparison of two procedures for programming the differential reinforcement of other behavior. *Journal of Applied Behavior Analysis, 16,* 435-445.

Repp, A. C., & Deitz, D. E. D. (1979). Reinforcement-based reductive procedures: Training and monitoring performance of institutional staff. *Mental Retardation, 17,* 221-226.

Repp, A. C., Deitz, S. M., & Deitz, D. E. D. (1976). Reducing inappropriate behaviors in classrooms and in individual session through DRO schedules of reinforcement. *Mental retardation, 14,* 11-15.

Repp, A. C., Deitz, S. M., & Speir, N. C. (1974). Reducing stereotypic responding of retarded persons by the differential reinforcement of other behavior. *American Journal of Mental Deficiency, 79,* 279-284.

Repp, A. C., Felce, D., & Barton, I. (1991). The effects of initial interval size on the efficacy of DRO schedules of reinforcement. *Exceptional Children, 58,* 417-425.

Repp, A. C., & Karsh, K. G. (1994). Laptop computer system for data recording and contextual analyses. In T. Thompson & D. B. Gray (Eds.), *Destructive behavior in developmental disabilities: Diagnosis and treatment.* Thousand Oaks, CA: Sage.

Repp, A. C., & Singh, N. N. (Eds.). (1990). *Perspectives on the use of nonaversive and aversive interventions for persons with developmental disabilities.* Sycamore, IL: Sycamore.

Reynolds, G. S. (1961). Behavioral contrast. *Journal of the Experimental Analysis of Behavior, 4,* 57-71.

Ringdahl, J. E., Vollmer, T. R., Borrero, J. C., & Connell, J. E. (2001). Fixed-time schedule effects as a function of baseline reinforcement rate. *Journal of Applied Behavior Analysis, 34,* 1-15.

Risley, T. R. (1969). *Behavior modification: An experimental-therapeutic endeavor.* Paper presented at the Banff International Conference on Behavior Modification. Banff, Alberta, Canada.

Roberts, M. (1988). Enforcing chair timeouts with room timeouts. *Behavior Modification, 12,* 353-370.

Rolider, A., & Van Houten, R. (1985). Suppressing tantrum behavior in public places through the use of delayed punishment mediated by audio recordings. *Behavior Therapy, 16,* 181-194.

Romanczyk, R. G. (1977). Intermittent punishment of self-stimulation: Effectiveness during application and extinction. *Journal of Consulting and Clinical Psychology, 45,* 53-60.

Romeo, F. F. (1998). The negative effects of using a group contingency system of classroom management. *Journal of Instructional Psychology, 25*(2), 130-133.

Rosales-Ruiz, J., & Baer, D. M. (1997). Behavioral cusps: A developmental and pragmatic concept for behavior analysis. *Journal of Applied Behavior Analysis, 30,* 533-544.

Roscoe, E. M., Iwata, B. A., & Goh, H. (1998). A comparison of noncontingent reinforcement and sensory extinction as treatments for self-injurious behavior. *Journal of Applied Behavior Analysis, 31,* 635-646.

Ryan, S., Ormond, T., Imwold, C., & Rotunda, R. J. (2002). The effects of a public address system on the off-task behavior of elementary physical education students. *Journal of Applied Behavior Analysis, 35,* 305-308.

Salend, S., & Meddaugh, D. (1985). Using a peer-mediated extinction procedure to decrease obscene language. *The Pointer, 30,* 8-11.

Saudargas, R. A., & Bunn, R. D. (1989). A hand-held computer system for classroom observation. *Journal of Special Education, 9,* 200-206.

Saudargas, R. A., & Zanolli, K. (1990). Momentary time sampling as an estimate of percentage time: A field validation. *Journal of Applied Behavior Analysis, 23,* 533-537.

Schmidt, G. W., & Ulrich, R. E. (1969). Effects of group contingent events upon classroom noise. *Journal of Applied Behavior Analysis, 2,* 171-179.

Schwarz, M. L., & Hawkins, R. P. (1970). Application of delayed reinforcement procedures to the behavior of an elementary school child. *Journal of Applied Behavior Analysis, 3,* 85-96.

Shea, T. M., Whiteside, W. R., Beetner, E. G., & Lindsey, D. L. (1974). *Contingency contracting in the classroom*. Edwardsville: Southern Illinois University.

Shealey, M. J., Iwata, B. A., Kahng, S. W., Mazaleski, J. L., & Leaman, D. C. (1997). Does functional communication training compete with ongoing contingencies of reinforcement? An analysis during response acquisition and maintenance. *Journal of Applied Behavior Analysis, 30,* 93-104.

Shore, B. A., & Iwata, B. A. (1999). Assessment and treatment of behavior disorders maintained by nonsocial (automatic) reinforcement. In A. C. Repp & R. H. Horner (Eds.), *Functional analysis of problem behavior: From effective assessment to effective support* (pp. 117-146). Belmont, CA: Wadsworth.

Sidman, M. (1960). *Tactics of scientific research*. New York: Basic Books.

Sidman, M. (1971). Reading and auditory-visual equivalences. *Journal of Speech and Hearing Research, 14,* 5-13.

Sidman, M. (1994). *Equivalence relations and behavior: A research story*. Boston: Author's Cooperative.

Sidman, M., & Tailby, W. (1982). Conditional discrimination vs. matching-to-sample: An expansion of the testing paradigm. *Journal of the Experimental Analysis of Behavior, 37,* 5-22.

Siegel, G. M., Lenske, J., & Broen, P. (1969). Suppression of normal speech disfluencies through response cost. *Journal of Applied Behavior Analysis, 2,* 265-276.

Simek, T. C., O'Brien, R. M., & Figlerski, L. B. (1994). Contracting and chaining to improve the performance of a college golf team: Improvement and deterioration. *Perceptual and Motor*

Skills, 78(3), 1099.

Singer, G., Singer, J., & Horner, R. (1987). Using pretask requests to increase the probability of compliance for students with severe disabilities. *Journal of the Association for Persons with Severe Handicaps, 12,* 287-291.

Singh, N. N. (1980). The effects of facial screening on infant self-injury. *Journal of Behavior Therapy and Experimental Psychiatry, 11,* 131-134.

Singh, N. N. (1990). Effects of two error-correction procedures on oral reading errors. *Behavior Modification, 14,* 188-199.

Singh, N. N., Dawson, M. J., & Manning, P. (1981). Effects of spaced responding DRL on the stereotyped behavior of profoundly retarded persons. *Journal of Applied Behavior Analysis, 14,* 521-526.

Singh, N. N., Landrum, T., Ellis, C., & Donatelli, L. (1993). Effects of thioridazine and visual screening on stereotypy and social behavior in individuals with mental retardation. *Research in Developmental Disabilities, 14,* 163-177.

Singh, N. N., & Singh, J. (1986). Increasing oral reading proficiency: A comparative analyst off drill and positive practice overcorrection procedures. *Behavior Modification, 10,* 115-130.

Singh, N. N., & Winton, A. (1984). Effects of a screening procedure on pica and collateral behaviors. *Journal of Behavior Therapy and Experimental Psychiatry, 15,* 59-63.

Singh, N. N., & Winton, A. (1985). Controlling pica by components of an overcorrection procedure. *American Journal of Mental Deficiency, 90,* 40-45.

Skinner, B. F. (1938). *The behavior of organisms: An experimental analysis.* New York: Appleton-Century.

Skinner, B. F. (1953). *Science and human behavior.* New York: Macmillan.

Skinner, B. F. (1956). A case history in scientific method. *American Psychologist, 11,* 221-233.

Skinner, B. F. (1958). Teaching machines. *Science, 128,* 969-977.

Skinner, B. F. (1969). *Contingencies of reinforcement: A theoretical analysis.* New York: Appleton-Century-Crofts.

Skinner, C. H., Cashwell, T. H., & Skinner, A. L. (2000). Increasing tootling: The effects of a peer-mediated group contingency program on students' reports of peers' prosocial behavior. *Psychology in the Schools, 37*(3), 263-270.

Skinner, C. H., Skinner, C. F., Skinner, A. L., & Cashwell, T. H. (1999). Using interdependent contingencies with groups of students: Why the principal kissed a pig. *Educational Administration Quarterly, 35* (Suppl.), 806-820.

Smith, R. G., & Iwata, B. A. (1997). Antecedent influences of behavior disorders. *Journal of Applied Behavior Analysis, 30,* 343-375.

Snell, M. E., & Brown, F. (2006). *Instruction of students with severe disabilities* (6th ed.). Upper Saddle River, NJ: Merrill Prentice Hall.

Solanto, M. V., Jacobson, M. S., Heller, L., Golden, N. H., & Hertz, S. (1994). Rate of weight gain of inpatients with anorexia nervosa under two behavioral contracts. *Pediatrics, 93*(6), 989.

Solnick, J. V., Rincover, A., & Peterson, C. R. (1977). Some determiners of the reinforcing and punishing effects of timeout. *Journal of Applied Behavior Analysis, 10,* 415-424.

Solomon, R. W., & Wahler, R. G. (1973). Peer reinforcement control of classroom problem behavior. *Journal of Applied Behavior Analysis, 6,* 49-56.

Sprague, J. R., & Horner, R. H. (1990). Easy does it: Preventing challenging behaviors. *Teaching Exceptional Children, 23,* 13-15.

Sprague, J., & Walker, H. (2000). Early identification and intervention for youth with antisocial and violent behavior. *Exceptional Children, 66,* 367-379.

Strang, H. R., & George III, J. R. (1975). Clowning around to stop clowning around: A brief report on an automated approach to monitor, record, and control classroom noise. *Journal of Applied Behavior Analysis, 8,* 471-474.

Stokes, T. F., Baer, D. M., & Jackson, R. L. (1974). Programming the generalization of a greeting response in four retarded children. *Journal of Applied Behavior Analysis, 7,* 599-610.

Strauss, A. A., & Werner, H. (1942). disorders of conceptual thinking in the brain-injured child. *Journal of Nervous and Mental disease, 96,* 153-172.

Sullivan, M. A., & O'Leary, S. G. (1990). Maintenance following reward and cost token programs. *Behavior Therapy, 21,* 139-149.

Sulzer-Azaroff, B., & Mayer, G. R. (1977). *Applying behavior-analysis procedures with children and youth.* New York: Holt, Rinehart & Winston.

Sulzer-Azaroff, B., & Mayer, G. R. (1991). *Behavior analysis for lasting change.* Belmont, CA: Wadsworth/Thomson Learning.

Terris, W., & Barnes, M. (1969). Learned resistance to punishment and subsequent responsiveness to the same and nobel punishers. *Psychonomic Science, 15,* 49-50.

Test, D. W., Spooner, F., Keul, P. K., & Grossi, T. (1990). Teaching adolescents with severe disability to use the public telephone. *Behavior Modification, 14,* 157-171.

Thomas, A., & Chess, S. (1984). Genesis and evolution of behavior disorders: From infancy to early adult life. *American Journal of Psychiatry, 141,* 1-9.

Thompson, R. H., Iwata, B. A., Conners, J., & Roscoe, E. M. (1999). Effects of reinforcement for alternative behavior during punishment of self-injury. *Journal of Applied Behavior Analysis, 32,* 317-328.

Thorndike, E. L. (1905). *The elements of psychology.* New York: Seiler.

Timberlake, W., & Allison, J. (1974). Response deprivation: An empirical approach to instrumental performance. *Psychological Review, 81,* 146-164.

Touchette, P. E., MacDonald, R. F., & Langer, S. N. (1985). A scatter plot for identifying stimulus control of problem behavior. *Journal of Applied Behavior Analysis, 18,* 343-351.

Tufte, E. R. (1983). *Visual display of quantitative information.* Chesire, CT: Graphics Press.

Twardosz, S., & Sajway, T. (1972). Multiple effects of a procedure to increase sitting in a hyperactive, retarded boy. *Journal of Applied Behavior Analysis, 5,* 73–78.

Twyman, J., Johnson, H., Buie, J., & Nelson, C. M. (1994). The use of a warning procedure to signal a more intrusive timeout contingency. *Behavioral Disorders, 19*(4), 243–253.

Ullmann, L. P., & Krasner, L. A. (Eds.). (1965). *Case studies in behavior modification.* New York: Holt, Rinehart & Winston.

Ulman, J. D., & Sulzer-Azaroff, B. (1975). Multi-element baseline design in educational research. In E. Ramp & G. Semb (Eds.), *Behavior analysis: Areas of research and application* (pp. 371–391). Upper Saddle River, NJ: Prentice Hall.

Ulrich, R. E., Wolff, P. C., & Azrin, N. H. (1962). Shock as an elicitor of intra- and inter-species fighting behavior. *Animal Behavior, 12,* 14–15.

Underwood, L. A., Figueroa, R. G., Thyer, B. A., & Nzercha, A. (1989). Interruption and DRI in the treatment of self-injurious behavior among mentally retarded and autistic self-restrainers. *Behavior Modification, 13,* 471–481.

U. S. National Institutes of Health. (1989). *Consensus development conference on treatment of destructive behaviors in persons with developmental disabilities report.* Bethesda, MD: National Institutes of Health, Office of Medical Applications Research.

Van Camp, C. M., Lerman, D. C., Kelly, M. E., Contrucci, S. A., & Vorndran, C. M. (2000). Variable-time reinforcement schedules in the treatment of socially maintained problem behavior. *Journal of Applied Behavior Analysis, 33,* 545–557.

Van Houten, R. (1979). Social validation: The evolution of standards of competency for target behaviors. *Journal of Applied Behavior Analysis, 12,* 581–591.

Van Houten, R. (1980). *How to use repimands.* Lawrence, KS: H & H Enterprises, Inc.

Van Houten, R., & Doleys, D. M. (1983). Are social reprimands effective? In S. Axelrod & J. Apsche (Eds.), *The effects of punishment on human behavior.* New York: Academic Press.

Van Houten, R., & Nau, P. A. (1980). A comparison of the effects of fixed and variabe ratio schedules of reinforcement on the behavior of deaf children. *Journal of Applied Behavior Analysis, 13,* 13–21.

Van Houten, R., Nau, P. A., Mackenzie-Keating, S. E., Sameoto, D., & Colavecchia, B. (1982). An analysis of some variables influencing the effectiveness of reprimands. *Journal of Applied Behavior Analysis, 15,* 65–83.

Van Houten, R., & Rolider, A. (1988). Recreating the scene: An effective way to provide delayed punishment for inappropriate motor behavior. *Journal of Applied Behavior Analysis, 21,* 187–192.

Vollmer, T. R., & Iwata, B. A. (1992). Differential reinforcement as treatment for behavior disorder: Procedural and functional variations. *Research in Developmental Disabilities, 13,* 393–417.

Vollmer, T. R., Iwata, B. A., Zarcone, J. R., Smith, R. G., & Mazaleski, J. L. (1993). The role of attention in the treatment of attention-maintained self-injurious behavior: Noncontingent reinforcement and differential reinforcement of other behavior. *Journal of Applied Behavior Analysis, 26,* 9-21.

Vollmer, T. R., Marcus, B. A., & Ringdahl, J. E. (1995). Noncontingent escape as treatment for self-injurious behavior maintained by negative reinforcement. *Journal of Applied Behavior Analysis, 28,* 15-26.

Watson, J. B. (1913). Psychology as the behaviorist views it. *Psychological Review, 20,* 158-177.

Watson, J. B. (1924). *Behaviorism.* New York: W. W. Norton.

Watson, L. S. (1967). Application of operant conditioning techniques to institutionalized severely and profoundly retarded children. *Mental Retardation Abstracts, 4,* 1-18.

Watson, J. B., & Rayner, R. (1920). Conditioned emotional reactions. *Journal of Experimental Psychology, 3,* 1-14.

Watson, J., Singh, N., Winton, A. (1986). Suppressive effects of visual and facial screening on self-injurious finger-sucking. *American Journal of Mental Deficiency, 90,* 526-534.

Weeks, M., & Gaylord-Ross, R. (1981). Task difficulty and aberrant behavior in severely handicapped students. *Journal of Applied Behavior Analysis, 14,* 449-463.

Weiner, H. (1969). Controlling human fixed-interval performance. *Journal of the Experimental Analysis of Behavior, 12,* 349-373.

Weiss, L., & Hall, R. V. (1971). Modification of cigarette smoking through avoidance of punishment. In R. V. Hall (Ed.), *Managing behavior: Behavior modification applications in school and home.* Lawrence, KS: H & H Enterprises.

Werry, J. S. (1986). Organic factors in childhood psychopathology. In H. G. Quay & J. S. Werry (Eds.). *Psychopathological disorders of childhood* (3rd ed.). New York: Wiley.

West, R. P., & Smith, T. G. (2002). Managing the behavior of groups of students in public schools: Clocklights and group contingencies. Paper presented at The Ohio States University Third Focus on Behavior Analysis in Education Conference (Sept. 21, 2002), Columbus, OH.

Whaley, D. L., & Malott, R. W. (1971). *Elementary principles of behavior.* Englewood Cliffs, NJ: Prentice-Hall.

White, O. R. (1971). *The "split-middle": A "quickie" method of trend estimation* (working paper No. 1). Eugene, Regional Center for Handicapped Children.

White, O. R. (2005). Trend lines. In G. Sugai & R. Horner (Eds.), *Encyclopedia of behavior modification and cognitive behavior therapy, Volume 3: Educational applications.* Pacific Grove, CA: Sage Publications.

White, A., & Bailey, J. (1990). Reducing disruptive behaviors of elementary physical education students with sit and watch. *Journal of Applied Behavior Analysis, 23,* 353-359.

White, O. R., & Haring, N. G. (1980). *Exceptional teaching* (2nd ed.). Columbus, OH: Charles E.

Merrill.

Wilkinson, L. A. (2003). Using behavioral consultation to reduce challenging behavior in the classroom. *Preventing School Failure, 47*(3), 100-105.

Williams, D. E., Kirkpatrick-Sanchez, S., & Iwata, B. A. (1993). A comparison of shock intensity in the treatment of longstanding and severe self-injurious behavior. *Research in Developmental Disabilities, 14,* 207-219.

Wolf, M. M., Risley, T. R., & Mees, H. L. (1964). Application of operant conditioning procedures to improve the behavior problems of an autistic child. *Behavior Research and Therapy, 1,* 305-312.

Wolpe, J. (1952). Experimental neurosis as learned behavior, *British Journal of Psychology, 43,* 243.

Wolpe, J. (1954). Reciprocal inhibition as the main basis of psychotherapeutic effects. *Archives of Neurology and Psychiatry, 72,* 205-226.

Wolpe, J. (1958). *Psychotherapy by reciprocal inhibition.* Stanford, CA: Stanford University Press.

Wolpe, J. (1973). *The practice of behavior therapy* (2nd ed.). New York: Pergamon Press.

Wood, F. H., & Braaten, S. (1983) Developing guidelines for the use of punishing interventions in the schools. *Exceptional Education Quarterly, 3,* 68-75.

Wunderlich, R. C. (1977). The hyperactivity complex. *Journal of Optometric Vision Development, 8*(1), 8-45.

Yell, M. (1994). Timeout and students with behavior disorders: A legal analysis. *Education and Treatment of Children, 17*(3), 293-301.

Yell, M. L., & Drasgow, E. (2000). Litigating a free appropriate public education: The Lovaas hearings and cases. *Journal of Special Education, 33,* 206-215.

Young, J. A., & Wincze, J. P. (1974). The effects of the reinforcement of compatible and incompatible alternative behaviors on the self-injurious and related behaviors of a profoundly retarded female adult. *Behavior Therapy, 5,* 614-623.

Zabel, M. (1986). Timeout use with behaviorally disordered students. *Behavioral Disorders, 11,* 15-20.

Zarcone, J., Iwata, B., Mazaleski, J., & Smith, R. (1994). Momentum and extinction effects on self-injurious escape behavior and noncompliance. *Journal of Applied Behavior Analysis, 27,* 649-658.

Zimmerman, J., & Ferster, C. B. (1963). Intermittent punishment of S^{Δ} responding in matching to sample. *Journal of the Experimental Analysis of Behavior, 6,* 349-356.

찾아보기

《인 명》

《내 용》

∷ 저자 소개

홍준표(jpmhong@cau.ac.kr)

중앙대학교 심리학과 학사
연세대학교 교육심리학 석사
University of Missouri-Columbia, Special Education(Ph. D.)
전 한국행동과학연구소 상담연구부장, 부소장
　중앙대학교 가족복지학과 조교수, 부교수, 정교수
　중앙대학교 학생생활연구소 소장
　중앙대학교 생활과학연구소 소장
　한국인간발달학회 회장
　한국자폐학회 회장, 이사장
현 중앙대학교 가족복지학과 명예교수
　한국행동수정연구소 소장

〈자격증〉
발달심리전문가(한국심리학회)
아동발달전문가(한국아동학회)
Board Certified Behavior Analyst-Doctoral: BCBA-D(미국행동분석가자격위원회)

〈주요 저서〉
행동수정의 원리(공저, 교육과학사, 1981)
어린이와의 대화/ 청소년과의 대화 (공저, 문교부, 1986)
부적응 행동 교정(공저, 문교부, 1987)
심리학(공저, 양서원, 1990)

동작모방 훈련의 이론과 실제(공저, 교육부, 1991)
행동장애 학생을 위한 사회성 훈련 프로그램(공저, 한국교육개발원, 1992)
심리학 개론(공저, 양서원, 1994)
발달장애의 조기진단과 치료(편저, 한국행동수정연구소, 1995)
건강한 생활과 성장을 위한 동료상담 훈련(공저, 중앙대학교, 1998)
생활과학의 이해 (공저, 중앙대학교 출판부, 2002)
집단 따돌림의 진단 및 치료방안(저, 아산재단/ 집문당, 2002)

〈연구 경력〉
학습부진아의 학습행동 강화를 위한 가정에서의 토큰 활용연구
혐오통제 및 차별강화를 통한 정신지체아의 이식행동 수정
정신지체아를 위한 행동훈련 프로그램 개발연구(CCF 연구)
The effects of success-sharing and peer-oriented contingency strategies on social isolation of preschool children(Ph. D. dissertation)
정신장애아의 조기 치료교육을 위한 행동수정 시범연구(아산재단)
레크리에이션을 통한 아동의 시험불안 치료에 관한 연구
발달장애 아동을 위한 가정에서의 조기 치료교육 프로그램 개발연구(아산재단)
발달지체 아동을 위한 조기 치료교육 프로그램 모형연구
언어발달지체 아동을 위한 조기 치료교육 프로그램 개발연구(학술진흥재단)
정적강화와 Fading 기법이 유아의 글자학습에 미치는 효과
초등학교 학급 내에서 발생하는 집단 따돌림의 진단 및 치료방안 연구(아산재단)
Research and practice of behavior analysis in Korea(일본행동분석학회 주제발표)
기능성 평가에 기반을 둔 치료적 중재가 문제행동의 수정에 미치는 효과(중앙대 학술연구비)
과제분석과 용암법에 의한 발달적 결손행동의 치료교육 효과(중앙대 학술연구비)

응용행동분석

2009년 3월 25일 1판 1쇄 발행
2024년 7월 25일 1판 13쇄 발행

지은이 • 홍 준 표
펴낸이 • 김 진 환
펴낸곳 • (주) 학지사
04031 서울특별시 마포구 양화로 15길 20 마인드월드빌딩 5층
대표전화 • 02) 330-5114 팩스 • 02) 324-2345
등록번호 • 제313-2006-000265호

홈페이지 • http://www.hakjisa.co.kr
인스타그램 • https://www.instagram.com/hakjisabook

ISBN 978-89-6330-126-6 93180

정가 25,000원

저자와의 협약으로 인지는 생략합니다.
파본은 구입처에서 교환하여 드립니다.

이 책을 무단으로 전재하거나 복제할 경우 저작권법에 따라 처벌을 받게 됩니다.

출판미디어기업 학지사

간호보건의학출판 **학지사메디컬** www.hakjisamd.co.kr
심리검사연구소 **인싸이트** www.inpsyt.co.kr
학술논문서비스 **뉴논문** www.newnonmun.com
원격교육연수원 **카운피아** www.counpia.com
대학교재전자책플랫폼 **캠퍼스북** www.campusbook.co.kr